Geographica Historica

Begründet von ERNST KIRSTEN
Fortgeführt von ECKART OLSHAUSEN und VERA SAUER

Band 45

Vom äußersten Westen der Welt

Die Griechische Ethnographie und die Völker Iberiens und der Keltiké im Schatten der römischen Expansion (2. Jahrhundert v. Chr. – 1. Jahrhundert n. Chr.)

———

Julian Gieseke

Franz Steiner Verlag

Bibliografische Information der Deutschen Nationalbibliothek:
Die Deutsche Nationalbibliothek verzeichnet diese Publikation in der Deutschen
Nationalbibliografie; detaillierte bibliografische Daten sind im Internet über
www.dnb.d-nb.de abrufbar.

Dieses Werk einschließlich aller seiner Teile ist urheberrechtlich geschützt.
Jede Verwertung außerhalb der engen Grenzen des Urheberrechtsgesetzes
ist unzulässig und strafbar.
© Franz Steiner Verlag, Stuttgart 2023
www.steiner-verlag.de
Dissertation an der Fakultät für Geschichtswissenschaft, Philosophie
und Theologie der Universität Bielefeld 2021
Layout und Herstellung durch den Verlag
Druck: Beltz Grafische Betriebe GmbH, Bad Langensalza
Gedruckt auf säurefreiem, alterungsbeständigem Papier.
Printed in Germany.
ISBN 978-3-515-13462-0 (Print)
ISBN 978-3-515-13465-1 (E-Book)

Zum Geleit

Anhand der Beschreibung der Völker Iberiens und der Keltiké durch Polybios, Poseidonios und Strabon untersucht Julian Gieseke, wie sich das ethnographische Denken der Griechen im Zuge der Ausdehnung der römischen Herrschaft verändert hat. Besonderes Augenmerk gilt dabei den Praktiken des ethnographischen Vergleichs, dem Wechselspiel zwischen ethnographischem Vergleich und Makrotheorien, wie insbesondere der (pseudo-)hippokratischen Klimalehre, und der Modifikation der ‚Griechen'-,Barbaren'-Dichotomie durch die Kategorie ‚Römer'.

Die enge Verzahnung ethnographischen und historisch-geographischen Denkens und Schreibens, beziehungsweise deren Untersuchung, prädestiniert die Studie, die Julian Gieseke vorgelegt hat, geradezu für die Reihe der *Geographica Historica*.

Eckart Olshausen und Vera Sauer

Meinen Eltern und dem Andenken an meine Großeltern

Vorwort und Danksagung*

Bei dem vorliegenden Buch handelt es sich um die überarbeitete Version meiner Dissertation, die ich im Februar 2021 an der Universität Bielefeld eingereicht habe. Ihr ging eine intensive, vierjährige Arbeit voraus, die im März 2017 mit einem kurzen Forschungsaufenthalt an der Università di Bologna begann, die gesamte erste Förderphase des SFB 1288 „Praktiken des Vergleichens" umfasste und in der Hochphase der Corona-Krise in Deutschland beendet wurde. Sie führte mich physisch vom Zentrum für interdisziplinäre Forschung (ZiF) im Teutoburger Wald bis zum University College Dublin, und geistig von der Bibliothek Alexandrias bis zu den Säulen des Herakles. Auf dieser Reise wurde ich ähnlich sicher geleitet wie Polybios bei seiner maritimen Expedition in den Atlantik, und ich habe deswegen zahlreichen Personen zu danken.

Zuallererst ist da mein Doktorvater Prof. Dr. Raimund Schulz, der mich im Rahmen des SFB mit dem Thema vertraut gemacht hat, die Arbeit betreute und immer für Fragen zur Verfügung stand. Prof. Dr. Uwe Walter übernahm freundlicherweise das Zweitgutachten und gab wertvolle Hinweise sowie Verbesserungsvorschläge. PD Dr. Dorothea Rohde und Dr. Ann-Cathrin Harders (beide ebenfalls Bielefeld) standen mir mit Rat und Tat zur Seite und beantworteten fachspezifische Fragen. Prof. Dr. Johannes Engels (Köln) stellte seine Expertise zur antiken Ethnographie und Geographie und v. a. zu Strabon zur Verfügung, nicht zuletzt bei einem Workshop in Bielefeld, auf dem auch Prof. Dr. Wolfgang Blösel (Duisburg-Essen) wertvolle Impulse gab. PD Dr. Felix K. Maier (Zürich) studierte die Polybioskapitel und half mir durch seine Kenntnis der Materie, den Text in seine endgültige Form zu bringen. Darüber hinaus habe ich Prof. Dr. Boris Dreyer (Erlangen) und Prof. em. Duane W. Roller (Ohio State) für sachkundige Tipps zu danken. Es freut mich sehr, dass die Arbeit nun in der renommierten Reihe *Geographica historica* im Franz Steiner Verlag in Stuttgart veröffentlicht wird. Ich bin besonders Frau Dr. Vera Sauer, Katharina Stüdemann und

---

* Das Buch entstand im Rahmen des von der Deutschen Forschungsgemeinschaft (DFG) geförderten Sonderforschungsbereiches (SFB) 1288 „Praktiken des Vergleichens. Die Welt ordnen und verändern" an der Universität Bielefeld (erste Förderphase 2017–2020). Raimund Schulz, Marie Lemser und der Autor bildeten das Teilprojekt B04 „Der Vergleich im ethnographischen Denken der Antike – Die Griechen (7. v. – 1. Jahrhundert n. Chr.)". Die antike ‚Ethnographie' bildete bereits zuvor einen Schwerpunkt in Forschung und Lehre der Abteilung der Alten Geschichte an der Universität Bielefeld.

Prof. em. Dr. Eckart Olshausen für ihre stetige Hilfsbereitschaft und Unterstützung zu Dank verpflichtet. Der Publikationsprozess schritt so sehr zügig voran und gestaltete sich von Anfang bis Ende sehr angenehm.

Entstehen konnte die Dissertation so nur im Rahmen des SFB 1288 an der Universität Bielefeld. Erst der Blick auf die Rolle der Vergleichspraktiken ermöglichte es mir, bisher vernachlässigte Aspekte der griechischen Ethnographie herauszuarbeiten und historisch zu deuten. Das Leitungsteam des SFB 1288 hat mich in meinem Projekt in jeder Beziehung unterstützt und der Druckkostenzuschuss des SFB hat die Publikation enorm erleichtert. Besonders anregend waren die Gespräche mit Andreas Becker und Pablo Campos Recalde, die für ihre jeweiligen Teilbereiche ähnliche Fragestellungen für andere Epochen verfolgten. In stetigem Austausch stand ich mit meiner Teilprojekt-Kollegin Marie Lemser, welche vor den gleichen Herausforderungen stand wie ich. Iris Kukla hat das gesamte Manuskript abschließend auf sprachliche und formale Fehler geprüft.

Die (damaligen) studentischen Hilfskräfte Adriana Kothe, Liam John Rennekamp, Mewes Hoppermann, Leon Meyer zu Heringdorf, Paul Konrad Hilgerdenaar, Richard Knaak und Adrian Strothotte erleichterten die Bearbeitung der Dissertation durch ihre Unterstützung enorm. Rückmeldung und Hilfestellungen gaben auch weitere aktuelle und ehemalige Mitglieder der Alten Geschichte in Bielefeld, von denen ich insbesondere Simon Hendrik Temme, Malte Speich, Daniel Emmelius und Antonio Maria Ludovico Sforacchi hervorheben möchte, denen ich in Freundschaft verbunden bleibe. Das trifft genauso auf Daniele Toro, Kerstin Schulte, Zoltán Boldizsár Simon, Simon Füchtenschnieder und Ayo Kolawole zu, die mir aus ihrer Sicht als postantike Geisteswissenschaftler alternative Perspektiven eröffneten.

Danken möchte ich zudem den Organisatoren der International Ancient Warfare Conferences in Aberystwyth und Dublin, Prof. Dr. Peter Heather (London) und den Altertumswissenschaftlern aus Bologna: Besonders Prof. Lucia Criscuolo und dem inzwischen leider verstorbenen Prof. Federicomaria Muccioli, aber auch Francesco Reali, Marcello Lusvarghi, Giuditta Mirizio, Angelo Rollo und Lorenzo Paoletti.

Das ganze Projekt wäre jedoch niemals ohne meine Familie und Freunde gediehen, die mir stets Kraft gaben, die Arbeit voranzutreiben und mich erfolgreich von dieser ablenken konnten, wann immer das nötig wurde. Ich kann hier nicht jeden nennen, aber Henrik, Sven, Michael, Martin, Yannick, Andreas, Marcus, Jan-Martin, Jan, Guido, Steven, Tommy, John, Philip – auf euch ist immer Verlass! Das gilt auch für meinen Bruder Matthias, der seit über anderthalb Jahrzehnten tapfer meine historischen Anekdoten und Exkurse erträgt. Schlussendlich wäre all das nicht möglich gewesen ohne meine Eltern Brigitte und Josef, die immer hinter mir standen und die im Gegensatz zu mir niemals daran zweifelten, dass ich so weit kommen würde.

Bielefeld, im November 2022   Julian Gieseke

Inhaltsverzeichnis

1. **Einleitung** 15

2. **Die Rolle der Topoi** 29
2.1 Die theoretische Problematik von Topoi 29
2.2 Die Entwicklung der griechischen Vorstellung vom Norden
 und die Genese der Keltentopoi bis in die Zeit des Polybios 39

3. **Polybios als ethnographischer Autor: Die Sicht eines
 griechischen Offiziers** 50
3.1 Einleitung 50
3.2 Widerstand ist zwecklos: Die Beschreibung der Römer als Ethnographie 69
 Die griechische Sicht auf Rom vor Polybios 69
 Die Darstellung des römischen Heeres 76
 Rom und Karthago 94
 Gleichgewicht der Macht: Die Rolle der römischen Verfassung 101
 Die weltgeschichtliche Bedeutung des römischen Reiches 111
 Die Bedeutung der römischen Religion 114
 Barbaren oder Griechen? Die Bewertung der Römer durch Polybios 123
 Fazit 130
3.3 Feinde der Zivilisation? Polybios' vergleichender Blick auf die Gallier
 im 3. und 2. Jahrhundert v. Chr. 132
 Einleitung 132
 Die ethnographische Charakterisierung der Kelten in den Historien 133
 Fazit 163
3.4 Barbaren des äußersten Westens? Polybios auf der Iberischen Halbinsel ... 164
 Einleitung 164
 *Vom goldreichen Tartessos zur römischen Provinz: Die Iberische Halbinsel
 in der Sicht von Griechen und Römern vor Polybios* 165
 Die Geographie der Iberischen Halbinsel im Bild des Polybios 172
 *Die geographisch-ethnographische Betrachtung des südlichen Hispanien
 und der Turdetaner im Werk des Polybios* 176
 Zwischen den Großmächten: Die (Ost-)Iberer in den Historien 188

Die Tapfersten der Tapferen: Die Ethnographie der Keltiberer 194
Fazit 207

4. Die ethnographischen Vergleichspraktiken des Poseidonios im Kontext seiner universellen Philosophie 211
4.1 Am Vorabend der Romanisierung: Poseidonios über die Gallier 211
Einleitung 211
Forschungsstand und Kontext 212
Panorama einer vergangenen Welt: Die Darstellung der gallischen Bankette 228
Der Einfluss der römischen Interessen 239
Fazit 243
4.2 Roms größter Feind: Poseidonios über die Völker der Iberischen Halbinsel ... 245
Einleitung 245
Die naturphilosophischen und geographischen Forschungen des Poseidonios in Hispanien 251
Die Bergwerke Iberiens 257
Vor den Mauern von Numantia: Die Ethnographie der Keltiberer 264
Krieg am Ende der Welt: Viriatus und die Lusitaner in der Sicht des Poseidonios .. 277
In den Okeanos: Die Vorstellung von den Zinninseln 290
Fazit 295

5. Vergleichspraktiken in der *Geographie* Strabons: Ethnographie als Werkzeug imperialer Herrschaftslegitimation 300
5.1 Einleitung und Kontext 300
5.2 „Nur durch den Rheinstrom getrennt": Die Rolle des Vergleichens in Strabons Gegenüberstellung von Gallien und Germanien in den *Geographika* 311
Die ethnographischen Vergleichspraktiken in Strab. IV, 4, 2–3 311
Fazit 320
5.3 Im Westen nichts Neues? Hispanien in der Vorstellung Strabons 324
Einleitung 324
Die Geographie der Iberischen Halbinsel 327
Land ewigen Frühlings: Turdetanien in Strabons Geographika 331
Begegnungszonen der Völker: Die Ostküste der Iberischen Halbinsel und die Balearischen Inseln 342
Vom Heiligen Vorgebirge bis Kap Nerion: Lusitanien und der Westen in den Geographika 348
Zwischen Armut und Romanisierung: Strabons Bild der Keltiberer 356
Grausame Jünger des Ares: Die Völker der nordspanischen Küste und des Kantabrischen Gebirges in den Geographika 362
Fazit 373

6. Fazit und Ausblick 384
6.1 Die Funktionen ethnographischer Vergleiche
 im geistesgeschichtlich-philosophischen Kontext des Hellenismus 387
6.2 Die Entwicklung der ethnographischen Kategorien 396
6.3 Das Erbe der griechischen hellenistischen Ethnographie 406

7. Bibliographie und Anhang 417
 Quelleneditionen 417
 Fragment- und Quellensammlungen 418
 Kommentare 419
 Literaturverzeichnis 419
 Abbildungsverzeichnis 454
 Register historischer Personen sowie geographischer
 und ethnographischer Bezeichnungen 455
 Sachindex 472
 Stellenregister 475

1. Einleitung

Die griechische Welt des Hellenismus wurde durch zwei große machtpolitische Erschütterungen geprägt: Zunächst fegte der Alexanderzug die alte Welt des Ostens hinweg und ließ die Makedonen nach der Herrschaft über die *oikumene* greifen. Weniger als ein Jahrhundert später trat mit den Römern im fernen Westen jedoch eine neue Macht auf, welche die Erben Alexanders militärisch besiegen und den Großteil der griechischen Welt unter eine dauerhafte Fremdherrschaft zwingen sollte. Engstens verbunden mit diesen Umwälzungen war die Erweiterung des geistigen Horizonts der Griechen: Die Eroberungen Alexanders brachten neues Wissen über den Osten, welches die Seleukiden und Ptolemäer im Süden und Südosten noch erweiterten, und die Römer erschlossen den Griechen dann den weiten ‚wilden Westen' der *oikumene*. Solch tiefgreifende Veränderungen mussten sich zwangsläufig in den Schriften der Zeit niederschlagen. Besondere Aufmerksamkeit verdient dabei das ethnographische Denken: denn die Griechen dieser Periode mussten sich mit der unüberwindbaren Macht Roms und der daraus folgenden Fremdherrschaft arrangieren, die all ihre bisherigen Überzeugungen, vielleicht sogar ihre ganze Identität in Frage stellte. Gerade in Werken und Passagen, die sich natürlicherweise der Beschreibung des Fremden widmeten, wurde dieses Thema immer wieder verhandelt.

Dennoch musste das ethnographische Schreiben des Späthellenismus in der Forschung lange hinter der als Hochzeit der ‚Ethnographie'[1] geltenden Phase von Herodot bis zu den Alexanderhistorikern auf der einen und deren späteren römischen Adaptionen bei Caesar oder Tacitus auf der anderen Seite zurückstehen. Alleine die ethnographische Darstellung der Gallier bei Poseidonios von Apameia (ca. 135–51 v. Chr.[2]) hat größere Aufmerksamkeit erfahren. Dass der Autor auch andere Ethnien beschrieben hat und dass sich bei Polybios von Megalopolis (ca. 200–120 v. Chr.) oder Strabon von Amaseia (ca. 63 v. Chr. – 24 n. Chr.) Beobachtungen und Deutungen fremder Völker von ähnlicher Tragweite finden, ist dagegen bisher fast nur in Einzelstudien erfasst worden. Das Fehlen einer umfassenden Untersuchung dieses Themas überrascht umso mehr, als die Werke der einzelnen Autoren im Hinblick auf andere Aspekte sehr

---

1   Der Begriff der Ethnographie, den ich hier in Anführungszeichen setze, wird unten 17–23 besprochen.
2   Zu den Lebensdaten siehe MALITZ 1983, 6/7; WOOLF 2011b, 76.

gut erforscht sind.³ Das Gleiche gilt für die hellenistische ‚Ethnographie' als solche, deren Behandlung gerade im deutschsprachigen Raum auf eine lange Tradition zurückblicken kann. Sie fußt auf zwei Standardwerken aus dem frühen 20. Jahrhundert: KARL TRÜDINGERS *Studien zur Geschichte der griechisch-römischen Ethnographie* (1918) und EDUARD NORDENS *Germanische Urgeschichte* (1920) eruierten die wichtige Rolle der *topoi*, das Vorbild Herodots für spätere Autoren und auch den großen Beitrag des Poseidonios zur hellenistischen Ethnographie.⁴ Auf diesem Fundament bauten spätere Historiker auf: So analysierten ARNALDO MOMIGLIANO und DIETER TIMPE die Herrschaft Roms als politisch-kulturellen Rahmen für die späthellenistische Ethnographie und suchten konkrete römische Einflüsse nachzuvollziehen.⁵ Seit den 80er-Jahren beschäftigten sich zahlreiche Forscher mit der Genese der Griechen-‚Barbaren'-Dichotomie und fragten danach, welche Rolle das Fremde für die Konstitution griechischer Identität gespielt hatte.⁶ Die für lange Zeit einzige Gesamtdarstellung antiken ethnographischen Denkens in deutscher Sprache legte KLAUS E. MÜLLER vor: Er zeigte die Wirkung griechischer Makrotheorien, das Interesse an religiösen *nomoi* und die Bedeutung von Ursprungsmythen auf, suchte dabei aber eher die Position jedes bekannten Autors zusammenzufassen als diese tiefergehend auszuloten.⁷ PIOTR KOCHANEK ergänzte diese Arbeit aus philologischer Perspektive, indem er die Entwicklung der antiken Sicht auf die ‚Nordbarbaren' von den Anfängen bis ins frühe Christentum nachvollzog.⁸ Schließlich existiert eine Reihe von deutschsprachigen Studien, die sich mit der Wahrnehmung einzelner Völker durch römische Autoren befasst haben.⁹

Die meisten Beiträge stellten jedoch ähnliche Fragen wie TRÜDINGER und NORDEN an die gleichen Quellen und bewegten sich damit in einem recht engen Dis-

---

3   Der jeweilige Forschungsstand zu den einzelnen Autoren und Völkern wird in den entsprechenden Kapiteln behandelt werden.
4   Noch früher, und wichtig für diese Standardwerke, war RIESE 1875, der die Idealisierung der Nordvölker herausstellte. Ähnlich besonders MAYER 1925 und dann auch BOAS/LOVEJOY 1935/1965. Zeitgleich mit TRÜDINGER und NORDEN beschäftigte sich KARL REINHARDT mit der universellen Lehre des Poseidonios, widmete seinen Völkerbeschreibungen aber nur wenig Aufmerksamkeit. Vgl. REINHARDT 1921; REINHARDT 1926; später erneut vertieft in REINHARDT 1953.
5   Vgl. MOMIGLIANO 1975; TIMPE 1996; dazu VOGT-SPIRA 1996, der eine rein römische Perspektive einnimmt. Siehe auch TIMPE 1989 zur Entdeckung Europas durch Griechen und Römer. RITTI 1977, 152–168 beschreibt die Entdeckungen neuer Völker im Hellenismus, konzentriert sich aber nur auf die Frühzeit und den Süden bzw. Osten.
6   Vgl. etwa HALL 1989; Timpe 1996; TIMPE 2000; SKINNER 2012.
7   Vgl. MÜLLER 1972 & 1980; MÜLLER 1997.
8   Vgl. KOCHANEK 2004.
9   Vgl. KREMER 1994 zu den Kelten, der Polybios und Poseidonios größtenteils ignoriert, und JANTZ 1995, die ausschließlich lateinische Quellen zu Galliern und Hispaniern auswertet. Ebenfalls relevant sind TRZASKA-RICHTER 1991 zu den Germanen und GÜNNEWIG 1998 zu Germanen und Britanniern, die aufgrund ihres Forschungsinteresses jedoch beide ebenfalls fast nur römische Zeugnisse heranziehen. Schließlich sei noch auf SONNABEND 1986 verwiesen, der die römische Sicht auf Parther und Ägypter analysiert und vergleicht.

kussionsraum.¹⁰ Erst die Monographien von KATHERINE CLARKE (1999) und GREG WOOLF (2011) rückten die späthellenistische Ethnographie als Ganzes stärker in den Vordergrund und betonten die Verbindungen zwischen Polybios, Poseidonios und Strabon sowie die Rolle der Autoren bei der Interpretation und Vermittlung des Wissens über den Westen.¹¹ Jedoch richtete CLARKE den Blick v. a. auf die geographischen Beiträge der drei Autoren und setzte sich mit den entsprechenden Gattungsgrenzen auseinander, um dem Spatial Turn in den Geschichtswissenschaften Rechnung zu tragen. WOOLF versuchte in seinem Buch dagegen zu erfassen, wie die griechische Ethnographie einerseits und die Etablierung der römischen Weltherrschaft andererseits das völkerkundliche Schreiben von Eroberern und Besiegten in der longue durée bis in die späte Kaiserzeit prägten. Ihre Werke lieferten somit wichtige Anstöße für das vorliegende Buch, nahmen es aber keineswegs vorweg. Es reagiert damit auch auf ERAN ALMAGOR und JOSEPH SKINNER, die im Anschluss an CLARKE und WOOLF eine noch breitere Diskussion bisher nicht beachteter Autoren und ethnographischer Ideen in Dichtung oder Kunst forderten.¹²

Die jüngste Forschung revidierte damit die traditionelle Ansicht, es habe sich bei der späthellenistischen Phase der antiken Ethnographie – allein von Poseidonios abgesehen – um eine Epoche des Niedergangs gehandelt.¹³ Auch sie vernachlässigt jedoch weiterhin einen wichtigen Aspekt, der erst allmählich in den Blick der Altertumswissenschaften gerät:¹⁴ Den ethnographischen Vergleich. In den letzten Jahren haben sich v. a. deutschsprachige Neuzeithistoriker der so genannten Vergleichspraktiken historischer Akteure angenommen und aus dieser Perspektive nicht zuletzt neue Erkenntnisse über den Umgang mit fremden Völkern gewonnen.¹⁵ Der Ansatz ist für die Untersuchung der späthellenistischen Ethnographie ähnlich erfolgversprechend, da

---

10   Ähnlich NIPPEL 1996; ROLLER 2006; NIPPEL 2007. KOCHANEK 2004 geht nur auf 129/130 kurz auf Polybios ein; MÜLLER 1997, 273–275 ebenso knapp; Strabons Wert als ethnographischen Autor schätzt MÜLLER sehr gering ein (444–446; 460). Diese Thesen werden im Einzelnen im Fazit geprüft werden.
11   Vgl. CLARKE 1999; auf 192 bezeichnet sie Poseidonios als zentrale Figur zwischen Polybios und Strabon; sehr ähnlich WOOLF 2011b, 62. WOOLF führt zudem das Konzept des ethnographischen „middle ground", in dem ‚Barbaren', römische Eroberer und griechische Autoren einander begegneten, in diesen Kontext ein; vgl. ebd. 28.
12   Vgl. ALMAGOR/SKINNER 2013, 1–12. Für die Untersuchung des Bildes der ‚Nordbarbaren' in der hellenistischen Kunst sei stellvertretend auf FLESS 2002 verwiesen, auch auf diesem Feld werden die historischen Hintergründe außerhalb der Entwicklung der Kunst als solcher zunehmend berücksichtigt.
13   So noch bei MÜLLER 1997, 273–275 zu Polybios (die Darstellung der Kelten ist laut Müller nicht wirklich ethnographisch, die der Iberer oder anderer Völker des Westens ignoriert er fast vollständig) oder 444–446 zu Strabon; traditionell bei TRÜDINGER 1918. Er behauptet etwa auf 80, die ethnographischen Autoren der gesamten hellenistischen Epoche bis auf Poseidonios hätten religiöse Aspekte, Begräbnissitten und Fragen der Mantik komplett außer Acht gelassen. Zur Widerlegung dieser Annahmen s. u. 397/398.
14   Siehe beispielhaft SCHULZ 2020a, LEMSER 2019, GIESEKE 2019.
15   Siehe etwa EPPLE/ERHART 2015; EPPLE/FLÜCHTER/KRAMER/ROHLAND 2021.

diese auf einer jahrhundertelangen Praxis des ‚ethnographischen' Vergleichens aufbaute. Schon Homer stellte fremde und mythologische ‚Völker'[16] einander gegenüber und verglich sie mit bekannten Verhältnissen, um das Wissen über die Welt zu ordnen.[17] Das Phänomen zog sich durch die gesamte, auf ihn folgende, griechische Literatur und wurde dann von Herodot als fester Teil der Geschichtsschreibung etabliert.[18] Im späten Hellenismus wurde die Praxis an die veränderten politischen Umständen angepasst, da Griechenland unter die Herrschaft Roms gefallen war. Die neue Weltordnung konnte erneut nur durch Vergleiche verständlich gemacht werden, die ein fundamentaler Bestandteil des ethnographischen Denkens der Zeit waren.[19]

Grundlegend besteht jeder Vergleich aus zwei *comparata*, die von einem Akteur im Hinblick auf ein *tertium comparationis* verglichen werden. Bedingung für den Vergleich ist, dass der Akteur eine gewisse Gleichartigkeit zwischen den beiden Objekten annimmt. Wer z. B. in der Antike Kelten[20] und Griechen (*comparata*) miteinander verglich, setzte stillschweigend voraus, dass es sich bei beiden um Völker oder ethnische Gruppen handelte (Gleichartigkeitsannahme). Er verglich sie dann hinsichtlich ihres Aussehens, ihrer Bewaffnung oder ihrer Glaubensvorstellungen (*tertia*), um am Ende etwa festzustellen, dass sie nur wenig miteinander gemein hatten und deshalb nicht zusammen leben sollten (Vergleichsinteresse).[21] Die meisten Vergleiche sind komplexer Natur und schließen mehr als zwei *comparata* oder mehr als ein *tertium* ein; sie zielen vielleicht auch auf mehrere Vergleichsinteressen ab.[22] So konnten z. B. Kelten und Iberer mit Griechen und Römern (*comparata*) im Hinblick auf ihre Waffen, ihre Helme und Schilde (*tertia*) verglichen werden, um zu zeigen, welches Volk die besten Krieger stellte; gleichzeitig konnte der Vergleich aber genauso dazu dienen, die Schmiedekunst der Gruppen zu vergleichen (Vergleichsinteressen).

16   Die Begriffe „Völker", „Volksgruppen" oder „Ethnien" sollen in dieser Arbeit in Ermangelung besserer Termini relativ deckungsgleich verwendet werden. Grund dafür sind keine politischen oder theoretischen Implikationen, sondern alleine die Lesbarkeit des Textes. Da auch das antike Verständnis weit variierte und die reale Situation und Struktur der Bewohner West- und Nordeuropas teilweise nur schwer nachzuvollziehen ist, wagt der Autor nicht den Versuch, auf diesem Gebiet Neues zu leisten.
17   Siehe zu den ethnographischen Elementen der homerischen Schriften neuerdings SCHULZ 2020a, 43–87; die Funktion der ethnographischen Beschreibung wird schon 14 prägnant zusammengefasst.
18   SCHULZ 2020a greift mehrfach auch die Verarbeitung ethnographischen Wissens außerhalb der Geschichtsschreibung auf, bspw. in der Lyrik oder im Theater.
19   So schon PERL 1988, 25: „Am Anfang der antiken Ethnographie – und nicht nur der antiken – steht der Vergleich." Ähnlich RIVES 1999, 15/16.
20   Die Begriffe „Kelten" und „Gallier" waren bereits in der Antike sehr unterschiedlich konnotiert und sind es teilweise noch heute, sollen hier aber der Einfachheit halber synonym verwendet werden. Den Terminus „Galater" werde ich dagegen wie üblich nur für die Richtung Tylis und Kleinasien gewanderten Kelten nutzen.
21   Die theoretischen Implikationen besprechen DAVY/GRAVE/HARTNER/SCHNEIDER/STEINMETZ 2019, 4–9.
22   Vgl. DAVY/GRAVE/HARTNER/SCHNEIDER/STEINMETZ 2019, 5.

Da ethnographische Texte immer wieder vergleichbare Schritte wiederholen und sie dann auf neue Themenfelder anwandten, wurden ältere Beschreibungen von Ländern und Völkern immer mitgedacht und dienten als Vergleichsraster. Mehrere Völker wurden anhand der gleichen Kriterien beschrieben und so mindestens indirekt miteinander verglichen; gleichzeitig wurden sie stets implizit mit der eigenen (griechischen) Kultur der Autoren in Beziehung gesetzt, denn nur vor diesem Hintergrund konnten sie beschrieben werden.[23]

Implizite Vergleiche bestehen nicht aus einer triadischen Struktur zweier *comparata* und eines *tertium*, sondern lassen das zweite Vergleichsobjekt offen. Sie können als Vergleichsangebote gelten, denn erst der Leser vollzieht in diesem Fall den Vergleich mit dem, was ihm aus der eigenen Kultur oder anderen Teilen des jeweiligen (Geschichts-)Werkes bekannt ist.

Hier wird deutlich, dass die ethnographische Vergleichspraxis in großen Teilen nur deshalb funktionieren konnte, weil Autoren wie Leser der relevanten Schriften aus dem Kreis der hochgebildeten Eliten stammten. Antike ‚Ethnographen' formulierten nur relativ selten explizite Vergleiche, da diese das Publikum intellektuell unterforderten – die griechischen Aristokraten wollten selbst die Leistung des Vergleichens erbringen und das beschriebene Fremde damit selbst aktiv interpretieren.[24] Allerdings halfen auch implizite Vergleichspraktiken, die Verfasser ethnographischer Werke zu Weltdeutern zu machen: Sie konstruierten eine Wirklichkeit, die den Vorstellungen und Erwartungen ihrer gebildeten Leser entsprach.[25] Aufgrund der spärlichen Quellenlage können jedoch nur tentative Aussagen über das Fremd- und Eigenbild der Griechen im 2. und 1. Jahrhundert v. Chr. getroffen werden; in erster Linie gelten die Erkenntnisse nur für einzelne Akteure wie Polybios oder Strabon.[26]

Aus der vorhandenen Bandbreite ethnographischer Vergleiche lässt sich eine Typologie erstellen, die nach Funktionen gegliedert ist: Im einfachsten Fall nutzten die Autoren explikative Vergleiche, um z. B. unbekannte Pflanzen aus fremden Ländern mit Gewächsen aus dem griechischen Raum in Beziehung zu setzen und gewisse Ähnlichkeiten festzuhalten. Mit strukturierend-orientierenden Vergleichen ordneten die Verfasser die Völker der *oikumene* verschiedenen Obergruppen zu und suchten dadurch

---

23 Ähnlich BERGER 1995, 524.
24 Siehe dazu etwa SCHULZ 2020a, 287. Bei Autoren wie Herodot oder Polybios, die sich an ein etwas breiteres Publikum richteten, finden sich dementsprechend mehr explizite Vergleiche als etwa bei Poseidonios.
25 Dass es Aufgabe des Historikers ist, gerade diese Absichten hinter den Vergleichen zu enthüllen, betont LLOYD 2015, 41 zu Recht.
26 Auf der Mikroebene der Analyse, die hier v. a. untersucht wird, gilt das freilich immer, wie STOLER 2001, 862–865 zurecht darlegt.

Verwandtschaften zwischen mehreren Gruppen aufzuzeigen.[27] Legitimierende Vergleiche sollten die Überlegenheit der eigenen Tradition beweisen, etwa im Hinblick auf Waffen und Rüstungen, doch muss sich zeigen, ob diese wirklich so dominant waren, wie es die Voraussetzung einer Griechen-‚Barbaren'-Dichotomie vermuten lässt. Umgekehrt konnten Vergleiche relativierend genutzt werden, um Kritik an den politischen oder sozialen Verhältnissen in der eigenen Gesellschaft zu üben oder um mit ihrer Hilfe das Bild eines bisher als primitiv begriffenen *ethnos* aufzubrechen, indem die Autoren Ähnlichkeiten zur griechischen Kultur hervorhoben.[28] Als Unterordnung relativierender Vergleiche können singularisierende Vergleiche gelten, mit deren Hilfe schon Herodot die Einzigartigkeit von Ethnien betonte, indem er bestimmte *nomoi* vorstellte, die nirgendwo sonst verbreitet waren.[29] Unter dem Eindruck der großen Philosophieschulen nutzten hellenistische Autoren Vergleiche schließlich noch häufiger als ihre Vorgänger dazu, die Richtigkeit ihrer philosophischen Überzeugungen zu beweisen oder die oft damit einhergehenden (pseudo-)wissenschaftlichen Makrotheorien an Einzelfällen zu prüfen und zu erhärten. Bei diesen Makrotheorien handelte es sich um Modelle wie die (pseudo)-hippokratische Klimatheorie, die den Anspruch hatten, Phänomene in der gesamten *oikumene* durch die gleichen Faktoren – wie im Beispiel den Einfluss der Sonneneinstrahlung, die Feuchtigkeit, die Fruchtbarkeit der Böden usw. – erklären zu können. Sie waren die Ergebnisse ausführlicher Spekulationen griechischer Gelehrte und spielten für das ethnographische Denken, das die gesamte nichtgriechische Welt zu deuten suchte, eine bedeutende Rolle. Die Autopsie vor Ort sollte dann dazu dienen, diese Debatten mit Empirie zu unterfüttern. Die hier entworfene Typologie antiker, ethnographischer Vergleiche wird im Laufe der Untersuchung zu den einzelnen Autoren geprüft und weiterentwickelt werden.[30]

Da ethnographische Vergleiche regelmäßig und wiederholt zu ähnlichen Zwecken genutzt wurden, waren sie Teil von Vergleichspraktiken. Praktiken werden nach ANDREAS RECKWITZ als „ein typisiertes, routinisiertes und sozial ‚verstehbares' Bündel von Aktivitäten"[31] gefasst, das durch ein „implizites, methodisches und interpretatives Wissen zusammengehalten"[32] wird. Die Definition von RECKWITZ muss leicht modifiziert werden, da die Praktik antiken ethnographischen Schreibens durchaus vom

---

27   In der Klassik geschah das bspw. mit den Phöniziern, die vielleicht nur von den Griechen (und unter deren Einfluss später den Römern) als eine zusammenhängende Gruppe beschrieben wurden. Siehe QUINN 2017.
28   Vgl. dazu LLOYD 2015, 33.
29   Eine Technik, die er besonders in der Ethnographie der zahlreichen libyschen Völker benutzt; vgl. Hdt. IV, 168–196. Ganz klassisch IV, 193: Bei den Zauekes fahren die Frauen Streitwagen. Mehr sagt Herodot nicht über dieses Volk, aber die Aussage ist ein impliziter, singularisierender Vergleich, durch den die Zauekes eine Art „Volkscharakter" erhalten.
30   Ein relativ ähnliches Modell findet sich bei LLOYD 2015, 30–31; hilfreich ist auch MÜNKLER 2000, 154/155.
31   RECKWITZ 2003, 289.
32   Ebd.

ständigen Bezug auf ein explizites Wissen geprägt war, auf das absichtlich und bewusst rekurriert wurde. Alle in dieser Hinsicht aktiven Autoren waren sehr belesen und hatten Zugriff auf die großen Bibliotheken der hellenistischen Welt, so dass sie sich in einem kompetitiven Kontext mehr oder weniger deutlich auf ältere Autoren, insbesondere Herodot, und ihre unmittelbaren Vorgänger berufen konnten.[33] Sie können als „community of practice" gelten, eine „Gruppe bzw. [ein] Netzwerk von Akteuren, die gemeinsame Repertoires von Praktiken hervorbringen und in der kollektiven Wissenserzeugung und -verbreitung kooperieren."[34] Die antiken Autoren ‚kooperierten' zwar nur selten nachweislich mit anderen Ethnographen,[35] doch da sie sich in einem stetigen Austausch mit ihren Vorgängern befanden, handelte es sich um eine Vorstufe der so für die Neuzeit definierten „communities of practice". Die Praktiken des Zitierens und Kritisierens älterer ‚Ethnographen' vereinten die einzelnen Akteure über zeitliche Grenzen zu einer „community". An ihnen beteiligten sich deutlich weniger Akteure als in der Moderne und ihre Praktiken bildeten weniger konkrete Strukturen aus, doch hilft der praxistheoretische Ansatz, um zu erklären, dass Kontinuität und Wandel in der antiken Ethnographie nicht im Widerspruch zueinanderstanden. Denn als Teil der „community" übernahmen die Gelehrten die methodischen Praktiken ihrer Vorgänger und diskutierten ähnliche Themen und Kategorien. Die Arbeit sucht zu zeigen, dass das selbst für Militärschriftsteller wie Polybios galt, die keinen explizit ethnographischen Anspruch formulierten. Auch hilft der Blick auf die Praktiken dem Historiker zu erklären, warum einzelne Autoren ggf. bleibende Änderungen an jahrhundertealten Traditionen vornehmen konnten: Die antike ‚Ethnographie' bestand aus vielen Einzelpraktiken, sie bildete keine monolithische Struktur. Als ein „Bündel von Aktivitäten" nach Reckwitz lässt sich diese Praxis deswegen verstehen, weil sie aus einer großen Anzahl kleinerer, routiniert betriebener Handlungen bestand: Sie reichte von Besuchen in den Archiven Roms, Alexandrias und anderer Wissenszentren der hellenistischen Welt über die Befragung von Priestern,[36] Staatsbeamten oder Militärs[37] bis zu den Reiseaktivitäten im gesamten Mittelmeerraum. Diese Unternehmungen

---

33 Vgl. MURRAY 1972 passim. Auch homerische Elemente spielten immer eine Rolle bei der Interpretation zuvor wenig bekannter Völker, doch galt Herodot als der eigentliche Vorläufer ethnographischen Schreibens.
34 MÜLLER/RINGEL/WERRON 2020, 11.
35 Die Peripatetiker taten dies vielleicht bei ihren systematischen Verfassungsvergleichen; vgl. bspw. Diog. Laert. V, 27. Dabei entstand bspw. die *Athenaion politeia*, die wahrscheinlich von Aristoteles' Schülern stammte (unter Theophrast waren es dann bis zu 2000), unter denen es sicherlich viele an den gleichen Themen interessierte Untergruppen gab, die „communities of practice" bildeten. Siehe WEHRLI/WÖHRLE/ZHMUD 2004, 498.
36 Siehe bspw. Hdt. II, 143.
37 So standen besonders Poseidonios oder Polybios in regem Austausch mit vielen Mitgliedern der römischen Oberschicht. Strabon berichtet bspw. vom Besuch des Pompeius in der Rhetorikschule des Poseidonios auf Rhodos, vgl. Strab. XI, 1, 6, C492 = T 11 Jac. = F206 EK = F47a Theiler.

führten einige der Autoren in die beschriebenen Länder, wo sie dem immer wieder erhobenen Anspruch der Autopsie nachkommen konnten.

Bei der Übertragung der Praxistheorie auf die Alte Geschichte muss jedoch festgehalten werden, dass sie aufgrund der disparaten Quellenlage nicht so gewinnbringend eingesetzt werden kann wie in der Modernen Geschichte oder den Sozialwissenschaften. Es fehlt an Egozeugnissen für den Alltag griechischer Gelehrter, für ihre Diskussionen mit anderen und für die Bilder und Erwartungen, die sie in den Kontakt mit fremden Ethnien hineintrugen.[38] Dazu kommt aus forschungsgeschichtlicher Perspektive, dass die Zwänge und Dynamiken literarischer Traditionen in den Altertumswissenschaften bereits Gegenstand der *genera*-Forschung gewesen sind. Ihre Konzepte und Methoden lassen sich jedoch unter den Ansätzen der Praxistheorie fassen, wodurch die Altertumswissenschaften für die moderne sozialwissenschaftliche Forschung anschlussfähiger werden.

So löst man auch ein grundsätzliches Problem: Die Antike kannte den Begriff ‚Ethnographie' noch gar nicht, denn es handelte sich um keine eigene Literaturgattung. Stattdessen waren die ethnographischen Beschreibungen in verschiedenste *genera* eingebunden.[39] Der Großteil solcher Betrachtungen fremder Völker findet sich in historiographischen Schriften. Die *Historien* Herodots mit ihren zahlreichen völkerkundlichen Exkursen dienten deshalb vielfach als Vorbild, beließen den einzelnen Autoren jedoch Freiräume, ihre Texte individuell auszugestalten und damit eigene Vergleichspraktiken einzuführen.[40] Die Verfasser entsprechender Werke bewegten sich in ganz verschiedenen historischen, geographischen und intellektuellen Kontexten. Unter ihnen finden sich so unterschiedliche Akteure wie der Universalgelehrte Poseidonios, der als Prytane und Botschafter von Rhodos dank seiner römischen Freunde in höchsten Kreisen den Westen der *oikumene* bereisen konnte,[41] und der ptolemäische Geschichtsschreiber Agatharchides von Knidos (ca. 200–130 v. Chr.), der als Sekretär am

---

38 Solche Vorstellungen lassen sich freilich nie vollkommen nachweisen, doch stellen moderne Quellengattungen wie Tagebücher oder Interviews qualitativ ganz andere Informationen zur Verfügung. Siehe dazu STOLER 2001, 862–865.

39 Vgl. etwa SCHULZ 2020c, 392. Als einzige wahrhaft ethnographische Schrift wird oft Tacitus' *Germania* bezeichnet. Im Folgenden werde ich einfachhalber dennoch von Ethnographen und Ethnographie sprechen, ohne diese jedes Mal in Anführungszeichen zu setzen.

40 Zur ethnographischen Darstellung Herodots siehe SCHULZ 2020a, 221–326. Ethnographische Darstellungen und Vergleiche finden sich ebenso in geographischen, philosophischen, poetischen oder medizinischen Schriften. Zusammenhängende Darstellungen der westlichen ‚Nordbarbaren' lassen sich jedoch nur bei historiographischen Autoren wie Poseidonios ausfindig machen, die in ihren Werken allerdings oft Geschichtsschreibung mit philosophischen Diskussionen, geographischen Erörterungen und ‚naturwissenschaftlichem' Interesse verbanden.

41 Zu Poseidonios' Stellung auf Rhodos und seinen römischen Freunden vgl. MALITZ 1983, 13–29. S. u. die Kapitel zu Poseidonios (225; 268). Rhodos war zu dieser Zeit ein „Zentrum der Mobilität in der östlichen Mittelmeerwelt" (ENGELS 2014, 164).

Hof die von ihm beschriebenen Gebiete nie zu Gesicht bekam.[42] Dennoch bezogen sie sich alle auf die gleiche Traditionslinie mit dem gleichen, für jeden Gelehrten „(sozial) verstehbaren" Wissenskanon ihrer „community of practice", der den Kontext für das Vergleichen bildete. Ihre Schreibpraxis war gleichzeitig eine Vergleichspraxis.

Aus diesen theoretischen Überlegungen und dem historischen Problemaufriss leitet sich folgendes Erkenntnisziel ab: Die Arbeit soll die Rolle von Vergleichspraktiken im ethnographischen Denken über den Nordwesten der *oikumene* im 2. und 1. Jahrhundert v. Chr. aufzeigen, ihre Funktionen erläutern und damit in den historischen Kontext und die seit Homer fassbare Tradition griechischer Fremdbeschreibungen einordnen. Sie wird damit einen wesentlichen Beitrag zum Verständnis der hellenistischen Ethnographie insgesamt leisten.

Die Untersuchung geht dabei von der Hypothese aus, dass die römische Expansion dynamische Veränderungen im ethnographischen Schreiben bewirkte.[43] Das gilt auch für die angeblich dominante Griechen-Barbaren-Dichotomie, welche offensichtlich mit der Tatsache kollidierte, dass sich die Herrschaft eines fremden Volkes über den Großteil der griechischen Welt ausbreitete. Gleichzeitig wird vermutet, dass klassische *topoi* und Makrotheorien weiter aufgegriffen wurden und sich die meisten Gelehrten, auch Polybios oder Strabon, an den traditionellen Ideen und Methoden vorzugsweise Herodots orientierten.[44] Die Arbeit strebt damit eine neue Geschichte der späthellenistischen Ethnographie der Völker des Westens und Nordens an, die sich von der traditionellen Vorstellung löst, ethnographische Texte fänden sich nur bei wenigen hellenistischen Autoren und seien nach Poseidonios zu einer unkreativen Wiederholung älterer Debatten herabgesunken.[45]

Dass sich die Studie auf die ‚Nordbarbaren' der iberischen Halbinsel, Galliens und Zentraleuropas konzentriert, ist der historischen Entwicklung geschuldet. Zunächst lässt sich für die Zeit vor Alexander ein Informations- und Interessendefizit der griechischen Eliten in Bezug auf die Ethnien des Westens konstatieren.[46] 281–278 v. Chr. fielen dann jedoch keltische Invasoren in Griechenland und Kleinasien ein und es gelang

---

42   Agatharchides könnte sogar ein Sklave gewesen sein. Vgl. zu den biographischen Angaben über Agatharchides die Testimonia Jacobys zu FGrHist 86 (Jacoby 1961, 205–211). Die Vergleichspraktiken des Agatharchides untersucht LEMSER 2021, 163–213.
43   Zur (abstrakten) Bedeutung des historischen Kontexts für das Vergleichen siehe auch EPPLE/FLÜCHTER/MÜLLER 2020, 20.
44   Autoren wie Polybios oder Strabon sind in dieser Hinsicht nur wenig beachtet worden, doch forderten ALMAGOR/SKINNER 2013, 5–10 eine solche Auseinandersetzung zurecht ein.
45   Stellvertretend für diese Meinung seien TRÜDINGER 1918, MÜLLER 1997 und BLOCH 2002, 37 genannt.
46   Sicher standen die Apoikien vor Ort im Austausch mit den jeweiligen Völkern, worauf ich in den folgenden Kapiteln noch mehrfach eingehen werde. Dennoch gilt, wie Momigliano schön zusammenfasst: „Indeed for all practical purposes the Greeks discovered Romans, Celts and Jews only after Alexander the Great" (MOMIGLIANO 1975, 2). S. u. 42/43 zum Beispielfall Massalias und der Ethnographie der Gallier vor Poseidonios.

ihnen, kleinere Königreiche in Thrakien und Phrygien zu etablieren. Da die Galater die umliegenden Gegenden in Angst und Schrecken versetzten und gleichzeitig in vielen hellenistischen Armeen als Söldner dienten, wurden sie zu einem festen Bestandteil der griechischen Imagination und galten bald als phänotypische Vertreter der ‚Nordbarbaren'.[47] Sie lösten damit Skythen und Thraker ab, auf die sich ältere Autoren wie Herodot konzentriert hatten. Späthellenistische Autoren beschäftigten sich zwar auch mit diesen Volksgruppen, doch drehte sich v. a. die Diskussion der Skythen fast nur darum, wie die Angaben Homers und Herodots zu interpretieren seien, ohne wirklich neue, empirische Informationen aufzunehmen.[48] Der ethnographische Blick verschob sich den historischen Entwicklungen entsprechend also zunehmend nach Westen.

Er fiel allerdings erst dann auf die Heimatländer der Kelten und ihrer Nachbarn, als die römische Republik in diese Gebiete expandierte und dabei immer wieder Niederlagen von einem Ausmaß einstecken musste, wie ihre Armeen sie im hellenistischen Osten nie erlitten hatten.[49] Da die Römer jedoch schlussendlich obsiegten, erschlossen sie auch ganz neues Wissen über diese zuvor kaum bekannten Ländern. Griechische Gelehrte nutzten die sich formierende römische Provinzialherrschaft dann, um die iberische Halbinsel, Gallien und Zentraleuropa zu bereisen und ausführlich zu beschreiben. Die entsprechenden Texte waren also das historische Folgeprodukt der römischen Eroberung des griechischsprachigen Ostens auf der einen und des ‚barbarischen' Westens auf der anderen Seite. Deshalb konnten in diesem Kontext nicht nur die Vorstellungen von den ‚Nordvölkern' und deren (relativer Fremdheit) weiterentwickelt werden: Gleichzeitig wurden dabei Fragen der griechischen Identität und der Bewertung der römischen Herrschaft behandelt.[50]

Um die ethnographischen Darstellungen in solch größere Kontexte einordnen und den Zweck der Vergleichspraktiken eruieren zu können, braucht es ausführliche und v. a. zusammenhängende Quellentexte, so dass die Arbeit in erster Linie die drei genannten Autoren Polybios, Poseidonios und Strabon in den Blick nimmt.[51] Polybios

---

47 Auf das Thema komme ich noch mehrfach genauer zu sprechen, aber siehe allgemein dazu KISTLER 2009 passim.
48 Stellvertretend dafür ist Strab. VII, 3, 2–VII, 4, 8. Für die Entwicklungen in Thrakien interessierten sich die Griechen durchaus weiter (so erwähnt Polybios in V, 34, 8–10 die ptolemäischen Besitzungen in Thrakien und in V, 65, 10 die Ansiedlung thrakischer Söldner in Ägypten), doch spielten die Thraker bei weitem nicht mehr die dominante Rolle in der Ethnographie der ‚Nordbarbaren', wie sie es vor dem Aufkommen der Keltengefahr getan hatten.
49 Vgl. stellvertretend dafür Pol. XXXV, 1 über den Keltiberischen Krieg 154–152 v. Chr.
50 Auf die Darstellung weiterer Völker werde ich am Rande eingehen. So wurde Germanien erst in augusteischer Zeit wirklich erschlossen und war somit nur für Strabon relevant, während die Britannier oft ignoriert wurden, da Polybios und Strabon der Nordseeexpedition des Pytheas keinen Glauben schenkten. Vgl. hier KOCHANEK 2004, 64 m. Anm. 248.
51 Freilich ist Poseidonios nur fragmentarisch überliefert, doch sind die Fragmente in einer so großen Zahl vorhanden und dazu noch teilweise bei Strabon, dessen Texte ohnehin untersucht werden, dass in diesem Fall durchaus eine aussagekräftige Interpretation gelingen kann. Zur Diskussion um die Fragmente s. u. im entsprechenden Kapitel 212–216. Ich konzentriere mich hier auf die eth-

bietet mit seiner Erläuterung des römischen Aufstiegs zur mediterranen Vormacht den Einstieg in das Thema griechischer Weltbeschreibung unter römischer Herrschaft, das Strabon im Zeitalter der augusteischen Eroberungen in Europa zu einem vorläufigen Abschluss bringt.[52] Nur in wenigen Fragmenten erhaltene Werke anderer an den ‚Nordvölkern' interessierter Autoren wie Artemidor von Ephesos (um 100 v. Chr.) oder Timagenes von Alexandria (1. Jahrhundert v. Chr.) werden entsprechend ihrer Aussagekraft punktuell herangezogen, frühere Verfasser (teilweise) ethnographischer Schriften über den Westen wie Pytheas (4. Jahrhundert v. Chr.) oder Timaios von Tauromenion (ca. 350–260 v. Chr.) als wichtige Vorläufer berücksichtigt.

Innerhalb dieses geistesgeschichtlichen Kontexts spielten ethnographische Vergleichspraktiken spätestens seit Herodot eine wichtige Rolle,[53] doch erhielten auch sie durch den Alexanderzug ganz neue Impulse:[54] Die Eroberung Vorderasiens brachte eine Fülle an neuen Informationen nach Griechenland und eröffnete den Gelehrten bis dahin ungekannte Möglichkeiten, die Geologie, Topographie, Flora und Fauna der so erschlossenen Gebiete zu erforschen, darzulegen und zu diskutieren.[55] Die römische Eroberung des Mittelmeerraums leistete dann ab dem späten 3. Jahrhundert v. Chr. Ähnliches für den Westen, nicht zuletzt, da die römischen Eliten zunehmendes Interesse am griechischen Denken zeigten und die hellenischen Unternehmungen finanziell unterstützten.[56] Auch die Zustände im Westen konnten dem Publikum, zu dem bald auch ein enger Zirkel aus den römischen Eliten gehörte, nur durch Vergleiche mit Bekanntem verständlich gemacht werden.

Es handelte sich dabei um eine grundsätzliche Art von Weltdeutung, die sich so schon vor der Zeit Alexanders bei griechischen Beobachtern findet. Jedoch fiel die militärische Expansion der Makedonen mit dem Wirken des Aristoteles zusammen, der die Bedeutung der Empirie für die ‚Forschung' betonte und dementsprechend umfassende Untersuchungen vornahm oder anregte.[57] Die veränderte politische Struktur im Osten ermöglichte ihm und anderen die Verbreitung innovativer philosophischer

---

nographische Prosaliteratur, da nur in dieser explizite Vergleiche zwischen Völkern eine größere Rolle spielten.
52 Die Frage, welche Interessen mögliche römische Geldgeber hatten, die ihre griechischen Schützlinge auf Forschungsreisen schickten, wie das wahrscheinlich bei Scipio Aemilianus und Polybios der Fall war, wird in den Kapiteln zu den einzelnen Autoren geklärt werden. S. u. 56–60 zum Beispiel Polybios.
53 Vgl. SCHULZ 2020a passim. Schon das alte, binäre Denken der Griechen mit Unterscheidungen wie „Land" und „Meer", „Griechen" und „Barbaren", „Ebene" und „Berge" hatte das Vergleichen erfordert und zur Ausformung komplexer Praktiken geführt, wie es LLOYD 1966 beschreibt.
54 Siehe dazu auch LEMSER 2021 passim.
55 Schon Ende des 4. Jhs. v. Chr. beschäftigten sich Autoren wie Nearchos, Megasthenes oder Hekataios von Abdera mit der Geschichte, dem Aussehen und den *nomoi* zuvor unbekannter oder als exotisch geltender Ethnien.
56 Schon Polybios profitierte von der hellenophilen Haltung seines Förderers Scipio Aemilianus und der von den Römern geschaffenen Infrastruktur, um Westeuropa bereisen zu können S. u. 56–60.
57 Vgl. etwa BUCHHEIM 2016, 52–60.

Ideen, die das Vergleichen geradezu forcierten. Die Vorgaben der (Moral-)Philosophien lenkten nun zunehmend die Interpretation neuen Wissens: Die vier großen ‚Schulen' – Platons Akademie, Aristoteles' Peripatos, der Kepos Epikurs und die Stoa – drängten ihre Schüler zum Systematisieren und Klassifizieren, um ein Bild der Welt konstruieren zu können, das ihren eigenen Sichtweisen entsprach.[58] Dem waren Vergleiche vorausgegangen, um die Raster und Kategorien zu ermitteln, in welche die Informationen eingeordnet wurden; ohne Vergleiche konnten sich die verschiedene Disziplinen umfassenden Anschauungen der einzelnen ‚Schulen' also gar nicht erst konstituieren. Waren diese einmal konsolidiert, benötigten ihre Vertreter komplexere Vergleiche, um die Überlegenheit der eigenen Überzeugungen zu beweisen und immer weiter ausdiskutieren bzw. anpassen zu können. Deshalb ruhten die wichtigsten Annahmen und Arbeiten der großen Philosophieschulen auf Vergleichen: So wurden im Peripatos die Verfassungen von 158 Staatswesen zum Vergleichen zusammengestellt, Platon verglich im Höhlengleichnis das Leben innerhalb der Höhle mit dem Leben in der Außenwelt, die Stoiker den Kosmos mit einem Lebewesen, die Epikureer ihre Vision einer naturnahen Gemeinschaft mit der (mangelhaften) Realität. Hinter den verschiedenen Ansätzen stand ein gemeinsames Interesse: Alle bedeutenden Denkrichtungen der Zeit suchten ihren Anhängern einen moralischen Leitfaden und somit einen Weg zu einem glücklichen Leben zu vermitteln.[59]

Diese moralphilosophische Kritik an den eigenen Zuständen spiegelte sich in der ‚Ethnographie', denn fast alle Denker dieser Epoche einte der Glaube, dass technischer Fortschritt mit einem gleichzeitigen moralischen Verfall einhergehe.[60] Einst hätten alle Menschen in einem Goldenen Zeitalter gelebt, das durch Krieg, Handel und Luxus verloren gegangen sei. Nur bei den primitivsten ‚Barbaren', so die einhellige Meinung, ließen sich noch Spuren dieser idealisierten Vergangenheit finden.[61] Temporalisierende Vergleiche konnten somit die ‚Nordbarbaren' zu moralischen Vorbildern und zu Projektionsflächen stilisieren, vor denen Kritik an den eigenen Verhältnissen geübt wurde. Das griechische Superioritätsgefühl blieb davon unberührt, da die Nordvölker auf einer früheren Entwicklungsstufe verharrten und somit im Blick der Griechen kulturell und ‚zivilisatorisch' rückständig blieben. Sie waren somit widersprüchliche Vergleichsobjekte, die eine komplexe Analyse erforderten. Die Stoa lehrte dahinge-

---

58 Vgl. SCHNEIDER 1969, 550.
59 Dazu gehörten freilich auch andere Schulen wie die der Kyrenaiker, der Kyniker, der Pythagoreer usw. Eine ausführliche Darstellung der wichtigsten Ideen der hellenistischen Philosophieschulen bietet z. B. ALGRA 1999.
60 Aristoteles selbst glaubte noch an einen teleologischen Fortschritt, doch verklärten schon seine Schüler Theophrast und Dikaiarchos die Vergangenheit zum goldenen Zeitalter, ähnlich wie Platon, die Epikureer oder die Stoiker. Siehe dazu DODDS 1973, 14–18.
61 Siehe etwa MÜLLER 1997 passim. V. a. für die Kyniker war ein tierhaftes, wildes Leben moralisch überlegen; vgl. BOAS/LOVEJOY 1935/1965, 117–130.

hend sogar, jeden Menschen individuell nach moralischen Maßstäben zu bewerten.[62] Um diesen Ansprüchen gerecht zu werden, führten Geschichtsschreiber seit Ephoros von Kyme (Mitte 4. Jahrhundert) die abschreckenden bzw. nachahmungswerten Taten historischer Persönlichkeiten als ethische Lehrbeispiele für ihre Leser an.[63] Die peripatetische Grundforderung, das Bild eines Menschen aus seinen Taten zu gewinnen, führte gleichzeitig zur Geburt der Biographie als literarischer Gattung; besonders beliebt waren schon im Hellenismus vergleichende Biographien.[64] Die Arbeit wird zeigen, ob sich griechische Historiker auch mit ‚nordbarbarischen' Herrschern und Feldherren in dieser Art beschäftigten oder ob sie diese unter den völkerspezifischen *topoi* subsumierten.[65]

Auch in ‚naturwissenschaftlichen' Bereichen spielten Vergleiche während des Hellenismus eine herausragende Rolle: In der Mathematik, die man an sich als vergleichende Wissenschaft bezeichnen könnte, systematisierten Gelehrte wie Archimedes (287–212 v. Chr.) oder Hipparchos von Nikaia (2. Jahrhundert v. Chr.) das vorhandene Wissen und verglichen die Thesen ihrer Vorgänger mit denen nichtgriechischer Mathematiker.[66] Die großen Fortschritte der Geometrie wurden auf die Geographie übertragen, die zuvor unbekannte Länder anhand von geometrischen Formen räumlich zu konzeptionieren suchte und topographische Merkmale des fernen Westens oder Ostens wie Berge, Flüsse oder Seen mit denen Griechenlands und Kleinasiens verglich.[67] Des Weiteren profitierte die Astronomie von den mathematischen Erkenntnissen: So verglich Aristarchos von Samos (ca. 310–230 v. Chr.) regelmäßig den Winkel von Sonne und Mond zueinander und berechnete darauf aufbauend astronomische Entfernungen; auch stellte er das heliozentrische neben das geozentrische Weltbild.[68] In Sternwarten in Alexandria, Knidos oder Syrakus verglichen die Astronomen die Positionen der Sterne, und Poseidonios zeigte, dass die Erde größer war als der Mond.[69] Die Sternwarten dienten damit als Infrastruktur des Vergleichens, eine Rolle, die in der Biologie die botanischen Gärten in Alexandria, Antiochia oder Pergamon über-

---

62 Vgl. RITTI 1977, 167.
63 Vgl. HAU 2016, 168; ausführlich POWNALL 2004, 113–142.
64 Vgl. SCHNEIDER 1969, 470–471.
65 Zur Rolle der *topoi* siehe das nächste Kapitel (29–39).
66 Vgl. SCHNEIDER 1969, 344; RITTI 1977, 113–117. Dass es sich bei diesen Einordnungen von empirischem Wissen in eine vorhandene Systematik um Vergleichen handelt, bezweifeln DAVY/GRAVE/HARTNER/SCHNEIDER/STEINMETZ 2019, 20. Selbst wenn es sich nur um Klassifizieren oder Abgleichen handelte, waren allein schon die Raster selbst erst das Produkt von Vergleichen und das Werkzeug für die zukünftige Abstraktion; s. o. diesen Punkt zu den Philosophieschulen S. 26.
67 Zahlreiche Beispiele für beide Methoden finden sich bei Polybios und Strabon und werden in den entsprechenden Kapiteln angeführt. Hier sei nur auf Polybios' Vergleich der Alpen mit u. a. dem Olymp in Strab. IV, 6, 12, C208 = Pol. XXXIV, 10, 15–16 und Strabons Beschreibung der Gallia Narbonensis als Parallelogramm in Strab. IV, 1, 3, C178 verwiesen.
68 Vgl. FOLKERTS, MENSO, s. v. Aristarchos (3), DNP 1, 1996, Sp. 1089–1090.
69 Ausführlicher dazu ist SCHNEIDER 1969, 356–358.

nahmen.⁷⁰ Indem sie neu entdeckte mit bekannten Arten verglichen, konstituierten die Gelehrten unter Tieren und Pflanzen eine ähnlich systematische Weltordnung wie die ‚Ethnographen' unter Menschen und Völkern.⁷¹ Von den neuen Erkenntnissen der Botanik machte wiederum die Medizin Gebrauch, da sie Heilpflanzen zur Behandlung heranzog.⁷² Ärzte verglichen in der täglichen Praxis Symptome und Krankheitsgeschichten ihrer Patienten und glichen sie mit bekannten Krankheitsbildern ab; so entstanden systematische Übersichten über existierende Krankheiten und bald auch Spezialdisziplinen wie die Gynäkologie.⁷³ Da es keine unter Laborbedingungen durchgeführten Experimente gab, mussten die Forscher zwangsläufig ihre eigenen Angaben mit denen anderer ähnlich gebildeter Autoren und ihren Eindrücken aus dem Alltag vergleichen, um erkenntnisfördernde Theorien bilden zu können.⁷⁴

Vergleichspraktiken waren somit ein allgegenwärtiges Phänomen der hellenistischen Gelehrtenwelt, der Hellenismus stellt sich geradezu als ein Zeitalter des Vergleichens dar. Ethnographisch interessierte Autoren mussten sich in diesen Trend einfädeln. Die Arbeit wird zeigen, wann welche Vergleiche besonders prominent waren und warum etwa neue *comparata* oder *tertia* herangezogen wurden oder sich in anderen Fällen Autoren für bestimmte Vergleichskategorien gar nicht interessierten, manches gar für inkommensurabel erklärten.

Dazu soll im Folgenden zunächst die Funktion und Tradition der *topoi* reflektiert und eine Übersicht über die griechische Sicht auf den Norden und besonders die Kelten vor der Zeit der römischen Eroberung gegeben werden. Nur so kann gezeigt werden, dass die späthellenistischen Autoren zu einem jahrhundertealten ethnographischen Diskurs beitrugen. Danach folgt die Untersuchung der relevanten Passagen bei den drei Autoren in chronologischer Reihenfolge. Bei Polybios werde ich dann zunächst die Deutung der Römer prüfen und diese als ethnographischen Beitrag interpretieren. So wird dem imperialen Kontext der römischen Vorherrschaft in der griechischen Welt Rechnung getragen und der partikulare Charakter von Polybios' *Historien* gewürdigt. Es folgen Analysen der Bilder von den Kelten bzw. der (Nord-)Völker der iberischen Halbinsel bei jedem der drei Autoren, um abschließend die Ergebnisse der Arbeit in die aktuelle Forschung einordnen zu können.

---

70   Vgl. SCHNEIDER 1969, 371.
71   Siehe zu dieser Thematik LEROI 2014 passim.
72   Vgl. RITTI 1977, 123.
73   Vgl. SCHNEIDER 1969, 423–430.
74   Zusätzlich zu den vergleichenden Wissenschaften ließe sich noch die Beliebtheit von Listen im Hellenismus ergänzen: Von Tragödien über Tierarten bis zu den Weltwundern wurde besonders an Königshöfen wie dem der Ptolemäer in Alexandria alles in Listen erfasst. Die Listen vergleichen nicht selbst, sie stellen aber ein Vergleichsangebot dar. Siehe WILLIAMS 2001, 39/40.

2. Die Rolle der Topoi

2.1 Die theoretische Problematik von Topoi

Zu allen Zeiten sind Entdecker, Händler oder Kriegsherren mit bestimmten Erwartungen, Hoffnungen und Vorurteilen in die Begegnung mit fremden Völkern gegangen. Eine wichtige Rolle kam schon in den frühen griechischen Schriften über das Fremde den sogenannten *topoi* zu.[1] Die antiken Autoren verstanden unter *topoi* zunächst allgemeine Grundsätze der rhetorischen Logik.[2] Im ethnographischen Schreiben entsprachen sie TRÜDINGER zufolge den einzelnen Kategorien, anhand derer fremde Völker beschrieben wurden: Das konnte bspw. die Herkunft sein, die Ernährungsweise, die Bewaffnung oder die Religion.[3] So entstand ein Raster, das den Griechen Orientierung bot, als sie die Welt beschrieben. Dessen Kategorien wurden dann mit Informationen gefüllt, die NORDEN wiederum als *topoi* bezeichnete: Für ihn waren *topoi* „völkerkundliche Wandermotive", die in Texten zu verschiedenen Völkern in ähnlicher Form auftreten konnten, und so wird der Begriff auch in der vorliegenden Arbeit verstanden.[4] *Topoi* werden damit den einzelnen Kategorien eines ethnographischen Rasters zugeordnet: So findet sich zur Kategorie Aussehen der *topos* „Alle Bewohner des Nordens sind blond." Natürlich waren nicht alle Germanen und Kelten blond, doch gab es unter ihnen mehr Menschen mit blonden Haaren als unter Römern und Griechen. Einzelne empirische Beobachtungen wurden also mit Bekanntem verglichen und dann verallgemeinert. Auch diese einfachen *topoi* mussten zumindest partiell wahr sein, weil sie die Hörer und Leser sonst nicht hätten überzeugen können.[5]

---

1 Vgl. auch SCHULZ 2020a, 15–20.
2 Diese Auffassung findet sich bspw. bei Aristoteles, der *topoi* nutzt, um Argumente für eine bereits vorhandene Überzeugung zu finden. Vgl. RAPP 2002, 270–300; ZERJADTKE 2020, 13–17; ULF 2004, 283–290.
3 Siehe TRÜDINGER 1915, 175, der zwanzig solcher Kategorien auflistet.
4 Vgl. NORDEN 1920, 58. Endgültig in der heutigen Bedeutung in der Forschung etablierte den Begriff „Topos" CURTIUS 1948, 79; vgl. GÜNNEWIG 1998, 19/20. Die neueste Erörterung der Verwendung des Terminus „Topos" bietet ZERJADTKE 2020.
5 Zum Wahrheitsgehalt der *topoi* siehe ZERJADTKE 2020, 13 mit der weiterführenden Literatur; zu ihrem Verhältnis zu Klischees und Stereotypen ebd. 21–25.

Einzelne Beobachtungen wurden dann generalisiert und anhand der philosophischen Makrotheorien plausibilisiert. Pseudo-Hippokrates leitete z. B. das Aussehen der Nordleute aus dem Klima ihrer Heimat ab und verband somit einen *topos* mit ‚wissenschaftlichen' Erkenntnissen aus einem spezifischen Bereich.⁶ Wann immer die *topoi* danach angeführt wurden, mussten solche Theorien nicht mehr explizit genannt werden, da die Leser spätestens im Hellenismus mit den Hintergründen vertraut waren.

Die *topoi* wurden tradiert und verfestigten sich im literarischen Kanon, sie wurden also selbst zu Praktiken. Die griechischen Autoren griffen diese Praktiken routinemäßig auf, denn sie verglichen sich mit den Vorgängern, an die sie jeweils anknüpften, und traten in Konkurrenz zu ihnen: Wer über ein fremdes Volk schrieb, musste an das vorhandene Material anschließen, um es anschließend übertreffen zu können. Die Vergleichspraxis in der griechischen ‚Ethnographie' war also immer eine *aemulatio*, nicht nur *imitatio*, da der agonale Charakter hellenischen Denkens nach mehr strebte als der reinen Nachahmung.⁷

Das galt selbst für die θαυμάσια, die Wundererzählungen über fremde Länder, die zuvorderst der Unterhaltung der Leser dienten und fester Bestandteil jeder Randvölkerbeschreibung waren. In ihnen mussten stets bekannte Bilder aufgegriffen werden, die mit dem jeweiligen Land verbunden wurden: So erwähnten Nearchos und Arrian die von Herodot beschriebenen goldgrabenden Ameisen in Indien nicht deswegen, weil sie von ihrer Existenz überzeugt waren oder eigene Geschichten über sie gehört hatten. Vielmehr waren sie zu einem festen Motiv jedes Indienexkurses geworden und konnten von keinem Autor ausgelassen werden, da ein gebildetes griechisches Publikum sie erwartete.⁸ Solche *topoi* waren also gerade nicht unglaubwürdig, sondern dienten als rhetorische Mittel, durch deren Einsatz die Darstellung plausibilisiert wurde.⁹

Auch in diesem Bereich bestand jedoch die Möglichkeit, mit anderen Autoren in Konkurrenz zu treten: So lehnten bspw. Herodot und Polybios, der jegliche mythologische Ausführungen in Geschichtswerken verurteilte, die ‚Wunder' als solche ab oder erklärten sie rational.¹⁰ Ganz auf die θαυμάσια verzichten konnten freilich auch Herodot und Polybios nicht, doch versuchten sie dabei, neues Wissen aus eigenen Be-

---

6   Vgl. bspw. Hippokr. de aer. 19. S. u. 41/42.
7   Vgl. etwa ENGELS 2013, 88.
8   Vgl. KLINCK 2018, 1/2; FREE 2020, 34–36: Die literarische Tradition hatte eine so starke Autorität bei der Leserschaft, dass sie nicht ignoriert werden konnte. Solche Motive konnten durch die Darstellung starker Fremdartigkeit der Vergewisserung eigener Identität dienen, wie es MÜNKLER 2000, 221 betont. SCHULZ 2020c, 410/411 zeigt allerdings, dass das keinesfalls immer gilt und im Einzelfall kritisch geprüft werden muss.
9   Vgl. FREE 2020, 29–31.
10 Von den zahlreichen Beispielen seien etwa die Lotusfrucht bei Herodot (Hdt. IV, 177) und die Erläuterung von Skylla und Charybdis als natürlicher Wasserstrom bei Polybios (Strab. I, 2, 15–17, C23–25 = Pol. XXXIV, 2, 4–3, 12) genannt; weiterführend (zu Herodot) SCHULZ 2020a, 221–326. Zu Polybios' Umgang mit Mythen und Wundererzählungen siehe auch die dahingehende Kritik an früheren Autoren in Pol. III, 58, 5–59, 2.

obachtungen einzubringen: So beschrieb Polybios ein (den Griechen) bis dahin unbekanntes Tier aus den Alpen, das noch erstaunlicher erscheinen sollte als ähnliche Wesen in anderen Berichten.[11] Er griff somit den *topos* monsterartiger Kreaturen am Rande der Welt auf, füllte ihn aber mit konkreten, realitätsbezogenen Informationen.

Die Erzählungen von Händlern, die zweifelsohne Autopsie über fremde Ethnien besaßen, galten hingegen meist als unglaubwürdig, da die Kaufleute im Normalfall weder den gelehrten Zirkeln noch den adligen Oberschichten angehörten.[12] Auch wollten diese ihre Handelsgeheimnisse schützen und schrieben ihre Beobachtungen nicht in literarischen Werken nieder, die dem Anspruch der ethnographisch interessierten Geschichtsschreiber genügt hätten.[13] In der römischen Kaiserzeit wurde die Fachschriftstellerei dann der unbestritten wichtigste Bezugspunkt: Für römische Historiker bestanden die Praktiken ethnographischen Schreibens zuerst darin, die Schriften der Klassiker in den großen Bibliotheken der *oikumene* zu konsultieren.[14]

Zwar gingen die Bibliotheken und überregionalen Bildungszentren auf die frühhellenistische Zeit zurück, doch hatten die Sammlungen erst im 1. Jahrhundert v. Chr. einen solchen Umfang erreicht, dass die Tradition die Autopsie als wichtigstes Instrument zur Plausibilisierung ethnographischer Erkenntnisse verdrängen konnte.[15] Sicherlich führten viele römische Schriftsteller eigene Nachforschungen durch, besonders aktive Militärs wie Plinius der Ältere.[16] Andere wie Tacitus verfügten über Kontakte am Hof (in seinem Fall unter Nerva und Trajan) und waren dadurch über die Vorgänge im

---

11 Vielleicht ein Elch; vgl. Strab. IV, 6, 10, C208 = Pol. XXXIV, 10, 8–9 (zur Identifizierung des Tieres vgl. WALBANK, Kommentar III, 612). Weitere Beispiele für *thaumasia* bei Polybios aus Buch XXXIV sind etwa: die Thunfische Lusitaniens, die sich von unterseeischen Eicheln ernähren; vgl. Athen. VII, p. 302E = Pol. XXXIV, 8, 1–2 (s. u. 181–183; desweiteren die unterirdischen Fische im Gebiet von Ruscino/Roussillon; vgl. Athen. VIII, p. 332A = Pol. XXXIV, 10, 1–4; die heilende Wirkung der lykischen Schwämme; vgl. Plin. nat. hist. 31, 131 = Pol. XXXIV, 16, 3.
12 Vgl. Strab. II, 4, 1–2, C104 = Pol. XXXIV, 5, 2–9. In 5,5 heißt es, Polybios habe die Angaben des Pytheas v. a. abgelehnt, weil er als Privatmann (also als Kaufmann, der anders als ein Politiker oder Militär nicht auf eine Flotte zurückgreifen kann) und als armer Mann nicht imstande gewesen sei, die Reise nach Britannien zu unternehmen. Zu einer Auflistung aller Autoren, die Pytheas explizit folgten oder ablehnten vgl. KOCHANEK 2004, 64 m. Anm. 248. Der früheste Kommentator war Dikaiarchos; schon er glaubte Pytheas nicht.
13 Auch diese Gattungsunterschiede wurden sicherlich als Produkt fehlender Bildung und niederen Standes empfunden. Zur Tendenz der Händler, ihr Wissen über lukrative Routen geheim zu halten, siehe Strab. IV, 2, 1, C190 = Pol. XXXIV, 10, 7 mit WALBANK, Kommentar III, 612. Scipio Aemilianus und Polybios befragten die Bewohner Massalias, Narbos und Korbilons über die Angaben des Pytheas, erhielten jedoch keine Antwort – warum hätten diese ihren Wettbewerbsvorteil gegenüber den Römern auch gefährden sollen.
14 Klassiker wie die Werke eines Polybios, Poseidonios oder sogar Strabon! Vgl. WOOLF 2011b, 66–72; 85–88; FREE 2020, 32; bes. Anm. 31.
15 Zu römischen Bibliotheken und der Verfügbarkeit von Büchern im Rom des 1. Jhs. v. Chr. siehe RAWSON 1985, 40–46.
16 Vgl. auch die Kritik von BJORNLIE 2011 an WOOLFS Behauptung, es habe keine Verbindung zwischen der Erfahrung römischer Eliten (an den Grenzen) und dem ethnographischen Schreiben gegeben.

Imperium informiert.[17] Allerdings bedeutete der Wandel von der Republik zum Prinzipat für die meisten Autoren ethnographisch bedeutsamer Werke, dass wichtige Entscheidungen und Informationen von der öffentlichen (Senat) in die private (Princeps) Sphäre verlagert wurden und dass gerade detaillierte Angaben über die Freunde und Feinde Roms exklusiver wurden.[18] Auch erfüllten die römischen Werke die Erwartungen eines römischen Publikums, das die Schriften der großen griechischen Autoren kannte, sich jedoch nicht für deren agonale Auseinandersetzungen interessierte. Für sie zählte in erster Linie der Unterschied zwischen den Bewohnern des Imperiums und den ‚Außenseitern' jenseits des Limes.[19] Die *topoi* erstarrten zusehends, und literarische Texte fielen hinter dem Alltagswissen von Händlern oder Militärs zurück.[20] Das zeigt sich beispielhaft in der *Germania* des Tacitus, in der selbst komplexere *topoi* von der Realität abgekoppelt erscheinen.[21] Darunter ist etwa die Vorstellung, dass die Germanen keine Bilder ihrer Götter anfertigten.[22] Dieser *topos* ist deutlich schwieriger aufzuschlüsseln als „Alle Nordbewohner sind blond", da die Religion der Germanen tatsächlich nicht anikonisch war. Die Annahme verrät stattdessen die Weltanschauung des Tacitus, der einer idealisierten Frühzeit eine reine Naturreligion zuwies, der es an ikonischen Darstellungen fehlte.[23]

Die Autopsie, welche der Tradition gegenüberstand, konnte ein Autor nur durch Reisen erwerben. Griechische Schriftsteller folgten dabei dem Vorbild Herodots.[24] Polybios betont die Überlegenheit von Geschichtswerken, deren Angaben auf Autopsie beruhten, und Poseidonios unternahm eine Forschungsreise nach Gallien und Iberien.[25] Jeder von ihnen stand in einem agonalen Spannungsverhältnis zu seinen Vorgängern: Polybios unterstrich, er habe eine Reise durch den westlichen Mittelmeerraum angetreten und sei damit vertrauenswürdiger als der ‚Schreibtischgelehrte'

---

17 Siehe etwa MEHL 2001, 125.
18 Vgl. bspw. BEARD 2007 passim.
19 Vgl. TIMPE 1986 für den gesamten Abschnitt; hier bes. 35. Im Werk Strabons verbanden sich hellenistischer Agonismus und binäre Trennung der Welt zwischen Imperium und ‚Barbaren', und beiden kommt ein ähnlicher Wert zu. Die entsprechenden Kapitel (s. u. 300–383) werden das im Genaueren ausführen und nachweisen.
20 Ähnlich WOOLF 2011a, bes. 276.
21 Ganz ähnlich ist schon der Afrikaexkurs des Sallust, der Statthalter der Provinz war und seine Angaben dennoch nach den in der Literatur überlieferten *topoi* modellierte. Vgl. Sall. Iug. 17–19.
22 Vgl. Tac. Germ. 9, 3.
23 Vgl. BRINGMANN 1989, 59–78; ULF 2004, 289/290. Die Meinung könnte auf der Angabe Herodots beruhen, die Skythen bauten ihren Göttern keine Statuen oder Tempel – vielleicht entwickelte sich diese wahrheitsgetreue Angabe mit der Zeit zu einem *topos*, der auch auf andere Nordvölker übertragen werden konnte. Siehe dazu BÄBLER 2011, 128/129. Die Übertragung von Skythentopoi auf die Germanen untersuchte schon RIESE 1875.
24 Vgl. bspw. seine Autopsie zu Ägypten in (u. a.) Hdt. II, 3, 1; 8, 3; 10, 1; 12, 1; 131, 3. Die Literatur zu dieser Frage würde den Rahmen dieser Arbeit sprengen. Auch Aristoteles betonte den Wert der Autopsie (s. o. 25/26; vgl. z. B. Aristot. metaph. I, 980a).
25 Vgl. bspw. Pol. XII, 25d–g; 28a, 3–6. Zur Reise des Poseidonios s. u. 216–220.

Timaios vor ihm.[26] Allerdings stieß Polybios nie ins Landesinnere Galliens vor, wie es Poseidonios später gelang.[27] Strabon wiederum war aufgrund seiner Herkunft besonders mit dem Schwarzmeerraum vertraut und behauptete, kein anderer geographisch interessierter Autor vor ihm habe jemals so weite Reisen unternommen wie er.[28] Solch pragmatisch gewonnenes Wissen ermöglichte es, die vorhandenen *topoi* zu graduieren: So zählte auch Poseidonios klassische Keltentopoi auf, doch lässt er seine Gallier im Vergleich zur neuen Bedrohung aus dem Norden, den Kimbern und Teutonen, deutlich ‚zivilisierter' und vertrauter erscheinen.[29] Die alten Keltentopoi wurden somit einerseits in Bezug auf die Gallier eingeschränkt, andererseits aber auf die zuvor unbekannten Kimbern übertragen: anhand bekannter Raster plausibilisierten die griechischen Gelehrten das Auftauchen und schreckliche Verhalten der Kimbern. Das bedeutete, dass die ‚Ethnographen' zwar (in der eigenen Anschauung) neue Daten sammeln, diese jedoch unter dem Einfluss der *topoi* und Traditionen verarbeiteten.[30]

Das Problem zeigt sich beispielhaft an der *interpretatio Graeca*, in der Fremdes mit einem bekannten Phänomen gleichgesetzt und so verständlich gemacht wurde. So spricht Poseidonios von einem Kult des Dionysos auf einer Insel in der Loire-Mündung und meint damit die Anhänger einer keltischen Gottheit, vielleicht des Fruchtbarkeitsgottes Cernunnos.[31] Es handelt sich um eine Praktik, die fremde Sitten und Wissenstraditionen anerkennt.[32] Die Römer scheinen sie jedoch als Herrschaftsinstrument weiterentwickelt zu haben: Poseidonios verglich die Druiden der Gallier mit

---

26 Vgl. bspw. Pol. III, 59, 3–5; XII, 28a, 3–6.
27 Vgl. etwa Vgl. Plut. Marius. 21, 6–8 = F 113 Jac. = F 203 Theiler zum Besuch des Schlachtfeldes von Aquae Sextiae oberhalb von Massalia. Die Reisen diskutiere ich unten im entsprechenden Kapitel ausführlich, s. u. 216–219. Im Folgenden werden Jacobys Poseidonios-Fragmente einfach als „F (bspw. 116) Jac." abgekürzt.
28 Vgl. Strab. II, 5, 11, C117. Siehe dazu unten im Strabonkapitel 302–303.
29 Die Kimbern erscheinen bei Poseidonios als Nachfahren der gefürchteten Kimmerer: Vgl. Diod. V, 32, 3 = F 116 Jac. = F 169 Theiler, Diod. V, 32, 5 = F 116 Jac. = F 169 Theiler und Strab. VII, 2, 2, C293 = F 31 Jac. = F 272 EK = F44a Theiler. Zur differenzierten Darstellung der Gallier bei Poseidonios vgl. das entsprechende Kapitel in dieser Arbeit (s. u. 228–245). Caesar verfuhr ähnlich, als er die Bedrohung durch die Sueben des Ariovistus betonen wollte: Wie die Kimbern und Teutonen fielen diese über fremde Länder her, und genauso mochten sie nach der Einnahme Galliens über Italien herfallen. Vgl. Caes. bell. Gall. I, 33, 3.
30 Die Antike hat ihre *topoi* nie wirklich überwinden können, wie es in der Frühen Neuzeit gelingen sollte. Portugiesen und Spanier griffen im 15. und 16. Jh. zwar in Asien antike *topoi* auf und noch im 18. Jh. war der orientalische Despot in der Form, wie ihn Herodot und Pseudo-Hippokrates beschrieben hatten, ein beliebtes Motiv in der Diskussion europäischer Gelehrter. Amerika stellte jedoch einen völlig neuen Erfahrungsraum dar, in dem die überlieferten *topoi* den Europäern deutlich weniger Anhaltspunkte boten, so dass sie schnell ihre Wirkmächtigkeit verloren. Und selbst aus Indien sind viele Berichte von Augenzeugen erhalten, die auf dem Subkontinent antike Vorstellungen widerlegten. Siehe hierzu FLÜCHTER 2019. Warum es in der Antike nie dazu kam, kann die vorliegende Arbeit nicht erörtern. Vielleicht hätte es dazu mehr Vertrauen in Außenseiter wie Pytheas und eine andere politische Struktur als das römische Reich gebraucht.
31 Vgl. Strab. IV, 4, 6, C198 = F 56 Jac. = F 276 EK = F34 Theiler.
32 Siehe etwa BURKERT 1988 zu Herodot.

griechischen Philosophen, um ihre Rolle in der keltischen Gesellschaft klar zu machen.³³ Caesar nennt dann³⁴ drei zentrale Funktionen der Druiden: Sie seien Philosophen, Priester und Richter in einer Person – so wie viele römische Senatoren.³⁵ Er stellt somit Ähnlichkeiten zwischen den politischen Hierarchien in Gallien und Rom fest, die den Römern die Beherrschung des Landes erleichtern werden. Eine solch imperialistische Absicht ist Poseidonios und seinen griechischen Vorgängern (noch) nicht zu unterstellen.

Die ‚Ethnographen' suchten stattdessen in der *interpretatio Graeca* zunächst Ähnlichkeiten zwischen den eigenen und fremden *nomoi*, also den jeweils volkstypischen Sitten, Gebräuchen und Gesetzen, herauszustellen, ohne die realen Unterschiede zu leugnen. Wenn Griechen die Praxis der *interpretatio Graeca* bemühten, ging dabei natürlich einiges an Empirie verloren – Poseidonios hätte genauso gut den einheimischen Namen der Gottheit nennen können. Doch erkannte er das fremde Ritual so als gleichwertig an, was nicht unbedingt der Fall war, wenn er es bei der reinen empirischen Information beließ und nur den nichtgriechischen Namen des Gottes genannt hätte: Strabon spricht einmal davon, die Aufzählung ‚barbarischer' Namen bringe seinen Lesern keinen Mehrwert, so dass man davon ausgehen kann, dass es ohne *interpretatio Graeca* zu keiner Wertschätzung der fremden Begriffe kam.³⁶

Die Vorprägung des Wissens durch *topoi* spielte auch bei der (ethnographischen) Dichotomie zwischen Griechen und ‚Barbaren' eine wichtige Rolle. Der Begriff der βάρβαροι wurde zunächst im Umfeld der Perserkriege kulturell und politisch aufgeladen.³⁷ Auf die umfassende Forschungsdebatte kann hier nicht eingegangen werden.³⁸ Wichtig für die vorliegende Arbeit ist, welche Vorstellungen von Hellenen und ‚Barbaren' im Hellenismus dominierten. Ausgangspunkt ist die Lage in Griechenland Mitte

---

33   Vgl. Diod. V, 31, 4–5 = F 116 Jac. = F 169 Theiler.
34   Zum Anschluss Caesars an die Schriften des Poseidonios vgl. etwa RANKIN 1987, 274; TIERNEY 1960, 224.
35   Vgl. Caes. bell. Gall. VI, 13–14; DUNHAM 1995, bes. 114. Den Thesen TIERNEYS folgend hält es DUNHAM für möglich, dass Caesar nur in diesem Abschnitt das Wort *druides* benutzt, weil sein ethnographischer Exkurs auf Angaben des Poseidonios basierte. Vielleicht, so DUNHAM, nutzte er im Rest des Werkes für sie das Wort *principes*.
36   Vgl. Strab. III, 3, 7, C155 zu kleineren ethnischen Gruppen Iberiens.
37   Schon Homer spricht von den Κάρες βαρβαρόφωνοι, bezieht sich damit aber nur auf die Aussprache der Karer; als politische Kategorie waren ihm ‚Barbaren' noch nicht bekannt. Diese Interpretation findet sich bereits bei Thuk. I, 2, 2–3; vgl. dazu TIMPE 1996, 35/36. Strabon widerspricht Thukydides' Aussage, Homer habe keine ‚Barbaren' gekannt, mit dem Hinweis auf die genannte Stelle über die Karer. Dennoch deutet auch Strabon Homer so, dass er die Karer nicht als ‚Barbaren' bezeichnet habe, sondern vielmehr nur ihren Akzent meinte; die Karer seien sogar das erste fremde Volk gewesen, das Griechisch gelernt habe. Vgl. Strab. XIV, 2, 28 C661–663; ALMAGOR 2005, 44–47; HERDA 2009, 44, Anm. 108 mit weiterführender Literatur.
38   Es sei nur auf HALL 1989 verwiesen, welche die kulturelle Konstruktion griechischer Identität hinter der Dichotomie aufgezeigt hat, und neuerdings auf KIM 2013, der die Politisierung des ‚Barbaren'-Begriffs bis in das von den Persern besetzte Ionien in den Jahren vor dem Aufstand zurückverfolgt.

des 4. Jhs. v. Chr., als sich unter den *poleis* ein Gefühl politischer Machtlosigkeit breit gemacht hatte. Die Stadtstaaten hatten sich mit dem Antalkidasfrieden 387/386 v. Chr. zunächst dem Großkönig untergeordnet und wurden dann seit den 350er Jahren Opfer der expansiven Politik Philipps II. von Makedonien. In dieser Situation reaktivierten Redner wie der Athener Isokrates den alten Hass auf die persischen ‚Barbaren', bezeichneten sie als Erbfeinde der Griechen – und Erben der Trojaner – und forderten ihre Unterwerfung.[39] Zwar warnte Demosthenes ebenso vor den Makedonen als bedrohlichen ‚Barbaren', doch stand dahinter keine komplexe ‚pseudowissenschaftliche' Begründung wie im Fall der Perser.[40] Nach Aristoteles handelte es sich bei allen (östlichen) ‚Barbaren' sogar um „natürliche Sklaven."[41] Und es war schließlich der Makedone Alexander der Große, der das feindselige Reich der Achaimeniden zu Fall brachte. Doch indem sein Sieg die jahrhundertealte Persergefahr beseitigte, nahm er dem aristotelischen Modell das Fundament. Um im Osten regieren zu können, mussten sich Alexander und seine Nachfolger mit den Einheimischen arrangieren. Dies konnte nur durch eine radikale Abkehr von der Griechen-‚Barbaren'- Dichotomie gelingen: Die kleine griechisch-makedonische Elite eröffnete den Indigenen die Chancen, sich etwa durch den Besuch des Gymnasions und das Erlernen der griechischen Sprache als ‚Kulturgriechen' zu etablieren.[42] Somit wurden kulturelle Praktiken zum entscheidenden Faktor griechischer Identität, der die ethnische Zugehörigkeit ersetzten konnte.

Genauso wenig wie alle Griechen vor Alexander die Perser verachtet hatten, begrüßten alle hellenistischen Schriftsteller die Aufnahme der (einstigen) ‚Barbaren' des Ostens als ihre (kultur-)griechischen Landsleute. Selbst unter den hellenistischen Reichen gab es große regionale Unterschiede, da bspw. die Seleukiden deutlich stärker auf die Kooperation nichtgriechischer Eliten angewiesen waren als die Antigoniden

---

39   Vgl. etwa Isokr. or. IV Paneg. 123; 131 (die Perser müssen unterworfen werden); 147; 149–152; 156–158 (Dichotomie zwischen Persern und Griechen); Isokr. or. XII Panath. 163 (Die Perser sind natürliche Feinde), Isokr. Phil. 132 (Die Perser dürfen nicht besser leben als die Griechen). Eine Verstärkung der Barbarendichotomie hatte bereits Ende des 5. Jhs. v. Chr. stattgefunden und lässt sich etwa in den Werken des Euripides feststellen. Auch in dieser Situation war es gerade der fehlende Kontakt mit dem Fremden und die stärkere Konzentration der Politik auf innergriechische Konflikte, die zu einer derartigen Ausrichtung geführt hatte. Vgl. bspw. NIPPEL 1996, 130.

40   Demosth. or. 9, 31 wird Philipp II. als ‚Barbar' bezeichnet; dagegen nennt ihn Isokrates in Isokr. or. V Phil. einen Griechen, als er um dessen Hilfe wirbt. Die Frage der ethnischen Zugehörigkeit der Makedonen war also eher von politischen Motivationen abhängig, die Perser werden dagegen ausschließlich als ‚Barbaren' eingestuft und in der Zeit vor dem Alexanderzug geschieht dies fast nur mit negativer Konnotation (s. o. 35 Anm. 39).

41   Für Quellenstellen und weiterführende Literatur siehe NIPPEL 2007, 40. Dass Aristoteles besonders die Asiaten meint, zeigen Aristot. pol. III, 14, 1285a 16–22; VII, 7, 1327 b 23–38.

42   Aus der zahlreichen Literatur sei hier nur auf den instruktiven Aufsatz von GROSS-ALBENHAUSEN 2004 verwiesen, bes. 315; der gesamte Sammelband KAH/SCHOLZ 2004 bietet wertvolle Denkanstöße. Dazu befasst sich BURSTEIN 2008 mit der Frage, wie sehr sich die Identität der Griechen im Hellenismus veränderte.

im Ägäisraum.⁴³ Dementsprechend blieb die Sicht der Bürger der alten *poleis* auf die ‚Barbaren' traditioneller, und es ist deshalb keine Überraschung, dass auch die ethnographisch interessierten Autoren je nach ihrer Herkunft und Ausbildung individuelle Positionen einnehmen konnten.⁴⁴ Der Arkader Polybios bspw. koppelte seine Identität maßgeblich an die *polis* Megalopolis und das *koinon* der Achaier, das im 2. Jahrhundert sein eigenes *ethnos* der Arkader miteinschloss. Der im Osten populären Idee eines Kulturgriechentums stand Polybios skeptischer gegenüber; er bezeichnete teilweise sogar Griechen ursprünglich hellenischer Abstammung aus den östlichen Reichen als ‚Barbaren', da sie Elemente fremder Kulturen übernommen hatten.⁴⁵ Und bei der ethnographischen Beschreibung der Bewohner des Nordens und Westens, die so gut wie gar nicht hellenisiert worden waren, bildete der Begriff der ‚Barbaren' für Polybios und seine Zeitgenossen weiterhin ein nützliches Medium, um die Einzigartigkeit der griechischen Kultur zu markieren.⁴⁶

Es lässt sich also für die hellenistische Zeit konstatieren, dass im Begriff der βάρβαροι eine ganze Reihe von *topoi* vereint wurden, die durch das Vergleichen von Völkern entstanden waren. Das *tertium comparationis* zwischen Griechen und Barbaren war das Verständnis für griechische Werte und Lebensformen: Den ‚Barbaren' fehlte es an dem gleichen sprachlichen und kulturellen Wissen, und sie blieben somit – wenn sie sich der Übernahme griechischer Lebensweise verweigerten oder nur in der literarischen Theorie behandelt wurden – eine Gegenwelt.⁴⁷ Die interpretative Stärke des ‚Barbaren'-Modells wurde jedoch immer wieder in Frage gestellt: Einerseits existierte ein ständiger Zufluss neu erworbenen Wissens über die Welt, der vorhandene Vorstellungen erschüttern konnte, andererseits mussten die Hellenen in Vorderasien, Ägypten und anderswo auch mit solchen Fremden zusammenarbeiten, die keine Kulturgriechen werden wollten oder konnten.

In der realen Auseinandersetzung mit Fremden wird das Modell deshalb nur eine geringe Rolle gespielt haben; zuvorderst diente es der Abstrahierung und Einordnung

---

43 Das zeigt sich etwa an der Rolle der *philoi* des Königs, die in den östlichen Reichen auch aus einer hellenisierten, einheimischen Elite stammten – anders als in Makedonien selbst. Vgl. SAVALLI-LESTRADE 1998, bes. 289–394; allgemeiner auch GEHRKE 2008, 46–69; 174–192. Zu den Ptolemäern siehe WEBER 1997; zu den Antigoniden MA 2001.
44 Genauso wie Herodot in klassischer Zeit sein Werk mit einem Satz beginnen konnte, der die Welt in zwei Sphären (Griechen und ‚Barbaren') teilte, nur, um im Folgenden differenzierter an die Thematik heranzugehen und die Dichotomie zu unterminieren; besonders mit seinem komplexen Diskurs über die weit entfernt lebenden Skythen; vgl. dazu Schubert 2009, 271; BÄBLER 2011 passim; SCHULZ 2020a, 221–326. Die Debatte um HARTOG's These, Herodots Skythen seien nur ein „Spiegel" der griechischen Kultur, kann hier nicht aufgegriffen werden, da Herodot nur als Vorgänger der Autoren betrachtet wird, denen die eigentliche Untersuchung gewidmet ist.
45 S. u. 62 zum Beispiel des ptolemäischen Olympioniken Aristonikos in Pol. XXVII, 9.
46 Siehe die Analysen in den beiden Kapiteln zu Polybios und den Galliern (132–164) bzw. (Kelt-)Iberern 164–210).
47 Vgl. DOBESCH 1995, 9.

des empirischen Wissens auf einer theoretischen Ebene. Die Zweiteilung in ‚Hellenen' und ‚Barbaren' war eine Konstruktion, die nie den Bezug zur Realität verlor, diese aber auch niemals korrekt abbilden wollte.[48] Denn die ‚Barbaren' bildeten nur formell eine Einheit, wie schon die gewaltigen Unterschiede zwischen bspw. Kelten und Ägyptern zeigen, die den Griechen bewusst waren.[49] Dementsprechend erscheinen die primitiven ‚Barbaren' des Nordens und Westens im griechischen Bild als Gegensatz zu den kultivierten ‚Barbaren' des Ostens und Südens.[50] Innerhalb des Generalkonzeptes der ‚Barbaren' fanden sich also graduelle Differenzierungen.

Ähnliche Abstufungen fanden sich bei den Griechen selbst. Die einzelnen *poleis* identifizierten sich auch nach den Perserkriegen noch über ionischen, dorischen oder äolischen Dialekt und Abstammung ihrer Bürger, und besonders die allgegenwärtigen Kriege zwischen den Stadtstaaten verhinderten, dass es zu einer wirklichen Einheit der Hellenen kommen konnte. Deshalb konnten andere griechischsprachige Gruppen wie Aitoler, Makedonen oder Epiroten weiter als ‚Barbaren' bezeichnet werden.[51] Das geschah gerade dann, wenn es sich um unmittelbare Nachbarn in Griechenland handelte, deren Geschichte von einer langen Rivalität um Ressourcen, Macht und Einfluss geprägt war.[52]

Grundsätzlich versuchten griechische Autoren, fremde Ethnien auf unterschiedlichen Ebenen zu untersuchen, diese Ergebnisse dann aber miteinander in Verbindung zu bringen. Die Einordnung als ‚Barbaren' stellte nur eine erste Ebene dar, auf der die Unterschiede zur griechischen Identität betont wurden. In den ethnographischen Detailanalysen, einer zweiten Ebene, spielten länder- und völkerspezifische *topoi* eine deutlich wichtigere Rolle. So konstatiert Eratosthenes, dass die Welt zu komplex sei, um sie durch ein zweiteiliges Modell erklären zu können.[53] Auf einer dritten Ebene wurde die Kenntnis über einzelne Völker dann wieder abstrahiert und in allumspannende Makrotheorien übertragen, welche die Unterschiede zwischen bspw. Griechen und Etruskern genauso erklären konnten wie die Differenzen zwischen Römern und Etruskern.[54] Die verschiedenen Ebenen wurden dabei oft miteinander verschränkt: Herodot sprach von den ‚Barbaren' allgemein im Gegensatz zu den Griechen, differenzierte jedoch sehr stark zwischen bspw. Persern, Lydern und Ägyptern.[55] Die ein-

---

48 Vgl. TIMPE 2000, 229/230.
49 Vgl. TIMPE 2000, 214/215. S. u. auf dieser Seite die Beispiele aus Herodot.
50 Vgl. DOBESCH 1995, 8.
51 Wenn auch v. a. die Makedonen nach Alexander immer stärker als griechische Ethnie gesehen und damit klar von anderen den Griechen benachbarten Völkern wie Illyrern oder nun Römern unterschieden wurden, wie WALBANK 2002b passim zeigt.
52 Vgl. TIMPE 2000, 211. Ein anschauliches Beispiel sind die ‚barbarischen' Amphilocher, die bei den benachbarten Ambrakioten verhasst sind; siehe Thuk. III, 112, 7.
53 Vgl. Strab. I, 4, 9, C66–67 = Eratosthenes Fr. II C24 Berger.
54 Vgl. TIMPE 2000, 215.
55 Vgl. etwa SCHULZ 2020a, 242–287.

zelnen Autoren wechselten also immer wieder zwischen den verschiedenen Ebenen, um Wissen über das Fremde zu katalogisieren und zu erklären.

Besonders auf der dritten Ebene der Makrotheorien findet sich auch das Bemühen, eher Ähnlichkeiten als Unterschiede zwischen ‚Barbaren' und Griechen hervorzuheben. So konnten griechische Autoren nicht nur verwandtschaftliche Beziehungen zwischen verschiedenen Gruppen der Fremden postulieren: vielmehr nutzen sie strukturierende und relativierende Vergleiche auch, um gemeinsame Ursprünge von ‚Barbaren' und Griechen aufzuzeigen.[56] Dementsprechend wurde der größte aller griechischen Heroen, Herakles, zum Stammvater zahlreicher fremder Völker erklärt.[57] Sicherlich standen dahinter griechische Überlegenheits- und Herrschaftsansprüche gegenüber dem Rest der Welt. Dennoch wurde die Idee einer binären Opposition zwischen Hellenen und ‚Barbaren' von dieser Annahme, beide Gruppen seien miteinander verwandt, deutlich unterlaufen. Die synkretistische Stoa in ihren späthellenistischen Ausprägungen führte diesen Gedanken dann sogar so weit, eine Einheit der Menschen und der Welt in allen ihren Formen zu behaupten.[58] Für griechische Autoren stellten solche Konstruktionen jedoch nicht unbedingt einen Widerspruch zur ‚Barbaren'-Dichotomie dar, da sich die verschiedenen Gruppen – von den wilden ‚Nordvölkern' bis zu den mächtigen Reichen des Ostens – auf verschiedenen Entwicklungsstufen befanden:[59] Thukydides stellt fest, dass die Griechen einst genauso gelebt hatten wie die rückständigen ‚Barbaren' seiner Zeit,[60] und Herodot gesteht, dass die Phönizier hellenische Städte wie Theben gegründet und die Griechen ihre Göttervorstellungen aus Ägypten übernommen hatten.[61] Die gemeinsame Abstammung fast aller Volksgruppen der *oikumene* war also kein Hindernis, Fremde als ‚Barbaren' abzuqualifizieren, wenn es politisch dienlich war. Ihre Sitten mussten nur entweder als zu primitiv dargestellt werden, was v. a. auf die Bewohner des Nordens und Westens zutraf, deren Leben damit dem der Griechen in einer fernen Vergangenheit entsprach. Oder die Autoren präsentierten die *nomoi* der Fremden als dekadent, womit normalerweise die Bewohner des Ostens und Südens einer möglichen Zukunft der Griechen zugeordnet wurden, vor der die Autoren warnten.[62]

Dem Konzept des ‚Barbaren' mochte bei der Beschreibung fremder Völker eine wichtige Rolle zukommen, doch unterschied sich, was unter ‚Barbar' verstanden wurde, je nach Zeit, Ort und Person. Die Idee blieb allerdings durch die gesamte Antike hindurch – und darüber hinaus – relevant, denn die Konstruktion eines fremden ‚Anderen' ermöglichte es bspw. der athenischen Gesellschaft des 5. Jhs. v. Chr. genauso wie

---

56 Siehe BICKERMAN 1952 passim.
57 Das galt sogar für die Kelten; vgl. Diod V, 24, 2–3.
58 Das werden auch die Untersuchungen zu Poseidonios zeigen.
59 S. o. 26.
60 Vgl. Thuk. I, 6, 6; TIMPE 2000, 221.
61 Vgl. bspw. Hdt. II, 49–50.
62 Siehe zu diesen beiden Modellen auch MÜLLER 1997 mit zahlreichen Beispielen.

der römischen Gesellschaft des 2. Jhs. n. Chr., sich selbst durch die Unterscheidung von der Außenwelt zu definieren.[63] Er behielt damit im politisch-werbenden Zusammenhang seine Bedeutung, wie sich besonders an den Bildprogrammen römischer Kaiser zeigt.[64] Antike Herrscher und Autoren konnten den ‚Barbaren' jederzeit reaktivieren, wenn das Konstrukt ihnen nützlich erschien.

Der Ausdruck ‚Barbaren' soll deshalb in der vorliegenden Arbeit nicht als analytischer Begriff verwendet werden, sondern in der Weise, in der ihn die Quellen zu verstehen scheinen.[65] Da ich mich in erster Linie auf die ethnographische Darstellung der Nordvölker seit der Zeit des Polybios konzentriere, ist es notwendig, die frühere Sicht der Griechen auf den Norden zu rekonstruieren. Ein besonderer Schwerpunkt liegt dabei auf den Kelten, die aufgrund ihrer Zahl und Ausbreitung und den seit dem 4. Jahrhundert v. Chr. zunehmenden Kontakten mit Griechenland und Rom die wichtigsten Vertreter der ‚Nordbarbaren' wurden.[66] Welche *topoi* entstanden über diese Völker, und mit welchen Bildern mussten sich die Autoren der letzten beiden Jahrhunderte v. Chr. dementsprechend auseinandersetzen?

2.2 Die Entwicklung der griechischen Vorstellung vom Norden und die Genese der Keltentopoi bis in die Zeit des Polybios

Seit der frühen Archaik prägten Mobilität, Handel und Austausch mit anderen Völkern die Welt griechischer Eliten.[67] Sie stießen dabei auch in den hohen Norden vor, den sie von altersher mit dem kalten Nordwind (Boreas) und dem Winter verbanden.[68] Schon Homer interessierte sich für die Beschaffenheit dieser Region: In der Odyssee wird Bernstein erwähnt[69] und die Beschreibung des Wohnsitzes der Kimmerer erinnert an das Phänomen der Polarnacht.[70] Im Norden lebten die Hippemolgen, ein „erhabenes" (ἀγαυός) Volk, das sich von der Milch seiner Stuten ernährte, und die Abier (Ἄβιοι),

---

63 So auch VOGT-SPIRA 1996, 19; ausführlich WOOLF 2011b.
64 Zu denken wäre etwa an die Darstellung der Daker auf der Trajanssäule oder der Markomannen auf der Marcussäule.
65 Damit richte ich mich nach der Herangehensweise von DOBESCH 1995, 9–16.
66 So waren die Kelten für Ephoros eines der vier großen Barbarenvölker, welche den Mittelmeerraum umgaben. Bei ihm waren jedoch noch die Skythen im Norden, während die Kelten den Westen repräsentierten; über die Kelten gab es dann in hellenistischer Zeit deutlich mehr neue Realia als über die Skythen. Vgl. Strab. I, 2, 28, C34 = FGrHist 70 F 30a & Kosmas Indikopl. Topogr. Christ. II p. 148 = FGrHist F 30b. Auch galten den griechischen Autoren viele der Völker Hispaniens, nicht nur die Keltiberer, als Kelten.
67 Siehe dazu zuletzt etwa SCHULZ 2020b; SCHUOL 2020; WALTER 2020.
68 Siehe RAUSCH 2013, 11–14.
69 In Hom. Od. XV, 460.
70 Vgl. Hom. Od. XI, 13–19. Diese Informationen werden die Griechen wahrscheinlich aus zweiter Hand durch Phönizier oder Tartessier (vgl. Hdt. IV, 152) erlangt haben; zur Diskussion siehe CHEVALLIER 1984, 341 und HENNIG 1952, 61 (mit weiterer Literatur in Anm. 28). Genauer ausfor-

die für Homer die „gerechtesten aller Menschen" (δικαιοτάτων ἀνθρώπων) waren. Der Superlativ setzt Vergleichspraktiken voraus: Die Abier mussten gerechter sein als alle bekannten Völker und gerechter als die Griechen selbst.[71] Eine der frühesten Idealisierungen nördlichen Lebens in der Zeit nach Homer ist das Bild der Hyperboreer, die „in einem fremdartigen Paradies am Rand der Welt"[72] lebten, das im hohen Norden verortet wurde.[73] Sie litten an keinerlei Krankheiten oder Gebrechen und konnten eintausend Jahre lang leben.[74]

Diesen idealisierten Völkern standen bedrohliche und unzivilisierte (Halb-)Nomaden gegenüber, die in den Epen durch die Figur des Kyklopen repräsentiert wurden.[75] Bald wurden die archaischen Traditionen von mythischen Bewohnern des Nordens, die durch die klassische und hellenistische Zeit hindurch virulent blieben,[76] mit historischen Volksgruppen in Verbindung gebracht. So nannte Hesiod die Hyperboreer „gut beritten [εὔιππος]"[77] – eine Parallele zum späteren herodoteischen Bild der Skythen, die ebenso das reale Vorbild für die Hippemolgen gewesen sein könnten.[78] Der „Vater der Geschichtsschreibung" behandelte in seinem Skythenlogos die Frage ihrer Ursprünge, schilderte die Beschaffenheit des Landes und stellte in großer Ausführlichkeit die *nomoi* des Volkes vor.[79] Seine Skythen umfassen hellenisierte Stadtbewohner genauso wie Nomaden, die sich von rohem Fleisch ernähren.[80] Obwohl er den barbarischen Charakter der Fleischesser verurteilt, drückt er eine gewisse Bewunderung für ihre militärischen Leistungen aus: Trotz all seiner Macht ist der Großkönig Dareios nicht in der Lage, seine skythischen Feinde zur Schlacht zu stellen und zu besiegen – denn als Nomaden sind sie an keinen festen Ort gebunden.[81] Diese Dicho-

---

muliert und untersucht haben das Phänomen dann Pytheas und im späten 3. Jh. v. Chr. Bion von Abdera; siehe dazu RAUSCH 2013, 130–132.

71 Vgl. Hom. Il. 13, 5–6. IVANTCHIK 2005, 18–22 ist eine der Stimmen in der Forschung, welche diese Beschreibung der Hippemolgen für empirisch halten und damit nicht als Idealisierung sehen. Im Fall der Abioi ist die Ausdrucksweise Homers mit dem Superlativ allerdings eindeutig.
72 BRIDGMAN 2014, 24. Im Original: „in an otherworldly paradise on the edge of the world."
73 Vgl. Ebd. 21.
74 So Pindar in Pind. Pyth. 10, 56 und Strabon, der die mythologischen Angaben älterer Autoren sammelt; vgl. Strab. XV, 1, 57, C711. Ähnlich Alkaios F 2B; Hes. Frg. 98.
75 WELSKOPF 1974, 2167–68 sieht die Kyklopen als die Prototypen der unzivilisierten ‚Barbaren', die keinen Ackerbau betreiben. SCHULZ 2020c betont dagegen auch Ähnlichkeiten zwischen Kyklopen und Griechen, ohne die größere Ähnlichkeit zu den Phaiaken zu leugnen.
76 So etwa in den Schriften von Pindar (5. Jh.) oder Hekataios von Abdera (4. Jh.). Zum Letzteren vgl. FGrHist 264, F 7–14.
77 Hes. Eioen, F40a = Pap. Oxyrh. 1358 F2 Z. 21.
78 Vgl. die in Hdt. IV, 2 beschriebene Praxis des „Milchessens" (der Haut auf der Milch) bei den Skythen und De Aer. 18, wonach die Skythen die Milch von Stuten tranken. Vgl. auch KOCHANEK 2004, 108.
79 Vgl. Hdt. IV, 5–82; 99–101; 103–117.
80 Vgl. Hdt. IV, 17–19; IV, 59–82.
81 Vgl. Hdt. IV, 127. Etwa zur gleichen Zeit behauptet Choirilos von Samos, die Nomaden seien gesetzesfürchtige Menschen; Vgl. Strab. VII, 3, 9, C303 = Choirilos F5.

tomie zwischen ‚Sesshaften' und ‚Nomaden' wurde spätestens ab diesem Zeitpunkt zu einem Wandermotiv, auf das griechische Autoren jederzeit zurückgreifen konnten, wenn sie die Bewohner des Nordens beschrieben.[82] Die Kelten erwähnte Herodot nur am Rande und verortet sie im äußersten Westen.[83] Das stellt keinen Widerspruch zu den Nordvölkertopoi dar, denn auch die Kyklopen hatten im Westen gelebt,[84] und bis auf den Süden der Iberischen Halbinsel galt der Westen ebenso als Heimat primitiver ‚Nordvölker'.[85]

Die Beschreibungen Herodots beeinflussten die Darstellung der ‚Nordbarbaren' dauerhaft. Das galt auch für ein zeitgleiches Produkt des ethnographischen Denkens, die pseudo-hippokratische Abhandlung Περὶ ἀέρων, ὑδάτων, τόπων (*Über die Umwelt*[86]). Der Autor erklärte darin die Unterschiede der Völker in Bezug u. a. auf ihren Charakter und ihr Aussehen als Produkt der klimatischen Bedingungen der jeweiligen Regionen.[87] Demnach sorge bspw. die kalte und feuchte Luft ihres Heimatlandes für die schwammigen und schlaffen Leiber der Skythen.[88] Pseudo-Hippokrates vertrat also ein anderes Skythenbild als Herodot, wie dieser eklatante Widerspruch zu dem unbesiegbaren Reitervolk aus den *Historien* zeigt.[89] Dahingegen zeichnete er die Einwohner Europas allgemein und gerade jene der gebirgigen und kälteren Regionen als groß gewachsene, mutige und wilde Krieger.[90] Der Autor hielt damit einige Grundzüge des Charakters der nördlichen ‚Barbaren' fest, die er allerdings nicht immer schlüssig miteinander in Einklang bringen konnte.[91] In der Konkurrenz zu Herodot gelang es ihm v. a. nicht, seine Vorstellungen von den Skythen mit denen von den (übrigen) krie-

---

82 Zu Herodots Skythenlogos und der Charakterisierung des Volkes siehe etwa SCHULZ 2020a, 288–309.
83 Vgl. Hdt. II, 33, 3; IV, 49, 3. Er nennt allerdings die „πόλις" Pyrene in II, 33, 3, einen wohl historischen späthallstättischen Fürstensitz. Vgl. DOBESCH 1995, 26. Der erste griechische Autor, bei dem die Kelten dann als die dominanten Bewohner des Westens der *oikumene* beschrieben werden, ist Ephoros (s. o. Anm. 66 auf S. 39).
84 So natürlich nach Thuk. VI, 2, 1 auf Sizilien.
85 Siehe dazu die folgenden Kapitel. In der Zeit nach Herodot wurden die Kelten dann sowieso als Nordvolk interpretiert, ansonsten würden die entsprechenden *topoi* und die Klimatheorie nicht zusammenpassen. Diese Entwicklung und die abwechselnde Verortung im Westen und Norden vollzieht RAUSCH 2013, 32/33 nach.
86 Wörtlich „Über Luft-, Wasser- und Ortsverhältnisse". Zur Autorenfrage und dazu, was von Hippokrates selbst und was von seinen hellenistischen Erben stammen mag, vgl. etwa SCHNEIDER 1969, 400/401.
87 Vgl. De Aer. passim.
88 Vgl. De Aer. 19.
89 Der Schwerpunkt des Werkes liegt auf der Gegenüberstellung von Europa und Asien und somit von Griechen und Persern. Ein interessanter Vergleich der Theorien Herodots und derer aus *De Aeribus* findet sich in SCHUBERT 2009.
90 Vgl. De Aer. 23/24.
91 Vgl. SCHUBERT 2009, 268 zu den Unstimmigkeiten. So werden die Skythen erst Europa zugerechnet, verfügen jedoch offensichtlich nicht über die positiven Eigenschaften der Europäer, die der Autor später nennt.

gerischen ‚Barbaren' Europas in Einklang zu bringen. Seiner Systematik werden Vergleiche zwischen den verschiedenen Völkern vorangegangen sein, die ihre Eigenschaften mit ihrer geographischen Lage in Verbindung brachten. Das Werk vereinte damit empirische Erkenntnisse der Zeitgenossen mit älteren *topoi* und legte die Grundlage für die geographisch-deterministische Klimatheorie.[92]

Wie konnte das so entstandene Bild von den Einwohnern des Nordens auf die Kelten übertragen werden? Ausgangpunkt aller Begegnungen zwischen Griechen und Galliern war die um 600 v. Chr. gegründete Kolonie Massalia nahe der Rhône-Mündung. „Eine Jungmannschaft der Phokaier"[93] hatte vom König der Segobriger ein Stück Land erhalten und bot im Gegenzug offenbar ihre Dienste als Söldner an.[94] Erst in den folgenden Generationen entwickelte sich die Siedlung zu einem griechischen *emporion*, das dem Fernhandel zwischen der griechischen Welt und dem Norden Europas als Drehscheibe diente und eigene Expeditionen in den Atlantik entsandte.[95] Enge Kontakte zu den keltischen Fürsten im Landesinneren waren von Anfang an ein Erfolgsgarant und begleiteten den Aufstieg der *polis* zu einer der führenden Hafenstädte des westlichen Mittelmeerraums.[96] Allerdings forcierte die unmittelbare Nähe zu den Galliern keine eigenständige ethnographische Forschung, die sich in entsprechenden Texten und Literaturgattungen niedergeschlagen hätte. Die wenigen erhaltenen Schriften massaliotischer Autoren, von denen der Bekannteste der vielgereiste Pytheas war, enthalten kaum ethnographische Details oder Angaben über das Landesinnere Galliens – und selbst Pytheas' Fahrt ereignete sich erst lange nach der Anlage der Stadt.[97] Dies wird darauf zurückgeführt, dass die meisten Gründungen griechischer Apoikien gemischter Natur waren – die Gründung Massalias wurde von Kelten und Ligurern

---

92   Vgl. MÜLLER 1997, 136/137. Ältere Vorstellungen fanden sich bereits bei Parmenides von Elea; vgl. MORETTI 1992, 242.
93   Iust. XLIII, 3, 4, übers. in SEEL 1972.
94   Vgl. SCHULZ 2016, 122–127. Von einem vorherigen Einverständnis zwischen Phokaiern und Segobrigern geht HODGE 1998, 65–67 aus.
95   Vgl. SCHULZ 2016, 128–129; allgemeiner zu Massalias Rolle auch THOLLARD 2011, 27–43. Archäologische Ausgrabungen zeigen jedoch, dass es schon vorher einen bedeutenden Import griechischer Keramik in die keltischen Länder des Nordens gab; vgl. HATT 1984, 79/80.
96   So verwendeten bspw. die Druiden der Gallier die griechische Sprache. Vgl. Caes. bell. Gall. I, 29; VI, 14. Strab. IV, 1, 5, C181 erwähnt für die spätere Zeit sogar das Studium junger Gallier in Massalia. Beiderseitige Einflüsse sind auch im Lob des rhodischen Botschafters in Liv. XXXVIII, 54, 21 festgehalten oder bei Silius Italicus, Pun. XV, 169–172. Siehe dazu MOMIGLIANO 1975, 53–58. Laut HATT 1970, 134 fand schon seit dem frühen 5. Jh. v. Chr. ausgehend von Massalia eine erste Hellenisierung der Bewohner Südgalliens statt; so auch Dobesch 1995, 31. Es gab allerdings genauso militärische Auseinandersetzungen: Iust. XLIII, 5, 4–7 beschreibt eine Verschwörung der benachbarten Stämme gegen Massalia, die Anfang des 4. Jhs. zu einer Belagerung führte, welche allerdings letztlich nicht nur abgebrochen wurde, sondern sogar in einen Freundschaftsvertrag mündete.
97   Das Fehlen genauerer Informationen trifft etwa auf den der *Ora Maritima* des Rufius Avienus zugrunde liegenden *periplous* zu, und die Fragmente des Pytheas enthalten eben auch nur wenige Beschreibungen der nördlichen Völker und überhaupt keine Ethnographie des Inneren Galliens. Vgl. etwa Diod. V, 21, 1.

unterstützt.⁹⁸ Auch verloren die Griechen bei der Ansiedlung einerseits ihre souveräne, externe Beobachterpositon und andererseits wurden ihnen die Gallier durch die ständige, alltägliche Begegnung so vertraut, dass die Massalioten es nicht für notwendig hielten, die keltischen Sitten und Gebräuche schriftlich zu fixieren – abgesehen davon gaben Händler und Kaufleute ihre Kenntnisse zumeist ohnehin nur mündlich weiter.⁹⁹

Der „Barbar als Nachbar" erweckt eben keine spezifischen ethnographischen Interessen und auch nicht das Bedürfnis, „das Nachbarschaftsverhältnis grundsätzlich zu erörtern".¹⁰⁰ Das, was man über die Sitten und Lebensweise eines Volkes wie die Kelten wusste, ging allenfalls selektiv-abstrahierend in weltumspannende Makrotheorien über die Rolle der Griechen und Nichtgriechen in der *oikumene* ein, wie etwa das Bemühen, den Charakter und die körperliche Konstitution einer Ethnie aus der geographisch-klimatischen Lage abzuleiten.¹⁰¹

Eine solche Anwendung der hippokratischen Klimatheorie auf die Kelten geschah erstmals in der Philosophie des 4. Jhs. v. Chr., als das Interesse an den Galliern sprunghaft wuchs. Grund dafür war v. a. ihre prominente Rolle in den italischen Kriegen Anfang des Jahrhunderts. Die Einnahme Roms 390/387 v. Chr. war den Griechen genauso bekannt¹⁰² wie die Allianz zwischen Dionysios I. von Syrakus und den Invasoren.¹⁰³ Die gallischen Söldner setzte Dionysios in der Folge nicht nur in Italien ein,¹⁰⁴ sondern sendete sie – zusammen mit einem Kontingent Iberer – auch als Verstärkung für seinen Verbündeten Sparta nach Griechenland.¹⁰⁵

Die Kelten wurden einem Großteil der griechischen Welt also zuerst in ihrer Rolle als Soldaten bekannt, und so ist es wenig überraschend, dass Platon sie als europä-

---

98   Vgl. zu dieser Thematik MURRAY 1992 passim. Iust. XLIII, 3, 4–11 spricht von der Unterstützung durch die Segobriger, die in XLIII, 4, 9 als Liguerer bezeichnet werden. Und Liv. V, 34, 7–8 nennt keltische Unterstützung gegen die wahrscheinlich ligurischen Salluvier.
99   Pytheas bildet offensichtlich eine Ausnahme, aber er war eben doch kein typischer Händler. Zur geringen literarischen Beschäftigung der Massalioten mit den Kelten vgl. auch MOMIGLIANO 1975, 14 und 57/58 oder RUGGERI 2000, 59 (Befassung mit den Kelten) und 65 (dennoch gering erforscht); MALITZ 1983, 171. Zu den Praktiken vormoderner Kaufleute, ethnographischen Informationen nicht zu fixieren, siehe MÜNKLER 2000, 18.
100 TIMPE 2000, 216. Wenn überhaupt werden massaliotische Autoren aber eher positive Bilder der Kelten gezeichnet haben, da sie eben alltäglich mit ihnen verkehrt. MAIER 2000, 55 nimmt dementsprechend an, dass die Angaben eines Ephoros oder eines Pseudo-Skymnos auf massaliotischen Quellen der Frühzeit beruhen.
101 Siehe dazu auch die zahlreichen Untersuchungen von MÜLLER 1997.
102 Das Ereignis wird bspw. von Aristoteles erwähnt; vgl. Plut. Camillus 22, 3 = Aristot. Fr. 610 Rose.
103 Vgl. Iust. X, 5, 6. Vielleicht hatte der Tyrann die Kelten sogar zu ihrem Angriff auf die Stadt am Tiber motiviert; vgl. die entsprechende Debatte bei BRIDGMAN 2003 passim; SORDI 1992, 121–124; RANKIN 1987, 107.
104 Gegen Kroton bspw.; vgl. Iust. X, 5, 6.
105 Vgl. Xen. Hell. VII, 1,20 und Diod. XV, 70, 1. Bei Diodor werden die Kelten (und Iberer) für ihren Mut und ihre Fähigkeiten im Nahkampf gelobt – die Lakedaimonier zeichneten sie dafür aus.

isches Kriegervolk bezeichnet.[106] Er erwähnt sie in seinen *Nomoi*, als er die Abstinenz der Spartaner mit dem starken Alkoholkonsum anderer kriegerischer Völker vergleicht.[107] Unter diesen nennt er die Kelten zusammen mit anderen Nordvölkern wie Skythen und Thrakern, die den Griechen vertrauter waren.[108] Zwar behandelt Platon auch weiter südlich lebende Gruppen, schränkt aber bspw. bei den Persern ein, dass deren Trinkverhalten in geordneten Bahnen ablaufe.[109] Eine größere Rolle spielen die Kelten dann bei Platons Schüler Aristoteles. Er teilt die *oikumene* in einen kalten Norden, den griechischen Raum im Zentrum und die heißen Zonen im Süden ein.[110] Die Kelten seien als Vertreter des (europäischen) Nordens kriegslustig[111] und perfekt an die Kälte angepasst.[112] Bei ihren Entscheidungen ließen sie sich von irrationaler Leidenschaft (θυμός) leiten – kluge und vorausschauende Planung war ihnen fremd.[113] Klimatheoretische Ideen verliehen einer solch topischen Darstellung fremder Völker eine wissenschaftlich-philosophische (Pseudo-)Autorität.[114]

Das Interesse an den Κελτοί griff auch die Dichtung auf: Bei Apollonios Rhodios (1. Hälfte d. 3. Jhs. v. Chr.) lebten sie am mythischen Fluss Eridanos, in den Phaëthon hinabgestürzt war, als Zeus ihn mit dem Götterblitz vom Sonnenwagen des Helios geschossen hatte.[115] Da der Eridanos schon früh mit dem Po oder der Rhône gleich-

---

106 Da Platon insgesamt drei Reisen nach Sizilien und Syrakus unternahm, wo er sich am Hof Dionysios I. und später seines Sohnes Dionysios II. aufhielt, wird er auch über den Einsatz keltischer Söldner durch die Tyrannen bestens unterrichtet gewesen sein.

107 Vgl. Plat. leg. I, 637d-e. Auch in Plat. rep. 435e werden die Nordvölker als tapfer bezeichnet; erneut dienen Thraker und Skythen als anschaulichste Beispiele, da sie dem griechischen Publikum in Platons Zeit am vertrautesten waren.

108 Zu den frühen griechischen Vorstellungen über die Thraker siehe RAUSCH 2013, 26–31; 68–75. Zu den Skythen siehe zusätzlich zu diesem Kapitel auch Rausch 2013, 35–43; 75–77.

109 Vgl. Plat. leg. 637e. Zu den auch noch genannten Iberern und Karthagern wird nichts weiter gesagt. Zu den Iberern s. u. das entsprechende Kapitel zur Ibererdarstellung bei Polybios (164–194).

110 Vgl. Aristot. meteor. I, 13, 350a 18; 350b 3, 11; Aristot. hist. an. VIII, 28, 606 b 17–19 mit KOCHANEK 2004, 99. Zu einer konzisen Darstellung der Klimazonen und ihren Auswirkungen siehe DUECK 2013, 97–104.

111 Aristot. pol. 1324b vergleicht mehrere Gruppen von Barbaren, darunter die Kelten, mit kriegerischen Griechen wie etwa den Spartanern; es scheint sich dabei um einen Anschluss an Plat. leg. I, 637d-e zu handeln.

112 In Eth. Nic. 1336a beschreibt Aristoteles, dass gallische Mütter ihren Kindern nur ein Mindestmaß an Kleidung erlaubten, so dass sich diese an die klirrende Kälte gewöhnen konnten.

113 Vgl. Aristot. pol. 1327b 24–34; Aristot. probl. XIV, 8, 909b 9–10; 15, 910a 26–27; 16, 910a 38–39 und KOCHANEK 2004, 225. Ähnlich Plat. rep. IV, 435e.

114 RAUSCH 2013, 92–116 bestreitet, dass Platon und Aristoteles der (pseudo-)hippokratischen Klimatheorie folgten und verweist dabei u. a. auf die Unstimmigkeiten in dem Werk *Über die Umwelt* (Europa vs. Asien ist ein Gegensatz zwischen Westen und Osten, nicht zwischen Norden und Süden) und darauf, dass die Tapferkeit dort nicht mit dem Norden verbunden wird. Die beiden Philosophen modifizierten das Bild also ihrerseits und griffen sicher auf Ideen Herodots über die Skythen als tapfere Krieger zurück, und auch Polybios sollte später die einzelnen Elemente des Werkes neu zusammensetzten; s. u. 182–188.

115 Vgl. Apoll. Rhod. IV, 611–615.

gesetzt wurde,¹¹⁶ zeigt Apollonios ein konkretes Interesse an den „gallischen" Ländern des Westens, die von seinen Argonauten befahren wurden.¹¹⁷ Indem er weiter ausführt, dass den Kelten die Geschichte der Hyperboreer bekannt war, lässt er sie auf gleiche Vorstellungen zurückgreifen wie sein griechisches Publikum.¹¹⁸ Herakleides Pontikos hatte gar die Gallier, die Rom überfallen hatten, als Hyperboreer bezeichnet.¹¹⁹ Das Interesse an dem tatsächlichen Ereignis im Westen verbindet sich hier mit einer (un-)absichtlichen Vermischung historischer und mythischer Nordvölker.¹²⁰

Die nächste Phase wurde durch ein einschneidendes Ereignis eingeleitet: Der Einfall keltischer Gruppen in den südlichen Balkan im frühen 3. Jahrhundert v. Chr. hinterließ bei den Griechen einen bleibenden Eindruck.¹²¹ Als die Angreifer das panhellenische Heiligtum Delphi attackierten und in Thrakien und Phrygien Königreiche gründeten, verwandelten sie sich von einem Randphänomen zu einem ständigen Bedrohungsfaktor der griechischen Welt. Das wirkte sich auf die Darstellung der Galater aus: Ende des 4. Jhs. hatte Ephoros noch recht unbefangen die Sitten und Gebräuche der Κελτοί gewürdigt und sie sogar als „griechenfreundlich"¹²² (φιλέλλην) bezeichnet – er repäsentiert eine generell positive Sicht auf den Norden im 4. Jahrhundert v. Chr.¹²³ Neben diese Perspektive auf die Gallier, die in Verbindung mit der Idealisierung der Hyper-

---

116 Vgl. WILLIAMS 2001, 24. Aischyl., Heliades Fr. 107 Mette verortet die Rhône als reale Entsprechung des Eridanos in Iberien – das Beispiel demonstriert die unklaren Vorstellungen über den Westen, welche die frühen griechischen Autoren besaßen.
117 Vgl. weiter Apoll. Rhod. IV, 627–639, wo er die Argonauten von der Rhône aus über eine Seenplatte einen Fluss befahren lässt, der sie direkt in den *okeanos* getragen hätte, hätte Hera nicht interveniert. Zur Interpretation der geographischen Angaben (als u. a. Bodensee und Rhein) vgl. GLEI 1996, XIV; 196.
118 Vgl. Apoll. Rhod. IV, 611–615. Dobesch geht davon aus, dass Apollonios hier ein archaisierendes Bild der Kelten liefert, da er sie weder als Γαλάται bezeichnet noch als wilde Krieger darstellt. Zudem leben sie am mythisch verklärten Fluss Eridanos, der das Bild einer Idealisierung abrundet. Selbst wenn dies der Fall war, spricht es dennoch nicht gegen ein großes Interesse am westlichen Mittelmeerraum, denn Apollonios werden die Spekulationen eines Aischylos durchaus bekannt gewesen sein. Durch seine Verbindung des Flusses mit den Kelten verleiht er diesem sogar eine stärkere Glaubwürdigkeit – anders als Herodot, der den Eridanos für eine reine Erfindung der Dichter hält; vgl. Hdt. III, 115, 1–2; DOBESCH 1995, 37.
119 Vgl. Plut. Camillus, 22, 2–3 = Herakl. Pont. F 102 Wehrli. Hekataios von Abdera (Diod. II, 47, 1 = FGrHist 264 F 7) verortete die Hyperboreer auf einer Insel im *okeanos*, die noch hinter den Ländern der Kelten lag. Diese Äußerung mag eine vage Kenntnis Britanniens widerspiegeln – immerhin handelte es sich bei Hekataios um einen Zeitgenossen des Pytheas.
120 LAMPINEN 2014a zeigt dazu auf, dass die entsprechenden ethnographischen Vorstellungen auch in der Unterhaltungsliteratur verbreitet waren.
121 Der einzige halbwegs zusammenhängende Bericht der Invasion, der uns erhalten geblieben ist, findet sich in Paus. X, 19, 4–23, 14; siehe hierzu jetzt CHANIOTIS 2018, 58–64.
122 Strab. IV, 4, 6, C199 = FGrHist 70 F131. Für eine ähnliche Sicht spricht ein Fragment von Ephoros' Zeitgenossen Nearchos, der bei seiner Besprechung der indischen Bewaffnung das Zaumzeug der Inder mit dem der Griechen und Kelten vergleicht – die keltische Ausrüstung dient hier genauso als Bezugspunkt wie die Griechische. Vgl. Arr. Ind. 16, 10 = BNJ 134 F 11.
123 Vgl. RAUSCH 2013, 65–67.

boreer stand, traten nun eine ganze Reihe negativ behafteter *topoi*, die dazu dienten, das brutale Verhalten der Γαλάται zu verurteilen.[124]

Einen wesentlichen Anteil bei der Verbreitung solcher Keltentopoi hatten die Dichter Kallimachos[125] und Sopater von Paphos.[126] Beide skizzierten die Galater als wilde ‚Barbaren', welche die Sicherheit der griechischen Welt gefährdeten, und Kallimachos folgte den ethnographisch-geographischen Erkenntnissen seiner Zeit, indem er ihre Heimat im fernen Westen lokalisierte.[127] Zur gleichen Zeit verfassten die Prosaautoren Eratosthenes der Jüngere (FGrHist 745) und Demetrios von Byzanz (FGrHist 162) sogenannte *Galatika*, über die jedoch nicht mehr als der Titel bekannt ist – dieser spricht allerdings für umfassende länder- und völkerkundliche Werke.[128]

Zur Ausbreitung der negativen Sicht trugen die griechischen Staatswesen selbst entscheidend bei. So wurde nach der Rettung Delphis das Fest der σωτήρια gegründet, das an den Sieg der Griechen erinnern sollte. Es erfreute sich im gesamten Ägäis-

---

124 Die neue Bezeichnung trat erst im Rahmen der Invasion auf und war damit von Anfang an negativ belegt. Vgl. DOBESCH 1995, 32–38; 74. Sie fußte vielleicht auf dem Schmähgedicht *Galateia* des Dichters Philoxenos von Kythera (Phainias von Eresos fr. 13 Wehrli = Athen. I, p. 6E–7A), der am Hof Dionysios I. in Syrakus gelebt hatte; vgl. auch Diod. XV, 6. DOBESCH 1995, 28/29 sieht bereits jene gallische Ethnographie des Ephoros (ca. 400–330 v. Chr.) als einen entscheidenden Einschnitt: allerdings basierte auch das Wissen des Ephoros nur auf Hörensagen, so MALITZ 1983, 171. Dafür spricht seine Angabe über die Größe der Keltiké, die von Strabon kritisiert wird, vgl. Strab. IV, 4, 6, C199 = FGrHist 70 F131. Daher ist der Zug der Galater in den griechischen Osten doch als die prägendere Zäsur zu sehen.

125 Vgl. Kallimach. Galat. (Asper 2004), Nr. 356; Kallimach. h. IV, 171–188. Dahinter stand auch das Verlangen, die Tötung 4000 keltischer Söldner 275 v. Chr. durch Ptolemaios II. zu rechtfertigen. Der König hatte die Galater angeheuert, um sie im Krieg gegen seinen Halbbruder Magas von Kyrene einzusetzen, doch nachdem dieser seinen Angriff auf Ägypten abgebrochen hatte, wurden die Söldner nicht mehr gebraucht. Ptolemaios schloss sie daraufhin auf einer Insel im sebennytischen Nil ein und liess sie verhungern. Wie Polybios mit einem ähnlichen Fall zu Attalos I. belegt (Pol. V, 78, 1–4) war eine solche Vernichtung eigener Söldner selbst bei ‚Nordbarbaren' nicht ohne Gesichtsverlust für den Monarchen möglich, so dass Kallimachos wohl beauftragt wurde, die Kelten mit mythischen Monstern zu vergleichen, welche die Zivilisation bedrohten, um ihre Eliminierung gerecht erscheinen zu lassen. Zur Argumentation siehe KISTLER 2009, 213–218.

126 Vgl. Sopat. F6 Kaibel, mit RUGGERI 2000, 69.

127 Kallimach. h. IV, 171–176 spricht davon, sie seien aus dem äußersten Westen gekommen und so zahlreich wie Schneeflocken oder die Sterne am Himmel gewesen. Der Vergleich mit Schneeflocken spricht dafür, dass Kallimachos schon das Motiv aus der späteren Überlieferung bekannt war, dass Apollon die Galater mit einem Schneesturm für ihren Angriff auf Delphi gestraft habe, und für eine Verbindung zwischen westlichen ‚Barbaren' und dem Klima des Nordens. Ausgeführt hat das LAMPINEN, ANTTI, Galatai and Galli: Delphi as the Anchor for Hellenistic Innovations in Barbaromachy, Vortrag beim Workshop Anchoring Innovation in Delphi, Utrecht, 14. April 2022.

128 Dagegen sind Kallisthenes von Sybaris (FGrHist 291) und Kleitophon (FGrHist 293) wohl falsch zugeordnet. Vgl. DOBESCH 1995, 40 Anm. 150. Dieser geht davon aus, dass die genannten *Galatika* nur wenige ethnographische Details enthielten, da sie scheinbar nicht zitiert wurden. Da es sich bei ihnen im Gegensatz zu den Schriften eines Herodot oder Ephoros allerdings um Spezialliteratur handelte, könnten sie auch einfach nur einen sehr geringen Leserkreis gefunden haben.

raum großer Beliebtheit[129] und wurde durch Jubelhymnen in Dichtung und Gesang ergänzt.[130] Bei der σωτήρια verurteilten die Griechen die ‚Barbarei' der Kelten und stilisierten sie zu einer Gefahr für die gesamte Zivilisation. Davon machte v. a. der Aitolerbund Gebrauch: Die Föderation berief sich auf ihren großen Anteil an der Verteidigung Delphis, um die Kontrolle über das Heiligtum zu übernehmen.[131] Sie stiftete dort ein Siegesmonument, das die Bedrohung durch die Galater mit jener durch die Perser verglich.[132] Selbst Polybios, der die Aitoler als natürlichen Feind seines Achaierbundes betrachtete, folgte später dieser Argumentation und stellte dem θυμός der Gallier den λογισμός der Aitoler gegenüber.[133]

Die attalidischen Skulpturen besiegter Galater spiegeln diese Interpretation. Sie bildeten einen Teil der königlichen Siegesmonumente in Pergamon, Athen, Delphi und Delos.[134] Indem sie die Galater als kühne Krieger mit charakteristischen Bärten, gekalktem Haar und Schmuck darstellten, korrespondierten sie mit den literarischen Beschreibungen.[135] Noch deutlicher ist diese Beziehung bei der Haltung der keltischen Figuren, die bei ihrem verzweifelten Selbstmord ein deutliches Pathos und ein Übermaß an Bewegung ausdrücken. Dabei handelt es sich um eine bewusste Übertreibung zeitgenössischer Motive aus der Bildhauerei,[136] die hier auf die Barbarendarstellung übertragen wurden und die Präsentation hochgradig ambivalent wirken lassen: Auf

---

129 Es wurde bspw. auf Kos begangen, vgl. Syll.³ 398. Aber auch Athener beteiligten sich an den σωτήρια, vgl. BARRINGER 2003, 251–252. Pausanias (Paus. X, 21, 5–6) berichtet vom Schild des athenischen Soldaten Kydias, der in der Schlacht an den Thermopylen gefallen war; seine Familie hatte seinen Schild dem Zeus Eleutherios gewidmet. Selbst Spartaner nahmen an den Spielen teil, zumindest ist der Fall des Komödienschauspielers Nikon, Sohn des Eumathidas belegt; vgl. CARTLEDGE 2002, 33/34.
130 Vgl. MOMIGLIANO 1975, 61/62. Die griechischen Staatenbünde bemühten sich in den Jahren nach dem Überfall, ihren jeweiligen Anteil an der Verteidigung Delphis herauszustellen. Vgl. dazu NACHTERGAEL 1977. Siehe auch CHANIOTIS 2018, 62–64 zu den Beiträgen der kleinasiatischen Städte und den Widmungen in der Athener Akropolis.
131 Vgl. Champion 1996, 317–318. Die Ätoler griffen diese Rhetorik erst im Nachhinein auf, im Verlauf der ätolischen σωτήρια 245 v. Chr.: vorher galt Apollon noch als Retter des Heiligtums. Vgl. u. a. Paus. X, 19, 4–23,13; E. M. 7400 = IGII/IG III², 680 = Syll.³ 408/Delph. Inv. 2275 = IG IX, I², 194b = FD III, 3, 215 = Syll.³ 402. Auf Goldstatern ließ der Bund eine personifizierte Aitolia abbilden, die über den Schilden besiegter Kelten thronte. Vgl. etwa CHANIOTIS 2015, 25.
132 Vgl. Paus. X, 19, 4, der gallische Waffen und Schilde gesehen hatte, die den Bewaffnungen der Perser glichen, die in der Darstellung gegen die Athener kämpften. Vgl. CHAMPION 1996, 319/320. Paus. X, 18, 7 beschreibt, dass eine Trophäe und eine bewaffnete Frau dazu als Zeichen für die ätolische Rache an den Kelten für das Massaker von Kallion dienten, das Pausanias in X, 22, 3–7 beschrieben hatte.
133 Siehe CHAMPION 1996, 315; 327/328 und das Kapitel zu Polybios und den Kelten (159). Zu Polybios' Abneigung gegen die Aitoler vgl. bspw. PÉDECH 1964, 154.
134 Zur historischen Einordnung vgl. STROBEL 1991, 110/111.
135 Vgl. zu diesen Aspekten FLESS 2002, 66. Xenophanes F 14–16 hatte den Thrakern rote Haare und blaue Augen zugeschrieben; sicherlich wurden auch hier *topoi* von einem Nordvolk auf ein anderes übertragen.
136 Vgl. FLESS 2002, 68.

der einen Seite erscheinen die Galater als heroische Kämpfer, auf der anderen Seite als unkultivierte und verwirrte Besiegte.[137]

All diese Darstellungen der Galater als bedrohliches Kriegervolk verarbeiteten auch einen historischen Wandel, der sich im Keltenland vollzogen hatte: Ende des 5. Jhs. hatte die La-Tène-Kultur die Hallstattkultur verdrängt. Während der älteren Zeit waren nördlich der Alpen beeindruckende Fürstensitze entstanden, die Handelsbeziehungen bis in den Mittelmeerraum unterhielten.[138] Daraus resultierte eine Vorstellung von den Kelten als friedliche Händler, die bis ins 4. Jahrhundert die griechische Wahrnehmung prägte und sich in positiven Berichten wie dem des Ephoros niederschlug.[139] Die La-Tène-Epoche zeichnete sich hingegen durch aggressive Fürsten aus, die regelmäßige Beutezüge unternehmen mussten, um ihre Machtstellung zu bewahren.[140] Stabile Fürstentümer an der Peripherie der einstigen Hallstattkultur wurden durch expansive Kriegergemeinschaften ersetzt.[141] Die weitläufigen Handelsnetzwerke brachen vielerorts zusammen und an ihre Stelle traten regelmäßige Invasionen in den Süden.[142] Schon lange vor dem Überfall auf Delphi hatte sich einer dieser Angriffe 390/387 v. Chr. gegen Rom gerichtet.

Spätestens im frühen 2. Jahrhundert v. Chr. begannen die Griechen, sich mit dem römischen Keltenbild auseinanderzusetzen. Den Römern fehlte es zu diesem Zeitpunkt noch an einer ähnlichen literarischen Tradition, wie sie im hellenistischen Raum vorlag, doch hatte die gallische Eroberung der Stadt tiefe Wunden hinterlassen. Spuren des *metus Gallicus* lassen sich bereits in den Schriften früher römischer Autoren finden, etwa bei Cato und den Annalisten, und werden auch Polybios bekannt gewesen sein.[143] Die Vereinigung negativer *topoi* im Begriff des *metus Gallicus* zeigt sich anschaulich in der späteren Darstellung des Livius, der einige dieser Zuschreibungen schon in seinen frühen Quellen gefunden haben wird.[144] Er belegt die Kelten mit Eigenschaften, die den Werten der Römer diametral entgegenstehen: Darunter sind bspw. die Habgier

---

137 Vgl. ZANKER 2000, 412–413.
138 Vgl. COLLIS 2000, 236. Die Fahrt des Pytheas nach Britannien zeigt das große Interesse an den Gütern der keltischen Welt.
139 Ähnlich wird sich die erste bekannte Darstellung der Kelten bei Hekataios von Milet ausgenommen haben. Vgl. DOBESCH 1995, 27.
140 Für die Ausrichtung auf Krieg sprechen auch die *oppida*, die vermehrt erst in der Zeit der römischen Kriege in der Narbonensis aufkommen. Vgl. Ebd. 2000, 229–239.
141 Zu dieser Entwicklung siehe allgemein auch CUNLIFFE 1988.
142 Vgl. COLLIS 2000, 236.
143 So bspw. bei Cato in den *Origines*; vgl. Charis. 2p. 263 B = F 34 Peter = FRH 3 F 2,3 = FRHist 5 F33. Polybios könnte bei seiner Beschreibung der Keltenkriege in Oberitalien in erster Linie Fabius Pictor als Quelle genutzt haben, diese Meinung vertritt etwa Cornell 2013, III, 48. Außerdem nutzen andere Autoren wie Livius oder Diodor die Werke der frühen römischen Annalisten, vgl. KREMER 1994, 12; 273 (zu Diodor).
144 Schon aufgrund seiner intensiven Verwendung der annalistischen Schriften (s. o. 48, Anm. 143). Insgesamt zeigt er wenig Interesse an ethnographischen Fragestellungen und konstruiert stattdes-

(*avaritia*, etwa in V, 51, 10 oder XXXI, 20, 8), die Treulosigkeit (*perfidia*, XXI, 25, 7) oder der aufbrausende Zorn (*ira*, V, 49, 5), der dem θυμός der griechischen Autoren entspricht.[145] Positive Eigenschaften werden den Kelten von Livius und anderen römischen Autoren[146] abgesehen von ihrem beeindruckenden Körperbau[147] kaum zugestanden.

Das Zusammenspiel griechischer und römischer Vorstellungen spiegelt sich im sogenannten Fries von Civitalba. Dieser stammt aus einem Tempel in der Nähe von Sentinum in Umbrien, wahrscheinlich aus dem späten 2. Jahrhundert v. Chr., also aus der Zeit, als Polybios seine *Historien* fertigstellte.[148] Der nach etruskischer Art gefertigte Fries zeigt, wie Artemis einen Angriff von Kelten auf einen Tempel abwehrt, woraufhin die Räuber die Flucht ergreifen und ihr Beutegut fallen lassen.[149] Das lange, wehende Haar der Gallier, ihre Schnurrbärte und ihre keltischen Schilde und Torques (Wendelringe) erinnern an die pergamenische Kunst; ihre frevelhafte Goldgier und die ungeordnete Flucht an weitere bekannte *topoi*.[150] Eine genauere Untersuchung zeigt, dass sie sogar Satyrn gleichen und damit auf ihre Tierhaftigkeit und Triebhaftigkeit angespielt wird.[151] Das Bild bezieht sich offenbar nicht auf ein konkretes Ereignis, sondern steht vielmehr sinnbildlich für die Angriffe gallischer ‚Barbaren' auf die (griechisch-etruskisch-römische) Zivilisation.[152]

Bis in die Mitte des 2. Jhs. v. Chr. war die Gefahr von keltischen Einfällen nach Italien und Griechenland zwar größtenteils gebannt, doch hatte sich bei den meisten Griechen und Römern ein dezidiert negatives Keltenbild durchgesetzt. Jeder, der in der Folgezeit Gallierbeschreibungen verfassen wollte, musste sich mit dieser Sichtweise auseinandersetzen.

---

sen ein in allen Facetten negatives Bild eines genauso abscheulichen wie schwachen Feindes. Vgl. auch KREMER 1994, 17–78.

145 Vgl. Ebd., 37–43. Die *perfidia* bildet bspw. das Gegenteil zur römischen *fides*.
146 Als weiteres Beispiel sei nur Ciceros programmatische Argumentation in *Pro Fonteio* genannt, die sich aller bekannten, negativen *topoi* bediente. Erst Caesar zeichnete ein ausgewogeneres Bild der Gallier; s. u. 322–324.
147 So Liv. V, 35, 4 oder auch VII, 9, 8 – allerdings verkehrt Livius diese physische Stärke ins Gegenteil: Die Kelten ermüden aufgrund ihrer großen Leiber schnell und sind den Römern im Nahkampf auf engem Raum unterlegen.
148 Zur Datierung und Interpretation vgl. HÖCKMANN 1991, 212–219. Das Fries könnte auch noch aus dem frühen 1. Jh. v. Chr. stammen, doch ist die ältere Datierung HÖCKMANN zufolge wahrscheinlicher.
149 Artemis wird dabei von einer weiteren Figur, evtl. Leto, unterstützt. Vgl. HÖCKMANN 1991, 212. Ganz ähnlich ist die Darstellung auf einer etruskischen Alabasterurne aus Volterra aus dem mittleren 2. Jh. v. Chr. (Volterra, Museo Guarnacci 259); es handelte sich also um eine verbreitete Bildchiffre.
150 Vgl. WILLIAMS 2001, 45/46.
151 Vgl. KISTLER 2009, 158/159.
152 Vgl. WILLIAMS 2001, 169.

3. Polybios als ethnographischer Autor: Die Sicht eines griechischen Offiziers

3.1 Einleitung

Denn wer wäre so gleichgültig, so oberflächlich, dass er nicht zu erfahren wünschte, wie und durch was für eine Art von Einrichtung und Verfassung ihres Staates beinahe der ganze Erdkreis in nicht ganz dreiundfünfzig Jahren unter die alleinige Herrschaft der Römer gefallen ist? (Pol. I, 1, 5, übers. v. Hans Drexler 1961)[1]

Mit diesen Worten eröffnet Polybios von Megalopolis sein Geschichtswerk. Die *Historien* stellen die wichtigste Quelle für den Aufstieg Roms zur dominierenden Macht im antiken Mittelmeerraum dar. Im engeren Sinne beschäftigte sich Polybios mit den 53 Jahren von 221/220 v. Chr. bis 168/167 v. Chr. Dem Jahr 220 ist eine Zusammenfassung der früheren Geschichte Roms und Karthagos vorangestellt, die seinen griechischen Lesern nicht so detailliert bekannt war.[2] Ausgangspunkt war Roms dunkelste Stunde, die Einnahme der Stadt durch die Gallier, die Polybios auf das Jahr 387 v. Chr. datiert.[3] Nach einer prägnanten Wiedergabe des 4. Jhs. (I, 6) folgt eine längere Darstellung des Ersten Punischen Krieges (I, 7–63[4]), womit er chronologisch an die *Historien* des Timaios anschließt.[5] Das erste Buch endet mit einer Beschreibung des Söldnerkrieges (I, 66, 1–88, 7) und der folgenden Besetzung Sardiniens durch die Römer (I, 88, 8–12). Das zweite Buch gehört ebenfalls noch zur Einführung in das Thema: In ihm

---

1   Die Verweise auf Polybios folgen der Kapitelzählung der Loeb-Edition, der auch WALBANK folgte. Die Zählung in der Übersetzung von HANS DREXLER kann davon abweichen. τίς γὰρ οὕτως ὑπάρχει φαῦλος ἢ ῥᾴθυμος ἀνθρώπων ὃς οὐκ ἂν βούλοιτο γνῶναι πῶς καὶ τίνι γένει πολιτείας ἐπικρατηθέντα σχεδὸν ἅπαντα τὰ κατὰ τὴν οἰκουμένην οὐχ ὅλοις πεντήκοντα καὶ τρισὶν ἔτεσιν ὑπὸ μίαν ἀρχὴν ἔπεσε τὴν Ῥωμαίων, ὃ πρότερον οὐχ εὑρίσκεται γεγονός.
2   Vgl. Pol. I, 3, 7.
3   Vgl. Pol. I, 6, 1. Die Rolle der ‚Barbaren' des Nordens in den *Historien* wird hier bereits angedeutet.
4   Das erste Überqueren des Meeres durch römische Truppen aufgrund des Hilferufes der Mamertiner stellt hier den Ausgangspunkt dar (I, 7, 1– I, 12, 4); es folgen einige historische Überlegungen zu den Quellen und der Struktur der folgenden Erzählung (I, 12, 5– I, 16, 12). Später wird der Bericht durch philosophische (I, 35) und geographische (I, 42, 1–7) Reflektionen unterbrochen.
5   Vgl. Pol. I, 5, 2.

schildert Polybios zunächst das Eingreifen der Römer in Illyrien (II, 2–11), welches als erste militärische Intervention im Osten eine besondere Bedeutung erhält. Darauf folgen die ethnographisch interessanten Passagen über die Topographie Italiens (II, 12, 4–16, 15) und die Kriege zwischen Kelten und Römern (II, 17–35), die für Polybios von der Einwanderung der Gallier in die Po-Ebene ausgingen (II, 17, 1–3). Abschließend fasst Polybios die Geschichte ‚seines' Achaierbundes zusammen (37, 7–70, 8). Erst mit dem Beginn des dritten Buches widmet er sich dem eigentlichen Thema seines Werkes.

Ursprünglich sollten die *Historien* mit dem Jahr 168 v. Chr. enden: Durch die Niederlage Makedoniens war die wichtigste Macht Griechenlands gebrochen, und der Tag von Eleusis schien zu beweisen, dass der Einfluss Roms nun so weit reichte, dass selbst die Reiche der Ptolemäer und Seleukiden vom Willen der Tiberstadt abhängig waren.[6] Polybios' eigene Deportation nach Rom im Jahr 167 bildet einen persönlichen Abschluss der Darstellung. In seiner Gefangenschaft freundete sich Polybios jedoch mit dem jungen Scipio Aemilianus an, der ihm als Schüler zugewiesen worden war. Scipio stieg in kürzester Zeit zu einem der einflussreichsten Politiker Roms auf und ermöglichte es Polybios, ihn nicht nur im täglichen Geschäft, sondern auch auf Reisen und Feldzügen zu begleiten. Damit konnte der Historiker viele zeitgeschichtliche Ereignisse selbst miterleben, was ihn zu der Entscheidung bewog, sein Werk bis in das Jahr 146 v. Chr. fortzusetzen (III, 4, 6–5, 6).[7]

Die *Historien* sind somit von unschätzbarem Wert für die Geschichte des mittleren Hellenismus und der frühen Expansion Roms über Italien hinaus. Die Forschung hat sich mit dem Werk deshalb intensiv auseinandergesetzt und dabei v. a. Polybios als Person, Geschichtsschreiber und politischen wie verfassungsrechtlichen Denker untersucht.[8] Die Frage, ob er auch ethnographische Techniken benutzt, um den Aufstieg

---

6   Vgl. Pol. XXIX, 27. Zu einer Diskussion des Tages von Eleusis s. u. im Abschnitt zur griechischen Sicht auf Rom vor Polybios, 73/74.

7   Bei das Jahr markierenden Zerstörung Karthagos war er persönlich anwesend; vgl. Pol. XXXVIII, 19–22. Siehe dazu WALBANK 1972, 17/18. Die letzten zehn Bücher sollen dem Leser zeigen, wie die Römer das von ihnen eroberte Reich beherrschten, so dass ihre Taten vollständig bewertet werden können. Siehe III, 4, 4–6, das nachträglich eingefügt worden sein muss. WALBANK 1972, 181–183 geht aber davon aus, dass Polybios die letzten zehn Bücher v. a. hinzufügte, um seine eigene Autopsie betonen zu können – die Frage nach der Bewertung der römischen Herrschaft beantwortet er nämlich niemals vollständig.

8   Die wichtigsten Studien zum theoretischen politischen Denken des Polybios sind: VON SCALA 1890; VON FRITZ 1954; WELWEI 1963; GRABER 1968; NICOLET 1974; RIES 1975; ALONSO NÚÑEZ 1999b. Dazu hat der RE-Artikel von ZIEGLER (ZIEGLER 1952) bereits alle wichtigen Stellen abgehandelt. An neueren Publikationen sei hier nur auf BARONOWSKI 2011 und MORENO LEONI 2017 verwiesen. Bedeutend zu den Lebensumständen des Polybios war zuletzt ERSKINE 2012. In die Kulturgeschichte wurden die *Historien* v. a. von WUNDERER 1898–1909, PÉDECH 1974 und CHAMPION 2004 (s. u. 53 m. Anm. 23) eingeordnet. Außerdem wurden Fragen der Kontingenz und der Moral verfolgt; vgl. MAIER 2012b und ECKSTEIN 1995 – MILTSIOS 2013 untersucht die Narrativität in den *Historien*. Im Rahmen der Hellenismusforschung haben einige Historiker die Geschichte einzelner Staaten, v. a. des Achaierbundes, auf der Basis der polybianischen Angaben rekonstruiert; vgl. u. a. GELZER 1940; ORSI 1991; NOTTMEYER 1995; allgemeiner zuletzt GRIEB/KOEHN

Roms zu erklären, hat jedoch bisher nur wenig Aufmerksamkeit erfahren. Selbst im Kommentar der *Historien* von FRANK W. WALBANK und in seinen weiteren Arbeiten zu Polybios finden sich hierfür keine Ansätze.[9] Das Gleiche gilt für Untersuchungen der universalgeschichtlichen Methode des Polybios, obwohl dieser beanspruchte, die Geschichte der *oikumene* und all ihrer Bewohner zu beschreiben.[10] Zwar haben sich einige Publikationen mit seinen geographischen Exkursen beschäftigt, doch haben sie diese bis in die jüngere Vergangenheit vornehmlich als Rückschritt im Vergleich zu Eratosthenes gedeutet und anderen Forschern damit keine Anreize geliefert, die ethnographischen Aspekte der *Historien* zu untersuchen.[11] Bei vielen Historikern findet sich deshalb noch immer die Auffassung, Polybios habe überhaupt kein Interesse an Ethnographie gehabt.[12]

Nun gibt es allerdings jüngere Tendenzen, auch bei solchen Autoren, die keine explizit ethnographischen *logoi* verfasst haben, ethnographisches Denken aufzuspüren.[13] Polybios kombiniert ähnlich wie Xenophon politische Theorien mit ethnographischen Techniken und bindet sie in das Genre der Geschichtsschreibung ein.[14] Dennoch vernachlässigen auch neueste Monographien zu Polybios und seiner Beziehung zum Imperium Romanum die ethnographischen Passagen der *Historien*.[15] Eine gewisse Aufmerksamkeit hat seine Darstellung der Kelten erfahren: PHILIPPE BERGER[16] und RALF URBAN[17] ordneten diese in die historischen Kontexte ein und identifizierten

---

2013. Aktuelle Einführungswerke bieten MCGING 2010, DREYER 2011 und GIBSON/HARRISON 2013; knapp, aber präzise SCARDINO 2014.

9   Vgl. WALBANK 1957–1979. Von seinen unzähligen Schriften zu Polybios sei hier nur auf WALBANK 1972 sowie auf die umfangreiche Aufsatzsammlung WALBANK 2002e verwiesen.

10 Vgl. etwa HARTOG 2010. Zur (historiographischen) Methode an sich vgl. u. a. GELZER 1956; DEVROVE/KEMP 1956; PÉDECH 1964; EISEN 1966; MUSTI 1974; MOHM 1977; SACKS 1981. Dazu befassen sich einige Studien mit seinen Vorgängern, so u. a. MURRAY 1972, LEHMANN 1974 oder MCGING 2012. Erwähnenswert ist schließlich das Polybios-Lexikon; vgl. MAUERSBERGER 1998–2006. Jedoch wird das Thema Ethnographie in keiner dieser Werke ernsthaft diskutiert.

11 So betont schon BERGER 1903 bspw. auf S. 523 Polybios' Verwechslung der Flüsse Tanais und Jaxartes in X, 48, 1 und verurteilt dessen rigorose Ablehnung physikalisch-mathematischer Geographie. WALBANK 1967 zeigt, dass Polybios ein grundlegendes Verständnis für die Erkenntnisse der geographischen Forschung seiner Zeit fehlte. Erstmals wirklich positiv bewertet hat ECKART OLSHAUSEN Polybios' erdkundliche Beiträge, er nennt ihn sogar den Begründer der Historischen Geographie; vgl. OLSHAUSEN 1991, 7. DAUBNER 2013 bietet zuletzt eine differenzierte Diskussion, die ich an entsprechender Stelle aufgreifen werde; s. u. S. 145–146.

12 Bezeichnend ist die Äußerung von ELIAS BICKERMAN in Bezug auf die Ethnographie und die dazugehörige Urgeschichte: „Polybius was not interested in these questions." BICKERMAN 1952, 81, Anm. 105. Ähnlich noch TIMPE 2000, 224, der schreibt, Polybios habe sich zwar für individuelle ‚barbarische' Akteure interessiert, aber nicht für die ethnischen Gruppen in ihrer Gesamtheit.

13 Vgl. ALMAGOR/SKINNER 2013. Dies gilt sogar für Strabon (vgl. Ebd. 9), dem ich mich später widmen werde.

14 DENCH 2013, 261. Vgl. zu den Angaben v. a. Pol. VI, 52, 10–56, 15.

15 Vgl. v. a. BARONOWSKI 2011.

16 BERGER 1992; BERGER 1995.

17 URBAN 1991.

Polybios' Quellen;[18] ERIC FOULON interpretierte die geographischen Angaben über die Keltiké und baute auf den Arbeiten BERGERS auf.[19] J. H. C. WILLIAMS schließlich betrachtete die Gallier Italiens in den *Historien* und zeigte, wie römische Vorstellungen die Arbeit des Polybios beeinflussten und von ihr beeinflusst wurden.[20]

Die Untersuchung der (Kelt-)Iberer bei Polybios hat ebenso nur wenig Interesse erfahren, erst JOSÉ MANUEL ALONSO NÚÑEZ widmete der Thematik einen kurzen Artikel, der jedoch nicht mehr zu bieten suchte als einen ersten Überblick.[21] Der Sammelband „Polibio y la península Ibérica" stellt deshalb die wichtigste Publikation dar.[22] Einzelne Forscher haben sich auch mit Teilaspekten des polybianischen Römerbildes beschäftigt. CRAIGE CHAMPION,[23] RICARDO MARTÍNEZ LACY[24] und JOHN THORNTON[25] arbeiteten Polybios' ambivalentes Verständnis der römischen Kultur heraus; ANDREW ERSKINE analysierte die Sicht des Achaiers v. a. auf das römische Militär und kam zu einem ähnlichen Ergebnis.[26] Dennoch bleibt noch viel Potential, Polybios mit Blick auf die ‚Nordbarbaren' wie die Römer in die Tradition ethnographischen Denkens einzuordnen und die entsprechenden Schlüsse daraus zu ziehen.[27]

---

18 Während BERGER alle wichtigen Stellen zusammenfasste und in den *Historien* ein durchaus differenziertes Keltenbild fand, ging URBAN noch darüber hinaus, indem er die Darstellung des Polybios mit Fragen der römischen Innenpolitik und der Verfügbarkeit von Quellen zu den relevanten Kriegen verband. In seinem zweiten Aufsatz (BERGER 1995) verstand BERGER das Keltenbild des Polybios jedoch als rein negativ und warf ihm v. a. vor, fremde Kulturen abgelehnt zu haben, was die Forschung nicht wirklich weitergebracht hat. S. u. 386 Anm. 10. Die Untersuchung des griechischen Keltenbildes von HATT 1984 zeigt, dass Polybios vor den 90er Jahren fast überhaupt nicht als Quelle für die Kelten berücksichtigt worden ist.

19 FOULON 1997 (stärker zur Geographie); FOULON 2001 (Ethnographie). Während FOULON im zweiten Aufsatz wie BERGER 1992 zunächst Unterschiede wie Parallelen zwischen den Kelten und den ‚zivilisierten' Völkern bei Polybios aufweist, spricht er am Ende (63/64) wie BERGER 1995 nur noch von einem rein negativen Bild, das seinen französischen Lesern als Nachfahren der Gallier zu denken geben solle. Beide Autoren weisen auf wichtige Punkte hin und liefern wertvolle Erkenntnisse, ziehen am Ende aber eher enttäuschende Schlüsse aus dem Text. Ansonsten wird Polybios' Keltenethnographie nur in kurzen Zusammenfassungen als solche erwähnt; siehe bspw. RIVES 1999, 20.

20 WILLIAMS 2001.

21 Alonso Núñez 1985. Er wandte sich dabei auch gegen Martínez Gázquez 1978, der behauptet hatte, Polybios' Darstellung der (Kelt)iberer sei rein negativ.

22 SANTOS YANGUAS / TORREGARAY PAGOLA 2003. Besonders wichtig für die ethnographische Darstellung des Polybios ist GONZÁLEZ RODRÍGUEZ 2003 aus eben jenem Band. Siehe aber auch BURILLO MOZOTA 2003 und GÓMEZ ESPELOSÍN 2003.

23 CHAMPION 2004. Vgl. auch CHAMPION 2018.

24 MARTÍNEZ LACY 1991.

25 THORNTON 2010.

26 ERSKINE 2013b. Auch MORENO LEONI 2012; 2017 betonte zurecht, wie fremd die Römer für Polybios eigentlich waren.

27 Am Weitesten geht bisher WOOLF 2011b, der freilich aufgrund der anderen Ausrichtung seines Werkes viele Aspekte nicht vertiefen kann, auf die ich in der vorliegenden Arbeit eingehen möchte. Viele der bisherigen Spezialstudien vernachlässigen die ethnographische Tradition dagegen entweder oder untersuchen die polybianischen Passagen nur sehr oberflächlich. Das gilt beispielhaft für BERGER 1992 und 1995. Er äußert sogar einmal recht deutlich (BERGER 1995, 521), dass Polybios zwischen der ‚barbarischen' Kultur auf der einen und der griechisch-römischen auf der anderen

Der Hauptgrund für das bisher eher geringe Interesse an der Thematik ist die auf den ersten Blick geringe Anzahl explizit ethnographischer Passagen in den *Historien*. Neben dem Abschnitt über die oberitalischen Kelten,[28] dem sich das zweite Unterkapitel widmen wird, finden sich v. a. topographische Beschreibungen bestimmter Lokalitäten, die als Schauplatz für die folgenden Ereignisse dienen oder wichtige Völker und Reiche einführen sollen.[29] Dazu kommt das XXXIV. Buch der *Historien*, das sich (wahrscheinlich)[30] mit geographischen Beobachtungen befasst, aber nur bruchstückhaft überliefert ist.[31] Neben zoologischen und botanischen Bemerkungen enthält das Buch ethnographische Informationen zur Iberischen Halbinsel, die das dritte Unterkapitel aufgreifen wird.[32] Für Polybios' Sicht auf Rom gilt das sechste Buch als wichtigste Quelle; dort stehen die römische Armee und Verfassung im Vordergrund.

Zusammengenommen scheint es sich zunächst um nur wenige, verstreute Stellen zu handeln, in denen das ethnographische Interesse nicht immer im Vordergrund steht. Allerdings bedeutet das Fehlen gesonderter ethnographischer Exkurse nicht, dass Polybios das Thema ignoriert hätte: Da es sich bei der antiken Ethnographie um keine feste Gattung handelte, bestanden auch keine festen Regeln wie in der Geschichts-

---

vergleiche. Zwar stellt Polybios die Römer den Kelten durchaus positiv gegenüber, doch erkennt Berger nicht, dass auch die Römer für Polybios und andere Griechen in seiner Zeit ein fremdes Volk waren und damit ethnographisch beschrieben werden konnten und mussten. THORNTON 2010, 45 hat den Punkt bei seiner Behandlung von Polybios' Römerbild dagegen zurecht hervorgehoben.

28 Vgl. Pol. II, 14–17, im engeren Sinne ethnographisch ist nur der Abschnitt II, 17, 8–12.

29 Letzteres kündigt er bereits in I, 12, 8–9 nach einem kurzen Hintergrund zur römischen Geschichte an. Topographische Exkurse finden sich z. B. zu Psophis (IV, 70, 6–11); Sparta und Umgebung (V, 22, 1–4 & 24, 3–5), Eryx (I, 55, 7–9), Karthago (I, 73, 3–5), Seleukeia am Orontes (V, 59, 3–11), Triphylien (IV, 77, 7–10), Sizilien (I, 42, 1–7), Kampanien (III, 91, 2–9) und Medien (V, 44, 3–11/X, 27, 1–10). Sie enthalten jedoch kaum ethnographische Angaben; alleine in V, 44, 4 und 7 hebt Polybios den Mut und die Kriegstüchtigkeit der lokalen Stämme hervor.

30 Die Debatte, ob die entsprechenden Fragmente zur Geographie (und Ethnographie) tatsächlich in einem speziell dafür vorgesehenen XXXIV. Buch untergebracht war, kann ich hier nicht im Detail aufgreifen. Ich finde die dahingehende Argumentation WALBANKS überzeugend, die zuletzt bspw. von MOORE aufgegriffen wurde. Vgl. WALBANK 1967, 168; WALBANK 1972, 116; MOORE 2017, 132. Ein solch separates Buch spricht für ein größeres Interesse auch an der Ethnographie, wie im Fließtext argumentiert werden wird.

31 Dieses hatte Polybios bereits in Pol. III, 57, 5–6 angekündigt. Vgl. dazu WALBANK 1972, 116. PÉDECH (PÉDECH 1956; PÉDECH 1964, 515–597) meint, Polybios habe erst durch seine Reisen später im Leben ein geographisches Interesse entwickelt und diese Informationen dann nicht separat veröffentlichen wollen, sondern in sein Werk eingefügt. Außerdem seien seine Reisen in Gefangenschaft eher touristischer Art gewesen, anders als die früheren Unternehmungen. ENGELS 1999, 159–161 lehnt diese These ab, für eine solche Annahme würden genaue Angaben bei Polybios fehlen, und der Achaier habe Geld und Ansehen genug für separate Publikationen gehabt. Da Polybios bekanntlich andere Schriften veröffentlicht hatte (etwa über die Klimazonen und über das Leben des Aratos), überzeugt ENGELS' Argument. Die Geographie war für Polybios integraler Teil der (Zeit-)Geschichte und somit erscheint auch mir das XXXIV. Buch den ursprünglichen Interessen des Autors zu entsprechen; PÉDECHS Interpretation ist deshalb unnötig. Siehe dazu auch WALBANK 1972, 117.

32 Vgl. bspw. Pol. XXXIV, 9, 1–3.

schreibung oder der Rhetorik. Der Historiker hatte deshalb die freie Wahl, sich aus einem Fundus ethnographischen Denkens zu bedienen. Die Frage muss demnach lauten: Welche ethnographischen Techniken benutzt Polybios in seinen *Historien* und zu welchem Zweck? Bei der Auswahl dieser Techniken wurde Polybios von der übergreifenden Fragestellung seines Werkes geleitet, dem Erfolg der Römer und ihrer gewaltigen Expansion auf den Grund zu gehen.

Er beantwortet diese auf zwei Ebenen: Zunächst betrachtet er die wichtigsten Kriege, ihre Ursachen, ihren Verlauf und ihren Ausgang. An ihnen zeigt Polybios das Wirken der *tyche* auf.[33] Obwohl der Geschichtsschreiber nach rationalen Erklärungen suchte, verweist er immer wieder auf das Eingreifen dieser schicksalhaften Kraft und schließt dabei v. a. an Demetrios von Phaleron an.[34] Die *tyche* treibe, so Polybios, die Geschicke der *oikumene* voran.[35] Das gelte allerdings nur für „alles, wovon es für uns Menschen unmöglich [...] ist, die Ursachen zu erfassen."[36] Wo dies jedoch möglich war, sei es unangemessen, das Geschehen auf eine Gottheit zurückzuführen.[37]

Polybios betont, sich vornehmlich für die Auswirkungen der *tyche* zu interessieren, nicht für ihre vom Menschen nicht zu erfassenden Motive,[38] und somit die Ursachen (*aitiai*) ergründen zu wollen, die Demetrios vernachlässigt habe.[39] Damit kam Polybios zu einer weiteren Ebene: Um den Erfolg der Römer zu erklären, musste er sich mit

---

33 Vgl. die klare Aussage dazu in Pol. XXXIX, 8, 2, nach der seine Leser die *tyche* niemals unterschätzen sollten, und die Ankündigung in I, 4, 1–2, es sei seine Aufgabe als Historiker, das Wirken der *tyche* aufzuzeigen. Das Verhältnis von historischer ‚Logik' und dem Unerwarteten bei Polybios behandelt ausführlich MAIER 2012b.
34 Vgl. Pol. XXIX, 21, 4–6 = FGrHist 228 F 39.
35 Vgl. HARTOG 2010, 36; zu den Schwierigkeiten bei der Übersetzung des Begriffs DEININGER 2013, 71/72. Die scheinbar widersprüchliche Beschäftigung mit dem Zufall, dem Irrationalen, könnte auf seinen Eindruck der Geschichte Makedoniens zurückgehen: Demetrios von Phaleron hatte Makedoniens Aufstieg von einem unbedeutenden Königreich zur beherrschenden Macht der *oikumene* – im Zusammenspiel mit dem gegensätzlichen Schicksal Persiens – in seiner eigenen Lebenszeit als Produkt der *tyche* beschrieben; vgl. Pol. XXIX, 21, 4–6 = FGrHist 228 F 39. Polybios erlebte, wie dieses Reich unterging und damit der Aufstieg Roms einherging. Diese beiden historischen Wendepunkte konnte Polybios im Einzelnen zwar kausal erklären, doch musste er wie die meisten Griechen von ihnen überrascht gewesen sein und suchte deshalb die *tyche* als Erklärung heranzuziehen. Die Parallele mit Makedonien sah schon WALBANK 2002b, 91/92. DEININGER 2013, 79 weist zu Recht darauf hin, dass Polybios vom Aufstieg Roms in 53 Jahren sprach und Demetrios von 50 Jahren zeitlicher Distanz zwischen der Weltherrschaft der Perser und seiner eigenen Zeit, in der nicht einmal mehr ihr Name bekannt sei. Es ging ihm aber auch darum, seinen Lesern die Wichtigkeit und Unerwartbarkeit mancher Ereignisse und Entwicklungen aufzuzeigen, wenn er auf die *tyche* verwies: Er konnte und wollte diese Fälle auch deswegen nicht erklären, weil sein Publikum die ständige Unwägbarkeit des Lebens nicht zuletzt aus moralischen Gründen niemals vergessen sollte. Siehe hierzu HAU 2011 passim.
36 Pol. XXXVI, 17, 2.
37 Vgl. Pol. XXXVI, 17, 4.
38 Vgl. erneut HAU 2011. Zu dem Thema in der Stoa vgl. RIES 1975, 23.
39 Vgl. DEININGER 2013, 79.

ihrer Verfassung und ihren *nomoi* beschäftigen; seine Landsleute hätten diese Aspekte bisher ignoriert.[40] Das sechste Buch bildet deshalb den einzigen großen Exkurs des Werkes und orientierte sich vielleicht an dem Exkurs des Hieronymos von Kardia und den römischen Passagen bei Timaios.[41] Obwohl das sechste Buch eine Ausnahmestellung einnimmt, lässt sich doch zeigen, dass die Eigenschaften anderer Völker Polybios ebenso interessierten. Karthager, Kelten, Iberer oder die Griechen selbst erscheinen als geeignete Vergleichsobjekte, um die Überlegenheit der römischen *nomoi* und des römischen ‚Volkscharakters' zu demonstrieren. Dementsprechend wurden die *tertia* danach ausgewählt, wie hilfreich sie waren, um die zentrale Fragestellung zu beantworten.[42]

Allerdings wurde Polybios dabei auch von seinem persönlichen Hintergrund beeinflusst: Er wurde um 200 v. Chr. als Sohn des achaiischen Staatsmannes und späteren *strategos* Lykortas[43] im arkadischen Megalopolis geboren.[44] Bis zum Dritten Römisch-Makedonischen Krieg (171–168 v. Chr.) hatte Polybios den Rang eines *hipparchos* erreicht, des Kavallerieführers des Achaiischen Bundes.[45] Seine Kriegserfahrung versetzte ihn später in seinen *Historien* in die Lage, die Wirkmechanismen griechischer wie fremder Kriegführung genauer herausarbeiten zu können als Nicht-Militärs wie etwa Herodot, Hekataios von Abdera oder Ephoros es zuvor gekonnt hatten.

Nach der Niederlage Makedoniens wurde er zusammen mit eintausend anderen Achaiern, die der Kollaboration mit Perseus bezichtigt wurden, an Rom ausgeliefert.[46] Da sich die Aemilier für ihn einsetzten, durfte Polybios in Rom selbst leben und den jungen Scipio Aemilianus unterrichten.[47] Polybios profitierte von dieser Bekannt-

---

40   Vgl. Pol. VI, 3, 1–4; WALBANK 1972, 154.
41   Vgl. MOMIGLIANO 1976, 15; Dion. Hal. I, 6, 1. Zur großen Autorität des timaiischen Geschichtswerkes und der gerade deshalb so scharfen Kritik des Polybios vgl. bspw. LEHMANN 1974, 160–162.
42   Die Paradoxie wird in Pol. IX, 1 am Deutlichsten. In thukydideischer Manier wendet sich Polybios hier zunächst von einer nicht politischen Geschichtsschreibung ab, betont aber in I, 4, dass ihn das Verhalten von Völkern, Städten und Monarchen interessiere: folglich muss er sich auch den herodoteischen Beschäftigung mit den *nomoi* widmen. S. u. 64. Schon THORNTON 2010, 46 unterstrich die Bedeutung verstreuter Stellen zu den Römern und ihrem Volkscharakter außerhalb des VI. Buches. ECKSTEIN 1997, 198 geht soweit, zu behaupten, dass sich die Römer für Polybios eben nicht aufgrund ihrer Physis, sondern aufgrund ihrer *nomoi* von allen anderen Völkern unterschieden. Auf solchen Ansätzen werde ich im Folgenden aufbauen.
43   Polybios erwähnt seinen Vater Lykortas mehrfach in seiner Darstellung der achaiischen Geschichte, so bereits in Buch II in II, 40, 2–6; des Weiteren etwa in XXII; 9, 1–14 oder Liv. XXXIX, 50, 9 = Pol. XXIII, 16, 1–17, 4.
44   Im Jahr 170/169 war Polybios *hipparchos*, ein Amt, für das man mindestens 30 Jahre alt sein musste – dadurch ergibt sich das ungefähre Geburtsjahr. Vgl. Pol. XXVIII, 6, 9.
45   Vgl. Pol. XXVIII, 6, 9. Seine persönliche Verbindung zu Achaia resultierte in einer Sympathie, die sich durch sein gesamtes Werk zieht. GAETANO DE SANCTIS warf Polybios deshalb Geschichtsmanipulation vor; vgl. WALBANK 2002d, 312. Für einen antiken Autor ist eine solche Darstellung freilich nicht ungewöhnlich.
46   Vgl. Paus. VII, 10, 7–12. Mit den ca. 1000 Geiseln könnten laut ERSKINE 2012, 24 auch alle griechischen Geiseln und nicht nur die der Achaier gemeint gewesen sein.
47   Die Aufgabe übernahm er bereits 167 v. Chr. und damit kurz nach seiner Ankunft in Italien. Vgl. Pol. XXXI, 23, 7–24, 12. Scipio Aemilianus wurde 185/184 geboren. Lange ist man in der Forschung

schaft, da er so einen Einblick in die römische Politik erhielt und zahlreiche Kontakte in Rom knüpfen konnte, die ihm wichtige Dienste leisteten, als er seine Beschreibungen der Römer und ihrer *nomoi* verfasste.[48]

Obwohl Polybios großen Wert für Scipio besaß, wurde er als Grieche niemals ein offizieller *amicus*.[49] Ca. 151 v. Chr. kehrte Polybios nach Achaia zurück, bis ihn Scipio beim Ausbruch des Dritten Punischen Krieges 149 v. Chr. nach Lilybaion berufen ließ.[50] Der Zerstörung Karthagos wohnte Polybios persönlich bei.[51] Nach Ende der militärischen Auseinandersetzung kehrte er endgültig in seine Heimat zurück; dort konnte er zunächst zusammen mit der römischen Zehnergesandtschaft[52] und später allein die politischen Verhältnisse neu ordnen.[53] In dieser Position war er in der Lage,

davon ausgegangen, dass Polybios später ein Teil des so genannten „Scipionenzirkels" wurde, den Aemilianus um sich geschart habe. Diese Meinung ist inzwischen revidiert worden; vgl. STRASBURGER 1966a; neuerdings SOMMER 2013, 308–310. Dennoch besteht kein Zweifel daran, dass sich Scipio für griechische Kultur und Philosophie interessierte und persönliche Bekanntschaften mit Männern wie Polybios oder dem Stoiker Panaitios von Rhodos pflegte. Siehe GRUEN 1992, 119 (Interesse an der Kunst); 128 (Philosophie); Vell. I, 13, 3 (Bekanntschaft mit Panaitios). Zur Rolle und Macht der Scipionen allgemein siehe ETCHETO 2012.

48 Polybios betont, wie sehr der junge Scipio unter Erfolgsdruck stand, da er als Spross der Aemilier und der Scipionen galt; vgl. Pol. XXXI, 23, 10–13. Es scheint deshalb zunächst Scipios Ziel gewesen zu sein, auf intellektueller Ebene hervorzustechen. Erst danach begann er selbst eine glänzende militärisch-politische Karriere, die es mit den Leistungen seines Vaters Lucius Aemilius Paullus und seines Adoptiv-Großvaters Scipio Africanus aufnehmen konnte. Indem er griechische Denker um sich scharte, erhielt er Zugriff auf das immense Wissen der griechischen Geisteswelt. Für Polybios repräsentierte er dadurch eine Verschmelzung beider Welten, wie es sie zuvor nicht gegeben hatte; vgl. HARDERS 2008, 123–125. Im Rom dieser Zeit bestand ein großes Verlangen nach hellenischer παιδεία und egal, wie sein Zirkel nun genau aussah, es gelang Scipio Aemilianus dadurch, alle seine Rivalen im Wettkampf um dieses symbolische Gut zu übertreffen. Für das große Interesse am griechischen Denken sprechen die gut besuchten Vorlesungen des Platonikers Karneades 155 v. Chr.; vgl. Plut. Cato maior 22, 2–3; Sommer 2013, 311/312. Cato kritisierte diesen starken kulturellen Einfluss aus Griechenland zwar, konnte dagegen aber nichts ausrichten. Vgl. Plut. Cato maior 22, 4–5; Plin., nat. 7, 112. Grund für Catos Ablehnung war sicherlich auch die romkritische Haltung des Karneades; siehe FUCHS 1938, 2–5.
49 Vgl. SOMMER 2013, 316; HARDERS 2017, 244/245.
50 Die letzte achaiische Gesandtschaft erwähnt Polybios für das Jahr 154/153 v. Chr., und da Pausanias von einer Freilassung nach sechzehn Jahren spricht, muss diese circa ins Jahr 151 v. Chr. gefallen sein. Vgl. Pol. XXXIII, 14; Paus. VII, 10, 12. ERSKINE 2012, 31 nimmt eine Freilassung nach der Spanienreise und damit Anfang 150 v. Chr. an. Ähnlich WALBANK 1972, 11. Vgl. Pol. XXXVI, 11 zu seiner Berufung nach Sizilien.
51 Vgl. Pol. XXXVIII, 21, 1–22, 3. Auch bei der Zerstörung Korinths war Polybios offenbar anwesend; vgl. Strab. VIII, 6, 28, C381 = Pol. XXXIX, 2, 1–2.
52 Vgl. Pol. XXXIX, 4.
53 Dafür wurde er von zahlreichen Städten und Gemeinden öffentlich geehrt; vgl. Pol. XXXIX, 5; XXXIX, 8, 1. Da sich Polybios dezidiert an ein achaiisches Publikum richtete, kann davon ausgegangen werden, dass die Angaben zutreffen. Zudem beschreibt Pausanias, dass Megalopolis und das nahe gelegene Akakesion Inschriften für Polybios errichteten, die Pausanias selbst noch gesehen hat. Vgl. Paus. VIII, 30, 8; VIII, 37, 2.

Informationen aus ganz Griechenland zu beziehen, die er für sein Werk verwenden sollte.⁵⁴

Durch weite Reisen erwarb er sich große Autorität, da er die Schauplätze der *Historien* so persönlich besuchen konnte.⁵⁵ Seine Gefangenschaft in Rom ermöglichte ihm ein intensives Studium der römischen Verfassung und ihrer *nomoi*.⁵⁶ Möglicherweise trat er seine erste große Reise in den Westen 151/150 v. Chr. noch vor seiner Freilassung im Gefolge Scipios an.⁵⁷ Sie führte ihn nach Iberien, wo er sich u. a. in Neukarthago aufhielt,⁵⁸ und weiter nach Nordafrika. Dort traf er den numidischen König Massinissa,⁵⁹ der seinen Besuchern vom Zweiten Punischen Krieg erzählte und Polybios somit als Quelle diente.⁶⁰ Eventuell im Rahmen der gleichen Reise erkundete er die Gallia Cisalpina,⁶¹ die spätere Narbonensis⁶² und die Alpen⁶³, doch sind diese Aufenthalte nur schwer zu

---

54 Polybios starb irgendwann nach 120 v. Chr. Die Abmessung der südgallischen Via Domitia ist chronologisch das letzte Ereignis, das er nennt (in III, 39, 8). Da dies erst nach dem römischen Sieg über die Arverner 121 v. Chr. möglich war und die Straße 118 v. Chr. fertig gestellt wurde, muss Polybios mindestens in diesem Zeitraum noch gelebt haben. Zur Datierung des Arvernersieges siehe Caes. bell. Gall. I, 45, 2; Strab. IV, 1, 11, C185 (Sieg über die Allobroger und Arverner, für das Jahr 120 v. Chr. in den Fasti Triumphales genannt). Zu Polybios' Lebensdaten vgl. WALBANK 1972, 13 mit Anm. 62. Die Inschrift SEG XV, 254 nennt achaiische Hilfstruppen in Gallien unter Gnaeus Domitius Ahenobarbus, die Polybios als Quelle gedient haben oder auch sein Interesse auf die Narbonensis gezogen haben könnten. Sollte Polybios tatsächlich im Jahr 200 v. Chr. geboren worden sein, würde diese Interpretation zu der Angabe des Pseudo-Lukian passen, er sei im Alter von 82 Jahren vom Pferd gefallen und gestorben; vgl. Ps. Lukian, Makrobioi 22. Es gibt allerdings genauso wenig eine Sicherheit dafür, dass er nach dem Abfassen dieser chronologisch letzten Angabe bald gestorben ist.
55 Vgl. seine eigene Formulierung dieses Anspruches in Pol. XII, 25d–g; ähnlich in XX, 12, 8.
56 Zwar standen die Geiseln unter ständiger Überwachung und durften sich in Italien nicht frei bewegen – vgl. Paus. VII, 10, 12, der davon spricht, dass die Geiseln bestraft wurden, wenn sie die ihnen zugewiesenen Orte verließen. Doch scheint es Polybios erlaubt gewesen zu sein, z. B. nach Lokroi Epizephyrioi zu reisen, um als Mittelsmann zwischen den Lokrern und Rom einzuspringen; vgl. Pol. XII, 5, 1–3 und Walbank, Kommentar II, 331/332 zu den genauen Umständen der Reise. ERSKINE 2012, 28 meint hingegen, die Lokrier seien zu Polybios nach Rom gekommen, doch betont Polybios in 5,1, selbst nach Lokroi gereist zu sein und dies mehrfach getan zu haben.
57 Vgl. ERSKINE 2012, 29. Zum Einsatz des Scipio Aemilianus um diese Zeit vgl. Pol. XXXV, 4.
58 Vgl. Pol. X, 11, 4; WALBANK 1972, 24. Vgl. auch WALBANK, Kommentar II, 207–212, der die Angaben des Polybios größtenteils als sehr akkurat bezeichnet.
59 Vgl. WALBANK 1972, 11; siehe Pol. XXXVI, 16, 1 und Plut. an seni sit gerenda republica, 791F = Pol. XXXVI, 16, 11 zum Leben des Massinissa.
60 Das behauptet Polybios in IX, 25, 2–6 und es gibt keinen triftigen Grund daran zu zweifeln. Der Historiker war im Gefolge Scipios zunächst nach Iberien geschickt worden. Von dort sandte der Konsul Lucius Licinius Lucullus Scipio jedoch nach Numidien, um Massinissa (erfolgreich) um Hilfstruppen für die Kriege in Iberien zu bitten; Polybios wird ihn erneut begleitet haben. Zur Rekonstruktion der Abläufe vgl. SIMON 1962, 48/49.
61 Vgl. bspw. Pol. II, 15, 1; 5.
62 Vgl. Strab. IV, 2, 1, C190 = Pol. XXXIV, 10, 6–7; Athen. VIII, p. 332A = Pol. XXXIV, 10, 1–4. Die Angaben in der zweiten Stelle zu Narbo klingen sehr nach Autopsie, womit diese auch auf Massalia (erste Stelle) zutreffen mag, da die Bewohner beider Orte scheinbar auf der gleichen Reise befragt wurden. Vgl. ROLLER 2006, 100.
63 Vgl. Pol. III, 48, 12. HARL 2011 geht soweit, Polybios Noreia nördlich der Alpen besuchen zu lassen. Siehe hier auch GONZÁLEZ RODRÍGUEZ 2003, 151, die schreibt, dass Polybios die Alpen als Be-

datieren.⁶⁴ Während der Herrschaft Ptolemaios VIII. (145–116 v. Chr.) suchte er Alexandria auf, wo er die Bibliothek besucht haben wird.⁶⁵ Womöglich folgte er sogar Scipios Einladung, am Numantinischen Krieg teilzunehmen.⁶⁶

Als seine wichtigste Reise gilt aber eine maritime Expedition, die ihn durch die Säulen des Herakles führte und dazu diente „die Unkenntnis der Früheren hierüber zu berichtigen und den Griechen auch diese Teile der Erde bekannt zu machen."⁶⁷ Wie Skylax auf seiner Erkundungsreise für die Achaimeniden das östliche Ende der *oikumene* bereist hatte, so befuhr Polybios nach eigener Auffassung im Auftrag Roms den westlichen Rand der Welt.⁶⁸ Wie weit er dabei an der westafrikanischen Küste wirklich vorstieß, ist unklar, doch scheint er zumindest die Äquatorialregion erreicht zu haben.⁶⁹ Er führte die Reise eventuell nach dem Fall Karthagos im Sommer 146 v. Chr. und vor der Zerstörung Korinths im Herbst des gleichen Jahres durch, denn die Römer hatten durch die Eroberung Karthagos Zugriff auf zuvor unbekannte Berichte wie den *peri-*

gegnungsort, nicht als Grenze gesehen habe, was HARLS These einer Alpenreise vielleicht unterstützten würde. Die Anhaltspunkte reichen meines Erachtens jedoch kaum aus: HARLS Aufsatz ist sehr spekulativ, etwa 108–110 oder 124–126. Die Aussage schließlich, Polybios konnte (Zeit seines Lebens) „ohne Einschränkung seinen Interessen nachgehen" auf Seite 126 ist einfach grundsätzlich falsch, wenn man seine lange Zeit als römische Geisel bedenkt. Dennoch will ich nicht ausschließen, dass Polybios zumindest den Süden Noricums besucht haben könnte, schließlich berichtete er von dem Abbau des Goldes im heutigen Südkärnten; vgl. Pol. XXXIV, 10, 10–14. Als Beweis für Autopsie sieht die Stelle auch GONZÁLEZ RODRÍGUEZ 2003, 161. Damit ist jedoch nicht gesagt, dass der Achaier bis nach Noreia oder sogar darüber hinaus gereist war.

64 Vgl. etwa WALBANK, Kommentar I, 172/173. WALBANK 1972, 11 schreibt, dass Polybios auf diesen Reisen zur Überzeugung kam, den Westen für seine griechischen Leser erklären zu müssen.
65 Vgl. Strab. XVII, 1, 12, C797–798 = Pol. XXXIV, 14, 1–6.
66 Vgl. App. Ib. 84; 89/90, wonach der Freundeskreis des Scipio Aemilianus bei der Belagerung von Numantia anwesend war. Polybios wird allerdings nicht namentlich genannt, womit seine Teilnahme offen bleiben muss. Später verfasste er eine Monographie über den Konflikt, doch da er schon um die 70 gewesen sein muss, könnte sich auch gegen die strapaziöse Unternehmung entschieden haben. Vgl. WALBANK 1972, 12; Cic. fam. V, 12, 2.
67 Pol. III, 59, 8; für den gesamten Satz 7–8.
68 Nach Plin. nat. hist. V, 9 = Pol. XXXIV, 15, 7 stellte Scipio ihm die Schiffe zur Verfügung.
69 Wie weit Polybios seine Reise geführt hat besprechen EICHEL/TODD 1976, 239–243 und SCHULZ 2016, 308. Zur Datierung siehe EICHEL/TODD 1976., 239 sowie MEDEROS MARTÍN 2013, 240. ERSKINE 2012, 28 hält die Reise dagegen für undatierbar. MEDEROS MARTÍN 2013 bietet dazu einige Karten, auf denen er die Reiseroute rekonstruiert. Nach seiner Rückkehr verfasste Polybios ein Werk „Über die Bewohnbarkeit der Äquatorialzonen", in dem er angab, in Äquatornähe Berge gesehen zu haben; s. u. 66; vgl. Geminos, Einführung in die Phänomene, C16, 33 = Pol. XXXIV, 1, 7–13; Strab. II, 3, 2, C97 = Pol. XXXIV, 1, 15–17. Zwar schreibt WALBANK, Kommentar III, 574, Polybios sei einfach der Darstellung des Eratosthenes gefolgt, die wiederum auf der eines Simonides beruhte, der Meroe besucht hatte (vgl. Plin. nat. hist. VI, 183). Jedoch schreibt Geminos Polybios zu (Pol. XXXIV, 1, 8), dass er selbst die Angaben seiner Quellen im Hinblick auf die Beschaffung der Äquatorialzone bewiesen habe: Seine Autopsie verifizierte also die Informationen des Eratosthenes bzw. Simonides.

plous Hannos erlangt.⁷⁰ Seine Fahrten ermöglichten es Polybios, das in Rom und Griechenland vorhandene (ethnographische) Wissen zu ergänzen und zu übertrumpfen, indem er vor Ort neue Informationen sammelte. Das war die perfekte Voraussetzung, um die Sitten und Gebräuche anderer Völker in der *oikumene* beschreiben zu können.

Polybios war sich dieser Vorteile bewusst: Vor seiner Zeit sei es den Griechen nicht möglich gewesen, andere Länder gefahrlos zu erkunden. Die wenigen Forschungsreisen seien trotz großen Aufwands oft fruchtlos geblieben, und somit hätten die Autoren ihre Werke mit mythologischen Erzählungen und *thaumata* ausgeschmückt.⁷¹ Hieraus zieht Polybios folgende Verpflichtung für seine Gegenwart:

> Da aber in unseren Tagen die Länder Asiens durch die Herrschaft Alexanders, die übrigen Gegenden der Welt durch die Macht Roms fast alle zu Schiff oder zu Lande zugänglich geworden sind, da ferner die Männer, die eine öffentliche Tätigkeit ausübten, durch kriegerische und staatliche Aufgaben nicht mehr in Anspruch genommen sind und dadurch reichlich Zeit und Gelegenheit zu wissenschaftlicher Forschungsarbeit erhalten haben, so wäre wohl zu fordern, dass wir von den früher unbekannten Ländern eine bessere und wahrere Kenntnis gewinnen.⁷²

Diesem Anspruch wollte Polybios nachkommen.⁷³ An anderer Stelle zitiert er die homerische Charakterisierung des Odysseus als Vorbild für jeden, der ein ‚Mann der Tat' (ἄνδρα τὸν πραγματικόν) sein möchte.⁷⁴ Genauso müsse der ideale Geschichtsschrei-

---

70 Vgl. SCHULZ 2016, 308; vgl. EICHEL/TODD, 238. Weitere ethnographische Beschreibungen Nordafrikas finden sich in Pol. XII, 1–2 (aus Steph. Byz. (1) und Athen. XIV, p. 615D (2); vgl. WALBANK, Kommentar II, 317–321).
71 Vgl. Pol. III, 58, 5–59, 2; WILLIAMS 2001, 30/31.
72 Pol. III, 59, 3–5. Das Perserreich wird somit indirekt als Hindernis für die Erkundung des Ostens gesehen. Sicherlich änderten sich durch die Eroberungen Alexanders die Bedingungen für griechische Gelehrte gewaltig – vgl. etwa LEMSER 2021 passim. Doch hatte das Achaimenidenreich durchaus eine ähnliche Infrastruktur und Sicherheit geboten wie das römische Reich, in dem die Griechen – allein schon, weil sie keine Bürger waren – andersherum auf ähnliche Schwierigkeiten stießen wie im Perserreich; vgl. WILLIAMS 2001, 34. Die Reisebedingungen in den hellenistischen Reichen waren für griechische Gelehrte generell sicherlich besser, vielleicht abgesehen von Zeiten innerer Kriege, die keine Seltenheit darstellten. WOOLF 2011b, 60 weist darauf hin, dass es sich beim westlichen Mittelmeerraum dennoch um keine neue Welt für die Griechen handelte, da sie diese bereits in archaischer Zeit mit der Anlegung von *apoikiai* erschlossen hatten. Das Landesinnere Galliens oder Iberiens war allerdings für die seefahrenden Griechen durchaus Neuland, und erst die militärische Expansion Roms erschloss diese Räume. ἐν δὲ τοῖς καθ' ἡμᾶς τῶν μὲν κατὰ τὴν Ἀσίαν διὰ τὴν Ἀλεξάνδρου δυναστείαν τῶν δὲ λοιπῶν τόπων διὰ τὴν Ῥωμαίων ὑπεροχὴν σχεδὸν ἁπάντων πλωτῶν καὶ πορευτῶν γεγονότων, [4] ἀπολελυμένων δὲ καὶ τῶν πρακτικῶν ἀνδρῶν τῆς περὶ τὰς πολεμικὰς καὶ πολιτικὰς πράξεις φιλοτιμίας, ἐκ δὲ τούτων πολλὰς καὶ μεγάλας ἀφορμὰς εἰληφότων εἰς τὸ πολυπραγμονεῖν καὶ φιλομαθεῖν περὶ τῶν προειρημένων, [5] δέον ἂν εἴη καὶ βέλτιον γινώσκειν καὶ ἀληθινώτερον ὑπὲρ τῶν πρότερον ἀγνοουμένων. ὅπερ ἡμεῖς αὐτοί τε πειρασόμεθα ποιεῖν.
73 Vgl. dazu auch Baronowski 2011, 173/174. In XII, 28, 6 vergleicht sich Polybios bspw. mit Timaios und betont seine eigene Überlegenheit aufgrund der Reisen.
74 Vgl. Pol. XII, 27, 10–11 nach Hom. Od, I, 1–3 und VIII, 183. Andere Dichter lehnte Polybios als Quelle jedoch ab; vgl. Pol. IV, 40, 2; CLARKE 1999, 95.

ber beschaffen sein: Polybios wollte sich von seinen Konkurrenten abgrenzen und auf der Grundlage seiner eigenen Autopsie zur Autorität für den Westen der *oikumene* werden.[75] Wie Odysseus wollte er fremde Länder erkunden und über die Lebensweise und den Charakter ihrer Bewohner berichten. Das Selbstverständnis als neuer Odysseus deutet auch eine Inschrift an, die ihm laut Pausanias die Einwohner von Megalopolis gewidmet hatten:

> In Megalopolis steht auf dem Markt hinter dem dem Zeus Lykaios geweihten Bezirk ein Mann in Relief an einer Stele, Polybios, der Sohn des Lykortas. Es sind auch Epigramme auf ihn draufgeschrieben, die besagen, dass er in jedem Land und Meer herumgekommen sei und dass er Verbündeter der Römer geworden sei und ihren Zorn gegen die Griechen besänftigt habe.[76]

Es bleibt, zu klären, was Polybios überhaupt unter ‚den Griechen' (οἱ Ἕλληνες) verstand, da seine Beschreibungen nichtgriechischer Ethnien nur vor diesem Hintergrund verstanden werden können. Er verwendete den Begriff in verschiedenen Kontexten unterschiedlich, auch veränderte sich sein eigenes Verständnis im Laufe der Zeit.[77] Oft bezog er ihn ausschließlich auf die Bewohner des griechischen Mutterlandes.[78] Dafür gab es zwei Gründe: erstens Polybios' Herkunft von der Peloponnes und zweitens sein besonderes Interesse an der römischen Eroberung des griechischen Festlandes, die 168 v. Chr. zu ihrem vorläufigen Abschluss gekommen war.[79] Polybios stammte aus der *polis* Megalopolis und war Beamter des Achaiischen Bundes gewesen; *polis* und *ethnos* vervollständigten seine griechische Identität.[80] Besonders wichtig war dem Arkader seine Identifikation mit dem Achaierbund,[81] dessen Werte auch beeinflussten, was er

---

75 Vgl. Pol. XII, 28, 1; WALBANK 1972, 54/55.
76 Paus. VIII, 30, 8; Übersetzung in BOL/ECKSTEIN/MEYER 1986–1989. Μεγαλοπολίταις δὲ ἐπὶ τῆς ἀγορᾶς ἐστιν ὄπισθεν τοῦ περιβόλου τοῦ ἀνειμένου τῷ Λυκαίῳ Διὶ ἀνὴρ ἐπειργασμένος ἐπὶ στήλῃ, Πολύβιος Λυκόρτα· γέγραπται δὲ καὶ ἐλεγεῖα ἐπ' αὐτῷ λέγοντα ὡς ἐπὶ γῆν καὶ θάλασσαν πᾶσαν πλανηθείη, καὶ ὅτι σύμμαχος γένοιτο Ῥωμαίων καὶ παύσειεν αὐτοὺς ὀργῆς τῆς ἐς τὸ Ἑλληνικόν.
77 Vgl. etwa WALBANK 1985, 280–297.
78 Vgl. Pol. III, 5, 6; I, 3, 8 (für die Westgriechen wäre ein solches Unwissen gerade über die Geschichte Karthagos kaum anzunehmen); II, 71, 9 (unter den Griechen, οἱ Ἕλληνες, herrsche der Bundesgenossenkrieg, dieser fand aber nur im Mutterland statt). Auf der Konferenz von Naupaktos 217 v. Chr., als der Ätoler Agelaos laut Polybios „die Griechen" (Ἕλληνες) vor der römischen „Wolke aus dem Westen" warnt, hatten sich ebenso nur Vertreter des griechischen Mutterlandes versammelt; vgl. Pol. V, 104, 1–11.
79 Der Einfluss der peloponnesischen Perspektive zeigt sich auch bei der Auswahl Spartas als eines der drei Machtzentren, die Polybios mit Rom vergleicht; s. u. den entsprechenden Abschnitt (112–113); vgl. Pol. I, 2, 3. Die Spartaner werden letztendlich ausgewählt, weil sie lange der wichtigste Gegner des Achaierbundes waren. Wie stark solche lokalen Fehden auf der Peloponnes auch in hellenistischer Zeit weiter wogen, zeigen TAUSEND/TAUSEND 2014, bes. 37–41.
80 JOHN HENDERSON geht noch einen Schritt weiter und spricht von seiner megapolitisch-arkadisch-achaiisch-peloponnesisch-hellenischen Identität; vgl. HENDERSON 2001, 45.
81 Vgl. Pol. IV, 17, 7, wo der Achaiische Bund als *ethnos* bezeichnet wird; der ethnische Charakter des Bundes hielt aber eben arkadische Politiker wie Polybios, Lykortas oder Philopoimen genauso

unter ‚Griechen' verstand. Das geht daraus hervor, dass Polybios die antimonarchische, besonders antimakedonische[82] Haltung und die Freiheit und Gleichheit aller beteiligten *poleis* in der Allianz betonte.[83] Sie stand damit in scharfem Gegensatz zu den Reichen des Ostens, deren Einwohner die Freiheit der *polis* eingebüßt hätten und die stattdessen unter der Herrschaft ungerechter Könige leben würden.[84] Vielleicht schloss Polybios hier bewusst an Herodot und Hippokrates an; für die beiden klassischen Autoren waren die Asiaten ‚verweichlicht', da sie unter despotischen Herrschern lebten.[85]

Polybios verdeutlicht seine Ansicht durch eine Anekdote: Bei den Olympischen Spielen 212 v. Chr. sei Kleitomachos aus Theben[86] gegen den Außenseiter Aristonikos angetreten, der die Unterstützung Ptolemaios IV. genoss. Als das Publikum sich auf die Seite des Aristonikos schlug, erinnerte Kleitomachos sie daran, dass er als Thebaner und Boioter für den „Ruhm der Griechen" (Ἑλλήνων δόξῃ) gegen den „Ägypter" (Αἰγύπτιος) Aristonikos kämpfe; so gewann er die Herzen der Zuschauer.[87] Zweifelsohne handelte es sich bei Aristonikos um einen Griechen,[88] doch bezog sich Polybios' griechische Identität nicht auf die hellenistischen Königreiche, sondern nur auf die *poleis* und Staatenbünde des Festlandes – und damit war er nicht der Einzige.[89] Wichtigste Merkmale dieser griechischen Kultur blieben die gemeinsame Sprache, Heiligtümer, Feste und das Wissen um die Schriften Homers.[90]

---

wenig davon ab, die Politik der Föderation zu prägen wie den aus Sikyon stammenden Aratos. Vgl. MACKIL 2014, 276; 278.

82 Diese wurde jedoch durch den Kleomenischen Krieg auf eine harte Probe gestellt; vgl. ENGSTER 2014, 158–163. Engster gelingt es, zu zeigen, wie sehr die verschiedenen Haltungen der einzelnen *poleis* zu Makedonien und besonders Sparta den Bund auch in den folgenden Jahrzehnten immer wieder vor Probleme stellten; vgl. Ebd., 164–198. Für Polybios war auch der anti-ätolische Faktor wichtig; vgl. Ebd., 158. Zu seiner anti-makedonischen Haltung und deren Langlebigkeit in Griechenland allgemein siehe des Weiteren THORNTON 2010, 63–65.

83 Vgl. Pol. II, 38; ENGSTER 2014, 172/173. Er behauptete, die ganze Peloponnes habe seit der neuen Bundesverfassung von 191 v. Chr. über die gleichen Gesetze, Maße, Gewichte und Münzen verfügt – eine zentrale Münzprägung gab es allerdings nicht; vgl. ENGSTER 2014, 172, Anm. 106.

84 Vgl. Strab. XVIII, 1, 12, C797–798 = Pol. XXXIV, 14, 1–5. Ihre griechischen *nomoi* hatten sie allerdings nicht verloren. Zu Polybios' Sicht auf Monarchien allgemein bietet WELWEI 1963 eine eingehende Untersuchung.

85 Vgl. Hippokr. de aer. 23; vgl. die Rede des Otanes in Hdt. III, 80, 2–6, die sicherlich seine eigene Ablehnung der Monarchie wiedergibt. Vgl. dazu GAMMIE 1986, 171–195.

86 Vgl. zu ihm auch Paus. VI, 15, 3–5.

87 Vgl. Pol. XXVII, 9. Das Beispiel dient als Gleichnis, um dem Leser verständlich zu machen, warum viele Griechen im Dritten Römisch-Makedonischen Krieg die als Außenseiter wahrgenommenen Antigoniden unterstützten, obwohl diese die *poleis* seit anderthalb Jahrhunderten unterdrückten; vgl. Pol. XXVII, 10. Zur Interpretation des Beispiels vgl. FREITAG/FÜNDLING 2014, 11/12.

88 Dafür sprechen sein Name und seine Teilnahme an den Spielen; vgl. WALBANK, Kommentar III, 308.

89 Theokrit erzählt bspw. die Geschichte der Syrakusanerinnen Praxinoa und Gorgo im Ptolemäerreich, die in Alexandria lebten, aber dennoch Bürgerinnen von Syrakus geblieben waren und selbstverständlich im dorischen Dialekt sprachen. Die Stärke der *polis*-Identität blieb also auch im Hellenismus vorhanden. Vgl. Theokr. Id. XV, bes. vv. 89–93; GÜNTHER 2014.

90 HANSEN 2000, 143 bietet eine prägnante Zusammenfassung.

Erstens prägte also Polybios' Frage nach dem Aufstieg Roms seinen Umgang mit der ethnographischen Literatur, und zweitens muss seine Biographie als ehemaliger Offizier und vielgereister Beamter des Achaierbundes, der über zahlreiche Kontakte in Griechenland und Rom verfügte, berücksichtigt werden. Als nächstes muss ein Blick auf das Publikum geworfen werden: An wen richtete Polybios seine Schrift, und was sollten ihnen die *Historien* bieten?

Das Werk war in erster Linie für ein griechisches Publikum bestimmt.[91] Die Vorgeschichte Roms und Karthagos vor dem Ersten Punischen Krieg schildert Polybios, weil „wir"[92] (ἡμεῖς), „[die] meisten Griechen"[93] mit dieser nicht vertraut sind.[94] Er schreibt zwar im Zusammenhang mit den Taten des Lucius Aemilius Paullus, dass Römer unter den wichtigsten Lesern seiner Arbeit seien.[95] Doch dient die Bemerkung v. a. dazu, seinem griechischen Publikum zu beweisen, wie authentisch seine Angaben über Rom sind.[96] Und tatsächlich könnten solche Vertreter der Nobilität, die Griechisch beherrschten und Polybios persönlich kannten, das Geschichtswerk in seinen verschiedenen Phasen gelesen haben.[97]

Ihnen präsentiert er zuvorderst eine faktenbasierte Darstellung der politischen Geschichte, wie sie auf Thukydides zurückging.[98] Eine stark moralphilosophische Auslegung wie bei Ephoros[99] lehnt er genauso ab wie eine rein von der μίμησις geprägte Darlegung. Die μίμησις suchte die Realität nachzubilden wie es im Theater geschah.[100] Zwar stellt er Ereignisse wie die Zerstörungen Karthagos[101] und Korinths,[102] die er persönlich miterlebt hatte, in ähnlicher Manier dar.[103] Allerdings beabsichtigte der ehemalige Offizier, mit seinem Werk Politikern und Militärs einen Leitfaden von praktischem Nutzen zu bieten.[104] Die Biographien bedeutender Feldherren und Staatsmänner dienen

---

91 Vgl. bspw. Pol. I, 42, 1–7; II, 35, 9; III, 59, 8.
92 Pol. I, 3, 7.
93 Pol. I, 3, 8.
94 Vgl. QUINN 2013, 345. THORNTON 2010, 45 hält das in Bezug auf Karthago für übertrieben: wahrscheinlich wussten die Griechen über die karthagische Geschichte mehr als über die römische, da sie sich vor dem 3. Jh. v. Chr. deutlich häufiger mit der Geschichte griechischer *poleis* gekreuzt hatte.
95 Vgl. Pol. XXXI, 22, 8.
96 Vgl. Walbank 1972, 4.
97 Zur Bekanntschaft von Polybios mit Cato vgl. etwa Plut. Cato maior 9 = Pol. XXXV, 6, 1–4.
98 Siehe bspw. Thuk. I, 22, 4. Der Ansatz passte auch zu den zeitgenössischen Ideen der Stoa. Vgl. RIES 1975, 21. Siehe allerdings LEHMANN 1974, 167/168 zu offensichtlichen Unterschieden zwischen den beiden Autoren, mit weiterführender Literatur.
99 Vgl. etwa Strab. VII, 3, 9, C302–303 = FGrHist 70 F 42.
100 Vgl. STRASBURGER 1966b, 40/41. Duris von Samos vertrat diese Richtung, vgl. bspw. Phot. Bibl. 176 p. 121 a 41 = FGrHist 76 F 1. Seinen ‚Schüler' Phylarchos kritisiert Polybios explizit, u. a. hieraus ist auf die Ablehnung der μίμησις zu schließen, vgl. Pol. II, 56–63.
101 Vgl. Pol. XXXVIII, 19–21; App. Pun. 132 = Pol. XXXVIII, 22.
102 Vgl. Strab. VIII, 6, 28, C381 = Pol. XXXIX, 2.
103 Eher dramatische Elemente in den *Historien* insgesamt arbeitet Houliang 2018 passim heraus.
104 Vgl. Pol. III, 7, 4–7; VI, 2, 8; V, 75, 6; IX, 12–16; WALBANK 2002f, 239. Wie MAIER 2018, 70 m. Anm. 44 betont, gab es auch nach der Zerstörung Korinths noch genug aktive Politiker und Mili-

im stoischen Sinn als Beispiele für richtiges und falsches Verhalten.[105] Sie sind mehr als nur kurze Lektionen im Sinne einer *magistra vitae*,[106] wie sie ein römisches Publikum erwartet hätte.[107] Stattdessen möchte Polybios seinen Lesern zeigen, dass sie aus der Vergangenheit lernen können, welche Umstände des eigenen Schicksals sie beeinflussen können, und wie sie so den Launen der *tyche* entkommen können.[108] Dazu muss er „die Taten und Schicksale von Völkern, Städten und Herrschern"[109] der gesamten *oikumene* behandeln; nur mit einem vergleichenden Blick auf das Ganze meinte er die Geschichte seiner Zeit erfassen zu können.[110] Die Römer nehmen dabei eine Sonderstellung ein, da fortan jeder Grieche mit ihrer Vorherrschaft umgehen müsse. Polybios' Anspruch erstreckte sich jedoch aufgrund seiner universalgeschichtlichen Herangehensweise prinzipiell auf alle Bewohner des Mittelmeerraums. Die Kenntnis fremder Institutionen, Verfassungen und *nomoi*[111] soll junge Griechen aus der Oberschicht auf ihre politisch-militärische Karriere vorbereiten oder Amtsträgern bei ihren Entscheidungen zu Gebote stehen.[112] Deshalb soll seine Darstellung lehrreich (ὠφέλιμος) für die jüngeren Leser und angenehm (ἡδύς) für die älteren sein, die vielleicht ähnliche Erfahrungen gemacht hatten wie Polybios.[113]

Er selbst hatte nur einen kleinen Adressatenkreis vor Augen,[114] doch sind die *Historien* mehr als ein Handbuch für Politiker und Militärs. Polybios verarbeitete darin auch

---

tärs in Griechenland, die wie Polybios selbst den Beispielen von Männern aus den *Historien* folgten und ihre eigenen Ideen gegen den römischen Einfluss durchsetzen wollten.
105 Vgl. WALBANK 2002f, 240; RIES 1975, 22. So galt etwa das Verhalten des Scipio Africanus als nachahmungswürdig und das Philipps V. als abschreckend; vgl. bspw. Pol. XI, 31, 5; XXIII, 14, 1–4 zu Scipio und Pol. VII, 11–14/XVIII, 33, 4–6 zu Philipp.
106 Vgl. WALBANK 2002f, 241.
107 Vgl. Cic. de orat. II, 36.
108 Vgl. v. a. Pol. I, 1, 2; dazu MAIER 2012b, 17.
109 Pol. IX, 1, 5; vgl. WALBANK 2002f, 241.
110 Vgl. Pol. I, 4, 9–11. Das erinnert an Herodot, zu den Parallelen s. u. 66–68.
111 Die Notwendigkeit, die fremden *nomoi* zu kennen, zeigt Polybios beispielhaft am ignoranten Verhalten der Aitoler. Im Zweiten Römisch-Makedonischen Krieg nahmen sie an, Flamininus ließe sich von Philipp V. bestechen, weil sie von ihren eigene Sitten auf die der Römer schlossen; vgl. XVIII, 34, 6–8; MARTÍNEZ LACY 1991, 88. Noch verhängnisvoller war der Friedensvertrag, den sie nach der Niederlage in der Schlacht bei den Thermopylen 191 v. Chr. im Antiochoskrieg mit den Römern schlossen, ohne zu erkennen, dass es sich dabei um eine *deditio* handelte; siehe Pol. XX, 9, 7 10, 3. Zu weiteren Implikationen vgl. GRAINGER 1999, 466–468.
112 Vgl. auch Pol. II, 61, 11; III, 7, 5.
113 Vgl. Pol. XXXI, 30, 1. Zur Frage, wer sein Werk am Ende wirklich gelesen haben könnte und wer nicht (gerade unter den griechischen Eliten), siehe MALITZ 1990, 337–339.
114 Vgl. Pol. IX, 1, 5. Eher unterhaltsame Passagen wie die θαυμάσια im XXXIV. Buch könnten seine Lehre dennoch einem breiteren Publikum vermittelt haben; für eine solche Möglichkeit spricht auch sein einfacher Schreibstil, den er selbst betont; vgl. Pol. XVI, 17, 9–11. Siehe zu dieser Überlegung die Literatur und Quellen bei MALITZ 1990, 339/340. Mit seiner Sprache will sich Polybios von ‚Schönschreibern' und anderen Literaten abgrenzen – ähnlich, wie er sich dagegen sträubt, wirklich philosophische Überlegungen in sein Werk aufzunehmen; vgl. Pol. VI, 5, 1 und s. u. v. a. den Abschnitt zur römischen Verfassung (101–111).

philosophische Anschauungen und suchte sein eigenes Verständnis der Welt zu entwickeln. Dementsprechend ist abschließend zu klären, wie der Achaier mit den Makrotheorien des Hellenismus umging. Nahm er zu intellektuellen Debatten Stellung, und folgte seine ethnographische Darstellung dem Vorbild seiner Vorgänger?

Zweifellos beeinflusste die Stoa als eine der wichtigsten zeitgenössischen Philosophieschulen das Denken des Polybios. Die Idee der *tyche*, die rational-pragmatische Geschichtsschreibung[115] und die Kreislauflehre der Verfassungen (s. u.[116]) sind nur einige der stoischen Anklänge in seinem Werk. So wie die Stoa versuchte er die Welt als Ganzes zu beschreiben und zu begreifen,[117] doch sollte er nicht wie Panaitios oder Poseidonios selbst als Stoiker bezeichnet werden.[118] Für einen eher synkretistischen Umgang mit philosophischen Gedanken spricht auch, dass Polybios 155 v. Chr. die Vorlesungen des Platonikers Karneades in Rom besuchte.[119] V. a. peripatetische Vorstellungen fanden ebenso ihren Eingang in das Werk.[120] Auch wenn der Militär und Politiker Polybios keine eigene Philosophie oder Theorie entwarf:[121] Er sah die historische und geographische Einheit des Mittelmeerraumes und postulierte den Zustand der συμπλοκή, die mit der römischen Expansion vollendet wurde.[122] Unter ihr verstand er, dass die Geschichte aller Völker der *oikumene* miteinander auf eine Art verflochten war, wie es sie zuvor nicht gegeben hatte.[123] Diese Annahme entsprach dem Verständnis der Stoiker von einer Weltseele, die alle Menschen miteinander verbindet.[124] Für Polybios waren die Geschicke Iberiens, Italiens, Siziliens, Afrikas, Griechenlands, Makedoniens, Kleinasiens, einiger weiter östlicher Gebiete und Ägyptens miteinander verwoben.[125]

---

115 Vgl. Pol. XII, 25b; schon bei Thuk. I, 22, 4; vgl. RIES 1975, 22.
116 Im entsprechenden Analyseteil; 102–105.
117 Die Idee findet sich zu seiner Zeit etwa bei Panaitios, den Polybios möglicherweise gekannt hat; s. o. den Abschnitt zum Scipionenzirkel (56 Anm. 47).
118 Wie THEO RIES schreibt: „Zweifelsohne gehörte die Stoa in einer abgewandelten Form zum Zeitgeist jener Epoche. Als solche Zeitströmung hat sie mit anderen Faktoren zusammen Polybios beeinflusst." (RIES 1975, 30). Ähnlich STRASBURGER 1965, 45/46. Eine ausführliche Übersicht stoischer Einschläge bei Polybios findet sich schon bei VON SCALA 1890, 201–255.
119 Vgl. Gell. VI (VII), 14, 8–10 = Pol. XXXIII, 2; Karneades war als Teil der athenischen Philosophengesandtschaft, welche eine Geldstrafe für den Angriff auf Oropos abwenden sollte, in Rom. Vgl. auch PÉDECH 1974, 43.
120 Vgl. BALDRY 1965, 177.
121 Dazu bevorzugte er zu sehr den politisch-militärischen Pragmatismus. Vgl. bspw. Pol. VI, 5, 1; XII, 28, 1–5 (unterscheidet sich als Historiker vom Philosophen Platon); BARONOWSKI 2011, 165.
122 Vgl. auch PÉDECH 1956; HARTOG 2010, 35 zur Geschichte und Bedeutung des Begriffs. Zur Einheit von Menschheit und Geschichte in der hellenistischen Stoa siehe auch die Kapitel zu Poseidonios.
123 Vgl. Pol. I, 3, 3–5. Zu seiner Auffassung von der *oikumene* vgl. Pol. III, 36, 6–38, 3. Die *oikumene* ist damit also nicht unbedingt die ganze Welt, sondern nur „the space in which events take place", wie schon bei Herodot oder Ephoros – ALONSO NÚÑEZ 1990, 186.
124 Siehe erneut die Kapitel zu Poseidonios insgesamt (211–299).
125 Vgl. QUINN 2013, 341; Pol. III, 36, 6–38, 3.

Außerhalb davon wohnten nur ‚geschichtslose' Randvölker:[126] Die Auswirkungen auf seine ethnographischen Interpretationen sind offensichtlich.

Ausgangspunkt für die συμπλοκή war der Entschluss des jungen Philipp V. von Makedonien, nach dem Sieg Hannibals am Trasimenischen See 217 v. Chr. den Kontakt mit Karthago zu suchen, um sich gegen die Römer zu stellen.[127] Erstmals war eine makropolitische Entscheidung im Osten aufgrund eines Ereignisses im Westen gefällt worden; sie führte Polybios zufolge dazu, dass sich die Römer Griechenland zuwandten und es später eroberten.[128] Danach konnte seiner Ansicht nach anspruchsvolle Geschichtsschreibung nur noch die vernetzten Geschehnisse der bekannten Welt zusammen darstellen, für Lokal- und Spezialgeschichten war kein Platz mehr.[129]

Dieser universelle Anspruch erstreckte sich auch auf seine geographischen Interessen, wie die erhaltenen Thesen seines Werkes „Über die Bewohnbarkeit der Äquatorialzonen" zeigen, welches das Ergebnis seiner Atlantikreise war.[130] Die (früh)hellenistische Stoa hatte am Äquator einen Gürtelozean postuliert, dessen Wasser durch die Sonne ständig verdampft wurde und so wiederum die Himmelskörper antrieb.[131] Diese Vorstellung passte zum Konzept von (meistens fünf) Klimazonen, welche die Erde von Norden nach Süden einteilten. Polybios widersprach dieser Hypothese in doppelter Hinsicht: Erstens hatte er in Äquatornähe Berge gesehen und hielt das Äquatorgebiet damit für bewohnbares Land, und zweitens ging er auch deshalb von mindestens sechs, wenn nicht gar sieben Zonen aus.[132] Die Klimatheorie hatte großen Einfluss auf ethnographische Darstellungen; sie ordnete die Völker der *oikumene* ihren verschiedenen Zonen zu und suchte ihren Charakter auf die Beschaffenheit ihrer jeweiligen Heimat zurückzuführen.[133] Die dadurch entwickelten *topoi* standen Polybios zur Verfügung, um seine eigenen Zuschreibungen zu entwerfen.[134] Er griff damit eine gelehrte Diskussion auf, um sie durch eigene Erfahrungen zu bereichern.

Ein ähnliches Vorgehen findet sich bereits bei Herodot.[135] Es sprechen einige Indizien dafür, dass Polybios die *Historien* Herodots nicht nur gelesen hat, sondern dass die

---

126 Vgl. QUINN 2013, 341/342. QUINN nutzt Walter Benjamins Konzept der ‚leeren, homogenen Zeit', um diese Gleichzeitigkeit der benannten Gesellschaften zu beschreiben, während die ‚Barbaren' im engeren Sinne geschichtslos blieben.
127 Vgl. Pol. V, 101, 10–102, 1; 104, 7; 108, 5; XV, 24, 6; dazu VOLLMER 1990, 1/2.
128 Vgl. ECKSTEIN 2013, 82; Pol. III, 32, 6–7; VII, 11–14.
129 Vgl. BALDRY 1965, 173–176. Das hatte zudem den Vorteil, dass er sich leichter von seinen Vorgängern absetzen konnte, unter denen sich nur wenige an Universalgeschichten versucht hatten; vgl. GABBA 1974, 627.
130 Vgl. Geminos, *Einführung in die Phänomene*, C 16, 33= Pol. XXXIV, 1, 7–13; Strab. II, 3, 1, C96 = Pol. XXXIV, 1, 14; Strab. II, 3, 2, C97 = Pol. XXXIV, 1, 15–17; Achilles, *Phänomene* C 31 = Pol. XXXIV, 1, 18.
131 Vgl. BERGER 1903, 310/311.
132 Vgl. PÉDECH 1974, 57; ROLLER 2015, 138.
133 S. o. 41/42.
134 S. o. im Kapitel zu den Keltentopoi (41–44).
135 Siehe etwa SCHULZ 2020a, 221–326 mit zahlreichen Beispielen.

Schrift ihn insbesondere in Bezug auf ethnographische Untersuchungen prägte – die bisherige Forschung hat das jedoch nicht so anerkannt.[136] Es ist zwar zu Recht darauf hingewiesen worden, dass Polybios den ‚Vater der Geschichtsschreibung' kein einziges Mal namentlich erwähnt.[137] Das trifft jedoch auf die meisten hellenistischen Historiker zu,[138] und dennoch wird jeder gebildete Grieche, der Geschichtsschreibung betreiben wollte, Herodots Werk konsultiert haben.[139] Herodot erfüllte die Anforderungen des Polybios an einen Historiker,[140] weil er auf weiten Reisen Informationen in der eigenen Autopsie gewonnen hatte, und seine Gedankenwelt war Polybios vertraut.[141] Wie Herodot beschrieb Polybios den Aufstieg eines Volkes, zu dem er eine enge persönliche Bindung besaß. Während Herodot im karischen Halikarnassos geboren wurde, das Teil des Perserreiches war, verbrachte Polybios einen großen Teil seines Lebens (nach 167 v. Chr.) in Rom. In beiden Fällen errang das jeweilige Reich die Vorherrschaft über die *oikumene*: die Römer unterwarfen den Westen wie die Perser zuvor den Osten. Indem sie in den griechischen Raum expandierten, wurden die Imperien für den Autor und seine Leser interessant, und in beiden Fällen folgten langwierige Kriege zwischen den Parteien.[142] Herodot und Polybios trafen also auf ähnliche Probleme und wählten ähnliche Lösungen.

An mehreren Stellen gleicht die Schilderung des Polybios der Herodots so stark, dass eine *aemulatio* einer konkreten Herodotpassage möglich scheint.[143] Beispielsweise beschreibt Polybios, wie Hannibals Armee die Rhône überquerte und dabei eine Brücke anfertigte, indem sie Holzflöße aneinanderband. Anschließend schritten die karthagischen Elefanten auf dieser Konstruktion über den Fluss.[144] In fast der gleichen Manier hatte Herodot dargestellt, wie Xerxes' Heer den Hellespont überschritt und dabei eine sehr ähnliche hölzerne Pontonbrücke konstruierte, die danach von den per-

---

136 Siehe beispielhaft den Band PRIESTLEY/ZALI 2016, in dem Polybios so gut wie gar nicht behandelt wird. Genauso wenig in PIGÓN 2008.
137 Vgl. MURRAY 1972, 211; MCGING 2012, 33/34.
138 Vgl. MURRAY 1972 passim. Auch Aristoteles beschäftigte sich kritisch mit zahlreichen Erzählungen Herodots, führte ihn aber auch immer wieder als verlässliche Quelle an. Siehe die Beispiele bei BARRON 2012/2013, 183–185.
139 Vgl. etwa ENGELS 2008, 154; HORNBLOWER 2006, 314. Damit revidierte Letzterer seine eigene Aussage, dass Herodot für Polybios überhaupt keine Rolle gespielt habe; vgl. Hornblower 1996, 61. Ebenso schon WALBANK 1972, 38, Anm. 30. Die ältere Forschung ist in diesem Sinne zunehmend widerlegt worden, doch liegt als ausführlicher Beitrag meines Wissens nach nur die Analyse von MCGING 2012 vor. Dass Herodot selbst seine Quellen nur selten namentlich nennt, stützt das Argument noch weiter.
140 Vgl. Pol. XII, 25d–g.
141 Vgl. MCGING 2012, 38.
142 Ein ähnlicher Gedanke hinsichtlich der Parallelität zwischen den beiden Autoren findet sich bereits bei WALBANK 1972, 2–3.
143 MCGING 2012 nennt mehrere Beispiele, von denen ich eines im Folgenden aufgreife.
144 Vgl. Pol. III, 46.

sischen Reitern genutzt wurde.¹⁴⁵ In beiden Fällen bemühten sich die Kommandanten, die Brücke möglichst breit zu bauen, damit die Tiere nicht vor dem uferlosen Wasser scheuten. Es bestehen offensichtliche Parallelen zwischen den beiden Passagen, und da Polybios keine andere Flussüberquerung in den *Historien* ähnlich ausführlich darlegt, erscheint es möglich, dass er hier die herodoteische Darstellung aufgreift, um mit ihr in Konkurrenz zu treten.¹⁴⁶

Für eine Auseinandersetzung mit Herodot spricht auch, dass Polybios in II, 35, 7 die Historiker lobt, „die den Zug der Perser gegen Griechenland [...] überliefert haben". Als politisch-militärischer Geschichtsschreiber musste sich Polybios vielleicht nur mit seinen direkten Vorgängern in dieser Disziplin kritisch befassen.¹⁴⁷ Deshalb war es nicht notwendig, namentlich auf Herodot einzugehen, doch wird gerade die eben zitierte Anspielung auf ihn abgezielt haben.¹⁴⁸ Sicherlich wird er ebenso an Herodot gedacht haben, als er sich im IX. Buch gegen Autoren wendet, die sich mit allen Bereichen der Geschichtsschreibung, nicht nur mit der politisch-militärischen Ereignisgeschichte, beschäftigt hatten.¹⁴⁹ Da er jedoch seinen Lesern aufzeigen wollte, wie sie aus der Geschichte lernen konnten, mit ihrem eigenen Schicksal umzugehen, musste er Konstanten in der Vergangenheit (und Gegenwart) finden. Die *nomoi* griechischer wie fremder Ethnien eigneten sich dazu hervorragend, da er auf diesem Feld auf verbreitete *topoi* zurückgreifen konnte.¹⁵⁰ Auch kündigte er an, sich mit der Geschichte möglichst aller Völker der *oikumene* auseinandersetzen zu wollen, um in diesem Kontext den Aufstieg Roms erklären zu können.¹⁵¹ Die *Historien* Herodots waren für beide Vorgehen das offensichtlichste Vorbild, und vielleicht galten ihm dessen ethnographische Exkurse und Techniken – wenn sie auch der Vorlage Thukydides untergeordnet blieben – sogar als Vorbild, an dem er geschult war und an dem er sich messen wollte.¹⁵²

Damit ist der Kontext des Polybios geklärt: Die Fragestellung seines Werkes, der biographische Hintergrund, das anvisierte Publikum und das intellektuelle Milieu beeinflussten ihn, als er auf die Tradition ethnographischen Denkens zurückgriff und daraus Ideen und Methoden für seine eigene Arbeit auswählte. Wie das konkret aussah, werden die drei folgenden Kapitel zeigen. Die Untersuchung richtet sich zunächst auf die Römer und wird damit der Fragestellung des Polybios folgen; danach werden mit

---

145 Vgl. Hdt. VII, 36.
146 Vgl. MCGING 2012, 39–41.
147 Anders als etwa Strabon führt er keine Liste seiner Vorgänger an; nur Ephoros wird als Begründer der Universalgeschichte gewürdigt. Vgl. Pol. V, 33, 2; Strab. I, 1, 1, C1–2. Zur Repräsentation des Ephoros hier siehe allerdings TULLY 2014.
148 Vgl. MURRAY 1972, 211/212. Zu seiner Auseinandersetzung mit Thukydides vgl. ROOD 2012, 50–67. Da Thukydides fast kein ethnographisches Schreiben betrieb, gehe ich auf ihn nicht explizit ein.
149 Vgl. Pol. IX, 1, 2–3.
150 Ähnlich MAIER 2012b, 34–36, der zahlreiche Beispiele anführt, von denen ich einige, neben den Kelten etwa die Aitoler, später noch vertiefen werde.
151 S. o. 64 zu Pol. IX, 1, 5.
152 So halten es auch SMITH/YARROW 2012, 13 ganz knapp für Herodot und Thukydides fest.

den Kelten und den (Kelt-)Iberern zwei Völker in den Blick genommen, über welche die Griechen aufgrund der römischen Expansion mehr erfuhren als je zuvor.

Das erste Kapitel wird im Folgenden zentrale Passagen der *Historien* im Hinblick darauf hin prüfen, wie sie die Römer mit Hilfe ethnographischer Techniken darstellen. Daraus ergibt sich die zweite Frage nach der Rolle der Vergleichspraktiken: Welche Schlüsse zog Polybios, wenn er die Römer den Griechen gegenüberstellte? Und mit welchen anderen Völkern verglich er sie?

3.2 Widerstand ist zwecklos: Die Beschreibung der Römer als Ethnographie

Die griechische Sicht auf Rom vor Polybios

Offensichtlich war Polybios also mit den Makrotheorien der Philosophen genauso vertraut wie mit den Entwicklungen der griechischen Geschichtsschreibung. Deshalb ist es nötig, zunächst einen Blick auf ältere Bilder von Rom zu werfen, die zu seiner Zeit zur Verfügung standen.

Die Kontakte zwischen Griechen und Römern begannen bereits in der Archaik, jedoch findet sich die erste literarische Erwähnung Roms in einem griechischen Text erst in der Zeit um das Jahr 430 v. Chr.: Der Geschichtsschreiber Hellanikos von Mytilene bringt eine Verbindung zwischen den Trojanern unter Aeneas und der Gründung Roms ins Spiel.[153] Hellanikos beschäftigte sich ausführlich mit Italien und erkannte offenbar die Vormachtstellung Roms in Latium,[154] vielleicht interessierten ihn auch die Verbindungen zwischen Römern und Etruskern.[155] So wurden die Römer schon früh in den griechischen Wissenshorizont aufgenommen und als Vergleichsgegenstand etabliert.[156]

Die Eroberungskriege Roms in Süditalien im 4. Jahrhundert v. Chr. führten dann erstmalig zu einer negativen Charakterisierung der Römer: Aristoxenos von Tarent (ca. 376–300 v. Chr.) zeichnet das Schicksal der Stadt Poseidonia in Kampanien nach

---

153 Vgl. Dion. Hal ant. I, 72, 2 = FGrHist 4, F 84; dazu BICKERMAN 1987, 93–110. Zu den weiteren *Troika* des Hellanikos vgl. FGrHist 4, F 23–29; F 138–156. Im 4. Jh. identifizierte der sizilische Historiker Alkimos, wohl im Anschluss an Hellanikos, einen Großneffen des Aeneas als Gründer der Stadt; vgl. Festus p. 266 Mü (p. 326, 35 Li) = FGrHist 560 F4.

154 Vgl. bspw. WISEMAN 1995, 50–51, der schreibt, Hellanikos habe die Hellenizität der Latiner beweisen wollen.

155 Vgl. ULF 2017, 14. Der Peloponnesische Krieg brachte neues Wissen über Italien, so konnte Hellanikos die Handlung der Aeneis an die nördlichere Westküste Italiens projizieren.

156 Herakleides Pontikos (ca. 390–322 v. Chr.) sprach dann von Rom als einer griechischen *polis*, die von den (normalerweise als friedlich idealisierten) Hyperboreern überfallen worden sei; vgl. Plut. Camillus 22, 3 = Herakl. Pont. Fr. 102 Wehrli. S. o. 45 im Topoikapitel.

der römischen Eroberung: Die griechischen Einwohner seien ‚Barbaren' geworden, und zwar Etrusker (Τυρρηνοί) oder Römer (Ῥωμαῖοι), da sie ihre Sprache (φωνή) und „alle übrigen Gewohnheiten"[157] (τά τε λοιπὰ τῶν ἐπιτηδευμάτων) verloren hätten.[158] Unter einer ‚barbarischen' Fremdherrschaft konnten Griechen also sogar ihre eigene Kultur vergessen. Die Warnung wird bei Polybios auf großes Interesse gestoßen sein.[159]

Konkreter wurde der Kontakt in den Jahren 280–275 v. Chr., als Pyrrhos von Epeiros in die italischen Verhältnisse eingriff.[160] Polybios selbst hat den Krieg nur kurz beschrieben,[161] längere Abhandlungen fanden sich bei den Zeitgenossen Hieronymos von Kardia (ca. 360–256 v. Chr.)[162] und Timaios von Tauromenion (ca. 350–260 v. Chr.).[163] Spätestens mit dem Pyrrhoskrieg wurde die römische Republik zum Gegenstand griechischer Historiographie.[164]

Aus dem engeren Kontakt ergaben sich politische Folgen: Zwei Jahre nach dem Sieg über Pyrrhos schloss Rom einen Freundschaftsvertrag mit dem Ptolemäerreich.[165] Im Osten dominierten bald jedoch negative Vorstellungen: Schon Pyrrhos hatte die Aeneasgeschichte genutzt, um eine ewige Feindschaft zwischen Griechen und Römern/Trojanern zu proklamieren.[166] Aus der Zeit der Punischen Kriege sind dann sikeliotische Autoren wie Philinos von Akragas bekannt, die karthagofreundliche Historien verfass-

---

157 Athen. XIV, p. 632A–B = Fr. 90 Müller = Fr. 124 Wehrli = test. 28 Rios = Fr. III 3 95 Kaiser. Übersetzung nach FRIEDRICH/NOTHERS 2001.

158 Vgl. auch die Interpretation bei DEREMETZ 1995, 50. Von Etruskern ist die Rede, da die noch vorhandenen etruskischen Städte traditionell enge Verbindungen zu den griechischen *poleis* in Kampanien besaßen; vgl. CUOZZO 2013; bes. 306.

159 Auch hier ließe sich eine Parallele zu den Perserkriegen konstruieren: Nach der Eroberung durch die Achaimeniden galten die ionischen Griechen zwar nicht als ‚Barbaren', doch verloren sie ihre führende wirtschaftliche und intellektuelle Stellung in der griechischen Welt und wurden an den Rand gedrängt. Eine ähnliche Entwicklung traf viele Städte der Magna Graecia nach der römischen Eroberung. Zum Bedeutungsverlust Ioniens, dessen Klima Herodot und (Pseudo-)Hippokrates noch als optimal anpriesen, welches aber die Bewohner angeblich verweichlichte und damit zur Eroberung durch die Perser beitrug, vgl. SCHUBERT 2009, bes. 259.

160 Ein epirotischer Adliger namens Aristarchos, der in Opposition zum König stand, floh während des Konfliktes sogar nach Rom; vgl. Zon. VIII, 2, 370D.

161 Vgl. Pol. I, 6, 4–8.

162 Darauf basierte die Pyrrhos-Biographie Plutarchs. Vgl. etwa FGrHist 154 F 11; 12.

163 Vgl. Dion. Hal. ant. I, 6, 1 = FGrHist 566 T9b. Timaios interessierte sich auch für die religiösen Riten Latiums, wie ein Fragment zum Heiligtum von Lavinium belegt; vgl. FGrHist 566 F 52 = Dion. Hal. ant. I, 67, 4.

164 Zur Geschichte der römisch-griechischen Beziehungen aus hellenischer Sicht siehe GEHRKE 2008, besonders die Kapitel zu den Niederlagen gegen Rom.

165 Vgl. Eutr. II, 15 und NEATBY 1950, 89–98. Die Römer versuchten deshalb schon während dieser Zeit, den Griechen ihre eigenen Werte nahezubringen: So prägten die eroberten Städte der Magna Graecia nach dem Pyrrhischen Krieg Münzen, auf denen römische Tugenden griechisch interpretiert wurden: Aus Lokroi Epizephyrioi sind Silberstatere mit den Beschriftungen ΡΩΜΑ und ΠΙΣΤΙΣ bekannt. Vgl. BMC 11, Italy, 365, Nr. 15; FORTE 1972, 11.

166 Vgl. Paus. I, 12, 1; RÜPKE 2006, 131. Das Argument von GABBA 1974, 634/635, die Ableitung der Römer von den Trojanern habe ihren Status als ‚Barbaren' abgeschwächt, mag deshalb nicht wirklich zu überzeugen: Zwar ähneln die Trojaner der homerischen Werke den Griechen in vielen

ten.¹⁶⁷ Sie verurteilten die Römer als kopflose Kriegstreiber und Gesetzeslose, deren *fides* wenig wert sei,¹⁶⁸ und stellten ihnen die Karthager als edle und mutige Kämpfer gegenüber.¹⁶⁹ Bei ihnen prahlen die Römer jedoch auch mit einer respektablen Eigenschaft, die sich als *topos* etablieren sollte: So lernten sie stets von ihren Feinden und schlugen diese mit ihren eigenen Mitteln – sie seien lernfähige ‚Barbaren'. Sie hätten bspw. von den Etruskern den Rundschild und die Phalanxformation übernommen und ihre Feinde anschließend mit deren eigenen Waffen bezwungen.¹⁷⁰ Das gleiche Prinzip sollte nun den Seekrieg gegen Karthago entscheiden. Auf diese Weise versuchten die Griechen, den Erfolg der Römer zu erklären; an ihrem insgesamt negativen Urteil änderte es nichts. Eine neue Stufe erreichte die Abneigung mit der Einnahme und Plünderung von Syrakus 212 v. Chr.¹⁷¹ Die Einwohner von Syrakus zogen vor den Senat, um sich über den Vorfall zu beschweren,¹⁷² und Polybios kritisierte das römische Vorgehen später in seinem Werk.¹⁷³ Die Römer erschienen nun der Mehrheit der griechischen Welt als unkultivierte ‚Barbaren', denen es an bewundernswerten *nomoi* fehlte.¹⁷⁴

     Aspekten tatsächlich, doch steht die auch von den Göttern unterstützte Feindschaft zwischen den beiden Seite im Vordergrund.
167 Vgl. FGrHist 174.
168 Vgl. Diod. XXIII, 15, 2; XXIV, 3. Die Zuweisung der Stellen an Philinos (und evtl. weiteren antirömischen Historikern) erfolgt nach SCHWARTZ 1903, Sp. 688; ähnlich PERL 1957, 166; FORTE 1972, 10/11; BARONOWSKI 2011, 47/48.
169 Vgl. etwa Diod. XXIV, 9, 2–3; 10. Die ethnographische Vergleichspraxis diente in diesem Fall also der Herabsetzung der Römer: Auf der einen Seite werden mehrere Beispiele tugendhafter und mutiger Karthager genannt, auf der anderen Seite mehrere Fälle grausamer und treuloser Römer. Philinos/Diodor vergleicht nicht explizit, die Gegensätze springen dem Leser jedoch ins Auge. Polybios konnte diese Perspektive später nur verurteilen; vgl. Pol. I, 14–15.
170 Vgl. Diod. XXIII, 2, 1. Eine Zusammenfassung von anderen Völker übernommener Errungenschaften aus den verschiedensten Bereichen findet sich später bei Poseidonios; vgl. Athen. VI, p. 273D–274A = F 59 Jac. = F 266 EK (teilweise) = F81 Theiler (teilweise).
171 Vgl. etwa CHAMPION 2004, 50. Das Vorgehen und seine Folgen wurden sogar von römischer Seite, namentlich von Cato, kritisiert; vgl. CHAMPION 2004, 60/61; Liv. XXXIV, 1–8 (Lex Oppia) und 4, 3–4 (zu Cato).
172 Vgl. Plut. Marcellus 23.
173 Vgl. Pol. IX, 10. WALBANK 1972, 162/163 weist zu Recht darauf hin, dass Polybios das Vorgehen in IX, 10, 11 zu rechtfertigen scheint, wenn er sagt, dass die Römer das Gold und Silber brauchten, um ihre Vormachtstellung auszubauen. Doch verurteilt er genauso klar im nächsten Satz, dass sie auch Gemälde und Skulpturen raubten; damit erlangten sie keine μεγαλοψυχία. Siehe zu diesem Punkt HAU 2016, 66.
174 Von ihren militärischen Erfolgen abgesehen. Andere ‚Barbarenvölker' verfügten durchaus über solche: Man denke nur an Herodots Respekt vor dem Alter der ägyptischen Zivilisation und ihrer Religion; vgl. Hdt. II, 35–98. Auch bei den naturnäheren Völkern des Westens und Nordens war dies möglich: Neben dem Skythenexkurs des Herodot (Hdt. IV, 1–142; inklusive der historischen Darstellung) sei Ephoros genannt, der die Kelten als Griechenfreunde darstellte und ihre Sitten würdigte; vgl. Strab. IV, 4, 6, C199 = FGrHist 70 F131. Dennoch galten eigentlich allen vormodernen Völkern die eigenen *nomoi* immer als die Besten, und den ‚Barbaren' fehlt es an eben jenen. Vgl. GONZÁLEZ RODRÍGUEZ 2003, 152 nach Hdt. III, 38, 1–4.

Das Ausgreifen der Römer auf das griechische Mutterland bestätigte diesen Eindruck offenbar zunächst.[175] Ein Wendepunkt war erst die Rede des Titus Quinctius Flamininus bei den Isthmischen Spielen 196 v. Chr., in der er die Freiheit aller griechischen *poleis* von der makedonischen Herrschaft erklärte.[176] Als darauf der tatsächliche Rückzug der römischen Truppen erfolgte, ehrten und belobigten zahlreiche *poleis* bis nach Kleinasien hinein die Sieger.[177] Solange die Römer im Osten nicht dauerhaft militärisch präsent blieben, konnte sich also eine Sicht etablieren, welche sie als Verbündete anerkannte und zu schätzen wusste.[178]

Allerdings erstreckte sich die *amicitia* Roms nicht auf den Aitolerbund, der sich bald darauf mit dem Seleukidenkönig Antiochos III. einen neuen Bündnispartner suchte.[179] Seleukiden und Aitoler konnten die meisten griechischen Staaten von der Brüchigkeit der römischen *fides* überzeugen – den ‚Barbaren' sei nicht zu trauen.[180] Da vielen *poleis* missfiel, wie sie von den Römern in den 190er Jahren behandelt worden waren, fiel die ätolische Propaganda auf fruchtbaren Boden.[181] Sie konterkarierte das neue, positive Römerbild. Während des Römisch-Syrischen Krieges (192–188 v. Chr.) zirkulierte offenbar sogar eine Prophezeiung, die den Untergang Roms voraussagte: Als Strafe für ihre Kriege gegen die Griechen solle die Stadt am Tiber zerstört werden.[182] Der Ausspruch erinnert an ein klassisches Vorbild: Laut einem Orakel in Aischylos' *Persern* würden die Götter die persische Armee vernichten, sobald diese den Helles-

---

175   Zu diesen Ereignissen und Polybios siehe auch VOLLMER 1990 passim; ähnlich SHERWIN-WHITE 1983 18–30. Eine aktuelle Zusammenfassung der römischen Eroberung Griechenlands bietet ECKSTEIN 2013.
176   Vgl. Pol. XVIII, 46, 5. Das Auftreten des Flamininus wurde von den Griechen als würde- und taktvoll empfunden und stand in Kontrast zu Philipp V., den viele als aggressiven Despoten sahen, so auch Polybios selbst; vgl. bspw. CHAMPION 2004, 153/154. Zu Flamininus und seiner wahren Rolle und Wahrnehmung in Griechenland siehe PFEILSCHIFTER 2005.
177   Vgl. Plutarch, Flamininus 2; 5; 16,4; IG, 12, 9, 931. Viele kleinasiatische Städte fühlten sich von der seleukidischen Expansion bedroht und erhofften sich Schutz von Rom, so bspw. die ionische *polis* Teos; vgl. SIG³ 601. Breit behandelt hat dieses Thema RÖDEL-BRAUNE 2015. Rom wurden sogar, ganz wie zuvor den hellenistischen Königen, göttliche Ehren zuteil, wie etwa das Fest der Rhomaia auf Euboia belegt; siehe dazu CHANIOTIS 2018, 169. Umgekehrt erhielt der phrygische Kult der Magna Mater in Rom Einzug; siehe MANUWALD 1974, 630 f.
178   Zur Genese dieser konkurrierenden Sichtweisen im Hellenismus siehe auch den Überblick bei CHAMPION 2000b, 427–429.
179   Vgl. Pol. XVIII, 34 zu den römisch-ätolischen Beziehungen und CHANIOTIS 2018, 169–172 zu den Kriegsursachen.
180   Vgl. Pol. XVIII, 46, 1–4.
181   Vgl. FORTE 1972, 25–32 zu den Komplikationen, die sich durch die unterschiedlichen Auffassungen von *libertas* und ἐλευθερία ergeben hatten.
182   Laut dem kaiserzeitlichen Autor Phlegon von Tralleis, der einen Antisthenes zitiert – dabei könnte es sich um Antisthenes von Rhodos (FGrHist 508) gehandelt haben. Vgl. GABBA 1974, 631 f.; Cod. Palat. Gr. 398 p. 216 r lin. 1 ff. = FGrHist 257 F 36. Zur Deutung siehe auch FUCHS 1938, 5–7.

pont überschreite.¹⁸³ In beiden Fällen wendet sich ein Landvolk dem Meer zu; Poseidon selbst bestraft die Perser in der Schlacht von Salamis für ihre *hybris*.¹⁸⁴ Es handelt sich dabei um einen charakteristisch griechischen Rückgriff auf die Tradition: Indem sich die Prophezeiung an ein Vorbild aus den Perserkriegen anlehnte, steigerte sie die römische Bedrohung dramatisch. Es scheint den Griechen also schon lange vor Polybios klar gewesen zu sein, dass sie erneut miterleben mussten, wie ein Volk nach der Weltherrschaft griff. Doch gab es für diese „Wolke aus dem Westen"¹⁸⁵ noch keine Erklärung – die sollte erst Polybios liefern.¹⁸⁶

Der damalige Reiterkommandant des Achaiischen Bundes wurde durch die Folgen des Dritten Römisch-Makedonischen Krieges (171–168 v. Chr.) in seine Rolle als Historiker und Ethnograph der Römer gedrängt. Nach dem Sieg der Römer in der Schlacht von Pydna im Juni 168 v. Chr. befanden sich diese in einer derartigen Machtposition, dass sie die Meinung der Griechen ignorieren konnten:¹⁸⁷ Nur so ist zu erklären, dass König Perseus beim folgenden Triumphzug des Lucius Aemilius Paullus in Ketten durch die Straßen Roms geführt wurde.¹⁸⁸ Und nur so konnten sie die verbliebenen griechischen Staaten zwingen, (angeblich) romfeindliche Politiker als Geiseln zu stellen – darunter waren Polybios und sein Vater Lykortas.¹⁸⁹ Der Historiker schildert die Verzweiflung der Gefangenen;¹⁹⁰ sie mag repräsentativ sein für eine allgemeine Resignation der griechischen Eliten: Während die einen die Niederlage und ihre Verluste beklagten, fanden sich die anderen damit ab, fortan nur noch in römischen Diensten zu Einfluss, Ansehen und Wohlstand gelangen zu können. Das galt sogar für die hellenistischen Reiche des Ostens: Am Tag von Eleusis im Juli 168 v. Chr. beugte sich der Seleukidenkönig Antiochos IV. dem Willen des römischen Botschafters Gaius Popilius Laenas und zog sein siegreiches Heer aus Ägypten zurück.¹⁹¹ Dass Antiochos

---

183 Vgl. Aischyl. Pers. 345; 362; 472–519. Spätestens mit der Niederlage in der Seeschlacht von Salamis war diese dann (retrospektiv – das Stück stammte schließlich aus dem Jahr 472 v. Chr.) erfüllt worden.
184 Vgl. Aischyl. Pers. 744–751. Zur Interpretation der Hybris vgl. PAPADIMITROPOULOS 2008, 451–458.
185 Pol. V, 104, 10: τὰ προφαινόμενα νῦν ἀπὸ τῆς ἑσπέρας νέφη; vgl. Pol. V, 104, 1–11.
186 Vgl. CHAMPION 2004, 55.
187 Sie hatten zwar versucht, ihren Sieg als ‚Befreiung' Griechenlands von einer ‚barbarischen' Bedrohung darzustellen, da Perseus thrakische Verbündete eingesetzt hatte, doch verfing diese Strategie nicht. Vgl. SIG 643; Pol. XXVII, 10, 3; FORTE 1972, 59; WILLIAMS 2001, 163.
188 So etwas hatten die Römer zuvor noch keinem griechischen Herrscher angetan. Vgl. ECKSTEIN 2013, 91.
189 Aus Thisbe in Boiotien ist eine Inschrift erhalten, die genau solche Forderungen enthält, Geiseln zu stellen; vgl. SIG³ 646. Polybios und Lykortas wurden von ihrem politischen Gegner Kallikrates ausgeliefert; vgl. Pol. XXX, 13, 4; Paus. VII, 10, 7–12.
190 Vgl. Pol. XXX, 32, 10–11.
191 Vgl. Pol. XXIX, 27. Ähnlich Diod. XXXI, 2 oder Liv. XLV, 12, 1–6.

das Eingreifen der Römer gar nicht ungelegen kam,[192] spielte dabei keine Rolle:[193] Polybios stellt das Ereignis als Zäsur dar, und so wird es auf die meisten seiner Landsleute gewirkt haben.[194] Die römische Vorherrschaft schien komplett.[195]

Polybios konnte also auf eine lange Entwicklung des Römerbildes zurückblicken, das sich immer wieder selbst zu bestätigen schien: Die Griechen hatten zwar die militärischen Erfolge der Römer anerkannt, ihr Verhalten jedoch meistens als ‚barbarisch' gekennzeichnet. Diesen Vorstellungen traten zunehmend römische Darstellungen entgegen, die Polybios in Rom kennenlernte. Sie entstanden aus der Auseinandersetzung mit der griechischen Kultur: Mitte des 3. Jhs. v. Chr. fertigte der tarentinische Sklave Livius Andronicus eine lateinische Bearbeitung der Odyssee an und verfasste als erster Autor lateinische Dramen und Kultlieder nach griechischen Vorbildern.[196] Ihm folgten die ersten bedeutenden römischen Dramatiker und Dichter wie Naevius, Ennius, Plautus oder Terenz.[197] Auch die römische Geschichtsschreibung erwuchs aus griechischen Kulturkontakten: Quintus Fabius Pictor schrieb Griechisch.[198] Sein Werk diente Polybios mehrfach als Quelle,[199] und auch die – in lateinische Sprache verfassten – *Origines* des älteren Cato werden Polybios mindestens durch mündliche Vermittlung bekannt gewesen sein.[200]

---

192 Zu Recht wurde darauf hingewiesen, dass Laenas' Eingreifen die Ptolemäer ebenso von zukünftigen Aggressionen gegen ihren Nachbarn abhalten sollte, womit Antiochos IV. sein primäres Kriegsziel erreicht hatte – zumal die Ptolemäer bald wieder in Geschwisterkämpfe fielen, wie MITTAG 2006, 221/222 betont. Und trotz all seiner Erfolge gegen das geschwächte Ptolemäerreich war Antiochos mehrfach daran gescheitert, Alexandria einzunehmen, so dass ihm der Friedensvertrag nun einen Ausweg aus der Situation bot; vgl. MORGAN 1990, 46. Morgan geht sogar so weit, anzunehmen, dass Antiochos den Ausgang des Treffens begrüßt hatte: Er konnte Ägypten mit all der Beute verlassen, blieb ohne Niederlage und bewahrte sich die Freundschaft des römischen Volkes. Im Gegenzug musste er ‚nur' einen Verlust an Prestige erdulden, den er nicht zuletzt mit dem unverschämten Verhalten des westlichen ‚Barbaren' Laenas erklären konnte. Vgl. Ebd., 67–72.
193 Schlussendlich dankte Ptolemaios VI. den Römern nicht einmal für ihre Intervention, sondern widersetzte sich auch noch offen ihren weiteren Anweisungen – der Senat konnte also nicht einmal den Verlierer kontrollieren; vgl. Pol. XXX, 9, 2 und die Interpretation von MITTAG 2006, 216.
194 Vgl. MITTAG 2006, 216. Zu 168 v. Chr. als Epochenjahr und dem voreingenommenen Umgang des Polybios mit den hellenistischen Königen siehe MORGAN 1990, bes. 38–40.
195 Im Rückblick aus der Zeit nach 146 v. Chr., aber auch unter dem Eindruck seiner römischen Freunde, zu denen schließlich die Scipionen und Aemilier zählten, ist diese Sicht des Polybios wenig überraschend. Als Vater des Scipio Aemilianus wird der siegreiche Feldherr Lucius Aemilius Paullus Polybios auch persönlich bekannt gewesen sein und ihn in seiner Sicht der Ereignisse mit dem Epochenjahr 168 bestärkt haben.
196 Vgl. dazu und zum Problem der Herkunft des Livius Andronicus sowie zur Frage, ob er ein Sklave oder ein *peregrinus* war, VON ALBRECHT 2012, 96–101.
197 Siehe zu diesem Thema nicht zuletzt VOGT-SPIRA/ROMMEL 1999.
198 Vgl. Dion. Hal. ant. 1,6,2.
199 Unter den vielen Beispielen seien hier nur die Partien genannt, in denen Polybios Pictors Ansicht zitiert, Karthago habe den Zweiten Punischen Krieg verschuldet: Vgl. Pol. III, 6, 1–2; III, 8, 1–9,5.
200 Dies scheint sehr wahrscheinlich aufgrund der Verbindung von Polybios zu Scipio Aemilianus und seiner persönlichen Bekanntschaft mit Cato, die etwa Plutarch belegt; vgl. Plut. Cato maior 9 = Pol. XXXV, 6, 1–4. In III, 22, 1–3 äußert sich Polybios zu Veränderungen des Lateinischen vom

Diese römischen Autoren suchten das negative Bild zu korrigieren, das die Griechen von ihnen entwickelt hatten. Das Beispiel der Ursprungsmythen belegt den tatsächlich vorhandenen kulturellen Austausch: In den Schriften des Cato, Naevius und Fabius Pictor taucht Aeneas auf,[201] während Kallias von Syrakus (frühes 3. Jahrhundert v. Chr.) als erster Grieche den Mythos von Romulus und Remus erwähnt.[202] Viele Westgriechen hielten Rom hingegen für eine arkadische Gründung, die in Zusammenhang mit einem König Evander stand.[203] Diese Idee rezipierte Fabius Pictor, der Evander zuschrieb, den Römern das Alphabet gebracht zu haben.[204] Cato ergänzt, Evanders Arkader hätten den äolischen Dialekt in ganz Italien verbreitet, so dass er auch Romulus bekannt wurde.[205] Diese Version der Gründung Roms wird noch von Strabon zitiert, der sich dabei mit Gaius Acilius auf einen weiteren frühen römischen Historiker beruft.[206] Sie war demnach im Rom des frühen und mittleren 2. Jhs. in der Oberschicht verbreitet und wird zweifellos auch dem jungen Scipio Aemilianus bekannt gewesen sein.[207] Vielleicht hat sie seine Vorliebe für den Arkader Polybios (mit) begründet.[208]

Polybios fand also nicht nur das griechische Römerbild vor, sondern ebenso eine römische Literatur, die in einem zunehmenden Austausch mit den Griechen stand. Wenn er sie selber nicht gelesen hat, wird er mindestens durch Vermittlung von Sci-

---

späten 6. Jh. bis zu seiner eigenen Zeit – er scheint sich mit der Sprache der Römer also zumindest auseinandergesetzt zu haben. Ähnliches nimmt CHAMPION 2000b, 429 an, da Polybios lateinische Begriffe regelmäßig ins Griechische übersetzt und seinen hellenischen Lesern erklärt.

201 Vgl. BICKERMAN 1952, 67.
202 Vgl. Dion. Hal. ant. I, 72, 5 = FGrHist 564 F 5. Zur Frage, ob der Mythos genuin römische Ursprünge aufweist oder von Alkimos (Festus p. 266 Mü (p. 326, 35 Li) = FGrHist 560 F4) bzw. Kallias geprägt wurde, vgl. TENNANT 1988. Es verblieben aber weiterhin Stimmen wie der seleukidische Botschafter Hegesianax von Alexandreia Troas, der nach einem Aufenthalt in Rom 193 v. Chr. einen Sohn des Aeneas namens Romus als Gründer der Stadt angab und damit die einheimische Version der Geschichte ignorierte; vgl. Oros. ET. Gen. p. 176 Mill (ET. M. 490, 1) = FGrHist 45 F 8; Dion. Hal. ant. I, 72, 1= FGrHist 45 F 9; BICKERMAN 1952, 67.
203 Vgl. BICKERMAN 1952, 65. Laut Dion. Hal. ant. I, 32, gründete Pallas, ein Enkel des Evander und zudem Sohn des Herakles und der Lavinia, die Stadt am Tiber.
204 Vgl. Mar. Victor., Ars. Gramm. 1 p. 23 K = F 1 Peter = F 23 Jac. = FRH 1 F 2 = FRHist 1 F27.
205 Vgl. Lyd. mag. 1, 5 = F 19 Peter = FRH 3 F 1,19 = FRHist 5 F3. Vgl. weiterführend GRUEN 2011, 246/247.
206 Vgl. Strab. V, 3, 3, C230 = FGrHist 831 F 1 = F1 Peter = FRHist 5 F 1 = FRH 7 F 7.
207 Die Römer blieben dabei dennoch recht erfolglos, so dass in der Zeit des Augustus ganze 25 griechische Gründungsmythen Roms existierten, von denen keine einzige mit der offiziellen Version des ersten Princeps übereinstimmte – dies war typisch für die griechischen Altertümer. Vgl. BICKERMAN 1952 passim; Dion Hal. ant. I, 4, 2 & 3, 5.
208 Zudem war sein eigener Bruder als Fabius Maximus Aemilianus in die Familie der Fabii adoptiert worden – er mag deshalb der Meinung des Pictor gefolgt sein. Vgl. Davidson 2009, 130/131. Laut Vell. I, 10, 3 hatte der Adoptivvater und Cousin des Scipio Aemilianus, Publius Cornelius Scipio (der älteste Sohn von Africanus), selbst eine *Historia* auf Griechisch verfasst. Auch dies mag dem angehenden Historiker Polybios beim jungen Aemilianus Sympathien eingebracht haben.

pio Aemilianus und anderen römischen Freunden mit ihr vertraut gewesen sein.²⁰⁹ Er kannte somit beide Seiten und entschied sich offenbar, der negativen Darstellung der Römer in Griechenland entgegenzutreten: Polybios und seine *Historien* repräsentierten eine neue Phase der griechisch-römischen Beziehungen. Sie hatte mit ersten Handelskontakten im 6. Jahrhundert v. Chr. begonnen. Seit dem 5. Jahrhundert versuchten griechische Gelehrte, die Ursprungsgeschichte Roms in ihrer eigenen Mythologie zu verorten. Es folgte die Zeit des 4. und 3. Jhs., in der sich Rom militärisch und politisch mit den Westgriechen auseinandersetzte, und schließlich die Periode kriegerischer Interventionen auf dem griechischen Festland im 2. Jahrhundert, die in der Eroberung Makedoniens ihren Höhepunkt fand. Polybios reflektierte die Abfolge dieser Ereignisse und ordnete sie in das neue Zeitalter des römisch beherrschten Griechenland ein. Nur wer die Römer verstand, konnte in dieser neuen Weltordnung erfolgreich sein.²¹⁰

Die Darstellung des römischen Heeres

Auf welchen Ebenen hat Polybios nun versucht, seinen Zeitgenossen dieses positivere Bild von den Römern zu vermitteln? Da sich dahingehende griechische Vorstellungen v. a. aus Kriegen entwickelt hatten und da Polybios ein ehemaliger Offizier war, der sich an ein militärisch und politisch interessiertes Publikum wandte, geht das Kapitel von der Beschreibung der römischen Armee aus.²¹¹ Die Leser der *Historien* sollten erfahren, wie es den Römern hatte gelingen können, selbst die Erben Alexanders zu bezwingen. Sie erwarteten deshalb zwangsläufig einen Vergleich zwischen dem römischen Mili-

---

209 So MOMIGLIANO 1975, 38. Die Frage, ob Polybios Latein lernte, kann nicht abschließend beantwortet werden, MOMIGLIANO nimmt es aber an. Polybios spricht im Rahmen des ersten römischen Vertrages davon, wie sehr sich die lateinische Sprache seitdem (um 500 v. Chr., zur Datierung s. u. 109, Anm. 433) verändert habe; vgl. Pol. III, 22, 3. Selbst wenn er den Text nicht selbst übersetzt hatte, musste er vollen Zugriff auf die römischen Staatsarchive gehabt haben, die sich zu dieser Zeit im *aerarium* befanden; vgl. POSSNER 1972, 165. Siehe DUBUISSON 1985 zu einer ausführlichen Auseinandersetzung mit Polybios' Lateinkenntnissen. Dass es für Griechen zu dieser Zeit nicht völlig unüblich war, Latein zu lernen, zeigt der von Polybios – für seine Teilnahme an der Auslieferung der griechischen Geiseln – verhasste Charops von Epeiros, der seinen Enkel nach Rom schickte, um die Sprache zu studieren; vgl. Pol. XXVII, 15, 4.
210 Ähnlich schon die Aussage in Pol. III, 4, 6.
211 Wie stark der persönliche Hintergrund hier prägend war zeigt ein vergleichender Blick auf Plutarchs *Römische Fragen*, welche die Römer ebenfalls einem griechischen Publikum nahebringen sollen: Denn anders als Polybios behandelt Plutarch nur sehr wenige militärische, dafür aber eine große Anzahl an religiösen Aspekten, da er selbst Priester war. Dazu kam natürlich der historische Kontext: Polybios kannte die Römer vor allem als auch in Griechenland expandierenden Staat, für Plutarch lag der militärische Kontext im befriedeten Griechenland des späten Prinzipats nicht so nahe.

tär und seinen zahlreichen Feinden. Die Passagen boten Polybios die Möglichkeit, die Überlegenheit römischer Waffen zu betonen.[212]

Besonders deutlich tut er das zunächst bei seiner Gegenüberstellung von Römern und Kelten.[213] Polybios ordnet die gallische Eroberung Roms 390/387 v. Chr. als historischen Wendepunkt ein und folgt damit römischem Empfinden.[214] Denn die Römer betrachteten die Kelten seither als ihre schlimmsten Feinde: Spuren des *metus Gallicus* lassen sich bereits in den Schriften früher römischer Autoren finden und werden Polybios wohlbekannt gewesen sein.[215] Auch in seiner Zeit war diese Angst vor den ‚Nordbarbaren' noch virulent, erst Caesars Unterwerfung des „freien" Gallien konnte sie bannen.[216] Polybios kam in seinem Geschichtswerk auf die römische Eroberung der Gallia Cisalpina zu sprechen, die von dem 232 v. Chr. gefassten Plan ausging, den *ager Picenus et Gallicus* an römische Bürger zu verteilen. Diesen Landstrich an der Adriaküste hatten einst die Senonen bewohnt und in der direkten Nachbarschaft lebten 232 v. Chr. noch andere keltische Stämme. Als Rom seinen Plan in die Tat umsetzte, sahen sich besonders die Insubrer und Boier in ihrer Existenz bedroht.[217] Daraufhin kam es 226/225 v. Chr. zum Krieg, der bis 222 v. Chr. dauern sollte.[218]

Polybios interpretierte den Waffengang als verzweifelten Schritt der Kelten, der nur wenig Aussicht auf Erfolg versprach.[219] Trotz der Unterstützung durch die im Alpenraum siedelnden Gaisaten hätten ihnen nur ca. 70 000 Mann zur Verfügung gestanden.[220] Demgegenüber konnten die Römer zusammen mit den *socii* eine mehr als dop-

---

212 Die Wichtigkeit von Militärvergleichen in der römischen Ethnographie des Polybios hat bereits González Rodríguez erkannt, doch vertiefte sie das Thema nicht und beließ es bei dieser Feststellung. Vgl. GONZÁLEZ RODRÍGUEZ 2003, 152/153.
213 Das folgende Kapitel wird sich der Charakterisierung der Gallier widmen, so dass der Vergleich hier zunächst von seiner römischen Seite betrachtet werden soll. Der Betrachtung der Kelten widmet sich dann das nächste Kapitel (132–164), das an die Römerdarstellung bei Polybios anschließt.
214 In Pol. I, 6, 2 zieht er dieses Ereignis als chronologischen Ausgangspunkt für die Vorgeschichte der *Historien* heran. Er selbst datiert den Überfall auf Rom in das Jahr 387 v. Chr. Zur Datierung und der chronologischen Methode des Polybios vgl. auch WERNER 1963, 69–78.
215 Bspw. bei Cato, vgl. Serv. auct. Ad Verg. Aen. 11, 715 = F 31 Peter = FRH 3 F 2, 1 = FRHist 5 F34; Serv. ad Verg. Aen. 11, 700 = F 32 Peter = FRH 3 F 2, 2 = FRHist 5 F34; Charis. 2p. 263 B = F 34 Peter = FRH 3 F 2,3 = FRHist 5 F33. Polybios könnte bei seiner Beschreibung der Keltenkriege in Oberitalien in erster Linie Fabius Pictor als Quelle genutzt haben; diese Meinung vertritt etwa Cornell 2013, III, 48. Außerdem nutzen andere Autoren wie Livius oder Diodor die Werke der frühen römischen Annalisten; zu Diodor vgl. KREMER 1994, 273; zu Livius ebd., 12. Schließlich passte diese Furcht auch zu den Erfahrungen der Griechen mit v. a. den Galatern, so dass das Publikum den *metus Gallicus* nachvollziehen konnte; siehe auch RAUSCH 2013, 199.
216 Vgl. etwa KREMER 1994, 62–68 and 112–118. Die tradierten Keltentopoi blieben jedoch selbst in Kaiserzeit und Spätantike noch virulent; vgl. Vergin 2013, 67–82; s. u. 299; 311.
217 Vgl. URBAN 1991, 139; Pol. II, 21, 7–9; Plut. Marcellus 3,1 & 4, 1 (nennt die Insubrer).
218 Siehe zu diesen Ereignissen auch u. 134–136.
219 In Pol. II, 22, 2–6 zeichnet er die Entscheidung der Kelten, gerade der goldgierigen Gaisaten, in sehr topischen Farben. S. u. auf 135.
220 Vgl. Pol. II, 23, 4.

pelt so starke Armee aufbieten.²²¹ Damit hob er bereits eine der römischen Stärken heraus: nämlich die schier unerschöpflichen Reserven an kampffähigen Männern. Ihre Gesamtzahl bezifferte Polybios gar auf 700 000 Fußsoldaten und 70 000 Reiter (II, 24, 16).²²² Grundlage dafür war die italische Machtbasis der Römer. Polybios preist an mehreren Stellen des Werkes die Fruchtbarkeit der weiten Ebenen, die in scharfem Kontrast zu den ihm bekannten, felsigen Tälern Griechenlands stand.²²³ Die exzellenten Versorgungsmöglichkeiten und die leichtere Zugänglichkeit des italischen Terrains halfen den Römern, feindlichen Invasoren wie hier den Kelten, zuvor Pyrrhos oder später Hannibal große, wohlgenährte Armeen entgegenzustellen. Erst die Organisation der *socii* in einem gefestigten Bündnissystem ermöglichte es Rom jedoch, die vorhandenen Ressourcen voll auszunutzen.

Diese Stärke war nicht der einzige Vorteil, den die Römer gegenüber ihren nördlichen Nachbarn besaßen. So waren sie den ‚Barbaren' ebenso in Bezug auf die Ausrüstung überlegen: „Die Schilde [der Römer] nämlich sind zum Schutz, ihre Schwerter für den Kampf weit geeigneter, während das gallische allein zum Hieb taugt."²²⁴ Aus dem Zusammenhang ergibt sich, dass die römischen Schilde ganz einfach größer sind als die gallischen und deshalb besser.²²⁵ Die Schwerter der Römer eigneten sich zum hieben und stechen und waren damit flexibler einsetzbar als die Waffen der Kelten.²²⁶ Mit dem geschulten Auge eines Offiziers arbeitet Polybios hier die technologischen

---

221 Vgl. Pol. II, 24, 1–5 und dazu Walbank, Kommentar I, 196–199. Die einzelnen Kontingente der Bündner führt Polybios genau auf; vgl. Pol. II, 24, 10–14.
222 Zur Einschätzung der Zahlen und Fabius Pictor als möglicher Quelle vgl. DE LIGT 2012, 40–78.
223 Vgl. etwa Pol. II, 17, 1–2 zur Po–Ebene und den Phlegräischen Feldern; Athen. I, p. 31D = Pol. XXXIV, 11, 1 zu Capua; Strab. V, 4, 3, C242 = Pol. XXXIV, 11, 5–7 zu Kampanien. Seine kurze Geographie Italiens im XXXIV. Buch untermauerte das noch einmal; vgl. Pol. XXXIV, 11.
224 Pol. II, 30, 8. οἱ μὲν οὖν θυρεοὶ πρὸς ἀσφάλειαν, αἱ δὲ μάχαιραι πρὸς πρᾶξιν μεγάλην διαφορὰν †****† ἔχειν, τὴν δὲ Γαλατικὴν καταφορὰν ἔχειν μόνον. Zur Diskussion um die Lakune siehe WALBANK, Kommentar I, 206. Alternative Vorschläge ändern inhaltlich nichts, sie verlängern den Satz nur und präzisieren Polybios' Argument.
225 Vgl. bspw. Pol. II, 30, 3 (gallischer Schild); VI, 23, 2–5 (römischer Schild).
226 Vgl. DREXLER 1961, 140. DREXLER übersetzt hier, die römischen Schwerter seien für „den Kampf" weit geeigneter, die Loeb-Übersetzung spricht von „for attack." Vgl. PATON/HABICHT/WALBANK 2010, 347. Im griechischen Text heißt es wie oben gesehen (Anm. 457) αἱ δὲ μάχαιραι πρὸς πρᾶξιν μεγάλην διαφορὰν. Da es sich bei πρᾶξις um keinen Begriff mit klar militärischer Konnotation handelt, scheint „Kampf" die angemessenere Übersetzung zu sein als das spezifischere „attack". Besser ließe sich sagen, dass der *gladius* im Gegensatz zum Schild, welches nur dem eigenen Schutz (ἀσφάλεια) dient, *auch* zum Angriff genutzt wird und gerade dabei dem keltischen Schwert überlegen ist, da es sich auf zwei verschiedene Arten einsetzen lässt: als Hieb- wie als Stichwaffe. Da die hier beschriebene Schlacht noch vor dem Zweiten Punischen Krieg stattfand, verfügten die Römer noch nicht über den von den (Kelt-)Iberern übernommenen *gladius Hispaniensis*. Entweder es handelt sich um einen Anachronismus des Polybios, der damit den Gegensatz zu den Kelten verstärken will, oder die Römer benutzten schon vorher Schwerter, die sich auch zum Stechen eigneten – so sieht es WALBANK, Kommentar I, 445.

Stärken der römischen Legionäre heraus.²²⁷ Da die Römer über zahlenmäßig überlegene und für den Nahkampf besser gerüstete Truppen verfügten, war ihr Sieg sehr wahrscheinlich.

Als Militärhistoriker wird Polybios allerdings zahlreiche Schlachten und Kriege gekannt haben, in denen eine numerisch und technisch unterlegene Streitmacht dennoch den Sieg davontrug.²²⁸ Aufgrund seiner eigenen militärischen Erfahrung verfügte er über das notwendige Wissen, um die taktischen Systeme verschiedener Völker und Staaten zu vergleichen. Dazu kamen Befragungen von Teilnehmern diverser griechischer Kriege dieser Zeit sowie von römischen Veteranen und Feldherren, zu denen er durch seine Stellung im Haus der Scipionen Kontakt aufnehmen konnte.²²⁹

Deshalb machte er noch eine dritte Komponente des Erfolges aus: Die römische Führung musste die vorhandenen Vorteile auf der strategischen und taktischen Ebene umsetzen. In einer Schlacht des Jahres 223 v. Chr. waren die Insubrer²³⁰ den Römern zahlenmäßig überlegen.²³¹ Ihre Krieger ergriffen folglich die Initiative und stürzten sich frontal auf die feindlichen Linien.²³² Diesem ersten Angriff mussten die Römer standhalten, doch danach gewannen sie schnell die Oberhand.²³³ Laut Polybios wussten die römischen Befehlshaber um die Überlegenheit ihrer Waffen und hatten ihre Truppen bestens auf den erwarteten Ansturm eingestellt:

227 In II, 30, 3 weist Polybios auf den größeren Körperbau der Kelten hin, der die Schilde erst recht zu klein scheinen lässt. Dies scheint ein Verweis auf die Klimatheorie zu sein, die den „Nordbarbaren" einen größeren Körperwuchs als den mediterranen Völkern zuwies. S. u. das Kapitel zur Keltendarstellung (132–164).
228 Zu denken wäre zuvorderst an die griechischen Siege in den Perserkriegen, als die Hellenen nicht nur numerisch und materiell unterlegen waren, sondern durch das Fehlen größerer Kavallerieverbände und die Zersplitterung des Kommandos zwischen den verschiedenen *poleis* auch taktische und strategische Herausforderungen zu überwinden hatten. Die Darstellung Herodots wird Polybios bekannt gewesen sein und er erwähnt die Perserkriege gleich zu Beginn seiner *Historien* in Pol. I, 2, 1, so dass er durchaus an dieses historische Vorbild gedacht haben könnte. Ebenso wird er das Schicksal seines eigenen Achaiischen Bundes vor Augen gehabt haben, dessen Aufstieg aus einer Sammlung verstreuter Dörfer zur dominierenden nichtrömischen Vormacht im griechischen Mutterland noch zu Beginn des 3. Jhs. alleine aus militärischen Gründen völlig unwahrscheinlich erscheinen sein musste.
229 Zu seinen Quellen für den Dritten Römisch-Makedonischen Krieg vgl. etwa HAMMOND 1988, 60.
230 Die Datierung der Schlacht von Telamon 225 v. Chr. ist gesichert, für die zweite Schlacht (Pol. II, 32–33) dienen die beteiligten Konsuln Publius Furius und Gaius Flaminius als Anhaltspunkt: Die beiden römischen Kommandanten bekleideten das Konsulat laut den Fasti Capitolini im Jahr 223 v. Chr.
231 Vgl. Pol. II, 32, 7. Die zahlenmäßige Überlegenheit könnte Übertreibung sein, besonders angesichts der Tatsache, dass die Schlacht nach der keltischen Niederlage bei Telamon 225 v. Chr. stattfand und Polybios die Gesamtzahl der Gallier zu Kriegsbeginn mit nur 70 000 Mann beziffert hatte; vgl. Pol. II, 23, 4.
232 Pol. II, 33, 2.
233 Es folgt bei Polybios das oben 68 genannte Zitat zur Überlegenheit der römischen Waffen, die für einen längeren Nahkampf deutlich besser geeignet waren.

Bei diesem Kampf, so scheint es, haben die Römer mit kluger Überlegung [ἐμφρόνως] gehandelt. Die Tribunen gaben nämlich Anweisung, wie sie ihn alle zusammen und jeder einzelne Mann für sich führen sollten. Da sie in den früheren Kämpfen die Erfahrung gemacht hatten [συνοράω], dass alle Gallier durch ihr Ungestüm beim ersten Angriff, solange die Kräfte noch frisch sind, am furchtbarsten sind [...] verteilten die Tribunen also die Lanzen der Triarier, die das letzte Treffen bilden, an die ersten Manipeln und befahlen ihnen, [dem ersten Ansturm des Feindes mit den Lanzen standzuhalten, dann²³⁴] die Lanzen mit den Schwertern zu vertauschen und diese zu gebrauchen. Darauf rückten sie in Schlachtordnung frontal gegen die Kelten vor.²³⁵

Polybios betont die Klugheit der Römer als wichtigste Eigenschaft. Zwar benutzt er hier nicht den Begriff σωφροσύνη, oder im militärischen Kontext eher σύνεσις, doch wird jeder griechische Leser daran gedacht haben; für die Römer entsprach es in diesem Kontext der *ratio*. In vorherigen Kriegen mit den Kelten hatten sie Erfahrungen (ἐμπειρία) gesammelt, aus denen sie nun ihre Schlüsse ziehen konnten, da es sich bei ihnen um ein lernfähiges Volk handelte. Vielleicht folgte Polybios hier neben dem geläufigen *topos*²³⁶ auch Herodot, der geurteilt hatte, die Perser würden mehr fremde Sitten übernehmen als jedes andere Volk.²³⁷ Platon hatte diese Beobachtung weiterentwickelt und eine solche Lernbereitschaft als Eigenschaft des bestmöglichen Staates genannt.²³⁸ Polybios entnahm die Idee also der ethnographischen „community of practice" und übertrug sie auf die Römer.²³⁹

Polybios stellte dem beeindruckenden Ansturm der Kelten demnach die Standhaftigkeit der Römer gegenüber, die durch ihre bessere Ausrüstung und taktische Intelligenz den Sieg davontrugen. Auf taktischer Ebene war der Erfolg der „klugen Voraus-

---

234 Die Ergänzung stammt von HANS DREXLER.
235 Pol. II, 33, 1–4. δοκοῦσι δ᾽ ἐμφρόνως κεχρῆσθαι τῇ μάχῃ ταύτῃ Ῥωμαῖοι, τῶν χιλιάρχων ὑποδειξάντων ὡς δεῖ ποιεῖσθαι τὸν ἀγῶνα κοινῇ καὶ κατ᾽ ἰδίαν ἑκάστους. [2] συνεωρακότες γὰρ ἐκ τῶν προγεγονότων κινδύνων ὅτι τοῖς τε θυμοῖς κατὰ τὴν πρώτην ἔφοδον, ἕως ἂν ἀκέραιον ᾖ, φοβερώτατόν ἐστι πᾶν τὸ Γαλατικὸν φῦλον, [3] αἵ τε μάχαιραι ταῖς κατασκευαῖς, καθάπερ εἴρηται πρότερον, μίαν ἔχουσι τὴν πρώτην καταφορὰν καιρίαν, ἀπὸ δὲ ταύτης εὐθέως ἀποξυστροῦνται, καμπτόμεναι κατὰ μῆκος καὶ κατὰ πλάτος ἐπὶ τοσοῦτον ὥστ᾽ ἐὰν μὴ δῷ τις ἀναστροφὴν τοῖς χρωμένοις ἐρείσαντας πρὸς τὴν γῆν ἀπευθῦναι τῷ ποδί, τελέως ἄπρακτον εἶναι τὴν δευτέραν πληγὴν αὐτῶν· [4] ἀναδόντες οὖν οἱ χιλίαρχοι τὰ τῶν τριαρίων δόρατα τῶν κατόπιν ἐφεστώτων ταῖς πρώταις σπείραις καὶ παραγγείλαντες ἐκ μεταλήψεως τοῖς ξίφεσι χρῆσθαι συνέβαλον ἐκ παρατάξεως κατὰ πρόσωπον τοῖς Κελτοῖς.
236 Den hatten selbst romfeindliche Autoren benutzt; s. o. den Abschnitt zum Römerbild der Griechen während der Punischen Kriege (71). Vielleicht war ihm die Erfahrung auch deshalb ein so wichtiger Faktor, da er seiner eigenen Autorität die Erfahrung als Offizier und die Erfahrung fremder Orte – die er bereits hatte – zugrunde legte. Vgl. MOORE 2017, 146–148.
237 Vgl. Hdt. I, 135.
238 Vgl. Plat. leg. 681c–d. Siehe zur Rezeption dieser Idee auch GRAFTON 2018, 41.
239 Zur Wichtigkeit dieses *nomos* siehe auch MOORE 2017, 133–135.

sicht der Tribune"²⁴⁰ geschuldet und ansonsten „das Verdienst der Mannschaften".²⁴¹ Dagegen kritisiert er die (oberste) römische Führung, als er schreibt, der Konsul Gaius Flaminius habe „die Schlacht nicht richtig angelegt",²⁴² womit er einer dem Flaminius feindseligen Tradition folgt, die er seiner Quelle Fabius Pictor entnommen haben dürfte.²⁴³ Selbst eine schlecht geführte römische Armee war demnach besser strukturiert als ein keltisches Heer, und die genannten Vorteile konnten sogar Fehler des Imperiumträgers ausgleichen – die Kompetenzen der Unterführer reichten völlig aus. Nachdem die Römer einmal gelernt hatten, wie sie die ‚Barbaren' besiegen konnten, hatten diese keine Chance mehr, den Krieg zu gewinnen.²⁴⁴

Polybios belässt es nicht bei diesem Vergleich, sondern sucht die Römer auch als moralisch überlegen hinzustellen. In den Keltenkriegen seien die Römer gar nicht so wie ‚Barbaren' aufgetreten, sondern es zeigten sich klare Unterschiede zu den Kelten: Während der Schlacht von Telamon 225 v. Chr. etwa war es den Galliern gelungen, den Konsul Gaius Atilius Regulus zu erschlagen. Seinen Kopf brachten sie noch während der Schlacht, die schließlich verloren ging, zu ihren Königen.²⁴⁵ Dieser barbarischen Grausamkeit der Feinde stehe das Verhalten der Römer gegenüber: Der siegreiche Konsul Lucius Aemilius Papus ließ die Siegesbeute nach Rom bringen und alles, was die Gallier gestohlen hatten, ihren rechtmäßigen Besitzern zurückerstatten.²⁴⁶ Der Kontrast zwischen dem ungeordneten Anstürmen der Kelten und den disziplinierten Kampfformationen der Römer wird hier auf eine weitere Ebene übertragen: damit reagiert Polybios auf die Vorurteile seiner Landsleute.²⁴⁷ Und sogar der *metus Gallicus* drehte sich um: Durch den Mut und die Erfolge der römischen Soldaten waren es bald die Kelten, welche die Römer fürchteten.²⁴⁸ Die einfallenden Gallier dienten also letztendlich als Folie, vor der Polybios die Überlegenheit des römischen Heeres herausarbeiten konnte.

---

240 Pol. II, 33, 6.
241 Pol. II, 33, 9.
242 Pol. II, 33, 7.
243 Vgl. GELZER 1991, 143.
244 Vgl. CHAMPION 2004, 116.
245 Vgl. Pol. II, 28, 10. Zur keltischen Kopfjagd s. u. 217 Anm. 44.
246 Vgl. Pol. II, 31, 3. Die Tatsache, dass es sich um einen Aemilier handelte, mag Polybios noch stärker motiviert haben, ihn positiv darzustellen.
247 Vgl. auch CHAMPION 2004, 116. Er weist daraufhin, dass die Achaier in Pol. XI, 18, 6 den abgeschlagenen Kopf des spartanischen Tyrannen Machanidas zu ihren Kameraden bringen, doch ist der Kontext ein ganz anderer: In einem Fall handelt es sich in Polybios' Sicht um den Sturz eines Gewaltherrschers durch seinen Helden Philopoimen. Im anderen Fall haben wir das gottlose Verhalten einer Gruppe von ‚Barbaren', die noch dazu gleich darauf eine Niederlage in der Schlacht erleiden, die ihrem Handeln jegliche Rechtfertigung zu entziehen scheint. BAJRIĆ 2013, 48 betont ein ähnliches Vorgehen bei der Darstellung der Illyrer: Die Römer werden ihnen als militärisch und moralisch überlegen gegenübergestellt und erscheinen somit als zuverlässige Beschützer der Griechen.
248 Vgl. Pol. II, 30, 4; 31,9 und die Interpretation bei FOULON 2001, 49.

Siege über die ‚Barbaren' des Nordens waren eine Sache. Doch wie gelang es den Römern, die mächtigste militärische Waffe des hellenistischen Zeitalters, die makedonische Phalanx, zu überwinden? Die griechischen Leser der *Historien* kannten die Phalangiten als Herzstück der Armeen Alexanders des Großen und der Diadochenreiche[249] und es muss für sie schwer nachvollziehbar gewesen sein, dass die ‚barbarischen' Römer die Sarissenphalanx bezwingen konnten.[250] Polybios geht bei seiner Untersuchung vom römischen Sieg in der Schlacht von Kynoskephalai 197 v. Chr. aus.[251] Philipp. V. habe sich in dieser nach anfänglichen Erfolgen verleiten lassen, die Entscheidung auf einer Hügelkuppe zu suchen, auf der es den Makedonen nicht möglich war, ihre Phalanx komplett zu formieren;[252] in dem entstehenden Chaos trugen die Römer schließlich den Sieg davon.[253] Danach erklärt Polybios seinen Lesern die Unterschiede zwischen beiden Armeen, um aufzuzeigen, dass die Siege der Römer nicht nur glücklichen Umständen und dem Willen der *tyche* geschuldet waren.[254]

Detailliert beschreibt er den Aufbau der Phalanx. Er beginnt mit der Feststellung, dass dem Angriff einer sechzehn Reihen tiefen Sarissenformation nichts standhalten könne[255] – selbst Wurfgeschosse würden den dichten Wald aus Piken nicht durchdringen.[256] Die römische Aufstellung sei im Vergleich dazu lockerer.[257] Deshalb ist „es [für die Römer] unmöglich [...], dem frontalen Angriff der Phalanx zu widerstehen, wenn diese ist, was sie sein soll, und ihre volle Kraft zur Wirkung bringt."[258] Allerdings kann die makedonische Phalanx nur auf einer ebenen Fläche ihr ganzes Potential entfalten.[259] Dadurch ist sie laut Polybios taktisch unflexibel, und selbst auf strategischer

---

249 Alexander blieb schließlich ein wichtiger Bezugspunkt, den noch Pompeius bei seiner Eroberung des Ostens aufgriff, wie schon Plutarchs Pompeius-Biographie mehrfach betont.
250 Vgl. Pol. XVIII, 32, 13. Die Forschung beschäftigt sich weiter mit dieser Frage: Unter den zahlreichen Publikationen vgl. etwa BRIZZI 2001a; KOON 2001 oder neuerdings SEARS 2019.
251 Im vierten Jahr des Zweiten Römisch-Makedonischen Krieges war es Titus Quinctius Flamininus gelungen, Philipp V. in günstiger Lage zu einer Entscheidungsschlacht zu zwingen; vgl. HAMMOND 1988, 61–63.
252 Vgl. Pol. XVIII, 22–24.
253 Siehe Pol. XVIII, 25–26.
254 Vgl. Pol. XVIII, 28, 5. Denn die Sarissenphalanx habe bis dahin jede taktische Formation bezwungen, die ihr entgegengestellt worden war – alleine die römische Kampfesweise habe sich den Phalangiten als überlegen gezeigt; vgl. XVIII, 28, 2–4. Dass die *tyche* manchmal die römische Expansion zu treiben schien und manchmal nicht war für seine griechischen Leser kein Widerspruch – wie oben in der Einleitung (55) ausgeführt, führte Polybios die *tyche* nur dann an, wenn es keine einfach zu erklärenden *aitiai* gab oder eine Seite bspw. eine Schlacht oder einen Krieg verloren hatte, obwohl sie alles menschenmögliche getan hatte, um diese(n) zu gewinnen. Vgl. auch HOULIANG 2018, 105.
255 Vgl. Pol. XVIII, 29, 1. Zuvor hatte er noch ein Zitat aus der *Ilias* angeführt (XIII, 131–133; XVI, 215–217), aber wohl eher, um seine Belesenheit zu demonstrieren, als wirklich zur Illustrierung der erst viel später entstandenen makedonischen Phalanx.
256 Siehe Pol. XVIII, 30, 3.
257 Vgl. Pol. XVIII, 30, 7.
258 Pol. XVIII, 30, 11.
259 Vgl. Pol. XVIII, 31, 5.

Ebene birgt die Formation gravierende Nachteile, da sie sich kaum dazu eignet, Ortschaften und Bauernhöfe gegen einen agil operierenden Feind zu schützen.[260]

> In allen diesen Fällen erweist sich die makedonische Taktik als wenig geeignet, wenn nicht als völlig unbrauchbar, denn der Phalangit vermag ihnen weder innerhalb seines Verbandes noch [...] als einzelner begegnen, während die römische Taktik diesen Anforderungen sämtlich gerecht wird. Sobald sich der römische Soldat bewaffnet hat und zum Kampf antritt, ist er jedem Gelände, jeder Lage, jedem Angriff, von welcher Seite er auch kommen mag, gewachsen. Ob er nun im Verband des ganzen Heeres oder nur eines Teils, innerhalb seiner Manipel oder als einzelner kämpft, es macht für ihn keinen Unterschied, er stellt überall seinen Mann. Da also seine Verwendbarkeit in jeder Lage bei weitem größer ist, entspricht auch der Ausgang der Schlachten bei weitem mehr den Wünschen und Absichten der Römer als denen ihrer Gegner.[261]

Obwohl die Makedonen[262] als beste Soldaten der Welt galten, hatten sie aus den Schwächen der Phalanx offenbar nichts gelernt. Die Römer hatten dagegen aus ihren Kriegen u. a. mit den Kelten die richtigen Schlüsse gezogen und sich den Anforderungen verschiedener Feinde und Kriegsschauplätze angepasst.[263] Die Disziplin ihrer Soldaten ermöglichte es ihnen, als Individuen oder in der Formation auf taktischer und strategischer Ebene flexibel zu agieren und jeden Gegner zu bezwingen.[264] Polybios spitzt den Vergleich dabei stark zu und verschweigt bewusst die Existenz beweglicherer Truppen wie der *thyreophoroi* und *thorakitai* oder der königlichen Gardeeinheiten in den hellenistischen Heeren.[265] Dahinter stand wohl einerseits der Gedanke, dass die Fähigkeiten der Kerntruppen, die den Großteil eines Heeres ausmachten, entscheidend waren. Andererseits standen die Phalangiten symbolisch für alle griechischen

---

260 Vgl. Pol. XVIII, 31, 9–11.
261 Pol. XVIII, 32, 9–12. ἐν οἷς πᾶσιν ἡ μὲν Μακεδόνων ἐστὶ σύνταξις δύσχρηστος, ποτὲ δ' ἄχρηστος, διὰ τὸ μὴ δύνασθαι τὸν φαλαγγίτην μήτε κατὰ τάγμα μήτε κατ' ἄνδρα παρέχεσθαι χρείαν, ἡ δὲ Ῥωμαίων εὔχρηστος· [10] πᾶς γὰρ Ῥωμαῖος, ὅταν ἅπαξ καθοπλισθεὶς ὁρμήσῃ πρὸς τὴν χρείαν, ὁμοίως ἥρμοσται πρὸς πάντα τόπον καὶ καιρὸν καὶ πρὸς πᾶσαν ἐπιφάνειαν. [11] καὶ μὴν ἕτοιμός ἐστι καὶ τὴν αὐτὴν ἔχει διάθεσιν, ἄν τε μετὰ πάντων δέῃ κινδυνεύειν ἄν τε μετὰ μέρους ἄν τε κατὰ σημαίαν ἄν τε καὶ κατ' ἄνδρα. [12] διὸ καὶ παρὰ πολὺ τῆς κατὰ μέρος εὐχρηστίας διαφερούσης, παρὰ πολὺ καὶ τὰ τέλη συνεξακολουθεῖ ταῖς Ῥωμαίων προθέσεσι μᾶλλον ἢ ταῖς τῶν ἄλλων. Das Zitat folgt auf eine Analyse der fehlenden Flexibilität der Phalanx in Feldschlachten; vgl. Pol. XVIII, 32, 1–8.
262 Womit hier die griechisch-makedonischen Soldaten aller Diadochenreiche gemeint sind.
263 Vgl. Pol. II, 20, 8–10, wo auch die Kämpfe gegen Pyrrhos erwähnt werden, die Polybios später allgemein als Kriegserfahrungen gegen Griechen noch einmal aufgreift: s. u. 84/85 zu Pol. VI, 25, 8.
264 Es handelt sich um eine theoretischere Überlegung als beim Vergleich zwischen Römern und Kelten, da Polybios die hellenistische Kriegsführung als komplexer einschätzte als jene der Gallier.
265 Dabei hatte er noch bei der Beschreibung der Schlacht von Kynoskephalai bspw. die Eliteeinheit der antigonidischen Königlichen Peltasten in XVIII, 24, 1 auf der Flanke der Phalanx erwähnt. Wie die Hypaspisten oder die seleukidischen *argyraspides* konnten sie als schwere Infanterie kämpfen, Klippen erklimmen und Festungen stürmen – was Polybios natürlich selbst genauso beschreibt. Vgl. z. B. BAR-KOCHVA 1976, 62–66.

Soldaten: Konnte diese einmalige Waffe bezwungen werden, dann konnten die hellenistischen Armeen diesen Nachteil offenbar durch nichts mehr gut machen.²⁶⁶ So will er schonungslos aufzeigen, warum die Römer all ihre griechischen Feinde bezwungen hatten. Möglicherweise hatten seine Landsleute bis dahin vor einer solch scharfen Kritik an ihren Anführern, ihren Soldaten und ihrer Tradition zurückgescheut und Polybios verfasste diese Passagen in seiner Zeit in Italien, als er die griechische Gesellschaft ‚von außen' betrachten konnte.

Im VI. Buch untermauert er diese Überlegungen, indem er die funktionale Struktur des römischen Militärs darstellt.²⁶⁷ In der Vergangenheit war die römische Kavallerie jedoch eine Schwachstelle gewesen:

> ehedem hatten sie erstens keine Panzer, sondern kämpften nur mit einem Schurz bekleidet, was ihnen ermöglichte, leicht und gewandt abzusteigen und wieder aufzuspringen, im Kampf aber sie der Gefahr aussetzte, da der Körper ungeschützt war.²⁶⁸

In diesem Fall hatten sie also die Anpassungsfähigkeit dem Schutz vorgezogen, doch „[waren] ihre Lanzen […] in doppelter Hinsicht wenig brauchbar".²⁶⁹ Ähnlich nutzlos waren ihre Schilde aus Rinderhaut, die sich bei gegnerischen Schlägen und sogar bei längerem Regenfall ganz einfach aufzulösen begannen.²⁷⁰ An diesem Punkt kehrt Polybios zum Vergleich zwischen Römern und Griechen zurück: „Da sich diese Bewaffnung also nicht bewährt hatte, übernahmen sie bald die griechische Ausrüstung"²⁷¹ sowohl in Bezug auf die Lanze als auch auf den Schild. Polybios lobt diese Anpassungsfähigkeit der Römer ausdrücklich: „Denn wie nur irgendjemand sonst verstehen sie es, sich fremde Gewohnheiten anzueignen und zum Muster zu nehmen, was besser ist."²⁷² Der *topos* der lernwilligen ‚Barbaren' galt also besonders im militärischen Kontext und setzte die Römer von allen anderen Völkern ab.²⁷³ Die Ausrüstung der griechischen

---

266 Dazu kommen die an anderer Stelle erwähnten menschlichen Ressourcen der Römer und die kürzere Ausbildungszeit der römischen Soldaten, die in Pol. XVIII, 32, 10 angedeutet wird: So konnten die Römer ihre Verluste deutlich einfacher ersetzen.
267 Zunächst beschreibt er die Rekrutierung einer Legion und die Einteilung der Männer in *velites*, *hastati*, *principes* und *triarii*; vgl. Pol. VI, 19–21. Im Folgenden werden die Ausrüstung und Rolle der einzelnen Truppengattungen erläutert; vgl. Pol. VI, 22–23. Die Auswahl der Centurionen ist dann ein weiteres Argument für die Flexibilität der römischen Armee, denn die Römer ernennen stets zwei Kommandanten für eine Einheit; siehe Pol. VI, 24, 7.
268 Pol. VI, 25, 3–4. τὸ δὲ παλαιὸν πρῶτον θώρακας οὐκ εἶχον, [4] ἀλλ᾽ ἐν περιζώμασιν ἐκινδύνευον, ἐξ οὗ πρὸς μὲν τὸ καταβαίνειν καὶ ταχέως ἀναπηδᾶν ἐπὶ τοὺς ἵππους ἑτοίμως διέκειντο καὶ πρακτικῶς, πρὸς δὲ τὰς συμπλοκὰς ἐπισφαλῶς εἶχον διὰ τὸ γυμνοὶ κινδυνεύειν.
269 Pol. VI, 25, 5. Sie waren, so erklärt Polybios, erstens zu dünn und deswegen nicht stabil genug für einen Sturmangriff, und zweitens nur an einem Ende mit (metallischen) Speerspitzen ausgerüstet.
270 Vgl. Pol. VI, 25, 7.
271 Pol. VI, 25, 8.
272 Pol. VI, 25, 11.
273 Zu diesem *topos* s. o. 71; vgl. Diod. XXIII, 2, 1; Athen. VI, p. 273D–274A = FGrHist 87 F 59 = F 266 EK (teilweise) = F81 Theiler (teilweise).

Kavallerie war der römischen zwar überlegen gewesen, doch hätten sich die Römer angepasst und die Griechen schließlich mit ihrer eigenen Ausrüstung bezwungen.

Das römische Heer hatte sich so zu einer effizienten Maschine entwickelt, die jeder Herausforderung gewachsen war und deshalb selbst die makedonische Phalanx besiegen konnte. Allerdings begnügt sich Polybios wie bei der Beschreibung der keltischen Armeen nicht damit: Erneut vervollständigt ein moralisches Urteil den Vergleich. Mehrfach kritisiert er Philipp V. für die Anwendung hinterhältiger Taktiken in Krieg und Politik. Im dreizehnten Buch schildert Polybios, wie der König Rhodier und Kreter gegeneinander aufzuwiegeln suchte, und vergleicht dessen Vorgehen mit dem der Römer (im hellenistischen Osten):

> Auf solche Heimtücke war [Philipp] verfallen: niemand könnte sie wohl eines Königs würdig bezeichnen, obwohl manche [...] sie in der Politik und Kriegsführung für notwendig halten, denn heutzutage ist Heimtücke ja gang und gäbe. Die Alten waren davon weit entfernt.[274] [...] Deshalb erklärten sie [die „Alten", ἀρχαῖοι] einander auch offen den Krieg, sagten die Schlacht an, wenn sie einen entscheidenden Kampf liefern wollten, und den Ort, an dem sie sich zur Schlacht zu stellen gedachten. Jetzt dagegen gilt man für einen schlechten Feldherrn, wenn man den offenen Kampf sucht. Nur bei den Römern hat sich noch eine kleine Spur der alten Kampfgesinnung erhalten: Sie erklären den Krieg, legen nur selten einen Hinterhalt und fechten ihre Schlachten mit der Waffe in der Hand und Mann gegen Mann durch.[275]

Polybios stellt in einem temporalisierenden Vergleich das Verhalten „heutzutage" (νῦν) den Zeiten „der Alten" (ἀρχαῖοι) gegenüber. Philipp wird zum Repräsentanten des gegenwärtigen Sittenverfalls, während die Römer (zumindest teilweise) als Einzige noch den edlen Kriegern der Vergangenheit entsprechen. Dieses Alleinstellungsmerkmal der moralischen Integrität ist ein weiterer Grund für ihre militärischen Erfolge und wird von Polybios geradezu als Römertopos etabliert. Denn bei den ἀρχαῖοι ist nicht nur an die Heroen des Mythos zu denken: Herodot berichtet von einer Schlacht zwischen Argivern und Spartanern im Jahr 546 v. Chr., die beide Seiten vorher vereinbart hatten, um über das Schicksal des Landstriches Thyreatis zu entscheiden.[276] Geschichten wie diese waren Polybios genauso bekannt wie die Makro-

---

274 Pol. XIII, 3, 1–2. ἐγένετο περὶ τὴν τοιαύτην κακοπραγμοσύνην, ἣν δὴ βασιλικὴν μὲν οὐδαμῶς οὐδεὶς ἂν εἶναι φήσειεν, ἀναγκαίαν δὲ βούλονται λέγειν ἔνιοι πρὸς τὸν πραγματικὸν τρόπον διὰ τὴν νῦν ἐπιπολάζουσαν κακοπραγμοσύνην. [2] οἱ μὲν γὰρ ἀρχαῖοι πολύ τι τοῦ τοιούτου μέρους ἐκτὸς ἦσαν.
275 Pol. XIII, 3, 5–7. ἢ καὶ τοὺς πολέμους ἀλλήλοις προὔλεγον καὶ τὰς μάχας, ὅτε πρόθοιντο διακινδυνεύειν, καὶ τοὺς τόπους, εἰς οὓς μέλλοιεν ἐξιέναι παραταξόμενοι. [6] νῦν δὲ καὶ φαῦλου φασὶν εἶναι στρατηγοῦ τὸ προφανῶς τι πράττειν τῶν πολεμικῶν. [7] βραχὺ δέ τι λείπεται παρὰ Ῥωμαίοις ἴχνος ἔτι τῆς ἀρχαίας αἱρέσεως περὶ τὰ πολεμικά· καὶ γὰρ προλέγουσι τοὺς πολέμους καὶ ταῖς ἐνέδραις σπανίως χρῶνται καὶ τὴν μάχην ἐκ χειρὸς ποιοῦνται καὶ συστάδην.
276 Vgl. Hdt. I, 82.

theorie der fortschreitenden Dekadenz der Völker.²⁷⁷ Damit spielt er nun, indem er das Idealbild der Vergangenheit auf die Römer anwendet. Ähnlich wie bspw. Cato mahnt er zur Einhaltung der alten Ordnung, was generell den Interessen der Landbesitzer entsprach.²⁷⁸ Und als Gast in der *domus* der Aemilier waren ihm die Vorteile römischer *nomoi* vertraut.²⁷⁹ Auch hatte Polybios keinen Grund, das römische Vorgehen im Zweiten Römisch-Makedonischen Krieg negativ darzustellen, denn die Achaier hatten auf der Seite Roms gekämpft, und die Freiheitserklärung des Flamininus hatte die moralische Überlegenheit der Römer eindrücklich unterstrichen.²⁸⁰ Die Antigonidenkönige waren dagegen aus Polybios' Sicht für das spätere Ende der makedonischen wie hellenischen Unabhängigkeit verantwortlich, da sie Griechenland in immer neue Kriege gestürzt hatten.²⁸¹ Weil sie sich dazu regelmäßig betrügerischer Manipulationen bedienten und ihre Gegner zu ähnlichem Verhalten zwangen,²⁸² repräsentierten sie für den Geschichtsschreiber den allgemeinen Sittenverfall in der griechischen Welt.²⁸³

Für diesen nennt er auch andere Beispiele aus dieser Zeit: So sei Syrakus nur in die Hände der Römer gefallen, weil die Wachtposten nach einem Fest für Artemis so betrunken gewesen waren, dass sie ihren Pflichten nicht mehr nachkommen konnten.²⁸⁴ Da er den Charakter des jungen Tyrannen Hieronymos genauso negativ zeichnet wie Philipp V. in dessen späteren Jahren, und da er das Verhalten der Ptolemäerkönige an anderen Stellen noch deutlich drastischer kritisiert, scheint Polybios den Niedergang der hellenistischen Monarchie als solcher anzunehmen.²⁸⁵ Und so endete sein Vergleich mit einer Warnung: „Diese Worte richten sich gegen die übermäßige Neigung zu List und Betrug, wie sie heutzutage in der Politik wie in der Kriegführung bei den

---

277 Er nutzt diese v. a., um andere Griechen zu kritisieren, so Tarent in Pol. VIII, 24, 1–3; siehe die zahlreichen Beispiele am Ende dieses Kapitels (Boiotien, Kynaitha etc.); 126/127; auch 150.
278 S. o. bspw. 104, Anm. 396; 184 zu Einflüssen Catos auf Polybios.
279 Vgl. WALBANK 1972, 156; MOMIGLIANO 1975, 30.
280 Vgl. Pol. XVIII, 46, 1–15; CHAMPION 2004, 154. Allerdings veränderte sich die Sicht des Polybios in seinem Werk mehrfach, diese Schwankungen orientieren sich an chronologischen Phasen (die Jahre der Gefangenschaft bringen entsprechend negative Kommentare über das römische Handeln hervor); vgl. WALBANK 1972, 163–172.
281 Besonders deutlich wird das im Bezug auf Philipp V. in Pol. V, 104.
282 Vgl. erneut Pol. XIII, 3, 1–2. Das galt natürlich auch für die Kreter, wie Pol. VI, 47, 5 zeigt, oder für Polybios' Erzfeind, die Aitoler; als Beispiel aus dieser Zeit sei auf Pol. XIII, 1, 1 verwiesen.
283 Vgl. Pol. XXII, 18 und CHAMPION 2004, 151 zum Niedergang des Antigonidenhauses. In Pol. XV, 24, 6 wird Philipp V. auch die typisch ‚barbarische' ἀθεσία zugeschrieben (zur ἀθεσία bei ‚Barbaren' siehe die beiden folgenden Kapitel, 132–210).
284 Vgl. Pol. VIII, 37, 1–13.
285 Siehe Pol. VII, 7, 5 zu Hieronymos. In 7, 3–4 verteidigt er ihn zwar aufgrund seiner Jugend, doch erscheint er doch im Kontrast zu seinem Großvater Hieron II., der in VII, 8 als moralisches Vorbild gelobt wird. Letztendlich stellte der in VII, 8, 7 erwähnte überbordende Reichtum und Luxus der Syrakusaner, der in der ganzen antiken Welt bekannt war (s. auch o. 57 zum Fall von Syrakus), aber einen zu starken negativen Einfluss gehabt zu haben, als dass schwächere Charaktere als Hieron II. ihm hätten widerstehen können. Zu den Ptolemäern siehe bspw. Strab. XVIII, 1, 12, C797–798 = Pol. XXXIV, 14, 1–5.

leitenden Männern herrscht."²⁸⁶ Polybios nutzt eine typisch ethnographische Technik, um Kritik an den eigenen Zuständen zu üben, wie es schon Herodot getan hatte.²⁸⁷ Die Römer stellte er den Griechen als Vorbild gegenüber, an dem sie sich messen sollten.

Genauso wie die Kelten waren die Makedonen – und mehr noch alle griechischen Heere – den Römern also taktisch und strategisch unterlegen. Polybios komplettiert dieses Bild, indem er sich der Logistik der römischen Armee zuwendet. Der Geschichtsschreiber schöpft hier aus eigenen Erfahrungen. Als er Scipio nach Karthago begleitete oder die Verlegung von Truppen in Italien beobachtete, muss er die römische Vorgehensweise mit seiner eigenen Erfahrung aus Griechenland verglichen haben:²⁸⁸

> Indem die Römer das Aufschlagen des Lagers in dieser Weise zu erleichtern suchen, schlagen sie damit den umgekehrten Weg ein wie die Griechen. Diese halten es dabei für das Wichtigste, das Lager den Gegebenheiten des Geländes anzupassen: sie suchen einen möglichst festen, schwer angreifbaren Platz, weil sie die Anstrengung [ταλαιπωρία] des Schanzens gern vermeiden und weil sie der Meinung sind, dass künstliche Befestigung nicht den gleichen Schutz bietet wie natürliche Geländehindernisse. Infolgedessen sind sie gezwungen, die Form des Lagers zu wählen, die das Gelände verlangt, und daher die einzelnen Truppenteile immer wieder anders zu verteilen und an anderen Stellen unterzubringen, und hiervon wiederum ist die Folge eine Ungewissheit über den eigenen Platz und den aller einzelnen Truppenteile sonst innerhalb des Lagers. Die Römer dagegen ziehen es vor, die Mühe [ταλαιπωρία] des Schanzens und der anderen Befestigungsarbeiten auf sich zu nehmen, um des Vorteils willen, dass sie so immer ein und dasselbe, ein genau bekanntes Lager haben.²⁸⁹

Bei den Römern, so ergänzt Polybios, kennt jeder Soldat schon vor der Errichtung der Zelte seinen Platz, ganz so, als würde er in seiner Heimatstadt den Weg nach Hause

---

286   Pol. XIII, 3, 8. In der Gegenwart des Autors richten sie sich freilich auch gegen die Römer, die seitdem ebenso zunehmend einem moralischen Verfall unterlegen waren; vgl. CHAMPION 2004, 149; 160/161.
287   Vgl. etwa SCHULZ 2020a, 221–326 mit verschiedenen Beispielen.
288   Vgl. Pol. VI, 26, 10–32, 8 zur Gesamtdarstellung des Lagers.
289   Pol. VI, 42, 1–5. Der Vergleich erinnert in seiner Anlage an Strabons Gegenüberstellung von griechischen und römischen Städtegründungen in Strab. V, 3, 8, C235–236. Die ausgedehnte Beschreibung soll wohl den Leser beeindrucken; so schon ERSKINE 2013b, 125. ᾗ δοκοῦσι Ῥωμαῖοι καταδιώκοντες τὴν ἐν τούτοις εὐχέρειαν τὴν ἐναντίαν ὁδὸν πορεύεσθαι τοῖς Ἕλλησι κατὰ τοῦτο τὸ μέρος. [2] οἱ μὲν γὰρ Ἕλληνες ἐν τῷ στρατοπεδεύειν ἡγοῦνται κυριώτατον τὸ κατακολουθεῖν ταῖς ἐξ αὐτῶν τῶν τόπων ὀχυρότησιν, ἅμα μὲν ἐκκλίνοντες τὴν περὶ τὰς ταφρείας ταλαιπωρίαν, ἅμα δὲ νομίζοντες οὐχ ὁμοίας εἶναι τὰς χειροποιήτους ἀσφαλείας ταῖς ἐξ αὐτῆς τῆς φύσεως ἐπὶ τῶν τόπων ὑπαρχούσαις ὀχυρότησι. [3] διὸ καὶ κατά τε τὴν τῆς ὅλης παρεμβολῆς θέσιν πᾶν ἀναγκάζονται σχῆμα μεταλαμβάνειν, ἑπόμενοι τοῖς τόποις, τά τε μέρη μεταλλάττειν ἄλλοτε πρὸς ἄλλους καὶ ἀκαταλλήλους τόπους· [4] ἐξ ὧν ἄστατον ὑπάρχειν συμβαίνει καὶ τὸν κατ' ἰδίαν καὶ τὸν κατὰ μέρος ἑκάστῳ τόπον τῆς στρατοπεδείας. [5] Ῥωμαῖοι δὲ τὴν περὶ τὰς τάφρους ταλαιπωρίαν καὶ τἆλλα τὰ παρεπόμενα τούτοις ὑπομένειν αἱροῦνται χάριν τῆς εὐχερείας καὶ τοῦ γνώριμον καὶ μίαν ἔχειν καὶ τὴν αὐτὴν ἀεὶ παρεμβολήν.

antreten.²⁹⁰ Bei den Griechen herrscht dagegen Unklarheit, da sich die geographischen Gegebenheiten von Lager zu Lager ändern.²⁹¹ Dass die Griechen sich dem Terrain anpassen macht sie ironischerweise weniger anpassungsfähig, da die Topographie eben nicht immer geeignet ist, um ein Lager anzulegen. Erneut übt Polybios scharfe Kritik an den Praktiken in seiner Heimat, die wahrscheinlich kein hellenischer Autor vor ihm in dieser Deutlichkeit formuliert hatte. Gleichzeitig zeichnet er ein weiteres Mal ein Idealbild des römischen Vorgehens,²⁹² um den Kontrast zu den Griechen zu verstärken und ihnen die römische Methode vielleicht als Vorbild zu empfehlen. Zweimal spricht Polybios von der Mühe, dem römischen *labor*; als römische Tugend taucht diese schon bei seinem Zeitgenossen Calpurnius Piso auf.²⁹³ Damit integrierte er einen weiteren römischen Wertbegriff, nachdem er zuvor bereits ihre Lernbereitschaft, Klugheit, Flexibilität und moralische Integrität gelobt hatte. Die Anstrengung der Römer ist Ausdruck ihrer moralischen Stärke, die sie antreibt, sich jeder Herausforderung zu stellen. Sie schaffen es aber offenbar mit ihren Lagern, den jeweiligen Ort unabhängig von dessen Beschaffenheit unter ihre Kontrolle zu bringen und nach ihren eigenen Vorstellungen zu formen, während sich die Griechen an die Bedingungen anpassen mussten, die sie vorfanden. Eventuell sah Polybios hierin eine Parallele zur Makroebene: So war es den Antigoniden nicht einmal gelungen, das ihnen vertraute Griechenland zu kontrollieren, während die Römer nach der Zerstörung Korinths die Verfassungen der Peloponnesier nach ihren eigenen Bedürfnissen umgestalteten und dadurch eine stabile Herrschaft errichteten.²⁹⁴ In beiden Fällen überwinden die Römer jegliches Hindernis, da sie an ihren Prinzipien festhalten.

Im XVIII. Buch ergänzt Polybios seine Betrachtung des Lagerbaus durch eine Anekdote aus dem Feldzug des Flamininus in Thessalien im Sommer 197 v. Chr. Da der Prokonsul Angriffe der Makedonen auf unbekanntem Terrain fürchtete, ließ er seine Männer Holz für eine Palisade beschaffen, die diese jederzeit aufbauen konnten.²⁹⁵ Die Legionen „trügen" das Lager somit sogar auf dem Marsch mit sich.²⁹⁶ Ein solches Vorgehen ist „für griechische Anschauungen [...] eine Unmöglichkeit, für die Römer eine

---

290 Vgl. Pol. VI, 41, 10–12.
291 Vgl. auch ERSKINE 2013b, 125.
292 Zu den Realia römischen Lagerbaus in republikanischer Zeit vgl. ausführlich DOBSON 2008.
293 Vgl. Plin. Nat. 18, 41–43 = F 33 Peter = F 43 Forsythe = FRH 7 F 36 = FRHist 9 F35. Die Rede ist vom *sudor* (Schweiß) eines Bauern und seiner Anstrengungen. Die Idee von *labor* war also vielleicht noch nicht ganz ausformuliert, doch ist sie bereits greifbar: Der römische (Fuß)soldat (der frühen und mittleren Republik) war schließlich gleichzeitig auch immer Bauer.
294 Für die Denkanregung danke ich Felix K. Maier (Zürich). Siehe Pol. XXXIX, 4–5. Polybios übertreibt hier vielleicht seine eigene Rolle, ganz im Sinne etwa eines Xenophons, um wie Herodot als Weltendeuter zu erscheinen, denn nur dank seiner Erklärungen verstehen die Peloponnesier die römischen Gesetze. Dennoch macht er besonders in 5,1 klar, dass die römischen Vorschriften und Einrichtungen genau die richtigen waren, um das Land zu verwalten.
295 Vgl. Pol. XVIII, 18, 1.
296 Vgl. Pol. XVIII, 18, 3–4.

geringe Anstrengung",²⁹⁷ denn sie haben die Praktik internalisiert. Im Folgenden stellt Polybios den Palisadenbau bei Römern und Griechen gegenüber. Da die römischen Soldaten die Befestigung aus mehreren kleineren Pfählen errichten, ist der Transport einfacher zu bewältigen als bei den Griechen, die möglichst große, einzelne Pflöcke bevorzugen; zudem erreichen die Römer eine größere Stabilität der Palisade, indem sie die Pfähle verflechten.²⁹⁸

> Angesichts dieser großen Vorzüge der römischen Technik, dass solche Pfähle leicht zu beschaffen, leicht zu tragen sind und sie sich im Gebrauch als sicher und standfest bewähren, muss man meiner Ansicht nach bekennen, dass unter den vielen militärischen Einrichtungen der Römer, die der Bewunderung und Nachahmung wert sind, diese besondere Anerkennung verdient.²⁹⁹

Das *tertium* des Vergleichs zwischen römischen und griechischen Armeen wird hier also noch in drei Unterfunktionen differenziert: Die Nützlichkeit einer Palisade wird nicht nur durch ihre Stabilität, sondern ebenso durch die Einfachheit ihrer Beschaffung und ihres Transports bestimmt. Polybios streicht dabei die Anpassungsbereitschaft und die Lernwilligkeit der Römer heraus. Aber auch ihren *labor* scheint er wieder zu loben: Denn die Römer wählen zunächst den anstrengenderen Weg, indem sie die Palisade aus vielen kleineren Pflöcken zusammensetzen statt einfach größere Pflöcke direkt in die Erde zu rammen wie griechische Soldaten. Sie haben offenbar gelernt, dass ihnen dieses Vorgehen die genannten Vorteile verschafft, und waren deshalb so daran gewöhnt, dass ihnen der Kraftaufwand gering erschien. Polybios versucht diese technologischen Details möglichst unterhaltsam zu erläutern, wie es Herodot tut, wenn er z. B. die Überbrückung des Hellesponts durch Xerxes beschreibt.³⁰⁰ Damit schließt Polybios an Motive aus der ethnographisch interessierten Literatur an, setzt sich mit seinem soldatischen Fachwissen aber zugleich von seinen Vorgängern ab.

Allerdings geht das Lob der Römer nicht soweit, dass die Vorzüge der Griechen völlig geleugnet werden; wie Herodot lockert Polybios sein Schema immer wieder auf.³⁰¹ Die griechische Kavallerie hatte der römischen als Vorbild gedient; griechische Heere waren in der Lage, unüberwindbare natürliche Plätze einzunehmen und den Gegner

---

297 Pol. XVIII, 18, 2. Aufgrund der sperrigen Piken konnten die makedonischen Phalangiten kaum auch noch Holz für ein Lager mit sich tragen.
298 Vgl. Pol. XVIII, 18, 5–6.
299 Pol. XVIII, 18, 17–18. διὸ καὶ μεγάλης οὔσης διαφορᾶς τῷ καὶ τὴν εὕρεσιν ἑτοίμην εἶναι τοῦ τοιούτου χάρακος καὶ τὴν κομιδὴν εὐχερῆ καὶ τὴν χρείαν ἀσφαλῆ καὶ μόνιμον, [18] φανερὸν ὡς εἰ καί τι τῶν ἄλλων πολεμικῶν ἔργων ἄξιον ζήλου καὶ μιμήσεως ὑπάρχει παρὰ Ῥωμαίοις, καὶ τοῦτο, κατά γε τὴν ἐμὴν γνώμην.
300 Vgl. Hdt. VII, 36. Zum Anschluss an Herodots Darstellung vgl. MCGING 2012, 39/40.
301 Siehe erneut SCHULZ 2020a, 221–326.

anschließend in der Schlacht mit der Sarissenphalanx zu überrollen.³⁰² Trotz seines Ansinnens, den Erfolg Roms erklären zu wollen, blieb Polybios ein Grieche und Achaier, der von außen auf die neue Vormacht im Mittelmeerraum blickte; alle Vergleiche bezogen sich auf sein eigenes Volk.³⁰³

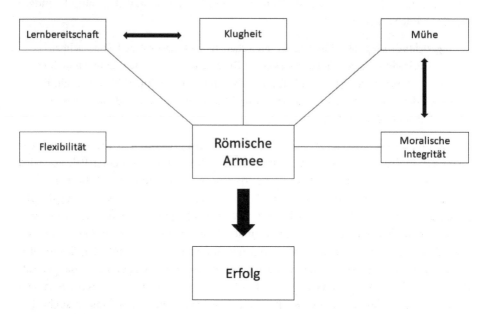

Abb. I Schematische Übersicht der Stärken der römischen Armee und ihres Zusammenspiels nach Polybios

Polybios hob an den Römern ihre Differenz zu den Griechen hervor und betonte gleichzeitig die Ähnlichkeiten: Einerseits unterschied sich die Organisation ihres Heerwesens grundlegend von den Armeen der hellenistischen Welt und den Bürgeraufgeboten der *poleis*. Andererseits hatten sie dennoch viel mehr mit dem griechischen Militär gemein als bspw. mit dem der Kelten: Auch im römischen Fall lag ein hochkomplexes militärisches System vor. Polybios zeichnet das Bild eines perfekt funktio-

---

302 Polybios musste diese Vorzüge der griechisch-makedonischen Heere allein schon deswegen betonen, weil er selbst im achaiischen Militär gedient hatte. Spätestens seit der Zeit Philopoimens hatte die achaiische Armee ebenfalls Phalangiten eingesetzt: Zunächst hatten die Bürger von Polybios' Heimatstadt Megalopolis 222 v. Chr. eine Einheit von *epilektoi* nach dem Vorbild der antigonidischen *chalkaspides* gebildet; Antigonos Doson hatte seinen Verbündeten im Krieg gegen Sparta 1000 Bronzeschilde zur Ausrüstung der Männer zukommen lassen. Vgl. Pol. II, 65, 3/ IV, 69, 4–5/ V, 91, 6–8. Später rüstete Philopoimen dann die Truppen des gesamten Bundes mit Sarissen aus; vgl. Plut. Philopoimen 9, 2; Polyaen. Strat. VI, 4, 3; Paus. VIII, 50, 1; SEKUNDA 2007, 342/343.
303 Zur Frage der ethnischen Identität s. o. 61–62.

nierenden Apparates, der für jede Widrigkeit gerüstet ist, zusammengehalten durch eiserne Disziplin:

> Nach dem Aufschlagen des Lagers kommen die Tribune zusammen und vereidigen alle Insassen des Lagers, Freie wie Sklaven, Mann für Mann, nichts im Lager zu stehlen und jeden Fund den Tribunen abzugeben.[304]

Der Schwur gewährt, dass die Soldaten sich an ihre Befehle halten und die angesprochenen Stärken zur Geltung bringen. Wer den Eid bricht, dem drohen harte Strafen. Da die Kommandanten rund um die Uhr Wachen aufstellen,[305] entgeht ihnen nichts.[306] Und jede Wache, die ihren Posten verlässt, wird durch jene Männer bestraft, die sie durch ihr Fehlverhalten in Gefahr gebracht hat:[307]

> Sofort tritt das Standgericht der Tribunen zusammen, und wenn der Betreffende verurteilt wird, ist die Strafe das *fustuarium* [Schlagen mit Stöcken] [...] Die meisten finden dabei schon im Lager den Tod.[308]

Auch in anderen Fällen, darunter Eidbruch, kommt das *fustuarium* zur Anwendung.[309] Die wenigen Soldaten, die das Prozedere überleben, verbringen den Rest ihrer Tage in Schande;[310] Offiziere und Tribune sind davon nicht ausgenommen.[311] Andere Vergehen, v. a. Feigheit vor dem Feind, werden als Verletzungen der soldatischen Pflichten empfunden und ebenfalls hart bestraft.[312] Bei einer Dezimierung ist sogar die ganze Einheit betroffen, so dass jeder Legionär stets eine Verantwortung für seine Kameraden übernimmt.[313] Das Interesse der Gemeinschaft steht also über allem. Die Furcht

---

304 Pol. VI, 33, 1–2. μετὰ δὲ τὴν στρατοπεδείαν συναθροισθέντες οἱ χιλίαρχοι τοὺς ἐκ τοῦ στρατοπέδου πάντας ἐλευθέρους ὁμοῦ καὶ δούλους ὁρκίζουσι, καθ' ἕνα ποιούμενοι τὸν ὁρκισμόν. ὁ δ' ὅρκος ἐστὶ μηδὲν ἐκ τῆς παρεμβολῆς κλέψειν, ἀλλὰ κἂν εὕρῃ τι, τοῦτ' ἀνοίσειν ἐπὶ τοὺς χιλιάρχους.

305 Vgl. Pol. VI, 33, 6–12. Die spezielle Wache vor dem Zelt des Konsuls dient auch der Zurschaustellung seiner besonderen Amtswürde und Amtsmacht.

306 Vgl. Pol. VI, 34, 7–36, 5. Im Verlauf der historischen Darstellung erwähnt Polybios die strenge Organisation der Nachtwache z. B. nochmals in XIV, 3, 6.

307 Vgl. ERSKINE 2013b, 128.

308 Pol. VI, 37, 1 [...] 37, 3. καθίσαντος δὲ παραχρῆμα συνεδρίου τῶν χιλιάρχων κρίνεται, κἂν καταδικασθῇ, ξυλοκοπεῖται [...] τοὺς μὲν πλείστους ἐν αὐτῇ τῇ στρατοπεδείᾳ καταβάλλουσι.

309 Vgl. Pol. VI, 37, 9. ERSKINE 2013a, 242 weist allerdings darauf hin, dass Cato für einige dieser Fälle ‚nur' das Abhacken der rechten Hand festhält; vgl. Fron. Str. IV, 1, 16 = Cato de re milit. 15. Vielleicht wollte Polybios absichtlich übertreiben, um sein Argument zu stärken.

310 Vgl. Pol. VI, 37, 4. In I, 69, 4–5 erwähnt Polybios den Fall eines Spendius, dem als weggelaufenen Sklaven eine ähnliche Strafe drohte. Er hatte sich daraufhin entschlossen, Karthago seine Dienste als Söldner anzubieten.

311 Vgl. Pol. VI, 37, 5–7. Polybios deutet jedoch an, dass zumindest die Tribune nicht der gleichen Strafe unterzogen, sondern von den Konsuln anderweitig gemaßregelt werden.

312 Vgl. Pol. VI, 37, 10–12.

313 Vgl. Pol. VI, 38.

vor Strafen soll die Furcht vor dem Feind übertreffen, um eine Streitkraft zu formen, die keine Schlacht und keinen Krieg verloren gibt.³¹⁴

Diese rigide Organisation hatte jedoch auch ihre Schattenseiten. Ein reines Schwarz-Weiß-Bild hätte auch deshalb nicht überzeugt, weil das griechische Publikum mit dem arroganten und brutalen Auftreten der Römer im und nach dem Dritten Römisch-Makedonischen Krieg vertraut war. Die rationale und funktionale Durchorganisation der römischen Armee verstärkte diesen furchteinflößenden Eindruck noch.³¹⁵ Wie Herodot benutzte Polybios zwar ethnographische Praktiken, um der herrschenden Meinung (der Griechen) zu widersprechen,³¹⁶ denn er lobte nicht nur die militärischen *nomoi* der Römer, sondern betonte auch die moralische Überlegenheit ihrer Soldaten und Feldherren. Allerdings hätte er unglaubwürdig gewirkt, wenn er die bisherigen Ansichten seiner Landsleute vollkommen ignoriert hätte.³¹⁷ Deshalb beschäftigt er sich nun mit den Nachteilen des römischen Disziplinarsystems: Der Respekt vor den Regeln ist so groß, dass es für niemanden und in keiner Situation Ausnahmen gibt. Das zeigt nicht nur das Beispiel des *fustuarium* und der *decimatio*: So hebt Polybios u. a. das Schicksal von mehr als 300 vornehmlich kampanischen Soldaten hervor, die nach dem Pyrrhoskrieg der Vernachlässigung ihrer Pflichten für schuldig gesprochen und auf dem Forum „nach römischer Sitte" (κατὰ τὸ παρ' αὐτοῖς ἔθος) geköpft wurden.³¹⁸ Aus Athen kannte man zwar die Exekution von Generälen und Admirälen, doch war die blutige Massenhinrichtung von Soldaten auf dem Forum, das für die Griechen ihrer geheiligten Agora entsprach, unvorstellbar.³¹⁹ Noch schwerer wog, dass römische Befehlshaber nicht einmal bei den engsten Familienangehörigen Gnade zeigten: „Einige [Römer] haben sogar als Träger eines Amtes ihre eigenen Söhne hinrichten lassen, da sie die Wohlfahrt des Landes höher achteten als die Liebe zu denen, die ihnen am teuersten waren."³²⁰ Diese Taten widersprachen für Polybios allgemeinen Sittegesetzen

---

314 Vgl. auch das Beispiel aus dem Ersten Punischen Krieg in Pol. I, 17, 11–12.
315 Siehe CHAMPION 2004, 93.
316 Beispielhaft ist Herodots Umgang mit der Geschichte des ägyptischen Königs Busiris, die er als böswillige griechische Erfindung über die Ägypter entlarvt. Siehe dazu SCHULZ 2020a, 275/276; 284/285.
317 Vgl. Ebd. zu Herodots ähnlichem Vorgehen.
318 Vgl. Pol. I, 7, 12. Für die Datierung vgl. die Aussage in I, 7, 6, die Einwohner Rhegions hätten einen Angriff des Pyrrhos befürchtet und deshalb Rom um die Schutzmacht geboten.
319 Vgl. ERSKINE 2013b, 121. Zu Exekutionen in Athen und der griechischen Welt, die fast immer unblutig vollzogen wurden (durch Gift, Erhängen usw.) vgl. DEBRUNNER HALL 1996. Ähnlich urteilte Polybios wahrscheinlich über die in Krisenzeiten vollzogenen römischen Menschenopfer, die nur bei anderen Autoren überliefert sind. Selbst der noch deutlich stärker romanisierte Plutarch kritisiert in Plut. qu. R. 83 diese Praxis und stellt sie mit den Menschenopfern bei den Iberern auf die gleiche Stufe. Die römische Praxis erklärt er dann – aufgrund seines Hintergrundes als Priester war dies für ihn überzeugend – mit einem Orakel. Polybios hätte eine solche Begründung wahrscheinlich nicht gelten lassen, wie sein sehr pragmatisch-analytischer Blick auf die römische Religion nahelegt; s. u. 114–122.
320 Pol. VI, 54, 5.

(παρὰ πᾶν ἔθος ἢ νόμον).³²¹ Seine Kritik setzte die Römer mit den Kelten gleich:³²² Polybios bezeichnete deren Verhalten oft als παρανομία, als Verbrechen gegen göttliches und menschliches Recht.³²³ Die Römer beeindruckten durch ihre Effizienz, doch übersah Polybios nicht den Schrecken, den ihre Methoden verbreiten konnten. Obwohl sie erfolgreich waren, blieben sie fremde Eroberer, welche die Griechen ähnlich in Angst versetzen konnten wie die Überfälle von Kelten, Thrakern oder Illyrern.³²⁴ „Welche Hoffnung", so ANDREW ERSKINE, „konnte es gegen Männer geben, die ihre eigenen Soldaten zu Tode prügelten und keinerlei Skrupel hatten, sich selbst zu opfern?"³²⁵

Der Strafe entspricht komplementär die Belobigung: Polybios würdigt die römische Sitte, den persönlichen Mut einzelner Männer vor der gesamten Heeresversammlung zu preisen. Die Verleihung von Ehrengeschenken wie einer goldenen *corona* für die Erstürmung einer Mauer sichert den Soldaten ewigen Ruhm und dauerhaftes Ansehen.³²⁶ Derjenige, der

> einem Kameraden, Bürger oder Bundesgenossen [...] das Leben gerettet hat [...], den zeichnet der Feldherr durch Geschenke aus. [...] Der Gerettete ehrt diesen sein Leben lang wie einen Vater, und er muss ihm alles erweisen, was Kinder ihrem Vater tun.³²⁷

Die Römer maßregeln also Verstöße gegen die Ordnung, belohnen aber auch jene, die sich durch persönlichen Mut hervortun. Diese positive Motivation ergänzt die Furcht vor den Strafen; der ‚Held' kann sich so soziales Prestige verschaffen, das er für den Rest seines Lebens behält. Damit dient die Auszeichnung als Ansporn nicht nur für das Individuum, sondern für alle römischen Bürger.³²⁸ So schließt Polybios: „Da sie also den Ehrungen und Bestrafungen im Felde solche Aufmerksamkeit zuwenden, ist es kein Wunder, dass ihre kriegerischen Unternehmungen einen glücklichen und ruhmreichen Ausgang nehmen."³²⁹

---

321 Das moralische Problem war den Griechen vertraut: Stellte Agamemnon nicht auch das Wohl aller über das seiner Familie, als er Iphigenie opferte, damit die Flotte gegen Troja fahren konnte? Jedoch entsprach er damit dem Willen der Götter, nicht dem von Menschen, und natürlich handelte es sich um eine mythische Erzählung, keine Gesetzbarkeit in der realen Welt. Die Römer erscheinen somit deutlich grausamer.
322 S. u. 139–142.
323 Siehe dazu ausführlich das nächste Kapitel (141; 154; 158).
324 Vgl. ERSKINE 2013a, 241–244.
325 ERSKINE 2013b, 128. „What hope was there … against men who even beat their own soldiers to death and have no qualms about sacrificing themselves?"
326 Vgl. Pol. VI, 39, 1–11.
327 Pol. VI, 39, 6–7. σώσαντάς τινας τῶν πολιτῶν ἢ συμμάχων ὅ τε στρατηγὸς ἐπισημαίνεται δώροις, [...] σέβεται δὲ τοῦτον καὶ παρ' ὅλον τὸν βίον ὁ σωθεὶς ὡς πατέρα, καὶ πάντα δεῖ τούτῳ ποιεῖν αὐτὸν ὡς τῷ γονεῖ. DREXLER übersetzt stattdessen „was Kindern ihren Eltern tun" doch bezieht sich auch der Nebensatz auf πατήρ.
328 Vgl. Pol. VI, 39, 8–10.
329 Pol. VI, 39, 11. Vgl. auch das Lob ihres disziplinierten Verteilens der Beute nach der Schlacht, ein Verhalten, das er so aus keiner anderen Armee kannte, in Pol. X, 16, 8–9.

Polybios zeichnet das Bild eines bewundernswerten Heerwesens: Durch harte Ausbildung verinnerlichen die Legionäre verschiedene Stärken wie Tapferkeit und Mühe, die sie aufgrund ihrer Lernbereitschaft, Klugheit und Flexibilität in den verschiedensten Situationen anwenden können. Die Angst vor Strafen und die Aussicht auf Belohnung motivieren sie, den Regeln Folge zu leisten. Die so erreichte Disziplin und das Vorbild ihrer adligen Kommandanten, die dem *mos maiorum* folgen, verschaffen ihnen zudem eine höhere moralische Integrität, als sie anderswo bekannt war.[330]

Somit finden sich auch bei den Römern bewundernswerte *nomoi*, die sich zur historischen Erklärung eignen. Die bekannten Barbarentopoi passen dementsprechend nicht (mehr) zu ihnen: Sie stürmten nicht wild und ungeordnet gegen den Feind und ließen sich von der griechischen Phalanx nicht in die Knie zwingen. Ihr militärisches System war ebenso komplex wie simpel und damit flexibel und effektiv. Es war den Armeen der ‚Barbaren' und Griechen überlegen.

Rom und Karthago

Allerdings mussten sich auch die Römer Gefahren stellen, die ihre Existenz bedrohten. Der Kampf gegen die Karthager brachte ihnen gewaltige Verluste bei und führte ihren Staat an den Rand des Untergangs. Wie konnte es v. a. zum Desaster von Cannae kommen, und warum brauchten die Römer in den Auseinandersetzungen mit den Puniern solange, um die Oberhand zu gewinnen?

Da der Konflikt (mindestens) bis auf den Ersten Punischen Krieg zurückging,[331] muss zunächst ein Blick auf die Ereignisse des Jahres 255 v. Chr. geworfen werden, die Polybios in besonders aussagekräftiger Weise beschreibt. 256 v. Chr. war eine römische Armee unter Marcus Atilius Regulus in Nordafrika gelandet, doch gelang den Karthagern im Jahr darauf ein entscheidender Sieg über die Invasoren bei Tunes. Die römische Flotte nahm die überlebenden Soldaten auf, wurde vor der sizilischen Küste aber von einem Sturm überrascht, dem ein Großteil der Schiffe und Mannschaften zum Opfer fiel. Allerdings, so Polybios, ließen sich die Römer davon nicht aufhalten:

> Überhaupt wollen die Römer alles mit Gewalt durchsetzen [...], halten nichts, was sie sich in den Kopf gesetzt haben, für undurchführbar. Durch solche Unbeugsamkeit des Willens haben sie in vielen Dingen Erfolg, in manchen aber auch augenscheinlich Misserfolge, namentlich zur See. Denn auf dem Lande haben sie es bei ihren Unternehmungen mit Menschen zu tun, stehen menschlichem Handeln gegenüber und sind daher, da sie ihre

---

330 Zu seinem Lob für den noblen Mut (μεγαλοψυχία) der Römer vgl. auch ECKSTEIN 1995, 83. Zur Gestalt und Wahrnehmung des *mos maiorum* in der Zeit des Polybios siehe BLÖSEL 2000.
331 Polybios selbst beschreibt den ersten römisch-karthagischen Vertrag vom Ende des 6. Jhs. v. Chr. als Ausgangspunkt ihrer Beziehungen; damals wurden allerdings nur Handelsinteressen abgesteckt. Vgl. Pol. III, 22–23.

gewaltsamen Methoden gegen Kräfte gleicher Art anwenden, meist vom Glück begleitet, und nur selten einmal misslingt ihnen etwas. Wenn sie jedoch gegen Meer und Himmel mit Kühnheit und Gewalt zu kämpfen versuchen, erleiden sie schwere Niederlagen.[332]

Der Autor vergleicht in erster Linie die römische Stärke zu Land mit ihrer Schwäche zur See, das *tertium* ist der Ausgang ihrer Unternehmungen. Er will den Eindruck erwecken, die Römer hätten vor den 260er Jahren keinerlei Erfahrung mit der Seefahrt gemacht, so wie sich die Athener laut Herodot erst kurz vor der Schlacht von Salamis dem Meer zuwandten.[333] Tatsächlich besaßen die Römer bereits vor dem Ersten Punischen Krieg eine kleine Flotte und konnten auf die maritime Expertise der (griechischen) *socii* zurückgreifen.[334] Polybios verschweigt das, um einen klaren Kontrast zwischen den Erfolgen ihrer Armeen und den Katastrophen ihrer Flotte zu zeichnen.[335] Auch das römische Militär hatte also Schwächen, und diese wirkten sich nun aus, denn die Unbeugsamkeit (vielleicht *labor*) der Römer reicht ihnen auf dem fremden Terrain des Meeres nicht aus. Hier waren sie von Wind und Wetter abhängig, Faktoren, mit denen sie sich aufgrund ihrer geringen maritimen Erfahrung (angeblich) nicht auskannten.

---

332 Pol. I, 37, 7-10. καθόλου δὲ Ῥωμαῖοι πρὸς πάντα χρώμενοι τῇ βίᾳ [...] καὶ μηδὲν ἀδύνατον εἶναι σφίσι τῶν ἅπαξ δοξάντων, ἐν πολλοῖς μὲν κατορθοῦσι διὰ τὴν τοιαύτην ὁρμήν, ἐν τισὶ δὲ προφανῶς σφάλλονται, καὶ μάλιστ' ἐν τοῖς κατὰ θάλατταν. [8] ἐπὶ μὲν γὰρ τῆς γῆς πρὸς ἀνθρώπους καὶ τὰ τούτων ἔργα ποιούμενοι τὰς ἐπιβολὰς τὰ μὲν πολλὰ κατορθοῦσι διὰ τὸ πρὸς παραπλησίους δυνάμεις χρῆσθαι τῇ βίᾳ, ποτὲ δὲ καὶ σπανίως ἀποτυγχάνουσι· [9] πρὸς δὲ τὴν θάλατταν καὶ πρὸς τὸ περιέχον ὅταν παραβάλλωνται καὶ βιαιομαχῶσι, μεγάλοις ἐλαττώμασι περιπίπτουσιν.

333 Wie sich etwa an der berühmten Weissagung des Orakels von Delphi zeigt, die Athener sollten hölzerne Mauern bauen. Herodot vermittelt den Eindruck, als sei der Bau einer Flotte für Athen etwas ganz Neues und als erscheine die Interpretation des Themistokles als völlig abwegig; vgl. Hdt. VII, 140-144. Zu den tatsächlichen athenischen Marineaktivitäten vor den Perserkriegen vgl. etwa O'HALLORAN 2019, 98-110.

334 Vgl. dazu SCHULZ 1998, 122. Polybios behauptet konkret (I, 20, 9-11) es handele sich um Penteren und Trieren, die in Italien nie zuvor produziert worden seien. Das ist gerade mit Blick auf die Trieren völlig unglaubwürdig und kann höchstens bei den Penteren zutreffen; um deren Konstruktion durch die Römer zu erklären, greift Polybios auf die Geschichte zurück, sie hätten ein karthagisches Schiff erbeutete und ihre eigene Flotte nach seinem Vorbild errichtet; vgl. Pol. I, 20, 12-16. Dabei hätte Roms Verbündeter Hieron II. von Syrakus ihnen jederzeit die Pläne für große Kriegsschiffe zur Verfügung stellen können. Römische Handelsschiffe müssen zudem schon im späten 6. Jh. die nordafrikanische Küste erreicht haben, sonst hätte es für die Karthager keinen Grund gegeben, den Römern im ersten gemeinsamen Vertrag zwischen den beiden Staatswesen eine Grenze für ihre Aktivitäten vorzuschreiben. Siehe Pol. III, 22-23.

335 Hierzu gehört auch, dass Polybios betont, die römischen Soldaten hätten mit Hilfe des *corvus* auch zur See wie Landsoldaten gekämpft. Diesen Mythos dekonstruiert SCHULZ 2012, 197-199. Ähnlich KARSTEN/RADER 2013, 64-78 zur Thematik des Flottenbaus und der (Nicht-)Existenz des *corvus*. HOULIANG 2018, 87-89 sieht den *corvus* als einen *deus ex machina*, der wie im Theater den Römern als Helden des Stückes, das Polybios erzählt, den Sieg bringt. Dem würde ich nicht ganz zustimmen, da der *corvus* auch den Ideenreichtum und die Lernbereitschaft der Römer symbolisieren soll, das Gerät taucht nicht einfach aus dem Nichts auf.

Eine Reihe von Vergleichen mit den Karthagern soll zeigen, warum die Römer diese dennoch schlagen konnten: „In Bezug auf persönliche Tüchtigkeit jedoch haben sich die Römer nicht um ein geringes, sondern bei weitem als besser erwiesen".[336] Die Aussage des Polybios passt zu seiner Bemerkung über die Seekriegsführung, denn die römischen Soldaten besiegten die Karthager offenbar, weil sie mutiger und willensstärker waren.[337] Vielleicht lagen dieser Annahme die Ideen römischer Autoren zugrunde. So nennen bspw. bereits Cato[338] und Calpurnius Piso[339] zahlreiche Beispiele römischer Tapferkeit; in späterer Zeit wird die *virtus* zur Kardinaltugend.[340] Die Wortwahl des Polybios erhärtet den Verdacht, dass ihm solche Aussagen bekannt waren: ἀνδραγαθία[341] meint wie *virtus* Männlichkeit, und Polybios lobt diese Stärke der Römer sehr häufig explizit.[342] Die frühen römischen Autoren hatten diese Wertvorstellungen noch nicht präzise ausformuliert, doch hatte Polybios ein feines Gespür für das, was ihnen wichtig war.[343]

Trotz aller Stärken des römischen Militärs hatten sie im ersten Krieg 23 Jahre gebraucht, um die Karthager in die Knie zu zwingen. Schuld daran waren nicht nur die Gefahren des Meeres, sondern auch Hamilkar Barkas, welcher der intelligenteste und erfolgreichste Feldherr des Krieges gewesen sei.[344] Diese Deutung wiederholt sich bei der Schilderung des Zweiten Punischen Krieges. Polybios zollt zunächst den Leistungen Hannibals seinen Respekt: Mit nicht einmal 20 000 Mann sei der Karthager in Italien eingefallen, um sich einem Gegner zu stellen, der auf über 770 000 Mann Reserven zurückgreifen konnte.[345] Hannibal glich diese Nachteile jedoch durch taktische

---

336 Pol. I, 64, 6.
337 Im Verlauf des Zweiten Punischen Krieges lässt Polybios Scipio Africanus dieses Argument noch einmal zuspitzen: Die Karthager hätten die Römer in Iberien nur deshalb überhaupt einige Male besiegt, weil diese von ihren keltiberischen Verbündeten im Stich gelassen oder verraten worden waren; vgl. Pol. X, 6, 2. Ein überlegener Mut der Karthager war demnach nicht vorhanden, nein, im Gegenteil: Der letztendliche Sieg der Römer basierte allein auf ihrer *virtus* und nicht auf der Unterstützung durch die indigenen Stämme; vgl. Pol. XI, 31, 6.
338 Vgl. Gell. III, 7, 12 = F 83 Peter = FRH 3 F 4,7a = FRHist 5 F76: *audacia*; 19: *virtus, strenuus* und *fortitudo*.
339 Vgl. Varro ling. 5, 149 = F 6 Peter = F 12 Forsythe = FRH 7 F 8 = FRHist 9 F8 *fortissimus*.
340 Dass Polybios sich mit den Werken des Cato auseinandersetzte zeigt MUSTI 1974, 125–135.
341 Vgl. Pol. VI, 39, 2.
342 So auch in I, 17, 12, wo er sie als Alleinstellungsmerkmal gegenüber anderen Völkern betrachtete, allerdings das Wort γενναῖος verwendet.
343 Vgl. auch die παρρησία des römischen Gesandten nach Illyrien in Pol. II, 8, 9: Trotz des Scheiterns seines Auftritts scheint Polybios die offene und wahrhaftige Rede zu loben; vielleicht hatte ihn die römische *veritas* beeindruckt. Scipio Africanus nennt er εὐεργετικὸς καὶ μεγαλόψυχος und die μεγαλοψυχία wird zumindest schon in Terenz' *Brüdern* als *liberalitas* verarbeitet; vgl. Ter. Ad.; COFFEE 2017, 70. Die Betitelung könnte allerdings auch griechische Wertvorstellungen spiegeln, in denen der Mut natürlich ebenso eine zentrale Stellung einnahm; siehe etwa Aristot. eth. Eud. 9, 1115a32–35.
344 Vgl. Pol. I, 64, 6.
345 Vgl. Pol. II, 24, 17. In III, 56, 4 spricht Polybios jedoch von 20 000 Mann Infanterie und 6000 Kavalleristen. Vgl. WALBANK, Kommentar I, 366, der die Zahl – ob 20 000 oder 26 000 – für deutlich

Raffinesse und sorgfältige strategische Planung aus.[346] So waren seine Soldaten etwa vor der Schlacht an der Trebia ausgeruhter und besser vorbereitet als die Truppen des Tiberius Sempronius Longus. Indem Hannibal zunächst die mobile numidische Kavallerie einsetzte, um seine Feinde zu ermüden, nutzte er diesen Vorteil, um das feindliche Heer zu zerschlagen.[347] Dennoch entmutigte die Niederlage die Römer nicht, sondern spornte sie erst recht zu neuen Bemühungen an: „Denn dann sind die Römer, sowohl der Staat im Ganzen wie alle einzelnen, am furchtbarsten, wenn eine wirkliche Gefahr sie bedroht."[348] Polybios demonstriert hier eine positive Seite jener Halsstarrigkeit, die er im Seekrieg gegen Karthago kritisiert hatte. Vielleicht ging er sogar davon aus, dass die Römer aus der Erfahrung gelernt hatten und mit ihrer überlegenen Zahl und ihrem Mut den Willen des Feindes brechen würden. Selbst die verheerende Niederlage am Trasimenischen See widersprach diesem Narrativ nicht:

> Von den Römern fielen in dem Tal beinahe fünfzehntausend Mann, weder imstande, dem Verhängnis auszuweichen, noch auch etwas auszurichten, nach römischer Sitte aber es als unverbrüchliche Pflicht betrachtend, nicht zu fliehen oder Reih und Glied zu verlassen.[349]

Polybios führt den ungebrochenen Kampfeswillen der Römer bei und nach Niederlagen auf ihr Pflichtgefühl und ihre Treue zurück,[350] die sie durch Erziehung und Gewöhnung (ἐθισμός) erworben hatten. Damit scheint er auf das römische Verständnis von *fides* anzuspielen, nach der die Soldaten dem römischen Staat ewige Treue geschworen hatten.[351] Diese Loyalität bezeichnet Polybios an anderen Stellen als πίστις, was der lateinischen *fides* am ehesten entspricht.[352] Als ehemaliger Offizier hatte Polybios unter Scipio Aemilianus genug Gelegenheiten, diese Mentalität zu beobachten und als moralische Stärke einzuordnen.[353] Er betont damit einen speziellen *nomos*, der die Römer von allen anderen Völkern unterschied. Die *socii* nahmen sich diese Eigenschaft zum Vorbild:

> Denn obwohl sie [die Römer] bereits eine doppelte Niederlage erlitten hatten, war bis jetzt noch keine Stadt in Italien zu den Karthagern abgefallen, sondern sie hielten den Römern die Treue [πίστις], obwohl einige schwer zu leiden hatten, eine Tatsache, aus der

---

      realistischer hält als die 90 000 Fußsoldaten und 12 000 Reiter, die Hannibal beim Überschreiten des Ebros geführt haben soll (Pol. III, 35, 1).
346 In Pol. XI, 19, 1–7 findet sich gar ein wahres *enkomion* auf Hannibal. Dazu s. u. 171; 209/210.
347 Vgl. Pol. III, 73, 1–5.
348 Pol. III, 75, 8.
349 Pol. III, 84, 7. ἔπεσον οὖν τῶν Ῥωμαίων κατὰ τὸν αὐλῶνα σχεδὸν εἰς μυρίους καὶ πεντακισχιλίους, οὔτ' εἴκειν τοῖς παροῦσιν οὔτε πράττειν οὐδὲν δυνάμενοι, τοῦτο δ' ἐκ τῶν ἐθισμῶν αὐτὸ περὶ πλείστου ποιούμενοι, τὸ μὴ φεύγειν μηδὲ λείπειν τὰς τάξεις.
350 Er verwendet hier den Begriff πίστις nicht, aber die nächste Stelle zeigt, dass diese gemeint ist.
351 Vgl. PÖSCHL 1980, 3–4.
352 Vgl. Pol. III, 90, 14; GLADHILL 2016, 18–20.
353 Also als Teil ihrer *disciplina*, die aber von den Römern selbst erst später ausformuliert wird.

sich klar ergibt, welche Scheu und Achtung die Bundesgenossen vor dem römischen Staat hegten.[354]

Die Stärke der römischen Republik und ihr moralisches und militärisches Vorbild hielten somit das gesamte Bündnissystem zusammen. So wurde Hannibals Plan vereitelt, die römischen Alliierten auf seine Seite zu ziehen.[355]

Das römische Heer war Polybios zufolge dem der Karthager in einigen Punkten überlegen, die langfristig zum Tragen kamen. Im sechsten Buch nimmt er im Hinblick auf den Ausgang der ersten beiden Punischen Kriege erneut den Kontrast zwischen Karthagern und Römern in Land- und Seekriegsführung auf:

> So sind die Karthager begreiflicherweise zur See besser geübt und gerüstet, da sie auf diesem Gebiet eine lange Erfahrung haben und mehr als irgendjemand sonst ein Seefahrervolk sind, während die Römer zu Lande weit überlegen sind. Denn sie wenden dem Heer ihre ganze Sorge zu, die Karthager dagegen vernachlässigen es vollständig und schenken nur der Kavallerie einige Aufmerksamkeit. Das liegt daran, dass sie fremde Söldnertruppen verwenden, während das römische Heer aus Landeskindern und Bürgern besteht.[356]

Zunächst weist Polybios also auf eine karthagische Stärke hin: Die Punier seien zur See nicht nur erfahrener als die Römer, sondern als alle anderen Völkern der *oikumene*. Dies relativiert die römische Schwäche. Die Erfahrung (ἐμπειρία) hatte Polybios zuvor auch der römischen Landarmee zugeschrieben, etwa im Kampf gegen die Kelten. Den Mut und die Stärke der Römer führte der Geschichtsschreiber nun freilich auf die Zusammensetzung ihres Heeres zurück: Die römische Bürgermiliz sei den karthagischen Berufssoldaten überlegen. Söldner stellten für Polybios eine Bedrohung der natürlichen Ordnung dar: Aufgrund ihrer Neigung zu Chaos und Gewalt standen sie auf einer Stufe mit den ‚Barbaren'.[357] Allerdings konnte selbst der Achaierbund nicht gänz-

---

354 Pol. III, 90, 13–14. ἕως γὰρ τότε δυσὶ μάχαις ἤδη λελειμμένων αὐτῶν οὐδεμία πόλις ἀπέστη τῶν κατὰ τὴν Ἰταλίαν πρὸς Καρχηδονίους, ἀλλὰ διετήρουν τὴν πίστιν, καίπερ ἔνιαι πάσχουσαι κακῶς. [14] ἐξ ὧν καὶ παρασημήναιτ᾽ ἄν τις τὴν κατάπληξιν καὶ καταξίωσιν παρὰ τοῖς συμμάχοις τοῦ Ῥωμαίων πολιτεύματος.

355 Um diese zu erhalten, griffen die Römer ggf. zu kriegerischen Lösungen, wie der Konflikt mit den Dalmatern zeigt. Laut Polybios entschied sich der Senat auch deshalb, diese 156 v. Chr. anzugreifen, weil er befürchtete, die Italiker würden durch die zu lange Friedenszeit seit dem Perseuskrieg sonst ‚verweichlichen'; vgl. Pol. XXXII, 13, 5–9.

356 Pol. VI, 52, 1–4. τὸ μὲν πρὸς τὰς κατὰ θάλατταν, ὅπερ εἰκός, ἄμεινον ἀσκοῦσι καὶ παρασκευάζονται Καρχηδόνιοι διὰ τὸ καὶ πάτριον αὐτοῖς ὑπάρχειν ἐκ παλαιοῦ τὴν ἐμπειρίαν ταύτην καὶ θαλαττουργεῖν μάλιστα πάντων ἀνθρώπων, [2] τὸ δὲ περὶ τὰς πεζικὰς χρείας πολὺ δή τι Ῥωμαῖοι πρὸς τὸ βέλτιον ἀσκοῦσι Καρχηδονίων. [3] οἱ μὲν γὰρ τὴν ὅλην περὶ τοῦτο ποιοῦνται σπουδήν, Καρχηδόνιοι δὲ τῶν μὲν πεζικῶν εἰς τέλος ὀλιγωροῦσι, τῶν δ᾽ ἱππικῶν βραχεῖάν τινα ποιοῦνται πρόνοιαν. [4] αἴτιον δὲ τούτων ἐστὶν ὅτι ξενικαῖς καὶ μισθοφόροις χρῶνται δυνάμεσι, Ῥωμαῖοι δ᾽ ἐγχωρίοις καὶ πολιτικαῖς.

357 Vgl. ECKSTEIN 1995, 125–129. In II, 5, 4–7, 5 berichtet Polybios vom Schicksal der epirotischen Stadt Phoinike, die von ihrer eigenen Garnison keltischer Söldner geplündert worden war. Er beschuldigte die Epiroten, dass sie eine so reiche Ortschaft niemals unter den Schutz der unzuver-

lich auf Söldner verzichten, so dass Polybios mit ihrem Einsatz vertraut gewesen sein muss.³⁵⁸ Die römische Armee beeindruckte ihn, da sie nur selten Söldner einsetze.³⁵⁹ Genau wie bei den Vergleichen zwischen römischer Landmacht und karthagischer Seemacht sucht Polybios hier den Gegensatz zwischen Söldnern und Bürgersoldaten zuzuspitzen. Denn so erscheint die römische Armee als Inbegriff des λογισμός, der Kräfte der Ordnung und Vernunft. Dabei konnte er die historischen Umstände, die Ursache der Entwicklung beider Heere waren,³⁶⁰ ignorieren, da sie seinen griechischen Lesern nicht bekannt waren.³⁶¹

Im nächsten Schritt verknüpft Polybios die beiden römischen Stärken, die er gerade hervorgehoben hatte: Die römischen Soldaten verfügten genau deswegen über einen unbeugsamen Kampfeswillen und schworen auf die *fides*, weil sie Bürgersoldaten waren:

> Da jene für ihre Vaterstadt und für ihre Kinder fechten, kann ihre Entschlossenheit niemals nachlassen, sondern sie kämpfen auf [...] Leben [und Tod], bis sie der Feinde Herr geworden sind.³⁶²

Die Karthager wiederum konnten sich nicht darauf verlassen, dass sich ihre Söldner für eine fremde Stadt opfern würden. Vielmehr wurden ihre Soldaten nach Rückschlägen (wie die Kelten) „zu wilden Bestien",³⁶³ die den Karthagern mehr Probleme bereiteten als zu nutzen – der nach der Niederlage im ersten Punischen Krieg ausgebrochene Söldnerkrieg (240–238 v. Chr.) hatte das eindrucksvoll demonstriert.³⁶⁴ Deshalb konnten sich die Römer immer wieder von Niederlagen erholen, während ihre Feinde

---

lässigen Kelten hätten stellen dürfen, deren Ruf allgemein bekannt war. Hier verschmolzen ‚Nordbarbaren' und ‚Söldner' miteinander, so dass die Gruppe die größtmögliche Bedrohung darstellte.

358 Vgl. GRIFFITH 1933, 99–107 mit den entsprechenden Quellenstellen.

359 Das Thema ist in der Forschung lange und breit diskutiert worden. Während Griffith der Ansicht des Polybios folgte, erhoben sich Gegenstimmen, die das Bild für idealisiert halten und auf widersprechende Einzelbeispiele hinweisen. Vgl. GRIFFITH 1933, 234/235 und WILLIAMS 2001, 92 (folgt Griffith); vgl. (dagegen) bspw. ISAYEV 2017, 299/300.

360 So etwa das römische System der *socii* (das Polybios in II, 24 selbst beschrieben hatte) und die große Bevölkerung Italiens, welche die Römer nicht dazu zwang, Söldner zu rekrutieren, um ihre Armeen zu vergrößern. Auf der anderen Seite ist an die exponierte Lage vieler phönizischer Kolonien zu denken, die oft nicht mehr als das Hinterland einer Küste in Iberien oder auf den Inseln kontrollierten und auf die Kooperation mit den Einheimischen angewiesen waren, aus denen sich (später) die Söldner rekrutierten. Die Eroberungen der Barkiden in Iberien vergrößerten dort zwar die Rekrutierungsbasis für Hilfstruppen, doch da die Stadt Karthago das Bürgerrecht niemals an Nichtphönizier übertrug, blieb die Abhängigkeit von Söldnern bestehen. Auch wird ein Großteil der karthagischen Bürger in der Flotte gedient haben. Vgl. zum karthagischen Militär etwa SCHULZ 2012, 206/207; DALY 2002, 81–112.

361 Vgl. Pol. I, 3, 7–8.

362 Vgl. Pol. VI, 52, 7. ἐκεῖνοι γὰρ ὑπὲρ πατρίδος ἀγωνιζόμενοι καὶ τέκνων οὐδέποτε δύνανται λῆξαι τῆς ὀργῆς, ἀλλὰ μένουσι ψυχομαχοῦντες, ἕως ἂν περιγένωνται τῶν ἐχθρῶν.

363 Vgl. Pol. I, 67, 6.

364 Das zeigt schon die Charakterisierung des Konflikts in Pol. I, 88, 7.

sich selbst nach gewonnenen Schlachten nicht sicher sein konnten, den Krieg zu gewinnen.³⁶⁵ Und da die Römer die Karthager in Bezug auf natürlichen Mut (εὐψυχία, τόλμα) und Kraft übertrafen, waren ihre Siege absehbar.³⁶⁶

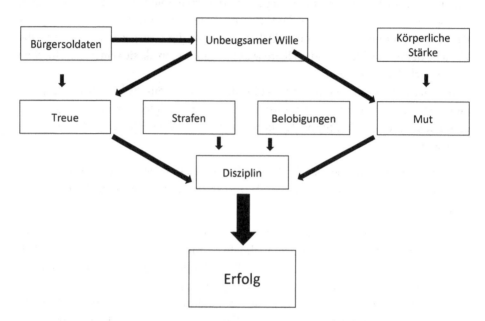

Abb. II Erweiterte schematische Übersicht des römischen Erfolgsmodells nach Polybios

Der Erste Punische Krieg war somit durch den Mangel der römischen Erfahrung zur See und durch die kluge Strategie Hamilkars in die Länge gezogen worden. Die Römer lernten jedoch in den langen Jahren des Kampfes genauso wie in den Keltenkriegen aus ihren Fehlern: Polybios betont, dass der Prokonsul Gaius Lutatius Catulus die römische Flotte auf die entscheidende Schlacht bei den Ägatischen Inseln 241 v. Chr. sorgfältig vorbereitet hatte und deshalb den Sieg davontrug.³⁶⁷ Ebenso erwies sich im Zweiten Punischen Krieg Scipio Africanus nach Jahren der Rückschläge als Hannibal ebenbürtiger Feldherr, der die Überlegenheit des römischen Landheeres voll ausspie-

---

365 Vgl. Pol. VI, 52, 6.
366 Vgl. Pol. VI, 52, 8–10.
367 Vgl. Pol. I, 59, 8–12; I, 61, 2–3. Im Vergleich dazu hatten die Römer vor der Schlacht von Drepana eine Reihe von Fehlern begangen; vgl. Pol. I, 51, 4–9. Diese Beobachtung macht auch Moore 2017, 135/136. Dazu kamen die soziale Geschlossenheit der Römer, die Polybios im VI. Buch beschreibt (s. u. 114–130) und der Ressourcenreichtum Italiens: die Karthager wurden dagegen durch ihre sozialen und wirtschaftlichen Probleme zur Aufgabe gezwungen, wie HOULIANG 2018, 89 zurecht betont.

len konnte – der Krieg war damit entschieden.³⁶⁸ Ihre Lernfähigkeit übertraf also auch die der Karthager.³⁶⁹ So konnte selbst die unglaubliche Katastrophe von Cannae Teil einer Erfolgsgeschichte werden, weil die Römer aus ihr die richtigen Schlüsse gezogen hatten.³⁷⁰ Da Griechen und Karthager sich im Westen seit Jahrhunderten bekämpft hatten, konnte Polybios darauf bauen, dass sein Publikum die Vorzüge der römischen Armee genauso anerkennen würde wie er.

Gleichgewicht der Macht: Die Rolle der römischen Verfassung

Wie andere antike Denker führte auch Polybios die militärische Stärke eines Staates auf seine Verfassung zurück. Wie genau sah diese römische Verfassung aus, die der aller anderen Staaten überlegen war? Im sechsten Buch widmete Polybios dieser Frage eine viel diskutierte Passage, die sich an seine Ausführungen zur Theorie des Verfassungskreislaufs anschließt.³⁷¹ Damit erfüllte er sein eingangs gegebenes Versprechen, zu erklären „was für eine Art von Einrichtung und Verfassung ihres Staates"³⁷² für den Erfolg Roms verantwortlich war.

Polybios konnte sich dabei an der Verfassungsdebatte bei Herodot orientieren,³⁷³ folgte aber in erster Linie den Vorbildern der klassischen und hellenistischen Philosophie.³⁷⁴ Im 4. und 3. Jahrhundert war das Vergleichen von Verfassungen zu einer eigenen Disziplin erhoben worden.³⁷⁵ „Vielleicht", so Polybios, „ist die Theorie des Übergangs der Verfassungsformen ineinander genauer und eingehender bei Platon und einigen anderen Philosophen ausgeführt. Da dies aber in komplizierter Weise und in großer Breite geschieht, ist es nur für wenige fasslich."³⁷⁶ So möchte Polybios zwar an die Tradition anschließen, aber ihre Theorien auch einem weniger philosophisch interessierten Publikum zugänglich machen. Bereits Eratosthenes hatte sich mit den Vorzügen der römischen Verfassung beschäftigt, doch sind davon nur wenige Frag-

---

368 Vgl. Pol. XVIII, 28, 6–8.
369 Diese hatten zwar während des ersten Krieges ihre Landstreitkräfte reformiert, jedoch nur dank des Einsatzes des externen (und natürlich griechischen) Erneuerers Xanthippos von Sparta; Pol. I, 32–35 m. MOORE 2017, 141.
370 Vgl. MOORE 2017, 139.
371 Vgl. Pol. VI, 12–18 bzw. 3–10.
372 Pol. I, 1, 5.
373 Vgl. Hdt. III, 80–82.
374 Er selbst hatte bereits im ersten Buch angekündigt, sich mehr für ‚zivilisierte' Gemeinschaften mit Gesetzen und Bildung zu interessieren als für ‚Barbarenherden', deshalb spielen Völker wie die Kelten in der Verfassungsdebatte von vornherein keine Rolle; vgl. Pol. I, 65, 7–8; MARTÍNEZ LACY 1991, 85. CHAMPION 2004, 73 weist jedoch zurecht daraufhin, dass die Beschreibung der Ochlokratie (VI, 4, 9; 57, 9) gewisse Parallelen zu der ‚barbarischer' Gesellschaften in den *Historien* aufweist.
375 Vgl. zur Sammlung von Verfassungen im Peripatos etwa STRASBURGER 1966b, 18; SCHNEIDER 1969, 563; WALBANK 2002a, 278.
376 Pol. VI, 5, 1.

mente überliefert.³⁷⁷ Er mag Polybios jedoch als Vorlage gedient haben.³⁷⁸ Da seine griechischen Leser nur sehr wenig von der römischen Verfassung und der Ordnung ihrer Gesellschaft wussten, lag es nahe, mit dem bekannten Motiv der Mischverfassung zu beginnen, mit dem jeder gebildete Grieche etwas anfangen konnte.³⁷⁹

Zu Beginn des VI. Buches betont Polybios, dass er die römische Verfassung nach seiner Schilderung der Schlacht von Cannae untersuchen wolle, da sich die wahre Stärke eines Mannes (oder Staates) immer in Zeiten der größten Rückschläge zeige.³⁸⁰ Die *tyche* habe die Römer geprüft, indem sie ihnen mit Hannibal die größtmögliche Herausforderung präsentierte.³⁸¹ Dass die Römer nach ihren desaströsen Niederlagen überhaupt weitgekämpft hatten hielt Polybios für erklärungswürdig³⁸² – jeder griechische Staat hätte in dieser Lage einen Friedensschluss gesucht.³⁸³ Das Wesen der römischen Verfassung war für ihn der Schlüssel, um diese Frage beantworten zu können. Zunächst stellt er eine Kreislauftheorie (ἀνακύκλωσις) der Verfassungen vor. Damit schloss er an ähnliche Ideen bei Platon und Aristoteles an, die allerdings keinen geschlossenen Kreis entwickelt hatten, der ständig in Bewegung bleibt.³⁸⁴ Das Modell der ἀνακύκλωσις war seine eigene Schöpfung.³⁸⁵ Polybios unterscheidet zu Beginn zwischen den drei klassischen Regierungsformen, der Herrschaft des Einzelnen, der Wenigen und der Vielen.³⁸⁶ Der Ausgangspunkt für die meisten Staaten ist eine Urform der Königsherrschaft (βασιλεία), die sich erst zur „guten" Monarchie (μοναρχία) entwickelt, dann aber mit der Zeit in eine τυραννίς ausartet.³⁸⁷ Daraufhin wird der Tyrann gestürzt und durch eine aristokratische Herrschaft (ἀριστοκρατία) ersetzt.³⁸⁸ Auch diese wandelt sich jedoch unausweichlich in eine ungerechte Form der Regierung, die Oligarchie (ὀλιγαρχία).³⁸⁹ Die breite Masse stürzt diese Herrschaft des Adels

---

377 Vgl. Strab. I, 4, 9, C 66–67 = Eratosthenes Fr. II C 24 Berger.
378 S. u. 127/128.
379 Dieser didaktische Kniff erinnert erneut an Herodot, der in seinen ethnographischen Passagen zunächst Publikumserwartungen bestätigte, um sie dann mit neuem und möglicherweise widersprüchlichem Wissen zu konfrontieren; s. u. 156/157.
380 Vgl. Pol. VI, 2, 4–6.
381 Vgl. Pol. VI, 2, 7; XVIII, 28, 6–8; DEININGER 2013, 83.
382 Vgl. etwa QUINN 2013, 343. QUINN sieht das sechste Buch als wichtigen Schritt auf der „imperialen Reise" Roms, die Polybios in seinem Werk darlegt.
383 Zum diplomatischen Verhalten griechischer Staaten in hellenistischer Zeit vgl. GRAINGER 2017. Als Beispiel sei der schnelle Friedensschluss zwischen Antiochos III. und Ptolemaios IV. nach der Schlacht von Raphia (217 v. Chr.) genannt; siehe Ebd., 106/107. Überhaupt scheinen Konflikte zwischen den hellenistischen Königreichen eher über Schlachten als über Kriege definiert worden zu sein.
384 Vgl. Plat. rep. VIII, 544c; Aristot. pol. V, 1316a–b; eth. Nic. VIII, 10, 12, 1160b 10 f.; WALBANK 1972, 140.
385 Vgl. dazu besonders die einleuchtenden Beiträge von COLE 1964 und NICOLET 1974.
386 Vgl. Pol. VI, 3, 5–4, 6.
387 Siehe Pol. VI, 4, 7–8. Vgl. auch die Interpretation bei MARTÍNEZ LACY 1991, 86/87.
388 Vgl. Pol. VI, 4, 8–9.
389 Siehe Pol. VI 4, 9.

und begründet eine Demokratie (δημοκρατία), die schlussendlich zur Ochlokratie (ὀχλοκρατία) degeneriert, aus dessen Chaos sich dann später wieder die primitive Königsherrschaft erhebt.[390] All dies hält Polybios für allgemein anwendbar, da es natürlich (κατὰ φύσιν) geschehe und der Kreislauf der Verfassungen damit unaufhaltsam sei.

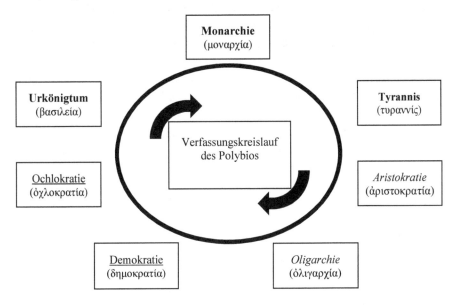

Legende:
Fett = Herrschaft des Einzelnen
Unterstrichen = Herrschaft der Vielen
Kursiv = Herrschaft der Wenigen

Abb. III Der Verfassungskreislauf (ἀνακύκλωσις) des Polybios (VI, 2–9).

Da die römische Verfassung ebenso natürlich gewachsen sei, könne ihre Funktionsweise aus der Kreislauftheorie erklärt werden.[391] Es sei eine anthropologische Konstante (αὕτη φύσεως οἰκονομία), dass eine gute Verfassungsform in ihr schlechtes Pendant

---

390   Vgl. Pol. VI, 4, 9–10.
391   Vgl. Pol. VI, 4, 13. Polybios spricht hier (4, 12–13) auch von einer natürlichen Entwicklung, die der des Menschen zu gleichen scheint: Auf die Geburt folgt das Wachstum, dann ein Höhepunkt, später der Niedergang und das Ende. WALBANK 2002a, 280/281 weist auf die Schwierigkeiten hin, dies mit der Kreislaufidee in Vereinbarung zu bringen, jedoch weist Polybios selbst darauf hin, dass der Lebenszyklus sich auf die einzelnen Phasen des gesamten Kreislaufes bezieht (wie z. B. die Aristokratie), die in der Tat einen klar markierten Anfangs- und Endpunkt haben. Vgl. BLÖSEL 1998, 46–48, der die Verwendung von κατὰ φύσιν in VI, 4, 9/11/13 als Bezüge auf eben jenes Naturgesetz von Geburt, Blüte und Tod sieht. Im folgenden Abschnitt erläutert Polybios im Detail, was er unter der natürlichen Entwicklung versteht und warum die Herrschaft des Einzelnen den Ausgangspunkt bilde; Pol. VI, 5, 10–9, 9.

abgleite, da sich die Herrschenden zu Machtmissbrauch hinreißen ließen und Neid und Zorn der Beherrschten immer hervorbrächen.[392] Allein in Sparta, so Polybios, war es Lykurg gelungen, diesen Kreislauf zu durchbrechen: Indem er Elemente aller drei Formen vereinte, schuf er eine stabile Verfassung, die länger überdauerte als irgendeine andere Staatsform.[393] Während Lykurg die lakedaimonische Verfassung also willentlich herbeigeführt hatte, war die gemischte Regierungsform Roms das Ergebnis einer langen Reihe von Konflikten und Aushandlungsprozessen.[394] Polybios deutet damit an, dass die Verfassung in Sparta auf künstliche Art und Weise entstanden war, während sie sich in Rom auf natürliche Art entwickelt hatte.[395] Die römische Staatsform sei aus dem Kreislauf der Verfassungen entstanden und habe diesen dennoch überwunden – sie sei deshalb der spartanischen Regierungsform vorzuziehen. Diese Idee fand Polybios vielleicht schon bei Cato, der möglicherweise die geschichtliche Entwicklung der römischen Verfassung als entscheidendes Merkmal gesehen hatte, das sie von der spartanischen unterschied.[396] Erneut spielt die Erfahrung eine große Rolle, denn Polybios lässt die Römer im militärischen wie politischen Bereich als ganzes Volk lernen und entsprechende Erkenntnisse in Verbesserungen umsetzten – er behandelt sie also als ethnographisches Subjekt.[397]

Obwohl Polybios von einer allgemeinen Theorie der Verfassungen ausgeht, scheint das Modell für Rom besonders geeignet zu sein.[398] Polybios hatte selbst eine Archäologie (Urgeschichte) Roms verfasst,[399] die, bis auf einige Angaben bei Cicero, verloren gegangen ist, doch dürfte er dort seine Auswahl Roms für die Anwendung der Kreislauftheorie historisch begründet haben.[400] Denn das Konzept passt zur römischen Ge-

---

392 Vgl. Pol. VI, 9, 10.
393 Vgl. Pol. VI, 10, 1–11. In X, 2, 8–13 vergleicht Polybios dann Lykurg mit Scipio Africanus; zu Sparta und Rom im Vergleich der Weltreiche s. u. den Abschnitt auf 112/113.
394 Vgl. Pol. VI, 10, 12–14.
395 Vgl. WALBANK 2002a, 279.
396 Vgl. WALTER 2002, 291; EISEN 1966, 72/73, bes. 72 Anm. 162; CORNELL 2013, III, 157/158 (gegenseitige Beeinflussung von Cato und Polybios). Eisen führt einige Passagen im ersten Buch von Ciceros *De Republica*, gerade I, 45, auf Cato zurück. Zu den Quellen vgl. auch COLE 1964; NICOLET 1974.
397 Vgl. MOORE 2017, 139; 142, der darauf hinweist, dass Polybios damit auch zeitgenössischen Tendenzen widersprach, alles auf das Wirken von Individuen zurückzuführen. Erneut MOORE 2017, 140–142 zeigt jedoch genauso, dass Polybios sich nicht immer daran hielt und nennt die Beispiele Archimedes, Xanthippos und Scipio Africanus. Weitere Figuren wie Hamilkar, Hannibal, Aratos von Sikyon oder Philopoimen könnten angeführt werden.
398 Die ἀνακύκλωσις passt zu keinem einzigen historischen Vorbild aus der griechischen Welt, wie WALBANK 2002c, 186/187 zurecht festhält.
399 Sie ist in das sechste Buch vor Kapitel 11 einzusetzen; vgl. Pol. VI, 11, 1–2. Hier zieht Polybios ein Fazit zu eben jener Darstellung der römischen Frühgeschichte, die uns an dieser Stelle nicht überliefert ist.
400 Vgl. Cic. rep. II, 2–37. Eine ausführliche Auseinandersetzung findet sich bspw. bei Taeger 1922. Die inhaltlichen Übereinstimmungen zwischen dem sechsten Buch der *Historien* und dem ciceronischen Abschnitt sprechen ganz eindeutig dafür, dass Polybios hier die Quelle Ciceros bildete.

schichte: Die Römer selbst führten diese auf Romulus zurück, der eine Monarchie gründete, die über zweihundert Jahre später gestürzt und durch eine Aristokratie ersetzt wurde.[401] Vor dem Verfall in die Oligarchie und einer demokratischen Phase erlangte Rom dann jedoch die gemischte Verfassung, die den Kreislauf durchbrach und ein langfristiges Überleben der Republik sicherte.[402]

Trotz dieses intimen Wissens über die Römer bleibt die Perspektive des Polybios stets die eines Griechen, der auf griechische Ideen zurückgreift. Der ganze Abschnitt hat einen ethnographischen Charakter, stellt er doch die *nomoi* eines den Griechen fremden Volkes dar, die dessen militärische und politische Erfolge erklären sollen.[403] Dieser Zielsetzung ordnet er alles unter, was sich an der ausführlichen Beschreibung der römischen Verfassung (VI, 11–18) zeigt.

Seine Darstellung des römischen Systems als eines perfekten Gleichgewichts aus Monarchie, Aristokratie und Demokratie hat in der Forschung heftigen Widerspruch

---

Dennoch kann die Stelle hier schon alleine aufgrund der vorliegenden Dialogform nicht als polybianisches Fragment verwertet werden; vgl. BLÖSEL 1998, 32–34; VON FRITZ 1954, 123–144.

401   Vgl. WALBANK 2002a, 284/285.
402   Die korrespondierende Stelle bei Cicero, die auf der verlorenen Archäologie basieren könnte, spricht die Demokratie ebenso wenig an. Die Schaffung des Volkstribunats nach den Ständekämpfen erscheint eher als Vervollständigung der Mischverfassung (selbst wenn Cicero das Element des Volkes kritisch sieht); vgl. Cic. rep. II, 33–34. BLÖSEL 1998, 51/52 weist somit zu Recht darauf hin, dass im Falle Roms schon in den früheren Phasen der Verfassung Elemente anderer Formen auftauchen, da es sich eben um eine lange, natürliche Entwicklung handelte. Den Vergleich mit Cicero greift auch NIPPEL auf; vgl. NIPPEL 1980, 153–156. Jedoch muss hier auch der Vergleich zwischen römischer und karthagischer Verfassung berücksichtigt werden: Als Polybios ausdrückt, dass die karthagische Mischverfassung zur Zeit des Zweiten Krieges gegen Rom bereits ihren Zenit überschritten haben, schreibt er παρὰ μὲν Καρχηδονίοις ὁ δῆμος ἤδη μετειλήφει (Pol. VI, 54, 6). Somit scheint auch die Mischverfassung erst die Demokratie zu folgen, die Karthago zwar schwächer machte als Rom, doch noch vor dem Chaos der Ochlokratie stand. Aufgrund der Verwendung von δῆμος anstatt von ὄχλος an dieser Stelle scheint mir die Mischverfassung also zwischen der Aristokratie/Oligarchie und der Demokratie zu stehen. Eine aristokratische Phase in der römischen Geschichte vor dem 1. Punischen Krieg steht außer Frage. Eine oligarchische Periode könnte sich dann evtl. auf die Umwälzungen beziehen, die 367 v. Chr. in die *leges Liciniae Sextiae* mündeten, wodurch dann eine wahre Mischverfassung unter Einbeziehung des Volkes entstanden war. Dennoch bleibt fraglich, ob Polybios seine Theorie überhaupt so stark auf die römische Geschichte zugeschnitten hat, war doch die Erklärung der gegenwärtigen, gemischten Verfassung das eigentliche Ziel des Abschnittes. Da seine Archäologie Roms nur durch Cicero erhalten ist, ist eine vollständige Rekonstruktion der historischen Argumentation nicht mehr möglich. Dahingehend ist VON FRITZ zu folgen, der argumentierte, Polybios habe verschiedene Vorbilder aus der Geschichte Roms zusammengestellt und daraus ein eigenes Modell konstruiert; vgl. VON FRITZ 1954, 148–150. Entscheidend ist, dass die römische Verfassung zur Zeit des Zweiten Punischen Krieges (und während Polybios' eigenen Lebens) den Verfassungskreislauf unterbrochen hatte, und dass diese Entwicklung dennoch natürlich war. Ewig war auch der römische Staat deshalb aber nicht.
403   Vgl. WALBANK 2002a, 279, wonach Polybios die griechischen Zustände und Ideen auf Rom anwendete. Siehe auch MOMIGLIANO 1980, 91, der betont, dass Polybios die römische Kultur als überraschend vertraut behandelt.

hervorgerufen.⁴⁰⁴ Doch scheint Polybios selbst klar gewesen zu sein, dass er eine zeitlose, eingefrorene Idealvorstellung verfasst hatte: „Wenn aber hiervon oder von dem, was im Folgenden berichtet werden wird, irgendetwas in der Gegenwart oder in der Zukunft eine Veränderung erfährt, dann berührt das in keiner Weise die Richtigkeit meiner jetzigen Angaben."⁴⁰⁵ Das ist die Sicht des Griechen, denn indem Polybios ein Modellbild der Verfassung auf der theoretischen Ebene zeichnet, folgt er klassisch-hellenistischer Tradition. Er schloss an das an, was Platon oder Aristoteles zu Staatsverfassungen gesagt hatten, und übertrug es auf den Fall Rom. Dabei behandelt er die Mischverfassung als gewachsenes Produkt einer historischen Entwicklung, ignoriert dann aber weitere Veränderungen und verschweigt solche Elemente, die seiner These widersprochen hätten.⁴⁰⁶ In der detaillierten Auseinandersetzung mit der römischen Verfassung weist Polybios jedoch im Einzelnen nach, wie sehr sich die partikularen Elemente des Systems gegenseitig kontrollieren und für ein Gleichgewicht sorgen.⁴⁰⁷ Es gibt also jeweils weder einen Mangel noch ein Übermaß an Monarchie, Aristokratie und Demokratie. Stattdessen sorgt die Verfassung dafür, dass keiner der Teile jemals zu stark wird. Auch diese Feststellung erinnert an Konzepte der klassischen Philosophie wie bspw. die Idee der „Goldenen Mitte" bei Aristoteles.⁴⁰⁸

Um seinem Publikum die Überlegenheit der römischen Verfassung zu beweisen, vergleicht Polybios sie anschließend systematisch mit der anderer Staaten. Die Auswahl der *comparata* erfolgt aus der Tradition des Vergleichens von Verfassungen, wie sie insbesondere der Peripatos durchgeführt hatte.⁴⁰⁹ Polybios' Achaierbund taucht

---

404 Nur MILLAR sprach sich dafür aus, dass das Bild des Polybios akkurat gewesen sei; vgl. MILLAR 1984 passim. Die herrschende Lehrmeinung geht davon aus, dass die römische Verfassung von ihrem aristokratischen Element, dem Senat, dominiert wurde; vgl. etwa ROSENSTEIN 2012, 4–13. Einzig NICOLET interpretierte die Kapitel bei Polybios so, dass dieser das politische System Roms ebenfalls als Aristokratie darstelle; vgl. NICOLET 1983 passim. Siehe die Ablehnung dieser Idee bei WALBANK 2002a, 281–183. Doch wirft die Mehrheit der Forschung Polybios eine Verzerrung der realen Zustände vor. Entweder, weil er sie trotz seiner Kontakte in Rom nicht erkannt habe, so WALBANK 1972, 155, der allerdings auch die zweite Erklärungsmöglichkeit andeutet; oder, weil es ihm vielmehr darum ging, eine Idealverfassung zu präsentieren; vgl. SOMMER 2013, 317/318; ERSKINE 2013a, 235–240. Ähnlich LINTOTT 1999, 16–26. Dafür spreche auch ich mich hier aus, siehe dazu weiter im Fließtext.

405 Pol. VI, 12, 10. Damit ‚historisiert' Polybios seine Angaben natürlich auch; er betont den Kontext seiner Aussagen. Dennoch spricht der Satz recht deutlich dafür, dass er seine Beschreibung selbst als Idealdarstellung sieht, da diese auch an Änderungen in der Gegenwart nicht angepasst werden muss. εἰ δέ τινα τούτων ἢ τῶν λέγεσθαι μελλόντων λήψεται μετάθεσιν ἢ κατὰ τὸ παρὸν ἢ μετά τινα χρόνον, οὐδὲν ἂν εἴη πρὸς τὴν νῦν ὑφ' ἡμῶν λεγομένην ἀπόφασιν.

406 Vgl. die Zusammenfassung dieser Problematik bei SEAGER 2013, 247–254. Die Römer fanden an seinem Modell durchaus Gefallen; siehe MOATTI 2020, 126–136.

407 Vgl. bes. Pol. VI, 15–18.

408 Aristoteles selbst hatte die Goldene Mitte in der Nikomachischen Ethik bereits auf seine Geographie zu übertragen gesucht: ein Thema, das Polybios ebenfalls interessierte. Vgl. ROMM 2013, 225. Zum Einfluss des Aristoteles auf Polybios siehe auch HARTOG 2010, 37–39.

409 Vgl. WALBANK 1972, 150; Pol. VI, 43, 1.

nicht auf, doch konnte Polybios als Bürger der Föderation ohnehin keinen Vergleich zwischen den beiden Staatswesen wagen.[410] Weder wollte er, indem er die achaiische Verfassung übermäßig lobte, seine Argumentation in Buch VI untergraben.[411] Noch wollte er riskieren, sein Ansehen in der Heimat zu beschädigen, indem er die Mängel der achaiischen Verfassung offenbarte und Rom den Vorzug gab.

Auf weitere Beispiele, die der griechische Leser erwartete, ging er dagegen explizit ein: Athen und Theben seien als Vergleichsfälle nicht geeignet, da ihre kurzfristigen Erfolge niemals auf ihren Verfassungen gefußt hätten.[412] Der Philosophenstaat Platons sei rein imaginär; an ihm müsse sich Rom nicht messen.[413] Die Verfassung der Kreter akzeptiert Polybios hingegen als *comparatum*, da „Autoren der Vergangenheit von großer Sachkunde"[414] (οἱ λογιώτατοι τῶν ἀρχαίων συγγραφέων) – Ephoros, Kallisthenes, Platon und Xenophon – sie auf eine Stufe mit der lakedaimonischen gehoben hatten.[415] Polybios setzt sich nun aber von seinen Vorgängern ab. Er kritisiert die Darstellung des Ephoros[416] und kommt bei seinem eigenen Vergleich der beiden Fälle zu einem gänzlich anderen Ergebnis:

> Nun aber kann man weder im Privatleben etwas Verschlageneres finden, als es die Kreter fast ausnahmslos sind, noch im politischen Handeln kaum ein Volk, das sich so bedenkenlos über Treu und Glauben hinwegsetzt.[417]

---

410 Vgl. WALBANK 1972, 151. In II, 38, 6 hatte Polybios die achaiische Verfassung von 191 v. Chr. als Bestmögliche und als Demokratie bezeichnet: ἰσηγορίας καὶ παρρησίας καὶ καθόλου δημοκρατίας ἀληθινῆς σύστημα καὶ προαίρεσιν εἰλικρινεστέραν οὐκ ἄν εὕροι τις τῆς παρὰ τοῖς Ἀχαιοῖς ὑπαρχούσης: „Eine reinere, von echtem Gemeinschaftssinn getragene Form der Gleichberechtigung, der Meinungsfreiheit, kurz, einer wahren Demokratie wird man nicht leicht finden, als sie bei den Achaiern besteht." Damit widersprach er seiner Argumentation in Buch VI gleich doppelt, so dass er die achaiische Verfassung hier nicht erneut anführen konnte und wollte. Vgl. zu diesen Gedanken ENGSTER 2014, 172/173.

411 Vgl. etwa Pol. VI, 18, 1, wo es heißt, keine Verfassung sei besser als die römische.

412 Vgl. Pol. VI, 43, 2–3 (nur aufgrund eines Aufleuchtens der *tyche* erfolgreich); Pol. VI, 43, 4–7 (Theben) & 44, 1–8 (Athen). Polybios vergleicht hier also Vergleiche bzw. Vergleichsmöglichkeiten; zu diesem reflexiven Vergleichen siehe auch EPPLE/FLÜCHTER/MÜLLER 2020, 16.

413 Vgl. Pol. VI, 47, 7–10.

414 Pol. VI, 45, 1.

415 Siehe Pol. VI, 45, 1. Auch Aristoteles stellte die kretische Verfassung neben die karthagische und die spartanische; vgl. Aristot. pol. II, 1272b24–1273b26; der Vergleich zwischen der kretischen und der spartanischen Verfassung beginnt bereits in II, 1271b20.

416 Vgl. insbes. Pol. VI, 46, 10. Die Darstellung der kretischen Verfassung durch Ephoros findet sich etwa in Strab. X, 4, 16–22, C480–484 = FGrHist 70 F149. WALBANK hält die Kritik des Polybios, Ephoros' Beschreibung der kretischen Verfassung sei eine Kopie seiner Schilderung der Spartanischen Verfassung, für überzogen und ungerecht; vgl. WALBANK 1972, 152.

417 Pol. VI, 47, 5. καὶ μὴν οὔτε κατ' ἰδίαν ἤθη δολιώτερα Κρηταιέων εὕροι τις ἂν πλὴν τελείως ὀλίγων οὔτε κατὰ κοινὸν ἐπιβολὰς ἀδικωτέρας. Die Stelle könnte ebenso als interessantes Indiz für die Frage dienen, ob es eine ‚ethnographische' Sicht der Griechen des Festlandes auf ihre Verwandten am Rande der griechischen Welt gab. Polybios scheint sie als das treuloseste Volk überhaupt zu bezeichnen; aufgrund der Barbarentopik im Werk (siehe die nächsten beiden Kapitel zu Galliern und (Kelt-)iberern, 132–210) kann aber nur gemeint sein, dass die Kreter die Schlimmsten aller

Da das private und öffentliche Verhalten der Bürger eines Staates auf dessen Verfassung beruhe, sei die der Kreter nicht weiter zu berücksichtigen.[418] Offenbar zirkulierten zumindest unter den Eliten der süd- und mittelgriechischen *poleis* ähnliche *topoi* über die Kreter wie über andere, aus ihrer Sicht ‚semibarbarische' Griechen.[419] Indem Polybios die Kreter hier mit typisch ‚barbarischen' Eigenschaften aus ethnographischen Texten belegt, stellt er sie auf eine ähnliche Stufe mit solchen Ethnien wie bspw. den Aitolern und macht seinen gebildeten Lesern dadurch deutlich, dass auch ihre politischen Systeme genauso wenig der Diskussion verdienten wie die von Thrakern, Kelten, Aitolern oder Epiroten, die hier gar nicht erst erwähnt werden.[420] Kreta hätte sich dennoch gerade aufgrund dieser Defizite als Gegenbeispiel zu Rom eignen können. Offenbar glaubte Polybios jedoch, das Geheimnis der römischen Verfassung nur im Vergleich mit anderen Mischverfassungen ergründen zu können.

Der eigentliche Vergleich findet deshalb zwischen den Systemen Spartas, Karthagos und Roms statt. Die lakedaimonische Verfassung lobt Polybios – erneut im Anschluss an Ephoros, Platon und Xenophon[421] – als die bestmögliche für einen Staat, der seinen Besitz und seine Freiheit erhalten und verteidigen wolle.[422] Sie sei aber weniger geeignet, um ein größeres Reich zu erobern und zu beherrschen.[423]

> Als die Spartaner versuchten, die Hegemonie in Griechenland zu gewinnen, kamen sie sehr bald in Gefahr, ihre eigene Freiheit zu verlieren. Als dagegen die Römer ihre Hand nach der Herrschaft nur über Italien ausstreckten, machten sie sich in kurzer Zeit die ganze bewohnte Welt untertan, ein Unternehmen, zu dessen Gelingen wesentlich die reichen Hilfsmittel beitrugen, über die sie geboten.[424]

Polybios vergleicht die Expansionspolitik beider Staaten, um die Stärken ihrer Verfassung herauszuarbeiten. Solange es nur um den Erhalt der eigenen Macht geht, ist das politische System Spartas dem römischen mindestens ebenbürtig,[425] doch erlaubte

---

Griechen seien, nicht aller Völker der *oikumene*. Die Inselbewohner galten seit homerischer Zeit als Piraten, wie die Geschichte des „Kreters" in der Odyssee zeigt; vgl. Hom. Od. XIV, 199–359.

418 Vgl. Pol. VI, 47, 6.
419 Dazu s. o. 37. In hellenistischer Zeit wurden diese *topoi* sicherlich durch die ständigen Kriege und die Piraterie der Kreter verstärkt, wie sie CHANIOTIS 2014, 78–100 anschaulich darstellt.
420 Zu diesen Vorstellungen s. v. a. u. das Kapitel zu Polybios und den Kelten; 132–164.
421 Zur Verwendung von Ephoros siehe auch EISEN 1966, 90.
422 Vgl. Pol. VI, 48–50.
423 Vgl. Pol. VI, 50, 3–5; WALBANK 1972, 153.
424 Pol. VI, 50, 5–6. Als Quelle dient hier nicht zuletzt Ephoros, den Polybios kurz zuvor noch scharf attackiert hatte. Vgl. WALBANK, Kommentar I, 732; 734. Λακεδαιμόνιοι μὲν γὰρ ὁρμήσαντες ἐπὶ τὸ κατακτᾶσθαι τὴν τῶν Ἑλλήνων ἡγεμονίαν, ταχέως ἐκινδύνευσαν καὶ περὶ τῆς σφετέρας ἐλευθερίας: [6] Ῥωμαῖοι δὲ τῆς Ἰταλιωτῶν αὐτῶν ἐπιλαβόμενοι δυναστείας, ἐν ὀλίγῳ χρόνῳ πᾶσαν ὑφ᾽ ἑαυτοὺς ἐποιήσαντο τὴν οἰκουμένην, οὐ μικρὰ πρὸς τὸ καθικέσθαι τῆς πράξεως ταύτης συμβαλομένης αὐτοῖς τῆς εὐπορίας καὶ τῆς ἑτοιμότητος τῆς κατὰ τὰς χορηγίας.
425 Vgl. Pol. VI, 50, 1–2. MOORE 2017, 146 betont diesen Punkt zurecht.

es den Lakedaimoniern keine größere Ausweitung ihrer Stellung.[426] Die Römer waren hingegen aufgrund ihrer (natürlich gewachsenen)[427] Verfassung, die das Produkt schmerzhafter Erfahrungen war,[428] dazu in der Lage, die gesamte bekannte Welt zu erobern.[429] Polybios unterschlägt dabei nicht die „reichen Hilfsmittel" der Römer und meint damit die menschlichen und materiellen Ressourcen Italiens.[430] Indem er auf die wirtschaftliche Überlegenheit Roms verweist, macht er den Vergleich und das Ergebnis noch einmal verständlicher.[431]

Vielleicht verarbeitete Polybios auch das alte Prinzip der Mischung, das seit den ionischen Naturphilosophen auf ethnographische Beobachtungen übertragen werden konnte.[432] Dadurch entstand ein dynamischeres Bild, das die Völker zwischen den Antipoden von Ähnlichkeit und Differenz einordnete. Die von Polybios beschriebenen Verfassungen waren möglicherweise das Produkt eines solchen Prozesses: Die römische Regierungsform erscheint als eine Mischung aus den besten griechischen (spartanischen) Elementen und einem eigenen Anteil; das setzte Rom von allen hellenischen Staaten ab.

Die Verfassungsdebatte gipfelt dann wieder im Vergleich (σύγκρισις) zwischen Rom und Karthago.[433] Eine Untersuchung der karthagischen ‚polis' hatte bereits Aris-

---

426 Beide Beispiele werden den Lesern der *Historien* wohlbekannt gewesen sein und eigneten sich daher, um die Überlegenheit des römischen Staates zu demonstrieren. Beim Vergleich zwischen der römischen Legion und der makedonischen Phalanx findet sich eine ähnliche Formulierung, dass das jeweilige griechische Beispiel zwar lobenswert und anderen Verfassungen bzw. militärischen Formationen überlegen sei, aber eben nicht der römischen. Vgl. Pol. XVIII, 27–31; s. o. 82–84.
427 S. o. 104 zu Pol. VI, 10, 12–14.
428 Lykurg hatte dagegen aus weiser Voraussicht gehandelt. Genauso war das Studium der Geschichte Polybios zufolge eine gute Lehrmeisterin, doch konnte sie die eigene Erfahrung und damit auch die Autopsie nicht ersetzen. Siehe hierzu auch MOORE 2017, 147/148.
429 Die Verfassung hatte sich zwar natürlich entwickelt, doch streitet Polybios nicht ab, dass die Römer willentlich nach der Vorherrschaft strebten; im Gegenteil, besonders der Sieg im Zweiten Punischen Krieg habe ihnen gezeigt, dass sie die ganze Welt erobern konnten. Vgl. Pol. I, 3, 6 und siehe dazu Pol. I, 1, 5–6; I, 63, 9. Gerade aus diesen Stellen entstand eine Forschungsschule, welche die römische Expansion (zumindest teilweise) als gewollten Akt interpretierte; siehe BADIAN 1968; GRUEN 1985. Sie gingen dabei jedoch nicht soweit, dem Senat einen auf Jahrzehnte oder gar Jahrhunderte angelegten Plan zur Eroberung des gesamten Mittelmeerraumes zu unterstellen wie es Luttwak getan hat. Seine Theorie ist von großen Teilen der Forschung abgelehnt worden. Vgl. LUTTWAK 1976. Zur Rezeption all dieser Ansätze siehe EDWELL 2013.
430 Vgl. Pol. VI, 50, 6. Vielleicht hatte er diese Vorteile Italiens auch im XXXIV. Buch ausgeführt, wo er den hervorragenden Wein aus Capua und „die fruchtbarste aller Ebenen" Kampanien lobt. Vgl. Athen. I, 31d = Pol. XXXIV, 11, 1 (Wein); Strab. V, 4, 3, C242 = Pol. XXXIV, 11, 5–7 (Kampanien).
431 Vgl. WALBANK 1972, 153/154, der sich diesen ethnographischen Vergleich dann aber nicht weiter ansieht.
432 Die Idee geht besonders auf Parmenides zurück, der den Zustand des Kosmos als ein dauerndes Mischen und Entmischen der Grundstoffe beschrieben hatte; vgl. MÜLLER 1965, 186 und SCHULZ 2020a, 123–128, der zeigt, dass das Prinzip der Mischung zu einer Relativierung der Andersartigkeit der ‚Barbaren' beitragen konnte.
433 Hier wird noch einmal die zentrale Stellung des Vergleichs zwischen Rom und Karthago deutlich, wenn es darum geht, Roms Aufstieg zur alleinigen Vormacht in der *oikumene* zu erklären. Vgl. auch

toteles vorgelegt;⁴³⁴ er hatte sie dabei mit Lakedaimon verglichen.⁴³⁵ Und wie im Fall Spartas unterstreicht Polybios zuerst die Vorzüge des *comparatum*: Das politische System Karthagos war „in alter Zeit nach seinen charakteristischen Wesenszügen vortrefflich geordnet",⁴³⁶ denn es war eine perfekt austarierte Mischverfassung. Allerdings hatte diese zur Zeit des Zweiten Punischen Krieges ihren Zenit bereits überschritten; im natürlichen (κατὰ φύσιν) Lebenszyklus der Verfassung und damit des Staates war die Phase des Niedergangs eingetreten.⁴³⁷ In Karthago hatte deshalb das Volk den größten Einfluss erlangt, während in Rom der Senat dominierte.⁴³⁸ Es liegt also gewissermaßen ein temporalisierender Vergleich vor, mit dem Polybios an griechische Vorstellungen über das verschiedene Alter der Völker anschließt. Schon Herodot hatte eingeräumt, dass die Zivilisationen im Osten und Süden der *oikumene* auf eine längere Geschichte zurückblicken konnten als ihre nördlichen Nachbarn.⁴³⁹ Dieses hohe Alter wurde den Phöniziern nun laut Polybios zum Verhängnis.

Deutete er damit an, dass der römischen Republik das gleiche Schicksal drohte? Die Forschung hat diese Frage ausführlich behandelt. Fest steht, dass Polybios keine konkreten Voraussagen zum Untergang der römischen Vorherrschaft trifft. Einschlägige Aussagen sind eher im allgemeinen Kontext seiner Staatstheorie zu sehen.⁴⁴⁰ Als stärkster aller bekannten Staaten mit der bestmöglichen Verfassung war dem römi-

---

WALBANK 1972, 153. Polybios hatte die Geschichte beider Staaten schließlich auch in die Frühzeit zurückverfolgt und sich zum Beispiel mit dem ersten römisch-karthagischen Vertrag beschäftigt, bei dem er zudem in ethnographischer Manier die Veränderung der lateinischen Sprache kommentierte. Polybios datiert die Übereinkunft ins Jahr 508 v. Chr., dem folgt bspw. die Monographie von ZIMMERMANN, welcher der ‚pro-römischen' Quelle Polybios ansonsten kritisch gegenübersteht. Vgl. Pol. III, 22, 1–3; ZIMMERMANN 2010, 35; 39–41. Zur Datierung vgl. auch WERNER 1963, 299–309.

434   Vgl. Aristot. pol. II, 1272b24–1273b27.
435   Vgl. Aristot. pol. II, 1272b24–1273b26 an mehreren Stellen, v. a. direkt zu Beginn der Untersuchung der karthagischen Verfassung. Zuvor wurde auch die kretische Verfassung beschrieben, aber Aristoteles vergleicht dann in erster Linie Sparta und Karthago.
436   Pol. VI, 51, 1.
437   Vgl. Pol. VI, 51, 4–5. Die Idee, dass Städte und Staaten nur über eine begrenzte Blütezeit verfügen, da es einen ewigen Kreislauf von Auf- und Abstieg gibt, findet sich auch bei Herodot, wie SCHULZ 2020a, 243 aufzeigt. Hierzu passt auch die Vorstellung, dass die Völker des Südens wie Greise waren, während Römer und Griechen noch in der Mitte des Lebens standen; s. u. 161–162.
438   Vgl. Pol. VI, 51, 6 und auch Cato in Gell. 10, 24, 7 = Macr. Sat. 1, 4, 26 = F86 Peter = FRH 3 F 4,13 = FRHist 5 F78.
439   So schreibt Herodot den Ägyptern zahlreiche Erfindungen zu, welche die Griechen von ihnen übernommen hätten; siehe bspw. Hdt. II, 49–50 zur Religion. Und Platon lässt einen ägyptischen Priester zu Solon sagen, dass alle Griechen (im Vergleich zu ihnen) Kinder seien; vgl. Plat. Tim. 22b. Ähnliches galt für die Phönizier und andere Kulturen aus dem Orient; vgl. BICKERMAN 1952 passim.
440   Vgl. BARONOWSKI 2011, 154–162; WALBANK 1972, 155; WALBANK 2002a, 288–292. Das Thema greift Polybios beim Untergang Karthagos erneut markant auf; vgl. Pol. XXXVIII, 21, 1–2/22, 2–3. BLÖSEL 1998, 49/50 betont, dass diese Prognose des Polybios schon von Anfang an hier angelegt war und nicht erst unter dem Eindruck der Ereignisse nach 167 später hinzugefügt wurde. Demnach ist der Fall Roms erst ein Ereignis für die ferne Zukunft, doch war Polybios davon überzeugt, dass keine politische Ordnung ewig existieren konnte.

schen Staat das längste Überleben beschieden. Dazu kam die Tatsache, dass die Römer in Italien über schier unerschöpfliche Hilfsmittel geboten.[441] Im Zuge des Vergleichens beantwortet Polybios so die eingangs gestellte Frage, ob der römische Staat und seine Verfassung den Unwägbarkeiten der *tyche* gewachsen seien.[442] Zu Beginn der *Historien* hatte er zunächst betont, dass die schicksalhafte Kraft eine wichtige Rolle bei der römischen Eroberung der *oikumene* gespielt habe: Im Einzelnen sei es jedoch nicht der Zufall (er spricht hier ebenfalls von *tyche*[443]) gewesen, der die Römer zum Erfolg geführt habe, sondern sie griffen „mit gutem Grund und durchaus folgerichtig [...] kühn nach der Vormachtstellung und der Herrschaft über die Welt [...] [und erreichten] dieses Ziel auch".[444] Die Vorzüglichkeit ihrer Verfassung wappnete sie gegen alle Rückschläge, welche die *tyche* für sie bereithielt. Dass dies auch in der Zukunft gelten würde, suchte Polybios durch einen Vergleich mit ähnlichen Weltreichen aus der Geschichte zu untermauern.

Die weltgeschichtliche Bedeutung des römischen Reiches

Die Römische Republik war für Polybios nicht nur allen zeitgenössischen Staaten überlegen; er hielt sie für eine singuläre Erscheinung in der Weltgeschichte, wie sein Vergleich der Imperien zu Beginn des Werkes zeigt.[445] Zunächst handelt es sich dabei um das typische Vorgehen antiker (griechischer) Geschichtsschreiber, die stets den Vorrang der von ihnen selbst behandelten Ereignisse vor allen anderen Epochen betonten.[446] Mit dem Weltreichevergleich schloss Polybios jedoch an eine weitere auch ethnographische Makrotheorie an: Die Idee, dass die Herrschaft über einen Großteil der Welt von einem Volk auf ein anderes überging, stammte vielleicht aus den Reichen des Zweistromlandes, doch hatte sie erst Herodot wirklich ausformuliert.[447] Er ließ die Perser auf die Meder folgen, denen wiederum die Assyrer vorangegangen waren.[448] In hellenistischer Zeit war das Schema wahrscheinlich von den Seleukiden um das Alexanderreich erweitert worden, das die in Syrien sitzenden Könige nach eigenem Selbstverständnis fortführten. Hier wird die Idee teleologisch, galt das Alexander- bzw. Seleukidenreich doch als Endpunkt der Geschichte.[449]

---

441 Vgl. Pol. VI, 50, 6.
442 Vgl. Pol. VI, 2, 4–6.
443 Vgl. dazu MAUERSBERGER 2004, Sp. 713 („Zufall").
444 Pol. I, 63, 9. Vgl. DEININGER 2013, 81/82.
445 Ab Pol. I, 2, 1.
446 Vgl. MARINCOLA 2010, 34–43.
447 Vgl. WIESEHÖFER 2013, 60/61.
448 Vgl. Hdt. I, 95,2; I, 130, 1–2.
449 Vgl. WIESEHÖFER 2005. Schließlich beanspruchten die Seleukiden auch europäische Regionen, so noch Antiochos III.; vgl. Pol. XVII, 51, 3–6.

Polybios passt dieses Modell seinem Thema an, indem er die Perser, Spartaner und Makedonen hintereinander anordnet und Rom an das Ende der Entwicklung stellt.[450] Mehrere Gründe veranlassten ihn zu dieser Veränderung der *comparata*: Erstens nahm Polybios Sparta und Makedonien (in Form des Antigonidenreiches) auf, da sie seinen griechischen Lesern vertrauter waren als die Reiche der Meder oder Assyrer. Zweitens bezeichnete er die Antigoniden als die wahren Erben Alexanders, weil mit ihrer endgültigen Niederlage gegen Rom die 53 Jahre endeten, in denen die Römer die Weltherrschaft an sich gerissen hätten.[451] Im Verhältnis zum Ausmaß der Eroberungen musste der von Polybios willentlich gewählte, relativ kurze Zeitraum umso beeindruckender wirken.

Dementsprechend betrachtet Polybios auch die anderen Staaten nur im Hinblick auf die Frage, warum sie sich nicht mit Rom messen konnten. Dazu stellt er die markanteste Schwäche eines jeden Reiches heraus, anhand derer sie miteinander verglichen werden können. Zunächst untersucht Polybios die Perser: „Sooft sie aber die Grenzen Asiens zu überschreiten wagten, haben sie nicht allein ihre Herrschaft, sondern auch sich selbst in Gefahr gebracht."[452] Die Kriege des frühen 5. Jhs. hatten für ihn bewiesen, dass die Achaimeniden unfähig waren, Länder jenseits der Ägäis oder des Schwarzen Meeres zu erobern.[453] Damit schließt Polybios an die Aussagen klassischer Autoren wie Aischylos und Herodot an, ohne jedoch das Scheitern der Perser mit dem Willen der Götter zu begründen.[454]

Es folgt der Fall Sparta, welches die „Hegemonie über die Griechen [...] kaum zwölf Jahre unbestritten zu behaupten vermocht [hatte]."[455] Während das persische Reich geographisch beschränkt war, betont Polybios bei den Lakedaimoniern zusätzlich die zeitliche Kürze ihrer Hegemonie. Da sich die spartanische Herrschaft im

---

450 Mit dem ursprünglichen Schema aus dem Osten hat das nur noch wenig gemein; vgl. WIESEHÖFER 2013, 62/63. Die Ursprünge von Polybios' Schema liegen im Dunkeln. Walbank 1963 glaubte, der Achaier sei in Rom auf die Idee gestoßen, doch lässt sich das nicht nachweisen. Vgl. auch ALONSO NÚÑEZ 1983, 418. Bei Ephoros findet sich zumindest ein ähnliches Modell für die Abfolge hegemonialer Mächte innerhalb Griechenlands; vgl. Strab. VIII, 5, 5C, 365 = FGrHist 70 F 118.

451 An anderer Stelle wies er darauf hin, dass die asiatischen Griechen die Niederlage Antiocho III. im Römisch-Syrischen Krieg als Wendepunkt auf diesem Weg begriffen hatten: Pol. XXI, 16, 8 beschreibt die seleukidischen Unterhändler nach der Schlacht; Pol. XXI, 18, 1–2; 23, 4 die griechischen Gesandten in Rom. Vgl. WIESEHÖFER 2013, 65; WALBANK, Kommentar I, 41/42.

452 Pol. I, 2, 2.

453 Zu den Griechisch-Persischen Kriegen kommt die Expedition des Dareios gegen die europäischen Skythen hinzu; darauf weist WALBANK, Kommentar I, 41 mit Recht hin.

454 Vgl. Aischyl. Pers. 495–516; 754–762; Hdt. VII, 10; VIII, 109. Polybios führt keine alternative Erklärung an, dachte aus der Sicht des Strategen aber vielleicht an die gescheiterte Invasion Griechenlands durch Antiochos III., die ein weiteres asiatisches Reich in eine Niederlage geführt hatte; vgl. WALBANK, Kommentar I, 41.

455 Pol. I, 2, 3. Die zwölf Jahre meinen den Abschnitt von der Seeschlacht von Aigospotamoi (405 v. Chr.) bis zu jener bei Knidos (394 v. Chr.) und beruhen vielleicht auf den Angaben des Theopomp von Chios; vgl. SCHEPENS 1993. Zur generell kritischen und ablehnenden Haltung des Polybios gegenüber dem Werk Theopomps vgl. LEHMANN 1974, 156/157.

besten Fall über das griechische Festland und die Ägäis erstreckte, erscheint ihre territoriale Ausdehnung im Vergleich zu den anderen Reichen fast noch unbedeutender als ihre Dauer. Hier zeigt sich erneut, wie schwer die lokale Perspektive des Polybios wog:[456] Erstens hatte Sparta lange mit dem Achaiischen Bund um die Vorherrschaft auf der Peloponnes gerungen; zweitens hatten die Thebaner einst Polybios' Heimatstadt Megalopolis als Bollwerk gegen die Lakedaimonier gegründet.[457] Polybios wählte also Sparta als *comparatum*, weil es ihm aus persönlichen Gründen relevant erschien; umso einfacher war dann aber dessen Dekonstruktion als Weltreich.

Indem er Lakedaimon und die Antigoniden – statt eines weiteren Reichs aus dem Osten – in das Weltreichschema aufnahm, lenkte Polybios den Blick auf den Westen[458] und konnte so zeigen, dass nur Rom die „streitbarsten Völker des Westens"[459] (τὰ μαχιμώτατα γένη τῶν προσεσπερίων ἐθνῶν) – zu denken wäre z. B. an die Kelten – hatte unterwerfen können.[460] Damit erschien die römische Herrschaft ‚kompletter' als die makedonische. Dass Rom dafür im Osten in seiner Zeit über den Ägäisraum nicht hinausgekommen war, unterschlägt Polybios.[461] Stattdessen behauptet er: „Die Römer jedoch haben sich nicht einzelne Teile, sondern beinahe die ganze Erde untertan gemacht, keine frühere Macht [kann] sich mit ihnen messen."[462] Er postuliert also eine Inkommensurabilität, welche die Römer als ethnographisches Objekt aus der Masse an Ethnien und Reichen in der Geschichte der *oikumene* heraushob.[463]

In Polybios' späteren Lebensjahren begannen die Römer selbst erst zu begreifen, dass sich ihre Herrschaft nun in fast alle Länder der *oikumene* erstreckte. Doch verkün-

---

456 Vgl. WALBANK 2002c, 192; WIESEHÖFER 2013, 62. Vielleicht nahm er Lakedaimon hier auch äquivalent zur Verfassungsdebatte auf, doch fehlen die Karthager. Laut ALONSO NÚÑEZ 1983, 413 fehlen diese, weil sie (in Polybios' Augen) nur zur See als Großmacht gelten konnten, was durchaus möglich wäre. Wahrscheinlich ist meines Erachtens aber, dass Polybios sie nicht erwähnt, da er die Sicht des peloponnesischen Griechen einnimmt, weshalb er ja überhaupt erst Sparta und das Antigoniden- statt etwa dem Seleukidenreich in die Reihe aufnimmt.
457 Zur Gründung im Jahr 368/367 v. Chr. vgl. die Angabe bei Diod. XV, 72, 4. Sechs Jahre später tauchen die Megalopoliten auf der Seite Tegeas und Thebens in der Schlacht von Mantineia gegen Sparta auf; vgl. Xen. Hell. VII, 5, 5.
458 Und erneut passt die Konzentration auf die Antigoniden zu seinen 53 Jahren, die mit dem Dritten Römisch-Makedonischen Krieg enden. Vgl. ALONSO NÚÑEZ 1983, 412/413.
459 Zur adäquaten Übersetzung und dem Unterschied von γένος und ἔθνος – falls Polybios hier einen macht – vgl. GRUEN 2018, 31–33.
460 In Pol. I, 2, 5–6 werden die Makedonen dazu dafür kritisiert, viele der Regionen des westlichen Mittelmeerraums nicht einmal gekannt zu haben.
461 Vgl. auch WIESEHÖFER 2013, 59. Wahrscheinlich sollten die Seleukiden und Ptolemäer aufgrund der Ereignisse des Tages von Eleusis ebenfalls als von Rom abhängige Regionen aufgefasst werden.
462 Pol. I, 2, 7. Ein Vergleich mit der Darstellung der Abfolge der Reiche bei Dionysios von Halikarnassos (Dion. Hal. ant. I, 2–3) zeigt, dass Polybios kein wahres Interesse an diesem Thema hatte; es ging ihm nur darum, den Aufstieg Roms zu erklären und die Außergewöhnlichkeit des römischen Reiches zu betonen. Vgl. ALONSO NÚÑEZ 1983, 417–418.
463 Er habe deswegen alle Ereignisse in der *oikumene* gleichzeitig geschildert, damit der Leser verstehen könne, wie „die Römer den Sieg davontrugen und fast die ganze Welt unter ihre Herrschaft brachten, ein Vorgang, der in früheren Zeiten nicht seinesgleichen hat" (Pol. XXXIX, 8, 7).

deten sie selbst nach den Zerstörungen von Karthago, Korinth und Numantia diesen Anspruch noch nicht so wie etwa später Augustus.[464] Es war alleine Polybios, der diese in der Geschichte beispiellosen 53 Jahre festhielt und den Griechen erklärte, was geschehen war.[465] Durch diesen Anspruch wurde er wie Herodot zum Welterklärer und Weltdeuter.[466]

Die Bedeutung der römischen Religion

In seiner Gegenwart beschrieb Polybios also ein unvergleichliches Weltreich, das mit Hilfe seiner einzigartigen Armee die gesamte *oikumene* erobert hatte. Und da der Staat der Römer alle zeitgenössischen und historischen Mächte übertraf, konnte ihn selbst die *tyche* nicht zu Fall bringen. Diese Stärke Roms führte Polybios auf seine einzigartige Verfassung zurück. Es blieb zu erklären, wie diese Verfassung sozial eingebunden war, so dass in der römischen Gesellschaft ein stärkerer Zusammenhalt vorhanden war als in Karthago.[467] Dazu wandte sich Polybios zum Abschluss des VI. Buches[468] einer letzten Kategorie aus dem Fundus ethnographischen Vergleichens zu, die schon Herodot für zentral gehalten hatte: der Religion.

Während sich Polybios mit den Kategorien des Militärs und der Machtpolitik deutlich von Herodot abgrenzte, folgt er mit dem klassischen *topos* der Religion dem ethnographischen Raster des Halikarnassers. Sie bildete das soziale Gefüge der römischen Verfassung und spielte Polybios zufolge eine dominierende Rolle in der römischen Gesellschaft:[469] „In Zeiten der Not entfalten die Römer den größten Eifer, Götter und Menschen sich gnädig zu stimmen, und sie halten in solcher Lage nichts

---

[464] Tiberius Gracchus könnte die Römer 133 v. Chr. als „Herren der *oikumene*" (κύριοι τῆς οἰκουμένης) bezeichnet haben (H. Malcovati, ORF³, 199 = Plut. Tiberius Gracchus 9, 6), doch sollte es noch bis Pompeius dauern, bis diese Idee ihren Ausdruck in der politischen Außendarstellung der Römer fand. Vgl. NICOLET 1991, 30–34.

[465] Vgl. WALBANK, Kommentar I, 40; ALONSO NÚÑEZ 1983, 419; WERNER 1972 passim. Siehe auch Pol. I, 1, 5.

[466] Zu Herodot vgl. die entsprechenden Passagen bei SCHULZ 2020a, 221–326. Mit MORENO LEONI 2012, 69–71 ließe sich noch ergänzen, dass Polybios seinen Lesern viele lateinische Begriffe näherbrachte, indem er für sie griechische Entsprechungen fand, bspw. *strategos autokrator* für *dictator*. Auch darin lag eine Interpretationsleistung, durch die Polybios das Verständnis vieler Griechen von Rom und seinen Institutionen beeinflussen konnte.

[467] Freilich bilden auch die im Folgenden diskutierten Gedanken des Polybios zu römischer Religion und Gesellschaft einen Idealzustand ab – Polybios verschweigt etwa eine ganze Reihe sozialer Spannungen. Siehe dazu MOMIGLIANO 1980, 91/92. Die heute verlorenen Teile des sechsten Buches mögen ein anderes Bild gezeichnet haben – siehe dazu weiter unten im Fließtext S. 122.

[468] Die Aussage in VI, 58, er werde jetzt zur historischen Erzählung zurückkehren, spricht dafür, dass es sich trotz der fragmentarischen Überlieferung tatsächlich um das Ende des Buches handelt.

[469] Darauf weisen auch WALBANK 1972, 28, CANFORA 1977, 321 und MARTÍNEZ LACY 1991, 90 schon hin, ohne dass einer von ihnen das Thema vertieft behandelt hätte, wie es hier geschehen soll.

für unschicklich und ihrer unwürdig, was nur diesen Zweck zu erreichen scheint."⁴⁷⁰ Die Aussage trifft Polybios im Rahmen des Zweiten Punischen Krieges, der wie kein anderes Ereignis die wahre Stärke der Römer offenbart habe. Auffällig ist die Formulierung, die Römer hielten „nichts für unschicklich und ihrer unwürdig (μηδὲν ἀπρεπὲς μηδ᾽ ἀγεννὲς)". Während der Historiker Polybios den Einfluss der Götter aus der Geschichtsschreibung verbannte⁴⁷¹(auch die *tyche* war für ihn explizit keine Göttin⁴⁷²), musste er sich dem Thema als Ethnograph stellen. Die Zurschaustellung römischen ‚Aberglaubens' wird ihn überrascht haben, passte sie doch nicht zu seinem Bild der rational handelnden Römer.⁴⁷³ An einer Stelle erwähnt er bspw., wie Scipio Africanus im Krieg gegen die Seleukiden von seinen religiösen Pflichten daran gehindert wurde, den Feind anzugreifen.⁴⁷⁴ Ähnliche Fälle werden Polybios jedoch aus der griechischen Geschichte bekannt gewesen sein: Die Spartaner hatten den Athenern 490 v. Chr. bei Marathon nicht rechtzeitig zur Hilfe eilen können, weil sie das Karneia-Fest für Apollon abhalten mussten,⁴⁷⁵ und 413 v. Chr. verzögerte der athenische Feldherr Nikias den Abzug seiner Truppen aus Syrakus, weil eine Mondfinsternis aufgetreten war.⁴⁷⁶ In allen drei Fällen wurde die religiöse Treue zu Lasten einer effizienten Kriegsführung gewahrt.⁴⁷⁷

Allerdings rückt Polybios die religiösen *nomoi* der Römer keineswegs nur in ein negatives Licht: So würdigt er z. B. die Praxis des Eides, den die Römer auf Jupiter Lapis schworen und der ähnlichen Ritualen in der griechischen Welt glich.⁴⁷⁸ Hier zeigt sich ein ethnographisches Interesse, das erneut an Herodot erinnert, der beobachtet hatte, wie die Perser ihre Eide schworen.⁴⁷⁹ Primär war Polybios daran gelegen, die Funktion der römischen Religion in ihrer Gesellschaft zu klären; so erinnert der Eid auf Jupiter Lapis an die bedeutende Rolle von Eiden im Militär.⁴⁸⁰ Der Achaier hatte erkannt, dass

---

470 Pol. III, 112, 9. δεινοὶ γὰρ ἐν ταῖς περιστάσεσι Ῥωμαῖοι καὶ θεοὺς ἐξιλάσασθαι καὶ ἀνθρώπους καὶ μηδὲν ἀπρεπὲς μηδ᾽ ἀγεννὲς ἐν τοῖς τοιούτοις καιροῖς ἡγεῖσθαι τῶν περὶ ταῦτα συντελουμένων.
471 Vgl. etwa Pol. IV, 40, 1–3 (Ablehnung der Mythologie); XVI, 12, 3–11 (Dort sagt Polybios, wer den Erzählungen über göttliche Phänomene glaubt, ist kein richtiger Geschichtsschreiber); MÜLLER 1997, 270; HAU 2016, 67/68.
472 Vgl. DEININGER 2013, 88/89.
473 Vgl. WALBANK, Kommentar I, 443. Aberglauben war eine typisch ‚barbarische' Eigenschaft, wie ERSKINE 2000, 177/178 überzeugend vorführt. Polybios weist sie z. B. den Galatern zu; vgl. Pol. V, 78, 1–2.
474 Vgl. Pol. XXI 13, 10–13. Als Salii-Priester durfte er sich 30 Tage lang nicht weiterbewegen, solange er die jährlichen Opfer abhielt. Zur Verquickung von Religion und Krieg vgl. RÜPKE 1990.
475 Vgl. Hdt. VI, 106, 3.
476 Vgl. Thuk. VII, 50, 4.
477 In X, 5, 12 betont er allerdings, dass Scipio den Aberglauben auch zur Motivation der Truppen nutzen konnte. Siehe dazu ERSKINE 2000, 179.
478 Vgl. Pol. III, 25, 6–9; WALBANK, Kommentar I, 351/352.
479 Vgl. bspw. Hdt. III, 74, 2 (Eid der rebellierenden Mager) oder V, 106, 6 (Vertrag zwischen Dareios I. und Histiaios von Milet auf die persischen Götter).
480 S. o. 91.

die Verfassung nicht nur aus rechtlichen Institutionen bestand: Welchen Anteil hatten also ‚Aberglauben', Beschwörungen Jupiters und übertriebene *pietas* gegenüber den Göttern am Erfolg Roms?

„Was bei anderen Völkern ein Vorwurf ist, [scheint] eben [...] die Grundlage des römischen Staates zu bilden: eine beinahe abergläubische Götterfurcht [δεισιδαιμονία]."⁴⁸¹ Während solche Sitten anderswo – zuvorderst ist an die griechische Welt zu denken – verachtet seien,⁴⁸² stützten sie in Rom den gesamten Staat, denn die Religion spiele im privaten wie öffentlichen Leben eine wesentlichere Rolle, als es (für einen Griechen) vorstellbar sei.⁴⁸³ Deshalb ist die Religion „der größte Vorzug des römischen Gemeinwesens"⁴⁸⁴ und damit noch wichtiger als ihre angeborene Stärke, ihre militärische Organisation, ihre Rechtschaffenheit und ihre Verfassung. Der entscheidende Vorzug der römischen Religion war, dass die herrschenden Schichten Roms auf sie zurückgreifen konnten, um die breite Bevölkerung zu kontrollieren:

> Da jedoch die Masse immer leichtfertig und voller gesetzeswidriger Begierden ist, geneigt zu sinnlosem Zorn, zu Leidenschaften, die sich in Gewalttaten entladen, bleibt nichts übrig, als sie durch dunkle Angstvorstellungen und eine gut erfundene Mythologie im Zaum zu halten. Die Alten scheinen mir daher die Vorstellungen von den Göttern, den Glauben an die Unterwelt nicht unüberlegt, sondern mit kluger Überlegung der Menge eingeflößt zu haben, und es scheint mir im Gegenteil höchst unbedacht und unverständig, wenn man ihr jetzt diesen Glauben austreibt.⁴⁸⁵

Die Religion der Römer wurde demnach mit einem konkreten Zweck begründet, den die Eliten im Staat noch immer zu nutzen wissen. Polybios folgt in seiner Praxis einer Idee des Sophisten Kritias (ca. 460–403 v. Chr.),⁴⁸⁶ der eine bewusste Erfindung der Religion in der Frühzeit postuliert hatte: Durch die Furcht vor den Göttern sollte die endemische Gewalt des Urzustandes eingedämmt werden.⁴⁸⁷ Diese Theorie wurde von Panaitios rezipiert und mag über ihn zu seinem Zeitgenossen Polybios gelangt

---

481 Pol. VI, 56, 7.
482 Zur Verurteilung übertriebener Frömmigkeit am Bsp. der Ägypter vgl. Theophrast Char. 16; DILLERY 1998, 266.
483 Vgl. Pol. VI, 56, 8.
484 Pol. VI, 56, 6.
485 Pol. VI, 56, 11–12. Diese Auffassung kam auch in Rom gut an und wurde von späteren Stoikern genutzt, die sich als Berater römischer Adliger profilieren wollten; vgl. SCHNEIDER 1969, 599. Vielleicht hatte Polybios selbst die Idee bereits den Aemiliern/Scipionen vermittelt. ἐπεὶ δὲ πᾶν πλῆθός ἐστιν ἐλαφρὸν καὶ πλῆρες ἐπιθυμιῶν παρανόμων, ὀργῆς ἀλόγου, θυμοῦ βιαίου, λείπεται τοῖς ἀδήλοις φόβοις καὶ τῇ τοιαύτῃ τραγῳδίᾳ τὰ πλήθη συνέχειν. [12] διόπερ οἱ παλαιοὶ δοκοῦσί μοι τὰς περὶ θεῶν ἐννοίας καὶ τὰς ὑπὲρ τῶν ἐν ᾅδου διαλήψεις οὐκ εἰκῇ καὶ ὡς ἔτυχεν εἰς τὰ πλήθη παρεισαγαγεῖν, πολὺ δὲ μᾶλλον οἱ νῦν εἰκῇ καὶ ἀλόγως ἐκβάλλειν αὐτά.
486 Vgl. MÜLLER 1997, 279/280. Walbank, Kommentar I, 741 führt diese Idee auf die Pythagoreer zurück, mit denen Kritias freilich in Austausch gestanden haben könnte.
487 Vgl. S. Emp. adv. math. IX, 54 mit der Zuordnung und dem Kommentar bei MÜLLER 1997, 152–154.

sein, den er möglicherweise persönlich kannte.[488] Panaitios unterschied zwischen den Göttern der Dichter, der Philosophen und der Staatsmänner, wobei Letztere den Zwecken der jeweiligen Regierungsform dienten und das öffentliche Leben organisierten.[489] Diesen gezielten Einsatz der Religion zur Beherrschung des *demos* setzten die Römer nach Polybios perfekt um, während im griechischen Osten religionskritische Denker und Philosophen mit der ‚Aufklärung' der weitgehend ungebildeten Masse (πλῆθος) begonnen hätten.[490] Der Vergleich mit Rom ist also wieder mit Kritik an den griechischen Verhältnissen verbunden; damit schließt er erneut an die ethnographischen Praktiken Herodots an. Seine Vorliebe für dieses Vorgehen beweist Polybios mit einem weiteren Vergleich, der die Vorteile religiöser Bindungen und Verpflichtungen in Rom illustrieren soll:

> Wenn man den Beamten einer griechischen Stadt auch nur ein Talent anvertraut und zehn Leute die Quittung gegenzeichnen lässt, ebenso viele Siegel angebracht werden und doppelt so viele Zeugen den Akt bestätigen, so kann man sich doch nicht auf sie verlassen. In Rom dagegen bleiben Beamte oder Gesandte, durch deren Hände große Summen gehen, einfach weil sie durch einen Eid gebunden sind, ihrer Pflicht treu. Überall sonst kann man nur selten einen Mann finden, an dessen Fingern von den Staatsgeldern nicht etwas kleben bliebe und der absolut sauber wäre; bei den Römer dagegen kommt es kaum vor, dass jemand der Unterschlagung überführt wird.[491]

Polybios setzt hier einen doppelten Vergleich ein: zuerst zwischen römischen und griechischen Beamten und dann zwischen den Römern und allen anderen Völkern (τοῖς ἄλλοις). Das moralisch vorbildliche Verhalten der Römer wird auf ihre zuvor besprochene *pietas* zurückgeführt, das religiös bedingte Pflichtgefühl. Die Göttervorstellungen sollten v. a. das gemeine Volk, das πλῆθος, unter Kontrolle halten, doch wurden durch Eide auch die Beamten, Vertreter der höheren Schichten, an die Religion gebun-

---

488 Vgl. col. 56, ed. Traversa p. 78; ein Fragment aus dem *Index Stoicorum*, das MOMIGLIANO 1976, 66 allerdings als schwierig einstuft. Falls es glaubwürdig ist, belegt es eine Seereise des Panaitios zusammen mit Scipio Aemilianus, auf der auch Polybios gewesen sein könnte – man denke nur an seine Erkundungsfahrt an die Küste Afrikas; vgl. Plin. nat. nist. 5, 9–10. Vgl. Cic. rep. I, 34 zu den gemeinsamen Diskussionen Scipios mit Polybios und Panaitios; zur Skepsis gegenüber der Mitgliedschaft beider griechischer Denker in einem Scipionenzirkel vgl. SOMMER 2013, 308–310. Sollte es keine persönliche Bekanntschaft gegeben haben, hätte Polybios die Werke des rhodischen Philosophen trotzdem lesen können.
489 Vgl. Aug civ. IV, 27; VI, 5 mit MÜLLER 1997, 283/284. Vgl. SCHNEIDER 1969, 599.
490 Das Bild von der einfachen Masse mag von Platon stammen, vgl. Plat. rep. IV, 431 B–C.
491 Pol. VI, 56, 13–15. οἱ τὰ κοινὰ χειρίζοντες παρὰ μὲν τοῖς Ἕλλησιν, ἐὰν ταλάντου μόνον πιστευθῶσιν, ἀντιγραφεῖς ἔχοντες δέκα καὶ σφραγίδας τοσαύτας καὶ μάρτυρας διπλασίους οὐ δύνανται τηρεῖν τὴν πίστιν· [14] παρὰ δὲ Ῥωμαίοις κατά τε τὰς ἀρχὰς καὶ πρεσβείας πολύ τι πλῆθος χρημάτων χειρίζοντες δι' αὐτῆς τῆς κατὰ τὸν ὅρκον πίστεως τηροῦσι τὸ καθῆκον. [15] καὶ παρὰ μὲν τοῖς ἄλλοις σπάνιόν ἐστιν εὑρεῖν ἀπεχόμενον ἄνδρα τῶν δημοσίων καὶ καθαρεύοντα περὶ ταῦτα· παρὰ δὲ τοῖς Ῥωμαίοις σπάνιόν ἐστι τὸ λαβεῖν τινα πεφωραμένον ἐπὶ τοιαύτῃ πράξει.

den.⁴⁹² Die Aussage wird Polybios auf seine persönlichen Beobachtungen der Aemilier und Scipionen gestützt haben, deren tadelloses Auftreten er durchgehend lobt.⁴⁹³

Er betont in diesem Fall erneut die moralische Überlegenheit der Römer, doch stehen im Vordergrund seines Interesses immer der konkrete Zweck und die realen Effekte der römischen *nomoi*: Die Argumentation in Buch VI soll streng funktionalistisch aufzeigen, wie sich die römische Verfassung und ihre *nomoi* auf die römische Expansion auswirkten. Das Beispiel demonstriert die konkreten Einwirkungen der religiösen Überzeugungen auf das Verhalten römischer Offizieller: Die Furcht vor den Göttern und die Bindung an religiöse Eide erzwingen gewissermaßen eine effizientere Verwaltung als sie in Griechenland oder anderswo denkbar wäre. Ähnlich wie bei der Ausbildung der Soldaten gibt es ein festes System, das im Alltag durch die ständige Wiederholung sinnbildhafter Praktiken verfestigt wird. Der beste Ausdruck dafür sind die Begräbnisse vornehmer Römer, die religiöse, politische und militärische Symbolik miteinander verbanden. Polybios widmet dem Ritual deshalb eine längere Passage. Seine Beobachtungen dürften auf Autopsie zurückzuführen sein, schließlich wird er im Gefolge der Scipionen genug Gelegenheit gehabt haben, solchen Ereignissen beizuwohnen. Als griechischer Außenseiter beobachtete er solch für die römische Kultur zentrale Ereignisse mit ethnographischem Interesse:⁴⁹⁴

> Wenn in Rom ein angesehener [ἐπιφανής] Mann stirbt, wird er im Leichenzug in seinem ganzen Schmuck nach dem Markt zu den sogenannten *rostra*, der Rednertribüne, geführt, meist stehend, so dass ihn alle sehen können, nur selten sitzend. Während das ganze Volk ringsherum steht, betritt entweder, wenn ein erwachsener Sohn vorhanden und anwesend ist, dieser, sonst ein anderer aus dem Geschlecht die Rednertribüne und hält eine Rede über die Tugenden [ἀρεταί] des Verstorbenen und über die Taten, die er während seines Lebens vollbracht hat. Diese Rede weckt in der Menge, die durch sie an die Ereignisse erinnert wird und sie wieder vor Augen gestellt bekommt, und zwar nicht nur bei den Mitkämpfern, sondern auch bei den nicht unmittelbar Beteiligten, ein solches Mitgefühl, dass der Todesfall nicht als ein persönlicher Verlust für die Leidtragenden, sondern als ein Verlust für das Volk im Ganzen erscheint.⁴⁹⁵

---

492 Vielleicht ging Polybios auch davon aus, dass sich die Vorstellungen langsam in der gesamten Gesellschaft verbreiteten; vgl. WALBANK, Kommentar I, 743.
493 Vgl. Pol. XVIII, 35, 3–12 und die zahlreichen positiven Darstellungen von Mitgliedern der Scipionen oder Aemilier, die in diesem Kapitel vorkommen.
494 Vgl. ERSKINE 2013b, 126.
495 Pol. VI, 53, 1–3. ὅταν γὰρ μεταλλάξῃ τις παρ' αὐτοῖς τῶν ἐπιφανῶν ἀνδρῶν, συντελουμένης τῆς ἐκφορᾶς κομίζεται μετὰ τοῦ λοιποῦ κόσμου πρὸς τοὺς καλουμένους ἐμβόλους εἰς τὴν ἀγορὰν ποτὲ μὲν ἑστὼς ἐναργής, σπανίως δὲ κατακεκλιμένος. [2] πέριξ δὲ παντὸς τοῦ δήμου στάντος, ἀναβὰς ἐπὶ τοὺς ἐμβόλους, ἂν μὲν υἱὸς ἐν ἡλικίᾳ καταλείπηται καὶ τύχῃ παρών, οὗτος, εἰ δὲ μή, τῶν ἄλλων εἴ τις ἀπὸ γένους ὑπάρχει, λέγει περὶ τοῦ τετελευτηκότος τὰς ἀρετὰς καὶ τὰς ἐπιτετευγμένας ἐν τῷ ζῆν πράξεις. [3] δι' ὧν συμβαίνει τοὺς πολλοὺς ἀναμιμνησκομένους καὶ λαμβάνοντας ὑπὸ τὴν ὄψιν τὰ γεγονότα,

Polybios betont also erneut den öffentlichen Charakter der römischen *nomoi*: Der Tod eines jeden *nobilis* dient der Gemeinschaft und wird deshalb auf der zentralen Rednerplattform des Forum Romanum zelebriert. Religiöse Praktiken sind auch immer soziale Praktiken: Wie in der Armee zielt der Effekt auf die breite Masse.

Die detailreiche Darstellung von Bestattungen bei fremden Völkern geht auf Herodot zurück.[496] In seinem Ägyptenexkurs schildert er, wie die Ägypter den Tod eines Angehörigen ebenfalls öffentlich beklagen; den Leichnam belassen sie jedoch im Haus.[497] Ganz im Stil Herodots beschreibt Polybios einen ethnographischen *nomos* der Römer, der sie von anderen bekannten Völkern unterscheidet.[498] Der Achaier setzt sich von seinem Vorgänger ab, indem er – ganz im Sinne seines Werkes – viel deutlicher über den Zweck des Rituals spricht. Er führt fort, dass die Angehörigen im Haus des Verstorbenen nach seiner Bestattung ein Bild in einem Schrein aufstellen:

> Das Bild ist eine Maske, die mit erstaunlicher Treue die Bildung des Gesichts nach seinen Konturen[499] wiedergibt. Diese Schreine öffnen sie bei den großen Festen und schmücken die Bilder, so schön sie können, und wenn ein angesehenes Glied der Familie stirbt, führen sie sie im Trauerzug mit und setzen sie Personen auf, die an Größe und Gestalt den Verstorbenen möglichst ähnlich sind. Diese tragen dann, wenn der betreffende Konsul oder Praetor gewesen ist, Kleider mit einem Purpursaum, wenn Censor, ganz aus Purpur, wenn er aber einen Triumph gefeiert und dementsprechende Taten getan hat, goldgestrickte. Sie fahren auf Wagen, denen Rutenbündel und Beile und die anderen Insignien des Amtes, je nach der Würde und dem Rang, den ein jeder in seinem Leben bekleidet hat, vorangetragen werden, und wenn sie zu den *rostra* gekommen sind, nehmen sie alle in einer Reihe auf elfenbeinernen Stühlen Platz. Man kann sich nicht leicht ein großartigeres Schauspiel denken für einen Jüngling, der nach Ruhm verlangt und für alles Große begeistert ist [νέῳ φιλοδόξῳ καὶ φιλαγάθῳ]. Denn die Bilder der wegen ihrer Taten hochgepriesenen Männer dort alle versammelt zu sehen, als wären sie noch am Leben und beseelt, wem sollte das nicht einen tiefen Eindruck machen? Was könnte es für einen schöneren Anblick geben?[500]

μὴ μόνον τοὺς κεκοινωνηκότας τῶν ἔργων, ἀλλὰ καὶ τοὺς ἐκτός, ἐπὶ τοσοῦτον γίνεσθαι συμπαθεῖς ὥστε μὴ τῶν κηδευόντων ἴδιον, ἀλλὰ κοινὸν τοῦ δήμου φαίνεσθαι τὸ σύμπτωμα.

496 Vgl. etwa MÜLLER 1997, 108–110.
497 Vgl. Hdt. II, 85.
498 Zu den Realia der Darstellung vgl. FLOWER 1996.
499 DREXLER schreibt „und seine Züge (?)"; vgl. DREXLER 1961, 578. Die Loeb-Übersetzung (Vgl. PATON/HABICHT/WALBANK 2011, 431) und WALBANK, KOMMENTAR I, 738 setzen hier „complexion" (Hautfarbe, oder auch Aussehen) für ὑπογραφήν.
500 Pol. VI, 53, 5–10. ἡ δ' εἰκών ἐστι πρόσωπον εἰς ὁμοιότητα διαφερόντως ἐξειργασμένον καὶ κατὰ τὴν πλάσιν καὶ κατὰ τὴν ὑπογραφήν. [6] ταύτας δὴ τὰς εἰκόνας ἔν τε ταῖς δημοτελέσι θυσίαις ἀνοίγοντες κοσμοῦσι φιλοτίμως, ἐπάν τε τῶν οἰκείων μεταλλάξῃ τις ἐπιφανής, ἄγουσιν εἰς τὴν ἐκφοράν, περιτιθέντες ὡς ὁμοιοτάτοις εἶναι δοκοῦσι κατά τε τὸ μέγεθος καὶ τὴν ἄλλην περικοπήν. [7] οὗτοι δὲ προσαναλαμβάνουσιν ἐσθῆτας, ἐὰν μὲν ὕπατος ἢ στρατηγὸς ᾖ γεγονώς, περιπορφύρους, ἐὰν δὲ τιμητής, πορφυρᾶς, ἐὰν δὲ καὶ τεθριαμβευκὼς ἤ τι τοιοῦτον κατειργασμένος, διαχρύσους. [8] αὐτοὶ μὲν οὖν ἐφ' ἁρμάτων οὗτοι πορεύονται, ῥάβδοι δὲ καὶ πελέκεις καὶ τἆλλα τὰ ταῖς ἀρχαῖς εἰωθότα

Herodot hatte bei den Ägyptern zwar keine Masken beschrieben, doch erfüllten die Sarkophage eine ähnliche Rolle, indem sie Abbilder der Toten darstellten.[501] Nach dieser eindrücklichen Passage folgt bei Polybios erneut eine Erläuterung der Funktion:

> Wenn nun der Redner über den, den sie zu Grabe tragen, gesprochen hat, geht er zu den anderen über, die da auf der *rostra* versammelt sind, und berichtet, mit dem Ältesten beginnend, von den Erfolgen und Taten eines jeden. Da auf diese Weise die Erinnerung an die Verdienste der hervorragenden Männer [ἀγαθῶν ἀνδρῶν] immer wieder erneuert wird, ist der Ruhm derer, die etwas Großes vollbracht haben, unsterblich, das ehrende Gedächtnis der Wohltäter des Vaterlandes bleibt im Volke wach und wird weitergegeben an Kinder und Enkel. Vor allem aber wird die Jugend angespornt, für das Vaterland alles zu ertragen, um ebenfalls des Ruhmes [εὔκλεια], der dem verdienten [ἀγαθός] Manne folgt, teilhaft zu werden. Dies wird durch folgendes bestätigt. Viele Römer haben sich freiwillig zum Zweikampf gemeldet, um damit den römischen Sieg zu entscheiden, nicht wenige haben den sicheren Tod gewählt, teils im Krieg, um die anderen zu retten, teils im Frieden, um die Existenz des Staates zu sichern.[502]

Es handelt sich bei diesem Abschnitt um eine dichte ethnographische Beschreibung.[503] Polybios verfällt in diesen Duktus, um zu zeigen, dass er die Begräbnisse eines fremden Volkes genauso gut erläutern kann wie Herodot. Dieser hatte sich auf ähnliche Art und Weise auch mit den Bestattungen der skythischen Könige auseinandergesetzt. Wie Polybios schilderte er den Trauerzug und seine Abfolge und betonte das öffentliche Element des Ereignisses.[504] Beide präsentieren kleinste Details: So hebt Herodot die genaue Präparation der menschlichen Opfer hervor und die Römer bereiten sich bei Polybios vor dem Begräbnis ebenso sorgfältig auf mögliche Probleme vor wie in der Politik (Verfassung) oder im Militär.

συμπαρακεῖσθαι προηγεῖται κατὰ τὴν ἀξίαν ἑκάστῳ τῆς γεγενημένης κατὰ τὸν βίον ἐν τῇ πολιτείᾳ προαγωγῆς ὅταν δ᾽ ἐπὶ τοὺς ἐμβόλους ἔλθωσι, [9] καθέζονται πάντες ἑξῆς ἐπὶ δίφρων ἐλεφαντίνων. οὗ κάλλιον οὐκ εὐμαρὲς ἰδεῖν θέαμα νέῳ φιλοδόξῳ καὶ φιλαγάθῳ· [10] τὸ γὰρ τὰς τῶν ἐπ᾽ ἀρετῇ δεδοξασμένων ἀνδρῶν εἰκόνας ἰδεῖν ὁμοῦ πάσας οἷον εἰ ζώσας καὶ πεπνυμένας τίν᾽ οὐκ ἂν παραστήσαι; τί δ᾽ ἂν κάλλιον;

501 Vgl. Hdt. II, 86, 2; II, 86, 7.
502 Pol. VI, 54, 1–4. πλὴν ὅ γε λέγων ὑπὲρ τοῦ θάπτεσθαι μέλλοντος, ἐπὰν διέλθῃ τὸν περὶ τούτου λόγον, ἄρχεται τῶν ἄλλων ἀπὸ τοῦ προγενεστάτου τῶν παρόντων, καὶ λέγει τὰς ἐπιτυχίας ἑκάστου καὶ τὰς πράξεις. [2] ἐξ ὧν καινοποιουμένης ἀεὶ τῶν ἀγαθῶν ἀνδρῶν τῆς ἐπ᾽ ἀρετῇ φήμης ἀθανατίζεται μὲν ἡ τῶν καλόν τι διαπραξαμένων εὔκλεια, γνώριμος δὲ τοῖς πολλοῖς καὶ παραδόσιμος τοῖς ἐπιγινομένοις ἡ τῶν εὐεργετησάντων τὴν πατρίδα γίνεται δόξα. τὸ δὲ μέγιστον, [3] οἱ νέοι παρορμῶνται πρὸς τὸ πᾶν ὑπομένειν ὑπὲρ τῶν κοινῶν πραγμάτων χάριν τοῦ τυχεῖν τῆς συνακολουθούσης τοῖς ἀγαθοῖς τῶν ἀνδρῶν εὐκλείας. [4] πίστιν δ᾽ ἔχει τὸ λεγόμενον ἐκ τούτων. πολλοὶ μὲν γὰρ ἐμονομάχησαν ἑκουσίως Ῥωμαίων ὑπὲρ τῆς τῶν ὅλων κρίσεως, οὐκ ὀλίγοι δὲ προδήλους εἵλοντο θανάτους, τινὲς μὲν ἐν πολέμῳ τῆς τῶν ἄλλων ἕνεκεν σωτηρίας, τινὲς δ᾽ ἐν εἰρήνῃ χάριν τῆς τῶν κοινῶν πραγμάτων ἀσφαλείας.
503 Ähnlich sah es schon MORENO LEONI 2012, 72, Anm. 63.
504 Vgl. Hdt. IV, 71–72.

Die Darstellung der Begräbnisse ist durchaus ambivalent: Die eingesetzten Elemente, von den Schauspielern über das Lob der Verstorbenen bis zum Bezug auf die Stadtgemeinschaft, waren den Griechen bekannt, doch sind sie nie so konsequent umgesetzt worden wie bei den Römern.[505] Wie bei den religiösen Vorstellungen handelt es sich auch beim Begräbnis um einen von der Elite gesteuerten Akt, der das Leben verstorbener Römer als Dienst für die *res publica* glorifiziert. Dadurch sollten die breite Massen – besonders aber junge Adlige – motiviert werden, alles für das Überleben und den Erfolg Roms zu opfern.[506] Schon in der *Ilias* heißt es: „Lediglich ein Vorzeichen wirkt Gutes: das Vaterland schützen! (εἷς οἰωνὸς ἄριστος ἀμύνεσθαι περὶ πάτρης)"[507] Thukydides lässt Perikles diese Maxime verwenden, wenn er bei seiner berühmten Grabrede auf die gefallenen Athener sagt:

> Mit ihnen als Vorbildern und in der Erkenntnis, dass Glück in der Freiheit, Freiheit aber in mutiger Zuversicht besteht, lasst euch nicht einschüchtern von den Gefahren des Krieges.[508]

Die griechische Geschichte (und Mythologie) kannte genug Helden, die diesem Leitspruch gefolgt waren, und in hellenistischer Zeit unterstützte u. a. die Stoa diese Sichtweise.[509] Das Phänomen war Polybios und seinen Lesern also geläufig.[510] Doch nie zuvor hatte sich ein ganzes Volk dieser Idee so erfolgreich verschrieben wie die Römer, denn auch Perikles' Athenern war am Ende kein Triumph vergönnt gewesen. Polybios verweist beispielhaft auf Horatius Cocles, der sich beim Kampf gegen die Rom angreifenden Etrusker geopfert hatte, um seinen Kameraden zu ermöglichen, die Tiberbrücke einzureissen.[511]

---

505 Vgl. CHAMPION 2004, 94/95.
506 Siehe hierzu auch die Interpretation von ECKSTEIN 1995, 65–67.
507 Hom. Il. 12, 243, nach der Übersetzung von EBENER 1976.
508 Thuk. II, 43, 4: οὓς νῦν ὑμεῖς ζηλώσαντες καὶ τὸ εὔδαιμον τὸ ἐλεύθερον, τὸ δ' ἐλεύθερον τὸ εὔψυχον κρίναντες μὴ περιορᾶσθε τοὺς πολεμικοὺς κινδύνους. Nach der Übersetzung von WEISSENBERGER 2017.
509 Vgl. bspw. Cicero fin. III, 64; SVF III 494 = Stob. ecl. II p. 85, 12–86, 4; SVF 611 = Stob. ecl. II p. 94, 7–20; POHLENZ 1992, 134.
510 Zu denken wäre zudem an die griechische Tragödie.
511 Vgl. Pol. VI, 55, 1–4. Laut Polybios wurde er erst schwer verwundet und ertrank dank seiner schweren Rüstung anschließend im Fluss. Livius schreibt hingegen, Cocles habe sich an das Stadtufer gerettet, und verweist die ganze Geschichte, anders als der achaiische Geschichtsschreiber, ins Reich der Mythologie; vgl. Liv. II, 10, 11. Möglicherweise hat Polybios die Anekdote dramatisiert, um sein Argument zu stärken. Doch wird ihm die Geschichte von seinen römischen Kontakten erzählt worden sein, wodurch seine Version direkt auf die mündliche Überlieferung in Rom zurückgehen könnte. Dazu passt, dass es sich bei diesem Abschnitt um die älteste erhaltene Nennung des Horatius Cocles handelt; spätere Fassungen in lateinischen Quellen spiegeln vielleicht einfach eine Weiterentwicklung der Legende; vgl. WALBANK, Kommentar I, 740/741. Vielleicht hat Polybios, der deutlich macht, wie sehr er die Mythologie ablehnt – etwa in IV, 40, 1–3 – die Anekdote dementsprechend tatsächlich für historisch gehalten.

Letztlich erreichten die Römer also die Umsetzung eines Ideals, das die Griechen selbst immer angestrebt hatten:[512] „Die Bemühung des Staates, Männer heranzubilden, die bereit sind, alles zu ertragen, um in ihrer Vaterstadt den Ruhm der Tapferkeit zu erlangen."[513] Die Religion spielte dabei eine entscheidende Rolle. Möglicherweise nutzte Polybios das Thema als Ausgangspunkt, um die Ordnung der römischen Gesellschaft ausführlich zu beschreiben. Im Mittelpunkt der Begräbniszeremonie stehen der verstorbene Adlige selbst und sein Sohn: Der junge Mann erweist dem *pater familias* die letzte Ehre und übernimmt seine Rolle. Damit stößt Polybios zum *nucleus* des römischen Volkes vor und hätte im Folgenden das römische Klientelwesen und die Beziehungen zwischen den großen Adelsgeschlechtern darlegen können, indem er vom Familienvater ausging und ein Panorama der römischen Gesellschaft zeichnete. Als Lehrer des jungen Scipio wird Polybios tiefe Einblicke in die Rolle römischer Adliger erhalten haben.[514] Da mehr als die Hälfte des VI. Buches verloren gegangen ist, handelt es sich hier um ein reines *argumentum ex silentio*. Allerdings interpretierte Polybios nach eigener Aussage als erster Grieche die öffentlichen und privaten Verhältnisse in Rom.[515] Und da er wie Herodot die Welt erklären wollte und das VI. Buch wie einen Exkurs über die Römer anlegte, ist es wahrscheinlich, dass Polybios weitere ethnographische *topoi* der Römer besprach.[516] Aufgrund seiner intimen Kenntnisse über die Aemilier könnten dazu auch Rituale aus dem familiären Kontext gehört haben wie Heiratssitten, das Anlegen der Männertoga oder Erbfragen, für die er später im Werk konkrete Beispiele gibt.[517] Damit hätte er sich noch stärker an Herodot angelehnt, besonders an dessen lange Exkurse zu Ägypten und Skythien, und seinen Anspruch auf die Autorität im Bereich des ethnographischen Denkens untermauert. Doch welche Vorstellungen von den Römern wollte Polybios den Griechen zuvorderst vermitteln? Wie bewertete er das Handeln der neuen ‚Weltenherrscher'?[518]

---

512 Sicher überträgt Polybios hier seine eigenen rationalen, von der Skepsis geprägten Vorstellungen auf die römische Nobilität. Die Passage kann deshalb nicht die Frage beantworten, ob der römische Adel *tatsächlich* nicht (mehr) an die Götter glaubte; vgl. TOYNBEE 1965, 410/411.
513 Pol. VI, 52, 11.
514 Dafür sprechen die zahlreichen Beispiele aus dem Leben des jungen Scipio Aemilianus, auf die ich in diesem Kapitel eingehe; s. bspw. o. 118 m. Anm. 493.
515 Vgl. Pol. VI, 3, 1–4.
516 Ähnlich VON FRITZ 1954, 123/124, der die Beschreibung der militärischen Institutionen nur für einen Auszug aus einem längeren Unterkapitel über verschiedenste Details der römischen Verfassung hält. Und LACY 1991, 91 nimmt an, dass sich Polybios in der verloren gegangenen Archäologie mit der historischen Entwicklung der römischen *nomoi* beschäftigte.
517 Vgl. Pol. XXXI, 27–28, 9. In ähnlicher Art liegt ein Schwerpunkt von Plutarchs *Römischen Fragen*, in denen er ebenso griechischen Lesern römische *nomoi* erklären möchte, auf Privatangelegenheiten. So geht es bspw. gleich zum Einstieg in Plut. qu. R. 1–2 um Heiratssitten.
518 Laut Pol. III, 4 war genau das sein erklärtes Ziel, das Verhalten der Römer nach der Erringung der Vorherrschaft zu bewerten.

Barbaren oder Griechen? Die Bewertung der Römer durch Polybios

Die Darstellung der Römer bei Polybios konzentriert sich auf bestimmte Felder, ist aber durchaus differenziert: Er untersucht u. a. ihr Militär, ihre Verfassung und ihre Religion und zeichnet damit ein komplexes Bild des römischen Volkes. Hat er damit die Reputation der Römer als kulturlose ‚Barbaren' korrigiert? Welchen Herausforderungen sich Polybios stellen musste, zeigt eine Stelle über Antiochos IV. Epiphanes: Dort schildert der Geschichtsschreiber, wie der Seleukidenkönig in Antiochia in römischer Kleidung aufgetreten sei und sich in römische Ämter habe wählen lassen.[519] Das erzeugte bei seinen Untertanen Hass und Ablehnung.[520] Auch im 2. Jahrhundert v. Chr. nahmen viele Griechen die Römer also noch immer ausschließlich negativ als ‚Barbaren' wahr. Doch konnten sie noch ‚Barbaren' sein, nachdem sie die mächtigsten Königreiche der (griechischen) Welt in die Knie gezwungen hatten?

Polybios zeichnete v. a. im VI. Buch ein Idealbild der römischen Institutionen und Sitten, gerade weil er vergleichen wollte:[521] Kein anderes Volk sei in der Lage, den Römern das Wasser zu reichen, weder in der Geschichte noch in der Gegenwart. Doch konnte ein Grieche es jemals akzeptieren, unter dem Regiment von ‚Barbaren' zu leben? Oder nahmen die Römer einen Platz zwischen ‚Hellenen' und ‚Barbaren' ein? Mussten die Griechen diese alte Dichotomie endgültig aufgeben, um die Römer verstehen und mit ihnen interagieren zu können?

Besonders wichtig zur Beantwortung dieser Frage sind die Stellen, an denen Polybios in der typischen Art ethnographischer Beschreibungen wiederholt Ausdrücke wie „nach römischer/ihrer Sitte" (παρ' αὐτοῖς ἔθος)[522] oder „[es ist] Sitte der Römer" (ἔθος Ῥωμαίοις) verwendet.[523] Er markiert die jeweiligen Eigenschaften damit als typisch für ihren ‚Volkscharakter' und als besonders wichtig, wenn es darum geht, die Römer zu verstehen.[524] Gleichzeitig kontrastiert er diese Sitten oft indirekt oder direkt mit griechischen *nomoi*. Die Römer dienen dabei häufig als Vorbilder: So weist

---

519   Nach der Ernennung in sein imaginäres Amt setzte er sich „nach römischer Sitte" (κατὰ τὸ παρὰ Ῥωμαίοις ἔθος) auf einen elfenbeinernen Stuhl (vgl. auch ihre Erwähnung bei den Begräbnissen in Pol. VI, 53, 9) und leitete von dort aus seine Amtsgeschäfte; siehe Athen. V, p. 193D = Pol. XXVI, 1, 6.

520   Vgl. Athen. V, p. 193D = Pol. XXVI,1, 5–7. Athenaios zählt dieses Verhalten als einen der Gründe auf, warum Antiochos nicht mehr nach seinem selbstgewählten Beinamen (Θεὸς) Ἐπιφανής (der Erschienene [Gott]) sondern nur noch Ἐπιμανής (der Wahnsinnige) genannt wurde.

521   An die Theoreme aus dem VI. Buch hält sich Polybios in anderen Passagen nicht immer: wie auch von mir angeführte Stellen in diesem Kapitel zeigen, werden die Römer nicht nur idealisiert, deshalb beziehe ich mich hier v. a. auf Buch VI. Vgl. zu dieser Problematik MAIER 2018 passim.

522   Etwa in Pol. I, 7, 12.

523   Bspw. in Pol. XIV, 3, 6. Vgl. DUBUISSON 1985, 276–277. Der Autor hat dort alle Stellen in den *Historien* gesammelt, bei denen der Ausdruck auftaucht.

524   Vgl. bspw. den Gebrauch der Formulierung in XIV, 8, 5, der völlig wertfrei ganz einfach die Aufstellung der römischen Infanterie in *hastati*, *principes* und *triarii* von der ersten bis zur letzten Schlachtreihe schildert. Wie die Analyse in diesem Kapitel zeigt, handelt es sich bei der militärischen Organisation der Römer jedoch um eines ihrer zentralen Merkmale.

Polybios an einer Stelle auf die tadellosen Leitlinien römischer Außenpolitik hin, da sich die Römer „nach einer Niederlage am hochfahrendsten und schroffsten geben, bei Erfolgen äußerst maßvoll."[525] Der politische Realist Polybios erkannte zwar die Grenzen der römischen Haltung, doch dient das sture Beharren nach einem Rückschlag als glänzendes Beispiel für andere Staaten. Schließlich hatten die Römer nach ihren wiederholten Niederlagen gegen Hannibal keinen Frieden gesucht. Deshalb konnte es ihnen später – u. a. aufgrund ihrer reichen Ressourcen und der Kriegsführung des Scipio Africanus, letztendlich aber dank ihrer Verfassung – gelingen, den Krieg zu gewinnen. Polybios machte in typisch hellenistischer Manier auch immer wieder eine moralische Überlegenheit der Römer aus, die folgender Kommentar anschaulich zusammenfasst:

> Auch die Gesetze und Anschauungen über den Gelderwerb sind in Rom besser als in Karthago. Hier gilt nichts, was Gewinn bringt, für schimpflich, dort nichts für schimpflicher, als sich bestechen zu lassen und sich mit unlauteren Mitteln zu bereichern.[526]

Somit war ihre Herrschaft für die Griechen, deren Staaten ebenso unter Korruption litten,[527] in gewisser Weise akzeptabel.[528] Auch in Rom sah er zwar einen Verfall der Sitten, so dass er in Buch XVIII nur noch bereit ist, den Römern der Vergangenheit eine solche Unbestechlichkeit einzuräumen.[529] Allerdings gelte deren Vorbild weiterhin, und solange die Verfassung Roms und die *nomoi* der Römer Bestand hätten, gab es für Polybios keinen Grund, an der Stärke ihres Staates und der Aufrichtigkeit ihrer Beamten zu zweifeln.

Die Frage, ob die Griechen die römische Herrschaft akzeptieren sollten, klärte Polybios in einem Beispielfall: Nach dem endgültigen Sieg über Karthago habe es vier verschiedene Standpunkte griechischer Beobachter gegeben. Es gab erstens die

---

525 Pol. XXVII, 8, 7–9. Perseus hatte den Römern während des Dritten Römisch-Makedonischen Krieges einen Frieden vorgeschlagen, der fast einer Wiederherstellung des *status quo ante bellum* glich; die Römer lehnten das Angebot deshalb ab. Vgl. auch Pol. XXII, 12, 9–10. Die Spartaner hatten Botschafter nach Rom gesandt, um sich über die Behandlung durch den Achaiischen Bund zu beschweren und die Römer gaben beiden Parteien eine gerechte Chance, ihre Argumente vorzubringen.

526 Pol. VI, 56, 1–2. καὶ μὴν τὰ περὶ τοὺς χρηματισμοὺς ἔθη καὶ νόμιμα βελτίω παρὰ Ῥωμαίοις ἐστὶν ἢ παρὰ Καρχηδονίοις [2] παρ' οἷς μὲν γὰρ οὐδὲν αἰσχρὸν τῶν ἀνηκόντων πρὸς κέρδος, παρ' οἷς δ' οὐδὲν αἴσχιον τοῦ δωροδοκεῖσθαι καὶ τοῦ πλεονεκτεῖν ἀπὸ τῶν μὴ καθηκόντων. Es folgt ein anschauliches Beispiel (3–5).

527 S. o. 117/118 zu Pol. VI, 56, 13–15.

528 Siehe zu diesem Punkt und der positiven Darstellung der Römer im Vergleich mit den Karthagern auch ERSKINE 2000, 170–171; 174–175. Vgl. dazu Pol. XXIV, 10, 11–12, wo der gerechte Umgang Roms mit seinen Verbündeten gelobt wird.

529 Vgl. Pol. XVIII, 35. Als moralische Vorbilder nennt er wenig überraschend Scipio Africanus, Lucius Aemilius Paullus, Scipio Aemilianus und dessen Bruder Quintus Fabius Maximus. Paullus wird auch in Pol. XXXII, 6, 5 aufgrund seines Umgangs mit Charops von Epeiros als moralisches Vorbild genannt. Zu den Parallelen zwischen den beiden Scipio 'Africanii' s. u. das Spanienkapitel (205/206), außerdem betont Polybios ihre Suche nach Ruhm (*gloria*?), er spricht von φιλοδοξέω; zu Scipio Africanus senior vgl. Pol. XXXIII, 14, 1; zu Scipio Aemilianus Pol. XXXV, 4, 12.

(machiavellistische) Meinung, Karthago müsste vollständig vernichtet werden, da es Rom bedrohe.[530] Eine zweite Sicht argumentierte dagegen, Rom entwickle sich durch sein brutales Vorgehen zu einem tyrannischen Staat und werde wie Athen oder Sparta enden,[531] während eine weitere Gruppe zunächst die moralische Hoheit der Römer lobte, um die Zerstörung Karthagos dann als Verrat an ebenjener aufzufassen.[532] Polybios scheint dem vierten und letzten Standpunkt zuzuneigen, nach dem sich die Sieger bei der Behandlung der Karthager an keine Vorschrift halten mussten, da sich die Besiegten mit einer *deditio* Rom vollständig ausgeliefert hätten. Da die Karthager zuvor mehrere Absprachen gebrochen und den Befehlen der Römer keine Folge geleistet hätten, sei die Zerstörung der Stadt eine konsequente und gerechte Bestrafung gewesen.[533] Diesen Standpunkt erläutert Polybios am ausführlichsten, und er nennt ihn zuletzt; zudem entsprach die Argumentation der Sicht des siegreichen Scipio Aemilianus, in dessen Stab sich der Geschichtsschreiber aufhielt.[534] In dieser Betrachtung, die Polybios nach der Rückkehr in seine Heimat verfasste, geht es nicht mehr um Moral. Er hatte sich mit der Herrschaft der Römer abgefunden, da sie nicht zu besiegen waren.[535] Und deshalb mussten die Gegner Roms in den 140er Jahren für ihren Widerstand verurteilt werden, denn sie hätten wissen müssen, dass dieser Kampf – ganz im Gegensatz zur Abwehr der Kelten[536] – sinnlos war.[537] Die Botschaft an diejenigen Leser, die sich in leitender Funktion in griechischen Staatsverbänden wiederfanden, war nicht zu übersehen.[538]

Polybios empfahl den Griechen also, sich mit der römischen Vorherrschaft abzufinden, da es keine vernünftige Alternative mehr gab. Dementsprechend war es sinnlos,

---

530 Vgl. Pol. XXXVI, 9, 3–4.
531 Vgl. Pol. XXXVI, 9, 5–8.
532 Vgl. Pol. XXXVI, 9, 9–11.
533 Vgl. Pol. XXXVI, 9, 12–17. Auf den unterschiedlichen Charakter der vier Meinungen weist Domenico Musti zu Recht hin: Die letzten beiden Standpunkte argumentieren gar nicht mehr auf der allgemeinen politischen Ebene, sondern nur noch juristisch. Vgl. MUSTI 1978, 55–57.
534 Vgl. WALBANK 1972, 174–176 und die leicht abweichende Meinung bei BARONOWSKI 2011, 101–106. Ich möchte aber meine Formulierung unterstreichen, dass Polybios diesem nur am Ehesten zuneigte. Hätte er die Zerstörung Karthagos voll befürwortet, hätte er die Gelegenheit sicherlich genutzt, um daraus eine moralische Lektion abzuleiten. Vgl. HAU 2006, 84–87; HAU 2016, 37. Die Antwort scheint eben eher darin zu liegen, dass es hier gar nicht (mehr) um Moral ging. Siehe direkt weiter im Fließtext und die nächsten Fußnoten.
535 Zur Frage, ob er die römische Herrschaft auch deswegen akzeptierte, weil er tatsächlich überzeugt war vom Segen einer aristokratischen Mischverfassung, vgl. bspw. MUSTI 1978, 69/70.
536 Zu diesem Vergleich siehe THORNTON 2010, 73.
537 Vgl. WALBANK 1972, 176–179; ERSKINE 2003, 241–243 und z. B. Pol. XXXVI, 17, 12–15 zum Krieg Roms gegen den makedonischen Thronprätendenten Andriskos.
538 Es findet sich also schon eine Antwort auf die Frage, wie die römische Herrschaft zu bewerten sei, auch wenn WALBANK sie gerne expliziter gehabt hätte und deswegen betont, die letzten zehn Bücher der *Historien* beschäftigten sich mehr mit Polybios als mit Rom; vgl. WALBANK 1972, 181/182. Der anti-römische Panhellenismus musste Polybios zufolge hiernach von der Bühne der Politik verschwinden und durch eine panhellenische, diplomatische Front ersetzt werden, welche die Interessen Griechenlands mit starker Stimme vertreten könne, wie THORNTON 2010, 73/74 dazu ausführt.

die Römer weiter als ‚kulturlose Barbaren' zu verurteilen, da eine solche Einstellung nur zu politischen oder militärischen Konflikten führte, welche die Griechen nicht gewinnen konnten. Um seine Leser endgültig zu überzeugen, hält er ihnen den Spiegel entgegen und demonstriert, dass sich auch Griechen wie ‚Barbaren' benehmen konnten. So habe bspw. das irrationale Verhalten Philipp V. Makedonien in den Untergang geführt.[539] Er wurde 221 v. Chr. im Alter von nur 17 Jahren König und zunächst gelang es ihm, den mangelnden Respekt seiner Feinde zu seinem Vorteil zu nutzen und sie mit schnellen und gezielten Angriffen zu überraschen.[540] Allerdings war es seine Jugend,[541] die ihn zum Opfer schlechter Berater werden ließ, allen voran des illyrischen ‚Barbaren' Demetrios von Pharos.[542] Unter ihrem Einfluss habe sich Philipp in einen gefürchteten Tyrannen verwandelt.[543] So hätte ihn bei der Zerstörung des aitolischen Bundesheiligtums Thermon seine Leidenschaft (θυμός) geleitet,[544] das charakteristische Attribut der schrecklichen ‚Barbaren' des Nordens, gegen welche die Makedonen Griechenland eigentlich beschützen sollten.[545]

Polybios relativiert somit die Fremdartigkeit der römischen *nomoi*, indem er ein kritisches Bild eines griechischen Königs zeichnet. Um das Argument zu verstärken, demonstriert er, dass ein solches Abgleiten von Hellenen in Barbarei nicht nur für Einzelpersonen möglich war: Er schildert den Fall des Boiotischen Bundes, der durch die Unfähigkeit seiner *strategoi* zugrunde gerichtet worden war.[546] Der Geschichtsschreiber hält die Lage nach dem Kleomenischen Krieg (228–222 v. Chr.) fest:

> Die politischen Zustände in Boiotien aber hatten einen solchen Grad der Zerrüttung erreicht, dass fast fünfundzwanzig Jahre lang die Rechtsprechung in Privat- und Strafprozessen bei ihnen völlig ausgesetzt hatte.[547]

Ohne Recht und Gesetz und ohne politische Verwaltung war nicht mehr von einem *koinon* von *poleis* zu sprechen. Als Megara daraufhin vom Bund abfiel und die boiotische Bundesarmee „erzürnt" (διοργισθέντες) gegen die Rebellen auszog, reichte schon

---

539 Das galt natürlich auch für seinen Nachfolger Perseus; vgl. hierzu schon PÉDECH 1974, 49/50.
540 Vgl. Pol. IV, 22; MCGING 2013, 188/189.
541 Polybios nennt ihn „Junge" (παῖς).
542 Vgl. Pol. III, 19, 8–10; CHAMPION 2004, 113/114.
543 Vgl. v. a. Pol. VII, 11–14; XVIII, 33, 4–6 (Rückblick des Polybios); MCGING 2013, 190–197.
544 Vgl. Pol. V, 10, 10–11,6.
545 So etwa die Dardaner oder die Skordisker. Auch als politischer Partner erwarb sich Philipp eine zweifelhafte Reputation; vgl. bspw. Pol. XIII, 3, 1. Und bei Verhandlungen über einen Waffenstillstand während des Zweiten Römisch-Makedonischen Krieges (200–197 v. Chr.) trat er dem Konsul Flamininus gegenüber unangemessen arrogant auf; siehe Pol. XVIII, 1, 1–14; CHAMPION 2004, 153/154. Einen Vergleich zwischen dem Verhalten Philipps und dem keltischen Charakter zieht auch THORNTON 2010, 57.
546 Vgl. MÜLLER 2013, 267–278.
547 Pol. XX, 6, 1. τὰ δὲ κοινὰ τῶν Βοιωτῶν εἰς τοσαύτην παραγεγόνει κακεξίαν ὥστε σχεδὸν εἴκοσι καὶ πέντ' ἐτῶν τὸ δίκαιον μὴ διεξῆχθαι παρ' αὐτοῖς μήτε περὶ τῶν ἰδιωτικῶν.

das Gerücht achaiischer Verstärkungen, um das gesamte Heer in panische (πανικός) Flucht zu versetzen:⁵⁴⁸ Die Boioter handelten nicht mehr rational wie Griechen, sondern ließen sich wie ‚Barbaren' alleine von ihren Gefühlen steuern.⁵⁴⁹

Polybios griff das negative Römerbild seiner Zeitgenossen an, indem er ihm die Darstellung eines politisch, militärisch und moralisch überlegenen Volkes gegenüberstellte. Allerdings erwähnte er auch die negativen Seiten der Römer, denn sie blieben selbst ihm in vielem fremd. Besonders ihr rücksichtsloser Umgang mit dem Leben der eigenen Soldaten und Bürger mochte zwar langfristig ein Erfolgsfaktor gewesen sein, blieb aber inkompatibel mit dem griechischen Weltverständnis: Auch diese Stellen markiert Polybios oft mit dem Ausdruck παρ' αὐτοῖς ἔθος.⁵⁵⁰ Offenbar war es ihm unmöglich, diese erschreckenden Aspekte des römischen Charakters zu ignorieren, doch änderten sie nichts an seiner (realpolitischen) Einsicht, dass alle Griechen die römische Herrschaft akzeptieren mussten – wahrscheinlich waren sie sogar ein Grund für diese Haltung, denn nur, wer sich den Römer entgegenstellte, musste befürchten, ihre brutale Gewalt zu spüren zu bekommen. Er muss dennoch geahnt haben, dass diese Punkte einigen seiner Leser ausreichen würden, um sich in ihrer alten Sicht und damit in der Ablehnung alles Römischen bestätigt zu sehen.

Diesen Griechen entgegnete Polybios, dass sich Hellenen ebenso wie ‚Barbaren' aufführen konnten, Individuen genauso wie ganze Volksgruppen. Die ambivalenten *nomoi* der Römer waren deshalb kein Grund, sie insgesamt als ‚Barbaren' zu bezeichnen. Polybios nutzt nur wenige geläufige *topoi* und auch keinen der beliebten klimatheoretischen Ansätze, um das römische Wesen zu erklären.⁵⁵¹ Vielmehr suchte er, die Römer als Individuen wie als Gemeinschaft nach ihrem jeweiligen Handeln zu beurteilen – ein Ansatz, der zu den Ideen hellenistischer Moralphilosophie passte.⁵⁵² Kurzum: Er legte für die Römer die gleichen Standards an wie für die Bewohner einer griechischen *polis*.⁵⁵³

Dabei schloss er vielleicht an Eratosthenes an, demzufolge manche Griechen als ‚barbarisch' und manche ‚Barbaren' als griechisch-zivilisiert eingestuft werden können.

---

548 Vgl. Pol. XX, 6, 7–12.
549 MAIER 2022, 150 sieht dies als vielleicht einziges Beispiel in den *Historien* für den der ἀνακύκλωσις nach regelmäßig zu erwartenden Verfall eines (griechischen) Staates. Zu den Widersprüchen zwischen dieser theoretischen Vorstellung aus dem VI. Buch und den ereignisgeschichtlichen Passagen äußert sich MAIER 2022 passim.
550 Pol. I, 7, 12 (Hinrichtung illoyaler Soldaten auf dem Forum); I, 37, 7–10 (Uneinsichtigkeit zur See nach schweren Verlusten). Siehe hierzu auch THORNTON 2010, 47. Mit CHAMPION 2000b, 432 kann ergänzt werden, dass die Römer mit ihrem ständigen Einsatz von Gewalt (I, 37, 7–10) trotz großer Verluste in ‚barbarischer' Manier gegen den λόγος handeln.
551 Anders als bei Kelten oder (Kelt-)Iberern, wie die nächsten beiden Kapitel zeigen werden.
552 Vgl. TIMPE 2000, 224/225. Zu Scipio vgl. HARDERS 2008, 123–125. Der Ansatz wird auch den Römern selbst als willkommene Gelegenheit erschienen sein, sich von der Bezeichnung als ‚Barbaren' befreien zu können. Vgl. bspw. DEREMETZ 1995; VOGT-SPIRA 1996.
553 Ähnlich MOMIGLIANO 1980, 96; GONZÁLEZ RODRÍGUEZ 2003, 146/147.

Als Beispiel nennt dieser u. a. Karthager und Römer, deren „wunderbare" (θαυμαστός) Verfassungen er lobt. Die starren Kategorien von ‚Griechen' und ‚Barbaren' sind für Eratosthenes nicht geeignet, die Komplexität der Welt zu erfassen.[554] Diese Beobachtung ähnelt der des Polybios über die Römer: Auf der einen Seite tritt er als Römerfreund auf, der ihre Sitten, Gesetze und Einrichtungen lobt und als den griechischen überlegen anerkennt. Auf der anderen Seite demonstriert Polybios immer wieder die Andersartigkeit der Römer. Zentrale Elemente, welche die scheinbaren Gegensätze erklären können, waren dabei Verfassung und Religion. Sie bilden die festen Konstanten für das Verhalten der Römer, alles andere ist flexibel.[555] Auch deshalb nennt Polybios die Römer niemals βάρβαροι.[556] Doch können sie sich einerseits so ‚barbarisch' verhalten, dass Polybios von παρανομία spricht und in der Rückschau vor einer „Wolke aus dem Westen", die Griechenland bedroht habe.[557] Andererseits präsentieren sie sich gezielt als Griechen (s. o.[558]), was Polybios durchaus anerkennt, wenn er etwa ihre Abwehrerfolge gegen die keltischen ‚Barbaren' betont, von denen er sie damit deutlich absetzt.[559] Die Römer passen folglich in keine der beiden Kategorien. Stattdessen haben ihre konkreten Handlungen eine Qualität, die sie in der Außensicht entweder als

---

554 Vgl. Strab. I, 4, 9, C 66–67 = Eratosthenes Fr. II C 24 Berger.
555 Vgl. CHAMPION 2004, 237; CHAMPION 2018, 35–37.
556 Außer in Reden, die nicht unbedingt seine Meinung wiedergeben müssen, bspw. in IX, 38, 5; XI, 5, 7. Siehe dazu die Diskussion bei THORNTON 2010 passim, aber bes. 59–61. CHAMPION 2000a, 4/5 argumentiert gegen WALBANK, Kommentar II, 328, dass sich das βάρβαροι in Pol. XII, 4b, 1–c1 auf die Römer bezieht. Sollte dem so sein, handelt es dennoch nur um eine einzige Stelle, auch wenn CHAMPION 2000b, 432 auf weitere verweist, an denen Polybios die Römer möglicherweise als βάρβαροι bezeichnet. Eine sichere Nennung gibt es aber nicht, was nicht dagegen spricht, dass Polybios die Römer nicht trotzdem manchmal ‚barbarisch' darstellen konnte, wie ich in diesem Kapitel gezeigt habe und erneut aufgreifen werde.
557 Siehe erneut THORNTON 2010 passim, der das Motiv des antirömischen Panhellenismus bei Polybios analysiert. Die Römer erscheinen dort in den Worten der Redner immer wieder als ‚barbarische' Gefahr, doch sind es Makedonen und Aitoler, die diese Bedrohung überhaupt erst nach Griechenland bringen und die Einheit der Griechen zerstören. Schon CHAMPION 2000b, bes. 433–437 vertrat THORNTONS Meinung, dass die Bezeichnung der Römer als ‚Barbaren' in mehreren Reden in den Historien (darunter die berühmteste Ansprache des Agelaos von Naupaktos 217 v. Chr. in Pol. V, 104) Polybios' eigene Meinung widerspiegelt. In bestimmten Kontexten konnten die Römer also durchaus ‚barbarisiert' werden.
558 V. a. auf 72; 85/86.
559 Z. B. bei den Keltenkriegen der 280er, die laut Polybios mit der griechischen Abwehr der Galater zusammenfielen. Vgl. Pol. II, 20, 6–7, WILLIAMS 2001, 167. In den Kriegen der 220er gegen die Gallier zeigten die Römer den Griechen erneut, wie mit aggressiven ‚Barbaren' zu verfahren war. Vgl. Pol. II, 35; WILLIAMS 2001, 164. Ihre Eigenschaft, Stadtbewohner mit einer erkennbaren urbanen Kultur zu sein, hebt die Römer laut Williams von ‚normalen' Barbaren ab. Dies trifft allerdings auf alle Bewohner des Vorderen Orients genauso wie auf Ägypter, Karthager oder Etrusker zu und reicht alleine nicht aus. Nur, weil sie für die Griechen erkennbare kulturelle Errungenschaften besaßen, waren sie noch lange nicht aus dem Raster ‚Barbaren' gefallen. Vgl. auch MORENO LEONI 2017, 77–87. Meine eigene Argumentation verschiebt sich hier wie oben gesehen sowieso in eine andere Richtung.

‚Barbaren' oder als Griechen (im Sinne von ‚Zivilisierten') erweisen. Das wird sehr deutlich, als Polybios die Eroberung Neukarthagos durch Scipio Africanus beschreibt:

> Als Publius [Scipio Africanus] genügend Truppen in der Stadt zu haben glaubte, schickte er die meisten, wie es bei den Römern üblich ist [κατὰ τὸ παρ' αὐτοῖς ἔθος], gegen die Einwohner aus, mit dem Befehl, zu töten wen sie träfen und keinen zu schonen, auf Plünderungen aber sich vorerst nicht einzulassen, bis das Zeichen dazu gegeben würde. Der Zweck eines solchen Vorgehens scheint mir zu sein, Schrecken zu verbreiten und dadurch den Widerstand vollends zu brechen. Daher kann man oft in Städten, die von den Römern erobert worden sind, nicht nur Menschenleichen, sondern auch Hunde sehen, die ein Schwertstreich in zwei Teile zerlegt hat, und abgeschlagene Gliedmaßen anderer Tiere.[560]

Anders als Kelten, Thraker oder andere ‚Barbaren' fielen die Römer nicht unkontrolliert über eine eroberte Stadt her, weil sie vom θυμός und der Aussicht auf Beute verleitet wurden.[561] Stattdessen handelte Scipio genauso rational wie ein griechischer Feldherr es getan hätte, entschied sich aber für ein Verhalten, das der παρανομία der ‚Barbaren' entsprach.[562] Sein ausdrückliches Ziel war die Verbreitung von Terror, der die Feinde zur Aufgabe bzw. die Iberer zum Abfall von Karthago bringen sollte. Das ‚barbarische' Verhalten ist demnach nicht integraler Bestandteil des Volkscharakters, sondern Mittel zum Zweck – ein taktisches Instrument, um politische Ziele zu erreichen. Hannibal, den Polybios ebenso nach seinem Handeln beurteilte,[563] hatte in Italien die entgegengesetzte Strategie gewählt und gefangene Soldaten der römischen *socii* freigelassen, um sich deren Gunst zu sichern.[564] Die Römer folgten hingegen der Logik von Herrschaft durch Angst, die den Griechen spätestens seit dem thukydideischen Melierdialog bekannt war.[565] Genau deswegen waren sie erfolgreicher als alle ‚Barbaren', die Griechenland jemals bedroht hatten, und als die Hellenen selbst, denn die Römer verhielten sich intentional wie ‚Barbaren', während die Boioter oder die makedonischen Könige durch ihre eigenen Mängel in ‚Barbarei' versunken waren.[566] Mit

---

560 Pol. X, 15, 4–5. ὁ δὲ Πόπλιος ἐπεὶ τοὺς εἰσεληλυθότας ἀξιόχρεως ὑπελάμβανεν εἶναι, τοὺς μὲν πλείστους ἐφῆκε κατὰ τὸ παρ' αὐτοῖς ἔθος ἐπὶ τοὺς ἐν τῇ πόλει, παραγγείλας κτείνειν τὸν παρατυχόντα καὶ μηδενὸς φείδεσθαι, μηδὲ πρὸς τὰς ὠφελείας ὁρμᾶν, μέχρις ἂν ἀποδοθῇ τὸ σύνθημα. ποιεῖν δέ μοι δοκοῦσι τοῦτο καταπλήξεως χάριν· [5] διὸ καὶ πολλάκις ἰδεῖν ἔστιν ἐν ταῖς τῶν Ῥωμαίων καταλήψεσι τῶν πόλεων οὐ μόνον τοὺς ἀνθρώπους πεφονευμένους, ἀλλὰ καὶ τοὺς κύνας δεδιχοτομημένους καὶ τῶν ἄλλων ζῴων μέλη παρακεκομμένα. MORENO LEONI 2012, 67 sieht hier Parallelen zur Beschreibung des Massakers von Mykalessos bei Thuk. VII, 29. Ich gehe jedoch oben auf die Unterschiede ein.
561 Vgl. die folgenden Kapitel in dieser Arbeit.
562 Zur Interpretation des hier besprochenen Ereignisses, der römischen Eroberung von Neukarthago, vgl. LAQUEUR 1921.
563 Vgl. PÉDECH 1974, 49/50, für den Hannibal wie Scipio zu den rationalen Charakteren der *Historien* gehörte.
564 Vgl. Pol. III, 77, 3–7.
565 Vgl. Thuk. V, 84–116.
566 Barbarentopoi blieben also im Hintergrund weiter vorhanden, wie schon ERSKINE 2000, 175 zeigte.

Hilfe ethnographischer Techniken zerlegt Polybios so das Römerbild der Griechen. Er löst die traditionellen Kategorien ‚Griechen' und ‚Barbaren' auf und zeigt, dass es sich bei den Römern um ein Phänomen *sui generis* handelt. Als funktionalistischer Beobachter erkennt er, dass ihre Lernbereitschaft, ihre militärische Disziplin, ihre Mischverfassung und ihre strikte Religion sie ausmachen und die Garanten ihres Erfolges darstellen. Polybios nutzte damit vorhandene ethnographische Bausteine, arrangierte diese aber zu etwas Neuem: Die Römer waren einzigartig.[567]

Fazit

Wo liegt nun der Mehrwert einer ethnographischen Analyse des polybianischen Werkes? Erstens zeigt die Einordnung der *Historien* in die Traditionslinie ethnographischen Denkens, dass Polybios sich stärker an Herodot orientierte – als ‚Ethnograph' und Historiker – als bisher zumeist konstatiert wurde. Die Vorgehensweise kann zweitens helfen, die makrotheoretischen Einflüsse auf die Schrift herauszuarbeiten und aufzuzeigen, wie der erklärte Nicht-Philosoph Polybios mit den intellektuellen Angeboten seiner Zeit umging.[568] Und drittens beweisen die ethnographischen Passagen, dass selbst ein Grieche wie Polybios – mit seinen vielfältigen Kontakten in Rom – die Römer immer aus einer Perspektive ‚von außen' betrachtete: Einige ihrer *nomoi* blieben auch ihm fremd, und in bestimmten Kontexten konnten die Römer selbst bei Polybios ‚barbarisch' erscheinen.[569]

Das sechste Buch der *Historien* dient genauso zur ethnographischen Vorstellung der Römer wie Buch II, 14–17 die Kelten einführt. Die Untersuchung der römischen *nomoi* und des römischen „Volkscharakters" beantwortet für Polybios auch seine Frage nach der Bewertung der römischen Herrschaft.[570] Um beurteilen zu können, wie die Römer ihre Machtposition genutzt haben und nutzen, bot es sich eher an, ihr Handeln schrittweise im Verlauf der historischen Darstellung zu beobachten, als es auf einen einzigen *logos* zu reduzieren. Hierin liegt ein weiterer Grund, warum die *Historien* des Polybios

---

[567] Die These, die Römer hätten eine dritte, eine Zwischenkategorie gebildet, wie sie u. a. auf SCHMITT 1958 zurückgeht, geht mir deshalb auch nicht weit genug. Das Gleiche gilt für die Annahme von ERSKINE 2000, bes. 180–182, die Römer seien für Polybios rationale ‚Barbaren' gewesen.

[568] Besonders im Hinblick auf peripatetische und stoische Ideen und Methoden. Dass er sich nicht mit philosophischen Thesen auskannte und auseinandersetzte, behauptete zuletzt bspw. HOULIANG 2018, 106.

[569] Siehe hierzu erneut CHAMPION 2000b; THORNTON 2010. CHAMPION 2000b, 437–441 führt die ambivalente Haltung des Polybios auch auf seine persönlichen Erfahrungen mit den Römern schon VOR seinem Exil zurück, als er als Beamter des Achaierbundes eine Politik des Ausgleichs mit Rom bei Beibehaltung der eigenen Autonomie verfolgte.

[570] Vgl. Pol. III, 4, 6.

kaum als ethnographisch interessierter Beitrag gesehen worden sind.[571] Erst der Verlauf der Geschichte ließ die ‚griechisch-römische Welt' als eine Einheit entstehen, die zugleich in ihrer zivilisatorischen Qualität nie wirklich einheitlich war und stetigen Entwicklungsprozessen unterlag.[572] Polybios bemühte sich, die Römer in das – zumindest in Krisenzeiten – von der allzu simplen Dichotomie zwischen ‚Griechen' und ‚Barbaren' geprägte Weltbild der Hellenen zu integrieren, musste sich dazu aber auch von alten Vorstellungen lösen. Die Römer benutzten später seine Idee, das ethische Verhalten definiere die Identifikation als ‚Barbaren' oder ‚Zivilisierte', um mit der griechischen Welt umzugehen.[573] Der Einfluss der hellenistischen Moralphilosophie ist auch hier offensichtlich.

Der Großteil der *Historien* mag auf den ersten Blick wie eine reine Militärgeschichte erscheinen. Doch nutzte Polybios sein Thema, um auch das ethnographische Denken in neue Bahnen zu lenken. Während Herodot und seine Nachfolger Völker hinsichtlich ihrer Ernährungsweise, ihrer Bekleidung und Behausung verglichen hatten, macht Polybios die Bewaffnung und Kampfesweise als *tertium* viel stärker, als dies jemals zuvor geschehen war. Erst mit ihm rücken Militärvergleiche ins Zentrum der Untersuchung. Ausgangspunkt sind dabei die kriegerischen Erfolge Roms: Deshalb erklärt Polybios im sechsten Buch die Funktionsweise der römischen Armee, die jedoch wiederum auf die Verfassung der Republik und ihren *mos maiorum* zurückzuführen ist. Als wichtigsten Bestandteil der moralischen Stärke und Geschlossenheit der Römer macht er ihre Religion aus. Durch diese innerliche und äußerliche Stärke war es den Römern gelungen, alle ihre Feinde zu überwinden. Deshalb mussten sich die Griechen nun mit der römischen Herrschaft arrangieren, und Polybios sollte sie dabei leiten. Allerdings wurde er trotz seiner Kontakte zu den Aemiliern und Scipionen niemals römischer Bürger und ließ sich nicht in Rom nieder. „In seinem Herzen blieb er ein Grieche und ein Achaier."[574]

---

571 Vgl. bspw. WALBANK 1972, 153/154, der sich ethnographische Zuschreibungen in Buch VI als solche nicht weiter ansieht.
572 Die Relevanz dieser Beobachtung für Polybios hat bereits THORNTON 2010, bes. 45; 76 hervorgehoben.
573 Vgl. TIMPE 2002, 225/226. Genauso hat sein Vorgehen auch spätere griechische Autoren geprägt: So stellt noch Plutarch in seinen *Römischen Fragen* den römischen *nomoi* stets griechische Beispiele gegenüber (etwa in Plut. qu. R. 76; 92 arkadische Gebräuche und in 111 attische und delische Gesetze) und er beruft sich neben römischen auf griechische Autoren (bspw. in q. Rom. 52 auf Sokrates; in 113 auf Hippokrates). Fragen wie q. R. 6, warum römische Frauen ihre Verwandten auf den Mund küssten, zeigen, dass diese Praxis in Griechenland eben nicht geläufig war. Auch in der Kaiserzeit blieben viele Aspekte der römischen und griechischen Identität also getrennt und die grundsätzliche Herangehensweise an eine Erklärung des römischen Charakters die gleiche wie bei Polybios. Daraus lässt sich schließen, dass ein gewisses ethnographisches Element bei der Beschreibung anderer Ethnien unvermeidbar war, egal, wie vertraut sie vielleicht geworden waren.
574 BARONOWSKI 2011, 173: „In his heart he remained a Greek and an Achaean." Ähnlich THORNTON 2010, 76.

3.3 Feinde der Zivilisation? Polybios' vergleichender Blick auf die Gallier im 3. und 2. Jahrhundert v. Chr.[575]

Einleitung

Nach ihrem Sieg plünderten die Römer sogleich das feindliche Lager, wo sie viele Kelten berauscht auf der Streu schlafend fanden, die sie wie Opfertiere totschlugen. (Pol. XI, 3, 1)[576]

So beschreibt Polybios das Nachspiel des römischen Sieges über die Karthager am Metaurus im Jahr 207 v. Chr. Hasdrubal Barkas hatte eine große Zahl keltischer Hilfstruppen eingesetzt, die Polybios zufolge ein unrühmliches Ende fanden. Sie hätten große Mengen an Wein getrunken, statt das Lager zu bewachen; ihr Verhalten entspricht also klassischen Keltentopoi.[577] Die Römer erscheinen hingegen als gnadenlose Sieger, deren Stärke und Mut Polybios zuvor unterstrichen hatte (XI, 2, 4–8).

Die bisherige Untersuchung hat gezeigt, dass Polybios die Überlegenheit der römischen Armee vor all ihren Feinden betonte. Unter diesen spielten die Kelten seit ihrer Einnahme Roms 390/387 v. Chr. eine besondere Rolle. Die römische Expansion und die Kontakte zu Scipio ermöglichten es Polybios, die Länder dieses Volkes selbst zu bereisen und auf der Basis eigener Beobachtungen eine Geschichte ihrer Unterwerfung zu verfassen.[578] Wie die Übersicht über das griechische Bild vom Norden gezeigt hat, beschäftigten sich die Vorgänger des Polybios nur mit den Galatern und anderen Kelten, die in den Süden migriert waren.[579] Ihm bot sich also, wie bei seiner Darstellung der Römer, die Chance, substantiell neues Wissen zu liefern und einzuordnen.[580] Es findet sich in seinen *Historien* zwar kein gleichwertiger Exkurs über ein anderes Volk, wie ihn das sechste Buch für die Römer bildet.[581] Indem Polybios aber mehre-

---

575 Dieses Kapitel beruht ursprünglich auf dem Vortrag „Roman *disciplina* vs Gallic θυμός: A Greek view on Celtic warriors in comparison during the late Roman Republic", den ich am 28.06.2018 bei der International Ancient Warfare Conference am University College Dublin gehalten habe. Ich danke den Organisatoren der Tagung und allen Diskutanten, deren Anregungen zur Weiterentwicklung dieses Textes entscheidend beigetragen haben.
576 Ῥωμαῖοι δὲ τῇ μάχῃ κατορθώσαντες παραυτίκα μὲν τὸν χάρακα διήρπαζον τῶν ὑπεναντίων, καὶ πολλοὺς μὲν τῶν Κελτῶν ἐν ταῖς στιβάσι κοιμωμένους διὰ τὴν μέθην κατέκοπτον ἱερείων τρόπον.
577 Der *topos* wird sogar schon von Homer für die Kyklopen genutzt; vgl. dazu SCHULZ 2020c, 407. In hellenistischer Zeit wurden die Kelten dann immer wieder mit Kyklopen gleichgesetzt, wie z. B. KISTLER 2009, 192–194; 211 zeigt.
578 Zu den Reisen des Polybios s. o. 58–60.
579 S. o. 27–36. So etwa die Söldner Dionysios I. oder die Kelten, die Rom eingenommen hatten. Zur Frage, ob der syrakusanische Tyrann die Plünderung Roms sogar in Auftrag gegeben hatte, vgl. BRIDGMAN 2003 passim.
580 Zum Forschungsstand und dem daraus resultierenden Desiderat, die Keltendarstellung des Polybios genauer zu untersuchen, s. o. 52/53.
581 Höchstens könnte das nur fragmentarisch erhaltene XXXIV. Buch als ein geographisch-ethnographischer Exkurs über alle anderen nennenswerten Völker, besonders des Westens, gelten. Es fin-

re Kriege zwischen den Kelten auf der einen und den Römern oder verschiedenen griechischen Akteuren auf der anderen Seite schildert, liefert er ethnographische Darstellungen der (kämpfenden) Kelten. Wie später Caesar war Polybios zuvorderst an den militärischen Ereignissen interessiert, doch suchen das Kapitel und die folgende Untersuchung zu den Iberern in den *Historien* zu zeigen, dass auch Polybios – gleich Caesar – an die Tradition herodoteischer Völkerbeschreibungen anschloss.[582] Vor allem griffen beide Autoren auf wohlbekannte *topoi* zurück, mit denen die Nordvölker in ethnographischen Schriften verbunden wurden.[583]

Das vorliegende Kapitel widmet sich der Analyse entsprechender Passagen des Polybios unter der Frage, wieviel von der Beschreibung der Kelten im Krieg sich auf die traditionelle Deutung der nördlichen ‚Barbaren' zurückführen lässt, die mindestens bis zu Herodot zurückverfolgt werden kann. Damit verbunden ist die Frage, wie sich philosophische Konzepte auf das Bild der Kelten auf der einen und der Griechen und Römer auf der anderen Seite auswirkten. Ein Schwerpunkt liegt auf den Vergleichspraktiken des Polybios, die zur Einordnung beider Seiten dienten. Daran schließt sich zuletzt die Frage an, welchen Einfluss die Identität eines griechischen Autors in römischen Diensten auf die Texte hatte.

Die ethnographische Charakterisierung der Kelten in den *Historien*

Das Hauptaugenmerk der *Historien* liegt auf dem Hannibalischen Krieg im Westen und der römischen Expansion im hellenistischen Osten. Es finden sich jedoch auch längere Passagen über kriegerische Auseinandersetzungen mit den Kelten als typischen Vertretern der ‚Barbaren' des Nordens.[584] Polybios wird mit den gewaltsamen Einfällen der Gallier in Italien, Griechenland und Kleinasien vertraut gewesen sein. Er

---

den sich allerdings auch immer wieder kleinere ethnographische Exkurse an anderen Stellen, wie auch dieses Kapitel zeigt.

582 Selbst wenn man TIERNEY 1960, 211/212 folgt, wonach Caesar seine ethnographischen Beschreibungen größtenteils auf Poseidonios stützte oder direkt aus dessen Werk entnahm, wird der römische Feldherr damit zu einem bewussten Imitator der von Herodot etablierten Forschungs- und Schreibpraktik. Neuerdings sprach sich CESA 2019, 210–215 gegen die Vorstellung aus, Poseidonios' Schrift habe Caesar als Vorlage gedient. Ihre Charakterisierung der caesarischen Ethnographie (215) zeigt jedoch deutliche Parallelen zu der des Polybios, die ich auf den folgenden Seiten zu rekonstruieren suche. Beide waren militärisch interessiert und boten nur wenige explizit ethnographische Exkurse, die dann recht kurz blieben. Dennoch nutzten beide v. a. bei der Schilderung von Schlachten und Feldzügen immer wieder *topoi*, um die keltischen Krieger zu kennzeichnen. Zu Caesar als Ethnographen und seiner Auseinandersetzung mit der griechischen Tradition siehe RAWSON 1985, 250–266; KREMER 1994, 135–262 mit einem Schaubild auf 206/207; HALL 1998; BARLOW 1998; RAWLINGS 1998.

583 Zu Polybios als ethnographisch interessiertem Autor siehe insbesondere hier auch MÜLLER 1997, 268–280.

584 Ähnlich GONZÁLEZ RODRÍGUEZ 2003, 157.

beschäftigte sich zwar mit den asiatischen Galatern, doch interessierten ihn die Gallier Oberitaliens deutlich stärker, da sie den Verlauf der römischen Geschichte beeinflusst hatten. Auch waren sie während der von ihm beschriebenen Zeitperiode endgültig unter die Herrschaft Roms geraten.[585] Mitte des 2. Jahrhunderts, als Polybios seine *Historien* schrieb, war das Gebiet bereits vollständig unterworfen, doch blieben die Römer vor Ort militärisch präsent.[586] Der *metus Gallicus* blieb bis zu den Eroberungen Caesars ein relevantes Phänomen in Rom.[587] Dennoch war die direkte Bedrohung Italiens durch eine gallische Invasion nach der Unterwerfung der Po-Ebene beseitigt; gerade deswegen spielten diese Ereignisse in der Erzählung des Polybios eine so entscheidende Rolle.[588]

Das beste Beispiel für seine Sicht auf die Kelten findet sich in der Darstellung des römisch-keltischen Krieges von 225–222 v. Chr. Die Auseinandersetzung erwuchs aus der geplanten Verteilung des *ager Picenus et Gallicus* an der Küste der Adria, der vormals von den Senonen bewohnt wurde. Im Jahr 232 v. Chr. schlug der Volkstribun Gaius Flaminius das *plebiscitum de agro Gallico Piceno viritim dividundo* vor, das eine Aufteilung des dortigen Ackerlandes an römische Bürger vorsah. Besonders die benachbarten Boier fühlten sich dadurch in ihrer Existenz bedroht.[589] Sie schlossen ein Bündnis mit den Insubrern, den Tauriskern und den aus dem Alpenraum stammenden Gaisaten, um sich der römischen Bedrohung entgegenzustellen. Polybios kritisiert das Vorgehen des Flaminius, der durch seine aggressive Maßnahme den Krieg mit den Kelten fast ganz alleine heraufbeschworen habe.[590] Schlimmer noch: Der gallische Angriff habe die Römer von den Geschehnissen in Iberien abgelenkt und sie 226 v. Chr. zum Abschluss des Ebro-Vertrags mit Karthago gezwungen.[591] Erst dadurch sei es den Puniern später möglich geworden, die Existenz Roms selbst zu bedrohen.[592]

Polybios mischt sich hier in eine innenpolitische römische Debatte ein, in der er wenig überraschend die Seite der Scipionen ergreift: So kritisiert er etwa bei seinem Bericht des Jahres 223/222 v. Chr. Flaminius, nun Konsul, für taktische Fehler, die er im

---

585 Auch im 2. Jh. blieben die Römer in der Region allerdings militärisch präsent; vgl. WILLIAMS 2001, 21.
586 Vgl. WILLIAMS 2001, 21.
587 Vgl. etwa KREMER 1994, 62–68; 112–118.
588 In II, 35, 2–3 äußert Polybios, dass die Keltischen Kriege in Oberitalien in ihrer Bedeutung hinter keinem anderen Krieg der Geschichte zurückstehen müssten. Auf die Kriege der 220er Jahre folgten noch die Auseinandersetzungen während des Zweiten Punischen Krieges und einige letzte Versuche gewaltsamen Widerstands gegen die römische Herrschaft Anfang des 2 Jhs. v. Chr.
589 Vgl. Pol. II, 21, 9. Bei Plut. Marcellus 3, 1; 4, 1 sind es die Insubrer. Dazu s. o. auf 77.
590 Vgl. Pol. II, 21, 8.
591 Vgl. Pol. II, 22, 9–11.
592 Vgl. (zum gesamten Abschnitt) URBAN 1991, 139/140. Vgl. auch 146/147, wonach der Sieg im Keltenkrieg für die Römer vorauszusehen gewesen wäre, wofür schon die überlegene Zahl der römischen Truppen spricht; vgl. Pol. II, 23, 4.

Kampf gegen die Insubrer begangen habe.⁵⁹³ Erst dem neuen Kommandanten Gnaeus Cornelius Scipio Calvus⁵⁹⁴ sei es gelungen, die insubrische Hauptstadt Mediolanum zu nehmen. Dabei erwähnt er weder die Rückschläge, die Scipio bei seinem Angriff in Kauf nehmen musste, noch das letztlich entscheidende Eingreifen des Marcus Claudius Marcellus.⁵⁹⁵ Als Außenstehender war Polybios jedoch gezwungen, seine Kritik an den *nobiles* vorsichtig zu äußern, und so liefert er eine zweite Ursache für den Krieg, welche die Gallier zu den Schuldigen macht:⁵⁹⁶ Die Insubrer und Boier hätten den Gaisaten eine sofortige Goldzahlung geboten und sie mit der Aussicht auf „den großen Reichtum der Römer und die viele Beute"⁵⁹⁷ gelockt. Die Kelten (in diesem Fall die Gaisaten) kämpfen demnach nur für Gold – ein *topos*, der auf der Erfahrung mit keltischen Überfällen und galatischen Söldnern besonders im hellenistischen Osten fußte und den Polybios selbst mehrfach benutzte.⁵⁹⁸ Er verurteilte die ‚Barbaren' auf einer moralischen Ebene, denn es war ihre Gier nach Reichtum, die zum Blutvergießen führte.⁵⁹⁹ Die Barbarentopoi dienten Polybios also als Lösung, um das Versagen römischer Politik erklären zu können.

Der Krieg ging damit zwar von einer römischen Entscheidung aus, wurde aber 225 v. Chr. von den Kelten eröffnet. Trotz ihrer zahlenmäßigen Unterlegenheit⁶⁰⁰ errangen die Angreifer zunächst einige Erfolge, da sie, so Polybios, umsichtig agierten und

---

593 Vgl. Pol. II, 33, 7–8. Die Kritik mag allerdings auf die Quelle Fabius Pictor zurückgehen, hatten doch die Fabii anders als Flaminius eine keltenfreundlichere Politik vertreten. Vgl. GELZER 1933 passim.

594 Der Onkel des Africanus.

595 Vgl. WALBANK, Kommentar I, 211 mit den Quellenstellen; vgl. URBAN 1991, 144, der die scipionenfreundliche Darstellung auf eine dementsprechende Quelle zurückführt, was meiner Meinung nach gar nicht notwendig ist, wie zahlreiche Beispiele auch im vorangegangenen und im folgenden Kapitel zeigen. Vielmehr übernahm Polybios einfach die Ansichten seines Förderers Scipio Aemilianus.

596 Zu den Unstimmigkeiten in Polybios' Argumentation vgl. URBAN 1991, 140/141.

597 Vgl. Pol. II, 22, 2–6.

598 Vgl. etwa Pol. II, 17, 11 und siehe den Rest des Kapitels; vgl. auch WILLIAMS 2001, 90–92; Pol. III, 78, 5; siehe schließlich GONZÁLEZ RODRÍGUEZ 2003, 155. Zu keltischen Söldnern und ihrer Verbreitung siehe WILLIAMS 2001, 91/92; KISTLER 2009, 30/31; BARAY 2015b passim. Die von Polybios bewunderten Römer (zumindest im Hinblick auf die militärische Organisation) griffen dagegen nur äußerst selten auf Söldner zurück, wie GRIFFITH 1935, 234/235 zeigte. Dagegen allerdings ISAYEV 2017, 299–300: s. o. 99 Anm. 359.

599 Zu den moralischen Implikationen der Gier bei Polybios vgl. HAU 2016, 66/67. Es erscheint mir dennoch zu einfach, wie BERGER 1995 von der ‚Xenophobie' des Polybios zu sprechen. Eine solche Perspektive verschließt den Blick eher als dass es ihn öffnet, da es eine heute negativ konnotierte Zuschreibung auf einen antiken Autor überträgt, ohne den Gründen für dessen negatives Keltenbild Rechnung zu tragen. Dazu ist BERGERS Definition von Xenophobie nicht viel mehr als eine simple Übersetzung des griechischen Begriffs; vgl. BERGER 1995, 519. In ähnlicher Weise kritisiert HOULIANG 2018 Polybios insgesamt aus einer modernen Sicht und wirft ihm auf 99 eine allgemeine rassische Abwertung fremder Ethnien vor, was die vorliegende Arbeit weitgehend widerlegen wird, da sein ‚Barbarenbild' deutlich komplexer war.

600 Vgl. Pol. II, 23, 4 & WALBANK, Kommentar I, 196–199.

tapfer kämpften.⁶⁰¹ Sie entschieden sich schließlich, ihre Beute in Sicherheit zu bringen und den Rückzug anzutreten.⁶⁰² Allerdings gelang es dem Konsul Gaius Atilius Regulus, die keltische Armee abzufangen und bei Telamon zur Schlacht zu stellen. Polybios betont den „furchterregenden Anblick" ihrer komplexen Formation mit zwei Fronten, die „den taktischen Erfordernissen"⁶⁰³ (πρακτικὴν εἶναι συνέβαινε τὴν τάξιν) entsprach. Die Gallier erschrecken ihre römischen Gegenüber mit ihrer Körpergröße, ihrer Anzahl und ihrem Verhalten. Auf den ersten Blick sieht es so aus, als würde Polybios, der erfahrene Militär, hier nüchtern die Stärken und die Organisation des Feindes anerkennen, wie er dies bei der Schilderung des Feldzugs tat. Bei näherer Betrachtung lassen sich allerdings eine Reihe klassischer *topoi* finden: Die Gallier beeindrucken ihre Gegner aufgrund ihrer riesigen Leiber, ihrer lauten Stimmen und ihrer unglaublichen Anzahl⁶⁰⁴ – das alles passt zu den Annahmen der Klimatheorie.⁶⁰⁵ Weitere Eigenschaften wie der auffällige Schmuck⁶⁰⁶ – bekannt aus der pergamenischen Kunst – und ihre ‚barbarische' Kleidung vervollständigen das Bild.⁶⁰⁷ Trotz seiner eigenen Kampferfahrung als Kavallerieoffizier nutzt Polybios dieselben *topoi*, die schon in der älteren literarischen Tradition über die Kelten auftauchen, und gibt der Darstellung damit das nötige Gerüst.

Ein wichtiger Grund für die Verwendung lag in den benutzten Quellen: Polybios' Beschreibung der Schlacht von Telamon basiert auf römischen Schriften, besonders den Angaben des Fabius Pictor,⁶⁰⁸ der am Krieg persönlich teilnahm.⁶⁰⁹ Pictor, der auf

---

601 Vgl. Pol. II, 25, 3–11 mit URBAN 1991, 142. Ähnlich BERGER 1995, 522.
602 Vgl. Pol. II, 26, 4–7. Dass die Kelten die Römer tatsächlich in einige Schwierigkeiten brachten, belegen vielleicht auch die Getreidelieferungen aus Syrakus, die Hieron II. den Römern gewährte; vgl. Diod. XXV, 14, 1.
603 Pol. II, 28, 6 (Beide Zitate).
604 Vgl. Pol. II, 29, 6–7.
605 Am besten lassen sich diese Zuschreibungen in Poseidonios' Klimatheorie fassen, die auf älteren Ideen aufbaut, welche wiederum schon in Polybios' Zeit verbreitet waren. Siehe Vitr. VI, 1, 3 = FGrHist 87 F121 = F71 Theiler zu den großen Körpern; Vitr. VI, 1, 7–8 = F121 Jac. = F71 Theiler und Plut. Marius 20, 2 = F201 Theiler zu den Stimmen. Aus Diod. V, 25, 1 = F 116 Jac. = F 169 Theiler ergibt sich, dass Poseidonios in seiner Klimatheorie auch eine große Anzahl von ‚Nordbarbaren' annahm. Ähnlich ist Plut. Marius 15,6, das vielleicht ebenso auf Poseidonios zurückging. Den *topos* betont KREMER 1994 auch für Livius (28–30), Caesar (143) und Strabon (286). Zu Caesars Zahlenangaben vgl. noch COLLIS 2000, 235; TOMASCHITZ 2002, 201/202.
606 Vgl. Pol. II, 29, 8.
607 Der *sagum* (σάγος) und besonders die Hosen (ἀναξυρίδες) (28,7) der Kelten identifizierten sie als Barbaren, doch gibt WALBANK zu bedenken, dass sie diese tatsächlich getragen haben werden und Polybios damit nur Fakten wiedergibt. Vgl. WALBANK, Kommentar I, 205. Der ursprünglich auf Autopsie fußende *topos* wurde also zwar auf alle Kelten angewandt, doch traf die Zuschreibung in diesem Fall auch bei allen Kelten zu.
608 Vgl. WALBANK, Kommentar I, 204/205. Polybios hatte Pictor zwar für dessen Darstellung des ersten Punischen Krieges kritisiert (Pol. I, 14, 1), doch war diese Kritik im Vergleich zu der an anderen Historikern (das beste Beispiel dafür ist Timaios) recht milde. Damit besteht kein Grund zu der Annahme, Polybios habe das Werk des Pictor geschmäht. So auch KOCHANEK 2004, 129.
609 Vgl. Eutr. 3, 5 = F19b Jac. = FRH 1 F30a = FRHist 1 F21 & Oros. IV, 13, 6–7 = F23 Peter = F19c Jac. = FRH 1 F 30b = FRHist 1 F 21. Zum Einfluss römischer Quellen auf die Darstellung des Polybios

Griechisch schrieb,⁶¹⁰ versuchte, seinen Lesern erstmals eine Geschichte Roms aus der Perspektive der Römer zu bieten und suchte sein Volk damit in ein besseres Licht rücken, als es die meisten griechischen Autoren taten.⁶¹¹ Da Pictor mit der griechischen Kultur vertraut war, ist es vorstellbar, dass er dabei auf klassische *topoi* zurückgriff.⁶¹² Auch in griechischen Quellen über die Kelten wird Polybios angesichts des aggressiven Vordringens nach Griechenland und Kleinasien in den 270er Jahren eine überwiegend negative Deutung gefunden haben.⁶¹³ Da somit alle zeitgenössischen Quellen eine antikeltische Prägung teilten, wird Polybios die *topoi* zweifellos seinen Quellen entnommen haben. Und weil er wie Pictor ein positiveres Bild der Römer zeichnen wollte, ergriff er die Gelegenheit, die Gallier als ‚barbarische' Folie heranzuziehen, vor der die Ähnlichkeiten zwischen Römern und Griechen noch offensichtlicher wurden.⁶¹⁴ Dennoch handelt es sich bei Polybios' ethnographischer wie historischer Darstellung der Kelten um eine eigenständige Schaffensleistung.⁶¹⁵ Denn wie der Bericht über die Kampagne von 225 v. Chr. zeigt, war er durchaus in der Lage, die militärischen Leistungen der Gallier zu würdigen. Damit wurde er nicht zuletzt seinem eigenen Anspruch gerecht, eine wahrheitsgetreue Untersuchung von Kriegen zu bieten, die viele seiner militärisch weniger bewanderten Vorgänger versäumt hätten.⁶¹⁶ Die größte Schlacht des Konfliktes nutzte er dann zu einer anschaulicheren Schilderung, für die sich die ihm bekannten Keltentopoi hervorragend eigneten.⁶¹⁷ Er wechselte demnach die Perspektive, um Lesererwartungen zu erfüllen: Für ein griechisches Publikum bestand kein Widerspruch zwischen den disziplinierten Kelten auf dem Marsch und den stereotypischen ‚Barbaren' in der Schlacht, es konnte darin zwei Aspekte des gleichen Phänomens erkennen: einerseits gab Polybios die nüchternen Ergebnisse empirischer

---

siehe auch ZECCHINI 2006, 172. FOULON 1997, 106 schlägt als weitere, mögliche römische Quellen Lucius Cincius Alimentus, Gaius Acilius, Aulus Postimius Albinus, Cato und Ennius vor.
610 Vgl. Dion. Hal. ant. 1, 6, 2.
611 TIMPE 1972, 928–969 geht so weit, zu behaupten, dass Pictor durch sein Werk hindurch bewusst die römische Stärke und Macht übertrieben habe, während WALBANK, Kommentar I, 64 simpel feststellt, sein Werk „had the definite political purpose of justifying Roman policy to the Greeks." Zur griechischen Sicht auf Rom vor Polybios siehe das vorangegangene Kapitel (69–76).
612 Vgl. WALBANK, Kommentar I, 65.
613 S. o. das Kapitel zu den Keltentopoi (39–49) und vgl. DOBESCH 1995, 35–52. Der Autor zeigt, wie diese Ereignisse das Keltenbild der Griechen grundlegend veränderten.
614 Kurz angedeutet hatte das schon CHAMPION 2000b, 430.
615 Darauf hat TOMASCHITZ 2002, 52–56 zurecht hingewiesen: Polybios gibt nicht nur einfach ältere Vorstellungen wieder, wie auch die folgenden Seiten zeigen werden.
616 Vgl. Pol. XII, 17–22. Dort kritisiert er beispielhaft die Schilderung des Kallisthenes von Olynth, der selbst am Alexanderzug teilgenommen hatte.
617 In II, 28, 9 betont Polybios diese Absicht, zu unterhalten. Ähnlich URBAN 1991, 142. Wie schon oben im Topoikapitel gezeigt wurde, bedeutet das nicht, dass die Ausführungen deswegen nichts mit der Realität zu tun haben, wie das BERGER 1995, 521 für Polybios' Keltentopoi annimmt.

Beobachtung wieder, andererseits schmückte er die Erzählung aus, um seine Leser zu unterhalten, indem er die von ihnen erwarteten *topoi* anführte.[618]

Dementsprechend demonstriert der Ablauf des Kampfes vor Telamon[619] in den *Historien* einen klaren Kontrast zwischen Kelten und Römern: Zunächst sind die Legionen von Angst erfüllt, und nur die Hoffnung auf Beute motiviert sie für das bevorstehende Gefecht[620] – ein Motiv, das sie mit ihren gallischen Feinden teilen.[621] Indes werden die Unterschiede deutlicher, sobald der Kampf beginnt: Dank ihrer physischen Überlegenheit sind die Kelten „beim ersten Angriff, solange die Kräfte noch frisch sind, am furchtbarsten",[622] doch da sie als Männer des Nordens weder an längere Anstrengungen noch an Hitze gewöhnt sind, ermüden sie schnell.[623] Ihre Ausrüstung spiegelt die Mentalität, die Schlacht mit einem ersten Ansturm gewinnen zu wollen: „Die Schilde [der Römer] nämlich sind zum Schutz, ihre Schwerter für den Kampf weit geeigneter, während das gallische allein zum Hieb taugt."[624] Diese Behauptung wird schon durch seine eigene Darstellung des Gefechts widerlegt, in dem die Kelten ihre Schwerter durchaus nicht nur zum Hieben einsetzten.[625] Er schreibt jedoch weiter, die gallischen Schwerter seien von solch schlechter Qualität, dass sie sich nach dem ersten Einsatz biegen und nutzlos würden – eine topische Übertreibung, war die Waffenschmiedekunst der Kelten doch eigentlich in der antiken Welt führend.[626] Deshalb sei jedoch nur der erste Angriff der Kelten effektiv, und Polybios deutet an, dass die Römer gelernt hatten, sich auf diese Taktik einzustellen.[627] Die Gallier hingegen verzweifelten schnell, wenn es ihnen bei ihrem Ansturm nicht gelungen war, die feindlichen Linien zu durchbrechen. Polybios stellt das Schicksal der Gaisaten heraus,

---

618 URBAN 1991, 152 hat insofern recht, dass Polybios hier unterhalten will, doch ist seine ablehnende Grundhaltung gegenüber dem polybianischen Text deswegen nicht notwendig: Wie sich in vielen Beispielen in dieser Arbeit zeigt, war die griechische Darstellung des Fremden selten konsistent und immer komplex.
619 Es kommen einige Aussagen aus der Folgeschlacht von 223 v. Chr. hinzu (Pol. II, 32–33), die zeigen, dass Polybios immer wieder auf die gleichen *topoi* zurückgreifen konnte, ohne dass dadurch für seine Leser ein Widerspruch entstanden wäre. Zur Datierung s. o. 79, Anm. 230.
620 Vgl. Pol. II, 29, 9.
621 Dies impliziert Pol. II, 28, 5.
622 Pol. II, 33, 2. Dieses Zitat stammt aus der Beschreibung der zweiten Schlacht, lässt sich aber auf Telamon und die allgemeine Keltendarstellung übertragen.
623 Auch diese Zuschreibung wird in der antiken Klimatheorie am deutlichsten von Poseidonios formuliert; vgl. Vitr. VI, 1, 9–10 = FGrHist 87 F 121 = F71 Theiler. S. u. das Kapitel zur Gallierethnographie des Poseidonios auf 228–245.
624 Pol. II, 30, 8. Polybios wiederholt den Vergleich zwischen den Schwertern noch einmal in 33, 5–6. Siehe auch oben 78.
625 Siehe die Analyse bei FOULON 2001, 52.
626 Vgl. Pol. II, 33, 3. Diese Geschichte hält DE SANCTIS 1916/1917, 315 für nicht mehr als eine soldatische Lagererzählung. Zur Qualität keltischer Schwerter siehe etwa COLLIS 2002, 232.
627 Vgl. Pol. II, 33, 3. Zur römischen Seite s. o. 80. Eine Bewertung, wie viel von dieser Darstellung auf *topoi* zurückgeht und wie viel davon auf reale Erfahrungen, findet sich in RAWLINGS 1996. Beide Beispiele aus II, 33, 3 beziehen sich erneut auf die Schlacht von 223 v. Chr.

die in ihrer Verachtung des Todes nackt kämpfen und damit den typisch keltischen Mut beweisen, bei dem es sich jedoch eher um vom θυμός (ihre hitzige, unvernünftige Leidenschaft) inspirierte Tollkühnheit (meistens τόλμα)[628] als um die ἀνδρεία tapferer Griechen handelt.[629] Erst erschrecken sie die Römer mit ihrem wilden Aussehen.[630] Bald stellt sich jedoch heraus, dass sie durch ihren Mangel an Rüstung und ihre kleineren Schilde – bei größeren Körpern – dankbare Ziele für die Wurfspeere der Römer darstellen.[631] Als hitzige Nordländer verfallen sie daraufhin größtenteils in Raserei und opfern ihr Leben.[632] Im Bild der Gaisaten verschmelzen so der Respekt des Militärs Polybios vor ihrem heroischen Mut und seine Furcht vor und Abneigung gegen ihre besinnungsloses Raserei.[633] Dem Konzept der unvernünftigen ‚Barbaren', denen es am richtigen Urteilsvermögen fehle, entsprechend hätten ihr König Aneroëstos und seine Gefährten (ἑταῖροι) kurz darauf Selbstmord begangen.[634] Damit verstießen sie gegen die typischen Moralvorstellungen der *poleis* und anderer Stadtstaaten, die auf das Überleben ihrer Bürger auch in verlorenen Schlachten angewiesen waren.[635] Als er zum Ende seiner Beschreibung des Krieges kommt, resümiert Polybios demnach, dass die Kelten „mehr von Leidenschaft als von kluger Berechnung regiert"[636] würden.

Diese Leidenschaft (erneut θυμός) hielt er, im Anschluss an Aristoteles, für das wichtigste Attribut gallischer Krieger.[637] Polybios baute auf dem realen Faktum der

---

628 Vgl. bspw. II, 15, 7; II, 18, 1.
629 Zu diesem Argument siehe RAUSCH 2013, 184–187. Pol. II, 28, 8 schreibt die Entscheidung der Gaisaten, nackt zu kämpfen, v. a. dem hinderlichen Bewuchs des Schlachtfeldes zu. In VI, 25, 4 benutzt er das Wort „γυμνός" (hier: ohne Rüstung/leicht bewaffnet), um die römische Kavallerie der Vergangenheit zu beschreiben – ein möglicher Hinweis auf eine Entwicklungstheorie, die die Römer über die Kelten stellte, welche immer noch γυμνός kämpften. Möglicherweise ordnete sie die Römer zudem unter den Griechen ein, deren schwerere Kavallerie als eine Art Vorbild für die Römer genannt wird (VI, 25, 3). Dies dürfte sich allerdings nur auf die Vergangenheit bezogen haben, da Polybios für seine Gegenwart die Überlegenheit des römischen Militärs beschreibt.
630 Vgl. Pol. II, 29, 7–9.
631 Vgl. Pol. II, 30, 3. Die Körpergröße entspricht den Zuweisungen der Klimatheorie. Ähnlich beschreibt Polybios die Bastarner, die er ebenfalls als Γαλάται bezeichnet; vgl. Pol. XXV, 6, 2; GONZÁLEZ RODRÍGUEZ 2003, 158. Deren germanische Herkunft war ihm natürlich nicht bekannt. Vgl. die Verwendung in Pol. XXIX, 9, 13; dazu WALBANK, Kommentar III, 282.
632 Vgl. Pol. II, 30, 4. Die übrigen Gaisaten flohen durch ihre eigenen Reihen vom Schlachtfeld und unterminierten damit die Moral ihrer Kameraden. Ihr zurschaugestellter Mut war also nur Aufschneiderei gewesen; auch das war ein typischer Keltentopos, der so zuvor den Thrakern zugeschrieben worden war; vgl. KISTLER 2009, 185.
633 Vgl. KISTLER 2009, 333.
634 Vgl. Pol. II, 31, 2. LAMPINEN 2018, 290/291 unterstreicht, dass die Griechen den Selbstmord als einen emotionalen Akt sahen, der somit unvernünftig sein musste.
635 Siehe GONZÁLEZ RODRÍGUEZ 2003, 163/164. Jede *polis* musste sich um die Zahl ihrer Bürger sorgen, während die so zahlreichen Kelten es sich ‚leisten' konnten, in der Schlacht hohe Verluste und dann auch noch den freiwilligen Tod ihrer Anführer zu erleiden. Hofeneder 2005, 91 sieht den Selbstmord von Aneroëstos und seinen Anhängern als Zeugnis für einen in Gallien und Iberien typischen Männerbund; diese *devotio* sei religiös motiviert.
636 Pol. II, 35, 3.
637 S. o. 44 zu dieser Auffassung bei Aristoteles.

nackten Gaisaten auf, um gewissermaßen alle keltischen Krieger zu Anti-Hopliten zu stilisieren, die ohne feste Formationen und oft in Raserei nur mit leichter Bewaffnung kämpfen.⁶³⁸ Damit waren eine Reihe spezifischer Übel verbunden, hinter denen wiederum ihr θυμός stand: Polybios erwähnt ihren Mangel an Ordnung und Disziplin,⁶³⁹ die plötzlichen Ausbrüche von Gewalt gegen andere⁶⁴⁰ und sogar untereinander,⁶⁴¹ ihre Unzuverlässigkeit als Verbündete⁶⁴² und als Söldner⁶⁴³ und ihre Tendenz zum Verrat.⁶⁴⁴ Aufgrund der hohen Bedeutung der *fides* musste die ἀθεσία (Unzuverlässigkeit/ Wankelmütigkeit) der Gallier auf die Römer besonders abstoßend wirken – bedeutete sie doch, dass selbst den besiegten Kelten nicht zu trauen war.⁶⁴⁵ Livius wirft Hannibal später *perfidia* vor, weil der karthagische Feldherr regelmäßig auf irreguläre Taktiken zurückgriff. Sie entsprach der griechischen ἀθεσία und stand im diametralen Gegensatz zur *fides*.⁶⁴⁶ Während die Römer Hannibal somit als hinterhältigen Feind kennzeichneten, respektierten griechische Autoren seine Manöver als gewiefte Kriegslisten (στρατηγήματα).⁶⁴⁷ Das Verhalten der Kelten galt – anders als das des Karthagers – jedoch allen griechischen wie römischen Beobachtern als Ausdruck von ἀθεσία/*perfidia*.

638 Vgl. KISTLER 2009, 189/190.
639 Vgl. Pol. III, 43, 12; V, 111, 1–7.
640 Vgl. Pol. XVIII, 37, 9. In IX, 34, 8 erwähnt Polybios, dass das gesetzlose und gewaltsame Verhalten der Gallier sprichwörtlich geworden sei.
641 Vgl. Pol. II, 19, 3.
642 In Pol. III, 70, 4 vertraut Publius Cornelius Scipio auf den θυμός von Hannibals keltischen Verbündeten, die seiner Meinung nur zur Untätigkeit gezwungen wurden mussten, um dann aufgrund ihrer Ungeduld einen Vertragsbruch zu begehen. Der *topos* wird in ähnlicher Weise in III, 52, 3 und 78, 2 wiederholt.
643 In II, 5, 4–7, 5 berichtet Polybios die Geschichte der epirotischen Stadt Phoinike, die von ihrer eigenen Garnison keltischer Söldner geplündert worden war. Er beschuldigte die Epiroten, dass sie eine reiche Ortschaft niemals unter den Schutz unzuverlässiger Galater hätten stellen dürfen, deren Ruf allgemein bekannt sei. Es waren gerade solche Erfahrungen, welche die klassischen *topoi* prägten und immer wieder zu bestätigen schienen. Siehe auch GONZÁLEZ RODRÍGUEZ 2003, 159 zu den Erfahrungen von Römern und Karthagern.
644 Es gibt dafür unzählige Beispiele. In Pol. V, 78, 4; XV, 24, 7 und XXIV, 14, 5–7 erwähnt er die permanente Angst Pergamons, von den Galatern verraten zu werden.
645 Diesen Gegensatz formuliert auch González Rodríguez 2003, 158/159. Polybios spricht bspw. in II, 32, 8 von Γαλατικὴν ἀθεσίαν und in III, 70, 4 von Κελτῶν ἀθεσίαν – in beiden Fällen geht es um gallische Truppen als Verbündete. Das erste Beispiel stammt aus der Schlacht von 223 v. Chr., beim zweiten geht es um die Sicht des Publius Cornelius Scipio, die keltischen Bündner der Karthager würden diesen nicht lange die Treue halten. Sein Amtskollege Tiberius Sempronius Longus widersprach allerdings dieser Ansicht und wagte die Schlacht an der Trebia, die verloren ging. Vgl. Pol. III, 70–74.
646 Vgl. BRIZZI 2001b, 485.
647 Vgl. Liv. XXI, 4, 9. Zur unterschiedlichen Sichtweise griechischer Autoren siehe BRIZZI 2001b, 485–488. So bemängelte Polybios später zwar den moralischen Verfall in Rom – vgl. bspw. Pol. XXXI, 25, 3 (mit WALBANK 1972, 173) – doch hatte er an der hinterhältigen Verhandlungstaktik des Quintus Marcius Philippus zu Beginn des Dritten Römisch-Makedonischen Krieges nichts auszusetzen. Dieser gaukelte dem Antigonidenkönig Perseus Friedenswillen vor, um den Römern Zeit für die Ausrüstung ihrer Armeen zu verschaffen; siehe WALBANK 1941.

Die hitzköpfigen ‚Barbaren' bewiesen damit für Polybios ihren Hang zur παρανομία, Handlungen, die gegen göttliches und menschliches Recht verstießen.[648] Der Begriff findet sich auch auf einer Inschrift aus Priene aus den 270er- Jahren v. Chr., welche eine ähnliche Furcht vor den Kelten wiedergibt wie der römische *metus Gallicus*:[649] Polybios folgte also der Ansicht solcher Griechen, die Opfer galatischer Übergriffe geworden waren. Die Kelten stellten aus dieser Perspektive eine ständige Bedrohung für die mediterranen Stadtkulturen dar:[650] Die Galater waren für Polybios „das kriegslustigste Volk in Asien"[651] und hätten die griechischen Städte der Region unentwegt mit Krieg und Gewalt überzogen.[652] Erneut folgt er hier der Ansicht der kleinasiatischen Griechen und ignoriert wie diese, dass die gefürchteten ‚Barbaren' überhaupt nur als Söldner Nikomedes I. von Bithynien in die Region gekommen waren und danach mehrfach von anderen griechischen Herrschern engagiert wurden. Die dementsprechenden Verträge gestatteten es den Galatern meistens, sich direkt aus dem Land des jeweiligen Feindes zu versorgen. Dadurch entstand für die Bewohner der betroffenen *poleis* fast unvermeidlich der Eindruck einer wütenden, zivilisationsfeindlichen Horde.[653] Die Überhöhung der Keltengefahr resultierte also aus der Furcht der Stadtbewohner vor den Überfällen, und infolgedessen heroisierten sie siegreiche griechischer Feldherren und im Kampf gegen die ‚Barbaren' gefallene Soldaten in überbordendem Maße.[654] Polybios wird mit diesen Darstellungen vertraut gewesen sein und schließt vielleicht bewusst an sie an, wenn er die Galater indirekt mit allen anderen Bewohnern Asiens vergleicht und feststellt, dass die Kelten ihren Nachbarn an Kampfeslust über-

648 Vgl. dazu BERGER 1992, 125; BERGER 1995, 523/524; ECKSTEIN 1995, 122. Anders interpretiert diese Indizien und II, 35 MILTSIOS 2013, 47–57; bes. 54/55. Da Polybios das Verhalten der Kelten nicht explizit auf ihr ‚Barbarentum' zurückführe, stände sein Anschluss an frühere Autoren im Vordergrund. Dabei handelt es sich zweifelsohne um eine wichtige Funktion, doch spricht Polybios in II, 35, 6 explizit von βάρβαροι. Zu den Gründen, warum er das nur einmal tut, s. u. 152–155 den Vergleich zwischen den Kelten in der Po-Ebene und denen an den Alpen. MILTSIOS' Argument, das Verhalten der Kelten an anderer Stelle sei entweder allein auf ihre Jugend (Pol. II, 21, 2–3) oder ihr Temperament (II, 7, 6) zurückzuführen, und nicht auf ihren ‚barbarischen' Charakter, mag nicht zu überzeugen; sind doch gerade dies wichtige Eigenschaften der ‚barbarischen' Gallier in der topischen Sichtweise der Griechen, wie das vorliegende Kapitel aufzuzeigen versucht hat. Vgl. MILTSIOS 2013, 54 Anm. 46.
649 Vgl. OGIS 765 (= I. Priene 17 = Burstein 1985) 7–13; 17–19.
650 Das traf auf die meisten von Polybios als βάρβαροι bezeichneten Völker zu; vgl. GONZÁLEZ RODRÍGUEZ 2003, 148/149; 156/157 zu den Kelten.
651 Pol. XVIII, 41, 7.
652 Deswegen wird an dieser Stelle Attalos I. gelobt, der die Galater besiegt habe. Und das Schicksal Byzantions, das zwar – neben Thrakern – unter den in Europa bei Tylis lebenden Galatern litt, die aber zur gleichen Gruppe wie die Galater in Anatolien gehörten, vergleicht Polybios in IV, 45, 5–9 sogar mit den Qualen des Tantalos. Siehe auch ECKSTEIN 1995, 121; zu Polybios Darstellung der Galater ebenso DANOV 1976, 372–377.
653 Vgl. KISTLER 2009, 32/33.
654 Zahlreiche Beispiele finden sich bei KISTLER 2009, 38–65: von bithynischen Grabmälern, auf denen Verstorbene regelmäßig als Sieger über keltische Krieger abgebildet wurden, bis zur Verarbeitung der Abwehrkämpfe in der griechischen Komödie dieser und späterer Zeiten.

legen waren.⁶⁵⁵ Die Formulierung enthält Anklänge an die (pseudo-)hippokratische Klimalehre, nach der die ‚Asiaten' aufgrund ihres ‚zu angenehmen' Klimas schwach im Kampf und damit den Europäern in dieser Hinsicht unterlegen waren;⁶⁵⁶ das Beispiel der aggressiven und kampftüchtigen Kelten sollte diese Theorie vielleicht belegen.⁶⁵⁷ Dafür spricht auch, dass die Skythen in der Schrift *Über die Umwelt* als träge und kraftlos gezeichnet werden und dass diese Anschauung ebenso in solchen Schriften des 3. Jahrhundert v. Chr. auftaucht, die den Skythen das Bild wahrhaftig ‚nordbarbarischer', keltischer Krieger entgegenstellen.⁶⁵⁸ Für Polybios scheinen die Skythen dann gar keine Rolle mehr gespielt zu haben, erwähnt er sie doch nur zweimal in seinem gesamten Werk: Die Kelten hatten spätestens für ihn die Skythen als typisches Nordvolk vollends ersetzt.⁶⁵⁹

Die inhärenten Charakterzüge der Gallier verhinderten in der Sicht antiker Autoren allerdings genauso sehr, dass sie jemals eine dauerhafte Herrschaft über Römer oder Griechen errichten konnten. Im Sinne der *historia magistra vitae* führt Polybios seinen griechischen Lesern die römischen Abwehrerfolge vor Augen, um zu zeigen, dass die ‚Nordbarbaren' in Italien, auf dem Balkan oder in Asien alle gleichermaßen zum Scheitern verurteilt waren.⁶⁶⁰

Polybios stilisiert die Kelten und ihre Gesellschaft also zu einem klaren Gegenentwurf zur Lebenswelt der Griechen und Römer.⁶⁶¹ Diesen Eindruck verstärkt er durch einen ethnographischen Exkurs, der den Bewohnern der Gallia Cisalpina gewidmet ist (II, 17, 8–12). Demzufolge lebten diese in primitiven Behausungen in kleinen Dörfern ohne fortschrittliche Technologie (17, 9). Sie betrieben Viehzucht und die einfachste Form von Ackerbau; ferner widmeten sie ihr Leben dem Krieg, so dass keine Zeit für Philosophie oder Kultur blieb (10).⁶⁶² Auch besäßen sie nur Gold und Vieh, da ihr (halb)nomadischer Lebensstil ihnen nicht erlaube, andere Güter mit sich herumzuführen (11). Schließlich dominierten in ihrer Gesellschaft diejenigen Adligen, denen es gelungen war, die größte Zahl von Anhängern um sich zu scharen (12). Damit kon-

---

655 Also in XVIII, 41, 7.
656 Vgl. Hippokr. de aer. 16, 1–2; 23–24. Vgl. dazu auch ROMM 2013, 220; SCHUBERT 2009, 266–268.
657 In VII, 1, 1 führt Polybios auch die Dekadenz der Capuaner auf die (von Umwelt und Klima bedingte) Fruchtbarkeit der kampanischen Ebene zurück; ähnlich ist Strab. V, 4, 3, C242 = Pol. XXXIV, 11, 5. Vgl. auch GRIFFITHS 2013, 59.
658 So bspw. in einem Papyrus aus der Mitte des Jhs.; vgl. Hamburg, Staats- und Universitätsbibliothek Inv. 381. Zu den Skythen bei (Pseudo-)Hippokrates vgl. Hippokr. de aer. 19–20.
659 In Pol. IV, 43, 2 werden sie nur als Feinde des Dareios knapp erwähnt, in IX, 34, 8 wird das Fehlverhalten der Ätoler dem von Kelten und Skythen gleichgestellt, sie dienen also noch einmal als Folie. Die gleichzeitige Nennung beider Völker spricht aber zusätzlich für die Übertragung des Skythenbildes auf die Kelten.
660 Vgl. Pol. II, 35, 6–7; URBAN 1991, 145; WILLIAMS 2001, 32/33.
661 Er trägt damit zu einem „Othering" der Kelten bei, die auch als moralische Folie dienen, vor der er didaktische Lehrbeispiele vorführen konnte. Zu diesem Kontext siehe HAU 2016, 23–72.
662 Das Kriegführen als wichtigste Aktivität wird bspw. in Pol. XXII, 21, 4 wiederholt.

struiert Polybios ein anachronistisches Bild der Gallier, das ihre Lebensweise zur Zeit der 220er Jahre demonstrieren soll. Als der Geschichtsschreiber 167 v. Chr. nach Rom kam, waren viele Gallier in der Po-Ebene bereits romanisiert oder durch römisch-latinische Siedler verdrängt worden.[663] Allerdings treffen Polybios' Angaben selbst für das späte 3. Jahrhundert v. Chr. nicht zu; sie sind tendenziös und vereinfachen durch den Einsatz griechischer *topoi* die Realität.[664] Für einen großen Teil der cisalpinen Gallier mochte die Beschreibung in einigen Punkten zutreffen. Allein die vormalige Besiedlung des Landstriches durch die Etrusker spricht jedoch dafür, dass viele der Kelten mit Luxusgütern, zeitgemäßer Technik und städtebaulicher Architektur in Kontakt gekommen sein mussten; und tatsächlich weist Polybios selbst auf einen Austausch zwischen beiden Völkern bereits vor der Invasion hin.[665] Auch erwähnt er die römische Eroberung der insubrischen Hauptstadt Mediolanum 222 v. Chr., die anstelle der etruskischen Stadt Melpum errichtet worden war.[666] Ausgrabungen haben die vorrömischen Siedlungskerne von Mediolanum und Brixia nördlich des Po nachgewiesen[667] und gemischte etruskisch-keltische Gräber auf dem Monte Bibele nahe Felsina/Bononia.[668] Archäologische Zeugnisse aus der Stadt zeigen, dass sich die Boier mit der etruskischen Stadtkultur ihrer neuen Heimat arrangiert hatten.[669] Und für den Kel-

---

663 Vgl. Pol. II, 35, 4; Strab. V, 1, 6, C212–213; DOBESCH 1995 73/74 mit Anm. 286. Dass seine Behauptung, es gäbe gar keine Gallier in der Region mehr, allerdings zu weit geht, werde ich später noch thematisieren; s. u. 158/159.

664 URBAN 1991, 137 hält die Keltenbeschreibung des Polybios hier zumindest für die ersten beiden Generationen der Neuankömmlinge in der Po-Ebene für akkurat und geht davon aus, dass der Autor sie auch nur auf diese bezogen habe. WALBANK, Kommentar I, 184 hält sie allerdings für stark übertrieben und BERGER 1992, 123 bezeichnet den Krieg als Hauptbeschäftigung der Kelten als reinen *topos*; ebenso betont GONZÁLEZ RODRÍGUEZ 2003, 160–162, dass Polybios gezielt einen Kontrast zwischen Römern und Kelten zeichnen will. FOULON 2001, 35–38 nennt weitere Polybiosstellen über andere keltische Ortschaften, Landwirtschaft und Bergbau, die dem Exkurs in II, 17 widersprechen und damit meine Interpretation stützen.

665 Vgl. Pol. II, 17, 3; ZECCHINI 2006, 165/166. Die Etrusker als Hochkultur wurden von den Griechen im scharfen Gegensatz zu den Kelten gesehen und erinnerten durch Luxus und Überfluss eher an die Völker des Orients – gut fassbar ist dies in der Darstellung des Poseidonios (bei Diodor mit Theopomp), die ältere griechische Vorstellungen reflektiert: Vgl. Diod. V, 40, 1–3 = FGrHist 87 119 = FGrHist 706 F 17b = F 83 Theiler und dazu Ruggeri 2000, 97–100. Die kriegerischere und tugendhaftere Vergangenheit der Etrusker ist vor ihrer Eroberung durch Kelten und Römer, und damit lange vor die Zeit des Polybios zu datieren.

666 Vgl. Pol. II, 34, 10–14; Plin. nat. hist. III, 125; WALBANK, Kommentar I, 210; WILLIAMS 2001, 80/81 (der die Belagerung Mediolanums ebenfalls als Beweis für die Topikhaftigkeit der Aussage, alle Kelten lebten in unbefestigten Dörfern, sieht). Laut Livius war Mediolanum jedoch bereits in der Zeit des römischen Königs Tarquinius Priscus (ca. 616–578 v. Chr.) errichtet worden, kurz nach der Gründung Massalias (um 600 v. Chr.), und zwar von den Galliern selbst; vgl. Liv. V, 34, 1 (Priscus); 7–8 (Massalia), 9 (Gründung Mediolanums).

667 Vgl. WILLIAMS 2001, 204.

668 Vgl. WILLIAMS 2001, 201. Ausgrabungen auf dem Balkan zeigen, dass die keltischen Neuankömmlinge dort ebenfalls schnell in die indigene Bevölkerung integriert wurden; vgl. RUSTOIU 2011.

669 Die Gallier nahmen hier Elemente der etruskischen Stadtkultur an, wie etwa die Ausgrabungen der Grabanlagen zeigen; vgl. FREY 1995, 524–528; VITALI 2006 passim. Besonders groß war die

tisch-Römischen Krieg von 299 v. Chr. unterscheidet Polybios die cisalpinen Gallier von den nomadischen transalpinen Galliern; damit deutet er an, dass die Bewohner der Po-Ebene sesshaft waren.[670] Selbst die angebliche Kulturlosigkeit der Gallier widerlegt der Geschichtsschreiber an anderer Stelle selbst: denn im Land der Insubrer stand ihm zufolge ein goldgeschmückter Tempel einer Göttin, die er in der *interpretatio Graeca* mit Athene gleichsetzt – eine klare Anerkennung der keltischen Religion als der Griechischen verwandt.[671]

All diese Anhaltspunkte zeigen, dass Polybios in seinem Exkurs stark generalisiert, um seine Argumentation zu stützen. Ein Vergleich seiner Beschreibung mit der Einordnung der Po-Ebene und ihrer Bewohner bei Cato dem Älteren verstärkt diesen Eindruck noch einmal: Der Senator interessierte sich v. a. für den praktischen Nutzen der Region für die Römer und bemüht trotz seiner ebenfalls antikeltischen Haltung fast keine der traditionellen *topoi*.[672] Polybios bleibt seinem Anspruch einer neutralen Darlegung zwar treu, indem er die Kelten hier nicht als ‚Barbaren' bezeichnet und ihren Lebensstil nicht verurteilt.[673] Dennoch zeigt der Vergleich mit Cato, dass der Keltenexkurs Polybios dazu dient, seine eigenen Beobachtungen als wichtigen Beitrag im gebildeten (griechischen) Diskurs über die Gallier zu verorten.[674] Für seine Leser betont er

Siedlung laut VITALI allerdings nicht. WILLIAMS 2001, 197/198 spricht sogar von einem Verschwinden urbaner Strukturen nach 400 v. Chr. in Bononia und dem nahe gelegenen Marzabotto. Als Vergleichsbeispiel könnte auch die Übernahme römischer Provinzen durch germanische Volksgruppen in der Spätantike dienen, bei der sich die Eroberer an die städtischen Kulturen in Gallien, Italien oder Hispanien anpassten. Vgl. bspw. HEATHER 2009. Anders WARD-PERKINS 2005, der eher der Meinung GIBBONS folgt und auf archäologische Funde hinweist, die den Abbruch urbaner Bautätigkeit nachweisen sollen (bspw. bei der Produktion von Dachziegeln). Dennoch lebten die Franken, West- oder Ostgoten des 6. Jhs. nicht ausschließlich in unbefestigten Dörfern, was für die Gallier ebensowenig anzunehmen ist.

670 Vgl. Pol. II, 19, 1–4, wo die Bewegung (κίνημα) der transalpinen Kelten nach Italien beschrieben wird.

671 Vgl. Pol. II, 32, 6. Ähnlich interpretiert es schon FOULON 2001, 38. Mit HATT 1984, 83 lässt sich jedoch anmerken, dass die Kelten tatsächlich Elemente der griechischen Religion annahmen. Zuletzt sei noch auf die Anrainer der Rhône in Pol. III, 42, 2 verwiesen, die Seehandel betreiben, und auf die norischen Kelten im Gebiet des heutigen Kärntens in Pol. XXXIV, 10, 10–14, die Gold abbauen und verkaufen (S. u. 148, Anm. 712). Beide Stellen widersprechen der Darstellung der Kelten allgemein als (semi-)nomadischer Räuber, die keinen Besitz haben.

672 Vgl. FRH 3 F 2, 3–2, 12. In Charis. 2 p. 263B = F34 Peter = FRH 3 F 2,3 = FRHist 5 F33 schreibt Cato den Kelten ebenfalls eine Leidenschaft für den Krieg und darüber hinaus Spitzfindigkeit beim Reden zu. Davon abgesehen bietet er allerdings nur eine nüchterne Auflistung der Fakten, eine Nutzenanalyse aus römischer Sicht, welche die griechischen *topoi* über die Kelten bewusst (!) weglässt. Dennoch zeigte Cato sicherlich als erster lateinischer Autor ein wahres Interesse am Volk der Kelten. Vgl. MOMIGLIANO 1975, 65.

673 Vgl. URBAN 1991, 136/137.

674 Vgl. auch WILLIAMS 2001, 88.

die Fremdheit der ‚Nordbarbaren', indem er ihren Lebensstil als übertrieben primitiv kennzeichnet.[675]

Eingerahmt wird der Exkurs durch eine topographisch-klimatische Beschreibung der Po-Ebene. Er folgt damit der Praxis Herodots, ethnographisch-historischen Passagen eine geographische Schilderung des Schauplatzes voranzustellen.[676] V. a. führt Polybios durch die topgraphische Untersuchung einen wichtigen Kriegsschauplatz des Zweiten Punischen Krieges ein, da der Konflikt eines der zentralen Themen der *Historien* bildet.[677] Der gesamte Exkurs in II, 14, 4–17 ist also der historischen Darstellung untergeordnet, und die folgende Zusammenfassung der römisch-keltischen Geschichte (II, 18–35) fungiert ebenso als Kontextualisierung des Zweiten Punischen Krieges.[678]

Polybios' Vorgehen verrät dabei einiges über seinen Anschluss an die ethnographisch-geographische Tradition. Zuerst versucht er, geometrische Formen aus der mathematischen Geographie auf seinen Gegenstand anzuwenden (II, 14, 4–12). Ähnlich wie auf dem Feld der Philosophie wagt er sich hier auf unsicheres Terrain, um den gelehrten Ansprüchen seiner Zeit und den Vorgaben älterer Autoren gerecht zu werden. Der Versuch missglückt weitestgehend:[679] So wendet er die *sphragides* des Eratosthenes auf Italien und die Po-Ebene an, um diese jeweils als Dreieck zu definieren.[680] Es gelingt ihm zwar, den Gegenstand damit visuell zu vereinfachen, um ihn dann im Folgenden mit Information zu füllen[681] – man könnte von einem explikatorischen Vergleich zwischen der unbekannten italischen Geographie und der bekannten geometrischen Figur sprechen.[682] Allerdings entsteht bei dieser schematischen Herangehensweise eine Verwirrung, die es Polybios unmöglich macht, die wahre Topographie des Gebietes zu erkennen: Da bspw. die Alpen in seiner Vorstellung gleichzeitig als Hy-

---

675 Ähnlich sehen es RANKIN 1973, 37 und CESA 2019, 208. Wie sehr ihm eine realitätsgetreuere Darstellung möglich gewesen wäre, sei dahingestellt, doch zeigt zumindest das spätere Beispiel des Poseidonios ein deutlich stärkeres Interesse an der Lebenswelt der Gallier. Ich widerspreche aber auch der Aussage von WOOLF 2011b, 63, der schreibt, Polybios habe absichtlich auf eine ethnographische Passage zu den Kelten der Po-Ebene verzichtet, um sich von anderen Autoren abzugrenzen. Der Exkurs mag sehr kurz sein, doch er erfüllt einen konkreten Zweck und wird durch andere Stellen ergänzt, wie dieses Kapitel zeigt.
676 Vgl. etwa MÜLLER 1997 passim; MCGING 2012, 44/45.
677 Vgl. Pol. II, 14, 2; URBAN 1991, 136.
678 In II, 36 kehrt Polybios dann zur karthagischen Politik auf der iberischen Halbinsel zurück. Zunächst schildert er die Ermordung Hasdrubals aufgrund eines privaten Streits durch einen Kelten (II, 36, 1) – deren Charakter war dem Leser nun wohlbekannt, so dass Polybios' Erklärung völlig ausreiche.
679 Zumindest findet sich hier die erste gesicherte Erwähnung der Alpen in einer noch erhaltenen schriftlichen Quelle aus dem Altertum – und ebenso bezeichnet Polybios vielleicht als Erster den gesamten heutigen Apennin als Solchen (vorher war damit nur der nördliche Teil gemeint). Vgl. WALBANK, Kommentar I, 174/175.
680 Vgl. Pol. II, 14, 4–7 (Italien); 8–12 (Po-Ebene); PÉDECH 1974, 57/58.
681 Vgl. WALBANK 1967, 164/165. So kann er den Lesern eine mentale Karte bieten; vgl. MORENO LEONI 2012, 80.
682 Vgl. DAUBNER 2013, 118.

potenuse des Dreiecks Po-Ebene dienen und die Ebene vom Tal der Rhône trennen, muss die Rhône parallel nördlich der Alpen entlang fließen.[683] Das entspricht kaum dem realen Verlauf des Flusses. Bereits Strabon kritisiert diesen Triangulationsversuch des Polybios.[684] Er ist beispielhaft für die Geographie des Polybios, der dieser zwar einen hohen Stellenwert einräumt,[685] aber keinerlei Interesse an den zeitgenössischen Entwicklungen der geographischen Forschung zeigt.[686]

Dafür sprechen auch seine falschen Berechnungen von Entfernungen[687] und seine Angaben von geographischen Koordinaten anhand der Himmelsrichtungen: Denn diese, so erneut Strabon, können Punkte nur relativ, nicht absolut bestimmen.[688] Die praktische Orientierung des Polybios, die sich auch nach den römischen Straßennetzen in Norditalien richtet, die er selbst befahren hatte, passt eher zur römischen als zur griechischen Geographie.[689] Erneut zeigt sich die Perspektive des Militärs, der sich für Topographie interessiert, weil sie das strategische und taktische Geschehen der geschilderten Kriege bestimmt.[690] Mit der komplexen erdkundlichen Theorie eines Eratosthenes[691] oder eines Hipparchos von Nikaia[692] hat das wenig zu tun. Dennoch sollte Polybios' Beitrag zur Geographie nicht als Rückschritt in der ‚Evolutionsgeschichte' der hellenistischen ‚Wissenschaft' gesehen werden:[693] Denn er strebte gezielt danach, den praktischen Nutzen (neu erworbenen)[694] geographischen Wissens für Feldherren (und Politiker) darzulegen – die Theorie brauchte er dazu nicht.[695] Dennoch fühlte er sich, wie bei der Verwendung der Keltentopoi, gewissen literarischen Konventionen verpflichtet.[696]

Das zeigt sich auch in II, 16, 6, wenn er an Aischylos und Apollonios Rhodios anschließt: „Der Po (Padus), von den Dichtern als Eridanos gefeiert, hat seine Quellen auf den Alpen [...] und stürzt in südlicher Richtung von den Bergen in die Ebene

---

683 Vgl. Pol. II, 15, 8; WILLIAMS 2001, 62 mit der Grafik auf 63 und zu weiteren Irrungen 64/65.
684 Siehe ausführlich bei WALBANK 1967, 165/166.
685 Vgl. Pol. XII, 25e, 1; WALBANK 1967, 157.
686 Vgl. WALBANK 1967, 158.
687 Bspw. jene der Entfernung zwischen Narbo und den Säulen des Herakles. Vgl. Strab. II, 4, 1–3, C105 = Pol. XXXIV, 6, 1–11; PÉDECH 1974, 58.
688 Vgl. Strab. II, 4, 7, C108; WALBANK 1967, 167.
689 Vgl. WILLIAMS 2001, 62–65; 36/37 zu Karten römischer Feldherren; auch WALBANK 1967, 165; 181.
690 Vgl. die Beispiele bei DAUBNER 2013, 119–122. Siehe auch CLARKE 1999, 85 f.; 91 f.
691 Vgl. WALBANK 1967, 181.
692 Vgl. WALBANK 1967, 168.
693 Vgl. DAUBNER 2013, 123/124.
694 Laut Pol. IX, 2, 5 (siehe auch erneut III, 58–59) wuchs das Wissen über die Welt schließlich stetig an. FOULON 1997, 111 betont die Bedeutung dieser Beobachtung für Polybios' Entschluss, sich auf das Feld der Geographie zu wagen.
695 Vgl. MAIER 2010 passim. Auch von ‚Schreibtischgelehrten' wie Agatharchides von Knidos möchte sich Polybios abgrenzen; vgl. DAUBNER 2013, 116/117.
696 Die wahre Form Italiens war ihm schließlich wohlbekannt. Vgl. WALBANK, Kommentar I, 173.

hinab."⁶⁹⁷ Apollonios ließ den Eridanos in die Rhône und diese wiederum in den nördlichen *okeanos* münden; deswegen lag für Polybios die Identifikation des mythischen Stroms mit dem Po nahe.⁶⁹⁸ Herodot hatte eine Verortung des Eridanos in der realen Welt hingegen abgelehnt, und vielleicht wollte Polybios ihn hier aufgrund seiner Autopsie gezielt widerlegen.⁶⁹⁹ Trotz seines vorranging pragmatischen Interesses an der Erdkunde wollte sich Polybios also wenigstens zu Detailfragen der zeitgenössischen Geographie äußern.⁷⁰⁰ Weiter kündigt er an:

> Alles andere aber, was sonst über diesen Fluss bei den Griechen erzählt wird, ich meine die Geschichte von Phaëthon und seinem Fall, von den Tränen der Pappeln und den schwarz gekleideten Anwohnern des Flusses, die noch bis auf diesen Tag von der Trauer um Phaëthon her solche Gewänder tragen sollen [...] wollen wir jetzt beiseitelassen [...]. Sobald sich aber eine passende Gelegenheit bietet, wollen wir darauf zurückkommen, vor allem wegen der Unkenntnis des Timaios von der genannten Gegend.⁷⁰¹

Polybios verfolgt gleich mehrere Ziele: Erstens möchte er an die mythologischen Erzählungen der Dichter anschließen und deren Beschreibungen in reales geographisch-ethnographisches Wissen übersetzen. Zweitens betont er, dass vorhergehende Historiker des Westens, namentlich Timaios, diese Aufgabe vernachlässigt hätten.⁷⁰² Und drittens dient die Passage zur Einordnung der Kelten, welche die tatsächlichen Anwohner des Po/Eridanos sind. Einerseits erscheinen sie den griechischen Lesern so vertrauter, da sie als fester Bestandteil griechischer Mythologie eingeordnet wer-

---

697 Pol. II, 16, 6.
698 Vgl. Apoll. Rhod. IV, 627–632. Den von Apollonios beschriebenen Bernstein, den die Kelten ihm zufolge für die Tränen Apollons hielten, liess Polybios offenbar weg, da ihm eine rationale Erklärung fehlte und er sich nicht mit Mythen befassen wollte.
699 Vgl. Hdt. III, 115, 1–2. Auch Aischylos wird widersprochen, da dieser den Eridanos in Iberien lokalisiert; vgl. Aischyl. Heliades Fr. 107 Mette. Polybios wollte Geschichtsschreiber und Dichter zugleich übertreffen und sich als erste Autorität für die Länder der Kelten und Iberer etablieren. Es folgt im zitierten Abschnitt bei Polybios eine genaue Beschreibung des Flussverlaufes; vgl. Pol. II, 16, 7–12.
700 Ausführlicher dazu ist DION 1977, 223–236.
701 Pol. II, 16, 13–15. τἄλλα δὲ τὰ περὶ τὸν ποταμὸν τοῦτον ἱστορούμενα παρὰ τοῖς Ἕλλησι, λέγω δὴ τὰ περὶ Φαέθοντα καὶ τὴν ἐκείνου πτῶσιν, ἔτι δὲ τὰ δάκρυα τῶν αἰγείρων καὶ τοὺς μελανείμονας τοὺς περὶ τὸν ποταμὸν οἰκοῦντας, οὕς φασι τὰς ἐσθῆτας εἰσέτι νῦν φορεῖν τοιαύτας ἀπὸ τοῦ κατὰ Φαέθοντα πένθους, [14] [...] ἐπὶ μὲν τοῦ παρόντος [...] [15] μεταλαβόντες δὲ καιρὸν ἁρμόττοντα ποιησόμεθα τὴν καθήκουσαν μνήμην, καὶ μάλιστα διὰ τὴν Τιμαίου περὶ τοὺς προειρημένους τόπους ἄγνοιαν. Vgl. Apoll. Rhod. IV, 592–626, bei dem ähnliche Elemente genannt werden. Die von Polybios abschließend angekündigte, längere Auseinandersetzung ist leider verloren gegangen, gehörte aber sicherlich zu dem landeskundlichen Exkurs über Gallien im XXXIV. Buch. Vgl. WALBANK, Kommentar III, 608.
702 Zur Abgrenzung von Timaios, der besonders in Buch XII ausführlich kritisiert wird, siehe FÖGEN 1999 passim. PÉDECH 1974, 44/45 betont die Rolle, die Polybios' militärischer Hintergrund bei seiner Kritik gegen Timaios spielte. Sie passt also auch zu seinem pragmatischen Umgang mit der Geographie.

den.⁷⁰³ Andererseits verbindet der Eridanos sie mit der Rhône in Gallien und somit dem *okeanos*, wodurch sie trotz ihrer Wohnorte im warmen Italien als Vertreter des Nordens erscheinen.

Polybios vergleicht dann die Gallia Cisalpina mit anderen Regionen, um ihre Bedeutung zu unterstreichen. Ihre Ebenen seien „fruchtbarer und größer als alle anderen in Europa, die zu unserer Kenntnis gelangt sind";⁷⁰⁴ „Ihre Fruchtbarkeit [die der Po-Ebene] ist kaum mit Worten zu beschreiben",⁷⁰⁵ was nicht zuletzt am Po selbst liege, der „keinem anderen Fluss Italiens nach[steht] [an Wassermenge]".⁷⁰⁶ Den Überfluss illustriert er anhand von Preisen aus dem alltäglichen Leben: „Zu meiner Zeit [kostete] der sizilische Medimnos Weizen oft vier Obolen, der Medimnos Gerste zwei Obolen, der Metretes Wein ebenso viel wie die Gerste".⁷⁰⁷ Der sizilische Medimnos entsprach 52,5 Litern, ein Metretes 32,2 Litern.⁷⁰⁸ Die vier Obolen des Polybios entsprachen laut Walbank 2,66 Sesterzen:⁷⁰⁹ Ein Jahrhundert später gibt Cicero den Preis eines Medimnos sizilischen Weizens mit 12–18 Sesterzen an⁷¹⁰ und im frühen Prinzipat lag er in Italien bei bis zu 24 Sesterzen, in Afrika bei bis zu 15 Sesterzen.⁷¹¹ Die Vergleichswerte stammen aus späterer Zeit und müssten inflationsbereinigt werden, doch zeigt sich selbst in diesem Fall, dass der Preis in der Po-Ebene dem Publikum des Polybios als sehr niedrig erschienen sein wird. Die Fruchtbarkeit der Region wurde damit für jeden Leser verständlich gemacht, ohne dass diesem der Norden Italiens aus eigener Erfahrung vertraut sein musste.⁷¹² Denn der ganze Exkurs dient als explikativer

---

703 So schon bei Apollonios Rhodios; vgl. Apoll. Rhod. IV, 611. Ironischerweise beschreibt ausgerechnet Timaios noch vor Apollonios, dass die Kelten die Dioskuren verehrten, weil sie diese von der Fahrt der Argonauten kannten. Vgl. Diod. IV, 56, 4 = FGrHist 566 F 85.
704 Pol. II, 14, 7. Der Umfang der Po-Ebene wird von Polybios auf ca. zehntausend Stadien geschätzt (14, 12).
705 Pol. II, 15, 1.
706 Pol. II, 16, 8.
707 Pol. II, 15, 1.
708 Vgl. WALBANK, Kommentar I, 176. Der Metretes wird hier mit 8,5 Gallonen angegeben; eine Gallone entspricht 32,176 Litern.
709 Vgl. WALBANK, Kommentar I, 176.
710 Cic. Verr. III, 72; 84; 174.
711 Vgl. DUNCAN-JONES 1974, 145, der Werte für ein Modium angibt, das einem Sechstel des Medimnos entspricht.
712 In Pol. XXXIV, 10, 10–14 berichtet Polybios von der Entdeckung großer Goldvorkommen im Gebiet der norischen Taurisker nahe Aquileia; laut WALBANK, Kommentar III, 612 bei Feistritz im Rosental (Kärnten). Das Gebiet lag zwar geographisch noch am Rand der Po-Ebene, doch bereits am Fuß der Alpen und hinter den Siedlungsorten der Veneter, so dass es zu erzwungen scheint, den dortigen Goldreichtum hier hinzuzunehmen. Stattdessen mag es sich eher um eine Geschichte handeln, die den *thaumata* zugerechnet werden kann. Vgl. dazu HARL 2011, 106/107. Allerdings erscheinen die Gallier dort auch als Händler und Kaufleute, genau wie die Anrainer der Rhône in Pol. III, 42, 2. Auch damit widerspricht er seiner Charakterisierung der Kelten in der Po-Ebene als (Semi-)Nomaden.

Vergleich: Indem Polybios den Wohlstand der Po-Ebene in griechischen Währungseinheiten beziffert, erklärt er das Fremde durch Vertrautes.

Wichtig für die Keltenkriege Roms ist die Äußerung, dass die Po-Ebene den größten Teil der Schweine Italiens liefere, die „zur Versorgung teils des privaten Bedarfs, teils der Heere"[713] dienen. Damit zielt Polybios – hier vielleicht im Anschluss an Cato[714] – auf die strategische Bedeutung des Gebietes ab. Der Exkurs endet mit einer ethnographischen Bemerkung: „Die Menge der Einwohner endlich und die Größe und Schönheit ihres Körperbaus, ferner ihren Mut im Krieg wird man aus ihren Taten selbst deutlich erkennen können."[715] Damit stellt er den Bezug zu den ereignisgeschichtlichen Passagen über die verschiedenen Kriege her. Die große Zahl der keltischen Krieger, wie er sie bei Telamon betont hatte, lag also in der Fruchtbarkeit der Po-Ebene begründet, die eine solch große Bevölkerung ernähren konnte.[716] Polybios lobt an ihnen jedoch nur die topischen Stärken der ‚Nordbarbaren' wie körperliche Kraft und Mut, die zu den Bergbewohnern aus der Schrift *Über die Umwelt* passen.[717] Analog dazu unterstreicht er die Lage des Landes im „äußersten Norden Italiens",[718] also nicht weit von den ursprünglichen Herkunftsländern der Kelten. Ganz im Gegensatz zum kalten und lebensfeindlichen Norden handelte es sich bei der Gallia Cisalpina jedoch um ein frühlingshaftes Land, das an die liebliche Region Asiens aus dem pseudo-hippokratischen Werk erinnert.[719] Wie war es dazu gekommen, dass die Kelten nun eine solch fruchtbare Region bewohnten, und wie wirkte sich deren Beschaffenheit auf ihren Charakter aus?

Einst, so Polybios, hätten die Etrusker die gesamte Po-Ebene besiedelt und ihre florierende Zivilisation habe sich auf den Reichtum und die Schönheit des Landes (κάλλος τῆς χώρας) gestützt.[720] Das Übermaß an Luxus habe die Tyrrhener allerdings dekadent werden lassen, so dass sie den Kelten zum Opfer fielen: Getrieben von Neid und Gier drangen diese von den Alpen hinab in die blühende Ebene und vertrieben

---

713 Pol. II, 15, 3. Vgl. auch Pol. XII, 4, 8.
714 Vgl. Varr. Rust. II, 4, 11 = F 39 Peter = FRH 3 F 2,9 = FRHist 5 F48.
715 Pol. II, 15, 7. Damit verweist er auf die folgende Darstellung der Keltenkriege (II, 18–35). Dass es sich hier um einen geographisch-ethnographisch-wirtschaftlichen Exkurs höchster Güte handelt stellt bereits DAVIES 2013, 328 knapp fest.
716 Besonders, da Polybios die Fruchtbarkeit der Ebene auf den Po zurückführt, kann ich CRUZ ANDREOTTI nicht zustimmen, demzufolge Polybios hier die gute Verwaltung der Ebene durch die Römer demonstrieren wolle. Stattdessen sollen seine Beschreibungen meines Erachtens so verstanden werden, dass die Po-Ebene in der von ihm beschriebenen, historischen Zeit ebenso gesegnet war wie zur Zeit seines Besuchs gut 75 Jahre später. Vgl. CRUZ ANDREOTTI 2006, 88.
717 Vgl. Hippokr. de aer. 24.
718 Pol. II, 14, 7.
719 Vgl. Hippokr. de aer. 12. Gemeint war damit wahrscheinlich nur Ionien, so etwa BACKHAUS 1976, 172.
720 Vgl. Pol. II, 17, 1–3.

die Einwohner.⁷²¹ Polybios zeichnet einen klaren Kontrast zwischen den ‚Barbaren' des Nordens und den ‚Barbaren' des Ostens, die durch die Etrusker repräsentiert werden. Die Griechen wussten um den Wohlstand der Tyrrhener und um ihre scheinbare militärische Schwäche.⁷²² Dass sie zu Polybios' Zeit schon lange von den Römern unterworfen worden waren, schien die *topoi* zu bestätigen.⁷²³ Wenn das wichtigste Attribut der Gallier in der ethnographischen Literatur der θυμός ist, dann ist es bei den Etruskern die τρυφή, die Luxus, Zügellosigkeit und Verweichlichung meint.⁷²⁴ Solange die Gallier in den Alpen lebten, unterschieden sie sich als wilde Bergbewohner stark von den dekadenten Etruskern in der fruchtbaren Ebene. Diesen schon von (Pseudo-)Hippokrates formulierten Gegensatz zwischen den Bewohnern des Hochlandes und denen, die in Ortschaften in der Ebene leben, hatte Polybios an anderer Stelle sogar auf seine eigenen Landsleute bezogen:⁷²⁵ Die Arkader lebten ähnlich wie die Kelten in schroffen Bergen, die von einem kalten und entbehrungsreichen Klima geprägt waren,⁷²⁶ doch hatten sie sich durch die Übernahme musikalischer Praktiken aus den *poleis* des Tieflands an die griechische Zivilisation anpassen können.⁷²⁷ Das Beispiel zeigt aber, dass ‚Barbaren' nur durch den Einfluss von παιδεία hellenisiert werden konnten, so wie es Massinissa mit den nomadischen Numidern gelungen war, als er sie von den Vorteilen der Landwirtschaft überzeugte.⁷²⁸

---

721 Die Motivation ähnelt jener der Gaisaten im Keltenkrieg von 225–222 v. Chr.; vgl. Pol. II, 22, 2–6. Zu einer historischen Einordnung, wann und wie sich die Invasion der Kelten in der Po-Ebene ereignet haben könnte und welchen Stellenwert dabei Polybios als Quelle genießt siehe ZECCHINI 2006 passim. LOMAS 2019, 214–217 betont, dass es sich um einen langen Prozess der Einwanderung handelte, nicht um eine singuläre Invasion.
722 Dafür mussten aus griechischer Sicht zahlreiche historische Beispiele sprechen, unter denen nur das Ausgreifen Dionysios I. von Syrakus nach Italien genannt sei, der scheinbar mühelos etruskische Heiligtümer plünderte und ihren Handel störte. Siehe dazu bspw. STROHEKER 1958, 119–128.
723 Laut Herodot waren die Etrusker ursprünglich aus Kleinasien abgewanderte Lyder, die bspw. mit ihrer Erfindung von Geld und Spielen ebenfalls eine Veranlagung zur τρυφή besäßen. Vgl. Hdt. I, 94, 1–7. Diese Überlegung zur Herkunft stand auch hinter ihrer ‚Orientalisierung'.
724 Zur Darstellung der Etrusker in der griechischen (und römischen) Literatur vgl. KORENJAK 2017 passim. Siehe die maßgebliche Beschreibung des Poseidonios in Diod. V, 40, 1–3 = FGrHist 87 119 = FGrHist 706 F 17b = F 83 Theiler und Athen. IV, p. 153D = F1 Jac. = F 53 EK = F 82 Theiler.
725 Zu Hippokrates: Vgl. etwa Hippokr. de aer. 12; 24; MÜLLER 1997, 134/135.
726 Vgl. jedoch LACY 1991, 88, der nur die Topographie als wichtigen Faktor identifiziert, nicht das Klima. Dagegen, und für meine Deutung, spricht sich etwa CHAMPION 2004, 79/80 aus. Polybios spricht sogar von der andersartigen Hautfarbe (χρῶμα) der arkadischen Bergbewohner; diese ist sonst gar kein Kriterium für ihn.
727 Vgl. Pol. IV, 20–21. Das Beispiel ist hier die Ortschaft Kynaitha, deren Bewohner die arkadische Musiktradition vernachlässigt hatten, was für Polybios den Hauptgrund für ihr Herabsinken in allgemeine Kriminalität darstellte. Zu einer solchen Sicht auf und Rolle von Musik im antiken Griechenland siehe auch LLOYD 2015, 45. GLACKEN 1967, 95/96 hebt hervor, wie innovativ Polybios' Interpretation war; das zeigt, dass er als ethnographischer Autor ersten Ranges gelten kann.
728 Vgl. Pol. XXXVI, 16, 7; GONZÁLEZ RODRÍGUEZ 2003, 168.

Den Kelten fehlte, ganz wie anderen ‚Nordbarbaren', ein solch ‚zivilisierter' Anführer.[729] Nach ihrer Migration schien sich ihr angeborener Charakter zunächst nicht zu verändern: Statt sich die prosperierenden Städte der Etrusker anzueignen, hätten sie diese zerstört und lebten wieder in primitiven Dörfern (s. o.).[730] Die Gallier blieben somit ständig in Bewegung, und ihre Unterstützung Hannibals bewies für Polybios, dass sie weiterhin nur von ihrem Verlangen nach Krieg geleitet wurden und ihnen deshalb nicht zu trauen sei.[731] Ihr (Halb-)Nomadentum, die *mobilitas*, wie Caesar es später nennt,[732] korreliert also mit ihrer moralischen Unstetigkeit, der ἀθεσία: Feste moralische Prinzipien fehlen ihnen genauso wie feste Siedlungsorte.[733] Das Ziel ihrer ursprünglichen Wanderung in die Po-Ebene war gewesen, fremde Länder zu plündern und zu verwüsten, genauso wie bei anderen keltischen Expeditionen in den Mittelmeerraum. Das Verhalten der Gallier stand damit in Widerspruch zum griechischen Verständnis von Bevölkerungsbewegungen, die zuvorderst der Gründung von Apoikien gedient hatten: Während die Griechen in neue Länder aufgebrochen waren, um dort Städte zu gründen, kamen die Kelten, um sie zu zerstören.[734]

Gleichzeitig habe ihre neue Heimat mit dem wärmeren und angenehmeren Klima – in einer südlicheren Zone – die Gallier jedoch weich gemacht und ihre Eigenschaft, keine längeren Strapazen ertragen zu können, zum Vorschein gebracht.[735] Darunter

---

729 Das Gleiche trifft laut Pol. auf die Illyrer unter der ‚irrationalen' Königin Teuta zu; s. u. 156/157.
730 151. Vgl. Pol. II, 17, 9–11; WILLIAMS 2001, 109/110.
731 Aus Liv. XXI, 25 geht hervor, dass es zu Beginn mehrere Gruppen von Kelten gab, von denen einige bei Rom verblieben, andere sofort die Karthager unterstützten und eine letzte Gruppe lange unentschlossen blieb; vgl. URBAN 1991, 152. Siehe auch Ebd., 147–157, wo URBAN nachweist, dass Polybios' Behauptung, die Kelten hätten sich mit Hannibal abgesprochen, noch bevor dieser die Alpen erreicht hatte, nicht schlüssig ist und von Polybios nur durch die Verfälschung einiger Tatsachen aufrechterhalten werden kann. Polybios widerspricht sich schon zuvor mehrfach selbst, so in III, 40, 3–14: Die Boier stürzten sich demnach auf die neu angelegten römischen Kolonien Placentia und Cremona in der Po-Ebene, obwohl sich noch boiische Geiseln bei den Römern befanden. Diese opferten sie Polybios zufolge in ihrer Wut (40,7 – eindeutig der *topos* des θυμός), verlangten dann aber später (40, 10) ihre Freilassung! Das römische Verhalten wird hier durch den Einsatz von Topik gerechtfertigt, schließlich hatte Polybios zuvor selbst zugegeben, dass die Besiedlung des Landes die Kelten bedrohte, womit ihr Zorn gerechtfertigt war. So auch Livius XXI, 25, 2. Von vorherigen Absprachen zwischen Hannibal und den Galliern weiß Livius gar nichts; vgl. URBAN 1991, 150. Insgesamt versucht Polybios also die historischen Tatsachen an sein topisches Gallierbild anzupassen.
732 Vgl. etwa Caes. bell. Gall. II, 1, 3.
733 Vgl. WILLIAMS 2001, 109/110.
734 Vgl. WILLIAMS 2001, 111.
735 Vgl. Pol. III, 79, 4, wo er μαλακία benutzt; vgl. BERGER 1992, 124/125. Siehe weiter WILLIAMS 2001, 72, der meint, die Kelten seien durch das warme Klima Italiens nicht geschwächt worden. Die Alpenvölker zuvor erscheinen im Vergleich zu ihnen jedoch deutlich wilder und gefährlicher. Williams lehnt allerdings auch die klimatheoretische Erklärung ab und spricht aufgrund der Zuschreibung von ἀθεσία bei anderen Völkern und Einzelpersonen von einer rein psychologischen Erklärung. Die obigen Abschnitte zeigen jedoch, dass die Einflüsse von Umwelttheorien bei Polybios nicht zu unterschätzen sind. Das schließt psychologische Erklärungsmuster nicht aus, nur sind diese eher als Folge anderer Faktoren zu verstehen; vgl. WILLIAMS 2001, 84.

habe ihre Wehrhaftigkeit gelitten, so dass sie auch als Verbündete Hannibals nur einen begrenzten Wert hatten.[736] Wie die Ionier vor den Perserkriegen und wie die Etrusker des 5. Jhs. wurden sie schließlich zum Opfer fremder Invasoren.[737] Der Charakter der oberitalischen Kelten Ende des 3. Jhs. war also für Polybios ein Produkt der Umwelteinflüsse, konnte aber nur durch das Prinzip der Mischung erklärt werden; das raue Klima der Alpenländer und das milde Klima der Po-Ebene spiegelten sich beide im Wesen der Gallier. Polybios kombinierte damit gewissermaßen das Bild der Bergvölker aus *Über die Umwelt* mit dem der Einwohner der frühlingshaften Region in Asien.

Die historische Entwicklung veränderte also die Kelten in der Po-Ebene, doch blieben ihre Verwandten in den Alpen davon unberührt. Tatsächlich, so Polybios, erkannten diese bald nach der Invasion, dass die ausgewanderten Gallier in der Ebene zu großen Reichtümern kamen und begannen, diese zu überfallen.[738] Im III. Buch vertieft er den Gegensatz zwischen Gebirge und Ebene und den jeweiligen keltischen Siedlern und geht dabei erneut von der Geographie aus: Die unwirtlichen Alpen seien höher als alle Berge der griechischen Welt, selbst der Olymp.[739] „Alle diese Gebirge könnten von einem rüstigen Fußgänger fast in einem einzigen Tag erstiegen und in der gleichen Zeit umschritten werden, bei den Alpen dagegen reichen nicht einmal fünf Tage für die Ersteigung aus."[740] Diese praktische Veranschaulichung weist auf seine eigene Autopsie hin; an anderer Stelle hatte er von seiner Überquerung der Bergkette berichtet.[741] Genauso wie die Po-Ebene größer ist als alle bekannten Ebenen, übertreffen die Alpen alle anderen Berge an Höhe – Polybios betont damit die Wichtigkeit seiner Darstellung. Schließlich war er selbst der erste griechische Autor, der die Alpen beschrieb; in der agonalen Kultur des Hellenismus hatte er sich damit als oberste Autorität für diese Gegenden etabliert.[742]

---

736 Vgl. URBAN 1991, 154, der diese Formulierung des Polybios zu Recht hinterfragt – warum hatte Hannibal sie überhaupt rekrutiert, wenn sie im Kampf so nutzlos waren? Darauf ließe sich entgegnen, dass Hannibal in Italien alle Verbündeten nehmen musste, die er kriegen konnte, und dass er so Verluste vor Ort ausgleichen konnte – bei seinen afrikanischen und iberischen Truppen war das offensichtlich nicht möglich. Dennoch bleibt sicherlich eine Topik vorhanden – wären die Gallier der Po-Ebene tatsächlich so schlechte Kämpfer gewesen, hätten die Römer kaum mehr als ein Jh. gebraucht, um sie zu unterwerfen.
737 Anders sieht dies WILLIAMS 2001, 71, der jedoch nur kurz darauf eingeht.
738 Vgl. Pol. II, 18, 4.
739 Vgl. Strab. IV, 6, 12, C208–209 = Pol. XXXIV, 10, 15.
740 Strab. IV, 6, 12, C209 = Pol. XXXIV, 10, 16. Hier zeigt sich einmal mehr die problematische Geographie des Polybios. Die Alpen sind viel länger als 2200 Stadien, und was genau ist mit der Umschreibung gemeint, die doch auch bei den Bergen Griechenlands teilweise länger gedauert haben dürfte als die Ersteigung und das Hinabklettern? HARL 2011, 111–113 bietet die überzeugende Erklärung an, dass Polybios den schnellsten Weg *durch* die Alpen, von Süden nach Norden, also von der Cisalpina in das Gebiet um das heutige Salzburg, gemeint haben dürfte.
741 Vgl. Pol. III, 48, 12.
742 Vgl. WALBANK, Kommentar I, 174/175. Hdt. IV, 49, 2 erwähnt einen Nebenfluss der Donau, den er Ἄλπις nennt und die *Alexandra* des Lykophron spricht von den hohen Klippen der Σάλπια; vgl. Lyk. Alex. 1361. In beiden Fällen handelt es sich jedoch nur um unpräzise Bezeichnungen, die nicht

Bei seiner Schilderung von Hannibals Marsch über das Gebirge verknüpft Polybios die topographischen Gegebenheiten dann mit ethnographischen Zuschreibungen. Zunächst sei der Karthager oberhalb von Massalia an der Rhône entlangmarschiert, bevor er in das Tal der Isère nach Osten abbog.[743] Der Zusammenfluss der beiden Ströme „ist an Größe und Gestalt dem sogenannten Delta in Ägypten ähnlich".[744] Der Vergleich erscheint gezwungen, ist aber erneut typisch für die mathematisch-geographischen Überlegungen des Polybios (s. o.).[745] Das Nildelta weckte bei seinen Lesern Assoziationen von Fruchtbarkeit und Wohlstand, die im Kontrast zur folgenden Beschreibung der Alpen stehen. Über die in der Ebene wohnenden Allobroger, deren Land eher der Gallia Cisalpina gleicht, heißt es:

> Solange sie [die Karthager] nämlich im Flachland waren, wagten sich die Häuptlinge der einzelnen allobrigischen Clans nicht an sie heran [...]. Als [...] für Hannibal die Geländeschwierigkeiten anfingen [der Aufstieg in die Alpen, meine Anm.], da zogen die Häuptlinge der Allobroger eine ansehnliche Truppenmacht zusammen und besetzten im Voraus die beherrschenden Punkte.[746]

Die Gallier passten ihr Verhalten also an das Terrain an, doch nutzten sie ihre überlegene Stellung nicht aus: Hannibal überwand ihre Positionen im Schutze der Nacht und schlug alle Angriffe zurück. Schlussendlich gelang es ihm, ihrer Stadt habhaft zu werden und seine erlittenen Verluste durch die erbeuteten Vorräte auszugleichen.[747] Die anfängliche Bedrohung durch die Allobroger überwand Hannibal also durch seine taktische Intelligenz,[748] ganz so wie die Kelten in Italien nach anfänglichen Erfolgen den Römern unterlagen.

---

weiter ausgeführt werden und somit keine Konkurrenz zur ausführlicheren Darstellung des Polybios dargestellt haben dürften. Da seine Angaben zudem aus der eigenen Anschauung stammten, gelang ihm somit auch auf dem Feld der Geographie ein Triumph über seine Vorgänger. So auch HARL 2011, 104/105.

743 Vgl. Pol. III, 49, 5–6.
744 Pol. III, 49, 7.
745 145/146. Erneut will er seine Gelehrtheit und die Relevanz seines Themas unter Beweis stellen, wie schon WALBANK, Kommentar I, 387/388 betont, oder wie MORENO LEONI 2012, 84 schreibt: sein griechischer kultureller Hintergrund zwingt ihn dazu. Schon Hekataios von Abdera hatte bei seiner Beschreibung Judäas Ägypten als vertrauten Standard neben dem Griechischen genutzt; vgl. LEMSER 2021, 157 zu Phot. Cod. 244, 380a, 7 = Diod. XL, 3, 1–8 = BNJ 264 F 6. Zur Funktion eines solchen Flussvergleichs siehe MÜNKLER 2000, 155.
746 Pol. III, 50, 2–3. ἕως μὲν γὰρ ἐν τοῖς ἐπιπέδοις ἦσαν, ἀπείχοντο πάντες αὐτῶν οἱ κατὰ μέρος ἡγεμόνες τῶν Ἀλλοβρίγων [...] [3] οἱ δὲ περὶ τὸν Ἀννίβαν ἤρξαντο προάγειν εἰς τὰς δυσχωρίας, τότε συναθροίσαντες οἱ τῶν Ἀλλοβρίγων ἡγεμόνες ἱκανόν τι πλῆθος προκατελάβοντο τοὺς εὐκαίρους τόπους. DREXLER übersetzte im ersten Satz „Solange er (Hannibal) ..." usw., ich habe mich näher an den griechischen Text gehalten: das ἦσαν muss sich dann auf die Karthager beziehen.
747 Vgl. Pol. III, 50, 3–13.
748 Zur Wildheit der gallischen Stämme siehe auch Pol. III, 49, 2; IX, 24, 4.

Die Alpenstämme erscheinen dagegen gefährlicher. Zunächst boten sie Hannibal unter dem Schutz von Zweigen und Kränzen, die „bei fast allen Barbaren ein Zeichen friedlicher Gesinnung [...] [sind] wie bei den Griechen der Heroldsstab",[749] ihre Hilfe an. Doch verrieten sie ihn, sobald sich eine günstige Gelegenheit bot.[750] Durch diesen Verstoß gegen heilige Konventionen entsprach das Verhalten der Angreifer Polybios' Auffassung von παρανομία und hätte selbst die meisten nichtgriechischen Völker erschreckt.[751] Die Bergstämme setzten der karthagischen Armee hart zu und trieben sie fast in die vollständige Vernichtung.[752] Im Gegensatz zu den Kelten der Gallia Cisalpina nennt Polybios die Alpenbewohner mehrfach ‚Barbaren'.[753] Er erwähnt keine individuellen Stammesnamen, einmal spricht er nur von den Bewohnern (οἰκοῦντες) des Bergpasses.[754] Auch dadurch erscheinen sie noch ‚barbarischer' als die Gallier der Po-Ebene (und die Allobroger).[755] Und während die Insubrer, Taurisker und Boier sich gegen die Umverteilung ihres Landes an römische Bürger zur Wehr gesetzt hatten, hatten die κατὰ τὰς Ἄλπεις (II, 22, 1) lebenden Gaisaten alleine für Gold gegen die Römer gekämpft und sich in der Schlacht nackt und im Blutrausch auf den Feind geworfen.[756] An anderer Stelle schreibt Polybios über die ‚nordbarbarischen' Dalmater, die im Konflikt mit den Römern 157 v. Chr. die Unverletzlichkeit der römischen Gesandten missachteten:[757] „sie sagten, sie und die Römer hätten nichts gemeinsam."[758]

---

749 Pol. III, 52, 3.
750 Vgl. Pol. III, 52, 8.
751 Eine ähnliche Interpretation findet sich bei HOFENEDER 2005, 93, der zudem darauf hinweist, dass Appian für verschiedene iberische Völker belegt, dass sie ebenfalls Zweige und Kränze zu diesem Zweck nutzten.
752 Vgl. Pol. III, 52, 8–53, 10.
753 In der Darstellung der Kelten und Keltenkriege in Buch II fällt der Begriff nur ein einziges Mal: Im Fazit in II, 35, 6, als die ‚Barbarengefahr' zusammengefasst wird. In der kurzen Passage von III, 52–53 wird der Begriff hingegen gleich viermal genutzt: Vgl. Pol. III, 52, 3; 52, 7; 53, 4; 53, 6. In III, 60, 10 werden dann noch einmal die Bewohner der Ebenen als βάρβαροι bezeichnet, das aber im direkten Anschluss an die Alpenüberquerung. Vgl. auch URBAN 1991, 150. BERGER 1995, 519, Anm. 5 bietet eine Übersicht aller 77 Stellen, an denen Polybios den Begriff ‚Barbaren' benutzt; ein Drittel davon bezieht sich auf Kelten.
754 Vgl. Pol. III, 52, 3: οἱ γὰρ περὶ τὴν δίοδον οἰκοῦντες.
755 So schon URBAN 1991, 143; FOULON 2001, 61. Die Kelten Oberitaliens werden recht unterschiedlos als Κελτοί oder Γαλάται bezeichnet, oder Polybios erwähnt die Namen der einzelnen Ethnien (Ἴνσομβρες, Βόιοι).
756 Vgl. Pol. II, 22, 2. Vielleicht hing auch die Nacktheit mit dem Klima zusammen: In der warmen Po-Ebene konnte den abgehärteten Gaisaten auch ein kalter Tag nichts anhaben. Polybios sagt jedoch, dass diese ebenso im Gebiet der Rhône lebten, was gegen eine derartige Interpretation spricht – oder handelt es sich bei ihnen um eine andere Gruppe von Gaisaten? Zu den historischen, vielleicht religiösen Hintergründen des nackten Kämpfens siehe HOFENEDER 2005, 87–89.
757 Vgl. Pol. XXXII, 13, 1–4.
758 Pol. XXXII, 13, 1. λέγοντες οὐδὲν αὐτοῖς εἶναι καὶ Ῥωμαίοις κοινόν. DREXLER ordnet den Abschnitt Pol. XXXII, 23 (19), 1 zu und übersetzt: „mit der Begründung, sie und die Römer hätten nichts miteinander zu schaffen." Ich habe die Formulierung angepasst, um den Vergleich deutlicher zu machen; außerdem scheint sie dem griechischen Text eher zu entsprechen.

Diese Inkommensurabilität gilt offenbar ebenso für die keltischen Bergbewohner. Der Grund dafür liegt in der klimatisch-geographischen Beschaffenheit ihrer Heimat: Polybios macht deutlich, dass die Gipfel der Alpen das ganze Jahr über schneebedeckt waren und die Karthager der Kälte Tribut zollen mussten.[759] In seiner Theorie der Klimazonen bildete die Bergkette vielleicht den Beginn des kalten Streifens im Norden der *oikumene*.[760] Herodot zufolge fiel im äußersten Norden so viel Schnee, dass dort niemand leben konnte.[761] Dass die Alpenkelten des Polybios unter ähnlich lebensfeindlichen Umständen überlebten, machte sie zu einem Randvolk par excellence. Dazu betonte der Achaier *thaumata* wie das Vorkommen von Steinböcken (oder Elchen?), welche die Alpenwelt noch fremdartiger erscheinen ließen.[762] Ihre Bewohner konnten also zwangsläufig nur wilde und aggressive ‚Barbaren' sein. Vor dem Abstieg der Karthager aus dem Gebirge kontrastiert Polybios die Alpen schließlich gezielt mit der Po-Ebene und Italien:

> Da aber schon viel Schnee auf den Höhen lag, denn es war die Zeit kurz vor dem Untergang der Pleiaden,[763] und Hannibal die Mutlosigkeit sah, die sich des Heeres sowohl wegen der vorangegangenen wie der noch zu erwartenden Strapazen bemächtigt hatte, rief er sie zusammen und versuchte sie aufzumuntern, wofür sich ihm als einziges Mittel der Hinweis auf das vor ihren Augen ausgebreitete Italien bot. Denn das Land lag so zu Füßen der Berge, dass, wenn man beide nebeneinander betrachtete, die Alpen als die Burg [ἀκρόπολις] von ganz Italien erschienen. Er zeigte ihnen daher die Ebenen um den Po, erinnerte sie vor allem an die freundschaftliche Gesinnung der dort wohnenden Gallier, bezeichnete ihnen zugleich auch die Gegend, in der Rom lag, und richtete dadurch einigermaßen ihren Mut wieder auf.[764]

---

759 Vgl. bes. Pol. III, 54–55. In 55,1 sagt Polybios, dass der neue Schnee auf den alten fällt, der noch vom letzten Winter übrig geblieben ist.
760 Vgl. zur Zonenlehre Geminos, Einführung in die Phänomene, C 16, 33 = Pol. XXXIV, 1, 7–13; Strab. II, 3, 1, C96 = Pol. XXXIV, 1, 14; Strab. II, 3, 2, C97 = Pol. XXXIV, 1, 15–17; Achilles, Phänomene, C 31 = Pol. XXXIV, 1, 18. Interessant wäre darüber hinaus zu wissen, ob es sich bei ihnen um ein Beispiel für die geschichtslosen Völker außerhalb der συμπλοκή handelte. Da diese jedoch erst mit der Schlacht am Trasimenischen See begann, fällt die Alpenüberquerung Hannibals noch in die Zeit vor der Verwebung der Geschichte.
761 Vgl. Hdt. IV, 7, 3; 31.
762 Vgl. Strab. IV, 6, 10, C208 = Pol. XXXIV, 10, 8–9. Zur Identifizierung der hier beschriebenen Tiere vgl. WALBANK, Kommentar III, 612; Harl 2011, 113–115. Dass Polybios das Wesen in der Beschreibung aus Körperteilen vertrauter Tiere ‚zusammensetzt' ist typisch für die gesamte (westliche) Vormoderne; vgl. MÜNKLER 2000, 156. Für sein Interesse an *thaumata* spricht auch die Beschreibung der unterirdischen Fische in der Ebene von Ruscino (Roussillon), die von den dortigen Galliern/Ligurern verzehrt werden. Vgl. Athen. VIII, p. 332 A = Pol. XXXIV, 10, 14; zur Interpretation WALBANK, Kommentar III, 610. Das Ganze erinnert an das Motiv der Ichthyophagen; siehe etwa LEMSER 2019 passim.
763 WALBANK, Kommentar I, 390 datiert den Vorgang auf die dritte Septemberwoche 218 v. Chr.
764 Pol. III, 54, 1–3. τῆς δὲ χιόνος ἤδη περὶ τοὺς ἄκρους ἀθροιζομένης διὰ τὸ συνάπτειν τὴν τῆς Πλειάδος δύσιν, θεωρῶν τὰ πλήθη δυσθύμως διακείμενα καὶ διὰ τὴν προγεγενημένην ταλαιπωρίαν καὶ διὰ τὴν

Der komplexe Vergleich besteht aus mehreren Elementen: Zunächst stellt Polybios die kalten, schneebedeckten Alpen den lieblichen Regionen Italiens gegenüber.[765] Der Reichtum der Po-Ebene und Latiums wird nur implizit angedeutet, doch erschließt er sich aus dem Vorgehen Hannibals, der so seine Soldaten zu motivieren sucht. Die Karthager zogen wie Römer und Kelten (bei Telamon) u. a. deswegen in den Kampf, weil die Aussicht auf Beute ihnen größeren Wohlstand versprach, als sie im zivilen Leben erringen konnten; ein ähnlicher *topos* wie die Goldgier der Gaisaten wird hier nicht angeführt, da Hannibals Soldaten ‚zivilisierter' erscheinen sollen als die Alpenbewohner. Da das ebenso für die Gallier der Po-Ebene galt, führt Hannibal deren hilfsbereite Haltung an, um seine Männer nach dem langen Kampf gegen die Alpenkelten wiederaufzurichten.[766] Dadurch entsteht erneut ein Kontrast zwischen den keltischen Berg- und Talbewohnern. In beiden Vergleichen sind die Alpen und Italien die *comparata*, einmal die Landschaft selbst, zweitens ihre Bewohner. Als *tertium* dient die Beschaffenheit des Landes bzw. die Persönlichkeit der dort lebenden Menschen. Polybios ergänzt dieses Konstrukt durch die Metapher, die Alpen seien die ἀκρόπολις der πόλις Italien. Dadurch veranschaulicht er einerseits das Geschehen für seine griechischen Leser.[767] Andererseits würdigt er damit auch die Tat Hannibals, der dieses Bollwerk überwunden hatte, das den kalten Norden vom fruchtbaren Italien trenne.[768]

Polybios folgt bei seiner Ethnographie der Kelten vielleicht einer Methode Herodots, die sich in seinen völkerkundlichen Exkursen findet: So beginnt bspw. der *logos* der Perser mit der Feststellung, ihre religiösen Praktiken würden sich vollkommen von den griechischen unterscheiden. Nachdem er somit zunächst den großen Unterschied zwischen beiden Völkern betont hat, schwächt er diese Behauptung im Folgenden ab.[769] Im Fall der Lyder geht er genau anders herum vor: Eingangs postuliert Herodot, dass sie sich kaum von den Griechen unterscheiden, doch wird diese Aussage im Laufe des *logos* ebenfalls differenziert.[770] Polybios selbst nutzt diese Methode bei der Beschreibung der illyrischen – und damit ‚nordbarbarischen' – Königin Teuta im Ersten

---

ἔτι προσδοκωμένην, [2] ἐπειρᾶτο συναθροίσας παρακαλεῖν, μίαν ἔχων ἀφορμὴν εἰς τοῦτο τὴν τῆς Ἰταλίας ἐνάργειαν· οὕτως γὰρ ὑποπεπτώκει τοῖς προειρημένοις ὄρεσιν ὥστε συνθεωρουμένων ἀμφοῖν ἀκροπόλεως φαίνεσθαι διάθεσιν ἔχειν τὰς Ἄλπεις τῆς ὅλης Ἰταλίας. [3] διόπερ ἐνδεικνύμενος αὐτοῖς τὰ περὶ τὸν Πάδον πεδία καὶ καθόλου τῆς εὐνοίας ὑπομιμνήσκων τῆς τῶν κατοικούντων αὐτὰ Γαλατῶν, ἅμα δὲ καὶ τὸν τῆς Ῥώμης αὐτῆς τόπον ὑποδεικνύων ἐπὶ ποσὸν εὐθαρσεῖς ἐποίησε τοὺς ἀνθρώπους.

765 Dazwischen gibt es aber auch Abstufungen; an den Hängen der Berge existieren Weiden und Bäume; vgl. Pol. III, 55, 9.
766 Laut Pol. III, 56, 3 nahm die Überquerung der Alpen fünfzehn Tage in Anspruch.
767 Vgl. DAUBNER 2013, 118.
768 Auch die Römer hatten einen solch schnellen Erfolg nicht für möglich gehalten; vgl. Pol. III, 61, 7–9. Allerdings weist FOULON 1997, 120 zurecht auf Pol. III, 48, 6–7 hin, wo Polybios die Leistung Hannibals relativiert, denn die Kelten hätten die Alpen schon oft überquert und einige lebten sogar dort.
769 Vgl. Hdt. I, 131, 1; SCHULZ 2020a, 251–262.
770 Vgl. Hdt. I, 94, 1; SCHULZ 2020a, 248–251.

Römisch-Illyrischen Krieg (229/228 v. Chr.), die er als „nach weiblicher Logik" handelnde Frau (χρωμένη δὲ λογισμοῖς γυναικείοις) vorstellt.[771] Diese Charakterisierung greift er nur ein weiteres Mal auf, als es darum geht, dass sie den römischen Gesandten ermorden ließ, weil sie als Frau „mit weiblichem Temperament und gegen jede Logik [reagierte]."[772] Allerdings bemerkt Polybios, dass der Botschafter unangemessen gedroht habe, wodurch die Reaktion Teutas zwar nicht entschuldigt, aber doch nachvollziehbarer wird.[773] In der weiteren Darstellung ihres Handelns erscheint Teuta als rationale und erfolgreiche Politikerin.[774] Damit widerspricht Polybios seiner vorherigen Einschätzung, wie es Herodot bei den Persern oder den Lydern tat.

Auf die gleiche Art schwächt er die Fremdartigkeit der Po-Kelten ab: Der kurze ethnographische Exkurs zu Beginn des II. Buches stellt sie als primitive ‚Barbaren' vor.[775] Ihr Handeln im Krieg gegen Rom beweist dann jedoch, dass sie in der Lage waren, weitgreifende Feldzüge zu führen und ihre Feinde wiederholt vor Probleme zu stellen. Der strukturierende Vergleich mit den Alpenkelten im III. Buch stellt sie schließlich auf eine Stufe zwischen den primitiven ‚Nordbarbaren' und den mediterranen Zivilisationen.[776]

Auch die transalpinen Gallier im heutigen Südfrankreich und solche in und nördlich der Alpen gerieten in Polybios' letzten Lebensjahren zunehmend in den römischen Einflussbereich,[777] und eines Tages könnten sie von den Römern unterworfen und beherrscht werden (s. u.).[778] Seine Erkenntnisse ließen sich damit auf die zahlrei-

---

771 Vgl. Pol. II, 4, 8.
772 Pol. II, 8, 12, eigene Übersetzung von γυναικοθύμως καὶ ἀλογίστως. Drexler schrieb: „mit einer Leidenschaftlichkeit (reagierte), die ihr jede Überlegung raubte."
773 Vgl. Pol. II, 8, 9; EHRHARDT 2002, 242/243.
774 Vgl. Pol. II, 9, 1–12, 6; EHRHARDT 2002, 242–246.
775 Auf die Ähnlichkeiten des Keltenexkurses mit herodoteischen Ethnographien weist auch LAMPINEN 2014b, 248/249 hin. MÜLLER 1999, 273/274 behauptete noch das Gegenteil; eine solche Sicht hofft mein Kapitel zu widerlegen.
776 Das zeigt nicht zuletzt der fehlende Respekt der Alpenbewohner vor dem Heroldstab, den Polybios den anderen ‚Barbaren' zugestanden hatte (Pol. III, 52, 3). Dass diese Stelle in der bisherigen Forschung kaum Aufmerksamkeit gefunden hat und MORENO LEONI 2012, 71 hierin nur einen explikativen Vergleich zur Erklärung des Unbekannten sieht, zeigt erneut, wie wichtig der Blick auf die Vergleichspraktiken ist. RAUSCH 2013, 186/187 hatte argumentiert, Polybios wolle die Kelten überhaupt nicht als Verteter des Nordens darstellen – auch er hätte seine These mit Blick auf die Darstellung der Alpenbewohner sicherlich relativiert.
777 Im Jahr 118/117 v. Chr. erfolgte die Einrichtung der Provinz Gallia Narbonensis (vgl. Cic. Font. 5,13 und Vell. Pat. I, 15, 5). Polybios beschreibt in III, 39, 8 bereits die Abmessung und den Baubeginn der Via Domitia, was erst nach dem Sieg über die Arverner geschehen sein kann, den Caes. bell. Gall. I, 45, 2 und Strab. IV, 1, 11, C185 beschreiben und der in den Fasti Triumphales erst für das Jahr 120 v. Chr. genannt wird. Polybios muss also mindestens 120 v. Chr. noch gelebt haben und wird so in der Lage gewesen sein, die Auswirkungen des militärischen Eingreifens der Römer in Südgallien zu beobachten.
778 In den entsprechenden Kapiteln zu Poseidonios (211–244) und Strabon (311–324). Nach GONZÁLEZ RODRÍGUEZ 2003, 151 verstand Polybios die Alpen eher als verbindende Austauschzone denn

chen keltischen und protokeltischen Volksgruppen in der *oikumene* übertragen.[779] Sie waren offenbar umso naturnäher und damit ‚barbarischer', je weiter entfernt sie von der mediterranen Welt lebten.

Polybios nutzt dabei zwar einige direkte Vergleiche. Allerdings unterlässt er eine häufigere Verwendung dieser Technik, um seine Leser nicht zu unterfordern – die Fremdartigkeit der ‚Nordbarbaren' war diesen bereits bewusst. Die Gallier erscheinen so bei Polybios als seminomadische, ungebildete Stammesangehörige, denen es an politischer und militärischer Organisation mangelte. Ihre furchteinflößende Zahl und der Einfluss des θυμός auf ihr Verhalten, das jederzeit zu παρανομία ausarten konnte, vervollständigten diesen fremdartigen Eindruck. Deshalb verfestigte Polybios am Beispiel der Kelten bewusst die klassische Griechen-,Barbaren'-Antithese. Das verdeutlicht noch einmal seine Aussage „dass sie nach kurzer Zeit mit Ausnahme weniger am Fuß der Alpen liegender Gegenden aus den Ebenen um den Po herausgedrängt wurden".[780] Denn wie bei seinem ethnographischen Exkurs treffen die Angaben des Polybios nicht zu. In seiner eigenen Zeit in Italien wird er die römische Durchdringung des Nordens miterlebt haben: Die neuen Herrscher hatten in den 180er Jahren südlich des Po die *coloniae* Bononia,[781] Mutina[782] und Parma[783] angelegt und das Gebiet durch die Konstruktion der Via Aemilia, die an die ältere Via Flaminia anschloss, für den Fernverkehr erschlossen. Polybios selbst reiste diese Straßen entlang und wird die kleineren Ortschaften gesehen haben, die in ihrem Einzugsgebiet entstanden.[784] Die Siedlungen dienten auch als Bollwerk gegen die Gallier: Nördlich des Po existierten zwar befestigte Ortschaften wie Mediolanum oder Brixia (Brescia), doch waren die dortigen Stämme, u. a. Insubrer und Cenomanen, nur durch Verträge an Rom gebunden.[785] Römische Truppen blieben deshalb vor Ort präsent.[786] Ende des 1. Jhs. v. Chr. berichtet Strabon, es gäbe keine (als solche erkennbare) Kelten mehr in Norditalien,

als Trennzone; ähnlich HARL 2011 passim. Somit könnten selbst die ‚barbarischsten' aller Kelten in den Bergen darunter gefasst sein.

779 Der Fall der Veneter erhärtet die These, dass Polybios durchaus zwischen den verschiedenen keltischen und protokeltischen Völker unterschied, denn er hält in II, 17, 5–6 fest dass die Veneter eine andere Sprache sprechen als die Gallier. Vgl. GONZÁLEZ RODRÍGUEZ 2003, 152. Zur Autopsie Polybios' in Venetien siehe etwa HARL 2011, 108–110, der zwar relativ spekulativ vorgeht, aber doch genug Beweise dafür anführt, dass Polybios überhaupt in Venetien war.
780 Pol. II, 35, 4.
781 Vgl. Liv. XXXVII, 57, 7; Vell. I, 15, 2.
782 Vgl. Liv. XXXIX, 55, 6–8.
783 Vgl. Liv. XXXIX, 55, 6–8.
784 Vgl. WILLIAMS 2001, 208/209. Vielleicht hatte in einem verlorenen Fragment auch er die Geschichte der Cisalpina nach dem Hannibalkrieg beschrieben, wie WALBANK, Kommentar I, 298 annimmt. Oder sein Kommentar über die Vertreibung aller Kelten diente dazu, ihn von dieser Aufgabe zu entbinden.
785 Vgl. WILLIAMS 2001, 214; Cic. Balb. 32.
786 Vgl. BRUNT 1987, 567–569.

doch kann das nicht für Polybios' Zeit gelten.[787] Auch auf der Südseite des Flusses wird nicht die gesamte Bevölkerung ausgetauscht worden sein, wie archäologische und linguistische Quellen belegen.[788] Es lässt sich also nur der Schluss ziehen, dass Polybios die ‚Barbaren' bewusst aus seinem Bild des römischen Italien eliminierte, da er sie als Gegenbild zur römischen Ordnung gezeichnet hatte und die Vollständigkeit des römischen Sieges unterstreichen wollte.[789]

Diese Interpretation stützt ein Kommentar über die Aitoler. Da deren Bund oft in Opposition zu ‚seinen' Achaiern stand, stellt Polybios die Aitoler normalerweise negativ dar.[790] Trotzdem preist er ihren Triumph über die Galater bei Delphi 279 v. Chr. und vergleicht ihn gar mit den Siegen des Hellenenbundes über die Perser 480/479 v. Chr.[791] Der Erfolg diene als *exemplum* für alle Griechen, denn die Aitoler hätten einen Angreifer zurückgeschlagen, der das gemeinsame Heiligtum der Hellenen zu entweihen drohte.[792] Der Charakter der Kelten war also so erschreckend, dass im Vergleich mit ihnen selbst die moralisch verkommenen Aitoler als Repräsentanten der ‚Zivilisation' erscheinen konnten.

Polybios war jedoch imstande, dieses starre Bild aufzubrechen, wenn es seiner Argumentation diente oder er sich unzweifelhaften Tatsachen gegenübersah. Um seine Leser etwa zu überzeugen, dass die Aitoler trotz ihres Sieges gegen die Galater selbst eine gewisse Bedrohung für die anderen Griechen bedeuteten, schreibt er ihnen mehrfach die gleiche ἀθεσία zu wie den Kelten.[793] Die Aitoler werden damit auf einer Stufe zwischen den Galatern und den wahrhaft ‚zivilisierten' Griechen, wie den Achaiern, eingeordnet.[794] Und genauso wie sich griechische Könige oder Generäle wie ‚Barbaren' benehmen konnten, konnten nicht nur einzelne Römer (s. o.),[795] sondern auch Kelten griechisch erscheinen. Der bedeutendste Fall ist der galatische Prinz Ortiagon, der nicht nur tapfer sei (ἀνδρώδης), wie es von einem keltischen Fürsten zu erwarten

---

787 Vgl. Strab. V, 1, 6, C212–213; 10, C216. Keltische Siedlungen in der Po-Ebene für die Zeit um 150 v. Chr. belegt etwa Cato; vgl. Varr. Rust. II, 4, 11 = F 39 Peter = FRH 3 F 2,9 = FRHist 5 F 48.

788 Vgl. WALBANK, Kommentar I, 211/212; WILLIAMS 2001, 213/214. KISTLER 2009, 279 glaubt dagegen der Darstellung des Polybios, doch zeichnet er ein übertriebenes Bild einer „ethnischen Säuberung Norditaliens", das so vor dem Hintergrund der anderen genannten Quellen nicht aufrecht erhalten werden kann.

789 In II, 31, 7–8 hatte er die vollständige Vertreibung der Gallier und die Überwindung des *metus Gallicus* als Ziel des Krieges der 220er angedeutet; vgl. dazu die Interpretation bei BELLEN 1985, 18.

790 Zu seinem Hass auf die Ätoler und deren ambivalenter, aber meistens negativer Darstellung in den *Historien* vgl. etwa PÉDECH 1964, 154.

791 Vgl. Pol. II, 35, 7. Siehe auch Pol. IX, 30, 3; CHAMPION 1996 passim.

792 Vgl. CHAMPION 1996, 328.

793 Vgl. Pol. IV, 29, 4/XVIII, 6, 7. In IX, 34, 11 heisst es, ihr Verhalten sei dem von Kelten oder Skythen würdig.

794 Auch ihre Wirtschaftsform zeichnet Polybios als abhängig von Überfällen und Räubereien, wie bei Kelten und Illyrern, während der Achaierbund für eine staatlich abgesicherte und organisierte Wirtschaftsform steht. Siehe dazu DAVIES 2013, 329–331.

795 Etwa Scipio Africanus; siehe bspw. 104, Anm. 393; 193, 200.

war, sondern auch großzügig (εὐεργετικός) und großmütig (μεγαλόψυχος).[796] Dessen Frau Chiomara begegnete Polybios persönlich; er war von ihrem würdevollen Auftreten und ihrer Intelligenz beeindruckt (θαυμάσαι τό τε φρόνημα καὶ τὴν σύνεσιν).[797] Sie war das Opfer eines brutalen römischen Centurios geworden und vielleicht brachten der Geschichtsschreiber und seine Leser ihr auch deshalb Sympathien entgegen, da sie selbst Opfer der oft ebenso gnadenlosen Expansion Roms geworden waren.[798]

Die Beispiele zeigen, dass Polybios' topisches Keltenbild in einem gewissen Maße flexibel war.[799] Dennoch blieben Personen wie Chiomara und Ortiagon Ausnahmen und verrieten mehr über die Hellenisierung einzelner Persönlichkeiten als über irgendeine Relativierung des gesamten Keltenbildes.[800] Dafür sprechen auch die Keltendarstellungen in der Kunst des 2. Jhs. v. Chr.: Dem heroischem Gallier Ludovisi und seiner edlen Gefährtin, die der literarischen Charakterisierung von Ortiagon und Chiomara entsprechen, sowie dem berühmten Sterbenden Gallier, standen weiterhin zahlreiche degradierende Koroplastiken keltischer Krieger gegenüber.[801] Die Dichotomie zwischen Zivilisierten und (keltischen) ‚Barbaren' konnte erst Poseidonios aufbrechen.[802] Das späte 3. und frühe 2. Jahrhundert v. Chr. waren (noch) zu stark von den kriegerischen Auseinandersetzungen mit Galliern und Galatern geprägt, als dass es den Zeitgenossen möglich gewesen wäre, diese überwiegend positiv darzustellen.[803]

Wie die Untersuchung des polybianischen Texts zeigt, beließ es der Geschichtsschreiber aber nicht einfach bei dem negativ geprägten Keltenbild seiner Zeitgenossen. Er mochte sich an ein breiteres Publikum wenden, dennoch hatte er den intellektuellen Anspruch, auch die Makrotheorien klassischer und hellenistischer Denker zu verarbeiten. Unter diesen fand sich spätestens seit Herodot die Idee, die kulturellen Unterschiede zwischen den Ethnien der *oikumene* durch verschiedene Entwicklungs-

---

796 Vgl. Pol. XXII, 21.
797 Vgl. Plut. De Virt. Mul. 22 = Pol. XXI, 38; griechisches Zitat aus XXI, 38, 7.
798 Vgl. LAMPINEN 2014a, 11/12.
799 Vgl. dazu auch WILLIAMS 2001, 87/88.
800 Vgl. BERGER 1992, 122; GONZÁLEZ RODRÍGUEZ 2003, 164. Ein weiteres Beispiel wäre Kauaros, der letzte Herrscher des galatischen Königreichs von Tylis, den Polybios in IV, 46, 4; 52, 1, und VIII, 22, 1 beschreibt. Siehe dazu auch DOMARADZKI 1995 passim. Vielleicht war Polybios auch bereits der Meinung, die Galater seien – anders als die Kelten des Westens – insgesamt hellenisiert worden, wie es Liv. XXXVIII, 17, 9 zum Ausdruck bringt. Vgl. GONZÁLEZ RODRÍGUEZ 2003, 164/165.
801 Dass es sich bei den beiden berühmten Plastiken um heroisierende Repräsentationen keltischer Krieger handelt argumentiert KISTLER 2009, 307–327 bzw. 327–333 (Sterbender Gallier) überzeugend. Gegenläufige Beispiele einer Degradierung bzw. Dämonisierung der Kelten sind etwa der „Sterbende Kelte" aus Neapel (Muso Archeologico Nazionale Inv. 6015), der unterlegene Gallier auf einer Urnenkiste aus Volterra (Museo Guarnacci 427) oder der „Nach hinten stürzende Kelte" aus Venedig (Römische Marmorkopie (H. 0.76 m, L 1.08 m) eines griechischen Bronze-Originals zwischen 200 und 160/150 v. Chr., Venedig, Museo Archeologico Inv. 55). Auf 326/327 verweist KISTLER selbst auf die Parallelen zwischen Ortiagon und dem Gallier Ludovisi.
802 S. u. das entsprechende Kapitel auf den Seiten 211–245.
803 Ähnlich BERGER 1995 passim.

phasen zu erklären:⁸⁰⁴ Da die Griechen anerkannten, dass die Staaten Vorderasiens den Status der ‚Hochkultur' noch vor ihnen selbst erreicht hatten, war dem Modell zufolge eine Weiterentwicklung prinzipiell für alle Völker möglich. Dementgegen stand jedoch der Determinismus der Klimatheorie, den Polybios mehrfach nutzte, um den Charakter der Kelten zu erklären. Verhinderte die kalte und lebensfeindliche Umwelt in nördlichen Breiten also die Entfaltung der Kelten? Tatsächlich schloss Polybios die Ränder der bekannten Welt aus seiner Definition der durch die συμπλοκή verbundenen *oikumene* aus, er scheint somit an eine starre Teilung zwischen ‚Barbaren' und ‚Zivilisation(en)' geglaubt zu haben.⁸⁰⁵ Allerdings zeigte er auch deutliche Unterschiede zwischen den Alpenkelten und den Bewohnern der Po-Ebene auf und gestand somit zu, dass auch für die Nordvölker eine Veränderung ihres Charakters und ihrer Lebensweise zumindest dann möglich war, wenn sie ihre angestammte Heimatregion verließen. Verblieben sie jedoch am nördlichen Rand der *oikumene*, war ihnen selbst eine solch eingeschränkte Entwicklung versagt.⁸⁰⁶

Dass sie in einer solchen Primitivität verharrt waren, wurde schließlich noch durch eine weitere klassische Makrotheorie begründet: Die Annahme einer ständigen Abfolge von Fluten, die immer wieder einen Großteil der Menschheit vernichtet habe.⁸⁰⁷ Denn laut (Pseudo-)Aristoteles hatten diese mythischen Überschwemmungen in verschiedenen Regionen ganz unterschiedliche Auswirkungen gehabt: Da bspw. das hohe Alter der ägyptischen Kultur für die Griechen außer Frage stand, mussten die Zivilisationen des Südens offenbar mehrere Überflutungen überstanden haben, während die Geschichte der Bewohner der kalten Zonen nur bis zur letzten Flut zurückreiche. Damit seien diese Völker auch deutlich jünger.⁸⁰⁸ Das passt zur Äußerung Herodots, die Skythen seien die jüngsten Bewohner der *oikumene*.⁸⁰⁹ Die ‚Barbaren' des Nordens waren somit wie Jugendliche, die Ethnien des Südens geradezu Greise und nur Grie-

---

804 Siehe hierzu Müller 1997, 118–122.
805 Vgl. QUINN 2013, 341.
806 Laut Pol. II, 17, 9–12 blieben schließlich selbst die Po-Kelten seminomadische Räuber. CHAMPION 2004, 68–84 spricht dementsprechend davon, dass auch die ‚Barbaren' bei Polybios hellenisiert werden konnten, sich dazu jedoch Umweltumstände (Migration) und politische Verfassung (durch Impulse von außen) ändern mussten. Beides traf bei Chiomara und Ortiagon zu, die zu den Kelten dritter oder vierter Generation im hellenistischen Osten gehörten.
807 Einer der wichtigsten Vertreter dieser Idee war Platon, vgl. etwa Plat. Tim. 22c–23c. Die Vorstellung geht aber mindestens auf die Kyprien zurück. Vgl. etwa Kyprien, HO 118 Frg. 1, wo Zeus die Fähigkeit zugewiesen wird, Sintfluten auszulösen. Zum (orientalischen) Ursprung des Konzepts vgl. GERHARDS 2014, 74/75.
808 Vgl. Aristot. probl. XIV, 7–16, 909b–910a und besonders XIV, 15, 910a 27–36. Zur Urheberschaft der *Problemata* und ihrer Verbindung zu (anderen) Werken Aristoteles' vgl. etwa BODNÁR 2015 passim.
809 Nach Hdt. IV, 5,1 war dies die eigene Auffassung der Skythen. Die Phryger galten dagegen als das älteste Volk, sogar noch vor den Ägyptern; siehe Hdt. II, 2.

chen (und später Römer) Männer in der Blüte ihrer Jahre.⁸¹⁰ Genauso wie viele *topoi* von den Skythen auf die Kelten übertragen wurden, übernahm Polybios auch dieses Modell für die ‚Barbaren' seiner Zeit, um ihr Verhalten zu plausibilisieren: Schließlich bezogen sich „Griechentum" und „Römertum" für ihn nur auf den erwachsenen Vollbürger.⁸¹¹ Auch die römische und griechische Jugend ließ sich ihm zufolge oft von ihren Impulsen und ihrer Leidenschaft leiten,⁸¹² sie frönte dem übermäßigen Alkoholkonsum⁸¹³ und nur wenige unter ihnen widmeten ihre Zeit dem notwendigen Studium ethischer und politischer Fragen.⁸¹⁴ Fast zwangsläufig mussten sich diese Mängel auch bei einem Volk finden, das erst seit der letzten Flut existierte und im rauen Klima des Nordens hauste. Polybios macht dies besonders deutlich, wenn er die Entscheidung der transpadanischen Kelten, in den 220er Jahren erneut in den Krieg gegen Rom zu ziehen, den jungen Männern unter ihnen zuschreibt, welche die Schrecken der letzten Niederlage nicht miterlebt hatten.⁸¹⁵ Damit habe der θυμός allein ihre Politik bestimmt.⁸¹⁶ Soweit konnte es nur kommen, da sich die Kelten in Polybios' Sicht auf einer niedrigeren Entwicklungsstufe befänden; nur (griechische) Bildung (παιδεία) hätte den θυμός unterdrücken können – und einem ‚Naturvolk' wie den Galliern fehlte diese gänzlich.⁸¹⁷

---

810 Vgl. KOCHANEK 2004, 84/85. Die Frage, ob sich dieses Alter der Völker in den kommenden Jahrhunderten irgendwann verändert, scheint nicht Bestandteil der Überlegungen gewesen zu sein.

811 Den Vollbürgern standen verschiedenste Gruppen gegenüber, welche die stabile Gesellschaftsordnung bedrohten, von (griechischen/römischen) Jugendlichen bis zu den externen ‚Barbaren'; siehe ECKSTEIN 1995, 118/119.

812 Vgl. Pol. XXXII, 5, 8 (wo der junge Charops von Epeiros gar zur παρανομία neigt, eben aufgrund seines Alters), III, 15, 9; 16 (zum jungen Hannibal) oder VII, 2–7 über Hieronymos von Syrakus, dessen Fehler Polybios der Tatsache zuschreibt, dass er nur „ein Junge" (παῖς) gewesen sei.

813 Vgl. Pol. VIII, 27, 4 (Römer) oder XVI, 21, 7 (am ptolemäischen Hof). Auch hier finden sich mehrere Beispiele einflussreicher Persönlichkeiten, darunter sogar Polybios' Freund Demetrios I. Soter; vgl. XXXI, 13, 8.

814 Diese Kritik bringt er in Pol. XII, 26c, 4 an. Junge Römer werden explizit in XXXI, 25, 4–5a genannt. ECKSTEIN 1995, 140–150 behandelt das Thema umfassender. Zum (angeblichen) Einfluss des Alters auf Philipp V. in seinen ersten Regierungsjahren vgl. MCGING 2013 passim.

815 Vgl. Pol. II, 21, 2–3. Ganz genauso, wie die Kelten als Volk insgesamt sich nicht an die Schrecken der Flut erinnern konnten.

816 Obwohl die ἀνακύκλωσις im VI. Buch nicht auf ‚barbarische' Völker bezogen wird, hat MOORE 2017, 137 recht, dass diese Entwicklung zu dem ‚natürlichen' Niedergang jeder Gesellschaft passt, wie Polybios ihn postuliert: Im Gegensatz zu den Römern hatte die Gallier nichts dazugelernt.

817 Vgl. RANKIN 1987, 73; ECKSTEIN 1995, 147–148; GONZÁLEZ RODRÍGUEZ 2003, 154/155. Für die jungen Griechen gab es natürlich die Möglichkeit, ihre Schwächen durch Bildung zu überwinden, schließlich hatte Polybios einst denselben Prozess durchgemacht – vgl. ECKSTEIN 1995, 150. Eine Fähigkeit zum Lernen bei den Galliern deutet Polybios zumindest in XXXIV, 10, 14 an, wenn die norischen Taurisker bei Feistritz (Kärnten) den Wert des in ihrem Land gefundenen Goldes begreifen und dessen Abbau und Verkauf monopolisieren. Dies ist jedoch kein Lernprozess, der ihre Charakterschwächen überwinden würde, vielmehr passt er zu der Gier nach Reichtümern, die für ihre ursprüngliche Invasion der Po-Ebene verantwortlich war. Strabon lässt die Kelten ihren Mangel an Bildung nach der römischen Eroberung schließlich überwinden, wenn er schreibt, sie

Fazit

Die polybianische Darstellung der Kelten im Krieg ist stark von klassischen *topoi* geprägt, die ihren Ausdruck immer wieder in Vergleichen zwischen den beiden Seiten finden. Dies gilt ebenso für den ethnographischen Exkurs über die Gallier der Po-Ebene, der im Gesamtrahmen seines Werkes eine wichtige Funktion einnimmt: Polybios interessierte sich für die Kelten, da sie eine permanente Bedrohung für den römischen Staat waren. Er betont, wie sehr der dauerhafte Kriegszustand mit den gallischen Nachbarn militärische Reformen in Rom anregte[818] und die Armee darauf vorbereitete, ihre zukünftigen mediterranen Rivalen in die Knie zu zwingen.[819] Symbolisiert wurde die ständige Gefahr durch den *metus Gallicus*, der die Kelten zum kulturell „Anderen" stilisierte.[820] Die Angst war so groß, dass in solchen Fällen ein *tumultus Gallicus* als staatlicher Notstand ausgerufen werden konnte[821] und die Römer teils zu Menschenopfern griffen.[822] Die Gallier repräsentieren für Polybios die Irrationalität (hier θυμός), die er mit der römischen Rationalität (λογισμός) kontrastiert.[823] Er nutzt also einerseits legitimierende Vergleiche, um die militärische und kulturelle Unterlegenheit der Kelten zu beweisen. Da das zweite *comparatum* aber oft die Römer sind, relativieren die Vergleiche auch, indem sie Ähnlichkeiten zwischen Römern und Griechen nachweisen. Die vernunftbetonte Herangehensweise der Römer und ihr Streben nach *virtus* korrespondierten mit den griechischen Ideen von λογισμός und ἀνδρεία, so dass für einen griechischen Leser der *Historien* eine Identifikation mit den römischen Siegern erleichtert wurde.[824] Dabei zeigen sich Einflüsse philosophischer Hypothesen, die auf Platon, Aristoteles und die ionischen Naturphilosophen zurückgehen. Doch beschäftigte sich Polybios mit diesen nie um ihrer selbst willen, wie es der Stoiker Poseidonios

schickten ihre Söhne nach Massalia, um dort in den Genuss von παιδεία zu kommen. Vgl. Strab. IV, 1, 5, C181 und das entsprechende Kapitel zu Strabon und Gallien auf S. 323.
818 Siehe bspw. Pol. II, 33.
819 Vgl. Pol. II, 20, 9; GONZÁLEZ RODRÍGUEZ 2003, 160.
820 Vgl. BERGER 1992, 125/126. Polybios selbst spricht sogar in der Zeit des 2. Makedonischen Krieges noch davon, dass die Konsuln aufgrund der Angst vor einem Keltenangriff in Italien verblieben; vgl. Pol. XVIII, 11, 2.
821 Vgl. bspw. App. civ. 2, 150; BELLEN 1985, 10/11; WILLIAMS 2001, 171.
822 Vgl. WILLIAMS 2001, 173–175. Selbst Sallust bezeichnete die Kriege gegen die Kelten (und Kimbern & Teutonen) noch als Kämpfe ums Überleben (*salus*), nicht nur um den Sieg; vgl. Sall. Iug. 114, 2.
823 Siehe ähnlich BERGER 1995, 520. Zum λογισμός als Gegenteil vom θυμός in Polybios vgl. PÉDECH 1974, 49.
824 Eine solche Interpretation eines Gegensatzes von Vernunft und Unvernunft findet sich auch bei RANKIN 1987, 72. THORNTON 2010, 52 spricht sogar davon, die Römer würde in diesem Zusammenhang „Greci onorari", also „Ehrengriechen", und CHAMPION 2000b, 430 weist daraufhin, dass Polybios die Erfolge der Römer gegen die Kelten nicht nur mit den griechischen Siegen über Perser und Galater vergleicht, sondern dass er die Römer sogar mit seinen Achaiern in Verbindung bringt, da er von der Darstellung der Keltenkriege (bis II, 35) fast direkt zur Geschichte des Achaierbundes (ab II, 37) übergeht.

später tat.⁸²⁵ Vielmehr flossen sie durch die Tradition ethnographischen Schreibens, die eine Vielzahl solcher Gedankenkonstruktionen verarbeitet hatte, in sein Werk ein und erfüllten damit auch Lesererwartungen.⁸²⁶ So lässt sich ein eindeutiger Niederschlag der bedeutendsten ‚naturwissenschaftlichen' Makromodelle finden, zu denen etwa die Klimatheorie und die Entwicklungstheorie gehörten.

Unter den überlieferten griechisch-römischen Werken enthalten die *Historien* des Polybios die ausführlichsten Beschreibungen Galliens und der Gallier vor der Arbeit des Poseidonios im frühen 1. Jahrhundert v. Chr.⁸²⁷ Somit sollte Polybios' Beitrag zur antiken Ethnographie trotz des vordergründig politisch-militärischen Charakters seines Geschichtswerkes nicht (mehr) unterschätzt werden.⁸²⁸ Dieses Kapitel versteht sich deshalb als ein Argument für die These, dass Polybios bewusst an die Tradition ethnographischen Schreibens anschloss und damit auch spätere Autoren in diesem Feld beeinflusste.⁸²⁹ Seine Beschreibung der Kelten steht beispielhaft dafür.

3.4 Barbaren des äußersten Westens?
Polybios auf der Iberischen Halbinsel

Einleitung

Mit der Niederlage im Ersten Punischen Krieg verlor Karthago die maritime Vorherrschaft im westlichen Mittelmeerraum. Sizilien wurde an Rom abgetreten, Sardinien und Korsika folgten in den nächsten Jahren. Die Karthager wandten sich daraufhin nach Westen, um ihre Verluste auszugleichen. Am Rand des *okeanos* lag Gades, eine der ältesten phönizischen Kolonien, die bis auf das 9. Jahrhundert v. Chr. zurückging.⁸³⁰ Sie diente dem Handel mit dem goldreichen Tartessos und anderen Staatsgebilden der Iberischen Halbinsel.⁸³¹ In den folgenden Jahrhunderten kamen weitere phönizi-

---

825 Diese Sicht wird von SCHNEIDER 1969, 460–462 unterstützt. Polybios war allgemein offen für stoisches Gedankengut, stand aber auch antistoischen Ideen nicht völlig abgeneigt gegenüber. Vgl. PÉDECH 1974, 43. S. o. 65/66 in der Einleitung zu Polybios; s. u. 225–228 zu Poseidonios.
826 Vgl. bspw. MÜLLER 1997 passim.
827 S. u. 211–244 zu Poseidonios. TIERNEY 1960, 197 war wahrscheinlich einer der Ersten, der Polybios diese Leistung zuerkannt hat; danach FOULON 1997, 103 und MAIER 2012, 9.
828 TOMASCHITZ 2002, 209 ist einer der wenigen Historiker, der diesen Aspekt betonte und eine stärkere Erforschung dessen forderte. Alleine schon die in Plin. nat. hist. V, 9 beschriebene Expedition des Polybios spricht für sein großes ethnographisches Interesse.
829 Zuletzt vertrat etwa WOOLF 2011b diese Sicht. Buch XXXIV scheint einen besonders ethnographischen Charakter zu haben, wie auch einige der Beispiele im Kapitel gezeigt haben.
830 Zum Gründungsdatum von Gades und der vorangegangenen indigenen Besiedlung vgl. etwa FERNÁNDEZ CASTRO 1995, 179.
831 Vgl. bspw. SCHULZ 2016, 47–49. Die karthagischen Stützpunkte in Iberien dienten darüber hinaus dem Fischfang und Handel mit dem Süden, etwa den Kanaren. Für den Hinweis danke ich Simon Temme (Bielefeld/Essen).

sche Städte hinzu, die in immer engeren Kontakt mit Karthago traten.[832] Auf dieser Basis baute Hamilkar Barkas auf, als er in den 230er Jahren begann, eine karthagische Präsenz im südhispanischen Raum zu etablieren, um die Staatsfinanzen zu sanieren. Im fernen Westen hoffte Hamilkar der Aufmerksamkeit Roms zu entgehen und somit weitere kriegerische Auseinandersetzungen (zunächst) zu vermeiden.[833] Fünfzehn Jahre lang expandierten die Barkiden so auf der Halbinsel, bis Hamilkars Sohn Hannibal 218 v. Chr. schließlich das ostiberische Sagunt eroberte und damit den entscheidenden Krieg mit Rom eröffnete. Iberien wurde bald selbst zum Schauplatz der Kämpfe zwischen den beiden Großmächten und erregte deshalb ein halbes Jahrhundert später das Interesse des Polybios.[834]

Beide Seiten bemühten sich während des Krieges um die Unterstützung der einheimischen Bevölkerung. Dem erfahrenen Militär und Politiker Polybios wird bewusst gewesen sein, wie wichtig die Rolle der iberischen Völker war. Die entsprechenden Passagen in den *Historien* bieten deshalb ein ähnliches Potential wie jene über die Kelten, um die ethnographischen Charakterisierungen des Geschichtsschreibers herauszuarbeiten. Wie unterscheidet Polybios dabei die verschiedenen Gruppen der Iberer? Nutzt er erneut die Klimatheorie, um Lebensweise und Handeln zu erklären? Werden die Keltiberer dementsprechend wie die Gallier als ‚Barbaren des Nordens' charakterisiert? Und konnte all das erklären, warum die Römer seit den Tagen Hannibals immer wieder so schwere Niederlagen in Iberien erlitten?

Vom goldreichen Tartessos zur römischen Provinz: Die Iberische Halbinsel in der Sicht von Griechen und Römern vor Polybios

Als sich Polybios in seinen *Historien* mit Iberien beschäftigte, fand er – wie bei Kelten und Römern – bereits eine weit zurückreichende mündliche und schriftliche Tradition vor. Ihr entnahm er mehrere wichtige Vorstellungen, die seinen eigenen Blick auf die Halbinsel prägen sollten. Schon in archaischer Zeit begegnen griechische Angaben über den äußersten Westen der *oikumene*. Hesiod verortet dort den Kampf des Herakles gegen Geryon, der von späteren Autoren mit dem tartessischen König Geron/Geryon identifiziert wird.[835] Auch der Garten der Hesperiden und der Höllen-

---

832 Vielleicht waren die karthagisch-phönizischen Kräfte sogar für den Untergang von Tartessos, irgendwann in der späten Archaik, verantwortlich. Vgl. die These bei ALONSO NÚÑEZ 1987, 245–248. Dagegen spricht sich JÚDICE GAMITO 2005, 583/584 für einen langsamen wirtschaftlichen Niedergang und einen politischen Machtverlust durch die keltische Expansion im Süden Hispaniens im 5. Jh. v. Chr. aus.
833 Vgl. prägnant BARCELÓ 2007, 22–24; ausführlich GONZÁLEZ WAGNER 1999 passim.
834 Vgl. Pol. II, 13, 3.
835 Vgl. Hes. Theog. 287; König Geron bei Avien. Ora mar. 263, 304; zu weiteren frühen Autoren (allen vor Polybios) vgl. SCHULTEN 1955, 37–71.

hund Kerberos wurden mit dem Westen verbunden; die Odyssee hat vielleicht erste Erkenntnisse über Iberien verarbeitet.[836] Der Name Ιβηρία taucht bereits im massaliotischen *periplous* aus dem 6. Jahrhundert v. Chr., der dem spätantiken Lehrgedicht des Avienus Rufius zugrunde liegt, als Bezeichnung für die spanische Mittelmeerküste auf.[837] Die Griechen verwendeten ihn auch noch nach der Einwanderung iberischer Gruppen ins Landesinnere um 300 v. Chr. in dieser Bedeutung,[838] während das Hochland von einigen Autoren als Κελτική bezeichnet wird.[839]

Das Hauptinteresse griechischer Autoren galt aber dem halbmythischen ‚Dorado' Tartessos.[840] Bereits Stesichoros kennt um 600 v. Chr. einen Silberfluss mit diesem Namen,[841] Anakreon spricht von einem tartessischen König, der 150 Jahre lang herrschte,[842] und Hekataios unterscheidet Tartessos[843] von der separaten Region Iberien.[844] Die wichtigsten Informationen stammen jedoch von Herodot: Er erzählt von der Fahrt des Kolaios von Samos nach Tartessos in der Mitte des 7. Jhs. v. Chr., der bei seiner Rückkehr unermessliche Reichtümer mitgebracht habe.[845] Viele Informationen der frühen Autoren beruhten offenbar auf solchen Fahrten.[846] Neben den Samiern war Herodot zufolge eine Gruppe von Phokaiern nach Tartessos gekommen, wo sie auf den 80-jährigen König Arganthonios trafen, von dem schon Anakreon berichtet hatte.[847] Der König gab den Phokaiern Geld und Land zum Siedeln und bestätigte damit das Bild, das sich die Griechen von Tartessos gebildet hatten.[848] Erwähnungen bei Ephoros[849] und Theopompos von Chios[850] zeigen, dass das Interesse an den Tartessiern im 4. Jahrhundert v. Chr. anhielt.[851] Die kurzen Fragmente erlauben nur wenige Rückschlüsse, aber die griechischen Siedlungen an der Ostküste der Halbinsel müssen eine

---

836 Vgl. Hes. Theog. 275 (Hesperiden); 311 (Kerberos); SCHULTEN 1955, 37–41.
837 Vgl. Avien. ora mar. 253, 472, 480, 552, 613.
838 Siehe SCHULTEN 1955, 5/6.
839 Vgl. bspw. Ps. Skymn. 165, 167; SCHULTEN 1955, 7. Auch Pseudo-Skymnos sah einen großen Teil der Halbinsel als Teil der Keltiké. Eine rekonstruierte Karte, wie er sich Iberien vorgestellt hatte, bietet MARÍN MARTÍNEZ 2012, 449.
840 Vgl. für die folgenden Angaben auch CELESTINO PÉREZ 2016, 24–33.
841 Vgl. Strab. III, 2, 11, C148 = Stesichoros PMGF 154 = SLG 7.
842 Siehe Strab. III, 2, 14, C151 = Anakreon PMG Fr. 361 = Fr. Gentili-Prato, Teubner.
843 Vgl. Steph. Byz. s. v. Ἐλιβύργη = Hekataios BNJ 1 F 38.
844 Siehe Arr. Anab. II, 16, 5–6 = Hekataios BNJ 1 F 26; F 45–52.
845 Vgl. Hdt. IV, 152.
846 Siehe SCHULTEN 1955, 39.
847 Vgl. Hdt. I, 163, 2. Siehe hierzu auch SCHULZ 2016, 124/125.
848 Vgl. Hdt. I, 163, 3–4. Alonso Núñez präsentiert die schlüssige These, dass es sich um eine Dynastie von Königen gehandelt haben könnte, die alle den gleichen Namen trugen (Arganthonios I., Arganthonios II. usw.) und deswegen bei den Griechen den Eindruck erwecken konnten, es handele sich um einen einzigen, äußerst langlebigen Herrscher. Siehe ALONSO NÚÑEZ 1987, 243/244.
849 Vgl. Strab. I, 2, 26 C33 = BNJ 70 F 218.
850 Vgl. Steph. Byz. s. v. Μασσία = FGrHist 115, F 200; Steph. Byz. s. v. Τλῆτες = F 201.
851 Noch im 2. (?) Jh. beschrieb Pseudo-Skymnos Tartessos so, als existiere es noch; vgl. Ps- Skymn. 162–166.

wichtige Rolle bei der Verbreitung von Informationen gespielt haben, auf welche die Autoren zurückgreifen konnten. Denn die Städte dienten als ‚middle grounds' zwischen Griechen, Iberern und Phöniziern und ermöglichten die Verarbeitung lokaler Erzählungen in vorhandene Wissensbestände.[852] Sicher als *polis* belegt ist nur Emporion (Ampurias in Katalonien), doch waren auch die nahe gelegene Siedlung Rhode sowie Hemeroskopeion und Alonis griechische Gründungen.[853] Das von Kolonisten aus Phokaia[854] bzw. Massalia[855] angelegte Emporion ging auf die Zeit bis um 600 v. Chr. zurück, doch blieb es – wahrscheinlich aufgrund der Präsenz der Phönizier – bei dieser begrenzten phokaiisch-massaliotischen Subkolonisation.[856] Die vorhandenen Städte bildeten wichtige Stützpunkte im Handelsnetzwerk des westlichen Mittelmeeres.[857]

Dennoch führte die Präsenz griechischer Händler, ähnlich wie im Falle Massalias und Galliens, nicht zu einer ethnographischen Beschäftigung mit den Indigenen. Ein großer Teil der bekannten Texte behandelte das Thema geographischer Verortungen: Seit dem *periplous* des Avienus bemühten sich die Griechen um eine Einordnung Iberiens in die Erdkunde der *oikumene*. Neben Tartessos kam dabei den Säulen des Herakles eine besondere Rolle zu, da diese als ‚Ende der Welt' galten. Pytheas und Eratosthenes setzten sich mit der Thematik auseinander:[858] Pytheas schrieb über Tartessos als Region und über die Insel Erytheia vor der Küste von Gades, die als Heimat des Geryon und/oder der Hesperiden galt – Eratosthenes kommentierte diese Angaben später.[859] Im Anschluss an den massaliotischen *periplous* definierte der Kyrener die Umrisse der Iberischen Halbinsel.[860] Polybios' Rivale Timaios nannte schließlich zwei Inseln vor der Küste von Gades[861] und beschrieb die Entdeckung einer Insel im Atlantik, eventu-

---

852 Zum Konzept des ‚middle grounds' und seiner Anwendung in der Alten Geschichte siehe MALKIN 2002 passim; WOOLF 2009, 209 ff.; SCHULZ 2020a, 20–25.
853 Siehe DOMÍNGUEZ MONEDERO 2006 und besonders die Übersicht der griechischen Siedlungen 484/485. Dominguez listet dort auch nichtgriechische Städte wie Sagunt auf, denen griechische Elemente zugeschrieben wurden.
854 Nach Liv. XXXIV, 9.
855 So Strab. III, 4, 8, C159 und Ps.-Skymn. 204–205.
856 Zur Bedeutung der griechischen Städte in Iberien siehe allerdings MIR/SANTOS 2014 passim.
857 Vgl. SANTOS/TREMOLEDA 2013; MIRÓ/SANTOS 2014.
858 Siehe SCHULTEN 1955, 16/17; 62–65 (Pytheas); 69–71 (Eratosthenes).
859 Vgl. Strab. III, 2, 11, C148 = Eratosthenes Fr. III B122 Berger; CELESTINO PÉREZ 2016, 48/49. Erytheia wird auch von Pseudo-Skymnos genannt, der von ihrem Rinderreichtum spricht; vgl. Ps. Skymn. 150–158. Dabei rekurriert er auf Herodots Angabe, Geryon habe mit seinen Rinderherden die Insel bewohnt; siehe Hdt. IV, 8, 2. Die offensichtliche Quelle ist allerdings Ephoros, denn Ps.-Skymn. 152–166 = FGrHist 70 F129b. Ephoros hatte Gades auf Erytheia lokalisiert; vgl. Plin. nat. hist. IV, 119 = FGrHist 70 F 192a; KORENJAK 2003, 74 (Kommentar zu Ps.-Skymn. 159–162).
860 Vgl. bspw. Strab. II, 1, 41, C93 = Eratosthenes F 131 Roller; Strab. II, 4, 4, C106–107 = Pol. XXXIV, 7, 1–7 = Eratosthenes F 133 Roller; ALONSO NÚÑEZ 2010, 212/213.
861 Darunter Erytheia; vgl. Plin. nat. hist. IV, 36 = FGrHist 566 F 67.

ell Madeira, durch die Phönizier.[862] Wie in anderen Bereichen verbanden sich hier im (frühen) Hellenismus so unterschiedliche Disziplinen wie die Homerdeutung und die mathematische Geographie, um die Fremdheit Iberiens verständlich zu machen.

Auch das ethnographische Denken durchdrang verschiedene Gattungen und verband die Vorstellungen der Gelehrten mit dem praktischen Wissen der Seefahrer und den Erfahrungen aus den ‚middle grounds'. Polybios war aber nicht nur auf Informationen von ‚Zivilisten' angewiesen, denn im militärischen Kontext gab es bereits seit der Klassik Kontakte zwischen Iberern und Griechen. Iberische Söldner in karthagischen Diensten tauchen spätestens in der Schlacht von Himera 480 v. Chr. auf[863] und auf griechischer Seite unter Dionysios I. von Syrakus Mitte des 4. Jhs. v. Chr.;[864] schon Platon beschrieb die Iberer deshalb als kriegstüchtig.[865] Zu Beginn des Hannibalischen Krieges rekrutierten die beiden Scipionen keltiberische Söldner und schickten 300 der vornehmsten Indigenen (*nobilissimos Hispanos*) nach Italien.[866] Seit diesem Zeitpunkt blieben die Römer im äußersten Westen präsent: Mit dem Sieg des Scipio Africanus 206 v. Chr. bei Ilipa übernahmen sie die Kontrolle über das karthagische ‚Kolonialreich'; im gleichen Jahr gründete der siegreiche Feldherr den *vicus civium Romanorum* Italica (bei Sevilla) als erste feste römische Siedlung in Hispanien.[867] Seit 198 v. Chr. sandte der Senat alle zwei Jahre zwei der nun sechs Prätoren in den Süden der Halbinsel, wo sie mit der Verwaltung des Gebietes und dem Kommando über die dort stationierten Truppen betraut wurden.[868] Das römische Einflussgebiet wurde in die beiden Provinzen Hispania Citerior (an der Ostküste Spaniens) und Hispania Ulterior (an der Südküste Spaniens) aufgeteilt.[869] In den nächsten Jahrzehnten konsolidierten die Römer ihre Herrschaft, doch blieben die Provinzen von kriegerischen Begegnungen mit den indigenen Völkern geprägt.[870] Trotz zahlreicher römischer Siege im ersten Drittel des 2. Jhs. v. Chr. brachten nur die Feldzüge des Tiberius Sempronius Gracchus (Hispania Citerior) und seines Kollegen Lucius Postumius Albinus (Hispania Ulte-

---

862 Vgl. Diodor. V, 19–20 = FGrHist 566 F 164. Vgl. SCHULTEN 1955, 67 zur alten Interpretation, es handele sich um Madeira. Zur komplexen Diskussion bis hin zu der Möglichkeit, es könne sich um Amerika (Brasilien?) handeln, vgl. SCHULZ 2016, 312–317.
863 Vgl. Diod. XI, 1, 5.
864 Vgl. Xen. Hell. VII, 1, 20. Zur griechischen Bekanntschaft mit iberischen Söldnern siehe BLÁZQUEZ MARTÍNEZ/ GARCÍA-GELABERT PÉREZ 1987/1988.
865 Sie erscheinen jedoch zugleich als starke Trinker; vgl. Plat. leg. I, 637d–e.
866 Liv. XXIV, 49, 7–8 & XXV, 33, 1–3.
867 Vgl. App. Ib. 38; CIL II 1119 (Form der Siedlung). Ich werde versuchen, den römischen Begriff *Hispania* nur dann zu benutzen, wenn es der Kontext nahelegt.
868 Siehe Liv. XXXI, 28, 2. Als genauere Überblicksdarstellung für die ersten Jahre/Jahrzehnte der römischen Herrschaft in Iberien empfiehlt sich RICHARDSON 1996, 41–82. RICHARDSON, 52/53 weist daraufhin, dass im Jahr 195 mit Marcus Porcius Cato ein Konsul als Verwalter der *provincia* eingesetzt wurde. Zwischenzeitlich wurden die Prätoren auch nur für ein Jahr entsandt; vgl. etwa RICHARDSON, 59.
869 Vgl. Liv. XXXII, 28, 11.
870 Siehe die Übersicht in BLÁZQUEZ MARTÍNEZ 1986, 13–17.

rior) in den Jahren 179/178 v. Chr. signifikante territoriale Gewinne. Bei ihrer Rückkehr nach Rom feierten sie Triumphe über die „Hispanier", Lusitaner und Keltiberer.[871] Da Gracchus die Beziehungen mit den politischen Gemeinschaften der (Kelt-)Iberer durch Verträge geregelt hatte, folgte nach seinem Abzug eine über zwanzigjährige Periode des relativen Friedens in den *provinciae*.[872]

Als Polybios nach Rom kam und sich entschied, an den *Historien* zu arbeiten, lagen also bereits verschiedenste Informationen über die Iberische Halbinsel vor. Aus der griechischen Literatur musste er vor allem die geographischen Überlegungen seiner Vorgänger berücksichtigen, während sich die Römer für die strategische und wirtschaftliche Bedeutung des äußersten Westens interessierten.[873] Scipio Aemilianus verhalf Polybios dazu, das Gebiet selbst zu bereisen – etwas, das wahrscheinlich keinem griechischen Autor vor ihm gelungen war.[874] Mit besonderem Stolz konnte er deshalb immer wieder auf seine Autopsie verweisen, die nicht nur für die Küsten, sondern auch für Teile des Landesinneren galt.[875]

Die Bestimmungen des Gracchus hatten den Römern auf der Halbinsel eine zwischenzeitliche Ruhepause gewährt, die allerdings nur bis in die 150er Jahre anhielt. Danach blieb das Land bis zu Polybios' Lebensende ein ständiger Brandherd, den die Römer nicht unter Kontrolle bekamen. Im Jahr 134 v. Chr. wurde Scipio Aemilianus – inzwischen Konsul – erneut nach Westen entsandt. Dort gelang es ihm, Numantia, die Hauptstadt der Keltiberer, nach langer Belagerung einzunehmen. Die römischen Eroberungen in Hispanien wurden damit zu einem vorläufigen Abschluss gebracht.[876] Möglich ist, dass der inzwischen fast 70-jährige Polybios Scipio erneut begleitete (s. o.).[877] Im gleichen Krieg war Decimus Iunius Brutus Callaïcus 138/137 v. Chr. durch

---

871 Vgl. RICHARDSON 1996, 58/59; Luik 2005, 46–48.
872 Vgl. BLÁZQUEZ MARTÍNEZ 1986, 151; RICHARDSON 1996, 59/60; 70/71.
873 Vielleicht hatte Fabius Pictor den Begriff „Celtiberi" geprägt; so PELEGRÍN CAMPO 1996, 19–24.
874 Zu den Reisen s. o. 58–60. Zur Route des Pytheas folge ich der u. a. bei SCHULZ 2016, 220–222 diskutierten These, dass der Massaliote auf seiner berühmten Reise den Landweg über das Flusssystem Südwestgalliens genommen hat. Er dürfte als massaliotischer Händler dennoch die ostiberische Küste um Emporion und die anderen griechischen Stützpunkte besucht haben und deshalb einige Angaben aus der Autopsie geliefert haben. Das Landesinnere kannte er allerdings sicher nicht. Die erste Reise des Polybios ist wahrscheinlich zum Ende seiner Zeit als Geisel 151/150 v. Chr. zu datieren. Scipio hatte sich für den Krieg gegen die Keltiberer gemeldet und nahm den achaiischen Geschichtsschreiber mit nach Hispanien, wo er gut ein Jahr blieb. Vgl. Pol. XXXV, 4. Zur Datierung siehe ERSKINE 2012, 29; WALBANK 1972, 11, 24; zum historischen Kontext der Reise LUIK 2005, 51–59. Zusammen besuchten sie u. a. Neukarthago; vgl. Pol. X, 10. S. u. die Besprechung der Passage auf 177–181.
875 Siehe dazu den Rest des aktuellen Kapitels. Vielleicht hatte er auch Gades besucht: So SCHULTEN 1955, 72; ALONSO NÚÑEZ 1985, 165.
876 Siehe dazu und zur folgenden administrativen Ordnung der beiden Provinzen RICHARDSON 1996, 70–82.
877 59 m. Anm. 66.

Lusitanien gezogen und hatte den Durius (Douro) überschritten.⁸⁷⁸ Damit gelangten die Römer erstmals bis nach Gallaecien im Nordwesten der Halbinsel.

Selbst wenn Polybios in den 130er Jahren nicht vor Ort war, wird er dank seiner Bekanntschaft mit Scipio Zugriff auf die Heeresberichte und Senatsakten der beiden Feldzüge gehabt haben oder zumindest mündlich an Informationen gekommen sein. Sie ergänzten seine 151/150 v. Chr. durch eigene Nachforschungen erworbenen Kenntnisse und die Angaben aus den Werken anderer römischer Militärs, die in Hispanien gedient hatten.⁸⁷⁹ Auch für die früheren Kriege in Iberien bildeten römische Schriften die wichtigsten Quellen des Polybios; zum Zweiten Punischen Krieg verweist er v. a. auf Fabius Pictor. Teilweise gibt Polybios deshalb die römische Sicht wieder: Als er bspw. die Gründe für den Hannibalkrieg bespricht, wirft er Hamilkar vor, den karthagischen Einfluss in Iberien nur deswegen ausgebaut zu haben, weil er einen Rachekrieg gegen Rom plane,⁸⁸⁰ und folgt somit der römischen Rechtfertigungsstrategie.⁸⁸¹ Allerdings wagt er auch Kritik an den Vorlagen und will so zeigen, dass er deren Angaben nicht unbefangen übernimmt. So kritisiert Polybios bspw. Pictors Aussage, Hasdrubal und später Hannibal hätten sich in Iberien wie Tyrannen aufgeführt und seien dem karthagischen Senat ein Dorn im Auge gewesen.⁸⁸² Polybios betont, es sei falsch, Pictor nur deswegen Glauben zu schenken, weil er ein römischer Senator war und die Ereignisse als Zeitgenosse miterlebt habe.⁸⁸³ Aufgrund seiner eigenen Vernunft und Autopsie in Iberien (und Italien) sah sich Polybios imstande, den Zweiten Punischen Krieg selbstständig zu bewerten, obwohl er als Außenseiter ein halbes Jahrhundert später auf die Ereignisse zurückblickte.

---

878 Vgl. App. Ib. 71–73.
879 Als Quelle dürften ihm auch Berichte von Quintus Fabius Maximus Aemilianus, dem Bruder des Scipio, gedient haben, der 145 v. Chr. nach Konsul kam, um dort den Kampf gegen Viriatus zu leiten. Vgl. App. Ib. 65; Photios VI p.146 Henry = Diod. XXXIII, 1, 3–4. Zu Viriatus s. u. das Unterkapitel zu Poseidonios und den Lusitanern auf 277–290. Senatsakten wurden in dieser Zeit sowieso von den jeweiligen Magistraten in ihren Privathäusern verwahrt, die ggf. auch Commentarii als Protokolle der jeweiligen Sitzungen anfertigten; siehe POSSNER 1972, 165–168. FOULON 1997, 106 ist zuzustimmen, dass Polybios auf jeden Fall das Archiv der kurulischen Ädile auf dem Kapitol genutzt haben muss, denn er erwähnt in Pol. III, 26, 1 die dort aufbewahrten Verträge und bemerkt in 26, 2, dass selbst einige vornehme Römer diese Verträge nicht kennen würden – er muss also wohl persönlichen Zugang gehabt haben. Dass er die Privatarchive der Scipionen (Pol. X, 9, 3) durchsuchen durfte ist bei seiner Stellung fast schon selbstverständlich.
880 Vgl. Pol. III, 10, 5.
881 Bei der Quelle handelte es sich allerdings nicht um Fabius Pictor; vgl. WALBANK, Kommentar I, 314.
882 Vgl. Pol. III, 8, 1–11. Hasdrubal habe laut Pictor einen tyrannischen Umsturz in Karthago geplant und sei daraufhin in den Westen geschickt worden, wo er die Halbinsel als Alleinherrscher regiert habe. In X, 10, 9 wird dieses Thema noch einmal aufgenommen, ohne dass Polybios dort eine klare Stellung zu den Vorwürfen bezieht.
883 Siehe Pol. III, 9, 1–5. Tatsächlich erscheint die Version des Fabius wenig glaubhaft; Polybios argumentiert zu Recht, dass die Karthager ihren Feldherrn nach dem Angriff auf Sagunt sonst einfach ausgeliefert hätten, um den Konflikt mit Rom beizulegen. Vgl. auch WALBANK, Kommentar I, 310/311.

Dieser Wille, zu zeigen, dass er eine alternative und bessere Geschichte der Ereignisse bieten konnte, steckt wahrscheinlich auch hinter seiner positiven Beurteilung der Barkiden. So schreibt Polybios über Hamilkar, der für ihn der beste General des Ersten Punischen Krieges gewesen war,[884] er habe den Einfluss Karthagos in Iberien neun Jahre lang gemehrt und sich dabei als Feldherr und Diplomat ausgezeichnet, bevor er einen ehrenhaften Schlachtentod gestorben sei.[885] Ihm folgte sein Schwiegersohn Hasdrubal der Schöne, der auf der Arbeit Hamilkars aufgebaut habe und die iberischen Besitztümer sicherte, indem er in „strategisch ausgezeichneter Lage sowohl innerhalb Iberiens selbst wie Libyen gegenüber"[886] Neukarthago gründete.[887] Polybios lobte diese Maßnahme ausdrücklich, und an anderen Stellen würdigte er mehrfach Hannibal (s. o.).[888] Dadurch hob der Achaier sich von römischen Autoren wie Pictor ab, die ein einseitiges Bild ihrer Feinde zeichneten.[889]

Polybios gelang es also immer wieder, seine Abhängigkeit von den römischen Texten in Bezug auf die Geschichte Iberiens in den „53 Jahren" zu überwinden. Auf den Feldern der Geographie und Ethnographie suchte er die Angaben früherer griechischer Gelehrter ähnlich kritisch zu verarbeiten. Dazu kamen einige griechische Geschichtsschreiber, die sich schon vor Polybios mit den Kriegen im Westen beschäftigt hatten. Nicht alle diese Autoren nahmen eine prorömische Haltung ein, wie sie die jahrhundertealte Rivalität zwischen Puniern und Westgriechen vielleicht nahelegen würde.[890] So nutzte Polybios z. B. die Schriften des prokarthagischen Sikelioten Phi-

---

884 Vgl. Pol. I, 64, 6.
885 Vgl. Pol. II, 1, 7. Seinen Sohn Hannibal hatte er bei seinem Aufbruch nach Westen mitgenommen; vgl. Pol. II, 1, 6 und III, 11, 5–7, wo Polybios Hannibals Schwur, niemals ein Freund Roms zu werden, wiedergibt. Der Junge war damals neun Jahre alt und erlebte somit von frühester Jugend an die militärische und außenpolitische Aktivität seiner Heimatstadt; siehe BARCELÓ 2007, 22/23. Hamilkars Tod schildert Polybios in II, 1, 8.
886 Pol. II, 13, 1–2.
887 In der griechischen Geschichte gab es ähnliche Beispiele von Städten, die zur Sicherung einer Herrschaft angelegt wurden; Polybios wird damit vertraut gewesen sein. Dabei ist bspw. an die Anlage von Militärstützpunkten durch den Attischen Seebund (Brea), die Tyrannen von Syrakus (Tyndaris) oder die Antigonidenkönige (Demetrias) zu denken. Vgl. zu diesem Phänomen DAUBNER 2011. Die Römer gingen mit ihren *coloniae* später ähnlich vor, in Spanien kannte Polybios die Anlage Italicas. In III, 24, 1 4 erwähnt er Mastia, die Vorgängersiedlung Neukarthagos, es handelte sich also – wie so oft in der Antike – nur um eine Neugründung und einen Ausbau einer vorhandenen Siedlung.
888 96/97. Zum Lob Hannibals vgl. auch Pol. XI, 19; siehe weitere Beispiele o. 102; 129; 153; 155/156.
889 Zur Auseinandersetzung des Polybios mit Fabius Pictor vgl. auch MUSTI 1974, 115–125.
890 Die expansive Politik der syrakusanischen Tyrannen, besonders Dionysios I. und Agathokles, hatte viele Griechen in Magna Graecia verprellt, wie schon der Eingriff des Timoleon zeigt. Siehe STROHEKER 1958, 105–108 zu den ersten negativen Stimmen gegenüber Dionysios I. Nach Agathokles' Niederlage gegen die Karthager am Himerasfluss 311/310 v. Chr. liefen sogar seine gesamten griechischen Verbündeten zu den Puniern über; vgl. Diod. XX, 3, 2. Da Syrakus in der Folgezeit ungewöhnlich lange belagert und von der karthagischen Flotte blockiert wurde, scheint die Angabe glaubhaft. Es gab somit für viele Griechen gute Gründe, eher mit den Karthagern zu sympathi-

linos von Akragas⁸⁹¹ und kritisierte ihn genauso scharf wie Fabius Pictor, wenn er es für notwendig hielt.⁸⁹² Diese Quellen wurden durch genuin karthagische Texte⁸⁹³ und mündliche Informationen ergänzt: Sein Aufenthalt in Iberien ermöglichte es ihm, Erkundigungen über die gegenwärtigen und vergangenen Konflikte in der Region einzuholen. Mittelsmänner aus den griechischen Städten der Ostküste Iberiens, die seit dem Hannibalischen Krieg unter römischem Schutz standen,⁸⁹⁴ könnte er ebenso befragt haben wie römische Offiziere, Phönizier oder Iberer.⁸⁹⁵ In der Rückschau auf die Erfolge Roms werden die Bewohner der Halbinsel die prorömische Sicht der literarischen Quellen jedoch eher bestätigt haben als Partei für die Karthager zu ergreifen.⁸⁹⁶

Es lässt sich also festhalten: Obwohl das Land den Griechen vor seiner Zeit noch relativ unbekannt war, lag Polybios eine schriftliche Tradition vor, deren Angaben er zu erweitern und verbessern suchte, indem er v. a. die Informationen heranzog, die er selbst vor Ort gewonnen hatte.

Die Geographie der Iberischen Halbinsel im Bild des Polybios

Polybios wollte zunächst an seine Vorgänger anschließen, indem er sich der Geographie Iberiens widmete. Man hat seine erdkundlichen Angaben als Rückschritt gesehen, da er die astronomische und mathematische Geographie ignorierte.⁸⁹⁷ Genau wie

---

sieren oder sie zumindest nicht wie die Syrakusaner als Feinde zu betrachten. Andersherum gab es natürlich auch schon Ende des 3. Jhs. v. Chr. viele antirömische Gefühle in der griechischen Welt.

891 Vgl. z. B. Pol. III, 25 = FGrHist 174 F 1. Foulon 1997, 105 nimmt an, dass dieser auch als Quelle für die Beschreibung der Gallier diente. Dazu kommen laut Foulon Chaireas und Sosylos von Lakedaimon (BNJ 176 & 177), obwohl sie in Pol. III, 20, 5 abqualifiziert werden. Da sich der Achaier über die meisten anderen Autoren sehr negativ äußert, ist das durchaus möglich. PÉDECH 1964, 376, Anm. 141/142 schlägt noch Eumachos von Neapolis (BNJ 178) und einen gewissen Xenophon vor.

892 Vgl. Pol. I, 14, 1–3. Zur Auseinandersetzung des Polybios mit den prokarthagischen Historikern siehe LEHMANN 1974, 172–185.

893 Polybios nutzte bspw. nach eigener Aussage eine Bronzetafel Hannibals, die der Feldherr dem Heratempel von Kap Lakinion gestiftet hatte, als Quelle für den Zweiten Punischen Krieg. Vgl. Pol. III, 33, 17. Zu den karthagischen Quellen für Buch III vgl. CELESTINO PÉREZ/LÓPEZ RUIZ 2016, 57. Vielleicht hatte er nach der Eroberung Karthagos auch Zugriff auf die dortigen Archive, wie ROLLER 2006, 99 annimmt. HABICHT/WALBANK 2010, XXVI gehen davon aus, dass er viele diplomatische Dokumente sammelte.

894 Siehe hierzu etwa RICHARDSON 1996, 25–27. Emporion war der Ausgangspunkt der römischen Bemühungen im Zweiten Punischen Krieg und mit Roms Alliiertem Massalia verbunden.

895 In IX, 25, 2 erwähnt er seine Gespräche mit Karthagern und betont, dass Landsleute stets die beste Quelle für Informationen über das jeweilige Volk und seine Vertreter seien. FOULON 1997, 107 nimmt ebenso Gesprächspartner jeglicher Herkunft an. Zu Polybios' Methode der Befragung vgl. Pol. XII, 28a, 9–11. Ihm war klar, dass Fragensteller und antwortende Person gleichviel zum Ergebnis eines solchen Gesprächs beitrugen.

896 Zu Polybios' prorömischer Darstellung der Punischen Kriege vgl. ZIMMERMANN 2010, 46–156.

897 Vgl. SCHULTEN 1955, 17; 36 zu seiner Ignoranz des Pytheas; zum Rückschritt im Vergleich mit Eratosthenes siehe PÉDECH 1976, 112–113; 122–127.

im Fall Galliens interessierte sich Polybios jedoch bei der Beschreibung der iberischen Länder v. a. für die militärischen und politischen Auswirkungen der Topographie.[898] Als Rahmen für eine ethnographische Auseinandersetzung waren diese Aspekte seit Herodot deutlich wichtiger als mathematisch-theoretische Überlegungen. Aufgrund der diversen Kriegsschauplätze versuchte Polybios, nicht nur die Küstengebiete zu erfassen, sondern beschrieb als erster Grieche detailliert das Innere Iberiens.[899] Dieser Anspruch zeigt sich an seiner Verwendung des Begriffes Ἰβηρία: Zu Beginn der *Historien* bezeichnet er damit noch die mediterranen Küstengebiete der Iberischen Halbinsel.[900] Er folgt damit seinen Vorgängern, unter denen jedoch der Großteil das Westufer der Rhône als Nordostgrenze Iberiens definiert hatte.[901] Für Polybios hingegen trennten die Pyrenäen Iberien vom Land der Kelten.[902] Er gab offenbar eine reale Veränderung der Verhältnisse in Südgallien wieder, das noch Anfang des 4. Jhs. teilweise von Iberern besiedelt war, dann aber von der keltischen La-Tène-Kultur erfasst wurde.[903] Vielleicht hatte der Achaier auf seinen Reisen deutliche Unterschiede zwischen den beiden Regionen wahrgenommen. Sie mögen ihn auch veranlasst haben, seine Sicht weiterzuentwickeln: Denn in Buch XXXIV und XXXV meint er mit Ἰβηρία wahrscheinlich ganz Südwesteuropa jenseits der Pyrenäen; Κελτιβηρία und Λυσιτανία erscheinen hier als untergeordnete Begriffe.[904] Damit folgt Polybios einem Vorschlag des Eratosthenes,[905] den er mit konkreten Informationen zu füllen sucht.[906] Es scheint,

---

898   S. o. auf 145/146.
899   Vgl. SCHULTEN 1955, 72. Pytheas besaß zwar Autopsie, wird aber nur die Küstengebiete beschrieben haben; vgl. etwa Strab. III, 2, 11, C148. Da Polybios die Angaben des Massalioten ablehnte, wird er sich selbst sowieso als den Ersten gesehen haben.
900   Vgl. Pol. III, 37, 10; III, 17, 2.
901   Vgl. Aischyl. F73a Radt. Siehe auch Strab. III, 4, 19, C166; MARCOTTE 2006, 36/37; schließlich MARÍN MARTÍNEZ 2012, 449. Tatsächlich sind in frühhellenistischer Zeit noch iberische Siedlungsspuren im äußersten Süden Galliens zu finden, wie HATT 1970, 134–138 zeigt.
902   Vgl. Pol. III, 37, 9–10.
903   Vgl. HATT 1970, 134–140; WOOLF 1994, 84–98; WOOLF 1998, 92.
904   Vgl. zu Lusitanien Athen. VII, p. 302E = Pol. XXXIV, 8, 1 & Athen. VII, p. 330C = Pol. XXXIV, 8, 4. Sollte Athenaios hier Turdetanien und Lusitanien verwechselt haben (siehe die Diskussion unten bei der Besprechung der Quellenstelle auf 181/182), dürfte das Gleiche für den Begriff „Turdetanien" gelten; in jedem Fall spricht Polybios besonders in 8,1 sicher von einer „Iberien" untergeordneten Region. Keltiberien wird als Herkunft der Keltiberer und dementsprechend als Kriegsschauplatz im gesamten Buch XXXV genannt, damit ist logischerweise ebenfalls nur ein kleinerer Teil Iberiens gemeint, wie v. a. aus 3,3 und 4,2 hervorgeht; vgl. auch ALONSO NÚÑEZ 1985, 264. Schwierig ist die verwirrende Stelle Strab. III, 2, 11, C148 = Pol. XXXIV, 9, 12, wonach der Guadiana (Anas) und der Guadalquivir (Baetis) von Keltiberien aus flossen, obwohl beide Flüsse größtenteils in Andalusien liegen! Vielleicht verstand Polybios unter „Keltiberien" (in manchen Kontexten) das gesamte Inland Hispaniens, im Gegensatz zu den Küstengebieten (= Iberien). So Ciprés 1999, 142. S. u. 195, Anm. 1050.
905   Vgl. Strab. II, 4, 8, C108–109 = Eratosthenes Fr. III B 97 Berger; III, 2, 11, C148 = Fr. III B122 Berger; s. o. den Hintergrund zur Iberischen Halbinsel und dem Wissen der Griechen auf 165–168.
906   Vgl. Pol. XII, 28a, 3–6, wo Polybios sich über Timaios lustig macht, der über Iberien schrieb, ohne jemals dort gewesen zu sein. Vielleicht hatte Polybios das XXXIV. Buch sogar mit einem besonde-

als sei Polybios der römischen Eroberung gefolgt und habe den Begriff Ἰβηρία deshalb schrittweise von den mediterranen Küstengebieten auf die gesamte Landmasse südlich der Pyrenäen übertragen.[907]

Soweit es sich den Fragmenten entnehmen lässt, hat Polybios das Land in mehrere Zonen unterteilt, die von verschiedenen Völkern bewohnt wurden. An der Mittelmeerküste lebten die Iberer, unter denen nur die Edetaner und Ilergeten größere Rollen spielen,[908] und im gesamten nördlichen Bergland die Keltiberer.[909] Südwestlich der Keltiberer siedelten die offenbar mit ihnen verwandten Vakkäer und Karpetaner.[910] An der mittleren Atlantikküste und am Nordufer des Tagus (Tejo) verortete Polybios die Lusitaner,[911] über die ihm offenbar nur spärliche Informationen vorlagen,[912] die auf seine Befahrung der Küste zurückgehen könnten.[913] Im Gegensatz zu den Lusitanern fällt die kulturelle Zuordnung ihrer südlichen Nachbarn einfacher: Bei den in der Algarve und im Alentejo lebenden Keltikern (lat. Celtici) handelte es sich (auch für Polybios) um ein keltisches Volk, wie schon der Name verrät.[914] Der äußerste Süden war das Land der Turdetaner. Der Begriff „Turdetanien" wurde (sicher) erst von Strabon geprägt, der

       ren Schwerpunkt auf die iberische Geographie und Ethnographie angelegt. Diese Idee findet sich bei GARCÍA MORENO 2003, 341–342.
907 Vgl. CRUZ ANDREOTTI 2003, 196. Zu Iber, Iberia und Iberern bei Polybios siehe auch MORET 2003.
908 S. u. 191–193 zu Andobales, Mardonius und Edeco.
909 Das lässt sich aus dem Bericht über den Zweiten Punischen Krieg schließen, der zu großen Teilen an der Ostküste der Halbinsel ausgetragen wurde, denn dort erscheinen nur Iberer, wie die Edetaner (s. u. 192). Buch XXXV und die Möglichkeit, dass Polybios mit nach Numantia reiste, setzen voraus, dass ihm die ungefähre Lage der Keltiberer vertraut war.
910 Für die Verwandtschaft zwischen Vakkäern und Keltiberern spricht ihre gemeinsame Nennung in Strab. III, 4, 13, C162 = Pol. XXXIV, 9, 13; für die Verwandtschaft zwischen Vakkäern und Karpetanern Pol. III, 14, 2. Die getrennte Nennung von Keltiberern und Vakkäern in Pol. III, 5, 1 spricht aber dafür, dass Polybios die Vakkäer nicht als Unterordnung der Keltiberer gesehen hat, sie und die Karpetaner sind auf der hier benutzten Karte deshalb auch nicht als Keltiberer eingetragen. In III, 14, 6 nennt er die beiden Stämme βάρβαροι, was die Vermutung stützt, er habe sie für Kelten gehalten und nicht für Iberer (siehe den Rest dieses Kapitels zu den Unterschieden in seiner Wahrnehmung); vgl. MARÍN MARTÍNEZ 2012, 453. Appian schließlich nennt die Vakkäer einen keltiberischen Stamm, und Polybios war eine seiner wichtigsten Quellen zu den hispanischen Kriegen (s. u. 202 m. Anm. 1088), was die Mindestposition stützt, dass der Achaier eine Verbindung zwischen den beiden Völkern gesehen hat. Die Karpetaner attackierten Hannibal direkt nach dessen Feldzug gegen die Vakkäer (III, 14, 2), das könnte sogar für ein Bündnis zwischen diesen beiden Stämmen sprechen, das Polybios bekannt war. S. u. S. 195 m. Anm. 1050.
911 Vgl. Pol. X, 7, 5. Hier nennt Polybios auch die Konier (Konioi), die Kouneoi Appians, vgl. App. Ib. 57–58. Sie sind eventuell identisch mit den Kynesiern, die Herodot als westlichstes Volk Europas bezeichnet hatte; vgl. Hdt. II, 33, 3. Zur Diskussion siehe WALBANK, Kommentar II, 202.
912 Sollte die Zuweisung der Athenaios-Stelle zu Turdetanien stimmen (s. u. 181). Zur Lokalisierung der Lusitaner und Polybios' Wissen darüber siehe PÉREZ VILATELA 2000, 21–23.
913 So interpretiert WALBANK 1967, 160 die Angabe der Fahrt in Pol. III, 59, 7.
914 Vgl. zu ihnen Strab. III, 2, 15, C151 = Pol. XXXIV, 9, 3; s. u. 186/187. Laut JÚDICE GAMITO 2005, 582/583 lebten sie vielleicht schon vor dem 5. Jh. v. Chr. in dieser Region.

sämtliche Aussagen des Polybios zu dieser Region überliefert.[915] Die Turdetaner wurden mit Tartessos verbunden, doch ist ihre Beziehung zu den Iberern und Keltiberern weder bei Polybios noch in der modernen Forschung geklärt.[916] Die Darstellung des Polybios ordnet sie eher in den iberisch-südlichen Kulturraum ein als in die Keltiké.[917] Zum Nordwesten schließlich sind keine Äußerungen des Achaiers überliefert. Aus den spärlichen Angaben lässt sich eine vorsichtige Zweiteilung des Landes zwischen den keltischen Stämmen des Inlandes im Zentrum, Norden und Westen und den urbanen iberisch-turdetanischen Kulturen entlang der Ost- und Südküste und im jeweiligen ebenen Hinterland rekonstruieren.[918] Polybios folgte damit offenbar einer ähnlichen ethnographisch-geographischen Aufteilung des Landes bei Eratosthenes.[919] Dementsprechend bezeichne ich im Folgenden mit „Iberern" die Bewohner der spanischen Mittelmeerküsten und werde davon abweichenden Gebrauch kenntlich machen.[920]

---

915 S. u. die verschiedenen Fragmente im entsprechenden Abschnitt zu Turdetanien (181–188). Dazu kommt nur die Passage bei Athenaios, die sich wahrscheinlich auf Turdetanien bezieht, im Text allerdings Lusitanien nennt. S. u. 181.

916 Vgl. dazu CRUZ ANDREOTTI 2019b, bes. 2–4; GARCÍA FERNÁNDEZ 2019, 52/53; MORET 2019 passim.

917 Dafür sprechen auch die linguistischen Ähnlichkeiten unter den verschiedenen turdetanischen und iberischen Schriftsystemen seit der Spätarchaik; vgl. HAARMANN 2003, 137/138; JÚDICE GAMITO 2005, 586.

918 Vgl. auch CRUZ ANDREOTTI 2003, 197.

919 Vgl. Strab. II, 4, 4, C107 = Pol. XXXIV, 7, 7; WALBANK, Kommentar III, 596. PÉDECH 1974, 42 betont, dass die Informationen des Eratosthenes zur Zeit des Polybios immer noch den neuesten Stand der griechischen Geographie darstellten.

920 Auf den hier geäußerten Vermutungen basiert auch die folgende Karte. Die Völker und Städte sind aufgrund der Angaben in diesem Kapitel eingeordnet, die Umrisse beruhen auf der Rekonstruktion der Weltkarte des Eratosthenes bei BUNBURY 1879, 650/651. Die Ilergeten sind der Stamm des Herrschers Andobales, wie sich Pol. X, 18, 7 und Liv. XXII, 21, 2–3 entnehmen lässt. Sie lebten für Polybios nördlich des Ebros, genauer lokalisiert er sie nicht, deshalb das Fragezeichen; vgl. Pol. III, 35, 2. Die Lage von Segesama ist unbekannt, deswegen dort erneut ein Fragezeichen – es wird zusammen mit Intercatia im Gebiet der Vakkäer erwähnt; vgl. Strab. III, 4, 13, C162 = Pol. XXXIV, 9, 13. Die Stadt ist laut WALBANK, Kommentar III, 608 identisch mit dem späteren Segisama Iulia, das Ptol. II, 6, 49 und Flor. epit. II, 33, 48 nennen. Nach Strab. III, 2, 11, C148 = Pol. XXXIV, 9, 12 fließt der Baitis/Baetis aus Keltiberien; eventuell meint Polybios wie schon diskutiert (s. o. 174 Anm. 904) an dieser Stelle mit Keltiberien etwas anderes, er sollte das Land dank Scipio Aemilianus aber gut genug gekannt haben. Vgl. auch die alternative Rekonstruktion bei MORET 2003, 304. Die geographische Ausrichtung meiner Karte erhebt keinen Anspruch auf Allgemeingültigkeit (sie ist eben nur eine *mögliche* Rekonstruktion), doch scheint mir die Idee eines Anschlusses an Gallien im Osten (statt im Norden) von Polybios nicht explizit formuliert worden zu sein; sie taucht etwa in App. Ib. I, 1 und später bei Strabon auf (S. u. 328, Abb. VI). Mit dem Gebirge schließlich, das westlich von Sagunt verläuft und ungefähr Iberer und Keltiberer voneinander trennt, kann nur das Sistema Ibérico gemeint sein. Vgl. CRUZ ANDREOTTI 2006, 85; WALBANK, Kommentar I, 328.

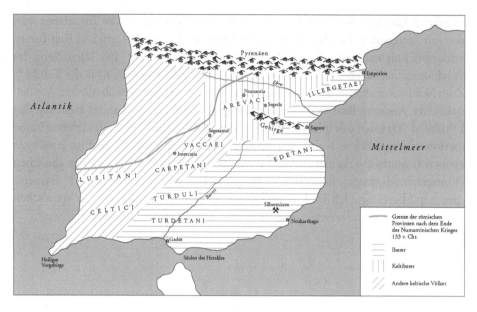

Abb. **IV** Die Iberische Halbinsel in der Vorstellung des Polybios (Mögliche Rekonstruktion)
Karte: Rudolf Hungreder

Streng durchgehalten hat Polybios diese Einteilung allerdings nicht. Sie veränderte sich im Laufe der Zeit, und gerade im militärischen Kontext verschwammen die Ordnungsmuster: Bei den verschiedenen Truppenkontingenten Hannibals von der Iberischen Halbinsel differenziert Polybios nicht zwischen Iberern, Keltiberern oder anderen Gruppen.[921] Der Geschichtsschreiber nutzte die Begriffe flexibel und abhängig davon, ob er in einer bestimmten Passage vordergründig politische, ethnographische oder geographische Interessen verfolgte.

Die geographisch-ethnographische Betrachtung des südlichen Hispanien und der Turdetaner im Werk des Polybios

Polybios forderte seine Vorgänger zunächst auf vertrautem Gebiet heraus, indem er die Geographie und ‚Ethnographie' des südlichen Iberien beschrieb. So identifizierte er bspw. die Säulen des Herakles mit der Straße von Gibraltar, statt sie in Gades zu platzieren, und bezog damit Stellung in einer langwierigen Debatte.[922] Auch schrieb er

---

921 Vgl. etwa die Auflistung der Truppen Hannibals vor der Schlacht von Cannae in Pol. III, 114; s. u. 188–190.
922 Vgl. Strab. III, 5, 5, C170 = Pol. XXXIV, 9, 4; WALBANK, Kommentar III, 603.

über Gades selbst und den berühmten Brunnen des dortigen Melquarttempels,[923] er widmete sich also den Standardthemen einer Iberienbeschreibung.[924]

Am besten aufzeigen lässt sich das geographische Interesse des Polybios an Hispanien aber an seiner Darstellung von Neukarthago. Das politische und wirtschaftliche Zentrum der ehemaligen karthagischen und jetzt römischen Gebiete auf der Halbinsel hatte im Zweiten Punischen Krieg eine wichtige Rolle gespielt: Polybios bewertete die Eroberung Neukarthagos durch Scipio Africanus als Wendepunkt auf dem hispanischen Kriegsschauplatz und stellt dem ereignisgeschichtlichen Abriss einen topographischen Exkurs voran, der an die geographischen Abschnitte herodoteischer *logoi* erinnert:[925]

> Neu-Karthago liegt in der Mitte der spanischen Küste an einem nach Südwesten geöffneten Meerbusen, der zwanzig Stadien tief und an der Einfahrt zehn Stadien breit ist. Dieser Meerbusen als Ganzes hat alle Eigenschaften eines guten Hafens aus folgendem Grund: an seiner Mündung liegt eine Insel, die nur eine schmale Einfahrt auf beiden Seiten frei lässt und an der sich die Brandung des Meeres bricht, außer wenn die Südwestwinde durch beide Zugänge hineinblasen und das Wasser aufwühlen. Bei allen anderen Windrichtungen bewegt sich in dem überall vom Land umschlossenen Golf keine Welle. In seinem hintersten Winkel springt ein Berg in Form einer Halbinsel vor, auf der die Stadt liegt, im Osten und Süden vom Meer, im Westen von der Lagune umschlossen, die sich auch noch um einen Teil der Nordseite herumzieht, so dass der frei bleibende Raum zum Meer auf der anderen Seite, das heißt die Verbindung mit dem Festland, nicht mehr als zwei Stadien breit ist. Die Stadt selbst liegt in einem Kessel und hat auf der Südseite einen ebenen Zugang vom Meer her. Auf den anderen Seiten ist sie von Hügeln umkränzt, zwei von ihnen steil und hoch, mehr Berge als Hügel, die drei anderen viel niedriger, aber ebenfalls schroff und unzugänglich. Der höchste liegt im Osten und springt in das Meer vor; auf ihm steht ein Tempel des Asklepios. Ihm liegt im Westen ein anderer Berg gegenüber in ähnlicher Lage, auf dem eine prachtvolle Königsburg errichtet ist, die Hasdrubal gebaut haben soll, als er nach monarchischer Gewalt trachtete. Die drei übrigen niedrigeren Hügel schließen

---

923 Die Funktionsweise des Brunnens hatten bereits Timaios, Silenos von Kaleakte und möglicherweise Pytheas behandelt. Polybios greift bei seiner Erklärung auf typisch stoische Argumente zurück und beweist damit einmal mehr, dass er den Ideen hellenistischer Philosophien offen gegenüberstand. Vgl. Strab. III, 5, 7, C172 = Pol. XXXIV, 9, 5–7; WALBANK, Kommentar III, 603–605. Dass die Schilderung auf Autopsie beruht, nehmen Schulten 1955, 72 und ALONSO NÚÑEZ 1985, 165 an.

924 So Polybios selbst in III, 57, 1–3. Auch die Bergwerke gehörten dazu.

925 Vgl. Pol. X, 11–15. Als Beispiel für Herodots topographische Schilderungen siehe etwa Hdt. II, 5–34 über die Geographie Ägyptens. Der größtenteils geographische Abschnitt bereitet den Teil über die Frühgeschichte und Ethnographie Ägyptens vor, auf den dann schließlich die Ereignisgeschichte der von Herodot beschriebenen Zeit folgt. Der pragmatische Militärhistoriker Polybios bindet den topographischen Paragraphen deutlich direkter in die Ereignisgeschichte ein, da er keine *logoi* im Sinne Herodots verfasste. Umso interessanter sind die Parallelen in der Darstellung, die ich im Folgenden aufzeige.

die Nordseite ein. Der östlichste von ihnen wird der des Hephaistos, der nächste der des Aletes genannt – dieser Aletes soll der Entdecker der Silbergruben gewesen sein und dafür göttliche Ehren erhalten haben –, der dritte der des Kronos. Die Lagune ist im Interesse der Fischerei[926] mit dem benachbarten Meer durch einen Kanal verbunden, der die dazwischenliegende Landzunge durchbricht. Darüber führt eine Brücke, über die Tragtiere und Wagen die Produkte des Landes in die Stadt bringen.[927]

Der Abschnitt zeigt, wie sich Polybios mit anderen geographischen Autoren messen wollte: Als offenbar erster griechischer Schriftsteller bot er ein ausführliches Panorama Neukarthagos.[928] Die Art der Beschreibung mit ihren topographischen und meteorologischen Elementen lässt zunächst an einen *periplous* denken: Polybios schildert vielleicht seine eigene Umsegelung der Stadt, um das Publikum an den Wert seiner Reisen für die Darstellung zu erinnern und an bekannte Formen der Literatur anzuschließen.[929] Mit seinen Tempelbergen, dem Palast und der eindrucksvollen Befestigung wirkt Neukarthago wie eine typisch hellenistische Großstadt.[930] Besonders im zweiten Teil des Abschnitts geht Polybios jedoch weit über das Interesse des Seefahrers hinaus

---

926 τῶν θαλαττουργῶν könnte sich auch auf Seehandel oder Seefahrt beziehen.
927 Pol. X, 10, 1–13. κεῖται μὲν οὖν τῆς Ἰβηρίας κατὰ μέσην τὴν παραλίαν ἐν κόλπῳ νεύοντι πρὸς ἄνεμον λίβα· οὗ τὸ μὲν βάθος ἐστὶν ὡς εἴκοσι σταδίων, τὸ δὲ πλάτος ἐν ταῖς ἀρχαῖς ὡς δέκα· λαμβάνει δὲ διάθεσιν λιμένος ὁ πᾶς κόλπος διὰ τοιαύτην αἰτίαν. [2] νῆσος ἐπὶ τοῦ στόματος αὐτοῦ κεῖται βραχὺν ἐξ ἑκατέρου τοῦ μέρους εἴσπλουν εἰς αὐτὸν ἀπολείπουσα. [3] ταύτης ἀποδεχομένης τὸ πελάγιον κῦμα συμβαίνει τὸν κόλπον ὅλον εὐδίαν ἴσχειν, πλὴν ἐφ' ὅσον οἱ λίβες καθ' ἑκάτερον τὸν εἴσπλουν παρεισπίπτοντες κλύδωνας ἀποτελοῦσι. [4] τῶν γε μὴν ἄλλων πνευμάτων ἀκλυδώνιστος ὢν τυγχάνει διὰ τὴν περιέχουσαν αὐτὸν ἤπειρον. [5] ἐν δὲ τῷ μυχῷ τοῦ κόλπου πρόκειται χερρονησίζον ὄρος, ἐφ' οὗ κεῖσθαι συμβαίνει τὴν πόλιν, περιεχομένην θαλάττῃ μὲν ἀπ' ἀνατολῶν καὶ μεσημβρίας, ἀπὸ δὲ τῶν δύσεων λίμνῃ προσεπιλαμβανούσῃ καὶ τοῦ πρὸς ἄρκτον μέρους, [6] ὥστε τὸν λοιπὸν τόπον μέχρι τῆς ἐπὶ θάτερα θαλάττης, ὃς καὶ συνάπτει τὴν πόλιν πρὸς τὴν ἤπειρον, μὴ πλέον ὑπάρχειν ἢ δυεῖν σταδίων. [7] ἡ δὲ πόλις αὐτὴ μεσόκοιλός ἐστι· κατὰ δὲ τὴν ἀπὸ μεσημβρίας πλευρὰν ἐπίπεδον ἔχει τὴν ἀπὸ θαλάττης πρόσοδον· τὰ δὲ λοιπὰ περιέχεται λόφοις, δυσὶ μὲν ὀρεινοῖς καὶ τραχέσιν, ἄλλοις δὲ τρισὶ πολὺ μὲν χθαμαλωτέροις, σπιλώδεσι καὶ δυσβάτοις· [8] ὧν ὁ μὲν μέγιστος ἀπὸ τῆς ἀνατολῆς αὐτῇ παράκειται, προτείνων εἰς θάλατταν, ἐφ' οὗ καθίδρυται νεὼς Ἀσκληπιοῦ. [9] τούτῳ δ' ὁ †*† ἀπὸ τῆς δύσεως ἀντίκειται, παραπλησίαν θέσιν ἔχων, ἐφ' οὗ καὶ βασίλεια κατεσκεύασται πολυτελῶς, ἅ φασιν Ἀσδρούβαν ποιῆσαι, μοναρχικῆς ὀρεγόμενον ἐξουσίας. [10] αἱ δὲ λοιπαὶ τρεῖς τῶν ἐλαττόνων βουνῶν ὑπεροχαὶ τὸ πρὸς ἄρκτον αὐτῆς μέρος περιέχουσι. [11] καλεῖται δὲ τῶν τριῶν ὁ μὲν πρὸς ἀνατολὰς νεύων Ἡφαίστου, τούτῳ δ' ὁ συνεχὴς Ἀλήτου – δοκεῖ δ' οὗτος εὑρετὴς γενόμενος τῶν ἀργυρείων μετάλλων ἰσοθέων τετευχέναι τιμῶν – ὁ δὲ τρίτος προσαγορεύεται Κρόνου. [12] συμβαίνει δὲ τὴν λίμνην τῇ παρακειμένῃ θαλάττῃ σύρρουν γεγονέναι χειροποιήτως χάριν τῶν θαλαττουργῶν. [13] κατὰ δὲ τὴν τοῦ διείργοντος αὐτὰς χείλους διακοπὴν γέφυρα κατεσκεύασται πρὸς τὸ καὶ τὰ ὑποζύγια καὶ τὰς ἁμάξας ταύτῃ ποιεῖσθαι τὴν παρακομιδὴν τῶν ἐκ τῆς χώρας ἀναγκαίων.
928 Vgl. die Diskussion bei WALBANK, Kommentar II, 207/208. Falls Polybios einer früheren Quelle folgte, ist diese zumindest nicht bekannt.
929 Vgl. zu diesem Thema allgemein MORTON 2001, der auch einige polybianische Beispiele aufgreift, bspw. auf 44. Siehe zu den *periploi* und ihrer Wirkung etwa SCHULZ 2020a, 47, Anm. 15 mit der weiterführenden Literatur.
930 Darauf weisen MAASS-LINDEMANN/SCHUBART 2004, 136 zurecht hin.

und es zeigt sich der geschärfte Blick des Militärs:⁹³¹ Neukarthago war schon aufgrund seiner natürlichen Lage nur schwer zu erobern, und die Karthager hatten diese Vorzüge durch die Anlage von Befestigungen noch ausgebaut.⁹³² Umso beeindruckender war der erfolgreiche Angriff des älteren Scipio, den Polybios hier deshalb (erneut) mehrfach für sein Feldherrngenie preist.⁹³³ Da die Lagune durch den von Polybios zuvor erwähnten Kanal⁹³⁴ versorgt wurde und somit mit dem Meer verbunden war, wirkten sich die Gezeiten des Meeres auch auf das Binnengewässer aus. Scipio erkannte dies und wartete die Ebbe ab, um die Mauern gleichzeitig von der Land- und Seeseite aus stürmen zu können.⁹³⁵ Polybios' geographischer Exkurs war also präzise auf die historische Darstellung abgestimmt; ähnlich wie Thukydides, der dafür sein Vorbild gewesen sein dürfte, wollte er dem militärisch interessierten Leser zeigen, wie wichtig es war, ein Schlachtfeld oder eine feindliche Stadt vor dem Angriff genauestens zu studieren.⁹³⁶

Einige dieser Informationen, unter denen die präzisen Längenmaße hervorstechen, dürfte Polybios schon seinen Quellen entnommen haben, v. a. dem Bericht des Gaius Laelius.⁹³⁷ Scipios Vertrauter befehligte beim Angriff auf Neukarthago die Flotte und wird deshalb über umfassende Informationen verfügt haben.⁹³⁸ Polybios gab sich damit jedoch nicht zufrieden und ließ eigene Messungen durchführen, um seinen Lesern zu demonstrieren, wie gewissenhaft er an seinem Geschichtswerk gearbeitet hatte:

> Der Umfang der Stadt betrug schon früher nicht mehr als zwanzig Stadien – ich weiß freilich [...], dass viele ihn auf vierzig Stadien angeben, aber das ist unrichtig; ich berichte nämlich nicht vom Hörensagen, sondern bin Augenzeuge und habe die Sache genau geprüft –, gegenwärtig aber ist der Mauerring noch enger gezogen.⁹³⁹

Die nüchterne Aussage unterstreicht die Authentizität seiner Angaben, welche die Forschung größtenteils bestätigen konnte.⁹⁴⁰ Wie Herodot in Ägypten tritt Polybios in Iberien als Entdecker ionischer Prägung auf, der durch eigene Untersuchungen

---

931 X, 10, 1–6 scheinen die Sicht des Seefahrers wiederzugeben und 7–14 dann eher die Perspektive des Generals.
932 Man beachte den Hinweis auf die hohe Mauer in Pol. X, 13, 6.
933 Vgl. Pol. X, 12, 7; 13, 1–5; 14, 9–12.
934 Vgl. Pol. III, 10, 12–13.
935 Vgl. Pol. X, 14, 2–12.
936 Es fänden sich diverse Beispiele. Für Sizilien etwa gibt Thukydides zunächst eine kurze Abhandlung der Frühgeschichte und stellt alle Städte und Völker der Insel vor, um zu zeigen, wie sinnlos das athenische Unternehmen gegen Syrakus war; vgl. Thuk. VI, 1–5. Genaueres zu den topographischen Exkursen bieten bspw. FUNKE/HAAKE 2006.
937 Vgl. WALBANK, Kommentar II, 211. Zu den Quellen siehe auch bei CELESTINO PÉREZ/LÓPEZ RUIZ 2016, 57.
938 Vgl. Pol. X, 12, 1.
939 Pol. X, 11, 4. ὁ δὲ περίβολος τῆς πόλεως οὐ πλεῖον εἴκοσι σταδίων ὑπῆρχε τὸ πρότερον – καίτοι γ᾽ οὐκ ἀγνοῶ διότι πολλοῖς εἴρηται τετταράκοντα· τὸ δ᾽ ἐστὶ ψεῦδος. οὐ γὰρ ἐξ ἀκοῆς ἡμεῖς, ἀλλ᾽ αὐτόπται γεγονότες μετ᾽ ἐπιστάσεως ἀποφαινόμεθα – νῦν δὲ καὶ μᾶλλον ἔτι συνῄρηται.
940 Vgl. WALBANK, Kommentar II, 205–211. Zu den Realia siehe auch RAMALLO ASENSIO 1989.

(αὐτόπτης) vor Ort die Gerüchte (hier einfach ἀκοή[941]) zu korrigieren sucht. Die Darstellung Neukarthagos soll die intellektuelle Leistung des Polybios als zweiter Herodot beweisen und die strategische Lage und fortdauernde Bedeutung der Stadt hervorheben.[942] Dass sich hier noch in seiner eigenen Zeit einer der wichtigsten Häfen Hispaniens befand, deutet Polybios bereits mit dem Verweis auf die Minen an.[943] Die reichen Erzvorkommen Iberiens waren auch für die Römer von großem Interesse und Neukarthago wird als Hafen für den Export der Edelmetalle gedient haben. Deshalb widmet Polybios den Minen einen eigenen Absatz:

> In dem Abschnitt über die Silberbergwerke bei Neukarthago berichtet Polybios, sie seien sehr groß, etwa zwanzig Stadien von der Stadt entfernt und zögen sich in einem Kreis von vierhundert Stadien um sie herum. Dort lebten vierzigtausend Bergleute, die zu seiner Zeit für das römische Volk täglich fünfundzwanzigtausend Drachmen förderten. [...] Von der silberhaltigen Erde [...], die vom Fluss angespült wird, berichtet Polybios, sie würde kleingestampft und in Wasser hinein durchgesiebt [...] und, wenn das Wasser abgegossen sei, wiederum kleingestampft. Der Rückstand beim fünften Mal wird geschmolzen und liefert nach Abgießen des Bleis reines Silber.[944]

Die Darstellung legt nahe, dass Polybios erneut aus der Autopsie schöpfen konnte.[945] Allerdings hatte er die erworbenen Kenntnisse möglicherweise absichtlich nach den Ausführungen des Agatharchides von Knidos über die nubischen Goldminen modelliert, um mit seinem Vorgänger in Konkurrenz zu treten – wie es Poseidonios später tun sollte.[946] Da beide Geschichtsschreiber zeitgleich lebten und schrieben, lässt sich

---

941   Bei Herodot ist meistens von der φήμη die Rede, die aber auch positive Folgen haben kann, wie das Gerücht, die Schlacht von Plataiai sei bereits gewonnen, vor dem Sieg der Griechen in der Schlacht von Mykale 479 v. Chr.; vgl. Hdt. IX, 100, 2.
942   Zur Geographie des Polybios und (bewussten?) Anlehnungen an Herodot darin vgl. MCGING 2012 passim, der andere Beispiele wählt, aber zum gleichen Ergebnis kommt. S. o. in der Einleitung zu Polybios auf 66–68.
943   Polybios hatte bereits die Kriegsbeute Scipios in Neukarthago besprochen; dass er sich für wirtschaftliche Fragen interessierte und den Wert der Minen für Rom ermitteln wollte, ist offensichtlich. Vgl. Pol. X, 19, 1–2; ALONSO NÚÑEZ 1985, 265. Zu diesem besonderen Interesse an ökonomischen Daten siehe DAVIES 2013 passim.
944   Strab. III, 2, 10, C147–148 = Pol. XXXIV, 9, 8–11. Πολύβιος δὲ τῶν περὶ Καρχηδόνα Νέαν ἀργυρείων μνησθεὶς μέγιστα μὲν εἶναί φησι, διέχειν δὲ τῆς πόλεως ὅσον εἴκοσι σταδίους, περιειληφότα κύκλον τετρακοσίων σταδίων, [9] ὅπου τέτταρας μυριάδας ἀνθρώπων μένειν τῶν ἐργαζομένων, ἀναφέροντας τότε τῷ δήμῳ τῶν Ῥωμαίων καθ᾽ ἑκάστην ἡμέραν δισμυρίας καὶ πεντακισχιλίας δραχμάς. [10] [...] τὴν δὲ συρτὴν βῶλον τὴν ἀργυρῖτίν φησι κόπτεσθαι καὶ κοσκίνοις εἰς ὕδωρ διαττᾶσθαι· κόπτεσθαι δὲ πάλιν τὰς ὑποστάσεις καὶ πάλιν διηθουμένας ἀποχεομένων τῶν ὑδάτων κόπτεσθαι· [11] τὴν δὲ πέμπτην ὑπόστασιν χωνευθεῖσαν, ἀποχυθέντος τοῦ μολίβδου, καθαρὸν τὸν ἄργυρον ἐξάγειν.
945   So ALONSO NÚÑEZ 1985, 265. Dies ging vielleicht aus weiteren Passagen hervor, die nicht überliefert wurden; vgl. PÉDECH 1956, 14–18.
946   Vgl. Diod. III, 12–14, 5 = Agatharchides F 23b–F 29b Burstein; LEMSER 2021, 173–177. Gerade das Verfahren, das in Diod. III, 14, 1 beschrieben wird, ähnelt der Beschreibung in Pol. XXXIV, 9, 10–11 sehr stark. Zu Poseidonios' Ausrichtung an der Beschreibung des Kniders vgl. Diod. V, 35–38 =

allerdings nicht nachweisen, dass Polybios diese Vorlage wirklich bekannt war, als er die Minen Neukarthagos beschrieb. Frühere Autoren hatten zwar schon um den Goldreichtum Südiberiens gewusst, ihn aber nur in den (halb)mythologischen Geschichten über Tartessos und seine Könige verarbeitet. Solchen auf Hörensagen beruhenden Nachrichten stellt Polybios nun eine nüchterne Nutzenanalyse mit technischen Details gegenüber. Darunter sind die Zahlenangaben noch auffälliger als bei seinem Blick auf Neukarthago. Ihm lagen – dank seiner Verbindung mit Scipio Aemilianus – offenbar römische Listen vor, welche die Produktivität der Bergwerke festhielten. Polybios nutzte diese Vorlage, um die strategische und ökonomische Bedeutung des Gebietes zu untermauern:[947] Dessen reiche Ressourcen hatten es den Karthagern ermöglicht, Rom nach der Niederlage im Ersten Punischen Krieg erneut entgegenzutreten, und sie befähigten nun die Römer, weitere Eroberungen zu finanzieren.[948] Der Geschichtsschreiber verdeutlicht seinen griechischen Lesern so erneut, wie sinnlos ein Widerstand gegen einen solchen Gegner ist, der über fast unermessliche Reichtümer verfügt.

Von Neukarthago und seinen Minen schritt Polybios vielleicht, ähnlich einem *periplous*, weiter nach Gades und Turdetanien. Zur Landschaft nördlich von Gades überliefert Athenaios einige Passagen, die er – wohl fälschlicherweise – auf Lusitanien bezieht.[949] Für den Irrtum spricht auch, dass Strabons spätere Beschreibung Turdetaniens starke Ähnlichkeiten zu den Angaben des Polybios aufweist.[950] Das folgende Polybios-Zitat kann deshalb als Darstellung Turdetaniens gelten:

> Polybios aus Megalopolis sagt im vierunddreißigsten Buch seines Geschichtswerks bei der Besprechung Lusitaniens [Turdetaniens], einer Landschaft Iberiens, in der Tiefe des

---

FGrHist 87 F 117 = F 89 Theiler; Strab. III, 2, 9, C147 = F 47 Jac. = F239 EK = F 19 Theiler und s. u. den entsprechenden Abschnitt im Kapitel zu Poseidonios und Iberien (257–264). Auch Cato hatte sich mit den südiberischen Minen beschäftigt, allerdings ist davon nur ein kurzes Fragment erhalten – Polybios könnte den vollständigen Text aber natürlich gekannt haben; vgl. Gell. II, 22, 28–29 = Apul. De mund. 321 = F93 Peter = FRH 3 F 5,2 = FRHist 5 F116.

947 Das große Bemühen des Polybios, exakte Zahlenangaben zu ermitteln, zeigen auch seine präzisen Angaben zu Zahlungen in diplomatischen Abkommen, die DAVIES 2013, 325–327 zusammengestellt hat.

948 Vgl. WALBANK, Kommentar III, 605. Zur strategischen Bedeutung der Minen für Hannibals Pläne vgl. Pol. III, 10, 5–6; GARCÍA MORENO 2003, 356.

949 Vgl. WALBANK, Kommentar III, 599 (zu Pol. XXXIV,8, 1[–3]); 601 (zu Pol. XXXIV, 8, 4). Strab. III, 2, 7, C145 lokalisiert die von Athenaios genannten Eichen – offenbar nach den Angaben des Polybios – vor der Küste der phönizisch-römischen Stadt Carteia (heute San Roque bei Algeciras) nördlich von Gibraltar und damit im Gebiet der Turdetaner. Dem widerspricht ÉTIENNE 1996, 396, während PÉREZ VILATELA 2000, 28–30 meint, Polybios bezeichne hier mit „Lusitanien" ein undefiniertes Gebiet südlich des Tagus. Zusammen mit der starken Ähnlichkeit zwischen der Athenaios-/Polybiosstelle mag die Argumentation WALBANKS aber durchaus zu überzeugen.

950 Vgl. Strab. III, 2 insgesamt. Wie bei Polybios findet sich die Darstellung eines fruchtbaren und reichen Landes, von den Küsten bis ins Inland. Vgl. die Beiträge in CRUZ ANDREOTTI 2019a; s. u. das Unterkapitel (331–342). Sollte die Zuordnung zu Lusitanien doch stimmen, ergibt sich immer noch ein Bild der gesamten Südhälfte der Iberischen Halbinsel. Zu den kulturellen Ähnlichkeiten der meisten Bewohner Südwestiberiens untereinander siehe JÚDICE GAMITO 2005, 574/575.

dortigen Meeres wüchsen eicheltragende Eichen, von deren Früchten sich die Thunfische nährten und fett würden. Daher gehe man nicht fehl, wenn man die Thunfische Schweine des Meeres nenne.[951] Polybios sagt, diese Eicheln würden bis Latium hin an den Strand gespült, es sei denn, fügt er hinzu, auch Sardinien und seine Nachbarländer brächten sie hervor.[952]

[Polybios sagt] bei der Behandlung des natürlichen Wohlstands von Lusitanien [Turdetanien] [...], wegen des günstigen Klimas hätten dort sowohl Tiere wie Menschen sehr zahlreichen Nachwuchs, und das Reifen der Früchte des Landes leide zu keiner Jahreszeit durch die Witterung Schaden. Rosen, Levkojen, Spargeln und ähnliche Pflanzen setzten mit der Blüte nur drei Monate aus, und die Fische des Meeres seien an Menge, Güte und Schönheit denen des Mittelmeers weit überlegen. Der sizilische Scheffel Gerste koste dort eine Drachme, Weizen neun alexandrinische Obolen, ein Maß Wein eine Drachme, ein mittelgroßes Böckchen und ein Hase einen Obolos. Der Preis für ein Lamm betrage drei oder vier Obolen. Ein fettes Schwein im Gewicht von hundert Minen bekomme man für fünf Drachmen, ein Schaf für zwei, ein Talent Feigen für drei Obolen, ein Kalb für fünf, einen Zugochsen für zehn Drachmen. Das Fleisch von Wild sei fast gar nichts wert, sondern man bekomme es beim Kauf als Zugabe oder Geschenk.[953]

Polybios nutzt hier mehrere Argumente, um seinen Lesern die ideale Lage Turdetaniens vor Augen zu führen: Er beginnt mit der reichen Flora zu Lande und zu Wasser, die fast das ganze Jahr über Früchte in Hülle und Fülle produziert. Von diesen ernähren sich wiederum die Tiere, Land- und Meeresbewohner gleichermaßen. Die Unterwasserreichen sind klassische *thaumata*, die für die Einzigartigkeit Turdetaniens sprechen und mit denen Polybios die weithin bekannte Größe der Thunfische erklären

---

951 Athen. VII, p. 302E = Pol. XXXIV, 8, 1–2. Πολύβιος δ' ὁ Μεγαλοπολίτης ἐν τετάρτῃ καὶ τριακοστῇ τῶν Ἱστοριῶν περὶ τῆς ἐν Ἰβηρίᾳ Λυσιτανίας χώρας διαλεγόμενός φησιν ὅτι βάλανοί εἰσι κατὰ βάθος ἐν τῇ αὐτόθι θαλάττῃ πεφυτευμέναι, ὧν τὸν καρπὸν σιτουμένους τοὺς θύννους πιαίνεσθαι. [2] διόπερ οὐκ ἂν ἁμάρτοι τις λέγων ὗς εἶναι θαλαττίους τοὺς θύννους.
952 Strab. III, 2, 7, C145 = Pol. XXXIV, 8, 3. λέγει δ' ὁ Πολύβιος καὶ μέχρι τῆς Λατίνης ἐκπίπτειν τὴν βάλανον ταύτην, εἰ μὴ ἄρα, φησί, καὶ ἡ Σαρδὼ φέρει καὶ ἡ πλησιόχωρος ταύτῃ.
953 Athen. VIII, p. 330C = Pol. XXXIV, 8, 4–10. τὴν κατὰ Λυσιτανίαν [...] διηγούμενος εὐδαιμονίαν Πολύβιος ὁ Μεγαλοπολίτης ... ἐν τῇ τετάρτῃ καὶ τριακοστῇ τῶν Ἱστοριῶν φησιν ὡς αὐτόθι διὰ τὴν τοῦ ἀέρος εὐκρασίαν καὶ τὰ ζῷα πολύγονα καὶ οἱ ἄνθρωποι, καὶ οἱ ἐν τῇ χώρᾳ καρποὶ οὐδέποτε φθείρονται: [5] ῥόδα μὲν γὰρ αὐτόθι καὶ λευκόια καὶ ἀσπάραγοι καὶ τὰ παραπλήσια τούτοις οὐ πλεῖον διαλείπει μηνῶν τριῶν, [6] τὸ δὲ θαλάττιον ὄψον καὶ κατὰ τὸ πλῆθος καὶ κατὰ τὴν χρηστότητα καὶ κατὰ τὸ κάλλος μεγάλην ἔχει διαφορὰν πρὸς τὸ γινόμενον ἐν τῇ καθ' ἡμᾶς θαλάττῃ. [7] καὶ ὁ μὲν τῶν κριθῶν Σικελικὸς μέδιμνός ἐστι δραχμῆς, ὁ δὲ τῶν πυρῶν ἐννέα ὀβολῶν Ἀλεξανδρεινῶν: [8] τοῦ δ' οἴνου δραχμῆς ὁ μετρητὴς καὶ ἔριφος ὁ μέτριος ὀβολοῦ καὶ λαγώς. τῶν δ' ἀρνῶν τριώβολον καὶ τετρώβολον ἡ τιμή. ὗς δὲ πίων ἑκατὸν μνᾶς ἄγων πέντε δραχμῶν καὶ πρόβατον δυεῖν. τάλαντον δὲ σύκων τριῶν ὀβολῶν, [9] μόσχος δραχμῶν πέντε καὶ βοῦς ζύγιμος δέκα. [10] τὰ δὲ τῶν ἀγρίων ζῴων κρέα σχεδὸν οὐδὲ κατηξιοῦτο τιμῆς, ἀλλ' ἐν ἐπιδόσει καὶ χάριτι τὴν ἀλλαγὴν ποιοῦνται τούτων.

möchte.⁹⁵⁴ Der Überfluss an Eicheln sei sogar in Rom bekannt, denn die Strömung treibe sie bis nach Latium. Um seinen Lesern zu demonstrieren, dass diese Angaben über den natürlichen Reichtum der Region der Wahrheit entsprechen, greift Polybios wie zuvor bei der Beschreibung der Po-Ebene⁹⁵⁵ auf Preise aus dem Alltag in Iberien zurück. Weizen, Gerste und Wein sind erheblich teurer als in der Gallia Cisalpina.⁹⁵⁶ Der wahre Überfluss Turdetaniens liegt also in der Menge der dort lebenden Tiere: Besonders die Behauptung, das Fleisch von Wild koste fast nichts, und die Fische seien größer, schöner und zahlreicher als im gesamten Mittelmeerraum (da sie aus dem *okeanos* selbst stammten⁹⁵⁷), hebt Turdetanien von allen bekannten Ländern ab.⁹⁵⁸

Erneut insistiert Polybios ungewöhnlich stark auf Zahlenangaben, um die Verfügbarkeit von Früchten, Fleisch und Fisch zu verdeutlichen; das erinnert ebenfalls an die Beschreibung der Po-Ebene. Zusammen mit Etrurien und Kampanien hatte die Po-Ebene genug Nahrung produziert – Polybios hob den Reichtum an Schweinen zur Ernährung der Soldaten explizit hervor⁹⁵⁹ –, um immer neue Armeen gegen Hannibal ins Feld führen zu können.⁹⁶⁰ Auf der Basis römischer Heeres- und Provinziallisten entwirft Polybios ein ähnliches Bild von Turdetanien:⁹⁶¹ Als fruchtbarste Landschaft der Iberischen Halbinsel bietet es optimale Bedingungen, um Streitkräfte zu versorgen und deswegen ist es von großem Wert für Rom.⁹⁶²

---

954 Außerdem unterhält er mit dieser Anekdote seine Leser (ἡδεῖαν). Die außergewöhnlich großen Thunfische sind dem pseudo-aristotelischen Autor der Schrift Περὶ θαυμασίων ἀκουσμάτων und Pseudo-Skymnos bekannt; siehe Ps. Aristot. mir. ausc. 136; Ps. Skymn. 161–162; KORENJAK 2003, 74 (Kommentar zu Ps. Skymn. 161–162).
955 Vgl. Pol. II, 15, 1. S. o. auf 148/149.
956 Vgl. WALBANK, Kommentar III, 602.
957 Pseudo-Skymnos erwähnt übergroße Meerestiere, die im Meer bei Gades leben; vgl. Ps. Skymn. 161–162.
958 Der Reichtum an Tieren und Fleisch könnte auch eine weitere Verbindung zwischen Herodot und Polybios sein, spricht der Halikarnasser doch davon, dass Geryon und seine Rinderherden auf der Insel Erytheia bei (oder an der Stelle des späteren) Gades gelebt haben. Vgl. Hdt. IV, 8, 2; ähnlich bei Ephoros und Pseudo-Skymnos in Ps. Skymn. 152–166 = FGrHist 70 F129b. Dass die Verortung Geryons auf der Insel für ihren Überfluss an Fleisch spricht, sieht auch ALONSO NÚÑEZ 1987, 246 so.
959 Vgl. Pol. II, 15, 3.
960 S. o. auf S. 149 (Po-Ebene); vgl. Pol. XII, 4, 8 (Etrurien); Strab. V, 4, 3, C242 = Pol. XXXIV, 11, 5 (Kampanien).
961 Auch diese Quellen werden ihm dank seiner Verbindungen mit den Scipionen und Aemiliern vorgelegen haben. Den römischen Einfluss hinter der Praktik, genaue Zahlenangaben zu nennen, sieht auch WOOLF 1998, 53/54.
962 Wie REINHARDT größtenteils treffend formuliert hat: „Er (Polybios) sieht mit den Augen des erfahrenen, auch des doktrinären Praktikers (denn Doktrin und Erfahrung schließen einander nicht aus), fast wie ein römischer Statthalter. Spanien ist für ihn Provinz, entweder wirkliche oder mögliche Provinz. Und die Bilanz aus Land und Leuten, aus Produkten und Verkehrswegen, aus Widerstand und Reichtum heißt ihm Eigenart des Landes. Dabei hat er seine Augen überall, er ist genau und anschaulich. Er lobt die Fruchtbarkeit, lässt auch das Angenehme für den Anblick gelten, bewundert den Metallreichtum, notiert die Schiffbarkeit der Flüsse, wägt genau die Vorteile und Nachteile der tiefen Einbuchtungen. Als Fachmann, als Militär beschreibt er nach ihrer

Die Fruchtbarkeit Turdetaniens weist es als ein Land ewigen Frühlings aus, das wie die Po-Ebene an die liebliche Region Asiens aus *Über die Umwelt* erinnert.[963] Die Darstellung offenbart Parallelen zu Polybios' anderen ethnographischen Analysen. Der Achaier greift bekannte Vorstellungen auf – das an Bodenschätzen reiche Südiberien –, erweitert diese aber um neue Aspekte, die er aus der eigenen Autopsie und der Lektüre ‚wissenschaftlicher' Schriften gewonnen hatte. Mit der ökonomischen Untersuchung baut er den bis dahin eher herodoteischen Exkurs aus und setzt sich von seinen Vorgängern ab;[964] das wirtschaftliche Interesse spiegelt offenbar die pragmatischen Interessen der Römer und findet sich ähnlich in Catos Werken *De agri cultura* und *Origines*.[965]

Aus der Beschaffenheit des Landes schließt Polybios dann auf die Eigenart der Bewohner: „wegen des günstigen Klimas hätten dort sowohl Tiere wie Menschen sehr zahlreichen Nachwuchs".[966] Menschen und Tiere werden miteinander verglichen, da beide von der Natur abhängig sind. Diese Interpretation passt zur hippokratischen Klimatheorie: Die Turdetaner sind das Gegenteil der kinderarmen Skythen, deren Heimatland im Gegensatz zu Südiberien von nur wenigen Tieren bevölkert war:[967] stattdessen gleichen die Turdetaner den Bewohnern der lieblichsten Landstriche Asiens.[968]

Polybios demonstriert sein großes Wissen über die Region, indem er die Turdetaner von ihren nördlichen Nachbarn, den Turdulern, unterscheidet.[969] Diese zivilisierten Turdetaner, die auf dem Gebiet des mythischen Tartessos lebten, bewohnten natürlich keine abgelegenen Dörfer, sondern Städte und Paläste. Möglicherweise hatte Polybios das Haus eines turdetanischen Fürsten selbst besucht und sich von dessen Reichtum beeindrucken lassen:

Brauchbarkeit die Bewaffnung der Barbaren. Aber hinter diese sachlichen Realitäten will sein Blick nicht dringen." (REINHARDT 1921, 22) Einzig im letzten Punkt möchte ich REINHARDT widersprechen, denn die starken Parallelen zu Herodot zeigen doch, wenn auch vereinzelt, ein wahres Interesse an der Ethnographie, wie dieses Kapitel hoffentlich zu demonstrieren vermag.

963 Vgl. Hippokr. de aer. 12.
964 Ähnlich DAVIES 2013, 328.
965 Besonders in Gell. II, 22, 28 = Apul. De mund. 321 = F93 Peter = FRH 3 F 5,2 = FRHist 5 F116 über die Minen Iberiens. Vgl. aus den *Origines* auch Varr. Rust. II, 4, 11 = F 39 Peter = FRH 3 F 2,9 = FRHist 5 F 48 zur Schweinzucht in der Po-Ebene und Varr. rust. I, 2, 7 = F43 Peter = FRH 3 F 2,14 = FRHist 5 F46 zum Weinanbau im *ager Gallicus* und den Kommentar von BECK/WALTER 2001, 180. Zu Polybios siehe DAVIES 2013, 329.
966 Athen. VIII, p. 330C = Pol. XXXIV, 8, 4.
967 Vgl. Hippokr. de aer. 19.
968 Vgl. Hippokr. de aer. 12. (Pseudo-)Hippokrates spricht nicht explizit von der Zahl der Menschen, hebt aber ihre Schönheit und ihren guten Körperwuchs hervor.
969 Während andere Autoren sie für dasselbe Volk hielten, hatte der Achaier betont, dass die Turduler die nördlichen Nachbarn der Turdetaner waren. Vgl. jedoch WALBANK, Kommentar III, 602, der meint, die beiden Stämme hätten sich aus ursprünglich einem Stamm zu zwei getrennten Gruppen entwickelt. Das ist durchaus möglich, für mein Argument ist aber das Verständnis des Polybios wichtiger, der die Entwicklung eventuell andersherum sah. Zuvorderst wollte Polybios sein eigenes Wissen demonstrieren; an anderer Stelle äußert er sich in ähnlicher Manier zu den italischen Ausonen und Opikern; vgl. Strab. V, 4, 3, C242 = Pol. XXXIV, 11, 5–7.

Homer schildert die Einrichtung und den Glanz von Menelaos' Palast[970] ebenso wie Polybios die des Hauses eines iberischen Königs. Dieser habe an Luxus mit den Phaiaken gewetteifert, abgesehen davon, dass die silbernen und goldenen Mischkrüge, die in der Mitte des Hauses standen, mit Gerstenwein [οἶνος κρίθινος, Bier] gefüllt waren.[971]

Athenaios ist hier vielleicht eine Verwechslung unterlaufen, denn bei Homer findet sich keine Beschreibung von Menelaos' edlem Geschirr. Wahrscheinlicher ist, dass Polybios den Palast des Alkinoos[972] meinte, spricht er doch von phaiakischem Luxus.[973] Durch den Vergleich mit den Phaiaken würde Polybios die Turdetaner noch weiter von anderen ‚Barbaren' abheben und idealisieren.[974] Der überschwelgende Luxus, die τρυφή, wurde oft mit asiatischen Völkern verbunden, war jedoch in hellenistischer Zeit meist negativ konnotiert.[975] Schon über die ionischen Griechen hieß es in *Über die Umwelt*, sie lebten in einem klimatisch so bevorzugten Land, dass sie ihren kriegerischen Mut verloren hatten – der Autor deutet damit an, dass sie deshalb Opfer der persischen Invasion geworden waren.[976] Genauso ließen sich die Etrusker von dem Überfluss ihrer Heimat zur Vernachlässigung der Wehrkraft verführen und unterlagen deshalb – so Polybios – den Römern.[977] Das traf auch auf die Turdetaner zu, die in den 190er Jahren recht schnell unterworfen worden waren. Livius urteilt später „Die Turdetaner gelten als die am wenigsten kriegerischen (*maxime imbelles*) von allen Spaniern".[978] Polybios

---

970 Vgl. Hom. Od. IV–XV; Telemachos weilt während dieser Zeit im Haus des Menelaos.
971 Athen. I, p. 16C = Pol. XXXIV, 9, 14–15. Die Verortung des Palastes in Turdetanien beruht auf meiner eigenen Interpretation; er passt sicherlich nicht ins Land der Keltiberer und fügt sich umso besser in die Darstellung der Turdetaner. SCHULTEN 1911, 571/572 meint, es handele sich um ein Fragment, das zu einer Beschreibung der Hochzeit des Viriatus mit einem iberischen Lokalherrscher stamme. Die benachbarten Turdetaner hätten sich aufgrund ihres Reichtums sicherlich angeboten. Οἴκων μὲν οὖν λαμπρότατος ὁ Μενελάου. Τοιοῦτον δέ τινα ὑφίσταται τῇ κατασκευῇ καὶ λαμπρότητι (οἵανπερ) Πολύβιος Ἴβηρός τινος βασιλέως οἰκίαν· ὃν καὶ ἐζηλωκέναι λέγει τὴν τῶν Φαιάκων τρυφὴν πλὴν τοῦ τοὺς κρατῆρας ἐν μέσῳ τῆς οἰκίας ἑστάναι πλήρεις οἴνου κριθίνου, ἀργυροῦς ὄντας καὶ χρυσοῦς.
972 Vgl. Hom. Od. VII, 88–132.
973 So WALBANK, Kommentar III, 608.
974 Zur Idealisierung des Westens vgl. auch ALONSO NÚÑEZ 1985, 265; zur Lokalisierung des Phaiakenmythos in Südspanien SCHULZ 2020c, 416.
975 Diese Vorstellungen gingen mindestens bis auf den berüchtigten Untergang der italiotischen Stadt Sybaris Ende des 6. Jhs. v. Chr. zurück. Vgl. dazu etwa Diod. XII, 9, 1–2; Hdt. VI, 127; Athen. XII, 518C–522D; GORMAN/GORMAN 2007, 38–60; GORMAN 2014, 7–25. Zur τρυφή bei den (späteren) Persern vgl. GORMAN 2014, 95–108.
976 Vgl. Hippokr. de aer. 12. Zur Identifizierung der Region mit Ionien vgl. etwa BACKHAUS 1976, 172.
977 Vgl. Pol. II, 17, 1–3, s. o. auf 149/150 (hier gegen die Kelten). Vgl. v. a. auch das spätere Urteil des Poseidonios in Diod. V, 40, 1–3 = FGrHist 87 119 = FGrHist 706 F 17b = F 83 Theiler und Athen. IV, p. 153D = F1 Jac. = F 53 EK = F 82 Theiler. Polybios selbst sieht ähnliche Entwicklungen im Ptolemäerreich am Werk, das während seiner Lebenszeit seine Stellung als unbestrittene Großmacht verloren hatte und im späten 2. Jh. nur noch eine Regionalmacht war. Siehe die negative Beschreibung Alexandrias, das Polybios selbst besucht hatte, in Strab. XVII, 1, 12 = Pol. XXXIV, 14, 1–6.
978 Liv. XXXIV, 17, 2. Übers. v. HILLEN 1978.

‚orientalisiert' die Turdetaner, wodurch er sie in Verbindung mit östlicheren, urbanen Gesellschaften bringen konnte, die darin wiederum den Phaiaken ähnelten. Vielleicht wollte Polybios ihre mythische Heimat Scheria in Turdetanien lokalisieren, so wie er an anderer Stelle Skylla und Charybdis in der Meerenge von Messina verortet und erklärt.[979] Das frühlingshafte Turdetanien mit seinen reichen Bodenschätzen, von denen bereits die Tartessier profitiert hatten, bot eine plausible Erklärung für die blühende Zivilisation der Phaiaken. Polybios konnte so Mythen über Phaiaken und Tartessos anhand von empirischem Wissen rationalisieren.[980] Durch den Vergleich würdigt Polybios die südiberische Zivilisation und leitet ihren Wohlstand aus ihrer Umwelt ab.[981]

Dennoch belässt der Geschichtsschreiber es nicht bei diesem einseitigen Bild. Seine Turdetaner trinken, anders als nahöstliche Herrscher oder homerische Heroen, keinen Wein, sondern füllen ihre Gefäße mit Bier.[982] Offenbar hatten sie sich über die Jahrhunderte hinweg an ihre primitiveren keltischen Nachbarn im Norden angepasst:

> Dank des natürlichen Reichtums des Landes haben die Turdetaner und ebenso die keltischen Stämme wegen der Nachbarschaft, wie Polybios sagt, wegen ihrer Verwandtschaft, ein gesittetes und zivilisiertes Wesen.[983]

Zunächst greift Polybios wieder das Klimaargument auf: Wie die Asiaten in der Schrift *Über die Umwelt*[984] sind die Turdetaner friedlich, da sie alles haben; diese Charakterisierung deckt sich mit ihrem fehlenden Mut. Polybios konnte hier nicht zuletzt aus eigener Erfahrung sprechen, wird er bei seinem Besuch doch eine lange befriedete

---

979 Vgl. Strab. I, 2, 15–17, C23–25 = Pol. XXXIV, 2, 4–4, 8. Die meisten antiken Autoren identifizierten das Land der Phaiaken, Σχερίη mit Korkyra, so schon Alk. fr. 441 Voigt, 1,19. Dem ist Polybios offenbar nicht gefolgt; Walbank ging davon aus, dass Polybios Odysseus' Fahrten aber im Mittelmeer beließ, um seine eigene Entdeckungsfahrt im Atlantik nicht zu schmälern. Die Turdetaner/Phaiaken müssen deshalb der äußerste Punkt seiner Reise gewesen sein; vgl. WALBANK 1974, 62.

980 Ähnlich, aber weniger ausführlich hat das schon GRIFFITHS 2013, 66 formuliert. Tartessos nennt Polybios wörtlich, spricht aber einmal von Tarseion, in III, 24, 4. Damit ist wahrscheinlich das karthagisches Tarshish und somit Tartessos gemeint; vgl. zu dieser These CELESTINO PÉREZ/LÓPEZ RUIZ 2016, 54/55. Die Forschung hat ohnehin große Übereinstimmungen zwischen der Hochkultur Turdetaniens und der Tartessos-Kultur feststellen können, so dass Polybios' Interpretationen nicht einer realen Grundlage entbehren, vgl. CELESTINO PÉREZ/LÓPEZ RUIZ 2016, 55/56; JÚDICE GAMITO 2005, 583.

981 Das gilt selbst dann, wenn Polybios hier keine Gleichsetzung zwischen den Phaiaken und Turdetanern anstrebte oder wenn etwa die Quellenstellen doch anders zugeordnet werden müssten (zu Lusitanien und Menelaos, bspw.).

982 S. u. das Kapitel zu den gallischen Banketten bei Poseidonios (228–239). Zu Polybios' Auseinandersetzung mit Homer vgl. KIM 2007, 368–374; 381–384; WALBANK 1967, 172.

983 Strab. III, 2, 15, C151 = Pol. XXXIV, 9, 3. τῇ δὲ τῆς χώρας εὐδαιμονίᾳ καὶ τὸ ἥμερον καὶ τὸ πολιτικὸν συνηκολούθησε τοῖς Τουρδητανοῖς, καὶ τοῖς Κελτικοῖς δὲ διὰ τὴν γειτνίασιν, ὡς δ᾽ εἴρηκε Πολύβιος, διὰ τὴν συγγένειαν.

984 Vgl. Hippokr. de aer. 12; 16.

Provinz vorgefunden haben.⁹⁸⁵ In einem zweiten Schritt vergleicht er die Turdetaner nun mit ihren keltischen Nachbarn und attestiert beiden einen ähnlichen Charakter. Bei diesen Kelten handelte es sich um die Keltiker, welche den heutigen Alentejo und die Algarve besiedelten.⁹⁸⁶ Polybios nahm an, dass die gallischen Dorfbewohner mit den zivilisatorisch ‚überlegenen' Turdetanern verwandt waren.⁹⁸⁷ Seine weiteren Ausführungen hat Strabon leider nicht überliefert, doch deutet der Ausdruck εὐδαιμονία (hier: Reichtum oder Wohlstand⁹⁸⁸) an, dass die Umwelt die Kelten beeinflusst habe.⁹⁸⁹ Da es ihnen genau wie den Turdetanern weder an Nahrung noch an Luxusgütern (z. B. Silber) fehlte, zwang sie die Natur nicht zu kriegerischen Raubzügen. Von ihrer nördlichen Heimat getrennt, passten sich die Kelten in dem neuen, warmen Klima immer stärker ihren Nachbarn an und gingen mit diesen vielleicht Heiratsverbindungen ein, welche die Verwandtschaft erklären könnten.⁹⁹⁰ Das Argument der Mischung ergänzt also den Erklärungsansatz der Klimatheorie, und so konnten selbst Kelten in südlicheren Gefilden einen maßvollen und friedlichen Charakter entwickeln.⁹⁹¹

Die Keltiker hatten sich damit noch weiter von den anderen ‚Nordbarbaren' entfernt als die Gallier der Po-Ebene; je näher sie an der ‚Zivilisation' lebten, desto gemäßigter war ihr Wesen – sie orientierten sich am besseren Leben. Vielleicht hatte Polybios ihre Einwanderung in die Algarve in den verlorenen Passagen des XXXIV. Buches in einer deutlich weiter entfernten Vergangenheit eingeordnet als die Migration der cisalpinen Kelten. Eine temporale Distanz zu ihrem einstigen Leben als typische ‚Nordbarbaren' würde dann den räumlichen Abstand zur Keltiké ergänzen. Umgekehrt galt

---

985 Turdetanien war bereits seit dem Ende der 190er Jahre befriedet, als der ältere Cato einen Aufstand der Turdetaner niedergeworfen hatte. Vgl. etwa Liv. XXXIV, 17–21. Polybios sah bei seinem Aufenthalt an der Seite Scipios 151/150 v. Chr. nur den Krieg gegen die Vaccäer im Gebiet um deren Hauptstadt Palentia, dem heutigen Palencia im Norden von Kastilien und León; zur Darstellung des Konfliktes und der Rolle Scipios vgl. SIMON 1962, 46–56. Selbst wenn er beim Fall Numantias anwesend war, sah Polybios kriegerische Auseinandersetzungen erneut nur im Norden der Halbinsel.
986 Vgl. WALBANK, Kommentar III, 603; ALONSO NÚÑEZ 1985, 265.
987 Zur Überlegenheit der Turdetaner vgl. ALONSO NÚÑEZ 1985, 265.
988 Vgl. WALBANK, Kommentar III, 603, der Patons Übersetzung mit „fertility"/Fruchtbarkeit ablehnt.
989 WALBANK, Kommentar III, 603 schlägt vor, dass der folgende Satz ἀλλ' ἐκείνοις μὲν ἧττον· τὰ πολλὰ γὰρ κωμηδὸν ζῶσιν bei Strabon wahrscheinlich auch Polybios zuzuschlagen sei. Ist das der Fall, wird die Transformation der Kelten hier also wieder ein Stück weit relativiert.
990 Selbst WILLIAMS, der ansonsten den Einfluss der Klimatheorie bei Polybios ausschließt – bis auf die Passage zu den Einwohnern von Kynaitha (IV, 21, 1–9) – gesteht hier den Einfluss dieser Makrotheorie, auch wenn das Argument der Nachbarschaft keinen direkten Rückgriff auf solche Ideen beweise. Vgl. WILLIAMS 2001, 70. Zur wirklichen ‚Zivilisierung' brauchte es freilich noch die Urbanisierung. Vgl. ALONSO NÚÑEZ 1999a, 114.
991 Andererseits wäre es natürlich möglich, dass Polybios auf eine keltische Abstammung der Turdetani verweisen möchte; vgl. MORET 2019, 22. Dazu scheint aber die Darstellung ihres friedlichen Charakters nicht ganz zu passen; zumindest greift Polybios den Gedanken nicht wieder auf. Zu meiner Argumentation passt auch, dass Poseidonios die Keltiberer als das Produkt von Mischehen zwischen Kelten und Iberern auffasst; s. u. 265.

das Gleiche für altehrwürdige, urbanisierte Völker wie die Turdetaner: Sie lebten in einem ‚barbarischen' Land – und tranken deswegen Bier –, bewahrten aber durch das angenehme Klima und die Nähe zu Tartessos (und den Phöniziern) ihre alten Traditionen.[992] Als Erben der Phaiaken sollten sie den Kern eines (zukünftig) römischen Hispaniens bilden.[993]

Zwischen den Großmächten: Die (Ost-)Iberer in den *Historien*

Zu den restlichen iberischen Völkern sind keine gleichrangigen Texte überliefert. Bemerkungen zu diesen Gruppen lassen sich nur den historischen Partien des polybianischen Werkes entnehmen. Die Überlieferungslage zwingt also dazu, das Bild des Polybios von den Iberern v. a. aus den Passagen über den Zweiten Punischen Krieg herauszudestillieren. Da Polybios in diesen Abschnitten auf militärische Vorgänge eingeht, schreibt er dort aus der Perspektive des Offiziers über die Iberer und beleuchtet ihre kriegerische Seite besonders ausführlich.[994] Ein solches Vorgehen ergab sich aber ebenso aus seiner Fragestellung: Wie war es den Römern in nur 53 Jahren gelungen, fast die gesamte *oikumene* zu erobern? Als er den äußersten Westen behandelte, wollte er zeigen, welche Rolle dabei die Feldzüge auf der Iberischen Halbinsel gespielt hatten. Auf was für Völker waren die Römer also in Hispanien gestoßen, und was lässt sich aus deren Verhalten schlussfolgern, um sie ethnographisch einordnen zu können?

Während iberische Krieger frühestens 218 v. Chr. auf Seiten der Römer kämpften, hatten sie schon Jahrhunderte zuvor den Karthagern gedient.[995] Polybios erwähnt sie im Ersten Punischen Krieg und betont vielfach, dass Iberer sogar außerhalb der Halbinsel in karthagischen Armeen kämpften.[996] Das galt auch für den Zweiten Punischen Krieg.[997] Vor der Schlacht von Cannae beschreibt er die Fußtruppen in Hannibals Armee folgendermaßen:

---

992 Da sie am Rand der *oikumene* lebten, brauchte es gewissermaßen das milde Klima der Region, das schon Tartessos hervorgebracht hatte, um sie vor einer Deutung als primitive Randvölker zu bewahren.

993 S. u. die Kapitel zu Poseidonios und Iberien (211–299) und besonders Strabon und Iberien (300–383). Die Beobachtungen dieses Unterkapitels widersprechen der Ansicht von WOOLF 2011b, 5, im Westen hätten griechisch-römische Autoren ein *terra nullius* ohne vorherige ‚Zivilisation' vorgefunden. Zumindest für den Süden Iberiens galt das nicht.

994 Vgl. auch die Überlegungen von CRUZ ANDREOTTI 2003, 203–204. Ähnliches gilt für die Beschreibung bspw. der Oreiten durch Nearchos, der als einer der wenigen Autoren vor Polybios militärische Aspekte in den Vordergrund der Ethnographie rückte; vgl. LEMSER 2021, 51.

995 S. o. auf 168. Publius Cornelius Scipio und sein Bruder Gnaeus Cornelius Scipio Calvus landeten 218 v. Chr. in Emporion, um die Feindseligkeiten auf der Iberischen Halbinsel zu eröffnen.

996 Vgl. bspw. Pol. I, 17, 4 (im 1. Punischen Krieg auf Sizilien).

997 Siehe z. B. Pol. XI, 1, 2 (Hasdrubal in Italien); v. a. aber im Heer Hannibals: Vgl. Pol. III, 33, 7–12; III 56, 3–4; III 72, 8; III, 83, 1–4 und bei Cannae: III, 113, 6–114, 4; III, 115, 2; III 117, 1–6.

Die Bewaffnung der Libyer war römisch, denn Hannibal hatte sie alle mit auserlesenen Waffenrüstungen, die in der letzten Schlacht erbeutet worden waren, ausgestattet. Bei den Iberern und Kelten war der Schild von ähnlicher Form, die Schwerter waren von ganz anderer Art. Beim iberischen Schwert nämlich war der Stich ebenso wirksam wie der Hieb [...] das Gallische dagegen war nur zu einem Zweck, zum Hieb, zu gebrauchen, und zwar nur bei einem gewissen Abstand von Mann zu Mann. Da sie nun abteilungsweise abwechselnd nebeneinander standen, die Kelten nackt, die Iberer nach Vätersitte mit leinenen, purpurgesäumten Röcken geschmückt, boten sie einen ebenso befremdenden wie furchterregenden Anblick.[998]

Polybios unterteilt die Infanterie grob in drei Teile: erstens die aus den phönizischen Städten Libyens und Iberiens rekrutierte ‚afrikanische' Elitetruppe, der die zentrale Rolle im Schlachtplan Hannibals zugedacht war.[999] Die zweite Abteilung bildeten die Iberer und die dritte die Gallier, die über ähnliche Schilde verfügten; zusammen sollen sie vor den angreifenden Römer zurückweichen.[1000] Die Iberer waren den Kelten aufgrund ihrer vortrefflichen Schwerter überlegen, die später von den Römern übernommen werden sollten, obwohl diese bereits über eine vielseitige Waffe verfügten.[1001] Auch die Tunika der Iberer setzte sie von den Galliern ab, die in typisch ‚(nord-)barbarischer' Art „nackt" kämpften. Die purpurne Farbe der iberischen Kleidung spricht hingegen für ihren Wohlstand, über den bereits Tartessier und Phaiaken verfügt hatten; auf die mythischen Vorfahren spielt Polybios vielleicht an, wenn er schreibt, die Iberer trügen ihre Gewänder „nach Vätersitte" (κεκοσμημένοι κατὰ τὰ πάτρια).[1002] Dass sie für Hannibal kämpften, muss kein Widerspruch zu dem Bild von den friedlichen und begüterten Iberern sein: Trifft die Interpretation zu und lässt sie sich überhaupt auf alle Iberer übertragen, dann hatten die Turdetaner in Polybios' Sicht über die Jahrhunderte nicht nur den Wein durch Bier ersetzt, sondern sich auch zunehmend dem

---

998 Pol. III, 114, 1–4. ἦν δ᾽ ὁ καθοπλισμὸς τῶν μὲν Λιβύων Ῥωμαϊκός, οὓς πάντας Ἀννίβας τοῖς ἐκ τῆς προγεγενημένης μάχης σκύλοις ἐκλέξας κατακεκοσμήκει· [2] τῶν δ᾽ Ἰβήρων καὶ Κελτῶν ὁ μὲν θυρεὸς ἦν παραπλήσιος, τὰ δὲ ξίφη τὴν ἐναντίαν εἶχε διάθεσιν· [3] τῆς μὲν γὰρ οὐκ ἔλαττον τὸ κέντημα τῆς καταφορᾶς ἴσχυε [...], ἡ δὲ Γαλατικὴ μάχαιρα μίαν εἶχε χρείαν τὴν ἐκ καταφορᾶς, καὶ ταύτην ἐξ ἀποστάσεως. [4] ἐναλλὰξ δὲ ταῖς σπείραις αὐτῶν παρατεταγμένων, καὶ τῶν μὲν Κελτῶν γυμνῶν, τῶν δ᾽ Ἰβήρων λινοῖς περιπορφύροις χιτωνίσκοις κεκοσμημένων κατὰ τὰ πάτρια, ξενίζουσαν ἅμα καὶ καταπληκτικὴν συνέβαινε γίνεσθαι τὴν πρόσοψιν.
999 Vgl. Pol. III, 115. Zur Herkunft der Soldaten siehe bspw. AUBET 2001, 307.
1000 Vgl. Pol. III, 115.
1001 Vgl. Pol. VI, 23, 6–7 (Übernahme der Waffe). Zu den früheren römischen Schwertern s. o. 78 Anm. 226; vgl. Pol. II, 30, 8. Möglicherweise ist Polybios' Beschreibung der Keltenkriege auch anachronistisch und er meint das iberische Schwert, doch gibt es für diese Annahme keine sicheren Hinweise. Sollte sie falsch sein, muss der hispanische *gladius* noch mehr Vorteile besessen haben als ‚nur' die Hieb- und Stichfähigkeit, denn über diese verfügten dann schon die vorherigen römischen Schwerter.
1002 Auch Konsuln und Prätoren trugen purpurgesäumte Mäntel: Vgl. Pol. VI, 53, 7.

Krieg zugewandt.[1003] Der Geschichtsschreiber war mit der griechischen Dekadenztheorie vertraut; so trug bspw. laut Dikaiarchos eine zunehmende Ausrichtung auf den Krieg zum moralischen Verfall einer Gesellschaft bei.[1004] Und so könnten sich die Iberer immer stärker von ihren Vorfahren ab- und dem Krieg zugewandt haben. Ihre wichtige Rolle in Hannibals Armee zeigt, dass sie sich in jedem Fall einen Ruf als mutige und fähige Krieger erworben hatten.[1005]

Ein ähnliches Bild zeichnet Polybios von ihren Anführern und lokalen Machthabern. Als Hannibal die Halbinsel verließ und sich auf den Weg nach Italien machte, so Polybios, schickte er die verbündeten Fürsten zurück in ihre Städte und ließ ein iberisches Kontingent nach Nordafrika bringen, während im Gegenzug libysche Truppen in Iberien stationiert wurden.[1006] Die iberischen[1007] Kommandanten und ihre Truppen folgten den Anweisungen, in ein fremdes Land verlegt zu werden und erscheinen damit als zuverlässige Bündner Karthagos.[1008]

Nach der Ankunft der Römer in Spanien änderte sich das jedoch schnell, wie die Geschichte des Abilyx zeigt. Dieser iberische Adlige war offizieller Freund der Karthager und hielt sich 217 v. Chr. in Sagunt auf, als sich Publius Cornelius Scipio senior der Stadt näherte. Abilyx war ein einflussreicher Mann, der „an Ansehen und Wohlstand hinter keinem seiner Landsleute zurückstand, [und der] an Ergebenheit [...] gegenüber den Karthagern [...] [und] an Zuverlässigkeit alle anderen bei weitem zu übertreffen schien."[1009] Abilyx überredete den karthagischen Befehlshaber Bostar, ihm die iberischen Geiseln in der Stadt zu übergeben, um sie zurück zu ihren Familien zu bringen und damit die Loyalität der Indigenen zu festigen.[1010] Tatsächlich habe der

---

1003 Turdetanische Soldaten in karthagischen Diensten beschreibt Polybios wohl in III, 33, 9, als er von den „Thersitai" spricht, wie LÓPEZ RUIZ 2009, 262/263 zeigt.

1004 Vgl. Porphyr. De abstinentia IV, 2, 5–9 (CB v.3 p. 1.16–4.7 Patillon and Segonds) = F56A Mirhady/Fortenbaugh; MÜLLER 1997, 201/202.

1005 Vgl. Pol. III, 94, 6; 115, 5.

1006 Vgl. Pol. III, 33, 5–11. Auch hier betont Polybios seine Autopsie: Laut 33, 18 hatte Polybios im Tempel der Hera Lakinia eine (sicher auf griechisch beschriftete) Tafel Hannibals gefunden, auf der dieser persönlich die Zahlen seiner verschiedenen Truppenkontingente zum Zeitpunkt des Aufbruchs aus Iberien angegeben hatte. Offensichtlich vertraute Polybios den Angaben des karthagischen Generals, dessen Feldherrntalent er zweifellos respektierte, geradeheraus.

1007 Bei den hier erwähnten Olkades (keltisch „Ebenenbewohner") und Oretanern („Hochlandbewohner") handelte es sich vielleicht um Keltiberer, doch wird das Polybios kaum bekannt gewesen sein. Vgl. Ó HÓGÁIN 2002, 76.

1008 In III, 33, 8 lobt Polybios die Karthager für diese Politik, die Truppen außerhalb ihres jeweiligen Heimatlandes zu stationieren. Siehe auch III, 17, 5: Hannibal erwartet, dass seine Einnahme Sagunts die bereits unterworfenen Iberer dazu bringen würde, seinen Befehlen eher Folge zu leisten, und die noch freien Stämme, sich vorsichtiger zu verhalten – also die Karthager weder anzugreifen noch zu hintergehen. Ein solches Verhalten konnte er nur von vernünftigen Menschen erwarten, die sich anders als wilde ‚Barbaren' nicht vorrangig von ihren Emotionen leiten ließen.

1009 Pol. III, 98, 2.

1010 Vgl. Pol. III, 98, 5–10.

naive Bostar¹⁰¹¹ dem Iberer die Geiseln übergeben, worauf der sie umgehend den Römern auslieferte, da er sie als kommende Herren der Halbinsel sah.¹⁰¹² Dieses opportunistische Verhalten bezeichnet Polybios als „eines Iberers und Barbaren würdig."¹⁰¹³ Hier greift der Geschichtsschreiber auf klassische Barbarentopik zurück, um das Handeln eines Individuums zu erklären.¹⁰¹⁴ Selbst einem Mann wie Abilyx, der über große Reichtümer und Einfluss verfügte und als loyal galt, war nicht zu trauen. Das Fazit: Der Krieg zwischen Rom und Karthago bot den Verbündeten beider Seiten zahlreiche Gelegenheiten, die Seiten zu wechseln, und aufgrund ihres ‚barbarischen' Charakters schreckten die Iberer davor offenbar nicht zurück.¹⁰¹⁵

Das untermauert Polybios mit dem Fall des Andobales, den er als einen τύραννος Zentraliberiens¹⁰¹⁶ und König der nordspanischen Ilergeten vorstellt.¹⁰¹⁷ Zusammen mit seinem Bruder Mandonius galt er als einer der „zuverlässigsten Freunde der Karthager".¹⁰¹⁸ Polybios betont mehrfach seine Loyalität,¹⁰¹⁹ doch kannten seine Leser bereits die Geschichte des Abilyx, der die Barkiden trotz ähnlicher Reputation hintergangen hatte. Und auch Andobales lief letztendlich zu den Römern über, doch liefert Polybios dieses Mal verständliche Gründe: Zunächst hatten die Karthager ihn als ‚König' der Ilergeten abgesetzt.¹⁰²⁰ Andobales erhielt sein Reich zwar später zurück, doch musste er darauf seine Töchter Hasdrubal, dem Sohn des Gisco, als Geiseln überlassen.¹⁰²¹ Sie wurden in Neukarthago festgehalten und dort offenbar so schlecht behandelt, dass Scipio sie nach der Einnahme der Stadt unter seine persönliche Obhut nahm, um ihr Wohl zu garantieren.¹⁰²² Als sich nun die Gelegenheit bot, Kontakt mit dem Heer Sci-

---

1011 Ein ungewöhnlicher Charakterzug für die sonst als gerissen gezeichneten Phönizier (s. u. bspw. die Rolle der Phönizier in Iberien nach Poseidonios, 258–264). Polybios schloss aus Bostars Verhalten auf dessen Charakter und konnte so den Gegensatz zum treulosen Iberer Abilyx verstärken.
1012 Vgl. Pol. III, 98, 3 (Gründe für opportunistisches Verhalten); III, 99, 6–7 (Schicksal der Geiseln).
1013 Pol. III, 98, 3.
1014 Vgl. ECKSTEIN 1995, 123.
1015 Ich widerspreche damit der Deutung PIERRE MORETS, der meinte, Abilyx sei eine Ausnahme unter den Iberern, und indem Polybios ihn in III, 98, 3 geradezu als ‚Barbaren' bezeichne, wolle er betonten, wie sehr Abilyx' Verhalten von der Norm abwich. Da allerdings Andobales und Mandonius erst die Karthager und dann die Römer verraten (siehe die nächsten Seiten), erscheint mir das Argument nicht schlüssig. Vgl. MORET 2002/2003, 31. Zur Bedeutung der iberischen Verbündeten vgl. RAWLINGS 1996, 91/92; ALONSO NÚÑEZ 1985, 263.
1016 Vgl. Pol. III, 76, 6.
1017 Vgl. Pol. X, 18, 7; Liv. XXII, 21, 2–3, der ihn als Indibilis bezeichnet; LUIK 2005, 35. Vgl. Pol. III, 35, 2 zur Eroberung der Ilergeten durch Hannibal.
1018 Pol. X, 35, 6–7.
1019 Auch schon bei der ersten Nennung in Pol. III, 76, 7. Im Kampf gegen die Scipionen hatte er sich als treuer und fähiger Bündnispartner erwiesen; vgl. Pol. IX, 11, 3; WALBANK, Kommentar II, 136. Und das, obwohl ihm die Karthager zwischenzeitlich seine Herrschaft entrissen hatten, worauf ich kurz darauf im Fließtext eingehe.
1020 Vgl. Pol. IX, 11, 3.
1021 Vgl. Pol. IX, 11, 4.
1022 Vgl. Pol. X, 18, 7–15.

pios herzustellen, liefen Andobales und Mandonius zu den Römern über,[1023] ebenso wie Edeco, Prinz der Edetaner[1024] und „die meisten übrigen Iberer, die schon lange über die Hoffart der Karthager verärgert waren".[1025] Offenbar bemüht Polybios hier also keine Barbarentopik, sondern erklärt die Entscheidungen von Andobales und seinen Landsleuten anhand von Motiven, die aufgrund der konkreten politischen Situation nachvollziehbar waren. Die Schuld für den Sinneswandel der Iberer lag alleine bei den Karthagern, die in ihrer *hybris* ihre Feinde unterschätzt und ihre Untertanen unterdrückt hatten.[1026]

Im Kontext des Zweiten Punischen Krieges wirken die Iberer bei Polybios nun zunächst wie verlässliche Verbündete der Römer, die sich unter Scipios fester Kontrolle befinden.[1027] Ihre Anführer treten als respektierte Aristokraten auf, die geschlossen hinter dem Römer stehen und ihn als ihr Oberhaupt akzeptieren.[1028] Andobales selbst, so Polybios, bot Scipio an, auf die Probe gestellt zu werden, um seine Vertrauenswürdigkeit (πίστις) zu beweisen. Der römische Feldherr hielt den Ilergeten jedoch bereits für glaubwürdig, hatten doch seine Töchter am meisten unter der karthagischen Herrschaft gelitten.[1029] Und dennoch: Als 206 v. Chr. Gerüchte über den Tod Scipios die Runde machten und eine Meuterei in seinem Heer ausbrach,[1030] nutzten Andobales und Mandonius die Gelegenheit und verrieten die Römer.[1031] In einer Rede lässt Polybios den römischen Feldherrn von einem „schamlosen Treubruch"[1032] (ἀθεσία) sprechen, für den es keine Entschuldigung gebe. Scipio stellte die Ilergeten am Ebro zur Schlacht und versetzte sie schnell in Panik (διαγωνιάω).[1033] Die Iberer begingen daraufhin in typisch ‚barbarischer' Unbesonnenheit (ἀλόγιστος)[1034] taktische Fehler und erlitten eine vernichtende Niederlage.[1035]

1023 Vgl. Pol. X, 35, 6–8.
1024 Vgl. Pol. X, 34, 1–35, 3.
1025 Pol. X, 35, 8. Zum Vergleich der Behandlung iberischer Gefangener durch die Karthager auf der einen und Scipio auf der anderen Seite vgl. auch ALONSO NÚÑEZ 1985, 263.
1026 Vgl. Pol. X, 36, 3–7. Das war vielleicht eine Warnung für die Römer, die noch in Polybios' letzten Lebensjahren (und darüber hinaus) Aufstände und Überfälle in Hispanien zu bekämpfen hatten.
1027 Sie rufen Scipio sogar zum König (βασιλεύς) aus, was dieser ablehnen musste; vgl. Pol. X, 38, 3; 40, 2–6. Zu den verschiedenen Interpretationen und weiterer Literatur siehe WALBANK, Kommentar II, 252.
1028 CRUZ ANDREOTTI 2003, 206 spricht von einer „homerización de lo bárbaro", die sich nicht zwangsläufig aus dem Text ergibt und eher zur Charakterisierung der Turdetaner passen würde.
1029 Vgl. Pol. X, 37, 7–38, 5.
1030 Vgl. Liv. XXVIII, 24, 1–5, der das Gerücht auch als Grund für die Meuterei nennt.
1031 Vgl. Pol. XI, 29–31.
1032 Pol. XI, 31, 1.
1033 Vgl. Pol. XI, 32, 5.
1034 Vgl. Pol. XI, 32, 6.
1035 Dass die Ilergeten zu Beginn der Schlacht Vieh plündern, entspricht ebenfalls geläufiger Barbarentopik. Vgl Pol. XI, 32, 2–3. Andobales entkam zunächst (Pol. XI, 33), doch berichtet Livius, dass er im Folgejahr in einer anderen Schlacht gegen die Römer gefallen sei; vgl. Liv. XXIX, 1,19–3, 5.

Polybios' Schilderungen ergeben ein stimmiges Bild: Scipio tritt als fähiger und gerechter Anführer auf, welcher der karthagischen Herrschaft in Hispanien ein Ende bereitet. Er sucht die Unterstützung der indigenen Fraktionen und behandelt sie mit deutlich mehr Respekt, als die Karthager es getan hatten.[1036] Andobales und seine Gefährten verrieten die Römer möglicherweise, da sie nach ihrem eigenen Verständnis nur ihrem ‚König' Scipio die Treue geschworen hatten, von dessen Tod sie ausgingen.[1037] Auf die Römer – Polybios' Quelle war vielleicht Scipios wichtigster Offizier Gaius Laelius[1038] – und die griechischen Leser der *Historien* mussten die Iberer jedoch wie undankbare Verräter wirken. Ihre Entscheidung, die Römer zu hintergehen, erscheint umso irrationaler, da sie in der folgenden Schlacht gegen Scipio nichts auszurichten vermochten. Ähnlich wie Abilyx hatten sie ihre Verbündeten zuerst getäuscht, um dann ihr wahres ‚barbarisches' Wesen zu offenbaren – und schließlich an den Römern zu scheitern.

Polybios beschreibt also die dynamische Rolle der iberischen Völker im Zweiten Punischen Krieg. Je nach Verlauf der Kämpfe unterstützten sie Römer oder Karthager und konnten damit den Ausgang von Feldzügen und Schlachten beeinflussen. Anders als die Kelten kämpften die Iberer nicht um des Kämpfens willen, sondern waren von den Eindringlingen dazu gezwungen worden, Partei in einem größeren Krieg zu ergreifen und ihre Heimat zu verteidigen.[1039] Dabei trafen sie für Polybios nachvollziehbare Entscheidungen, die das Ergebnis rationalen Denkens waren und nicht die Folge eines ‚barbarischen' θυμός.[1040] Dass sie dennoch zu irrationalem Verrat neigten, passt zu seinem ambivalenten Bild der Turdetaner: Offenbar waren die Iberer aufgrund des Reichtums ihres Landes, der Urbanisierung und ihrer langen Geschichte keine völlig wilden und unkultivierten ‚Barbaren' wie die Gallier Zentraleuropas; allerdings waren sie zunehmend verroht, seit sie sich Krieg und Gewalt zugewandt hatten. Je weiter südlich und je näher sie an Tartessos und dem einstigen Phaiakenland lebten, desto edler waren ihre Sitten und Gebräuche noch in Polybios' Zeit.[1041] Diesen mäßigenden Einfluss bewies das Beispiel der Keltiker, die in der Algarve und im Alentejo ihre ro-

---

1036 Zu diesem Vergleich findet sich eine ausführliche Interpretation bei ERSKINE 2003, 229–233. Auch THORNTON 2010, 49 macht darauf aufmerksam, dass die Römer mit den Iberern ebenso (wie mit den Griechen) moderat und angemessen verfahren mussten, um die Akzeptanz ihrer Herrschaft zu erreichen.
1037 Vgl. RAWLINGS 1996, 87–92, der die Wichtigkeit iberischer Männerbünde und persönlicher Ehre betont. Ähnlich CRUZ ANDREOTTI 2003, 204–205.
1038 Vgl. die Darstellung bei WALBANK, Kommentar II, 252; 198 und Pol. X, 3, 2–3.
1039 Darauf weist CRUZ ANDREOTTI 2003, 205 hin.
1040 Damit folge ich auch ALONSO NÚÑEZ 1985, 264, der sich explizit gegen MARTÍNEZ GÁZQUEZ gewehrt hatte, der Polybios' (Kelt-)Ibererbild als rein negativ bezeichnet hatte; vgl. MARTÍNEZ GÁZQUEZ 1978, 803–808.
1041 Tatsächlich vermischte sich die tartessische Kultur mit der benachbarter Völker. Vgl. SASSE 2005, 301. Schon das Bild der Phaiaken war teilweise ambivalent, wie die meisten ethnographischen Beschreibungen der Odyssee; siehe dazu etwa SCHULZ 2020c.

hen, keltischen Sitten abgelegt und sich ihren kultivierten Nachbarn angepasst hatten. Die Turdetaner waren deshalb die ‚zivilisiertesten' Bewohner Hispaniens. Dass sie sich kaum am Krieg zwischen Römern und Karthagern beteiligten, war Ausdruck ihres friedlichen Charakters.[1042]

Polybios gelang es als erstem Griechen, eine zusammenhängende Geschichte der wichtigsten Ereignisse auf der Iberischen Halbinsel in seiner Zeit zu verfassen. Dabei beschränkte er sich nicht nur auf die Stadtbewohner der Mittelmeerküsten, sondern betrachtete auch die Bevölkerung des nördlichen Berglands. Die Bewohner Keltiberiens mussten aufgrund ihrer Entfernung von der tartessischen Zivilisation und der klimatischen Beschaffenheit ihrer Heimat ‚barbarischer' und ‚unzivilisierter' sein als die Iberer im Süden. Daraus ergibt sich die nächste Frage: Setzte Polybios die Kelten Iberiens mit den Galliern Zentraleuropas gleich oder nahm er sie als zwei grundsätzlich verschiedene Gruppen wahr?

Die Tapfersten der Tapferen: Die Ethnographie der Keltiberer

Polybios erwähnt Keltiberien erstmals im Zuge seiner Beschreibung Sagunts, denn

> Diese Stadt liegt auf einem sich bis zum Meer erstreckenden Ausläufer des Gebirges, das die Grenze von Iberien und Keltiberien bildet, etwa sieben Stadien vom Meer entfernt. Das Land, das ihre Bewohner unter dem Pflug haben, ist reich an Erzeugnissen aller Art und übertrifft an Fruchtbarkeit das ganze übrige Iberien.[1043]

Der Wohlstand der Stadt korreliert mir ihrer wichtigen Rolle im Zweiten Punischen Krieg.[1044] Sie lag an der Grenze zwischen Iberien – im Sinne der mediterranen Seite Hispaniens – und Keltiberien; die Berge teilten die beiden Länder voneinander.[1045] Polybios näherte sich Keltiberien also wie in einem *periplous* von der Küste aus.[1046]

1042 Livius berichtet zwar von einer Revolte der Turdetaner gegen die Römer nach dem Zweiten Punischen Krieg, nennt sie aber dennoch den friedlichsten (wörtlich am wenigsten kriegerischen, *maxime imbelles*) Stamm Iberiens; vgl. Liv. XXXIV, 17. S. o. 190, Anm. 1003 zu Pol. III, 33, 9 und den Thersitai, womit wohl turdetanische Soldaten gemeint waren. Eine explizite Beteiligung der Turdetaner am Krieg geht aus den Quellen und besonders aus Polybios' *Historien* aber eben nicht hervor, und in Plut. Cato maior 10, 3 = Pol. XIX, 10, 3 schildert er, dass selbst die nördlicheren Verbündeten der Turdetaner (nach einem ersten Erfolg: Liv. XXXIII, 25, 8–9) rapide niedergeschlagen wurden im Vergleich zu anderen Keltiberern (siehe dazu die folgenden Seiten).
1043 Pol. III, 17, 2–3. ἡ δὲ πόλις αὕτη κεῖται μὲν ἐπὶ τῷ πρὸς θάλατταν καθήκοντι πρόποδι τῆς ὀρεινῆς τῆς συναπτούσης τὰ πέρατα τῆς Ἰβηρίας καὶ Κελτιβηρίας, ἀπέχει δὲ τῆς θαλάττης ὡς ἑπτὰ στάδια. [3] νέμονται δὲ χώραν οἱ κατοικοῦντες αὐτὴν πάμφορον καὶ διαφέρουσαν ἀρετῇ πάσης τῆς Ἰβηρίας.
1044 Ansonsten hätte Polybios die Stadt vielleicht nicht so eingehend und idealisierend beschrieben – über die griechischen Städte an der Ostküste wie Emporion sagt er z. B. so gut wie nichts.
1045 Gemeint ist wahrscheinlich das Sistema Ibérico.
1046 Zum *periplous*-artigen Vorgehen des Polybios siehe auch HARL 2011, 104.

Vielleicht stellte er der blühenden Küstenebene Sagunts, die selbst Turdetanien an Fruchtbarkeit übertraf, das raue Iberische Gebirge und die karge Landschaft der Meseta gegenüber.[1047] Die erhaltenen Fragmente zeigen jedenfalls, dass Polybios sich detailliert mit den Bewohnern des Hochlands beschäftigt hat, denn er unterscheidet Karpetaner[1048] und Vakkäer von den Keltiberern.[1049] An anderer Stelle scheint er sie in seine Definition von „Keltiberien" einzuschließen und gibt damit vielleicht das Bündnissystem der Arevaker wieder, dem sich die Römer im 2. Jahrhundert v. Chr. entgegenstellten.[1050] Seine Erkenntnisse beruhten auf Autopsie, da er im Gefolge des Scipio Aemilianus am Feldzug des Lucius Licinius Lucullus 151 v. Chr. gegen die Vakkäer im Tal des mittleren Durius/Duero teilgenommen hatte.[1051] Den Nordwesten der Iberischen Halbinsel bereiste Polybios dabei nicht, doch er schreibt, dass

[der Teil Europas], der [sich] am äußeren großen Meer [hinzieht] [...] keinen gemeinsamen Namen [führt], weil er erst neuerdings entdeckt ist; [er] wird ganz von barbarischen, volkreichen Stämmen bewohnt, über die wir später im Einzelnen berichten werden.[1052]

Damit bezog er sich auf die Expedition des Brutus Callaïcus 138/137 v. Chr., welche die Römer bis zum Fluss Bainis/Βαῖνις (lateinisch Minius, heute Miño/Minho,) in Gallaecia führte.[1053] Die dementsprechenden Passagen sind verloren, doch boten sei-

---

1047 Doch sind seine topographischen Passagen über Keltiberien fast vollständig verloren gegangen. Vgl. zu den ursprünglichen Beschreibungen Keltiberiens die Interpretation bei SCHULTEN 1911, 575–583.
1048 Vgl. Pol. III, 14, 2; X, 7, 5.
1049 Vgl. Pol. III, 14, 1; Strab. III, 4, 13, C162 = Pol. XXXIV, 9, 13; SCHULTEN 1911, 576; ALONSO NÚÑEZ 1985, 266.
1050 So in Strab. III, 2, 11, C148 = Pol. XXXIV, 9, 12, wo es heißt, Anas und Baetis würden aus Keltiberien fließen. Die Quelle des Anas lag im Gebiet der Karpetaner, deren Gebiet hier mit „Keltiberien" gemeint sein könnte. Dass Polybios auch die weiter südlich liegende Quelle des Baetis in Keltiberien lokalisiert, könnte – wenn es sich nicht um einen geographischen Fehler seinerseits handelt – auf weitgreifende Allianzen der Arevaker und anderer keltiberischer Völker hindeuten, oder bedeuten, dass er das ganze Inland als Keltiberien bezeichnet. Gegen letzteren Punkt spricht eben, dass er selbst vor Ort war und dementsprechend Vakkäer und Karpetaner als eigene Ethnien nennt. Siehe zu diesen Überlegungen CIPRÉS 1999, 142/143.
1051 Der Feldzug kam vor der von Polybios namentlich genannten Stadt Intercatia zeitweise zum Erliegen; vgl. Strab. III, 4, 13, C162 = Pol. XXXIV, 9, 13 (Nennung Intercatias). Siehe Simon 1962, 48–55 zur Rekonstruktion des Feldzuges u. a. auf der Basis von Pol. XXXV, besonders in Bezug auf die Rollen von Scipio Aemilianus und Polybios selbst. Lucullus zog auch gegen Palantia, den Hauptort der Vakkäer. Die persönlichen Erfahrungen vor Ort rechtfertigten für Polybios eine Kritik an der konkurrierenden Darstellung des ‚Schreibtischgelehrten' Timaios; vgl. Pol. XII, 28a, 3–6.
1052 Pol. III, 37, 11. τὸ δὲ παρὰ τὴν ἔξω καὶ μεγάλην προσαγορευομένην κοινὴν μὲν ὀνομασίαν οὐκ ἔχει διὰ τὸ προσφάτως κατωπτεῦσθαι, κατοικεῖται δὲ πᾶν ὑπὸ βαρβάρων ἐθνῶν καὶ πολυανθρώπων, ὑπὲρ ὧν ἡμεῖς μετὰ ταῦτα τὸν κατὰ μέρος λόγον ἀποδώσομεν.
1053 Vgl. WALBANK, Kommentar I, 370; SCHULTEN 1955, 72; ALONSO NÚÑEZ 1985, 264. In Plut. Cato maior 10, 3 = Pol. XIX, 1, 1 wird der Baitis erwähnt, WALBANK, Kommentar III, 63 geht jedoch davon aus, dass es sich um eine Verwechslung mit dem Baitis/Baetis in Südiberien handelt, der dem Guadalquivir entspricht. Im Kontext der hier angesprochenen Revolte nördlicher Verbündeter

ne *Historien* damit das erste umfassende Bild des hispanischen Hochlandes.[1054] Indem Polybios die Bewohner des Nordwestens als ‚Barbaren' bezeichnete, bestätigte er die Vorannahmen seiner Leser von in den Bergen lebenden Nordvölkern. Seine Behauptung, Hannibal habe sich vor den keltischen Bewohnern der Pyrenäen gefürchtet, untermauerte diese Deutung;[1055] die Römer hatten ihm zufolge sogar angenommen, die Stämme könnten Hannibal aufgrund ihrer großen Zahl – ein weiterer klassischer *topos* – monatelang aufhalten.[1056] Tatsächlich seien Hannibals Soldaten bei ihrer Ankunft in Italien durch die zahlreichen Schlachten gegen die Bewohner Hispaniens gestählt gewesen und hätten ihren römischen Feinden deshalb einiges an Erfahrung vorausgehabt.[1057] Ausführlicher beschreibt Polybios unter den keltischen Völkern der Halbinsel nur die Keltiberer, und deren Gefährlichkeit lag zunächst in ihrer Bewaffnung begründet:[1058]

> Die Keltiberer haben Schwerter, die technisch denen aller anderen Völker überlegen sind. Diese Schwerter haben eine starke Spitze, sind aber auch zum Hieb von oben her mit beiden Schneiden geeignet. Daher haben auch die Römer vom Hannibalischen Krieg an die Schwerter der alten Form abgelegt und die der Iberer übernommen, und zwar nur die Form; denn die Güte des Eisens und die übrige Qualität der Schmiedearbeit können sie nicht erreichen.[1059]

---

der Turdetaner passen beide Flüsse nicht wirklich, ich benutze also im Folgenden in dieser Arbeit das Bainis Strabons; vgl. bspw. Strab. III, 3, 4, C153.

1054 Das spricht gegen die Behauptung CHEVALIERS, Polybios habe weniger vom Norden und Westen der *oikumene* gewusst als Herodot – zumindest für den Westen kann das nicht gelten; vgl. CHEVALIER 1984, 341, Anm. 1.

1055 Da Polybios eine falsche Auffassung vom Verlauf der Pyrenäen hatte und sie an der Ostküste Spaniens entlanglaufen ließ, waren mit diesen Kelten vielleicht sogar die Einwohner des tatsächlichen Keltiberien gemeint. Vgl. bspw. Pol. III, 39, 4. Einen Überblick über die Forschung zu den Keltiberern bis zum Beginn unseres Jhs. bietet BURILLO MOZOTA 2008.

1056 Denn darauf basierte der Plan, die römischen Streitkräfte im Gebiet von Massalia zusammenzuziehen, um ihn dort zur Schlacht stellen zu können. Vgl. Pol. III, 41, 6. Freilich überwand Hannibal die Kelten in Windeseile und setzte dann zu seinem Übergang über die Alpen an, so dass die Strategie der Römer scheiterte.

1057 Vgl. Pol. III, 35, 8. Wie MAIER 2018, 65 demonstriert, hatte Polybios den Karpetanern sogar zugetraut, Hannibal zu besiegen.

1058 Die beiden folgenden Fragmente in der Suda sind in der Erforschung von Polybios' Bild der Keltiberer bisher meines Wissens nach nicht berücksichtigt worden. So hielt GONZÁLEZ RODRÍGUEZ 2003 die Überlieferung bspw. offenbar für zu spärlich, um im Fall der Keltiberer die Vorstellungen des Achaiers genauso detailliert untersuchen zu können wie bei den cisalpinen Galliern; siehe etwa 165/166, wo sie alle ‚anderen Barbaren' außer den Galliern der Po-Ebene zusammenfasst.

1059 Pol. Sud. (s. v. μάχαιρα) Fragm. 179 Büttner-Wobst = Fragm. 96 Hultsch = Fragm. 100 Bekker. Poseidonios griff das Thema ebenso auf und lobte wie Polybios die Qualität des (kelt-)iberischen Eisens; vgl. Diod. V, 33, 1–34, 7 = F 117 Jac. = F 89 Theiler. οἱ Κελτίβηρες τῇ κατασκευῇ τῶν μαχαιρῶν πολὺ διαφέρουσι τῶν ἄλλων· καὶ γὰρ κέντημα πρακτικὸν καὶ καταφορὰν ἔχει δυναμένην ἐξ ἀμφοῖν τοῖν χεροῖν. ᾗ καὶ Ῥωμαῖοι τὰς πατρίους ἀποθέμενοι μαχαίρας ἐκ τῶν κατ' Ἀννίβαν, μετέλαβον τὰς τῶν Ἰβήρων, καὶ τὴν μὲν κατασκευὴν μετέλαβον, αὐτὴν δὲ τὴν χρηστότητα τοῦ σιδήρου καὶ τὴν ἄλλην ἐπιμέλειαν οὐδαμῶς δύνανται μιμεῖσθαι.

Polybios scheint hier seinen Vergleich zwischen der Bewaffnung der Gallier und Iberer in Hannibals Armee aufzugreifen,[1060] denn er spricht über den (späteren) *gladius*. Dieses Schwert wurde in Hannibals Armee offenbar von Keltiberern und Iberern benutzt, vielleicht bildeten sie gemeinsame Kontingente; in jedem Fall glaubte Polybios offenbar, beide Volksgruppen benutzten die gleiche Waffe.[1061] Dass die Römer die iberischen Schwerter übernahmen, ist bekannt.[1062] Erstaunlicherweise schätzt Polybios die Eisenverarbeitung der (Kelt-)Iberer höher als die der Römer, deren militärische Überlegenheit er so minutiös erläutert hatte und die über die handwerkliche Kunst der etruskischen Metallurgie verfügen konnten.[1063] Der Vergleich relativiert und legitimiert zugleich: denn er deutet an, dass den Keltiberern unter allen ‚nordbarbarischen' Völkern eine Ausnahmestellung zukam, während er auch demonstriert, wie wichtig die Eroberung des Landes für die Römer war. Nur, indem sie die Halbinsel unterwarfen, konnten sie selbst in den Besitz der schlagkräftigsten Waffen gelangen.

Polybios untersucht aber nicht nur die Ausrüstung der Keltiberer, sondern analysiert die Stärke ihrer Armeen – wie bei den Römern – auf mehreren Ebenen. Auch deren taktische Fähigkeiten hoben sie von anderen Kelten ab:

> Die Keltiberer haben eine taktische Besonderheit. Wenn sie ihr eigenes Fußvolk in Bedrängnis sehen, steigen sie ab, um ihm zu helfen, und lassen ihre Pferde hinter der Front in Reih und Glied stehen. Am Ende der Zügel sind nämlich kleine Pflöcke befestigt, die sie sorgfältig in die Erde rammen. Die Pferde sind dressiert, ruhig in Reih und Glied stehenzubleiben, bis die Reiter zurückkommen und die Pflöcke wieder aus der Erde ziehen.[1064]

Polybios hebt hier ein herausragendes Merkmal der Keltiberer hervor, das sie von allen anderen Völkern unterscheidet, ein ἴδιον: Ihre Pferde sind so gut trainiert, dass sie in der Schlacht die gleiche Disziplin zeigen wie ihre Reiter, die sich unerschrocken in den Nahkampf stürzen. Eine solche Stärke passt nicht zu den gängigen *topoi* über

---

1060 S. o. 189 zu Pol. III, 114, 3.
1061 Soweit dies bei der Überlieferungslage dieses Suda-Fragments noch gesagt werden kann – der byzantinische Exzerpator mag Κελτίβηρες und Ἴβηρες synonym benutzt haben. Zu den gemischten Kontingenten in Hannibals Armee und ihrer jeweiligen Ausrüstung vgl. bspw. GABRIEL 2002, 199/200. Auch der überlieferte Text unterscheidet freilich nicht immer klar zwischen Keltiberern und Iberern, wie ich schon in dem Abschnitt zu Polybios' Geographie der Iberischen Halbinsel (s. o. 176) geschrieben habe.
1062 In Bezug auf die militärische Ausrichtung erinnert der Vorgang an die römische Kavallerie, die sich an die überlegene Rüstung der Griechen anpasste; vgl. Pol. VI, 25, 3–11.
1063 Zum Thema der etruskischen Metallurgie und Waffenherstellung vgl. etwa GIARDINO 2013, 728–733; COWAN 2013 passim.
1064 Pol. Sud. (s. v. ἴδιον) Fragm. 163 Büttner-Wobst = Fragm. 95 Hultsch = Fragm. 99 Bekker. ἴδιον ἔχουσιν οἱ Κελτίβηρες κατὰ τὸν πόλεμον. εωροῦντες γὰρ τοὺς παρ' αὐτῶν πεζοὺς πιεζομένους, παρακαταβάντες ἀπολείπουσι τοὺς ἵππους ἑστῶτας ἐν τάξει· ἄκροις γὰρ τοῖς ἀγωγεῦσι τῶν ἵππων πατταλίσκους μικροὺς ἔχοντες προσηρτημένους, τούτους ἐπιμελῶς πήξαντες πειθαρχεῖν διδάσκουσι τοὺς ἵππους ἐν τάξει, μέχρις ἀνακάμψαντες ἀνασπάσωσι τοὺς παττάλους. Walbank, Kommentar III, 753 akzeptiert die Zuweisung zu Polybios ebenso.

die ‚Nordbarbaren', vielmehr benutzt Polybios einen indirekten, relativierenden Vergleich, der die Keltiberer gegenüber anderen Kelten aufwertet. Vielleicht hatte der Geschichtsschreiber diese Kampfesweise selbst beobachtet – im Krieg gegen die Vakkäer oder im Numantinischen Krieg – oder seine Schilderung beruhte auf römischen Militärberichten. Auch erwähnt er, dass die (kelt-)iberische und gallische Reiterei Hannibals in der Schlacht von Cannae abgestiegen sei und die römische Kavallerie zu Fuß bekämpft hatte, doch findet sich an dieser Stelle kein Hinweis auf die Pflöcke oder die gehorsamen Pferde.[1065] Woher die Angabe auch stammen mochte: Das neue Wissen konnte glaubwürdig im Widerspruch zu den klassischen *topoi* stehen, da die Römer auf der Iberischen Halbinsel so große Verluste erlitten hatten. Indem Polybios das Können der Keltiberer hervorhebt, macht er das Versagen Roms plausibel.

Zur Ausrüstung und taktischen Intelligenz tritt der angeborene Mut der Keltiberer, der sich bereits im Zweiten Punischen Krieg gezeigt hatte. Polybios berichtet über den Rückzug des Syphax, König der numidischen Massäsylier, nach dem siegreichen Nachtangriff des Scipio Africanus auf das karthagisch-massäsylische Heer bei Utica. 203 v. Chr. Auf dem Weg nach Numidien sei Syphax nahe Abba ein Kontingent von über viertausend keltiberischen Söldnern entgegengekommen, die ihn überzeugten, dass der Krieg noch nicht verloren sei.[1066] Einen noch größeren Effekt hatten die Verstärkungen auf die Karthager selbst:

> Anstatt auf viertausend nämlich gaben sie [die Keltiberer] ihre Zahl auf zehntausend an, und sie versicherten, durch ihre Tapferkeit und ihre Bewaffnung im Kampf unwiderstehlich zu sein. Aufgrund dieses Rufs, der sich von ihnen verbreitete […], waren die Karthager wieder obenauf.[1067]

Bald darauf hatte Hasdrubal, Sohn des Gisco, wieder ein Heer von gut 30 000 Mann unter Waffen.[1068] Polybios macht deutlich, dass Hasdrubal dies nur gelingen konnte, da die Ankunft der gefürchteten Keltiberer die Moral seiner Truppen wiederhergestellt hatte. Einerseits eilte ihnen tatsächlich ein guter Ruf voraus, der berechtigt war: Trotz der schwierigen Lage der Karthager hatten sich die Keltiberer für den Krieg im fernen Afrika anwerben lassen, und Polybios selbst bestätigt immer wieder ihren Wert als

---

1065 GONZÁLEZ RODRÍGUEZ 2003, 153 hält die Zuschreibung für abwertend, da Polybios sie als βαρβαρικός (III, 155, 2) bezeichnet. Allerdings beteiligen sich die Römer genauso an diesem Kampf zu Fuß; vielleicht meint Polybios also nur die Art des Gefechts, schließlich war die Schlacht von Cannae auch für den Polis-Griechen Polybios ein Gemetzel gigantischen Ausmaßes, das es in dieser Größenordnung in Griechenland bis dahin höchstens einmal, in der Schlacht von Plataiai 479 v. Chr., gegeben hatte.
1066 Vgl. Pol. XIV, 7, 4–6. Eine wichtige Rolle spielte dabei allerdings auch Syphax' Ehefrau Sophonisba, die Tochter des karthagischen Generals Hasdrubal, Sohn des Gisco.
1067 Pol. XIV, 7, 7–8. Ἀντὶ μὲν γὰρ τῶν τετρακισχιλίων μυρίους αὐτοὺς ἀπήγγελλον εἶναι, κατὰ δὲ τοὺς κινδύνους ἀνυποστάτους ὑπάρχειν καὶ ταῖς ψυχαῖς καὶ τοῖς καθοπλισμοῖς. [8] ἐκ δὲ ταύτης τῆς φήμης […] οἱ Καρχηδόνιοι διπλασίως ἐπερρώσθησαν.
1068 Vgl. Pol. XIV, 7, 9.

Krieger. Allerdings verhielten sie sich andererseits in typischer ‚Barbarenmanier', denn es ist erst die Lüge über ihre wahre Zahl, welche die Karthager überzeugt, weiterzukämpfen. Die Punier glauben der Angabe nicht nur, weil sie sich größere Verstärkungen wünschen. Vielmehr scheint Polybios hier auf den *topos* der großen Zahl ‚nordbarbarischer' Völker zu verweisen: Die (keltiberischen) Karpetaner waren Hannibal vor seinem Aufbruch nach Sagunt angeblich mit 100 000 Mann entgegengetreten, und so war diese Vorstellung auch den Karthagern vertraut.[1069] Beide Urteile – tapfere Krieger und unzuverlässige ‚Barbaren' – passen zu den *topoi* über die Gallier, die Polybios an anderer Stelle bemüht hatte:[1070] Aufgrund ihres θυμός warfen sie sich mutig in jede Schlacht, doch machte ihre ἀθεσία sie zu fragwürdigen Verbündeten.

Polybios bleibt bei diesen Bildern, als er die folgenden Ereignisse darstellt. Denn Scipio Africanus trat der neu formierten Armee seiner Feinde sofort entgegen und stellte sie auf den Großen Feldern von Souk el Kremis zur Schlacht.[1071] Hasdrubal und Syphax positionierten die Keltiberer in der Mitte ihrer Schlachtlinie, direkt gegenüber den römischen *hastati*.[1072] Sie hatten erkannt, dass die Keltiberer den neu rekrutierten Karthagern und Numidern an Kampfkraft überlegen waren.[1073] Die Einschätzung der beiden Feldherren sollte sich als richtig erweisen, doch konnten die übrigen karthagischen Kontingente den erfahrenen Soldaten Scipios und den numidischen Massyliern unter Massinissa nicht viel entgegensetzen:

> Gleich beim ersten Zusammenstoß machten die Numider [des Syphax] vor den italischen Reitern, die Karthager vor denen Massinissas kehrt, da sie durch ihre früheren Niederlagen bereits demoralisiert waren. Die Keltiberer hielten im Nahkampf mit den Römern tapfer stand. Denn weder wenn sie flohen, blieb ihnen wegen ihrer Ortsunkenntnis, noch wenn sie lebend in Gefangenschaft fielen, wegen ihres Treubruchs gegen Publius [Scipio Africanus] eine Hoffnung auf Rettung. Ohne dass sie sich während der Kämpfe in Spanien über irgendeine feindselige Handlung von seiner Seite zu beklagen gehabt hätten, fochten sie jetzt auf Seiten der Karthager gegen die Römer, was diese als einen Vertrags- und Rechtsbruch [ἀθεσία] betrachten mussten. Als nun aber die beiden Flügel die Flucht ergriffen hatten, wurden sie [die Keltiberer] schnell von den *principes* und *triarii* umzingelt und an dem Platz, an dem sie standen, allesamt, außer ganz wenigen, niedergehauen. So fanden die Keltiberer ihren Untergang; aber sie hatten den Karthagern einen wertvollen

---

1069 Vgl. Pol. III, 14, 8. Polybios könnte die Angabe schließlich durchaus einer karthagischen Quelle entnommen haben.
1070 Siehe das vorangegangene Kapitel zu den Kelten; 132–164.
1071 Zur Lokalisierung vgl. WALBANK, Kommentar II, 432.
1072 Vgl. Pol. XIV, 8, 7.
1073 Hieraus ergibt sich allerdings die Frage, ob es sich bei den Keltiberern nicht um mehr als 4000 Mann gehandelt haben muss, schließlich trugen sie in der Folge auch die Hauptlast des römischen Angriffs und hielten die Angreifer lange hin; vgl. WALBANK, Kommentar II, 432/433. Möglicherweise lagen Polybios Angaben von 4000 und 10 000 Mann vor und er entschied sich, gerade weil er den Angaben der Kelten nicht traute, für die niedrigere Zahl.

Dienst geleistet, nicht nur während des ganzen Kampfes, sondern auch für ihre Flucht. Denn wenn sie sich den Römern nicht in den Weg gestellt, sondern sich der Flucht der anderen sogleich angeschlossen hätten, wären bestimmt nur ganz wenige entkommen. Der Aufenthalt aber, den sie verursachten, ermöglichte es Syphax, mit seinen Reitern ungefährdet in die Heimat zurückzukehren, Hasdrubal, sich mit den Überlebenden in Karthago in Sicherheit zu bringen.[1074]

Erneut kontrastiert Polybios den Mut und die Stärke der Keltiberer, die fernab der Heimat ihr Leben opferten, um ihre fliehenden Verbündeten zu retten, mit ihrer barbarischen ἀθεσία. Der Verrat der Keltiberer bezieht sich auf die Ereignisse zu Kriegsbeginn, als Scipios Vater und Onkel bei ihrer Ankunft auf der Iberischen Halbinsel 20 000 Keltiberer als Söldner angeworben hatten.[1075] Nach dem Tod der Scipionen konnten jedoch die Karthager auf diese keltiberische Unterstützung zurückgreifen.[1076] Für Scipio Africanus handelte es sich um Verrat, weshalb Polybios ihn nach der Einnahme Neukarthagos sagen lässt: „Niemals seien die Römer durch Mangel an Tapferkeit (ἀρετή) von den Karthagern besiegt worden, sondern nur infolge des Verrats der Keltiberer (und) der Unbesonnenheit und Vertrauensseligkeit der Feldherrn gegenüber den Bundesgenossen".[1077] Polybios nutzt also den *topos* der ἀθεσία, um die Niederlage der beiden älteren Scipionen zu erklären. Die *virtus* der Römer wurde durch den Rückschlag nicht beschädigt, sondern durch die folgenden Siege des jüngeren Scipio bestätigt. Bezeichnend ist auch die Wortwahl des Polybios: Während er den vorbildhaften Mut der Römer hier als ἀρετή bezeichnet, besitzen die Keltiberer nur ἀνδρεία.[1078] Platon deutet die ἀνδρεία zumeist als einen von vier Aspekten der ἀρετή als genereller

---

1074 Pol. XIV, 8, 8–14. Zum Ablauf der Schlacht und dem offensiven Einsatz der *principes* und *triarii* zur Flankierung der feindlichen Infanterie vgl. MANZ 2017, 653–656. ἅμα δὲ τῷ γενέσθαι τὴν πρώτην ἔφοδον εὐθέως οἱ Νομάδες ἐνέκλιναν τοὺς Ἰταλικοὺς ἱππεῖς, οἵ τε Καρχηδόνιοι τοὺς περὶ τὸν Μασαννάσαν, ἅτε πλεονάκις ἤδη προηττημένοι ταῖς ψυχαῖς. [9] οἱ δὲ Κελτίβηρες ἐμάχοντο γενναίως, συστάντες τοῖς Ῥωμαίοις. οὔτε γὰρ φεύγοντες ἐλπίδα σωτηρίας εἶχον διὰ τὴν ἀπειρίαν τῶν τόπων οὔτε ζωγρίᾳ κρατηθέντες διὰ τὴν ἀθεσίαν τὴν εἰς τὸν Πόπλιον: [10] οὐδὲν γὰρ πολέμιον πεπονθότες ὑπ' αὐτοῦ κατὰ τὰς ἐν Ἰβηρίᾳ πράξεις ἀδίκως ἐφαίνοντο καὶ παρασπόνδως ἥκειν κατὰ Ῥωμαίων συμμαχήσοντες τοῖς Καρχηδονίοις. [11] οὐ μὴν ἀλλ' ἅμα τῷ κλῖναι τοὺς ἀπὸ τῶν κεράτων ταχέως κυκλωθέντες ὑπὸ τῶν πριγκίπων καὶ τριαρίων αὐτοῦ κατεκόπησαν πάντες πλὴν τελέως ὀλίγων. [12] οἱ μὲν οὖν Κελτίβηρες τοῦτον τὸν τρόπον ἀπώλοντο, μεγάλην [παρ' ὅλην] παρασχόμενοι χρείαν τοῖς Καρχηδονίοις οὐ μόνον κατὰ τὴν μάχην, ἀλλὰ καὶ κατὰ τὴν φυγήν. [13] εἰ μὴ γὰρ τοῦτ' ἐμπόδιον ἐγένετο τοῖς Ῥωμαίοις, ἀλλ' εὐθέως ἐκ ποδὸς ἠκολούθησαν τοῖς φεύγουσι, παντελῶς ἂν ὀλίγοι διέφυγον τῶν ὑπεναντίων. [14] νῦν δὲ περὶ τούτους γενομένης ἐπιστάσεως οἵ τε περὶ τὸν Σόφακα μετὰ τῶν ἱππέων ἀσφαλῶς ἐποιήσαντο τὴν ἀποχώρησιν εἰς τὴν οἰκείαν, οἵ τε περὶ τὸν Ἀσδρούβαν μετὰ τῶν διασῳζομένων εἰς τὴν Καρχηδόνα.
1075 Vgl. Liv. XXIV, 49, 7–8 & XXV, 33, 1–3.
1076 Neben den wenig konkreten Vorwürfen des Scipio bei Polybios, die ich im Folgenden betrachte, belegt Livius eine gemeinsame Operation von Keltiberern und Karthagern gegen Marcus Iunius Silanus für das Jahr 207 v. Chr.; vgl. Liv. XXVIII, 1, 7–9; MANZ 2017, 585.
1077 Pol. X, 6, 2.
1078 Der Vergleich wird auch XI, 31, 6 angedeutet.

Tugend.[1079] Falls Polybios daran anschloss, wollte er andeuten, dass den Keltiberern die anderen drei Tugenden – Weisheit (φρόνησις), Besonnenheit (σωφροσύνη) und Gerechtigkeit (δικαιοσύνη) – fehlten. Das würde erneut zu klassischen Nordbarbarentopoi passen und die Bewohner Nordspaniens als ‚Unzivilisierte' mit den Römern kontrastieren, die wie so oft in den *Historien* als tugendhafte Vorbilder erscheinen.

Davon ausgehend lässt sich ein kurzes Zwischenfazit ziehen. Im Vergleich zu den Römern erscheinen alle Bewohner der Iberischen Halbinsel als treulose ‚Barbaren'.[1080] Dabei differenziert Polybios jedoch zwischen den Keltiberern und den Bewohnern der Küstenregionen. Die Keltiberer verfügen wie alle ‚Nordbarbaren' über einen angeborenen Wagemut, der offenbar auf ihren θυμός zurückgeführt werden kann. Erwähnenswert ist, dass es sich dabei um die auch Griechen und Römern zugeschriebene ἀνδρεία (Tapferkeit) handelt, während er den Galliern Zentraleuropas nur τόλμα (Tollkühnheit) zugesteht.[1081] Ihr Mut ist demnach ‚männlicher' und somit wertvoller als der anderer Kelten, wenn es ihnen auch an den moralischen Tugenden fehlt, um über ἀρετή zu gebieten. Der Krieg ist ihre wichtigste Beschäftigung; damit gleichen sie wiederum den Galliern Zentraleuropas und der Po-Ebene und unterscheiden sich von den friedfertigeren Iberern, v. a. von den Turdetanern.[1082] Obwohl die topographisch-ethnographische Darstellung Keltiberiens bei Polybios fast ganz verloren ist, lässt sich dieses Bild an der fragmentarischen Beschreibung des Keltiberischen Krieges der 150er Jahre prüfen. In ihr verändert sich der hispanische Raum von der Bühne des Krieges zwischen Rom und Karthago zu einem Objekt römischer Eroberung.

Als der Krieg 154 v. Chr. ausbrach, befand sich Polybios in Rom. Das *oppidum*[1083] Segeda vom Stamm der Beller (lat. Belli) hatte nach römischem Verständnis Vertragsbruch begangen, woraufhin ihm vom Senat der Krieg erklärt wurde.[1084] Die Segedaner

---

1079 Das wird v. a. im *Laches* deutlich. Siehe die Interpretation bei Hobbs 2000, 82/83.
1080 Mit den schon in X, 6, 2 angesprochenen Bundesgenossen sind sicher auch die Iberer gemeint, da σύμμαχοι alle Bündner Roms (oder Karthagos) auf der Halbinsel einschließt. Ähnliche Erfahrungen hatten auch die Karthager gemacht: Der Iberer Abilyx hatte die saguntinischen Geiseln an die Römer übergeben, und es war ein Keltiberer gewesen, der vor dem Krieg Hasdrubal ermordet hatte – angetrieben von persönlichen Motiven, hinter denen nur der θυμός stehen konnte. Vgl. Pol. II, 36, 1. Nach einer anderen griechischen Version war der Täter ein iberischer Sklave; vgl. Diod. XXV, 12; Liv. XXI, 2, 6; App. Ib. 8; Hann. 2; siehe zu weiteren Quellenstellen und der Diskussion WALBANK, Kommentar I, 214. Das würde jedoch genauso für die Unvertrauenswürdigkeit der hispanischen Völker sprechen.
1081 S. o. S. 139.
1082 Viele Iberer hatten mit Hasdrubal Verträge geschlossen, die einen anhaltenden Frieden garantierten; vgl. Pol. II, 36, 2. Polybios scheint diese Abkommen gezielt mit dem keltiberischen Verräter und Mörder direkt davor in II, 36, 1 zu kontrastieren.
1083 *Oppida* existierten in Hispanien bereits seit dem 6. Jh. v. Chr., vgl. SASSE 2005, 308. Ausführlicher dazu: ALMAGRO GORBEA 2008, 91–97.
1084 Segeda hatte entgegen der Vertragsbestimmungen von 178 v. Chr. eine neue Befestigungsanlage anlegen wollen. Vgl. Diod. XXXI, 39; die Angaben Diodors basieren auf den verlorenen Passagen des Polybios; so WALBANK, Kommentar III, 640. Zum Kontext des Ereignisses siehe ausführlicher

erhielten vom Großteil der übrigen Beller keine Unterstützung, doch gelang es ihnen, den mächtigen Stamm der Arevaker auf ihre Seite zu ziehen.[1085] Gemeinsam schlugen die Keltiberer an den Vulkanalien (23. August) 153 v. Chr. das Heer des römischen Konsuls Quintus Fulvius Nobilior.[1086] Nach weiteren Rückschlägen wählten die Römer in ihrer Verzweiflung den bewährten Marcus Claudius Marcellus, Enkel des Eroberers von Syrakus, für 152/151 v. Chr. zum Konsul, obwohl er das Amt erst drei Jahre zuvor innegehabt hatte. Der neue Befehlshaber brachte frische Truppen nach Hispanien und erreichte nach einigen Erfolgen die Stadt Nertobriga. Dort vereinbarten beide Parteien im Sommer 152 v. Chr. Friedensverhandlungen.[1087] Polybios wird die Entwicklung bis zu diesem Zeitpunkt von Rom aus verfolgt haben. Seine Schilderung dieser Jahre ist nur in wenigen Fragmenten überliefert, doch geht offenbar vieles bei Appian auf ihn zurück.[1088] In einer direkt überlieferten Stelle bezeichnet Polybios den Kampf als einen „Krieg wie Feuer"[1089] (πύρινος πόλεμος), der nur nachts und im Winter aussetze,[1090] sich deshalb unaufhaltsam ausbreite und weitere benachbarte Stämme zum Aufstand gegen die römische Herrschaft verleite.[1091] Um das Argument zu verstärken, vergleicht Polybios den Keltiberischen Krieg mit den „Kriegen in Griechenland und Asien, […] [welche] in der Regel durch eine einzige Schlacht entschieden [werden]"[1092] – der Konflikt in Hispanien sei das genaue Gegenteil davon.[1093] Offenbar ermatteten die Keltiberer anders als die Gallier Italiens nicht nach dem ersten Ansturm,[1094] sondern stürzten sich immer wieder in die Schlacht und gaben auch nach verlorenen Gefechten nicht auf. Verantwortlich dafür war ihr unbeugsamer Kampfeswille, der an die römischen Soldaten in den Punischen Kriegen erinnert.

Da Polybios' detaillierte Schilderungen der Kämpfe genauso wenig überliefert sind wie mögliche ethnographische Passagen,[1095] soll seine Beschreibung der Friedensverhandlungen in Rom 152 v. Chr. herangezogen werden, um sein Bild der Keltiberer zu rekonstruieren. Die Römer empfingen erst ihre keltiberischen Verbündeten, die Beller

---

CURCHIN 1991, 33/34. RUBINSOHN 1981, 181/182 geht davon aus, dass Segeda einen *synoikismos* durchführen wollte.

1085 Die Beller erscheinen später als Verbündete der Römer; vgl. Pol. XXXV, 2, 3.
1086 An den Vulkanalien (23. August).
1087 Vgl. für eine eingehende Darstellung bspw. LUIK 2005, 51–59; SIMON 1962, 11–46; RICHARDSON 1996 59–64.
1088 Vgl. bspw. SCHULTEN 1911 passim; WALBANK, Kommentar III, 640; Rich 2015, 67; PÉREZ VILATELA 2000, 30–31. GARCÍA MORENO hat versucht, die Erzählung des Viriatuskrieges bei Appian im Detail auf Polybios zurückzuführen; vgl. GARCÍA MORENO 2003, 346–357.
1089 Pol. XXXV, 1, 1.
1090 Vgl. Pol. XXXV, 1, 4–5.
1091 Vgl. die Interpretation bei WALBANK, Kommentar III, 641.
1092 Pol. XXXV, 1, 2.
1093 Pol. XXXV, 1, 3.
1094 S. o. 138.
1095 Außer in den Ἰβηρική Appians, der Polybios aber eben nicht direkt zitiert, so dass die Stellen nicht als polybianischer Text herangezogen und interpretiert werden können. S. o. 202, Anm. 1088.

(außer den Segedanern[1096]) und Titter (lat. Titti), und dann die verfeindeten Arevaker.[1097] Die Bündner sprachen, so Polybios, lange und ausführlich, obwohl sie ‚Barbaren' seien (οἱ δὲ καίπερ ὄντες βάρβαροι).[1098] Sie forderten eine harte Bestrafung der Arevaker und Segedaner, denn geschähe das nicht

> würden diese nach dem Abzug der römischen Legionen aus Spanien sofort an ihnen [den Bellern und Tittern] als an Verrätern Rache nehmen, sofort wieder die Waffen erheben, falls ihnen ihr erstes Vergehen ungestraft hinginge, und alle Bewohner Spaniens zum Aufstand geneigt finden, da sie [die Arevaker] sich ja den Römern im Kampf ebenbürtig gezeigt hätten.[1099]

Um derartige Folgen zu verhindern, baten sie um eine harte Bestrafung der Arevaker oder die dauerhafte Stationierung von Legionen und jährliche Entsendung eines Konsuls.[1100] Polybios lässt die Keltiberer hier so rational argumentieren wie Griechen oder Römer. Ihre Argumente erinnern an Polybios' eigene Meinung zur römischen Expansion: So hatte er etwa die Zerstörung Karthagos als gerechtfertigt empfunden, da die Karthager eine stete Bedrohung für Rom gewesen seien und immer wieder gegen Absprachen verstoßen hätten[1101] – das Gleiche galt nun für die Segedaner und Arevaker.[1102] Die Rede, die Polybios genau wiedergegeben hat, zeigt, dass er den Bellern und Tittern zutraute, die Logik römischer Herrschaft verstanden zu haben.[1103] Ihre Treue zu Rom

---

1096 Vgl. Pol. XXXV, 2, 3. Polybios betont, dass nicht alle Beller und Titter Rom unterstützt hatten, und das bestätigt offenbar Appian, der schreibt, sie hätten zusammen mit den Arevakern das Friedensgesuch des Marcellus angenommen; vgl. App. Ib. 48. Zur Rolle der Titter siehe auch WALBANK, Kommentar III, 641–642.

1097 Vgl. Pol. XXXV, 2, 4. Die Römer erlaubten den Bellern und Tittern, in der Stadt zu übernachten, während die Arevaker auf der jenseitigen Tiberseite bleiben mussten; somit wurden die verfeindeten Gruppen auch physisch voneinander getrennt. Dabei handelte es sich um eine etablierte Praxis in Rom, die Polybios getreu wiedergibt. Vgl. die Interpretation bei EMMELIUS 2021, 230–233 m. Anm. 440; dazu SIMON 1962, 36.

1098 Vgl. Pol. XXXV, 2, 6.

1099 Pol. XXXV, 2, 7–8. εἰ μὴ συσταλήσονται καὶ τεύξονται τῆς ἁρμοζούσης κολάσεως οἱ πεπολεμηκότες, παραυτίκα μέν, ἐπανελθόντων τῶν Ῥωμαϊκῶν στρατοπέδων ἐκ τῆς Ἰβηρίας, ἐκ χειρὸς προσεπιθήσουσι τὴν δίκην αὐτοῖς. [8] ὡς προδόταις γεγονόσι, ταχὺ δὲ πάλιν αὐτοὶ κινήσουσι πραγμάτων ἀρχήν, ἐὰν ἀνεπιτίμητοι διαφύγωσιν ἐκ τῆς πρώτης ἁμαρτίας, ἑτοίμους δὲ πάντας πρὸς καινοτομίαν ποιήσουσι τοὺς κατὰ τὴν Ἰβηρίαν, ὡς ἱκανοὶ γεγονότες ἀντίπαλοι Ῥωμαίοις.

1100 Pol. XXXV, 2, 9–10.

1101 Vgl. ZIMMERMANN 2010 passim; bspw. 79. Nach ihrer *deditio* hatten sie ihr Recht auf Selbstbestimmung endgültig verloren, doch deutet Polybios an, dass die Karthager selbst dann den Absprachen mit den Römern nicht Folge leisteten; vgl. Pol. XXXVI, 9, 17. S. o. im Kapitel zur Darstellung der Römer den Abschnitt zur Zerstörung Karthagos und zur Bewertung der römischen Herrschaft auf 124/125; vgl. etwa WALBANK 1972, 176–179; ERSKINE 2003, 241; BARONOWSKI 2011, 65–86.

1102 Die Segedaner hatten gegen den Vertrag mit Gracchus verstoßen, während die Arevaker eine große Bedrohung darstellten. Durch ihr Bündnis mit den Segedanern hatten sicher auch sie – aus römischer Sicht – das Abkommen verraten. Zum Ablauf vgl. SIMON 1962, 16/17.

1103 Es war kein Zufall, dass die Vertreter der Beller und Titter die richtigen Worte fanden: denn fremde Gesandte wurden in Rom bei adligen Familien untergebracht, und unter diesen gab es viele

widersprach dem *topos* der ἀθεσία und die Formulierung „obwohl sie Barbaren waren (οἱ δὲ καίπερ ὄντες βάρβαροι)" belegt die Verwunderung des Geschichtsschreibers. Offenbar war er vom ‚nordbarbarischen' und damit primitiveren Charakter der Keltiberer so sehr überzeugt, dass er ihnen eine überzeugende Rede vor dem Senat nicht zugetraut hatte. Dass sie unter römischer Anleitung dazu in der Lage waren, sprach für den ‚zivilisierenden' Einfluss der römischen Kultur, von dem die Hispanier in Zukunft nur profitieren konnten. Dementsprechend hält er bei der Darstellung der verfeindeten Arevaker, die sich dieser Entwicklung verweigerten, an typischen Keltentopoi fest:

> Die Arevaker heuchelten in ihrer Rede Demut und Unterwürfigkeit, ließen aber klar genug erkennen, dass ihr Widerstandswille ganz und gar nicht gebrochen war. [...] Sobald sie [Buße geleistet hatten], solle man, so forderten sie, zu dem Übereinkommen zurückkehren, das sie durch Vermittlung von Tiberius [Sempronius Gracchus[1104]] mit dem Senat abgeschlossen hätten.[1105]

Dass sich die Arevaker als den Römern ebenbürtig betrachteten, war aufgrund ihrer wiederholten Schlachtensiege nachvollziehbar.[1106] Polybios war sich der römischen Verluste bewusst,[1107] folgt jedoch dem zuvor von den Bellern und Tittern aufgegriffenen Argument, dass der Widerstandwille der Arevaker gebrochen werden müsse, gerade weil sie sich den Römern als gleichwertiger Gegner erwiesen hatten.[1108] Das nach außen hin demütige Auftreten der Arevaker kontrastiert Polybios mit ihrer inneren Haltung, den Kampf fortsetzen zu wollen.[1109] Er deutet damit an, dass sich die Arevaker an den Friedensvertrag nur so lange gehalten hätten, bis sich eine Gelegenheit ergab, die römische Herrschaft in Hispanien zu destabilisieren. Kurzum: Schon aus ihrer Rede geht die zukünftige Absicht hervor, aufgrund ihrer ἀθεσία die Römer zu hintergehen. Die Arevaker erscheinen als treulose ‚Barbaren', die in ihrer *hybris* davon aus-

---

Gegner des Marcellus, die einen Friedensschluss verhindern wollten. Vgl. SIMON 1962, 38. Es ist deshalb wahrscheinlich, dass es römische Senatoren waren, die den Keltiberern ihre Rede schrieben. Vgl. SIMON 1962, 41. Diese Überlegung und der Erfolg des Antrags sprechen eindeutig dafür, dass Polybios die Rede möglichst authentisch wiedergegeben hat. Da Scipio Aemilianus als Quästorier anwesend gewesen sein muss, wird der Achaier die Details direkt von seinem römischen Freund erfahren haben. Dass Scipio 154 v. Chr. in den Senat aufgenommen wurde zeigt BILZ 1935, 51, Anm. 133.

1104 Den vollständigen Namen des römischen Konsuls von 177 v. Chr. ergänzte bereits DREXLER. Es handelt sich um das Abkommen von 178 v. Chr.
1105 Pol. XXXV, 2, 13–15. οἱ δ' Ἀραυάκαι παρελθόντες κατὰ μὲν τὴν ὑπόκρισιν ἐχρῶντο τοῖς λόγοις ὑποπεπτωκότως καὶ ταπεινῶς, τῇ γε μὴν προαιρέσει [ὡς] διέφαινον οὐκ εἰκούσῃ τοῖς ὅλοις οὐδ' ἡττωμένῃ. [...] εἰ μέν τι δεῖ ῥητὸν πρόστιμον ὑπομένειν τῆς ἀγνοίας, ἀναδέχεσθαι τοῦτ' ἔφασαν, τελεσθέντος δὲ τοῦ προστάγματος ἐπανάγειν ἠξίουν ἐπὶ τὰς κατὰ Τεβέριον ὁμολογίας αὐτοῖς γενομένας πρὸς τὴν σύγκλητον.
1106 Vgl. Pol. XXXV, 2, 14, das hier nicht vollständig zitiert wurde.
1107 Vgl. Pol. XXXV, 4, 1–6.
1108 Vgl. Poly. XXXV, 2, 8.
1109 Vgl. WALBANK, Kommentar III, 645.

gehen, die Römer besiegen zu können, und die deshalb eine Rückkehr zum *status quo ante bellum* fordern. Es konnte sich für Polybios nur um *hybris* handeln, da er in seiner Darstellung der Römer gezeigt hatte, dass die Republik nicht zu besiegen war. Deshalb kritisierte er das Friedensgesuch des Marcellus und folgte Scipio Aemilianus' Haltung, der dem Feldherrn Feigheit vorwarf.[1110] Der Senat hörte dementsprechend zwar die Gesandten des Marcellus an, die zum Friedensschluss rieten, gab ihnen jedoch insgeheim Anweisungen, den Krieg fortzuführen.[1111] Die Arevaker seien noch zu überheblich (μεγαλοφρονεῖν), und da sie so mächtig waren, würde der Ausgang des gegenwärtigen Krieges das Schicksal der gesamten Iberischen Halbinsel entscheiden.[1112] Während die Bündner außergewöhnliche Treue gegenüber den Römern bewiesen hatten, erfüllten die Arevaker die Vorstellungen geläufiger Barbarentopik.

Das bedeutete jedoch nicht, dass die Römer die schweren Verluste im Kampf gegen die Keltiberer unterschätzt hätten. Tatsächlich fühlten sich viele Römer an die einstigen Niederlagen gegen die Gallier und vielleicht sogar an die Gefährdung der Stadt durch Brennus erinnert. Polybios zieht diesen Vergleich nicht explizit, doch spricht er davon, dass sich eine allgemeine Angst in allen Rängen der römischen Armee verbreitet habe, so dass der designierte Konsul Lucius Licinius Lucullus nicht genug Rekruten für den anstehenden Feldzug finden konnte.[1113] Polybios erläuterte zwar, dass es v. a. der geschlagene Quintus Fulvius Nobilior gewesen war, der nach seiner Rückkehr nach Rom Schreckensgeschichten vom hispanischen Kriegsschauplatz verbreitet und damit den *metus Gallicus* herbeigeführt habe.[1114] Jedoch widersprach die „außergewöhnliche" Panik (παράλογος πτοία) allem, was Polybios zuvor über die Römer als furchtloses und unbesiegbares Kriegervolk gesagt hatte.[1115] Grund dafür konnte nur die besondere Gefahr sein, welche die Arevaker darstellten: Sie waren zäh und gut bewaffnet, und ihre Tapferkeit (ἀνδρεία) übertraf die aller anderen Völker, denen Rom sich hatte stellen müssen. Die Keltiberer erscheinen damit als eine Bedrohung, die nur mit der Hannibals vergleichbar war. Doch war für Polybios klar, dass die Römer aufgrund ihres eigenen Kampfgeistes, ihrer Disziplin und ihrer reichen Reserven nicht zu bezwingen waren.[1116] Folgerichtig fand der Ausnahmezustand dann ein Ende, als sich der

---

1110 Vgl. Pol. XXXV, 3, 4; WALBANK, Kommentar III, 644.
1111 Vgl. Pol. XXXV, 3, 1–5.
1112 Vgl. Pol. XXXV, 3, 4. Die Mehrheit des Senats folgte somit den Argumenten der Beller und Titter; ein weiteres Indiz dafür, dass deren Gesandten unter dem Einfluss der Gegner des Marcellus standen.
1113 Vgl. Pol. XXXV, 4, 4–6. Zur Erklärung dieser Entwicklung vgl. Simon 1962, 42–44. Tatsächlich hatte der Senat bereits im Zweiten Punischen Krieg auf Zwangsrekrutierungen zurückgreifen müssen und tat dies nun erneut, trotz des Auftritts Scipios, den Polybios im Folgenden (XXXV, 4, 8–14) schildert. Vgl. BRUNT 1987, 391–397; ASTIN 1967, 167–174.
1114 Vgl. Pol. XXXV, 4, 2–3.
1115 S. o. das Römerkapitel (69–131).
1116 Siehe erneut oben 69–131.

junge Scipio Aemilianus freiwillig für den Kriegsdienst meldete[1117] und seine Landsleute an die Worte seines (adoptierten) Großvaters ein halbes Jahrhundert zuvor erinnerte, dass sie jeden Feind besiegen könnten und die *virtus* römischer Soldaten noch die ihrer schrecklichsten Gegner überträfe.[1118]

Und auch der weitere Verlauf der Ereignisse im Westen relativierte die Gefahr, die von den Keltiberern ausging: Noch bevor Lucullus in Hispanien eingetroffen war, hatte Marcellus den Krieg beendet.[1119] Allerdings waren die Kämpfe in Hispanien damit nicht vorbei: Während Scipio Aemilianus und Polybios unter dem neuen Konsul Lucullus am Kampf gegen die Vakkäer teilnahmen, erlitt der Prätor Servius Sulpicius Galba im Süden schwere Niederlagen gegen die Lusitaner.[1120] Nach einem zweiten Feldzug entschloss sich Galba deshalb, mit seinen Feinden eine Übereinkunft zu schließen, die ihr Problem der Überbevölkerung lösen sollte. Die Lusitaner begaben sich zum ihnen zugewiesenen Siedlungsland, wo Galba sie – nachdem sie ihre Waffen niedergelegt hatten – von seinen Soldaten erschlagen ließ.[1121] Polybios kommentiert: „Für einen Römer jedoch war es unwürdig, solchermaßen die Barbaren nachzuahmen."[1122] Kelt-(Iberer) und Lusitaner konnten solche Gräueltaten begehen, denn ihr Wesen war (zumindest teilweise) ‚barbarisch'. Die neuen Herrscher der Welt wurden hingegen an

---

[1117] Vgl. Pol. XXXV, 4, 8–14. Und das, obwohl ihm eine sichere Position in Makedonien angeboten worden war, da er danach strebte, in Iberien seine *virtus* (ἀνδρεία) (4, 9) zu beweisen und so *gloria* (δόξα) (4, 12) zu erringen. Zweifellos hebt Polybios den Beitrag des Scipio Aemilianus in den Vordergrund, um die beispielhafte Charakterentwicklung seines Freundes zu demonstrieren, er verrät aber dennoch viel über Polybios' Sicht auf die Keltiberer und die Situation in Rom. Auch Scipios Bruder Quintus Fabius Maximus Aemilianus scheint sich freiwillig gemeldet zu haben; vgl. Plut. apophth. Scip. min. 10; SIMON 1962, 43.

[1118] S. o. 96; Pol. X, 6, 2 (dort ἀρετή).

[1119] Nach einem Sieg über die Arevaker vor Numantia willigten alle Feinde Roms in eine *deditio* ein, die Marcellus nutzte, um den *status quo ante bellum* wiederherzustellen. Die Arevaker mussten Geiseln stellen und eine Reparationszahlung über 600 Talente leisten, die den Senat – neben der formalen *deditio* – offenbar überzeugte, dem Frieden dieses Mal zuzustimmen. Vgl. SIMON 1962, 44/45. SIMON schlussfolgert allerdings, dass die Arevaker das Geld noch vor dem Abzug des Marcellus aufbrachten und dementsprechend ihre Geiseln zurückerhielten.

[1120] Vgl. SIMON 1962, 56–58. Da Lucullus nach seiner Ankunft keinen Feind mehr hatte, stürzte er sich – so Appian – unter einem Vorwand auf die Vakkäer. Es liegt nahe, die scharfe und kenntnisreiche Kritik des Appian auf Polybios bzw. Scipio Aemilianus zurückzuführen. Vgl. App. Ib. 51–55; SIMON 1962, 46–48.

[1121] Vgl. SIMON 1962, 60/61. Galba wurde in Rom angeklagt – v. a. deswegen, weil er die Beute nicht gerecht verteilt hatte – entkam aber einer Verurteilung. Allerdings musste er noch sechs lange Jahre auf sein Konsulat warten, was durchaus als Folge des Massakers verstanden werden kann; siehe SIMON 1962, 62–65. Der livianischen Tradition zufolge wurden die meisten Lusitaner ‚nur' in die Sklaverei verkauft: siehe RUBINSOHN 1981, 189.

[1122] App. Ib. 60; übers. v. HELMUT SIMON in SIMON 1962, 66; vgl. Ebd. 66/67 zur Zuordnung des Urteils zu Polybios (und Scipio Aemilianus); vgl. allgemein SCHULTEN 1911 passim.

ihren Taten gemessen; und das Verbrechen Galbas sollte ihnen einen weiteren verlustreichen Krieg in Iberien bescheren.[1123]

Fazit

Anders als manchmal in der Forschung behauptet wollte Polybios ein umfassendes Panorama der Iberischen Halbinsel bieten, wie es keinem seiner Vorgänger gelungen war.[1124] Das zeigt sich v. a. darin, dass er sich selbst in den wenigen Fragmenten des XXXIV. Buches detailliert mit den Turdetanern beschäftigt hat, was bei einer reinen Darstellung der römischen Kriege im äußersten Westen nicht notwendig gewesen wäre. Auch sprechen die Kommentare über Gades und die Säulen des Herakles dafür, dass Polybios alle Themen der älteren griechischen Literatur aufnehmen und diese durch die Beschreibung der ihm bekannten Ethnien des Landesinneren vervollständigen wollte. Dabei folgte er dann freilich seiner Leitfrage und suchte zu zeigen, warum die ‚unbesiegbaren' Römer im äußersten Westen auf so große Schwierigkeiten gestoßen waren und die Eroberung des Landes selbst am Ende seiner eigenen Lebenszeit noch nicht abgeschlossen hatten. Um die Kette an Rückschlägen plausibel zu erklären, arbeitet er Ähnlichkeiten und Unterschiede zwischen den iberischen Völkern heraus. Als wichtigste Gruppen standen sich die Bewohner der fruchtbaren, mediterranen Küsten Hispaniens im Süden und Osten und die Einwohner des kargen Berglands im Norden und Westen gegenüber. Zunächst hält Polybios zwei Gemeinsamkeiten fest, die alle Einwohner der Iberischen Halbinsel einten: zum einen ihre ἀθεσία, die sie als ‚Barbaren' kennzeichnete. Da sie sich nicht an Absprachen hielten und zu Aufständen neigten, hatten sie lange Zeit verhindert, dass die Römer eine stabile Herrschaft errichten konnten. Aus den kriegerischen Auseinandersetzungen war zweitens der Eindruck entstanden, dass die ἀνδρεία eine Eigenschaft von Iberern und Keltiberern gleichermaßen sei.[1125] Gestützt wurde diese Kühnheit von dem Wissen, über hervorragende Schwerter zu verfügen, welche die Qualität aller anderen Waffen übertrafen. Solche Ähnlichkeiten zwischen allen Bevölkerungsgruppen Hispaniens erklärt Polybios durch die geographische Nähe und den daraus erwachsenen Kontakten, die bis zu Mischheiraten zwischen Kelten und Iberern reichten.[1126]

Die Unterschiede zwischen den Ethnien führt der Geschichtsschreiber dagegen v. a. auf die Beschaffenheit ihres Landes und das Klima zurück. So überrage die Tapferkeit

---

1123 Schließlich befand sich Viriatus vor Ort, und das Massaker motivierte ihn zu seinem langjährigen Kampf gegen die Römer; vgl. App. Ib. 60 und s. u. 280–290.
1124 Vgl. MARÍN MARTÍNEZ 2012, 459, der vom nur marginalen Interesse des Polybios an der Halbinsel spricht.
1125 Vgl. etwa Pol. II, 1, 8 zum Mut der Iberer.
1126 S. o. v. a. den Abschnitt zu Turdetanien und den Keltikern (186/187).

der in den kalten Bergen lebenden Keltiberer die ihrer südlichen Nachbarn und suche in der gesamten *oikumene* ihresgleichen. Diese ἀνδρεία verbindet sich jedoch mit dem Wissen um raffinierte Kriegslisten: Die Keltiberer mögen wie andere ‚Nordbarbaren' vom θυμός beeinflusst sein, doch scheinen sie neben der taktischen Intelligenz über eine größere Ausdauer zu verfügen als bspw. die Gallier Zentraleuropas und Norditaliens.[1127] Deshalb waren die Keltiberer in der Lage, den Römern jahrzehntelang Widerstand zu leisten. Dennoch bleiben sie wie alle Kelten für Polybios ein ‚Naturvolk'; seine Autopsie hielt ihn nicht davon ab, sie überwiegend genauso zu beschreiben wie andere ‚Nordbarbaren'. Der Geschichtsschreiber empfand allein ihre kriegerischen *nomoi* als lobenswert, und er schreibt fast nichts über ihre Siedlungsweise, ihre Bekleidung oder ihre ‚zivilisatorischen' Leistungen – das erinnert an seinen ethnographischen Exkurs über die Gallier der Po-Ebene.[1128] Demgegenüber stehen die Iberer, die edle purpurne Kleider tragen, in blühenden Städten leben und trotz ihres Muts weit friedlicher sind als ihre nördlichen Nachbarn.[1129] Die Turdetaner bewohnen „phaiakische" Paläste in einem Land ewigen Frühlings und halten das Erbe des mythischen Tartessos am Leben. Sie verfügen deshalb über mehr bewundernswerte Eigenschaften als die Keltiberer, waren aber einfacher zu bezwingen gewesen.[1130] Da ihr Land äußerst fruchtbar sei und über reiche Bodenschätze verfüge, seien die Mühen der römischen Eroberung gerechtfertigt. Dieser imperialen Logik war sich Polybios vollkommen bewusst.[1131]

Die ethnographischen Abschnitte in den *Historien* zeigen also, dass Polybios nicht nur auf bekannte *topoi* zurückgriff und die alte Dichotomie von Griechen und ‚Barbaren' nutzte, um wie im Fall der Kelten Norditaliens die Fremdheit anderer Ethnien zu begründen.[1132] Denn seine Betrachtung Hispaniens demonstriert, dass er kein starres

---

1127 S. o. 199–201 zur Schlacht auf den Großen Feldern; auch der nur nachts endende feurige Krieg spricht dafür. Die iberischen Veteranen Hannibals schlossen vielleicht auch Keltiberer ein und Polybios lobt deren Fähigkeit, mehr Strapazen ertragen zu können als die gallischen Verbündeten des Karthagers aus der Po-Ebene; vgl. III, 79, 2; ALONSO NÚÑEZ 1985, 263. In der Schilderung der Schlacht von Cannae betont er zudem (III, 113, 7) die größere Verlässlichkeit der (kelt-)iberischen Soldaten gegenüber den Galliern: genau deswegen müssen Letztere in erster Reihe und in der Mitte des Schlachtfeldes stehen, denn so können sie nicht fliehen. Hannibal wusste um diese (angebliche) Schwäche der Gallier und setzte sie deshalb fast immer in dieser Funktion ein; vgl. FOULON 2014, 57–59.

1128 Freilich könnten einige dieser Passagen auch verloren gegangen sein, doch ist der Kontrast zu den – für den fragmentarischen Stand – recht ausführlichen Beschreibungen iberischen und turdetanischen Lebens augenfällig. Vgl. dazu CRUZ ANDREOTTI 2003, 211–216.

1129 Vgl. auch CRUZ ANDREOTTI 2003, 201–203.

1130 Dennoch erscheinen sie als positives Beispiel des Umwelteinflusses, anders als die Kelten. Siehe dazu GONZÁLEZ RODRÍGUEZ 2003, 170/171.

1131 Vgl. auch THORNTON 2010, 49 mit der Forschungsdiskussion. Poseidonios und Strabon verwiesen später auch auf im Norden vorhandene Bodenschätze; vielleicht waren diese bereits Polybios bekannt. Vgl. Strab. III, 2, 9, C147 = F 47 Jac. = F239 EK = F 19 Theiler.

1132 Nicht nur die Alpenkelten erscheinen schließlich als wilde Krieger; selbst die in der fruchtbaren Po-Ebene lebenden Gallier sind rückständige Räuber geblieben. S. o. oben das entsprechende Kapitel auf 151.

Bild von den ‚Barbaren' hatte: Im Gegensatz zu den norditalischen Galliern passten sich die Keltiker in der Algarve und dem Alentejo an die urbanen Turdetaner an, da sie sich mit ihnen vermischt hatten. Auch bewiesen die Keltiberer größere Intelligenz und Ausdauer als die Kelten Mitteleuropas, Eigenschaften, die vielleicht auf die lange Ko-Existenz mit den Iberern zurückzuführen waren. ‚Barbarische' Völker waren also imstande, sich weiterzuentwickeln und die Einschränkungen ihrer angestammten Heimat und deren Klima zu überwinden. Das bewies für Polybios auch der Fall der Numider: Die einstigen Wüstennomaden erkannten unter der Anleitung des weisen Königs Massinissa, dass Numidien eigentlich über fruchtbare Böden verfügte, und brachten das Land zum Blühen.[1133]

Dass für Polybios die Unterschiede zwischen den ‚Barbaren' insgesamt vielleicht doch größer waren als ihre Gemeinsamkeiten, verrät seine Bewertung der Römer: Ihre *nomoi* wichen, wie für Herodot bei den Ägyptern, von denen aller anderen Völker ab.[1134] Die Römer verbreiteten Angst und Schrecken und folgten ‚barbarischen' Praktiken; dennoch konnte Polybios die Organisation ihres Staates und Heeres nur bewundern. Sie waren weder wie die ‚Barbaren' des Nordens (bzw. Westens) noch glichen sie den ‚Barbaren' des Südens (bzw. Ostens). Und da es selbst unter diesen scheinbar homogenen Untergruppen Fälle wie den der Keltiker gab, reichte die alte Dichotomie für das ethnographische Denken nicht aus.[1135] Möglicherweise folgte Polybios Eratosthenes, für den die komplexen Unterschiede unter den ‚Barbaren' ein Grund gewesen war, die Zweiteilung der Welt in Frage zu stellen.[1136] So sagt er, Hannibal sei es gelungen, seine Armee jederzeit zusammenzuhalten

> obwohl er Truppen nicht nur einer einzigen Nation [ὁμοεθνής], sondern sogar verschiedenster Stämme [ὁμόφυλος] nutzte [...]: Libyer, Iberer, Ligurer, Kelten, Phönizier, Italiker, Griechen, die nichts von Natur miteinander verband, weder Recht noch Sitten noch Sprache noch sonst irgendetwas.[1137]

Polybios hätte hier die ‚Karthager' (Phönizier und Libyer) den anderen Völkern gegenüberstellen oder die Andersartigkeit aller Gruppen gegenüber den Griechen betonen

---

1133 Vgl. Pol. XXXVI, 16, 7.
1134 Vgl. Hdt. II, 1–98.
1135 Zur Genese der Barbarenthese und ihrer Rolle in hellenistischer Zeit s. o. 34–39; vgl. LLOYD 1966 zur anthropologischen Grundlage für dieses dichotome Denken, das auch Polybios nicht überwinden konnte.
1136 Vgl. Strab. I, 4, 9, C66 = Eratosthenes F 155 Roller.
1137 Pol. XI, 19, 3–4. καίπερ οὐχ οἷον ὁμοεθνέσιν, ἀλλ' οὐδ' ὁμοφύλοις χρησάμενος στρατοπέδοις. εἶχε γὰρ Λίβυας, [4] Ἴβηρας, Λιγυστίνους, Κελτούς, Φοίνικας, Ἰταλούς, Ἕλληνας, οἷς οὐ νόμος, οὐκ ἔθος, οὐ λόγος, οὐχ ἕτερον οὐδὲν ἦν κοινὸν ἐκ φύσεως πρὸς ἀλλήλους. Eigene Übersetzung, da DREXLER sehr frei übersetzt. WALBANK weist daraufhin, dass Polybios den Kontrast noch verstärkt, indem er erst das Wort ὁμοεθνής für eine übergeordnete Volksgruppe benutzt und dann ὁμόφυλος, das normalerweise, die einzelnen ‚Stämme' solcher Volksgruppen meint, also bspw. Insubrer, Cenomanen usw. des *ethnos* Kelten. Vgl. WALBANK, Kommentar II, 295.

können. Stattdessen unterstreicht er die Unterschiede zwischen allen Völkern, um die besonderen Fähigkeiten des Feldherrn Hannibal zu demonstrieren, der seine Armee trotz dieser Widrigkeiten jahrelang von Sieg zu Sieg geführt hatte.[1138] Allerdings zeigt das Beispiel auch, dass Polybios die Vielfalt der ‚barbarischen' Welt erkannt hatte: Die eine Gruppe von ‚Barbaren' konnte sich genauso stark von einer anderen unterscheiden, wie sie sich jeweils von den Hellenen abhoben.[1139] Die Griechen mussten fremde Völker deshalb vergleichend beobachten, wie es schon Herodot getan hatte, um deren Sitten und Handeln verstehen zu können.

Welche konkreten Funktionen erfüllten diese Vergleiche bei Polybios? In seiner Ethnographie Iberiens finden sich neben einigen explikativen Vergleichen, die neues Wissen erläutern, v. a. strukturierende Vergleiche, welche die Bevölkerung der Iberischen Halbinsel ordnen sollen. Er klärte durch seine Vergleichspraktiken die Beziehungen zwischen bekannten und noch größtenteils unbekannten Völkern und klassifizierte sie anschließend als Nord- oder Südvölker. Gemeinsamkeiten führte Polybios dabei vornehmlich auf ihre räumliche Nähe zueinander zurück, Unterschiede auf die klimatisch-topographischen Eigenschaften ihrer jeweiligen Heimatregionen. Diese eher pragmatische Herangehensweise bot relativ wenig Platz für singularisierende Vergleiche, die Herodot typischerweise benutzt, wenn er für jedes Volk eine hervorstechende Eigenschaft findet und die Ägypter als Gegenwelt aller anderen Ethnien bezeichnet.[1140] Polybios nutzte diese Methode nur bei seiner Schilderung der römischen Gesellschaft und ihres Staates: Ihre Verfassung sei genauso einzigartig wie ihre Religion oder die Funktionsweise ihrer Armee. Vergleiche mit anderen Völkern, Griechen oder Fremden, bewiesen für Polybios diese Einmaligkeit der römischen *nomoi*, die es ihnen ermöglicht hatte, den Großteil der *oikumene* zu unterwerfen. Diese Interpretation folgte zwangsläufig aus der historischen Entwicklung und Polybios' persönlicher Anbindung an leitende Gestalten der römischen Politik. Aus dieser imperialen Perspektive konnte er die Elemente klassischer griechischer Ethnographien um militärische und wirtschaftliche Details von praktischer Relevanz für die Verwaltung der Provinzen ergänzen. Diese entnahm er römischen Quellen, doch entsprachen sie auch seinen eigenen Interessen als ehemaliger Kavalleriekommandant und Politiker des Achaiischen Bundes. Dass die so entstandenen Untersuchungen Nachfolger wie Poseidonios oder Strabon prägten, suchen die folgenden Kapitel zu belegen.

1138 Vgl. Pol. XI, 19, 1–6. Die Probleme des multiethnischen Heeres der Karthager bespricht Polybios bspw. in I, 67, 3–9.
1139 Siehe die ähnliche Interpretation bei GONZÁLEZ RODRÍGUEZ 2003, 152.
1140 Diese Methode findet sich in den beiden Suda-Fragmenten, in denen Polybios die militärische Überlegenheit der Keltiberer betont und die Fähigkeiten der Kavallerie als ἴδιος bezeichnet. Dass er hier auf einen eindeutig singularisierenden Vergleich zurückgreift, zeigt noch einmal, wie beeindruckt er von den Fertigkeiten der keltiberischen Krieger gewesen sein muss.

4. Die ethnographischen Vergleichspraktiken des Poseidonios im Kontext seiner universellen Philosophie

4.1 Am Vorabend der Romanisierung: Poseidonios über die Gallier[1]

Einleitung

Jeder kennt die Szene: Bärtige Männer sitzen fröhlich schmausend an einer ovalen Tafel, in der Mitte mehrere offene Feuer, von Fett triefende Wildschweinbraten werden an Spießen geröstet; die abendliche Dorfszene ist, umsäumt von hohen Bäumen, in ein heimelig-flackerndes Licht getaucht. Ein besonders Beleibter hat ein ganzes Wildschwein vertilgt, andere prosten sich mit gut gefüllten Trinkhörnern zu. Sie alle sind blond oder rothaarig und tragen gefärbte Hosen.

Der Zeichner dieses Dorfschmauses, der für gewöhnlich die Abenteuer der berühmten gallischen Helden Asterix und Obelix abschließt, hat sich bemüht, seine Leser in die Welt der späteisenzeitlichen Kelten zu versetzen.[2] Eine der wichtigsten Quellen für diese Zeit sind die Schriften des Poseidonios von Apameia. Ihn trieb nicht, wie so viele vor ihm, die Aussicht auf Handelsgewinne oder Söldnereinsätze; er gehörte auch nicht zu denjenigen Griechen, die im Westen eine neue Heimat in einer Kolonie suchten. Als einer der bedeutendsten Universalgelehrten seiner Zeit interessierte er sich im Rahmen seiner umfassenden Forschungen für Land und Leute. Wahrscheinlich nahm er sogar an einem keltischen Gelage teil oder ließ sich zumindest von ihm

---

1   Eine frühere Version dieses Kapitels erschien als Aufsatz *Poseidonios von Apameia und die Ethnographie der Kelten im Westen der Oikumene, in:* SCHULZ 2019, 307–334. Der Artikel und der gesamte Sammelband basierten auf der Tagung *Die Überwindung vom Raum und Zeit. Fremde Meere und neue Welten in Antike und früher Neuzeit,* die am 7. und 8. Juni 2018 am Zentrum für interdisziplinäre Forschung (ZiF) in Bielefeld abgehalten wurde. Ich danke den Organisatoren und Organisatorinnen sowie dem Verlag für die Unterstützung.
2   Zu den althistorischen Hintergründen der Asterix-Comics im Allgemeinen vgl. z. B. VAN ROYEN/VAN DER VEGT 1997, insbesondere 138–140 zu den Essgewohnheiten. Darüber hinaus eignet sich BRODERSEN 2001 passim. Poseidonische Einflüsse zeigen sich bereits bei der Lektüre des ersten Bandes; vgl. GOSCINNY/UDERZO 1961 passim.

erzählen.³ Auf der Grundlage seiner Erfahrungen verfasste er eine der detailreichsten ethnographischen Beschreibungen der keltischen Lebenswelt. Einen ersten größeren Teil schrieb er einige Jahre nach der Reise in seinem naturphilosophischen Ozeanbuch nieder.⁴ Dazu kommen Angaben aus dem erst Jahrzehnte später abgeschlossenen 23. Buch seiner *Historien*, in denen er die römische Eroberung Südgalliens schildert.⁵ Wie ging Poseidonios darin mit den Angaben seiner Vorgänger um, und was lieferte er an neuen Informationen? Spielten Vergleiche dabei eine ähnliche Rolle wie bei Polybios, und dienten sie ähnlichen Funktionen, oder brach Poseidonios methodisch mit früheren Darstellungen? Um diese Fragen beantworten zu können, wird zunächst ein Blick auf die Quellenproblematik und den historischen Kontext geworfen.

Forschungsstand und Kontext

Im Vordergrund der modernen Poseidoniosforschung stand immer die Frage, welche Textstellen bei welchen Autoren als Fragmente seiner Schriften identifiziert werden können. Erstmals gesammelt und geordnet hat diese FELIX JACOBY als Nr. 87 seiner *Fragmente der griechischen Historiker* (FGrHist). Ende des 20. Jhs. bauten darauf zwei neue Sammlungen auf, die beide viele neue Fragmente hinzunahmen, sich in ihrer methodischen Herangehensweise jedoch grundsätzlich unterschieden. Die Edition von LUDWIG EDELSTEIN und IAN G. KIDD (1972–1988) beschränkt sich auf solche Passagen, in denen Poseidonios namentlich als Autor belegt ist. Dagegen steht die Ausgabe von WILLY THEILER (1982), der eine deutlich größere Fülle von Texten anführt, weil diese bestimmten gesicherten Poseidoniosfragmenten gleichen oder allgemeine stilistische und inhaltliche Ähnlichkeiten aufweisen. An dieser Maßgabe orientierte sich auch JÜRGEN MALITZ in seiner Zusammenstellung der zu den *Historien* gehörigen Fragmente (1983), die er um wenige neue Texte ergänzte. Im Jahr 2004 legte schließlich EMMANUELE VIMERCATI eine Edition auf Italienisch vor, die einen Mittelweg zwischen EDELSTEIN/KIDD und THEILER zu gehen suchte, jedoch wenig Neues bot.⁶ Es lässt sich also zunächst festhalten, dass die bei EDELSTEIN/KIDD präsentierten

---

3   Siehe die Diskussion unten 216–218.
4   Das Ozeanbuch entstand wahrscheinlich in den 80er Jahren, während die Fertigstellung der *Historien* erst an sein Lebensende zu setzen ist. Vgl. REINHARDT 1954, Sp. 666 und MALITZ, 1983, 31/32, der REINHARDTS Argumentation folgt, nach der das Ozeanbuch Teil eines groß angelegten Plans war, der schlussendlich in der Verfassung der *Historien* als Lebenswerk gipfelte. MERKEL 1964, 159 nimmt an, dass Poseidonios' Ethnographie am Ende des Ozeanbuchs als Völkergeographie entstand – die *Historien* hätten diese dann weiter ausgeführt.
5   Vgl. MALITZ 1983, 66.
6   Vgl. VIMERCATI 2004. Der Herausgeber unterteilte in namentlich sichere „A"-Fragmente und wenige aus anderen Gründen gesicherte „B"-Fragmente. Zu den Mängeln der Edition, die in vielem EDELSTEIN/KIDD folgte und nicht in der Lage war, darüber hinauszugehen, siehe ALGRA 2014; v. a. 301–304 zur Auswahl der Fragmente.

Fragmente die sicherste Ausgangsbasis darstellen, da diese Stellen durch die namentliche Nennung zweifelsfrei auf Poseidonios zurückgeführt werden können.[7]

Ein großer Teil der ethnographischen Passagen des Poseidonios, gerade auch zu den ‚Nordbarbaren', findet sich jedoch mutmaßlich bei Diodor von Agyrion (1. Jahrhundert v. Chr.), der Poseidonios nicht einmal namentlich nennt. Dementsprechend stellt sich die Frage, ob diese für die vorliegende Untersuchung hinzugenommen werden können. Dazu muss zunächst ein Blick auf die Diodorforschung geworfen werden. Gerade in der älteren Debatte wurde der Universalhistoriker als talentfreier Geschichtsschreiber abgestempelt, weil er nicht viel mehr getan habe, als die ihm vorliegende Quellen zu kompilieren – und dabei seien ihm noch Fehler unterlaufen. Für MOMMSEN war Diodor bekanntlich „der elendste aller Scribenten",[8] und seiner Meinung folgen noch heute viele Stimmen.[9] Was sei schon von einem Mann zu halten, der vielleicht sogar Teile seines Prooömiums von Poseidonios abgeschrieben habe![10] Andere Historiker suchen Diodor jedoch zu rehabilitieren: Sie weisen darauf hin, dass er es als erster bekannter Autor wagte, eine Geschichte der gesamten Menschheit von den Anfängen an zu schreiben, und dass er damit auch Ephoros und Polybios übertraf.[11] Durch den auch zeitlich universellen Anspruch seines Werkes habe er die Macht Roms relativiert und seine eigene Zeit nur als vorübergehende historische Phase eingeordnet.[12] Allerdings lässt Diodors Darstellung der Römer nicht erkennen, dass er sich als ein solcher Kritiker profilieren wollte, und auch sonst lassen sich in der Βιβλιοθήκη kaum eigene Ideen finden.[13] Selbst die Verteidiger Diodors haben nur wenige wirklich profunde Auseinandersetzungen des Sikelioten mit seinen Quellen anführen können.[14] Deshalb muss davon ausgegangen werden, dass er größtenteils tatsächlich nur

---

7   Die Übersetzung entnehme ich dagegen, wenn nicht anders angegeben, MALITZ 1983.
8   MOMMSEN 1859, 125.
9   Vgl. STYLIANOU 1998.
10 Vgl. Diod. I, 1, 3 = F80 Theiler; BURTON 1972, 36. Zur Kopie polybianischer Passagen durch Diodor siehe etwa RAWSON 1985, 223/224.
11 Siehe SHERIDAN, 2010, 42; 48–49.
12 Vgl. SHERIDAN 2010, 50/51. SHERIDAN verweist auf den ähnlichen Unterton Ovids (eine ebenso fragliche Behauptung); vgl. Ov. Met. XV, 420–435.
13 Vgl. SACKS 1990, der Diodor u. a. mit diesen beiden Thesen rehabilitieren wollte. Doch weist P. J. Stylianou zu Recht darauf hin, dass selbst Sacks' eigene Untersuchung dahingehend fruchtlos bleibt; vgl. STYLIANOU 1991 passim. Zur Kritik an SACKS und denen, die ihm gefolgt sind, siehe auch RATHMANN 2016, 37–42 mit den Hinweisen auf weitere Titel v. a. in 38 Anm. 101.
14 SHERIDAN 2010 nennt mehrere Beispiele: Auf 43 lobt er die kritische Auseinandersetzung Diodors mit den Zahlenangaben des Ephoros und Timaios für die karthagische Armee in Sizilien im Jahr 396 v. Chr. in XIV, 54, 5–6. Tatsächlich tut der Universalhistoriker hier jedoch nicht viel mehr, als die beiden Zahlen gegenüberzustellen – einen eigenen Standpunkt bezieht er nicht. Gerade die aufgeblähte Angabe von 300 000 Mann Infanterie bei Ephoros (54, 6) hätte eine genauere Prüfung verlangt. Diodor muss zugutegehalten werden, dass er ein weit zurückliegendes Ereignis beschreibt und sich bei Herodot bekanntlich ähnliche Übertreibungen finden. Jedoch hat Sheridan IX, 54, 5–6 bewusst als eine der Stellen herausgegriffen, mit denen er Diodor gegen Kritik verteidigen möchte, und dafür mag Diodor hier nicht überzeugen. Treffender ist SHERIDANS Hin-

Passagen aus älteren Schriften unter dem Ansatz der Universalgeschichte zusammenstellte, um sie einer breiten Leserschaft verkaufen zu können.[15]

Es erscheint also nicht zielführend, das Werk Diodors einer eigenen Untersuchung zu unterziehen, die nach seiner Behandlung fremder Völker fragt. Diese Bestandsaufnahme alleine reicht freilich nicht aus, die entsprechenden Passagen über Kelten und Hispanier deswegen Poseidonios zuzusprechen. Dafür sprechen jedoch meines Erachtens weitere gute Gründe: Erstens verrät die Parallelüberlieferung bei Athenaios, dass Poseidonios eine tiefgehende Kenntnis der Kelten besaß.[16] Auch weisen die dortigen Beschreibungen große Ähnlichkeiten zu den *Keltika* des Diodor auf, die Poseidonios als gemeinsame Quelle nahelegen.[17] Da Diodor sicher keinem römischen Werk gefolgt ist und aus dem 1. Jahrhundert v. Chr. kaum andere griechische Autoren zu den Kelten bekannt sind,[18] wird in der Forschung nur Timagenes von Alexandria (Mitte 1. Jahrhundert v. Chr.) als alternative Hauptquelle Diodors zu diesem Thema diskutiert.[19] Allerdings besteht weitgehend Einigkeit darüber, dass auch Timagenes seine Informationen über die Kelten v. a. aus den Schriften des Poseidonios bezogen hat.[20] Gegen Timagenes als Quelle für die relevanten Passagen spricht v. a., dass Diodor keine Germanen nennt, sondern – genau wie Poseidonios in einem gesicherten Fragment – behauptet, Gallien erstrecke sich nach Osten bis an die Grenze Skythiens.[21] Timagenes kam jedoch erst 55 v. Chr. nach Rom, wo er in den 40er-Jahren ein Freund des Anto-

---

weis (43/44) auf Diod. III, 11, 2–3: Hier beruft sich Diodor für seine Beschäftigung mit Ägypten nicht nur auf mehrere Quellen (Timaios, Ephoros, Herodot), sondern auch auf seine eigenen Nachforschungen vor Ort. Dass seine Reise nach Ägypten stattgefunden hat, wird in der aktuellen Diskussion nicht mehr bezweifelt; vgl. bspw. RATHMANN 2016, 82–104. Eine solch fundierte Besprechung kann Diodor allerdings nur in Bezug auf Ägypten bieten, das für die vorliegende Studie keine Rolle spielt. Abgesehen von seinem Aufenthalt in Rom ist die Reise Diodors nach Ägypten darüber hinaus seine einzige Unternehmung außerhalb von Magna Graecia; vgl. MICHELS 2017 passim.

15 Siehe hierzu CORCELLA 2017. Allein das starke Interesse des Werkes an den sizilischen Verhältnissen ist als persönliche Färbung des Autors anzuerkennen; das spielt aber in Bezug auf die Ethnographie des Poseidonios keine Rolle. Vgl. etwa RATHMANN 2016, 295–304; CORCELLA 2017 passim. Diodor war sich dabei immerhin bewusst, dass auch die vorgriechische Bevölkerung Siziliens über eine eigene Geschichte verfügte; vgl. AMBAGLIO 2008, 72/73; 76.
16 Siehe dazu die Untersuchung der entsprechenden Passagen unten 228–239.
17 Vgl. MALITZ 1983, 36–39, der zahlreiche Beispiele für die Parallelen anführt. Für die Hispanier gilt das Gleiche für die Ähnlichkeiten zu den gesicherten Stellen bei Strabon. Theiler I, XI–XIII fasst dazu prägnant zusammen, dass die Akzeptanz der Diodor-Fragmente sich durch die gesamte Geschichte der deutschsprachigen Poseidoniosforschung zieht.
18 Stellen wie Diod. V, 26, 3 über die italischen Händler, die den südgallischen Handel kontrollieren, zeigen, dass Diodor hier keiner älteren griechischen Quelle gefolgt sein kann. Dass er offensichtlich keine Germanen kennt (laut V, 32, 1 grenzt Gallien im Osten an Skythien) zeigt, dass seine Quelle aber eher noch vor Caesar zu setzen ist und ganz sicher kein römischer Autor war.
19 LAMPINEN 2014b, 243 bringt ihn als Quelle für Diodors Auseinandersetzung mit den Druiden ins Spiel.
20 Vgl. NASH 1976, 113.
21 Vgl. Diod. V, 32, 1; Strab. II, 3, 1, C97 = F 28 Jac. = F 49/T 46/T 49 EK = F13 Theiler.

nius wurde, bevor es ihm später gelang, ins Lager des Augustus zu wechseln.[22] Aufgrund dieser Nähe zur römischen Machtzentrale müssen ihm die Germanen zwangsläufig ein Begriff gewesen sein. Poseidonios hingegen starb zu der Zeit, als Caesar noch an seinen *Commentarii de bello Gallico* arbeitete und er scheint keine Germanen im Sinne Caesars gekannt zu haben.[23] Kurzum: Selbst wenn Diodor Timagenes als Quelle genutzt hat, kann dieser nicht die Hauptquelle für die Keltenethnographie gewesen sein und hätte wahrscheinlich auch dann ursprünglich poseidonische Passagen vermittelt.[24] Insgesamt ist es meines Erachtens deshalb wahrscheinlicher, dass Diodors Beschreibungen der ‚Nordbarbaren' auf den Werken des Poseidonios beruhen, als dass sie es nicht tun.[25] Bei der Überlieferung wird der ursprüngliche Text freilich schon durch Diodor oder ggf. Timagenes in vielen Fällen verkürzt, neu angeordnet oder sogar falsch wiedergegeben worden sein,[26] weshalb die Fragmente wenn nötig kritischen Einzelprüfungen unterzogen werden.[27] Dennoch reicht der Befund aus, um sich der *communis opinio* anzuschließen: Wie JACOBY, THEILER, VIMERCATI und MALITZ[28]

---

22   Siehe die Rekonstruktion seines Lebenslaufs bei ENGELS 1999, 230.
23   Bekanntlich erwähnt Poseidonios in Athen. IV, p. 153E = F 22 Jac. = F 73 EK = F188 Theiler den Namen der Germanen. LAMPINEN 2014b, 241/242 hält den Text des Athenaios für korrumpiert und setzt Καρμάνιοι anstelle von Γερμανοί, da der gleiche Fehler in Excerpta Latina Barbari 34a geschehen ist und da Poseidonios in Athen. II, p. 45F–46A = F72 Jac. = F283 EK = F 116 Theiler die Freundschaftsschwüre der Karmanen beschreibt. Diese Frage kann nicht endgültig entschieden werden, aber MALITZ 1983, 204/205 zeigt überzeugend, dass Poseidonios die Germanen sicher nicht von den Kelten schied, selbst wenn er hier Germanen im heutigen Sinne gemeint haben sollte.
24   Ähnlich TIERNEY 1960, 207 und MALITZ 1983, 52. Auch stand die grundsätzlich romfeindliche Einstellung des Timagenes im Widerspruch zu Poseidonios' Akzeptanz der römischen Herrschaft, wie bspw. SORDI 1982 betont. Jedoch gibt es in der Gallierethnographie Diodors fast keine wirklich pro-römischen Äußerungen, wie auch dieses Kapitel zeigen wird, so dass das Argument zwar für die Benutzung des Timagenes durch Diodor allgemein angeführt werden kann, für die Beschreibung der Gallier als solche aber nicht zu überzeugen mag.
25   Und selbst wenn die Zuordnung komplett falsch wäre: Da hier die gesamte späthellenistische Ethnographie durchdrungen werden soll, nicht nur die Werke des Poseidonios, sind die Erkenntnisse aus dem Text Diodors in jedem Fall wertvoll, um Aussagen über die griechische Fremdbeschreibung dieser Zeit zu treffen.
26   Vgl. MALITZ 1983 passim für zahlreiche Beispiele zu Diodors Bearbeitung des Textes.
27   Jedoch gilt die Haltung von AMBAGLIO 2008, 33/34: Je weniger stark der Kompilator eingreift, desto sicherer kann der Text als Fragment identifiziert werden. Eine solch geringe Bearbeitung scheint bei der Beziehung zwischen Diodor und Poseidonios der Fall zu sein.
28   Vgl. MALITZ 1983, 96–133. Dass Vimercatis Fragmentzählung nicht bei jedem Verweis angegeben wird, ist praktischen Gründen geschuldet. Soweit ich es bewerten kann, bezieht sich bisher fast ausschließlich die italienischsprachige Forschung auf seine Ordnung. Akzeptiert werden die Diodorfragmente bspw. auch von TIERNEY 1960, 203–206, STRASBURGER 1965, 42; MÜLLER 1997, 284–321; DE HOZ 2000. AMBAGLIO 2008, 66 sieht Poseidonios (und Polybios) auch hinter Diodors Haltung zum Aufstieg Roms: Seine moralische Kritik, etwa in den Sklavenkriegen auf Sizilien, sei auf Poseidonios zurückzuführen. Vgl. auch MALITZ 1983, 146–158 zur Übersicht der Diodorfragmente über den Ersten Sizilischen Sklavenkrieg; 158–162 zum zweiten Krieg. Für die diodorsche Ethnographie der Keltiberer bestätigt die Zuschreibung an Poseidonios auch RANKIN 1987, 167; AMBAGLIO 2008, 25 unterstützt die Zuschreibung im Falle Galliens. Vimercati nimmt

werde ich die Diodor-Fragmente zusammen mit den namentlich gesicherten Stellen als Überlieferung des poseidonischen Textes behandeln.[29]

Die dahingehenden ethnographischen Schilderungen der Kelten haben große Aufmerksamkeit erfahren, wenn auch nicht mit Blick auf die Vergleichspraktiken.[30] Die zwei vorherrschenden Deutungsmuster in der Forschung spiegeln die Diskussion um die Fragmente: Die eine Seite sieht Poseidonios als Vollender der antiken Anthropogeographie,[31] als soziologischen Analytiker der gallischen Verhältnisse[32] und wissenschaftlichen Vorreiter und spricht ihm, ganz nach Theiler, großen Einfluss auf spätere Autoren und Werke zu.[33] Eine andere Richtung kritisiert jedoch wie EDELSTEIN/KIDD diesen „Panposeidonianismus"[34] und bezeichnet den Apameer als wichtigen und hochgebildeten, aber nicht besonders originellen Denker.[35] Beispielhaft zeigt sich dieser Gegensatz bei der Frage des poseidonischen Einflusses auf den ethnographischen Gallierexkurs Caesars.[36] Während TIERNEY schreibt, Caesar habe seine Informationen größtenteils von Poseidonios bezogen, da es dem Römer an Verständnis für das ethnographische Schreiben und Denken und dem notwendigen Wissen gemangelt habe, betont Nash dessen eigene Autopsie (in Gallien) und literarische Gestaltungskraft.[37]

Diese Debatte hat auch Auswirkungen auf die Rekonstruktion von Poseidonios' großer Forschungsreise in den Westen und die Frage, wie weit ins Landesinnere Galliens er vorgestoßen ist. Die Unternehmung lässt sich zunächst in den Zeitraum zwischen 101 und 95 v. Chr. datieren.[38] Poseidonios brach wahrscheinlich von Rom aus auf und reiste an der Küste entlang nach Ligurien, das er zusammen mit seinem massalio-

---

   nicht alle Fragmente über die (Kelt-)Iberer auf, diese werden deshalb im entsprechenden Kapitel im Einzelnen diskutiert. Für eine weitere Auseinandersetzung mit dieser Thematik kann hier nicht der Platz sein.
29 Wie ALGRA 2014, 301 zurecht zusammenfasst, verwehrten sich EDELSTEIN und KIDD auch nicht grundsätzlich einer Aufnahme der Stellen bei Diodor als Fragmente, sie folgten einfach nur einer anderen methodischen Auswahl, bei der sie sich auf namentliche Nennungen Poseidonios' als Autor beschränkten.
30 Dennoch schreibt DOBESCH 2001, 505: „Eine generelle Monographie über die Bewertung der Randvölker bei Poseidonios ist ein Desiderat."
31 So formuliert es DIHLE 1962a, 229; ähnlich DODDS 1973, 19.
32 Vgl. etwa MARTIN 2011, 468.
33 Siehe etwa TIERNEY 1960; MALITZ 1983; MÜLLER 1997, 284–321; RUGGERI 2000. DIHLE 1994, 91 spricht etwas vorsichtiger (und passender) vom Vater der historischen Ethnographie, worin ihm BLOCH 2002, 52 zustimmt.
34 Zum Begriff siehe ALGRA 2014 passim.
35 Vgl. etwa BALDRY 1965, 186; NASH 1976; SASSI 2001, 128; LAMPINEN 2014b.
36 Vgl. Caes. bell. Gall. VI, 11–20.
37 Siehe v. a. TIERNEY 1960, 211/212 gegen NASH 1976 passim. S. o. den Anriss dieses Themas im Kapitel zu Polybios und den Kelten (S. 133 m. Anm. 582). Auch Strabons und Diodors eigenen Anteil bei der Bearbeitung von Poseidonios als Quelle hält NASH für unterschätzt.
38 So etwa MALITZ 1983, 13.

tischen Gastfreund Charmoleon erkundete.³⁹ In Massalia sammelte er weitere Informationen, bevor er sich dem Landesinneren zuwandte. Belegt sind seine Besuche des Steinfeldes an der Mündung der Rhône,⁴⁰ des Schlachtfeldes von Aquae Sextiae (Aix-en-Provence), wo wenige Jahre zuvor Gaius Marius über die Teutonen triumphiert hatte,⁴¹ und Besuche keltischer Ortschaften.⁴² Hierauf beziehen sich offensichtlich nicht nur die Beschreibungen keltischer Bankette, sondern auch die Aussage des Poseidonios, er habe die gallische Sitte, mit den abgeschlagenen Köpfen ihrer Feinde zu prahlen, zunächst verabscheut, sich aber im Verlaufe der Zeit daran gewöhnt.⁴³ Da die Kopfjagd in der Gallia Narbonensis unter römischer Ägide verboten wurde,⁴⁴ könnte dieses Zeugnis sogar für Reisen außerhalb der Provinz sprechen.⁴⁵ Zudem beschreibt eines der sicheren Fragmente⁴⁶ eine Gruppe von Galliern, die Wein aus der Gegend von Massalia importierten und denen Olivenöl fremd war – sie können also nicht im Umland der *polis* gelebt haben und sind eher außerhalb der Narbonensis zu verorten.⁴⁷ Poseidonios' Exkurs über eine Insel in der Mündung der Loire schließlich passt gut zur Lage des griechischen *emporion* Korbilon in dieser Region, welches er besucht haben könnte.⁴⁸ Die Einschätzung, wie weit Poseidonios seine Reise führte, hängt auch von

39   Vgl. Strab. III, 4, 17, C164–165 = F 58a Jac. = F 269 EK = F 25 Theiler.
40   Vgl. Strab. IV, 1, 7, C181–183 = F90 Jac. = F 229 EK = F 29 Theiler. Das von Poseidonios beschriebene Phänomen lässt sich bis heute in der Schottersteppe von Le Crau beobachten – seine Beschreibung ist also völlig zutreffend. Vgl. HODGE 1999, 46.
41   Vgl. Plut. Marius. 21, 6–8 = F 113 Jac. = F 203 Theiler.
42   Die Archäologie hat – ähnlich wie bei Herodot – einige dahingehende Angaben des Poseidonios bestätigen können. Vgl. etwa MARTIN 2011, 471; MACMULLEN 2000, 85/86; NASH 1976, 123.
43   Vgl. Strab. IV, 4, 5, C198 = F 55 Jac. = F 274 EK = F 34 Theiler. Die Gewöhnung ist Ausdruck seines stoischen Charakters, wie ROLLER, Kommentar (zu Strabon), 198 zu Recht bemerkt. Schon Polybios hatte diese Sitte beschrieben, wenn auch nicht so ausführlich; vgl. Pol. III, 67, 2–3. Dass Poseidonios sich hier zwischen der Abscheu vor den rohen ‚Barbaren' und der Bewunderung ihres Großmuts wiederfindet, zeigt die ganze Ambivalenz der Darstellung, die für ein griechisches Publikum allerdings nachvollziehbar war; vgl. VOILLAT SAUER 1992, 108.
44   Dies belegt Strab. IV, 4, 5, C198 direkt nach dem gerade zitierten Fragment. Allerdings bleibt der genaue Zeitpunkt unklar. Eine Abbildung der Kopfjagd findet sich noch auf den Münzen des Dumnorix (auch als Dubnoreix) in den 50er Jahren des 1. Jhs. v.Chr.; vgl. GRUEL/POPOVITCH 2007, 166 Kat. Nr. 19, 2 und COLBERT DE BEAULIEU/FISCHER 1998, 238–239, Kat. Nr. 142. Es könnte sich dabei allerdings um ein archaisierendes Element handeln, da Caesar seinem Feind Dumnorix ein solches Verhalten nie vorwirft, und da die archäologische Forschung für das 1. Jh. keine Spuren von Kopfjagd mehr nachweisen kann. Vgl. dazu CASSIBRY 2016, 148–150 und ausführlich ARMIT 2012 passim. BARLOW 1998, 180–182 betont zu Caesar allerdings, dass dieser den Galliern aufgrund seiner militärischen Siegesserie wenig Gelegenheit zum Sammeln und Ausstellen von Köpfen besiegter Krieger geboten habe; sie nicht zu erwähnen habe den Eindruck von Caesars Unbesiegbarkeit verstärkt.
45   Vgl. MALITZ 1983, 192, Anm. 187; DOBESCH 1995, 59.
46   Athen. IV, p. 151E–152D = F 15 Jac. = F 67 EK = F 170 Theiler.
47   Dass die Angabe sich auf Gallier außerhalb der Provincia Narbonensis bezieht, sieht auch Theiler II, 107 so.
48   Vgl. Strab. IV, 4, 6, C198–C199 = F 56 Jac. = F 276 EK = F34 Theiler. Laut Strabon existierte Korbilon zur Zeit des Polybios, aber nicht mehr in seiner eigenen Zeit; vgl. Strab. IV, 2, 1, C189–190 =

der Frage ab, ob man seine Angaben auf Autopsie und Gespräche vor Ort oder auf griechische Informanten und (verloren gegangene) Schriftquellen zurückführt. Meines Erachtens deuten die erwähnten Anhaltspunkte hinreichend auf die Möglichkeit von (wenn auch begrenzten) Unternehmungen außerhalb der Provinzgrenzen hin.[49] Gerade das Beispiel der Kopfjagd spricht dafür, dass Poseidonios sein Wissen nicht nur aus Gesprächen mit massaliotischen Händlern und Reisenden gewonnen haben kann.[50] Wäre die vollständige Version des ursprünglichen Textes erhalten, gäbe es sicherlich noch viele weitere solcher Anhaltspunkte, da schon die vorhandenen Fragmente äußerst detailreich sind.[51]

Pol. XXXIV, 10, 6. Roller 2006, 100 nimmt auf der Basis von Athen. VIII, p. 322A = Pol. XXXIV, 10, 1–4 über Narbo und Korbilon an, dass Polybios Korbilon selbst besucht haben könnte, da seine Angaben über Narbo in letzterer Stelle sehr nach persönlichem Wissen klingen und Strabon davon spricht, dass die Einwohner des Ortes zusammen mit denen Narbos von Scipio Aemilianus über Pytheas befragt worden seien. Es lässt sich also nur feststellen, dass Korbilon irgendwann zwischen der aktiven Zeit des Polybios und der Strabons aufgegeben worden sein muss – ob es zu der Zeit von Poseidonios' Reise noch genutzt wurde, bleibt damit offen. Zumindest nimmt BOWEN 1972, 60 an, es sei erst im Zuge von Caesars Feldzug gegen die Veneter vernichtet worden, damit stützt er einen potentiellen Besuch des Poseidonios. Zur Identifizierung von Korbilon siehe auch THOLLARD 2011, 118. Für die Machbarkeit solcher Reisen in den Westen Galliens spricht dazu das Handelsnetzwerk der aquitanischen Stämme, in welchem Münzen aus der griechischen Stadt Rhode (an der Küste bei Emporion) als universelles Zahlungsmittel dienten. Dieses reichte zwar nur bis zur Mündung der Garonne in die Gironde, legt aber die Möglichkeit der Durchquerung Galliens außerhalb der Provinzgrenzen nahe – zumindest für griechische Kaufleute. Aufgrund der dadurch erzeugten, relativen Vertrautheit der Aquitanier mit der griechischen Schrift und Kultur mag sogar jemand wie Poseidonios davon profitiert haben. Vgl. CUNLIFFE 1988, 51/52. Zuletzt könnten auch die mit Rom verbündeten Aeduer Poseidonios bei seiner Reise beigestanden haben; vgl. CUNLIFFE 1988, 56.

49 TIERNEY 1960 oder MALITZ 1983 gehen wiederholt von weiten Reisen aus; RANKIN 1987, 75 zieht sogar in Erwägung, dass Poseidonios Britannien (!) besucht habe, wofür es keinerlei klare Indizien gibt. Neuerdings unterstützte CESA 2019, 212 die Annahme, dass Poseidonios das Landesinnere Galliens besucht hatte. Auf der anderen Seite stehen kritische Stimmen, die darauf hinweisen, dass er seine Informationen v. a. aus mündlichen (griechischen) Quellen gewonnen haben könnte; vgl. NASH 1976 passim. Sie und LAMPINEN geben zu bedenken, dass nicht einmal der Aufenthalt des Poseidonios in Massalia definitiv belegt ist und argumentieren, dass er die Sitte der Kopfjagd auch in einem Umkreis von nur 15 km um Massalia hätte beobachten können; vgl. NASH 1976 119; LAMPINEN 2014b, 236/237. Ähnlich hält SASSI 2001, 128 fest, die keltische Ethnographie des Poseidonios sei größtenteils eine Synthese der schriftlichen Quellen, und auch MAIER 2012a, 10 hält Reisen außerhalb der Provinzgrenzen für unwahrscheinlich.

50 Auch wenn überkommene Relikte in salluvischen *oppida* wie Entremont (siehe dazu CUNLIFFE 1988, 48/49) vorstellbar wären, erklären sie dennoch nicht die Gewöhnung des Poseidonios nach seiner anfänglichen Abstoßung vor dem Phänomen dar, denn dafür ist ein regelmäßiger Kontakt mit der Kopfjagd vorauszusetzen. Gespräche mit Massalioten – und Römern – stellten natürlich dennoch eine wichtige Quelle dar, wie es schon STRASBURGER 1965, 40/41 betonte.

51 Und das Problem stellt sich bei allen antiken Berichten von Forschungsreisen oder Erkundungsfahrten. Zumindest die Frage nach der Vertrauenswürdigkeit der Angaben betrifft die Expedition des Polybios (nach Plin. nat. hist. V, 9 & Pol. III, 59, 6–8), deren Ausführung nie bezweifelt wird, genauso wie die des Poseidonios. Zu der Problematik s. etwa SCHULZ 2016, 308–317.

Gesichert ist, dass Poseidonios seine Reise in Iberien fortsetzte: Mindestens dreißig Tage hielt er sich in Gades auf.[52] Die Stadt galt als Tor zu den Weiten des *okeanos* und eignete sich hervorragend für die maritimen Forschungen des Poseidonios.[53] Er schloss dort v. a. an die Erkundigungen des aus Massalia stammenden Pytheas an, der auf seiner Route nach Norden regelmäßig den Stand der Sonne beobachtet hatte, um geographische Breiten zu ermitteln.[54] Die Messungen nutzten nicht nur der Navigation, sondern auch der Einordnung der beobachteten Naturphänomene, unter denen die Gezeitenfrage eine wichtige Rolle einnahm.[55] Das Vorkommen von Ebbe und Flut in allen bekannten Meeren sprach für einen einzigen *okeanos*, auf dem die *oikumene* als

Abb. V Die Forschungsreise des Poseidonios in den Westen (Anfang 1. Jh. v. Chr.)
Karte: Rudolf Hungreder

52 Vgl. Strab. III, 5, 7–8, C172–174 = F 85 Jac. = F 217 EK = F 26 Theiler.
53 Nach dem Besuch weiterer Städte an der iberischen Küste (So erwähnt Strab. II, 5, 14, C118–119= F 99 Jac. = F 204 EK = F 14 Theiler seinen Aufenthalt in einer Sternwarte in einem Ort, der an der Küste entlang 400 Stadien von Gades entfernt lag) fuhr Poseidonios an den Gestaden Nordafrikas entlang (Vgl. Strab. XVII, 3, 4, C826–827) zurück nach Italien. Eine exzellente Übersicht aller Fragmente des Poseidonios, die im Zusammenhang mit Gades stehen, bietet MALITZ 1983, 96–116; siehe hierzu auch unten 251–255. EDELSTEIN/KIDD nehmen wie gewöhnlich keines der Diodor-Fragmente (am wichtigsten davon ist Diod. V, 33–38= F 117 Jac. = F 89 Theiler) und der entsprechenden Exzerpte (aus Exc. de sent., Exc. de insid. und Exc. de virt. et vit.) auf; vgl. EDELSTEIN/KIDD I–II passim. MALITZ akzeptiert dazu noch Strab. III, 5, 1, C167–168 = Test. 1 Malitz und Strab. II, 5, 2, C110 = Test. 2 Malitz auf; vgl. MALITZ 1983, 132–133.
54 Vgl. ROLLER 2019, 130/131.
55 Vgl. SCHULZ 2016, 219–229.

Insel ruhte.⁵⁶ Poseidonios folgte in diesem Punkt Eratosthenes und der Mehrheit der stoischen Gelehrten.⁵⁷ Durch seine Reise nach Gades war er in der Lage, diese Annahme durch Autopsie zu prüfen und die Theorie zu erweitern (s. u.).⁵⁸

Pytheas, dessen Angaben Poseidonios im Gegensatz zu Polybios vertraute,⁵⁹ war noch in einer anderen Hinsicht ein wichtiger Bezugspunkt. Der Massaliote hatte die Ergebnisse seiner Fahrt in einem Werk festgehalten, dessen Name (angeblich) „Über den Ozean" („περὶ τοῦ Ὠκεανοῦ") lautete – Poseidonios gab seinem eigenen Ozeanbuch denselben Titel. Seine Forschungen über das Weltmeer dienten auch dem ethnographischen Schreiben, denn nach griechischer Vorstellung lebten die ‚Barbaren' des Nordens an der Grenze des äußeren *okeanos*.⁶⁰ Damit schloss Poseidonios erneut an Pytheas an, der die Bewohner der Britannischen Inseln beschrieben hatte.⁶¹

Poseidonios äußert sich auch zur Migration der Kimbern und Teutonen,⁶² die ein weiterer wichtiger Faktor für sein Interesse an Südgallien war.⁶³ Die beiden Völker, die er für Kelten hielt,⁶⁴ hatten um 120 v. Chr. ihre Wohnsitze in Jütland Richtung Süden verlassen. Nach einer Serie von Siegen über römische Armeen wurden die Eindringlinge schließlich in zwei Schlachten von Gaius Marius entscheidend besiegt. Poseidonios schlug als Grund für ihre Wanderung u. a. eine sturmhafte Überflutung ihrer Heimat durch den *okeanos* vor und stellte damit einen direkten Zusammenhang zwischen dem Weltmeer und den ‚Barbaren' des Nordens her, der in den intellektuellen Kreisen der griechischen Welt wohlbekannt gewesen sein wird.⁶⁵ Da Poseidonios bei seinen naturphilosophischen Nachforschungen somit dem Vorbild des Entdeckers Pytheas folgte

---

56 Vgl. BERGER 1903, 309 f.
57 Vgl. Ebd., nach Strab. II, 3, 5, C100 = F 28 Jac. = F 49 EK = F 49 Theiler.
58 Im Kapitel zu Poseidonios und Iberien; 251–253. Vgl. CAPELLE 1920, 313–321.
59 Das geht etwa aus Strab. II, 3, 5, C100–101 = F 28 Jac. = T46/F49 EK = F 13 Theiler hervor. Vgl. Strab. II, 4, 2, C104 = Pol. XXXIV, 5 zur Ablehnung des Pytheas. Strabon nannte Pytheas gar einen Lügner, vgl. Strab. I, 4, 3, C63. Siehe dazu TIERNEY 1960, 196; RUGGERI 2000, 39/40.
60 Vgl. Strab. II, 3, 5, C100 = F 28 Jac. = T46/F49 EK = F 13 Theiler. Strabon zitiert hier Poseidonios, nach dem die gesamte *oikumene* vom *okeanos* umflossen wird. S. o. 220, Anm. 58.
61 Siehe die entsprechenden Fragmente in HORST ROSEMAN 1994.
62 Pytheas sprach bereits von den „Guiones", bei denen es sich laut Plinius um einen Nachbarstamm der Teutonen handelte, vgl. Plin. nat. hist. XXXVII, 35 = Fr. 11a Mette = T 25 Roseman. Zur Erörterung des Stammes vgl. HORST ROSEMAN 1994, 96. Zur Identifizierung der Guiones mit den Teutonen siehe auch TIMPE 1989, 342.
63 Vgl. SCHULZ 2016, 320.
64 S. o. 215, Anm. 23 zu der schwierigen Erwähnung von „Germanen" bei Poseidonios. In jedem Fall wusste er noch nichts von der caesarianischen Teilung zwischen den beiden Großethnien. Dass die Kimbern Germanen waren, wird er also wohl kaum gewusst haben.
65 Vgl. Strab. II, 3, 6, C102 = F 28 Jac. = T46/F49 EK = F 13 Theiler. Dass Strabon eher von einer langsam fortschreitenden Flut spricht, erschließt sich aus dem zuvor angeführten Vergleich mit dem Untergang von Atlantis in der Version Platons, den Poseidonios offensichtlich verteidigen wollte. Die Stelle scheint Strabons Wiedergabe von Poseidonios in Strab. VII, 2, 1–2, C292–294 = F31 Jac. = F272 EK = F 44a Theiler zu widersprechen, doch richtete sich seine dort zitierte Kritik in erster Linie gegen die Vorstellung, dass die normalen Gezeiten für die Auswanderung der Kimbern verantwortlich waren. Diese laut NORDEN 1920, 468 auf Artemidor zurückgehende Argu-

und bei der Beschäftigung mit den Kimbernkriegen genauso großen Wert auf Autopsie legte,⁶⁶ ist es umso wahrscheinlicher, dass er sich bemühte, gallische Ortschaften außerhalb der Provinz zu besuchen.

Als Poseidonios zu seiner Reise antrat, besaß er bereits großes Vorwissen über die Kelten. Er wusste um ihre Geschichte und wird ihre Erwähnung bei Herodot gekannt haben, die Details des galatischen Einfalls in den Ägäisraum, den Diskurs über den Gallierangriff auf Rom und schließlich den Ablauf der römisch-keltischen Kriege aus den *Historien* des Polybios.⁶⁷ Ebenso wird er mit den klassischen Keltentopoi vertraut gewesen sein und mit der ethnographischen Literatur über die Nordvölker seit der Zeit Homers. Aus den ethnographisch interessierten Makrotheorien entnahm Poseidonios somit zwei verschiedene Perspektiven auf die Gallier: Auf der einen Seite hatte sich bspw. Ephoros noch recht unbefangen mit den Kelten (Κελτοί) auseinandergesetzt, ihre Sitten und Gebräuche gewürdigt und sie sogar als „griechenfreundlich"⁶⁸ (φιλέλλην) bezeichnet. Doch war diese positive Sicht im 3. Jahrhundert angesichts des gewaltsamen Vordringens der Galater in den Osten einer deutlich feindseligeren Darstellung gewichen, die sich beispielhaft bei Polybios findet: Die Kelten, nun Γαλάται genannt, galten ihm als wilde und gesetzlose ‚Barbaren', welche die Ordnung der griechisch-römischen Welt bedrohten (s. o.).⁶⁹ Das Bild der Galater blieb dabei freilich in sich ambivalent und wurde so auch in der Kunst dargestellt.⁷⁰

Auf Gallien selbst richtete sich der Blick griechischer Gelehrter erst Ende des 2. Jhs. v. Chr., als sich die römische Politik dem Süden des Landes zuwandte. Am Sinus Gallicus (Golf von Lion) besaß Rom mit seinem traditionellen Bündnispartner Massalia einen Brückenkopf im Keltenland. Im Jahr 125 v. Chr. baten die Massalioten den Senat um Hilfe im Kampf gegen die plündernden Salluvier. Aus der ersten römischen Intervention resultierten weitere Kämpfe, die in einer Reihe römischer Siege über die Kelten gipfelten.⁷¹ Daraufhin begründete der Prokonsul Gnaeus Domitius Ahenobarbus 118/117 v. Chr. die Provinz Gallia Narbonensis mit der Hauptstadt Colonia Narbo Martius.⁷²

---

mentation konnte Poseidonios nach der Erforschung von Ebbe und Flut und der Feststellung ihrer Regelmäßigkeit nur ablehnen. Vgl. MALITZ 1983, 206–208.

66 Vgl. Plut. Marius 21, 6–8 = F 113 Jac. = F 203 Theiler zum Besuch des Schlachtfeldes von Aquae Sextiae.
67 S. o. im Kapitel zu Polybios' Keltendarstellung (134–139).
68 Strab. IV, 4, 6, C199 = FGrHist 70 F131.
69 132–164. Zur weiteren Auseinandersetzung des Poseidonios mit den Begriffen Γαλάται und Κελτοί s. u. 228, Anm. 122.
70 Vgl. ZANKER 2000, 412–413. S. o. 47/48.
71 Vgl. etwa Strab. IV, 1, 5, C180 (Sieg des Sextius über die Salluvier und ihre Verbündeten 122 v. Chr; dieser wird auch in den Fasti Triumphales Capitolini erwähnt) und Caes. bell. Gall. I, 45, 2 / Strab. IV, 1, 11, C185–186 (Sieg über die Allobroger und Arverner, für das Jahr 120 v. Chr. in den Fasti Triumphales genannt).
72 Vgl. Cic. Font. 5, 13 und Vell. Pat. I, 15, 5. Siehe dazu etwa FREYBERGER 1999, 80–88; THOLLARD 2011, 81. Zu den diplomatischen Beziehungen zwischen Galliern und Rom direkt vor und nach der Provinzialisierung äußert sich FITZPATRICK 1989, 34/35.

Zeitgleich begann der Bau der Via Domitia, die ältere gallische Wege verband und von Ligurien über Massalia und Narbo bis nach Hispanien führen sollte.[73]

Die Organisation der römischen Herrschaft bildete die Voraussetzung dafür, dass Poseidonios Südgallien sicher bereisen konnte.[74] Händlern aus Massalia war es zwar bereits im 6. Jahrhundert gelungen, das Landesinnere zu erschließen, doch stand Poseidonios vor zwei Problemen, welche die Massalioten der archaischen Zeit nicht gehabt hatten: Erstens kam er als Außenseiter aus dem fernen Syrien nach Gallien. Poseidonios verfügte über mächtige römische Freunde, aber anders als Polybios reiste er nicht mit dem römischen Militär. Und dem Achaier zufolge war sogar Scipio Aemilianus an den Massalioten gescheitert: Als der Feldherr sie über den Norden befragte, hätten die Einwohner ihm keine Auskunft gegeben – sicherlich deshalb, weil sie den Römern nicht ihre Handelsgeheimnisse verraten wollten.[75] Es bleibt fraglich, inwieweit Poseidonios durch Charmoleon Zugang zu den Netzwerken der Kaufleute erlangte,[76] die neue römische Administration der Region erleichterte seine Erkundigungen jedoch in jedem Fall.

Es gab aber noch einen zweiten, wichtigeren Unterschied, der die Reise des Poseidonios von den frühen Vorstößen massaliotischer Kaufleute abhob: Während die ersten Griechen in Gallien neben Ligurern[77] noch auf Kelten der Hallstatt-Kultur getroffen waren, musste Poseidonios mit den Vertretern der seit ca. 400 v. Chr. vorherrschenden La-Tène-Kultur zurechtkommen.[78] Diese aggressiven Kriegergemeinschaften störten den Handel Massalias mit der Keltiké bis ins 2. Jahrhundert v. Chr.[79] und zwangen die Stadtoberen, alternative Routen zu erkunden – in diesem Zusammenhang kann auch die Fahrt des Pytheas gesehen werden.[80] Die römische Eroberung und Annexion des Gebietes unterband schließlich die permanenten Auseinandersetzungen zwischen

---

73   Vgl. CIL XVII 2,294 & Pol. III, 39, 8. Zum älteren gallischen Wegenetz und dem Ausbau des römischen Straßennetzes bietet CASSON 1974, 165/166 weitere Informationen.
74   CESA 2019, 212 bezeichnet Poseidonios' ethnographische Forschung in Gallien sogar als „natürliche Folge" der römischen Expansion.
75   Vgl. Strab. IV, 2, 1, C190 = Pol. XXXIV, 10, 6–7. Die gleiche Interpretation findet sich bei HORST ROSEMAN 1994, 66. Zu den Motiven der Massalioten und der möglichen Anwesenheit des Polybios bei dieser Aktion vgl. RITTI 1977, 157.
76   Vgl. Strab. III, 4, 17, C165 = F 58a Jac. = F 269 EK = F 25 Theiler. Strabon erwähnt nur den gemeinsamen Besuch Liguriens. Die Gastfreundschaft mit Charmoleon spricht evtl. für einen früheren Besuch in Massalia, doch ist dieser nicht nachweisbar; vgl. MALITZ 1983, 13.
77   Vgl. Iust. XLIII, 3, 4. Nach 4, 9 war auch der Stamm der Segobriger im Gebiet Massalias ligurisch. Dazu kommen nur archäologisch nachweisbare (Kelt-)Iberer in der Region; vgl. HATT 1970, 134–138.
78   Siehe hierzu auch oben im Topoikapitel S. 48. Eine Übersicht aller *oppida* in der Zeit des Poseidonios bietet WELLS 1999, 50.
79   Vgl. COLLIS 2000, 237. Für den neuen Reichtum spricht die Beschreibung des Arvernerfürsten Luernios, der später von den Römern bezwungen wurde, durch Poseidonios selbst. Vgl. Athen. IV, p. 152D–F = F 18 Jac. = F 67 EK = F 170 Theiler.
80   Vgl. SCHULZ 2016, 218–219. Zu den Beziehungen zwischen Griechen und Kelten in der Zeit vor und um die römische Intervention vgl. auch MULLEN 2013, 147–263.

den gallischen Stämmen und die Überfälle auf Handelsrouten und stellte dadurch die Sicherheit für zivile Reisende wie Poseidonios wieder her.[81] Bereits Polybios (III, 59, 3–8) hatte sich über die praktischen Vorzüge der römischen Herrschaft für seine eigenen Unternehmungen geäußert, die ihm einen klaren Vorteil gegenüber seinen Vorgängern verschafften; seine eigene Reise hatte ihn an die Küsten Galliens, Iberiens und Nordafrikas geführt und dürfte Poseidonios als Vorbild gedient haben.[82] Nicht umsonst nannte dieser seine *Historien* „Geschichte nach Polybios".[83] Dennoch war der Norden für Polybios noch weitestgehend unbekanntes Land gewesen, wie sich in seiner Ablehnung des Pytheas zeigt.[84] Erst in Poseidonios' Zeit kontrollierten die Römer die Gewässer des westlichen Mittelmeeres und all seine angrenzenden Küsten, so dass auch ein Gelehrter aus dem fernen Osten diese Gebiete bereisen konnte.[85]

Poseidonios stammte aus der Oberschicht der griechischen Stadt Apameia im Norden Syriens, doch zog es ihn nach dem Besuch der lokalen Bildungsstätten nach Athen, wo er bei dem Stoiker Panaitios studierte. Später gründete er auf Rhodos eine eigene Rhetorikschule und vertrat seine Wahlheimat als Botschafter in Rom.[86] Viele junge Römer aus den einflussreichsten Familien zählten zu seinen Schülern, aber auch ein Aufsteiger wie Cicero.[87] Poseidonios' wichtigste Verbindung war die Freundschaft zu Pompeius, der ihm mindestens zwei Besuche auf Rhodos abstattete.[88] Für den Erobe-

---

81 Freilich stand der Aufstieg der La-Tène-Kultur auch im Zusammenhang mit dem aggressiven Ausgreifen keltischer Gruppen nach Italien und in den Balkan, wo Römer und Griechen ihre eigenen (gewaltsamen) Erfahrungen mit den ‚neuen' Kelten machten. Vgl. etwa SCHULZ 2016, 217–218, s. o. im Topoikapitel auf 48/49. Selbst römische Truppen waren vor der Einrichtung der Provinz nicht sicher: Kelten und Ligurer überfielen im 2. Jh. immer wieder römische Kolonnen und Konvois, zu Lande wie zu Wasser; vgl. CUNLIFFE 1988, 55; Liv. XL, 18, 3–8. Zur Romanisierung Südgalliens im 1. Jh. v. Chr. siehe auch FREYBERGER 1999 passim.

82 Eine weitere Darstellung der Reise findet sich in Plin. nat. hist. V, 9–10.

83 Vgl. etwa RUGGERI 2000, 30.

84 Vgl. Strab. II, 4, 1–2, C104 = Pol. XXXIV, 5. Pytheas kann demzufolge nur ein Lügner gewesen sein, denn seine Behauptung, er habe die Nordküsten Europas besucht – so Polybios – würde man nicht einmal Hermes selbst glauben.

85 Zur Lebenszeit des Polybios bestand bereits die Möglichkeit einer Erkundung Iberiens, wie seine Reise zeigt; vgl. Pol. III, 59, 7 u. das entsprechende Kapitel oben, 164–210. Auch hatte Polybios Massalia und eventuell sogar das am Atlantik gelegene Korbilon besucht (Strab. IV, 2, 1, C190 = Pol. XXXIV, 10, 6–7), doch finden sich keine Angaben zu einer Reise ins Landesinnere. Die Einrichtung der Provincia Narbonensis erfolgte erst nach Polybios' Zeit bzw. am Ende seines Lebens, vgl. Cic. Font. 5,13 und Vell. I, 15, 5.

86 Eine längere Darstellung seines Lebenslaufes bietet MALITZ 1983, 6–21.

87 Vgl. etwa Plut. Cicero 4, 5. Poseidonios lehnte es allerdings später ab, ein griechisches Werk über Ciceros Aufdeckung der Catilinarischen Verschwörung zu verfassen; siehe Cic. Att. 2, 1, 2. Auch Caesar (Vgl. Suet. Iul. 4, 1) und dessen späterer Mörder Cassius Longinus (Vgl. App. civ. IV, 67) studierten auf Rhodos – Letzterer widmete sich allerdings einem Studium der epikureischen Lehre. Zu Poseidonios' römischen Freunden siehe auch STRASBURGER 1965, 41.

88 Zunächst 66 v. Chr., vgl. Strab. XI, 1, 6, C492 = FGrHist 87 T 8a. Pompeius hatte gerade die politischen Verhältnisse im Osten neu geordnet und befand sich auf einem der Höhepunkte seiner Macht. Vier Jahre später suchte er Poseidonios erneut auf, vgl. Plin. nat. hist. VII, 112 = T8b Jac. =

rer des Ostens erfüllte Poseidonios eine ähnliche Rolle, wie sie Alexander der Große einst Aristoteles zugedacht hatte.[89] Dank dieser Kontakte und seiner Reisen war Poseidonios über die aktuellen Entwicklungen in Rom und an den Grenzen des Imperiums genauso gut informiert wie über die Themen der griechischen Geistesgeschichte.[90]

Auch deswegen, v. a. aber aufgrund seiner stoischen Interessen, war Poseidonios im wahrsten Sinne des Wortes ein ‚Kosmopolit'. Griechische Denker waren zwar schon seit der Archaik mobil gewesen und hatten über ihre *poleis* hinaus gewirkt. Doch wie der Fall des Polybios gezeigt hat (s. o.),[91] identifizierten sich viele Griechen, gerade auf dem Festland, auch im Späthellenismus noch immer stark mit ihrer *polis* und ggf. ihrem *koinon*.[92] Für Poseidonios wäre das zunächst seine Heimat Apameia gewesen und vielleicht das Seleukidenreich als Ganzes. Allerdings belegen die Fragmente seine Abscheu vor den ‚Landsleuten': Die Apameer seien dekadente Hedonisten,[93] ebenso wie die Bewohner der anderen griechischen Städte Syriens.[94] Dass er diese moralische Degeneration der Hellenen auf das angenehme Klima der Levante und den Überfluss an Wein und Speisen zurückführt, passt zu seinen ethnographischen Passagen: Griechen wurden durch das Klima genauso geprägt wie ‚Barbaren'.[95]

Wie bei Polybios findet sich bei Poseidonios ein durchgehend negatives Bild der hellenistischen Herrscher: Grausam, verweichlicht und egoistisch seien nicht nur die Seleukidenkönige,[96] sondern genauso die Ptolemäer[97] und sogar Attalos III. (regierte

---

T 36 EK = T 16 Theiler; Cic. Tusc. disp. II, 61 = T8b Jac. = T38 EK = T 18 Theiler. Auch die Erzieher seiner Söhne stammten aus Rhodos, vgl. Strab. XIV, 1, 48, C650.

89 Ausführlicher dazu LAMPINEN 2014b, 251.

90 Poseidonios' Lebenslauf passt damit gut zu den Forderungen seines jüngeren Zeitgenossen Philodemos von Gadara. Der Epikureer hatte das ideale Leben eines griechischen Philosophen so beschrieben, dass er zunächst in Athen studieren, dann die weitere, auch ‚barbarische' Welt bereisen und anschließend in seinem Heimatort lehren sollte. Poseidonios entschied sich zwar, sich auf Rhodos niederzulassen, doch war auch das typisch für die Epoche des Hellenismus, in der sich einige Städte zu überregionalen intellektuellen Zentren entwickelten. Vgl. Philod. De Morte 5, 55–56 Bassi; RAWSON 1985, 56.

91 In der Einleitung zu den drei Polybioskapiteln auf 61/62.

92 Diesen Unterschied zwischen Polybios und Poseidonios betont auch STRASBURGER 1965, 51.

93 Vgl. Athen. IV, p. 176B–C = F5 Jac. = F 24EK = F86 Theiler.

94 Vgl. Exc. De virt. et vit. II, 1, p. 309, n. 345 = Diod. XXXIV/XXXV, 28, 1 & Exc. de sent. IV, p. 390 f., n. 425/426 = Diod. XXXIV/XXXV, 28, 2–3 = F 166 Theiler (& = B29 Vimercati, was die Zuweisung stützt); Athen. XII, p. 527E–F = F10 Jac. = F62a EK = F157a Theiler.

95 Vielleicht waren sie damit für ihn gar keine Griechen mehr, so interpretiert es Andrade, 2013, 49. Phylarchos beschrieb die syrischen Griechen in ähnlicher Manier.

96 So etwa Alexander I. Balas (150–145 v. Chr.); vgl. Exc. de virt. et vit. II, 1, p. 294 n. 308 = Diod. XXXIII, 3 = F 98 Theiler. Ähnlich Demetrios II., der das Land in einen erneuten Bürgerkrieg stürzte; vgl. Exc. de virt. et vit. II, 1, p. 294 n. 309 = Diod. XXXX, 4 = F 99 Theiler. Zu Poseidonios' Sicht auf die Seleukiden siehe jetzt auch BRINGMANN 2020 passim.

97 So v. a. Ptolemaios VIII. Physkon, den Polybios und Panaitios wahrscheinlich als Teil der Gesandtschaft des Scipio Aemilianus in Alexandria angetroffen hatten – sie werden Poseidonios als Quelle gedient haben; vgl. MALITZ 1983, 249. Zu Polybios' Aufenthalt in Alexandria vgl. Strab. XVII, 1, 12, C797–798 = Pol. XXXIV, 14, 6. Einige der Fragmente, in denen Poseidonios Physkon beschreibt

138–133 v. Chr.) aus dem eigentlich bewundernswerten Geschlecht der Attaliden.[98] Poseidonios distanzierte sich also bewusst von seinem Geburtsort, was nicht verwundert, hatte er doch in Athen studiert und war später Bürger und Prytane (88/87 v. Chr.)[99] von Rhodos geworden. Über seine Wahlheimat äußert sich Poseidonios durchaus positiv,[100] doch scheinen die ständigen Wechsel des Wohnortes seine kosmopolitische Haltung eher bestärkt zu haben. Sein Verständnis von den Griechen und der griechischen Kultur bezog sich weniger stark auf eine *polis* und ein bestimmtes *ethnos* oder *koinon*. Poseidonios war zwar mit den Gebräuchen, Gesetzen und der Beschaffenheit der hellenischen Welt am besten vertraut, und sie bildeten deshalb eine Folie für seine Beschreibungen, doch waren die Griechen in seiner Vorstellung nur eines von vielen Völkern der *oikumene*, ja, des Kosmos.

Er stellte sich die gesamte Welt als ein Lebewesen (ζῷον) vor, das vom sogenannten πνεῦμα erfüllt wurde. Dieses entsprach einer göttlichen Entität, einem Weltlogos, der alles verband und jedem einzelnen Teil des Kosmos, von den Meeren und Winden über Tiere und Pflanzen bis zu den Menschen, eine sinnvolle Aufgabe zuwies.[101] Alle Elemente fügten sich zu einem organischen Ganzen und wurden von der wärmenden Lebenskraft, der ζωτικὴ δύναμις, angetrieben.[102] Die Natur, φύσις, barg das πνεῦμα in sich und strebte nach „Erhaltung, Mangellosigkeit und Schönheit des Kosmos".[103] Da Gott[104] und Natur eins waren und die Welt erschaffen hatten, musste a priori jedes Element im Kosmos einen Zweck erfüllen – ein Punkt, an dem die Gegner des Poseidonios zur Kritik ansetzten.[105] Für die Ethnographie bedeuteten diese Überzeugungen, dass er von einer Einheit der Menschen ausgehen musste: Alle Menschen waren von Natur aus ähnlich und erfüllten eine Aufgabe, damit waren sie auch moralisch gut.[106] Natürlich konstatierte Poseidonios dennoch große Unterschiede zwischen verschiedenen

sind: Exc. de virt. et vit. II, 1, p. 296 n. 311 = Diod. XXXIII, 6, = F 104a Theiler; Exc. de virt. et vit. II, 1, p. 301 n. 322 & 323 = Diod. XXXIII, 22–23 = F121–122 Theiler; Athen. XII, p. 549D–E = F6 Jac. = T7/F58 EK = F126 Theiler.

98 Vgl. Exc. de virt. et vt. II, 1 p 305 n. 333 = Diod. XXXIV/XXXV, 3 = F 138 Theiler.
99 Vgl. Strab. VII, 5, 8, C316 = F 93 Jac. = T27/F235 EK = F46 Theiler; vgl. MALITZ 1983, 13–16.
100 Alles andere wäre auch verwunderlich; vgl. etwa das Lob der rhodischen Flotte in Exc. de virt. et vit. II, 1, p. 320, n. 369 = Diod. XXXVII, 28 = F246 Theiler und seinen Kommentar zum rhodischen Weinbau in Strab. VII, 5, 8, C316 = F 93 Jac. = T27/F235 EK = F46 Theiler.
101 Vgl. bspw. die Zusammenfassung bei Schneider 1969, 585–601. Aufgrund seiner Überzeugung von der Einheit der Welt und dem Menschen im Zentrum hielt Poseidonios, in stoischer Manier, auch am geozentrischen Weltbild fest. Zu seinem Himmelsglobus siehe Cic. nat. deor. 2, 88. Allgemein zu seinen ‚naturwissenschaftlichen' Überlegungen siehe GREWE 2005 passim.
102 Vgl. Sen. Nat. V, 5; REINHARDT 1921, 104; REINHARDT 1954, Sp. 648; Theiler 1982, II, 232. SCHNEIDER hält diese Kraft für gleichbedeutend mit der göttlichen Form, mit Zeus, denn ζέω leite sich aus ζώω ab. Vgl. SCHNEIDER 1969, 585.
103 REINHARDT 1921, 125; 232/233.
104 Wie schon REINHARDT 1926 zeigte, kann Poseidonios' Stoa tatsächlich als ‚monotheistisch' charakterisiert werden.
105 Vgl. SCHNEIDER 1969, 586.
106 Zur Idee der Einheit der Menschheit vgl. BALDRY 1965 passim.

Völkern der *oikumene*, die er durch historische Entwicklungen und die klimatischen Bedingungen ihrer Heimatländer erklärte: Wie Polybios stellte er sich sieben Klimazonen vor, welche die Welt von Norden nach Süden teilten.[107] Es sollte jedoch davon ausgegangen werden, dass die philosophische Perspektive des Poseidonios ihn dazu veranlasste, mehr Gemeinsamkeiten zwischen den Menschen zu finden als Unterschiede. Denn auch bei seinen ethnographischen Untersuchungen leitete ihn der Wille, die Sinnhaftigkeit aller Dinge und Lebewesen, und damit das Wirken des Weltlogos zu demonstrieren.[108]

Diese Völkerbeschreibungen wurden von seinen Gedanken über die Herrschaft der Römer eingerahmt. Wie Polybios stand Poseidonios den Römern ambivalent gegenüber, doch prägten ihn seine philosophischen Anschauungen, während sein Vorgänger noch pragmatischer argumentiert hatte.[109] Für Poseidonios erfüllten die Römer offenbar die stoische Vision, die *oikumene* zu einen: Sie waren das auserwählte Volk; aufgrund der klimatischen Vorteile ihrer Heimat war es ihnen gelungen, fast alle Bewohner der Mittelmeerwelt unter ihre Herrschaft zu bringen.[110] Wie in der Fauna galt laut Poseidonios das Recht des Stärkeren, womit sich für ihn nicht die Frage stellte, ob die Regentschaft Roms legitim sei.[111] Allerdings war er sich als Moralphilosoph gleichzeitig der Fehlentwicklungen im imperialen Zentrum bewusst: Durch temporalisierende Vergleiche zeigt er, dass sich eine allgemeine Dekadenz unter den Römern verbreite, die zu einer Vernachlässigung der vorbildlichen Sitten des *mos maiorum* führe:[112] viele

---

107 Zum Modell des Poseidonios siehe ausführlich MARCOTTE 1998 passim. Zur Frage, ob es in Polybios' Konzept ebenso sieben oder nur sechs Zonen gab, siehe Roller 2015, 138. SHCHEGLOV 2006 demonstriert überzeugend, dass Poseidonios wie Polybios auch an die Möglichkeit einer feuchten Äquatorialzone glaubte. Die Polarzone scheint er jedoch deutlich weiter nach Norden verlegt zu haben als Polybios, wie RAUSCH 2013, 136/137 zeigt.

108 VOILLAT SAUER 1992, 104 widerspricht zurecht der Ansicht, die Stoa habe durch ihre binäre Weltsicht eine eher negative Sicht auf die ‚Barbaren' gefördert. Meine folgende Analyse der Fragmente belegt das Argument VOILLAT SAUERS. Athen. IV, p. 152E weist im Übrigen explizit daraufhin, dass Poseidonios sich bei seiner ethnographischen Arbeit von der Stoa leiten liess – selbst wenn der Kommentar von Athenaios selbst stammt, zeigt er zumindest, dass Poseidonios schon in der Antike so verstanden wurde.

109 Ähnlich schon CAPELLE 1932; STRASBURGER 1965, 44–49. Während CAPELLE Panaitios als gemeinsame Quelle dieser Gedanken sah, wies STRASBURGER 1965, 44/45 diese Idee als Spekulation ab.

110 Vgl. Vitr. VI, 1, 10–11 = F121 Jac. = F71 Theiler.

111 Vgl. CAPELLE 1932, 99; STRASBURGER 1965, 46; GABBA 1974, 638; 640. Eine weitere Parallele zu Polybios bilden damit dessen Kommentare zu den Krisen, die mit der Zerstörung Korinths und Karthagos endeten. S. o. den Abschnitt im Kapitel zu Polybios und Rom auf 124/125.

112 Vgl. v. a. das Lob des alten *mos maiorum* in Athen. VI, p. 273A–275D = F59 Jac. = F125c/F81 Theiler. Mehrfach wird hier deutlich, dass Poseidonios viele dieser lobenswerten Eigenschaft als Relikt der Vergangenheit ansieht, oder dass sie nur noch vereinzelt von seinen römischen Freunden am Leben gehalten wurden. Eine Kritik an zeitgenössischen Römern findet sich bspw. bei der an Ptolemaios VIII. Physkon erinnernden Beschreibung des Konsuls Marcus Aemilius Lepidus Porcina, der 137 (oder 136?) v. Chr. einen ungerechtfertigten Angriff auf die Vakkäer durchführte und

Sklaven würden brutal unterdrückt¹¹³ und die italischen Adligen und Kaufleute pressten aus den armen Provinzbewohnern noch die letzte Sesterze heraus.¹¹⁴ Diese sozialen Spannungen in Rom und im gesamten Reich führte er seinen Lesern deutlich schärfer vor Augen als Polybios.¹¹⁵ Poseidonios begrüßte also die Vorherrschaft Roms, war aber um ihren aktuellen Zustand besorgt. Er hoffte, dass die Degeneration – anders als bei Ptolemäern und Seleukiden – noch umzukehren sei.¹¹⁶ Dass er Kontakte zu den Iunii Bruti, Cicero und Pompeius pflegte,¹¹⁷ die später (vermeintlich) die *res publica* gegen Caesar, Marcus Antonius und Octavian verteidigten, passt damit gut zusammen.

Poseidonios betätigte sich auch auf Feldern wie Logik, Ethik oder Seismologie, um – wie Platon oder Aristoteles – seinem Anspruch nachzukommen, die gesamte Welt zu beschreiben und zu erklären.¹¹⁸ Wie seine klassischen Vorgänger war er ein Universalgelehrter, dessen intellektuelle Interessen fast keine Grenzen kannten. Dementsprechend richteten sich sein Ozeanbuch und die *Historien* in erster Linie an ein gebildetes, griechisches Publikum und werden in Rom nur von einigen Mitgliedern der Elite gelesen worden sein.¹¹⁹ Sicherlich enthalten die Werke einige unterhaltende Passagen,¹²⁰ doch

---

vor deren Hauptstadt Palantia sein Ende fand. Vgl Exc. de virt. et. vit. II, 1, p. 301, n. 324 = Diod. XXXIII, 27 = F130 Theiler; vgl. MALITZ 1983, 129; s. u. 271 m. Anm. 448.

113 Vgl. MALITZ 1983, 146–158 zum Ersten Sizilischen Sklavenkrieg; 158–162 zum Zweiten. Zu Poseidonios' Mitgefühl für die Armen und Unterdrückten siehe ausführlich Strasburger 1966b passim; HARMATTA 1967 passim; DESIDERI 1972 passim.

114 Vgl. etwa seine Beschreibung der iberischen Silberbergwerke in Diod. V, 36, 3–4 & Diod. V, 38, 1 = F 117 Jac. = F 89 Theiler. Zu all diesen kritischen Bemerkungen siehe immer noch STRASBURGER 1965, 47–49.

115 Polybios hatte bei der Darstellung der römischen Verfassung, Politik und Gesellschaft einige ‚störende' Aspekte, die seinem Idealbild widersprachen, verschwiegen. Für Poseidonios war das nicht mehr notwendig, denn Polybios hatte bereits den Aufstieg Roms erklärt, und zu Poseidonios' eigener Lebenszeit stellte sich die Frage griechischen Widerstands gegen die Römer (fast) gar nicht mehr. Siehe hierzu MOMIGLIANO 1980, 94–96. Den Kontrast zwischen den beiden fasst ENGELS perfekt zusammen: „Während die politisch-diplomatische Geschichte der römischen Weltherrschaft durch Polybios in der hellenistischen Tradition zu einem Höhepunkt geführt wurde, blieb die Qualität der gesellschaftlichen und psychologischen Analysen des Poseidonios unter den Universalhistorikern der griechischsprachigen Antike ohne Konkurrenz" (ENGELS 1999, 188).

116 Vgl. ENGELS 1999, 182/183.

117 Er war zumindest mit einem Marcus Brutus bekannt, der 88 v. Chr. die Prätur bekleidete. Vgl. Plut. Brutus 1, 6–8 = F 40 Jac. = F 256 EK = F 129 Theiler; MALITZ 1983, 21.

118 Soweit sich derartige Abhandlungen auf seine ethnographischen Beschreibungen auswirkten, werde ich im Verlaufe der Untersuchung darauf eingehen.

119 Das impliziert schon die Abfassung beider Werke (nur) auf Griechisch. LAMPINEN 2014b, 256 vergleicht die (römische) Leserschaft des Poseidonios mit der Caesars aufgrund der Ähnlichkeiten in der Beschreibung der Gallier. Die vielen Anspielungen auf klassische Autoren und Ideen sprechen gegen eine breitere Rezeption über die kleinen Oberschichten hinaus.

120 Zu ihnen zählen auch die unten folgenden Abschnitte über die Bankette der Kelten. Die Darstellung der sizilischen Sklavenkriege in den *Historien* spricht den Leser gar in dramatischer Weise an und lässt ihn geradezu mitleiden (die Schilderung findet sich in dem komplexen F 108 aus Diod. XXXIV, 2). Zur Einordnung dieser Form von Geschichtsschreibung in den hellenistischen Kontext s. die Übersicht bei STRASBURGER 1966b; vgl. ebd. 49 zur Darstellung der Sklavenkriege durch Poseidonios.

dienten diese zuvorderst der Popularisierung der Schriften und der Verbreitung der Lektüre.[121]

Die Einleitung suchte Poseidonios' philosophische Überzeugungen, seinen biographischen Hintergrund, seine Reiseaktivitäten und den historischen Kontext zu klären. Wie wirkte sich dieser Hintergrund nun auf die Auseinandersetzung mit den Galliern aus?

Panorama einer vergangenen Welt: Die Darstellung der gallischen Bankette

Den vielleicht eindrucksvollsten Teil der gallischen Ethnographie bilden die Schilderungen der Bankette. Der Text ist nur in gekürztem Zustand bei Diodor und dem kaiserzeitlichen Gelehrten Athenaios (2./3. Jahrhundert n. Chr.) erhalten.[122] Zwar wurden die *Deipnosophistai* des Athenaios im Mittelalter um etwa die Hälfte gekürzt, doch handelte es sich bei den vollen Zitaten zweifelsfrei um Originale aus dem Text des Poseidonios, und die Zuordnung fällt somit deutlich leichter als bei Diodor.[123]

In den noch immer detailreichen Stellen über die Bankette gibt Poseidonios einen umfangreichen Einblick in die Lebenswelt der Kelten:[124]

---

[121] Dennoch wird es ein Massenpublikum gerade bei öffentlichen Vorlesungen gegeben habe, doch richteten sich die Historiker weder direkt an diese noch erwarben solche Vertreter der Unterschicht die Schriftrollen: sie werden also die Werke nicht im Ganzen gekannt haben, wahrscheinlich nur kürzere Abschnitte. Siehe zu diesen Überlegungen MALITZ 1990, 337–340.

[122] Poseidonios benutzt in der Ethnographie meistens den Begriff Γαλάται, seltener Κελτοί. DOBESCH 1995, 32–38, 80–92 sieht eine Teilung der Kelten durch Poseidonios zwischen wilden Γαλάται im Norden und zivilisierten Κελτοί im Süden. Diese These kann allerdings nicht die als Kelten und Keltiberer bezeichneten Stämme Nordiberiens erfassen, welche den Römern noch zu Poseidonios' Lebzeiten und darüber hinaus erbitterten Widerstand leisteten. Dazu könnten sowohl Diodor als auch der mittelalterliche Exzerpator von Athenaios' Schrift die Begriffe angepasst oder komplett verändert haben, so dass ich es für müßig halte, daraus etwas über Poseidonios' Keltenbild abzuleiten.

[123] Zu Athenaios' Fragmenten, seiner Arbeitsweise und der späteren Überlieferung vgl. bspw. MALITZ 1983, 46–51; bes. 47/48. GORMAN/GORMAN 2007 passim weisen darauf hin, dass auch Athenaios einige eigene Akzente gesetzt hat.

[124] Selbst wenn Poseidonios persönlich an Banketten teilgenommen hatte, hätte er die Ergebnisse mindestens im Sinne eines „teilnehmenden Beobachters" verfälscht. So ist bspw. nicht davon auszugehen, dass die von ihm geschilderte strenge Sozialordnung (s. u. 235–238) bei jedem Bankett eingehalten wurde – vor dem hohen griechischen Gast hätte sich der gallische Gastgeber sicherlich bemüht, ein Idealbild zu repräsentieren. Die Problematik der „teilnehmenden Beobachtung" hat die moderne Anthropologie spätestens seit Bronislaw Malinowski geprägt und bleibt bis heute eine Herausforderung für anthropologische Arbeiten. Für einen Überblick über die Problematik sei auf HUME 2004 verwiesen.

Die Gallier sind hochgewachsen, mit aufgeschwemmten Muskeln[125] und von weißer Hautfarbe.[126] Ihr Haar ist nicht nur von Natur aus blond, sondern sie verstärken die eigentümliche Farbe mit künstlicher Behandlung. Sie reiben die Haare ständig mit Kalkwasser ein und streichen sie von der Stirn nach oben gegen den Scheitel und die Nackensehnen, so dass sie im Aussehen Satyrn und Panen gleichen. Das Haar wird nämlich dick durch diese Behandlung und unterscheidet sich nicht mehr von einer Pferdemähne. Einige rasieren sich, andere lassen die Barthaare ein wenig wachsen. Die Vornehmen rasieren die Wangen, lassen aber die Haare auf der Oberlippe wachsen, so dass sie den Mund bedecken. Wenn sie essen, geraten die Haare deshalb in die Speisen, und wenn sie trinken, fließt das Getränk wie durch ein Sieb.[127]

Zu Beginn beschreibt der Autor das physische Erscheinungsbild der Kelten, ein für die griechische Ethnographie ungewöhnlicher Einstieg.[128] Die Ausführungen über die Menschen selbst beginnen meistens mit der Heraushebung bestimmter Sitten, der Ernährung oder der Abstammung. Allein im medizinisch interessierten Werk Περί ἀέρων, ὑδάτων καὶ τόπων findet sich eine vergleichbar starke Beschäftigung mit dem äußeren Erscheinungsbild.[129] Auch der Detailreichtum ist auffällig und lädt den Leser zum Vergleichen ein: Die Kelten sind nicht nur von Natur aus großgewachsen und blond, son-

---

125   Dies ist ein klarer Verweis auf die Klimatheorie, nach der (auch Poseidonios selbst zufolge) die Körper der nördlichen Menschen „aufgeschwemmt" (κάθυργοι) sind. Vgl. dazu Vitr. VI, 1, 3–4 = F 121 Jac. = F 71 Theiler und Malitz 1983, 187 Anm. 140. EDELSTEIN/KIDD 1988, 42 lehnen die Identifizierung der Vitruvstelle als poseidonisch ab, doch kann die Stelle selbst dann als repräsentativ für die antike Klimatheorie dienen.
126   Das λευκοί bezieht sich auf Γαλάται und da es im nächsten Satz um die Haare geht, könnten damit auch diese gemeint sein.
127   Diod. V, 28, 1–3 = F 116 Jac. = F 169 Theiler. Übersetzung aus MALITZ 1983, 187–188 nach REINHARDT 1921, 26 f.; MALITZ 1983 wird für alle Poseidonios-Fragmente verwendet, wenn nicht anders angegeben. Zur Benutzung der *Historien* des Poseidonios durch Diodor (und v. a. der Verkürzung des Textes) gibt MALITZ 1983, 34–42 einen eingehenden Überblick. Aufgrund von Diodors universalhistorischen Anspruch konnten die Beschreibungen einzelner Völker nur jeweils einen geringen Raum einnehmen. Ich folge hier zumindest mit Blick auf die Beschreibungen der ‚Bankette' der Sichtweise von JACOBY 1926, THEILER 1982 und MALITZ 1983; s. o. 213–216. Diese haben die entsprechenden Stellen bei Diodor Poseidonios zugeordnet. Auch die neue Poseidonios-Edition von VIMERCATI hat die Diodor-Stellen zu Gallien als Fragment B17 aufgenommen, vgl. VIMERCATI 2004, 403–415; 706–709; 757. Οἱ δὲ Γαλάται τοῖς μὲν σώμασίν εἰσιν εὐμήκεις, ταῖς δὲ σαρξὶ κάθυγροι καὶ λευκοί, ταῖς δὲ κόμαις οὐ μόνον ἐκ φύσεως ξανθοί, ἀλλὰ καὶ διὰ τῆς κατασκευῆς ἐπιτηδεύουσιν αὔξειν τὴν φυσικὴν τῆς χρόας ἰδιότητα. Τιτάνου γὰρ ἀποπλύματι σμῶντες τὰς τρίχας συνεχῶς {καὶ} ἀπὸ τῶν μετώπων ἐπὶ τὴν κορυφὴν καὶ τοὺς τένοντας ἀνασπῶσιν, ὥστε τὴν πρόσοψιν αὐτῶν φαίνεσθαι Σατύροις καὶ Πᾶσιν ἐοικυῖαν· παχύνονται γὰρ αἱ τρίχες ἀπὸ τῆς κατεργασίας, ὥστε μηδὲν τῆς τῶν ἵππων χαίτης διαφέρειν. Τὰ δὲ γένεια τινὲς μὲν ξύρωνται, τινὲς δὲ μετρίως ὑποτρέφουσιν· οἱ δ' εὐγενεῖς τὰς μὲν παρειὰς ἀπολειοῦσι, τὰς δ' ὑπήνας ἀνειμένας ἐῶσιν, ὥστε τὰ στόματα αὐτῶν ἐπικαλύπτεσθαι. Διόπερ ἐσθιόντων μὲν αὐτῶν ἐμπλέκονται ταῖς τροφαῖς, πινόντων δὲ καθαπερεὶ διά τινος ἠθμοῦ φέρεται τὸ πόμα.
128   Aufgrund der fragmentarischen Überlieferung ist die genaue Reihenfolge der einzelnen Abschnitte nicht gesichert. Ich richte mich hier nach der Anordnung bei MALITZ 1983, 169–198.
129   Vgl. Hippokr. de aer. 12–24.

dern sie verstärken diesen fremdartigen Eindruck noch bewusst, indem sie ihre Haare aufwendig künstlich bearbeiten. Der explizite Vergleich mit Satyrn zeichnet all diese Elemente als ungriechisch.[130] Einerseits beruht der Text, anders als bei anderen hellenistischen Keltenethnographien, tatsächlich auf Autopsie: Die hier beschriebenen dicken Haare, die einer Mähne gleichen, entsprechen keltischen Selbstdarstellungen, bspw. auf Münzen.[131] Andererseits: von der Frisur abgesehen passt Poseidonios' Beschreibung ihres Aussehens zur Kunst des 3. u. 2. Jhs. v. Chr., in der die Kelten ebenfalls oft als Satyrn abgebildet wurden.[132] Die Gallier werden also als andersartiges Randvolk eingeführt, dessen physiologische Beschaffenheit geläufigen Vorstellungen von ‚Nordbarbaren' entspricht.

Diese *topoi* basierten auf der Klimatheorie, die den Völkern des Nordens einen hohen Körperwuchs zuwies: Aufgrund der Kälte und der schwachen Sonneneinstrahlung werde – so Poseidonios – den Leibern kein Wasser entzogen.[133] Im Zusammenspiel mit der feuchten Luft schwemmten die Körper von Männern wie Frauen demnach zu unglaublicher Größe auf.[134] Doch nicht nur die Körper, auch der Charakter der Bewohner des Nordens war vom harschen Klima geprägt:[135] Da sie an dieses gewöhnt waren, verfügten sie über Leidenschaft und Mut im Krieg, aber nur über geringe Ausdauer und eine eingeschränkte zivilisatorische Entfaltung.[136] Das galt für alle Nordvölker: Poseidonios bezeichnet das gesamte Land nördlich des Mittelmeerraumes als keltisch-skythische Zone.[137]

Die eingehende Charakterisierung der Kelten mündet direkt in die Beschreibung ihrer Bankette. Schon aufgrund ihres Aussehens erweckten sie beim Speisen einen wilden Eindruck, der sich in das bisher gezeichnete Bild einfügt. Diodor geht dann näher auf ihre Essgewohnheiten ein:

---

130 Satyrn wurden zudem mit großer Fruchtbarkeit verbunden und könnten ein Symbol für die große Anzahl der Kelten gewesen sein, die Poseidonios kurz zuvor unterstrichen hatte; vgl. Diod. V, 25, 1 = F 116 Jac. = F 169 Theiler.
131 Vgl. KISTLER 2009, 100/101.
132 Siehe KISTLER 2009, 152–160; auf 100/101 stellt er klar, dass die Kelten in der Koroplastik allerdings keine dicken, mähnenartigen Haare hatten.
133 Vgl. Vitr. VI, 1, 3 = F 121 Jac. Die tieferen Stimmen der Menschen des Nordens sind genauso auf das Klima zurückzuführen. Poseidonios mag hier auch von dem zeitgenössischen Arzt Asklepiades von Prusa beeinflusst worden sein, der sich ebenfalls mit der Auswirkung der Sonneneinstrahlung auf die Völker beschäftigte; vgl. Doxogra. Gr. P. 443 D.
134 Zu den gallischen Frauen siehe Diod. V, 32, 2 = F 116 Jac. = F 169 Theiler = Malitz Test. 8. Auch die tiefen Stimmen der Gallier entsprechen ihrem Körperbau; vgl. Diod. V, 31, 1 = F 116 Jac. = F169 Theiler.
135 Ähnlich schon bei TRÜDINGER 1918, 89–90.
136 Vgl. Hippokr. de aer. 17; 23; Aristot. pol. 7, 7 p. 1327b 23–27; Aristot. eth. Eud. 3, 1 p. 1229 b 25–30 (zum θυμός). VOILLAT SAUER 1992, 105 weist dazu (zurecht) auf das Vorbild Herodots hin.
137 Vgl. Strab. II, 3, 1, C97 = F 28 Jac. = F 49/T 46/T 49 EK = F13 Theiler. Im Süden gab es dementsprechend auch eine äthiopische Zone.

Sie essen alle im Sitzen, aber nicht auf Stühlen, sondern auf der Erde und benutzen dabei Wolfs- oder Hundefelle. Bedient werden sie von den jüngsten Kindern, von Jungen und Mädchen, die eben die Geschlechtsreife erlangt haben. Nahe dabei sind die Herdstellen voller Glut, mit Kesseln und Bratspießen, an denen große Fleischstücke stecken. Tapfere Männer ehren sie mit den schönsten Fleischstücken, wie ja auch der Dichter den Aias einführt, wie er geehrt wird von den Helden, als er den Hektor im Zweikampf besiegt hat: „Aber den Aias ehrt' er mit langausreichendem Rücken."[138]

Im Gegensatz zu einem griechischen Symposion liegen die Teilnehmer des Mahls also nicht auf Klinen, sondern sitzen auf Tierfellen auf dem Boden. Das Sitzen beim Speisen erinnert an die homerischen Helden und die Wichtigkeit der Gastfreundschaft schon im archaischen Griechenland, die um 300 v. Chr. bereits Dioskurides von Tarsos mit ‚barbarischen' Gebräuchen verglichen hatte.[139] Das Aias-Zitat aus der *Ilias* vergleicht die gallischen Eliten dann sogar explizit mit den griechischen Heroen, doch hat Diodor dieses wahrscheinlich ergänzt, um die impliziten Anspielungen des Poseidonios einem breiteren Publikum zu verdeutlichen.[140] Es werden weitere Parallelen zwischen Gallien und dem homerischen Griechenland erwähnt, so das Benutzen von Streitwagen[141] und die wichtige Rolle von Dichtern und Barden in der Gesellschaft.[142] Die Tierfelle bei den gallischen Banketten können hingegen als Anzeichen für ein von Jagd und (noch) nicht vom Ackerbau bestimmtes Leben verstanden werden. Vielleicht hatte Poseidonios diese keltische Andersartigkeit noch verstärkt, indem er die eher traditionellen Sitten und Gebräuche in den Mittelpunkt stellte und griechisch-römische Einflüsse aus dem Süden verschwieg.[143]

Einerseits dient der gesamte Absatz also dazu, Ähnlichkeiten zwischen den Galliern des Poseidonios und den Griechen der heroischen Vergangenheit herauszustellen. An-

---

138 Diod. V, 28, 4 = F 116 Jac. = F 169 Theiler. Δειπνοῦσι δὲ καθήμενοι πάντες οὐκ ἐπὶ θρόνων, ἀλλ' ἐπὶ τῆς γῆς, ὑποστρώμασι χρώμενοι λύκων ἢ κυνῶν δέρμασι. Διακονοῦνται δ' ὑπὸ τῶν νεωτάτων παίδων ἐχόντων ἡλικίαν, ἀρρένων τε καὶ θηλειῶν. Πλησίον δ' αὐτῶν ἐσχάραι κεῖνται γέμουσαι πυρὸς καὶ λέβητας ἔχουσαι καὶ ὀβελοὺς πλήρεις κρεῶν ὁλομερῶν. Τοὺς δ' ἀγαθοὺς ἄνδρας ταῖς καλλίσταις τῶν κρεῶν μοίραις γεραίρουσι, καθάπερ καὶ ὁ ποιητὴς τὸν Αἴαντα παρεισάγει τιμώμενον ὑπὸ τῶν ἀριστέων, ὅτε πρὸς Ἕκτορα μονομαχήσας ἐνίκησε, νώτοισιν δ' Αἴαντα διηνεκέεσσι γέραιρε.

139 Vgl. VOILLAT SAUER 1992, 116. Die Parallelen zur homerischen Gesellschaft betonte schon Norden 1920, 136, zu Athen. I, p. 17F. Die gallische Gastfreundschaft lobt Poseidonios auch in Diod. V, 28, 5 = F 116 Jac. = F 169 Theiler.

140 Vgl. VOILLAT SAUER 1992, 114; KISTLER 2009, 302/303. Das Zitat stammt aus Hom. Il. 7, 321.

141 Vgl. Diod. V, 29, 1–2 = F 116 Jac. = F 169 Theiler.

142 Vgl. Athen. IV, p. 152D–F = F 18 Jac. = F 67 EK = F 170 Theiler; Athen. VI, p. 246 C–D = F 17 Jac. = F 69 EK = F 172 Theiler; Diod V, 31, 2 = F 116 Jac. = F169 Theiler. Auch die Figur des Troubadix ist hier also bereits angelegt. Parallelen zu den Helden Homers finden sich auch bei Herodots Ethnographie der Thraker, so die Leichenspiele bei thrakischen Bestattungen, die an Achilles' Spiele für Patroklos erinnern. Vgl. Hom. Il. 23, 256–897; Hdt. V, 8. Poseidonios könnte hier durchaus bewusst an Herodots Methode angeknüpft haben.

143 Siehe MOMIGLIANO 1975, 69; RAWLINGS 1996, 85.

dererseits verwob er dieses Motiv mit Verweisen auf die primitive Wildheit der Kelten. Dahinter stand wahrscheinlich die Idee einer kontinuierlichen Weiterentwicklung der Völker, wie sie bereits Herodot ins Spiel gebracht hatte.[144] Polybios hatte den Kelten und anderen ‚Randvölkern' jedoch dieses Potential abgesprochen; aufgrund ihrer klimatischen Benachteiligung und ihrer Traditionen als Kriegervolk waren sie für ihn kein Teil der συμπλοκή und mussten damit auf einer primitiveren Stufe verharren (s. o.).[145] Im Fall der Gallier des Poseidonios findet sich dagegen später in der Passage (s. u.)[146] der Hinweis auf die Verwendung von (wenig) Brot.[147] Damit deutet er eine allmähliche Entwicklung hin zur Stufe des niederen Ackerbaus an. Solche Evolutionsmöglichkeiten hatte schon Thukydides beobachtet, als er die Griechen der Vergangenheit mit den ‚Barbaren' seiner Tage gleichsetzte; vielleicht griff Poseidonios diese Aussage hier bewusst auf.[148] Die Kelten des Poseidonios befanden sich somit (noch) nicht auf der Stufe einer Hochkultur wie die der Griechen, die sich u. a. durch ein urban geprägtes Gemeinwesen und eine hochentwickelte Form der Landwirtschaft auszeichnete.[149] Er verwandelte jedoch ihre räumliche Entfernung in eine temporale Entfernung, die ihnen die Möglichkeit einräumte, in Zukunft Teil der griechisch-römischen Welt zu werden.[150]

Der Stoiker verknüpfte diese Überlegungen mit einer moralischen Komponente: Er führt an anderer Stelle aus,[151] wie sich die Menschheit vom ursprünglichen Goldenen Zeitalter ausgehend zwar zivilisatorisch und technologisch weiterentwickelt habe, moralisch aber durch zunehmenden Luxus und Eifersucht verroht sei.[152] Diese Theorie stützt sich offenbar auf Demokrit, dessen Ideen von der Stoa und den Epikureern weiterentwickelt worden waren.[153]

---

144 Vgl. dazu die aufschlussreiche Darstellung von MÜLLER 1997, 118–122, die v. a. auf Hdt. IV basiert. S. o. im Kapitel zu Polybios und den Kelten auf 160/161.
145 65/66; 160/161.
146 235/236.
147 Vgl. Athen. IV, p. 151E–152D = F 15 Jac. = F 67 EK = F 170 Theiler.
148 Siehe Thuk. I, 6, 6.
149 Vgl. MÜLLER 1997, 121.
150 Vgl. VOILLAT SAUER 1992, 117/118.
151 Vgl. Sen. Ep. 90, 4–20 = F 448 Theiler = F 284 EK. Ob die Bezeichnung „Goldenes" Zeitalter an dieser Stelle von Poseidonios selbst stammt oder von Seneca hinzugefügt wurde, ist nicht klar. In jedem Fall idealisierte er ein frühes Zeitalter, in dem sich die Menschen nach ihrer ursprünglichen Isolation unter der Führung der ersten Weisen (die aber nicht direkt mit den Philosophen seiner Zeit gleichzusetzen sind) organisierten und davon nur profitierten. Ausführlicher dazu ist MÜLLER 2003, 349–360.
152 So auch TIERNEY 1960, 212 f.
153 Vgl. MÜLLER 2003, 350–353. In Grundzügen geht die Vorstellung auf Hesiod zurück, der bereits von einem „Goldenen Geschlecht" sprach. Vgl. Hes. erg. passim; bes. 109–201. Über Demokrit kam sie dann zu den Stoikern und Epikureern – Epikur übernahm sogar viele Stellen aus dem Werk Demokrits direkt in seine eigenen Schriften. Vgl. UXKULL-GYLLENBAND 1924, 42.

Im Anschluss an Platon und Dikaiarchos glaubte Poseidonios an die gerechte Herrschaft der Weisen in diesem längst vergangenen Goldenen Zeitalter.[154] Passenderweise behandelt er an einer anderen Stelle seiner ethnographischen Darstellung die einflussreiche Rolle der Druiden in Gallien.[155] Diese repräsentieren möglicherweise die Weisen früherer Zeiten, die noch mit dem ursprünglich Göttlichen vertraut waren,[156] nach dem auch die Stoiker suchten.[157] Die Druiden seien in Gallien noch immer so respektiert, dass nur unter ihrer Aufsicht Opfer stattfinden durften,[158] und dass sie sogar kampfbereite Heere von der Schlacht abbringen könnten: „So weicht auch bei den wildesten Barbaren die Leidenschaft der Weisheit, und Ares schämt sich vor den Musen",[159] schließt Poseidonios. Indem er auf die *interpretatio Graeca* zurückgreift, würdigt er die gallischen Glaubensvorstellungen und kann sie mit griechischen gleichsetzen.[160] Selbst der Mut ihrer Krieger wird auf die Lehren der Druiden zurückgeführt: Sie fürchten den Tod nur deshalb nicht, weil sie wie Pythagoras von der Unsterblichkeit der Seele überzeugt seien.[161] Die Stoa hatte diese Idee von Pythagoras übernommen und weiter verbreitet.[162] Dass ein dem Urzustand und Goldenen Zeitalter noch näherstehendes Volk wie die Kelten die Überzeugungen des Poseidonios offenbar teilte, bewies für

---

154 Dikaiarchos spricht von klugen und geeigneten Männern, vgl. Diog. Laert. I, 50 = F 30 Wehrli. Die Funktion der Weisen als gute Hirten der Gemeinschaft stammt freilich aus Platon, vgl. bspw. Plat. rep. 343 A f.; 345C. Dennoch existierte für Poseidonios bereits unter der Herrschaft der Weisen die Idee von Gewalt und Krieg, was das Konzept umso tragfähiger für eine Beschreibung der keltischen Welt macht. Vgl. Sen. Ep. 90, 4–20 = F 448 Theiler = F 284 EK und dazu RUDBERG 1917–1919, 64–68.

155 Vgl. Diod. V, 31, 4–5 = F 116 Jac. = F 169 Theiler. DOBESCH 1995, 24 mit Anm. 59 & 60 hält die pythagoreischen Überzeugungen der Druiden bei Poseidonios für authentisch.

156 Vgl. TIERNEY 1960, 212/213 und erneut Diod. V, 31, 4–5 = F 116 Jac. = F 169 Theiler. Die Idee wird auch in Ps. Aristot. Magikos, F29, p. 52 angedeutet; siehe HATT 1984, 83.

157 Vgl. Müller 2003, 363. In Diod. I, 1, 3 = F 80 Theiler wird auch vom Historiker die Suche nach dem Gesamtzusammenhang des Geschehens in der gesamten *oikumene* gefordert, welcher der stoischen Vorstellung vom Weltlogos entsprach: Demnach waren alle Lebewesen Teil dieser Weltseele. Falls diese Stelle von Poseidonios stammt, wie nur Theiler annimmt, würde sie die Argumentation hier zusätzlich untermauern.

158 Vgl. Diod. V, 31, 3–4 = F 116 Jac. = F 169 Theiler. Die hier in 3 beschriebene Prophezeiung aus dem Sturz und dem Blut eines geopferten Menschen spricht dagegen wieder für die wilde Primitivität. HOFENEDER 2005, 154 nimmt allerdings an, dass sich die Beschreibung dieser Praktik im Sinne der Klimatheorie nur auf die Einwohner Nordgalliens bezieht. Da die Römer Menschenopfer laut Strab. IV, 4, 5, C 198 innerhalb der Provincia Narbonensis zumindest zu seiner Zeit verboten hatten, ist Hofeneders Argument durchaus plausibel. MACMULLEN 2000, 88 argumentiert ähnlich schlüssig, Menschenopfer seien eine Ausnahme gewesen, aber aufgrund ihres besonders abscheulichen Charakters von griechischen und römischen Beobachtern betont worden. Endgültige Verbote von Menschenopfern stammen aus dem frühen Prinzipat; siehe dazu FREYBERGER 1999, 207.

159 Diod. V, 31, 5 = F116 Jac. = F 169 Theiler. Οὕτω καὶ παρὰ τοῖς ἀγριωτάτοις βαρβάροις ὁ θυμὸς εἴκει τῇ σοφίᾳ καὶ ὁ Ἄρης αἰδεῖται τὰς Μούσας.

160 Ähnlich HOFENEDER 2005, 139.

161 Vgl. Diod. V, 28, 6 = F 116 Jac. = F169 Theiler; HOFENEDER 2005, 138–141.

162 Zu Poseidonios dahingehender Überzeugung siehe etwa SCHMEKEL 1989, 250, Anm. 3.

ihn die Richtigkeit seiner Annahmen.¹⁶³ Auch hatte schon Herodot berichtet, dass die Thraker an die Unsterblichkeit glaubten und ihre ἀνδρεία darauf zurückgeführt, und es war dementsprechend ein Leichtes, dieses Motiv auf die Gallier zu übertragen.¹⁶⁴ Indem er anschauliche Beispiele des primitiven, aber unverdorbenen Daseins der Kelten mit der Herrschaft der Weisen kombinierte, gelang Poseidonios also eine Synthese aus der von der Not (χρεία) bestimmten Urgeschichte der Menschen und dem glücklichen Goldenen Zeitalter.¹⁶⁵

Die Deutung der Gallier durch Poseidonios hat schon Karl Reinhardt als „heroisch-primitiv"¹⁶⁶ beschrieben. Sie reiht sich damit in die Tradition einer widersprüchlichen Idealisierung der Nordvölker ein.¹⁶⁷ Allerdings sah Poseidonios den genügsamen Lebensstil der Kelten durch den zunehmenden Handel mit der Mittelmeerwelt gefährdet. Römische Kaufleute überschwemmten das Land mit Wein und Gold und nutzten die Gutgläubigkeit der Kelten aus.¹⁶⁸ Zwar hätten diese schon zuvor Gier nach Edelmetallen gekannt, doch indem sie einen großen Teil ihres Silbers und Goldes in heiligen Stätten verwahrten, wagte diesen niemand anzurühren.¹⁶⁹ Diese mäßigenden *nomoi* drohten unter römischer Kontrolle nun zu verschwinden, wie Poseidonios durch die Geschichte des so genannten Goldes von Tolosa aufzeigt:¹⁷⁰ Das heutige Toulouse war der Hauptort der Tektosagen, die von gelehrten Autoren mit dem gleichnamigen Teilstamm der anatolischen Galater gleichgesetzt wurden. Timagenes behauptete deshalb später – eventuell römischen Stimmen folgend, denen sich schon Poseidonios gegenüber sah – bei dem in ihren Seen versenkten Gold handele es sich um den Schatz, den die Kelten 279 v. Chr. aus dem Heiligtum von Delphi geraubt hatten.¹⁷¹ Poseidonios

---

163 Vgl. DODDS 1973, 19. Zu tatsächlich vorhandenen Impulsen aus dem Norden für die Ideen des Pythagoras siehe RANKIN 1987, 52; HATT 1984, 84/85.
164 Vgl. Hdt. IV, 93, 1; 94, 1. Zur ἀνδρεία der Thraker und Geten siehe LAMPINEN 2018, 278 m. Anm. 13.
165 Vgl. UXKULL-GYLLENBAND 1924, 45–46; DODDS 1973, 19. Hiermit folgte Poseidonios der Kulturanthropologie des Dikaiarchos, die dieser in seiner *Kulturgeschichte Griechenlands* (*Bios Hellados*) entwickelt hatte. Vgl. MÜLLER 1997, 201–204. Den Aspekt von Poseidonios' eigener Schaffenskraft betont RUDBERG 1917–1919, 76.
166 REINHARDT 1921, 28.
167 Als Überblick dazu eignet sich immer noch die detaillierte Untersuchung von RIESE 1875. S. o. das Kapitel zu den *topoi* (29–49).
168 Vgl. Diod. V, 26, 3 = F 116 Jac. = F169 Theiler. Siehe aber auch das Beispiel des reichen und gierigen Gallierkönigs Luernios in Athen. IV, p. 152D–F = F18 Jac. = F67 EK = F 170 Theiler. Auch über andere keltische Gruppen außerhalb Galliens berichtet Poseidonios, dass sie der Goldsucht anheimgefallen seien. So etwa die Helvetier; vgl. Strab. VII, 2, 2, C293–294 = F 31 Jac. = F 272EK, 36–47 = F 44a Theiler. Zu anderen Gütern, die zwischen der Keltiké und dem römischen Herrschaftsbereich gehandelt wurden siehe FITZPATRICK 1989, 31–34; 35–42.
169 Vgl. Diod. V, 27, 1–4 = F 116 Jac. = F169 Theiler. Dass sie die Edelmetalle auch für Schmuck und Rüstungen nutzten, zeigt wie das Beispiel des Luernios, dass die Habsucht bereits vorhanden war.
170 Diodor spricht hier, in Diod. V, 27, 4, von den im Inland lebenden Kelten (παρὰ τοῖς ἄνω Κελτοῖς) und bezieht sich damit vielleicht direkt auf das Gold von Tolosa, das er zwar nicht erwähnt; zweifelsohne werden ihm aber die vollständigen *Historien* des Poseidonios vorgelegen haben.
171 Vgl. Strab. IV, 1, 13, C188 = FGrHist 88 F 11 und THOLLARD 2011, 101–103 zum Kontext.

verwies dagegen auf den natürlichen Goldreichtum im Land der Volcae Tectosages und erläuterte, es handle sich beim Schatz von Tolosa um vor Ort gewonnene Edelmetalle, welche die Gallier den Götter zu Ehren in den See befördert hatten. Als der römische Konsul Quintus Servilius Caepio die Stadt dann 106 v. Chr. eingenommen habe, habe er sich an den Reichtümern persönlich bereichert.[172] Zwar wurde er dafür später in Rom verurteilt und seine Familie verlor ihre Ehre, aber dennoch hatte der gewaltsame Eingriff der Römer die heiligen Seen der Volcae Tectosages dauerhaft entweiht.[173] Poseidonios kontrastiert somit die Gottesfürchtigkeit (δεισιδαιμονία) der Gallier mit der Gier des Römers Caepio – die moralischen Verfehlungen der Hochkulturen werden hier erneut sehr deutlich.[174]

Auch in der längeren Fassung von Poseidonios' Beschreibung des Gastmahls, die von Athenaios überliefert wird, zeigt sich diese Idealisierung des traditionellen Lebens:[175]

> Die Kelten nehmen ihre Speisen ein auf einer Unterlage von Heu, an hölzernen, wenig über den Boden erhobenen Tischen. Ihre Nahrung besteht aus wenig Brot, aber viel Fleisch, das teils in Wasser gekocht, teils auf Kohlenpfannen oder an kleinen Spießen gebraten ist. Sie sagen dem Mahl reinlich, aber nach Löwenart zu; mit beiden Händen nehmen sie ganze Glieder auf und beißen davon ab. Wenn etwas schwer abzureißen ist, schneiden sie es mit einem kleinen Messer ab, das in einer eigenen Tasche an den Schwertscheiden befestigt ist. Diejenigen, die an den Flüssen oder am inneren und äußeren Meer wohnen, essen auch Fische, und zwar gebacken mit Salz und Essig und Kümmel. Kümmel fügen sie auch ihrem Getränk hinzu. Öl gebrauchen sie nicht wegen des Mangels, und weil es ungewohnt ist, scheint es ihnen unangenehm zu sein.
>
> Speisen sie in größerer Gesellschaft, sitzen sie im Kreis, in der Mitte, wie der Anführer eines Chors, der Stärkste, der entweder durch kriegerischen Mut oder durch seine Abstammung oder durch seinen Reichtum hervorragt. Wer nach ihm der nächste ist, sitzt ihm zur Seite, und so der Reihe nach auf beiden Seiten nach eines jeden Rang. Hinter ihm stehen die Knappen mit den Schilden; die Speerträger[176] sitzen am anderen Ende im Kreise und schmausen wie ihre Herren. Das Getränk tragen die Schenken in Gefäßen auf,

---

172 Vgl. Strab. IV, 1, 13, C188 = F 33 Jac. = F 273 EK = F190 Theiler.
173 Im vorletzten Satz des Abschnitts IV, 1, 13 kommentiert Strabon, nach der römischen Eroberung seien das Gold und Silber aus all ihren Lagerstätten gehoben worden; vgl. Strab. IV, 1, 13, C 188.
174 Übertriebene Gottesfürchtigkeit (als δεισιδαιμονία) wurde normalerweise als Schwäche der ‚Barbaren' empfunden, wie etwa ERSKINE 2000, 177 betont und sich bspw. in Theophr. Char. 16, 1 zeigt. MALITZ 1983, 187, Anm. 137 und HAHM 1989, 1343 weisen jedoch zurecht daraufhin, dass Poseidonios diese Eigenschaft hier eher positiv hervorhebt und die Mäßigung der nomoi zu würdigen sucht.
175 Übersetzung in MALITZ 1983, 188–189 nach REINHARDT 1921, 28.
176 Die Bezeichnung „Speerträger" (δορυφόροι) wird dem griechischen Leser als Bezeichnung für die Leibwachen griechischer Tyrannen vertraut gewesen sein. Vgl. etwa LAVELLE 1992 passim.

die den Ambiken gleichen und aus Ton oder Silber sind. Auch die Platten, auf denen sie die Speisen auftragen, sind aus dem gleichen Material; andere benutzen dafür bronzene Platten, wieder andere holzgeflochtene Körbe. Das Getränk bei den Reichen ist Wein, der aus Italien oder aus dem Gebiet von Massalia kommt.[177] Dieser Wein wird ungemischt getrunken; manchmal wird ein wenig Wasser beigemischt. Bei den weniger Reichen trinkt man Weizenbier, das mit Honig zubereitet ist; beim Volk wird das Bier pur getrunken. Man nennt es „Korma". Sie schlürfen zusammen aus demselben Gefäß, aber das tun sie öfters. Die Schenke trägt nach rechts und links aus; so wird ihnen bei Tisch aufgewartet. Die Götter grüßen sie nach rechts gewandt.[178]

Wieder finden sich Anspielungen auf die Zeit der homerischen Helden: Genau wie Aias[179] schneiden die Gallier ihr Fleisch mit kleinen Messern, und ähnlich wie die Helden speisen sie im Sitzen oder am Boden.[180] Wenn Poseidonios sie „nach Löwenart" speisen lässt, vergleicht er sie allerdings nicht nur mit wilden Tieren, sondern erinnert an die Kyklopen der Odyssee.[181] Auch dafür gab es eine Vorlage, hatte doch Timaios be-

---

177   Der Import von Wein aus dem Gebiet von Massalia spricht genauso wie die Bemerkung weiter oben, die Kelten seien unvertraut mit dem Gebrauch von Olivenöl, zumindest dafür, dass Poseidonios hier keine Bewohner des unmittelbaren Umlandes von Massalia beschreiben kann, wie dies noch NASH 1976, 119 postuliert hatte. Zum lokalen Weinanbau in der *chora* Massalias vgl. HODGE 1999, 122–123.

178   Athen. IV, p. 151E–152D = F 15 Jac. = F 67 EK = F 170 Theiler. Κελτοί, φησί (damit meint Athenaios Poseidonios, in der Übersetzung konnte es deshalb wegfallen), τὰς τροφὰς προτίθενται χόρτον ὑποβάλλοντες καὶ ἐπὶ τραπεζῶν ξυλίνων μικρὸν ἀπὸ τῆς γῆς ἐπηρμένων. Ἡ τροφὴ δ᾽ ἐστὶν ἄρτοι μὲν ὀλίγοι, κρέα δὲ πολλὰ ἐν ὕδατι καὶ ὀπτὰ ἐπ᾽ ἀνθράκων ἢ ὀβελίσκων. [152] Προσφέρονται δὲ ταῦτα καθαρείως μέν, λεοντωδῶς δέ, ταῖς χερσὶν ἀμφοτέραις αἴροντες ὅλα μέλη καὶ ἀποδάκνοντες, ἐὰν δὲ ᾖ τι δυσαπόσπαστον, μαχαιρίῳ μικρῷ παρατέμνοντες, ὃ τοῖς κολεοῖς ἐν ἰδίᾳ θήκῃ παράκειται. Προσφέρονται δὲ καὶ ἰχθῦς οἵ τε παρὰ τοὺς ποταμοὺς οἰκοῦντες καὶ παρὰ τὴν ἐντὸς καὶ τὴν ἔξω θάλασσαν, καὶ τούτους δὲ ὀπτοὺς μετὰ ἁλῶν καὶ ὄξους καὶ κυμίνου· τοῦτο δὲ καὶ εἰς τὸ ποτὸν ἐμβάλλουσιν. Ἐλαίῳ δ᾽ οὐ χρῶνται διὰ σπάνιν καὶ διὰ τὸ ἀσύνηθες ἀηδὲς αὐτοῖς φαίνεται. Ὅταν δὲ πλείονες συνδειπνῶσι, [152b] κάθηνται μὲν ἐν κύκλῳ, μέσος δὲ ὁ κράτιστος ὡς ἂν κορυφαῖος χοροῦ, διαφέρων τῶν ἄλλων ἢ κατὰ τὴν πολεμικὴν εὐχέρειαν ἢ κατὰ γένος ἢ κατὰ πλοῦτον. Ὁ δ᾽ ὑποδεχόμενος παρ᾽ αὐτόν, ἐφεξῆς δ᾽ ἑκατέρωθε κατ᾽ ἀξίαν ἧς ἔχουσιν ὑπεροχῆς. Καὶ οἱ μὲν τοὺς θυρεοὺς ὁπλοφοροῦντες ἐκ τῶν ὀπίσω παρεστᾶσιν, οἱ δὲ δορυφόροι κατὰ τὴν ἀντικρὺ καθήμενοι κύκλῳ καθάπερ οἱ δεσπόται συνευωχοῦνται. Τὸ δὲ ποτὸν οἱ διακονοῦντες ἐν ἀγγείοις περιφέρουσιν ἐοικόσι μὲν ἀμβίκοις, ἢ κεραμέοις ἢ ἀργυροῖς· [152c] καὶ γὰρ τοὺς πίνακας ἐφ᾽ ὧν τὰς τροφὰς προτίθενται τοιούτους ἔχουσιν· οἱ δὲ χαλκοῦς, οἱ δὲ κάνεα ξύλινα καὶ πλεκτά. Τὸ δὲ πινόμενόν ἐστι παρὰ μὲν τοῖς πλουτοῦσιν οἶνος ἐξ Ἰταλίας καὶ τῆς Μασσαλιητῶν χώρας παρακομιζόμενος, ἄκρατος δ᾽ οὗτος· ἐνίοτε δὲ ὀλίγον ὕδωρ παραμίγνυται· παρὰ δὲ τοῖς ὑποδεεστέροις ζῦθος πύρινον μετὰ μέλιτος ἐσκευασμένον, παρὰ δὲ τοῖς πολλοῖς καθ᾽ αὐτό· καλεῖται δὲ κόρμα. Ἀπορροφοῦσι δὲ ἐκ τοῦ αὐτοῦ ποτηρίου κατὰ μικρόν, οὐ πλεῖον κυάθου· [152d] πυκνότερον δὲ τοῦτο ποιοῦσι. Περιφέρει δὲ ὁ παῖς ἐπὶ τὰ δεξιὰ καὶ τὰ λαιά· οὕτως διακονοῦνται. Καὶ τοὺς θεοὺς προσκυνοῦσιν ἐπὶ τὰ δεξιὰ στρεφόμενοι.

179   Vgl. Hom. Il. 3, 271 f.

180   Athen. I, p. 11F diskutiert die Mahlzeiten der homerischen Helden. In klassischen griechischen Selbstbeschreibungen von Symposien ist dieses klar vom eigentlichen Speisen getrennt – diese werden kaum beschrieben, der Schwerpunk liegt auf den philosophisch anspruchsvollen Gesprächen. Dies zeigt sich sowohl in Xenophons als auch in Platons *Symposion*.

181   Vgl. Hom. Od. 9, 292. So Norden 1920, 77 Anm. 3.

hauptet, die Kelten stammten von Kyklopen ab.¹⁸² Die idealisierenden Elemente werden bei Poseidonios also stets durch Hinweise auf die primitive Wildheit der Nordvölker ergänzt. Angelegt war diese Ambivalenz schon bei Homer, dessen Beschreibung der Kyklopen widersprüchlich ist und zwischen Idealisierung und Degradierung schwankt. Einerseits ordnet er diese als Rohfleischesser und Kannibalen ein und stellt sie damit auf die äußerste Stufe der Barbarei.¹⁸³ Andererseits sind die Kyklopen genügsame Höhlenbewohner, die ohne staatliche Strukturen und zivilisatorischen Luxus ein einfaches Leben führen.¹⁸⁴

Eine solche Idealisierung des von den moralischen Verfehlungen der Hochkulturen verschonten, naturnahen Daseins war Bestandteil epikureischer und stoischer Ideen.¹⁸⁵ Diese wurden nun durch die Argumente der Klimatheorie unterfüttert, die den Völkern des Nordens eine karge Ernährung zuwies.¹⁸⁶ Passend dazu weist Poseidonios darauf hin, dass die Gallier überhaupt kein Olivenöl nutzen und den Wein importieren müssen¹⁸⁷ – an anderer Stelle hatte er dies mit der großen Kälte des Landes begründet.¹⁸⁸ Das Bier (Korma) des einfachen Volkes, die gallische Cervesia,¹⁸⁹ ist aus griechischer Sicht nur ein schlechter Ersatz für Wein.¹⁹⁰ Auch ernähren sich nur die an den Küsten lebenden Gallier von Fisch – sie folgen damit auf einfachste Weise dem Angebot der Natur. Allerdings wird der Fisch zuvor gebacken und gewürzt, genau-

---

182 Vgl. ET. M. p. 220, 5 = FGrHist 566 F 69.
183 Zum Zusammenhang zwischen Ernährung und Zivilisationsstufe vgl. MÜLLER 1997, 118–122. Die Rolle der Kyklopen als erste Vertreter unzivilisierter, wilder ‚Barbaren' in der griechischen Literaturgeschichte (im Gegensatz zu Stadtkulturen wie den Trojanern und Phäaken) betont Welskopf 1974, 2167–2168. Entscheidend für ihre negative Bewertung ist das Fehlen jeglicher Eigenschaften griechischer Kultur, vgl. TRZASKA-RICHTER 1991, 26 f. Auch die Kyklopen wussten Wein nicht selbst anzubauen und Polyphem erlag dem von Odysseus mitgebrachten Wein. Siehe hierzu SCHULZ 2020C, 407.
184 Vgl. Hom. Od. IX, 105–565. Siehe auch SCHULZ 2020C, 403–405; 429. SCHULZ gibt zu bedenken, dass der brutale Polyphem auch unter den Kyklopen ein Außenseiter ist.
185 Vgl. SCHNEIDER 1969, 464.
186 So spricht bspw. der Autor von *Über die Umwelt* davon, dass in Skythien die kleinsten und wenigsten Wildtiere leben (Vgl. Hippokr. de aer. 19, 1) und sich die Skythen auch deswegen von der Milch von Stuten ernähren, aus der sie sogar Käse herstellen, vgl. De Aer. 18, 4. An gleicher Stelle wird gekochtes Fleisch genannt, doch stellt dieses offenbar die einzige Alternative in der Ernährung dar.
187 Die Archäologie hat das Ausmaß des Weinhandels zwischen Gallien und dem Mittelmeerraum, der größtenteils durch Massalia und über die Rhône geleitet wurde, eindrucksvoll nachweisen können. Besonders herausragende Stücke wie der Krater von Vix, der über 1000 Liter fassen konnte, sprechen dafür, dass die Angaben des Poseidonios keineswegs übertrieben sind. Vgl. HODGE 1999, 214–215.
188 Vgl. Diod. V, 26, 2 = F 116 Jac. = F 169 Theiler. Auch hier scheint sich Poseidonios zumindest nicht auf die in der Nähe Massalias siedelnden Gallier zu beziehen, wenn Diodor schreibt, dass „diejenigen Gallier, die diese Dinge entbehren müssen, ein Gerstengetränk, das ‚Zythos' genannt wird [...] [machen]." Im Griechischen heißt es διόπερ τῶν Γαλατῶν οἱ τούτων τῶν καρπῶν στερισκόμενοι πόμα κατασκευάζουσιν ἐκ τῆς κριθῆς τὸ προσαγορευόμενον ζῦθος.
189 Vgl. Plin. nat. hist. 22, 82.
190 Ähnlich ist später Tac. Germ. 23, 1 zum Bier der Germanen.

so wie das Fleisch gekocht wird – auch wenn sie gleichzeitig wie wilde Tiere ganze Fleischstücke auf einmal abbeißen.[191]

Die teils widersprüchlichen Beschreibungen fügen sich zu einem geschlossenen Gesamtbild, das sich nahtlos in die ‚wissenschaftliche' Weltsicht der Griechen einpasst.[192] Als ‚Barbaren' des Nordens befinden sich die Kelten auf einer niedrigeren zivilisatorischen Entwicklungsstufe als die Griechen. Poseidonios ordnet sie dementsprechend als wild und primitiv, gleichzeitig aber als heroisch und naturnah ein. Wie die Helden Homers respektieren sie den Stärksten als Anführer in ihrer Mitte und scheuen keinen Kampf. An anderer Stelle ergänzt Poseidonios, dass sich die Gallier selbst auf ihren Gastmahlen Duelle bis zum Tod liefern konnten. Wie alle Bewohner des Nordens waren sie also von aufbrausendem Temperament und wurden von einer feurigen Leidenschaft (θυμός) gelenkt – darin folgt er Polybios[193] –, so dass sogar ein einfacher Streit um ein Stück Fleisch tödlich enden konnte.[194] Ihr sexuelles Verhalten schildert Poseidonios als ähnlich hemmungslos.[195] Die Anwesenheit von Waffen und Gewalt sowie die Zügellosigkeit und der θυμός der Kelten charakterisieren also ihre Zusammenkünfte.[196] Obwohl Poseidonios idealisierende Elemente integriert, bildet das keltische Bankett ein klares Gegenstück zum als gemäßigt und harmonisch verstandenen griechischen *symposion*.[197] Da Poseidonios Aristoteles' Lehre der Goldenen Mitte folgte, musste der Phänotyp des ‚Nordbarbaren' letztendlich doch vom Idealbild des ausgewogenen Charakters abweichen.[198] Sicherlich projizierten Autoren wie Poseidonios dabei auch ihre Abneigung gegen griechische Hedonisten auf die Randvölker,

---

191 Vgl. zu ähnlichen Beobachtungen bei anderen ‚Barbaren' LEMSER 2019 passim.
192 Ähnlich schon die Deutung bei VOILLAT SAUER 1992.
193 Siehe bes. Pol. II, 35, 3. Gewaltausbrüche unter den Kelten schildert Polybios auch in Pol. II, 19, 3, allerdings in einem anderen Kontext.
194 Diod. V, 28, 5 = F 116 Jac. = F 169 Theiler und ausführlicher Athen. IV, p. 154 A–C = F16 Jac. = F 68 EK = F 171a Theiler. Im zweiten Fragment berichtet Poseidonios noch von einem seltsamen Opferungsritual, bei dem sich ein Gallier auf den Rücken seines Schildes legte und sich die Kehle durchschneiden ließ. Vgl. dazu MALITZ, 1983, 190 Anm. 173: Eventuell handelte es sich auch um eine Art Klientelverpflichtung; so auch HOFENEDER 2005, 115–118.
195 Vgl. Diod. V, 32, 7 = F 116 Jac. = Malitz Test. 4.
196 Passend dazu weist VOILLAT SAUER 1992, 117 darauf hin, dass es in Aristot. Pol. 2, 1268b 19 heisst, die Griechen der Vergangenheit hätten stets Eisen getragen, und bei Nikolaos von Damaskos in Stob. IV, 2, 25 = FGrHist 90 F103e trifft das auf die Kelten seiner Gegenwart zu. Genau wie Poseidonios werden beide Autoren der Formulierung in Thuk. 1, 6, 6 (ähnlich 5, 1) gewahr gewesen sein, dass die Griechen einst wie ‚Barbaren' waren.
197 Eine ausführliche Untersuchung dazu findet sich bei MARTIN 2011, 85–96. Der Autor spekuliert an einigen Stellen sehr stark, wenn er etwa behauptet, Poseidonios habe solche Gewaltexzesse persönlich mitangesehen (95) und wird deshalb von Lampinen 2014b, 232 gar als unwissenschaftlich bezeichnet. Sein Vergleich des keltischen Banketts mit dem griechischen *symposion* kann allerdings einige wichtige Unterschiede aufzeigen und wird durch den Hinweis auf Tacitus gestützt: Dieser nennt in seiner Beschreibung germanischer Zusammenkünfte ebenfalls die Anwesenheit von Waffen (Germ. 13, 1 und 11, 6); vgl. MARTIN 2011, 86.
198 Vgl. Aristot. phgn. 813b30f. zu dieser Lehre bezüglich des menschlichen Charakters. KISTLER 2009, 99–101 führt aus, wie Poseidonios diese auf die Gallier angewandt hat.

konnte vor dieser Folie doch bspw. Kritik an den hellenistischen Königshöfen geübt werden, wo dem Universalgelehrten – und genauso Polybios – zufolge ebenso übermäßiger Alkoholkonsum und zügellose Sexualität an der Tagesordnung waren und immer wieder Gewalttaten auch gegen eigene Familienangehörige verübt wurden.[199] Es wäre jedoch zu kurz gegriffen, darin den einzigen Zweck der negativen Aspekte in Poseidonios' Keltenethnographie zu sehen.[200] Vielmehr musste der Apameer auch einfach Leserwartungen an das traditionelle Keltenbild bestätigen, um nicht völlig unglaubwürdig zu wirken, und bei aller Idealisierung der Primitivität wollte natürlich kein gebildeter Grieche wirklich so leben wie die ‚Nordbarbaren'.

Poseidonios suchte die ‚Großethnie' der Gallier durch die ausführliche Beschreibung ihrer Sitten nicht nur genauer zu erfassen als dies bisher geschehen war, sondern dieses Bild durch die vielfältigen Ergebnisse eigener Erkundigungen gleichzeitig in die theoretischen Spekulationen über die Völker des Nordens einzuordnen. Beides – die empirisch gesättigte Darstellung ethnographischer *nomoi* und ihre Ummantelung durch geographisch-klimatische Makrotheorien – bedingte einander und war in der Zeit des (Spät-)Hellenismus nicht mehr voneinander zu trennen.

Der Einfluss der römischen Interessen

Einige Angaben des Poseidonios dürften dabei besonders für die römischen Eliten interessant gewesen sein.[201] So war militärisch-politisches Wissen zwar Bestandteil griechischer Ethnographien, doch stand es traditionell nicht im Mittelpunkt der Untersuchung. Erst Polybios hatte diese Kategorien stark gemacht, um den Aufstieg Roms zur alles dominierenden Vormacht erklären zu können. Römische Autoren verfolgten dagegen zumeist ein wesentlich pragmatischeres Interesse ohne den philosophisch-wissenschaftlichen Anspruch griechischer Gelehrter, der selbst bei Polybios vorhanden war.[202] Das Keltenbild Roms war von den jahrhundertelangen kriegerischen Auseinandersetzungen geprägt,[203] und zur Zeit des Poseidonios war der *metus Gallicus* durchaus

---

199 Zur Sicht auf die hellenistischen Herrscherhöfe s. o. 86 zu Polybios und 185 Anm. 977; 224/225 zu Poseidonios.
200 Diese Sicht vertritt bspw. KISTLER. Vgl. v. a. KISTLER 2009, 171/172; weiter 162–172 zur Trunksucht und 172–179 zur Sexualität.
201 Vgl. auch CESA 2019, 212.
202 S. o. etwa 144. Bei Iustin/Pompeius Trogus bspw. finden sich zwar detaillierte ethnographische Beschreibungen, doch stellen solche Angaben ohne militärisch-politisch-ökonomischen Bezug mit praktischem Nutzen die Ausnahme dar. Vgl. MÜLLER 1997, 322–388.
203 „Echter ethnischer Gegensatz, politisch-militärisches Feindverhältnis und kulturelles Superioritätsbewusstsein verbanden sich in der Beziehung der Römer zu den Kelten, dem Prototyp der nördlichen Barbaren" (TIMPE 1996, 37).

noch virulent.²⁰⁴ Insofern wird die Beschreibung des furchterregenden Erscheinungsbildes der Kelten als hochgewachsen, muskulös und hellblond²⁰⁵ den Erwartungen römischer Leser entsprochen haben. Indem er die Anwesenheit von Waffen, Schildträgern und Leibwächtern bei den Banketten erwähnt,²⁰⁶ betont Poseidonios die kriegerische Mentalität der Gallier und den hohen Wert, den sie der Tapferkeit zumessen: Der Mächtigste unter ihnen zeichnet sich v. a. durch kühne Taten im Krieg (πολεμικὴ εὐχέρεια²⁰⁷) aus. Ihre Bereitschaft, sich aufgrund von Nichtigkeiten bis auf den Tod zu duellieren, unterstreicht diese Furchtlosigkeit, die in solchen Fällen freilich über das rechte Maß hinausging und eher besinnungsloser Raserei glich.²⁰⁸

Für edlen Mut sprach dagegen, dass die tapfersten Krieger der Gallier in der Schlacht vortraten und die besten Kämpfer des Feindes zu alles entscheidenden Zweikämpfen herausforderten.²⁰⁹ Damit ahmten sie genauso wie Pyrrhos, der den makedonischen Feldherrn Pantauchos bezwang, und Marcus Claudius Marcellus, der den Gallierkönig Viridomarus besiegte, die homerischen Heroen nach:²¹⁰ Im Gegensatz zu den in engen Formationen kämpfenden römischen und griechischen Fußsoldaten bewiesen sie noch wahren individuellen Mut.²¹¹ Wie Polybios²¹² führt Poseidonios weiter aus, dass manche Gallier sogar nackt kämpften – ein weiteres Zeichen für ihre außergewöhnliche Tapferkeit und damit für die Unsterblichkeit der Seele.²¹³

---

204 Erst Caesar konnte diese ‚Furcht' ‚überwinden', als er ganz Gallien unterwarf. Vgl. KREMER 1994, 62–68; 112–118. Die Stärke des *metus Gallicus* und die Popularität der Darstellung von besiegten gallischen Kriegern in der römischen Kunst des frühen 1. Jhs. v. Chr. (und späterer Jahrhunderte) betrachtet SAGIV 2016. Claudius Quadrigarius, ein Zeitgenosse des Poseidonios, beschreibt die Gallier in seiner Darstellung diverser römisch-keltischer Kriege noch ganz wie Polybios. So sei etwa der gallische Gegner des Manlius Torquatus in seinem berühmten Zweikampf jung, riesig groß und mutig gewesen und habe zudem nackt gekämpft – ganz den *topoi* entsprechend. Auch habe sich kein anderer Römer außer Torquatus getraut, ihm entgegenzutreten, da sie die riesenhafte Gestalt des Kelten (oder der Kelten) fürchteten. Vgl. Gell. IX, 13, 4, 1–19 = F10b Peter = FRHist 24 F 6.
205 Vgl. erneut Diod. V, 28, 1–2 = F 116 Jac. = F 169 Theiler.
206 In Athen. IV, p. 151F–152C = F 15 Jac = F 67 EK = F 170 Theiler.
207 Aus Athen. IV, p. 152B = F 15 Jac. = F 67 EK = F 170 Theiler.
208 Vgl. Diod. 28, 5 = F 116 Jac. = F 169 Theiler und Athen. IV, p. 154 A–C. Neben Waffen tragen sie dabei sogar Rüstungen (ὅπλοις). Laut Aristoteles war der Mann, der gar keine Angst hatte, ein Wahnsinniger; vgl. Aristot. eth. Nic. 1115b24–29. Da er hier beispielhaft die Kelten heranzieht, kann davon ausgegangen werden, dass auch Poseidonios diese Passage im Kopf hatte.
209 Vgl. Diod. V, 29, 1–3 = F116 Jac. = F169 Theiler.
210 Vgl. Plut. Pyrrhos 7, 4–5; Plut. Marcellus 8, 1–5. Beide Fälle werden auch den römischen Lesern bekannt gewesen sein.
211 Vgl. KISTLER 2009, 333, der das jedoch nur auf Hopliten bzw. Phalangiten bezieht, nicht auch auf die römischen Soldaten.
212 Siehe Pol. II, 28, 8 zu den Gaisaten.
213 Vgl. Diod. V, 30, 3 = F116 Jac. = F169 Theiler. Zur Unsterblichkeit der Seele s. o. 233/234. STROBEL 1991, 112 hält die Nacktheit keltischer Krieger eher für einen *topos* denn für ein tatsächlich verbreitetes Phänomen. Dazu sei auf Polybios verwiesen, der betont, dass selbst die Gaisaten bei Telamon 225 v. Chr. v. a. deshalb nackt kämpften, weil sich ihre Kleidung sonst im hohen Gras der Ebene verfangen hätte; vgl. Pol. II, 28, 8.

Insgesamt zeichnet Poseidonios ein nuancierteres Bild gallischer Krieger als die meisten älteren Autoren und räumt erneut mit überkommenen *topoi* auf:[214] Statt sie allesamt zu tollkühnen Wahnsinnigen ohne Panzerung zu stilisieren,[215] erwähnt er die Kettenhemden und beeindruckenden Helme der Adligen und lobt die hohe Verarbeitungsqualität ihrer Schilde und Wurfspeere.[216] Dass der ‚Zivilist' Poseidonios dem Thema so viel Platz einräumt, zeigt zugleich, wie stark er sich dem Vorbild des Polybios und den Interessen seiner römischen Freunde verpflichtet fühlte.

Solcherlei Informationen werden den römischen Amtsträgern freilich bereits durch eigene Mittelsmänner, Händler oder Klientelfürsten zugänglich gewesen sein,[217] und im Gegensatz zu Polybios handelte Poseidonios trotz seiner guten Vernetzung in Rom nicht im direkten Auftrag eines römischen Amtsträgers. Allerdings bot sein Werk der gebildeten römischen Oberschicht die umfassendste Gesamtdarstellung gallischen Lebens und Charakters.[218]

Auch fügte er in seine ethnographischen Beschreibungen Galliens Angaben über die Kimbern und Teutonen ein, deren Feldzüge die römische Welt erst wenige Jahre zuvor erschüttert hatten. Wie Herodot zu Persern oder Skythen bietet er einen Exkurs, um die Kimbern als historische Akteure vorzustellen.[219] Die Ethnographie dient dazu, einen ‚Nationalcharakter' zu zeichnen, der sie in den Bereich der ‚Nordbarbaren' einordnet:[220] Neben der Erwähnung seines Besuches des Schlachtfeldes von Aquae Sextiae[221] behandelt er linguistische Fragen,[222] diskutiert ihre Herkunft[223] und den Grund für ihre Wanderung[224] und berichtet über die Anfänge ihres Zuges.[225] Dadurch bietet

---

214 KISTLER 2009, 190 (m. Anm. 460) deutet das an, ohne es auszuführen.
215 Stellvertretend sei hier auf die Beschreibung bei Paus. X, 21, 3 verwiesen, der ältere Quellen zugrunde gelegen haben werden. Dazu s. auch o. 139/140.
216 Vgl. Diod. V, 30, 1–4 = F 116 Jac. = F 169 Theiler. Poseidonios stellt die Rüstungen und schwere Bewaffnung der Kelten hier größtenteils so dar, wie sie auch aus archäologischen Funden bekannt ist; vgl. ZELLER 1980.
217 Siehe hierzu BERTRAND 1997, 112–114. Ein gutes Beispiel für einen gallischen Klientelfürsten Roms ist Kontoniatos bei Diodor, der sich durch seine Intelligenz und seine Befähigung als Feldherr auszeichnet. THEILER ordnete die Darstellung ebenfalls Poseidonios zu, vgl. Exc. de virt. Et vit. II i p. 313n. 351 = Diod. XXXIV/XXXV, 36 = F 183 Theiler; siehe auch Malitz 1983, 180, welcher der Einschätzung Theilers folgt.
218 Falls Caesar die poseidonische Schrift konsultierte, passt dies eher in den Kontext der Niederschrift seiner *Commentarii* als zur Vorbereitung seines Feldzuges. Vgl. dazu v. a. TIERNEY 1960, 211–213.
219 Zu diesen Exkursen Herodots siehe SCHULZ 2020a, 251–262 (Perser) und 288–309 (Skythen).
220 Vgl. auch ENGELS 1999, 182; HAHM 1989, 1343.
221 Vgl. Plut. Marius 21, 6–8 = F 113 Jac. = F 203 Theiler.
222 So verfolgte er die Theorie, es handele sich bei den Kimbern um die Nachfahren der Kimmerer, vgl. Diod. V, 32, 3–5 = F 116 Jac. = F 169 Theiler.
223 So etwa in Plut. Marius 11, 2–14 = F 191 Theiler.
224 Siehe Strab. VII, 2, 1–2, C292–294 = F 31 Jac. = F 272EK = F 44a Theiler. S. o. S. 220 m. Anm. 65 (Sturmflut).
225 Vgl. Strab. VII, 2, 2, C293–294 = F 31 Jac. = F 272 EK = F 44a Theiler. Hier beschreibt Poseidonios das Aufeinandertreffen der Kimbern zuerst mit den (nördlichen) Boiern und dann mit den Hel-

er neues Wissen und gelehrte Spekulationen über eine Gruppe von ‚Barbaren' des Nordens, die mit ihrem Vorstoß bis in die Po-Ebene Römer wie Griechen seiner Zeit interessiert haben dürften. Dieses Interesse wird er in vielen Gesprächen gerade in Italien selbst ausgelotet haben und dabei gleichzeitig Informationen gesammelt haben.[226] Eher an das griechische Publikum richtete sich seine These, die Kimbern seien Nachfahren der Kimmerer.[227] Auf diese traf bereits Odysseus,[228] bevor Herodot sie als historisches Nomadenvolk beschrieb, welches in archaischer Zeit Kleinasien verwüstet habe.[229] Durch diese Zuschreibungen sprach Poseidonios die historischen Interessen seiner Leser an und ließ seine Reise noch einmal relevanter erscheinen.[230] Indem er die brandschatzenden, zügellosen und brutalen Kimbern den Kelten gegenüberstellte, ordnete er Letztere – anders als seine Vorgänger – in die engere griechisch-römische Welt ein, da sie genauso wie die Römer Opfer eines noch weit ‚unzivilisierteren' Volkes aus weiter nördlichen Gefilden geworden waren.[231] Der schlechte Charakter der Kim-

    vetiern, die beide weit außerhalb römischen Gebietes siedelten. In Exc. de leg. I p. 524 n. 7 = App. Celt. 13 = Test. 10, das von MALITZ Poseidonios zugewiesen wird, findet sich eine Darstellung ihres Eindringens in Noricum, das Poseidonios auch zur Kritik am aggressiven römischen Vorgehen des Gnaeus Papirius Carbo nutzte; vgl. dazu MALITZ 1983, 215.

226 Gerade seine Passagen über die helvetisch-raetischen Gebiete und Noricum zeigen, dass Poseidonios eine ganze Reihe an Quellen zur Verfügung gestanden haben muss, die sich nicht in griechischen und lateinischen Schriftzeugnissen erschöpft haben können (doch selbst dort war der Nachhall so groß, dass sogar poetische Werke über die Kimbern existierten, vgl. Cic. Arch. 19 = FGrHist 186 T 1). Persönliche Gespräche mit kimbrisch-teutonischen Kriegsgefangenen (Vgl. Plut. Marius 39, 1–2, der bspw. einen Kimbern in Italien erwähnt) oder Kaufleuten (Vgl. MALITZ 1983, 212 mit Anm. 100) könnten durch Nachforschungen vor Ort in Arausio oder bei den betroffenen Stämmen in Südgallien ergänzt worden sein. In Italien kamen noch ein persönliches Gespräch mit Marius (Vgl. Plut. Marius 45, 3–12= F 37 Jac. = F 255 EK (hier nur 45,3–7) = F 249 Theiler) und möglicherweise Unterredungen mit seinen römischen Freunden hinzu. So verteidigt (Athen. IV, p. 168 D–E = F 27 Jac. = F 78 EK = F 243 Theiler) und lobt (Exc. de virt. Et vit. II i p. 316 f. n 357–359 = Diod. XXXVII, 5, 1–4 = F 213 Theiler) Poseidonios den Konsul des Jahres 105, Publius Rutilius Rufus, während dessen Amtszeit die Römer bei Arausio geschlagen wurden. Rufus mag ihm durch seine erhöhten Kompetenzen in diesem Krisenjahr Zugang zu vertraulichen Informationen gewährt haben, zumal viele der römischen Staatsakten von dem Beamten zuhause aufbewahrt wurden, wie POSSNER 1972, 165 betont. Dazu wird Poseidonios das Geschichtswerk des Rutilius Rufus (FGrHist 815) definitiv als schriftliche Quelle gedient haben.

227 Vgl. Diod. V, 32, 3 & 5 = F 116 Jac. = F 169 Theiler und Strab. VII, 2, 2, C293–294 = F 31 Jac. = F 272 EK = F44a Theiler. DOBESCH 1995, 66/67 weist auf den großen Einfluss des Poseidonios auf Plutarch in Plut. Marius 11, 5–9 hin: Hier werden die Kimbern gar zu einer Großethnie erhoben, von der die Kimmerer nur einen Teil dargestellt hatten.

228 Vgl. Hom. Od. XI, 12–19.

229 Vgl. Hdt. I, 6, 3, IV, 11–12 und I, 103–106 (Vertreibung durch die Skythen).

230 Vgl. NORDEN 1920, 74 f., der in den Angaben des Poseidonios über die Kimbern Ähnlichkeiten zu den Kyklopen der Odyssee herausarbeitet. Seit der Übersetzung der Odyssee durch Livius Andronicus werden die homerischen Werke auch den römischen Eliten wohlvertraut gewesen sein.

231 Vgl. auch DOBESCH 1995, 72 f.; 89–94 zu Unterschieden zwischen den Kimbern und Teutonen auf der einen und den Kelten Südgalliens auf der anderen Seite. Zum Einfluss von Poseidonios' Beschreibungen und seiner klimatheoretischen Erklärungen auf alle folgenden Darstellungen der Kimbern, vgl. TRZASKA-RICHTER 1991, 48–52. Sollte die Zuordnung von Diod. XXXVII, 1, 5

bern konnte sogar friedlichere und reichere Gallier korrumpieren: So hätten sich viele der eigentlich wohlhabenden Helvetier dem Zug der Invasoren angeschlossen, als sie die Pracht von deren Beute erblickten.[232] Der Autor kehrt damit das bekannte Motiv ‚zivilisierender' Völker wie der Griechen, Römer oder Turdetaner um und erhöht somit noch einmal die Bedrohung, die von den Kimbern und Teutonen ausging.[233]

Die ethnographischen Texte des Poseidonios boten somit eine Fülle neuer Details. Die Kelten werden als Menschen geschildert, die durch das raue Klima des Nordens geprägt waren. Sie befanden sich (noch) nicht auf der Stufe der griechischen Hochkultur. Soweit entsprach sein Bild noch den ethnographischen Vorstellungen des Polybios. Indem er die Gallier allerdings mit dem heroischen Zeitalter verglich, drückte er seinen Respekt für die Bewohner Galliens aus, die in stoischem Sinne noch viel stärker mit der Natur in Einklang lebten. Diese Einordnung in den eigenen kulturellen Hintergrund diente auch der Würdigung keltischer Gebräuche: Wenn er zum Schluss seiner Darstellung der Bankette darauf hinweist, dass sie ihre Götter nach rechts gewandt grüßen, dann ist dies eine eindeutige Anspielung auf die gleiche Sitte in Rom.[234] Poseidonios konstatiert damit eine gewisse Ähnlichkeit zwischen den Völkern, die dafür sprach, dass die Kelten hellenisiert und schließlich auch romanisiert werden konnten.[235]

Fazit

Die Keltenethnographie des Poseidonios war auf der Höhe ihrer Zeit. Die Expansion Roms in den westlichen Mittelmeerraum hatte sein Interesse auf diese Gebiete gelenkt, und die Einrichtung der Provinz Gallia Narbonensis bot die nötige Infrastruktur und Sicherheit, um das Landesinnere zu bereisen. Für ihn selbst war die Unternehmung gleichermaßen Teil seiner geographischen wie naturkundlichen, philosophischen und historischen Arbeit. Mit seinem Werk trug Poseidonios entscheidend zur Erforschung der äußersten Ränder der *oikumene* bei. Im Gegensatz zu ethnographisch interessierten Schreibtischgelehrten wie Agatharchides oder Strabon (in Bezug auf den Norden) erwarb er seine Informationen dabei zu einem großen Teil aus der Autopsie. Diese

---

durch Theiler (F 117) zutreffen, spricht der dortige Vergleich zwischen den Kimbern und den Giganten ebenso für eine Randstellung dieses Volkes, das damit kaum noch zur *oikumene* gezählt haben dürfte.

232 Vgl. Strab. VII, 2, 2 C293–294 = F 31 Jac. = F 272 EK = F 44a Theiler.
233 Siehe auch LAMPINEN 2018, 283.
234 Vgl. MALITZ 1983, 189, Anm. 164. Zu Ähnlichkeiten zwischen der keltischen und römischen Gesellschaft siehe bspw. FITZPATRICK 1989, 31.
235 Darauf spielt er etwa an, wenn er die Gallier Brot essen lässt, oder mit dem Beispiel des romanisierten Kontoniatos in Exc. de virt. et vit. II 1 p. 313 n. 351 = Diod. XXXIV/XXXV, 36 = F183 Theiler. Es passt zu der Meinung, er habe die keltische Lebenswelt festhalten wollen, bevor ihre Traditionen durch die Romanisierung für immer verloren gingen. Dass er das Bild der keltischen Kultur durch seine Würdigung zum Positiven wandte, betont auch CUNLIFFE 2011, 194/195.

neuen Kenntnisse konnte er freilich nur aus einer griechischen Sicht deuten, und er stellte sie deswegen implizit und explizit seinen Lesern bekannten Beispielen aus der hellenischen Kultur gegenüber. Die meisten seiner Vergleiche sind implizit: so beschreibt er das wilde Aussehen der Gallier, ihre Prägung durch den θυμός und ihre ständige Bewaffnung und setzt dabei auf das Wissen seines griechischen Publikums, das die solcherart charakterisierten Kelten sofort als fremdartigen Gegensatz des eigenen Volkes begriff. Punktuelle unterstützt Poseidonios diese Darstellung durch explizite, strukturierende Vergleiche, etwa die zwischen Galliern und Fabelwesen wie Satyrn oder Kyklopen, um sie gezielt als Vertreter der Nordvölker einzuordnen.[236]

Gleichzeitig zieht er relativierende Vergleiche heran, die teils explizit auf Übereinstimmungen zwischen den Kelten und den homerischen Helden hinweisen. Damit sucht sich Poseidonios einerseits bewusst von Polybios abzusetzen, der noch ein deutlich einseitigeres Bild der Gallier gezeichnet hatte. Andererseits schließt er an die Methode seines Vorgängers an und überträgt diese auf einen neuen ethnographischen Gegenstand: So wie Polybios die Römer in seiner ethnographischen Beschreibung von der Kategorie ‚Barbaren' lösen wollte, revidiert Poseidonios die negativen Vorstellungen über die ‚barbarischen' Kelten. In seinem Vorhaben wurde er zunächst von der stoischen Überzeugung geleitet, dass alle Menschen den Willen des Weltlogos erfüllten und damit dem gleichen Zweck dienten. Aber auch die historische Entwicklung hatte dazu beigetragen: Kriegerische Erfahrungen mit den Kelten waren für die meisten Griechen nach der weitgehenden Befriedung der Galater durch Römer und Attaliden Mitte des 2. Jhs. v. Chr. eine Sache der Vergangenheit.[237] Nach der Einrichtung der Provincia Narbonensis wenige Jahrzehnte später intensivierten sich die friedlichen Kontakte zwischen Galliern und Römern, wie etwa die Rolle der allobrogischen Gesandten bei der Aufdeckung der Catilinarischen Verschwörung zeigt.[238] Zwar blieben

---

[236] Wobei selbst der Kyklopenvergleich eher impliziter Natur ist; die Formulierung, sie speisten ‚nach Löwenart' deutet darauf hin und er könnte vielleicht von Diodor stammen.

[237] Diesen Punkt betont auch SCHULZ 2016, 321. Das Königreich Tylis war bereits Ende des 3. Jhs. gefallen, nur die Skordisker bedrohten noch hin und wieder die Nordgrenze Makedoniens, doch dürften die meisten Griechen diese Ereignisse nur peripher wahrgenommen haben; siehe dazu Syll.³ 700. Für die Massalioten blieb die Bedrohung freilich noch deutlich relevanter, doch schrieb Poseidonios nicht für ein massaliotisches Publikum – diese kannten die Gallier bereits aus eigener Anschauung gut genug. Auch scheint dem Werk des Pseudo-Skymnos eine ähnliche Haltung zugrunde gelegen zu haben, da er die Kelten als Griechenfreunde mit griechischen Sitten (!) zeichnet; vgl. Ps.-Skymn. 183–187. Da der Autor die Schrift einem bithynischen König des 2. Jh. v. Chr. widmete, muss er mit der Galatergefahr vertraut gewesen sein, doch erwähnt er sie bei seiner Beschreibung Kleinasiens überhaupt nicht. Siehe zur Einordnung KORENJAK 2003, 11–13. Weil Pseudo-Skymnos auch ältere Quellen wiedergab, ist ebenso vorstellbar, dass sein Bild der Kelten auf dem des Ephoros beruht, doch ist die positivere Konnotation eine auffallende Parallele zu Poseidonios und ein klarer Kontrast zu Polybios. Vielleicht gab es Ende des 2. Jh. v. Chr. also eine allgemeine Tendenz unter griechischen Gelehrten, eine differenzierte Auseinandersetzung mit den Kelten zu entwickeln.

[238] Vgl. dazu KREMER 1994, 105–109.

die Keltentopoi weiterhin virulent und das Konzept des bedrohlichen ‚Barbaren' war jederzeit abrufbar.[239] Jedoch konnten die Kelten im komplexen Verständnis der Griechen gleichzeitig idealisiert oder mit homerischen Helden gleichgesetzt werden, und durch die realen Veränderungen in den Beziehungen zu den gallischen Ethnien gewannen diese Aspekte immer mehr an Bedeutung. Caesars Eroberung des freien Galliens entzog dem *metus Gallicus* schließlich sein Fundament, und in seiner 7. *Philippica* im Januar 43. v. Chr. schloss Poseidonios' einstiger Schüler Cicero die Gallia Cisalpina in seiner Definition ganz Italiens (*tota Italia*) mit ein.[240]

Poseidonios reagierte also auf die politische Entwicklung, nahm sie teilweise aber auch schon vorweg. Als typischer Vertreter der hellenistischen Ethnographie hatte er danach gestrebt, seine Vorgänger zu übertreffen und seine persönliche (stoische) Weltsicht durch die Früchte eigener Beobachtung zu untermauern. Dies gelang ihm, indem er die detailreichen Ergebnisse seiner Forschung in die intellektuellen Kontexte seiner Zeit einbettete. Damit genügte er den Ansprüchen der hellenistischen Geisteswelt und prägte das Bild von den Kelten bis heute entscheidend mit.

4.2 Roms größter Feind: Poseidonios über die Völker der Iberischen Halbinsel

Einleitung

Er [Viriatus] ging davon aus, dass die Unabhängigkeit der größte Reichtum sei, dass die Freiheit seine Heimat [...] sei."[241]

Aus diesem Zitat spricht Poseidonios' Bewunderung für Viriatus (ca. 180–139 v. Chr.), den lusitanischen Anführer des Widerstandes gegen die römische Eroberung. Den Stoiker faszinierte die Geschichte des genügsamen Hirten, der nach dem Massaker Galbas an den Lusitanern 150 v. Chr. den Kampf gegen Rom aufnahm.[242] Nach zahlreichen Siegen wurde Viriatus schließlich 139 v. Chr. auf Betreiben der Römer von seinen eigenen Landsleuten ermordet.[243]

---

239 Während Cicero die Gallier im Zusammenhang mit Catilina (teilweise) positiv darstellte, zog er in seiner Rede *Pro Fonteio* Keltentopoi heran, um den Statthalter der Narbonensis zu verteidigen. Siehe KREMER 1994, 81–104.
240 Vgl. Cic. Phil. VII, 3; KREMER 1994, 123.
241 Exc. de virt. et vit. II, 1, p. 296 n. 312 = Diod. XXXIII, 7, 3 = F 105a Theiler. ὑπελάμβανεν γὰρ τὴν μὲν αὐτάρκειαν μέγιστον ὑπάρχειν πλοῦτον, τὴν δὲ ἐλευθερίαν πατρίδα.
242 Zum Massaker s. o. 206. Zu Viriatus und seiner Rezeption (nicht nur durch Poseidonios) vgl. SCHULTEN 1920, 126–149; GRÜNEWALD 2004, 33–47.
243 Eine konzise Darstellung des Krieges bietet Luik 2005, 64–71; ausführlicher SIMON 1962, 87–138.

Viriatus wurde aber nicht nur zum Symbol des Widerstandes: Poseidonios nutzt die faszinierende Gestalt des tragischen Kriegshelden auch, um das Volk der Lusitaner in ihrer Gesamtheit zu charakterisieren.[244] Die Forschung hat sich seiner iberischen Ethnographie bisher nur im Rahmen der allgemeinen Auseinandersetzung mit seinem Werk gewidmet;[245] anders als im Fall der Gallier gibt es nur wenige eingehende Studien.[246] Und wiederum ist die Rolle der Vergleichspraktiken als einer spezifisch ethnographischen Darstellungs- und Argumentationstechnik bisher noch nicht in den Blickpunkt gerückt worden, obwohl schon die philosophische Grundüberzeugung des Poseidonios von der Einheit der Menschheit (aufgrund der Gleichheit der Seelen) solche ethnographischen Vergleiche eigentlich nahelegt. Tatsächlich verfolgte der Apameer, so die These, mit seinen ethnographischen Vergleichen ein übergeordnetes historiographisches Ziel: Er wollte die Bewohner der iberischen Halbinsel (genauso wie die Kelten) als wichtige Akteure in die Geschichte der griechisch-römischen Welt einbinden und damit die Anschauungen seiner Vorgänger korrigieren.[247] Zu diesem Zweck galt es, zunächst Gemeinsamkeiten zwischen beiden Seiten im Hinblick auf die Beschaffenheit des Landes und seiner Bewohner herauszuarbeiten. Um dieses Ziel zu erreichen, suchte er in seinem Geschichtswerk und der Schrift „Über den Ozean" ein möglichst umfassendes Bild Hispaniens zu zeichnen, das naturwissenschaftliche Beobachtungen mit der historischen und ethnographischen Darstellung vereinte. Dieses umfassende Arbeitsprogramm, das deutlich über das seiner Vorgänger hinausging, erforderte, getreu den Forderungen der alten ionischen *historie*, nicht nur die Lektüre vorliegender Schriften, sondern auch genaue Autopsie. Deshalb reiste Poseidonios von Massalia in den Nordosten Iberiens, über Ilipa im Landesinneren[248] und bis über die Säulen des Herakles hinaus. Mindestens einen Monat hielt er sich in Gades auf, dem Tor zum *okeanos* und beinahe konkurrenzlosen Zentrum von Wissen und Information über den Westen der *oikumene*.[249]

Die Voraussetzungen für seine Unternehmung waren günstig: Nach der Eroberung Numantias durch Scipio Aemilianus 133 v. Chr. herrschte in den hispanischen Provinzen weitestgehend Frieden. Im heutigen Katalonien war seit 120 v. Chr. das Straßennetz großflächig ausgebaut worden, die Städte Emporion im Osten und Italica im Sü-

---

244 Seine Darstellung des Lusitanischen Krieges ist besser überliefert als die des Numantinischen Krieges. S. u. 272–277 (Numantinischer Krieg); 277–290 (Viriatuskrieg).
245 Zum Forschungsstand s. o. auf 212–216.
246 Zu nennen wären SCHULTEN 1911; ALONSO NÚÑEZ 1979. Dass SCHULTENS inzwischen über ein Jahrhundert alte Studie noch immer die umfassendste Untersuchung dieses Themas darstellt, fasst das Forschungsdesiderat sehr prägnant zusammen.
247 Letzteren Punkt betont schon RUBINSOHN 1981, 167.
248 Vgl. Strab. III, 5, 9, C174–175 = F 86 Jac. = F 218 EK = F 26 Theiler. Zu Poseidonios' Reisen in Hispanien siehe auch SCHULTEN 1955, 77.
249 Er muss sich mindestens einen Monat in Gades aufgehalten haben, aber weniger als ein Jahr. Vgl. Strab. III, 5, 7–8, C173–174 = F 85 Jac. = F 217 EK = F 26 Theiler; MALITZ 1983, 97. Zur Rückreise vgl. Strab. III, 2, 5, C143–144 = F 46 Jac. = T 5b/ F22 EK = F 18 Theiler. S. o. 219 m. Anm. 53.

den wurden von den Römern erweitert und in iberischen Heiligtümern entstanden erste römische Tempel. Der Ausbau der Infrastruktur besonders im Ebrotal, an der Ostküste und in Turdetanien legte das Fundament für eine ‚Romanisierung'[250] der Iberer.[251] Poseidonios dürfte sich somit recht ungehindert fortbewegt haben.[252] Allerdings flackerten die Konflikte im äußersten Westen des Reiches nach Poseidonios' Reise bald wieder auf:[253] Von 82–73 v. Chr. stellte sich dort der Marianer Quintus Sertorius zusammen mit seinen Verbündeten, darunter den Lusitanern, gegen die römischen Autoritäten.[254] Da Sertorius sogar ein Bündnis mit Mithridates VI. von Pontos einging[255] und u. a. Pompeius in der Schlacht besiegen konnte, wird Poseidonios dem Krieg eine große Bedeutung zugemessen haben; wahrscheinlich versorgte ihn Pompeius mit Informationen über den Kriegsschauplatz. Dabei ist nicht ausgeschlossen, dass Poseidonios, wie angeblich große Kreise der römischen Nobilität,[256] mit Sertorius und seinen hispanischen Rebellen sympathisierte, so wie er Bewunderung für Viriatus hegte.[257] Besonders bei der Behandlung der Lusitaner dürfte er somit auf Ereignisse und Quellen aus dem Sertoriuskrieg zurückgegriffen haben.

Hierbei musste er sich wie bei den Kelten mit Vorstellungen aus älteren Schriften (s. o.)[258] auseinandersetzen, unter denen Polybios' Werk eine herausragende Rolle einnahm.[259] Eine Lokalgeschichte Turdetaniens verfasste der um 100 v. Chr. im Land

---

250 Zum problematischen Begriff der ‚Romanisierung', den ich hier deshalb in Anführungszeichen setze, siehe den Überblick bei MANN 2011, 16–23. Vgl. WOOLF 1998, 1–23 mit dem Beispiel Gallien. Zum Fall Lusitanien siehe DE FRANCISCO MARTÍN 1996, 21–28. Der bis in Poseidonios' Zeit noch eher ungesteuerte und uneinheitliche Prozess meint hier eben keine vollständige Ersetzung einheimischer Bräuche oder der Sprache durch lateinische bzw. römische, wie das CABEZAS GUZMÁN/VENTÓS 2021 für die Iberer des Nordostens zeigen.

251 Vgl. RICHARDSON 1996, 90–95; MACMULLEN 2000, 54–58. Zur Ausbreitung griechischer Kulte siehe DE HOZ 2013.

252 Er war nicht der einzige Grieche, der die neue ‚Reisefreiheit' nutzte, wie nicht nur die Beispiele von Artemidor und Asklepiades auf der nächsten Seite zeigen: Gelehrte und Händler zog es nach Gades und die Römer brachten Sklaven und Freigelassene mit, von denen sich viele dauerhaft in Iberien niederließen. Ausführlich behandelt das Thema FORTES 2013.

253 Zu weiteren kriegerischen Konflikten nach der Zerstörung von Numantia und vor dem Sertoriuskrieg siehe auch die knappe Übersicht bei CURCHIN 1991, 40–42.

254 Eine Übersicht der Ereignisse findet sich bei RICHARDSON 1996, 95–102; LUIK 2005, 84–102. Auch ist zu berücksichtigen, dass Poseidonios sich nicht nur für Marius und dessen Kampf gegen Sulla interessierte, sondern dass er den siebenmaligen Konsul auf seiner Botschaftsreise nach Rom 86 v. Chr. sogar persönlich kennengelernt hatte; vgl. Plut. Marius 45, 3–12 = F 37 Jac. = F 255 EK (nur 3–7) = F249 Theiler; HAHM 1989, 1332–1334.

255 Vgl. Plut. Sertorius 23–24; App. Mithr. 68, 286–290.

256 Siehe Plut. Sertorius, 27, 2–4.

257 Vgl. MALITZ 1983, 100. Poseidonios' Sympathie mit den Schwachen und Unterdrückten demonstriert auch seine Beschreibung der Sklavenkriege, wie sie sich im langen Fragment Diod. XXXIV, 2 = F 108 Jac. (bei Theiler mehrere Fragmente) findet; vgl. die Anordnung in MALITZ 1983, 146–158.

258 Im Kapitel zu Polybios und Iberien; 165–172.

259 Als Quelle für die iberische Ethnographie des Poseidonios sieht ihn schon ALONSO NÚÑEZ 1979, 640.

lebende bithynische Grammatiker Asklepiades von Myrleia.²⁶⁰ Als möglicherweise ebenfalls stoischer Gelehrter suchte er wie Polybios und Poseidonios den Wahrheitsgehalt der homerischen Mythen zu beweisen, indem er die Angaben des Dichters rationalisierte.²⁶¹ Der Tempel der Athene im turdetanischen Odysseia erinnerte so seiner Meinung nach an die Reise des Odysseus in den Westen – vielleicht rekurrierte er damit auf die Idee des Polybios, dass es sich bei Turdetanien um Scheria, die Heimat der Phaiaken, handelte.²⁶² Asklepiades' Schrift galt offenbar als ein Standardwerk über Turdetanien; es wurde dementsprechend nicht nur von Poseidonios, sondern auch von Diodor und Strabon benutzt.²⁶³

Das Interesse an mythischen Verbindungen zwischen Hispanien und Griechenland teilte Asklepiades mit Artemidor von Ephesos,²⁶⁴ der die Halbinsel offenbar nur wenige Jahre nach ihm bereiste.²⁶⁵ Wie Polybios, Asklepiades und Poseidonios hielt sich Artemidor vorher in Rom auf und profitierte bei seinen Reisen von der sich stabilisierenden Provinzialherrschaft der Römer.²⁶⁶ Im Anschluss an Polybios lehnte er die Angaben des Pytheas genauso ab wie die mathematisch-physikalische Erdkunde; entsprechend konzentrierte er sich auf die praktischen Auswirkungen der Topographie Iberiens, das er bis Gades bereiste.²⁶⁷ Seine Erkenntnisse hielt Artemidor in einem elfbändigen, *periplous*-artigen Werk fest, das ein Bild der gesamten *oikumene* bot.²⁶⁸ Da-

---

260 FGrHist 697. Über sein Leben, die Datierung seiner Werke und seine Reisen ist außer Aufenthalten in Rom und Turdetanien wenig bekannt; vgl. etwa MALITZ 1983, 99.
261 Vgl. GRIFFITHS 2013, 72.
262 Vgl. Strab. III, 4, 3, C157 = FGrHist 697 Asklepiades von Myrleia F 7; WALBANK 1967, 170. ROLLER, Kommentar (zu Strabon), 151 hält Artemidor von Ephesos in diesem Absatz für eine wichtige Quelle und will ihn nicht alleine auf Asklepiades zurückführen. Zu Artemidor siehe direkt hier unten. Zu Polybios' Theorien über die Phaiaken s. o. den entsprechenden Abschnitt auf 185–188.
263 Er schrieb auch über die Völker des Nordens: Die Gefährten des Teukros, des Halbbruders des Aias, waren ihm zufolge die Stammväter der Kallaiker im Nordwesten und eine Gruppe Lakonier habe Kantabrien besiedelt. Vgl. Strab. III, 4, 3, C157 = FGrHist 697 Asklepiades von Myrleia F 7; siehe BICKERMAN 1952, 66 zur Akzeptanz solcher Deutungen in der lokalen Bevölkerung. Dazu erwähnt Asklepiades das Volk der Igletes nördlich des Ebros; vgl. Strab. III, 4, 19, C166 = FGrHist 697 F8. SCHULTEN 1955, 77, nahm an, dass große Teile von Diod. V, 33–38 neben Poseidonios auch auf Asklepiades zurückgehen könnten. Als Quelle für weitere Passagen bei Strabon, in denen Asklepiades nicht namentlich genannt wird, sehen ihn CRUZ ANDREOTTI 2019b, 6–7 und LOWE 2017, 73.
264 BNJ 438.
265 Vgl. GRIFFITHS 2013, 72. Zur Datierung siehe MOMIGLIANO 1975, 67; MALITZ 1983, 13. Zu seinem Werk über den Westen siehe HAGENOW 1932.
266 Vgl. WOOLF 2011b, 66. In Rom trat Artemidor – wie Poseidonios – als Gesandter auf und beschwerte sich über das Auftreten römischer Steuereintreiber am Selinousia-See; vgl. Strab. XIV, 1, 26, C642; MALITZ 1983, 99. Laut Diod. III, 11, 2 hatte er wie Strabon auch in Ägypten gelebt – deshalb maß Diodor Artemidors Ägyptenbeschreibung großen Wert bei.
267 Vgl. BERGER 1903, 525; 534. Zu den Reisen des Artemidor siehe Strab. III, 1, 4, C137–138. Dirkzwager 1975, 3 nahm an, dass Artemidor bis nach Gades vorgestoßen war. Zur Ablehnung des Pytheas durch Artemidor siehe KOCHANEK 2004, 64 mit Anm. 248.
268 Das Exzerpt findet sich bei Markian in Geographi Graeci minores I, 574 ff.; vgl. Timpe 1989, 339–340. Aus Strab. IV, 4, 6, C204 = Artemidor Fr. 36 Stiehle geht hervor, dass sich Artemidor auch mit der gallischen Küste beschäftigt hatte.

rin fanden sich auch ethnographische Beobachtungen über den Westen, wie z. B. die Beschreibung der Bekleidung iberischer Frauen,[269] die seine Nachfolger aufgriffen.[270] Poseidonios betont mehrfach, Polybios und Artemidor übertreffen zu wollen.[271] Das galt für Iberien in besonderem Maße, da sich hier vor Poseidonios – außer Pytheas – nur die drei genannten Autoren auf Autopsie berufen konnten.[272]

Diese Konkurrenz spiegelt sich in den geographischen Vorstellungen des Poseidonios, mit denen er sich bewusst v. a. von Polybios abzusetzen suchte.[273] Da Poseidonios wie Eratosthenes die Angaben des Pytheas zu Grunde legte, gelang ihm eine wesentlich genauere Rekonstruktion der Längenverhältnisse Hispaniens.[274] Wenn Strabons Angaben auf ihn zurückgehen, bezifferte er möglicherweise die Länge der Ostküste auf 6000 Stadien und die ‚Breite' der iberischen Halbinsel (von der Südküste zur Nordküste) auf 5000 Stadien.[275] Gesichert ist, dass die Pyrenäen für Poseidonios 3000 Stadien lang waren.[276] Die Ost- und Südküste werden ihm aufgrund seiner eigenen Reisen (s. o.[277]) vertraut gewesen sein, eventuell sogar die Atlantikküste.[278] Über den Nord-

---

269 Strab. III, 4, 17, C164–165 = Artemidor Fr. 23 Stiehle. Zum Wahrheitsgehalt der Angaben vgl. ROLLER, Kommentar (zu Strabon) 162.
270 Vgl. GRIFFITHS 2013, 66; TIERNEY 1960, 202; 207, 218. SCHULTEN 1911, 581 nahm an, dass auch Strab. III, 4, 1–8 größtenteils auf Artemidors Angaben beruhte, ergänzt durch Poseidonios und Asklepiades.
271 Zu Artemidor als Rivalen siehe folgende Stellen: Strab. III, 1, 5, C170 = F 45 Jac. = F 119 Malitz = F 16 Theiler oder Strab. III, 5, 7–8, C172–174 = F 85 Jac. = F 217 EK = F 26 Theiler; vgl. MALITZ 1983, 97 m. Anm. 5.
272 Zu dieser Konkurrenz vgl. auch LAMPINEN 2014b, 247/248; YARROW 2006, 162.
273 Zum Bild des Polybios von Iberien s. o. die Karte auf 176. Zu den unterschiedlichen geographischen Kenntnissen der beiden Autoren in Bezug auf Iberien siehe auch SCHULTEN 1911; bes. 576/577.
274 Dass die folgenden Angaben auf Eratosthenes zurückzuführen sind, geht aus Strab. II, 4, 4 = Eratosthenes F133 Roller hervor. Vgl. ROLLER, Kommentar (zu Strabon), 125.
275 Vgl. MALITZ 1983, 101, der die Angaben aus Strab. III, 1, 3, C137 zieht. Ob diese wirklich von Poseidonios stammen, ist meines Erachtens nicht gesichert, doch dürfte es ihm sein Vertrauen auf Pytheas und Eratosthenes, zusammen mit seiner Reise, in jedem Fall ermöglicht haben, die für seine Zeit präzisesten Angaben zu verfassen. Die hier angegebenen Längenangaben dürften jedoch, da Strabon sie übernimmt, nur auf Eratosthenes und nicht auf Pytheas zurückzuführen sein. Dass der Massaliote aber ebenfalls Angaben über Hispanien verfasste, belegt Strabon an anderer Stelle. Vgl. etwa Strab. III, 2, 11, C148 = Artemidor Fr. 11 Stiehle = Eratosthenes Fr. III B 122 Berger, wo Strabon der Kritik Artemidors an Eratosthenes folgt, da Letzterer für einige seiner Angaben über Iberien der Quelle Pytheas gefolgt sei. Zu Poseidonios' Berechnung des Erdumfangs und seiner Meinung zur Möglichkeit einer direkten Seereise von Spanien nach Indien vgl. etwa BUNBURY 1879, Bd. II, 93–97.
276 Vgl. Diod. V, 35, 2 = F 117 Jac. = F89 Theiler; Strab. IV, 1, 14, C188–189 = F 34 Jac. = F 248 EK = F28b Theiler.
277 219 m. Anm. 53.
278 Vgl. Strab. III, 3, 3, C152–153 = F84 Jac. = F 220 EK = F 20 Theiler, wo Poseidonios vielleicht die Küste Lusitaniens beschreibt. Für weitere Reisen von Gades aus nach Westen spräche dann auch Strab. II, 5, 14, C118–119 = F 99 Jac. = F 204 EK = F14 Theiler; Strabon berichtet dort, Poseidonios habe eine Art Sternwarte besucht, die 400 Stadien von der Küste um Gades entfernt lag. Allerdings lassen sich die genannten Örtlichkeiten in beiden Fällen nicht genau lokalisieren und noch unsicherer ist, ob Poseidonios die in F 84 Jac. beschriebene Küste selbst besucht hat. DODDS 1973, 19

westen hatte er vielleicht bei seinen Kontakten in Gades Informationen eingeholt; in jedem Fall korrigierte er die Angaben des Polybios und lokalisierte bspw. die Quelle des Bainis (Miño/Minho) in Kantabrien.[279] Es liegt nahe, dass Poseidonios auch von Lusitanien und Keltiberien recht genaue Vorstellungen hatte, da er dank seiner römischen Freunde auf Kriegsberichte,[280] Senatsakten und mündliche Informationen zugreifen konnte.

Besonders wichtig scheinen die Angaben seines Freundes Rutilius Rufus, des Konsuls von 105 v. Chr., gewesen zu sein, der unter Scipio Aemilianus als Militärtribun in Keltiberien gedient hatte und seine Erlebnisse später in einem Geschichtswerk verarbeitete.[281] Ähnlich nützlich waren die Schriften der frühen römischen Historiographen, von denen einige ebenfalls in Hispanien gekämpft hatten;[282] andere Kriegsteilnehmer könnte Poseidonios persönlich befragt haben.[283] Und schon Cato der Ältere hatte sich – wie Polybios[284] – mit den südiberischen Minen beschäftigt.[285]

Seitdem Polybios seine Kapitel über die iberische Halbinsel verfasst hatte, war das Wissen über das Land infolge der römischen Expansion und einer beginnenden ‚Romanisierung' also schrittweise erweitert worden. Poseidonios nutzte die zahlreichen Quellen, um eine umfassende Darstellung zu bieten, die alle Vorlagen übertreffen sollte. Wendete Poseidonios dabei ähnlich wie Polybios Vergleichspraktiken an, um die Völker der Halbinsel als Nord- oder Südvölker zu klassifizieren, oder dienten sie in erster Linie dazu, Gemeinsamkeiten zwischen Griechen und (Kelt-)iberern aufzuzeigen? Und wie bewertete er das militärische Vorgehen der Römer und die Auswirkungen ihrer Herrschaft auf das Land?

etwa scheint Reisen nach Lusitanien anzunehmen. In jedem Fall zeigen beide Fragmente, dass sich Poseidonios auch für die Atlantikküste westlich von Gades interessierte. Polybios war auf seiner Seereise in ähnliche Gebiete vorgestoßen; vgl. Pol. III, 59, 7.

279 Vgl. Strab. III, 3, 4, C153 = F 49 Jac. = F224 EK = F 21 Theiler; vgl. EDELSTEIN/KIDD II, 2, 805/806. Die tatsächliche Quelle liegt an einem westlichen Ausläufer des Kantabrischen Gebirges, an der Ostgrenze des heutigen Galiciens zu Asturien hin. Poseidonios' Angabe war damit nicht völlig korrekt, aber er scheint ältere Vorstellungen über einen kürzeren Lauf des Minho verbessert zu haben. Dennoch erscheint es mir sehr zweifelhaft, dass Poseidonios das Quellgebiet selbst besucht haben könnte, wie SCHULTEN 1911, 596 behauptet – alleine schon deshalb, weil sich keine weiteren Beschreibungen der betreffenden Region finden.

280 Etwa der des Decimus Iunius Brutus Callaïcus über seinen Feldzug nach Gallaecien hinein; vgl. Pol. III, 37, 11; vgl. Exc. de sent. IV p. 383 n. 392 = Diod. XXXIII, 24 = F128 Theiler; vgl. MALITZ 1983, 100; 128.

281 Vgl. App. Ib. 88 = FGrHist 815 T 1a; vgl. MALITZ 1983, 100; 130–131; 21 mit Quellenverweisen zur Freundschaft mit Poseidonios. S. auch o. 242 Anm. 226.

282 Vgl. MALITZ 1983, 100 m. Anm. 34 zu den möglicherweise benutzten Autoren.

283 Auch der Satiriker Lucilius war laut Vell. II, 9, 4 ein Veteran des Numantinischen Krieges. In seinen Werken verarbeitete er auch Alltagswissen über die Iberische Halbinsel; vgl. MALITZ 1983, 100.

284 Vgl. Strab. III, 2, 10, C147–148 = Pol. XXXIV, 9, 8–11; s. o. 180/181.

285 Vgl. Gell. II, 22, 28–29 = Apul. De mund. 321 = F93 Peter = FRH 3 F 5,2 = FRHist 5 F116. Poseidonios folgte den beiden darin, s. u. 257–264 zu Diod. V, 35–38 = F 117 Jac. = F 89 Theiler & Strab. III, 2, 9, C147 = F 47 Jac. = F239 EK = F 19 Theiler.

Die naturphilosophischen und geographischen Forschungen des Poseidonios in Hispanien

Auf seiner Reise durch Hispanien suchte Poseidonios zunächst naturphilosophische Fragen zu klären. Als Stoiker interessierten ihn die Zusammenhänge zwischen Meer und Land, Umwelt und Mensch in besonderem Maße, da er davon überzeugt war, dass alle Elemente der Welt in sinnvoller Weise miteinander verbunden waren.[286] Gleichzeitig schloss er damit an die ionischen Forscher an, die ihren Länderbeschreibungen stets hydrologische, geologische und v. a. topographische Darstellungen vorangestellt hatten. Diese Untersuchungen dienten als Fundament für die ethnographischen Passagen: So beschäftigt sich Herodot in seinem Ägyptenexkurs erst mit den Fragen der Nilschwemme,[287] den Quellen und dem Verlauf des Flusses,[288] bevor er sich den Sitten und Bräuchen der Ägypter widmet. Poseidonios trieb eine verwandte Frage um: Er wollte den Ablauf der Gezeiten erklären, wozu er an den Küsten des *okeanos* und im für seine Seefahrertradition bekannten Gades eigene Beobachtungen vornahm.[289] Pytheas (s. o.[290]) und Eudoxos von Kyzikos hatten von hier aus ihre Ozeanfahrten unternommen und angeblich bewiesen, dass der *okeanos* die gesamte, inselartige *oikumene* umfließe.[291] Beide Autoren hatten sich ebenfalls mit den Gezeiten befasst – zuvorderst aus praktischen Erfordernissen der Nautik – doch postulierte erst Seleukos von Babylon am Persischen Golf eine Verbindung zwischen Ebbe und Flut und den Phasen des Mondes.[292] Dort waren aber die Gezeiten nicht so stark wie die, welche Poseidonios am Atlantik vorfand.[293] In Gades gelang es dem Apameer durch Autopsie – zusätzlich las er vielleicht phönizische Quellen[294] – Seleukos' Theorie vom Einfluss des Mondes zu bestätigen. „Poseidonios sagt", so Strabon, „die Bewegung des Ozeans [...] habe

---

286 Siehe REINHARDT 1926 passim; s. o. 225/226.
287 Vgl. Hdt. II, 16–27.
288 Vgl. Hdt. II, 28–35.
289 Indem er den Einfluss von Mond und Sonne auf die Natur nachwies, wollte er die Theorien seines Lehrers Panaitios weiterentwickeln, dessen Ansicht über die Umwelt er ansonsten in vielen Punkten teilte. Siehe dazu GLACKEN 1967, 51–54. Zu Poseidonios' Motivation siehe auch FERNÁNDEZ CHICARRO Y DE DIOS 1953.
290 219/220.
291 Vgl. Strab. II, 3, 4–5, C98–102 = F 28 Jac. = T46/F49 EK = F 13 Theiler. Zur Fahrt des Eudoxos siehe weiter SCHULZ 2016, 301–311.
292 Vgl. Strab. III, 5, 9, C174–175 = F 86 Jac. = F 218 EK = F 26 Theiler. Über Seleukos ist sonst kaum etwas bekannt; vgl. DICKS 1960, 114/115; GOSSEN 1923, Sp. 1249–1250. Plutarch erwähnt Seleukos mehrere Male und beschreibt auch seine Forschung über die Gezeiten; siehe Plut. plac. phil. III, 7. In II, 1 nennt Plutarch Seleukos' erstaunliche Erkenntnis, dass sich das Universum immer weiter ausbreite und die Erde deshalb in der Relation immer unwichtiger werde.
293 Vgl. CARTWRIGHT 1999, 6–8.
294 Vgl. MALITZ 1983, 112, Anm. 131; REINHARDT 1921, 122.

einen täglichen, einen monatlichen und einen jährlichen Umlauf",[295] die von den Bewegungen des Mondes abhinge, mit dem der *okeanos* in „kosmischer Sympathie" stände.[296] Denn der Mond bewege die Winde (bzw. das alles durchdringende Pneuma) und diese wiederum das Wasser:[297] „Der Mond ist das ‚pneumatische Gestirn', er macht die Länder schwellen, er erfüllt die Körper durch sein Nahen und leert sie durch sein Sich-Entfernen"[298] – und das galt auch für den Ozean und das in ihm enthaltene Wasser. Die Gezeiten waren für Poseidonios somit Ausdruck eines organischen Kosmos, in dem jedem Element eine sinnvolle Funktion zukam. Durch diese Erklärung konnte er die Argumente seiner Vorgänger überbieten; so hatte z. B. Aristoteles die hohen Küsten der iberischen Halbinsel als Grund für die starken Unterschiede zwischen Ebbe und Flut angeführt.[299] Poseidonios widerlegte diese Annahme durch Autopsie, indem er erklärte, „die meisten Küstenstreifen seien sandig und niedrig."[300]

Weiterhin verglich er seine Ergebnisse mit Beobachtungen aus Ilipa im Landesinneren. Bei einer Neumondflut sei dort der Fluss Baetis[301] mehr als doppelt so stark über das Ufer getreten wie bei einer normalen Flut, und die Küstenebenen seien bis zu 30 Stadien hinter dem Meer so stark überschwemmt worden, „dass selbst Inseln [...] entstanden".[302] Der Bainis (Minho/Miño) hingegen habe so hohe Ufer, „dass das Meer

---

295 Strab. III, 5, 8, C173–174 = F 85 Jac. = F217 EK = F 26 Theiler. Zu den naturwissenschaftlichen Details vgl. EDELSTEIN/KIDD II, 2, 767–776 mit Illustrationen.
296 Vgl. REINHARDT 1921, 122.
297 So EDELSTEIN/KIDD II, 2, 767–776; REINHARDT 1954, Sp. 671; REINHARDT 1921, 122–124. Mit dem Mond beschäftigte sich Poseidonios auch an anderer Stelle, etwa in Aetius, Placita II, 25, 5; 26, 1; 27, 1 (Stob. Eclogae I, 219, 16 W; Dox. Gr. 356–357) = F 122 EK = F 301 Theiler.
298 Plin. nat. hist. II, 99, übers. nach REINHARDT 1921, 123, von dem auch die Zuweisung stammt.
299 Vgl. Strab. III, 3, 3, C152–153 = Aristot. F 680 Rose.
300 Strab. III, 3, 3, C153 = F84 Jac. = F 220 EK = F 20 Theiler. Die Angabe, die Poseidonios v. a. auf Lusitanien bezieht, ist nicht völlig korrekt, da es an der portugiesischen Küste viele steile Klippen und Kaps gibt, wie in Nazaré oder am Cabo da Roca. Einige dieser Feinheiten blieben den antiken Geographen aber verborgen, wie gerade das Beispiel des Cabo da Roca zeigt, das der westlichste Punkt des europäischen Festlandes ist: denn für die antiken Autoren blieb das Cabo de São Vicente in der Algarve als „Heiliges Vorgebirge" der westlichste Punkt des Kontinents. Vgl. etwa Strab. III, 1, 3, C137 mit Roller, Kommentar (zu Strabon), 126. Poseidonios erkannte aber offenbar, dass an hohen Küsten stärkere Gezeitenunterschiede auftreten, wie MALITZ 1983, 115 Anm. 148 mit Berufung auf Strab. III, 2, 4, C142–143 = F 17 Theiler festhält. Die widersprüchliche Erklärung dort überzeugte EDELSTEIN/KIDD II, 2, 791 jedoch, dass diese nicht von Poseidonios stammen kann.
301 Aus Konvention benutze ich den lateinischen Namen statt das griechische „Baitis", wie es auch die meisten Übersetzungen tun.
302 Strab. III, 5, 9, C174–175 = F 86 Jac. = F 218 EK = F 26 Theiler. Am Iber (Ebro) notierte er sogar ein von den Gezeiten völlig unabhängiges Hochwasser, das er auf starke Nordwinde zurückführte, die „das Wasser des Sees (durch den der Iber fließt) [...] heraustrieben (Ebd.)." Über die Winde des westlichen Mittelmeeres vor der Küste Hispaniens äußerte sich Poseidonios in Strab. III, 2, 5, C143–144 = F 46 Jac. = T 5b/ F22 EK = F 18 Theiler. Der Bericht stammt vom letzten Abschnitt seiner Forschungsreise, der Rückfahrt nach Italien oder Rhodos, genauso wie Strab. XVII, 3, 4, C827 = F 73 Jac. = F245 EK = F 65 Theiler. EDELSTEIN/KIDD II, 2, 778/779 wundern sich, warum Poseidonios hier den nordspanischen Ebro beschreibt. Allerdings erscheint es mir logisch, dass er auf dem Weg von Massalia nach Gades die Küste entlang auch Nachforschungen an der Mündung

keine Überschwemmung verursacht",³⁰³ dafür „sollte man die Natur [loben]".³⁰⁴ Wieder sah der Stoiker die kosmische Sympathie am Werk: Alle Elemente der Welt arbeiteten zusammen, um das Leben zu schützen – wie durch die hohen Ufer am Minho – oder zu mehren, wie es im niederschlagsarmen Gebiet von Ilipa der Fall war.³⁰⁵ Diese Forschungen waren auch für die Ethnographie des Poseidonios von Bedeutung: Die gesamte Umwelt mit ihren vier Elementen – hier besonders Wasser und Luft – prägte das Klima, die Geographie und Topographie eines Landes und somit seine Bewohner. Für Poseidonios verdankte bspw. Turdetanien, das schon Polybios als fruchtbar beschrieben hatte, seinen Wohlstand auch den Überschwemmungen des Baetis.

Nach diesen hydrologischen Fragen behandelt Poseidonios als Nächstes Gades und sein Umland. Er bedient damit ein weiteres der Themen jeder Iberienbeschreibung, „über die", so Polybios (III, 57, 3), „die Historiker, nicht ohne heftige Polemik gegeneinander, des langen und breiten reden."³⁰⁶ In Gades fand der Apameer einen Brunnen im Melqarttempel vor, der sich bei Flut leere und bei Ebbe fülle. Er erklärt diesen scheinbaren Widerspruch mit einem Irrtum der Gaditaner: Wenn sie am Morgen damit begännen, aus dem Brunnen zu schöpfen, habe sich der Wasserstand über Nacht erholt – dass gleichzeitig zu Tagesbeginn normalerweise Ebbe herrsche, sei nur Zufall. Alternative Erklärungsversuche des Polybios, Artemidor und Silenos von Kaleakte führt Poseidonios damit ad absurdum.³⁰⁷ Er stellte offenbar auch im Tempel des phönizischen Melqart, der von den Griechen mit Herakles identifiziert wurde, Nachforschungen an.³⁰⁸ Er vermutete, es handle sich bei „den bronzenen Säulen von 8 Ellen Länge im Tempel des Herakles, auf dem die Kosten für die Errichtung des Tempels

---

      des Ebros unternehmen konnte. Nach SCHULTEN und RADT handelt es sich um den bei Huelva – also in Turdetanien – fließenden Rio Tinto, nicht den Ebro; vgl. Radt, Kommentar I (zu Strabon), 399 mit dem Hinweis auf SCHULTEN. Diese Änderung erscheint mir wie gesagt nicht notwendig.

303 Strab. III, 3, 4, C153 = F 49 Jac. = F224 EK= F 21 Theiler.
304 Ebd.
305 Siehe die ähnliche Interpretation bei REINHARDT 1926, 171. Die Niederschlagsmenge im Mündungsgebiet des Minho ist mit jährlich 1200 mm heutzutage fast doppelt so hoch wie in Sevilla (Ilipa liegt nicht weit außerhalb der modernen Stadt), so dass Poseidonios durchaus recht hat. Seine Beobachtungen des Minho werden auf Informanten in Südhispanien oder phönizische Schriften in Gades zurückgehen, denn keines der Fragmente deutet daraufhin, dass Poseidonios so weit in den Nordwesten gereist war (s. o. 216–220 zu seinen Reisen). Das Gleiche gilt für seine Analyse der Gezeiten an Themse und Rhein, die auch nicht auf Autopsie beruht haben können. Vgl. Prisc. Lyd. Solut. 6, pp. 69, 19–74, 6 Bywater = F 219 EK, 72–81 = F 313 Theiler.
306 Darunter hatte der Achaier auch die „Eigentümlichkeiten" (ἰδίωμα) des *okeanos* gefasst, die Poseidonios so anschaulich erläutert. Vgl. Pol. III, 57, 2.
307 Vgl. Strab. III, 5, 7, C172–173 = F 85 Jac. = F 217 EK = F 26 Theiler. Strabon schenkte Poseidonios allerdings keinen Glauben und wunderte sich über dessen Misstrauen gegenüber den Angaben der Phönizier.
308 Zum Tempel, seinem Aussehen, seiner Funktion und Bedeutung siehe SCHULTEN 1925.

verzeichnet sind",³⁰⁹ um die berühmten Säulen des Herakles.³¹⁰ Damit wollte er die Auffassungen des Polybios und anderer korrigieren, welche die Säulen an der Straße von Gibraltar lokalisiert hatten und sie entweder für Berge oder Inseln auf den beiden Seiten der Meerenge hielten. Dem stellt Poseidonios eine deutlich simplere Erklärung entgegen.³¹¹ Als syrischer Grieche kannte er den Melqarttempel in Tyros mit seinen beiden kultisch bedeutenden Säulen, die bereits Herodot beschrieben hatte,³¹² wahrscheinlich aus eigener Anschauung.³¹³ Herodot hatte den tyrischen Tempel mit dem phönizischen Heiligtum für Melqart auf Thasos verglichen³¹⁴ und Poseidonios hielt die Säulen im gaditanischen Tempel für ähnlich relevant. Dadurch wertete er Gades auf; vielleicht hielt er es für die wichtigste (phönizische) Stadt im Westen.³¹⁵ Gades war für ihn das „Ende der Erde und des Meeres"³¹⁶ (γῆς καὶ θαλάττης τὸ πέρας) und Zentrum ‚wissenschaftlicher' Forschung.³¹⁷

309   Strab. III, 5, 5, C169–170 = F 53 Jac. = F 246 EK= F 26 Theiler.
310   Laut Strabon waren noch andere Autoren dieser Meinung, doch er nennt ihre Namen nicht. Zu denken wäre vielleicht an Asklepiades, der zuvor nicht unter denen genannt wurde, die eine abweichende Meinung vertraten, und der die Region um Gades gut gekannt haben muss, da er längere Zeit in Turdetanien lebte.
311   Vgl. Strab. III, 5, 5, C170 = Dikaiarchos F 112 Wehrli; Strab. III, 5, 5, C170 = Eratosthenes Fr. III B 58 Berger; Strab. III, 5, 5, C170 = Pol. XXXIV, 9, 4. Die anderen Autoren waren Dikaiarchos, Eratosthenes und Artemidor.
312   Vgl. Hdt. II, 44, 2.
313   Vgl. EDELSTEIN/KIDD II, 2, 850.
314   Vgl. Hdt. II, 44, 4.
315   Diese Behauptung wäre freilich nur während seiner eigenen Lebenszeit möglich gewesen, nach der Zerstörung Karthagos durch Scipio Aemilianus und vor der Neugründung durch Caesar. Falls Poseidonios einen Exkurs über die Gaditaner und ihre Sitten verfasst hat, ist dieser nicht erhalten – uns bleiben nur seine Kommentare über die geringe Vertrauenswürdigkeit ihrer Angaben (s. o. 253). Vermutlich waren ihm die Phönizier aufgrund seiner Heimat so vertraut, dass er es nicht für notwendig hielt, einen ethnographischen Exkurs zu verfassen.
316   Strab. III, 5, 5, C170 = F 53 Jac. = F 246 EK = F 26 Theiler.
317   Auch die Sonnenuntergänge über dem Atlantik beobachtete Poseidonios von hier aus, um schließlich die Sicht der Epikureer und die Artemidors widerlegen zu können. Vgl. Strab. III, 1, 5, C138 = T5a/F 45 Jac. = F 119/T15 EK = F 16 Theiler = Artemidor Fr. 12 Stiehle; EDELSTEIN/KIDD II, 1, 461–464. Als epikureisch sieht MALITZ 1983, 116, Anm. 156 die hier abgestrittene Behauptung, die Sonne sei über dem *okeanos* größer und ginge mit einem Zischen im Wasser unter. Mit der Brechung des Sonnenlichts und einer daraus resultierenden optischen Täuschung, in diesem Fall einem Parhelion (ein Halo-Phänomen), beschäftigte er sich auch in Schol. in Aratum 881 = F 121 EK = F 314 Theiler. Östlich der Stadt führte er weitere astronomische Beobachtungen durch; vgl. Strab. II, 5, 14, C118–119 = F 99 Jac. = F024 EK = F 14 Theiler. Siehe ROLLER, Kommentar (zu Strabon), 109, der glaubt, der Beobachtungspunkt habe sich südöstlich von Gades an der Küste befunden. Schließlich besuchte er den Athenetempel in Odysseia. Vgl. Strab. III, 4, 3, C157 = F 50 Jac. = F 247 EK = F 23 Theiler; EDELSTEIN/KIDD II, 2, 851/852. Siehe auch Strab. III, 2, 13, C149–150; eventuell handelte es sich um die Stadt Ulisi, die aus CIL II p. 880 bekannt ist. Auf jeden Fall lag Odysseia im Bergland oberhalb von Abdera (heute Adra). Zur Verortung siehe ROLLER, Kommentar (zu Strabon), 151.

Ähnlich wie Aristoteles[318] komplettierte Poseidonios seine Recherchen durch eine biologische Untersuchung, indem er auffällige Baumarten in Gades und Neukarthago verglich.[319] Der gaditanische Baum habe lange, schwertähnliche Blätter, Früchte und „wenn man einen Zweig abbricht [fließt Milch], und wenn man die Wurzel anschneidet [kommt] ein roter Saft hervor."[320] Der neukarthagische Baum habe hingegen „aus seinen Dornen Bast abgesondert, aus dem man sehr schöne Gewebe anfertige".[321] Der Vergleich dient dazu, die Vielfältigkeit der hispanischen *thaumata* zu demonstrieren. Damit wollte der Autor seine Leser nicht nur in Erstaunen versetzen und unterhalten,[322] sondern auch seine Gelehrsamkeit demonstrieren, indem er den praktischen Nutzen der Pflanzen erläutert.[323] Er deutet damit nicht zuletzt die wirtschaftliche Bedeutung des Anbaus an und folgt somit einem zentralen Punkt der polybianischen Beschreibung Iberiens; biologische Vergleiche über Iberien finden sich allerdings schon bei Herodot.[324] Die außergewöhnliche Flora der Region bestätigt das Bild des fruchtbaren Südens der Halbinsel. Dass er umfassende naturphilosophische Forschungen durchführte, aber keine Ethnographie der Turdetaner verfasste, war vielleicht den Abhandlungen seiner Vorgänger Polybios, Asklepios und Artemidor geschuldet – Poseidonios konnte hier wenig Neues beisteuern.[325]

Vielmehr stellte der Apameer seine Beobachtungen in Hispanien stets in einen ganzheitlichen Rahmen, wie eine bei Strabon überlieferte Stelle zeigt.[326]

---

318 Vgl. Antigonus mirab. 169 = Aristot. F 269 Rose.
319 Ein Interesse an der Flora anderer Länder attestiert auch Athen. XIV, p. 649 D = F 3 Jac. = F 55a EK = F 87 Theiler über Syrien.
320 Strab. III, 5, 10, C175 = F 54 Jac. = F 241 EK = F 26 Theiler. Es handelt sich dabei um den so genannten Drachenblutbaum; vgl. Malitz 1983, 102, Anm. 50; Radt, Kommentar I (zu Strabon), 399.
321 Strab. III, 5, 10, C175 = F 54 Jac. = F 241 EK = F 26 Theiler. Die Zwergpalme; siehe MALITZ 1983, 102, Anm. 51. MALITZ folgt JACOBY und THEILER darin, auch den Einschub Strabons und dessen Vergleich mit den ägyptischen und kappadokischen Bäumen zu zitieren, doch stammen diese offensichtlich nicht von Poseidonios, so dass sie hier nicht behandelt werden. Siehe dazu weiter unten 334.
322 Die *thaumata* stellten seit der ionischen Landeskunde einen der vier wichtigsten Teile der Beschreibungen fremder Länder dar, neben Geographie, Topographie und eigentlicher Ethnographie. Vgl. CESA 2019, 215.
323 Wahrscheinlich war ihm die medizinische Verwendbarkeit des gaditanischen Drachenblutbaums bekannt; für sein großes medizinisches und pharmakologisches Wissen spricht etwa Strab. III, 4, 15, C163 = F 52 = F 243 EK = F 24 Theiler. Ein eher wirtschaftliches Interesse hatte schon Polybios' Beschreibung der Erzeugnisse Turdetaniens ausgezeichnet; vgl. Athen. VII, p. 302E = Pol. XXXIV, 8, 1–2; Strab. III, 2, 7, C145 = Pol. XXXIV, 8, 3; Athen. VIII, p. 330C = Pol. XXXIV, 8, 4–6; S. o. das entsprechende Kapitel (181–184).
324 Siehe etwa Hdt. IV, 192, 3, wo er die Wiesel in Nordafrika mit denen in Tartessos vergleicht. MALITZ 1983, 102, Anm. 53 sieht den milchgebenden Drachenblutbaum als Anspielung auf den Mythos des Geryon. Vgl. Philostr. Ap. 5, 5.
325 Siehe dazu MORET 2019, 25.
326 Der Geograph schreibt zunächst, es gebe viele Biber in den Flüssen Hispaniens, doch habe ihr Bibergeil – das schon Herodot beschrieben hatte (Hdt. IV, 109, 2) – nicht die gleiche Wirkung wie das der pontischen Biber; vgl. Strab. III, 4, 15, C163. Strabon sieht das pontische Bibergeil (Casto-

Eine Eigenheit in Iberien, sagt Poseidonios, sei es auch, dass es Raben gebe, die nicht schwarz seien, und dass die Pferde der Keltiberer von leichtem Grauton, wenn sie in das äußere Iberien gebracht würden, die Farbe änderten.[327]

Poseidonios deutet die Raben und Pferde Hispaniens als ἴδιον. Auf diese Weise hatten schon Homer[328] und Herodot[329] Tiervergleiche genutzt, um die Fruchtbarkeit eines Landes zu betonen.[330] Allerdings geht Poseidonios' Anspruch darüber hinaus: Er führt seinen Lesern eindrücklich vor, wie sehr Umwelt und Klima die Beschaffenheit der Lebewesen prägten. Nur auf der iberischen Halbinsel waren Raben nicht schwarz, und die Pferde veränderten ihr Aussehen sogar, wenn sie aus dem keltiberischen Hochland an die atlantischen Küsten Hispaniens gebracht wurden.[331] Die Mischung der Luft und die Temperatur, so ergänzt Poseidonios an anderer Stelle, waren bei den Tieren für ihre Eigenarten verantwortlich.[332] Es ist deshalb konsequent, dass er auch die Lebensweise, die Sitten und den Charakter der Menschen auf diese äußeren Einflüsse zurückführte. Dementsprechend zog er, anders als Polybios, die Klimatheorie sogar dann heran, wenn er den Erfolg Roms erklären wollte. Die optimale Mischung zwischen Hitze und Kälte, Trockenheit und Feuchtigkeit lokalisierte Poseidonios nicht mehr in Griechenland, sondern in Italien. Der Weltlogos habe den Römern dieses fruchtbare Land zugedacht, das mit seinem gemäßigten Klima Männer hervorbrachte, die zugleich mutig und intelligent waren, und die somit zur Weltherrschaft auserkoren waren.[333]

---

reum) vielleicht einfach deswegen als überlegen an, weil es aus seiner Heimatregion stammt. So auch ROLLER, Kommentar (zu Strabon), 160. Auf Strabons Ausführung über das Bibergeil folgt der erste Kommentar des Poseidonios: „Denn auch allein das kyprische Erz, sagt Poseidonios, enthält den Zinkspat, das Kupfervitriol und die Metallasche." MALITZ 1983, 103, Anm. 57 weist zurecht daraufhin, dass Poseidonios in seiner politisch aktiven Zeit auf Rhodos den Weinbau förderte und sich sein Wissen um den Zinkspat auch dabei als nützlich erwiesen haben wird.

327 Strab. III, 4, 15, C163 = F 52 = F 243 EK = F 24 Theiler. Den anschließenden Vergleich zwischen den keltiberischen und den parthischen Pferden behandle ich weiter unten auf S. 266. ἴδιον δ' εἴρηκεν Ἰβηρίᾳ ὁ Ποσειδώνιος καὶ τὸ τὰς κορώνας μελαίνας εἶναι καὶ τὸ τοὺς ἵππους τῶν Κελτιβήρων ὑποψάρους ὄντας, ἐπειδὰν εἰς τὴν ἔξω μεταχθῶσιν Ἰβηρίαν, μεταβάλλειν τὴν χρόαν.
328 Vgl. die schon von Geburt an gehörnten Lämmer Libyens in Hom. Od. 4, 85.
329 Rinder mit längeren Hörnern waren für ihn wahrscheinlich ein Zeichen für ein fruchtbareres Land; vgl. Hdt. IV, 29, 1, der die obige Homerstelle zitiert.
330 Eine weitere Beobachtung von Tieren (die mit Menschen verglichen werden) findet sich in Poseidonios' Beschreibung der marokkanischen Affen; vgl. Strab. XVII, 3, 4, C827 = F 73 Jac. = F245 EK = F 65 Theiler.
331 EDELSTEIN/KIDD II, 243 spekulieren, dass Poseidonios hier auf die Unterschiede zwischen den Pferden der Keltiberer und jenen der Kallaiker und Asturer eingeht. Die Völker waren zwar miteinander verwandt, bildeten jedoch alle ihre individuellen Gruppen – ihre Reittiere spiegeln diesen Zustand. Eine ähnliche Zuschreibung findet sich bei Onesikritos über die Tiere Indiens, die ihre Farbe ändern, wenn sie das indische Wasser trinken; vgl. Strab. XV, 1, 24, C 695 = BNJ 134 F 22.
332 Vgl. Gal. De plac. Hipp. Et Plat. P. 322 de Lacy = F 102 Jac. = F 169, 84–86 EK = F 416 Theiler.
333 Vgl. Vitr. VI, 1, 9–11 = FGrHist 87 F 121 = F 71 Theiler; MALITZ 1983, 359.

Die Bergwerke Iberiens

Bei der Behandlung der hispanischen Völker hatte hingegen bereits Polybios auf Umwelttheorien zurückgegriffen. Auch Poseidonios traf in Hispanien auf Iberer, Keltiberer, Phönizier, Griechen und Römer und verglich sie miteinander. Die unterschiedlichen Ethnien einte das Interesse an den Bodenschätzen der Halbinsel.

Seit der Begegnung der Phokaier mit dem König des reichen Tartessos war der Bergbau eines der Standardthemen jeder Iberienbeschreibung.[334] Polybios hatte als Erster die technischen Abläufe dargelegt und die wirtschaftliche Bedeutung der Minen (von Neukarthago) quantifiziert.[335] Poseidonios besuchte vielleicht selbst ein Bergwerk in Turdetanien[336] und zeichnete ein noch umfassenderes Bild, das Besitzer und Arbeiter berücksichtigte.[337] Er trat damit in Konkurrenz zu Agatharchides, der das Leiden der Strafarbeiter in den nubischen Goldminen geschildert hatte und dessen Vorlage trotz der geographischen Unterschiede einflussreicher war als die des Polybios.[338] Denn die menschliche Seite der Arbeit in den Bergwerken hatte Polybios nicht interessiert,[339] da sie für ihn in das Feld der tragischen μίμησις fiel. Diese Art der Geschichtsschreibung lehnte er ab,[340] da sie reinen Spekulationen entspringe und nicht auf nüchternen Fakten basiere.[341]

Poseidonios betont nun zunächst den Metallreichtum des Landes: Überall in Iberien gebe es Zinn unter der Erde, und nicht an der Oberfläche „wie die Historiker fabulierten".[342] Die Kritik könnte Polybios gegolten haben, vielleicht Ephoros, Artemidor oder Asklepiades.[343] Für Poseidonios ist das iberische Metall wertvoller, da es unter

---

334 Siehe dazu erneut Pol. III, 57, 3. Ob die Phokaier oder Kolaios von Samos als erste Griechen Hispanien (Tartessos) erreichten, geht aus Herodot nicht ganz klar hervor, wie ALONSO NÚÑEZ 1987, 246/247 ausführt.
335 S. o. 180/181.
336 Vgl. den Hinweis auf Turdetanien in Strab. III, 2, 9, C147 = F 47 Jac. = F239 EK = F 19 Theiler. Vielleicht hatte er die Minen auf seiner Reise von Neukarthago nach Gades besucht.
337 Polybios beschrieb wahrscheinlich andere Minen, die näher an Neukarthago lagen, also nicht in Turdetanien. Zu Poseidonios' Bemerkung, der Bergbau werde in Spanien bereits seit alter Zeit betrieben (das ergibt sich aus den hier besprochenen Fragmenten) und den Realia der folgenden Darstellung vgl. VÁZQUEZ 2019, 101, Anm. 78 mit weiterführender Literatur. Vgl. auch Roller, Kommentar (zu Strabon), 138/139.
338 Vgl. Diod. III, 12–14, 5 = Agatharchides F 23b–F 29b Burstein (s. u. 257 zu den entsprechenden Photiusstellen bei Burstein); vgl. STRASBURGER 1965, 48/49; LEMSER 2021, 173–177. In Diod. III, 12, 2 heißt es, die Arbeiter seien Häftlinge und Kriegsgefangene, teilweise auch deren Familien.
339 S. o. 180/181, vgl. Strab. III, 2, 10, C147–148 = Pol. XXXIV, 9, 8–11.
340 Vgl. Pol. II, 56–63; s. o. 63.
341 Vgl. bes. Pol. II, 56, 10–12.
342 Strab. III, 2, 9, C147 = F 47 Jac. = F 239 EK = F 19 Theiler.
343 Polybios deutet in III, 57, 3 an, dass er sich später noch mit dem Thema der Zinngewinnung beschäftigen möchte. Vielleicht hatte er dies in einem verlorenen Abschnitt des XXXIV. Buches getan. WALBANK, Kommentar I, 394 nennt Dikaiarchos, Eratosthenes und Pytheas als Autoren, die Polybios vielleicht kritisieren wollte. Auch sie könnte deshalb später Poseidonios gemeint haben.

Tage abgebaut werden musste. Besonders ertragreich waren die Minen Turdetaniens, die er ausführlich beschreibt. Er gibt zunächst eine Etymologie der Pyrenäen, die für ihn – wie für ältere griechische Autoren – die Gebirge Ostiberiens einschlossen.³⁴⁴ Ein tagelanger Brand habe Silber zutage gefördert, das daraufhin in Strömen die Berge hinunterfloss.³⁴⁵ Es folgt ein Vergleich:³⁴⁶

> Da der Nutzen des Silbers bei den Einheimischen [ἐγχώριοι] unbekannt gewesen sei, hätten die Phönizier, die dort als Kaufleute tätig waren und von dem Ereignis erfuhren, das Silber für eine geringe Gegengabe anderer Waren gekauft [...] [und sind so] zu großen Reichtümern gekommen. So weit gingen die Kaufleute in ihrer Gewinnsucht, dass sie, wenn trotz der vollen Beladung ihrer Schiffe noch viel Silber übrig war, das Blei aus den Ankern ausschlugen und das Silber den Dienst des Bleis erfüllen ließen.³⁴⁷

Der Raffgier der Phönizier in der jüngeren Vergangenheit werden die Unwissenheit und Arglosigkeit der Einheimischen vor der Ankunft der Fremden gegenüberge-

---

Siehe MALITZ 1983, 109, Anm. 108 mit entsprechender Literatur zur Idee, Poseidonios könne sich hier auf Ephoros beziehen. Artemidor und Asklepiades kommen meiner Meinung nach ebenfalls in Frage, da sie sich bekanntlich mit Iberien befasst hatten und Poseidonios zumindest Artemidor mehrfach kritisiert; bspw. in Strab. III, 1, 5, C138 = F 45 Jac. = F 119 Malitz = F 16 Theiler.

344 Die Pyrenäen waren den Griechen schon seit der ausgehenden Archaik bekannt, allerdings fehlte es an konkretem Wissen. Der *periplous* des Avienus und des Herodot erwähnen eine Stadt namens Pyrene im Gebiet der Pyrenäen; vgl. Avien. 559; Hdt. II, 33. In hellenistischer Zeit wurden die Pyrenäen dann als Gebirge aufgefasst und spätestens von Polybios als Grenze der iberischen Halbinsel definiert; siehe Pol. III, 37, 9–10; s. o. 173/174.

345 Diod. V, 35, 2–3 = F 117 Jac. = F 89 Theiler. Auf die gleiche Art und Weise war Poseidonios zufolge das Silbervorkommen in den Alpen entstanden; vgl. Athen. VI, p. 233D–E = F 48 Jac. = F240a, 1–16 EK = F 402 Theiler. Athenaios zitiert allerdings im Folgenden Demetrios von Phaleron, um zu zeigen, dass die Kelten in den Alpen weit in die Tiefe graben mussten und genauso wenige Gewinne davontrugen wie die Athener in Laureion – ein klarer Gegensatz zu den Iberern (s. u. 263). Auf der iberischen Halbinsel waren Bodenschätze also deutlich zugänglicher als in den Alpen – deren Bewohner schließlich als noch deutlich ‚barbarischer' galten, wie schon Polybios betont hatte (s. o. im entsprechenden Kapitel 154–157).

346 Die folgenden Diodorfragmente aus Diod. V, 35–38 können aufgrund der großen Übereinstimmung mit den zweifelsfrei poseidonischen Passagen bei Strab. III, 2, 9, C147 recht sicher Poseidonios zugewiesen werden. Siehe etwa das Argument bei MALITZ 1983, 105–109. Dazu sprechen auch seine Reisen an der Ostküste Hispaniens (zur Rekonstruktion s. o. S. 219 m. Anm. 53 u. Abb. V) für die Urheberschaft des Poseidonios.

347 Diod. V, 35, 4 = F 117 Jac. = F 89 Theiler. Τῆς δὲ τούτου χρείας ἀγνοουμένης παρὰ τοῖς ἐγχωρίοις, τοὺς Φοίνικας ἐμπορίαις χρωμένους καὶ τὸ γεγονὸς μαθόντας ἀγοράζειν τὸν ἄργυρον μικρᾶς τινος ἀντιδόσεως ἄλλων φορτίων. Διὸ δὴ τοὺς Φοίνικας [...] μεγάλους περιποιήσασθαι πλούτους. Ἐπὶ τοσοῦτο δὲ τοὺς ἐμπόρους διατεῖναι τῆς φιλοκερδίας, ὥστε ἐπειδὰν καταγόμων ὄντων τῶν πλοίων περιττεύῃ πολὺς ἄργυρος, ἐκκόπτειν τὸν ἐν ταῖς ἀγκύραις μόλιβδον, καὶ ἐκ τοῦ ἀργύρου τὴν ἐκ τοῦ μολίβδου χρείαν ἀλλάττεσθαι. Tatsächlich scheinen erst die Phönizier die Verwendung von Eisen auf der Iberischen Halbinsel eingeführt zu haben; vielleicht wurde auch erst durch ihr Wirken die Verwendung von Silber und Gold verbreitet. Vgl. MAASS-LINDEMANN/SCHUBART 2004, 130/131. Auch VIMERCATI nimmt Diod. V, 33–38 als sein Fragment B18 auf, so dass die Stelle von allen wichtigen Editionen außer EDELSTEIN/KIDD geführt wird.

stellt.³⁴⁸ Die Iberer (die völlig neutral als ἐγχώριοι bezeichnet werden) erscheinen als arglose ‚edle Wilde', die damals noch in einer Art Goldenem Zeitalter lebten, in dem die Menschen noch nicht der Gier nach Edelmetallen verfallen waren.³⁴⁹ Ähnliche Elemente hatte Poseidonios bei seiner Beschreibung der gallischen Gastmähler verwendet. Das Unwissen der Iberer impliziert gleichzeitig eine gewisse Rückständigkeit und so können die Phönizier ihnen ihre Schätze im Tausch gegen wertlosen Plunder abnehmen. In diesem Sinne stehen die Ankömmlinge aus dem Osten für die Dekadenz der Hochkulturen, die den Einheimischen zwar zivilisatorisch und technologisch überlegen sind, so dass sie gewaltige Mengen des Silbers abtransportieren können, aber gleichzeitig – wie viele Griechen³⁵⁰ – moralisch verkommen. Symbol für diesen Verfall ist für Poseidonios, dass die Phönizier selbst ihre Anker versilberten – dieser *topos* findet sich schon bei Pseudo-Aristoteles.³⁵¹ Dementsprechend schickten sie in ihrer Gier „viele Kolonien aus, die einen nach Sizilien und den benachbarten Inseln, die anderen nach Libyen, nach Sardinien und Iberien."³⁵² Sobald sie einige Gebiete auf der Halbinsel kontrollierten, begannen sie mit dem organisierten Abbau der Bodenschätze, die später dem karthagischen Militär zugutekamen:³⁵³

> Alle Schächte [wurden] von der Habsucht der Karthager geöffnet [...] zu der Zeit, als sie über Iberien herrschten. Diese Bergwerke waren die Grundlage ihrer Machterweiterung, denn mit ihrer Hilfe mieteten sie sich die besten Soldaten und führten mit ihnen viele und große Kriege.³⁵⁴

---

348 Die Ankunft der Phönizier in Iberien kann durch archäologische Funde auf das 8. Jh. v. Chr. datiert werden. Siehe dazu LOWE 2017, 70.
349 Vgl. Poseidonios' Auffassung in Athen. VI, p. 233A–234C = F 402 Theiler bzw. Athen. VI, p. 233D–234C = F 48 Jac. = F 240a, 1–16 EK. Das Interesse an der Frühgeschichte Iberiens teilte Poseidonios mit Asklepiades von Myrleia, vielleicht war dieser hier eine wichtige Quelle; siehe auch GARCÍA MORENO 2003, 356.
350 S. o. 224/225 zu seiner Bewertung der Ptolemäer und Seleukiden. Siehe dazu auch DIHLE 1962b, 235/236.
351 Vgl. Ps. Aristot. mirab. 135 = THA IIB, 66 g; CELESTINO PÉREZ/LÓPEZ RUIZ 2016, 46. Sollte Diodor das Beispiel ergänzt haben, hätte er hier wie schon mit dem Aias-Zitat bei der Beschreibung des gallischen Gastmahls (s. o. 231) die Aussagen des Poseidonios durch ein greifbares Beispiel noch einmal für ein breiteres Publikum verständlicher gemacht.
352 Diod. V, 35, 5 = F 117 Jac. = F 89 Theiler. Die phönizische Kolonisation im 9. und 8. Jh. v. Chr. führte Poseidonios also kausal auf die Entdeckung des hispanischen Silbers zurück. Zum historischen Phänomen vgl. etwa CELESTINO PÉREZ/LÓPEZ RUIZ 2016, 125–172.
353 Diodor trennt die beiden Abschnitte voneinander (Diod. V, 35 bzw. 38), doch sagt Poseidonios nichts über die Phönizier in der Zeit zwischen den Koloniegründungen und der Barkidenherrschaft in Iberien. Ein solcher Zeitsprung findet sich auch in anderen ethnographischen Abschnitten, etwa bei seiner Frühgeschichte Judäas; Vgl. Strab. XVI, 2, 35–36, C760–761 = F 70 Jac. = F 133 Theiler. Ich danke allerdings Johannes Engels (Köln) für den Hinweis, dass die neuere Forschung hier Strabon als Autor ansieht. In diesem Fall ließe sich immerhin noch festhalten, dass solche Zeitsprünge in ethnographischen Frühgeschichten dieser Zeit nicht unüblich waren.
354 Diod. V, 38, 2 = F 117 Jac. = F 89 Theiler. Vgl. auch die Angabe im nächsten Satz (Diod. V, 38, 3), aufgrund des Wohlstandes aus den Minen hätten die Karthager die sizilischen Griechen und die

Hier schließt Poseidonios in seiner (indirekten) Vergleichspraktik an Polybios an, der die strategische Bedeutung der neukarthagischen Bergwerke für die Punischen Kriege betont hatte.[355] Sie waren der entscheidende Motor der karthagischen Kriegswirtschaft, ermöglichten sie ihnen doch „die besten Soldaten" (οἱ κράτιστοι στρατιῶται) zu rekrutieren, wie sie sich in Hannibals Armee befunden hatten.[356] Dementsprechend hatte schon Polybios angenommen, dass auf den Verlust Südiberiens zwangsläufig der schnelle Niedergang der karthagischen Macht und die Niederlage Hannibals bei Zama folgten. Denn die Karthager konnten es sich danach nicht mehr leisten, erfahrene Söldner anzuheuern.[357] Wie Agatharchides hält Poseidonios fest, „dass [...] [die Minen] die unerschöpfliche Schatzkammer für die Ausübung einer Herrschaft sind."[358] Sie stützten erst das karthagische ‚Imperium' und später die römische Herrschaft.

Die Aktivitäten der Phönizier und ihre „Habsucht" (φιλαργυρία) blieben nicht ohne Folgen für die einheimische Bevölkerung:

> Lange Zeit später [nach der phönizischen Kolonisation], als die Iberer die Eigenheiten des Silbers kennen gelernt hatten, legten sie ansehnliche Bergwerke an; und weil sie das schönste und beinahe das meiste Silber förderten,[359] kamen sie zu großen Einkünften.[360]

Im Folgenden betont Poseidonios, wie groß die Gewinne auch beim Abbau von Gold und Kupfer sind, um dann mit den Worten zu schließen: „Deshalb könnte man wohl staunen über die Beschaffenheit des Landes und die Arbeitsfreude der Menschen, die es bearbeiten."[361] Der ungewöhnliche Metallreichtum der Halbinsel habe es also den Iberern ermöglicht, ähnlich reich zu werden wie die Phönizier. Poseidonios verzichtet jedoch in diesem Fall auf eine moralische Kritik und wendet die Erwerbslust der Ibe-

---

Römer ernsthaft bedroht. Zur wahren Funktion der phönizischen Städte in Iberien (Ackerbau und Fischfang gehörten genauso dazu wie Metallabbau) siehe SCHUBART/MAASS-LINDEMANN 2004, 130–133. πάντα δ' ὑπὸ τῆς Καρχηδονίων φιλαργυρίας ἀνεώχθη καθ' ὃν καιρὸν καὶ τῆς Ἰβηρίας ἐπεκράτουν. Ἐκ τούτων γὰρ ἔσχον τὴν ἐπὶ πλέον αὔξησιν, μισθούμενοι τοὺς κρατίστους στρατιώτας καὶ διὰ τούτων πολλοὺς καὶ μεγάλους πολέμους διαπολεμήσαντες.
355 S. o. 181 und Strab. III, 2, 10, C147–148 = Pol. XXXIV, 9, 8–11.
356 Die Wortwahl οἱ κράτιστοι στρατιῶται könnte auch auf karthagische Quellen hindeuten, die Poseidonios ebenfalls in Gades oder Neukarthago in einer Bibliothek gefunden haben mag.
357 S. o. im Polybioskapitel 181. Der Achaier hebt z. B. bei seiner Beschreibung der Schlacht auf den Großen Ebenen (199–201) hervor, dass die einzigen kampferprobten Söldner – passenderweise 4000 Keltiberer – tapfer und respektabel gefochten, die restlichen Soldaten auf karthagischer Seite aber versagt hatten. Vgl. Pol. XIV, 8, 8–14. Im und vor dem 1. Punischen Krieg, als die Karthager in Iberien nur wenige Territorien kontrollierten, waren die Einnahmen aus der *epikrateia* in Sizilien ähnlich wichtig gewesen.
358 Vgl. Strab. III, 2, 9, C147 = F 47 Jac. = F239 EK = F 19 Theiler. Zur Formulierung bei Agatharchides vgl. Diod. III, 16, 4 = F35b Burstein.
359 Eine sehr ähnliche Formulierung fand sich schon eingangs in Diod. V, 35, 1 = F 117 Jac. = F 89 Theiler.
360 Diod. V, 36, 1 = F 117 Jac. = F 89 Theiler. ὕστερον δὲ πολλοῖς χρόνοις οἱ μὲν Ἴβηρες μαθόντες τὰ περὶ τὸν ἄργυρον ἰδιώματα κατεσκεύασαν ἀξιόλογα μέταλλα· διόπερ ἄργυρον κάλλιστον καὶ σχεδόν τι πλεῖστον κατασκευάζοντες μεγάλας ἐλάμβανον προσόδους.
361 Diod. V, 36, 2 = F 117 Jac. = F 89 Theiler.

rer in konsequenter Fortführung des Bildes vom Edlen Wilden positiv; sie seien nicht habsüchtige Kaufleute, sondern rastlose Arbeiter.[362] Indem sie den Bodenschätzen einen gesteigerten Wert zumaßen, entfernten sich die Iberer zwar vom Idealzustand des Goldenen Zeitalters, doch würden sie dabei längst nicht so sehr korrumpiert wie die Phönizier.

Erst nach dieser Vorgeschichte des Bergbaus in Iberien wendet sich Poseidonios seiner eigenen Zeit zu:

> Später [...], als die Römer Iberien bezwungen hatten, machte sich eine Menge von Italikern in den Bergwerken breit und trug wegen ihrer Gewinnsucht gewaltige Reichtümer davon. Sie kauften nämlich eine Menge Sklaven und übergaben sie den Aufsehern über die Arbeit in den Bergwerken.[363]

Mit den „Italikern" bezeichnet Poseidonios keine ethnische Gruppe, sondern alle Kaufleute aus dem geographischen Raum Italiens, die seit dem späten 2. Jahrhundert v. Chr. in allen römischen Provinzen und Herrschaftsgebieten zu einem wichtigen Wirtschaftsfaktor wurden.[364] Dass Poseidonios ihre Aktivitäten in Hispanien kritisiert, ist nicht überraschend: Als einer der führenden Philosophen seiner Zeit beanstandete er die Ausbreitung der Dekadenz unter den Römern, die zu einer Vernachlässigung des *mos maiorum* geführt habe.[365] Als Ursache dafür machte er, vor dem Hintergrund seiner eigenen Erfahrung des Bundesgenossenkrieges,[366] die Zerstörung Karthagos im Jahr 146 v. Chr. aus.[367] Nach Ende der äußeren Bedrohung sei es nicht zu einem Kampf gegen die Korruption im Inneren gekommen;[368] ganz im Gegenteil sei die Krise um die gracchischen Reformer das direkte Ergebnis des Dritten Punischen Krieges und

---

362 Vgl. auch Diod. V, 36, 3 = F 117 Jac. = F 89 Theiler. Zur Einordnung dieses Konzepts des ‚Edlen Wilden' in der Antike siehe auch SIEBENBORN 1998.
363 Diod. V, 36, 3–4 = F 117 Jac. = F 89 Theiler. ὕστερον δὲ τῶν Ῥωμαίων κρατησάντων τῆς Ἰβηρίας, πλῆθος Ἰταλῶν ἐπεπόλασε τοῖς μετάλλοις, καὶ μεγάλους ἀπεφέροντο πλούτους διὰ τὴν φιλοκερδίαν. ὠνούμενοι γὰρ πλῆθος ἀνδραπόδων παραδιδόασι τοῖς ἐφεστηκόσι ταῖς μεταλλικαῖς ἐργασίαις.
364 Vgl. GARCÍA VARGAS 2019, 184.
365 Vgl. etwa das Lob des alten *mos maiorum* in Athen. VI, p. 273A–275D = F59 Jac. = F125C EK = F81 Theiler. Mehrfach wird hier deutlich, dass Poseidonios viele dieser lobenswerten Eigenschaften als Relikt der Vergangenheit ansieht, oder dass sie nur noch vereinzelt von seinen römischen Freunden am Leben gehalten wurden.
366 ENGELS 1999, 200 Anm. 176 identifiziert 146 v. Chr. als Epochenjahr des Polybios, während für Poseidonios der Bundesgenossenkrieg wichtiger gewesen sei. Damit widerspricht er der Position von Hackl 1980, siehe dazu die nächste Fußnote. Ich habe durch die obige Formulierung versucht, beide Standpunkte miteinander zu verbinden, da sich aufgrund der Quellenlage beide nicht ausschließen lassen.
367 Vgl. Diod. XXXIV/XXXV, 33 = F 112 Jac. = F 178 Theiler; HACKL 1980, 151–154; erstmals postuliert von REINHARDT 1954, Sp. 632. Poseidonios folgte offenbar Polybios und Rutilius Rufus. Vgl. HACKL 1980, 153–156; 164/165; zu Rutilius Rufus schon STRASBURGER 1965, 49. In jedem Fall wurde die Vorstellung von 146 v. Chr. als Epochenjahr für den inneren Verfall Roms auch ein Vorbild für viele römische Historiker, etwa Sallust.
368 Wie Cato d. Ä. gehofft hatte; vgl. Plut. Cato maior 27, 3–4.

der erste Schritt in den Niedergang gewesen.³⁶⁹ Aus der Sicht der Provinzen manifestierte sich ein solches Bild zunehmend rücksichtsloser Römer, die sich nicht um die Regeln des *mos maiorum* scherten, in den verhassten *publicani* (Steuerpächtern) aus den Reihen der *equites*.³⁷⁰ Poseidonios' Kritik an den Italikern in Iberien war ebenso gegen die Vertreter dieser Klasse gerichtet.³⁷¹ Mehrfach äußert er Sympathien für die Unterdrückten und Benachteiligten, wie seine Beschreibung der Sklavenkriege demonstriert;³⁷² und das Gleiche gilt für die Arbeiter in den hispanischen Minen:

> Die [Sklaven] [...] bringen ihren Herren unglaubliche Einkünfte, sie selbst aber müssen unter der Erde in den Schächten graben, bei Tag und bei Nacht und müssen ihre Körper schinden; viele sterben wegen des Übermaßes der Anstrengung. Denn eine Erholung oder eine Arbeitspause gibt es für sie nicht, sondern durch die Schläge der Aufseher werden sie gezwungen, die furchtbaren Leiden zu erdulden [...]; auf diese elende Weise [beenden sie] ihr Leben. Einige, die genügend Körperkraft und seelische Widerstandskraft besitzen, halten das Elend lange Zeit durch. Doch wünschenswerter ist für sie der Tod als das Leben wegen der Größe ihrer Leiden.³⁷³

---

369   Vgl. Exc. de virt. et vit. II, 1, p. 310 n. 348 = Diod. XXXIV/XXXV, 33, 6–7 = F 112 Jac. = F 178 Theiler; Hackl 1980, 165. Eine solche Entwicklung sah Poseidonios allerdings als Merkmal aller Hochkulturen an, so dass sich seine Kritik nicht nur auf die Römer bezog. Dementsprechend verurteilt er bspw. die griechische Unterstützung für Pontos während der Mithridatischen Kriege. Das zeigt sich besonders in seiner Darstellung des Tyrannen Athenion, der die Athener überzeugte, Mithridates zu unterstützen; vgl. Athen. V, p. 211D–215B = F 36 Jac. = F 253 EK = F 247 Theiler. Siehe dazu EDELSTEIN/KIDD II, 2, 863–887; MOMIGLIANO 1976, 33; SHERWIN-WHITE 1983, 5; 240; HAHM 1989, 1327–1342. Er folgt damit der Meinung des Polybios, dass der anhaltende Widerstand griechischer Staaten gegen die römische Vorherschafft (seit dem Dritten Römisch-Makedonischen Krieg) sinnlos sei (s. o. im entsprechenden Kapitel, 124–126).
370   Der Zorn der (vornehmlich hellenischen) Provinzbewohner hatte 88 v. Chr. in der Ephesischen Vesper seinen Höhepunkt gefunden, als Mithridates VI. angeblich über 80 000 Italiker in Kleinasien ermorden ließ. Vgl. App. Mithr. 22–23; 62. Trotz seiner Kritik an Mithridates scheint Poseidonios eben auch von der römischen Politik nicht überzeugt gewesen zu sein; vgl. etwa MALITZ 1983, 360. Zu den Mithridatischen Kriegen und der römischen Politik siehe etwa SHERWIN-WHITE 1983, 93–206; 237/238 zur Besteuerung der Provinzen und Poseidonios.
371   Für diese Interpretation spricht, dass Poseidonios die vorbildliche Verwaltung der Provinz Asia 95/94 v. Chr. durch Quintus Mucius Scaevola und Publius Rutilius Rufus lobt und dann ergänzt, sie hätten sich durch ihr integres Verhalten den Hass der *publicani* zugezogen (der zu ihrer späteren Verurteilung in Rom führte). Vgl. Exc. de virt. et vit. II, 1, p. 316 f. n. 357–359 = Diod. XXXVII, 5, 1–4 = F 213 Theiler; Exc. de sent. IV p. 395 n. 438 = Diod. XXXVII, 6 = F 213 Theiler. Nach der Verleihung des Bürgerrechtes an alle früheren *socii* Italiens 89/88 v. Chr. konnte theoretisch jeder wohlhabende Italiker ein *publicanus* werden. Auch wenn viele Männer aus dieser Schicht sicherlich Griechisch sprachen, ist es unwahrscheinlich, dass sie Poseidonios' Schrift lasen; ihre prekäre Rolle in den Provinzen wird ihnen auch so bewusst gewesen sein.
372   Siehe dazu etwa MALITZ 1983, 146–158. S. o. die weiteren Literaturhinweise auf S. 227, Anm. 113; 120. Die Parallelen sprechen dafür, dass die tragischen Elemente der Darstellung auf Poseidonios selbst zurückgehen.
373   Diod. V, 38, 1 = F 117 Jac. = F 89 Theiler. Vielleicht ließ Poseidonios den Tod auch als erstrebenswerter erscheinen, weil er als Stoiker an die Unsterblichkeit der Seele glaubte. Allerdings konnte er nicht davon ausgehen, dass die Sklaven diese Überzeugung teilten; er scheint hier das Pathos

Die Zustände in den iberischen Bergwerken sollen den Leser im Sinne der μίμησις so berühren wie die Ereignisse einer Tragödie. Wie bei Agatharchides handelt es sich um unfreiwillige Arbeiter,[374] für die es keine Pausen oder Erleichterung gibt[375] – selbst nachts nicht, wie beide Autoren betonen.[376] Dementsprechend kann sie nur der Tod erlösen.[377] Es handle sich um eine furchtbare Arbeit, die alleine der Gier der wohlhabenden Schichten nach Edelmetallen dient.[378] Um seinen Lesern die gewaltigen Einkünfte zu verdeutlichen, nutzt Poseidonios anders als Polybios keine Zahlenangaben,[379] sondern vergleicht die Situation in Iberien mit dem vertrauten Beispiel der attischen Silberbergwerke in Laureion. Die Betreiber der athenischen Minen verschuldeten sich demnach oft und verloren mehr, als sie einnahmen,[380] „bei den turdetanischen Bergwerken sei der Gewinn dagegen höchst ertragreich".[381]

Die Ähnlichkeiten zeigen, dass Poseidonios offenbar mit Agatharchides' Darstellung konkurrieren wollte, indem er die profitablen Minen des noch recht unbekannten Iberiens[382] ähnlich umfassend beschrieb und auch die technischen Abläufe im Bergwerk erläuterte:[383] Vorgeführt werden die Art der Grabungen[384] sowie die Bedeutung

in den Vordergrund stellen zu wollen. οἱ δ᾽ οὖν ταῖς ἐργασίαις τῶν μετάλλων ἐνδιατρίβοντες τοῖς μὲν κυρίοις ἀπίστους τοῖς πλήθεσι προσόδους περιποιοῦσιν, αὐτοὶ δὲ κατὰ γῆς ἐν τοῖς ὀρύγμασι καὶ καθ᾽ ἡμέραν καὶ νύκτα καταξαινόμενοι τὰ σώματα, πολλοὶ μὲν ἀποθνήσκουσι διὰ τὴν ὑπερβολὴν τῆς κακοπαθείας· ἄνεσις γὰρ ἢ παῦλα τῶν ἔργων οὐκ ἔστιν αὐτοῖς, ἀλλὰ {ταῖς} τῶν ἐπιστατῶν πληγαῖς ἀναγκαζόντων ὑπομένειν τὴν δεινότητα τῶν κακῶν ἀτυχῶς προΐενται τὸ ζῆν, τινὲς δὲ ταῖς δυνάμεσι τῶν σωμάτων καὶ ταῖς τῶν ψυχῶν καρτερίαις ὑπομένοντες πολυχρόνιον ἔχουσι τὴν ταλαιπωρίαν· αἱρετώτερος γὰρ αὐτοῖς ὁ θάνατός ἐστι τοῦ ζῆν διὰ τὸ μέγεθος τῆς ταλαιπωρίας.

374 Bei Agatharchides handelt es sich um Strafarbeiter, Kriegsgefangene und deren Familien; vgl. Photius, Cod. 250, 24, 447b = F 24a Burstein; Diod. III, 12, 2–3 = F 24b Burstein.
375 Vgl. Diod. III, 12, 2–3 = F 24b Burstein. Die Arbeiter in den nubischen Minen werden gefesselt.
376 Diod. III, 12, 2–3 = F 24b Burstein. Zur Interpretation und Einordnung von Agatharchides' Beschreibung siehe MARCOTTE 2017.
377 Vgl. Diod. III, 13, 3 = F26b Burstein.
378 Vgl. Photius, Cod. 250.29, 448b–449a = F 29a Burstein; Diod. III, 14, 4–5 = F 29b Burstein; dazu MARCOTTE 2017, 6. Zur Gier der Italiker bei Poseidonios s. o. 261–264 zu Diod. V, 36, 3–4 = F 117 Jac. = F 89 Theiler.
379 Vgl. Strab. III, 2, 10, C147–148 = Pol. XXXIV, 9, 9.
380 Vgl. Strab. III, 2, 9, C147 = F 47 Jac. = F 239 EK = F 19 Theiler; Diod. V, 37, 1–2 = F 117 Jac. = F 89 Theiler. Poseidonios benutzt ein Rätsel des Demetrios von Phaleron, um das Verlustgeschäft in Attika zu verdeutlichen (Strab. III, 2, 9, C147 = FGrHist 228 F 35a = F138a Wehrli).
381 Strab. III, 2, 9, C147 = F 47 Jac. = F 239 EK = F 19 Theiler.
382 Natürlich hatten die Schriften des Polybios, des Asklepiades und des Artemidor und die römische Expansion im Westen das Bild deutlich erweitert, doch war Ägypten den meisten Griechen weiterhin vertrauter.
383 In diesen Zusammenhang gehört vielleicht auch das *thaumata*-Fragment Strab. XIII, 1, 67, C614–615 = F 95 Jac. = F 237/T 18 EK = F 52 Theiler, in dem sich das geologische Interesse des Poseidonios zeigt. Zu den technischen Details der nubischen Minen vgl. Photius, Cod. 250.25–28, 447b–448b =F 25a–28a Burstein (alle a-Fragmente); Diod. III, 12, 4–14, 5 = F25b–F28b Burstein (alle b-Fragmente). Auch Polybios hatte sich – wenn auch in kürzerer Form – mit den konkreten Methoden der Silbergewinnung beschäftigt; vgl. Strab. III, 2, 10, C148 = Pol. XXXIV, 9, 10–11.
384 Vgl. Diod. V, 36, 4 = F 117 Jac. = F 89 Theiler.

unterirdischer Ströme;³⁸⁵ dabei lobt er Archimedes für die Erfindung der nach ihm benannten Schraube – griechische Genialität wurde von den Italikern weiterhin anerkannt.³⁸⁶ Erneut verbindet Poseidonios naturwissenschaftliche Beobachtungen mit historiographischen und ethnographischen Passagen. So entsteht ein komplexes Bild des iberischen Bergbaus, das dem Leser verdeutlicht, woher die immensen Gewinne kamen. Die italischen Betreiber bauten auf der Arbeit der Phönizier und Iberer auf, ersetzten die freien Arbeiter durch Sklaven und erhöhten die Effizienz durch den Einsatz griechischer Technologie. Das Fazit: „Von alters her, scheint es, waren die Phönizier außerordentlich geschickt darin, Gewinnmöglichkeiten aufzuspüren, und die Kaufleute aus Italien darin, niemand anders irgendeine Quelle des Profits zu überlassen."³⁸⁷

Poseidonios stellt im gesamten Abschnitt Gemeinsamkeiten zwischen Phöniziern und Italikern heraus; insbesondere unterscheidet sie ihre Gewinnsucht (φιλοκερδία) von den Iberern. Die (relative) Idealisierung der Einheimischen dient damit auch der indirekten Kritik an bestimmten Auswüchsen der römischen Herrschaft; doch die Wurzeln des Übels lagen in der Habsucht der Phönizier. Der deutliche moralische Unterton kennzeichnet Poseidonios als einen typischen Vertreter hellenistischer Philosophie.³⁸⁸ Dabei war der Trend zu einer positiven Bewertung der Iberer schon bei Polybios angelegt (s. o.). Wie steht es aber mit den ‚neuen' Völkern der Halbinsel? Setzte er die Keltiberer – wie Polybios – deutlich von den Bewohnern der Mittelmeerküsten ab, und wie ordnete er die Lusitaner in das Gesamttableau der hispanischen Ethnien ein?

Vor den Mauern von Numantia: Die Ethnographie der Keltiberer

Poseidonios präsentierte wahrscheinlich in den *Historien* einen ethnographischen Exkurs über die Keltiberer, dem die Beschreibungen anderer Völker folgten. Er wollte damit seiner Erzählung des Numantinischen Krieges einen größeren Rahmen geben.³⁸⁹

---

385 Vgl. Diod. V, 37, 3 = F 117 Jac. = F 89 Theiler. Vgl. REINHARDT 1954, Sp. 682 zu seiner Grundwassertheorie.
386 Diod. V, 37 3–4 = F 117 Jac. = F 89 Theiler. Die Entwicklung der Menschen in der Frühzeit, die für Poseidonios v. a. durch praktische Erfindungen zur Verbesserung des Lebensstandards vorangeschritten war, schrieb er ebenfalls weisen Männern zu, deren Wirken weitreichende historische Spuren hinterlassen habe. Vgl. Sen. Ep. 90, 4–20 = F 284 EK = F 448 Theiler. Zu den technischen Interessen des Poseidonios siehe auch RUDBERG 1917–1919, 244–260. Auf den Seiten 258/259 widmet sich RUDBERG der Beschreibung der iberischen Minen.
387 Diod. V, 38, 3 = F 117 Jac. = F 89 Theiler.
388 Bei Herodot oder Polybios war ein solches Moralisieren seltener Teil ethnographischer Beschreibungen.
389 So schon ALONSO NÚÑEZ 1979, 644 und MALITZ 1983, 116. Auch hier gibt es wieder eine Parallelüberlieferung bei Strabon und Diodor. Dass Diodors Informationen auch auf den Angaben des Artemidor oder Asklepiades basieren könnten, ist möglich. Aber diese These ist bisher nie untersucht worden und selbst wenn dem so wäre, gingen die Informationen immerhin auf ethnographische Autoren aus der Lebenszeit des Poseidonios zurück.

An erster Stelle behandelt er getreu der ethnographischen Tradition seit Herodot die Herkunft der Keltiberer. Diese wichtige Frage beantwortet er mit einem recht komplexen, dreifachen Erklärungsmodell: Demnach sei Keltiberien einst von getrennten und einander bekämpfenden Gruppen der Kelten und Iberer bewohnt gewesen. Nach einem Friedensschluss hätten sie begonnen, zusammen zu siedeln, woraus sich gemeinsame Heiraten ergeben hätten, die zu einer Vermischung beider Ethnien führten. So sei für die Bewohner der Name Κελτίβηροι entstanden.[390] Die Verschmelzung war zum Wohle aller:

> Da sich nun zwei so wehrhafte (ἄλκιμος) Völker miteinander vermischten und ihr Land so gut (χώρα ἀγαθή) war, kam es dazu, dass die Keltiberer zu großem Ansehen (πολὺ τῇ δόξῃ) gelangten und von den Römern, denen sie lange im Kriege gegenüberstanden, nur mit Mühe besiegt wurden.[391]

Grundlage dieser Interpretation ist offensichtlich das alte ionische Prinzip der Mischung.[392] Da Poseidonios aus dem multiethnischen seleukidischen Syrien stammte und weite Reisen unternommen hatte, gab es für ihn keinen Grund, die ethnische Vermischung von Völkern negativ zu bewerten.[393] Auch die Römer rühmten sich ihrer gemischten Herkunft,[394] und schon Polybios würdigte eine ähnliche Verbindung zweier hispanischer Völker – der Keltiker und Turdetaner.[395] Erstaunlich ist jedoch, dass Poseidonios den Erfolg dieses Prozesses bei den Keltiberern u. a. auf das „gute Land" (χώρα ἀγαθή) zurückführt. Nach seinen klimatheoretischen Überzeugungen konnte das schwer zugängliche Hochland Nordspaniens kaum als χώρα ἀγαθή gelten, denn es war offenbar nicht fruchtbar genug für (ertragreichen) Ackerbau.[396] Es musste also auf andere Weise ἀγαθός sein: In der menschlichen Frühgeschichte sah Poseidonios

---

390   Vgl. Diod. V, 33, 1 = F 117 Jac. = F 89 Theiler.
391   Diod. V, 33, 1 = F 117 Jac. = F 89 Theiler. Δυεῖν δ᾽ ἐθνῶν ἀλκίμων μιχθέντων καὶ χώρας ὑποκειμένης ἀγαθῆς, συνέβη τοὺς Κελτίβηρας ἐπὶ πολὺ τῇ δόξῃ προελθεῖν, καὶ Ῥωμαίοις πολλοὺς χρόνους ἀντιταξαμένους μόγις καταπολεμηθῆναι. Auch dieser Abschnitt gehört zu Fragment Vimercati B18.
392   Auch erinnert sie an die Fähigkeit von Persern (in Hdt. I, 135) und Römern [s. o. 71; 80; bei Poseidonios siehe Athen. VI, p. 273D–274A = F 59 Jac. = F 266 EK (teilweise) = F81 Theiler (teilweise)], die Sitten fremder Völker zu übernehmen.
393   An Massalia bspw. wurde von anderen Autoren die Erhaltung der ‚reinen' griechischen Kultur im fernen Land der Kelten gelobt: So etwa bei Sil. XV, 169–172. Umgekehrt wird die Mischung der Griechen mit anderen Völkern von Livius – unter poseidonischem Einfluss – klar negativ ausgelegt; vgl. Liv. XXXVIII, 17, 10–13; Theiler II, 75. Vielleicht hatte Livius die Theorie des Poseidonios hier aber auch in ihr Gegenteil verkehrt.
394   Besonders deutlich in Verg. Aen. 821–842.
395   Vgl. Strab. III, 2, 15, C151 = Pol. XXXIV, 9, 3; s. o. 186/187. Polybios spricht schließlich von Verwandtschaft (vielleicht ebenfalls Mischheiraten?), aufgrund derer die Keltiker genauso ‚zivilisiert' seien wie die Turdetaner.
396   Siehe den Tenor von Strab. III, 4, 13, C162–163 = F51 Jac. = F271 EK = F91 Theiler. Dass es viel Honig und Fleisch gab widerspricht dem nicht, bei beiden handelte es sich um ‚primitivere' Erzeugnisse. Vgl. Diod. V, 34, 2 = FGrHist 87 F 117 = F 89 Theiler.

die χρεία (Not) als treibende Kraft der Entwicklung; dort, wo die Menschen nichts hatten, mussten sie neue Wege finden, um ihr Dasein zu verbessern.[397] Die ‚Nordbarbaren' galten gerade aufgrund ihrer unwirtlichen Heimat als kriegerisch und tapfer; der Autor der hippokratischen Schrift *Über die Umwelt* führt den Mut der ‚Europäer' auf die Herausforderung des Klimas zurück[398] und bezeichnet Bergbewohner als besonders tapfer.[399] Keltiberien war also insofern tatsächlich ein „gutes Land", als es tapfere Menschen hervorbrachte.[400]

Deshalb verfügten die Keltiberer über „gute Reiter [...] [und] Fußtruppen von ausgezeichneter Kraft und Ausdauer."[401] Später ergänzt Poseidonios, dass die Kavalleristen in der Lage waren, jederzeit abzusteigen und als Infanterie weiterzukämpfen – ähnliches wusste schon Polybios zu berichten.[402] Poseidonios erweitert das Bild seines Vorgängers durch einen Kommentar über die keltiberischen Pferde: „Sie glichen den parthischen Pferden, denn sie seien schneller und beweglicher als alle anderen."[403] Die Pferde der Keltiberer waren tatsächlich kleiner als ihre parthischen Verwandten, beherrschten allerdings laut späteren antiken Autoren einen einzigartigen, sanften Gang.[404] Poseidonios hatte vielleicht vor Ort beobachtet, dass sie aufgrund ihrer besonderen Fähigkeiten disziplinierter und agiler als andere Schlachtrösser waren und die keltiberische Reiterei damit zu einer besonders schlagkräftigen Truppengattung machten. Auch seien die Keltiberer sehr zahlreich – wie die Gallier – und konnten entsprechend große Kavallerieverbände stellen.[405] Damit erklärt Poseidonios, warum die Römer so große Schwierigkeiten mit diesem Feind hatten. Wie Polybios belässt er es aber nicht bei den angeborenen Fertigkeiten, sondern widmet sich als Nächstes ihrer Kleidung, militärischen Ausrüstung und Taktik.

Die keltiberischen Krieger, so Poseidonios, trugen schwarze Wollmäntel, wie die Bewohner der Kassiteriden, die er ebenfalls vor der Küste Nordspaniens verortet.[406] Ihre Kleidung gleicht also eher der iberischen als der keltischen, denn die so typi-

---

397 Damit hatte Poseidonios an Dikaiarchos angeschlossen, s. o. im Kapitel zu den Galliern den Abschnitt zu den Banketten (228–239). Vgl. UXKULL-GYLLENBAND 1924, 45–46; MÜLLER 1997, 201–204.
398 Vgl. Hippokr. de aer. 23.
399 Vgl. Hippokr. de aer. 24. Berge prägten die Topographie Griechenlands genauso wie jene Keltiberiens.
400 Eine deutlich klimatheoretische Deutung der Keltiberer befand sich vielleicht in einem verlorenen Teil des Ozeanbuches.
401 Vgl. Diod. V, 33, 2 = F 117 Jac. = F 89 Theiler. Zur großen Zahl der Gallier vgl. Diod. V, 25, 1 = F 116 Jac. = F 169 Theiler.
402 Vgl. Diod. V, 33, 5 = F 117 Jac. = F 89 Theiler; Pol. Sud. (s. v. κελτίβηρες) Fragm. 163 Büttner-Wobst = Fragm. 95 Hultsch = Fragm. 99 Bekker.
403 Strab. III, 4, 15, C163 = F 52 = F 243 EK = F 24 Theiler.
404 Vgl. Plin. nat. hist. VIII, 166; Veg. Mulomedicina I, 56, 37–39.
405 Vgl. Strab. III, 4, 13, C162–163 = F51 Jac. = F 271 EK = F 91 Theiler.
406 Vgl. Diod. V, 33, 2 = F 117 Jac. = F 89 Theiler; zu den Kassiteriden Strab. III, 5, 11, C175–176 = F 115 Jac. = F 26 Theiler. S. u. 290–294.

schen gallischen Hosen werden nicht erwähnt. Dafür trugen sie „gallische Rundschilde [θυρεός], [...] [und] einige [von ihnen] geflochtene runde Schilde von der Größe eines griechischen Rundschildes [ἀσπίς]."⁴⁰⁷ Poseidonios vergleicht den unbekannten iberischen Schild mit der Aspis der Hopliten, um die fremde Ausrüstung zu veranschaulichen;⁴⁰⁸ den Thyreos hatten die Griechen hingegen schon im 3. Jahrhundert selbst übernommen.⁴⁰⁹ Die Keltiberer schützen sich nicht nur mit Schilden: „Um die Schienbeine binden sie aus Haar gefertigte Gamaschen, und auf den Kopf setzen sie bronzene, mit purpurnen Büschen verzierte Helme."⁴¹⁰ Die purpurnen Helmbüsche erinnern an den gleichfarbigen Saum der (kelt-)iberischen Soldaten Hannibals in der Schlacht von Cannae⁴¹¹ und sprechen für einen gewissen Wohlstand; Strabon spricht später vom Metallreichtum Nordspaniens und mag dabei (verlorene) Angaben des Poseidonios benutzt haben.⁴¹² Möglicherweise handelt es sich wieder um iberische Elemente; die Gamaschen ähneln hingegen denen, die Iphikrates einst in Athen für seine ‚Peltasten' anstelle der Beinschienen der Hopliten eingeführt hatte.⁴¹³ Die gesamte Ausrüstung ist also eine Mischung aus keltischen und iberischen Elementen und entspricht damit der Ethnogenese des Volkes. Ähnlichkeiten zu griechischer Ausrüstung lassen die wilden Keltiberer vertrauter erscheinen.

Diesen Eindruck verstärkt die Beschreibung der keltiberischen Bewaffnung: Wie Polybios konzentriert sich Poseidonios auf ihr Schwert, den von den Römern übernommenen *gladius*, und lobt die einzigartige Qualität des Eisens.⁴¹⁴ Er schließt bewusst an seinen Vorgänger an, sucht diesen aber zu übertreffen, indem er erläutert, wie die Keltiberer ihre Schwerter herstellen: Sie vergrüben Eisenbleche in der Erde und warteten, bis nur noch der beste Teil übrigbleibe, bevor sie daraus die Schwerter und andere Waffen herstellten.⁴¹⁵ Dieses ἴδιον der Keltiberer wird kaum den Tatsachen

---

407 Diod. V, 33, 3 = F 117 Jac. = F 89 Theiler. Diodor schreibt nur ἀσπίς, MALITZ hat den „griechischen Rundschild" ausgeführt.
408 Die so genannten „Extremadura-Steinplatten" und die keltiberischen und lusitanischen Kriegerstatuen beweisen, dass Poseidonios' Angabe zutrifft. Vgl. JÚDICE GAMITO 2005, 596.
409 Die meisten griechischen Staaten führten im 3. Jh. v. Chr. die Truppengattung der *thyreophoroi* ein, bei denen es sich um flexible Infanterie handelte, die mit Schwertern/Speeren, Wurfspeeren und eben jenen gallischen (oder illyrischen) Schilden ausgerüstet wurden. Vgl. etwa SERRATI 2013, 186.
410 Diod. V, 33, 3 = F 117 Jac. = F 89 Theiler.
411 Vgl. Pol. III, 114, 4.
412 Vgl. Poseidonios' Hinweis auf den Reichtum in Strab. III, 4, 13 = F51 Jac. = F271 EK = F91 Theiler und Strab. III, 2, 9, C147 über den Metallreichtum Gallaeciens. Eine genauere Beschreibung der Erzvorkommen Keltiberiens gibt es nicht und es muss deshalb offen bleiben, warum sonst Poseidonios davon sprechen konnte, die Keltiberer hätten Marcus Claudius Marcellus die beeindruckende Summer von 600 Talenten gezahlt (wohl im Rahmen des Friedensvertrags von 152 v. Chr.); vgl. ROLLER, Kommentar, 160. Ein Reichtum von Metallen würde aber zusätzlich erklären, warum Poseidonios das Land als χώρα ἀγαθή bezeichnen konnte (s. o. S. 265/266).
413 Vgl. Diod. XV, 44, 4.
414 Vgl. Pol. Sud. (s.v. μάχαιρα) Fragm. 179 Büttner-Wobst = Fragm. 96 Hultsch = Fragm. 100 Bekker; Diod. V, 33, 4 = FGrHist 87 F 117 = F 89 Theiler.
415 Vgl. Diod. V, 33, 4 = FGrHist 87 F 117 = F 89 Theiler.

entsprochen haben; Polybios hatte angedeutet, dass ihre überlegene Schmiedetechnik für die Qualität der Schwerter verantwortlich sei.[416] Poseidonios' Schilderung ist vielleicht dadurch zu erklären, dass er an der Metallurgie Iberiens besonders interessiert war – wie sein Abschnitt über die Minen gezeigt hat – und dass er hier seine naturphilosophischen Erkenntnisse auf den Bereich des Militärs übertragen wollte.[417] Auch zeigt sich hier das dezidierte und grundsätzliche Interesse an technischen Abläufen und Verfahren, das der Ethnographie der klassischen Zeit noch eher fremd war.

Dabei hat Poseidonios der Herstellung eines *gladius* sicherlich nicht persönlich beigewohnt, er war anders als Polybios kein Militär. Allerdings zeichnete er als Prytane der *polis* Rhodos 88/87 v. Chr. während des ersten Mithridateskrieges für militärische Angelegenheiten (mit)verantwortlich (s. o.).[418] Seine kenntnisreiche Darstellung der rhodischen Flotte belegt, dass er sich zumindest mit der maritimen Kriegsführung intensiv beschäftigt hatte.[419] Auch ist er als Autor eines Werkes über Taktik bekannt.[420] Sein Wissen war zwar eher theoretischer Art, doch das hinderte ihn nicht daran, selbst auf diesem Feld mit Polybios zu konkurrieren.[421] Deshalb griff Poseidonios das epistemische Instrument der Militärvergleiche auf, die Polybios nicht zuletzt aufgrund seines autobiographischen Hintergrundes als Soldat stark gemacht hatte, und etablierte es als wichtigen Teil der ethnographischen Vergleichspraxis. Auf diese Weise konnte Poseidonios das Interesse römischer und mit der römischen Geschichte vertrauter Leser ansprechen: Erst als die Römer den Wollmantel und den *gladius* der (Kelt-)iberer übernahmen, konnten sie ihren Feind in die Knie zwingen.[422]

Nach der Diskussion des Militärischen kommen die übrigen *nomoi* zur Sprache. Eine wichtige, schon in der klassischen Ethnographie des 5. Jhs. (Herodot) immer wieder behandelte Kategorie ist die der Sauberkeit und Körperpflege. Bemerkenswert bei den Iberern sei – so Poseidonios – der „eigentümliche (ἴδιον) und sonderbare (παράδοξος)

---

416 Vgl. Pol. Sud. (s. v. μάχαιρα) Fragm. 179 Büttner-Wobst = Fragm. 96 Hultsch = Fragm. 100 Bekker. Allerdings greift Plut. mor. 510f die Darstellung des Poseidonios auf (wie natürlich auch Diodor selbst). Trogus-Justin liefern eine weitere Erklärung: Es sei das besondere Wasser Keltiberiens, das die Schwerter so sehr abhärte und schärfe; vgl. Iust. XXXXIV, 3, 8. Poseidonios war also nicht der einzige Autor, der eine unsinnige Erklärung heranzog, um die Einzigartigkeit des iberischen *gladius* zu erläutern.
417 Zu den Minen s. o. 257–264.
418 225. Vgl. MALITZ 1983, 15/16. Damals bedrohten die pontische Flotte und Piraten die Insel.
419 Vgl. Exc. de virt. et vit. II, 1, p. 320, n. 369 = Diod. XXXVII, 28 = F 246 Theiler.
420 Vgl. Aelian. takt. I, 2 = F 80 EK & Arr. takt. I, 1–2 = F 81 EK.
421 Siehe auch SCHULTEN 1911, 591.
422 Auf die Übernahme des Wollmantels machte mich Johannes Engels (Köln) aufmerksam. Livius spricht etwa vom *sagulum hispanum* (XXVII, 19, 12) und erwähnt den gleichen Mantel – anachronistisch – als Kleidung römischer Soldaten in VII, 34, 15. Vgl. Pol. II, 28, 7, wonach die Kelten Oberitaliens den σάγος trugen; genau das gleiche Kleidungsstück weist Poseidonios auch den Galliern der Narbonensis zu; vgl. Diod. V, 30, 1 = F 116 Jac. = F 169 Theiler. Siehe hierzu auch HÄNDL-SAGAWE 1995, 42. Die weite Verbreitung spricht für die Nützlichkeit des Mantels, besonders als Kleidung für Soldaten.

Brauch,"⁴²³ sich mit Urin zu waschen und die Zähne zu putzen, obwohl sie sonst reinlich seien. Bei der Angabe scheint es sich um ein beliebtes ethnographisches Kuriosum zu handeln, jedenfalls wird sie von späteren Autoren zu anderen iberischen Völkern wiederholt.⁴²⁴ Schon bei den Galliern hatte Poseidonios betont, sie legten Wert auf Sauberkeit, hielten sich aber nicht immer daran.⁴²⁵ Insofern unterscheidet der Brauch die Keltiberer zwar von allen anderen Völkern, findet aber gewisse Parallelen bei ihren keltischen Verwandten. Auch die Formen der Gastfreundschaft weisen Übereinstimmungen mit den Galliern auf: Gegenüber Fremden seien die Keltiberer stets „gütig" (ἐπιεικής) und „freundlich" (φιλάνθρωπος) und sie wetteiferten um die Gunst der Gäste.⁴²⁶ Denjenigen, der von den Besuchern als Gastgeber auserkoren wurde, priesen sie als „Liebling der Götter"⁴²⁷ (θεοφιλής).⁴²⁸ Eine solche Aufgeschlossenheit gegenüber den Ξένοι erinnert an Poseidonios' Darstellung der gallischen Bankette, und schon Ephoros hatte den Kelten eine ähnliche Freundlichkeit zugeschrieben.⁴²⁹ Wie bei den transalpinen Galliern wollte Poseidonios vielleicht einen Vergleich mit der griechischen Archaik evozieren, in der die Gastfreundschaft nach Auffassung des Autors eine größere Rolle gespielt hatte als in seiner eigenen Zeit.⁴³⁰ Gallier und Keltiberer symbolisieren und spiegeln demnach eine Vergangenheit, in der sich die Griechen noch nicht weit vom Goldenen Zeitalter entfernt hatten. Das relativiert die Wildheit der ‚Nordbarbaren' und verleiht ihr ein positives Gepräge als Teil einer allgemeinen menschlichen Entwicklung aller Ethnien zumindest der mediterranen *oikumene*.⁴³¹

---

423   Vgl. Diod. V, 33, 5 = FGrHist 87 F 117 = F 89 Theiler.
424   Vgl. Catull 37, 20 der von allen Hispaniern spricht, und Strab. III, 4, 16, C164 der die Völker Nordspaniens allgemein beschreibt.
425   Vgl. Athen. IV, p. 151E = F 15 Jac. = F 67 EK = F 170 Theiler.
426   Beide Adjektive sind typische Signalworte für Diodor, mit denen er Akzente setzen möchte. Für den Hinweis danke ich erneut Johannes Engels (Köln). An der eigentlichen Aussage der Passage, die auf Poseidonios zurückgehen muss, ändert das allerdings nicht viel – Diodor wollte die Idee der keltischen Gastfreundschaft vielleicht zusätzlich untermauern, da er den stoischen Anschauungen des Poseidonios zustimmte, die allen Menschen eine grundsätzliche Freundlichkeit zuschrieb. Francesco Reali (Bologna) machte mich zusätzlich darauf aufmerksam, dass ἐπιεικής bei Aristoteles als Ausdruck der moderaten Mitte zwischen den Extremen dient: So wird die Fremdheit der Keltiberer noch weiter relativiert, indem der aristotelische Begriff auf die Ethnographie übertragen wird. Das Vorgehen würde auf jeden Fall gut zur synkretistischen Philosophie des Poseidonios passen.
427   Diod. V, 34, 1 = F 117 Jac. = F 89 Theiler. Auch für diese Sitte gibt es epigraphisch-archäologische Zeugnisse; vgl. JÚDICE GAMITO 2005, 596.
428   Zu den historischen Hintergründen dieses Phänomens siehe HOFENEDER 2005, 156/157.
429   Strab. IV, 4, 6, C198–199 = FGrHist 70 F131.
430   Vgl. HERMAN 1987 passim. Schon in der Archaik gab es ritualisierte Gastfreundschaften auch zwischen Griechen und ‚Fremden', etwa zwischen dem Athener Alkmeon und dem lydischen König Kroisos; vgl. Hdt VI, 125.
431   Und es ist erneut als kritische Bewertung der römischen Herrschaft zu verstehen; siehe auch ALONSO NÚÑEZ 1979, 645.

Abgeschlossen wird der ethnographische Exkurs mit einer weiteren Kernkategorie, der Ernährung: „Sie ernähren sich von reichlich vorhandenen Fleischsorten aller Art (παντοδαπός) und trinken Honigwein, da das Land den Honig in großen Mengen liefert; den Wein freilich kaufen sie von den Kaufleuten, die zu Schiff zu ihnen kommen."[432] Im Gegensatz zu den Galliern scheinen die Keltiberer überhaupt kein Brot zu verzehren und sich in erster Linie von Fleisch zu ernähren. Das ist eigentlich ein Zeichen für nomadische ‚Primitivität', wie sie seit der Archaik den nördlichen ‚Barbaren' angedichtet wurde,[433] aber auch ein Kennzeichen der homerischen Helden – die Ambivalenz ist offensichtlich.[434] Poseidonios schränkt dieses Merkmal nun ein, wenn er von der großen Vielfalt (παντοδαπός) der keltiberischen Fleischspeisen berichtet; d. h. die vordergründige Rückständigkeit des Fleischgenusses einer nicht-agrarischen Kultur wird durch die Diversität ihrer Speisen relativiert. Ferner verfügen die Keltiberer über reichlich Honig und mischen ihn mit Wein: Anders als die Gallier trinken sie weder unvermischten Wein noch Bier.[435] Allerdings bauen sie selbst keinen Wein an, sondern importieren diesen wie die Gallier. Da die stets als gewinnsüchtig charakterisierten italischen Kaufleute für die Einfuhr zuständig waren, kann Poseidonios den *topos* der keltischen Trunkenheit aufbrechen:[436] Als Stoiker betont er – wie bei der Darstellung der turdetanischen Bergwerke – die moralische Verantwortung der römischen Bürger[437] für das Verhalten der Kelten.[438]

Ähnlich kritisch gegenüber dem römischen Vorgehen äußert sich Poseidonios (indirekt) in einem Fragment über die stammesverwandten Vakkäer, das bei Diodor an die Ethnographie der Keltiberer anschließt. Die Vakkäer hatten 137 oder 136 v. Chr.[439] mehrere Siege über die Römer erfochten, doch folgt daraus bei Poseidonios keine Verurteilung dieser ‚Nordbarbaren':

> Der einnehmendste [χαρίεις] Stamm von den den Keltiberern benachbarten Völkern sind die sogenannten Vakkäer. Die Vakkäer verteilen nämlich alljährlich ihr Land und bebauen

---

432 Diod. V, 34, 2 = F 117 Jac. = F 89 Theiler.
433 Zur Geschichte des *topos* siehe RIESE 1875, 27.
434 S. o. 228–239 im Gallierkapitel; bei der Beschreibung der Bankette ist der Vergleich explizit; vgl. etwa Diod. V, 28, 4 = F 116 Jac. = F 169 Theiler.
435 Zu den Sitten der Gallier vgl. Athen. IV, p. 152C–152D = F 15 Jac. = F 67 EK = F 170 Theiler; s. o. 228–239 im Kapitel zu Poseidonios und den Galliern. Sicherlich galt das Mischen mit Honig statt mit Wasser dennoch als ‚barbarisch'.
436 Vgl. Diod. V, 26, 3 = F 116 Jac. = F 169 Theiler. Vgl. die ähnliche Kritik an den Italikern in den spanischen Minen in Diod. V, 36, 3–4 = F 117 Jac. = F 89 Theiler. Zur Interpretation s. o. 261–264.
437 Die *Historien* wurden größtenteils erst nach dem Bundesgenossenkrieg geschrieben und sicher erst danach fertiggestellt. S. o. in der Einleitung 212, Anm. 4 zur Datierung. Zur Geschichte italischen Exports (v. a. des Weins) in den keltischen Raum siehe CUNLIFFE 1988, 73–75; FREYBERGER 1999, 71–74.
438 Kritik an den Römern in der Darstellung der Keltiberer sieht auch STRASBURGER 1965, 47/48.
439 Zur Datierung vgl. MALITZ 1983, 129.

es; sie machen die Ernte zum gemeinsamen Besitz aller und geben jedem seinen Teil ab, und für die Bauern, die etwas unterschlagen, haben sie den Tod als Strafe festgesetzt.[440]

Die Vakkäer ragen demnach unter ihren Nachbarn hervor,[441] weil sie einen lobenswerten *nomos* besitzen, den andere Völker nicht kennen: nämlich die gemeinsame Nutzung der Agrarflächen. Das erinnert an das Goldene Zeitalter,[442] von ihm haben sich jedoch auch die Vakkäer ein Stück entfernt, als sie die Todesstrafe einführten.[443] Dass ein ursprünglicher Idealzustand im Laufe der Zeit durch bestimmte Einrichtungen (*nomoi*) und Neuerungen punktuell relativiert (und damit gewissermaßen historisch rationalisiert) wird, ist ein ethnographisches Verfahren, das erstmals Herodot entwickelt und z. B. im Falle des südlichen Randvolkes der Aithiopen angewandt hatte.[444] Es eignete sich immer dann und dort, wenn vormals eher unbekannte Randländer der *oikumene* durch Handel, Exploration oder Expansion weiter erschlossen wurden, wie es mit Hispanien zur Zeit der römischen Expansion des 2. und 1. Jhs. v. Chr. der Fall war. Insofern lag es für Poseidonios nahe, dieses Modell auch auf die Keltiberer und Vakkäer anzuwenden;[445] Polybios hatte es bereits im Falle der Turdetaner vorexerziert.[446] Die besondere Pointe des Poseidonios scheint darin zu bestehen, dass die Todesstrafe den Vakkäern hilft, ihre alten Traditionen aufrechtzuerhalten. Ihre Neuerungen bewegen sich demnach eher auf der Linie des Erhalts eines positiven ‚Urzustandes' als der verderblicher Fehlentwicklungen – wie bei den iberischen Minenarbeitern, die durch die Förderung des Silbers nicht korrumpiert worden waren wie die Phönizier.[447] Dieses positive Gesamtbild entspricht der historisch-militärischen Konstellation, wie Poseidonios sie sah: Denn die Vakkäer waren ohne triftigen Grund vom Konsul Marcus Aemilius Lepidus Porcina angegriffen worden, den Poseidonios als Sinnbild der um sich greifenden Dekadenz betrachtet.[448] Der Vorfall erinnert an die Attacke des Lucul-

---

440 Diod. V, 34, 3 = F 117 Jac. = F 89 Theiler. Diod. V, 34, 3 = F 117 Jac. = F 89 Theiler. Χαριέστατον δὲ τῶν πλησιοχώρων ἐθνῶν {αὐτοῖς} ἐστι τὸ τῶν Οὐακκαίων ὀνομαζομένων σύστημα· οὗτοι γὰρ καθ' ἕκαστον ἔτος διαιρούμενοι τὴν χώραν γεωργοῦσι, καὶ τοὺς καρποὺς κοινοποιούμενοι μεταδιδόασιν ἑκάστῳ τὸ μέρος, καὶ τοῖς νοσφισαμένοις τι γεωργοῖς θάνατον τὸ πρόστιμον τεθείκασι.
441 So kann χαρίεις hier auch „kultiviert" heißen.
442 Vgl. MALITZ 1983, 118, Anm. 176; Verg. Georg. I, 125 f.
443 Wie schon mehrfach erwähnt, war die Übernahme von Gewalt in einer Urgesellschaft immer ein Zeichen des beginnenden moralischen Abstiegs, vom Goldenen zum Eisernen Zeitalter.
444 Siehe SCHULZ 2020a, 319–323.
445 S. o. auch den Abschnitt zu den Bergwerken (260/261), denn die Iberer an den Küsten hatten ihre anfängliche Unschuld abgelegt und Gold und Silber als Wertgegenstände in ihre Gesellschaft eingeführt. Auch hier findet sich also die gleiche Methode.
446 S. o. 181–188. Auch die Turdetaner hatten sich der Gewalt (dem Krieg) zugewandt.
447 S. o. 260/261.
448 Vgl. Exc. de virt. et vit. II, 1, p. 301 n. 324 = Diod. XXXIII, 27 = F 130 Theiler. Die alten Römer, die sich noch an den *mos maiorum* gehalten hatten, hatten sich, anders als Porcina, noch mit wenig Essen zufrieden gegeben; vgl. Athen. VI, p. 275A = F 59 Jac. = F 267 EK = F 81 Theiler. Die Beschreibung des Porcina erinnert auch an Poseidonios' Passage über Ptolemaios VIII. Physkon;

lus gegen das gleiche Volk 151 v. Chr., die von Scipio Aemilianus und Polybios kritisiert wurde.[449] Poseidonios konnte also die Idealisierung eines Nordvolks mit dem Sittenverfall der Römer kombinieren und das Thema – im Anschluss an seinen Vorgänger – in einen konkreten historisch-militärischen Kontext einbinden.

Es lässt sich folgendes Zwischenfazit ziehen: Poseidonios entwirft ein ambivalentes und differenziertes Bild der keltiberischen Völker, das Parallelen zu seiner Gallierethnographie aufweist. So suchte er zu erklären, wie die Keltiberer den Römern bereits seit dem Zweiten Punischen Krieg Widerstand leisten konnten. Sie vereinen für Poseidonios viele löbliche Attribute der Iberer und besonders der Kelten in sich und sind sogar zumindest den archaischen Griechen ähnlicher, als Geschichte und ethnographische *topoi* vermuten ließen. Dahinter steht der Wille des Stoikers Poseidonios, die prinzipielle Einheit der Menschen an empirischen Beispielfällen aufzuzeigen. Selbst ‚Nordbarbaren' am äußersten Rand der Welt waren keine Fabelvölker oder gar Monster mehr, sondern besaßen viele Gemeinsamkeiten mit den Griechen; die Ethnographie dient also als Rationalisierungsmodell.

Aber wie verhalten sich diese positiven Eindrücke nun zu der von Poseidonios grundsätzlich befürworteten römischen Expansion? Konnte er das ethnographische Bild aufrechterhalten, als er das Handeln der Keltiberer im Krieg gegen die Römer beschrieb? Oder musste er jetzt – wie Polybios – doch wieder auf negative Keltentopoi zurückgreifen, um die römische Kriegsführung zu rechtfertigen? Die entsprechenden Fragmente werfen Schlaglichter auf die Keltiberer im militärischen Kontext des Numantinischen Krieges. Eines davon schildert die Eroberung der keltiberischen Stadt Lagni durch den Konsul Quintus Pompeius 141 v. Chr. Zu Beginn der Belagerung hatten die Einwohner Verstärkung durch 400 Numantiner erhalten, denen sie aus Dank Geschenke überreichten.[450] „Als aber der Schrecken der Niederlage immer näher rückte, schickten sie (die Lagnier) Gesandte und versuchten sich selbst Rettung zu schaffen um den Preis des Verderbens ihrer Freunde."[451] Die Numantiner erfuhren von diesem Plan, und es kam innerhalb der Mauern zu einem Kampf zwischen beiden Parteien, den Pompeius nutzte, um die Stadt zu stürmen. „Alle Vornehmen ließ er töten, doch

---

vgl. Athen. XII, p. 549D–E = F 6 Jac. = F58 EK = F 126 Theiler. Es ist deshalb wahrscheinlich, dass er – wie die meisten Römer – den Krieg gegen die Vakkäer, die Rom bis dahin die Treue gehalten hatten, als ungerecht ansah. Zu den Umständen des Konfliktes siehe LUIK 2005, 76. Vielleicht bezieht sich auch Exc. de sent. IV p. 382 n. 389 = Diod. XXXIII, 8 = F105b Theiler auf Porcina, doch ist die Zuordnung nicht geklärt.

449 Vgl. SIMON 1962, 46–48, der v. a. die Überlieferung bei Appian (Ib. 51–55) auf Polybios zurückführt.

450 Vgl. Exc. de virt. et vit. II, 1, p. 300 n. 319 = Diod. XXXIII, 17, 1 = F112 Theiler. Die folgenden Fragmente aus den Büchern Buch XXXIII–XXXV von Diodors *Bibliotheke* finden sich nicht bei Vimercati, aber bei MALITZ 1983, 125–131. DE HOZ 2000 spricht sich in seiner Analyse von Diodors Quellen für diese Bücher mehrfach für Poseidonios aus.

451 Exc. de virt. et vit. II, 1, p. 300 n. 319 = Diod. XXXIII, 17, 2 = F112 Theiler.

die Verbündeten, 200 an der Zahl, entließ er aus der Gefahr".[452] Poseidonios zeichnet also einen Kontrast zwischen den beiden keltiberischen Gruppen: Das Verhalten der Lagnier entspricht dem Topos der ἀθεσία, die schon Polybios als schlimmste Eigenschaft der ‚Nordbarbaren' ausgemacht hatte. Die Numantiner verkörpern hingegen den ebenso klassischen Topos der ἀνδρεία und verdienen sich deshalb die Sympathie des Pompeius.[453] Poseidonios gelingt es, an diesem historischen Beispiel den widersprüchlichen Charakter keltischer Völker aufzuzeigen.

Die Numantiner erinnern an die keltiberischen Söldner in der Schlacht auf den Großen Feldern 203 v. Chr.; ihnen zollte Polybios Respekt, weil sie in aussichtsloser Lage ihre Stellung gehalten hatten.[454] Das weitere Verhalten der Numantiner bei Poseidonios passt zu diesen Vorstellungen: Pompeius gelang es 140 v. Chr.,[455] Numantia und das verbündete Termessos einzuschließen, doch waren die Städte zu stark befestigt, um sie einnehmen zu können. So eröffneten beide Seiten Friedensverhandlungen, bei denen die Römer folgende Bedingungen stellten: „Jede der beiden Städte sollte dreihundert Geiseln geben, 9000 Mäntel, 3000 Rindshäute, 800 Kriegspferde [und] sämtliche Waffen".[456] Von diesen Auflagen traf der Verzicht auf Waffen und Schlachtrösser die Numantiner und Termessier besonders hart, da er keltischen Ehrvorstellungen zuwiderlief.[457] Als die Waffen übergeben werden sollten, „erhob sich ein edles Wehklagen und es bemächtigte sich der Massen ein wildes Verlangen nach Freiheit (ἐλευθερία)."[458] Die Numantiner machten sich gegenseitig Vorwürfe, sie seien „im Begriff [...], sich nach Weiberart ihrer Waffen zu entledigen"[459] – diesen Geschlechtervergleich lässt Poseidonios sogar die keltiberischen Frauen aussprechen.[460] Es war also ausnahmslos das gesamte Volk, das der Freiheit einen höheren Wert zumaß als dem eigenen Leben, und die Keltiberer lehnten deshalb die römischen Vorschläge ab und führten den Krieg

---

452 Exc. de virt. et vit. II, 1, p. 300 n. 319 = Diod. XXXIII, 17, 3 = F112 Theiler.
453 Vgl. Exc. de virt. et vit. II, 1, p. 300 n. 319 = Diod. XXXIII, 17, 3 = F112 Theiler. Neben dem Mitleid für das Schicksal der Numantiner begründet Poseidonios Pompeius' Gnade mit strategischen Überlegungen: Vielleicht wäre Numantia zu einem Frieden bereit, wenn man seine Kämpfer gut behandelte. Diese Erwägung wird freilich die wahre Motivation des Quintus Pompeius gewesen sein.
454 Vgl. Pol. XIV, 8, 8–14.
455 Vgl. MALITZ 1983, 125. Astin 1967, 48 weist das Fragment dagegen dem Jahr 142 v. Chr. zu, als noch Quintus Caecilius Metellus Macedonicus den Krieg gegen die Keltiberer führte.
456 Exc. de leg. I p. 406 n. 29 = Diod. XXXIII, 16, 1 = F 111 Theiler. Sobald sie diese Forderungen erfüllt hatten, sollten die Keltiberer römische Verbündete werden.
457 Vgl. etwa RAWLINGS 1996, 87–92.
458 Exc. de leg. I p. 406 n. 29 = Diod. XXXIII, 16, 2 = F 111 Theiler. Diese an die Gefühle des Lesers appellierende Darstellung erinnert an andere Poseidoniosstellen, was für die Zuordnung spricht; s. o. 257–264 zu den iberischen Minen.
459 Ebd.
460 Vgl. Exc. de leg. I p. 406 n. 29 = Diod. XXXIII, 16, 2 = F 111 Theiler. Das erinnert an seine Beschreibung der ligurischen Frauen, die auch Männerarbeit übernahmen und so stark waren wie die Männer anderer Völker; siehe Diod. V, 39, 6 = F 118 Jac. = F163b Theiler. Erneut spricht die Parallele zu einem auch von JACOBY und VIMERCATI (B19) geführten Fragment für Poseidonios als Urheber des Vergleichs, sind sich dort doch alle Herausgeber außer EDELSTEIN/KIDD einig.

fort.⁴⁶¹ Sie kämpften für ihre ἐλευθερία, ein Gut, für das auch die Griechen nach eigener Auffassung viele Kriege gegen fremde Invasoren geführt hatten. Für die Adressaten der *Historien* musste die Entscheidung der Numantiner dennoch unvernünftig erscheinen, da die Leser um die spätere Zerstörung der Stadt wussten; doch war es aufgrund des θυμός der ‚Nordbarbaren' vorhersehbar, dass sie den Kampf fortsetzen würden. Ihnen gegenüber stand am Kriegsende als Symbol der Vernunft Scipio Aemilianus, den Poseidonios genauso bewunderte wie Polybios.⁴⁶² Scipios ruhmreicher Sieg interessierte den Apameer jedoch nicht so sehr wie das Leiden der besiegten ‚Nordbarbaren':⁴⁶³ „Als sie weggeführt wurden, töteten sich die meisten Barbaren selbst oder brachten sich gegenseitig um, weil sie den Schimpf der Knechtschaft nicht ertragen wollten",⁴⁶⁴ fasst Poseidonios das Geschehen zusammen, um es dann an einem Einzelfall zu veranschaulichen, der ebenso tragisch-dramatisch war wie das Schicksal der Slaven in den turdetanischen Minen:⁴⁶⁵

> Ein kleiner Junge, der bei seinen drei Schwestern stand, die vor Erschöpfung eingeschlafen waren, machte sie mit dem Schwert nieder. Als es ihm nicht gelungen war, sich vor seiner Gefangennahme zu töten, wurde er gefragt, warum er seine Schwestern umgebracht habe. Die Frager erhielten zur Antwort, dass den Schwestern nichts übriggeblieben sei, was ihnen das Leben lebenswert gemacht hätte; er selbst enthielt sich des Essens und starb an Unterernährung.⁴⁶⁶

Selbst nach ihrer Niederlage lassen sich die Numantiner also ihre Freiheit nicht nehmen. Sie reagieren weder unterwürfig noch verzweifelt, sondern bleiben ihrem angeborenen Charakter als edle Krieger treu. Indem Poseidonios das am Verhalten eines Kindes exemplifiziert, demonstriert er – wie im Fragment zuvor mit dem Verweis auf

---

461 Die Gallier blieben sogar bei den Banketten bewaffnet, also war es logisch, dass sich die Numantiner und Termessier nicht ihrer Waffen entledigen wollten; vgl. Athen. IV, p. 154A = F16 Jac. = F68 EK = F171a Theiler.

462 Vgl. bspw. Exc. de leg. I p. 406 n. 31 = Diod. XXXIII, 28b, 1–3 = F 127 Theiler. Mindestens indirekte Kritik an Scipio Aemilianus findet sich bei Poseidonios aber auch, wie schon STRASBURGER 1965, 49 betont.

463 Die Zuordnung des folgenden Fragments zum Fall Numantias erfolgt aufgrund der Ähnlichkeiten zu Appian. Vgl. MALITZ 1983, 131, nach SIMON 1962, 188 Anm. 25; siehe auch THEILER II, 101. Weitere, nur bei Appian vorhandene Aussagen, die auf Poseidonios zurückgehen könnten, bespricht STRASBURGER 1965, 51. Ihre Zuordnung scheint mir nicht gesichert, aber inhaltlich bewegen sie sich auf der gleichen Schiene wie die hier untersuchten Kommentare zu den Keltiberern: Die Eroberung Keltiberiens und auch Numantias wird v. a. als brutale Unterdrückung keltiberischer Freiheit gedeutet, nicht als ruhmreicher Sieg Roms.

464 Exc. de leg. I p. 406 n. 29 = Diod. XXXIV/XXXV, 4, 1 = F 139 Theiler.

465 Zu den Argumenten für die Annahme des Fragments s. o. 215 m. Anm. 28.

466 Exc. de leg. I p. 406 n. 29 = Diod. XXXIV/XXXV, 4, 1 = F 139 Theiler. Παῖς δέ τις ἄνηβος παραστὰς τρισὶν ἀδελφαῖς κοιμωμέναις διὰ τὸν κόπον, ταύτας ἀπέσφαξεν· ἑαυτὸν δὲ οὐ φθάσας ἀνελεῖν ὑπὸ τῶν συλλαβόντων ἀνεκρίνετο δι' ἣν αἰτίαν τὰς ἀδελφὰς ἀπέκτεινε. Τούτοις μὲν οὖν ἀπεκρίθη διότι τοῦ ζῆν οὐδὲν ἄξιον αὐταῖς κατελέλειπτο, αὐτὸς δὲ τροφῆς ἀποσχόμενος ἐνδείᾳ κατέστρεψε τὸν βίον.

die Frauen –, dass die gesamte Gesellschaft Numantias von diesem Geist durchdrungen war. Sie alle hatten für ihre Unabhängigkeit und für ihre Heimat gekämpft:

> Dieselben Kriegsgefangenen, als sie die Grenze ihres Gebietes erreichten, warfen sich auf den Boden, küssten die Erde unter Wehklagen und taten eine Handvoll Staub in den Bausch ihrer Gewänder, so dass das ganze Heer von Mitleid und Mitgefühl ergriffen wurde. Denn jeder, angerührt von den aller Menschennatur gemeinsamen Gefühlen, wurde von einem heiligen Schauer überwältigt, als er sah, dass auch die tierhaften Seelen der Barbaren, wenn das Schicksal sie vom gewohnten Leben in der Heimat trennt, nicht die innige Liebe zum Land, das sie genährt hat, vergessen.[467]

Poseidonios bezeichnet die Seelen der Keltiberer zwar als „tierhaft" (θηριώδης), doch benutzt er diesen Ausdruck auffälligerweise erst hier, als er die besiegten ‚Barbaren' beschreibt. Dass sie Tieren ähnelten, war also vielleicht eher das Ergebnis des brutalen Kampfes und der langen Belagerung als ursprünglicher Charakter der Keltiberer.[468] Dafür spricht, dass Poseidonios an dieser Stelle eigentlich eine Gemeinsamkeit zwischen ‚Barbaren' und ‚Zivilisierten' festhält: Da das Exil für die Bewohner der meisten mediterranen Stadtstaaten eine der höchstmöglichen Bestrafungen darstellte, konnten seine Leser mit den Keltiberern mitfühlen.[469] Explizit spricht er die Gleichheit aller Menschen in Bezug auf ihre Gefühle an. Poseidonios relativiert somit erneut die Wildheit der Randvölker.[470]

Die ereignisgeschichtlichen Passagen der *Historien* beschäftigen sich v. a. mit den Numantinern als Repräsentanten der Keltiberer. Poseidonios würdigt sie einerseits als mutige Krieger, die für ihre Heimat gestorben waren. Sie mochten aus einem ‚barbarischen' θυμός heraus gehandelt haben, doch hatten sie für die heilige Freiheit gekämpft. Andererseits erinnert er seine Leser an die Wildheit und Treulosigkeit der Keltiberer (hier der Lagnier), die das widersprüchliche Bild der ‚Nordbarbaren' vervollständigt. Das passt zu dem, was Poseidonios in seinem ethnographischen Exkurs geschrieben hatte. Aufgrund ihrer Mischung mit den Iberern waren die Keltiberer ‚zivilisierter' als

---

467 Exc. de leg. I p. 406 n. 29 = Diod. XXXIV/XXXV, 4, 2 = F 111 Theiler. Ὅτι οἱ αὐτοὶ αἰχμάλωτοι ὡς ἐπὶ τοὺς ὅρους τῆς χώρας κατήντησαν, ῥίψαντες ἑαυτοὺς εἰς ἔδαφος τήν τε γῆν κατεφίλουν μετ' οἰμωγῆς καὶ τῆς κόνεως εἰς τοὺς κόλπους ἀνελάμβανον, ὥστε εἰς ἔλεον καὶ συμπάθειαν ἅπαν τραπῆναι τὸ στρατόπεδον. Ἕκαστος γὰρ τοῖς κοινοῖς τῆς φύσεως πάθεσιν ἐχειροῦτο θείῳ φόβῳ, θεωρῶν ὅτι καὶ βαρβάρων ψυχαὶ θηριώδεις, ὅταν ἡ τύχη διαζευγνύῃ τὸ σύνηθες ἀπὸ τῆς πατρίδος, ὅμως οὐκ ἐπιλανθάνονται τῆς πρὸς τὴν θρέψασαν γῆν φιλοστοργίας.
468 Diese Hypothese stellt Malitz 1983, 131, Anm. 265 in den Raum. Siehe dazu unten die ‚Vertierung' des Viriatus (S. 285) und die ähnliche Interpretation bei STRASBURGER 1965, 48.
469 Zur Bedeutung der Exilierung in antiken griechischen Gesellschaften siehe etwa FORSDYKE 2005.
470 STRASBURGER 1965, 48 meint zu Recht, Poseidonios wolle hier zum Ausdruck bringen, dass auch die ‚Barbaren' ein Anrecht auf Freiheit hätten. Das gilt genauso für die Lusitaner, wie der nächste Abschnitt zeigen wird (s. u. 277–290).

(andere) Kelten, beherrschten eine fortschrittliche Form der Eisenverarbeitung,[471] bewohnten befestigte Städte wie Numantia, Termessos oder Lagni und benutzten im Krieg intelligente Taktiken. Offenbar dominierten jedoch die keltischen Wesenszüge, denn das wichtigste Merkmal der Keltiberer waren ihre Kriegstüchtigkeit und ihre Tapferkeit. Diesem hohen Stellenwert der Gewalt standen Elemente ihrer Gesellschaft gegenüber, die eher an die Merkmale des Goldenen Zeitalters erinnern; vielleicht war das Fehlen des Ackerbaus für beides mitverantwortlich. Diese Idealisierungen einte sie mit den Völkern der iberischen Küsten. Die Darstellung des Poseidonios erweitert damit in fast allen Punkten die Angaben des Polybios, ohne ihn substantiell zu widerlegen.[472] Polybios erweist sich als Vorreiter der hispanischen Ethnographie, der die Grundlage für spätere Auseinandersetzungen legte. Möglicherweise galt das auch für die Lusitaner, über die sich nur wenige seiner Nachrichten erhalten haben.[473] Dass er gerade bei der Beschreibung des lusitanischen Militärs eine der Hauptquellen des Poseidonios gewesen sein muss, steht außer Frage.[474] Die Überlieferung hat den Apameer

---

471 Freilich wusste Poseidonios um die hohen Standards keltischer Metallverarbeitung, vgl. etwa Diod. V, 27, 1–3 = F 116 Jac. = F 169 Theiler. Doch wird er mit seiner Beschreibung des *gladius Hispaniensis* (s. o. 267/268) auch an Polybios angeschlossen haben, der betonte, die keltiberische Eisenkunst sei sogar der römischen überlegen; siehe Pol. Sud. (s. v. μάχαιρα) Fragm. 179 Büttner-Wobst = Fragm. 96 Hultsch = Fragm. 100 Bekker.

472 Da Poseidonios keinen expliziten ethnographischen Exkurs über die Turdetaner und die (Ost-)Iberer verfasst hat, und da die Beschreibungen beider Autoren nur fragmentarisch überliefert sind, lässt sich schwerlich beurteilen, ob die Keltiberer bei Poseidonios weniger stark von den Iberern unterschieden wurden als von Polybios. Es scheint aber zumindest kein deutlicher Kontrast zu entstehen, da Poseidonios die Keltiberer überwiegend positiv darstellt.

473 Falls die Zuordnung des entsprechenden Abschnitts über die Ethnographie Turdetaniens passt und nicht, wie Athenaios schreibt, Lusitanien beschreibt. S. o. im Kapitel zu Polybios und Turdetanien auf 181, m. Anm. 949 u. 950.

474 Vgl. v. a. die Diskussion zu Strab. III, 3, 6, C154 bei MALITZ 1983, 118 Anm. 177, der dazu neigt, Polybios als Quelle zu sehen, wie das SCHULTEN 1911, 591, REINHARDT 1921, 25 und RADT, Kommentar I (zu Strabon), 351 tun. Theiler nahm Strab. III, 3, 6–7, C154–155 hingegen als F 22 in seine Poseidonios-Sammlung auf; siehe THEILER II, 38; genauso schon TRÜDINGER 1918, 100/101. Die Zuweisung an Polybios hängt freilich auch davon ab, ob sich sein geographisch-ethnographischer Exkurs in Buch XXXIV auf Lusitanien oder Turdetanien bezieht, wobei ich nach WALBANK Letzterem zuneige; s. o. erneut 181, m. Anm. 949 u. 950; WALBANK, Kommentar III, 599 (zu Pol. XXXIV,8, 1[–3]); 601 (zu Pol. XXXIV, 8, 4). Es ist deshalb meiner Meinung nach am zielführendsten, die Stelle im Kapitel zu Strabons Sicht auf die iberischen Völker zu behandeln. Gerade da er keinen der beiden Autoren nennt, ist damit zu rechnen, dass er selbst Veränderungen an den Vorlagen vorgenommen hat; vielleicht hat er das Ganze auch aus Polybios und Poseidonios kompiliert – selbst Angaben von Asklepiades und Artemidor sind nicht auszuschließen. Es wäre jedoch genauso unsinnig, anzunehmen, dass Polybios weder in seinen *Historien* noch in seinem kürzeren Werk über den Numantinischen Krieg die Kampfesweise der Lusitaner beschrieben oder zumindest erwähnt hat. Als Militärhistoriker mit Autopsie in Iberien musste ihn der langjährige Widerstand des Viriatus zwangsläufig interessieren. Siehe deshalb den Versuch bei GARCÍA MORENO 2003, 346–357, Appians Schilderung des Viriatuskrieges auf Polybios zurückzuführen. RUBINSOHN 1981, 164 schrieb dementsprechend schon, keine Quelle zu diesen Ereignissen sei komplett unabhängig von Polybios.

dennoch zum ältesten Autor gemacht, der ausführlich über Lusitanien schreibt,[475] und nur aus dieser Sicht können die entsprechenden Passagen beurteilt werden.

Krieg am Ende der Welt: Viriatus und die Lusitaner in der Sicht des Poseidonios

Mit ‚Lusitanien' bezeichnet Poseidonios ähnlich wie vor ihm Polybios und Artemidor das Land an der Atlantikküste nördlich des Tagus.[476] Anders als alle historischen oder ethnographischen Texte, die in der vorliegenden Arbeit behandelt werden, konzentriert sich Poseidonios' Besprechung des Viriatuskrieges und der Lusitaner überwiegend auf das Schicksal eines Individuums. Bevor er jedoch die Geschichte von Viriatus' Kampf gegen Rom schildert, bietet Poseidonios einen ethnographischen Exkurs zu den Lusitanern, der bei Diodor direkt an jenen über die Keltiberer anschließt.[477] Schon die einleitende Bemerkung sollte den Lesern verdeutlichen, dass die Römer nur wenigen Feinden gegenübergestanden hatten, die so gefährlich waren wie die Lusitaner:[478]

> Die wehrhaftesten der Iberer sind die sogenannten Lusitaner; sie tragen im Krieg ganz kleine Schilde [πέλται], die aus Sehnen zusammengeflochten sind und dem Körper aufgrund ihrer Festigkeit genügend Schutz zu geben vermögen. Diesen Schild bewegen sie in der Schlacht mit Leichtigkeit hin und her und wehren damit geschickt jedes auf sie zufliegende Geschoß ab.[479]

---

475 Auch Artemidor scheint sich mit den Lusitanern beschäftigt zu haben, aber ebenfalls nur sehr kurz; vgl. PÉREZ VILATELA 2000, 31–36.
476 Vgl. dazu PÉREZ VILATELA 2000, 37. Aufgrund der Athenaios-Fragmente des Polybios bleiben einige Unklarheiten ob seines Verständnisses, doch wird er über den Viriatuskrieg gut informiert gewesen sein. S. o. im entsprechenden Kapitel 181, m. Anm. 949 u. 950 (zur Zuweisung der Fragmente); siehe auch 174 m. Anm. 912; 276 Anm. 474 zu seiner Kenntnis Lusitaniens.
477 Es ist naheliegend, dass Poseidonios auch hier – in herodoteischer Manier – zunächst das Volk vorstellte, bevor er sich der Ereignisgeschichte zuwandte. Zur Geschichte der Lusitaner vor Viriatus siehe DE FRANCISCO MARTÍN 1996, 57–65.
478 Die Lusitaner hatten sich nicht am Zweiten Punischen Krieg beteiligt, waren aber vielleicht als Söldner in karthagischen Diensten – auch in der Armee Hannibals – vertreten und somit zumindest einigen Griechen und Römern bekannt. Siehe dazu BLÁZQUEZ MARTÍNEZ/GARCÍA-GELABERT PÉREZ 1987/1988 passim.
479 Diod. V, 34, 4 = F 117 Jac. = F89 Theiler. Auch VIMERCATI führt den Abschnitt, als Teil von Fragments B 18, deswegen besteht hier relativ wenig Diskussionsbedarf zur Frage, ob die Stelle von Poseidonios stammt. Τῶν δ᾽ Ἰβήρων ἀλκιμώτατοι μέν εἰσιν οἱ καλούμενοι Λυσιτανοί, φοροῦσι δ᾽ ἐν τοῖς πολέμοις πέλτας μικρὰς παντελῶς, διαπεπλεγμένας νεύροις καὶ δυναμένας σκέπειν τὸ σῶμα περιττότερον διὰ τὴν στερεότητα· ταύτην δ᾽ ἐν ταῖς μάχαις μεταφέροντες εὐλύτως ἄλλοτε ἄλλως ἀπὸ τοῦ σώματος διακρούονται φιλοτέχνως πᾶν τὸ φερόμενον ἐπ᾽ αὐτοὺς βέλος.

Polybios hatte die Keltiberer als kampfstärkstes Volk der Halbinsel bezeichnet.[480] Poseidonios behauptete nun, die Lusitaner seien die „wehrhaftesten der Iberer" (τῶν δ' Ἰβήρων ἀλκιμώτατοι), denn sie waren so agil und kräftig, dass sie nur einen kleinen Schild (den Caetra-Rundschild[481]) brauchten, um jeglichen Beschuss abzuwehren. „Da sie beweglich und leichtfüßig sind, sind sie gleich schnell bei der Flucht und bei der Verfolgung; bei der Ausdauer im Kampfgetümmel bleiben sie jedoch weit hinter den Keltiberern zurück."[482] In einer offenen Feldschlacht waren die Keltiberer den Lusitanern also überlegen, doch wussten die Leser der *Historien* aus Erfahrung, dass die Römer mit einer solchen Taktik nicht zu bezwingen waren. Die Lusitaner hatten es dagegen verstanden, die Vorteile ihres unwegsamen Heimatlandes zu nutzen, um den Römern durch ihre irreguläre Kriegsführung schwere Verluste beizubringen. Ihre Kämpfer waren demnach einzigartig, und so musste auch Poseidonios' Darstellung des Viriatuskrieges bedeutsamer erscheinen als Polybios' Bericht über die Eroberung Numantias.

Für ihre Plänklertaktik brauchten die Lusitaner die richtige Ausrüstung: „Sie benützen Wurfspieße, die ganz aus Eisen und mit Widerhaken versehen sind, und sie tragen Helme und Schwerter, die denen der Keltiberer ähnlich sind. Sie schießen mit den Speeren wohlgezielt über weite Entfernung, und überhaupt schlagen sie hart zu."[483] Bei diesem Wurfspeer handelte es sich um das *sol(l)iferr(e)um*,[484] das einige Ähnlichkeiten zum römischen *pilum* aufwies und ähnlich durchschlagskräftig war. Wenn diese Waffen einen feindlichen Schild trafen, blieben sie daran hängen und machten ihn unbrauchbar.[485] Das *soliferrum* war in dieser Art allerdings einzigartig und lässt auf den Erfindungsreichtum der lusitanischen Krieger schließen. Ansonsten glich ihre Ausrüstung jener der Keltiberer. Vielleicht deswegen konnten die Lusitaner, wenn nötig, wie ihre nordöstlichen Nachbarn in einer geordneten Linie kämpfen: „Im Frieden pflegen sie einen bestimmten leichtfüßigen Tanz, für den man große Gelenkigkeit der Glieder braucht; im Kriege aber rücken sie rhythmisch vor und stimmen Kampfgesänge an, wenn sie einen Gegner angreifen."[486] Der Tanz ist als *nomos* ein ἴδιον, das die außerge-

---

480 S. o. 194–207.
481 Der lateinische Name für πέλτη findet sich etwa bei Liv. XXVIII, 5, 11 und wurde im Besonderen benutzt, um den iberischen Rundschild mit Schildbuckel zu bezeichnen. Eine Gleichsetzung der Truppengattung der iberischen *caetrati* mit griechischen Peltasten findet sich bei Liv. XLIV, 41, 2.
482 Diod. V, 34, 5 = F 117 Jac. = F 89 Theiler.
483 Diod. V, 34, 5 = F 117 Jac. = F 89 Theiler.
484 Vgl. Liv. XXXIV, 14, 11.
485 Das *pilum* verfügte über keine Widerhaken, sondern verbog sich beim Einschlag in einen feindlichen Schild. So ähnlich hatte es bereits Polybios beschrieben; vgl. Pol. VI, 23, 9–11; GOLDSWORTHY 1996, 198/199.
486 Diod. V, 34, 5 = F 117 Jac. = F 89 Theiler. Poseidonios vergleicht Frieden und Krieg, doch scheint der Gegensatz eher zwischen irregulärer und regulärer Kriegsführung zu liegen.

wöhnliche Behändigkeit der Lusitaner als Plänkler in der Schlacht erklärt.[487] Wenn es erforderlich ist, können die Lusitaner jedoch in geordneten Formationen eine Schlacht beginnen, wobei sie eine Art Paian singen, wie er in griechischen Heeren verbreitet war.[488] Auch Kriegstänze waren in Griechenland bekannt, besonders der „pyrrhische Tanz", der allerdings in Poseidonios' Zeit nur noch der Unterhaltung diente.[489] Diese Übereinstimmungen mit der hellenischen Kriegerkultur werten die Lusitaner auf und relativieren ihre Fremdheit, ähnlich wie es im Fall der Keltiberer ihre Rüstungen taten, die griechischer Ausrüstung glichen.[490]

Flexibilität und Anpassungsfähigkeit im Krieg sind Eigenschaften, die seit Polybios auch den Römern zugeschrieben wurden.[491] Die lusitanische Taktik ist jedoch auf das Plänkeln der leichten Infanterie ausgelegt, das den topographischen Gegebenheiten im iberischen Bergland entspricht. Den Römern, die sonst all ihre Feinde mit deren eigenen Waffen geschlagen hatten, so ergänzt Poseidonios, gelang es nicht, eine Lösung für diese Herausforderung zu finden.[492] Er leitet die militärische Stärke der Lusitaner aus der Beschaffenheit ihrer Heimat und ihrer Lebensweise ab. Das verdeutlicht ein *nomos*, den er erneut ἴδιον nennt: „Die allerärmsten von denen, die in der Blüte ihrer Jahre stehen und sich durch Körperkraft und Mut hervortun, rüsten sich zur Reise alleine mit ihrer Kraft und ihren Waffen, sammeln sich in den unwegsamen Bergen und bilden ernstzunehmende Banden."[493] Die Banden würden durch ihre Unternehmungen reich und nur selten gefasst, da „sie leichte Waffen benutzen und sehr schnell beweglich sind"[494] – ganz wie die lusitanischen Peltasten (*caetrati*) im Krieg. Die Le-

---

487 Zu den Realia der lusitanischen Gesellschaft im 2. Jh. v. Chr. – soweit sie rekonstruiert werden können – siehe bspw. DE FRANCISCO MARTÍN 1996, 77–88.
488 Der Paian wird in der gleichen Funktion (um dem Gegner vor oder während der Schlacht Angst einzujagen und die eigene Moral zu stärken) besonders von Thukydides und Xenophon erwähnt. Vgl. Thuk. I, 50, 5; IV, 43, 3; VII, 44, 6; Xen. anab. I, 8, 17.
489 Vgl. Athen. XIV, p. 631A über die Spartaner, die ihren Kindern den Tanz bereits mit 5 Jahren beibringen, oder den spöttischen Kommentar bei Plut. mor. 192C–D. Xenophon listet bei einem abendlichen Bankett seiner Männer in Paphlagonien eine ganze Reihe von Kriegstänzen auf, die von Thrakern, Thessalern, Mysern, Persern und Arkadern praktiziert würden; vgl. Xen. anab. VI, 1, 5–13. Mindestens die Arkader kämpften in voller Hoplitenmontur, wie aus V, 1, 11 hervorgeht. Zur Ausführung des pyrrhischen Tanzes siehe Plat. leg. VII, 815A. Auch Strabon kannte den „Pyrrhischen"; siehe Strab. X, 3, 8, C467. Zur Bedeutung dieser Tänze vgl. BUNDRICK 2005, 77–80.
490 S. o. 267. Da die Lusitaner Poseidonios zufolge ähnlich gerüstet waren wie die Keltiberer, gab es auch hier eine Übereinstimmung zwischen ihnen und den Griechen – allerdings nur in Bezug auf die Gamaschen, da sie den kleinen Caetra-Schild benutzten statt der großen *aspis*; immerhin glich dieser aber der griechischen *pelte*.
491 Polybios betont das insbesondere bei seinem Vergleich zwischen makedonischer Phalanx und römischer Legion in Pol. XVIII, 32, 9–12. S. o. im entsprechenden Kapitel 82–84.
492 Vgl. Diod. V, 34, 7 = F 117 Jac. = F89 Theiler. Ähnlich App. Ib. 64; Front. Strat. III, 10, 6.
493 Diod. V, 34, 6 = F 117 Jac. = F89 Theiler. Vgl. Strab. III, 3, 5, C154. BARAY 2015a, 254 führt beide Passagen und die entsprechenden Nennungen bei Appian auf Poseidonios zurück.
494 Diod. V, 34, 6 = F 117 Jac. = F89 Theiler.

bensweise bereitete sie auf den Kampf gegen äußere Feinde wie die Römer vor und lehrte sie, das unzugängliche Terrain zu ihrem Vorteil zu nutzen.

Der Brauch ähnelt der spartanischen Einrichtung der Krypteia, bei der jugendliche Lakedaimonier gut ein Jahr in der Wildnis verbringen und Heloten überfallen mussten, um die Messenier in ständiger Angst zu halten.[495] Eine ähnliche Funktion sollten vielleicht die Überfälle lusitanischer Banden auf die benachbarten Völker haben.[496] Gleichzeitig hatte die Einrichtung einen nach Innen gewandten Effekt: Bei den Räubern handelte es sich wahrscheinlich um die jüngeren Söhne aus Bauernfamilien, die keine Aussicht hatten, das Land ihrer Väter zu erben.[497] Indem sie die Siedlungen rivalisierender Stämme und Völker plünderten, gelangten sie dennoch zu gewissem Wohlstand. Obwohl es sich also um eine Einrichtung ‚barbarischen' Charakters handelte, würdigt Poseidonios den Nutzen der Räuberei; und sollte er wirklich an die Krypteia gedacht haben, führt er die Grausamkeit der Banditen auf ‚staatliche' Vernunft zurück.[498] Diese Art der ‚Ausbildung' half auch im Kampf gegen Rom: „Die Römer [haben] sie zwar nach vielen Feldzügen um ihre Unverfrorenheit [καταφρόνησις] gebracht, doch vermochten sie es trotz ihrer wiederholten Anstrengungen nicht, das Bandenunwesen ganz zu beseitigen."[499] Selbst als die Römer diesen Feind später bezwingen konnten, gelang es ihnen also nicht, die Einwohner der Gebirge zu ‚zivilisieren'.[500]

Erst nach der Schilderung der allgemeinen lusitanischen *nomoi* verengt sich der Blick des Poseidonios auf den bedeutendsten Repräsentanten des Volkes, Viriatus.[501] Auch diese Abfolge ist nicht vorbildlos. Ganz ähnlich ließ Herodot z. B. im Skythen-

---

495 Vgl. Plut. Lykurgos, 28, 1–7. Die Länge ist umstritten, während Plutarch nur den Winter nennt, spricht etwa Schol. Plat. leg. I, 633b–c von einem Jahr. Zur Diskussion siehe MEIER 1998, 154–157. Dafür, dass Poseidonios an die Krypteia erinnern wollte, spricht auch der Vergleich Strabons zwischen den Institutionen der Spartaner und Lusitaner in Strab. III, 3, 6, C154, den TROTTA 1999, 89 sogar direkt auf Poseidonios zurückführt.

496 Das gelte dann genauso für andere iberische Völker, denn Poseidonios schreibt, dass das Banditenweisen unter den Lusitanern besonders prominent, aber auch bei anderen Gruppen bekannt sei. Vgl. Diod. V, 34, 6 = F 117 Jac. = F89 Theiler. Siehe weiter Strab. III, 3, 5, C153–154.

497 Diese Erklärung ist naheliegend, und sie wird auch von DE ALARCÃO 2001, 339 (ähnlich schon RUBINSOHN 1981, 178) vertreten. Er schreibt, dass die ‚Banditen' wahrscheinlich nach ihrer Zeit in den Bergen in die Gemeinschaft zurückkehrten und die Mutigsten von ihnen ihre Taten dann als Kapital für den sozialen Aufstieg nutzen konnten, wie das bei Viriatus der Fall war. Zu Viriatus s. u. 280–290, zu dieser Interpretation DE ALARCÃO 2001, 340–342.

498 Zumindest teilweise, schließlich galten die Spartaner vielen Griechen auch als wunderlich; deshalb hatte bereits Herodot eine Art ethnographischen Exkurs über die Lakedaimonier verfasst; vgl. Hdt. VI, 49–60.

499 Diod. V, 34, 7 = F 117 Jac. = F89 Theiler. Vgl. Strab. III, 3, 5, C154.

500 Tatsächlich blieben lusitanische Überfälle auf die römischen Provinzen bis mindestens 61/60 v. Chr. ein Problem, als Caesar als Propraetor nach einem weiteren Feldzug viele Lusitaner zwang, ihre Siedlungen und Rückzugsorte in den Bergen zu verlassen und in den Ebenen zu siedeln. Siehe dazu ausführlich u. 352 m. Anm. 389.

501 Soweit die Anordnung bei Diodor Rückschlüsse auf das ursprüngliche Werk zulässt. Aber selbst, wenn Poseidonios erst Viriatus und dann die Lusitaner und ihre *nomoi* besprochen haben sollte, wird er beide Abschnitte sicherlich in irgendeiner Weise miteinander verbunden haben.

logos auf die Vorstellung des Landes und der skythischen *nomoi* die Geschichte zweier bekannter Mitglieder der Stammeselite folgen.[502] Auch die Kriege der Griechen gegen die Perser werden erst *nach* der Darlegung der persischen *nomoi* entfaltet.[503] Poseidonios folgt diesem Schema gewissermaßen im kleineren Maßstab. Die Lusitaner seien den Römern trotz ihrer Stärken zunächst im Kampf unterlegen gewesen, da es ihnen an der richtigen Führung mangelte;[504] sprich, es fehlte ihnen am griechischen λόγος, und mit dem θυμός alleine konnten sie die Römer genauso wenig besiegen wie es die Gallier Norditaliens bei Polybios vermochten.[505] Zu diesem Zeitpunkt war Viriatus noch ein einfacher Mann:

> Er gehörte zu den am Ozean wohnenden Lusitanern, war von Jugend auf ein Hirte gewesen und dadurch mit dem Leben im Gebirge vertraut; dabei half ihm seine körperliche Konstitution. Denn an Kraft, Schnelligkeit und körperlicher Geschicklichkeit übertraf er die Iberer bei weitem. Er hatte sich daran gewöhnt, wenig Nahrung zu sich zu nehmen, viele sportliche Übungen zu treiben, nur so viel zu schlafen, wie gerade notwendig war, und insgesamt trug er beständig Waffen und stellte sich wilden Tieren und Räubern zum Kampf.[506]

Viriatus stammte also aus einem am Meer lebenden Stamm und nicht aus dem Gebirge.[507] Obwohl die küstennahen Ethnien dem Handel mit der Außenwelt gegenüber aufgeschlossen waren,[508] war er Hirte geworden und hatte dadurch allen Verführungen der Zivilisation widerstanden.[509] Er folgte damit dem zuvor vorgestellten Brauch der

---

502 Anacharsis (Hdt. IV, 76–77) und Skyles (78–80).
503 Die (ausführlichste) Ethnographie der Perser findet sich in Hdt. I, 131–140. Ab 141 erfolgt dann die Schilderung der Unterwerfung Ioniens, mit der die persisch-griechischen Auseinandersetzungen ihren Ausgang nehmen.
504 Vgl. Photios VI p.146 Henry = Diod. XXXIII, 1, 1 = F96a Theiler.
505 Als Söldner in römischen oder karthagischen Diensten konnten die Kelten nämlich durchaus eine wertvolle Waffe sein, es brauchte nur die richtige Anleitung; vgl. FOULON 2001, 55–59 mit Beispielen.
506 Vgl. Photios VI p.146 Henry = Diod. XXXIII, 1, 1–2 = F96a Theiler. Zu Poseidonios als Quelle für die Berichte über Viriatus, die bei den verschiedenen Autoren sehr große Übereinstimmungen aufweisen, vgl. auch Simon 1962, 137. ἦν μὲν οὖν οὗτος τῶν παρὰ τὸν Ὠκεανὸν οἰκούντων Λυσιτανῶν, ποιμαίνων δ' ἐκ παιδὸς ὀρείῳ βίῳ κατέστη συνήθης, συνεργὸν ἔχων καὶ τὴν τοῦ σώματος φύσιν· καὶ γὰρ ῥώμῃ καὶ τάχει καὶ τῇ τῶν λοιπῶν μερῶν εὐκινησίᾳ πολὺ διήνεγκε τῶν Ἰβήρων. συνείθισε δὲ αὑτὸν τροφῇ μὲν ὀλίγῃ γυμνασίοις δὲ πολλοῖς χρῆσθαι καὶ ὕπνῳ μέχρι μόνου τοῦ ἀναγκαίου, καθόλου δὲ σιδηροφορῶν συνεχῶς καὶ θηρίοις καὶ λῃσταῖς εἰς ἀγῶνας καθιστάμενος.
507 Als Hirte lebte er vielleicht in der Sierra Estrela; vgl. SCHULTEN 1917, 215. Zur Herkunft des Viriatus siehe auch DE ALARCÃO 2001, 342/343.
508 Dafür, dass Poseidonios dieser Meinung war, spricht seine (falsche) Beschreibung der lusitanischen Küste als niedrig und sandig; siehe Strab. III, 3, 3, C153 = F84 Jac. = F 220 EK= F 20 Theiler. Vielleicht nahm er dazu auch für den Tagus regelmäßige Überschwemmungen an, die das Land fruchtbar gemacht hätten, wie er es in Ilipa für den Baetis beobachtet hatte. Vgl. Strab. III, 5, 9, C175 = F 86 Jac. = F 218 EK= F 26 Theiler.
509 Der Handel Lusitaniens ist in römischer Zeit deutlich besser erforscht, siehe QUARESMA 2017 passim. Jedoch importierte Lusitanien bereits im 2. Jh. v. Chr. zumindest mediterrane Keramik, wie

Lusitaner, als Räuber in den Bergen zu leben (s. o.).⁵¹⁰ Allerdings übertraf Viriatus seine Landsleute an Selbstdisziplin und Fertigkeit bei der Jagd und im Kampf. Er vereinte viele positive Nordvölkertopoi in sich und glich fast einem iberischen Herakles.⁵¹¹ Wie der griechische Held war Viriatus ein großer Krieger, doch verkörperte er gleichzeitig die moralische Unschuld des Goldenen Zeitalters. Auch deshalb wurde er „zum Anführer gewählt und sammelte schnell eine Schar von Räubern um sich."⁵¹² Auch jetzt blieb Viriatus seinen Prinzipien treu, behandelte seine Gefolgsleute stets gerecht und erwies sich als fähiger Stratege.⁵¹³ Nachdem er schließlich Herrscher über einen Großteil der Lusitaner geworden war, fiel er im römischen Turdetanien ein und besiegte 147 v. Chr. den Prätor Gaius Vetilius,⁵¹⁴ den er gefangen nahm und mit seinem eigenen Schwert tötete.⁵¹⁵

Im folgenden Jahr schlug Viriatus den neuen Statthalter Gaius Plautius Hypsaeus in zwei Schlachten und zwang die Legionen, sich bereits im Spätsommer in den Schutz der Winterquartiere zurückzuziehen.⁵¹⁶ „Der römische Prätor Plautius", so Poseidonios, „war ein schlechter Statthalter in der Provinz. Für seine Missetaten wurde er in der Heimat verurteilt wegen schimpflichen Umgangs mit der römischen Herrschaft und aus Rom verbannt."⁵¹⁷ Der römische Vertreter wird so zum Gegenbild des Viriatus stilisiert. ‚Barbarische' Tugendhaftigkeit hatte römische Misswirtschaft und Überheblichkeit besiegt, was vielleicht explizit in einem hierzu passenden Fragment aus den *Historien* unterstrichen wird:⁵¹⁸

SORIA 2022 nachweist. Seinen verderblichen Einfluss kritisierten schon Platon und Aristoteles – insbesondere, wenn er dem reinen Gelderwerb und nicht der Versorgung diente. Vgl. bspw. Plat. leg. IV, 705a–b; XI, 918a–922b; Aristot. pol. I, 1256a–1, 1258b.

510 Auf 279/280. Vgl. auch GRÜNWALD 2004, 38.
511 Die Definition als Bandit passt zur Vorstellung von den ‚Nordbarbaren', ist aber nicht nur negativ zu verstehen, wie die diskutierten Stellen zeigen. Vgl. GRÜNEWALD 2004, 35–38.
512 Vgl. Photios VI p.146 Henry = Diod. XXXIII, 1, 2 = F96a Theiler.
513 Vgl. Photios VI p.146 Henry = Diod. XXXIII, 1, 2–3 = F96a Theiler.
514 Vgl. App. Ib. 61–63. Die detaillierte Darstellung des Feldzugs ist nur bei Appian erhalten; sie dürfte jedoch zu großen Teilen auf Polybios und Poseidonios zurückgehen. Diodor hätte Poseidonios dann nur stark verkürzt wiedergegeben, was nicht untypisch ist. Zu den Quellen Appians s. o. bereits im Polybioskapitel zu Hispanien (202, Anm. 1088); zu Diodors Umgang mit Poseidonios als Quelle s. o. im Kapitel zu Poseidonios und den Kelten 214–216.
515 Vgl. Photios VI p.146 Henry = Diod. XXXIII, 1, 3 = F96a Theiler. Appian behauptet hingegen, Vetilius sei von einem einfachen Soldaten getötet worden, der ihn nicht erkannt hatte; vgl. App. Ib. 63. SIMON 1962, 91 folgt Appians Angabe, ebenso LUIK 2005, 66. Appian betont dabei, dass der Prätor deshalb nicht erkannt wurde, weil er alt und übergewichtig gewesen sei und der lusitanische Soldat ihn deshalb für wertlos gehalten habe: Eine moralische Kritik, die zu Poseidonios' Urteil über Vetilius' Nachfolger Plautius passt (S. u. 283): Appian teilte also die inhaltliche Kritik des Apameers, obwohl er eine andere Quelle für den Tod des Vetilius genutzt hatte.
516 Vgl. App. Ib. 64; Liv. per. 52; Oros. V, 4, 3; LUIK 2005, 67.
517 Exc. de virt. et vit. II, 1, p. 294 n. 307 = Diod. XXXIII, 2 = F97 Theiler.
518 Vgl. MALITZ 1983, 125, Anm. 219/220.

Dürftigkeit und niedrige Stellung pflegen mäßige Genügsamkeit und Rechtlichkeit mit sich zu bringen, hohe Stellung aber Habsucht und Freveltaten, die durch eine ungerechte Gesinnung bewirkt werden.[519]

Plautius hatte als Feldherr genauso versagt wie als Statthalter und steht damit stellvertretend für die zunehmend dekadente Oberschicht Roms. Allerdings zeigte sich gerade in einer solchen moralischen und militärischen Krise wieder die Stärke Roms: In der Heimat wurde Plautius für seine Vergehen der *imminuta maiestas* angeklagt und schließlich verbannt. Erneut beanstandet Poseidonios also nicht die römische Herrschaft an sich, sondern nur die Verworfenheit ihrer Vertreter;[520] dementsprechend würdigt er den erfolgreichen Feldzug des Konsuls Quintus Fabius Maximus Aemilianus im Folgejahr. Der Bruder des Scipio Aemilianus habe es geschafft, die Lusitaner zurückzudrängen und Viriatus' Position empfindlich zu schwächen.[521] Nach der Abberufung des Fabius gelang es den Lusitanern jedoch, ein Bündnis mit den Arevakern zu schließen,[522] so dass mit Fabius' Adoptivbruder Quintus Fabius Maximus Servilianus im Jahr 142 v. Chr. erneut ein Konsul die römischen Truppen in Iberien befehlen musste. Viriatus errang nach langen Kämpfen die Oberhand und „zwang ihn [Servilianus] auf Vertragsbedingungen einzugehen, die für die Römer unwürdig waren."[523] Viriatus hatte die Weltmacht gedemütigt und stand auf dem Höhepunkt seiner Macht. Etwa zu diesem Zeitpunkt[524] heiratete er die Tochter des mächtigen Lokalfürsten Astolpas, der bis dahin die Römer unterstützt hatte.[525] Heiratssitten waren ein klassisches Thema der ionischen Ethnographie, und es ist wahrscheinlich, dass Poseidonios die Hochzeit

---

519 Exc. de sent. IV, p. 38,2 n. 389 = Diod. XXXIII, 8 = F105b Theiler. Die Aussage mag freilich auch auf Poseidonios' persönlichen Erfahrungen mit den seleukidischen Königen und Lokalherrschern in seiner syrischen Heimat fußen, die in seiner Lebenszeit von ständigen Bürgerkriegen zerrissen wurde. Ὅτι φιλεῖ ἡ μὲν ἀσθένεια καὶ ταπεινότης ἀεὶ τὴν λιτὴν αὐτάρκειαν καὶ τὸ δίκαιον, ἡ δὲ ὑπεροχὴ τὴν πλεονεξίαν καὶ τὴν ἐκ τῆς ἀδικίας παρανομίαν.
520 Dafür spricht, dass spätere Autoren, darunter auch Livius, einen ähnlichen Kontrast zwischen Viriatus und den römischen Feldherren zeichneten. Siehe Grünewald 2004, 41–47; LUIK 2005, 65.
521 Vgl. Photios VI p.146 Henry = Diod. XXXIII, 1, 3–4 = F96a Theiler. Zu den Details der Feldzüge von 145/144 siehe SIMON 1962, 97–100. Scipio Aemilianus war es gelungen, das Kommando seines Bruders um ein weiteres Jahr verlängern zu lassen.
522 Während des Jahres 143 v. Chr. führte ein Prätor namens Quinctius (entweder Crispinus oder Flamininus) das Kommando der römischen Truppen in der Hispania Ulterior. Siehe dazu LUIK 2005, 68.
523 Vgl. Photios VI p.146 Henry = Diod. XXXIII, 1, 4 = F96a Theiler. Diodor/Poseidonios hat hier die beiden Adoptivbrüder verwechselt und zu einer Person gemacht. Zu einer konzisen Rekonstruktion des tatsächlichen Hergangs siehe Richardson 1996, 64/65. Die Bezeichnung des *aequis condicionibus* geschlossenen Friedens als unwürdig mag auf die Propaganda des Quintus Servilius Caepio zurückgehen, der den Vertrag später brach. Vgl. LUIK 2005, 70.
524 Zur Datierung vgl. MALITZ 1983, 123.
525 SIMON 1962, 128 hält auch ihn für einen Lusitaner.

detailreich beschrieben hat.⁵²⁶ Klar ist aufgrund der Quellenlage nur, dass er den beeindruckenden Wohlstand des Astolpas der bescheidenen Armut des Viriatus gegenüberstellte. Da Viriatus Reichtum als vergänglich betrachtet habe, habe er das luxuriöse Hochzeitsbankett verschmäht und sich mit seiner Braut in die Berge zurückgezogen.⁵²⁷ Der ‚Barbar' Viriatus erfüllte das stoische Idealbild der Genügsamkeit und Bescheidenheit so sehr, dass Astolpas ihn den Römern vorzog, obwohl diese ihn immer gut behandelt hatten.⁵²⁸ Es mochte Viriatus an griechischer Bildung fehlen, dennoch verfügte er über große Weisheit. „Denn die Sprache eines Mannes, der in Übereinstimmung mit der Natur (φύσις) lebt, ist kurz und bündig, geprägt von der Tugend (ἀρετή), und ein kurzes klares Wort in schlichter Sprache wird zu einem denkwürdigen Wort des Sprechenden",⁵²⁹ so die überlieferte Version des auf Poseidonios basierenden Textes.

Die Charakterisierung erinnert an die ‚lakonische' Ausdrucksform der Spartaner, die den Griechen schon immer als *comparatum* zur Einordnung fremder Völker dienten – besonders wenn es sich um andere ‚Kriegervölker' wie die Lusitaner handelte, da ihre Eigenarten sie selbst zum Objekt ‚ethnographischer' Betrachtungen gemacht hatten.⁵³⁰ Die Beschreibung des Viriatus gleicht aber auch der griechischen Tradition über den skythischen Weisen Anacharsis,⁵³¹ der wie Viriatus schließlich verraten wurde.⁵³² Wie die weisen Männer und Heroen des Goldenen Zeitalters zog Viriatus seine Stärke aus der Natur selbst; diese Einfachheit (ἀφέλεια) seines Charakters war keine Schwäche, sondern entsprach der größten (stoischen) Tugend.⁵³³ Deshalb galt: „Er [Viriatus] ging davon aus, dass die Unabhängigkeit [αὐτάρκεια] der größte Reichtum sei, dass die

---

526 Vgl. etwa TRÜDINGER 1918, 31/32. Alternativ wäre nur an Polybios als Quelle zu denken. Aufgrund der byzantinischen Überarbeitung der Fragmente bei Diodor lassen sich die konkreten Informationen allerdings nicht mehr auf den Apameer zurückführen. Die beiden Stellen, die Theiler als F105a und F105b aufgenommen hatte, fassen offensichtlich eine einzige Diodorstelle zusammen. Dadurch ist es kaum mehr möglich, die ursprüngliche Beschreibung des Poseidonios aus den überlieferten Textstücken herauszuarbeiten. Auch Vimercati hat die beiden Fragmente deshalb nicht in seine Sammlung aufgenommen; siehe VIMERCATI 2004, 791.
527 Vgl. Exc. de virt. et vit. II, 1, p. 296 n. 312 = Diod. XXXIII, 7, 1–2 = F 105a Theiler.
528 Vgl. Exc. de sent. IV, p. 383, n. 388 = Diod. XXXIII, 7, 4 = F105b Theiler. Die Intelligenz des Viriatus verdeutlicht Poseidonios/Diodor am Beispiel seines Kommentars zur Stadt Tucci, die ständig zwischen Römern und Lusitanern die Seiten wechselte. Viriatus führte eine aesopsche Fabel an, um den Tucciern ihre Torheit vor Augen zu führen. Vgl. Exc. de sent. IV, p. 383, n. 388 = Diod. XXXIII, 7, 5–6 = F105b Theiler. BERMEJO BARRERA 1984 hält die Anekdote für größtenteils akkurat, da es wahrscheinlich sei, dass eine ähnliche Fabel unter den Lusitanern existiert habe, und Poseidonios dann nur für seine Leserschaft auf Aesop verwiesen habe.
529 Exc. de sent. IV, p. 383, n. 388 = Diod. XXXIII, 7, 7 = F105b Theiler.
530 Z. B. bei Xenophon in seiner Λακεδαιμονίων Πολιτεία, bei Aristoteles in Aristot. pol. VII, 1324b oder in diversen Passagen bei Herodot: etwa VI, 51–60 über die spartanischen Könige und ihre Ähnlichkeiten zu Persern und Ägyptern oder I, 4, 3; VII, 104 und 209, 3. Den Abschnitt in Buch VI bezeichnen HORNBLOWER/PELLING 2017, 160 als ethnographischen Exkurs über die Spartaner. Für den Hinweis und zahlreiche Erklärungen zu diesem Thema danke ich Antonio Sforacchi (Udine/Potsdam).
531 Vgl. insbesondere Diog. Laert I, 101; allgemeiner Hdt. IV, 76–77; Diog. Laert. I, 101–106.
532 Vgl. Hdt IV, 76, 5.
533 Ähnlich schon die Interpretation bei SIMON 1962, 137.

Freiheit [ἐλευθερία] seine Heimat [πατρίς] [...] sei."⁵³⁴ Poseidonios führte den Charakter des Viriatus also wahrscheinlich genauso auf Umwelteinflüsse zurück wie den des ganzen lusitanischen Volkes. Diese Heimat kannten sie besser als jeder andere, und deshalb bewegten sie sich in ihr so frei wie Hirten, wie Nomaden,⁵³⁵ und nutzten diese Mobilität im Krieg, um die Römer immer wieder zu schlagen.

Wie Polybios war Poseidonios allerdings überzeugt, dass Rom letztendlich nicht zu bezwingen war. Und tatsächlich gelang es 139 v. Chr. dem Konsul Marcus Popilius Laenas, Viriatus in schwere Bedrängnis zu bringen. Die Lusitaner zeigten sich gesprächsbereit, doch forderte der Statthalter eine *deditio*.⁵³⁶ Um Viriatus nicht „voller Verzweiflung (ἀπόγνοια) und Wut (ἀποθηριόω⁵³⁷) zu einem Krieg ohne Aussicht auf ein Ende"⁵³⁸ zu treiben, habe Popilius seine Bedingungen eine nach der anderen gestellt, nicht alle gleichzeitig. Malitz spricht davon, dass der Römer hier mit seinem Gegner so umgehe, als handele es sich um ein wildes Tier (ἀποθηριόω), das seine Emotionen nicht kontrollieren kann; doch sei das brutale Vorgehen der Römer Schuld an Viriatus' Raserei, nicht seine ‚barbarische' Herkunft⁵³⁹ – wie bei den kriegsgefangenen Numantinern.⁵⁴⁰ Da der wilde θυμός geläufigen *topoi* über die Nordvölker entsprach, hätte Poseidonios Numantiner und Lusitaner tatsächlich jederzeit mit ungezähmten Tieren vergleichen können, doch tut er das in beiden Fällen erst, nachdem die jeweiligen ‚Barbaren' von den Römern (mehr oder weniger) besiegt worden waren.⁵⁴¹ Erneut erscheinen die Hispanier als edle Krieger, die Opfer der rücksichtslosen römischen Expansion geworden waren.⁵⁴² Ihr Wesen mochte durch die Umweltbedingungen ihrer Heimat geprägt sein, doch brachte erst das rücksichtslose Agieren der Römer die wilde Seite von Viriatus' Charakter zum Vorschein.

---

534 Exc. de virt. et vit. II, 1, p. 296 n. 312 = Diod. XXXIII, 7, 3 = F 105a Theiler.
535 Denn schon Herodot hatte die Skythen für die Vorteile ihrer mobilen Lebensweise bewundert: Kyros konnte sie nicht zur Schlacht stellen, da sie sich einfach in das weite Hinterland der Steppe zurückziehen würden. Vgl. Hdt IV, 127.
536 Vgl. etwa LUIK 2005, 70; MALITZ 1983, 126; Anm. 230.
537 Laut LSJ eigentlich „zur Bestie werden."
538 Exc. de sent. IV, p. 383, n. 391 = Diod. XXXIII, 19 = F117 Theiler.
539 Vgl. MALITZ 1983, 126, Anm. 229. So schon NORDEN 1923, 163/164, Anm. 4, der die Wortwahl auf Poseidonios zurückführt, da es viele von ihm überlieferte Stellen gibt, an denen ‚Barbaren' ‚vertiert' werden.
540 S. o. auf 275 zu Exc. de leg. I p. 406 n. 29 = Diod. XXXIV/XXXV, 4, 2 = F 111 Theiler.
541 Die Stellung des Viriatus 139 v. Chr. war freilich deutlich besser als die der Numantiner *nach* der Zerstörung der Stadt. Doch da Viriatus kurz nach den Friedensverhandlungen mit Popilius ermordet wurde, war dies für Poseidonios eine der letzten Gelegenheiten, einen solchen Vergleich durchzuführen – die Leser der *Historien* wussten bereits, dass das Ende nah war.
542 Viriatus hatte – dem Wunsch des Popilius gemäß – bereits seinen Schwiegervater Astolpas hinrichten lassen, als die Verhandlungen abgebrochen wurden, wodurch das Opfer umso schmerzhafter wurde. Vgl. MALITZ 1983, 126, Anm. 229. Siehe auch SIMON 1962, 128. Auch gleicht die bestienhafte Wut des Viriatus dem Zorn der schändlich behandelten Sklaven in Exc. de sent. IV, p. 384, n. 397 = Diod. XXXIV, 2, 38 = F 108 g Jac. = F136e Theiler und Exc. de insid. III, p. 206, n. 44 = Diod. XXXIV, 2, 40 = F 108h Jac. = F136e Theiler.

Von Popilius' Amtskollegen⁵⁴³ Quintus Servilius Caepio, dem Bruder des Servilianus und Konsul von 140 v. Chr., erhoffte sich Viriatus ein besseres Angebot. Der Römer hieß die lusitanischen Gesandten Audas, Ditalkes und Nikorontes in seinem Lager willkommen, doch schmiedete er mit ihnen zusammen den Plan, Viriatus zu ermorden. Die überlieferten Fragmente des Poseidonios sprechen beiden Seiten die Schuld zu. Einmal heißt es, „Caepio ließ [...] ihn [Viriatus] durch dessen eigene Vertraute meuchlerisch umbringen."⁵⁴⁴ An anderer Stelle wird behauptet, Audas, Ditalkes und Nikorontes hätten den Entschluss, „in Furcht über ihr eigenes Geschick"⁵⁴⁵ gefasst, also aus niederen Motiven. Eventuell passten die Beweggründe in der ursprünglichen Fassung besser zusammen oder Poseidonios ging davon aus, dass Caepio bzw. dessen Agent mit Audas, Ditalkes und Nikorontes drei Männer fand, die seine Ziele teilten. Bemerkenswert ist in jedem Fall, dass die drei Mörder Poseidonios zufolge keine Lusitaner waren, sondern aus der turdetanischen Stadt Orso stammten, die unter römischer Herrschaft stand.⁵⁴⁶ Sie hatten also zuerst die Römer und dann die Lusitaner verraten und verkörpern damit die ‚barbarische' ἀθεσία.⁵⁴⁷ Ähnlich hatten sich bei Polybios die ilergetischen Könige Andobales und Mandonius verhalten.⁵⁴⁸ Poseidonios greift also die Iberertopoi seines Vorgängers auf, zeigt aber, dass diese negativen Eigenschaften, wie zuvor die Wut des Viriatus, erst zutage traten, als die Lusitaner begannen, den Krieg zu verlieren. Die Römer nutzten diese Treulosigkeit der ‚Barbaren', da sie Viriatus nicht in einem ehrlichen Kampf auf dem Schlachtfeld besiegen konnten.

Abschließend schildert Poseidonios die Beisetzung des verstorbenen Viriatus. Bestattungsriten waren seit dem 5. Jahrhundert ein klassisches Feld der Ethnographie, die berühmteste Beschreibung findet sich im Skythenlogos Herodots;⁵⁴⁹ Polybios hatte sich später mit den römischen Ritualen beschäftigt.⁵⁵⁰ Das Ereignis stach aus den üblichen Begräbnissen der Lusitaner heraus; zweihundert Paare von Gladiatoren sollen

---

543 Als Statthalter Hispanias: Popilius war für Hispania Citerior zuständig, Caepio für Hispania Ulterior. Caepio war es auch gewesen, der den Krieg neu eröffnet hatte; siehe erneut LUIK 2005, 70.
544 Vgl. Photios VI p.146 Henry = Diod. XXXIII, 1, 4 = F96a Theiler. Dass dem Prokonsul später kein Triumphzug gewährt wurde, obwohl er einen von Roms ärgsten Feinden beseitigt hatte, legt nahe, dass er eine aktive Rolle bei der Verschwörung eingenommen hatte. Vgl. MÜNZER 1920, 249; siehe auch SIMON 1962, 130–133.
545 Exc. de insid. III, p. 205, n.42 = Diod. XXXIII, 21 = F119 Theiler.
546 Vgl. MALITZ 1983, 127, Anm. 234.
547 Ähnlich wie die Bewohner der Stadt Tucci; vgl. Exc. de sent. IV, p. 383, n. 388 = Diod. XXXIII, 7, 5–6 = F105b Theiler.
548 S. o. 191–193; die ἀθεσία schreibt Polybios ihnen in Pol. XI, 31, 1 zu. In beiden Fällen stellt der zweite Seitenwechsel eine Steigerung des Ersten dar: Andobales und Mandonius waren von den Karthagern schlecht behandelt worden, von Scipio Africanus dagegen umso besser. Audas, Ditalkes und Nikorontes hatten vielleicht unter den schlechten Statthalterschaften eines Vetilius oder Plautus gelitten; Viriatus brachte seinen Untergebenen im Unterschied dazu stets Respekt entgegen – genau wie Scipio.
549 Vgl. Hdt. IV, 71–73.
550 S. o. im Kapitel zu Rom und Polybios 118–121; vgl. Pol. VI, 53, 1–54, 4.

zur Ehre des Verstorbenen gegeneinander angetreten sein.[551] Gladiatorenspiele waren ein römischer *nomos*,[552] der offenbar auf etruskisch-kampanische Einflüsse zurückging.[553] In Poseidonios' Heimat hatte Antiochos IV. diesen Brauch etabliert,[554] doch wurde die ‚Romanisierung' des öffentlichen Lebens Polybios zufolge von den griechischen Eliten kritisiert.[555] Da sich Poseidonios auch für moralphilosophische Fragen interessierte und das Seleukidenreich des späten 2. Jhs. v. Chr. als Symbol von Dekadenz und Niedergang sah,[556] wird er sicher einer der griechischen Aristokraten gewesen sein, die den Kampf in der Arena missbilligten.[557] Die ersten Spiele in Iberien hatte

---

[551] Vgl. Exc. de virt. et vit. II 1, p. 301, n. 321 = Diod. XXXIII, 21a = F120 Theiler. Laut Appian, dem Poseidonios und/oder Polybios zu Grunde liegen, marschierten die Truppen des Viriatus singend um den Scheiterhaufen herum; vgl. App. Ib. 75.

[552] Die Tradition ist in Rom erstmals für das Jahr 264 v. Chr. belegt, als Decimus Iunius Brutus und sein Bruder Marcus Iunius Brutus Spiele veranstalteten, die das Leben ihres verstorbenen Vaters Decimus Iunius Brutus Pera ehren sollten; vgl. Liv. per. 16; Val. Max. II, 4, 7; WELCH 2007, 19.

[553] Denn solche Spiele existierten in Etrurien und Kampanien bereits vor der römischen Eroberung; siehe FUTRELL 2006, 4.

[554] Antiochos IV. hatte bekanntlich vor seiner Regierungszeit (175–164 v. Chr.) längere Zeit in Rom verbracht. Siehe dazu MITTAG 2006, 37–40.

[555] Laut Livius war die Bevölkerung des seleukidischen Syrien zunächst entsetzt über die Brutalität der Gladiatorenkämpfe, doch habe Antiochos sie mit der Zeit daran gewöhnen können, so dass sich das Spektakel bald großer Beliebtheit erfreute; siehe Liv. XLI, 20, 10–12. Polybios erwähnt die Gladiatorenspiele im Rahmen der Parade von Daphne 166 v. Chr.; vgl. Pol. XXX, 26, 1. Der Achaier spricht von keiner generellen Etablierung der Spiele, aber von anderen römischen Sitten, die Antiochos IV. eingeführt habe und die dazu geführt hatten, dass er beim Volk verhasst gewesen sei; vgl. Athen. V, p. 193D = Pol. XXVI,1, 5–7. Pol. XXVI, 1, 6 und Liv. XLI, 20, 1 nennen beide den elfenbeinernen Stuhl, von dem aus Antiochos seine Amtsgeschäfte zu führen pflegte. Die Parallelität legt nahe, dass Polybios sich vielleicht auch mit den Gladiatorenspielen als Grund für den Hass auf den Monarchen beschäftigt hatte und dass dieser Passus von Athenaios schlicht nicht zitiert wurde. Für Polybios als Quelle der livianischen Stelle spricht sich auch BRISCOE 2012, 108 aus. Da Livius angibt, der König habe sich gegenüber Polybios' Heimatstadt Megalopolis als Wohltäter gezeigt, hätte Polybios also trotz seiner negativen Haltung gegenüber dem Seleukidenreich wenig Grund gehabt, Antiochos IV. im Besonderen als unbeliebter darzustellen, als er war; vgl. Liv. XLI, 20, 6. Da selbst Livius zugibt, dass die Gladiatorenspiele zunächst auf Abneigung gestoßen seien und Antiochos das Prozedere ‚entschärfen' musste und dass das Spektakel nur bei „vielen/den meisten jungen Männern" (*plerisque iuvenum*) beliebt war, spricht meines Erachtens alles dafür, dass viele Griechen im Seleukidenreich die Darbietungen als ‚barbarisch' betrachteten – auch nach der Zeit Antiochos IV. Zur Übernahme der Gladiatorenspiele in der griechischen Welt (v. a. in der Kaiserzeit) allgemein siehe ROBERT 1940b passim. Zur griechischen Wahrnehmung dieser Schauspiele im römischen Reich siehe CARTER 2009; jetzt aber v. a. Mann 2011, der die ältere Literatur überholt hat. Schließlich sei aber noch auf LINDA-MARIE GÜNTHER verwiesen, welche die Angaben bei Livius und Polybios – mindestens in Bezug auf die Parade von Daphne – für unglaubwürdig hält; Athenaios habe die Gladiatoren im polybianischen Text ergänzt. Vgl. GÜNTHER 1989, 250–252. Sollten die Seleukiden wirklich keine Gladiatorenspiele eingeführt haben, könnte Poseidonios sie bei seinen Besuchen in Rom kennengelernt haben.

[556] S. o. 224, Anm. 96 und die Fragmente mit Kommentar bei MALITZ 1983, 257–302.

[557] Es ließe sich noch ergänzen, dass auch Seneca, der wie Poseidonios Stoiker war und das Werk des Apameers breit rezipierte, ein ausgesprochener Kritiker zumindest bestimmter Aspekte der Gladiatorenspiele war. Siehe bspw. Sen. epist. 7; bes. 3–5.

Scipio Africanus 206 v. Chr. in Neukarthago abgehalten;[558] vielleicht hatten die Lusitaner diese Einrichtung nach dem Vorbild aus der Hispania Ulterior übernommen, oder zumindest könnte Poseidonios das angenommen haben. Die ‚Barbaren' hätten demnach einen der ‚barbarischsten' römischen *nomoi* angenommen und benutzten das Schauspiel in der gleichen Funktion wie die Römer.[559] Die Zahl der Gladiatoren soll den Ruhm des Viriatus symbolisieren, dessen Charakter Poseidonios dann noch einmal in einem *enkomion* zusammenfasst.[560] Die Forschung sieht hierbei Parallelen zu Livius' Lob auf Hannibal: Beide Männer sind mutige Krieger, die nur wenig Nahrung oder Schlaf brauchen.[561] Beide Passagen scheinen jedoch auf die respektvolle Würdigung Hannibals bei Polybios zurückzugehen.[562] So betont Polybios wie Poseidonios die Länge der Kämpfe und die außergewöhnliche Loyalität der Truppen, und beide Autoren deuten an, dass die Karthager bzw. Lusitaner den Römern ohne ihren jeweiligen Anführer keinen längeren Widerstand mehr zu leisten vermochten.[563] Vielleicht folgt Poseidonios hier dazu bewusst dem ersten römischen Satiriker, Lucilius, der Hannibal und Viriatus als Roms größte Feinde bezeichnet hatte.[564] In jedem Fall wertete Poseidonios den lusitanischen Krieger auf und unterstrich die Bedeutung seiner eigenen Darstellung. Seit den Tagen Hannibals hatte niemand mehr die Römer

---

558 Vgl. Liv. XXVIII, 21, 1–10; FUTRELL 2006, 8/9. Bezeichnenderweise feierte Scipio die Spiele in Erinnerung an seinen fünf Jahre zuvor verstorbenen Vater und seinen Onkel.

559 Zuletzt ist hier auch der Anschluss an Herodot vorstellbar, der die Leichenspiele der Thraker beschreibt, die wiederum an die von Achilles ausgerichteten Spektakel für den verstorbenen Patroklos erinnern. Siehe Hdt. V, 8; Hom. Il. 23, 256–897.

560 Diese Vorzüge müssen hier dementsprechend nicht noch einmal analysiert werden. Es sind die Folgenden: Viriatus war ein hervorragender Krieger, ein fähiger Feldherr, ein beliebter Anführer; er verteilte die Beute stets gerecht, war nüchtern (was sich sicherlich auch auf das wenige Essen bezieht), brauchte fast keinen Schlaf und widerstand allen Verlockungen des Luxus. Vgl. Exc. de virt. et vit. II 1, p. 301, n. 321 = Diod. XXXIII, 21a = F120 Theiler.

561 Vgl. Liv. XXI, 4, 5–8. Der Vergleich geht auf SIMON 1962, 137 zurück. Siehe auch GRÜNEWALD 2004, 43. LUSCHNAT 1974, Sp. 775 weist hingegen auf Ähnlichkeiten zu Thukydides' Würdigung des Charakters von Perikles hin; vgl. Thuk. II, 65. Angerissen wird dieser Vergleich ebenfalls von STRASBURGER 1965, 48. Auch wenn die Stelle Poseidonios vertraut war und ihn vielleicht inspiriert hatte, werden an Perikles doch v. a. seine Qualitäten als Politiker und Rhetor gelobt, so dass ich nicht glaube, dass Thukydides' Lob die direkte Vorlage gewesen sein kann. HÄNDL-SAGAWE 1995, 42 führt Livius' Vergleich auf Sallust Cat. 5, 3 und Iug. 85, 33 zurück, wo Catilina bzw. Iugurtha ähnliche Attribute zugeschrieben werden. Auch diese Ableitung ist meines Erachtens nicht nötig, wenn ganz einfach Polybios als Vorlage identifiziert werden kann, wie ich es im Folgenden versuche zu zeigen.

562 Vgl. Exc. de virt. et vit. II 1, p. 301, n. 321 = Diod. XXXIII, 21a = F120 Theiler mit Pol. XI, 19, 1–3.

563 Tatsächlich berichtet Poseidonios, dass die Lusitaner unter ihrem neuen Anführer Tautamos kurz darauf von Caepio entscheidend besiegt wurden und sich in einem Frieden unterwarfen, also zu Klienten der Römer wurden. Vgl. Photios VI p.146 Henry = Diod. XXXIII, 1, 4 = F96a Theiler; siehe dazu SIMON 1962, 138.

564 Lucil. 711: „bello vinci a barbaro Viriato, Annibale." Möglicherweise hatten seine römische Freunde Poseidonios mit dem Werk des Dichters vertraut gemacht.

vor eine solche Herausforderung gestellt wie Viriatus.[565] Er vereinte in sich die besten Eigenschaften seines Volkes und bewies, dass die ‚Barbaren' des Westens und Nordens unter einem fähigen Anführer Ähnliches zu leisten vermochten wie Griechen, Römer oder Karthager.[566]

Poseidonios würdigt die Lusitaner aber auch in ihrer Gesamtheit: Sie mochten wie Gallier und Keltiberer primitiv sein, und einige der abwertenden *topoi* über diese Ethnien trafen auch auf die Lusitaner zu; viele von ihnen lebten in Höhlen in den Bergen,[567] es fehlte ihnen an Philosophie, und im Krieg gaben sie sich oft dem angeborenen θυμός hin.[568] Allerdings waren sie intelligente Krieger, welche die Plänklertaktik perfektioniert hatten, waren offenbar verlässlicher als die Kelten,[569] verfügten über einige Städte[570] und bewundernswerte, geradezu ‚griechische' *nomoi*, die sich besonders im Charakter des Viriatus zeigten.

Poseidonios führt dieses ambivalente Wesen zwar auf ihre niedrigere Entwicklungsstufe und damit größere Nähe zum Goldenen Zeitalter zurück, für das erneut

---

565 Unter den numantinischen oder arevakischen Anführern scheint dagegen niemand so prominent gewesen zu sein wie Viriatus bei den Lusitanern.

566 Abschließend sei erwähnt, dass STRASBURGER 1965, 48 sogar Ähnlichkeiten in den Beschreibungen von Viriatus und Pompeius sieht, was meine Aussage weiter stützen würde. Und Florus spricht später vom Hispaniae Romulus, womit er die Ambitionen des Lusitaners jedoch übertreibt; siehe Flor. I, 33, 15 mit RUBINSOHN 1981, 193.

567 So wie die Trogodyten am Roten Meer in der zeitgenössischen Beschreibung des Agatharchides. Siehe die Zusammenstellung und Kommentierung der relevanten Fragmente bei BURSTEIN 1989, 108–117.

568 Dazu würde ein weiteres Poseidonios-Fragment passen, in dem der Geschichtsschreiber den Kampf um die lusitanische Stadt Kontobris nach dem Tod des Viriatus beschreibt. Die Bewohner hätten geprahlt, unbesiegbar zu sein, doch entgegnete der Konsul Decimus Iunius Brutus Callaïcus, das sei nichts als Angeberei, wie sie auch für die Keltiberer typisch sei. Vgl. Exc. de sent. IV, p. 383 n. 392 = Diod. XXXIII, 24 = F 128 Theiler. MALITZ 1983, 128 gesteht jedoch, dass die Feldzugsberichte des Brutus selbst die Hauptquelle für die Darstellung bei Diodor waren, wie viel hiervon also Poseidonios zuzuweisen ist, ist sehr fraglich. Dementsprechend habe ich das Fragment nicht in die Analyse im Fließtext aufgenommen.

569 Und vielleicht auch als die Iberer, denn es sind drei Turdetaner, die Viriatus verraten, keine Lusitaner! Poseidonios spricht von Ähnlichkeiten zwischen Lusitanern und Keltiberern, stellt allerdings nie fest, ob er die Lusitaner für ‚keltisch' hält. Die Identifizierung der Lusitaner ist auch in der Forschung umstritten. Zu dieser Frage sei auf folgende Literaturauswahl verwiesen: MARTÍN BRAVO 1999; JÚDICE GAMITO, 2008; DE FRANCISCO MARTÍN 1996, 58 mit den Literaturangaben.

570 Poseidonios erwähnt nicht explizit lusitanische Städte (Kontobris in Diod. XXXIII, 24 = F 128 Theiler steht zumindest auf Seiten der Lusitaner und Keltiberer, mehr wird aber nicht gesagt; das gilt auch für das in Diod. XXXIII, 7, 5–6 = F105b Theiler beschriebene Tucci, das jedoch mit dem von Strabo in Turdetanien lokalisierten Tuccis identisch zu sein scheint; vgl. Strab. III, 2, 2, C 141), doch hält SIMON 1962, 128 Astolpas für einen Lusitaner, und dessen Luxus und Reichtum sprechen genauso für eine teilweise Urbanisierung des Landes wie Poseidonios' Unterscheidung zwischen den Küstenbewohnern und den Bergbewohnern. Vgl. Photios VI p.146 Henry = Diod. XXXIII, 1, 1 = F96a Theiler. Zur Archäologie der lusitanischen Meeresanrainer siehe QUARESMA 2017. Es liegt nahe, dass Poseidonios die Existenz dieser Häfen bekannt war. Auch im Landesinneren scheinen *oppida*-ähnliche Ortschaften existiert zu haben, die gleichzeitig als politische Gemeinschaften agierten. Vgl. JÚDICE GAMITO 2005, 592/593.

v. a. das Beispiel des Viriatus steht. Bemerkenswert ist aber, dass er nicht ein einziges Mal darauf verweist, dass es in ihrem Heimatland besonders kalt sei oder es überhaupt im Norden liege. Trotzdem entsprechen die Lusitaner den Konzeptionen, welche die griechische Ethnographie von den ‚Nordbarbaren' entworfen hatte. Verantwortlich dafür ist die Topographie: Die meisten Lusitaner wohnten in den Bergen, und selbst die am Meer siedelnden Stämme waren mit dem Gebirge vertraut und von ihm geprägt, wie der *nomos* der Räuberbanden zeigt. Berge und Ebene, Land und Stadt bildeten seit der Archaik für griechische Gelehrte ähnlich wichtige Gegensatzpaare wie Norden und Süden, heiß und kalt, und dienten dazu, die Unterschiede zwischen den Völkern zu erklären.[571] Polybios hatte deshalb sogar die Nachbarn seiner Heimatstadt Megalopolis im arkadischen Bergland als ‚Barbaren' charakterisieren können.[572] Als furchtbarste ‚Barbaren' galten ihm die Alpenvölker, die auf den höchsten und kältesten Bergen hausten. An diese Ideen schließt Poseidonios an: Der (hippokratische) Umweltdeterminismus verbindet sich mit der Auffassung, dass die Lusitaner am *okeanos* lebten und somit das ‚äußerste' Volk der *oikumene* waren. Die antike Ethnographie idealisierte diese Randvölker[573] oder verglich sie mit Bestien.[574] Poseidonios kombiniert beide Vorstellungen in seinem Bild der Lusitaner, die wie Kyklopen in Höhlen hausen, aber gleichzeitig eine moralische Unschuld besitzen, die an die Hyperboreer erinnert. Die geographische Lage – am äußeren Meer, zwischen primitiven Kelten und ‚zivilisierten' Turdetanern – und Beschaffenheit – von unzugänglichen Bergen durchzogen, aber von sanften Küsten umgeben – ihres Landes sind dafür verantwortlich, dass die Lusitaner über einzigartige Eigenschaften und *nomoi* verfügen. Es war die Leistung des Poseidonios, diese Ethnie einem größeren (griechischen) Publikum vertraut gemacht zu haben.

In den Okeanos: Die Vorstellung von den Zinninseln

Poseidonios reiste nicht weiter als bis an die Südwestküste Lusitaniens,[575] doch in Gades erhielt er Informationen über einen Ort weit draußen im *okeanos*: die mysteriösen Zinninseln (Kassiteriden). Seit dem 2. Jahrtausend v. Chr. herrschte im antiken Mittelmeerraum eine ständige Nachfrage nach dem Metall, da Bronze nur als Legierung von Zinn und Kupfer hergestellt werden konnte. Die größten Vorkommen gab es in Spanien, Irland, Wales und Cornwall.[576] Als Umschlagplatz zwischen den Britischen

---

571 Siehe dazu auch SCHULZ 2020a passim; Hippokr. de aer. 23–24.
572 Das schon mehrfach erwähnte Beispiel der Kynaithaier findet sich in Pol. IV, 20–21.
573 Wie Hyperboreer oder Aithioper.
574 Wie die Androphagen; vgl. Hdt. IV, 18, 3.
575 S. o. 219 m. Anm. 53 u. Abb. V.
576 Vgl. HENNIG 1952, 59/60.

Inseln und dem Mittelmeer diente v. a. die Insel Ouessant (Uxisame) westlich der Bretagne; der Handel wurde von phönizischen Kaufleuten dominiert, doch scheinen die Massalioten bereits im späten 6. Jahrhundert ebenfalls auf der Route aktiv gewesen zu sein.[577] Herodot besaß immerhin vages Wissen über die Kassiteriden,[578] und Pytheas brach schließlich auch deswegen in die nördlichen Gewässer auf, um die britannischen Quellen des Zinns ausfindig zu machen.[579] Poseidonios schenkte dessen Angaben Glauben, und so nutzte er das Thema, um sich auch in dieser Hinsicht von Polybios abzusetzen, der Pytheas als Lügner abgestempelt hatte.[580]

Sicherlich nach den Angaben des Pytheas lokalisierte Poseidonios die Zinninseln: „Jenseits des Gebietes der Lusitaner gibt es nämlich viele Zinnbergwerke, auf den Inseln im Ozean, die Iberien vorgelagert sind und deswegen Kassiteriden (Καττιτερίδας/ Κασσιτερίδας) genannt werden."[581] Es handelt sich nicht um die Inseln Britanniens; tatsächlich nennt Poseidonios diese als alternative Quelle für das Zinn und beschreibt die Handelsrouten von Πρεττανία nach Massalia und in das neu gegründete Narbo.[582] Auch diese Einnahmequelle befinde sich inzwischen (teilweise) unter römischer Kontrolle, genau wie die Bergwerke Turdetaniens.[583]

Die Kassiteriden lagen dagegen vor der Küste Iberiens. Bei ihnen, so Poseidonios weiter, handle es sich um zehn Inseln nördlich des Landes der Artabrer (Ἄρταβροι)[584], „die im fernen Nordwesten Lusitaniens wohnen"[585] und die bereits Artemidor erwähnt hatte.[586] Im Land der ‚barbarischen' Artabrer, vielleicht eine Gruppe von Kallaikern (lat. Gallaeci) im heutigen Galicien,[587] gebe es Zinn, Gold und Silber.[588] Selbst der entlegenste Nordwesten der iberischen Halbinsel, den die Römer bisher nicht durch-

---

577 Vgl. HENNIG 1952, 61, der zudem auf tartessische Mittelsmänner verweist. Siehe auch TIMPE 1989, 325; SCHULZ 2016, 128–130. Bei den Phöniziern ist auch an die Fahrt des Himilkon/Himilco im 6. Jh. v. Chr. zu denken.
578 Vgl. Hdt. III, 115.
579 Vgl. SCHULZ 2016, 219–222.
580 Polybios war trotzdem bewusst, dass es eine Verbindung zwischen den Britannischen Inseln und der Gewinnung des Zinns gab; vgl. Pol. III, 57, 3.
581 Diod. V, 38, 4 = F 117 Jac. = F 89 Theiler.
582 Vgl. Diod. V, 38, 4 = F 117 Jac. = F 89 Theiler. Erneut wird er die Angaben dem Werk des Pytheas entnommen haben.
583 Da es ihnen offenbar gelungen war, Narbo als wichtige Zwischenstation auf der Route zu etablieren.
584 Vgl. Strab. III, 5, 11, C175 = F 115 Jac. = F 26 Theiler.
585 Strab. III, 2, 9, C147 = F 47 Jac. = F 239 EK = F 19 Theiler.
586 Artemidor apud. Plin. nat. hist. 2, 242; vgl. PÉREZ VILATELA 2000, 35.
587 Das impliziert Mela III, 13. Galicien war den Griechen bis dahin nur aus der Mythologie bekannt, wie Asklepiades' Kommentar zeigt. Vgl. Strab. III, 4, 3, C157 = FGrHist 697 F 7. Eine der kallaikischen Städte hieß ihm zufolge Hellenes, offenbar eine Gräzisierung eines indigenen Namens. Siehe hierzu auch RADT, Kommentar I (zu Strabon), 360.
588 Vgl. Strab. III, 2, 9, C147 = F 47 Jac. = F 239 EK = F 19 Theiler. Poseidonios spricht von den βάρβαροι nördlich Lusitaniens. Laut Mela und Plinius handelte es sich bei den Artabrern um Kelten, wie OLIVARES PEDREÑO 2005, 619 zeigt.

drungen hatten,⁵⁸⁹ verfügte also über reiche Bodenschätze, womit Poseidonios einen Kontrast zu Gallien zeichnet, in dem es weder Silber noch Zinn gab.⁵⁹⁰ Silber fand sich jedoch in großer Menge in den Alpen, und die Helvetier ließen – genau wie die Artabrer – ihre Frauen den glitzernden Staub aus der Erde der Flüsse sieben.⁵⁹¹ Es liegt deshalb nahe, dass die unterschiedliche Verteilung der Bodenschätze in Gallien und Iberien nicht auf die nördlichere bzw. südlichere Lage zurückzuführen war, sondern auf den Kontrast zwischen Ebene und Bergland, den Poseidonios schon bemüht hatte, um den Charakter der Lusitaner zu erklären (s. o.).⁵⁹²

Als Nächstes behandelt er die Kassiteriden selbst:

> Eine von ihnen ist unbewohnt; die anderen bewohnen Menschen in schwarzen Mänteln, in fußlangen Gewändern, um die Brust gegürtet, und sie gehen mit Stäben einher, ähnlich den Furien [Erinnyen]⁵⁹³ in der Tragödie. Meistens leben sie wie Nomaden von ihren Herden. Sie haben Zinn- und Bleigruben und tauschen von den Händlern Geschirr und Salz und Kupfererz ein gegen die Erträge ihrer Gruben und gegen Felle.⁵⁹⁴

Aufgrund der Lage der Kassiteriden zeichnet Poseidonios die Bewohner entsprechend bekannter Randvölkertopoi: Sie sind Hirtennomaden und besitzen neben ihren Metallen nur die Felle ihrer Tiere. Die Kassiteriden besaßen zwar viel Zinn und Blei, doch mussten sie Kupfer importieren, um Bronze herstellen zu können. Ihre schlichte Klei-

---

589 Zu den Feldzügen des Decimus Iunius Brutus Callaïcus siehe die Übersicht bei SIMON 1962, 160–164. Da Brutus nicht viel weiter vorstieß als bis zum Miño/Minho, wird er den mysteriösen Hafen der Artabrer wahrscheinlich nicht erreicht haben. Vgl. zu der Angabe Strab. III, 3, 4, C153 = F 49 Jac. = F224 EK= F 21 Theiler.
590 Vgl. Diod. V, 27, 1 = F 116 Jac. = F 169 Theiler. Zinn wird nicht explizit angesprochen, aber die Tatsache, dass Poseidonios ausführlich über die Goldreserven Galliens redet, legt eine solche Interpretation nahe, die zudem den Tatsachen entsprechen würde.
591 Vgl. Strab. III, 2, 9, C147 = F 47 Jac. = F 239 EK= F 19 Theiler; Athen. VI, p. 233D = F 48 Jac. = F240a, 1–16 EK= F 402 Theiler. Wie die Iberer im Süden scheinen die Artabrer von ihrem Reichtum nicht korrumpiert worden zu sein.
592 290. Viel sagt Poseidonios über den Charakter der Artabrer nicht, aber da sie ihm zufolge in Lusitanien lebten, wird er sie als Teil dieser Volksgruppe gesehen haben und nicht als eigenständiges Volk (oder die Kallaiker als eigenständige Ethnie). Die Herkunft der Kallaiker und ihre kulturelle Zuordnung ist genauso umstritten wie die der Lusitaner, auch hier sei nur auf einen Ausschnitt aus der Forschung verwiesen. Vgl. COUTINHAS 2006; LUJÁN MARTINEZ 2008.
593 Strabon schreibt hier einfach ὅμοιοι ταῖς τραγικαῖς Ποιναῖς, also „gleich den tragischen Rächerinnen".
594 Strab. III, 5, 11, C175 = F 115 Jac. = F 26 Theiler. μία δ' αὐτῶν ἐρημός ἐστι, τὰς δ' ἄλλας οἰκοῦσιν ἄνθρωποι μελάγχλαινοι, ποδήρεις ἐνδεδυκότες τοὺς χιτῶνας, ἐζωσμένοι περὶ τὰ στέρνα, μετὰ ῥάβδων περιπατοῦντες, ὅμοιοι ταῖς τραγικαῖς Ποιναῖς· ζῶσι δ' ἀπὸ βοσκημάτων νομαδικῶς τὸ πλέον. μέταλλα δὲ ἔχοντες καττιτέρου καὶ μολίβδου κέραμον ἀντὶ τούτων καὶ τῶν δερμάτων διαλλάττονται καὶ ἅλας καὶ χαλκώματα πρὸς τοὺς ἐμπόρους. Theoretisch könnte natürlich der gesamte Abschnitt III, 5, 11 auf römischen Quellen beruhen, erwähnt Strabon hier doch später die Fahrt eines Publius Crassus; dazu s. u. 293/294 m. Anm. 602/603. Für Poseidonios als Autor spricht sein gesicherter Kommentar zu den Artabrern (S. o. 291/292) und der Vergleich mit den Erinnyen, der einen griechischen Hintergrund voraussetzt, aber natürlich genauso gut von Strabon selbst stammen kann. Aufgrund der unsicheren Zuweisung werde ich die Erkenntnisse aus diesem Abschnitt auch nicht im Fazit anführen.

dung passt schließlich zu ihrer kargen Heimat und ähnelt den Gewändern der Keltiberer.⁵⁹⁵ Poseidonios vergleicht ihr Aussehen explizit mit den Schauspielern der Erinnyen im griechischen Theater und evoziert damit die (mindestens) bis auf Homer zurückgehende Idee, dass die Ränder der Welt von mythischen Völkern bewohnt waren, die der Autor nun jedoch in der realen Welt verortet.⁵⁹⁶ Die Bewohner der Kassiteriden führten also ein einfaches Leben als Nomaden, womit sie noch weiter von den mediterranen Hochkulturen entfernt waren als Keltiberer und Lusitaner, die – zumindest teilweise – in Städten lebten.⁵⁹⁷ Da „die Metalle aus geringer Tiefe gefördert wurden und die Bewohner friedfertig waren"⁵⁹⁸ – wie Hyperboreer, Aithioper oder andere idealisierte Randvölker – so scheint Poseidonios anzudeuten, werden die Römer die Bodenschätze bald ausbeuten und die wehrlosen Bewohner der Kassiteriden ebenfalls unterwerfen.⁵⁹⁹ Deren Arglosigkeit wird also schlussendlich ihr Schicksal besiegeln – ähnliches hatte Agatharchides über die Ichthyophagen gesagt.⁶⁰⁰

Die genaue Lage der Inseln war Poseidonios zufolge lange nur den Phöniziern bekannt gewesen. Allerdings erscheinen die italisch-römischen Kaufleute erneut nicht weniger gierig als ihre phönizischen Rivalen. Nach vielen gescheiterten Versuchen sei „Publius Crassus auf die Inseln übergesetzt".⁶⁰¹ Mit Publius Licinius Crassus könnte der Vater⁶⁰²

---

595 Vgl. Diod. V, 33, 2 = FGrHist 87 F 117 = F 89 Theiler.; s. o. 266.
596 Ein ähnlicher Vergleich in Bezug auf die Daunier im heutigen Apulien findet sich bei Timaios; vgl. Schol. Lykoph. Al. 1137 = FGrHist 566 F 55. Vielleicht geht die Bemerkung von Athenaios, die Iberer trügen „tragische" Bekleidung ebenfalls auf Poseidonios zurück; siehe Athen. XII, p. 523B und dazu MALITZ 1983, 110, Anm. 118 mit dem Verweis auf Jacoby.
597 In mehreren Fragmenten werden Städte, oder zumindest *oppida*, beider Völker erwähnt – nicht nur Numantia. S. o. bspw. 272/273 und bei ALMAGRO GORBEA 2008, 91–97.
598 Strab. III, 5, 11, C176 = F 115 Jac. = F 26 Theiler.
599 Die Angaben werden auf römische und phönizische Quellen zurückgegangen sein. Dafür spricht auch sein Kommentar zu den Gezeiten an Themse und Rhein in Prisc. Lyd. Solut. 6, pp. 69, 19–74, 6 Bywater = F 219 EK, 72–81 = F 313 Theiler; vgl. etwa EDELSTEIN/KIDD II, 787. Während sein Wissen über die Themse auf Pytheas zurückzuführen sein könnte, kann erst Caesars Expedition entsprechende Nachforschungen am Rhein durchgeführt haben. Über Cicero könnten dann zu dem griechischen Universalgelehrten gelangt sein. Vgl. HÄNGER 2001, 240. Andersherum könnte die Nichtnennung des Poseidonios als Gelehrten zum Thema Gallien bei Caesar eben auf diese römischen Kontakte des Griechen zurückgehen, die zu Caesars politischen Gegner gehörten. Vgl. Ebd., 241 zu Caes. bell. Gall. V, 24, 2. In jedem Fall sind zusätzliche phönizische Quellen wahrscheinlich, die einiges über die Zinninseln geschrieben haben werden.
600 Einen aktuellen Überblick und eine präzise Interpretation der entsprechenden Agatharchidesstellen bietet LEMSER 2019 passim.
601 Strab. III, 5, 11, C176 = F 115 Jac. = F 26 Theiler.
602 Der ältere Crassus war in den 90er Jahren Statthalter der Hispania Ulterior und 97 v. Chr. Konsul und könnte versucht habe, die Fernhandelsrouten in den Norden unter römische Kontrolle zu bringen. Für die Identifizierung ließe sich ins Feld führen, dass Poseidonios die Inseln vor der Küste Iberiens lokalisierte und von Britannien unterschiedet, denn es ist sehr unwahrscheinlich, dass die Römer bereits zu Beginn des Jhs. in diese Richtung vorgestoßen sind. Zur Identifizierung dieses Crassus mit dem Vater des Triumvirn vgl. RADT, Kommentar I (zu Strabon), 400; PÉREZ VILATELA 2000, 36/37. Nach der Zerstörung Karthagos waren die phönizischen Handelsnetzwerke sicherlich geschwächt. Die Zeitspanne von dennoch 50 Jahren könnte sich dadurch erklären, dass

oder der Sohn des Triumvirn gemeint sein.⁶⁰³ Poseidonios (oder Strabon?⁶⁰⁴) gibt allerdings an, Crassus' Zinninseln seien weiter entfernt als Britannien; es könnten sich also reale Kenntnisse mit mythischen Vorstellungen verwoben haben, so dass sich seine Aussage vielleicht nicht (nur) auf eine konkrete Fahrt zu den Inseln Galiciens oder Britanniens bezieht.⁶⁰⁵ Diese Unklarheiten über die Lage der Kassiteriden unterstreichen, warum Poseidonios sie nur als Randvölker deuten konnte.

Mit der Einordnung der Zinninseln schloss der Apameer seine Beschreibung der iberischen Halbinsel ab.⁶⁰⁶ Von der mediterranen Küste bis zu den Inseln des Atlantiks bot er seinen Lesern ein Panorama des Landes, wie es keinem Autor vor ihm gelungen war.

die (gaditanischen) Händler den Römern ihre Handelsgeheimnisse nicht verraten wollten. Scipio Aemilianus war bei den Massalioten auf eine ähnliche Schweigsamkeit gestoßen; vgl. Strab. IV, 2, 1, C190 = Pol. XXXIV, 10, 7.

603 Für den jüngeren Crassus spricht die Verbindung mit Caesar: Sein Vater war 61/60 v. Chr. ebenfalls Statthalter der Hispania Ulterior und führte einen Feldzug in den metallreichen Nordwesten der iberischen Halbinsel, der von einer Flotte im Atlantik unterstützt wurde. Da Publius Crassus (der Sohn) später in Gallien unter Caesar diente, könnte er schon an dieser Fahrt von Iberien zu den (galizischen) Kassiteriden beteiligt gewesen sein. Siehe zum Kontext SCHULZ 2002, 266–272. Auch konnte Caesar sein Statthalteramt nur antreten, da Marcus Crassus ihm finanziell unter die Arme gegriffen hatte; vgl. Plut. Caesar 11, 2. Als Gegenleistung könnte Caesar dessen Sohn schon in Hispanien einen wichtigen Posten gegeben haben. Auf 271 deutet SCHULZ jedoch ebenso die Möglichkeit an, ein früherer Crassus könne eine Reise nach Kap Finisterre unternommen haben – wahrscheinlich muss schlussendlich von mehreren Fahrten ausgegangen werden. Schließlich könnte der jüngere Crassus 57 v. Chr. vom Land der Veneter nach Ouessant und zu den Scilly-Inseln übergesetzt sein. Caesar war daran interessiert, den Venetern die Kontrolle über den Zinnhandel zu entreißen. Vgl. MALITZ 1983, 110, Anm. 12; RADT, Kommentar I (zu Strabon), 452. Als Fahrt zu den Scilly-Inseln werten die Angabe des Poseidonios RICE HOLMES 1907, 493; EDELSTEIN/KIDD II, 787; BERGER 1903, 356. RADT, Kommentar I (zu Strabon), 400 spricht von Cornwall selbst, da es auf den Scilly-Inseln kein Zinn gäbe. NOVILLO LÓPEZ 2010, 216 schließlich identifiziert die Kassiteriden (im Kontext von Caesars Aktivitäten in Hispanien) mit den galizischen Illas Cíes.

604 So MALITZ 1983, 111, Anm. 122.

605 Vgl. Strab. III, 5, 11, 175–176 = F 115 Jac. = F 26 Theiler. Zur Interpretation THOMSON 2013, 195; TOZER 2014, 37–39. Ähnlich GÜNNEWIG 1998, 258.

606 In Diod. V, 32, 3 = F116 Jac. = F 169 Theiler findet sich noch eine kurze Bemerkung zu den kannibalischen Bewohnern Irlands (das für Poseidonios ggf. zu den Zinninseln gehört haben mag). Ihre Zeichnung als Kannibalen widerspricht der eher positiven Wertung der iberischen und keltischen Völker und findet sich genauso in Strab. IV, 5, 4. Es ist möglich, dass Diodor und Strabon auch hier auf Poseidonios als gemeinsame Quelle zurückgriffen, doch passt die Interpretation des nördlichen Randvolks als primitive und brutale ‚Barbaren' eher in die augusteische Propaganda: Strabon wollte die alte Idee der Hyperboreer widerlegen, denn außerhalb des Imperiums durfte es keine glücklichen Völker geben. Ich halte es deshalb nicht für unwahrscheinlich, dass der Gedanke zu den irischen Kannibalen im erwähnten Fragment von Diodor selbst stammt – als ein weiteres, ergänzendes Beispiel für die von Poseidonios genannten nördlichen Stämme der Kelten. Vgl. BIANCHETTI 2002, 307; 312.

Fazit

Polybios hatte Hispanien durch strukturierende Vergleiche nach den iberischen Küstenvölkern und den keltischen Bewohnern des Inlandes geordnet. Poseidonios erweitert diese Skizze durch seine Exkurse über Lusitaner und Kassiteriden. Ferner setzt er neue Maßstäbe für die Geologie, Fauna und Flora des Landes. Umwelt und Menschen stehen dabei in einem harmonischen Verhältnis: Als typischer späthellenistischer Universalgelehrter[607] musste er seine Ethnographie in diesen weiten Kontext stellen, da die Stoa die Verbindungen zwischen allen Lebewesen erforschen wollte.[608] Die Umweltbedingungen erklärten auch die ‚nordbarbarischen' Wesenszüge der Keltiberer und Lusitaner, doch versuchte Poseidonios wie bei den Kelten der Narbonensis zu zeigen, dass sich diese ‚Barbaren' nicht so sehr von Griechen (und Römern) unterschieden, wie es Polybios darstellte. Dazu weist der Apameer mit relativierenden Vergleichen einerseits auf Gemeinsamkeiten in Bezug auf Sitten, Kleidung oder Lebensweise hin. Andererseits betont er mit singularisierenden Vergleichen die individuellen Charaktere verschiedener Ethnien, um das monolithische Bild der ‚Barbaren' aufzubrechen. Damit schloss er an frühere gedankliche Vorstöße an: Bereits Aristoteles hatte die Verfassungen von Griechen und ‚Barbaren' verglichen,[609] und Eratosthenes hatte die Komplexität der ‚barbarischen' Welt anerkannt.[610] Polybios hatte zwar den Römern eine besondere Rolle eingeräumt, doch erschienen seine ‚Nordvölker' noch als eine relativ homogene Gruppe, die den Frieden und die Stabilität der ‚zivilisierten' Welt bedrohte (s. o.).[611] Allerdings hatte er den Arevakern eine größere Tapferkeit zugesprochen als den Galliern Norditaliens. Daran schließt Poseidonios an, wenn er der beeindruckenden Kampfkraft der Keltiberer und Lusitaner Respekt zollt.

Es bleibt jedoch ein Spannungsverhältnis zwischen der Wildheit und Primitivität der keltischen und ‚nordbarbarischen' Völker auf der einen und ihrer Idealisierung auf der anderen Seite. Dass Poseidonios auch negativ verstandene *topoi* weiter tradierte, war einerseits Leserinteressen geschuldet – der wilde, raubende Gallier wurde von einem griechischen Publikum genauso erwartet wie die goldgrabenden Ameisen in

---

607 Eine ähnliche Vorgehensweise findet sich, soweit die Fragmente den Rückschluss erlauben, bei Poseidonios' jüngerem Zeitgenossen Alexander Polyhistor. Vgl. etwa Clem. Alex. Strom. III, 60, 2 = FGrHist 273 F 18 und dazu MUCCIOLI 2006.
608 KARL REINHARDT hat es treffend formuliert: „Der Blick, der die Völker in ihren Lebensäußerungen umfasst, schaut auch die Länder als lebendige Wesen; auch sie stattet Poseidonios wie mit eigenen Kräften aus. Wenn er den Metallreichtum Spaniens beschreibt, so mag er noch so sehr von dem Erträgnis und Gewinn reden: für ihn bedeutet auch Erträgnis und Gewinn noch etwas anderes als die Sache; auch Erträgnis und Gewinn ist ihm Naturschöpfung und Kraft der Erde und Verhältnis ihres Wesens zu dem Menschen" (REINHARDT 1921, 30).
609 Zu diesen Verfassungsvergleichen siehe etwa Diog. Laert. V, 27; Strab. VII, 7, 2, C321–322, LANE 2016, XVII/XVIII.
610 Vgl. Strab. I, 4, 9, C66–67.
611 Im entsprechenden Kapitel zu Polybios und den Kelten 132–164.

Indien.⁶¹² Andererseits konnte ein und derselbe Autor natürlich verschiedene Positionen einnehmen und es ist dementsprechend nicht sinnvoll, immer ein konsistentes Bild konstruieren zu wollen, das so vielleicht nicht existiert hat: So wie Polybios' Bild der Römer im Laufe der Zeit Änderungen erfuhr, konnte Poseidonios in verschiedenen Kontexten unterschiedliche Keltenbilder bedienen.⁶¹³ Dennoch findet sich eine Grundkonstante in der Interpretation der Völker: Poseidonios deutet Caesars Idee an,⁶¹⁴ dass die Menschen ihre moralische Unbescholtenheit umso mehr verlieren, je näher sie an den römischen Provinzgrenzen leben.⁶¹⁵ Einen ähnlichen Gegensatz sieht er zwischen den Bewohnern der Tiefebenen und der Berge, wobei er auf eine Hypothese aus *Über die Umwelt* zurückgreift.⁶¹⁶ Räumliche Distanz, in der Breite wie in der Höhe, bewahrte demnach den einfachen Charakter der ‚Barbaren'.

Eingewoben sind diese Betrachtungen in eine zumindest implizite Kritik an der römischen Herrschaft, ausgedrückt durch indirekte temporalisierende Vergleiche: Die Völker Hispaniens verloren durch die römische Eroberung ihre (politische) Freiheit und würden unter dem Einfluss der ‚Zivilisation' auch ihre sie so auszeichnende Genügsamkeit verlieren. Viriatus symbolisiert dieses goldene Zeitalter, das die Römer in Poseidonios' eigener Zeit beendet haben. Zuerst waren die Iberer und Turdetaner unterworfen worden, in deren Bergwerken die italischen Kaufleute nun ihre Sklaven zu Tode schunden. Danach wurden Lusitanien und Keltiberien erobert, und in der Zukunft drohe den Menschen der Kassiteriden ein ähnliches Schicksal. Poseidonios mochte glauben, dass die πρόνοια die Weltherrschaft der Römer vorherbestimmt hatte, doch waren die natürlichen Konsequenzen menschlicher Entscheidungen für ihn als überzeugten Stoiker letztlich nicht von dieser göttlichen Vorsehung zu unterscheiden und die Römer dementsprechend nicht a priori anderen Menschen moralisch überlegen.⁶¹⁷ In individuellen Fällen schreckte er deshalb wie sein Vorgänger Polybios nicht davor zurück, genauso auf das Fehlverhalten römischer Statthalter und Feldherren hinzuweisen wie auf die rücksichtslosen Geschäftspraktiken italisch-römischer Kaufleute. Diese Erscheinungen erklärte er durch seine Theorie einer fortschreitenden Dekadenz, welche die römische Gesellschaft seit der Zerstörung Karthagos erfasst habe (s. o.).⁶¹⁸ Er hatte den Bürgerkrieg zwischen Marius und Sulla miterlebt und war

---

612 Siehe dazu oben 30.
613 S. o. 123–130 zur Bewertung der Römer durch Polybios. Besonders in der Zeit der Gefangenschaft scheint seine persönliche Frustration häufiger in das Werk eingeflossen zu sein.
614 Vgl. Caes. bell. Gall. I, 1, 3.
615 Selbst bei Strabon blieb dieses Konzept vorhanden: Handel und die Nähe zum Reich verderben die Skythen auf dem nordöstlichen Balkan moralisch. Damit widerspricht er explizit seiner sonstigen augusteischen Propaganda; es handelt sich also wahrscheinlich um einen *topos*, der von den Lesern erwartet wurde und zu ihrer Unterhaltung diente. Vgl. Strab. VII, 3, 7 C301.
616 Vgl. Hippokr. de aer. 24.
617 Siehe HAHM 1989, 1359.
618 In der Einleitung zu Poseidonios (226/227) und im Abschnitt zu den Bergwerken (261–264).

sich bewusst, dass die Erhaltung des *mos maiorum* zunehmend gefährdet war.[619] Und diese internen Konflikte verschonten auch Hispanien nicht, wie der Sertoriuskrieg demonstriert hatte.

Gleichzeitig rechtfertigt Poseidonios jedoch die römischen Bemühungen: Die entbehrungsreiche Eroberung der iberischen Halbinsel lohnte sich, da sie über mehr Bodenschätze verfügte als die meisten Länder der *oikumene*. Nur in einigen anderen Randregionen fand sich traditionell ein ähnlicher Reichtum an Edelmetallen: Schon Herodot wusste vom Goldreichtum Indiens,[620] dem Elfenbein und Gold Äthiopiens,[621] den Gewürzen Südarabiens,[622] dem Gold Skythiens[623] und dem Reichtum der Zinninseln[624] und brachte diese Verteilung explizit mit ihrer Randlage in Verbindung.[625] Dementsprechend erfüllten die Erzvorkommen Hispaniens die Erwartungen griechischer Autoren und die Hoffnungen römischer Politiker. Aber da Poseidonios von der Sinnhaftigkeit der römischen Vorherrschaft überzeugt war, musste die Unterwerfung der Halbinsel auch den neuen Untertanen Vorteile bringen. Und tatsächlich hatten die Römer ihm zufolge das Banditentum auf der Halbinsel bekämpft.[626] Die Vereinigung der meisten hispanischen Völker würde demnach langfristig Frieden, Stabilität und Wohlstand bringen, wie Poseidonios ihn in Gades und Gallien selbst gesehen hatte.[627]

Die Ethnographie des Poseidonios war ein Ergebnis der politischen und ‚geisteswissenschaftlichen' Umwälzungen des Späthellenismus. Makrotheorien und moralphilosophische Überzeugungen spielten bei ihm als Anhänger der zunehmend synkretistischen Stoa eine entscheidende Rolle; sie prägten seine Deutung der in der

---

619 Und er glaubte, seine Freunde, wie Rutilius Rufus oder Pompeius, wollten die Republik retten. Siehe dazu v. a. MALITZ 1983, 95; 137; Athen. IV, p. 168D–E = F27 Jac. = F78 EK = F243 Theiler.
620 Vgl. Hdt. III, 102, 1–2; III, 104, 1; III, 106, 2.
621 Vgl. Hdt. III, 114.
622 Vgl. Hdt. III, 110.
623 Vgl. Hdt. III, 116, 1; IV, 13, 1; IV, 5, 3–4; darunter ist auch das Gold bei den Arimaspen und ihren Nachbarn, den Greifen; beide Gruppen lebten noch nördlich der eigentlichen Skythen. Zur Zusammenstellung vgl. SCHUBERT 2009, 251.
624 Vgl. Hdt. III, 115, 1–2. Und am Fluss Eridanos, den Polybios später mit dem Po identifizierte, der ebenfalls im Land der Kelten lag. Vgl. Pol. II, 16, 6 und s. o. im Polybioskapitel zu den Galliern auf 146–148.
625 Vgl. Hdt. III, 106, 1.
626 Ganz beseitigen konnten sie das Problem bis in Poseidonios' Zeit jedoch nicht, wie der Apameer betont; vgl. Diod. V, 34, 7 = F 117 Jac. = F89 Theiler. Vgl. Strab. III, 3, 5, C153–154.
627 Bereits romanisierte ‚Nordbarbaren' werden dann von Poseidonios auch positiv beschrieben, so etwa der Gallierfürst Kontoniatos in Exc. de virt. et. vit. II i p. 313 n. 351 = Diod. XXXIV/XXXV, 36 = F 183 Theiler. Strasburger 1965, 46 sah Poseidonios auch hinter ähnlichen Äußerungen über die ordnende Kraft der Römer bei Strabon. Die folgenden beiden Kapitel werden allerdings v. a. Strabons eigene Schaffenskraft hervorheben. Hier sei nur angemerkt, dass RUBINSOHN 1981, 170 richtig liegt, wenn er zu bedenken gibt, dass Poseidonios bei allen Sympathien für die Schwachen und Besiegten stets die Beziehungen zu seinen einflussreichen römischen Freunden pflegen wollte und musste: Seine Kritik am römischen Vorgehen wird im ursprünglichen Text also gewisse Grenzen gekannt haben.

Autopsie gewonnenen Erkenntnisse. Zwar hatte auch Polybios philosophische Ideen auf seine ethnographischen Betrachtungen übertragen, doch galt sein vorderstes Interesse immer dem militärisch-politischen Bereich, sein Blick blieb der des Feldherrn. Poseidonios verfolgte hingegen eine ganzheitliche Herangehensweise, so dass er bei der Beschreibung eines fremden Landes Informationen aus allen Bereichen gleichmäßig anzuführen suchte und komplexe Themen miteinander verwob.[628]

Wie viel Neues er seinen Lesern wirklich bot, ist im Einzelnen kaum zu bewerten, da die Ausführungen seiner Vorgänger (besonders von Polybios und Artemidor) zu Kelten und Iberern genauso wie Poseidonios' eigene Schriften nur fragmentarisch erhalten sind.[629] Die überlieferten Stellen beweisen aber, dass in Poseidonios' Arbeit (fast) alle Aspekte der griechischen Ethnographie zusammenliefen: Wie schon Herodot hatte er lange Reisen in fremde Länder unternommen und die Menschen vor Ort beobachtet und befragt. Als er diese Völker beschrieb, orientierte er sich an den *tertia*, die der ‚Vater der Geschichtsschreibung' etabliert hatte; darunter waren etwa Ernährung, Bekleidung, Lebensweise und Glaubensvorstellungen. Diese klassischen Untersuchungskategorien erweiterte Poseidonios durch ‚neuere' Aspekte: Im Anschluss an (Pseudo-)Hippokrates und die hellenistische Medizin schilderte er das äußere Erscheinungsbild der ‚Barbaren' eingehend,[630] wie Polybios nutzte er regelmäßig Militärvergleiche und zeigte ein außerordentliches Interesse an Technik und Waffenherstellung. Da Poseidonios zuerst Philosoph und erst dann Historiker war, spiegeln seine Texte die Theorien hellenistischer Philosophien, besonders der Stoa. Deshalb finden sich bei ihm stärkere moralische Wertungen als bei Herodot oder Polybios, und da Poseidonios an die Einheit der Menschheit (in ihrer gestalteten und erklärbaren Vielfalt der Lebensformen) glaubte, betrachtete er die Sitten und Gebräuche nichtgriechischer Kulturen mit bemerkenswerter Offenheit. Die Römer waren für ihn aufgrund des optimalen Klimas ihrer Heimat zur Weltherrschaft auserkoren, doch respektierte er die *nomoi* der eroberten Völker. Ob Gallier, Lusitaner oder Iberer – für den Apameer waren all diese Gruppen genauso ein fester Teil der Geschichte der *oikumene* wie es Griechen oder Römer waren. Mit relativierenden und singularisierenden Vergleichen gelang es ihm, das bisherige Bild der ‚Nordbarbaren' aufzubrechen und ihre Vorzüge sowie ihre Ähnlichkeiten zu den ‚zivilisierten' Völkern zu betonen. Damit orientierte er sich offensichtlich an Herodot, der von Plutarch als „Barbarenfreund" gebrandmarkt wurde,[631] an Ephoros' Idealisierung der Kelten und an Agatharchides' mitfüh-

---

628 Etwa in der Ethnographie der Lusitaner (Berge und Küste, griechische Sitten und Wildheit der ‚Nordbarbaren' verbinden sich dort zu einem einzigartigen Charakter). Zu den Unterschieden im Vergleich mit Polybios siehe REINHARDT 1921, 22.
629 Aussagen aus der Forschung, Poseidonios sei ein Wegbereiter der modernen Anthropologie gewesen oder zumindest der größte ‚Ethnograph' der Antike, sind daher mit Vorsicht zu genießen. Siehe dazu die Diskussion zu seinen Reisen oben im Gallierkapitel (216–220).
630 Das zeigen seine Passagen zu den gallischen Banketten ganz deutlich; s. o. 229/230.
631 Vgl. Plut. de malignitate Herodoti 12, p. 857A; 857C. Plutarch bezieht sich dabei v. a. auf Hdt. II, 45.

lenden Ausführungen über die Ichthyophagen und die Arbeiter in den ptolemäischen Minen. Und er übertrug Polybios' Methode, den ‚barbarischen' Charakter der Römer zu relativieren, auf die Nordvölker.

Die ethnographischen Darstellungen in den *Historien* und in περὶ τοῦ Ὠκεανοῦ repräsentieren somit einerseits eine Synthese (fast) aller griechischen (ethnographischen) Texte vor Poseidonios. Sie waren jedoch mehr als das:[632] Er ordnete den Stoff nicht nur neu, indem er die vorliegenden Angaben an seine stoischen Vorstellungen und seinen imperialen Kontext anpasste. Vielmehr erweiterte er dieses Gerüst durch neues Wissen, das auf der Autopsie seiner Reisen in Länder beruhte, die in diesem Umfang kein griechischer Gelehrter vor ihm durchgeführt hatte. So verraten die poseidonischen Kommentare über die Gallier bei Athenaios eine tiefgehende Kenntnis der Kelten.[633] Und Diodors Informationen müssen fast zwangsläufig auf Poseidonios zurückgehen, da kein anderer Autor so umfassende ethnographische Angaben über die Bewohner Galliens und Hispaniens geboten haben kann. Und schließlich hätte der so kritische Strabon dem Apameer sicherlich vorgeworfen, im Gegensatz zu Polybios keine Reisen in den Westen unternommen zu haben, wäre dies der Fall gewesen. Poseidonios nimmt deshalb eine besondere Stellung ein: Er suchte die hellenistische Tradition der Ethnographie zu vollenden und stellte in jedem Fall die Weichen für das ihm nachfolgende griechisch-römische ethnographische Schreiben.[634] Wie stark man den poseidonischen Anteil bei den jeweiligen Autoren auch einschätzen mag, nicht nur Diodor und Strabon nahmen sich die poseidonische Ethnographie zum Vorbild: Von Caesar über Appian und Plinius bis zu Galen wurden die Schriften des Apameers gelesen und verarbeitet. Und wenn Ammianus Marcellinus im 4. Jahrhundert n. Chr. die schon lange romanisierten Gallier als blonde, hünenhafte Krieger beschreibt, die reinlich sind und gleichzeitig übermäßig viel importierten Wein trinken, findet sich dort ein spätes Echo der poseidonischen Ethnographie.[635]

---

632 Damit wende ich mich gegen die Kritik an Poseidonios als reiner Nachahmer, der wenig Neues beigetragen habe, wie sie sich in der Forschung auch findet, etwa bei SASSI 2001, 128 und LAMPINEN 2014b, 249.

633 Beispielhaft sei auf die Darstellung des Banketts in Athen. IV, p. 151E–152D = F 15 Jac. = F 67 EK = F 170 Theiler verwiesen.

634 Ähnlich schon REINHARDT: „Es scheint danach, als sei bisher in griechischer Ethnographie noch eine Lücke frei geblieben, welche auszufüllen Poseidonios vorbehalten blieb. Erst Poseidonios, scheint es, hat dies ‚Genus' bis zu seiner letzten Möglichkeit geführt" (REINHARDT 1921, 24). Dem folgte auch DIHLE 1962a, 229.

635 Vgl. Ammian. XV, 12, 1–4 und CESA 2019, 219/220. In I, 4 verweist Ammian zudem auf Cicero. Warum er vier Jahrhunderte später wieder die alten Vorstellungen aufgriff eruiert WOOLF 2011a.

5. Vergleichspraktiken in der *Geographie* Strabons: Ethnographie als Werkzeug imperialer Herrschaftslegitimation

5.1 Einleitung und Kontext

Strabon von Amaseia war einer der letzten Vertreter der klassischen griechischen Ethnographie. Er wurde 64 oder 63 v. Chr. im Königreich Pontos als Sohn einer einflussreichen, hellenischen Familie geboren, deren Vertreter sich rechtzeitig auf die Seite Roms geschlagen hatten,[1] und starb frühestens 23/24 n. Chr. in der Regierungszeit des Tiberius.[2] In seiner Jugend erhielt Strabon eine umfassende Bildung: Sein wichtigster Lehrer war Aristodemos von Nysa, der in der karischen Stadt Rhetorik und Grammatik lehrte.[3] Der Enkel des Poseidonios betrieb umfassende Homerstudien und postulierte offenbar die Idee, Homer sei ein Römer (!) gewesen.[4] Aristodemos' Bruder Iason leitete die alte Schule des Poseidonios auf Rhodos, und ein dritter Bruder, Sostratos, verfasste ein geographisches Werk.[5] Aristodemos formte damit die Grundzüge von Strabons Charakter als Autor und wird ihm auch das Interesse an den Schriften des Poseidonios vermittelt haben.[6] Nach der Zeit in Nysa studierte Strabon (möglicherweise in Rom[7]) bei dem Peripatetiker Xenarchos aus dem kilikischen Seleukeia, der einer der Lehrer Octavians gewesen war.[8] Xenarchos wird Strabon von der Sinnhaftigkeit der römischen Herrschaft überzeugt haben, genau wie sein ebenfalls peripa-

---

1 Zu Lebensdaten und Familie siehe ausführlich bspw. Dueck 2000, 1–2 (Geburts- und Todesjahr); 5–7 (Familie).
2 Siehe z. B. DUECK 2017a, 1; ENGELS 2017, 31.
3 Vgl. Strab. XIV, 1, 48, C650. Aristodemos' gleichnamiger Cousin unterrichtete demnach sogar Pompeius, Aristodemos selbst dessen Kinder (in Grammatik).
4 Vgl. ROBERT 1940a, 148.
5 Siehe zu den beiden DUECK 2000, 8; ENGELS 2013, 90.
6 Entgegen dem fragwürdigen Zeugnis des Athenaios wird Strabon den Apameer jedoch kaum persönlich gekannt haben. Vgl. Athen. XVI, p. 657F. Bereits GROSKURD 1831, XIV widerlegte diese Behauptung überzeugend.
7 Diese Frage behandelt RICHARDS 1941, 82. Xenarchos lebte wie Strabon auch in Alexandria, vielleicht traf er den Peripatetiker erst dort, wahrscheinlich aber schon in Rom.
8 Vgl. Strab. XIV, 5, 4, C670.

tetischer Kollege Tyrannion von Amisos.⁹ Dieser war 67. v. Chr. als Kriegsgefangener nach Italien gekommen,¹⁰ schloss dort Freundschaft mit Cicero und betrieb erdkundliche Studien, die Strabon besonders interessiert haben dürften.¹¹

Der Amaseer kannte die aktuellen Themen der gelehrten Kreise des östlichen Mittelmeerraums also bereits seit seiner Kindheit und war dabei v. a. von aristotelischen Philosophen unterrichtet worden. Dennoch bezeichnet er sich in den *Geographika* als Stoiker und vertritt klassisch stoische Positionen.¹² Wie Polybios und Poseidonios griff er jedoch, wenn nötig, auf andere philosophische Ideen zurück, wie jene des Peripatos, wenn sie seiner Erklärung der Welt dienten.¹³ In diesem Sinne charakterisiert er die erdkundliche Forschung als Aufgabe des Philosophen¹⁴ und räumt ihr gegenüber der philosophischen Theorie ein Primat ein.¹⁵

Sein berühmtes erdkundliches Werk, die *Geographika*, war ursprünglich als Begleitband zu den *Historika Hypomnemata* konzipiert.¹⁶ Mit diesen wollte Strabon in Konkurrenz zu Poseidonios treten, denn beide Autoren nannten ihre historische Abhandlung „Geschichte nach Polybios".¹⁷ Dieses Hauptwerk ist allerdings bis auf wenige Fragmente verloren gegangen, während die *Geographika* fast vollständig überliefert wurden: Deshalb war Strabon schon im Mittelalter vornehmlich als Geograph bekannt.¹⁸ Er beschreibt die Schrift als eine „kolossale" Arbeit, eine κολοσσουργία (Strab. I, 1, 23, C13/14), denn sie sollte ein zusammenhängendes Gesamtbild der *oikumene* bieten, das Anspruch auf Vollständigkeit erhob – Details waren zunächst zweitrangig.¹⁹ Das Studium der *Geographika* würde es also, so Strabons Absicht, jungen Aristokraten mit politischen und geographischen Interessen ermöglichen, sich einen Überblick über den Zustand des Imperiums zu verschaffen.²⁰ Die geringe Rezeption des Werkes in der Antike legt jedoch nahe, dass es nur eine kleine Leserschaft fand.²¹

---

9   Zu den philosophischen Überzeugungen des Tyrannion siehe Strab. XIII, 1, 54, C609; MONTANA 2020, 240.
10 Vgl. Strab. XII, 3, 16, C548.
11 Vgl. Cic. Att. II, 6, 1.
12 Siehe etwa HATZIMICHALI 2017, 11–13.
13 Vgl. HATZIMICHALI 2017, 17/18.
14 Vgl. Strab. I, 1, 1, C1. Er verstand sich selbst als Philosoph und beginnt mit einer entsprechenden Ausführung sogar die *Geographika*, statt sich selbst vorzustellen. Siehe dazu CLARKE 1997, 93–96.
15 Vgl. HATZIMICHALI 2017, 16/17.
16 Eine ausführlichere Darstellung von Strabons Werken und ihrer Konzeption bietet ENGELS 1999, 9–15.
17 Siehe dazu ENGELS 1999, 164.
18 Vgl. etwa ENGELS 1999, 17. Die Suda erwähnt unter dem Eintrag Πολύβιος neben Poseidonios allerdings auch Strabon als Fortsetzer dessen Geschichtswerkes. Im Westen scheint das aber bald vergessen worden zu sein.
19 Vgl. Strab. X, 3, 5, C465. Zu dem Konzept und seinen Folgen siehe auch POTHECARY 2005a passim.
20 Vgl. Clarke 1999, 202–204; es war also kein Handbuch. Zur Leserschaft siehe auch ENGELS 1999, 311, wo das Schlusskapitel Strabons mit seiner Gesamtdarstellung des Reiches als Beispiel dient.
21 Ausführlich mit diesem Thema beschäftigt sich ENGELS 1999, 45–58.

Umso stärker setzte sich Strabon in meist polemischer Weise mit seinen Vorgängern auseinander. So lehnte Strabon, wie Polybios, die Angaben des Pytheas ab. Niemand habe im 4. Jahrhundert so weit nach Norden reisen können, schon gar nicht ein so mittelloser Mann wie der Massaliote.[22] Die römische Expansion hatte allerdings ganz neue Informationen über Britannien, Ierne (Irland) und Nordgermanien gebracht, so dass Strabon deutlich mehr Quellen als nur Pytheas zur Verfügung standen, um diese Gebiete zu beschreiben. Dass der Amaseer nie selbst im Norden gewesen war, hinderte ihn daran nicht: Er behauptete, weiter gereist zu sein als jeder geographisch interessierte Autor vor ihm.[23] Allerdings scheint er nur im Norden und Osten Kleinasiens, im Umfeld seiner Heimat, einige Gebiete besucht zu haben, die Polybios und Poseidonios aus eigener Anschauung nicht kannten.[24] Die beiden älteren Autoren waren wie Strabon in Ägypten gewesen, und sie hatten, anders als er, Nordwestafrika, die iberische Halbinsel, Gallien und Norditalien gesehen.[25] Im Osten erschlossen Megasthenes und Nearchos Indien, doch schenkte Strabon ihren Erzählungen genauso wenig Glauben wie denen des Pytheas.[26] Herodot schließlich war von Babylon im Osten bis Thurioi (Süditalien) im Westen gereist; er war ebenfalls in Ägypten gewesen und im Nordosten mindestens bis nach Olbia vorgestoßen.[27] Ihm und vielleicht Poseidonios, besonders aber Polybios gilt Strabons Aussage „Jeder, der seine Irrfahrten erzählt, schneidet auf."[28] Strabon ignoriert dabei die Schwierigkeiten, denen seine Vorgänger begegnet waren: In seiner eigenen Lebenszeit waren weite Reisen im Mittelmeerraum, die der Bildung und touristischen Interessen dienten, ein gewöhnlicher Teil des aristokratischen Lebens geworden.[29] Er war sich dieser Vorteile des römischen Reiches für seine Unternehmungen durchaus bewusst,[30] verschwieg aber, dass ältere Autoren wie

---

22   Siehe Strab. I, 4, 3–5, C 63–64; II, 3, 5, C102; II, 4, 2, C104 (im direkten Anschluss an Polybios), III, 4, 4, C158; IV, 5, 5 C201; VII, 3, 1 C 295. Siehe hierzu aktuell auch ENGELS 2013, 95. Schließlich bietet KOCHANEK 2004, 64 mit Anm. 248 eine Auflistung aller relevanten Autoren und ihrer Haltung zur Glaubwürdigkeit des Pytheas.
23   Vgl. Strab. II, 5, 11, C 117.
24   Zu seinen Reisen im Nordosten Kleinasiens und dem Kaukasusgebiet, durch die er sich Poseidonios überlegen fühlte, siehe Strab. XI, 1, 5–6, C 491; MÜLLER 1997, 287/289. Zu Strabons Reisen insgesamt siehe auch MOMIGLIANO 1975, 68, ENGELS 2014, 166–168 und die Übersichtskarte bei DUECK 2000, 17. DUECK setzt sich mit Strabons Behauptung jedoch weniger kritisch auseinander als ENGELS.
25   Zu den Reisen der anderen beiden Autoren siehe die vorangehenden Kapitel, 58–60 (Polybios), 216–219 (Poseidonios) und GLOVER 1969, 238/239.
26   Vgl. Strab. II, 1, 9, C70.
27   Siehe etwa MÜLLER 1997, 100. Gegen die Reisen im Schwarzmeerraum steht freilich HARTOG 1988. Das östliche Ende von Herodots Reisen und seinen Besuch in Babylon diskutiert KUHRT 2002, 478–482.
28   Strab. I, 2, 23, C30. Tatsächlich hält er sich größtenteils an diese Ansage; vgl. etwa DUECK 2000, 30. Die Feststellung ist Teil von Strabons Verteidigung Homers: Nur weil dieser nicht explizit gesagt habe, dass er bspw. in Italien oder Sizilien gewesen war, hieße das nicht, dass er es nicht war.
29   Vgl. etwa CASSON 1974, 112.
30   Vgl. Strab. I, 2, 1, C14.

Herodot durch politische Grenzen, Kriege oder Piraterie in ihren Forschungen eingeschränkt wurden.³¹

Anders als Polybios erwähnt Strabon den „Vater der Geschichtsschreibung" mehrfach namentlich; er scheint zumindest einige Abschnitte der *Historien* selbst gelesen und anderes durch Zwischenquellen gekannt zu haben.³² Jedoch äußert sich Strabon mehrfach negativ über das erste Geschichtswerk, so dass ein Teil der Forschung – wie im Fall des Polybios – keinen wirklichen Einfluss Herodots auf seinen Nachfolger sieht.³³ Tatsächlich kritisiert Strabon Herodot wiederholt, z. B. für die Berücksichtigung lokaler Mythen, die Teile der *Historien* unglaubhaft mache.³⁴ Damit lehnt er sich an Thukydides' Motto an, *historie* sei die Suche nach Wahrheit und deshalb scharf von Erzählungen zu trennen, die alleine der Unterhaltung dienten.³⁵

Trotz dieser methodischen Abgrenzung wurde Strabon als Autor meines Erachtens von Herodot geprägt:³⁶ Denn in der agonalen Auseinandersetzung griechischer Geschichtsschreiber drückte sich Einfluss oft durch Reaktion und Ablehnung aus.³⁷ Nur wenige antike Historiker lobten Herodot offen, und gerade jene, die Strabon als Zwischenquellen für die *Historien* nutzte – Apollodor von Athen (ca. 180–110 v. Chr.), Demetrios von Skepsis (ca. 205–130 v. Chr.), Polybios und Poseidonios – äußerten sich ähnlich kritisch.³⁸ Strabon eignete sich deren Sichtweise an und sah sich selbst eher als Erbe eines Polybios als eines Herodot, so dass es für ihn nicht notwendig war, den Halikarnasser offen zu preisen.³⁹ Wie JACOBY treffend schrieb: „Denn man pole-

---

31 Nur in XI, 6, 4, C508 deutet Strabon knapp an, dass auch andere Autoren der Gegenwart wahrhaftigere Berichte verfassten, allerdings erst nach scharfer Kritik an Herodot in XI, 6, 3, C507–508. Polybios führt das Problem dagegen explizit an; vgl. Pol. III, 58, 5–59, 2; s. o. in der Einleitung zu Polybios (60/61).

32 Vgl. ENGELS 2008, 146, 153/154 zu den Zwischenquellen. Zur Rezeption Herodots in der Antike siehe auch Riemann 1967. ENGELS bietet eine Übersicht aller Stellen, an denen Herodot erwähnt wird, mit den korrespondierenden Passagen aus den *Historien*; siehe ENGELS 2008, 148 m. Anm. 18 und den Anhang auf 160. In VII, 3, 7–8, C300–301 scheint Strabon Herodot direkt zu zitieren; so schon RIEMANN 1967, 53–55.

33 Vgl. etwa DUECK 2000, 46. Siehe auch PRIESTLEY/ZALI 2016, die Strabon nicht als Teil der Herodotrezeption in der Antike betrachten (und Polybios genauso wenig).

34 Vgl. Strab. XI, 6, 2–3, C507–508. Die ablehnende Haltung findet sich auch in: Strab. I, 2, 35, C43; XI, 6, 3 C508; XI, 14, 13 C 531; XI, 3, 21 C550; XIII, 2, 4, C618; XVII, 1, 52 C 818–819. Siehe dazu PRANDI 1988, 52–72, die Duecks Position unterstützt: Herodot sei für Strabon kein Vorbild.

35 Vgl. Thuk. I, 20–22; ENGELS 2008, 154/155; bei Strabon insbesondere XI, 6, 3–4, C 507–508.

36 Damit folge ich ENGELS' Ablehnung von DUECKS Position; siehe ENGELS 2008, 148 zu DUECK 2000, 46.

37 Darauf weist HORNBLOWER 2006, 308 treffend hin.

38 Siehe dazu ENGELS 2008, 154.

39 Vgl. ENGELS 2008, 147/148; 158/159. Strabon nennt v. a. (neuere) historische (Ephoros, Polybios, Poseidonios) und geographische (Eratosthenes, Poseidonios, Artemidoros) Autoren, deren Wissen er ‚aktualisieren' möchte. Zu Strabons Verständnis von ‚aktueller' Literatur siehe auch POTHECARY 1997 passim.

misiert gebräuchlicherweise namentlich und entlehnt anonym."⁴⁰ So folgen etwa die ethnographischen Passagen der *Geographika* über Massageten, Babylonier und Perser erkennbar dem Vorbild Herodots.⁴¹ An mehreren Stellen führt Strabon ihn sogar als Autorität an, auch in geographischen Fragen.⁴² Und er teilte einige Überzeugungen mit Herodot: Wie dieser glaubte Strabon an eine stetige Entwicklung der Völker, unter denen er die primitivsten Gruppen am Rand der Welt und die fortschrittlichsten in ihrem Zentrum verortet.⁴³ Auch lebte er einige Jahre in Ägypten und zeigte großes Interesse an dessen Kultur und Geschichte.⁴⁴ Bei seiner Beschreibung des Landes geht er sogar wie Herodot auf die Sagengestalt Busiris ein: Dieser ägyptische König soll dem Mythos nach versucht haben, Herakles zu ermorden, weil die Ägypter keine Fremden in ihrem Land duldeten. Strabon folgt Herodot darin, diese Erzählung für unglaubwürdig zu erklären, nennt seinen Vorgänger aber nicht namentlich.⁴⁵ Offenbar hielt er dessen *logos* über Ägypten für veraltet und wollte auf der Grundlage seiner eigenen Beobachtungen vor Ort ein aktuelleres Bild des Landes bieten, doch konnte er sich dabei nie ganz von den Ideen des Halikarnassers lösen.⁴⁶

Die folgende Untersuchung wird zeigen, wie Strabon sich bei seiner Darstellung des Nordwestens der *oikumene* mit Herodot auseinandersetzte, der diese Regionen nur gestreift hatte. Aufgrund dessen ist anzunehmen, dass sich eher methodische Ähnlichkeiten zwischen den beiden Autoren finden lassen, wie das schon bei Polybios der Fall war.

Zu diesen griechischen Vorbildern kamen römische hinzu. Strabon war in den 40er Jahren des letzten vorchristlichen Jahrhunderts zum Studium nach Rom gekommen.⁴⁷

---

40 JACOBY 1913, Sp. 508. Außerdem setzte Strabon sich auch indirekt mit Herodot auseinander, wenn er etwa die ethnographischen Angaben frühhellenistischer Historiker über Asien diskutierte, die ihrerseits herodoteische *topoi* verarbeiteten. Siehe hierzu ENGELS 2008, 153.

41 Vgl. ENGELS 2008, 149. Man vergleiche etwa die Perserethnographie in Hdt. I, 131–140 und einige Passagen aus Buch III mit Strab. XV, 3, 13–22, C732–736. Selbst seine Beschreibung Roms erinnert an die Methode Herodots; vgl. PURCELL 2017, 24; 27.

42 So in VII, 3, 8, C 301 zu den Skythen; in X, 1, 10 C 448 über die persischen Eroberungspraktiken, womit er Hdt. VI, 31, 1 wiedergibt, und in XVII, 2, 5, C824 über ägyptische *nomoi*. In Strab. XII, 1, 3, C531 und XII, 3, 9, C544 wird Herodot explizit als geographische Autorität zum Halys-Fluss genannt: ähnlich in XIII, 4, 5 C626 zu den Flüssen im Gebiet von Phokaia, die Strabon nach Hdt. I, 80, 1 schildert. Dazu gibt er in XIII, 2, 4, C618 einen Mythos wieder, den Herodot überliefert, und unterlässt einen kritischen Kommentar, obwohl er in XI, 6, 2–3, C507–508 Herodots Rückgriff auf Mythen beanstandet hatte.

43 Vgl. GRIFFITHS 2013, 64; CLARKE 1999, 168/169. Nach Strab. XVII, 3, 24, C839.

44 Zu seinen Nachforschungen in Ägypten siehe etwa ENGELS 2013, 93; DUECK 2000, 11/12.

45 Vgl. Hdt. II, 45; Strab. XVII, 1, 19, C802. Auch ist die Erklärung eine andere: Strabon bestreitet nicht, dass die Ägypter boshaft waren, doch seien das alle ‚Barbaren' (hier einfach im Sinne von Nichtgriechen); und einen Busiris habe es einfach nie gegeben. Herodot hingegen kritisiert seine griechischen Leser; sie seien unwissend über die Sitten der Ägypter, und das zeige auch der Mythos.

46 Siehe dazu ENGELS 1999, 125. Für Skythien galt das Gleiche. Diesen Zusammenhang kann die vorliegende Arbeit nicht vertiefen; im Westen stellte sich das Verhältnis freilich etwas anders dar.

47 Vgl. ausführlich ENGELS 1999, 17–21.

Zu dieser Zeit lebten bereits viele griechische Intellektuelle in der Stadt und suchten ihre Vorstellungen den herrschenden Eliten zu vermitteln.⁴⁸ Die römische Herrschaft war in der griechischen Welt allgemein akzeptiert, und die beiden Kulturen verflochten sich zunehmend (besonders in Italien), doch definierten sich auch ‚romanisierte' Griechen weiterhin stärker über ihre hellenische Heimat als über das Imperium.⁴⁹ Diese Entwicklung spiegelt Strabon selbst wider: Einerseits begrüßte er die römische Herrschaft und die Einrichtung des Prinzipats, wurde vielleicht sogar römischer Bürger.⁵⁰ Auch pflegte er während eines längeren Aufenthalts in Alexandria in den 20er Jahren enge Kontakte zum dortigen Präfekten Aelius Gallus.⁵¹ Denn wie für Polybios und Poseidonios erfüllte das Weltreich auch für Strabon die stoische Vision einer politisch geeinten *oikumene*.⁵² Die römische Stoa passte dieses Modell im 1. Jahrhundert n. Chr. an die realpolitischen Verhältnisse, also die Monarchie, an – vielleicht waren solche Gedanken schon Strabon vertraut.⁵³ Zumindest führt er alle lobenswerten Seiten des Reiches – Frieden, Wohlstand, Stabilität – auf Augustus zurück, der für ihn den idealen Herrscher verkörpert.⁵⁴ Folgerichtig empfiehlt er den Oberhäuptern griechischer Städte und Staatenbünde (im Anschluss an Polybios), die Vorherrschaft Roms zu befürworten bzw. sich die Freundschaft der Römer zu sichern.⁵⁵

---

48 Den besten Überblick für die Situation in dieser Zeit bietet RAWSON 1985. Zum kulturellen Austausch und dem historischen Hintergrund siehe Ebd., 3–18; zu einer Übersicht wichtiger (griechischer Intellektueller) in Rom 66–99; zu den einzelnen Disziplinen im römischen Italien im 1. Jh. v. Chr. 117–316.

49 Siehe etwa YARROW 2006, 25–30. Diese Entwicklung begann spätestens mit Polybios, wie auch HENDERSON 2001, 30–49 betont.

50 Zu dieser Frage siehe BOWERSOCK 1965, 128/129; GÓMEZ ESPELOSÍN 2007, 25. SUMNER 1967, 133 widerspricht Bowersocks Interpretation, Strabon habe sein Bürgerrecht durch Aelius Gallus erhalten, stattdessen habe seine Familie unter dem Schutz des Tiberius Claudius Nero, dem Vater des Kaisers Tiberius, gestanden und so auch ihren Namen erhalten. Strabo wäre damit ein direkter Klient der kaiserlichen Familie gewesen. Abschließend beweisen lässt sich keine der beiden Positionen, doch ist es zumindest wahrscheinlich, dass Strabon römischer Bürger war und somit in einem noch engeren Verhältnis zur römischen Kultur stand als Polybios und Poseidonios.

51 Aelius Gallus unternahm 25 v. Chr. eine Expedition in die Arabia Felix (Südarabien), die Strabon ausführlich beschreibt. Vgl. Strab. II, 5, 12, C118 und XVI, 4, 22–24, C780–782. Für seine Teilnahme an der Expedition sprechen sich MATTERN 1999, 78 und WOOLF 2011b, 68/69 aus; dagegen Engels 2014, 168. ENGELS schlägt vor, Strabon habe die Informationen von seinem Freund Athenodoros erhalten, eventuell der von Cicero (Cic. Att. XVI 11, 4; 14, 4) erwähnte Athenodors Calvus – da dieser auch Poseidonios' Schriften gelesen hatte, bewegte er sich in ähnlichen intellektuellen Zirkeln wie Strabon. In jedem Fall ist Engels' skeptische Meinung zu bevorzugen: Denn die Rekonstruktion der Expedition durch CHRISTIAN MAREK hat meines Erachtens gezeigt, dass Strabon zwar Augenzeugen als Quellen nutzen konnte, aber auf gar keinen Fall selbst in Arabien gewesen sein kann; dazu ist sein Bericht viel zu verworren. Vgl. zur Expedition MAREK 1993; zu Strabon 138–145.

52 Vgl. etwa GRIFFITHS 2013, 65.

53 Ein Gedanke, der etwa in Sen. De Clem. II, 1–2 zum Vorschein kommt. Siehe auch LLOYD 2015, 55.

54 Eingehender beschäftigen sich damit DUECK 2000, 96–106 und MADSEN 2017, 38–42.

55 Vgl. DUECK 2000, 117/118 mit Beispielen. Einleuchtend dazu ist auch Strabons Vergleich zwischen römischen und griechischen Stadtgründungen: Während die Griechen schöne Städte in natürlich

Andererseits war Strabon von der Überlegenheit der hellenischen Zivilisation überzeugt: So kontrastiert er die Vielzahl und Schönheit griechischer Kunstwerke[56] mit dem Raub und der Zerstörung eben dieser Stücke durch die römischen Eroberer in Korinth 146 v. Chr.[57] Auch streicht er zwar die positiven Auswirkungen der römischen Herrschaft im Westen heraus, äußert sich aber deutlich zurückhaltender über die Vorteile des neuen Regimes für die griechische Welt.[58] Bei der Darstellung seiner kleinasiatischen Heimat zeichnet er ein ambivalentes Bild der Römer und kritisiert ihre mangelhafte Verwaltung des Kaukasusgebietes.[59]

An der generell prorömischen Haltung Strabons ändert das zwar wenig: In den *Geographika* finden sich keine eingehenden Untersuchungen römischen Machtmissbrauchs oder exzessiver Gewalt wie bei Polybios und Poseidonios.[60] Strabons Stolz auf die Leistungen der Griechen erinnert allerdings daran, dass seine griechisch-pontische Identität immer ein Bezugspunkt für seine Beschreibungen der römischen Welt blieb.[61] Dieses Griechentum definierte auch Strabon über die *polis*: Als politische und gesellschaftliche Organisationsform zeichne sie die Griechen aus, hier empfingen sie durch ihre παιδεία den Sinn zur Vernunft (λογισμός), der sie über alle anderen Völker erhob.[62] Ihre Sprache und *nomoi* seien einzigartig und verbänden die Hellenen in der gesamten *oikumene* miteinander.[63]

---

bevorteilten Stellungen erbauten, passten die Römer ihre Ortschaften an die Gegebenheiten an und kümmerten sich um wichtige, aber nicht offensichtliche Probleme wie Wasserversorgung und Abwasserentsorgung. Vgl. Strab. V, 3, 8, C235. Das erinnert an Polybios' Vergleich der römischen und griechischen Gründungen von Lagern, die Strabon als Vorlage gedient haben mögen. Vgl. Pol. VI, 42, 1–5. Die Römer erscheinen in beiden Fällen als effiziente Pragmatiker, während die Griechen ästhetisch überlegen sind, passend zu den entgegengesetzten Identitäten – ähnlich formuliert es PURCELL 2017, 26.

56 DUECK 2000, 81/82 bietet eine Übersicht aller Künstler und ihrer Werke, die in den *Geographika* erwähnt werden. Siehe auch ebd., 66/67.
57 Vgl. Strab VIII, 6, 23, C381. Siehe zu diesem Thema ebenso DANDROW 2017, 122/123.
58 Siehe etwa GLOVER 1969, 258. Auch ignoriert Strabon bei der Beschreibung Griechenlands bewusst die römische Provinzialordnung – so meint etwa „Achaia" stets die Region auf der Peloponnes, nicht die Provinz. Vgl. POTHECARY 2005b, 175–177. Zu seiner komplexen Darstellung von Rom selbst siehe PURCELL 2017 passim.
59 Vgl. Strab. VI, 4, 2, C288. Die Armenier, Albaner und Iberer seien leicht zu beherrschen, und dennoch widmeten die Römer ihnen nicht einmal die wenige notwendige Aufmerksamkeit. Siehe zu diesem Thema LASSERRE 1982, 892; GRIFFITHS 2013, 65.
60 Ähnlich ALONSO NÚÑEZ 1999a, 104; ENGELS 1999, 371.
61 Diese „romfreundliche, aber konzeptionell hellenistisch-griechische Darstellung" (ENGELS 1999, 14) ist in der Forschung schon lange anerkannt. Im vierten Buch der *Geographika* wird dies besonders deutlich bei der Schilderung der griechischen Stadt Massalia, die ungewöhnlich viel Raum einnimmt. Laut Strabon war Massalia eine Hochburg hellenischer Kultur, die nicht nur von den Galliern, sondern auch von den Römern als Studienort und Hort der Kultur geschätzt wurde, so in Strab. IV, 1, 5, C181. Siehe hierzu KREMER 1994, 284/285; 318.
62 Das ergibt sich v. a. aus Strab. VIII, 1, 1–2, C 332–333.
63 Zu Strabons griechischer Identität siehe eingehender DANDROW 2017, 116–121. DANDROW zeigt auch, dass Strabon die lokalen Unterschiede natürlich bewusst waren.

Die dualen griechisch-römischen Einflüsse in Strabons Leben spiegeln sich in seinem Umgang mit der Klimatheorie. Er stellte sich fünf Klimazonen vor[64] (statt der sieben bei Polybios und Poseidonios),[65] in deren Mitte Rom als Zentrum der Welt lag.[66] Wie bei Herodot fanden sich die anderen Völker in konzentrischen Kreisen um diese Mitte herum, und ihre Zivilisationsstufe nahm nach außen hin kontinuierlich ab.[67] Auch deshalb musste für Strabon ein Land wie Thule unbewohnbar und Pytheas ein Lügner sein.[68] Noch wichtiger war ihm aber, dass Thule außerhalb des römischen Reiches lag, das der ‚zivilisierten' Welt entspreche. Die Herrschaft der Römer mochte u. a. auf die günstigen Umweltbedingungen Italiens zurückzuführen sein,[69] doch hatte erst die historische Entwicklung zu einer Aufteilung der Welt zwischen römischen Untertanen und ‚freien' (und damit primitiven) ‚Barbaren' geführt.[70] In einer programmatischen Stellungnahme zu Poseidonios[71] greift Strabon deshalb dessen klimatheoretische Überzeugungen an und versucht, sich bewusst von ihm abzugrenzen:

> Die Unterschiede der Völker und die Sprachen [kommen nicht durch einen Plan zustande], sondern durch zufällige Umstände; und auch Künste, Fertigkeiten und Beschäftigungen blühen, wenn jemand den Anfang gemacht hat, zum größten Teil in jedem beliebigen Breitenstrich. [...] Kommt es doch nicht durch die Natur, dass die Athener Reden lieben, die Spartaner dagegen und die noch näheren Thebaner nicht, sondern vielmehr durch Gewohnheit.[72]

Strabon wehrt sich hier dagegen, die Beschaffenheit der Welt wie Poseidonios als das Ergebnis einer göttlichen Vorsehung, der πρόνοια, aufzufassen.[73] Stattdessen lehnt er sich stärker an Polybios an, der bspw. die blühende Landwirtschaft Numidiens nicht der natürlichen Fruchtbarkeit, sondern der klugen Agrarpolitik des Massinissa zu-

---

64 Vgl. ENGELS 2013, 96.
65 Bei Polybios ist nicht ganz sicher, ob er an sechs oder sieben Zonen dachte; vgl. PÉDECH 1974, 57.
66 Vgl. GRIFFITHS 2013, 64.
67 Vgl. Strab. XVII, 3, 24, C839; CLARKE 1999, 168–169.
68 Siehe GRIFFITHS 2013, 68.
69 Vgl. Strab. VI, 4, 1, C286; V, 3, 1 C 228; vgl. DUECK 2000, 108. CLARKE 1999, 296/207 weist zu Recht darauf hin, dass dieses Lob einem typischen rhetorischen *enkomion* auf Städte und Länder ähnelt.
70 Siehe auch DUECK 2000, 108–111.
71 Vgl. Strab. II, 3, 7–8, C102–104 = F 28 Jac. = F49EK = T30b/F13 Theiler. In 8, C104 kritisiert Strabon aus Sicht des Stoikers Poseidonios' „unstoisches Aristotelisieren"; es handelt sich auch um eine philosophische Absetzung vom Vorgänger.
72 Strab. II, 3, 7, C102–103. Siehe auch ENGELS 1999, 163. Übersetzung RADT 2002. αἱ γὰρ τοιαῦται διατάξεις οὐκ ἐκ προνοίας γίνονται, καθάπερ οὐδὲ αἱ κατὰ τὰ ἔθνη διαφοραί, οὐδ' αἱ διάλεκτοι, ἀλλὰ κατὰ περίπτωσιν καὶ συντυχίαν· καὶ τέχναι δὲ καὶ δυνάμεις καὶ ἐπιτηδεύσεις ἀρξάντων τινῶν κρατοῦσιν αἱ πλείους ἐν ὁποιῳοῦν κλίματι. [...] οὐ γὰρ φύσει Ἀθηναῖοι μὲν φιλόλογοι, Λακεδαιμόνιοι δ' οὒ καὶ οἱ ἔτι ἐγγυτέρω Θηβαῖοι, ἀλλὰ μᾶλλον ἔθει.
73 Und damit gegen traditionell stoische Vorstellungen. Vgl. HATZIMICHALI 2017, 14–17. Siehe zu Strabons Meinung im Kontext der antiken Klimatheorie auch BOIA 2005, 24–30.

schrieb,[74] und der den Aufstieg der römischen Macht als beispiellose menschliche Veränderung der ‚natürlichen' Weltordnung auffasste. Denn die Römer besaßen auch Strabon zufolge grenzenlose Macht: Sie waren imstande, die Bedeutung von Namen zu ändern[75] und ganze Völker[76] oder Städte an andere Orte zu verpflanzen.[77] Kurzum: Sie kontrollierten die Geschichte und damit die πρόνοια.[78] Freilich reduziert Strabon hier die Vorstellungen des Poseidonios auf ein vereinfachtes Bild, von dem er sich besser absetzen konnte.[79] Strabon wählte diese Perspektive, um seinen Lesern zu verdeutlichen, dass die Aufrichtung der römischen Weltherrschaft ein einmaliger Vorgang war, der die Lebensweise und Gebräuche aller Einwohner der *oikumene* (um-)geformt hatte. Dazu passt seine abschließende Zusammenfassung aller römischen Eroberungen im XVII. Buch der *Geographika*,[80] die Strabon kurz vor seinem Tod verfasst haben muss.[81] Er richtet sich an ein griechisches Publikum[82] und behauptet entsprechend der kaiserlichen Selbstdarstellung, die besten Teile der Erde seien unter römischer Kontrolle.[83] Der historische Prozess, den Polybios begonnen hatte zu beschreiben, war für Strabon also zu einem (vorläufigen) Ende gekommen.

Die *Geographika* und Strabons Rolle als griechischer Gelehrter in Rom können als sehr gut erforscht gelten. Jedoch haben seine ethnographischen Passagen, besonders zu den Kelten, bisher nur recht wenig Aufmerksamkeit erfahren.[84] MÜLLER hielt sie für eine unoriginelle Kompilation älteren, v. a. poseidonischen Materials.[85] Die wichtigsten Beiträge zu Strabon in den letzten Jahrzehnten von CLARKE, DUECK und ENGELS streiften das Thema mehrfach am Rande, stellten es jedoch nicht in den Mittel-

---

74 Vgl. Pol. XXXVI, 16, 7; GRIFFITHS 2013, 59/60.
75 S. u. im nächsten Kapitel (S. 350) das Beispiel „Lusitania", das Strabon v. a. in III, 4, 20, C166 aufgreift.
76 Erneut könnte man an die Lusitaner denken, von denen einige auf das Südufer des Tagus umgesiedelt wurden. Vgl. Strab. III, 1, 6, C139. ROLLER, Kommentar, 127 ordnet diese Aktion den Feldzügen des Brutus Callaïcus zu. Siehe dazu auch CLARKE 1999, 294/295.
77 So etwa die Stadt Zelis, die von der mauretanischen an die gegenüberliegende spanische Küste verlegt und in Iulia Ioza umbenannt wurde. Vgl. Strab. III, 1, 8, C140.
78 Vgl. Strab. V, 3, 8, C235.
79 So schildert Poseidonios bspw. in der Keltenethnographie, dass die Gallier (nach der römischen Eroberung) begännen, Brot zu essen; vgl. Athen. IV, p. 151E = F 15 Jac. = F 67 EK = F 170 Theiler. Auch deutet er die Vermischung von Iberern und Kelten zu Keltiberern als einen historischen Prozess; vgl. Diod. V, 33, 1 = FGrHist 87 F 117 = F 89 Theiler. Weitere Beispiele ließen sich anführen.
80 Vgl. Strab. XVII, 3, 24, C839.
81 Vgl. ROLLER, Kommentar, 996. Roller weist auch zu Recht darauf hin, dass die unbewohnten Teile der Erde die antike Geographie prinzipiell nicht interessierten.
82 Ansonsten, so ROLLER, Kommentar, 997 richtig, hätte er das Provinzialsystem nicht erklären müssen.
83 Ein poseidonisches Modell konzentrischer Klimakreise, die von Rom ausgehen, drängt sich hier nicht auf. Diese von GRIFFITHS 2013, 63/64 vertretene Idee geht aus Strab. II, 5, 33, C130–131 für mich nicht hervor.
84 Dies stellen auch ALMAGOR/SKINNER 2013, 9 fest. Siehe v. a. ENGELS 1999; DUECK 2000.
85 Vgl. MÜLLER 1997, 443/444.

punkt ihrer Arbeiten.⁸⁶ DIRKZWAGER veröffentlichte bereits 1975 eine Besprechung der Gallia Narbonensis in den *Geographika*,⁸⁷ doch folgten nur wenige Einzelstudien über Strabon als ‚Ethnographen'.⁸⁸ Der neueste Sammelband zu Strabon von 2017 enthält zwar mehrere Aufsätze, die seine Darstellungen bestimmter Regionen und Völker untersuchen, doch verbleiben diese zumeist auf einer eher deskriptiven Ebene oder nehmen andere Völker in den Blick.⁸⁹ Und unter dem Ansatz der Vergleichspraktiken sind seine Texte über Kelten und Iberer noch gar nicht untersucht worden, obwohl diese die grundlegende Technik antiker Ethnographie waren.

Die Frage, die sich aufdrängt, lautet demnach: Wie schlug sich die dezidiert pro-römische Haltung des griechischen Gelehrten Strabon in der praktischen Gestaltung der ethnographischen Passagen seines Werkes nieder und welche Aufgaben erfüllen dabei (explizite und implizite) Vergleiche? In welchen Punkten unterschieden sich seine Beschreibungen und Interpretationen von seinen Vorgängern von Herodot bis Poseidonios, und worin folgte er ihnen trotz der veränderten politischen Umstände?

Diese Fragen sollen zunächst an Strabons ethnographischen Passagen über die Kelten geprüft werden. Für Gallien fehlte es ihm zwar an Autopsie, dafür standen ihm nach der Provinzialisierung des Landes literarische Quellen in einem Umfang zur Verfügung, den seine Vorgänger nicht genossen hatten.⁹⁰ Die wichtigsten und meisten Angaben entnahm er sicherlich den *Commentarii de bello Gallico* und den *Res gestae divi Augusti*. Wahrscheinlich wird er in den Bibliotheken Roms und Alexandrias auch Zugriff auf Senatsakten oder Feldzugsberichte gehabt haben.⁹¹ Unter diesen fand sich

---

86   Vgl. v. a. CLARKE 1999; ENGELS 1999; DUECK 2000.
87   Vgl. DIRKZWAGER 1975.
88   Hinzuweisen ist auf MARCACCINI 2000 über die Skythen und BIANCHETTI 2002 über die Iernen (Iren), die sich jedoch v. a. mit dem Phänomen des Kannibalismus als solchem beschäftigen. PODOSSINOV 2012 stellt dagegen nur eine Übersicht von Quellenstellen zum griechischen Skythenbild mit einem Schwerpunkt auf Strabon zusammen, ohne diese eingehender zu analysieren. Zum Forschungsstand zu den hispanischen Völkern bei Strabon s. u. 326/327.
89   Siehe DUECK 2017b mit PURCELL 2017, MADSEN 2017, CLARKE 2017, ILYUSHECHKINA 2017, LOWE 2017, MIGLIARIO 2017, TRAINA 2017, DESANGES 2017, DANDROW 2017 und DE HOZ 2017. MIGLIARIO 2017, 84–86 untersucht Strabons Darstellung der italischen Völker genauer als ethnographisches Schreiben, und der wichtige Beitrag von TRAINA 2017 leistet Ähnliches für seine Passagen über die Armenier.
90   Mit der Frage der Quellen von Strabons Gallienbeschreibung hat sich besonders DIRKZWAGER 1975, 3–13 auseinandergesetzt. Zu Artemidor als Quelle siehe auch Strab. II, 1, 4, C137; DUECK 2000, 182/183; zu Polybios und Poseidonios die vorherigen Kapitel (132–164; 211–245). KLOTZ 1910, 120/121 und MALITZ 1983, 169, Anm. 4 führen die gesamte Ethnographie auf Poseidonios zurück. Dem widersprach schon KREMER 1994, 304 zu Recht. Hier wird natürlich auch wieder die Frage aufgeworfen, wie viel Caesar von Poseidonios übernommen hatte – eine Problematik, die ich bereits mehrfach diskutiert habe, besonders im Kapitel „Poseidonios und die Gallier" (S. 216). Zu Strabons Position als einer der Ersten, der Gallien nach der Eroberung beschrieb, siehe auch VAN DER VLIET 1984 passim.
91   Vgl. auch MOMIGLIANO 1975, 68, der sich ähnlich über Strabons Vorgehen äußerte. Ihm zufolge besaß dieser wie die meisten gebildeten Griechen dieser Zeit wohl nur relativ geringe Lateinkenntnisse, muss Caesars *Commentarii* aber offensichtlich gekannt haben. Eine Untersuchung von

bspw. ein Schreiben Agrippas über die provinzielle Neuordnung Galliens.[92] In Rom könnte Strabon in Gesprächen mit Politikern und Militärs, die im Keltenland gedient hatten, weitere Informationen gewonnen haben.

Im IV. Buch seiner *Geographika* beschreibt er Gallien dann auch entsprechend der administrativen Vierteilung des Landes durch Augustus in Narbonensis (IV, 1), Aquitania (IV, 2), Lugdunensis (IV, 3) und Belgica (IV, 4).[93] Da sich in IV, 4, 2–3 besonders viele direkte Vergleiche finden, soll die Stelle repräsentativ für Strabons Vergleichspraktiken in der Darstellung Galliens einer engeren Untersuchung unterzogen werden. Andere Abschnitte werden hinzugenommen werden, um das Bild zu erweitern.[94] In IV, 4, 2–3 behandelt Strabon die östliche Abgrenzung Galliens gegen Germanien hin. Diese Unterscheidung geht auf Caesar zurück, der als Erster das Land jenseits des Rheins als „Germania" bezeichnete und damit auch die Germanen ‚erfand'.[95] Seine *Commentarii de Bello Gallico* werden Strabon als Quelle und Anregung gedient haben, eine eigene Gegenüberstellung zwischen Gallien und Germanien vorzunehmen.[96] Was verrät diese über Strabons Sicht auf die ‚Nordbarbaren'?

lateinischen Begriffen in den *Geographika* und eine Übersicht lateinischer Quellen, die Strabon gelesen haben könnte, finden sich in DUECK 2000, 88–94.

92 Zur Benutzung dieser Quelle durch Strabon vgl. MADSEN 2017.
93 Vgl. POTHECARY 2005b, 168. Die Belger werden allerdings eher in IV, 3, 5, und IV, 4, 1 beschrieben, danach folgen allgemeine Bemerkungen zu Gallien, denen sich das vorliegende Kapitel im Besonderen widmet.
94 Im Gegensatz zu den ethnographischen Passagen bei Polybios und Poseidonios muss bei Strabon eine stärkere Vorauswahl getroffen werden. Nicht nur ist die Beschreibung Galliens selbst äußerst umfassend, dazu thematisiert er auch die Kelten in Norditalien und dem Alpenraum, auf dem Balkan, in Kleinasien und auf den Britischen Inseln – von der Iberischen Halbinsel ganz abgesehen, die das Thema des übernächsten Kapitels sein wird. Eine eingehende Untersuchung all dieser Stellen wäre sehr repetitiv, so dass sich die vorliegende Analyse v. a. auf den wichtigen Vergleich zwischen Gallien und Germanien (und die Rolle der Belger) stützt, da es sich hier um ein Feld handelt, das seine Vorgänger noch nicht behandeln konnten.
95 So Caes. bell. Gall. II, 3, 4. Besonders deutlich wird das in seiner Ethnographie der Germanen (VI, 21–28), die derer der Gallier (VI, 11–20) gegenübergestellt wird. In Bezug auf seine Motive sei TIMPE wiedergegeben: „Weniger denn je wissen wir – nicht etwa, ob diese ethnologische Begriffsbildung den ethnischen Sachverhalt wiedergibt oder manipulierende Absicht verrät, sondern –, was an dieser klassifizierenden Operation Observation, was Schlussfolgerung aus möglichen Gründen und was politisch motivierte Sprachregelung ist" (TIMPE 1996, 38). Zu beachten ist allerdings, dass der Rhein schon zur Zeit des Polybios offenbar eine Grenze zwischen der keltischen La-Tène-Kultur und der (soweit archäologisch fassbaren) Kultur der frühen Germanen markierte. Siehe bspw. PARKER PEARSON 1989, 199.
96 Vgl. Strab IV, 1, 1, C176–177 wo er direkten Bezug auf Caesars *Commentarii* nimmt und dessen Einteilung Galliens in Belgae, Aquitani und Celtae beschreibt, die Augustus dann durch eine Vierteilung des Landes ersetzte.

5.2 „Nur durch den Rheinstrom getrennt":
Die Rolle des Vergleichens in Strabons Gegenüberstellung von Gallien und Germanien in den *Geographika*

Die ethnographischen Vergleichspraktiken in Strab. IV, 4, 2–3

Strabon schließt in IV, 4, 1 die Aufzählung und Beschreibung der gallischen Volksstämme ab und setzt dann in IV, 4, 2 zu einer Synthese an, in der er noch einmal ganz Gallien und seine Einwohner zusammenfassend darzustellen sucht. Um einen Vergleich handelt es sich offensichtlich schon beim Abschnitt IV, 4, 2 insgesamt, da Strabon hier Germanien bewusst dem bisher beschriebenen Gallien gegenüberstellt und so indirekt begründet, warum er es später in Buch VII separat bespricht.[97] Doch auch innerhalb von IV, 4, 2 finden sich mehrere explizite Vergleiche, denen eine Schlüsselrolle zum Verständnis dieser Textstelle zukommt.

Zunächst eröffnet Strabon das Kapitel mit einer Aufzählung verbreiteter Keltentopoi. Damit erfüllt er die Erwartungen seiner Leser und knüpft an die Traditionslinie früherer ethnographischer Autoren an.[98] Der *metus Gallicus* verlor nach Caesars Unterwerfung des Landes zwar langsam seine Wirkung, doch bemühten auch römische Autoren der augusteischen Zeit weiter die bekannten Vorstellungen.[99] Dementsprechend liess Augustus die Giebelfelder des neu errichteten Apollontempels auf dem Palatin mit Szenen der griechischen Keltenabwehr 279 v. Chr. schmücken und dabei den Gott selbst die Tempelräuber strafen.[100] Strabon wird diese anhaltende Abneigung gegen

---

97 Die Beschreibung Germaniens findet sich in Buch VII, 1–2 und endet im ersten Satz von VII, 3. Das zweite Kapitel (VII, 2) dient dabei v. a. der Auseinandersetzung mit den Kimbern, die somit in den germanischen Kontext eingeordnet werden. Buch VII beschäftigt sich insgesamt mit den Völkern nördlich der Donau.

98 Siehe dazu ausführlich oben das Kapitel zu den Keltentopoi; 29–49. Der neueste griechische Autor zu diesem Thema war, noch nach Poseidonios, Timagenes, der eine *Keltika* verfasste; vgl. Amm. XV, 12, 1–4 = FGrHist 88 F15. DIRKZWAGER 1975, 13 warnt allerdings davor, diese Passagen alleine auf Timagenes zurückzuführen, Ammianus habe hier auch andere Quellen herangezogen – darunter ist natürlich an Poseidonios zu denken; ähnlich CESA 2019, 219/220.

99 Siehe KREMER 1994, etwa zu Livius, der ein ausschließlich negatives Bild der Kelten zeichnet. Dass er dabei auch hellenistische *topoi* verarbeitet, zeigt etwa die Passage XXXVIII, 17 über die Galater, die eindeutig von Poseidonios beeinflusst ist. Livius ignorierte die politischen Veränderungen seiner Zeit, welche die Gallier zu (größtenteils) friedlichen Untertanen der römischen Herrschaft hatten werden lassen. Einerseits suchte er die Frühzeit Roms zu beschreiben, in der die Kelten sowieso noch ‚barbarischer' sein mussten, andererseits wollte er als Historiker ein vergangenes Bild erhalten. Das zeigt auch das Beispiel von Ammianus Marcellinus' Gallierethnographie auf Basis der Angaben des Poseidonios bzw. Timagenes am Ende des vorangegangenen Kapitels (s. o. 299). Aber auch in der Kunst war das Motiv der besiegten Gallier noch im späten 1. Jh. n. Chr. beliebt, wie SAGIV 2016 passim zeigt. Auch der griechische Dichter Krinagoras von Mytilene (ca. 70 v. Chr. – mind. 11 n. Chr.), der Augustus auf einer Reise in den Westen begleitete, bemühte das alte Schreckensbild, als er die Ligurer beschrieb. Vgl. Anth. Pal. IX 516; MARCOTTE 2006, 31.

100 Siehe dazu KISTLER 2009, 291–294.

und Furcht vor den Galliern in Rom selbst erlebt haben und führt dementsprechend zunächst nur negative *topoi* an: Die Gallier seien „auf Krieg versessen" (ἀρειμάνιος), „leicht erregbar (θυμικός)" und dann „rasch zum Kampf entschlossen" (ταχὺ πρὸς μάχην). Zwar gesteht er ihnen zu, „treuherzig" (ἁπλόος) und „nicht bösartig" (οὐ κακόηθες) zu sein.[101] Jedoch trägt diese Naivität laut Strabon nur dazu bei, dass die Kelten ihren Feinden außer ungestümem Mut nichts entgegensetzen können. Die Tapferkeit selbst wird ganz klassisch[102] auf die Physis der Gallier zurückgeführt, sie „verdanken sie teils ihren riesigen Leibern [τὸ μὲν ἐκ τῶν σωμάτων ἐστὶ μεγάλων], teils ihrer Vielzahl [τὸ δ' ἐκ τοῦ πλήθους]."[103] Dadurch stellen sie sich Strabon zufolge schnell in großer Masse zum Kampf und stehen ihren Nachbarn „wegen ihrer einfachen und natürlichen Art"[104] (ἁπλοῦν καὶ αὐθέκαστον) bei. Einen Vergleich zu seiner eigenen griechisch-römischen Identität zieht er hier nicht, weil es für den antiken Leser ethnographischer Schriften keiner Erklärung mehr bedurfte, dass bspw. der θυμός der Kelten im Gegensatz zur Vernunft der Griechen, also zu νοῦς oder σωφροσύνη stand. Strabon schloss an seine Vorgänger an: Einerseits zeichnet er die Gallier als leidenschaftliche und mutige Krieger, ganz wie Polybios. Andererseits sind sie gutherzig und freundlich und erinnern damit an Poseidonios' keltische Gastgeber bei den Banketten.[105]

Bis hierhin hat Strabon den keltischen Volkscharakter konzise zusammengefasst, nun kann er auf dieser Grundlage zur eigentlichen Gegenüberstellung überleiten.[106] So stellt er fest:

> Jetzt freilich sind sie [die Gallier] alle unterworfen und halten allesamt Frieden, indem sie nach den Anordnungen der Römer leben, von denen sie besiegt sind, aber die eben dar-

---

101 Vgl. Strab. IV, 4, 2, C195. Übersetzt von HANSEN/SCHMITT 1988, aus dem Sammelband HERRMANN 1988. Darin wurden nur einige wenige Strabonstellen zu den Kelten übersetzt, doch ist die Übersetzung deutlich präziser als die von RADT 2002, die für das Iberienkapitel genutzt wird. So wählten HANSEN/SCHMITT z. B. „auf Krieg versessen" für ἀρειμάνιος, das deutlich besser passt als Radts „wild im Krieg", will es doch ausdrücken, dass der Betroffene vom Geist des Ares besessen ist, also dessen Hauptbeschäftigung, dem Kriegführen, nachgehen will.
102 S. o. die Untersuchungen bei Polybios (79, Anm. 227; 136; 139, Anm. 631; 149) und Poseidonios (230).
103 Strab. IV, 4, 2, C195. Strabon gibt wiederholt sehr große Zahlen für keltische Armeen an; vgl. ROLLER, Kommentar, 196.
104 Strab. IV, 4, 2, C195.
105 Ähnlich bei Ptolemaios I.: In Strab. VII, 3, 8, C301–302 = FGrHist 138 F 2 gibt Strabon die Erzählung des Ptolemaios über eine galatische Gesandtschaft an Alexander wieder. Zwar sind die Kelten in diesem Fall die Gäste, doch betont Strabon, dass sie die Freundschaft anderer allein um der Freundschaft willen suchten.
106 RADT, Kommentar I, 455 merkt berechtigterweise an, dass Strabon oft auch einfach die Gegenwart seiner Quellen übernommen hat, in Z. 5–7 von IV, 4, 2, C195 fährt er dann tatsächlich auch im Präsens fort; siehe dazu auch POTHECARY 1997 passim. Dem folgenden temporalisierenden Vergleich widerspricht dies jedoch nicht, da Strabon mit νυνὶ μὲν eindeutig klar macht, dass die zuvor gelieferten *topoi* nun der Vergangenheit angehören.

gelegte Kenntnis von ihnen nehmen wir aus der Vergangenheit und aus den bis heute bei den Germanen bewahrten Gebräuchen.[107]

Das erste *comparatum* des Vergleichs sind die Gallier der Vergangenheit, wie sie Strabon bisher beschrieben hat, als zweites *comparatum* fungieren die gegenwärtigen Gallier, die unter römischer Herrschaft leben. Das *tertium*, auf das hin verglichen wird, ist der Charakter der Kelten, insbesondere in Bezug auf ihre Kriegslustigkeit: Während die freien Gallier vor den Eroberungen Caesars „auf Krieg versessen" (ἀρειμάνιόν) und „leicht erregbar" (θυμικόν) gewesen waren, halten ihre Nachfahren zu Strabons Lebzeiten „allesamt Frieden" (ἐν εἰρήνῃ πάντες). Der Vergleich ist temporalisierend angelegt und wird deshalb durch die Formulierung νυνὶ μὲν eingeleitet. Strabon benutzt diese Technik häufiger, wenn er die Geschichte der Provinzen mit ihrem gegenwärtigen Zustand vergleicht, wie auch die weitere Untersuchung belegt.[108] Ausdrucksformen wie νυνὶ μὲν können in diesem Zusammenhang als Indikatoren für einen Vergleich dienen.

Im vorliegenden Vergleich sucht Strabon also die Vorzüge der Eingliederung Galliens in das Imperium Romanum zu betonen: Die Römer hatten die ‚Barbaren' besiegt, und erst das brachte den Frieden, den die Provinzbewohner nun „nach den Anordnungen der Römer" genießen konnten.[109] An anderer Stelle schreibt Strabon, die Römer hätten zudem die abstoßendsten keltischen Praktiken wie das Sammeln von Köpfen oder das Opfern von Menschen erfolgreich verboten.[110] All dies sei trotz des angeborenen und durch das Klima bedingten θυμός der Gallier sowie ihrer scheinbar nur für den Krieg geschaffenen Körper „leicht" (εὐμαρής)[111] möglich gewesen. Diese Interpretation passt zu Strabons Aussage, dass Poseidonios der Klimatheorie einen zu starken Einfluss zugeschrieben habe; historische Entwicklungen könnten den umweltbedingten Charakter eines Volkes verändern.[112] Damit widerspricht er sogleich dem

---

107 Strab. IV, 4, 2, C195–196. Übersetzung HANSEN/SCHMITT 1988. νυνὶ μὲν οὖν ἐν εἰρήνῃ πάντες εἰσὶ δεδουλωμένοι καὶ ζῶντες κατὰ τὰ προστάγματα τῶν ἑλόντων αὐτοὺς Ῥωμαίων· ἀλλ' ἐκ τῶν παλαιῶν χρόνων τοῦτο λαμβάνομεν περὶ αὐτῶν (καὶ) ἐκ τῶν μέχρι νῦν συμμενόντων παρὰ τοῖς Γερμανοῖς νομίμων.

108 Verschiedene Formen von νῦν markieren etwa folgende temporalisierende Vergleiche: Auf dem Mittelmeer gäbe es dank der Römer keine Piraten mehr (III, 2, 5, C 144; X, 4, 9, C477), und die Römer hätten aus den kriegerischen Galliern der Narbonensis friedliche Bauern gemacht (ähnlich wie in der hier besprochenen Stelle alle Gallier); siehe IV, 1, 2, C 178. In IV, 3, 2, C192 spricht Strabon den Römern die Leistung zu, die alte Feindschaft zwischen Sequanern und Äduern beendet zu haben; in XVI, 2, 20, C 756 heißt es, die römische Herrschaft habe Syrien von den ständigen Überfällen arabischer Räuber befreit. Siehe hierzu auch DUECK 2000, 117/118.

109 Darauf machen schon KREMER 1994, 304–315 und WOOLF 1998, 52 aufmerksam. Zur ‚Romanisierung' Galliens siehe MACMULLEN 2000, 85–123.

110 Vgl. Strab. IV, 4, 5, C198.

111 So bei der Beschreibung ihrer Lernfähigkeit in Bezug auf die Bildung und das Lesen in Strab. IV, 4, 2, C195.

112 Vgl. Strab. II, 3, 7, C102–103. S. o. 307/308.

Bild vieler römischer Autoren wie Livius: Für Strabon ist der *metus Gallicus* ein Phänomen der Vergangenheit.[113]

Er erweitert sein Argument innerhalb des Kapitels dann um eine zweite Komponente, indem er Gallien und Germanien einander gegenüberstellt. In einem sekundären Vergleich werden also Kelten und Germanen im Hinblick auf ihren jeweiligen Charakter aufeinander bezogen und die Gallier der Vergangenheit mit den Germanen in Strabons Zeit gleichgesetzt. Erneut nutzt er dazu das Wort νῦν, um die zeitliche Gegenüberstellung zu markieren (hier als „μέχρι νῦν", also „bis heute").

Um die Absicht dieser Gleichsetzung zu erschließen, muss der zweite große Vergleich in den Blick genommen werden, der sich direkt daran anschließt:[114]

> Denn diese [d. h. Kelten und Germanen] sind einander in ihrer Wesensart und ihren gesellschaftlichen Institutionen ähnlich und verwandt, zudem bewohnen sie ein benachbartes Land, das nur durch den Rheinstrom getrennt wird und in den meisten Beziehungen Analogien aufweist. Germanien liege aber nördlicher, vergleicht man jeweils die südlichen Landesteile mit den südlichen und die nördlichen mit den nördlichen.[115]

Die *comparata* sind eindeutig die Kelten auf der einen und die Germanen auf der anderen Seite. Verglichen werden sie im Hinblick auf ihre „Wesensart" (φύσις), ihre „gesellschaftlichen Institutionen" (πολιτεύματα) und das jeweilige Land, in dem sie leben, welches dann in einem sekundären Vergleich noch einmal geographisch eingeordnet wird. Strabon stellt eine große Vergleichbarkeit zwischen den beiden Volksgruppen her, indem er betont, dass sie „ähnlich" (ἐμφερής) und „verwandt" (συγγενεῖς ἀλλήλοις οὗτοι) sind und dass ihre Länder „Analogien" (παραπλήσια) aufweisen. Im zweiten Satz benutzt er selbst das Wort „vergleichen" (hier κρίνω).[116] Die Verwendung von παραπλήσιος für Analogie lässt sich auf dem Feld der ethnographischen Untersuchung bis zu Herodot zurückverfolgen, der damit die Ähnlichkeiten ritueller Reinigungspraktiken bei Griechen und Lydern beschreibt.[117] Strabon knüpft also an eine Tradition

---

113 S. o. 48/49 zu Livius. Zum historischen Kontext siehe auch ALFÖLDY 1999, 261/262, der den Aufstieg keltischer und venetischer Adliger in die römische Elite schon im 1. Jh. v. Chr. nachzeichnet.
114 Übersetzung erneut nach HANSEN/SCHMITT 1988.
115 Strab. IV, 4, 2, C196. καὶ γὰρ τῇ φύσει καὶ τοῖς πολιτεύμασιν ἐμφερεῖς εἰσι καὶ συγγενεῖς ἀλλήλοις οὗτοι, ὅμορόν τε οἰκοῦσι χώραν διοριζομένην τῷ Ῥήνῳ ποταμῷ καὶ παραπλήσια ἔχουσαν τὰ πλεῖστα. ἀρκτικωτέρα δ' ἐστὶν ἡ Γερμανία, κρινομένων τῶν τε νοτίων μερῶν πρὸς τὰ νότια καὶ τῶν ἀρκτικῶν πρὸς τὰ ἀρκτικά.
116 Das Vergleichsvokabular („παραπλήσια" und „κρινομένων") scheint auf den ersten Blick deutlich expliziter zu sein als bei den temporalisierenden Vergleichen; vielleicht, weil Strabon die Gleichsetzung von Galliern und Germanen in den Mittelpunkt des Kapitels rückt. Das Wort κρίνω taucht in verschiedenen Bedeutungen schon in Herodots *Historien* auf. Der Halikarnasser verwendet es als „deuten/interpretieren" (von Visionen oder Träumen in I, 120, 1 oder auch VII, 19, 2), im Sinne von „auswählen" (bspw. VI, 129, 1) oder als „zuerkennen" (V, 5,1).
117 Vgl. Hdt. I, 35, 2, die Praktiken sind hier παραπλησίη. Insgesamt ist der Begriff keineswegs außergewöhnlich, er taucht in den verschiedensten Werken der griechischen Literatur von der Spätarchaik bis in die mittlere Kaiserzeit auf. Eine umfangreiche Auflistung findet sich in der Perseus-Daten-

ethnographischer Vergleichspraktiken an und vertieft diese später im VII. Buch: Die Germanen seien etwas wilder, größer und blonder, glichen aber sonst den Kelten.[118] Daher stamme auch der Name, denn das lateinische *germanus* bedeute „echt", die Germanen würden also als „echte Gallier" bezeichnet.[119] Die Etymologie stärkt damit die Interpretation, die Germanen seien so, wie die Kelten einst waren. Sie bewahrten die alte Wildheit und Einfachheit des Lebens, während die Gallier in den Sog Roms geraten waren. Strabon macht deutlich, dass die annähernde[120] Gleichheit der beiden Völker durch die geographische Nähe ihrer Länder impliziert wird, denn sie sind „nur durch den Rheinstrom getrennt" (διοριζομένην τῷ Ῥήνῳ ποταμῷ). Die Möglichkeit, dass dennoch Unterschiede zwischen den Bewohnern der beiden Regionen existieren können, begründet er ebenfalls durch einen geographischen Vergleich, denn der Norden Germaniens liege nördlicher als der Norden Galliens und der Süden Galliens südlicher als der Süden Germaniens.[121]

Durch die beiden aufeinanderfolgenden Vergleiche scheint der Geograph eine Korrelation zwischen der einfachen, kriegerischen Lebensweise der Germanen und ihrer nördlicheren Lage anzudeuten – passend zur Lehre der griechischen Klimatheorie. Die größere Kälte unterscheidet die Germanen von den Galliern, mit denen sie ansonsten sehr viel gemein haben – auch deshalb betont Strabon wohl, dass nur der Norden Germaniens und nicht das gesamte Land nördlicher liegt als (Nord-)Gallien. Ausgehend von den zu Beginn aufgezählten *topoi* nutzt Strabon den Vergleich also, um einerseits die noch weniger gut bekannten Germanen in die Linie der bekannten Nordvölker einzuordnen. Andererseits liefert ihm der temporalisierende Vergleich ein schlagkräftiges Argument, um die Unterwerfung dieser Völker unter die römische Herrschaft zu rechtfertigen. Die Vergleichspraktik des Strabon folgt damit einer prozessualen Strategie, die über den Status quo hinaus in die Zukunft deutet.

An diesen Vergleich schließt sich nun die Feststellung an, dass ihre Migrationsbewegungen ihnen „daher" (διὰ τοῦτο) ein Leichtes sind und sie stets mit all ihren Familien aufbrechen, wenn ein stärkerer Rivale sie vertreibt.[122] Diese Äußerung kann nur auf die Germanen Bezug nehmen, was sich aus den vorausgehenden Vergleichen ergibt: Das διὰ τοῦτο bezieht sich auf das zuvor Gesagte, den Volkscharakter der Gallier der

---

bank unter: http://www.perseus.tufts.edu/hopper/wordfreq?lang=greek&lookup=paraplh%2Fsios (Letzter Aufruf 26.08.2022)

118 Sie sind besonders ἀγριότης, μέγεθος und ξανθότης; vgl. Strab. VII, 1, 2, C290.
119 Vgl. Strab. VII, 1, 2, C290. ROLLER, Kommentar, 339 spekuliert, diese etymologische Erklärung könne von Latein sprechenden Germanen in Umlauf gebracht worden sein.
120 Es heißt schließlich, dass „in den meisten Beziehungen" (τὰ πλεῖστα) Analogien vorliegen, somit handelt es sich um keine komplette Gleichsetzung, ansonsten würde der Vergleich keine Differenzen nachweisen können.
121 Die eigentümliche Formulierung mag darin begründet sein, dass Strabon keine Karte des Nordens vorlag und er die Lage der beiden Länder zueinander selbst rekonstruieren musste. So RADT, Kommentar I, 455.
122 Vgl. Strab. IV, 4, 2, C196.

Vergangenheit, der dem der derzeitigen Germanen entspricht. Die Wanderungen der Kelten waren jedem griechisch-römischen Leser vertraut (von der Einnahme Roms 390/387 v. Chr. über den Einfall in Griechenland 280/279 v. Chr. bis zum Zug der Helvetier 58 v. Chr.) und einer der Hauptgründe für den *metus Gallicus*;[123] dieser *topos* wurde nun auf die noch weiter nordöstlich lebenden Germanen übertragen. Als einer der ersten griechischen Autoren identifiziert Strabon, erneut nach Caesar, auch die Kimbern und Teutonen als Germanen.[124] Ihr jahrelanger Zug durch die römische Welt bestätigte sein Bild kriegerischer Nomaden und indem er die Vorliebe für Wanderungen allen Germanen zuschrieb, konnte er dadurch die aktuellen politischen Unruhen im Germanien der augusteischen Zeit erklären.[125] Wie schon Polybios und Caesar betont hatten, spiegelte sich das Fehlen fester Siedlungsplätze der ‚Nordbarbaren' in ihrem Fehlen moralischer Grundsätze.[126]

Es folgt ein weiterer Vergleich, durch den mit den Iberern ein drittes Volk ins Spiel gebracht wird:

> Und so haben auch die Römer sie viel leichter unterworfen als die Iberer; haben sie doch den Krieg gegen jene früher angefangen und später beendet, diese dagegen in der Zwischenzeit sämtlich niedergeworfen [d.h. alle zwischen dem Rhein und dem Pyrenäengebirge [Strabons eigene Ergänzung]]: Denn da sie alle auf einmal und massenweise angriffen, wurden sie auch alle auf einmal niedergeworfen; jene dagegen haben den Kampf in kleine Teile zerlegt, so dass der Krieg nach Räuberart bald von den einen, bald von den anderen, bald in dieser, bald in jener Gegend geführt wurde.[127]

Das erste *comparatum* sind die Gallier der Vergangenheit; der schnelle, gemeinsame Angriff könnte sich auf den Aufstand des Vercingetorix oder auf Caesars Gallienkrieg

---

123 Noch der Aufbruch der Helvetier wurde dank Caesars Darstellung zum *tumultus Gallicus* erklärt, wie BELLEN 1985, 42/43 zurecht betont: Erst dieser Ausnahmezustand führte zu Caesars großem Kommando.
124 Vgl. Strab. IV, 4, 3, C196; Caes. bell. Gall. II, 4, 1–2. Für Poseidonios waren sie noch Kelten oder Keltoskythen, vgl. Diod. V, 32, 3–5 = F 116 Jac. = F 169 Theiler; Plut. Marius 11, 2–14 = F 191 Theiler.
125 Noch Tacitus weiß neben der Bereitschaft der Germanen zur Migration auch von jener der Gallier, wobei er sich auf Caesar bezieht. Indem er davon spricht, dass früher Gallier nach Germanien gewandert waren und später dann das Gegenteil der Fall war, nutzt er einen ähnlichen Vergleich wie Strabon es tut. Vgl. Tac. Germ. 27/28.
126 Zu Polybios s. o. 151, zu Caesar Bell. Gall. II, 1, 4 mit KREMER 1994, 161–174. Schon vor den Wanderungen der Kelten war die nomadische Lebensweise der Skythen Ausdruck der Mentalität der Nordvölker, in scharfem Gegensatz zur urbanen Kultur der Griechen; vgl. NIPPEL 2007, 42.
127 Strab. IV, 4, 2, C196. Übersetzung aus RADT 2002 – HANSEN/SCHMITT 1988, 223 lassen diesen Teil leider weg. οἵ τε Ῥωμαῖοι πολὺ ῥᾷον τούτους ἐχειρώσαντο ἢ τοὺς Ἴβηρας· καὶ γὰρ ἤρξαντο πρότερον καὶ ἐπαύσαντο ὕστερον ἐκείνοις πολεμοῦντες, τούτους δ' ἐν τῷ μεταξὺ χρόνῳ πάντας κατέλυσαν (τοὺς ἀνὰ μέσον Ῥήνου καὶ τῶν Πυρηναίων ὀρῶν σύμπαντας)· ἀθρόοι γὰρ καὶ κατὰ πλῆθος ἐμπίπτοντες ἀθρόοι (καὶ) κατελύοντο, οἱ δ' ἐταμίευον καὶ κατεκερμάτιζον τοὺς ἀγῶνας ἄλλοτε ἄλλοι καὶ κατ' ἄλλα μέρη λῃστρικῶς πολεμοῦντες.

insgesamt beziehen.¹²⁸ Das zweite *comparatum* bilden die Iberer, und die Vergleichshinsicht ist die Dauer der Eroberung. Die knapp 200-jährigen Kriege der Römer auf der iberischen Halbinsel werden Strabons Lesern wohlvertraut gewesen sein.¹²⁹ Polybios, Artemidor und Poseidonios hatten das Thema bekanntlich eingehend behandelt, und Strabon kam in seinem Buch zu Iberien selbst einige Male auf die Kriege zu sprechen.¹³⁰ Er zieht sie hier als *comparatum* heran, um den Leser an die relativ einfache Eroberung Galliens zu erinnern. Im Sinne der früheren Gleichsetzung mit den Germanen scheint Strabon anzudeuten, dass deshalb auch diese deutlich einfacher zu bezwingen seien als die hispanischen Völker.¹³¹ Es wäre besonders an dieser Stelle interessant zu wissen, wann genau Strabon die Passagen verfasst hat, und in welchem zeitlichen Verhältnis sie zu der Niederlage des Varus und den folgenden Feldzügen des Germanicus steht.¹³² Allerdings hat die Forschung in den letzten Jahren gezeigt, dass Strabon sein Werk wahrscheinlich ständig überarbeitet und aktualisiert hat und deshalb genaue Jahresangaben für die Erstellung der einzelnen Bücher nicht mehr zu rekonstruieren sind.¹³³

Vielleicht wollte Strabon hier also nur allgemein vorschlagen, dass die Unterwerfung Germaniens machbar sei.¹³⁴ Im nächsten Satz erinnert er seine Leser nun zunächst an die militärische Schlagkraft der Germanen: Er nutzt den leicht verständlichen Vergleich, ihre Kavallerie (ἱππόται) sei besser als ihre Infanterie (πεζοί), und deshalb stehe besonders Erstere auch in römischen Diensten, sie stelle gar deren besten Teil (ἀρίστη παρὰ τούτων).¹³⁵ Da Caesar auf seinen Feldzügen gallische und germanische Reiterei einsetzte, bezog Strabon sich hier vielleicht auf die Krieger beider Ethnien, aber in jedem Fall zeigt der Hinweis, dass keine noch so gute Kavallerie die Römer aufhalten

---

128 ROLLER, Kommentar, 196 denkt hier sehr konkret an den in Caes. bell. Gall. III, 19 beschriebenen Angriff, aber es scheint mir deutlich plausibler, an den gesamten Krieg mindestens des Vercingetorix zu denken.

129 Vielen Römern hatte sich irgendwann sicher der Eindruck aufgedrängt, den ARTHER FERRILL vermitteln will, wenn er Hispanien „Roman Vietnam" (FERRILL 1991, 12) nennt.

130 Vgl. etwa III, 4, 13, C162 (Numantinischer Krieg) oder III, 4, 17, C164–C165 (Kantabrischer Krieg). Siehe dazu auch das nächste Kapitel; 324–383. Wenn die Interpretation einiger Historiker und Archäologen stimmen sollte, dass die Annektierung der Gallia Narbonensis und der Import gallischer Waren v. a. der Versorgung römischer Armeen in Hispanien dienten, könnte Strabon auch darauf rekurriert haben. Zu dieser These siehe FITZPATRICK 1989, 41, der auch eine Übersicht über Strabons Darstellung des Warenhandels zwischen Gallien und Mittelmeerraum anführt.

131 Siehe auch ROLLER, Kommentar, 196.

132 Er erwähnt die *clades Variana* in Strab. VII, 1, 4, C291.

133 So etwa CLARKE 1997 passim; bes. 103; LINDSAY 1997 passim oder ENGELS 1999, 38/39. RONALD SYME hatte das gesamte Werk noch mit einiger Sicherheit auf 4 v.–6 n. Chr. datiert, da es nur wenige Nachrichten nach 7 v. Chr. und der Einweihung der Portica der Livia gibt; dazu kamen seiner Ansicht nach nur sehr wenige, spätere Nachträge, vgl. BIRLEY/SYME 1995, 364/365. Diese Sicht ist inzwischen nicht mehr tragbar.

134 Eine Interpretationsmöglichkeit, die auch für Tacitus' *Germania* vorgebracht wurde. Vgl. RIVES 2012, 54.

135 Vgl. Strab. IV, 4, 2, C196.

konnte.¹³⁶ Mehr noch: Sie nahmen die besten Soldaten der ‚Nordbarbaren' einfach in ihre Armee auf und erfüllten damit erneut die schon Polybios geläufige Vorstellung, dass die lernwilligen Römer stets bereit waren, ihre Feinde mit deren eigenen Waffen zu schlagen.¹³⁷ Nicht zuletzt erkannte er damit Caesars Leistungen in Gallien an, der auf die besten römischen *nomoi* zurückgegriffen hatte, um einen zahlenmäßig überlegenen Gegner zu besiegen.

Auch im folgenden Satz lehnt er sich eng an Caesar an (Bell. Gall. I, 1, 3), wenn er sagt, dass „die jeweils nördlicher und am Ozean Siedelnden (παρωκεανῖται) [...] [immer] bessere Krieger [sind]."¹³⁸ Den eingehenden Vergleich verfeinert Strabon sodann: „Unter ihnen [d.h. den Galliern] werden die Belger als die tapfersten (ἄριστος¹³⁹) bezeichnet [...]; sie vermochten darum als Einzige dem Ansturm der Germanen, der Kimbern und Teutonen, standzuhalten."¹⁴⁰ Da die Belger das am nördlichsten siedelnde Volk Galliens waren, belegt Strabon damit seine zuvor aufgestellte These. Caesar hatte dies nicht nur mit der Entfernung vom Einfluss der römischen Provinz begründet, sondern auch damit, dass die Belger in ihrer Grenzlage ständig Kriege gegen die Germanen führten (Bell. Gall. I, 1, 3). Den belgischen Stamm der Aduatuker hatte

---

136   Den Einsatz germanischer Reiterei erwähnt Caesar bspw. in Caes. bell. Gall. VII, 65, 4; 67. In 65, 5 heißt es jedoch, die germanischen Pferde seien weniger geeignet gewesen für den Kampf als die römischen, und in II, 24, 4 behauptet der Autor, dass die Treverer die beste Kavallerie Galliens stellten (und er deshalb auf diese zurückgriff). In VIII, 11–12 wird dazu der Einsatz von Reitern der Remer angeführt, also belgischer Kavallerie. Da Strabon im vorliegenden Satz sein Subjekt nicht spezifiziert (im vorangegangenen Satz war zuletzt von den Iberern die Rede, doch können diese ganz sicher nicht gemeint sein, sind sie doch nicht Thema des Buches) muss letzten Endes offenbleiben, wer genau gemeint war. Die klassische Übersetzung von HAMILTON/FALCONER 1903 spricht von „All the Gauls are warriors by nature", während ROLLER, Kommentar, 196/197 die Aussage auf Gallier und Germanen bezieht. Der nächste Satz, wonach die weiter nördlich und am Okeanos wohnenden Stämme kriegerischer seien, scheint sich dann wieder auf Gallier, Belger und Germanen insgesamt zu beziehen, so dass dann aber die germanische Kavallerie als die beste gelten müsste, da diese am weitesten nördlich lebten. Im nächsten Absatz (IV, 4, 3, C196) spricht er dann jedoch über die Belger, so dass zuvor vielleicht nur die Gallier inklusive der Belger gemeint waren – falls der Satz direkt an das vorher Gesagte anschließt. Die Frage kann hier nicht abschließend beantwortet werden, so dass im Sinne ROLLERS davon ausgegangen werden muss, dass Strabons Aussage eher allgemeiner Natur war und sich auf alle drei Volksgruppen beziehen könnte.

137   Siehe bspw. o. 84; 89.

138   Strab. IV, 4, 2, C196. Übersetzung HANSEN/SCHMITT 1988. ἀεὶ δὲ οἱ προσβορρότεροι καὶ παρωκεανῖται μαχιμώτεροι.

139   Wörtlich sagt Strabon also nur, sie seien die „Besten" unter den Galliern, Caesar nannte sie in bell. Gall. I, 1, 3 *fortissimi*, man könnte also auch von den „Stärksten" sprechen, aber der militärische Zusammenhang ist in beiden Fällen deutlich.

140   Strab. IV, 4, 3, C196. Übersetzung HANSEN/SCHMITT 1988. τούτων δὲ τοὺς Βέλγας ἀρίστους φασίν [...], ὥστε μόνους ἀντέχειν πρὸς τὴν τῶν Γερμανῶν ἔφοδον, Κίμβρων καὶ Τευτόνων.
Genauso zum Kimbernsturm: Caes. bell. Gall. II, 4, 2. Als Quelle für die Belger dürften ebenfalls Caesars Werk und römische Berichte gedient haben, die Caesar von den Anführern der Remer erhalten hatte; vgl. Caes. bell. Gall. II, 4; ROLLER, Kommentar, 197; allgemein KREMER 1994, 310/311.

Caesar (Bell. Gall. II, 29, 4) sogar als Nachfahren der Kimbern und Teutonen bezeichnet, von denen sich demzufolge 6000 Mann auf ihrem Zug nach Westen hier niedergelassen hätten. In ähnlicher Manier bezeichnet Strabon die belgischen Nervier an anderer Stelle gleich als Germanen.[141]

Er ordnet durch diese Vergleiche die Stämme Galliens nach dem Ausmaß ihrer kriegerischen Tüchtigkeit. Und so endet auch die Beschreibung der belgischen Ethnien mit einem letzten strukturierenden Vergleich: „Von den Belgern selber sollen die Bellovaker die tapfersten (ἄριστος) sein, nach ihnen die Suessionen."[142] Die Bellovaker hatten den Römern von allen gallischen Stämmen am längsten Widerstand geleistet und waren erst 46 v. Chr. vollständig unterworfen worden, das erklärt ihre Hervorhebung.[143] Caesar hatte zudem berichtet, wie die adligen Anführer der Bellovaker nach ihrer Niederlage nach Britannien geflohen waren (Bell. Gall. II, 14, 4). Das war den Lesern Strabons genauso bekannt wie die frühere Migration aggressiver belgischer Stämme in den Süden Britanniens (Bell. Gall. V, 12, 2).[144] Indem Strabon den besonderen Mut dieser Völker betont, bietet er eine Erklärung an, warum sie den Römern größere Schwierigkeiten bereitet hatten als die anderen Gallier. Er konnte eine solche Anordnung der gallischen Ethnien aber nur deshalb verfassen, weil das Land in relativ kurzer Zeit erobert worden war und mit Caesars *Commentarii* eine einzigartige Quelle zur Verfügung stand, die diese Ereignisse aus der Sicht des römischen Militärs schilderte.

Dazu passt, was der Geograph über die Lebensweise der Belger und insbesondere der Menapier schreibt.[145] Da sie im sumpfigen Arduenna-Wald leben,[146] verflechten sie bei Gefahr „die biegsamen Zweige des Buschwerks und [ziehen sich selbst] mit ihren ganzen Familien tief ins Innere zurück, wo sie kleine Inseln in den Sümpfen haben".[147] Dort seien sie in der Regenzeit sicher, und scheinbar hatte sie das in der Vergangenheit vor den Überfällen ihrer Nachbarn geschützt. In der Trockenzeit säßen sie auf ihren Inseln allerdings in der Falle, womit Strabon wahrscheinlich auf Caesars mühelose Er-

---

141 Vgl. Strab. IV, 3, 4 C194; dazu RADT, Kommentar I, 449.
142 Strab. IV, 4, 3, C196. Übersetzung RADT 2002. Als Vergleichsvokabular dient bei allen drei Vergleichen der Superlativ ἄριστος, durch den Strabon den Vorrang der nördlichen Gallier vor den südlichen, der Belger vor den übrigen Galliern und der Bellovaker vor den anderen Belgern markiert. Als Ausdruck für den oder die Besten kann ἄριστος in jeglicher Hinsicht verwendet werden und taucht dementsprechend oft in den antiken Quellen auf. Vgl. dazu die Perseus-Statistik: http://www.perseus.tufts.edu/hopper/wordfreq?lang=greek&lookup=a)%2Fristos (Letzter Aufruf 14.11.2020).
143 Zur Eroberung der Belger siehe WIGHTMAN 1985, 26–52.
144 In IV, 4, 1 C195 bezeichnet Strabon die Veneter fälschlicherweise ebenfalls als Belger. Siehe zu den Venetern RADT, Kommentar I, 452.
145 Er bezieht sich dabei auf Moriner, Atrebaten, Eburonen und Menapier; vgl. Strab. IV, 3, 5, C194.
146 Der Wald um die heutigen Ardennen herum sei jedoch kleiner als die 4000 Stadien, welche „die Autoren" (οἱ συγγραφεῖς) angeben; wie immer will sich Strabon von der Konkurrenz absetzen. In diesem Fall richtet er sich jedoch auch gegen Caesar; vgl. Caes. bell. Gall. VI, 29, 4; RADT, Kommentar I, 451.
147 Strab. IV, 3, 5, C194; Übersetzung RADT 2002. Das Buschwerk in ihrem Land vergleicht Strabon mit Brombeeren; es handelt sich um einen simplen explikativen Vergleich.

oberung der Menapier anspielt.¹⁴⁸ Sie waren damit weniger wehrhaft als Nervier und Bellovaker, doch zeigt der Kommentar, dass der Charakter der Belger auf die isolierte Lage ihres kargen Landes zurückzuführen ist.¹⁴⁹ Und auch für sie gilt: „Heute leben alle auf dieser Seite des Rheins in Ruhe und gehorchen den Römern."¹⁵⁰ Die Remer (lat. Remi) besitzen sogar eine große Stadt, Duricortora (Reims, auch Durocortorum), die dem römischen Statthalter als Residenz dient.¹⁵¹ Wie alle Gallier würden also auch die Belger in Strabons eigener Lebenszeit zunehmend ‚romanisiert' und profitierten von dieser Entwicklung.

Er betrachtete die Belgica damit als den geographisch-kulturellen Übergang zwischen den inzwischen befriedeten Galliern und den noch freien Germanen. Von den übrigen Galliern unterschieden sich die Belger aufgrund ihrer Lage zwischen den beiden Ländern und ihres daraus resultierenden, kriegerischeren und weniger ‚zivilisierten' Charakters, aus dem auch die anhaltende Bereitschaft zu Wanderungen (hier nach Britannien) hervorging. Und sogar die letzte bekannte Migrationsbewegung der restlichen Gallier, der Zug der Helvetier, passt dazu – hatte Caesar doch eben jene aufgrund ihres erstmaligen Siedlungsgebietes an der Grenze Germaniens fast schon auf eine Stufe mit den Belgern gestellt (Bell. Gall. I, 1, 4). Es ergibt sich also ein differenziertes Bild: Von den fast vollständig ‚zivilisierten' Galliern in der Narbonensis, die aus der kulturellen Hochburg Massalia παιδεία erhalten,¹⁵² schreitet Strabon über die restlichen Gallier zu den unterworfenen, aber noch größtenteils ‚barbarischen' Belgern und Helvetiern bis zu den noch freien Germanen. Allerdings sei selbst deren Widerstand von Germanicus größtenteils gebrochen wurden – nur Arminius setzte den Kampf noch fort.¹⁵³ Aus der griechischen Tradition und der offiziellen römischen Darstellung nahm Strabon die Überzeugung, dass kein ‚Barbarenvolk' das militärische, politische und kulturelle Vordringen Roms aufhalten könne: Es war ein *imperium sine fine*.¹⁵⁴

Fazit

Die Untersuchung hat gezeigt, dass das komplette Kapitel IV, 4, 2 und der Beginn von IV, 4, 3 der *Geographika* eine große Zahl mehr oder weniger direkter Vergleiche enthalten. Viele werden nur mitgedacht, wie das Beispiel der *topoi* zu Beginn des Kapitels demonstriert. Allerdings finden sich auch mehrere explizit komparative Stellen, die

---

148 Vgl. Caes. bell. Gall. VI, 5, 4–VI, 6, 3.
149 Ähnlich wie bei den Kantabrern in Hispanien; s. u. 370–372.
150 Strab. IV, 3, 5, C194.
151 Vgl. erneut Strab. IV, 3, 5, C194.
152 Vgl. Strab. IV, 1.
153 Siehe Strab. VII, 1, 4, C 291–292. Diese Passage entstand offensichtlich erst in der Zeit des Tiberius, doch erlaubt das keine Rückschlüsse darauf, wann welche Teile von IV, 4, 2–3 entstanden sind.
154 Vgl. Verg. Aen. 1, 279.

v. a. einem Ziel dienten: die Leser von der Überlegenheit und Nützlichkeit der römischen Herrschaft über die *oikumene* zu überzeugen. Germanien diente Strabon dabei als perfekte Projektionsfläche für die Ziele des Imperiums, wie sie der von ihm in den *Geographika* hochgelobte Augustus während seiner Regierungszeit verfolgte. Dazu setzt er zunächst die Gallier der Vergangenheit mit den Germanen seiner Gegenwart, also der augusteischen Zeit, gleich. Dabei hebt Strabon die Raumkomponenten explizit hervor, indem er Gallien und Germanien nebeneinander stellt und die Länder in topographisch-geographischer Hinsicht als ähnlich beschreibt. Auch betont er die Parallelen zwischen beiden Völkern in Bezug auf ihren Charakter und ihre gesellschaftlichen Einrichtungen, die damit geläufigen Nordvölkertopoi entsprechen.

Trotz der kriegerischen Art der groß gewachsenen Gallier und ihres wilden, Germanien nicht unähnlichen Landes hatte Rom sie militärisch bezwungen und politisch-kulturell in das Reich integriert. Als Strabon sein Werk verfasste, herrschte Frieden unter den Kelten, die sich an die römischen Vorschriften (πρόσταγμα) hielten, griechisch-römische Bildung (παιδεία) erhielten und sich mit Literatur beschäftigten.[155] Im Rahmen seiner vorangegangenen Gleichsetzung impliziert Strabon damit, dass das Gleiche mit den Germanen möglich sei, egal wie ‚unzivilisiert' und ‚barbarisch' sie den Römern (noch) erscheinen mochten. Auch die umständliche Formulierung, nur der Norden Germaniens liege nördlicher als der Norden Galliens usw. könnte sich so auflösen. Damit wird ein Unterschied zwischen den beiden Ländern aufgezeigt, während gleichzeitig die gemeinsame Basis zwischen ihnen betont wird, denn der Norden Galliens ist demzufolge auf der gleichen Höhe wie der Süden Germaniens. Hier kommen erneut die Belger ins Spiel, liegt ihr Land doch auf eben dieser Höhe zwischen dem Norden Galliens und Germanien. Dementsprechend waren sie mutiger als die Gallier und ihre Eroberung hatte sich länger hingezogen. Der anhaltende Widerstand der Germanen war also keine Überraschung, schließlich waren sie noch wilder als die Belger. Sollte Strabon dieses Kapitel nach der Niederlage des Varus verfasst haben, suchte er also vielleicht seine adligen, römischen Leser zu ermuntern, den Kampf trotz des Rückschlages fortzusetzen. Denn in jedem Fall war er, wie schon Polybios, von der letztendlichen Unbesiegbarkeit des römischen Heeres fest überzeugt.

Die Schreibpraxis Strabons bestand somit darin, aus den ihm vorliegenden Quellen etwas Eigenes und Neues zu formen. Deutlich wird auf der einen Seite besonders die Auseinandersetzung mit der Keltenethnographie des Poseidonios, die Strabon als Hauptquelle seiner Beschreibungen des gallischen Volkscharakters gedient haben

---

155 Deshalb wehrt sich Strabon auch gegen einige *topoi*, welche die Kelten als dümmlich darstellen, etwa Ephoros' Behauptung, sie trainierten ihre Krieger im Kampf gegen die Flut und verlören dabei viele Männer. Vgl. Strab. VII, 2, 1, C293 = FGrHist 70 F132. Nikolaos von Damaskos hatte diesen *topos* in Strabons Zeit wieder aufgegriffen; vgl. Stob. III, 7, 39 = FGrHist 90 F 109.

wird.[156] Auf der anderen Seite scheinen die Informationen zur politischen und militärischen Ereignisgeschichte größtenteils auf den *Commentarii* Caesars zu beruhen. Hatte Strabon diese selbst gelesen? Es gibt keinen definitiven Nachweis dafür, dass Strabon Latein sprach und verstand. Die Verwendung einiger lateinischer Begriffe[157] und sein geringschätziges Urteil über die römischen Historiker[158] sprechen zumindest dafür, dass ihm die Sprache nicht völlig fremd blieb.[159] Wenn Strabon die *Commentarii* nicht gelesen hatte, müssen ihm befreundete römische Senatoren und andere Vertreter der Oberschicht diese Informationen vorwiegend mündlich mitgeteilt haben, denn eine griechische Übersetzung von Caesars Werk ist aus der Antike nicht bekannt.[160] Möglich ist zuletzt, dass Timagenes' *Keltika* die wichtigsten Angaben an eine griechische Leserschaft vermittelt hatten, doch erscheint auch das unwahrscheinlich.[161] In jedem Fall besaß Strabon eine klare Vorstellung von Caesars Text und baute auf diesem auf. Da der Römer wiederum Poseidonios' Werke rezipiert hatte, war er – selbst wenn er keine Passagen wörtlich übernommen haben sollte[162] – ebenfalls Teil der Tradition ethnographischen Denkens und damit der „community of practice". Caesars These

---

156 S. o. etwa die Einleitung 300–310, vgl. NORDEN 1920, 114 f. Der Schwerpunkt des vorliegenden Kapitels lag dabei weniger auf diesen Passagen, um nicht unnötig zu wiederholen, was bereits im Kapitel zu Poseidonios und Gallien gesagt wurde.

157 Vgl. ROLLER 2017, bes. 327/328.

158 Vgl. etwa Strab. III, 4, 19, C166 wonach alle nichtgriechischen Autoren – namentlich nennt er die römischen Historiker – unbedeutend sind und ihre Werke nur wenige (neue) Informationen enthalten. Freilich lässt sich die Stelle auch so interpretieren, dass er die römischen Werke nicht gelesen hatte, aber für sein Urteil wird er sich zumindest ansatzweise mit ihnen beschäftigt haben müssen, zumal er zeitweise in Rom lebte.

159 Die Feststellung ROLLERS, dass Strabon die lateinische Sprache zweifelsohne beherrschte, kann nicht belegt werden; vgl. ROLLER 2017, 327/328. Ebenso wenig lässt sich die Annahme von KREMER 1994, 319 beweisen, Strabon habe Caesar sicher direkt gelesen.

160 Überhaupt gibt es nur wenige nachgewiesene Übersetzungen literarischer Werke aus der griechisch-römischen Antike. Bekannt ist der Fall des punischen Agrarschriftstellers Mago, dessen 28 Bücher über die Landwirtschaft auf Senatsbeschluss übersetzt wurden, da sie praktischen Nutzen versprachen. Vgl. Colum. I, 1, 10; 13; Plin. nat. hist. 18, 22.

161 So ursprünglich KLOTZ 1910, 63–69, aber vgl. RADT, Kommentar I, 401; 459. KLOTZ' Hauptargument (63) ist, dass das ganze Gallienbuch eine inhaltliche Geschlossenheit aufweise, zu der auch die Bemerkungen zur augusteischen Zeit passten, die Strabon nicht von Poseidonios oder Caesar gehabt haben kann. Damit unterschätzt er aber die eigene Schaffenskraft Strabons, welche die jüngere Forschung zurecht betont hat: Siehe etwa DIRKZWAGER 1975, 6–11; MARCACCINI 2000, 595; GRIFFITHS 2013, 65. DUECK 2000, 182/183 weist zudem darauf hin, dass Strabon bspw. Artemidor auch direkt gelesen haben wird, eine Vermittlung durch Timagenes sei also für andere literarische Quellen nicht nötig; KREMER 1994, 319 nimmt wie erwähnt das Gleiche für Caesar an. Davon unabhängig benutzte Strabon mehrfach auch Timagenes' Angaben und selbst die des Pytheas, den er ablehnte, doch stellte er aus diesen verschiedenen Quellen sicher etwas Neues zusammen, dass er mit Informationen aus römischen Quellen oder von Freunden und Kontakten aktualisiert haben wird.

162 So vertrat TIERNEY 1960 noch die These, dass Caesar kaum neue Informationen zur ausführlichen Keltenethnographie des Poseidonios hinzugefügt habe, während sich spätere Autoren gegenüber Poseidonios kritischer äußerten und auch andere Quellen wie Timagenes sowie Caesars eigene Autopsie ins Spiel brachten. Vgl. zuerst NASH 1976; aktuell LAMPINEN 2014b. S. o. 216.

des proportionalen Verhältnisses zwischen der Wildheit eines Volkes und seiner Entfernung von der Zivilisation (Bell. Gall. I, 1, 3), die Strabon aufnimmt (IV, 4, 2, C196), stellte letzten Endes nur eine logische Weiterentwicklung der Klimatheorie des Poseidonios dar.[163] Da die Römer selbst das perfekte Klima im Mittelpunkt der *oikumene* genossen, verkörperten sie den Inbegriff der Zivilisation, während die Belger und umso mehr die Germanen am vom rauen Klima geprägten Ufer des nördlichen *okeanos* das genaue Gegenteil repräsentierten.

Hier schloss Strabon nun an und ging noch über Caesars Beschreibungen hinaus.[164] Schon dieser überwand in seinem ethnographischen Exkurs (Bell. Gall. VI, 11–20) traditionelle Keltenklischees und zeigte das Potential der Gallier zur Romanisierung auf. Im Anschluss stellte er ihnen allerdings die Germanen als die neuen unzivilisierten und kriegerischen ‚Barbaren' am Reichsrand gegenüber (Bell. Gall VI, 21–28),[165] so wie Poseidonios es mit Kimbern und Teutonen getan hatte.[166] Strabon greift zwar noch einmal die alten Keltentopoi auf, ordnet sie dann allerdings in die Vergangenheit ein und betont die Ähnlichkeit zwischen den Germanen seiner Zeit und den Galliern aus Caesars Zeit. Damit deutet er die Machbarkeit ihrer Eroberung und sogar die Möglichkeit ihrer Romanisierung an. Ihre durch das Klima bedingte Wesensart war also durch die historische Entwicklung überwunden worden:[167] Dank römischer Ordnung und Gesetze und dem Zugang zu griechischer παιδεία in Massalia[168] wurden aus den gefürchtetsten ‚Barbaren' des Nordens nun friedliche Bewohner einer römischen Provinz.[169] Exemplarisch schreibt Strabon über die oberhalb von Massalia lebenden Gallier, sie seien „keine Barbaren mehr [...], sondern [haben] zum größten Teil den Stil der Römer sowohl in der Sprache (γλῶσσα) als in der Lebensweise (βίος), manche auch in der Staatsordnung (πολιτεία), übernommen".[170] Der βάρβαρος war also nur ein Zustand, den die Gallier gemäß der Entwicklungstheorie wie andere Völker vor ihnen überwinden konnten. Da sie diesen Schritt jedoch nur dank der römischen Eroberung zu erreichen vermochten und nicht aus eigenem Antrieb, bestätigt Strabon gleichzeitig die traditionelle Rollenverteilung zwischen ‚Zivilisation' und ‚Primitiven'.

---

163 So schon GÜNNEWIG 1998, 60 (Gallier); 126 (Germanen).
164 Vgl. auch KREMER 1994, 309; 319/320.
165 Vgl. KREMER 1994, 218.
166 S. o. 241–243.
167 Damit richtet er sich wieder gegen Poseidonios; vgl. Strab. II, 3, 7, C102–103; WILLIAMS 2001, 70.
168 Vgl. Strab. IV, 1, 5, C180–181. Zur tatsächlichen Verbreitung der griechischen Sprache und Schrift in Gallien siehe FREYBERGER 1999, 220–226 und MULLEN 2013; bes. 147–178; 264–299. Siehe auch RAWSON 1985, 37 zu den ersten lateinischen Autoren aus Gallien (und Hispanien).
169 Siehe auch DANDROW 2017, 122–123.
170 Strab. IV, 1, 12, C186 über die Kavarer. Vgl. dazu KREMER 1994, 287/288. Allerdings blieben die Gallier außerhalb der Narbonensis (wie die Belger) für ihn (noch) eher ‚Barbaren', wie es die Bewohner aller caesarischen Provinzen waren. Denn diese seien eine Bedrohung für die Sicherheit, deswegen seien dort Legionen stationiert. Vgl. Strab. XVII, 3, 25, C840; WOOLF 1998, 52.

Indem er die Gedanken von Poseidonios und Caesar weiterentwickelte und ihre Angaben aktualisierte, gelang es Strabon erstens, die bestehende Herrschaft der Römer in Gallien zu legitimieren. Zweitens setzte er Vergleiche dazu ein, um die alten *topoi* aufzulockern und ein Bild der Kelten zu etablieren, das besser zur neuen Weltordnung passte. Und schließlich führte er seinen griechischen Lesern die (aktuellen und zukünftigen) Vorteile des Imperiums vor Augen. All dies passte gut zur offiziellen Repräsentation des Augustus, die Strabon aktiv rezipierte:[171] „Für Caesar stellten die Germanen die natürliche Begrenzung seiner Eroberungen dar; für Augustus waren sie hingegen das nächste Objekt seiner territorialen Ambitionen."[172]

Strabon passte also eine tradierte Praktik, die über Jahrhunderte zur selbstverständlichen Routine ethnographischer Autoren geworden war, an die römischen Ansprüche und Interessen an. Die Weiterentwicklung der Gedanken seiner Hauptquellen zeigt seine eigene Schaffenskraft, die er für das Ziel einer glorreichen Darstellung des Augusteischen Zeitalters nutzte.[173] Gallien und Germanien dienten dafür als geeignetes Beispiel, da ihre Erschließung, Eroberung und Integration erst in die Lebenszeit Strabons und die Herrschaftszeit des Augustus fielen.

5.3 Im Westen nichts Neues? Hispanien in der Vorstellung Strabons

Einleitung

Strabon hat die Iberische Halbinsel nie besucht. Er mochte behaupten, weiter gereist zu sein, als jeder andere geographische Autor vor ihm,[174] doch musste er sich im fernen Westen auf die Angaben seiner Vorgänger verlassen.[175] Die Reisen des Polybios, Asklepiades, Artemidor und Poseidonios hatten das Wissen der griechischen Welt über die

---

171 Die beste Quelle für die ‚offizielle' augusteische ‚Propaganda' stellen die *Res Gestae Divi Augusti* dar, von denen sich R. Gest. div. Aug. 25–33 auf die Eroberungen und die Herrschaft über die Provinzen beziehen. Als Darstellung in der Sekundärliteratur eignet sich bspw. BLEICKEN 1999, 371–472 & 509–540; zu den Eroberungen des Augustus in Germanien siehe ebd., 565–618. Zur Benutzung der *Res Gestae* und der *Commentarii* des Agrippa durch Strabon siehe ENGELS 1999, 353; DUECK 2000, 94/95; GRIFFITHS 2013, 68/69.

172 RIVES 2012, 47, im Original: „For Caesar, the Germani represented the natural limit to his conquests; for Augustus, they represented the next object on his territorial ambitions."

173 „Sowohl in den Leitgedanken seines Oikumenebildes und zur Legitimität der römischen Weltherrschaft als auch in signifikanten Einzelheiten strebt Strabon in den *Geographika* Übereinstimmungen mit den *Res Gestae* des Augustus an und behält diese auch in seiner frühtiberischen Aktualisierung des Werkes weitestgehend bei." (ENGELS 1999, 356).

174 Vgl. Strab. II, 5, 11, C 117.

175 Zahlreiche Fragmente aus den Werken des Polybios und Poseidonios sind nur durch die Übermittlung Strabons auf uns gekommen. Da diese jedoch in den entsprechenden Kapiteln bereits diskutiert wurden, soll sich die folgende Untersuchung auf solche Informationen und Interpretationen konzentrieren, die Strabon selbst beiträgt.

Beschaffenheit des Landes und seiner Bewohner deutlich erweitert.[176] Die römische Eroberung machte Hispanien gleichzeitig zu einem bleibenden Teil des Imperiums; daran änderten auch die ständigen Aufstände und die Rebellion des Sertorius nichts. Zur Zeit der Bürgerkriege waren die beiden Provinzen schon so weit integriert, dass sie wahlweise als Rückzugsbasis der Pompeianer oder als Besitz des Lepidus dienen konnten. Nur der äußerste Norden entzog sich noch bis in die 20er Jahre v. Chr. der römischen Kontrolle: Erst dann wurden Asturer und Kantabrer in mehreren Feldzügen unterworfen, die Augustus teils selbst anführte.[177] Als Strabon sein erdkundliches Werk verfasste, war die Iberische Halbinsel also genauso unter der römischen Herrschaft vereint wie Gallien. Römische Quellen wie Asinius Pollios *Historiae*,[178] Caesars *Bellum Civile* oder Augustus' *Res Gestae*[179] ermöglichten es Strabon, die Angaben griechischer Autoren, auch Homers,[180] zu aktualisieren.[181] Mündliche Informationen von

---

176   Strabon verweist zudem auf Silenos von Kaleakte als Quelle für Iberien; vgl. Strab. III, 5, 7, C172. Auch Timaios wird als früher Historiker des Westens erneut eine Rolle gespielt haben. Siehe hierzu auch CELESTINO PÉREZ/LÓPEZ RUIZ 2016, 51. Zur Gewichtung der einzelnen Autoren durch Strabon herrscht einige Unklarheit, wie es WALBANK, Kommentar (zu Polybios) III, 599 zusammengefasst hat. MORR 1926 glaubte nicht, dass Polybios größeren Einfluss auf Strabons Darstellung hatte, während SCHULTEN 1911, 596–598 das Gegenteil behauptet hat: Polybios sei die Hauptquelle für das dritte Buch der *Geographika*; ähnlich sieht es PÉDECH 1964, 578–581. WALBANK spricht sich an der erwähnten Stelle letztendlich doch für Poseidonios aus, der freilich die Angaben des Polybios vermittelt habe. Für die vorliegende Arbeit ist es letztendlich nicht entscheidend, welcher der beiden Autoren für Strabon prägender war – so oder so bildeten sie zusammen seine Hauptquellen und beeinflussten deshalb erheblich seine Untersuchung der iberischen Völker, wie die folgenden Seiten zu zeigen suchen.

177   Siehe zu diesen Ereignissen SYME 1934 und JONES 1976. Für das Jahr 26/25 v. Chr. kann der Dichter Krinagoras von Mytilene, der Augustus nach Hispanien begleitete, noch von den unbekannten Küsten eines fernen Landes sprechen; vgl. Anth. Pal. VII, 376. Unter Augustus erfolgte dann aber bald auch eine Vermessung Iberiens; siehe MARCOTTE 2006, 31/32.

178   Pollio war 44 v. Chr. in Spanien, und Strabon führt ihn in IV, 3, 3, C193 als Quelle für den Verlauf des Rheins an. Zu Pollios Werk siehe MORGAN 2000.

179   Zum Einfluss dieser ‚offiziellen' Darstellung auf Strabons Ausführungen siehe die Diskussion bei ENGELS 1999, 353; 376/377; DUECK 2000, 95; GRIFFITHS 2013, 68/69. Dafür, dass Strabon ihre Informationen und v. a. Interpretationen übernahm, sprechen auch die Ähnlichkeiten zwischen dem Text des Amaseers und der Hispanienbeschreibung Iustins/Trogus', den GRIFFITHS 2013, 56/57; 71 hervorhebt. Zu Iustins Quelle siehe CASTRO SÁNCHEZ 1995, 28: auch er folgte in großen Teilen den *Res Gestae*.

180   Wie Poseidonios und Polybios war Strabon stets bemüht, die Angaben des Dichters durch empirische Forschung zu verifizieren, denn für die Stoiker war Poesie eine Form der Philosophie; vgl. Strab. I, 1, 10, C6–7. Ausführlich dazu BIRASCHI 2005; LAWRENCE 2007.

181   Zu den römischen Quellen siehe v. a. ALY 1957, 109–114; HORST ROSEMAN 2005, 34; GÓMEZ ESPELOSÍN 2007, 39. JÚDICE GAMITO 2005, 579/580 spekuliert, dass er Zugang zu einer römischen Privatbibliothek hatte. Dazu wurden auch in augusteischer Zeit noch viele Senatsprotokolle und andere wichtige Akten von den Magistraten zumindest zeitweise zuhause verwahrt; vgl. POSSNER 1972, 168 (Senatsprotokolle); 184 (Verzeichnisse wirtschaftlicher Aktivitäten).

römischen Freunden und Händlern[182] und Monumente wie die Karte des Agrippa in Rom ergänzten die Schriftquellen.[183]

Seine ethnographischen Angaben waren kein Teil einer ereignisgeschichtlichen Abhandlung, anders als bei Polybios und Poseidonios.[184] Strabons Vorstellung der Provinzen beginnt im Westen und folgt dann mehr oder weniger dem Uhrzeigersinn, um mit Libyen zu enden (XVII, 3). Die Iberische Halbinsel bildet deshalb im dritten der siebzehn Bücher den ersten Exkurs,[185] wie schon in der ältesten geographischen Abhandlung der griechischen Antike, Hekataios' „Reise um die Erde" (Περίοδος γῆς).[186] Strabon stellt Hispanien zunächst im Ganzen vor und beschäftigt sich eingehend mit geographischen Fragen, die der Natur des Werkes entsprechen (III, 1). Die folgende Behandlung der einzelnen Landesteile ist *periplous*-artig geordnet:[187] Sie beginnt im Süden mit Turdetanien (III, 2), schreitet dann zur Westküste, über Lusitanien in den Nordwesten (III, 3), um von dort den Bogen zu den Iberern an der Ostküste zu schlagen (III, 4, 1–9). Anschließend befasst Strabon sich mit dem Landesinneren (III, 4)[188] und schließlich mit den Inseln (III, 5), unter denen Gades (III, 5, 3–10) die größte Aufmerksamkeit zukommt. Dabei strebt er in erster Linie danach, die Lage, Größe und topographischen Eigenschaften der einzelnen Regionen und Städte möglichst vollständig zu erfassen.

Völkerkundliche Angaben bilden einen integralen Teil dieses geographischen Gesamtbildes, haben aber bisher nur wenig Aufmerksamkeit in Spezialstudien erfahren. Im 1999 von GONZALO CRUZ ANDREOTTI herausgegebenen Sammelband *Estrabón e Iberia: Nuevas Perspectivas de Estudio* widmeten sich mehrere Beiträge den ethnographischen Beschreibungen Strabons, suchten diese aber in erster Linie mit den Erkenntnissen der Archäologie, Epigraphik und (der keltischen und iberischen) Linguis-

---

182   Strab. III, 5, 8, C173–C174 ließe sich auch so interpretieren, dass nicht nur Poseidonios, sondern auch Strabon mit phönizischen Händlern und Seeleuten geredet hatte. Ansonsten wäre natürlich an Griechen und Römer zu denken, die in Hispanien gewesen waren. Dass Strabon im Rahmen seiner Kritik an Pytheas die Informationen von Händlern als unzuverlässig bezeichnet, spricht nicht dagegen – schließlich sind wir auch nur dank seiner Auseinandersetzung mit Pytheas einigermaßen über das Werk des Massalioten informiert.

183   Eine Übersicht der Quellen für Buch III bietet etwa DUECK 2000, 182, die auch auf Homer hinweist, dessen Angaben Strabon erneut beweisen wollte, oder LOWE 2017, 71/72. Zu den mündlichen Informationen siehe auch BLÁZQUEZ MARTÍNEZ 2006, 238.

184   Engels weist jedoch zu Recht daraufhin, dass Strabons historisches Interesse (mindestens) bis zu Alexander zurückreiche und dass er dementsprechende Notizen aus den *Hypomnemata* in den *Geographika* auf vielfältige Art verarbeitete. Vgl. etwa ENGELS 1999, 13.

185   Zur Struktur des Werkes s. o. im vorangegangenen Kapitel (301; 308; 310).

186   Zu Hekataios' Struktur und dem Einfluss seines geographischen Werkes gibt es eine breite Forschungsliteratur. Siehe etwa ROMM 1992, 26–30; SCHULZ 2016, 183–185; BERTELLI 2007 passim.

187   Siehe auch GRIFFITHS 2013, 52.

188   Vornehmlich ab III, 4, 10, aber einige der folgenden Kapitel sind verworren und besprechen mehrere Völker aus allen Teilen der Halbinsel gleichzeitig. Zur Ordnung des Buches siehe ALONSO NÚÑEZ 1999a, 109.

tik in Übereinstimmung zu bringen.¹⁸⁹ Die wichtigste neuere Auseinandersetzung mit dem Thema findet sich im Kapitel *A land of contrast: The Iberia of Strabo* in DAVID GRIFFITHS' *Augustus and the Roman Provinces of Iberia* (2013).¹⁹⁰ Der Autor demonstriert, dass Strabon zwischen dem urbanisierten Süden und dem wilden, ‚barbarischen' Norden der Halbinsel einen klaren Gegensatz zeichnet, der auf den Deutungen seiner griechischen Vorgänger und der offiziellen römischen Repräsentation aufbaut. Griffiths fragt jedoch nach den wahrgenommenen und realen Auswirkungen der Pax Augusta;¹⁹¹ er interessiert sich nur am Rande für die ethnographischen Betrachtungen Strabons; noch weniger nimmt er die Vergleichspraktiken in den Blick. Folgende Fragen wird das vorliegende Kapitel in den Mittelpunkt der Untersuchung stellen: Bestätigt sich GRIFFITHS' These von dem Gegensatz zwischen Norden und Süden bei einem Blick auf die ethnographischen Einzelexkurse? Erfüllen temporalisierende Vergleiche im III. Buch die gleiche Rolle wie bei Strabons Darstellung Galliens? Und wie stark folgte Strabon dem Iberienbild seiner Vorgänger? Um diese Fragen beantworten zu können, muss zunächst eine andere geklärt werden, da es sich bei den *Geographika* um ein erdkundliches Werk handelt: Wie stellte sich Strabon das physische Erscheinungsbild Hispaniens vor?

Die Geographie der Iberischen Halbinsel

Strabon vergleicht die Halbinsel, vielleicht im Anschluss an Poseidonios,¹⁹² metaphorisch mit einem Stück Rinderhaut, das 6000 Stadien Länge und bis zu 5000 Stadien Breite messe.¹⁹³ Die Pyrenäen (Pyrene/Πυρήνη) scheiden Hispanien im (Nord-)Osten von Gallien: Auch Strabon verlängert das Gebirge¹⁹⁴ weiter nach Südosten bzw. glaubt, Gallien würde weiter südlich liegen als es tatsächlich der Fall ist; dieser Irrtum bestimmt seine Vorstellung von ganz Europa (siehe Karte). Die Ostküste Hispaniens maß demnach vom Felsen Kalpe (Gibraltar) bis zu den Weihgeschenken des Pompeius im heutigen La Jonquera (an der spanisch-französischen Grenze) 6000 Sta-

---

189 Vgl. bes. ALONSO NUÑEZ 1999; CIPRÉS TORRES 1999; SAYAS ABENGOCHEA 1999.
190 Vgl. GRIFFITHS 2013, 52–75. LOWE 2017 sucht nur, eine knappe Übersicht zu geben, die alle wichtigen Themen anreißt, aber keines davon vertiefen kann.
191 Vgl. GRIFFITHS 2013, 1–5; 40.
192 S. o. in der Einleitung zu Poseidonios und Iberien (192).
193 Vgl. Strab. III, 1, 3, C137.
194 Vergleiche die Angabe des Poseidonios in Diod. V, 35, 2–3 = F 117 Jac. = F 89 Theiler. Bei Strabon lässt sich das Gesamtbild Iberiens allerdings deutlich besser fassen als bei Polybios und Poseidonios, weshalb meine Karte des Polybios davon abwich (s. o. im entsprechenden Kapitel 174–176 m. Abb. IV). Sie kann durchaus die Ostausrichtung Strabons gehabt haben, doch gibt es dafür eben keine gesicherten Angaben. Für eine Rekonstruktion von Strabons geographischer Vorstellung Hispaniens ist auch die Karte von CAPALVO 1996, 59 interessant.

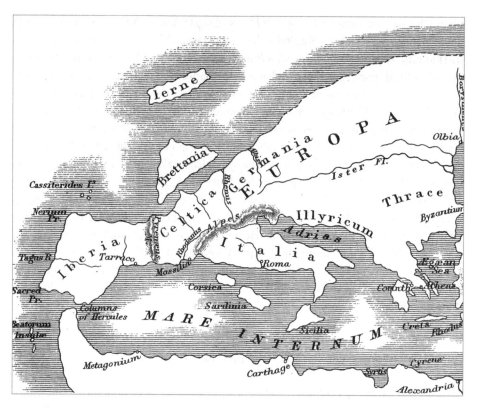

Abb. VI West- und Mitteleuropa in der Vorstellung Strabons
Karte nach Bunbury 1879, Bd. II, 232/233.

dien.[195] Für die West- und Nordseite lagen Strabon keine Längenangaben vor. Sie erstreckten sich erst von Kalpe bis Kap Nerion im Land der Artabrer und dann von dort bis zu den Pyrenäen.[196] In einem weiten Tal unterhalb der Pyrenäen verortet Strabon richtigerweise den Verlauf des Iber (Ebro); darunter verlief ihm zufolge das Idubeda-Gebirge von Kantabrien durch Keltiberien bis zum Meer, womit er sich auf das Sistema Ibérico bezieht.[197] Der Südosten Hispaniens sei durch die bewaldeten Berge im Land der Bastetaner und Oretaner sowie das Orospeda-Gebirge geprägt (die Berge

---

195 Vgl. Strab. III, 4, 1, C156. Je 2200 Stadien von Kalpe bis Neukarthago und von Neukarthago bis zur Ebromündung; von dort waren es dann noch 1600 Stadien bis zu den Weihgeschenken, die Pompeius Magnus 72 v. Chr. nach seinem Sieg gegen Sertorius gestiftet hatte; siehe dazu RADT, Kommentar I, 358.
196 Vgl. Strab. III, 1, 3, C137. Mit dem Kap Nerion ist wahrscheinlich das Cabo Touriñán in Galicien gemeint; vgl. ROLLER, Kommentar, 125.
197 Vgl. Strab. III, 4, 10, C 161. Schon Polybios hatte geschrieben, ein Gebirge teile Iberien von Keltiberien; siehe Pol. III, 17, 2.

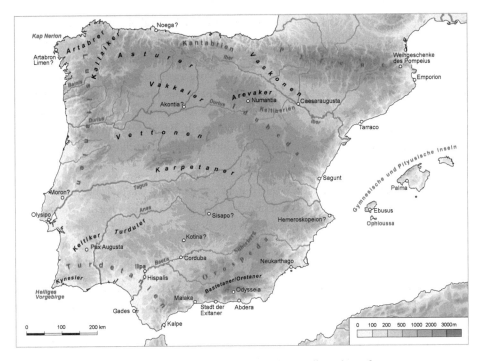

Abb. VII Physische Karte der Iberischen Halbinsel mit den von Strabon genannten geographischen und ethnographischen Bezeichnungen. Erstellt von: Richard Szydlak

um die Sierra Nevada),[198] das unterhalb des Silberberges (Sierra de Segura)[199] und der Minen von Neukarthago läge.[200] Im Silberberg entspringe der Baetis (Guadalquivir), der Turdetanien durchfließe und im Südwesten in den *okeanos* münde.[201] Weiter im Westen lokalisiert Strabon erst den Verlauf des Anas (Guadiana) und dann, mit der

---

198 Vgl. Strab. III, 4, 2, C 156 zu den Bergen der Oretaner und Bastetaner. Als Sierra Nevada sieht diese RADT, Kommentar I, 358. ROLLER, Kommentar, 151 spricht sich für die Sierra Bermeja aus, beide Gebirgsketten liegen sich allerdings direkt gegenüber und sind Teil des Sistema Penibético. Der Name der Orospeda-Berge findet sich in Strab. III, 4, 10, C 161; 14, C 163; dazu schreibt ROLLER, Kommentar, 157, es handle sich um die südöstlichen Berge insgesamt, inklusive der Sierra Nevada; während RADT, Kommentar I, 372 auf die weiter nördlich liegenden Berge südöstlich der Mündung des Júcar verweist. Klar ist nach III, 10, 14 nur, dass die Bastetaner und Oretaner für Strabon nicht in den Orospeda-Bergen lebten. Welche Bergkette im Einzelnen gemeint ist, kann im Rahmen dieser an der Ethnographie interessierten Arbeit nicht geklärt werden; es muss also beim dem Hinweis bleiben, dass beide von Strabon genannten Gebirge wahrscheinlich Teil des Penibético waren.
199 Vgl. Strab. III, 2, 11, C 148: Die Identifizierung mit dem Silberberg findet sich bei ROLLER, Kommentar, 140.
200 Zu den Bergwerken siehe Strab. III, 2, 10, C 147 = Pol. XXXIV, 9, 8–11.
201 Vgl. Strab. III, 2, 11, C 148. Tatsächlich entspringt der Guadalquivir im Süden der Sierra de Segura bei Cañada de las Fuentes. Siehe zum Baetis ebenso Strab. III, 1, 6, C 139; III, 2, 3–4, C 142–143.

Mündung bei Olysipo (Lissabon), den Tagus (Tejo).²⁰² Parallel davon fließt im Norden mit dem Bainis (Minho) der größte Strom des Nordwestens von Kantabrien aus in den *okeanos*.²⁰³ Strabon bietet dem Leser also ein deutlich umfassenderes und detaillierteres Bild der Iberischen Halbinsel als seine Vorgänger; er zeichnet sich besonders durch seine Kenntnis der Gebirge und großen Flüsse aus, die das Land strukturieren.

Hispanien ist demnach keine homogene Landschaft, sondern wird durch seine Gebirge und Flüsse in verschiedene Regionen unterteilt. Besonders zwischen dem Norden und Süden sieht Strabon wie schon Polybios große Unterschiede:²⁰⁴

> Dieses [Iberien] ist größtenteils dürftig bewohnt: besteht das Land, das sie bewohnen, doch hauptsächlich aus Gebirgen, Wäldern und Ebenen mit leichtem und obendrein nicht gleichmäßig gut bewässertem Boden; und das Land im Norden ist zusätzlich zu seiner Rauheit ganz kalt und am Ozean gelegen, was ihm auch noch Isolierung [...] einbringt, so dass es ein Maximum an schlechter Bewohnbarkeit darstellt [...]. Das Land im Süden dagegen ist so gut wie zur Gänze ein gesegnetes, ganz besonders das außerhalb der Säulen.²⁰⁵

Für Strabon war also nicht nur das Klima für den Gegensatz zwischen den beiden Landeshälften verantwortlich: Der Norden lag direkt am *okeanos* und damit am Rand der Welt, während der fruchtbare Süden, besonders das Gebiet um das einstige Tartessos, schon vor der römischen Eroberung ein anerkannter Teil der mediterranen Welt war.²⁰⁶ Strabon schließt damit erkennbar an die Auffassungen seiner Vorgänger an. Wie sehr er deren Ideen auch auf die Ethnographie übertrug, wird die folgende Untersuchung zeigen. Sie wird dabei Strabons Vorgehensweise von Süden nach Norden folgen, die schon Polybios angewendet hatte und welche die bisherige Forschung als prägend für sein Bild Hispaniens identifiziert hat.

---

202   Vgl. Strab. III, 1, 6, C 139; III, 3, 1, C 151–152. Zur Einsetzung von Olysipo in den Text siehe RADT, Kommentar I, 345.
203   Vgl. Strab. III, 3, 4, C 153. Der Verlauf aus Kantabrien geht auf Poseidonios zurück, es handelt sich um Strab. III, 3, 4 = F 49 Jac. = F224 EK = F 21 Theiler.
204   Siehe dazu GRIFFITHS 2013, 52/53. Alle Übersetzungen in diesem Kapitel stammen aus RADT 2002.
205   Strab. III, 1, 2, C137. Alle Übersetzungen in diesem Kapitel stammen aus RADT 2002. ταύτης δὴ τὸ μὲν πλέον οἰκεῖται φαύλως: ὄρη γὰρ καὶ δρυμοὺς καὶ πεδία λεπτὴν ἔχοντα γῆν οὐδὲ ταύτην ὁμαλῶς εὔυδρον οἰκοῦσι τὴν πολλήν: ἡ δὲ πρόσβορρος ψυχρά τέ ἐστι τελέως πρὸς τῇ τραχύτητι καὶ παρωκεανῖτις, προσειληφυῖα τὸ ἄμικτον κἀνεπίπλεκτον τοῖς ἄλλοις, ὥσθ᾽ ὑπερβάλλει τῇ μοχθηρίᾳ τῆς οἰκήσεως. ταῦτα μὲν δὴ τὰ μέρη τοιαῦτα, ἡ δὲ νότιος πᾶσα εὐδαίμων σχεδόν τι καὶ διαφερόντως ἡ ἔξω στηλῶν.
206   Dass auch Tartessos und das westliche Turdetanien am *okeanos* lagen, stellte offenbar kein Problem dar, da die Region, Schauplatz griechischer Mythologie, laut Herodot (I, 163, 2–3; IV, 152, 2–3) schon im 7. Jh. über reiche Städte gebot. S. o. im Kapitel zu Polybios und Iberien S. 166.

Land ewigen Frühlings: Turdetanien in Strabons *Geographika*

Als offenbar erster Autor definierte Strabon die Ausmaße Turdetaniens.[207] Der Anas-Fluss bilde im Westen und Norden die Grenze der Region, im Osten war es das Bergland der Oretaner, im Süden reiche Turdetanien praktisch überall bis ans Meer; seine Länge und Breite betrage jeweils etwa 2000 Stadien.[208] Das Land enthalte gut 200 Städte, unter diesen stechen Gades und Corduba (Cordoba) hervor, gefolgt von Hispalis (Sevilla) und Baetis.[209] Außer Gades handelt es sich ausschließlich um römische *coloniae*, die Strabons Meinung nach in vorteilhafter Lage angelegt worden waren und deshalb in kürzester Zeit aufblühten und wuchsen.[210] Die Römer bewiesen damit ein größeres Talent zur Gründung von Städten als die Einheimischen.[211] Ihre *coloniae* waren die sinnfälligsten geographischen Marker der römischen (Welt-)Herrschaft. Mit ihrer Beschreibung konnte sich Strabon von seinen Vorgängern absetzen und an die (Selbst-)Darstellung des Augustus anschließen, der die Anlage von *coloniae* im gesamten Mittelmeerraum als eine seiner größten Leistungen präsentierte.[212]

Gades überstrahlte jedoch alle römischen Kolonien in Hispanien und verdiente deshalb eine ausführliche, gesonderte Behandlung.[213] Die Stadt habe sich

> durch den Mut [ἀνδρεία] seiner Bewohner in der Schifffahrt und durch seine Freundschaft [φιλία] mit den Römern [...] zu einer solchen Blüte in jeder Hinsicht aufgeschwungen,

---

207 S. o. im Polybioskapitel zu Turdetanien Anm. 174/175, und v. a. die Diskussionen im Sammelband CRUZ ANDREOTTI 2019a. Den Namen selbst überliefert erst Strabon, und in keinem der Fragmente seiner Vorgänger findet sich eine Abgrenzung des Landes.
208 Vgl. Strab. III, 2, 1, C141; III, 1, 6, C139. Zur Definition von Länge und Breite siehe Strab. II, 1, 32, C85. Zu Widersprüchen in seiner Definition Turdetaniens siehe MORET 2019, 25.
209 Vgl. Strab. III, 2, 1, C141. Zur Identifikation von Baetis siehe ROLLER, Kommentar, 132. Zu Corduba siehe auch CURCHIN 1991, 110–112; zu Hispalis ebd. 120–122.
210 Der Ton der Passage mag direkt auf R. Gest. div. Aug. 28 beruhen, wie GRIFFITHS 2013, 69 spekuliert.
211 Vgl. GRIFFITHS 2013, 62; VAN DER VLIET 1977, 172.
212 Vgl. R. Gest. div. Aug. 3; 16; 28. Eine Übersicht aller römischen Städtegründungen in Hispanien bis zum Tod des Augustus bietet MACMULLEN 2000, 52/53. Siehe ebd. 50–84 für eine Gesamtübersicht zur ‚Romanisierung' Hispaniens in dieser Zeit.
213 Tatsächlich beschäftigt sich Strabon ausführlicher mit Gades als mit jeder anderen Stadt im Westen und Norden der *oikumene* (das heißt, westlich bzw. nördlich von Italien). Vor der hier genannten Stelle bereits in III, 1, 8–9, C140–C141; dann erneut in III, 2, 11, C148; III, 2, 13, C150 und besonders in III, 5, 3–10, C168–C175. Weder Neukarthago (III, 2, 10, C174–148; III, 4, 6, C156) noch Emporion (III, 4, 8–9, C159–160), Massalia (IV, 1, 4–5; C179–181. Hier wird allerdings wie im Fall von Gades auch das Umland in die Diskussion miteinbezogen, in den folgenden Unterkapiteln befasst sich Strabon mit bemerkenswerten Eigenschaften und Orten und verweist immer wieder auf Massalia und die Massalioten. Der Umfang bleibt trotzdem hinter dem der Gades-Beschreibung zurück), Narbo (IV, 1, 6, C 181) oder Lugdunum (IV, 3, 2, C192) erhalten keine auch nur annähernd vergleichbar lange Behandlung.

dass sie, obwohl sie am äußersten Ende der Erde liegt [ἐσχάτη ἱδρυμένη τῆς γῆς], die namhafteste von allen [Inseln] ist.[214]

Indem Strabon einen Superlativ verwendet, vergleicht er Gades hinsichtlich seiner Bedeutung mit anderen Inseln. Aus dem Kontext des Unterkapitels scheint sich die Aussage zunächst nur auf die Inseln in der Straße von Gibraltar zu beziehen, doch deutet die Formulierung ἐσχάτη ἱδρυμένη τῆς γῆς an, dass Strabon alle Inseln der *oikumene* meint.[215] Diese erstaunliche Behauptung begründet Strabon anhand von zwei Faktoren: Erstens existiere eine alte *amicitia* zwischen Gades und Rom.[216] Später habe der Gaditaner und römische Bürger Lucius Cornelius Balbus (Neffe des gleichnamigen ersten Konsuls, der nicht in Italien geboren worden war[217]) nach seinem Triumph über die Garamanten 19 v. Chr. eine Neugründung der Stadt auf dem angrenzenden Festland unternommen.[218] Damit wurde Gades noch stärker mit Rom verbunden und ähnelte den hispanischen *coloniae*. Strabon betont jedoch die Ausnahmestellung von Gades auch unter römischen Städten, denn die Bevölkerung der Stadt stelle über 500 *equites*, mehr als jede andere Ortschaft im Imperium außer Rom und vielleicht Patavium. Der Geograph schlussfolgert daraus, dass Gades außerhalb Italiens die größte Bevölkerungszahl aller Städte des Reiches haben musste.[219] Hier unterläuft ihm offensichtlich ein Irrtum; die hohe Zahl der *equites* ist eher auf den ungewöhnlichen Wohlstand der Handelsmetropole zurückzuführen.[220]

---

214 Strab. III, 1, 8, C 140. ἀνδρείᾳ δὲ τῶν ἐνοικούντων τῇ περὶ τὰς ναυτιλίας καὶ φιλίᾳ πρὸς Ῥωμαίους τοσαύτην ἐπίδοσιν εἰς πᾶσαν εὐτυχίαν ἔσχεν ὥστε καίπερ ἐσχάτη ἱδρυμένη τῆς γῆς ὀνομαστοτάτη τῶν ἁπασῶν ἐστιν.
215 Die Kommentare von RADT und ROLLER schweigen zu dieser Frage.
216 So interpretiert die Stelle KNAPP 1977, 210. Strabon greift diesen Punkt bei der Übersicht Turdetaniens auf; vgl. Strab. III, 2, 1, C141.
217 Dieser Lucius Cornelius Balbus, cos. suff. 40 v. Chr., wurde von Cicero in seiner berühmten Rede *pro Balbo* verteidigt.
218 Vgl. Strab. III, 5, 3, C169. Zur Person des Balbus, einem Vertrauten Octavians, siehe auch RADT, Kommentar I, 391. Er war der letzte Privatmann, der einen Triumph feiern durfte, und der letzte Triumphator, der bei seiner Geburt noch kein Römer gewesen war. Vgl. InscrIt 13, 1, 87.
219 Vgl. Strab. III, 5, 3, C169.
220 Siehe RADT, Kommentar I, 390; ROLLER, Kommentar, 166. ROLLER überlegt, ob Strabons Quelle von vor 30 v. Chr. stammt, als Alexandria in das Reich integriert wurde. Mir erscheint die Erklärung naheliegender, dass im Osten des Reiches zu Strabons Zeit noch nicht so viel römische Bürger und *equites* angesiedelt waren wie im Westen. Strabon weist an der hier besprochenen Stelle schließlich selbst auf die kleine Fläche von Gades hin; demnach ist es kaum vorstellbar, dass seine Bevölkerung die von Städten wie Athen, Ephesos oder Pergamon übertraf: Es braucht also kein Alexandria, um die Aussage Strabons ad absurdum zu führen. Für eine größere Bevölkerung von Gades spricht höchstens Strabons Kommentar, dass die Tyrier ihre Privathäuser höher bauen würden als jeder andere, selbst in Rom gäbe es keine so hohen Wohngebäude; vgl. Strab. XVI, 2, 23, C757; ähnlich sei es in Arados; vgl. Strab. XVI, 2, 13, C753. Möglicherweise handelte es sich dabei um eine verbreitete phönizische Praxis, die auch in den Kolonien im Westen aufgenommen wurde. Verlässliche Schätzungen für die Bevölkerung des antiken Gades liegen allerdings nicht vor; zu

Der Reichtum war das Ergebnis der zweiten Stärke der Gaditaner, ihrer Leistungen als Händler und Seeleute.[221] Im Zuge seiner Darstellung von Tyros schreibt der Geograph über die Phönizier allgemein, „ihre Schifffahrt [sei] [...] überhaupt sämtlichen jeweiligen Zeitgenossen überlegen"[222] gewesen. Dass Strabon sie für größere Seeleute hält als die Griechen, mag auf den ersten Blick überraschen. Allerdings bezeichnet er den griechischen Seefahrer Pytheas als Betrüger, während er den Phöniziern attestiert, die Wege zu den Zinninseln und Britannien[223] schon seit Jahrhunderten zu kennen.[224] Die Zinnroute begann in Gades, und deshalb ist Strabons Lob der phönizischen Seefertigkeiten vielleicht als Teil seiner Ablehnung des Pytheas zu verstehen.[225] Auch pries schon Homer die phönizischen Seefahrer, so dass Strabon hier an sein literarisches Vorbild anschließen konnte.[226]

Im Folgenden diskutiert er die Gründung von Gades, die Lage der Säulen des Herakles, die Beschaffenheit des Melquarttempels und seines Brunnens sowie die Funktion der Gezeiten.[227] Damit behandelt er pflichtgemäß die „Standardthemen" jeder griechischen Abhandlung über den fernen Westen, wie sie Polybios definiert hatte.[228] In seiner Diskussion vergleicht Strabon konträre Erklärungen und entscheidet sich am Ende für die, welche er für die wahrscheinlichste hält. Das ist typisch für seine Methode und erinnert an Herodots Umgang mit Erzählungen von Griechen und Einheimischen über fremde Länder.[229] Gleichzeitig bemüht sich Strabon wie alle seine Vorgänger seit den Ioniern, eigenes Wissen einzubringen. Da der Geograph Hispanien selbst

neueren Schätzungen für die genannten Städte Kleinasiens siehe HANSON 2011. Zum (römischen) Rechtsstatus der gaditanischen Bürger in Strabons Zeit siehe auch HALEY 2003, 125/126.

221 Vgl. erneut Strab. III, 1, 8, C 140; III, 5, 3, C169. Ihr Leben sei schon lange vor der römische Herrschaft von der Seefahrt geprägt gewesen, und das galt noch immer: So hausten Strabon zufolge auf einer kleinen Insel vor der Stadt genauso viele Menschen wie in Balbus' Neustadt; das Eiland sei vielleicht Erytheia, wo der mythische Hirte Geryon gelebt habe; vgl. Strab. III, 5, 3–4, C169. Zu den hier und im Folgenden von Strabon besprochenen geographischen Fragen siehe CRUZ ANDREOTTI 1994 passim.
222 Strab. XVI, 2, 23, C757.
223 S. o. 290–294 die Besprechung der Poseidonios-Stellen über die Kassiteriden, die Strabon überliefert.
224 Vgl. Strab. III, 5, 11, C175–176.
225 Vielleicht spielte auch das hohe Alter der Stadt eine Rolle; Herodot hatte berichtet, dass der Melqart/Herakles-Kult in Tyros 2300 Jahre alt sei. Vgl. Hdt. II, 44, 3. Auf ähnliche Art und Weise verweist Strabon auf das fast unglaubliche Alter der tartessisch-turdetanischen Schrift; vgl. Strab. III, 1, 6, C139. Siehe dazu auch die Untersuchung der Stelle weiter unten in diesem Kapitel (339).
226 Vgl. Hom. Od. XV, 415; SCHULZ 2020c, 428. In Strab. III, 2, 14, C 150–151 bezeichnet er die Phönizier dazu als verlässliche Gewährsleute Homers.
227 Da er hier ausschließlich die Meinungen älterer Autoren erörtert, unter denen Poseidonios die wichtigste Rolle einnimmt, sollen diese Stellen nicht noch einmal aufgerollt werden. Siehe den gesamten Abschnitt Strab. III, 5, 5–9, C169–175.
228 Siehe Pol. III, 57, 3.
229 Zu Herodots Methode siehe etwa LATEINER 1989, 76–108. Dieser geht z. B. ähnlich vor, als er die Herkunft der Skythen erläutert und drei Versionen nennt; vgl. Hdt. IV, 5–12. Zu Strabons Methode siehe beispielhaft seinen Kommentar zum Steinfeld von La Crau in Strab. IV, 1, 7, C182–183; vgl.

nicht besucht hat, vergleicht er die Angaben über das Land mit dem, was er aus eigener Autopsie kennt. So zitiert er bspw. Poseidonios' Beschreibung der Bäume aus Gades und Neukarthago und stellt fest, dass der gaditanische Baum einem ägyptischen Gewächs gleicht, das er in Alexandria gesehen hatte; der neukarthagische Baum ähnele hingegen einer Pflanze aus Kappadokien, das nicht weit von Strabons Heimat Amaseia lag.[230] Auf diese Art und Weise konnte er sein eigenes Wissen zur Schau stellen, um sich mit Poseidonios zu messen.

Nach Gades erwähnt Strabon weitere Städte Turdetaniens, die seine Vorgänger nicht genannt hatten, und erweckt damit den Eindruck, das ganze Land sei urbanisiert. Der Kontrast zum dörflichen Norden trifft zwar zu, jedoch verschweigt Strabon, dass es auch im Süden bspw. noch keltische Hügelfestungen gab.[231] Genauer geht er auf das von Asklepiades[232] und Poseidonios[233] besuchte Odysseia ein, da Odysseus selbst möglicherweise dessen Athenetempel erbaut habe.[234] Strabon nutzt diesen Aufhänger, um zu zeigen, dass sich einige homerische Angaben auf iberische Realia bezogen.[235] In der Zeit der Odyssee habe Tartessos die Rolle des heutigen Gades als wohlhabendste Stadt der Region eingenommen, den damaligen Reichtum hätten sich die Turdetaner bis in die Gegenwart erhalten.[236] Verantwortlich dafür seien besonders die zahlreichen Metallvorkommen der Region: Strabon beruft sich auf die Autorität des Polybios, zitiert seine Darstellung der Silberminen von Neukarthago und kommentiert, die Bergwerke würden noch in seiner Zeit betrieben werden.[237] Aus anderer Quelle erweitert er

---

THOLLARD 2011, 54–56. Auch RUBINSOHN 1981, 168 betont, dass Strabon im III. Buch immer wieder zwischen verschiedenen griechischen Quellen abwägt.

230 Vgl. Strab. III, 5, 10, C175; s. o. 255 m. Anm. 321.
231 Vgl. FEAR 1996, 32–35; 46/47.
232 Vgl. Strab. III, 4, 3 = FGrHist 697 F 7. Laut TROTTA 1999, 95 nutzte Strabon dessen Werk(e) (hier) direkt, nicht durch Vermittlung.
233 Vgl. Strab. III, 4, 3 = F 50 Jac. = F 247 EK = F 23 Theiler.
234 Vgl. Strab. III, 2, 13, C 149–150. Auch lokalisiert er hier die Hesperiden zwischen Gades und Mauretanien.
235 Als Quelle hätten dem Dichter phönizische Informanten gedient, die Strabon für vertrauenswürdige Informanten hält. Vgl. Strab. III, 2, 14, C 150–151. So ist auch der Ton von Strab. III, 5, 8 = F 85 Jac. = F217 EK = F 26 Theiler, wo Strabon Poseidonios' Gezeitentheorie diskutiert. Zu seiner Diskussion geographischer Angaben Homers sind die aktuellsten Standardwerke GÓMEZ ESPELOSÍN 1999 und LAWRENCE 2007. An weiteren Städten in Turdetanien nennt er Italica, Ilipa, Astigis, Carmo, Obulco, Munda, Ategua, Urso, Tuccis, Ulia, Aegua und Asta, sowie Conistorgis im Land der Keltiker.
236 So ist wohl Strab. III, 2, 13–14, C150–C151 zu verstehen: „Manche nennen das heutige Carteia (Gades) Tartessos." Strabon verweist auf Homer, Anakreon und Herodot, um den vergangenen Wohlstand der Tartessier und ihres Landes zu demonstrieren. Siehe zu dieser Stelle auch ROLLER, Kommentar, 145.
237 Strab. III, 2, 10, C 147 = Pol. XXXIV, 9, 8–11. In III, 4, 6, C 158 fasst er kurz die Lage und Vorzüge der Stadt selbst zusammen, auch diese Angaben gehen offensichtlich auf Polybios' Darstellung zurück; vgl. Pol. X, 9, 8–10, 13. Der Angabe, die Silberminen seien im Besitz von Privatleuten, während die Goldminen in ‚staatlicher' Hand seien, liegt vielleicht die Schilderung des Poseidonios zugrunde,

das Bild, indem er die Erzgewinnung im Inneren Turdetaniens schildert.[238] Am Nordufer des Baetis enthielten die Berge große Vorräte an wertvollen Ressourcen; in den Gebieten von Ilipa und Sisapo[239] würde Silber gefördert, in der Nähe von Kotina Kupfer und Gold.[240] Im äußersten Westen Turdetaniens, am Anas, lägen weitere Minen, die sich bis zum Tagus nach Norden zögen.[241] Tatsächlich, so Strabon, ließen

> Turdetanien [...] und das ihm benachbarte Land, was diesen Vorzug [die Bodenschätze] betrifft, Lobrednern keine angemessenen Worte übrig. Denn weder Gold noch Silber noch [...] Kupfer und Eisen hat sich bis heute irgendwo in der Welt in solcher Menge und solcher Qualität gefunden.[242]

Der Geograph übertreibt nicht: Unter römischer Herrschaft wurden in Hispanien bis zu 150 Minen betrieben, so dass das Land zum vielleicht größten Metallproduzenten der Welt wurde.[243] Goldwäsche aus Flüssen war Strabon zufolge sogar noch häufiger als die Förderung im Bergwerk, und die Qualität des Goldes übertreffe jenes aus den ähnlich ertragreichen Minen in Gallien.[244] Abschließend schildert er die technischen Details der Goldverarbeitung und zitiert Poseidonios' Beschreibung der Minen. Der Apameer hatte die großen Silbervorkommen auf einen Brand in den Pyrenäen zurückgeführt,[245] doch Strabon hält diese Geschichte für eine Erfindung der Bergleute, auf die Poseidonios hereingefallen sei.[246] Strabon führt allerdings keine alternative Erklärung für den Ressourcenreichtum an – vielleicht aufgrund seiner fehlenden Autopsie. Vielmehr ist dieser Kommentar die einzige Stelle zum Bergbau, an welcher er von der Darstellung seiner Vorgänger abweicht. Die Römer hatten bereits in Polybios' Zeit die turdetanischen Minen genutzt und taten dies noch in Strabons Tagen; somit trafen die alten Charakterisierungen immer noch zu.

der die Aktivitäten italischer Kaufleute im iberischen Bergbau erläutert hatte (s. o. 261–264); vgl. Diod. V, 36, 3–4; 38,1 = F 117 Jac. = F 89 Theiler.
238 Vielleicht nach Poseidonios oder Asklepiades, die das Inland Turdetaniens bereist hatten. Deren Angaben wird Strabon mit Hilfe schriftlicher und mündlicher römischer Quellen aktualisiert haben.
239 Cicero erwähnt eine Minengilde aus Sisapo, das auch für die Förderung von Zinnober bekannt war. Vgl. Cic. Phil. 2, 48; ROLLER, Kommentar, 133.
240 Vgl. Strab. III, 2, 3, C142.
241 ROLLER, Kommentar, 133 identifiziert das Gebiet allerdings mit dem östlich des Guadiana liegenden Minendistrikt Minas de Riotinto, der bis heute genutzt wird.
242 Strab. III, 2, 8, C146. ἡ δὲ Τουρδητανία καὶ ἡ προσεχὴς αὐτῇ λόγον οὐδένα ἄξιον καταλείπει περὶ τήνδε τὴν ἀρετὴν τοῖς ἐπαινεῖν βουλομένοις. οὔτε γὰρ χρυσός, οὐκ ἄργυρος, οὐδὲ δὴ χαλκός, οὐδὲ σίδηρος οὐδαμοῦ τῆς γῆς οὔτε τοσοῦτος οὔθ' οὕτως ἀγαθὸς ἐξήτασται γεννώμενος μέχρι νῦν.
243 Siehe ROSE 2003, 37/38 mit weiterführender Literatur.
244 Vgl. Strab. III, 2, 8, C146. In den Cemmenus-Bergen, den Cevennen, förderten die Gallier das meiste Gold. Strabons großes Interesse am Abbau von Gold hielt schon GLOVER fest, der insgesamt 22 verschiedene Stellen in den Geographika erfasst hat, an denen das Thema diskutiert wird. Vgl. GLOVER 1969, 254, Anm. 1.
245 S. o. 258 Anm. 345.
246 Vgl. Strab. III, 2, 9, C147; also F 47 Jac. = F239 EK = F 19 Theiler.

Allerdings ergibt sich erst in seiner Zeit im Hinblick auf die Bodenschätze Westeuropas ein Stufenmodell: Iberien war reich an Gold und Silber, jedoch hatten die Bewohner, wie schon Poseidonios schrieb, den Wert der Metalle erst nach der Ankunft der Phönizier erkannt.[247] Gallien besaß hingegen viel Gold und kein Silber,[248] doch importierten die Gallier Poseidonios zufolge Silber; wie die Iberer entwickelten sie sich offenbar weiter.[249] Bei seiner Beschäftigung mit Germanien erwähnt Strabon hingegen keines der Edelmetalle, obwohl ihn das Thema faszinierte; Tacitus schreibt später explizit, es gebe dort weder Gold noch Silber.[250] Diese Verteilung der Ressourcen passt zum Charakter der jeweiligen Bewohner: Die Turdetaner bewohnten das metallreichste Land, galten als älteste Zivilisation Westeuropas und ähnelten Griechen und Römern am meisten; die Germanen hingegen waren ‚unzivilisierte' Wilde, die den Gegenentwurf zum mediterranen Leben verkörperten.[251] Strabon gibt allerdings zu, dass Gold und Silber in den Alpen[252] und Britannien[253] zu finden seien, deren Einwohner er als ebenso rückständig charakterisiert wie die Germanen.[254] Ihre primitive Lebensweise erklärt sich offensichtlich durch das ungünstige Klima,[255] spiegele sich aber auch in der minderen Qualität und Quantität der Edelmetalle des Nordens.[256]

---

247 Vgl. Diod. V, 35, 4 = F 117 Jac. = F 89 Theiler und s. o. 259–261.
248 Siehe Diod. V, 27, 1 = F 116 Jac. = F 169 Theiler.
249 Vgl. Athen. IV, p. 152C = F 15 Jac. = F 67 EK = F 170 Theiler, wo silberne Gefäße erwähnt werden.
250 Vgl. Strab. VII, 1, 1, C289–VII, 3, 1, C295 und Tac. Germ. 5, 3: „Argentum et aurum propitiine an irati dii negaverint, dubito." Die westlichen Germanen hätten den Wert der Metalle später dank der Römer kennengelernt; eine Parallele zu Poseidonios' Iberern.
251 Unter den Germanen erscheinen die Kimbern am ‚barbarischsten', und die Tatsache, dass sie immer wieder nomadische Streifzüge unternehmen mussten (dementsprechend identifizierte Poseidonios sie sogar mit den Kimmerern; vgl. Strab. II, 3, 6, C102 = F 28 Jac. = T46/F49 EK = F 13 Theiler; Strab. VII, 2, 1–2, C292–294 = F31 Jac. = F272 EK = F44a Theiler), sprach vielleicht für die besondere Armut ihrer Heimatgebiete. Strabon/Poseidonios beschreibt in Strab. VII, 2, 3, C294 = F 31 Jac. = F44a Theiler (EDELSTEIN/KIDD führen nur VII, 2, 1–2 als F272; genauso Vimercati, als A302 – bei Jacoby und Theiler gehören alle drei Unterkapitel in F 31 bzw. 44a zusammen) bronzene Gürtel als den einzigen Schmuck der Kimbern: kein Vergleich zu den goldenen Torques der Gallier.
252 Vgl. etwa Strab. VII, 2, 2, C293 für die Helvetier; für Noricum, nach Polybios, Strab. IV, 6, 12, C 208–209 = Pol. XXXIV, 10, 10–14; für das Land der Salassi im Aostatal Strab. IV, 6, 7, C205.
253 Vgl. Strab. IV, 5, 2, C199–200. Aufgrund der Verbindung mit den Zinninseln musste Britannien Strabon als metallreiches Land erscheinen. Gold und Silber waren in Britannien vorhanden, allerdings in deutlich geringeren Mengen als etwa in Spanien. Siehe hierzu etwa COYLE 2010 passim.
254 Schon Polybios hatte die Alpenbewohner als furchtbare ‚Barbaren' gezeichnet, s. o. 154–156. Bei Strabon siehe etwa IV, 6, 3, C 203; 9, C206. Die Sitten der Britannier bezeichnet Strabon in IV, 5, 2, C200 als ‚barbarischer' als jene der Gallier; die Einwohner Iernes werden in IV, 5, 4, C201 als noch schlimmere Wilde geschildert.
255 Zum Klima Britanniens siehe Strab IV, 5, 2, C200; zum Klima der Alpen IV, 6, 6, C204.
256 Das ist ja die Konsequenz von Strabons Aussage in III, 2, 8, C146, Turdetaniens Ressourcen seien denen aller anderen Länder überlegen. In VII, 2, 2, C293–294 (nach Poseidonios, F 31 Jac. = F272 EK, 36–47 = F44a Theiler) heißt es dann auch, die Helvetier verfügten zwar über Gold, aber nicht über so viel, wie die Kimbern durch ihre Raubzüge (in fruchtbareren und ‚zivilisierten' Ländern) erworben hatten.

Turdetanien dagegen, so Strabon, „ist, verglichen mit der ganzen bewohnten Welt, unübertroffen, was seine Güte und die Produkte von Land und Meer betrifft."[257] Die Behauptung ist erstaunlich, schließlich war Strabon mit dem Wohlstand des augusteischen Italien genauso vertraut wie mit dem Luxus des hellenistischen Osten. Vielleicht suchte er hier im Stile Herodots gezielt das gewohnte Weltbild seiner Leser aufzubrechen und ihnen zu beweisen, dass es auch im Westen große Reichtümer gab.[258] Genau wie die großen Metallvorkommen führte Strabon auch die Fruchtbarkeit der Region auf seine Orographie zurück: Der Fluss Baetis bewässere das ganze Land und sorge für ertragreiche Böden.[259] Dementsprechend bringe Turdetanien Weizen, Wein, Olivenöl, Wachs, Honig, Pech, Farbstoffe, Holz, Salz, Wolle und andere Produkte in großer Menge hervor, und da es fast keine Schädlinge gebe, fänden sich auch Vieh und Wild im Überfluss.[260] Strabon vergleicht den turdetanischen Ocker und den gesalzenen Fisch explizit mit den Erzeugnissen seiner pontischen Heimat und urteilt, dass die iberischen Produkte ebenso hochwertig seien.[261] Wie schon Polybios betont er:[262] „Während das Binnenland in Turdetanien so beschaffen ist, dürfte man zu dem Ergebnis kommen, dass die Küste es durch ihre Meeresprodukte mit ihm aufnehmen kann."[263] Die Muscheln, Fische und Wale[264] überträfen die aus dem Mittelmeer an Größe und Menge; als Ursache dafür führt Strabon – vielleicht nach Poseidonios – keine mythologische Erklärung an, sondern die Gezeiten, denn der Tidenhub sei vor Turdetanien stärker als sonst irgendwo, und die Flut schwemme die Kreaturen des äußeren *okeanos* an die Küsten.[265] Er nutzt wie Polybios Zahlenangaben, um die Richtigkeit seiner Angaben zu demonstrieren, die aufgrund der Idealisierung Skepsis hervorgerufen haben könnten.[266] Da er jedoch nie in Iberien gewesen war, kannte er die Preise vor Ort nicht und führt stattdessen Gewichte und Längenmaße an;[267] vielleicht hatte er die turdeta-

---

257 Strab. III, 1, 6, C139.
258 Das würde z. B. dazu passen, dass Strabon auch bei der Busiris-Geschichte Herodots Kritik an anderen griechischen Stimmen folgte. Vgl. Hdt. II, 45; Strab. XVII, 1, 19, C802; s. o. 304.
259 Vgl. Strab. III, 2, 3, C142.
260 Aus anderen Ländern des antiken Mittelmeerraums waren Strabon sicherlich Dürren, Heuschreckenplagen und andere Bedrohungen für den Ackerbau bekannt, die offenbar für Turdetanien nicht zutrafen. Siehe etwa Strab. I, 3, 4, C49 über eine Dürre in Teilen Kleinasiens.
261 Vgl. III, 2, 6, C144. Ein hohes Lob; vgl. ROLLER, Kommentar, 136; CLARKE 2017, 52.
262 Siehe Athen. VII, p. 302E = Pol. XXXIV, 8, 1–2; s. o. 181–184.
263 Strab. III, 2, 7, C145.
264 In den Bereich der *thaumasia* gehört Strabons Notiz, man könne aus der Ferne beobachten, dass manche Wale wolkenähnliche Pfeiler ausspritzten – gemeint sind natürlich die Fontänen beim Ausatmen, der sogenannte Blas.
265 Vgl. Strab. III, 2, 7, C145; GRIFFITHS 2013, 67. Zur Einordnung der Zahlenangaben in heutige Maßstäbe vgl. ROLLER, Kommentar, 137. Vielleicht diente ihm als Vorbild auch das Bild Indiens bei den Alexanderhistorikern, in dem es Onesikritos zufolge einen Überfluss an Wasser gegeben habe, durch den der Subkontinent die größten Land- und Meerestiere hervorgebracht habe. Strabon zitiert diese Stelle selbst als Strab. XV, 1, 22, C695 = BNJ 134 F22.
266 Siehe GRIFFITHS 2013, 52 (Richtigkeit); VAN DER VLIET 1977, 167–170 (Idealisierung).
267 Vgl. Strab. III, 2, 7, C145.

nischen Meeresprodukte auf den Märkten Roms und Ostias selbst gesehen;[268] die Preise wird er römischen Provinziallisten entnommen haben.[269] Abschließend nimmt er Polybios' Mitteilung über die Thunfischschwärme auf, die sich von Unterwassereichen ernährten – und ergänzt, dass sich die gleiche Art von Eiche auch an Land finde.[270]

Turdetanien „erfreut sich [also] einer großartigen Blüte"[271] und seine Einwohner wussten diese Vorteile zu nutzen: Sie züchteten die Nutztiere und legten an den Ufern des Baetis Gärten und Plantagen an, die eine große Bevölkerung versorgten.[272] Die Fruchtbarkeit der Böden brachte also gute Menschen hervor: hier folgt Strabon ganz im Stile des Poseidonios der Idee des Umweltdeterminismus.[273] Wie bei Polybios erinnert Turdetanien auch hier an das Land ewigen Frühlings aus (Pseudo-)Hippokrates' Schrift *Über die Umwelt*.[274] Jedoch betont Strabon als Erster die zentrale Rolle des Baetis für die Fruchtbarkeit des Landes: Der Fluss sei nicht nur die Lebensader der Region, auf ihm transportieren die Turdetaner ebenso ihre überschüssigen Güter zu den Häfen an der Küste, da sie den Wert ihres Landes erkannt hatten.[275] Bis Hispalis, so Strabon, könne der Baetis von großen Handelsschiffen befahren werden,[276] während im Küstenbereich regelmäßige Überschwemmungen Ästuare und Nebenarme des Stromes bilden, die als zusätzliche Wasserwege dienen;[277] wo sie fehlen, legen die scharfsinnigen Turdetaner Kanäle an.[278] Das weite Schwemmland sei durch die mächtige Flut des *okeanos* entstanden, die sich an den Säulen des Herakles breche und das flache Turdetanien übergieße[279] – erneut folgt Strabon Poseidonios.[280] An der Küste selbst hätten die Einheimischen zahlreiche Handelshäfen begründet, von wo ihre Waren zu Strabons Zeiten bis nach Italien gebracht wurden.[281] In Ostia und Dikaiarcheia (Puteoli) hatte Strabon die Ein- und Ausfahrt turdetanischer Frachtkähne offenbar selbst beobachtet

---

268 Schließlich betont er den großen Export turdetanischer Produkte nach Italien. Siehe dazu den folgenden Abschnitt im Fließtext.
269 Wie schon Polybios; s. o. 183. Alternativ könnten ihm auch die italischen Händler davon erzählt haben, obwohl die Preise in Ostia und Rom höher gewesen sein müssen.
270 Vgl. Strab. III, 2, 7, C145.
271 Strab. III, 2, 4, C142.
272 Vgl. Strab. III, 2, 3, C142. Zu den Realia siehe etwa CAMPBELL 2012, 247–261.
273 Vgl. GRIFFITHS 2013, 59.
274 S. o. 184 und Hippokrat. De Aer. 12.
275 Ein Zeichen zivilisatorischer Weiterentwicklung; vgl. GÓMEZ ESPELOSÍN 1999, 74; CLARKE 1999, 298. Zur hispanischen Wirtschaft und ihren Exportgütern vgl. CURCHIN 1991, 130–153.
276 Bis Ilipa, so heisst es weiter, kann der Baetis von kleineren Schiffen, bis Corduba von Booten befahren werden. Vgl. Strab. III, 2, 3, C142.
277 Vgl. Strab. III, 2, 4–5, C142–143.
278 Vgl. Strab. III, 2, 5, C143.
279 Vgl. Strab. III, 2, 4, C 143.
280 So vgl. ALONSO NÚÑEZ 1979, 644; GRIFFITHS 2013, 59; ROLLER, Kommentar, 134. Der Apameer hatte die Gezeiten erklärt und beobachtet, dass die Flut des *okeanos* den Baetis noch in Ilipa über die Ufer treten ließ. S. o. 252/253.
281 Vgl. Strab. III, 2, 5, C143. Einige dieser Häfen wie Belon beschreibt Strabon namentlich in III, 1, 8–9, C140.

und kommentiert: „ihre Zahl [kann es] [...] fast mit den libyschen[282] aufnehmen."[283] Die Bedeutung nordafrikanischer Getreideimporte für das römische Italien wird seinen Lesern bekannt gewesen sein, und so unterstreicht der Vergleich, welch wichtige Rolle Turdetanien unter den Provinzen des römischen Reiches einnahm.[284]

Auch die ethnographischen Passagen schließen derart an Polybios an: „Dieses Volk erweist sich als das intellektuell am höchsten entwickelte der Iberer: bedienen sie sich doch der Schreibkunst und besitzen Schriftwerke und Gedichte alter Überlieferung und metrisch abgefasste Gesetze, die, wie sie sagen, sechstausend Jahre alt sind".[285] Aufgrund der mythischen Verbindungen mit Griechenland, die vor Polybios[286] auch schon Herodot[287] diskutierte, waren diese Angaben für Strabons Leser glaubwürdig.[288] Das hohe Alter der turdetanischen Zivilisation und ihre Errungenschaften rücken sie in die Nähe nahöstlicher und mediterraner Hochkulturen; sie gleichen eher Griechen oder Ägyptern als den benachbarten ‚Barbaren' des Westens.[289] Wie die Römer üben die Turdetaner deshalb einen ‚zivilisierenden' Einfluss auf die ‚Barbaren' aus: Strabon zitiert Polybios' Aussage, die (primitiveren)[290] Keltiker seien durch Nachbarschaft und Verwandtschaft (vielleicht Mischehen) ebenso sanftmütig und kultiviert geworden wie die Turdetaner;[291] dem hätten die Römer nachgeholfen, indem sie die Stadt Pax Augusta (Beja) in ihrem Land gründeten.[292] Die Turduler, die Polybios noch als getrenntes Volk betrachtet hatte, seien inzwischen gar nicht mehr von den Turdetanern

---

282   ROLLER, Kommentar, 136 bemerkt, dass damit v. a. Schiffe aus Kyrene und Karthago gemeint gewesen sein werden. Deren Rolle gerade für die Getreideversorgung Italiens war Strabons Lesern hinreichend bekannt.
283   Strab. III, 2, 6, C145.
284   Dass Strabon zumeist von Turdetanien spricht und die römischen Provinzgrenzen weitestgehend ignoriert, wird in diesem Kapitel später noch diskutiert werden. S. u. 378/379.
285   Strab. III, 1, 6, C139.
286   S. o. 184–186.
287   Zu Tartessos, etwa in I, 163; IV, 152.
288   Ähnlich LOWE 2017, 70.
289   Zur Schrift der Turdetaner bzw. Tartessier, die ab spätestens 400 v. Chr. sicher nachweisbar ist, siehe SANMARTÍ 2009, 69.
290   Sie lebten angeblich ausschließlich in Dörfern (κῶμαι) und verfügten über keinerlei πόλεις; vgl. Strab. III, 2, 15, C 151. Zur Verwendung des Begriffes πόλεις bei Strabon s. u. 345 und ALONSO NÚÑEZ 1999a, 114. Allerdings erwähnt Strabon in III, 2, 2, C141 die Siedlung Conistorgis in ihrer Mitte und berichtet später, die Römer hätten in der Region die Stadt Pax Augusta (Beja) angelegt. Archäologische Funde zeigen, dass auch diese Ortschaft bereits in vorrömischer Zeit existierte und dem typischen Stil der La-Tène-Kultur entsprach: Sie war also eindeutig von den Keltikern erbaut worden; vgl. DA CONCEIÇÃO LOPES/MARQUES DA SILVA 2007. Zur Identifizierung und Lokalisierung von Conistorgis siehe DE ALARCÃO 2001, 335–338; zur Siedlungskultur der Keltiker BERROCAL RANGEL 2005. Appian nennt Conistorgis eine große Stadt, allerdings der Cunei; vgl. App. Ib. 57. In jedem Fall liegt es nahe, dass Strabo hier das Bild der primitiven Keltiker überspitzt, um den Kontrast zu den Turdetanern und damit auch die Bedeutung ihres ‚zivilisatorischen' Einflusses zu verdeutlichen.
291   Vgl. Strab. III, 2, 15, C 151 = Pol. XXXIV, 9, 3. S. o. 186–188.
292   Vgl. Strab. III, 2, 15, C 151.

zu unterscheiden.²⁹³ Strabon benutzt temporalisierende Vergleiche, um zu beweisen, dass ein wohlhabendes und friedfertiges Volk wie die Turdetaner auch für seine Nachbarn von Vorteil war. Dieses positive Bild war nicht nur deshalb gerechtfertigt, weil die Turdetaner die Kultur des mythischen Tartessos bewahrten.²⁹⁴ Auch passten sie sich an die griechisch-römische Lebensweise an: Sie konsumierten, so Strabon, Wein und Olivenöl,²⁹⁵ trugen Togen²⁹⁶ und sprachen Latein.²⁹⁷

Diese Veränderung stand offenbar im Zusammenhang mit der Gründung römischer Kolonien; inzwischen hätten die Turdetaner sogar das latinische Bürgerrecht erhalten.²⁹⁸ Schließlich sei die Provinz Baetica, die für Strabon gleichbedeutend mit Turdetanien ist,²⁹⁹ die einzige senatorische Provinz auf der Iberischen Halbinsel und damit von Truppen befreit.³⁰⁰ Die Region erscheint damit als wertvollster Teil Hispaniens und als wichtiger Stützpfeiler der römischen Herrschaft im Westen. Indem die Römer Turdetanien in die Handelsnetzwerke des *mare nostrum* integrierten und für Frieden und Sicherheit sorgten, konnten die Turdetaner das Potential ihres Landes vollständig ausschöpfen.³⁰¹

Strabons Kapitel geht offensichtlich von Polybios aus, der die Region als Erster umfassend beschrieben hat. Das ihm vorliegende Bild hat Strabon um neuere Informationen ergänzt: Diese entnahm er späteren griechischen Autoren und zeitgenössischen römischen Quellen, wie die aktuellen Bezüge zeigen.³⁰² Auffällig ist, dass Strabon Tur-

---

293 Vgl. Strab. III, 1, 6, C139 = Pol. XXXIV, 9, 1–2. Allerdings lokalisierte der Geograph die Turduler an mehreren verschiedenen Orten gleichzeitig, nicht nur nördlich der Turdetaner, wie Polybios es getan hatte, sondern auch im Gebiet der *colonia* Augusta Emerita (Merida) (III, 2, 15, C151) und an der Baetis-Mündung (III, 2, 11, C148), statt sie unter dem Begriff der „Turdetaner" zu subsumieren. Auch Livius scheint sie für ein und dasselbe Volk zu halten; vgl. Liv. XXXIV, 17, 2–4. Allerdings folgt Plinius dann wieder Polybios (Plin. nat. hist. 3, 13), bis Ptolemaios (Ptolem. II, 4, 5) die Turduler schließlich südöstlich der Turdetaner lokalisiert – Polybios und Plinius hatten sie nördlich ihrer Nachbarn verortet. Kurzum: Es scheint sich um eine primär ‚geisteswissenschaftliche' Debatte gehandelt zu haben, deren Teilnehmer größeres Interesse daran hatten, ihre Vorgänger zu ‚korrigieren' als die wahre Lage der Turduler zu klären. Strabon suchte dabei Polybios' Informationen zu aktualisieren, benutzte aber offenbar den Begriff Turduler aus seinen Quellen (Polybios, Artemidor oder Poseidonios) weiterhin neben seiner eigenen Definition, nach der sie mit den Turdetanern identisch waren. Siehe dazu MORET 2019, 26.
294 Vgl. Strab. III, 2, 14–15, C151.
295 Vgl. Strab. III, 4, 16, C163–164.
296 Vgl. Strab. III, 4, 20, C167.
297 Vgl. Strab. III, 2, 15, C151. Siehe auch GRIFFITHS 2013, 53.
298 Vgl. Strab. III, 2, 15, C151; die römischen *coloniae* wurden natürlich schon in III, 2, 1, C141 beschrieben.
299 Vgl. GRIFFITHS 2013, 67. Zu Strabons Umgang mit den römischen Provinzen in Hispanien siehe POTHECARY 2005b,163–167.
300 Vgl. Strab. III, 4, 20, C166.
301 Zur zentralen Rolle des „römischen Mittelmeeres" in der Akkumulierung von Wohlstand durch die Provinzbewohner siehe CLARKE 2017, bes. 51–54.
302 Vgl. auch GRIFFITHS 2013, 74.

detaniens Fruchtbarkeit und Wohlstand, und damit auch den friedlichen Charakter seiner Bewohner, auf den Einfluss des Baetis zurückführt. Wie der Nil in Ägypten war der Fluss die Lebensader eines eigentlich heißen und trockenen Landes. Vielleicht übertrug Strabon diese Idee auf Hispanien, denn bei Polybios findet sich keine Besprechung des Baetis; Poseidonios beschreibt den Strom, aber nicht die Turdetaner.[303] Allerdings schildert Poseidonios die Überschwemmungen des Flusses, so wie Herodot sich mit der Nilschwemme beschäftigt hatte. Auch erinnert die Befahrbarkeit des Baetis in mehreren Abschnitten bei Strabon an die Katarakte des Nils, ganz wie das schiffbare Flussdelta. Die Bewohner Ägyptens und Turdetaniens wiesen ebenfalls Ähnlichkeiten auf: Beide Kulturen waren Jahrtausende alt und wurden deswegen als eigenständige Zivilisationen anerkannt.[304] Es lässt sich nicht beweisen, dass Strabon Herodots Ägyptenexkurs zum Vorbild nahm, doch finden sich in diesem die meisten Merkmale Turdetaniens, die bei Polybios noch fehlen (Vgl. dazu die Tabelle). Strabon

Tab. I Turdetanien und Ägypten bei Herodot, Polybios und Strabon im Vergleich.

Turdetanien bei Strabon	Turdetanien bei Polybios	Ägypten bei Strabon	Ägypten bei Herodot
Fruchtbar dank des Flusses Baetis (III, 1, 6, C139; III, 2, 3, C142)	-	Fruchtbar dank des Flusses Nil (XVII, 1, 1, C 786–787; 4 C788–789; 7, C793 usw.).	II, 5, 1–2; II, 10, 2–3.
Befahrbares Flussdelta (III, 2, 5, C143)	-	Befahrbares Flussdelta (XVII, 1, 4, C788).	II, 19; 41.
Befahrbarkeit des Flusses in mehreren Abschnitten (III, 2, 3, C142)	-	Fluss ist in Katarakte unterteilt (XVII, 1, 2 C786).	II, 7–8.
Beste Produkte des Landes (III, 2, 6, C144)	XXXIV, 8, 4–6; 9, 3.	Einzigartige Pflanzen und Tiere (XVII, 2, 4–5, C823–824).	II, 65–77.
Beste Produkte des Meeres (III, 2, 7, C145)	XXXIV, 8, 1–3.	-	-
Exportmöglichkeit dank Baetis (III, 2, 4, C142–C143)	-	Exporthäfen im Nildelta (XVII, 1, 6–7 C791–793; 10, C795; XVII, 1, 13, C798).	-

---

303 S. o. 255.
304 Die Atlantisgeschichten aus Ägypten, die Solon in Erfahrung brachte, waren angeblich 9000 Jahre alt; vgl. Plat. Tim. 23a. Die Turdetaner sind hingegen v. a. aufgrund ihrer Abstammung von Tartessos zivilisiert; vgl. ROLLER, Kommentar, 128. Die bisherigen Kommentare sehen keinen Vergleich mit Ägypten.

Turdetanien bei Strabon	Turdetanien bei Polybios	Ägypten bei Strabon	Ägypten bei Herodot
Überschwemmungen unterstützen Export (III, 2, 5, C143)	-	Überschwemmungen bringen Fruchtbarkeit (XVII, 1, 3, C786, XVII, 1, 5, C 789–790 usw.).	II, 19, 1–3; II, 93, 2–5.
Altes und weises Volk (III, 1, 6, C139)	XXXIV, 9, 14–15.	Altes und weises Volk (XVII, 1, 3, C787; Tempel und Wunder besonders ab XVII, 1, 28, C805)	II, 2, 1; II, 4, 1–2; II, 50, 1–2; II, 77, 1; II, 84, 1; usw.
Friedliches und zivilisiertes Volk, nimmt Romanisierung an (III, 2, 15, C151; III, 4, 20, C166).	XXXIV, 9, 3.	Friedliches und zivilisiertes Volk, nimmt Romanisierung an (XVII, 1, 12; C 797, XVII, 1, 53, C819).	Friedlichkeit kommt nicht vor, Romanisierung nicht möglich.

versuchte, sich in seinem eigenen Buch über Ägypten (XVII, 1–54) von Herodot abzusetzen,[305] behandelt aber ähnliche Themen. Möglicherweise übertrug er das herodoteische Muster vom vertrauten Ägypten, in dem er selbst gelebt hatte, auf das ihm persönlich unbekannte Turdetanien. Er kombinierte also Fragestellungen der griechischen Geographie mit den *topoi* der Tradition ethnographischen Denkens und aktuellen römischen Informationen, um ein vielschichtiges Bild Turdetaniens zu entwerfen, das alle älteren Darstellungen überbieten sollte.

Begegnungszonen der Völker: Die Ostküste der Iberischen Halbinsel und die Balearischen Inseln

Im Osten schloss sich an Turdetanien das bewaldete Bergland der Bastetaner und Oretaner an.[306] Strabon betont, dass die Region ebenso reich an Bodenschätzen sei wie der sich im Norden anschließende Silberberg und die Berge von Neukarthago.[307] Es gebe allerdings nur wenige Häfen, bei denen es sich ausschließlich um phönizische

---

305 Vgl. ENGELS 1999, 125.
306 Zur Identifizierung s. o. 328/329 m. Anm. 198.
307 Vgl. Strab. III, 4, 2, C156. Anders als in Turdetanien gebe es in diesem Küstenabschnitt allerdings nur wenige Anlegestellen, und das Land produziere außer den Metallen kaum Exportgüter. Nach III, 2, 1, C141 und III, 1, 6, C139 gehörte auch diese Küste (zumindest teilweise) noch zu Turdetanien, nach III, 1, 6, C139 war hingegen nur die Küste westlich der Säulen Teil Turdetaniens. Da Strabon sie in III, 4 getrennt von Turdetanien (III, 2) behandelt, soll das auch in der vorliegenden Untersuchung geschehen.

Gründungen handelte: Malaka (Malaga),[308] die Stadt der Exitaner (Almuñécar),[309] Abdera (Adra),[310] und schließlich Neukarthago. Einst habe es auch eine phokaiische *apoikia*, Mainake, in dieser Region gegeben, doch blieben von ihr nur Ruinen. Strabon erwähnt sie v. a. deshalb, um die Meinung seiner Vorgänger zu korrigieren, Mainake liege bei Malaka oder beide Orte seien gar identisch.[311] Offenbar hatten sich die Phönizier in der Handelskonkurrenz durchgesetzt, denn Malaka sei „der Handelsplatz für die Nomaden (νομάδες) der gegenüberliegenden Küste",[312] also die nordafrikanischen Maurer.[313] Neukarthago sei aufgrund von Lage und Befestigung „bei weitem die hervorragendste der dortigen Städte"[314]; Strabon führt die Angaben des Polybios an, ohne ihn zu nennen.[315] Seine Beschreibung des phönizischen Küstenstreifens passt zu seinem Urteil über Gades: Erneut zeichnet er die Phönizier als schlaue Händler und erfahrene Seeleute, die es verstanden, ihre Kolonien an den richtigen Stellen zu gründen; und erneut scheinen sie den Griechen überlegen zu sein.[316]

Nach Neukarthago wendet sich Strabon dann allerdings den hellenischen Städten der iberischen Küste zu. Polybios und Poseidonios hatten diese nicht beschrieben; vielleicht war besonders Emporion ihren Lesern so vertraut, dass das Thema sie nicht interessiert hätte. Strabon beschäftigt sich zunächst mit dem auf einer Anhöhe liegenden, „naturfesten" (ἐρυμνός) Hemeroskopeion,[317] das über Eisenminen und vorgelagerte Inseln verfüge und von weitem aus sichtbar sei;[318] deshalb hatten zu ver-

---

308 Vgl. Strab. III, 4, 2, C156.
309 Vgl. Strab. III, 4, 2, C156. Ob diese auch eine phönizische Gründung ist, bleibt unklar. Andere Quellen nennen sie Ex, Hex, Sex oder Sax; siehe die Übersicht bei ROLLER, Kommentar, 151.
310 Vgl. Strab. III, 4, 3, C157.
311 Vgl. Strab. III, 4, 2, C156. Siehe dazu NIEMEYER/WARNING TREUMANN 1980. Vgl. auch Ps.-Skymn. 146–147.
312 Strab. III, 4, 2, C156.
313 Um als Handelsplatz für die Numider zu dienen, wie verschiedentlich vorgeschlagen wurde, liegt Malaga vielleicht zu weit westlich (die genauen Siedlungsgebiete sind nach dem Ende des numidischen Königreiches schwer zu bestimmen), so RADT, Kommentar I, 358. Polybios scheint die Maurusier jedoch unter den Numidern zu fassen; vgl. Pol. III, 33, 15. Über die Stadt der Exitaner wird nur gesagt, dass sie für den Verkauf ihres gesalzenen Fisches berühmt sei (Strab. III, 4, 2, C156), den es so oder so ähnlich auch in Malaka und Neukarthago (III, 4, 2, C156) sowie auf der Insel Skombraria vor Neukarthago gab (III, 4, 6, C159).
314 Strab. III, 4, 6, C158.
315 Vgl. Pol. X, 9, 8–10, 13.
316 Strabons eher positives Bild der Phönizier mag auch auf seinen Hintergrund zurückzuführen sein, denn als pontischer Grieche des 1. Jh. v. Chr. nahm er die Phönizier sicher weder als Feinde noch als Handelskonkurrenz dar. Dafür spricht, dass sich bei seinem Zeitgenossen Diodor dagegen eine sehr negative Darstellung der Karthager findet: As sikeliotischer Grieche, der sikeliotische Quellen nutzte, war die alte Feindschaft zu den Karthagern für ihn noch deutlich präsenter; siehe dazu VOLKMANN 1975b, 134–136.
317 Vielleicht das moderne Dénia; Strabon sagt, die Römer nannten Hemeroskopeion Dianum.
318 Daher wohl der griechische Name, Wachturm. Eine alternative Erklärung ist eine Ableitung von ἥμερος, einem Epithet der Artemis, die offenbar die Schutzgöttin der Stadt war. Vgl. ROSA ARACELI 1998.

schiedenen Zeiten Piraten sowie Sertorius die Siedlung als Basis genutzt.[319] Obwohl es sich um eine eher kleine Siedlung handelte, erhält Hemeroskopeion offenbar aufgrund seines griechischen Charakters eine längere Beschreibung als alle Städte Turdetaniens bis auf Gades.[320] Interessant ist auch Strabons darauffolgender Kommentar zu Sagunt: Die Stadt sei eine Kolonie der Zakynthier, und Hannibal habe diese entgegen den Bestimmungen des Ebrovertrages angegriffen und damit den Zweiten Punischen Krieg ausgelöst.[321] Tatsächlich war Sagunt eine Gründung der iberischen Edetaner; den Zusammenhang mit Zakynthos stellten griechische und lateinische Autoren aufgrund der Namensähnlichkeit (Ζάκανθα für Sagunt) her, doch entbehrt die Erklärung jeglicher realen Grundlage.[322] Das Gleiche gilt für die Vorstellung, Hannibal habe mit dem Angriff auf Sagunt gegen den Ebro-Vertrag verstoßen; bereits Polybios hatte diese Erklärung (indirekt) abgelehnt.[323] Da Strabon sonst zu Polemik und langen Diskussionen neigt, ist es bemerkenswert, dass er hier so unkritisch einer griechischen Interpretation und römischer ‚Propaganda' folgt. Seine Perspektive auf Hispanien blieb eben stets die eines in Rom lebenden Griechen, der von außen auf die Provinzen blickt.[324]

Nach den Siedlungen im Umland von Sagunt widmet er sich der Küste zwischen dem Ebro und den Weihgeschenken des Pompeius. Von besonderer Bedeutung sei Tarraco (Tarragona), die Provinzhauptstadt der Hispania Citerior.[325] Sie habe keinen Hafen,[326] sei aber ebenso groß wie Neukarthago und deshalb als Residenz des Statthalters geeignet.[327] Ähnlich wie bei den *coloniae* in Turdetanien lobt Strabon die Fähigkeit der Römer bei der Auswahl bzw. Anlage von Städten. Entsprechende Kommentare finden sich zu den phönizischen Küstenstädten und den griechischen Apoikien,[328] doch fehlen sie in auffallender Weise immer dann, wenn Strabon indigene Siedlungen be-

---

319 Vgl. Strab. III, 4, 6, C159. Auch sei die massaliotische Gründung für einen Tempel der ephesischen Artemis bekannt und genieße deshalb hohes Ansehen; die kleinasiatische Schutzgöttin ging auf die phokaiische Gründung zurück: Strabon berichtet an anderer Stelle, dass die Phokaier auf Anweisung der Pythia von einer ephesischen Artemis-Priesterin angeleitet worden seien, als sie die Expedition zur Gründung Massalias unternahmen. Vgl. Strab. IV, 1, 4, C179.
320 S. o. 331–334.
321 Vgl. Strab. III, 4, 6, C159.
322 Vgl. JOHNSTON 2017, 156/157.
323 Vgl. Pol. II, 13; III, 27, 9; Bringmann 2001, 369–376. Der Vertrag enthielt ihm zufolge keine Bestimmungen in Bezug auf Sagunt.
324 Auch wenn Strabon nur eine Zeit lang in Rom lebte, wird er die Macht des Imperiums auch an anderen Orten wie in Ägypten täglich erfahren haben, wie es WOOLF 2011b, S. 72–79 zeigt.
325 Tarraco wird bereits von Polybios erwähnt und war vielleicht – unter dem Namen Cese – wie das nahegelegene Cissa eine Stadt der Cessetani. Vgl. Pol. III, 76, 5; 12; WALBANK, Kommentar (zu Polybios) I, 409.
326 Zur Diskussion der widersprüchlichen Aussagen von Eratosthenes und Artemidor zu diesem Thema siehe ROLLER, Kommentar, 155.
327 Vgl. Strab. III, 4, 7, C159. Eine ähnliche gute Wahl wie Duricortora in der Belgica; Strab. IV, 3, 5, C194.
328 Zu Hemeroskopeion s. o. 343/344; zu Emporion s. u. 345/346.

spricht.³²⁹ Überhaupt findet sich nicht eine längere Darstellung einer (kelt-)iberischen Stadt, während die Kolonien der auswärtigen Eroberer fast immer in längeren Passagen geschildert werden. Da dies auch für das blühende Turdetanien gilt, kann die nur oberflächliche Beschäftigung mit den einheimischen Städten keine gezielte Strategie sein, um den Eindruck von Primitivität zu erwecken. Tatsächlich bezeichnet der Geograph auch die Gemeinden der ‚Nordbarbaren' als πόλεις: Das gilt etwa für Akontia, eine Stadt der Vakkäer,³³⁰ und das asturische Noega.³³¹ Wie schon Hekataios von Milet und Polybios benutzt Strabon das Wort πόλις also im nichtgriechischen Raum für jede größere Siedlung,³³² die sich vereinzelt auch in den Regionen der wildesten ‚Barbaren' fanden, wie in Asturien.³³³ Nur wenn er auf die besondere Primitivität einer Gruppe hinweist, betont er einige Male, dass sie in Dörfern (κῶμαι) leben.³³⁴ Strabon trifft demnach keine grundlegende Unterscheidung zwischen indigenen Siedlungen und ‚Kolonien' auswärtiger Mächte. Vermutlich lagen ihm einfach nur spärliche Informationen über diese πόλεις im Inland vor, während die griechischen und phönizischen Häfen einem gebildeten Hellenen wohlvertraut waren und in Rom zahlreiche Angaben über die hispanischen *coloniae* vorlagen.³³⁵ So ergibt sich ein klarer Gegensatz: Bei den hispanischen Völkern listet Strabon meist nur die Namen der Städte auf, befasst sich aber eingehend mit ihren *nomoi*; die mediterranen Städte wie Hemeroskopeion werden dagegen detailliert beschrieben, doch sagt Strabons (fast) nichts über die Sitten von Phöniziern, Griechen und Römern, denn damit hätte er sein Publikum nur gelangweilt.

Die Beschreibung Emporions entspricht diesem Schema. Die bedeutendste griechische Siedlung auf der Iberischen Halbinsel sei von den Massalioten³³⁶ in einem

329 Darauf gehe ich im weiteren Verlauf dieses Kapitels noch ein. Natürlich hatten die (Kelt-)Iberer auch niemals Städte an anderen Küsten des Meeres gegründet oder gar thalassokratische Imperien errichtet; das blieb Römern, Griechen und Phöniziern/Karthagern vorbehalten.
330 Vgl. Strab. III, 3, 2, C152.
331 Vgl. Strab. III, 4, 20, C167. Auch die ebenfalls in III, 3, 2, C152 Städte der nicht weiter beschriebenen Oretaner, Castulo und Oria, sind πόλεις.
332 Zur Verwendung bei Hekataios siehe HANSEN 1997. Im griechischen Kontext bezeichnete Hekataios hingegen, wie andere griechische Autoren, nur ‚wirkliche' *poleis* als solche. Zu Polybios siehe DAVIES 2013, 323 mit den Beispielen in den Anmerkungen.
333 In III, 3, 7, C154–155 wird angedeutet, dass die nördlichsten Völker auf der Halbinsel nur in Dörfern leben. Offenbar gab es auch unter ihnen aber einige größere Siedlungen, denn schließlich nennt Strabon das asturische Noega in III, 4, 20, C167 πόλις. Genauso verhält es sich mit den Keltiberern, die v. a. in Dörfern leben, aber einige wenige Städte besitzen (III, 4, 13, C162–163). Dass die Lusitaner ‚*poleis*' besitzen (III, 3, 5, C), ist deswegen kein Widerspruch, wie GRIFFITHS 2013, 55 schreibt: Auch die Nordvölker haben ‚*poleis*', aber eben nur sehr wenige. Siehe ähnlich ALONSO NÚÑEZ 1999a, 113.
334 Etwa bei den Keltikern in Strab. III, 2, 15, C151. Das Fehlen von Städten spricht natürlich für ein ‚Barbarentum' der Bewohner; vgl. ALONSO NÚÑEZ 1999a, 114. Dadurch soll auch die Zivilisierungsleistung der Turdetaner untermauert werden.
335 Dazu konnte er an den *coloniae* die Romanisierung aufzeigen und sich mit ihrer Beschreibung von seinen Vorgängern absetzen; s. o. 331.
336 Nach Liv. XXXIV, 9 von den Phokaiern; Ps.-Skymn. 204–205 stimmt dagegen Strabon zu.

Land „von guter Qualität und [...] [mit] gute[n] Häfen"[337] gegründet worden. Auf den fruchtbaren Böden wuchs Binse, so dass sich die Emporiter einen Ruf als Leineweber erworben hatten.[338] Neben ihrer Textilverarbeitung seien sie (wie Hemeroskopeion) für einen Tempel der ephesischen Artemis bekannt, die man auch in Emporions Stützpunkt Rhode (heute Roses) weiter im Norden verehre.[339]

Diese klassische Darstellung einer griechischen *polis* erweitert Strabon um ethnographische Elemente, als er auf das Verhältnis zwischen den Emporitern und den Einheimischen zu sprechen kommt. Einst habe eine gemeinsame Mauer die frühe griechische Siedlung und jene der befreundeten Indiketen umschlossen, doch seien die beiden Orte durch eine weitere Mauer voneinander getrennt gewesen: „Im Laufe der Zeit haben sie sich dann zu ein und demselben aus barbarischen und griechischen Gebräuchen gemischten Gemeinwesen vereinigt, wie das auch bei vielen anderen geschehen ist."[340] Strabons Kommentar ist ein aufschlussreiches Zeugnis für die wichtige Rolle indigener Siedler bei der Anlage griechischer Apoikien, v. a. da sein Vergleich das Geschehen als völlig gewöhnliches Phänomen einordnet.[341] Er beurteilt den Vorgang zumindest nicht negativ und orientiert sich damit vielleicht an Poseidonios, der die Vermischung von Kelten und Iberern zu Keltiberern positiv beurteilte.[342] Das passt zu Strabons Glauben, wonach alle ‚Barbaren' grundsätzlich das Potential zur ‚Zivilisierung' durch Griechen und Römer besäßen.[343] Wenn die Turdetaner sogar römische Kleidung und Sprache annahmen,[344] mussten die iberischen Nachbarn der griechischen Städte Hispaniens fast zwangsläufig zu ‚kultivierten' Stadtbewohnern werden.[345]

---

337 Strab. III, 4, 8, C159. Zwei Sätze zuvor sagt Strabon, dass bereits der gesamte Abschnitt von Tarraco bis Emporion, das Land der Laeetaner, Lartolaeeter und anderer Völker mit deutlich besseren natürlichen Häfen gesegnet sei als die Küste südlich von Tarraco und bis zu den Säulen. Die Aussage ist zutreffend; vgl. ROLLER, Kommentar, 156.

338 Vgl. Strab. III, 4, 9, C160.

339 Vgl. Strab. III, 4, 8, C160. Zu den Hintergründen des phokaiischen Kultes s. o. S. 344, Anm. 319 zu Hemeroskopeion. Strabon erwähnt auch die alternative (etymologisch begründete) Geschichte, Rhode sei von Rhodiern gegründet worden.

340 Strab. III, 4, 8, C160.

341 Die Forschung hat die Tatsache, dass die meisten griechischen Apoikien von Beginn an oder im Verlauf ihrer frühen Geschichte mit Einheimischen zusammen besiedelt wurden, inzwischen vollumfänglich anerkannt. Siehe hierzu an neuerer Literatur etwa LOMAS 2000 passim; DE ANGELIS 2003; PETROPOULOS 2005, 10; 26; AUSTIN 2008, 207/208; SCHULZ 2020b, 118/119.

342 S. o. 265/266 zu Diod. V, 33, 1 = F 117 Jac. = F 89 Theiler.

343 S. o. 323. Die Beispiele phönizischer Eingriffe auf der Halbinsel wie auf den Balearen (s. u. 348) legen nahe, dass auch diese in Strabons Augen in der Lage waren, rückständigere Völker auf ihr eigenes Kulturniveau zu ‚heben'.

344 S. o. 340.

345 Eingehende Beschreibungen der Völker des mediterranen Iberien wie der Edetaner, Contestaner oder Ilercavonen fehlen also wohl auch deshalb, da diese bereits ‚zivilisiert' worden waren.

Schließlich kommt Strabon auf die gymnesischen und pityusischen Inseln zu sprechen.³⁴⁶ Die Inseln seien bis auf Ophioussa (Formentera) für den Anbau von Getreide geeignet und frei von natürlichen Schädlingen;³⁴⁷ ebenso verfügten sie über sichere Häfen für Handelsschiffe.³⁴⁸ „Infolge der Güte des Landes sind die Bewohner auch friedfertig."³⁴⁹ Strabon bemüht die Klimatheorie, um ihren Charakter zu erklären, schließlich handelt es sich bei den Balearern um hispanische Einheimische, nicht um Kolonisten aus dem Osten. Im ethnographischen Duktus eines Herodot relativiert Strabon im Folgenden diese eingehende Aussage über die Menschen der Inseln.³⁵⁰ Obwohl sie von Natur aus friedlich seien, hätten sich einige von ihnen mit Piraten eingelassen und die Römer zu einer gewaltsamen Besetzung der Inseln unter Quintus Caecilius Metellus (Cos. 123 v. Chr.) gezwungen, der dafür den Beinamen Balearicus erhielt.³⁵¹

Als sich die römische Flotte den Gymnesien näherte, habe Metellus die Schiffe mit Tierfellen bedeckt, um seine Soldaten vor dem Beschuss feindlicher Schleuderer zu schützen. Hier stößt Strabon zum Kern der balearischen Ethnographie vor, denn die Bewohner der Inseln waren bei seinen Leser v. a. für ihre Fähigkeiten als Schleuderschützen bekannt, die sie als Söldner im Dienste fremder Heere unter Beweis gestellt hatten.³⁵² Gegen Timaios und Polybios, denen zufolge der Name Baliarides von βάλλειν (werfen, schleudern) stamme,³⁵³ behauptet Strabon, Baliarides sei der phönizische Name für leichte Infanterie und entspreche dem griechischen *gymnetes*, wonach wiederum die gymnesischen Inseln benannt seien.³⁵⁴ Einst hätten die Balearer tatsächlich nackt (γυμνός) gekämpft, bis die Phönizier die Inselgruppe besiedelten und ihnen

---

346 Die gymnesischen Inseln, bei Strabon auch Baliarides, sind v. a. Mallorca und Menorca, die Pityusen (Laut ROLLER, Kommentar, 165 ist der bis heute gebräuchliche Name phokaiisch) Ibiza und Formentera. Sie befänden sich gegenüber von Tarraco im Mittelmeer. Vgl. Strab. III, 4, 7, C159; III, 5, 1, C167.
347 Selbst die vom Festland eingeschleppten Kaninchen habe man mit der Einfuhr libyscher Frettchen schnell unter Kontrolle bekommen. Vgl. Strab. III, 5, 2, C168; III, 2, 6, C144–145. Ob die Römer für die Einfuhr der Frettchen sorgten, sagt Strabon nicht deutlich. Aus seiner Wortwahl geht nur hervor, dass er in III, 2, 6 eine massaliotische Quelle nutzte, wie ROLLER, Kommentar, 136 zeigt.
348 Vgl. Strab. III, 5, 1, C167.
349 Strab. III, 5, 1, C167. Selbst im Kampf gegen die Kaninchen hätten sich die Bewohner der gymnesischen Inseln gleich an die Römer gewandt und diese dann sogar um eine neue Heimat gebeten. Vgl. Strab. III, 5, 2, C168; III, 2, 6, C144–145. Laut Plin. nat. hist. 8, 217–218 ereignete sich die Geschichte in der Regierungszeit des Augustus.
350 Auch bei Polybios findet sich ein solches Vorgehen; s. o. im Keltenkapitel 156/157. Die Quelle scheint hier eher Poseidonios zu sein: MALITZ 1983, 132–134 weist sogar den gesamten Abschnitt als Test. 1, und den folgenden (Strab. III, 5, 2 = Test. 2 Malitz) Poseidonios zu. Darin folgt ihm allerdings keine der gebräuchlichen Fragmentsammlungen, so dass ich mich entschieden habe, die Stellen im Kontext von Strabons Hispanienbeschreibung zu betrachten. Trotzdem könnte Poseidonios natürlich eine wichtige Quelle gewesen sein, wie es auch GRIFFITHS 2013, 69/70 annimmt.
351 Strab. III, 5, 1, C167.
352 Etwa im Zweiten Punischen Krieg auf Seiten der Karthager, wie zahlreiche Stellen bei Polybios und Livius belegen; bspw. Pol. I, 67, 6; III, 33, 11.
353 Vgl. Pol. III, 33, 11; Diod. V, 17, 1 = FGrHist 566 F 164.
354 Vgl. Strab. XIV, 2, 10, C654.

beigebracht hätten, den Chiton zu tragen.³⁵⁵ Erneut treten die Phönizier als auswärtige Macht auf, die den Hispaniern die ‚Zivilisation' bringt.³⁵⁶ Poseidonios hatte diese Idee – etwa bei seiner Passage über die iberischen Minen – mit einer moralischen Kritik verbunden, die bei Strabon nur angedeutet wird: Die Balearer seien als die besten Schleuderer bekannt und hatten auch ihre ganze Kindererziehung auf das Erlernen dieser Fähigkeit ausgelegt, „besonders [...] seitdem die Phönizier die Inseln besetzt hatten."³⁵⁷ Die ursprünglich friedlichen Bewohner wandten sich also erst dank externer Einflüsse Krieg und Gewalt zu und wurden deshalb letztendlich von den Römern erobert – ein typischer *topos* hellenistischer Ethnographie. Passend dazu waren es (erst) die Römer, die mit Palma und Pollentia³⁵⁸ auf Mallorca und Ebusus auf der gleichnamigen Insel (Ibiza auf Ibiza) größere Städte in der Region gründeten.

Der Osten der Iberischen Halbinsel erscheint damit als eine Kontaktzone zwischen Griechen, Phöniziern und Römern auf der einen und den einheimischen Völkern auf der anderen Seite. Sie war nicht so reich und fruchtbar wie Turdetanien, bot den Neuankömmlingen aber urbane Strukturen und geeignete Plätze zur Anlage von *coloniae*.³⁵⁹ Im Westen und Norden der Halbinsel stellte sich die Lage anders dar.

Vom Heiligen Vorgebirge bis Kap Nerion: Lusitanien und der Westen in den *Geographika*

Westlich von Turdetanien, zwischen Anas und Tagus, lebten zunächst die Keltiker.³⁶⁰ An der Küste südlich ihres Gebiets lag das Heilige Vorgebirge (Cabo de São Vicente), das als südwestlichster Punkt Europas ein markanter Orientierungspunkt für die Seefahrt war.³⁶¹ Aufgrund seiner exponierten Lage, so Strabon, war der Ort Herakles geweiht, doch gebe es laut Artemidor dort keinen Tempel für den Helden, wie es Ephoros behauptet hatte.³⁶² Stattdessen

> lägen dort an vielen Stellen drei oder vier Steine beieinander, die von den Besuchern, nachdem sie eine Trankspende dargebracht haben, nach irgendeinem althergebrachten Brauch

---

355 Vgl. Strab. III, 5, 1, C168. Dank archäologischer Erkenntnisse ist inzwischen klar, dass diese Kolonisierung im 6. Jh. v. Chr. von Südspanien aus erfolgte; vgl. MAASS-LINDEMANN/SCHUBART 2004, 135.
356 Ähnlich GRIFFITHS 2013, 69.
357 Strab. III, 5, 1, C168.
358 Nicht ganz identisch mit dem heutigen Pollença; die römischen Ruinen liegen einige Kilometer außerhalb der modernen Ortschaft. Vgl. ROLLER, Kommentar, 165.
359 Siehe auch GRIFFITHS 2013, 52.
360 So etwa Strab. III, 1, 6, C139. Zu ihnen s. o. 339.
361 Vgl. ROLLER, Kommentar, 126. Strabon hielt es für den westlichsten Punkt der *oikumene*; Strab. III, 1, 4, C137. Der westlichste Punkt Europas ist allerdings das Cabo da Roca nordwestlich von Cascais/Estoril und Afrika erstreckt sich sowieso noch weiter nach Westen als Europa.
362 Vgl. Strab. III, 1, 4, C138 = FGrHist 70 F 130 = Artemidor Fr. 13 Stiehle.

gedreht und umgruppiert würden; zu opfern sei dort nicht erlaubt und auch nicht den Ort nachts zu betreten – zu dem Zeitpunkt, sagen sie, befänden sich die Götter dort –, sondern die zur Besichtigung Kommenden übernachteten in einem Dorf in der Nähe und beträten den Ort dann bei Tage, wobei sie wegen des Wassermangels Wasser mitbrächten.[363]

Die auffälligen Details gehen auf Artemidors eigenen Besuch vor Ort zurück. Bei den Bewohnern der Landschaft handelte es sich um die Kynesier, die schon Herodot als westlichstes Volk Europas nennt.[364] Strabon erwähnt ihren Namen nicht, bezeichnet das Kap aber als Κούνεον und führt nach Poseidonios auch den lateinischen Namen Cuneus (Keil) an,[365] wovon dann wiederum der Name der Einwohner abgeleitet sein könnte.[366] Strabon war also Teil eines längeren Diskurses seiner „community of practice", den Artemidor um die religiösen *nomoi* der Kynesier bereichert hatte. Um sich selbst als Autorität ersten Ranges auszuweisen, prüfte Strabon seine Quellen auf Unstimmigkeiten. Artemidor habe behauptet, am heiligen Vorgebirge den Sonnenuntergang beobachtet zu haben und dass die Sonne „hundertmal so groß [erscheine] und die Nacht [...] sofort ein[trete]".[367] Da er jedoch zuvor[368] ausgesagt habe, niemand dürfe sich nachts am Vorgebirge aufhalten, könne er den dortigen Sonnenuntergang nicht selbst gesehen haben – schon Poseidonios habe Artemidor deshalb zu Recht kritisiert.[369] Es gelingt Strabon also alleine durch den Verweis auf Logik, seinen Vorgänger zu korrigieren.[370]

Am meisten interessiert Strabon im Westen Hispaniens aber Lusitanien, das sich von der Mündung des Tagus 3000 Stadien nach Norden bis zum Kap Nerion (Cabo

---

363 Strab. III, 1, 4, C138 = Artemidor Fr. 13 Stiehle. Zur historischen Einordnung des Rituals siehe Hofeneder 2005, 105–109. ἀλλὰ λίθους συγκεῖσθαι τρεῖς ἢ τέτταρας κατὰ πολλοὺς τόπους, οὓς ὑπὸ τῶν ἀφικνουμένων στρέφεσθαι κατά τι πάτριον καὶ μεταφέρεσθαι σπονδοποιησαμένων· θύειν δ' οὐκ εἶναι νόμιμον, οὐδὲ νύκτωρ ἐπιβάλλειν τοῦ τόπου, θεοὺς φασκόντων κατέχειν αὐτὸν ἐν τῷ τότε χρόνῳ, ἀλλὰ τοὺς ἐπὶ θέαν ἥκοντας ἐν κώμῃ πλησίον νυκτερεύειν, εἶτ' ἐπιβάλλειν ἡμέρας ὕδωρ ἐπιφερομένους διὰ τὴν ἀνυδρίαν.
364 Vgl. Hdt. II, 33, 3. Zur Lokalisierung der Konier oder Kynesier siehe DE ALARCÃO 2001, 335–338.
365 Vgl. DUECK 2000, 60. Der Begriff Cuneus taucht auch in Iust. XLIV, 1, 9 auf. DUECK schreibt, dass die Bezeichnung auf Brutus Callaïcus zurückgehen könnte und durch Poseidonios Teil der literarischen Auseinandersetzung wurde.
366 Diese werden im *periplous* des Avienus Rufius aus dem 6. Jh. v. Chr. (Vgl. Avien. Or. Mar. 200–205) und bei dem Sophisten Herodoros von Herakleia im 4. Jh. Kynetes genannt; vgl. Constant. Porph. De adm. Imp. 23 = Steph. Byz. s. v. Ἰβηρίαι = FGrHist 31 F2a. Polybios lokalisierte sie dann als Konier innerhalb der Säulen; vgl. Pol. X, 7, 5 mit Walbank, Kommentar II, 202. Diesen Namen übernimmt später Appian; gl. App. Ib. 57–58. Die Traditionslinie zeigt erneut, dass sich griechische Gelehrte schon in der Archaik für das Thema interessierten und dass die frühen Autoren, besonders Herodot, bis in die Zeit des Augustus (Strabon) und darüber hinaus (Appian im 2. Jh. n. Chr.) einflussreiche Vorbilder für geographisches und ethnographisches Denken blieben.
367 Strab. III, 1, 5, C138 = Artemidor Fr. 12 Stiehle.
368 In Strab. III, 1, 4, C138 = Artemidor Fr. 13 Stiehle.
369 Vgl. Strab. III, 1, 5, C138 = T5a/ F45 Jac. = T15/F119 EK = F 16 Theiler.
370 Siehe zu dieser Strategie Strabons TROTTA 1999, 87.

Touriñán) erstrecke.³⁷¹ Von den Bergen im Osten, die es u. a. von den Gebieten der Kallaiker trenne, senke sich Lusitanien zum *okeanos* hin zu einer niedrigen, sandigen Küste hinab, wie schon Poseidonios geschrieben hatte.³⁷² Strabon schließt damit offenbar den westlichen Teil des heutigen Galicien in Lusitanien ein und lokalisiert die Καλλαικοί nordöstlich der Lusitaner.³⁷³ Artemidor und Poseidonios verorteten im Nordwesten Lusitaniens die Artabrer, worin Strabon ihnen folgt.³⁷⁴ An anderer Stelle fügt er hinzu, dass die Artabrer direkt am Kap Nerion wohnten und viele Städte und Häfen besäßen, das Umland hingegen von Keltikern und Turdulern kolonisiert worden sei.³⁷⁵ Bei dieser Gruppe handelt es sich offenbar um die Kallaiker: Früher (in der Zeit des Brutus Callaïcus) habe man alle Volksgruppen nördlich des Durius als Lusitaner bezeichnet, jetzt hießen sie Kallaiker.³⁷⁶ Diese Veränderung ginge auf die römische Verwaltung zurück, die nur das Land bis zum Durius unter dem Begriff „Lusitania" fasse.³⁷⁷ Durch den temporalisierenden Vergleich zeigt Strabon, dass die Römer durch ihre Expansion die Sprache selbst verändert hatten; die Kallaiker sind deshalb keine Lusitaner (mehr).³⁷⁸

Das so definierte Lusitanien war Strabon zufolge vom Tagus geprägt, der für Frachtkähne³⁷⁹ befahrbar sowie reich an Fisch und Austern war, und an dessen Mündung sich das von Brutus Callaïcus befestigte Olysipo (Lissabon) befand; 500 Stadien weiter im Inland lokalisierte er eine Siedlung namens Moron am Ufer des Flusses.³⁸⁰ Im Norden

---

371 Vgl. Strab. III, 3, 3, C152–153.
372 Vgl. Strab. III, 3, 3, C152; Strab. III, 3, 3, C153 = F84 Jac. = F 220 EK = F 20 Theiler.
373 Siehe Strab. III, 3, 3, C152. Sie lebten also im Osten des heutigen Galicien und Westen des heutigen Asturien. In III, 3, 2, C152 heißt es, die Kallaiker bewohnten „einen großen Teil des Gebirges", und in III, 3, 3, C153 ergänzt er, die Asturer seien die östlichen Nachbarn der Kallaiker.
374 Vgl. Artemidor apud. Plin. nat. hist. 2, 242; Strab. III, 2, 9, C147 = F 47 Jac. = F 239 EK = F 19 Theiler.
375 Strab. III, 3, 5, C153–154. Die Archäologie bestätigt, dass es tatsächlich eine Ansiedlung von Keltikern in Nordwestspanien gab. Vgl. TOMASCHITZ 2002, 35, der sich auch zu Datierung und Quellen äußert, beides jedoch ohne sicheres Ergebnis.
376 Vgl. Strab. III, 3, 4, 20, C166–167; Strab. III, 3, 3, C 152. Zur Entwicklung des Ethonyms „Kallaikoi/ Gallaeci" in seinen verschiedenen Formen siehe SAYAS ABENGOCHEA 1999, 189/190.
377 Vgl. Strab. III, 4, 20, C166. Zur Verwendung der Begriffe bei Strabon siehe POTHECARY 2005b, 165. Zur römischen Verwaltung Hispaniens in dieser Zeit siehe CURCHIN 1991, 51–77.
378 Die Unklarheiten sind dadurch zu erklären, dass Strabon die Begriffe seiner älteren Quellen, besonders von Artemidor und Poseidonios, mit der römischen Namensgebung zusammenbringen suchte. Ob die Artabrer nun für Strabon, wie in III, 2, 9, C147 (Artabrer sind in Lusitanien) angedeutet, Lusitaner sind, oder, wie in III, 3, 5, C154 (Lusitaner sind zwischen Artabrern und Tagus) impliziert, nicht, lässt sich kaum abschließend klären. JÚDICE GAMITO 2005, 580 stellt fest, dass die Lusitaner für Strabon keine Kelten waren, die Artabrer dagegen wohl schon. Auch bespricht sie an der Stelle, dass Strabon in seiner Kritik an Eratosthenes in IV, 4, 6, C199 = FGrHist 70 F 131 weitere etymologische Veränderungen festhält, die historische Entwicklungen spiegeln.
379 RADT übersetzt das griechische μυριαγωγός mit „Fünfhunderttonner". Siehe dazu RADT, Kommentar, 344. In jedem Fall sind große Frachtschiffe gemeint, die auch den Ozean befahren.
380 Vgl. Strab. III, 3, 1, C151–152. Laut ROLLER, Kommentar, 146 ist Moron sonst unbekannt. In RADTS Manuskript (RADT 2002, Bd. I, 384) wird Olysipo nicht erwähnt, in Loebs Ausgabe (Teubner-Text) wird Olysipo eingesetzt. Allerdings hält auch RADT es für wahrscheinlich, dass Olysipo an

verliefen weitere große Ströme parallel zum Tagus, darunter der Durius (Douro/Duero) und der Bainis (Minho), die beide achthundert Stadien flussaufwärts befahrbar seien.[381] Sie dienten nicht nur als Transportwege: „Das Land [...], von dem wir sprechen, ist gesegnet (εὐδαίμων) und wird von großen und kleinen Flüssen durchströmt, [...] die meisten sind auch stromaufwärts befahrbar und führen sehr viel Goldkörnchen."[382] Es liefere deshalb neben Obst, Gemüse und Fleisch auch Gold und Silber.[383] Genau wie Turdetanien ist Lusitanien also fruchtbar, reich an Edelmetallen und (teilweise) urbanisiert.[384] Dementsprechend wäre zu erwarten, dass die Lusitaner Strabon ebenfalls als zivilisiert, friedlich und gebildet galten. Stattdessen nutzt er sie als empirisches Fallbeispiel, um seine Kritik an Poseidonios' Klimatheorie zu untermauern und zu zeigen, dass historische Prozesse den Umweltdeterminismus nicht selten überwinden konnten:[385]

> Rund dreißig Völker bewohnen das Land zwischen dem Tagus und den Artabrern.[386] Aber obwohl das Land ein gesegnetes ist [...], haben [...] die meisten von ihnen das Leben von den Erzeugnissen des Bodens aufgegeben, sich auf Räuberei verlegt und ständig Kriege gegeneinander und ihre Nachbarn geführt [wozu sie den Tagus überquerten], bis die Römer dem ein Ende setzten, indem sie sie schwächten, die meisten ihrer Städte zu Dörfern machten, manche aber auch besser zusammensiedelten. Den Anfang mit dieser Gesetzeslosigkeit haben, wie zu erwarten, die Gebirgsbewohner gemacht: denn da sie in einem kargen Land lebten und wenig Besitz hatten, begehrten sie fremdes Gut.[387] Diejenigen aber, die sich gegen sie verteidigten, waren notgedrungen nicht mehr Herr ihrer eigenen Arbeit, mit der Folge, dass auch sie statt das Land zu bearbeiten Krieg führten und es so geschah,

---

diese Stelle gehört; vgl. RADT, Kommentar I, 345. Olysipo kam damit eine ähnliche Funktion zu wie Pax Augusta im Siedlungsraum der Keltiker (s. o. 339, Anm. 190) und Caesaraugusta im Land der Keltiberer (s. u. 361).

381 Vgl. Strab. III, 3, 4, C153. Hier findet sich auch Poseidonios' Kommentar zu den hohen Ufern der Flüsse, die ein Übertreten verhindern – eine lobenswerte Tat der πρόνοια (Vorsehung). S. o. 228/229 zu Strab. III, 3, 4, C153 = F 49 Jac. = F224 EK = F 21 Theiler. Das gleiche Fragment enthält Poseidonios' Behauptung, der Bainis fließe aus Kantabrien nach Lusitanien.

382 Strab. III, 3, 4, C153. Strabon vereinfacht das Bild des Landes vom Tagus bis zur Atlantikküste zwar, doch allgemein gesprochen trifft seine Beschreibung dutzender Flüsse, die parallel zum Tejo von Osten nach Westen fließen, zu. Selbst die von ihm erwähnte Insel in der Mündung des Minho existiert heute noch. Vgl. DE ALARCÃO 2001, 295; 297–306; 308/309 mit zahlreichen Karten.

383 Vgl. Strab. III, 3, 5, C154. In III, 2, 9, C147 = F 47 Jac. = F 239 EK = F 19 Theiler zitiert Strabon Poseidonios' Angabe, auch im Land der Artabrer, das Strabon in seinem Lusitanienbegriff (meistens) einschließt gebe es viel Silber, Zinn und Elektron.

384 Zu Olysipo und Moron kommen noch die „zahlreichen Städte" (III, 3, 5, C153) der Artabrer hinzu, zählt man diese zu den Lusitanern. Siehe dazu oben S. 350. Dass die Angaben des Strabon tatsächlich zutreffen, betont RUBINSOHN 1981, 188.

385 Siehe Strab. II, 3, 7, C102–103 u. oben 307/308.

386 Hier bezieht sich Strabon also zunächst nur auf die Lusitaner im engeren Sinne, ohne die Artabrer. Eine Übersicht aller bekannten lusitanischen Stämme findet sich bei DE ALARCÃO 2001, 311; 313.

387 Die frühen Lusitaner lebten offenbar tatsächlich alle in den Bergen, allerdings wandelte sich das schon lange vor Strabons Zeit. Vgl. DE ALARCÃO 2001, 339.

dass das Land durch Vernachlässigung das von Natur in ihm angelegte Gute nicht hervorbrachte und von Räubern bewohnt wurde.³⁸⁸

Strabon bezieht sich hier recht allgemein auf die Ereignisse vom Ausbruch des Viriatuskrieges 148 v. Chr. bis zur endgültigen Unterwerfung der Lusitaner durch Caesar 61 v. Chr.³⁸⁹ Er differenziert dabei zwischen verschiedenen Untergruppen der Lusitaner,³⁹⁰ zeichnet sie aber alle als klassische Vertreter der ‚Nordbarbaren'. Ihre Wildheit führt er zunächst wie Poseidonios auf das entbehrungsreiche Leben in den Bergen und damit auf Umweltumstände zurück.³⁹¹ Die Bewohner der Ebenen am *okeanos* seien jedoch friedliche Bauern gewesen, ganz wie die Turdetaner.³⁹² Erst die ständigen Raubzüge ihrer ‚primitiveren' Nachbarn hätten zur ‚Barbarisierung' ihrer Lebensweise geführt.³⁹³ Es handelt sich gewissermaßen um ein Gegenbeispiel zum mäßigenden Ein-

---

388 Strab. III, 3, 5, C154. ἔθνη μὲν οὖν περὶ τριάκοντα τὴν χώραν νέμεται τὴν μεταξὺ Τάγου καὶ τῶν Ἀρτάβρων· εὐδαίμονος δὲ τῆς χώρας ὑπαρχούσης [...], ὅμως οἱ πλείους αὐτῶν τὸν ἀπὸ τῆς γῆς ἀφέντες βίον ἐν ληστηρίοις διετέλουν καὶ συνεχεῖ πολέμῳ πρός τε ἀλλήλους καὶ τοὺς ὁμόρους αὑτοῖς διαβαίνοντες τὸν Τάγον, ἕως ἔπαυσαν αὐτοὺς Ῥωμαῖοι ταπεινώσαντες καὶ κώμας ποιήσαντες τὰς πόλεις αὐτῶν τὰς πλείστας, ἐνίας δὲ καὶ συνοικίζοντες βέλτιον. ἦρχον δὲ τῆς ἀνομίας ταύτης οἱ ὀρεινοί, καθάπερ εἰκός· λυπρὰν γὰρ νεμόμενοι καὶ μικρὰ κεκτημένοι τῶν ἀλλοτρίων ἐπεθύμουν, οἱ δὲ ἀμυνόμενοι τούτους ἄκυροι τῶν ἰδίων ἔργων καθίσταντο ἐξ ἀνάγκης, ὥστ' ἀντὶ τοῦ γεωργεῖν ἐπολέμουν καὶ οὗτοι, καὶ συνέβαινε τὴν χώραν ἀμελουμένην στεῖραν οὖσαν τῶν ἐμφύτων ἀγαθῶν οἰκεῖσθαι ὑπὸ λῃστῶν.
389 Schon Poseidonios hatte Viriatus schließlich ursprünglich als Hirtenräuber beschrieben, und App. Ib. 56 macht die Überfälle der Lusitaner auf die Rom verbundenen Völker im Umland als Ursache des Krieges aus. Der Kampf der Lusitaner gegen die Römer endete jedoch weder mit dem Tod des Viriatus 139 v. Chr. und dem folgenden Feldzug des Brutus Callaïcus 138/137 v. Chr., noch mit der Niederlage ihres neuen Verbündeten Sertorius 72 v. Chr.: Als Caesar 61 v. Chr. die Propraetur für die Hispania Ulterior antrat, litten die römischen Siedler im Süden Hispaniens unter ständigen Überfällen durch die Lusitaner nördlich des Tagus. Erst Caesars folgender Feldzug scheint die lusitanische Bedrohung größtenteils eliminiert zu haben. Siehe hierzu NOVILLO LÓPEZ 2010, 208–211. Strabon hat sich hier also wahrscheinlich auf keine konkrete Situation aus dieser Periode von fast 100 Jahren bezogen, da lusitanische Überfälle auf die benachbarten, romfreundlichen Völker – wozu später auch einige Lusitaner gehörten – und die römisch-italischen Siedler in Hispanien für ihn zur gesamten Zeitraum zur Tagesordnung gehörten.
390 Nicht nur, indem er die Bewohner des Tieflandes mit denen des Gebirges gegenüberstellt, sondern auch durch seinen Vermerk, es gäbe in Lusitanien dreißig Völker (ἔθνη).
391 S. o. 290. Auch Poseidonios' Geschichte von der Einrichtung von Räuberbanden in den Bergen passt hierzu, zeigt sie doch, dass die Bergbewohner diesen Lebensstil aktiv institutionalisieren. Vgl. Diod. V, 34, 6 = F 117 Jac. = F89 Theiler. BARAY 2015a, 254 geht davon aus, dass Strabon den Bericht des Poseidonios direkt als Quelle für seine Behauptung verwendet hat.
392 Das spricht gegen GRIFFITHS' Annahme, Strabon habe einigen Völkern wie den Turdetanern einen angeborenen Erfindergeist zugeschrieben und die Abwesenheit solcher Intelligenz bei anderen Gruppen, etwa den Kantabrern, festgehalten. Denn das Beispiel der Lusitaner zeigt gerade, dass für Strabon eher die Umwelteinflüsse und die historischen Prozesse für diese Unterschiede verantwortlich waren. Vgl. GRIFFITHS 2013, 61. Dass viele Lusitaner zu diesem Zeitpunkt tatsächlich bereits in größeren Ortschaften von der Landwirtschaft lebten, bespricht NOVILLO LÓPEZ 2010, 212 m. Anm. 21.
393 Räuberei war für Strabon eine der, wenn nicht die primitivste Lebensweise überhaupt. Siehe VAN DER VLIET 1977, 285 und MONTERO BARRIENTOS 1995, 326–328.

fluss der Turdetaner auf die Keltiker. Das binäre Paar „Ebene" (hier χώρα) und „Gebirge" (ὄρος) war seit der (ionischen) Archaik ein wichtiger *topos* griechischer Ethnographie, den auch Poseidonios herangezogen hatte, um den Charakter der Lusitaner zu erklären.[394] Für Strabon war es jedoch eine historische Entwicklung – die ständigen Überfälle der Bergbewohner auf die Ebene –, die dazu führte, dass die im Tiefland siedelnden Lusitaner ihren ‚natürlichen' Charakter verloren und sich ihren Verwandten im Gebirge anglichen. Indem die Römer diese Negativentwicklung stoppten und Frieden und Wohlstand wiederherstellten, kehrten sie die vorherigen Prozesse um und legten die Grundlage für eine ‚Zivilisierung' der Gebirgsstämme.[395] Die Taten der Bergbewohner und der römischen Herrscher belegen somit für Strabon, dass menschliche Akteure in den Verlauf der Geschichte eingreifen und das naturgegebene Los eines Volkes verändern konnten.[396] Er gibt damit die Botschaft des Augustus wieder, die unterworfenen Völker nun romanisieren zu wollen. Die römische Kultur sollte – etwa durch die Einrichtung von *coloniae* an Stelle der Hügelfestungen – den Alltag der Provinzbewohner durchdringen und es ihnen vielleicht schließlich ermöglichen, wie die Italiker[397] zu römischen Bürgern zu werden.[398]

Dass die Römer – zu denken ist konkret an Brutus Callaïcus und Caesar – dazu Städte niederbrannten und Zwangsumsiedlungen durchführten,[399] war gerechtfertigt, denn beim Umgang mit ‚Barbaren', so Strabon an anderer Stelle, „[vermag] Gewalt mehr [...] als Worte".[400] Der temporalisierende Vergleich zwischen den Zuständen in Lusitanien vor und nach der römischen Eroberung zeigt wie im Falle Galliens, dass

394 S. o. 290; Pol. IV, 20,1–21, 8; SCHULZ 2020a, 211; Hippokr. de aer. 23–24.
395 Siehe dazu auch ROLLER, Kommentar, 148. Vielleicht sahen die Römer – und Strabons römische Quellen – auch Parallelen zu den Samniten und deren Übergriffen auf ihre italischen Nachbarn einschließlich der Römer. Siehe dazu LOMAS 2019, 209–214. Auch Lukaner und Bruttier hatten, aus den Bergen kommend, die Küsten- und Ebenenbewohner Süditaliens bedroht, in diesem Fall v. a. griechische *poleis* wie Neapolis; vgl. etwa FREDERIKSEN 1984, 137–140; 180–181.
396 Insofern handelt es sich tatsächlich um eine ‚neue' Erklärung, wie das MÜLLER 1999, 451–453; 461 ausführt. Der Gegensatz zwischen „Ebene" und „Gebirge" ist dagegen deutlich älter. Freilich reduziert Strabon, besonders in II, 3, 7–8 (= F28 Jac. = F49 EK = T30b/F13 Theiler), die Vorstellungen des Poseidonios, um sich besser von ihm absetzen zu können; s. o. 307/308.
397 Siehe hierzu Strab. V, 1, 1, C210; GLOVER 1969, 259.
398 Dieser Gedanke wird auch im Fazit des vorliegenden Kapitels noch einmal aufgegriffen werden, s. u. 381–383. Augustus deutet diesen Plan in R. Gest. div. Aug. 25; 26; 28 an. Schon Caesar hatte sich 61 v. Chr. als Proprätor der Hispania Ulterior an einer ‚Romanisierung' der Lusitaner versucht, um ihren ständigen Überfällen auf römische Siedler ein Ende zu bereiten; siehe ausführlich NOVILLO LÓPEZ 2010.
399 Siehe dazu auch Strab. III, 1, 6, C139, wo er wohl die Umsiedlung von Lusitanern an das Südufer des Tagus durch Brutus Callaïcus beschreibt. Zur Interpretation vgl. ROLLER, Kommentar, 127; CLARKE 1999, 294/295; DE ALARCÃO 2001, 311. NOVILLO LÓPEZ 2010, 213/214 betont, dass Caesar nach seinen militärischen Erfolgen 61 v. Chr. ebenfalls dem typischen römischen Vorgehen folgte, Bergfestungen zu zerstören und die Indigenen zu zwingen, in neu angelegten Siedlungen nach römischem Muster in der Ebene zu leben.
400 Strab. IX, 2, 2, C401. Vgl. DUECK 2000, 83.

die Einwohner der Provinzen von der imperialen Herrschaft profitierten.[401] Römische Berichte, v. a. von Teilnehmern der Feldzüge Brutus Callaïcus' 138/137 v. Chr. und Caesars 61 v. Chr., werden den Geographen in seiner Sichtweise bestärkt haben.[402] Indirekt wendet er sich damit wieder gegen Poseidonios, der Viriatus und das einfache Leben der Menschen in den Bergen idealisiert hatte.[403] Strabon verschweigt dagegen den Namen des lusitanischen Anführers und gesteht nur zu, dass keines der hispanischen Völker länger Widerstand gegen die Römer geleistet habe als die Lusitaner.[404]

Dieses Bild militärischer Stärke baut er allerdings in einem kurzen ethnographischen Exkurs aus. Wie Poseidonios betont er, die Lusitaner seien bewegliche Kundschafter, nutzten den kleinen, runden Caetra-Schild, Wurfspeere, Helme und Schwerter und kämpften noch immer vorzugsweise als Plänkler, wie es einst alle Einwohner Iberiens getan hätten.[405] Strabon nutzt die ethnographische Kategorie der militärischen Ausrüstung, um die Lusitaner als tapferes, aber ‚barbarisches' Kriegervolk zu zeichnen und damit die Erwartungen seiner Leser zu erfüllen. Allerdings finden sich auf den zweiten Blick eine Reihe von Parallelen zu griechischer Bewaffnung: Der Caetra-Schild entspricht der griechischen *pelte*, die iberischen Schwerter griechischen Typen,[406] ihre Beinschienen (κνημῖδες) denen der Hopliten,[407] und viele Lusitaner trügen einen Linothorax (Leinenpanzer) – ganz wie Alexander der Große auf dem

---

401 Der SFB 1288 spricht bei solchen Fällen auch von „progressiven Vergleichen"; vgl. EPPLE/FLÜCHTER/MÜLLER 2020, 18/19.
402 Zu den Quellen siehe erneut ROLLER, Kommentar, 148.
403 S. o. 277–290.
404 Vgl. Strab. III, 3, 3, C152. Er nennt Viriatus später in III, 4, 5, C158 als einen der Feldherren, die in Iberien Land erobert haben, bezeichnet ihn aber auch dann nicht als Lusitaner, sondern nur als „Räuber" (λῃστής). Er spielt damit wohl auf Poseidonios' Briganten an, wie in III, 3, 5, C154. Der einige Parallelen zu Viriatus aufweisende Anacharsis wird dagegen in Strab. VII, 3, 8, C 301 als typischer Vertreter der Skythen angeführt – vielleicht, weil diese nicht als größere Feinde der Römer aufgetreten waren?
405 Vgl. Strab. III, 4, 15, C163. Da Strabon zuvor behauptet hatte, selbst die in den Städten der Ebene lebenden Lusitaner seien vor der römischen Eroberung als Gesetzeslose umhergezogen, war es naheliegend, dass sie ihre althergebrachte, leichte Bewaffnung länger beibehielten als andere Iberer. Zur Ausrüstung der Lusitaner bei Poseidonios siehe Diod. V, 34, 4–5 = F 117 Jac. = F89 Theiler. Es gibt kleinere Unterschiede: Strabon (Strab. III, 3, 6, C154) weist darauf hin, dass die Helme aus Sehnen hergestellt sind, bei Poseidonios sind es die Schilde, doch schließt keiner von beiden das andere aus. Das Schwert bezeichnet Poseidonios als ξίφος, ein zweischneidiges griechisches Schwert mit gerader Klinge. Strabon spricht hingegen von κοπίς, was ein griechisches Hiebschwert mit gebogener, säbelartiger Klinge meint; allerdings trügen die Lusitaner auch Dolche, im Griechen steht das Wort παραξίφος. Möglich also, dass die Lusitaner in Strabons Vorstellungen einen ξίφος als Zweitwaffe neben dem κοπίς mit sich trugen, wenn er hier nicht einfach einen kleinen Dolch meint. Tatsächlich nutzten die Lusitaner sowohl die geschwungene Falcata (= κοπίς) als auch den geraden *gladius hispaniensis* (= ξίφος), so dass beide Beschreibungen zutreffen. Vgl. DALY 2002, 100; PÉREZ VILATELA 2000, 45.
406 S. o. Anm. 354, Anm. 405.
407 Vgl. etwa Xen. anab. I, 2, 16; Pol. XI, 9, 4. Schon in der Ilias werden die κνημῖδες als Teil der Ausrüstung griechischer Krieger erwähnt; vgl. Hom. Il. 3, 330. Passend dazu benutzen einige Lusitaner laut Strabon auch den Speer der Hopliten, den δόρυ.

berühmten Mosaik aus der Casa del Fauno in Pompeii.[408] Deswegen nennt Strabon die iberischen Plänkler explizit πελτασταί und setzt sie so mit griechischen Kämpfern gleich.[409] Dieser Widerspruch zwischen Andersartigkeit und Ähnlichkeit gilt auch für die *nomoi* der Lusitaner:

> Manche derer, die am Durius-Fluss wohnen, sollen einen spartanischen Lebensstil haben: sie gehen zweimal täglich in Schwitzkammern, wo sie mit glühenden Steinen produzierte Dampfbäder nehmen, baden in kaltem Wasser und nehmen nur *eine*[410] Mahlzeit aus reinen und einfachen Ingredienzien zu sich.[411]

Das so genannte spartanische Bad erfreute sich im augusteischen Rom großer Beliebtheit, und es wird Strabons Leser überrascht haben, dass es auch unter den Lusitanern verbreitet war.[412] Die eine, offenbar ebenfalls gemeinsam eingenommene Mahlzeit, erinnert an die spartanischen Syssitien. Strabon greift damit ein Motiv des Poseidonios auf, der eine Einrichtung der Lusitaner beschrieb, die der lakedaimonischen Krypteia glich.[413] Da schon der Apameer die Lusitaner als eines der kriegerischsten und mutigsten Völker in der *oikumene* zeichnete, lag der ethnographische Vergleich mit den Spartanern (und Römern) als Referenzobjekt nahe. Strabons Beschreibung der religiösen Praktiken in Lusitanien scheint diese Parallelen zu bestätigen, denn wie Griechen und Römer betreiben die Lusitaner Eingeweideschau bei Opfertieren. Allerdings erstrecke sich ihr Brauch auch auf Menschen: Sie lesen aus den Eingeweiden und dem Fall erschlagener Kriegsgefangener, deren Hände sie den Göttern opfern.[414] Ähnliches äußert Strabon über die Gallier,[415] aber auch über die Kimbern, die noch außerhalb des

---

408 Vgl. Strab. III, 3, 6, C154. Zur Bedeutung und Verbreitung des Linothorax siehe ALDRETE/ALDRETE/BARTELL 2013.
409 Vgl. Strab. III, 4, 15, C163.
410 Die Kursivierung stammt von Radt, der damit auf die inhaltliche Betonung und die extreme Seltenheit des griechischen μονοτροφοῦντας hinweist. Siehe Radt, Kommentar, 352.
411 Strab. III, 3, 6, C154. ἐνίους δὲ τῶν προσοικούντων τῷ Δουρίῳ ποταμῷ λακωνικῶς διάγειν φασίν, ἀλειπτηρίοις χρωμένους δὶς καὶ πυρίαις ἐκ λίθων διαπύρων, ψυχρολουτροῦντας καὶ μονοτροφοῦντας καθαρείως καὶ λιτῶς.
412 Siehe etwa SPAWFORTH 2012, 88/89.
413 S. o. 279/280 zu Diod. V, 34, 6 = F 117 Jac. = F89 Theiler. Vielleicht diente der Apameer auch als Quelle für die Bäder, wie das Trotta 1999, 89 vorschlägt; ähnlich SAYAS ABENGOCHEA 1999, 175 zur Bewaffnung der Lusitaner. ROLLER, Kommentar, 149 hält dagegen die Expedition des Brutus Callaïcus für die hauptsächliche Quelle des gesamten Abschnitts. Man darf wohl davon ausgehen, dass Strabon die römischen Angaben mit denen des Poseidonios vermengte; auch Polybios kommt als zusätzliche Quelle in Frage, hatte der Viriatuskrieg doch zu seiner Lebenszeit stattgefunden.
414 Vgl. Strab. III, 3, 6, C154. Vielleicht schließt er hier an Polybios an, der in XII, 4b, 1–3 betont, alle ‚Barbaren' deuteten aus dem Fall geopferter Pferde.
415 Vielleicht nach Poseidonios; vgl. Strab. IV, 4, 5, C198 = F 34 Theiler. Strab. IV, 4, 5, C198 führen auch EDELSTEIN/KIDD (F274), Jacoby (F55) und VIMERCATI (A304), allerdings nur den Abschnitt zuvor über die Kopfjagd und nicht die Beschreibung der Opferungen. Jedoch findet sich eine ähnliche Beschreibung ebenso im Poseidoniosfragment Diod. V, 31, 3 = F 116 Jac. = F 169 Theiler (bei VIMERCATI Fragment B17).

Imperiums lebten und von Poseidonios als primitivste Vertreter der ‚Nordbarbaren' gezeichnet wurden.⁴¹⁶ Die Lusitaner pervertieren also einen *nomos* zivilisierter Völker und werden demzufolge doch wieder als ‚Nordbarbaren' eingeordnet.⁴¹⁷

Strabons Darstellung Lusitaniens drückt folglich eine Vorstellung aus, die schon bei Poseidonios angelegt war: Land und Menschen sind von Gegensätzen geprägt und lassen sich nicht mit einfachen *topoi* erfassen. Die Bewohner erscheinen als tapferes Kriegervolk, von denen einige in Städten am Tagus oder am Atlantik leben und andere in Höhlen in den Bergen. Ihre Bewaffnung ist perfekt an das Leben als Banditen angepasst, erinnert jedoch gleichzeitig an die klassische Ausrüstung griechischer Peltasten; ihre Religion weist ebenso Ähnlichkeiten mit der gallisch-germanischen wie der griechischen auf. Strabon erkennt damit die Komplexität der realen Verhältnisse in Lusitanien an, die für ihn ein Produkt gleichermaßen der Umwelt und historischer Entwicklungen war. Die aggressiven Kriege der Bergbewohner hätten auch die Städter (zurück) in das ‚Barbarentum' geführt, also auf eine niedrigere Stufe der Kulturentwicklung.⁴¹⁸ Die fruchtbaren Ebenen und ergiebigen Minen waren der Grund für diese Konflikte gewesen, boten aber genauso das Potential zu seiner langfristigen Lösung: Unter römischer Herrschaft, so scheint Strabon anzudeuten, könnten die Lusitaner in Zukunft ihre Waren über den Tagus und die Atlantikküste in das gesamte Reich exportieren, ganz wie ihre turdetanischen Nachbarn.⁴¹⁹ Wenn die Römer selbst die Bedeutung des Namens Lusitania ändern konnten, würden sie den Bewohnern zweifellos auch dauerhaften Frieden und Wohlstand bringen.

Zwischen Armut und Romanisierung: Strabons Bild der Keltiberer

Da Strabons drittes Buch einer *periplous*-Struktur folgt und mit Turdetanien beginnt, wendet sich der Autor dem Landesinneren Hispaniens als Letztes zu. Das Binnenland werde durch zwei Gebirge gegliedert, dem Idubeda (Sistema Ibérico) und Orospeda (die Berge Südostspaniens).⁴²⁰ Im Zentrum der Halbinsel verortet Strabon die Vetto-

---

416 Vgl. Strab. VII, 2, 3, C294 = F 31 Jac. = F44a Theiler. S. o. im Kapitel zu Poseidonios und Gallien den Abschnitt zu den Kimbern (241–243). Daran wird die Tatsache, dass sie sich der augusteischen Propaganda zufolge der römischen Oberherrschaft unterworfen hatten, kaum etwas geändert haben. Vgl. R. Gest. div. Aug. 26.
417 Vgl. Roller, Kommentar, 149. Zu seiner Darstellung der religiösen Sitten siehe auch BERMEJO BARRERA 1994, 11–15. Zu den Realia lusitanischer Religion und ihrer Götterwelt vgl. DE ALARCÃO 2001, 300–305; 312–317; OLIVARES PEDREÑO 2005, 610–617, 622–639.
418 Vgl. GRIFFITHS 2013, 61.
419 Auf die Bedeutung der Küsten weist schon DUECK 2000, 79 hin.
420 Vgl. Strab. III, 4, 10, C161. Zu den beiden Bergketten s. o. 328/329 m. Anm. 198. Zum Land um und oberhalb des Orospeda- Gebirges, wo Oretaner, Bastetaner, Edetaner und Sedetaner/Sidetaner lebten, sagt Strabon nur, dass es auch dort Gold gibt (III, 4, 2, C156). Zur Problematik der Nennung der Edetaner im Manuskript siehe CAPALVO 1996, 53/54. Mit Castulo (nahe Linares) und

nen und Karpetaner[421] und nördlich von diesen die Vakkäer (im heutigen Kastilien und León).[422] Über diese drei Völker findet sich ein einziger ethnographischer Kommentar Strabons:

> Die Vettonen sollen, als sie zum ersten Mal in das Lager der Römer kamen und dort sahen, wie ein paar Offiziere [...] einen Spaziergang [machten] [...], sie für verrückt gehalten [...] haben: nach ihrer Vorstellung hatte man entweder ruhig an Ort und Stelle zu bleiben oder zu kämpfen.[423]

Die Anekdote soll verdeutlichen, dass das Leben der Vettonen zuvorderst aus Krieg bestand und dass es ihnen an Verständnis für solche Aktivitäten mangelte, die nicht dem unmittelbaren Überleben dienten – wenn sie nicht einmal Spaziergänge schätzten, würden sie kaum den Wert eines Theaters oder Gymnasions erkennen. Strabon führt das Beispiel im Rahmen seiner Beschreibung der Völker Nordspaniens an und verweist die Vettonen somit in das Feld der ‚Nordbarbaren'.[424] Für die noch weiter nördlich lebenden Karpetaner und Vakkäer wird das Gleiche gegolten haben.[425]

Den Norden insgesamt führt Strabon als rau und kalt ein.[426] Dennoch sei dieser genau wie der Süden reich an Metallen,[427] und es gebe dort Pferde, Wild, Biber und Vögel im Überfluss.[428] Diese Gegensätze gelten also auch für Keltiberien, das für ihn

---

    Oria (bei Nuestra Señora de Oreto) besäßen die Oretaner zwei große Städte; vgl. Strab. III, 3, 2, C152; III, 2, 3, C 142. Sie sind damit typische Vertreter der (teilweise) urbanisierten Iberer.

421 Vgl. Strab. III, 1, 6, C139. Zur Lage siehe auch III, 3, 1, C152, wo Strabon den Lauf des Tagus von Keltiberien durch Vettonien und Karpetanien bis nach Lusitanien verfolgt. Nach III, 3, 2, C152 leben die Karpetaner nördlich der Oretaner; dann folgen im Norden die Vettonen und schließlich die Vakkäer vor den Kallaikern an der Küste des Atlantiks.

422 Er nennt drei ihrer Städte, Akontia/Acutia am Durius sowie Segesama und Intercatia, die bereits Polybios bekannt waren; vgl. Strab. III, 3, 2, C152 (Akontia); Strab. III, 4, 13, C162 = Pol. XXXIV, 9, 13. Neben dem Durius durchflössen der Bainis und der Lethe bzw. Limaias oder Belion (heute Lima/Limia) von Keltiberien aus kommend das Land der Vakkäer, um dann an der lusitanischen Küste ins Meer zu münden; vgl. Strab. III, 3, 4, C153. Ob sich Segesama und Intercatia an den Flüssen gelegen vorstellte lässt sich leider nicht mehr rekonstruieren.

423 Strab. III, 4, 16, C164. τοὺς δὲ Οὐέττωνας, ὅτε πρῶτον εἰς τὸ τῶν Ῥωμαίων παρῆλθον στρατόπεδον, ἰδόντας τῶν ταξιαρχῶν τινας ἀνακάμπτοντας ἐν ταῖς ὁδοῖς περιπάτου χάριν, μανίαν ὑπολαβόντας ἡγεῖσθαι τὴν ὁδὸν αὐτοῖς ἐπὶ τὰς σκηνάς, ὡς δέον ἢ μένειν καθ' ἡσυχίαν ἱδρυθέντας ἢ μάχεσθαι.

424 Strabons Interpretation passt zu archäologischen Erkenntnissen, nach denen die Vettonen mit den Lusitanern verwandt waren und ihnen kulturell ähnelten. Vgl. DE ALARCÃO 2001, 296/297. Die Zuschreibung untermauert er mit einem Zitat Artemidors über den ungewöhnlichen Kopfschmuck vettonischer Frauen, den man als „barbarischen Stil" (ἰδέα βαρβαρική) bezeichnen könne; vgl. Strab. III, 4, 17, C164 = Artemidor Fr. 23 Stiehle. Eine Plausibilisierung der Angaben nimmt ROSE 2003, 175/176; 190 vor, welche die Beschreibung auf die Keltiberer bezieht, während sie gleichzeitig an die Dama de Elche aus dem iberischen Ilici erinnert. Da Strabon im Satz davor von den Vettonen sprach und daran mit καί anschließt, scheinen mir aber die Vettonen gemeint zu sein.

425 Diese Interpretation für die Vettonen und ihre Nachbarn stützt GÓMEZ ESPELOSÍN 1999, 77.

426 Vgl. Strab. III, 1, 2, C137.

427 Vgl. etwa Strab. III, 2, 9, C 147 (= F 47 Jac. = F 239 EK = F 19 Theiler); GRIFFITHS 2013, 52.

428 Strab. III, 4, 15, C163.

das Land zwischen dem Idubeda-Gebirge und den Pyrenäen war.[429] Nach Polybios lokalisiert Strabon jedoch die Quellen des Tagus und des Anas in Keltiberien, obwohl sich beide südlich des Idubeda/Sistema Ibérico befinden.[430] Offenbar folgt Strabon – wie bei Turdulern und Lusitanern – an manchen Stellen dem Keltiberienbegriff seiner Quellen (v. a. Polybios), der sich auf das gesamte Inland der Iberischen Halbinsel bezog:[431] „Die Keltiberer", so Strabon, „haben nämlich, als sie mächtig geworden waren, dem ganzen benachbarten Land ihren Namen gegeben."[432] Während sich im 2. Jahrhundert v. Chr. Vettonen, Karpetaner und Vakkäer in einem gemeinsamen, antirömischen Bündnissystem mit den Keltiberern befanden, war dieses zu Strabons Zeit lange aufgebrochen, so dass er eine engere Definition Keltiberiens verwenden konnte.[433] Die Behandlung des Landes stellte ihn aber vor erhebliche Probleme:[434] „Wegen der Veränderungen und der Ruhmlosigkeit der Gegenden" sei es wie bei der Beschreibung aller „Völker [...], die barbarisch, entlegen, auf kleinem Raum lebend oder zersplittert sind"[435] unmöglich, eine verlässliche Darstellung niederzuschreiben. Da römische Autoren nur Imitatoren der Griechen seien, könne er allein die Schriften hellenischer Autoren nutzen, welche die ausführlichsten und berühmtesten aller (ethnographischen und historischen) Werke verfasst hätten.[436]

Strabon sucht hier seine Forschungspraktiken zu rechtfertigen, denn er hatte offenbar in Rom und Alexandria literarische Quellen ausgewertet, Hispanien aber persönlich nicht besucht. Statt seine fehlende Autopsie zuzugeben, bemüht er *topoi*: Die ἀθεσία der Kelten schlage sich in Krieg, Migration und der Abwesenheit politischer Institutionen nieder.[437] Dadurch hätten ihnen die Voraussetzungen gefehlt, um eine

---

429 Vgl. Strab. III, 4, 12, C162.
430 Vgl. Strab. III, 4, 12, C162.
431 Auch der Achaier war aber nicht konsistent; s. o. im Kapitel Polybios und Iberien S. 195 m. Anm. 1050. Bei Polybios sind es Anas und Baetis; der Tagus hat seine Quelle in Sierra de Albarracín östlich von Madrid, also deutlich näher am enger definierten Keltiberien als die Quellen des Baetis und des Anas. Vgl. Strab. III, 2, 11 = Pol. XXXIV, 9, 12. Eine Übersicht aller schriftlichen Quellen zu Keltiberien bietet CAPALVO 1996 mit einem Schaubild auf 45.
432 Strab. III, 2, 11, C148.
433 Siehe CIPRÉS TORRES 1999, 142/143.
434 Zur Zuordnung des Abschnitts zu Keltiberien siehe CIPRÉS TORRES 1999, 137.
435 Strab. III, 4, 19, C166.
436 Vgl. Strab. III, 4, 19, C166. Polybios und Poseidonios dienten also als wichtigste Quelle, wie es Burillo Mozota 2003, 364/365 festgestellt hat.
437 Beispielhaft führt er die nördlich Keltiberiens siedelnden Beronen (lat. Berones) an, die erst durch eine kriegerische Expedition zu ihrem Siedlungsplatz unterhalb der Pyrenäen gekommen seien; siehe Strab. III, 4, 12, C162. ROLLER, Kommentar, 153; 159 lokalisiert sie zwischen Burgos und Miranda de Ebro im Nordosten Kastilien-Leóns. Siehe zu den Beronen auch CIPRÉS TORRES 1999, 140; TOMASCHITZ 2002, 35 und SAYAS ABENGOCHEA 1999, 194, der Poseidonios als Quelle vorschlägt. Strabon scheint zu meinen, dass sie gleichzeitig mit den Kallaikern (vgl. III, 3, 5, C153–154) nach Norden migrierten, als Teil einer großen Expedition der Keltiker. Er betont die *mobilitas* und ἀθεσία der Kelten, doch hätte er das historische Phänomen auch als Kolonisationsbewegung ähnlich der griechischen oder römischen einordnen können. Offensichtlich war Strabon also da-

Schriftkultur zu entwickeln. Den Römern sei die Überwindung solcher ‚Barbarei' gelungen, doch blieb ihre ganze ‚Zivilisation' eine schlechte Kopie der griechischen.[438] Dieser Aussage entsprechend sind in Strabons Abhandlung große Parallelen zur Beschreibung der Keltiberer bei Polybios und Poseidonios zu erwarten.

Keltiberien sei ein großes Land, ungleichmäßig (ἀνώμαλος) und rau (τραχύς), aber von vielen Flüssen durchzogen.[439] Strabon gliedert die Keltiberer in vier Stämme, womit er auf Caesars Dreiteilung Galliens anzuspielen scheint, die Augustus durch eine administrative Vierteilung ersetzt hatte.[440] Allerdings erwähnt der Amaseer allein die Arevaker und die Lusonen namentlich, womit er sein Versprechen[441] erfüllt, nur die Namen wichtiger Volksgruppen zu nennen, um seine Leser nicht zu langweilen.[442] Die Arevaker verdienten sich diese Ehre durch ihren erfolgreichen Widerstand gegen Rom und die Prominenz ihrer zahlreichen Städte;[443] ihre kriegerischen Leistungen bewiesen, dass sie die „trefflichsten" (κράτιστοι) der Keltiberer waren.[444] Das galt aber offenbar nur für die Arevaker, denn wie Poseidonios misstraut Strabon der Behauptung des Polybios, Tiberius Gracchus habe 179/178 v. Chr. dreihundert Städte (πόλεις) der

---

ran gelegen, klassische Keltentopoi zu bemühen, um von seiner fehlenden Autopsie abzulenken. Zu den Kelten und der Rolle der ἀθεσία s. o. das entsprechende Kapitel zu Polybios (132–164). Zur Migration der Keltiker in den Alentejo siehe DE ALARCÃO 2001, 339. Zur Einwanderung der Lusitaner auf der Iberischen Halbinsel, über die es vielleicht noch ein vages Wissen gab, das Vorstellungen von mobilen Ethnien verstärkte, siehe DE ALARCÃO 2001, 318–325 mit Bezug auf Avien. 146–157. OLIVARES PEDREÑO 2005, 608 gibt dagegen zu Bedenken, dass es in der Zeit unmittelbar vor der römischen Eroberung keine großen Migrationen mehr auf der Halbinsel gab; ein bisschen anders sieht das JÚDICE GAMITO 2005, 571.

438 Über Strabons Geringschätzung eigenständiger kultureller Errungenschaften der Römer äußert sich Dueck 2000, 75/76; 79–83.
439 Vgl. Strab. III, 4, 12, C162.
440 Vgl. Strab. III, 4, 13, C162; III, 4, 19, C165 (dort schließt er eine alternative Aufteilung in fünf Stämme nicht aus); IV, 1, 1, C177 (Gallien); Caes. bell. Gall. I, 1, 1. Die Parallelität sieht auch ROLLER, Kommentar, 159; zur Problematik siehe aber v. a. BURILLO MOZOTA 2003, 365. Zu den Textproblemen der strabonischen Beschreibung eines viergeteilten Keltiberien siehe CAPALVO 1996, 55–61.
441 Vgl. Strab. III, 3, 7, C155.
442 Als weitere Nachbarn der Beronen nennt er in III, 4, 12, C162 allerdings die Bardyeter, welche in III, 3, 7, C155 noch als Beispiel für unnötige Namen ‚barbarischer' Ethnien herhalten mussten. Dass nur zwei der vier keltiberischen Stämme namentlich genannt werden, stützt das Argument, Strabon führe eine Vierteilung v. a. deswegen an (und entscheidet sich für diese statt für fünf Teile), weil er eine Parallele zum augusteischen Gallien schaffen will.
443 Strabon nennt in III, 4, 13, C162 Numantia, Segeda (laut App. Ib. 44, vielleicht nach Polybios, handelte es sich in den 150ern um eine Stadt der Beller, die allerdings später nicht mehr erwähnt werden – sie und die Titter scheinen in den Arevakern aufgegangen zu sein), Palantia (Palencia, laut Plin. nat. hist. 3, 26 und Mela 2, 88 der Hauptort der Vakkäer, die Strabon hier vielleicht wieder als Keltiberer fasst; es könnte aber auch ein Irrtum seiner Quellen vorliegen), Segobriga und Bilbilis; zur Lokalisierung der Orte siehe ROLLER, Kommentar, 159.
444 Vgl. Strab. III, 4, 13, C162.

Keltiberer zerstört.⁴⁴⁵ Die Keltiberer seien zwar zahlreich,⁴⁴⁶ lebten aber überwiegend in Dörfern und im Wald.⁴⁴⁷ Da sie „Wilde" (ἄγριοι) seien, bedrohten sie regelmäßig die wenigen Stadt- und Küstenbewohner⁴⁴⁸ in ihrer Region und widersetzten sich der ‚Zivilisierung'.⁴⁴⁹ Die Situation erinnert stark an Strabons Beschreibung Lusitaniens, und tatsächlich betont er, dass die meisten Iberer „wild" (ἄγριος) seien.⁴⁵⁰ Diesem Bild entsprachen die religiösen *nomoi* der Keltiberer: „Manche sagen [...], [sie] brächten bei Vollmond nachts vor den Toren einem namenlosen Gott Opfer dar und tanzten und feierten mit ihrem ganzen Gesinde die Nacht hindurch."⁴⁵¹ Durch die Formulierung „Manche sagen" (ἔνιοι φασί) wahrt Strabon kritische Distanz zu den Angaben, die allerdings von der Forschung als Ritual für eine keltische Gottheit identifiziert werden konnten und folglich auf verlässlichen Informationen beruht haben müssen.⁴⁵² Auf die

---

445 (Römische) Generäle und (griechische) Geschichtsschreiber, so Strabon, neigten gleichermaßen zur Übertreibung. Vgl. Strab. III, 4, 13, C 163 = Pol. XXXIV, 9, 13a. Die Zitation bei Polybios erfolgt nach BILL THAYER's Hinweis auf https://penelope.uchicago.edu/Thayer/E/Roman/Texts/Polybius/34*.html (letzter Aufruf 21.07.2022). Die Stelle wurde früher als Pol. XXV, 1 eingeordnet; siehe etwa DREXLER, Bd. II 1963, 1111. WALBANK forderte allerdings bereits, sie an die von Thayer gewählte Stelle zu verschieben; vgl. WALBANK, Kommentar III, 608. Bei Poseidonios handelt es sich um Strab. III, 4, 13 = F 51 Jac. = T105/F271 EK = F91 Theiler. Poseidonios könnte Gracchus hier auch deswegen kritisiert haben, weil er die Reformen seiner beiden Söhne als entscheidenden Schritt hin zu den Bürgerkriegen bewertete; s. o. 261/262 m. Anm. 396. In jedem Fall spricht Livius (Liv. XXXX, 49, 1) nur von 103 Städten, die Marcellus unterworfen (statt zerstört) hätte; somit scheint die Kritik von Poseidonios/Strabon gerechtfertigt zu sei; vgl. CURCHIN 1991, 103; zur Einordnung der Kritik bei Poseidonios CAPALVO 1996, 38.
446 Das entnimmt Strabon aus Poseidonios' Angabe über den hohen Tribut, den sie trotz der Unfruchtbarkeit ihres Landes 152 v. Chr. an Marcus Claudius Marcellus zu zahlen vermochten; vgl. Strab. III, 4, 13 = F 51 Jac. = T105/F271 EK = F91 Theiler. Die Identifikation von Marcellus erfolgt nach SIMON 1962, 45.
447 Vgl. Strab. III, 4, 13, C163. Siehe zu den Realia ROSE 2003, 18.
448 Eigentlich verfügt Keltiberien über keine Küste. Sind damit ihre östlichen Nachbarn, die Ilercavonen, gemeint, die Strabon namentlich nicht erwähnt? In III, 4, 10, C161 bezeichnet er Osca (Huesca) als Stadt der Ilergeten, aber Livius nennt die Stadt für das Jahr 195 v. Chr. im Rahmen des Triumphes des Marcus Helvius Blasio über die Keltiberer. Siehe Liv. XXXIV, 10, 4. Vielleicht waren die Grenzen und Unterschiede zwischen Keltiberern und Ilergeten/Ilercavonen für die römisch-griechischen Beobachter so gering, dass sie die Begriffe flexibel benutzten.
449 Vgl. Strab. III, 4, 13, C163.
450 Vgl. Strab. III, 4, 13, C163.
451 Strab. III, 4, 16, C164.
452 Nach RAMÓN PALERM/SOPEÑA GENZOR 1994 handelte es sich um Dagda, eine zentrale Gottheit des keltischen Pantheons. Dagegen hält SAYAS ABENGOCHEA den namenlosen Gott für eine der Luna entsprechende Mondgöttin und folgt damit der älteren Auffassung von UHLENBECK 1928, 597–600. Vgl. SAYAS ABENGOCHEA 1999, 207; CARO BAROJA 92/93; 250–255. Bei der Quelle ist erneut an ältere griechische Autoren zu denken, sollte Strabon hier keine hispanischen Informanten meinen, die er in Rom getroffen haben könnte. Strabons Aussage in III, 4, 19, C166, dass allein die Angaben der Hellenen verlässlich seien, spricht für die erstere Interpretation.

meisten griechischen Leser der *Geographika* muss der Kult jedoch fremd gewirkt und damit den Eindruck unzivilisierter ‚Barbaren' bestätigt haben.[453]

Die Keltiberer erscheinen somit als ein armes und wildes Volk, das nur wenig mit den mediterranen Zivilisationen gemein hatte. Dennoch waren sie zahlreich und es existierten schon vor der römischen Eroberung größere Städte in ihrem Land, das reich an Metallen und Tieren war.[454] Deshalb bot es wie die südlicheren Regionen der Iberischen Halbinsel das Potential zur Romanisierung, was die neuen Herrscher Strabon zufolge schnell erkannten. „Im Gebiet der Keltiberer"[455] (περὶ τοὺς Κελτίβηρας) legten sie die *colonia* Caesaraugusta (Zaragoza) an.[456] Caesaraugusta lag am Ebro und bot offenbar die Möglichkeit, das bergige Keltiberien mit der Mittelmeerküste zu verbinden, so wie der Baetis die Städte Turdetaniens mit dem Meer verband.[457] Diese Maßnahmen zeigten bald eine beeindruckende Wirkung: In der Zeit des Tiberius[458] sei das Binnenland um Keltiberien[459] „das Gebiet derer, die jetzt *togati* [τογᾶτοι][460] genannt werden, weil sie friedfertig sind und den kultivierten italischen Lebensstil in

---

453 Er fand höchstens einige Parallelen im athenischen Fest der παννυχίδες, bei denen Frauen die ganze Nacht hindurch tanzten; vgl. DILLON 2002, 233. Strabon weist den Frauen bei den nordspanischen Völkerschaften generell eine einflussreiche Rolle zu, besonders bei den Kantabrern; vgl. etwa Strab. III, 4, 18, C165. Vielleicht kannte er die παννυχίδες und betrachtete sie genauso kritisch wie die Kulte der Keltiberer, die mit „ihrem ganzen Gesinde", wie RADT πανοίκιος übersetzt, also einschließlich der Frauen, für die Götter tanzten.

454 Wenn selbst das Land der Artabrer reich an Silber war, galt das wohl ebenso für die Keltiberer; vgl. Strab. III, 2, 9, C 147 (= F 47 Jac. = F 239 EK = F 19 Theiler). Schließlich hatten sie Marcellus 600 Talente bezahlt, obwohl das Land karg und unfruchtbar war; vgl. Strab. III, 4, 13 = F 51 Jac. = T105/F271 EK = F91 Theiler. Dieser Reichtum konnte eigentlich nur von Metallvorkommen herrühren; auch sagt Strabon in III, 2, 3, C142 die Berge direkt südlich von Keltiberien seien unfruchtbar und unzugänglich, aber reich an Kupfer und Gold – vielleicht hatten die Keltiberer Zugriff auf die dortigen Vorkommen.

455 Strab. III, 2, 15, C151.

456 Laut Plinius (nat. hist. IV, 24) lag Caesaraugusta an der Stelle des edetanischen *oppidum* Salduba. Auch Ptolemaios lokalisiert Caesaraugusta im Land der Edetaner; vgl. Ptol. II, 6, 62. Archäologisch sind die Edetaner im Norden nur bis zum Mijares-Fluss nachweisbar. Vielleicht hatten sie ihr Siedlungsgebiet in der Kaiserzeit weiter nach Norden ausgedehnt, oder es handelte sich im Gebiet von Caesaraugusta um eine verwandte Gruppe, die Sedetaner. Siehe hierzu MOLINOS/RUIZ 1998, 265/266; zur Problematik auch CAPALVO 1996, 54/55. Zur Lage und Abgrenzung Keltiberiens siehe erneut ROSE 2003, 17; ausführlich CAPALVO 1996, 49–61. Ob es sich nun um Edetaner oder Sedetaner handelte, für Strabon scheinen auch die Bewohner des mittleren Ebrotals Keltiberer gewesen zu sein. Zu Caesaraugusta allgemein siehe auch CURCHIN 1991, 117.

457 In III, 4, 20, C 167 schreibt Strabon, die Keltiberer und ihre Nachbarn auf beiden Seiten des Ebros würden romanisiert, der Fluss bildet also ein verbindendes Element. Zur Rolle der *coloniae* s. o. 331; 344/345.

458 In III, 3, 8, C156 berichtet Strabon, Tiberius habe die in III, 4, 20, C167 erneut erwähnten drei Legionen in Nordspanien stationiert. Zu diesen Truppen siehe CURCHIN 1991, 69–77.

459 Strabon spricht von einem Binnenland südlich der Pyrenäen und ergänzt im nächsten Satz, er meine die Keltiberer und ihre Nachbarn.

460 Zur Einsetzung von τογᾶτοι siehe RADT, Kommentar I, 343 zu Strab. III, 2, 15, C151 und ROLLER, Kommentar, 164.

der Toga-Tracht übernommen haben".⁴⁶¹ Strabon nutzt wie in anderen Fällen einen temporalisierenden Vergleich, um die Vorzüge der römischen Herrschaft nachzuweisen: Einst waren die Keltiberer und ihre Verwandten ‚barbarische' Räuber gewesen, die alleine ums Überleben kämpften; mehr noch, sie waren sogar die „wildesten" (θηριωδέστατοι) aller Hispanier, die allesamt als kriegerisch galten.⁴⁶² Durch diesen Superlativ erhebt Strabon sie zum Extremfall, an dem er die Macht der Romanisierung demonstrieren kann. Denn selbst in Keltiberien hätten die Römer, v. a. durch das Instrument der Urbanisierung, Frieden und Ordnung hergestellt und die Einheimischen von den Vorzügen der römisch-italischen Lebensweise überzeugt; das Tragen der Toga symbolisiert deren Übernahme.⁴⁶³ Auch damit erinnern die Keltiberer an ihre gallischen Verwandten, von denen einige nun „gar keine Barbaren mehr sind".⁴⁶⁴

Der Charakter der Keltiberer war das Ergebnis ihres schwer zugänglichen Landes, denn räumliche Isolation brachte für Strabon ein ‚barbarisches' Wesen hervor.⁴⁶⁵ Allerdings beobachtete er auch in diesem Fall, dass menschliche Akteure eine solche Umweltprägung überwinden konnten. Er verschwieg die tatsächlichen Probleme nicht, auf welche die Römer stießen – Räuber, die aus den Wäldern hervorstießen, waren genauso schwer zu bezwingen wie die Bergbanditen Lusitaniens.⁴⁶⁶ Letztendlich entwickelten sich die Keltiberer wie die Iberer aber schrittweise zu friedfertigen und loyalen Bewohnern des Imperiums. Die klassischen *topoi* über die Keltiberer verloren damit dank der römischen Expansion langsam, aber sicher ihre Gültigkeit.⁴⁶⁷

Grausame Jünger des Ares: Die Völker der nordspanischen Küste und des Kantabrischen Gebirges in den *Geographika*

Als noch primitiver galten Strabon die Bewohner des äußersten Nordspaniens, also der heutigen Regionen Asturien, Kantabrien, Baskenland und Navarra. Das lag v. a. an ihrer späten Eroberung, die Agrippa erst 19 v. Chr. abgeschlossen hatte.⁴⁶⁸ Da über

---

461 Strab. III, 4, 20, C167.
462 Vgl. Strab. III, 2, 15, C151.
463 Siehe ähnlich ALONSO NÚÑEZ 1999a, 115. Zur Rolle der Städte als Faktoren der ‚Zivilisierung', wie Strabon sie etwa auch Pax Augusta (Beja) im Land der Keltiker zuschreibt siehe VAN DER VLIET 1977, 251–255 mit zahlreichen Beispielen von ‚Nordbarbaren'.
464 Strab. IV, 1, 12, C186 zu den Kavarern.
465 Vgl. etwa GLOVER 1969, 253; CLARKE 1999, 213.
466 Ähnlich BURILLO MOZOTA 2003, S 365. Eine aktuelle Übersicht über die ‚Romanisierung' Keltiberiens und die damit verbundenen Herausforderungen bietet ROSE 2003 passim; bes. 27/28.
467 Siehe auch ALMAGOR 2005, 53.
468 Vgl. Cass. Dio. LIV, 11, 1–5.

die dortigen Völker zuvor nur wenig bekannt war, konnte sich Strabon hier leicht von älteren griechischen Autoren absetzen.[469]

Er fasst die verschiedenen Bevölkerungsgruppen zunächst zusammen und weist ihnen ähnliche *nomoi* zu: „Ich meine damit die, welche die Nordseite Iberiens begrenzen: die Kallaiker, die Asturer und die Kantabrer bis zu den Vaskonen und den Pyrenäen; haben sie doch sämtlich ähnliche Lebensweisen".[470] Grund dafür ist zunächst die klimatische Lage, die Strabon in einem ausführlichen Vergleich mit dem Rest der Iberischen Halbinsel erläutert:

> Was Oliven, Reben, Feigen und ähnliche Gewächse angeht: die iberische Küste bei uns ist reich an allen, und auch ein großer Teil [des Binnenlandes];[471] von der äußeren Küste ist die nördliche, am Ozean gelegene, wegen der Kälte ihrer völlig bar, und die übrige zum größten Teil, infolge der Gleichgültigkeit der Leute und dadurch, dass ihr Leben nicht auf Vergnügen gerichtet ist, sondern vielmehr von der Notwendigkeit und von tierischen Impulsen im Verein mit schlechten Gewohnheiten bestimmt wird.[472]

Es finden sich drei *comparata*: Die spanische Mittelmeerküste, das Landesinnere und die Atlantikküste.[473] Strabon vergleicht diese im Hinblick auf die Frage, ob dort typische Nutz- und Genusspflanzen mediterraner Stadtkulturen wachsen (können).[474] Die ostiberischen Küstenregionen und das frühlingshafte Turdetanien[475] stellten den Men-

---

469 Seine Hauptquelle mussten deshalb römische Militärberichte und Gespräche mit Teilnehmern des Kantabrischen Krieges (29–19 v. Chr.) bilden, die er durch ältere Angaben vom Feldzug des Brutus Callaïcus und aus den Werken Artemidors und Poseidonios' ergänzte. Siehe dazu etwa ROLLER, Kommentar, 161–163.
470 Strab. III, 3, 7, C155. Er nennt im gleichen Satz noch Pleutauren, Bardyeten und Allotrigen, hält es aber für unnötig, diese genauer zu beschreiben, da sie unwichtig seien. In III, 4, 12, C162 nennt er später noch die Conisci als kantabrischen Teilstamm.
471 Die Ergänzung stammt von RADT, aber ich folge seiner Interpretation.
472 Strab. III, 4, 16, C163–164. ἐλαίας δὲ πέρι καὶ ἀμπέλου καὶ συκῆς καὶ τῶν παραπλησίων φυτῶν ἡ καθ' ἡμᾶς Ἰβηρικὴ παραλία πάντων εὐπορεῖ, συχνὴ δὲ καὶ (τῆς μεσογαίας)· τῆς δ' ἐκτὸς ἡ μὲν παρωκεανῖτις ἡ πρόσβορρος ἀμοιρεῖ διὰ τὰ ψύχη, ἡ δ' ἄλλη τὸ πλέον διὰ τὴν ὀλιγωρίαν τῶν ἀνθρώπων καὶ τὸ μὴ πρὸς διαγωγὴν ἀλλὰ μᾶλλον πρὸς ἀνάγκην καὶ ὁρμὴν θηριώδη μετὰ ἔθους φαύλου ζῆν.
473 Strabon scheint die Atlantikküste in zwei Abschnitte zu teilen; die eigentliche Nordküste Spaniens und „der Großteil der übrigen Küste (am *okeanos*) [ἡ δ' ἄλλη τὸ πλέον]", womit an die Westküste der Iberischen Halbinsel zu denken wäre. Allerdings geht der zweite Teil über die ‚tierischen' Menschen an der Ozeanküste direkt in ein Beispiel aus Kantabrien über, so dass Strabon doch ‚nur' die spanische Atlantikküste zu meinen scheint, und nicht die portugiesische. Die Kommentare schweigen zu dieser Problematik.
474 Ähnlich ROLLER, Kommentar, 161. Eine ähnliche Verortung von Regionen und Völkern nach der Möglichkeit und dem Verzehr von Nutzpflanzen findet sich bei Nearchos, als dieser die Fahrt an der indisch-gedrosischen Küste entlang beschreibt: Je weiter sie nach Westen vorstoßen, desto ‚menschlicher' und ‚zivilisierter' werden die Ethnien: In der Susiana fehlt schließlich nur noch der Olivenbaum. Siehe hierzu Lemser 2012, 56/57. Es handelte sich demnach um ein verbreitetes Muster griechischer Autoren, die Fremde einzuordnen.
475 Klar scheint, dass Strabon hier mit dem „Großteil des Inlands" Turdetanien ein- und Keltiberien ausschließt; wozu die Länder der Oretaner, Edetaner, Vettonen, Vakkäer oder Karpetaner gehö-

schen die gleiche Nahrung zur Verfügung wie Griechenland oder Italien. Die Atlantikküste zeichnet Strabon hingegen als kalte Gegenwelt, wobei er reale klimatische Unterschiede wiedergibt.[476] Hieraus folgen konkrete Auswirkungen auf die Bewohner der jeweiligen Gegend: Turdetaner und Iberer[477] haben den Wert der Freizeit (διαγωγή) erkannt und genießen Dichtung, Philosophie oder Spazieren gehen.[478] Den ‚Nordbarbaren' fehlte dieses Verständnis hingegen, wie das Beispiel der Vettonen demonstriert, das wenige Sätze später folgt.[479] Ihr Alltag sei von Not (ἀνάγκη) geprägt, genau wie bei Poseidonios das Leben der Menschen der Urzeit und das vieler Gallier (dort χρεία).[480] Deshalb erinnere das Verhalten der hispanischen Nordvölker, so Strabon, an das wilder Tiere (θηριώδης), wie schon das Leben der Kelten laut Polybios alleine von ihrem θυμός gelenkt wurde.[481] Dass daraus „schlechte Gewohnheiten", also schlechte *nomoi*, folgten, war für den Leser nachvollziehbar.

Auf dieser grundsätzlichen Feststellung von Fremdheit, die klassischen *topoi* entspricht, baut Strabon eine ausführliche ethnographische Darstellung auf. Zunächst betont er ihren einfachen Lebensstil und ihre primitive Kleidung:[482] Sie trügen schwarze Umhänge aus Ziegenwolle, die Poseidonios bei den Keltiberern beschrieb, und im Kampf Stirnbänder, um die langen Haare zusammenzubinden.[483] Die Frauen der Nordvölker kleideten sich Strabon zufolge in bunte Gewänder,[484] und – hier folgt er vielleicht Nikolaos von Damaskos –[485] nähmen besonders in der kantabrischen Gesellschaft eine zentrale Rolle ein.[486] Sie seien in der Lage, ihre Brüder zu verheiraten, von ihren Vätern zu erben und von ihren Ehemännern eine Mitgift zu fordern. Stra-

---

ren, lässt sich nur spekulieren, aber es scheint naheliegend, dass Strabon auch hier zwischen Süden und Norden unterscheidet und demnach (nur) die südlicheren Regionen als fruchtbar für die drei genannten Pflanzen ansieht.

476 Die jährliche Durchschnittshöchsttemperatur liegt laut Agencia Estatal de Meteorología für Gijón (antikes und modernes Asturien) bei 17,6; in Santander (antikes und modernes Kantabrien) bei 18,5 Grad Celsius. In Valencia (Mittelmeerküste) sind es hingegen 22,8 Grad Celsius und für Sevilla (das antike Hispalis in Turdetanien) werden sogar 25,4 Grad angegeben.

477 Im engeren Sinne, als Bewohner der mediterranen Küsten und Sprecher der iberischen Sprache.

478 Diese Verwendung von διαγωγή geht auf Aristoteles zurück; vgl. RADT, Kommentar I, 380/381. Im gleichen Sinne benutzt es auch Polybios, etwa in III, 57, 9. Dass die Turdetaner solcherlei angenehmen Zeitvertreib kannten, berichtet Strabon in III, 1, 6, C139 (s. o. 311).

479 S. o. 357.

480 S. o. bspw. 231–234.

481 S. o. z. B. 132–164.

482 Wie Kelten und Iberer würden sie z. B. auf dem Boden schlafen; vgl. Strab. III, 3, 7, C154–155; III, 4, 16, C164 (hier findet sich der Vergleich). Poseidonios/Diodor sagt das Gleiche über die Gallier; vgl. Diod V, 32, 7 = F 116 Jac. = Malitz Text 8.

483 Vgl. Strab. III, 3, 7, C154–155; s. o. 266 m. Anm. 406.

484 Vgl. Strab. III, 3, 7, C155.

485 Der syrisch-griechische Geschichtsschreiber berichtet, dass die Frauen der Iberer alljährlich in einem Wettbewerb die besten Erzeugnisse ihrer Webekunst präsentierten und die Männer ihren Favoriten durch Klatschen zum Sieger krönten. So wurde symbolisch der Beitrag der Frauen zu Wirtschaft und Kultur des Volkes gewürdigt; vgl. Stob. III, 5, 14 = FGrHist 90 F105.

486 Ähnlich Iust. XLIV, 3, 7 über die Kallaiker.

bon kommentiert einerseits: „Darin steckt [...] ein Element von Weiberherrschaft (γυναικοκρατία), und das ist keineswegs zivilisiert [οὐ πάνυ πολιτικόν]."[487] Andererseits seien diese Sitten aber auch „nicht tierisch"[488] (οὐ θηριώδης) und die Nordvölker Spaniens schlössen die Ehen „wie die Griechen."[489]

Die Heiratssitten relativieren also die Primitivität der Kantabrer, und die starke Rolle der Frauen findet zumindest in der spartanischen Gesellschaft eine Parallele.[490] Wie schon im Fall der Lusitaner könnten Ähnlichkeiten mit Lakedaimon der Einordnung der Kantabrer als Kriegervolk dienen, hinter deren offensichtlicher Andersartigkeit sich Parallelen zur griechischen Kultur verbergen. Da die Spartaner jedoch vielen anderen Griechen ebenso als fremd galten, eignete sich die Parallele, um ein ambivalentes Bild des jeweiligen Ethnos zu zeichnen:[491] So erinnert die einfache Ernährung der Kantabrer und ihrer Nachbarn genauso an Sparta,[492] doch enthält sie eindeutig ‚barbarische' Elemente: Neben Wasser trinken sie wie die Kelten Bier, und wie bei diesen sei Wein in Nordspanien eine Seltenheit. Sie essen Ziegenfleisch und Brot, doch wird das Brot nicht aus Weizen gebacken wie bei den meisten Griechen und auch nicht aus Gerste wie in Sparta,[493] sondern aus Eicheln, und statt des Olivenöls nutzen sie Butter.[494] Die Ernährung von Nüssen wurde als tierisch und als Zeichen der Primitivität angesehen[495] und in Griechenland nur den als naturnah idealisierten Arkadern (der Frühzeit) zugeschrieben:[496] Butter schließlich galt wie die meisten Milcherzeugnisse seit Herodot als fester Bestandteil der Kost von ‚Nordbarbaren'.[497]

---

487 Strab. III, 4, 18, C165. Zum Motiv der ‚Frauenherrschaft' bei ‚Barbaren' siehe SAAVEDRA 1999 passim. In Strabons eigener Zeit war Marcus Antonius vorgeworfen worden, unter der γυναικοκρατία Fulvias und später Kleopatras gestanden zu haben. Vgl. ROLLER, Kommentar, 162.
488 Strab. III, 4, 18, C165.
489 Strab. III, 3, 7, C155.
490 Zur Rolle der Frauen in Sparta siehe POMEROY 2002 passim.
491 So benutzten die Alexanderhistoriker Sparta auch bei ihrer Beschreibung der indischen Völker; siehe LEMSER 2021, 43–45 mit Beispielen.
492 Deren karge Ernährung war ein Gemeinplatz griechischer Literatur; vgl. bspw. Athen. IV, p. 138D.
493 Vgl. Plut. Lykurgos XII, 2.
494 Strab. III, 3, 7, C154–155.
495 Kirke füttert damit die Männer des Odysseus, nachdem sie diese in Schweine verwandelt hat. Vgl. Hom. Od. X, 242.
496 Vgl. Hdt. I, 66, 2; Apoll. Rhod. IV, 265. Das einfache Leben der Arkader (zu seiner eigenen Zeit) betont selbst der in der Region geborene Polybios, in IV, 21, 1–2. BOAS/LOVEJOY 1965, 344–348 und BALDRY 1965, 174 sehen hier ‚Edle' Wilde und erkennen den Einfluss der Klimatheorie – die Arkader werden also wie (Nord-)‚Barbaren' beschrieben und eignen sich deshalb als *comparatum* für die Nordhispanier. Da es über die Arkader hieß, sie seien älter als der Mond (!), wurde das Verspeisen von Eicheln einer entlegenen Frühzeit zugewiesen, die durchaus auch idealisiert wurde. Zwar lässt Strabon die Keltiberer den Mond anbeten (in III, 4, 16, C164), doch scheint es mir zu weit hergeholt, dass er daran dachte, als er die Ernährung der Kantabrer beschrieb und dass er sie so tatsächlich zu idealisieren suchte. Die Betonung der Primitivität steht hier m. E. im Vordergrund.
497 Siehe Hdt. IV, 2, 2 zu den Skythen. Allerdings lockert Strabon das Modell simpler Ernährung an einer Stelle auf: In den fruchtbaren Tälern unterhalb der Pyrenäen würden die Cerretaner einen

Die Bewohner der nordspanischen Gebirge halten wie die Spartaner (und Lusitaner) gemeinsame Mahlzeiten ab „und die Sitzordnung richtet sich nach Alter (ἡλικία) und Ansehen (τιμή)".[498] Die Beschreibung der Bankette erinnert an Poseidonios' Darstellung der gallischen Gastmahle, die sich Strabon vielleicht zum Vorbild nahm.[499] Schon der Apameer verglich den Aufbau der Bankette mit den Symposien archaischer Griechen.[500] Und Strabon zufolge richten die Nordvölker auch Spiele aus, die griechischen und römischen Vorbildern gleichen.[501]

Ähnliches gilt für ihre Gesetze zur Bestrafung von Kriminellen: „Zum Tode Verurteilte stürzen sie von Felsen hinab, Vatermörder steinigen sie außerhalb der Grenzen oder der Flüsse."[502] Im Athen des 5. Jhs. v. Chr. sah ein Gesetz vor, Kriminelle in eine tiefe Grube (das βάραθρον) zu werfen,[503] und in Rom wurden angeblich noch in Sullas Zeit Missetäter vom Tarpejischen Felsen gestürzt.[504] Steinigen war in der griechischen Welt der Archaik eine verbreitete Praxis[505] und blieb im athenischen Fest der Thargelia erhalten, bei dem (symbolische) Übeltäter durch Steinwürfe aus der Stadt vertrieben wurden.[506] Indem Strabon darauf hinweist, dass die hispanischen Nordvölker die Steinigung außerhalb der Grenzen ihres Landes (als solche wurden offenbar zumeist Flüsse angesehen) vollziehen, gesteht er ihnen zu,[507] ihre Heimat zu lieben und damit das Grauen des Exils zu kennen. Ihre Strafgesetzgebung war also nicht die eines (semi-)

---

hervorragenden Schinken herstellen, den sie in großen Mengen exportierten. Vgl. Strab. III, 4, 11, C 162. Laut ROLLER, Kommentar, 158 handelt es sich um den Ursprung des Serrano-Schinkens. Da auch Gallien Strabon zufolge für seinen Schinken berühmt war, widersprach das Beispiel dem Gesamtbild nicht. Siehe dazu RADT, Kommentar I, 374/375.

498 Strab. III, 3, 7, C155. Ähnlich wie bei den Lusitanern; s. o. 355.
499 Bei Poseidonios' Galliern sind es πολεμικὴ εὐχέρεια (Mut im Krieg) γένος (Abstammung) und πλοῦτος (Reichtum); vgl. Athen. IV, p. 152B = F 15 Jac. = F 67 EK = F 170 Theiler; s. o. 235/236. Strabon ergänzt de Darstellung der nordspanischen Bankette um den Hinweis, dass sie „beim Trinken „zur Flöte und Trompete im Reigen (tanzen)", ähnlich den iberischen Bastetanern, die mit ihren Frauen tanzten; vgl. Strab. III, 3, 7, C155. Laut App. Ib. 66 hatten die Bastetaner Rom im Viriatuskrieg die Treue gehalten: Es gab also keinen Grund für Strabon oder eine seiner Quellen (Polybios, Artemidor, Poseidonios), die Bastetaner unnötig zu ‚barbarisieren', weshalb die Ähnlichkeit der Kantabrer und ihrer Nachbarn zu den Bastetanern eher als Relativierung von deren Fremdheit verstanden werden könnte.
500 Diese Parallele sieht für Strabons Beschreibung schon SAYAS ABENGOCHEA 1999, 197.
501 Vgl. Strab. III, 3, 7, C155.
502 Strab. III, 3, 7, C155.
503 Vor dem 5. Jh. ist diese Hinrichtungsform tatsächlich nicht sicher nachgewiesen; es gibt nicht einmal eine Sicherheit, dass jemals ein Verurteilter ins βάραθρον geworfen wurde, doch war diese Möglichkeit im öffentlichen Diskurs Athens sehr präsent und wird Strabon deswegen wahrscheinlich bekannt gewesen sein, wird sie doch von so bekannten Autoren unterschiedlichster Genre wie Xenophon und Aristophanes erwähnt. Vgl. die Darlegung und Argumentation bei CARLÀ-UHINK 2021, 302–314.
504 Vgl. Plut. Sulla 1, 4.
505 Vgl. FORSDYKE 2008, 37–41.
506 Siehe dazu FORSDYKE 2008, 48.
507 Wie Poseidonios den Keltiberern; vgl. Exc. de leg. I p. 406 n. 29 = Diod. XXXIV/XXXV, 4, 2 = F 111 Theiler.

nomadischen Barbarenstammes, sondern entsprach jener der ackerbauenden Kulturen der Frühzeit.[508]

Die gesellschaftliche Ordnung und die *nomoi* der Asturer, Kallaiker, Kantabrer und Vaskonen weisen damit zwar große Ähnlichkeiten zu anderen ‚Nordvölkern' auf. Strabon vervollständigt das Bild jedoch durch Parallelen mit den südlicheren Völkern Iberiens und den ‚primitiveren' Völkern Griechenlands wie Lakoniern und Arkadern bzw. den Griechen der Vergangenheit – ganz wie Poseidonios vor ihm, dessen Annahmen über die Entwicklung der frühen Menschheit er teilt.[509] Tatsächlich zitiert er Asklepiades' Erzählung, nach der Teukros von Salamis und Amphilochos von Argos nach dem Trojanischen Krieg nach Gallaecien ausgezogen wären, und eine Gruppe von Spartanern in Kantabrien gesiedelt hätte.[510] Diese genealogische Verbindung sollte erklären, warum die ‚barbarischsten' Bewohner der Iberischen Halbinsel über griechische *nomoi* verfügen konnten. Indem er den Mythos rationalisiert weist Strabon die wenigen Städte in Nordspanien implizit als griechische Gründungen aus.[511]

Er findet sogar Gemeinsamkeiten mit den Völkern des Ostens: „Die Kranken stellen sie, wie die Ägypter in alter Zeit, auf den Straßen zur Schau für die, die Erfahrung mit dem Leiden haben, um Rat von ihnen zu bekommen."[512] Strabon verwechselt hier eine Angabe Herodots, der das Phänomen eigentlich den Babyloniern zuschreibt.[513] Aber ob Ägypter oder Babylonier, der Vergleich mit diesen Zivilisationen gesteht den Bewohnern Nordspaniens ein gewisses Maß an Weisheit zu.[514]

Diese Parallelen änderten für Strabon jedoch nichts am primitiven Charakter der hispanischen Nordvölker. Seine Darstellung einer ganzen Reihe ungewöhnlicher Ge-

---

508 Vgl. auch die Interpretation bei VAN DER VLIET 1977, 267.
509 Diese gehen ihrerseits auf Platon zurück; vgl. Plat. leg. 3.676a–683a; Almagor 2005, 51. Fehlender Ackerbau bspw. ist demnach ein Zeichen der niedrigsten von drei Entwicklungsstufen.
510 Vgl. Strab. III, 4, 3, C157 = FGrHist 697 F 7. Aufgrund dieser Angabe ist es nicht ganz richtig, wenn GRIFFITHS 2013, 74 schreibt, der Norden habe bei Strabon gar keine Geschichte vor der römischen Eroberung.
511 Strab. III, 4, 10, C161 erwähnt Calagurris (Calahorra), Pompelo (Pamplona) und Oeaso (Irun oder Oyarzun) als Städte der Vaskonen; zur Identifizierung und Geschichte siehe Sayas Abengochea 1999, 164–166. Die Asturer besitzen die Stadt Noega; vgl. Strab. III, 4, 20, C167. ROLLER, Kommentar, 164 lokalisiert Noega in der Nähe von Gijón.
512 Strab. III, 3, 7, C155.
513 Und tatsächlich führt Strabon selbst die Geschichte bei seiner Behandlung Babylons an (Strab. XVI, 1, 20, C746). Vgl. RADT, Kommentar I, 355.
514 In III, 3, 7, C155 beschreibt Strabon auch noch die Nutzung von Lederbooten und Einbäumen, die in Kantabrien und den benachbarten Regionen zunehmend aus der Mode käme. RADT, Kommentar I, 355/356 glaubt, dies gehöre zur Beschäftigung mit den Mündungen von Guadiana and Guadalquivir, da es sich um Gebirgsbewohner handle. Allerdings ist auch Nordspanien von vielen Flüssen durchzogen, aber RADTS Einwand, der Herausgeber der *Geographika* habe hier eine Notiz an die falsche Stelle gesetzt, verdient Beachtung. Da also m. E. nicht zu bestimmen ist, an welche Stelle der Kommentar zu setzen ist, kann sie nicht in die Interpretation seiner Ethnographie aufgenommen werden. Höchstens lässt sich sagen, dass Strabon durch die Bemerkung, die Benutzung von Einbooten käme aus der Mode, erneut einen temporalisierenden Vergleich benutzt.

bräuche muss auf die Leser der *Geographika* fremd und teilweise sogar abstoßend gewirkt haben. So würden die Kantabrer etwa in abgestandenem Urin baden und damit ihre Zähne putzen, gleich den Keltiberern aus Poseidonios' Zeit.[515] Weiter heißt es, die Völker des iberischen Nordens tauschen Waren und kennen den Wert von Geld (noch) nicht, womit ihre Entwicklung hinter der anderer Iberer zurückliegt.[516] In erster Linie seien sie geübte Krieger, die wie die Gallier in Männerbünden operieren, in denen sie ihr Leben offenbar auf den jeweiligen Anführer geschworen hatten (die so genannte *devotio Iberica*).[517] Ihre Pferde reiten sie zu zweit, und in der Schlacht sind sie jederzeit in der Lage, abzusteigen, um den Kampf zu Fuß fortzusetzen;[518] entsprechendes schreiben schon Polybios und Poseidonios über die Keltiberer.[519] Da sie den Tod nicht fürchten, trügen nicht nur die Hispanier des Nordens, und das ist ein ἴδιον, stets eine Art Pfeilgift bei sich, mit dem man sich dem Zugriff des Feindes entziehen und der *devotio* folgend seinen Anführern (und Kameraden) sein Leben weihen könne.[520] Indem sie den Selbstmord einem Leben unter römischer Herrschaft vorziehen, verweigern sie sich der ‚Zivilisation'.[521] Der gleiche Tenor findet sich in der Geschichte, dass selbst die ans Kreuz geschlagenen Kantabrer im Krieg gegen die Römer (29–19 v. Chr.) noch ihren Tod gefeiert hätten; das nennt Strabon ein Symbol für ihre „Wildheit" (ἀγριότης) und ihren „Wahnsinn" (ἀπόνοια).[522]

In seinen (römischen) Quellen fand er eine Reihe weiterer Geschichten von Kantabrern, die sich (gegenseitig) töteten, um der Gefangennahme zu entgehen, verwies diese aber ins Reich der Legenden.[523] Es stimme allerdings, dass die Frauen genauso mutig

---

515 Vgl. Strab. III, 4, 16, C164; Diod. V, 33, 5 = FGrHist 87 F 117 = F 89 Theiler. Siehe GRIFFITHS 2013, 53: Die Kantabrer folgen damit tierischen Instinkten und nicht der Vernunft, die jeder griechische Leser geschätzt hätte.
516 Vgl. Strab. III, 3, 7, C155. U. a. die Turdetaner verkauften ihr Gold schließlich an die Römer.
517 Das geht aus Strab. III, 4, 18, C165 hervor. Die Darstellung der keltikischen Wanderung in III, 3, 5, C153 bestätigt diese Angabe, denn die Gruppe löste sich nach dem Tod ihres Anführers auf. Die *devotio Iberica* kommentieren auch spätere Autoren, etwa Val. Max. II, 6, 11; Plut. Sertorius 14. Siehe hierzu GRIFFITHS 2013, 54; RAWLINGS 1996, 87; 91/92. Poseidonios beschreibt solche Gefolgsleute einflussreicher gallischer Adliger in Athen. IV, p. 152B = F 15 Jac. = F 67 EK = F 170 Theiler und Diod. V, 29, 2 = F 116 Jac. = F 169 Theiler und schon Polybios deutet das Phänomen in II, 17, 12 an. Vgl. auch WOOLF 1998, 177.
518 Vgl. Strab. III, 4, 18, C165.
519 Vgl. Pol. Sud. (s. v. κελτίβηρες) Fragm. 163 Büttner-Wobst = Fragm. 95 Hultsch = Fragm. 99 Bekker und Vgl. Diod. V, 33, 5 = F 117 Jac. = F 89 Theiler. Strabon (in III, 4, 18, C165) bezieht sich hier auf die Iberer im Allgemeinen und merkt an, die Sitte sei nicht nur in Hispanien verbreitet. Sie unterstreicht aber den Charakter der Nordvölker als Krieger.
520 Vgl. Strab. III, 4, 18, C165.
521 Siehe zu dieser Interpretation GRIFFITHS 2013, 54.
522 Vgl. Strab. III, 4, 18, C165. RADT schreibt „Besinnunglosigkeit".
523 Vgl. Strab. III, 4, 17, C164–165, ähnlich Caes. bell. Gall. III, 22 über die *soldurii* der Aquitanier. Die Idee, lieber in Freiheit zu sterben als der Versklavung anzufallen, war den Griechen nicht unbekannt, wie RADT, Kommentar I, 381 zurecht betont. Die Ikonographie bestätigt weder die Massentötungen noch kantabrische Kriegerinnen, so dass Strabon die Geschichten wohl zu Recht abgelehnt hat. Siehe dazu ROSE 2003, 180.

seien wie ihre Männer und das „haben sie gemein mit den keltischen, thrakischen und skythischen Völkern",[524] also klassischen Vertretern der ‚Nordbarbaren'.[525]

Passend zu ihrem Charakter ehren die Bewohner der Nordküste Strabon zufolge Ares vor allen anderen Göttern und bringen ihm „Hekatomben aller Art auf griechische Weise" (ἑκατόμβας ἑκάστου γένους Ἑλληνικῶς) dar;[526] als Grundlage dieser Sitte wird Strabon erneut die ‚Kolonisation' Nordspaniens nach dem Trojanischen Krieg gesehen haben. Allerdings pervertieren die Einheimischen die hellenischen Riten, indem sie den Göttern auch Pferde und Kriegsgefangene opfern, ähnlich den Galliern und Lusitanern.[527] Während der Kriegsgott Cos(s)us[528] durch die *interpretatio Graeca* mit Ares gleichgesetzt werden konnte, versagte dieses Vergleichsinstrument offenbar bei der Religion der Kallaiker, so dass Strabon festhält: „Manche sagen, die Kallaiker hätten keine Götter";[529] ihre Glaubensvorstellungen sind also unvereinbar und inkommensurabel mit griechischen Ideen.[530] Die wahrhaftige Andersartigkeit der Bewohner des äußersten Nordens der Iberischen Halbinsel verband sich hier mit den tradierten Randvölkertopoi und den Ideen der Klimatheorie: Die Kallaiker mochten zwar erobert worden sein, doch mussten sie auf ihren sturmumtosten Felsen über dem *okeanos* zwangsläufig die ‚barbarischsten' und fremdartigsten Bewohner des Imperiums sein.[531]

---

524 Vgl. Strab. III, 4, 17, C165.
525 Strabon veranschaulicht diesen Mut und die Opferbereitschaft der ‚nordbarbarischen' Frauen mit einer Geschichte aus Ligurien, die Poseidonios von seinem massaliotischen Gastfreund Charmoleon erfahren hatte; vgl. Strab. III, 4, 17, C165 = F58a Jac. = F269 EK = F25 Theiler = A300 Vimercati. THEILER überlegt, auch die iberische Ethnographie in diesem Abschnitt als Teil des Fragments aufzunehmen, zweifelt aber selbst daran; vgl. THEILER II, 39. Da Strabon Poseidonios hier wegen eines Beispiels über Ligurien anführt, das dem bisherigen Kontext nicht entspricht, und da es v. a. um die Kantabrer geht, die Poseidonios kaum gekannt haben dürfte, schließe ich den Abschnitt als Poseidoniosfragment aus.
526 Vgl. Strab. III, 3, 7, C155. Eigene Übersetzung.
527 Vgl. Strab. III, 3, 7, C155. Pol. XII, 4b, 1–3 schreibt allen ‚Barbaren' zu, Pferde zu opfern. Siehe zu Strabons Angaben SAYAS ABENGOCHEA 1990, 206. Poseidonios zufolge opferten die Gallier Kriminelle, nachdem sie sie zuvor fünf Jahre lang gefangen gehalten hatten. Vgl. Diod. V, 32, 6 = F 116 Jac. = F169 Theiler. HOFENEDER 2005, 154 interpretiert die Stelle so, dass sie alle fünf Jahre Gefangene opfern, nicht jeden einzelnen erst nach fünf Jahren. Zu den Lusitanern s. o. (355/356). Wie in Gallien wurden in Nordspanien tatsächlich bis ins 1. Jh. v. Chr. Menschen geopfert und ihnen die Köpfe abgeschlagen, siehe etwa Rose 2003, 46–48.
528 Zu den Funktionen keltischer Gottheiten in Hispanien im Vergleich mit griechisch-römischen Göttern und Göttinnen siehe OLIVARES PEDREÑO 2005, 622–637; zu Cos(s)us besonders 625.
529 Strab. III, 4, 16, C164.
530 Zur Einordnung siehe SAYAS ABENGOCHEA 1999, 203–205. Auf 204 spekuliert er, es handle sich beim ‚Atheismus' der Kallaiker um eine Erfindung des Poseidonios, allerdings hatte der Apameer nur wenig über dieses Volk zu sagen. Die Stelle diskutiert auch BERMEJO BARRERA 1994, 11–15.
531 Die nordspanischen Kriegergesellschaften waren ebenso auf das Erringen von Ehre und Beute im Kampf angewiesen wie die nördlicheren Vertreter der La-Tène-Kultur und bildeten schon deshalb einen deutlichen Kontrast zu den mediterranen Kulturen, wie schon DOMÍNGUEZ MONEDERO 1984, 202/203 betont.

Sodann erklärt er die Isolation auch zum entscheidenden Faktor für den Charakter der dort lebenden Völker:

> Das Schwerbezähmbare und Wilde ist nicht nur eine Folge ihrer Kriege, sondern auch ihrer Entlegenheit: denn die Seereise zu ihnen ist weit, ebenso wie die Straßen, und dadurch, dass sie kaum mit Anderen in Kontakt kommen, haben sie den Sinn für Gemeinschaft und Menschlichkeit verloren.[532]

Strabon geht hier zunächst von der geographischen Disposition aus: Das Land von Gallaecien bis zu den Pyrenäen war von Bergen geprägt und lag am Rand der *oikumene*. Wie im Fall Lusitaniens scheint Strabon anzudeuten, dass die Eigenarten eines Volkes keinesfalls nur den Umweltbedingungen ihrer Heimat zuzuschreiben waren, sondern v. a. der Tatsache, wie die Menschen mit diesen umgingen. Ähnliche Voraussetzungen konnten also zu ähnlichen Charakteren führen, mussten es aber nicht.[533] Kantabrer und Kallaiker waren einst in Kontakt mit den Griechen gekommen, hatten sich aber entschieden, weiter in den Bergen zu leben und ihre ‚barbarischen' *nomoi* beizubehalten.[534] Dass alternative Möglichkeiten vorhanden waren, zeigt Strabon durch die Beispiele der seefahrenden Turdetaner und der (zeitweise) ackerbauenden Lusitaner auf.[535] Die Bewohner Nordspaniens taten sich hingegen wie alle primitiven Völker alleine durch ihre Kampfkraft hervor, so dass sie den Römern von Brutus Callaïcus bis Agrippa lange Widerstand leisten konnten.[536]

Allerdings legt Strabon die Isolation vieler hispanischer Volksgruppen und die fehlende politische Zusammenarbeit zwischen ihnen auch als militärische Schwäche aus. Sie habe es im Laufe der Geschichte immer wieder Angreifern erlaubt, Teile der Iberischen Halbinsel zu erobern. Von den Helden des Trojanischen Krieges, die nach Nordspanien gewandert waren, bis zu den Feldherren der römischen Expansion: sie alle hätten nur deshalb Erfolg gehabt, weil die jeweils bedrängten Iberer von ihren

---

532 Strab. III, 3, 8, C155–156. τὸ δὲ δυσήμερον καὶ ἀγριῶδες οὐκ ἐκ τοῦ πολεμεῖν συμβέβηκε μόνον ἀλλὰ καὶ διὰ τὸν ἐκτοπισμόν· καὶ γὰρ ὁ πλοῦς ἐπ᾽ αὐτοὺς μακρὸς καὶ αἱ ὁδοί, δυσεπίμικτοι δ᾽ ὄντες ἀποβεβλήκασι τὸ κοινωνικὸν καὶ τὸ φιλάνθρωπον.
533 Vgl. SAYAS ABENGOCHEA 1999, 185/186.
534 Ähnliches schreibt Eratosthenes Strab. XVII, 1, 19, C802 = Fr. I B9 Berger zufolge über alle ‚Barbaren' allgemein.
535 Er erkennt jedoch in III, 4, 18, C165 den Mangel von Weizen in Nordspanien als Problem an. Dazu gäbe es Rattenplagen, die aber kein spezifisches iberisches Problem wären. Siehe hierzu auch GRIFFITHS 2013, 52.
536 In XI, 2, 2, C493 stellt Strabon diesen Zusammenhang zwischen dem isolierten (und nomadischen) Leben der Skythen und ihren Erfolgen über Invasoren her; eine Anspielung auf Hdt. IV, 127. Auf die Bedeutung dieser Strabonstelle weist schon GLOVER 1969, 253 hin. Dass der Kriegsruhm nicht nur den Kantabrern gehörte, verdeutlicht Strabon in III, 3, 2, C152 klar: In seiner eigenen Zeit sei es Brauch geworden, alle Lusitaner Kallakoi/Gallaeci zu nennen, da Letztere sich im Krieg gegen Rom so sehr durch ihren Mut ausgezeichnet hätten – dementsprechend spricht der Beiname des Brutus Callaïcus für eine besonders große Leistung.

Nachbarn keine Unterstützung erhielten.⁵³⁷ Stattdessen hätten sie zu allen Zeiten vorgezogen, anliegende Gebiete selbst zu plündern; sie seien wie alle ‚Barbaren' „selbstgefällig (αὐθάδης)" gewesen, und „bei ihnen [kam] noch [eine] [...] von Natur eignende Bösartigkeit und Verschlagenheit hinzu".⁵³⁸ Durch den Vergleich übt Strabon moralische Kritik am Charakter der hispanischen Völker, der vielleicht helfen soll, die römischen Rückschläge auf der Halbinsel verständlich zu machen. Polybios hatte den *topos* der ἀθεσία zu einer der wichtigsten Eigenschaften der Iberer erklärt: Da sich die Einheimischen nicht an Absprachen und Verträge hielten, seien römische Statthalter immer wieder daran gescheitert, in Hispanien eine stabile Herrschaft zu etablieren.⁵³⁹ Gleichzeitig stellt Strabon die Römer in eine Reihe von Eroberern, die bis auf den Trojanischen Krieg zurückgingen; nur ihnen war die vollständige Einnahme des Landes schlussendlich gelungen.⁵⁴⁰ Möglich ist, dass der belesene Strabon dabei die Panegyrik des Megasthenes vor Augen hatte, demzufolge es nach Dionysos und Herakles Alexander dem Großen als einzigem Sterblichen gelungen sei, Indien zu unterwerfen.⁵⁴¹ Schon Herodot sah Parallelen zwischen Indien und Iberien als entgegengesetzte Enden der *oikumene*; eine Vorstellung, die seit Aristoteles von der Idee ergänzt wurde, es gäbe einen direkten Seeweg zwischen beiden Ländern.⁵⁴² Demnach wäre es naheliegend gewesen, auch die Heldentaten Alexanders im Osten auf den Westen zu übertragen und die römische Eroberung der makedonischen gleichzusetzen.⁵⁴³ Dazu passt, dass Strabon abschließend behauptet, die Iberer hätten den Römern sogar noch länger als zwei Jahrhunderte widerstehen können, hätten sie sich nur zusammengeschlossen. Die Parallelität zur Unterwerfung des in hunderte *poleis* zersplitterten Griechenland durch Makedonen und Römer scheint Strabon bei seiner Aussage allerdings entgangen zu sein.⁵⁴⁴

Da die römische Eroberung Strabons Ansicht nach auch bei den verwandten Keltiberern zu einer ‚Zivilisierung' führte, musste das Gleiche für die Bewohner des nördlichen Berglandes gelten. Die Römer stellten Frieden her und nahmen die Region in ihr Reich auf, so dass die Isolation der dort lebenden Menschen ein Ende fand:

> Heute [...] hat alles aufgehört, Krieg zu führen: denn einmal hat Caesar Augustus den Kantabrern [...] das Handwerk gelegt – und ziehen jetzt die Koniaker [...] für die Römer

---

537 Vgl. Strab. III, 4, 5, C158.
538 Strab. III, 4, 5, C158. RADT übersetzt αὐθάδης als „selbstherrlich", „selbstgefällig" passt aber besser.
539 S. o. etwa 207.
540 Vgl. ROLLER, Kommentar, 152/153.
541 Siehe Diod. II, 38, 3–39,4 = BNJ 715 F 4; Arr. Ind. 8,4–9,8 = BNJ 715 F 13a; LEMSER 2021, 80–87.
542 So schreibt Herodot beiden Ländern einen ähnlichen Reichtum an Edelmetallen zu. Vgl. Hdt. III, 102, 1–2; III, 104, 1; III, 106, 2 zu Indien; I, 163 3–4; IV, 152, 3–4 zu Iberien. Zur Vorstellung einer Seeverbindung siehe etwa SCHULZ 2016, 300/301.
543 Auch schließt Strabon hier an den Weltreichvergleich des Polybios an; s. o. 111–114.
544 Auch die Kommentare von RADT und ROLLER weisen darauf nicht hin. Polybios hatte dieses Problem freilich erkannt; vgl. etwa Pol. V, 104.

in den Krieg –, zum anderen ist es seinem Nachfolger Tiberius gelungen, sie durch die Stationierung der von Caesar Augustus dazu bestimmten [...] drei Legionen [...] nicht nur friedfertig, sondern manche von ihnen schon ‚zivilisiert' [πολιτικός]⁵⁴⁵ zu machen.⁵⁴⁶

Nimmt man die vorherige Ethnographie der nordspanischen ‚Barbaren' hinzu, handelt es sich um den typischen temporalisierenden Vergleich, mit dem Strabon in jeder Provinz des Westens den Zustand vor der römischen Eroberung mit der Situation danach vergleicht (*comparata*).⁵⁴⁷ So verfährt er auch in diesem Fall im Hinblick auf die Friedfertigkeit der Region und auf die wirtschaftlichen, sozialen und politischen Lebensbedingungen der Menschen (*tertium*), die hier im Wort πολιτικός zusammengefasst werden. Dabei stellt er wie immer eine Verbesserung fest und schreibt diese explizit der Politik des Augustus und des Tiberius zu, die in Nordspanien durch die römischen Legionäre und – so ergänzt Strabon an anderer Stelle⁵⁴⁸ – die kaiserlichen Legaten repräsentiert werden. Er hob das Militär und seine Kommandanten vielleicht deshalb so hervor, weil er damit der Interpretation der *Res Gestae* folgen wollte; v. a. betont er ihren Beitrag aber, da die Eroberung der Region erst wenige Jahre zurücklag.⁵⁴⁹ Umso beeindruckter müssen die Leser der *Geographika* gewesen sein, dass nun bereits einer der kantabrischen Stämme, die Koniaker,⁵⁵⁰ auf Seiten Roms kämpfte.⁵⁵¹ Offenbar konnte niemand in der *oikumene* dem Einfluss der Römer entgehen: Asturer, Kallaiker, Kantabrer und Vaskonen mochten zwar weiterhin über ‚barbarische' Sitten verfügen⁵⁵² und am äußersten Rand des Reiches in armseligen Zuständen leben, aber sie waren dennoch Teil des Imperiums.⁵⁵³

---

545 Radt übersetzt ‚soziabel', um die Überwindung der sozialen Isolation zu betonen. Gemeint ist damit aber sicherlich auch eine ‚Zivilisierung' und das Wort πόλις dürfte diese Vorstellung für einen Griechen mehr als jedes andere verkörpert haben.
546 Strab. III, 3, 8, C156. ἀλλὰ νῦν [...] πέπαυται πολεμοῦντα πάντα: τούς τε γὰρ συνέχοντας ἔτι νῦν μάλιστα τὰ λῃστήρια Καντάβρους καὶ τοὺς γειτονεύοντας αὐτοῖς κατέλυσεν ὁ Σεβαστὸς Καῖσαρ, καὶ ἀντὶ τοῦ πορθεῖν τοὺς τῶν Ῥωμαίων συμμάχους στρατεύουσι νῦν ὑπὲρ τῶν Ῥωμαίων οἵ τε Κωνιακοὶ [...]. ὅ τ' ἐκεῖνον διαδεξάμενος Τιβέριος τριῶν ταγμάτων στρατιωτικὸν ἐπιστήσας τοῖς τόποις, τὸ ἀποδειχθὲν ὑπὸ τοῦ Σεβαστοῦ Καίσαρος, οὐ μόνον εἰρηνικοὺς ἀλλὰ καὶ πολιτικοὺς ἤδη τινὰς αὐτῶν ἀπεργασάμενος τυγχάνει.
547 Siehe zum vorliegenden Fall auch TROTTA 1999, 90.
548 Vgl. Strab. III, 4, 20, C166–167.
549 Vgl. R. Gest. div. Aug 26, 2. So GRIFFITHS 2013, 69.
550 Sollten sie mit den kantabrischen Conisci identisch sein, wie RADT, Kommentar I, 357 vorschlägt. Vgl. Strab. III, 3, 8, C156 & III, 4, 12, C162.
551 Siehe auch GRIFFITHS 2013, 61. Die ‚Romanisierung' bot also den einzigen Ausweg aus der ‚Barbarei'. Vgl. GÓMEZ ESPELOSÍN 1999, 76. Auch um diesen Effekt zu erzielen, wird er die Schreckensgeschichten römischer Militärs über die Kantabrer abgelehnt haben; s. o. 368.
552 In III, 3, 8, C156 stellt Strabon klar, dass diejenigen Stämme, die nicht in unmittelbarer Nachbarschaft der Legionslager lebten, weiterhin ‚wild' (θηριώδης) seien.
553 Dies betonen schon ROSE 2003, 202/203; GRIFFITHS 2013, 75.

Fazit

Strabons Abhandlung über die Iberische Halbinsel ist die vollständigste erhaltene ‚Ethnographie' des Landes aus der Antike. Sie verrät viel über die *Geographika* im Ganzen und Strabons Sicht auf ‚Barbaren' und Römer. Der Begriff βάρβαρος meint für Strabon hier meistens den Vertreter eines ökonomisch, kulturell und politisch rückständigen Volkes, dessen *nomoi* von denen der Griechen und Römer abweichen und höchstens solchen aus der Vergangenheit der ‚zivilisierten' Völker gleichen.[554] Die römische Expansion und die ‚Romanisierung' der Provinzbewohner hatten Strabon überzeugt, dass es sich beim βάρβαρος um einen Zustand handelte, nicht um eine statische, unveränderliche Eigenschaft.[555] So hatten das angenehmere Klima und die Kontakte mit mythischen und realen Griechen (und anderen Mittelmeervölkern) den Turdetanern und (Ost-)Iberern schon früh eine ‚Zivilisierung' ermöglicht, während die Völker des Nordens bis zur römischen Eroberung primitiv und kriegerisch geblieben waren. Strabon greift damit auf Herodots Theorie einer ständigen Weiterentwicklung der Völker zurück und schließt gleichzeitig an die Idee des Eratosthenes an, dass jeder ‚Barbar' durch das Erlangen griechischer παιδεία und vorbildliches moralisches Verhalten zu einem ‚Zivilisierten' werden konnte.[556] Überbracht wurde diese Zivilisation im Westen allerdings erst durch die Römer: Strabon rechtfertigt ihre Herrschaft in Gallien und Hispanien, lobt Caesar, Augustus und Tiberius als Einzelpersönlichkeiten für ihre Taten und folgt meist der offiziellen (Selbst-)Darstellung der Kaiser.[557]

Dennoch konnte sich auch der Amaseer nicht von den Einflüssen Herodots und der hellenistischen Moralphilosophie befreien, die beide im Werk des Poseidonios kombiniert wurden. Wie seine beiden Vorgänger strebte Strabon nach einer Gesamtdarstellung der Welt und ihrer Bewohner.[558] Schon Herodot weist auf die Gefahr hin, dass die am weitesten entwickelten Zivilisationen durch Reichtum, Macht und *hybris* moralisch verfallen können,[559] und spätere Autoren entwickelten diesen Dekadenzdiskurs unter dem Eindruck hellenistischer Moralphilosophie weiter, um ihn erst auf die Griechen selbst, und später auf die Römer zu übertragen. Selbst Caesar nimmt diese

---

554 Vgl. GRIFFITHS 2013, 60.
555 So waren auch einige griechische Völker einst ‚Barbaren' gewesen. Vgl. Strab. VII, 7, 1, C321; DANDROW 2017, 119–121; Vorbild dafür war Thuk. I, 6, 6. ALMAGOR 2005 weist zurecht daraufhin, dass Strabon den Begriff nicht immer einheitlich benutzt und auch an moralischen Maßstäben festmacht, doch bezweifelt er nicht, dass Strabon der römischen Propaganda folgt: Damit mussten sich selbst die unethischen *nomoi* primitiver Ethnien unter römischer Herrschaft wandeln.
556 Siehe ROSSELLINI/SAÏD 1978 passim und GRIFFITHS 2013, 64 zum Anschluss an Herodot und Strab. I, 4, 9, C66–67 = Eratosthenes Fr. II C24 Berger mit BURSTEIN 2008, 76/77 zu Eratosthenes.
557 Zu dieser Einstellung siehe ausführlicher ENGELS 1999, 183, 314–349; ENGELS 2017, 34; DUECK 2000, 96–106; GRIFFITHS 2013, 65; 68–70.
558 So schon TARN 1927, 236; vgl. MARCACCINI 2000, 609 mit dem Verweis auf die Last der Tradition.
559 Etwa in seiner Beschreibung der Lyder, die durch ihren Reichtum verweichlichten und auch deshalb zu Opfern der persischen Expansion wurden. Siehe dazu SCHULZ 2020a, 242–246.

Idee auf, wenn er das einfache und kriegerische Leben der Belger idealisiert, die unter allen Galliern am weitesten entfernt von der römischen Provinz (und dem griechischen Massalia) siedelten.[560] Am deutlichsten folgt Strabon diesem *topos* bei seiner Beschreibung der ursprünglichsten ‚Nordbarbaren', der Skythen.[561] Griechen und Römer hätten durch den Handel mit dem Norden Luxus (τρυφή), Begierde (ἡδονή) und Habsucht (πλεονεξία) nach Skythien ‚exportiert' und damit das Wesen der Skythen korrumpiert.[562] Deren altes Leben idealisiert Strabon nach den Angaben Herodots, die Ephoros und Poseidonios in ihrer Vermittlung überhöhten:[563] Sie seien ehrlich (ἁπλόος), genügsam (εὐτελής) und unabhängig (αὐτάρκης) gewesen und hätten in jeder dieser Tugenden die Griechen übertroffen.[564] Der einfache Vergleich zwischen Skythen und Griechen/Römern im Hinblick auf ihren Charakter ist Teil eines temporalisierenden Vergleichs zwischen den Skythen der Vergangenheit und denen zu Strabons Zeit. Er dient in diesem Fall nicht der Rechtfertigung, sondern der Kritik an der römischen Herrschaft:[565] Strabon stilisiert die Lebenswelt der Skythen zu einem Gegensatz des römischen Reiches.[566] Eine solche Utopie des glücklichen Lebens der Naturvölker entnahm Strabon dem ethnographischen und philosophischen Diskurs von Herodot über Platon[567] bis zu Agatharchides[568] und Diodor,[569] und sie findet sich

---

560 So bekanntlich schon in Caes. bell. Gall I, 1, 3–4.
561 Damit suchte er natürlich auch Lesererwartungen zu erfüllen.
562 Vgl. Strab. VII, 3, 7, C301. Siehe dazu auch MÜLLER 1997, 458.
563 Ich folge MARCACCINI 2000, 594–595 darin, dass Strabon hier zwar Ephoros und Poseidonios als Quellen benutzt, es sich aber um seine eigene Neuzusammenstellung des Quellenmaterials handelt; dagegen sieht PODOSSINOV 2012, 127 hier Ephoros als direkte Quelle, doch geht er nicht auf MARCACCINI ein, dessen überzeugende Interpretation zu bevorzugen ist. RIESE 1875, 15 schreibt, Herodot habe die Skythen nicht idealisiert, allerdings lieferte er zumindest den Ansatz für eine Idealisierung; Strabon selbst weist in VII, 3, 8, C301 explizit auf Hdt. IV, 127 hin. ROLLER, Kommentar, 354 betont, dass Strabon in VII, 3, 7 auch zeitgenössische Berichte genutzt haben könnte, um die Veränderung der Skythen in seiner Zeit darzustellen.
564 Vgl. Strab. VII, 3, 7, C301. Mit der historischen Wirklichkeit hatte all dies sicherlich wenig zu tun, auch wenn es sicherlich Handelsverbindungen mit Skythien gab; zumindest beziehen sich Poseidonios und Strabon kaum auf die politische Situation in Skythien ihrer eigenen Zeit. Nennenswert ist einzig die von beiden Autoren überlieferte Geschichte, die Skythen unter Palakos, dem Sohn des Skilouros, hätten mit den Roxolanen zusammen gegen die Generäle Mithridates VI. gekämpft. Vgl. Strab. VII, 4, 3, C309 = F 32 Jac. = F 263 EK = F 207 Theiler; Strab. VII, 3, 17, C306–307 und zu diesen Ereignissen auch SIG 709. Über die Zustände in Skythien nach diesem Krieg ist kaum etwas bekannt, siehe aber MURZIN 2005; bes. 38. Augustus behauptete, „die Skythen" (Scythae) hätten ihn um *amicitia* ersucht; vgl. R. Gest. div. Aug. 31.
565 Über die (fast?) skythischen Maioten findet sich in Strab. XI, 2, 4, C494 jedoch auch der Kommentar, sie seien umso wilder, je weiter sie von den griechischen Städten und der Südküste des Bosporanischen Reiches entfernt lebten – ganz wie bei den iberischen und gallischen Ethnien.
566 Vgl. MARCACCINI 2000, 593; 598.
567 Wie im platonischen Idealstaat hatten die Skythen Strabon zufolge (früher) viele Kinder und Frauen und kein Interesse am Handel. Vgl. Plat. rep. IV, 457d; Leg. V 739; MARCACCINI 2000, 606–607.
568 So in Agatharchides Hot. 250.49, 451b = F 49 Burstein. Siehe dazu MARCACCINI 2000, 600; 616.
569 Vgl. Diod. II, 55–60 über die fiktive, utopische Insel des Iambylos und ihre Bewohner.

auch an anderen Stellen der *Geographika*, etwa in seiner Darstellung Libyens.[570] Er folgte also den Interessen seiner griechischen Vorgänger und nutzte den Fall der Skythen, die anders als die ‚Barbaren' des Westens nicht als erbitterte Feinde der Römer in Erscheinung getreten waren, um sich auch von römischen Sichtweisen abzusetzen, wenn das möglich war.

Kelten und Iberer idealisiert Strabon selten so deutlich, doch betont er immer wieder die Einfachheit (λιτότης) ihres Lebens, und einige Male stellt er Ähnlichkeiten zwischen den Bewohnern des Nordwestens der *oikumene* und den Skythen fest, so etwa bei den Kantabrern.[571] Auch entsprechen die *topoi* des primitiven, kriegerischen Lebens, die Ernährung von Käse und Butter und das (semi-)nomadische Leben vieler keltischer und iberischer Völker dem herodoteischen Bild von den Skythen.[572] Bemerkenswert ist aber v. a., welche Aufmerksamkeit Strabon der Religion der Kynesier, Lusitaner, Keltiberer, Kallaiker und Kantabrer widmet, denn Polybios und Poseidonios äußern sich zumindest in den überlieferten Passagen überhaupt nicht zu den einheimischen Glaubensvorstellungen Hispaniens. Sicherlich standen Strabon mehr Quellen zur Verfügung als seinen Vorgängern, aber er scheint bewusst auf diesen *topos* der herodoteischen Ethnographie zurückzugreifen, den der „Vater der Geschichtsschreibung" in jeder längeren Völkerbeschreibung behandelt. Dass Strabon dieses Interesse aufnahm, ist vielleicht durch die Neugier der Römer an und der Angst vor den gallischen Druiden und damit vor ‚nordbarbarischer' ‚Religion' zu erklären,[573] schließlich beschäftigt sich Strabon ebenfalls mit der Rolle der Druiden und greift dabei auf Poseidonios zurück.[574] Auch hatte Augustus das Thema der Religion wieder stärker im öffentlichen Diskurs Roms verankert, weil er Kulte, Tempel und Frömmigkeit als Ausdruck des neuen Goldenen Zeitalters darzustellen suchte.[575] Dieses beendete

---

570 Vgl. Strab. XVII, 3, 19, C835 mit MARCACCINI 2000, 602/603.
571 Vgl. Strab. III, 4, 17, C165.
572 Siehe dazu auch SCHULZ 2020a, 288–301. Bei seiner Beschreibung des Balkans erwähnt Strabon dazu mehrmals das Vermischen keltischer Ethnien mit skythisch-sarmatischen Gruppen. Vgl. Strab. VII, 3, 2, C296; VII, 5, 1, C313. Andere Kelten lebten mit Thrakern (VII, 1, 1, C289; VII, 3, 2, C296) und Illyrern (VII, 1, 1, C289; VII, 3, 11, C303–304; VII, 5, 2, C 314; VII, 5, 4, C314–315) zusammen. So entsteht der Eindruck, dass sich all diese Völker ähneln und einfach vermischen können, da sie alle ‚Nordbarbaren' sind.
573 Schon Caesar beschrieb die Druiden als gefährliche Träger keltischer Kultur, die als Institution vollständig abgeschafft werden müssten, um die römische Herrschaft in Gallien zu sichern. Siehe etwa KREMER 1994, 210, 217; Hall 1998, 19/20.
574 Vgl. Strab. IV, 4, 4, C197 = F 34 Theiler; Strab. IV, 4, 5, C198 = F 55 Jac. = F34 Theiler. EDELSTEIN/KIDD nehmen beide Verweise auf die Druiden nicht als Fragmente auf, da Poseidonios nicht namentlich genannt wird. Als alternative Quelle wäre natürlich an Caesar zu denken; wahrscheinlich hat Strabon auch hier die Informationen mehrerer Autoren zusammengestellt. Ähnlich ROLLER, Kommentar, 197/198. GLOVER 1969, 229 weist daraufhin, dass Strabons Familie Verbindungen zur heiligen Stätte im pontischen Komana hatte und dass Strabon damit auch biographische Gründe für sein starkes Interesse an Glaubensvorstellungen gehabt haben könnte.
575 Vgl. R. Gest. div. Aug. 19–21.

das vorangegangene Chaos der Bürgerkriege, während derer es zu einem Verfall von Frömmigkeit und Glaubensausübung gekommen sei.[576]

Wie Herodot nutzt Strabon die Religion, um einerseits Ähnlichkeiten zwischen Randvölkern und Griechen nachzuweisen und andererseits einige Elemente als inkommensurabel zu zeichnen. Bspw. verehren die Bewohner Nordspaniens Ares und bringen ihm Hekatomben nach griechischem Vorbild dar,[577] so wie bei Herodot die Nomaden Nordafrikas nach hellenischem Ritus (teilweise) griechischen Göttern opfern und die Skythen Ares mehr Opfer darbringen als jedem anderen Gott.[578] Trotz ihrer vermeintlichen Rückständigkeit verstanden diese Gruppen also die griechische Kultur.[579] Der Glaube der Kallaiker sei dagegen derart unverständlich, dass Strabon ihn als gottlos bezeichnet,[580] genauso wie die Griechen und die indischen Kallatier bei Herodot nicht in der Lage sind, die Totensitten des jeweils anderen Volkes (Verspeisen bzw. Verbrennen des Leichnams) nachzuvollziehen.[581] Da Indien und Iberien als äquivalente Pole der *oikumene* galten, ließ sich ein solches Merkmal indischer Religion auf die Kallaiker an der Atlantikküste übertragen. Passenderweise schreibt Strabon den Hiberniern, seiner Ansicht nach das nördlichste Volk der Welt und damit an einem weiteren Pol gelegen, ebenfalls zu, ihre Eltern zu verspeisen.[582] Der Kannibalismus allgemein, so meint er, sei bei den (ebenfalls weit im Norden lebenden)[583] Skythen verbreitet – eine Anspielung auf Herodots Androphagen[584] – und ließe sich im Zuge von Belagerungen auch bei Kelten und Iberern beobachten.[585] Durch den dreigliedrigen

---

576 Vgl. etwa R. Gest. div. Aug. 24. Auch konnte Augustus darauf bauen, dass sich die Leser der Inschrift noch an Vorfälle wie den Bona-Dea-Skandal des Publius Clodius Pulcher erinnern konnten und die Zeit vor Augustus somit als Kontrast zur Gegenwart sahen. Alleine Augustus' Aussage (R. Gest. div. Aug. 21), er habe 82 Tempel in Rom repariert, deutet schon großflächige Zerstörungen in der (jüngeren) Vergangenheit an.
577 Vgl. Strab. III, 3, 7, C155.
578 Vgl. Hdt. IV, 188–190 (Nordafrika); 62 (Ares). Freilich opfern die Skythen Ares auch Pferde (62, 2) und Menschen (62, 3–4) und pervertieren damit griechische Sitten, ganz wie die Lusitaner bei Strabon; s. o. 355/356. Ähnlich wie Poseidonios würdigt Strabon die Frömmigkeit nördlicher Völker dennoch meistens, obwohl er sie bei den Juden kritisiert. Siehe dazu VAN DER VLIET 1977, 222; 276.
579 Siehe auch VAN DER VLIET 1977, 212/213, der den Vergleich mit den Hekatomben allerdings auf die Lusitaner bezieht.
580 Strab. III, 4, 16, C164.
581 Vgl. Hdt. III, 38, 3–4.
582 Vgl. Strab. IV, 5, 4, C201.
583 An anderen Stellen scheint Strabo tatsächlich Teile Skythiens als nördlichste Stellen der *oikumene* anzusehen; vgl. RAUSCH 2013, 138/139.
584 Vgl. Hdt. IV, 18, 3; 106. Herodot betont an beiden Stellen, die Androphagen seien keine Skythen, aber da sie in Skythien lebten, könnte Strabon den *topos* auf die Skythen übertragen haben, um wie bei den Hiberniern ihre Rückständigkeit zu kennzeichnen. Schließlich lebten beide Völker außerhalb des Imperiums; s. u. 381–383 die Diskussion dazu. Außerdem übersah Strabon manchmal Details in der herodoteischen Beschreibung wie bei den Heilpraktiken der Babylonier, die er an einer Stelle den Ägyptern zuordnete (s. o. 367).
585 Vgl. Strab. IV, 5, 4, C201.

Vergleich überträgt Strabon den herodoteischen *topos* des Kannibalismus unter Randvölkern auf die Herodot noch unbekannten Hibernier und in abgeschwächter Form auf Gallier und Iberer. Dass das Phänomen überhaupt auf Nordvölker angewendet wird, wird auf Herodots Beschreibung skythischer Realia beruht haben: Ihr Verzehr von Blut und das Zurschaustellen von Schädeln fand dann in der keltischen Kopfjagd eine auffällige Parallele.[586]

Es gibt weitere Parallelen zwischen Strabon und Herodot: Wie sein Vorgänger beschäftigt er sich mit den Kynesiern[587] und betont, dass Frauen bei den ‚Barbaren' Männeraufgaben übernehmen.[588] Auch wägt er die Angaben verschiedener Völker gegeneinander ab[589] und relativiert mehrfach eingehende Aussagen über einen *ethnos* im Verlauf ihrer Darstellung, so etwa bei den Einwohnern der Balearen.[590] Schließlich erinnert Strabons Rationalisierung der Mythologie über das frühe Iberien an Herodots Umgang mit ebensolchen Geschichten über Skythien, Indien und Ägypten.[591]

Diese Indizien zeigen, dass auch für Strabons ethnographische Passagen über den Westen die These DUECKS abzulehnen ist, Herodot habe keinen Einfluss auf Strabons Arbeit gehabt.[592] Wie bei Polybios finden sich mindestens eine methodische Orientierung an den völkerkundlichen Untersuchungen des Halikarnassers und eine Übernahme seiner Vergleichskategorien. Die offene Kritik Strabons an Herodot ändert daran auch deswegen nichts, weil Herodot nur wenig über die Völker des Westens geschrieben hatte, und Strabon ihn dementsprechend inhaltlich nicht ablehnen konnte. Seine Hauptquellen, Poseidonios und Polybios, nahmen eine ähnlich skeptische Stellung gegenüber dem Wahrheitsgehalt der herodoteischen *Historien* ein, richteten aber ihre ethnographischen Ausführungen am Halikarnasser aus und ‚vererbten' diese Methode an Strabon.[593] Im Zusammenspiel mit philosophischen Ideen von Platon bis zur späthellenistischen Stoa erlaubten sie Strabon, seine Rechtfertigung der römischen Herrschaft mit einer intellektuellen Kritik an den gegenwärtigen Zuständen und einer Idealisierung der Vergangenheit zu kombinieren: So lebten die Lusitaner vor der römischen Eroberung zwar in ständigem Krieg, den erst die Römer beendeten, doch erinnerte ihr einfaches Leben an die vorbildliche Genügsamkeit und Gemeinschaftlichkeit der Spartaner.[594] Anders als etwa Müller behauptet,[595] war Strabon also keineswegs ein

---

586   Vgl. KISTLER 2009, 206/207 mit den entsprechenden Quellenstellen.
587   Vgl. Strab. III, 1, 4, C137–138. Siehe zu dieser Verbindung mit Herodot, in Bezug auf die Kynesier, Tartessos und andere Motive der iberischen Frühgeschichte, PRONTERA 1999, 19–21.
588   Siehe zu dieser Parallele ENGELS 2008, 150.
589   S. o. 333 zu Strab. III, 5, 5–9, C169–175.
590   Vgl. Strab. III, 5, 1, C167–168. Herodot tat das z. B. in seinen ethnographischen Exkursen zu Lydern und Persern; s. o. im Kapitel zu Polybios und den Kelten 156/157.
591   Vgl. GÓMEZ ESPELOSÍN 1999, 78.
592   Vgl. DUECK 2000, 46. S. o. 303. Ähnlich hatte ENGELS 2008, 148 diese Position abgelehnt.
593   Vgl. ENGELS 2008, 154.
594   S. o. 355/356. Römischer Luxus könnte diesen Lebensstil in Zukunft zerstören, wie bei den Skythen.
595   Vgl. MÜLLER 1997, 444–446.

uninspirierter Kompilator älteren Materials, sondern es gelang ihm wie zuvor Poseidonios, komplexe und teils widersprüchliche ethnographische Exkurse zu verfassen, die neue Informationen mit den alten *topoi* verbanden.[596]

Dabei blieb die Struktur des Werkes eher von geographischen Vorgängern geprägt:[597] THOLLARD hat die These formuliert, dass die anerkannte *periplous*-Struktur des III. Buches auch die Völker in einer Rangfolge vorstellt, von den ‚zivilisierten' Turdetanern bis zu den völlig ‚barbarischen' Bewohnern Nordspaniens.[598] Tatsächlich beschreibt Strabon jedoch die phönizischen und griechischen Städte der iberischen Mittelmeerküste (III, 4, 1–9) erst nach Lusitanien (III, 3, 3–6) und dem Norden (III, 3, 7–8).[599] THOLLARD versuchte offenbar, die iberische Ethnographie Strabons heuristisch zu ordnen, und harmonisierte dabei den vorliegenden Text, in dem Strabon immer wieder zwischen den Schauplätzen hin und her springt.[600] Als analytischer Ansatz ist das Vorgehen von Süden nach Norden jedoch sehr hilfreich und ist deshalb auch im vorliegenden Kapitel genutzt worden.

Der Einfluss der griechischen Tradition der Geographie auf Strabon zeigt sich besonders daran, dass er sein Werk nach Völkern strukturierte, nicht nach römischen Provinzen. Die Aufteilung der Halbinsel in die Verwaltungseinheiten Lusitania, Baetica und Hispania war ihm vertraut,[601] doch distanziert er sich von römischer Nomenklatur stets mit der Bemerkung „sie sagen" (in III, 4, 20, C166–167 καλοῦσι).[602] Einerseits wird er die in Hispanien noch jungen Provinzgrenzen vielleicht als dynamisch betrachtet haben,[603] andererseits waren für ihn, der selbst keine politischen Ämter innehatte, die Begriffe seiner griechischen Quellen wichtiger als die der römischen Reichsadministration.[604] Das passt zu seinem Interesse an zeitlichen Prozessen, denn

---

596 Dass diese Komplexität ein charakteristischer Bestandteil der ethnographischen Werke dieser Zeit war und den griechischen Leser nicht störte, hat freilich schon WOOLF 2011, 32–58 herausgearbeitet. Diese Auffassung konnte meine Untersuchung bestätigen.
597 Wie Hekataios, s. o. 326; dazu HORST ROSEMAN 2005 passim.
598 Siehe THOLLARD 1987, 59–84. DUECK 2000, 79 stimmt dieser Annahme zu. Für Gallien mag sie gelten (wo Strabon mit Massalia [in IV, 1] beginnt und mit den Belgern [in IV, 4] endet), für Hispanien trifft sie meines Erachtens nicht zu.
599 Und die Beschreibung der Inseln einschließlich Gades (III, 5) folgt noch nach der Keltiberiens (III, 4, 12–16). Allerdings war es für Strabon normal, Inseln nachzuschieben; vgl. ROLLER, Kommentar, 164.
600 So ist bspw. die Darstellung der Kantabrer und ihrer Nachbarn in III, 3, 7–8 und III, 4, 16–18 aufgeteilt.
601 Vgl. Strab. III, 4, 20, C166–167; POTHECARY 2005b, 163.
602 Augustus ignorierte bei seiner Neueinteilung der Provinzordnung Iberiens offensichtlich die ethnischen Zuordnungen; WOOLF 2011b, 86 stellt eine solche Haltung der Römer allgemein fest.
603 Vor Augustus hatte es schließlich nur zwei Provinzen gegeben, Hispania Citerior und Hispania Ulterior. Für die Annahme spricht auch, dass Strabon sich durchaus für die Verwaltungsstruktur an sich interessiert, wie die Zahl der Legaten, der Legionen und die Provinzhauptstädte, etwa Tarraco. Vgl. Strab. III, 4, 20, C166–167; III, 4, 7, C159 (zu Tarraco); POTHECARY 2005b, 167/168.
604 POTHECARY 2005b, 167 weist zudem zu Recht darauf hin, dass Strabon die Bezeichnung Hispania für eine Provinz, die nur einen Teil Hispaniens umschloss, für seine Leser vielleicht zu verwirrend

es bot sich nicht an, die Geschichte der Provinz Hispania, die Emporion und Sagunt genauso umschloss wie Keltiberien und Kantabrien, als eine Einheit zu untersuchen. Stattdessen betrachtete er die Entwicklung eines (von den Griechen so definierten) *ethnos* wie dem der Lusitaner oder der Kallaiker und konnte so demonstrieren, dass jedes unterworfene Volk eine wichtige Rolle im Imperium Romanum übernehmen würde: Die Turdetaner versorgten Italien mit Getreide und wurden dadurch noch reicher als zuvor, die Gallier kamen endlich in den Genuss von παιδεία aus Massalia und dem Osten,[605] und die Kantabrer mussten nicht mehr gegeneinander kämpfen, sondern durften als römische Hilfstruppen dienen.

Strabon nutzt also stärker als jeder andere Autor zuvor temporalisierende Vergleiche, um die historische Entwicklung verschiedenster ethnographischer und geographischer Einheiten im Imperium Romanum und der *oikumene* nachzuvollziehen. Sie dienen dazu, die römische Herrschaft zu rechtfertigen, seltener zu kritisieren, und die besondere Beschaffenheit einer jeden Provinz zu erklären. Allerdings erschöpfen sich seine Vergleichspraktiken nicht in solchen legitimierenden oder relativierenden zeitlichen Gegenüberstellungen. Wie jeder ethnographische Autor setzt er explikative Vergleiche ein, um Fremdes zu veranschaulichen; etwa die Ausrüstung der lusitanischen Krieger, die mit der griechischer Peltasten verglichen wird.[606] An Herodot[607] erinnern singularisierende Vergleiche, mit deren Hilfe Strabon auch solche Volksgruppen, über die er wenig schreibt, von anderen abheben kann: Die Vettonen zeichnen sich durch den Schmuck ihrer Frauen aus,[608] die Kynesier brächten ihren Göttern keine Opfer dar,[609] und die Balearer beherrschten die Schleuder besser als jeder andere.[610]

Strukturierende Vergleiche wie bei Poseidonios und besonders Polybios ordnen die Völker: In Hispanien entsprechen die Turdetaner den mediterranen Kulturen, die Kantabrer sind dagegen rückständige ‚Nordbarbaren', Lusitaner und Keltiberer befinden sich in einer Zwischenposition; die alten *topoi* verlieren dank der Romanisierung bereits ihre Gültigkeit und werden deshalb auf die Völker am Rand und außerhalb des Imperiums übertragen. Lusitaner und Keltiberer gleichen so dem größten Teil der gal-

---

fand. Und schlussendlich beschrieb Strabon auch Länder außerhalb der Grenzen des Imperiums, so dass er sich nicht immer nach den römischen Provinzen hätte richten können. Der einzige Fall, in dem er so vorgeht, ist Gallien; sicherlich nicht zuletzt deswegen, weil er damit Augustus' Vierteilung des Landes, die Caesars berühmte Dreiteilung ersetzt, literarisch verarbeiten und einen Kontrast zu *De Bello Gallico* schaffen kann. Siehe dazu auch POTHECARY 2005b, 168. Und selbst dort wird in IV, 4 nicht nur die Belgica dargestellt; s. o. 310 Anm. 93.

605 Vertiefend dazu ist WOOLF 1998, 52/53.
606 Vgl. Strab. III, 4, 15, C163; s. o. 354; 356.
607 Siehe etwa erneut SCHULZ 2020a, 221–326.
608 So Strab. III, 4, 17, C164. Laut Nikolaos von Damaskos war dagegen eine besonders schlanke Taille das wichtigste Zeichen von Schönheit bei den iberischen Frauen; vgl. Stob. III, 5, 14 = FGrHist 90 F105. Es scheint allerdings nicht so, als wolle sich Strabon von dieser Aussage aktiv absetzen.
609 Zumindest nicht am heiligen Vorgebirge; siehe Strab. III, 1, 4, C138.
610 Vgl. Strab. III, 5, 1, C168.

lischen Bevölkerung, während die Bewohner der Narbonensis bereits fast so ‚zivilisiert' sind wie die Turdetaner;[611] die Germanen schließlich sind noch wilder als die Kantabrer, weil sie (noch) außerhalb der römischen Herrschaft leben. GRIFFITHS' These, Strabon habe einen klaren Gegensatz zwischen dem Norden und dem Süden der Halbinsel gezeichnet und die dazwischenliegenden Länder als Übergangszone charakterisiert, bestätigt sich also und gilt auch für Gallien.[612] Entfernung zur Mittelmeerwelt, Umweltbedingungen und historische Entwicklungen waren für Strabon die wichtigsten Faktoren, die entschieden, auf welcher Position eine Gruppe einzuordnen war.[613]

Strabon vergleicht und gruppiert die Ethnien aber auch nach ihrem Machtrang: So bezeichnet er die Sueben als die mächtigsten aller Germanen[614] und die Belger[615] – Caesar folgend[616] – als die kriegstüchtigsten Gallier; unter den Belgern seien wiederum die Bellovaker[617] die tapfersten. Auf der Iberischen Halbinsel bezeichnet er eine Reihe von Gruppen, von den Vettonen bis zu den Kantabrern, als Kriegervölker, doch folgen daraus keine agonalen Vergleiche wie in Gallien und Germanien. Deren Prominenz ist also vielleicht eher auf Caesars ausführliche Beschreibung des Gallischen Krieges zurückzuführen. Sie erlaubte es Strabon, die Wertungen des *imperators* zu übernehmen und eigene strukturierende Vergleiche einzufügen, die eine Volksgruppe über eine andere erhoben, weil sie den Römern länger Widerstand geleistet hatte. Eine ähnliche Quelle war für die Eroberung Hispaniens schon allein deshalb nicht vorhanden, weil sich die römischen Kriege auf der Halbinsel so lange hingezogen hatten.[618] Strabon betont, dass gerade das räuberische Leben vieler Gruppen in den spanischen Bergen der Grund für diesen Unterschied sei.[619] Deshalb seien die hispanischen Völker den Galliern militärisch überlegen; und da bei den Kantabrern sogar die Frauen so tapfer waren wie die Männer, galten sie dem Geographen vielleicht als kriegstüchtigstes Volk des Landes.[620]

---

611 S. o. 323 m. Anm. 170 zu Strab. IV, 1, 12, C186.
612 Zu den Thesen vgl. GRIFFITHS 2013, 52/53 und s. o. 327. Zu Gallien siehe GRIFFITHS 2013, 57 und WOOLF 1998, 51–53.
613 Vgl. THOLLARD 1987, 6–7; Q2013, 53; 60. Repräsentativ für den Charakter eines Volkes war wie bei Herodot auch die Ernährung, die sich aus den drei oben genannten Faktoren ergab. Vgl. LOWE 2017, 70.
614 Vgl. Strab. IV, 3, 4, C194.
615 Vgl. Strab. IV, 4, 3, C196.
616 Vgl. Caes. bell. Gall. I, 1, 3.
617 Vgl. Strab. IV, 4, 3, C196.
618 Eine solche Darstellung war freilich das Ziel der späteren Ἰβηρική Appians, der die Kriege aus der Rückschau deutlich einfacher zusammenfassen konnte.
619 Vgl. Strab. IV, 4, 2, C196.
620 S. o. 368/369 zu Strab. III, 4, 17, C165. Er sagt jedoch nicht explizit, dass die Frauen auch in den Krieg zogen. Dass Frauen überhaupt Männerrollen übernahmen war für Strabon typisch für ‚Barbaren' und wird auch für Gallien erwähnt; vgl. Strab. IV, 4, 3, C197. Poseidonios sagt Ähnliches wie Strabon zu den Kantabrerinnen etwa über die Ligurerinnen; vgl. Diod. V, 39, 6 = F 118 Jac. = F 163b Theiler. S. u. 396 im Fazit der Arbeit.

Für diese Rangordnung waren militärische Vergleiche vonnöten, die bei Strabon zumindest in seinen Büchern über die ‚Barbaren' des (Nord-)Westens eine ähnlich wichtige Rolle spielen wie bei den meisten späthellenistischen Ethnographen. Da diese Ethnien erst in jüngerer Vergangenheit unterworfen worden waren, nahmen griechisch-römische Beobachter sie als Kriegervölker wahr und reduzierten ihren Charakter, wie bei den Vettonen, oft auf militärische Aspekte.[621] Allerdings verbleiben auch in diesem Fall Strabons Militärvergleiche auf einer Makroebene ohne Details über Taktik und Bewaffnung und nehmen somit keine so zentrale Stellung ein wie in den *Historien* des Polybios.[622] Grund dafür sind die fehlende militärische Erfahrung Strabons und die andere Ausrichtung seines Werkes.

Dennoch schließt Strabon in vielen Punkten an seinen Vorgänger an. Trotz seiner philosophischen Ausbildung ist, anders als bei Poseidonios, nicht die Stoa das zentrale Element seines Weltbildes, sondern das politische Interesse an der augusteischen Umgestaltung der *oikumene*. Indem Strabon dieses Thema in den Vordergrund stellte, konnte er die Beschreibung der Völker der *oikumene* im Zeitalter der römischen Expansion, die Polybios begonnen hatte, zu einem vorläufigen Abschluss bringen. Damit gab er Augustus' Idee wieder, dass für alle Bewohner des Mittelmeerraumes eine neue Epoche begonnen habe.

Ausdruck dieser Zäsur und entscheidend für das weitere ethnographische Denken ist eine Unterscheidung, die Strabon auf der Makroebene trifft: Er verschiebt die klassische Dichotomie zwischen ‚Barbaren' und ‚Zivilisation' an die Grenzen des Reiches, da sich seiner Ansicht nach jedes noch so primitive Volk unter römischer Verwaltung zwangsläufig weiterentwickeln würde.[623] Solche Ethnien, die außerhalb des Imperiums leben, müssen dementsprechend primitiv und unbedeutend bleiben. So interessiert sich Strabon nur aus wirtschaftlichen Gründen für Britannien, und er rät von einer Eroberung ab, da das Land wertlos sei und die Einwohner keine Bedrohung darstellten; die wichtigsten Stammesführer hätten sich ohnehin schon der Oberherrschaft des Au-

---

621 Siehe dazu GRIFFITHS 2013, 54.
622 Außer vielleicht bei der Beschreibung der lusitanischen Bewaffnung, die aber teilweise auf Angaben des Polybios zurückgehen dürfte. S. o. 276 Anm. 474 zu Strab. III, 3, 6, C154. Strabon selbst hatte keinen militärischen Hintergrund, aber seine Familie hatte im pontischen Militär gedient: Sein Ur-Urgroßvater mütterlicherseits, Dorylaos, heuerte für Mithridates V. Söldner in Griechenland, Thrakien und auf Kreta an und liess sich nach dem Tod des Königs in Knossos nieder; vgl. Strab. X, 4, 10, C477. Dessen gleichnamiger Neffe war ein wichtiger Feldherr Mithridates VI.; siehe Strab. X, 4, 10, C478. Dementsprechend gab es auch in Strabons Familie soldatische Aktivitäten, doch werden sie sich nicht so direkt auf ihn ausgewirkt haben wie bei Polybios.
623 Vgl. etwa GÓMEZ ESPELOSÍN 2007, 28. Rom bleibt aber natürlich wie bei Poseidonios das Zentrum der Zivilisation (neben Griechenland, das geographisch ähnlich zentral im Imperium positioniert ist). Ich schließe mich damit der Interpretation von CLARKE 1999, 168/169 und GRIFFITHS 2013, 64 an.

gustus unterworfen.⁶²⁴ Noch einen Schritt weiter geht er bei seiner Behandlung Iernes (Irland), das er nördlich von Britannien lokalisiert. Während hellenistische Autoren unter dem Polarkreis das stets glückliche und gesunde Fabelvolk der Hyperboreer verorteten, sind Strabons Iren das genaue Gegenteil:⁶²⁵ Die Einwohner der grünen Insel erscheinen als gesetzlose und inzestuöse Kannibalen; sie haben nichts mit Griechen und Römern gemein.⁶²⁶

Diese Darstellung entsprach den Annahmen der Klimatheorie und war als Ablehnung von Pytheas' ethnographischen Angaben über den Norden gedacht,⁶²⁷ aber sie folgt auch aus Strabons Übernahme der imperialen Ideologie: Ein Volk wie die Hyperboreer konnte es außerhalb des Reiches nicht geben, denn nur die Bewohner des *imperium sine fine* durften glücklich, wohlhabend und erfolgreich sein.⁶²⁸ Der Anspruch, das Reich mit der *oikumene* gleichzusetzen (*orbis terrarum*), führte zu einer Marginalisierung außerhalb gelegener Gebiete, selbst des mächtigen Partherreiches, das in den *Geographika* nur als Regionalmacht erscheint.⁶²⁹ Diese konstruierte Zweiteilung der Welt in Imperium und Umwelt war das Ergebnis diverser Vergleichspraktiken, deren gemeinsames *tertium* Zivilisation, Stabilität und Pax Romana waren. Die Bewohner des Imperium Romanum profitierten von allen drei Errungenschaften, während sie dem Rest der Welt fehlten.⁶³⁰

---

624 Vgl. Strab. II, 5, 8, C115–116; IV, 5, 3, C200. Auch in diesem Fall folgt Strabon also der offiziellen Propaganda des Princeps; vgl. R. Gest. div. Aug. 32. Seine Darstellung des Handels ist allerdings weitestgehend richtig; vgl. dazu FRERE 1987, 275–294.

625 Zum Bild von den Hyperboreern vgl. BRIDGMAN 2014 passim.

626 Vgl. Strab. IV, 5, 4, C201. ILYUSHECHKINA 2017 passim spricht allgemein davon, Strabon habe durch seine Beschreibung der Nordvölker außerhalb des Reiches einen *metus Septentrionalis* (statt des *metus Gallicus*) erzeugt. Für die ‚Barbaren' des Nordens galt eine solche Haltung sicherlich insbesonders, auch wenn Strabon grundsätzlich alle Ethnien außerhalb der Grenzen abwertete. Zur Darstellung Iernes siehe BIANCHETTI 2002 passim. Immerhin betont Strabon in herodoteischer Art, seine Quellen seien nicht vertrauenswürdig; dennoch widerspricht er ihnen nicht prinzipiell.

627 Vgl. etwa Strab. II, 5, 8, C114; TROTTA 1999, 92; 95; GRIFFITHS 2013, 68. Eine Bewohnbarkeit der Polarzonen lehnte Strabon komplett ab und brach damit mit großen Teilen der geographischen Tradition, wie DION 1977, 266/267 zeigt. Siehe dazu Strab. II, 3, 1, C96.

628 Vgl. dazu GÜNNEWIG 1998, 267–275.

629 Strabon hielt sich damit an die in Rom aufgestellte Karte des Agrippa, welche die östlichen Gebiete der *oikumene* wahrscheinlich ebenfalls unterproportional repräsentierte; siehe dazu WALBANK 1967, 182. Agrippa und Strabon verweigerten also geradezu den direkten Vergleich zwischen den beiden Imperien, da sie die Macht Roms für inkommensurabel hielten, wie schon Polybios; vgl. Pol. I, 2, 1–7; XXXIX, 8, 7. Zum Bild des Partherreiches bei Strabon siehe ENGELS 2017 passim.

630 So behauptet Strabon über das Arsakidenreich, es sei instabil, werde immer wieder von Aufständen erschüttert und kontrolliere viele armselige, ‚unzivilisierte' Provinzen (VI, 4, 2, C288; XV, 3, 12, C732; XVI, 1, 28, C749). Siehe zu der verzerrten Darstellung ENGELS 2017, 33/34; DRIJVERS 1998 passim. Die ‚zivilisierten' Völker außerhalb des Reiches schicken zumindest Botschafter nach Rom: Für die Parther erwähnt Strabons das in VI, 4, 2, C288, für die Inder in XV, 1, 4, C686; XV, 1, 17, C719–720, für die Äthiopier in XVII, 1, 54, C820–821. Sehr ähnlich R. Gest. div. Aug 31–32 zu Indien und Parthien; in R. Gest. div. Aug 26 schildert der Princeps neben der Expedition des Gallus nach Arabien auch einen Feldzug nach Äthiopien.

Das bedeutete zugleich, dass es innerhalb des Imperiums irgendwann keine ‚Barbaren' mehr geben würde, womit die alte Zweiteilung der Welt in ‚Griechen' und ‚Barbaren' endgültig überwunden war.[631] Indem Strabon die ‚Barbaren' in die Außenwelt des Reiches verdrängte, einte er die Völker der Mittelmeerwelt auf der intellektuellen Ebene und vollendete damit im Geiste, was Augustus auf dem Schlachtfeld und in der Politik erschaffen hatte.[632]

---

631 Ähnlich schon GLOVER 1969, 259; MONTERO BARRIENTOS 1995, 323/324; GÓMEZ ESPELOSÍN 2007, 27; GRIFFITHS 2013, 65. Auch hier leistete Polybios schon eine gewisse Vorarbeit, als er aus realpolitischer Sicht darauf hinwies, dass die Römer all ihre Untertanen, ob Kelten, Iberer oder Griechen, gleich behandeln mussten; vgl. Ferrary passim. Die moralischen und kulturellen Folgen dieser Einsicht für das Verständnis der fremden Ethnien konnten die Griechen allerdings erst in Strabons Zeit ziehen.

632 Siehe dazu ausführlicher auch ENGELS 1999, 310–377. Die Verarbeitung der Informationen des römischen Militärs war durchaus eine wichtige Aufgabe, denn wie BERTRAND 1997, 114 über jenes schreibt: „Military action, in other words, is often driven more by the desire to expand the limits of intelligence than to achieve a goal determined by the available intelligence." Diese eher pragmatische Vorgehensweise zeigt sich beispielhaft in Caesars Eroberung Galliens, über das er im Vorhinein zwar durch Klienten und Kaufleute Informationen besaß, doch mangelte es ihm an einem Gesamtbild; Karten im heutigen Sinne gab es in der Antike sowieso nicht. Siehe BERTRAND 1997; JANNI 1984. Von Konsuln oder vom Senat beauftragte Erkundungsfahrten wie die des Polybios waren also die Ausnahme; dieses Fehlen von Feindaufklärung vor einem Feldzug war sicherlich auch einer der Gründe, warum die Römer im gebirgigen und weitläufigen Iberien so viele Niederlagen erlitten. Strabon war kein von Rom beauftragter Autor, doch machte er die Erkenntnisse des Militärs einer weiten Öffentlichkeit zugänglich.

6. Fazit und Ausblick

Als Augustus nach dem Tod Kleopatras 30 v. Chr. das Ptolemäerreich annektierte, endete die Unabhängigkeit des letzten hellenistischen Großreichs. Fast alle Griechen lebten nun unter römischer Herrschaft. Als erster griechischer Autor reflektierte Strabon diese Entwicklung ausführlich und zog daraus Konsequenzen für das Verhältnis zu den (Nord-),Barbaren', von denen ebenfalls bereits ein großer Teil unterworfen worden war. Die *Geographika* – und die verlorene Universalgeschichte – sind somit ein Ergebnis aller politischen und geistesgeschichtlichen Umwälzungen, welche die griechische Welt seit dem ersten Kontakt mit Rom erlebt hatte.[1] Polybios verfasste eine Universalgeschichte, um diese alles umfassenden Veränderungen zu erklären, Poseidonios suchte die Realität der römischen Herrschaft mit seinen philosophischen Vorstellungen in Einklang zu bringen, und Strabon setzte das Imperium Romanum aus geographischer Perspektive mit der *oikumene* gleich.[2] Auch andere späthellenistische Autoren wie Alexander Polyhistor, Nikolaos von Damaskos oder Timagenes ordneten ihre ethnographischen Erläuterungen auf der Makroebene ein: Sie beschrieben ihre Objekte nicht als Einzelfälle, sondern setzten sie stets über Raum und Zeit hinweg mit anderen Völkern der *oikumene* in Verbindung.[3] Nur mit solchen Arbeiten im Sinne der Universalgeschichte (nach Polybios) und Universalgeographie (wie bei Strabon) konnten sie Polybios' Forderung gerecht werden, jedes fremde Volk im Rahmen seiner jeweiligen Stellung im römischen Machtbereich zu untersuchen.[4]

---

1 So schon ENGELS 1999.
2 Freilich verfolgten alle drei universalhistorische und universalgeographische Ansätze in ihren Werken, wie schon ALONSO NÚÑEZ 1990, 191 zurecht bemerkt hat.
3 So soll Alexander Polyhistor sich mit all den Völkern des Ostens, mit denen Pompeius auf seinen Feldzügen in Kontakt gekommen war, innerhalb dieses militärisch-historischen Kontextes beschäftigt haben; siehe MUCCIOLI 2006, 61; 65; 68/69. Auch taucht bei Alexander wie bei Nikolaos von Damaskos eine *translatio imperii* im polybianischen Stile auf; vgl. ebd., 67. Nikolaos verfasste eine Universalgeschichte im Anschluss an Polybios; vgl. ALONSO NÚÑEZ 1990, 192. Siehe zu diesen Autoren weiter MUCCIOLI 2006 passim; DUECK 2000, 130–144; ENGELS 2010, 73–79; ENGELS 2014, 165.
4 Strabon hatte bspw. ausgeführt, dass die Kantabrer nun als Hilfstruppen dienten, die Turdetaner hingegen eher als erfolgreiche Kaufleute in Erscheinung traten – jeder Ethnie kam somit eine spezielle Rolle zu. S. o. 338/339 (Turdetaner); 371/372 (Kantabrer). Zu Polybios s. o. bspw. 56.

Diese weltumspannenden Darstellungen beruhten immer auch auf Vergleichspraktiken.[5] Hier soll deshalb noch einmal die eingehende Beobachtung dieser Studie aufgegriffen werden: Das Vergleichen war schon in der Antike die Grundpraxis ethnographischen Denkens.[6] Um die hellenistische Ethnographie wirklich verstehen zu können, muss der Blick deshalb auf das Vergleichen fallen, was in der bisherigen Forschung jedoch nur selten geschehen ist. Das mag auch daran liegen, dass von den antiken Autoren selten explizit verglichen wurde: Der eigentlichen Schreibpraxis gingen zwar zwangsläufig mentale und verbal mit anderen diskutierte Vergleiche voran, doch wurde dem Leser oft nur das Ergebnis des Prozesses präsentiert. Diese Vergleiche strukturierten jedoch das Denken über das Andere und erlaubten es den Gelehrten so erst, bestimmte Weltdeutungsmuster wie bspw. die klimatheoretische Makrotheorie zu entwerfen, zu modifizieren und auf den konkreten Forschungsgegenstand anzuwenden. Der ethnographische Vergleich sollte deshalb zukünftig wie in der vorliegenden Studie ins Zentrum rücken, um neue Antworten auf die alte Frage nach Fremd- und Selbstverständnis der antiken Griechen finden zu können.

Die Untersuchung hat verdeutlicht, dass dem 2. u. 1. Jahrhundert v. Chr. als einer Scharnierepoche in der hellenischen Geschichte dabei eine besondere Rolle zukommt. Denn für die Gelehrten dieser Zeit stellte sich die doppelte Herausforderung, einerseits die endgültige Unterwerfung ihrer Welt unter die römische Herrschaft zu verarbeiten und daraus die nötigen Schlüsse für die eigene Identität zu ziehen. Andererseits ermöglichte ihnen die römische Expansion im Westen und Norden, zuvor größtenteils unbekannte Länder ‚wissenschaftlich' zu erschließen und dieses Wissen einem breiteren, hellenischen Publikum zu vermitteln. Wie zu anderen Zeiten reagierte die antike Ethnographie damit direkt auf die zeitgenössischen politischen Entwicklungen. Das ist keine neue Erkenntnis: CLARKE hat dies bereits in Bezug auf das geographische Schreiben und das Verständnis von Raum und Geographie bei den drei hier besprochenen Autoren herausgearbeitet. So hielt sie berechtigterweise fest, dass Polybios seinen Lesern noch das dynamische Bild einer expandierenden römischen Republik bot, während Strabon das Imperium dann als festes, dauerhaftes Konstrukt erfassen konnte.[7] Überträgt man diese Gedanken auf die Ethnographie der ‚Nordvölker', zeigt sich dort jedoch eine umgekehrte, zugleich komplementäre Entwicklung: Während die ‚Barbaren' im von dauernden Kriegen geprägten frühen 2. Jahrhundert v. Chr. noch als starres Feindbild galten, gestanden Autoren der frühen Kaiserzeit wie Strabon grundsätzlich allen Fremden zu, sich ‚zivilisieren' zu können.

---

5   MUCCIOLI 2006, 63/64 betont die zentrale Rolle von temporalisierenden Vergleichen sowie Vergleichen zwischen Griechen/Makedonen und Römern bei Alexander Polyhistor und Timagenes, aber auch bei Autoren wie Potamonos von Mytilene; siehe Plut. Alexander 61, 3 = FGrHist 147 F 1 = FGrHist 1085 T 4a.
6   S. o. 25/26.
7   Vgl. CLARKE 1999, 78 (Polybios und Strabon); 217 (Strabon). Auch sie sieht dazu Poseidonios in einer Zwischen- und Vermittlerposition zwischen den beiden anderen Autoren; siehe ebd. 192

Dagegen stellt WOOLF in seiner grundlegenden Studie die These auf, die römische Weltreichsbildung habe die ethnographische Praxis als solche wenig verändert.[8] Zwar führt er aus, dass die unterworfenen Ethnien durch den Kontakt mit römischen und griechischen Mythologien und Genealogien im ‚middle ground' dazu angeregt wurden, ihren eigenen Platz in dieser Welt zu finden. Bald verfassten sie auch eigene ethnographische Schriften wie bspw. der Gallo-Römer Pompeius Trogus.[9] Er greift jedoch zu kurz, wenn er behauptet, die gewaltigen makropolitischen Umwälzungen ihrer Zeit hätten keine Spuren in den ethnographischen Schriften der ebenfalls unterworfenen Griechen hinterlassen. Nur wenn Römer- und ‚Barbarenbild' gemeinsam analysiert werden, lässt sich herausarbeiten, dass der Aufstieg Roms zur mediterranen Vormacht nicht nur das Bild der Griechen von den Römern veränderte, sondern ebenso ihre Vorstellungen von den ‚Barbaren' und schließlich von sich selbst. Die folgende Übersicht wird genau diese tiefgreifenden Veränderungen in allen Bereichen des ethnographischen Denkens und Schreibens zusammenfassen und hofft, dadurch der weiteren Erforschung dieses Themenkomplexes fruchtbare Anstöße zu liefern.

Das gilt ebenso für die Einsicht, dass dieses Thema nur mit einem umfassenden Ansatz erschlossen werden kann: So wurde die späthellenistische Ethnographie aller Völker des Westens in der vorliegenden Monographie erstmals zusammenhängend untersucht statt nur in Einzelstudien. Entsprechende Arbeiten vermochten zwar wichtige Detailfragen zu klären, trafen jedoch oft partielle Aussagen, die nicht mehr haltbar sind oder zumindest abgeschwächt werden müssen, wenn die Darstellungen anderer Völker des Westens (bei anderen Autoren) hinzugezogen werden.[10] Der Blick auf das große Ganze entspricht dazu stärker dem Vorgehen der antiken Autoren, die stets an Zusammenhängen in der gesamten *oikumene* interessiert waren.[11] Lediglich so lassen

---

8   Vgl. WOOLF 2011b, 61/62. Als größte Veränderung hält er fest, dass immer mehr literarische Werke verfügbar wurden – die eigentliche Arbeit der ‚Ethnographen' habe deshalb v. a. in Bibliotheken stattgefunden, was aber auch erst ab der Zeit Strabons gilt.
9   Vgl. WOOLF 2011b, 27–32.
10 Das gilt v. a. für die französischsprachige Forschung zu den Kelten bei Polybios und Poseidonios. Vgl. bspw. BERGER 1992, BERGER 1995 und FOULON 2001 zu Polybios, die v. a. zu dem Ergebnis kommen, Polybios habe ein vorwiegend negatives Bild von den Kelten gehabt. Hätten seine Beschreibungen der Alpenkelten genau von jener der Po-Kelten differenziert und Keltiberer bzw. sogar andere hispanische Völker dazu genommen, wäre das Resultat jedoch ein anderes gewesen. VOILLAT SAUER 1992 spricht dieses Problem in ihrer Untersuchung der Keltenethnographie bei Poseidonios mehrfach an: Die ältere Forschung habe sich einseitig auf die abwertenden Aspekte des Textes konzentriert und nicht gesehen, wie komplex er sich stets zwischen Primitivierung und Idealisierung bewege; vgl. ebd., 104; 122. Auch dieser Eindruck wäre zu vermeiden gewesen, wenn die entsprechenden Autoren die vornehmlich positive Beschreibung der Keltiberer bei Poseidonios gleich dazu genommen hätten.
11 So äußert Polybios mehrfach, die Geschehnisse der vernetzten Welt könnten nur noch in der Gesamtschau erfasst werden: Für Lokal- und Spezialstudien sei dagegen kein Platz mehr. Siehe dazu den Überblick bei BALDRY 1965, 173–176 und ALONSO NÚÑEZ 1990, 188. Strabon sagt aus, das Gesamtbild (der *oikumene* in seinem Werk) sei wichtiger als die Details; vgl. Strab. X, 3, 5, C465.

sich die gegenseitigen Bezugnahmen der Autoren untereinander, der Einfluss der ethnographischen Tradition und die Rolle der Publikumserwartungen angemessen erfassen. Nicht zuletzt kann nur eine Untersuchung mehrerer Autoren (und mehrerer Ethnien) über einen längeren Zeitraum hinweg die entsprechenden Entwicklungslinien zwischen ihnen ausmachen und die Auswirkungen des historischen Phänomens der römischen Expansion auf eroberte Ethnien wie griechische Autoren in seiner ganzen Tragweite nachweisen.

Die bisherigen Ergebnisse werden dazu systematisch auf übergeordnete Motive bezogen. Damit kann gezeigt werden, wie die griechischen Gelehrten über zwei Jahrhunderte hinweg die neuen politischen Zustände verarbeiteten, wie sie auf die neuen Völker reagierten, welche Modelle sie dabei verwendeten und wie sie die Rolle der Römer in der Erschließung des ‚wilden Westen' bewerteten.

6.1 Die Funktionen ethnographischer Vergleiche im geistesgeschichtlich-philosophischen Kontext des Hellenismus

Zunächst soll der Blick auf die in der Einleitung entworfene Typologie von Vergleichsfunktionen fallen. In allen ethnographischen Schriften tauchen explikative Vergleiche auf, denn das Neue muss erst einmal verständlich gemacht werden, bevor es diskutiert werden kann. Deshalb sind solche Vergleiche in Polybios' Schilderung der Gallia Cisalpina sehr prominent: Da topographische Merkmale wie die Alpen oder der Po seinen Lesern höchstens namentlich bekannt waren, vergleicht er sie mit mythischen oder realen Entsprechungen aus Griechenland.[12] Anderthalb Jahrhunderte später kann Strabon bei seinen Lesern selbst zur Gallia Transalpina ein so großes Wissen voraussetzen, dass er auf explikative Vergleiche größtenteils verzichtet. Nach diesem ersten Schritt war es möglich, die fremden Völker in vorhandene Vorstellungen über die ‚barbarische' Welt einzuordnen: So etablierte Polybios bei der Beschreibung der Iberischen Halbinsel durch orientierende Vergleiche eine klare Trennung zwischen keltisch geprägten ‚Nordbarbaren' und eher mediterranen ‚Südbarbaren'. Poseidonios und Strabon bauten darauf auf, ordneten aufgrund ihrer größeren Informationen über Hispanien aber Gruppen wie die Lusitaner in eine Übergangszone zwischen Norden und Süden ein.

Die ‚neuen' Ethnien des Westens wurden durch diese Strukturierung in bekannte Kategorien eingeteilt und konnten so im Folgenden (auch moralisch) bewertet werden. Dabei wurden sie zwischen den Polen von Ähnlichkeit (oder gar Gleichheit) und Andersartigkeit verortet. Strebten die Autoren danach, die Überlegenheit der eigenen Kultur zu beweisen, griffen sie oft auf legitimierende Vergleiche zurück. So be-

---

12   Vgl. Pol. II, 16, 6–14 zum Po oder Strab. IV, 6, 12, C208 = Pol. XXXIV, 10, 15–17.

tont Polybios wiederholt, dass den Kelten alles fehle, was für die Griechen zentraler Teil ihrer Identität war: Sie besäßen weder Verstand (λογισμός) noch Besonnenheit (σωφροσύνη) und seien dementsprechend nicht in der Lage, Ackerbau zu betreiben, Städte zu errichten oder politische Institutionen einzurichten.[13] Polybios' Urteil entspricht der frühhellenistischen Meinung über die Γαλάται, die in erster Linie als Bedrohung für die hellenische Zivilisation wahrgenommen wurden. Nach der römischen Eroberung der Gallia Narbonensis und der Unterwerfung der kleinasiatischen Galater durch Attaliden und Römer begann sich diese Haltung zu ändern. Als Poseidonios zwischen 101 und 95 v. Chr. das Keltenland bereiste, hatten die meisten Griechen bereits seit zwei oder drei Generationen keine kriegerischen Auseinandersetzungen mit den Kelten mehr erlebt.[14] Er konnte deshalb relativierende Vergleiche heranziehen, um das negative Keltenbild seiner Vorgänger aufzubrechen, so wie Polybios es mit dem Römerbild seiner Zeitgenossen getan hatte.

Um den Eindruck der Primitivität ihres ethnographischen Objekts abzumildern, stellten beide Autoren einerseits Ähnlichkeiten zu den Griechen heraus, andererseits wiesen sie auf Unterschiede zu noch ‚barbarischeren' Gruppen hin (bei Polybios zwischen Römern und Kelten, bei Poseidonios zwischen Kelten und Kimbern). Diese Relativierung der ‚barbarischen' Andersartigkeit konnte jedoch nur bis zu einem bestimmten Punkt erfolgen: Um glaubhaft zu bleiben, mussten die ‚Ethnographen' auch einige der negativen *topoi* aufgreifen, mit denen ihr Publikum vertraut war. Deshalb blieben Polybios' Römer und Poseidonios' Kelten in erster Linie Kriegervölker.

Strabon scheint dagegen in erster Linie legitimierende Vergleiche eingesetzt zu haben, um die positiven Auswirkungen der römischen Herrschaft aufzuzeigen: Immer wieder wird der Zustand einer Region und ihrer Einwohner vor der römischen Eroberung dem nach der Unterwerfung gegenübergestellt. Dabei kommt er in fast allen Fällen zu einem eindeutigen Ergebnis: Erst die *pax Romana* ermögliche es den ‚Barbaren', ihre Kultur wirklich zu entfalten und dauerhaften Wohlstand zu erlangen.[15] Auf einer zweiten Ebene relativiert Strabon damit aber traditionelle Vorstellungen von den ‚Barbaren', da sich diese dank der ‚Romanisierung' langsam an griechisch-römische Vorbilder anpassen und die alten *topoi* damit zwangsläufig ihre Bedeutung verlieren. Diese Entwicklung ist das Ergebnis der Einzigartigkeit Roms: Als dauerhafte Herrscher über die Welt gestalteten die Römer die gesamte *oikumene* um. Ihre Stärken hatte schon Polybios nur durch singularisierende Vergleiche erklären können. Aber nicht nur ihr Militär, auch ihre Religion und ihre Gesellschaft und damit schließlich

---

13 Vgl. bspw. Pol. II, 17, 8–12.
14 S. o. 244 Anm. 237.
15 Freilich sind eher romfeindliche Autoren aus dieser Zeit, die Strabon hier hätten widersprechen können, nur bruchstückhaft oder gar nicht überliefert; vgl. ERSKINE 2000, 171. Da ihre Existenz jedoch bekannt ist, kann nicht davon gesprochen werden, dass alle griechischen Eliten die römische Vorherrschaft so sehr begrüßten wie Strabon. S. u. 389/390.

ihre Machtstellung seien inkommensurabel. Poseidonios betrachtete die Römer dann als das vom Weltlogos erwählte Volk, das die von der πρόνοια vorgesehene Einigung aller Menschen unter einer Herrschaft vollziehe.

Im Stile Herodots konnten die hellenistischen Autoren aber auch einzigartige *nomoi* der ‚Barbaren' als Singularitäten würdigen und damit topische Vorstellungen abmildern. In dieser Funktion treten sie v. a. in den Schriften des Poseidonios auf: Er erkennt die überlegene Schmiedekunst der Keltiberer an[16] – wie schon Polybios[17] –, lobt die kriegerischen *nomoi* der Lusitaner[18] und bewundert die gesellschaftliche Organisation der Vakkäer.[19] Auch Strabon drückt seinen Respekt vor den kriegerischen Fähigkeiten etwa der Balearer[20] oder der Belger aus.[21] Andere singularisierende Vergleiche erkennen zumindest die Einzigartigkeiten anderer Ethnien an, selbst wenn diese fremdartig erscheinen.[22] Allerdings blieb jeder griechische Autor von der Überlegenheit der eigenen Kultur überzeugt. Viele Völker mochten über bewundernswerte *nomoi* verfügen, doch in der Summe hatte keines von ihnen so viele vorteilhafte *nomoi* entwickelt wie die Griechen. Das galt auch für die Römer: Wenn griechische Autoren diese mit ‚(Nord-)Barbaren' verglichen, erschienen die Römer als ‚zivilisierter'. Bei Vergleichen mit den Griechen wurden den Herrschern der Welt allerdings immer wieder klassische Barbarentopoi zugeschrieben: Ihre Verfassung und ihre Armee mochten überlegen sein, doch Polybios, Poseidonios und Strabon kontrastieren das Bild der brutalen, gnadenlosen Eroberer regelmäßig mit den Errungenschaften griechischer Kunst und Philosophie.[23] Hellenische Autoren aus dem östlichen Mittelmeerraum konnten dementsprechend auch im 1. Jahrhundert v. Chr. negative Römertopoi immer wieder aktivieren: So galt lateinischen Autoren bspw. Metrodoros von Skepsis (ca.

---

16   Vgl. Diod. V, 33, 4 = FGrHist 87 F 117 = F 89 Theiler.
17   Vgl. Pol. Sud. (s. v. μάχαιρα) Fragm. 179 Büttner-Wobst = Fragm. 96 Hultsch = Fragm. 100 Bekker.
18   Z. B. ihren Kriegstanz; vgl. Diod. V, 34, 5 = F 117 Jac. = F89 Theiler. Noch wichtiger ist die Einrichtung, die jungen Männer der Gesellschaft als Banditen im Gebirge leben zu lassen. Vgl. Diod. V, 34, 6 = F 117 Jac. = F89 Theiler.
19   Vgl. Diod. V, 34, 3 = F 117 Jac. = F 89 Theiler.
20   Vgl. Strab. III, 5, 1, C168.
21   Vgl. Strab. IV, 4, 3, C196.
22   Für ein griechisches Publikum. So hebt Poseidonios etwa hervor, dass die Keltiberer in Urin badeten; vgl. Diod. V, 33, 5 = FGrHist 87 F 117 = F 89 Theiler. Die Zuschreibung wird zu einem *topos* iberischer Völker, mag aber auf Realia zurückgehen. Eine ähnliche Anerkennung einzigartiger Eigenschaften und *nomoi* in der griechisch-römischen ‚Ethnographie' sieht DENCH 1995, 22 bei der Behandlung italischer Ethnien.
23   Siehe hierzu ERSKINE 2000 passim; BERGER 1995, 522; THORNTON 2010, bes. 76. Man denke etwa an Polybios' Verweis auf das Massaker an den Einwohnern Neukarthagos oder das unerbittliche Strafensystem in Rom und der römischen Armee, an Poseidonios' Kritik an der römischen Unterdrückung der zuvor freien und genügsamen Völker Iberiens und an Strabons Auflistung griechischer Kunstwerke, zu denen es keine römischen Pendants gibt – stattdessen erinnert der Autor an die Zerstörung vieler dieser griechischen Stücke durch die Römer bei der Plünderung Korinths. Alle Beispiele sind in den entsprechenden Kapiteln genannt worden. Der Klassiker zur (griechischen) Romkritik ist immer noch FUCHS 1938.

145–70 v. Chr.), der Hofhistoriker Mithridates VI., als ausgesprochener ‚Römerfeind'.[24] Noch eine Generation später finden sich in den Werken von Octavians zeitweiligen Günstling Timagenes deutlich antirömische Züge.[25] Solche Autoren wollten nicht nur hellenistischen oder östlichen Königen schmeicheln, sondern sie führten die traditionelle Überzeugung weiter, die Römer müssten ‚Barbaren' sein und bleiben.[26] Auf die gleiche Art und Weise, wie das Bild der ‚Barbarengefahr' (für Griechen und Römer) die gesamte Antike hindurch bei Bedarf jederzeit abgerufen werden konnten, war es für griechische Gelehrte also möglich, in verschiedenen Kontexten immer wieder auf das Motiv von der römischen Bedrohung zurückzugreifen.[27]

Dieses hellenische Superioritätsgefühl zeigt sich ebenso in einer weiteren Funktion ethnographischer Vergleiche. Die ‚Barbaren' konnten auch als *comparata* herangezogen werden, um philosophische Hypothesen und (pseudo-)‚wissenschaftliche' Makrotheorien aus den theoretischen Diskussionen griechischer Philosophenschulen mit den Ergebnissen empirischer Beobachtungen zu unterfüttern. So verstand sich Poseidonios in erster Linie als stoischer Philosoph und setzte deshalb die Glaubensvorstellungen der Gallier mit der pythagoreisch-stoischen Auffassung von der Unsterblichkeit der Seele in Beziehung. Diesen Vergleich verband er mit einer weiteren Makrotheorie, die eine ständige Weiterentwicklung der Völker postulierte. Denn wenn die dem Urzustand und damit den Göttern noch näheren Kelten die stoischen Anschauungen teilten, sprach das für die Richtigkeit dieser These.[28]

Die Annahme, dass sich alle Ethnien auf einem Zeitstrahl menschlicher Entwicklung einordnen ließen, war seit dem 5. Jahrhundert Bestandteil der meisten ethnographischen Schriften. In ihr verband sich ein teleologischer Fortschrittgedanke mit der Sorge um zunehmende moralische Dekadenz. Auf diese Art wendet Polybios die

---

24 Siehe FGrHist 184; FUCHS 1938, 14/15; MUCCIOLI 2006, 67.
25 Die ablehnende Haltung des Timagenes zur römischen Weltherrschaft behandeln bspw. MALITZ 1983, 52; RUGGERI 2000, 116; MUCCIOLI 2006, 62. Zu Timagenes und Augustus äußerte sich schon WACHSMUTH 1891, 466 einschlägig.
26 Polybios, Poseidonios und Strabon lehnten das zwar ostentativ ab, doch lag dieser Gedanke auch ihrer eigenen Romkritik weiterhin zugrunde. So zeigt es beispielhaft ERSKINE 2000 zu Polybios. Passend ist seine Bemerkung in ERSKINE 2003, 239/240, Polybios habe sich mit seiner Kritik an den Römer zurückgehalten, da es für ihn in seiner Stellung gefährlich war, und da er die Stärke der römischen Macht kannte. Das kann in ähnlicher Weise für Poseidonios und Strabon gelten: Alle drei Autoren hatten mindestens einige römische Leser, hielten sich zu verschiedenen Zeitpunkten in Rom auf und verdankten ihren einflussreichen römischen Freunden vieles. Und selbst Poseidonios, der die frühen Bürgerkriege miterlebte und einen Verfall der römischen Tugenden beobachtete, scheint einen wirklichen Untergang des römischen Reiches niemals in Betracht gezogen zu haben. Die schnelle und gnadenlose Unterwerfung ganz Galliens durch Caesar während Poseidonios' letzter Lebensjahre wird ihn in diesem Glauben bestärkt haben. Zu den antirömischen Schmähschriften hellenistischer Hofhistoriker siehe VOLKMANN 1975a, 142–150.
27 Vgl. THORNTON 2010, 67/68. Auf S. 71 behauptet er Ähnliches für die Idee des Panhellenismus. Zur Langlebigkeit des Barbarenmotivs und seiner wiederholten Reaktivierung siehe WOOLF 2011 passim.
28 Zu den genaueren Ausführungen s. o. im entsprechenden Kapitel bes. 233/234.

Theorie bei seiner Beschreibung der Kelten an: Die in die Po-Ebene eingewanderten Gallier unterlägen nun etruskisch-römischen Einflüssen und seien deshalb ‚zivilisierter' als ihre Verwandten in den Alpen, allerdings verweichlichten sie auch zunehmend – wie die Etrusker vor ihnen oder wie die Ionier vor der persischen Eroberung.[29] Der Geschichtsschreiber schließt damit an die Vorstellungen der Klimatheorie an. Das wärmere, angenehme Klima der Gallia Cisalpina steht im Kontrast zu den kargen und eisigen Alpen und verändert dementsprechend den Charakter der Kelten.

Diese Verbindung von Entwicklungstheorie und Klimatheorie ist charakteristisch für die späthellenistische Ethnographie und findet sich selbst bei Strabon, der eigentlich noch deutlicher als Polybios auf den Vorrang historisch-politischer Veränderungen vor Umweltfaktoren hinweist.[30] So sind die Turdetaner für den Geographen v. a. deswegen das am weitesten entwickelte Volk Westeuropas, weil ihr Land über große Bodenschätze verfügt und der schiffbare Baetis Inland und Meer miteinander verbindet. Auch in Gallien sind die im wärmeren Süden wohnhaften Stämme die ‚zivilisiertesten', und wie in Turdetanien findet sich in Südgallien viel Gold; der Rhodanos übernimmt die Rolle des Baetis als zentrale Lebensader.[31] Dementsprechend sind die Vertreter dieser Ethnien den Griechen deutlich ähnlicher als ihre jeweiligen nördlichen Nachbarn.

Seinen Höhepunkt erreichte das Zusammenspiel von Klimadeterminismus und antiker Ethnographie in den Werken des Poseidonios. Ihm zufolge erlangten die Römer die Herrschaft über die Welt deshalb, weil das ausgeglichene Klima im fruchtbaren Italien die perfekte Basis dafür geboten hatte. Gleichzeitig waren die östlichen Reiche aufgrund des Übermaßes an Luxusgütern zum moralischen Verfall verurteilt, während das harsche Klima des Nordens den ursprünglichen Charakter der Menschen bewahrte. Demgemäß entspricht das Aussehen der Gallier der hohen Luftfeuchtigkeit und der Kälte, und ihre Ernährung folgt dem Angebot der Natur.[32] Ebenso lassen sich – so Poseidonios – die Tapferkeit der Keltiberer[33] und sogar die Farbe ihrer Pferde[34] auf den Einfluss der Umwelt zurückführen. Anders als Strabon, der diesen Umweltdeterminismus explizit kritisiert,[35] und Polybios, der bei der Erklärung der römischen Überlegenheit keinerlei klimatheoretische Argumente anführt, kombiniert Poseidonios die

---

29 S. o. 149–152.
30 S. o. 307/308.
31 Selbst Lugdunum, *de facto* die neue römische Hauptstadt Galliens, wird durch den Fluss offenbar an die Gold- und Silbervorkommen des gesamten Westens angebunden, denn hier prägen die Römer ihre Münzen – die Siedlung profitiert also ebenfalls von günstigen Umweltbedingungen. Vgl. Strab. IV, 3, 2, C192. Zur Bedeutung Lugdunums siehe etwa MACMULLEN 2000, 93–96.
32 So nutzen sie kein Olivenöl, nur die an der Küste wohnenden Gallier essen Fisch, und Wein können sie nur im Gebiet von Massalia anbauen. S. o. 237/238.
33 S. o. 264–266.
34 Vgl. Strab. III, 4, 15, C163 = F 52 = F 243 EK = F 24 Theiler.
35 Vgl. Strab. II, 3, 7, C102–103.

Klimatheorie mit seinen allumfassenden philosophischen Anschauungen zu einem organischen Ganzen: Das Klima sei Ausdruck des göttlichen Willens (des Weltlogos) und sorge dafür, dass jedes Lebewesen, und damit jedes Volk, seiner ihm zugewiesenen Aufgabe nachkommen könne.

Aus der Klimatheorie resultierten wiederum räumliche Strukturierungen der Ethnien, die es bspw. ermöglichten, eine Gruppe wie die Kelten in der gesamten *oikumene* als relativ einheitliche Größe zu erfassen. Ausdruck einer solchen Völkergeographie ist Poseidonios' Vergleich der Sitten von Arabern, Armeniern und Syrern, deren Ähnlichkeit für ihn nur durch eine gemeinsame Herkunft erklärt werden konnte.[36] Prägend für diese Zeit war aber die Gegenüberstellung von Norden und Süden; sie erscheint in der späthellenistischen Ethnographie wichtiger als der Unterschied zwischen Westen und Osten. Die realen klimatischen Unterschiede zwischen bspw. Libyen und Germanien sind zwar tatsächlich größer als z. B. zwischen Turdetanien und Syrien. Bedeutender ist jedoch, dass die Autoren, wenn sie sich auf die Nord-Süd-Opposition konzentrierten, damit auch die politischen Machtverschiebungen der (hellenistischen) Jahrhunderte wiedergaben, die dieser ethnographischen Makrogliederung vorangegangen waren: Während frühere Autoren wie Herodot den Gegensatz zwischen Griechenland und Persien vor Augen hatten, eroberten die Römer von der Lebenszeit des Polybios bis zu der Strabons den gesamten Mittelmeerraum von Westen nach Osten und vereinten alle dort lebenden Völker unter einer Herrschaft. Polybios sprach von der συμπλοκή, nach der das Schicksal aller Mittelmeeranrainer seit dem späten 3. Jahrhundert v. Chr. unumkehrbar miteinander verflochten sei. Die *tyche* verband für ihn die Geschichte der Karthager mit der Geschichte der Römer, der Griechen und der Ägypter zu einem Ganzen, und sie wies den Römern die treibende Rolle in diesem Prozess zu.

Die ‚Nordbarbaren' standen für Polybios jedoch noch größtenteils außerhalb der Geschichte und boten sich somit als Gegenmodell zur ‚Zivilisation' an. Erst Poseidonios wies auf die zunehmende Integration dieser Ethnien in den mediterranen Kulturraum und das römische Machtgebiet hin. Die an den Rändern ‚frei werdenden' Positionen wurden jedoch durch Kimbern und Teutonen besetzt, die noch außerhalb der vernetzten Welt blieben; dementsprechend wurden sie mit solchen Nordvölkertopoi belegt, die auf Gallier und Keltiberer nicht mehr zutrafen.

---

36 Vgl. Strab. I, 2, 34, C42 = F105a Jac. = F 280 EK = F7 Theiler; Strab. XVI, 4, 27, C784–785 = F 105b Jac. = F 281a EK = F 62a Theiler, C784–785. Zur Bedeutung dieses Vergleichs siehe MERKEL 1964, 159–163; VOILLAT SAUER 1992, 121. Ähnliche Überlegungen finden sich schon bei Herodot zu Kolchiern und Ägyptern, die auch Hekataios von Abdera aufgriff; siehe dazu LEMSER 20212, 141/142.

Tab. II Tabelle der Vergleichstypologie.

Typ	Funktion	Vorkommen
Explikativer Vergleich	Erklärung von Unbekanntem durch Vergleich mit Bekanntem	Erster Kontakt, bspw. Polybios' Beschreibung der Alpen
Strukturierender Vergleich	Zuordnung des Neuen zu bekannten Gruppen und *topoi*	Nach dem ersten Kontakt, Polybios ordnet etwa die Keltiberer den Kelten zu
Legitimierender Vergleich	Bestätigung der eigenen Überlegenheit ... ODER Rechtfertigung der Eroberung eines fremden Landes	Darstellung als feindselig oder primitiv verstandener Völker; bspw. Gallier bei Polybios ... ODER der Bewohner der römischen Provinzen des Westens bei Strabon
Relativierender Vergleich	Ältere Vorstellungen aufbrechen	Auseinandersetzung mit rein negativen *topoi* über eine Ethnie. Z. B. Poseidonios' Beschreibung der Gallier
Singularisierender Vergleich	Einzigartigkeit betonen und anerkennen	Ethnographie eines offenbar bewundernswerten, den Griechen teilweise überlegenen Volkes; bspw. Polybios' VI. Buch über die Römer
Vergleich zur Beweisführung	Nachweis einer philosophischen Theorie	Beschreibung fremder *nomoi* durch einen griechischen Philosophen, bspw. Poseidonios' Interpretation der gallischen Druiden als stoische Philosophen

Polybios hatte also die klassische Dichotomie zwischen Griechen und ‚Barbaren' aufgebrochen, indem er die Römer als neuen Faktor *sui generis* eingeführt hatte. Sie konnten sich ihm zufolge bewusst wie ‚Barbaren' oder wie Griechen verhalten und ihr jeweiliges Handeln konnte dementsprechend verurteilt bzw. gelobt werden. Poseidonios setzte dort an und relativierte auch die Wildheit der ‚Nordbarbaren', um den komplexen Verhältnissen der Welt, die er auf seinen Reisen kennengelernt hatte, Rechnung zu tragen.[37] Es mag zunächst verwundern, dass Strabon dann wieder eine klare Grenze zwischen ‚Zivilisation' und ‚Barbaren' zog. Er nutzte dazu jedoch keinen Großvergleich zwischen den Griechen und allen anderen Völkern oder zwischen Nor-

---

[37] Vor Poseidonios dominierte schließlich ein negatives Bild der ‚Nordbarbaren' das griechische Denken. S. o. das Kapitel zu den *topoi* (29–49); zu denken wäre an die offizielle Propaganda griechischer Staatenbünde nach dem galatischen Angriff auf Delphi oder an die Gedichte des Kallimachos und des Sopater. Auch Polybios' Darstellung der Kelten ist trotz aller Differenzierung eher negativ; s. o. das Kapitel zu Polybios' Ethnographie der Kelten (132–164).

den und Süden. Das *tertium* des Unterschieds wurde die Zugehörigkeit zum Imperium Romanum: Die Strahlkraft der römischen Zivilisation als Trägerin der Geschichte war so stark, dass der βάρβαρος für Strabon nur noch ein Zustand war, den alle Reichsbewohner schlussendlich überwinden würden.[38] Außerhalb der *limites* lag hingegen die Sphäre der Gruppen, die immer ‚Barbaren' bleiben würden – sollten sie nicht das Glück haben, eines Tages von römischen Legionen ‚befriedet' zu werden.[39]

In diese Überzeugungen spielten neben räumlichen Vergleichen zwischen Norden und Süden sowie Griechen und ‚Barbaren' auch Gegenüberstellungen von Land und Stadt, Bergen und Ebene hinein.[40] Die griechische Identität blieb auch in römischer Zeit von der *polis* und ihren Institutionen und Werten geprägt. Dass das Imperium Romanum ebenfalls auf einen autonomen Stadtstaat zurückging, machte es für griechische Modelle anschlussfähig. Die breitflächige Anlage von *coloniae* besonders im westlichen Mittelmeerraum stellte aus dieser Sicht ein gezieltes Programm der Urbanisierung und damit Zivilisierung der ‚barbarischen' Länder dar.[41] Denn die ‚Barbaren' des Westens und Nordens lebten nach griechischer Vorstellung traditionell ausschließlich in Dörfern oder waren Nomaden. Ein solch mobiles Leben wurde mit emotionaler Wankelmütigkeit und der Tendenz zum Verrat verbunden; Stadtbewohner lebten dagegen vom Ackerbau und hielten ihrer *polis* und ihren Verbündeten die Treue. Wie stark der Einfluss solcher Ideen war, demonstriert Polybios' kurzer Exkurs zu den Kelten der Po-Ebene: Er leugnet die bereits im 3. Jahrhundert vorhandene Anpassung der Gallier an den sesshaften Lebensstil der Etrusker und Römer und charakterisiert sie gezielt als (halb-)nomadische Dorfbewohner, um den Kontrast zwischen Galliern und Römern im Krieg der 220er Jahre zu verstärken.[42] Mit der gleichen Absicht vergleicht Strabon das dörfliche Leben der Keltiker mit den Städten der zivilisierten Turdetaner;[43] es handelt sich also um legitimierende Vergleiche. Bei seiner Darstellung der Skythen idealisiert er allerdings das ungebundene, genügsame Leben der Reiternomaden[44] – die gleichen Werte schreibt Poseidonios Viriatus zu, der in einer Höhle

---

38 Entscheidend war dabei παιδεία, die nun dank der römischen Herrschaft (und der ‚Hellenisierung' der römischen Eliten) für alle Mittelmeeranrainer verfügbar war. Diese Vision verfolgte schon Poseidonios, wie z. B. STRASBURGER 1965, 51 unterstreicht, doch wurde sie erst in Strabons Zeit weitflächig greifbar.
39 Schon KOSELLECK 1989 betonte, dass solche „asymmetrischen Gegenbegriffe" in der Geschichte ständigem Wandel unterliegen. Dafür legt die vorliegende Arbeit einen weiteren Beweis vor.
40 Auch diese Gegensätze gingen schon auf Homer zurück, wie bspw. SCHULZ 2020c, 409 zeigt.
41 S. o. v. a. 331. Freilich gab es auch hier markante Unterschiede zwischen den näheren und ferneren Gebieten der unterworfenen ‚Barbaren': In der Gallia Comata fand keine systematische Anlage von *coloniae* statt, in der Narbonensis ergänzten die Gründungen vorhandene proto-urbane Strukturen der Kelten und die griechischen *poleis* um Massalia. Siehe dazu und zur Gesamtentwicklung der Urbanisierung des römischen Gallien FREYBERGER 1999, 57; 108–180.
42 Vgl. Pol. II, 17, 8–12.
43 Vgl. Strab. III, 2, 15, C 151.
44 Vgl. Strab. VII, 3, 7, C301.

gelebt haben soll.⁴⁵ Obwohl das Stadtleben als soziale Norm ihrer eigenen Gesellschaft galt, fanden sie also immer wieder Gefallen an der traditionellen Vorstellung von ‚Edlen Wilden'. Die generelle Degradierung des (halb-)nomadischen Lebens schloss eine solche Idealisierung unter bestimmten Umständen offensichtlich nicht aus. Dass Poseidonios, der an die Einheit der Menschheit in all ihren Ausprägungen glaubte, darauf zurückgriff, ist wenig überraschend. Und bei Strabon finden sich solche Idealisierungen naturgemäß nur zu Ethnien wie den Skythen und Geten, die seinen Lesern v. a. aus vorrömischer Zeit und nicht aus zeitgenössischen (oder nur kurz zurückliegenden) Kriegen bekannt waren.⁴⁶

Besonders bei der Behandlung der Lusitaner verbanden Poseidonios und Strabon den Aspekt der mobilen, ländlichen Existenz mit dem Leben im Gebirge, das im Gegensatz zur Ebene stand.⁴⁷ Indem sie die Berge als prägenden Umweltfaktor identifizierten, konnten die Autoren erklären, warum die wehrhaften, aber primitiven Lusitaner den *topoi* der Nordvölker entsprachen, obwohl sie nicht in einem kalten Land lebten. Strabons Erzählung, die lusitanischen Bergbewohner hätten die urbanisierten Städter durch ständige Überfälle ebenfalls zu einer Existenz als Briganten gezwungen, kombinierte mehrere Makromodelle, den Gegensatz zwischen Stadt und Land bzw. Ebene und Gebirge und die Überzeugung, historisch-politische Prozesse könnten die natürliche Ordnung überwinden. Dass die Römer am Ende die alten Zustände in Lusitanien wiederherstellten, passt zu Strabons zeitlichen und räumlichen Großvergleichen. Während im Hintergrund räumlicher Großvergleiche die Konzepte der Klimatheorie standen, lenkten die Ideen der Entwicklungstheorie temporalisierende Vergleiche. Unter diesem Aspekt sind auch Strabons legitimierende Vergleiche über die positive Entwicklung der Provinzen seit der römischen Eroberung zu verstehen. Denn schon Polybios ergänzte die ionische Entwicklungstheorie um die erstmals von Herodot bemühte Annahme einer linearen Abfolge von Großreichen in der Geschichte.⁴⁸ Er verglich die römische Herrschaft seiner Zeit mit dem Höhepunkt der persischen, spartanischen und makedonischen Machtentfaltung und konstatierte, Roms Stellung sei unvergleichbar. Die Geschichte erschien damit als teleologischer Prozess, an dessen Endpunkt die unangefochtene Vorherrschaft der Römer stand.⁴⁹ Die ‚Zivilisierung' der ‚Barbaren' war – so Strabon – eine logische Folge dieses Prozesses.

Die politisch-militärischen Großereignisse des 2. und 1. Jhs. v. Chr. führten also zu komplexen Veränderungen im ethnographischen Denken der Griechen. Keltische und iberische Völker wurden wichtige *comparata* ethnographischer Vergleiche, die Römer

---

45 Vgl. Exc. de virt. et vit. II, 1, p. 296 n. 312 = Diod. XXXIII, 7, 1–2 = F 105a Theiler.
46 Siehe erneut MARCACCINI 2000 passim.
47 Ein Gegensatz, der den Griechen auch aus den innenpolitischen Angelegenheiten der Athener bekannt war, deren Phylen Kleisthenes in jeweils drei Trittyen geteilt hatte, die jeweils Stadt-, Küsten- und Landbewohner umfassten. Siehe dazu GROTE 2016, 208.
48 Vgl. Hdt. I, 95,2; I, 130, 1–2; S. o. 111–114 im Kapitel zu Polybios und Rom.
49 Ähnlich VOLKMANN 1975b, 136–139.

wurden – wie zuvor nur die griechische Zivilisation – *comparatum* und Kontext des Vergleichens zugleich. Kontinuität herrschte dagegen bei der theoretischen Einordnung vor, denn traditionelle Makromodelle wurden weiterhin genutzt. Wie beeinflusst diese Gemengelage die Auswahl der ethnographischen (Vergleichs-)kategorien in völkerkundlichen Schriften?

6.2 Die Entwicklung der ethnographischen Kategorien

Zunächst wurden viele der traditionellen *tertia* wie Ernährung, Behausung, Bekleidung, Lebensweise oder Herkunft von späthellenistischen Gelehrten ebenso aufgegriffen wie zuvor von Herodot oder Hekataios von Abdera. So schloss bspw. auch die Beschäftigung mit der Stellung von Frauen in ‚barbarischen' Gesellschaften an klassische Vorbilder an. Bei Herodot findet sich der *topos*, die vertrauten Rollen von Männern und Frauen seien bei den ‚Barbaren' teilweise vertauscht.[50] Genau das schreibt Poseidonios der ligurischen[51] und Strabon der gallischen und kantabrischen Gesellschaft zu.[52] Die Andersartigkeit ‚(nord-)barbarischer' Frauen drückt sich v. a. in ihrer kriegerischen Mentalität aus: So waren Poseidonios zufolge ligurische, keltiberische[53] und gallische Frauen genau so mutig wie ihre Männer.[54] Im Hintergrund solcher Zuschreibungen stand der Mythos der Amazonen, deren Gesellschaft ein fiktives Gegenbild zur griechischen *polis* darstellte.[55] Strabon verweist sie nur deshalb ins Reich der Legenden, weil Frauen nicht imstande seien, ohne Männer zu überleben.[56] Poseidonios beschreibt dagegen eine Insel in der Mündung der Loire, auf der eine rituelle Frauengemeinschaft ganz ohne Männer (über)lebte. Es ist jedoch auffällig, dass er das Phänomen am äußersten Rand der für ihn bekannten Welt lokalisiert: Nur dort konnten sich die Rollen von Männern und Frauen so vollkommen umdrehen.[57]

---

50 So etwa in Ägypten; vgl. Hdt. II, 35, 2–3. Zu dieser Tradition siehe auch ERSKINE 2000, 168 m. Anm. 12 mit weiterer Literatur; BICHLER 1999, 31–37.
51 Diod. IV, 20, 1–3 = F57b Jac. = F163a Theiler; Strab. III, 4, 17, C165 = F 58a Jac. = F 269 EK = F25 Theiler.
52 Vgl. Strab. IV, 4, 3, C197 (Gallierinnen); III, 4, 18, C165 (Kantabrerinnen).
53 Vgl. Exc. de leg. I p. 406 n. 29 = Diod. XXXIII, 16, 2 = F 111 Theiler, wo die Keltibererinnen ihre Männer überzeugen, den Kampf gegen Rom fortzusetzen.
54 Vgl. Diod. V, 32, 2 = F 116 Jac. = F 169 Theiler = Malitz Test. 8. Polybios führte die Entscheidungsfindung von Frauen, wie von ‚Nordbarbaren', auf den θυμός zurück. Allerdings galt das ebenso für griechische Frauen (und Jugendliche). S. o. im „Kapitel Polybios und die Kelten" 161/162.
55 Schon Herodot und (Pseudo-)Hippokrates (in *Über die Umwelt*) interpretierten die Frauen der Sauromaten und teilweise der Skythen vor dem Hintergrund des Mythos; vgl. WENSKUS 1999 passim; Hippokr. de aer. 17.
56 Vgl. Strab. XI, 5, 1–4, C503–505.
57 Vgl. Strab. IV, 4, 6, C198 = F 56 Jac. = F 276 EK = F34 Theiler. Siehe die ausführliche Analyse von SCHARRER 1999, 141–143, der auch auf das Bild der Ligurerinnen eingeht.

Die überwiegend distanziert-abwertende Beschreibung nichtgriechischer Frauen wurde durch Beispiele rational handelnder Individuen relativiert. Herodot erwähnt eine Reihe einflussreicher ‚barbarischer' Königinnen,[58] und ebenso schildert Polybios das Leben der galatischen Prinzessin Chiomara[59] oder der illyrischen Königin Teuta.[60] Sie erinnern an hellenistische Königinnen und finden damit eine Parallele in der griechischen Gesellschaft. Überhaupt beschrieb schon Polybios einzelne Herrscherpersönlichkeiten der ‚Barbaren' in deutlich ausgewogenerer Manier als ganze ethnische Gruppen, auch wenn er bei diesen Charakterisierungen auf *topoi* zurückgreifen konnte.[61] Indem er sie als Individuen betrachtete, folgte er stoischen und peripatetischen Forderungen, den Menschen nach seinem Handeln zu beurteilen, und bediente das Interesse der hellenistischen Leser an Biografien.[62] Die Beispiele solcher Figuren, ob Männer oder Frauen, änderten jedoch wenig am Gesamteindruck. Das Bild ‚barbarischer' Frauen wurden deshalb auch im Späthellenismus v. a. als Gegensatz zu den gewohnten Geschlechterrollen in Griechenland aufgefasst;[63] Ähnlichkeiten fanden sich meistens nur bei den direkten Nachbarn der Griechen.[64]

Während in diesem Bereich also die Kontinuitäten überwogen, hat die ältere Forschung angezweifelt, ob das auch für die im frühen ethnographischen Denken besonders wichtigen Kategorien der Religion, Begräbnissitten und Mantik galt. So beruft sich bspw. TRÜDINGER namentlich auf Nearchos und Megasthenes, von Polybios ist (wie gewohnt) keine Rede.[65] Dabei finden sich in den *Historien* des Achaiers lange Ausführungen über die Glaubensvorstellungen der Römer. Der religiöse Zusammenhalt war ihm zufolge der Kern der römischen Gesellschaft,[66] auf dem die gemischte

---

58 Vgl. DEWALD 1980 passim; ähnlich BICHLER 1999, 15–22; BLOK 2002 passim.
59 Vgl. Pol. XXI, 38, 1–7.
60 Vgl. Pol. II, 9, 1–12, 6. Dass diese gar nicht so negativ dargestellt wird, wie es auf den ersten Blick erscheinen mag, konnte EHRHARDT 2002 überzeugend darlegen.
61 Das zeigt sich besonders deutlich in der Beschreibung des ilergetischen Fürsten Andobales, für den Polybios an einigen Stellen Verständnis zeigt, während er ihn an anderen verurteilt. S. o. 191–193.
62 S. o. 27 in der Einleitung.
63 Auf das Bild ‚barbarischer' Frauen insgesamt scheinen hellenistische Königinnen also keinen großen Einfluss gehabt zu haben, auch Kleopatra nicht, die von Strabon völlig neutral beschrieben wird; siehe Strab. XVII, 1, 11, C796–797. Dagegen, dass sich bei der Darstellung ‚nordbarbarischer' Frauen griechische Vorstellungen spiegelten, spricht auch, dass weder Spartanerinnen noch hellenistische Königinnen – von wenigen Ausnahmen wie Eurydike, der Ehefrau Philipp III. Arridaios, abgesehen – jemals Waffen trugen, so dass es zwar Parallelen zu ‚barbarischen' Herrscherinnen gibt, nicht aber zu weiblichen Kriegerinnen, die freilich in der Ethnographie ebenfalls eine Minderheit bilden. Wichtiger ist die Betonung des gesellschaftlichen Einflusses von Frauen, der ganz einfach ein Gegenbild zur griechischen Welt darstellt, und eben der Mythos der Amazonen. Für Hinweise zu dieser Frage danke ich Ann-Cathrin Harders (Bielefeld).
64 So schon Herodot zu den Lykierinnen; vgl. Hdt. I, 172–173. Obwohl diese zunächst als Gegenbild gezeichnet werden, relativiert Herodot diese Fremdheit und es lassen sich einige Parallelen zu Entwicklungen in Griechenland finden, wie BICHLER 1999, 36/37 zeigt.
65 Vgl. TRÜDINGER 1918, 80.
66 Pol. VI, 56, 6–12.

Verfassung und die militärische Stärke der Republik beruhten.[67] Polybios belegt das in einem ausführlichen Abschnitt über die Bestattungen römischer Adliger. Das mit großem Aufwand inszenierte Ritual inspiriere junge Männer, den gerühmten Verstorbenen nachzueifern.[68] Die Passage erinnert an Herodots Darlegung ägyptischer Begräbnisse und belegt damit das ethnographische Interesse des Polybios an religiösen Fragen.[69] Dementsprechend äußert er sich auch einige Male (implizit) zum Glauben der Kelten und ihrer Mantik.[70]

Desgleichen schildert Poseidonios die Gottesfurcht der Gallier,[71] ihre Wahrsagerei[72] und auffälligen Rituale;[73] v. a. aber deutet er die gesellschaftliche Rolle der Druiden, die seiner Ansicht nach die pythagoreische Seelenwanderungslehre vertraten – darin folgte ihm später Alexander Polyhistor.[74] Auch Artemidors Interesse am Glauben der ‚Barbaren' ist durch seinen Bericht über das Heilige Vorgebirge zweifelsfrei belegt.[75] Bei Strabon findet sich dann eine ausführliche Auseinandersetzung mit den religiösen Sitten der hispanischen Völker. Dementsprechend setzt er einen nordhispanischen Kriegergott im Sinne der *interpretatio Graeca* mit Ares gleich, vergleicht die Opferschau der Lusitaner implizit mit griechischen Praktiken und erklärt einen kallaikischen Gott für inkommensurabel. Er misst damit wie seine Vorläufer den religiösen Überzeugungen fremder Ethnien eine wichtige Stellung bei, um einen Volkscharakter bestimmen zu können.[76] Dieses große Interesse an ‚barbarischer' Religion passt zur Charakterisierung des Hellenismus als Epoche der Umwälzungen und Unsicherheit, in der vielfälti-

---

67 S. o. im entsprechenden Kapitel zu Polybios und den Römern (114–122).
68 Vgl. Pol. VI, 53, 1–54, 5.
69 S. o. 118–122.
70 Vgl. Pol. II, 32, 6; XII, 4b, 1–3 („alle Barbaren"); HOFENEDER 2005, 85–102. Dass Poseidonios religiöse Gebräuche behandelte, bezweifelte Trüdinger nicht; das Fehlen keltischer Götternamen in seinen Werken sei auf die lückenhafte Überlieferung zurückzuführen. Vgl. TRÜDINGER 1918, 118. In Diod. V, 31, 5 = FGrHist 87 F 116 = F169 Theiler wird Ares erwähnt, allerdings bezieht sich Poseidonios hier eher allgemein auf den Kampfeswillen und die religiös-philosophischen Vorstellungen der Gallier, nicht auf eine konkrete Gottheit. HOFENEDER 2005, 112–157 bietet eine Zusammenstellung aller relevanten Poseidoniosstellen zur keltischen Religion.
71 Was sich etwa in der Geschichte über das Gold von Tolosa zeigt. Die Weihung von Gold für die Götter wird auch in Diod. V, 27, 4 = F116 Jac. = F169 Theiler besprochen.
72 Vgl. Diod. V, 31, 3 = F116 Jac. = F 169 Theiler.
73 So etwa die Praxis der Menschenopfer; vgl. bspw. Diod. V, 32, 6 = F 116 Jac. = F169 Theiler. Dazu zählt aber auch der Mysterienkult auf einer Insel in der Loire-Mündung; vgl. Strab. IV, 4, 6, C198 = F 56 Jac. = F276 EK = F34 Theiler.
74 S. o. bes. 233/234; zu Alexander Polyhistor vgl. Clem. Al. Strom. I, 70, 1 (Kyrill. C. Julian. 4 p. 133) = FGrHist 273 F 94.
75 Vgl. Strab. III, 1, 4, C138 = Artemidor Fr. 13 Stiehle. Siehe aber auch seinen Bericht über einen Schiedsspruch durch Raben auf einer nicht näher bestimmten Insel im Atlantik; das Ritual muss religiöser Natur sein. Vgl. Strab. IV, 4, 6, C198 = Artemidor F 36 Stiehle = F 34 Hagenow mit HOFENEDER 2005, 109–111.
76 In Strab. IV, 4, 5, C198 erwähnt Strabon zudem sogar die laut TRÜDINGER gar nicht mehr behandelte Mantik der ‚Barbaren' (hier der Gallier), welche die Römer abgeschafft hätten.

ge nichtgriechische Glaubensvorstellungen, darunter die Mysterienkulte, in Griechenland und Italien Einzug hielten.⁷⁷

Ähnliches lässt sich – gegen die Annahme von Teilen der modernen Forschung – für die Behandlung von θαυμάσια im Hellenismus konstatieren.⁷⁸ So vergleicht selbst der pragmatische Geschichtsschreiber Polybios Länder im Hinblick auf ihre ‚wunderbaren' Merkmale und widmet der Aufzählung von θαυμάσια einen großen Teil des XXXIV. Buches der *Historien*: er beschreibt bspw. ein seltsames Tier in den Alpen⁷⁹ oder die heilende Wirkung lykischer Schwämme.⁸⁰ Ähnlich berichtet Poseidonios von einem unerklärlichen Wind über dem Steinfeld von La Crau in Südgallien⁸¹ und behauptet, ein Feuer habe einst alle Wälder der Pyrenäen verbrannt und den Boden geschmolzen;⁸² Timagenes verfasste vielleicht sogar ein eigenes Werk zum Thema θαυμάσια.⁸³ Strabon schließlich greift auf Wundererzählungen zurück, wenn er von den Lotusessern in Nordafrika berichtet, die schon Herodot und Homer kannten,⁸⁴ von den Meeresungeheuern vor der Küste Turdetaniens⁸⁵ oder vom nordiberischen Salz, das seine Farbe ändere.⁸⁶ Da ethnographische Beschreibungen auch der Unterhaltung dienten, verwundert es nicht, dass θαυμάσια in hellenistischer Zeit weiter einen Bestandteil solcher Schriften bildeten: allerdings verlagerten sie sich stärker von den Menschen auf die von den Menschen bewohnte Natur.⁸⁷

Klassische Vergleichspraktiken und ethnographische Modelle wurden also weiter genutzt, doch lassen sich im Späthellenismus auch neue Tendenzen feststellen. Einige davon erklären sich aus dem persönlichen Hintergrund der Autoren: So zeichnet sich Poseidonios durch sein Interesse am körperlichen Erscheinungsbild der Men-

---

77   Vgl. GEHRKE 2008, 199–205. Inwiefern sich diese Entwicklungen im Einzelnen auf ethnographische Texte auswirkten, müssen zukünftige Studien genauer zeigen.
78   Einer These von RENÉ S. BLOCH zufolge verloren diese im ethnographischen Denken nach Alexander zunehmend an Bedeutung, da die hellenistischen Philosophien es den Griechen erlaubten, neue Erkenntnisse direkt zu verarbeiten, statt sie zu *mirabilia* zu erklären und sich damit der Interpretation zu verweigern. Vgl. BLOCH 2002, 37.
79   Vgl. Strab. IV, 6, 10, C207 = Pol. XXXIV, 10, 8; zur Diskussion s. o. 155, Anm. 762.
80   Vgl. Plin. nat. hist. 31, 131 = Pol. XXXIV, 16, 3.
81   Vgl. Diod. V, 26, 1 = F116 Jac. = F169 Theiler; Strab. IV, 1, 7, C182–183 = F90 Jac. = F229 EK = F29 Theiler. Diodor überträgt die Beschreibung fälschlicherweise von der Steinfläche von La Crau auf ganz Gallien.
82   Siehe Diod. V, 35, 2–3 = F 117 Jac. = F 89 Theiler.
83   Vgl. MUCCIOLI 2006, 63 zu Strab. XV, 1, 57, C711 = FGrHist 88 F12.
84   Homer beschreibt die Lotusesser in Od. IX, 82–105, Herodot verortet sie dann in IV, 177 in Nordafrika. Dem folgt Strabon, der sie an verschiedenen Stellen in Nordafrika lokalisiert, in III, 4, 13, C157; XVII, 2, 2, C821; XVII, 3, 17, C834. In XVII, 3, 8, C829 = Artemidor Fr. 77 Stiehle äußert Strabon sich dagegen eher kritisch zu einer Geschichte Artemidors über die Lotophagen in Westnordafrika.
85   Vgl. Strab. III, 2, 7, C 145.
86   Vgl. Strab. III, 3, 37, C155.
87   Da sie außerordentliche Phänomene behandelten, stellten sie indirekte, singularisierende Vergleiche dar oder dienten sogar dazu, Inkommensurabilität zu postulieren.

schen aus, das so zuvor nur in Pseudo-Hippokrates' Schrift *Über die Umwelt* auftaucht und auf die klimadeterministischen Überzeugungen beider Autoren zurückzuführen ist.[88] Poseidonios suchte Charakter und Physis der Menschen ganzheitlich zu erfassen. Seine Aussage, die Gallier speisten „nach Löwenart",[89] soll vielleicht nicht nur die Wildheit der ‚Nordbarbaren' untermauern, wie es Polybios und Strabon mit solchen Vergleichen tun.[90] Vielmehr finden sich hier, im Zusammenspiel mit Poseidonios' Beschreibung der Körper der Gallier, erste Ansätze einer Anthropologie, die Menschen wie Tiere als biologische Wesen fasst.[91]

Besonders dynamisch war die ethnographische Auseinandersetzung mit politischen Institutionen. In frühhellenistischer Zeit hatte sich unter dem Eindruck des makedonischen Königtums zunächst die Περὶ βασιλείας- Literatur etabliert, die auch ethnographisches Denken beeinflusste;[92] noch Timagenes schrieb ein Werk περί βασιλέων.[93] Im 2. Jahrhundert v. Chr. verstärkte sich dann allerdings die moralische Kritik an der Monarchie: Griechische Gelehrte machten eine vorherrschende Dekadenz an den königlichen Höfen als Grund für den politischen Machtverlust der Diadochenreiche aus und übertrugen dieses Motiv alsbald auf ‚barbarische' Alleinherrscher. In diesem Sinne interpretiert z. B. Poseidonios den Euergetismus des Arvernerkönigs Luernios als Ausdruck seiner τρυφή; das breite Volk solle durch dessen Goldgeschenke nur manipuliert werden.[94]

Die späthellenistischen Autoren stellten jedoch fest, dass sich in der ‚barbarischen' Welt auch viele andere Formen ‚staatlicher' Organisation fanden. Bei ihren Untersuchungen konnten sie auf den entsprechenden Vergleichsstudien der Peripatetiker über die griechische Staatenwelt aufbauen und diese nun in den Bereich der fremden Ethnien transferieren.[95] Polybios wandte ihre Modelle auf die Römer an und beschrieb deren Mischverfassung als zentralen Pfeiler ihrer politischen und militärischen Stärke. Er zeigte, dass nichtgriechische Staatswesen ebenso über komplexe Verfassungen verfügen konnten, und legte damit die Grundlage für eine relativ genaue Einordnung ‚nordbarbarischer' Herrschaftsformen. Tatsächlich beschreibt er sowohl mächtige kel-

---

88   S. o. 229/230.
89   Athen. IV, p. 151F = F 15 Jac. = F 67 EK = F 170 Theiler.
90   Strabon betont z. B. die außergewöhnliche Wildheit der Keltiberer; s. o. 359–361.
91   So sehen Poseidonios schon DIHLE 1962a, 229 und DODDS 1973, 19. Zu solchen Gedankenspielen kann die vorliegende Arbeit jedoch höchstens einen Anstoß liefern.
92   LEMSER 2021, 92/93 m. Anm. 94; 147/148. Zu Herodots Behandlung von Königen und Monarchen siehe GAMMIE 1986 passim. Auch Polybios wurde von dieser Literaturgattung beeinflusst, wie ERSKINE 2003, 234 zeigt.
93   Vgl. Steph. Byz. s. v. Μιλύαι = FGrHist 88 F 2.
94   Vgl. Athen. IV, p. 152 D–F = F 18 Jac. = F67 EK = F 170 Theiler; MALITZ 1983, 178/179; HAHM 1989, 1343. Die folgende Niederlage der Arverner gegen die Römer war also nur folgerichtig.
95   Die *Athenaion politeia* ist die einzig erhaltene der 158 Untersuchungen, doch wenn die anderen Texte nur annähernd so ausführlich waren, müssen sie für alle folgenden Verfassungsvergleiche eine Vorbildfunktion eingenommen haben.

tische Könige[96] als auch Adelsräte[97] und gemeinsame Entscheidungsorgane von Kleinkönigtümern.[98] Ebenso differenziert Poseidonios zwischen der mächtigen Stellung der Arvernerkönige und der flachen Hierarchie bei den Vakkäern,[99] und während Polybios in erster Linie iberische Könige nennt,[100] scheinen die meisten keltiberischen *oppida* bei Poseidonios unter der Herrschaft von Adelsräten zu stehen.[101] Die Autoren behaupteten also nicht, alle ‚Barbaren' stünden unter dem Regiment von ‚Despoten', wie Aristoteles es getan hatte, sondern räumten die tatsächlichen Unterschiede zwischen den verschiedenen Ethnien ein.[102] Die Beobachtungen der Sozialstruktur ergeben ein ähnlich diverses Bild: Poseidonios unterscheidet zwischen gallischen Adligen und ihrem Gefolge,[103] erkennt den Einfluss der respektierten Druiden,[104] die (nur) in Krisenzeiten vorhandene Geltung der Wahrsager[105] und die lebensweltlich wichtige, aber politisch

---

96   So Aneroëstos (Pol. II, 22, 2; II, 31, 2), den König der Gaisaten, und nach XXII, 21, 1 versuchte Ortiagon König aller Galater zu werden. Da Polybios jedoch lange nicht als ethnographischer Autor wahrgenommen wurde, konnte noch FITZPATRICK 1989, 28/29 schreiben, dass die Forschung die Existenz keltischer Könige in den *Historien* vollkommen ignoriert habe.

97   FOULON zeigt, dass Polybios die meisten keltischen Herrscher als Hegemonen oder Dynasten designiert und dass diese demzufolge eher als Anführer aristokratischer denn monarchischer Gesellschaften gelten müssen; vgl. FOULON 2001, 40/41.

98   So in Pol. III, 50, 2–3 bei den Allobrogern und in XXI, 37, 8–9 sowie XXI, 39, 4 bei den Galatern. Im VI. Buch ignoriert er freilich die Verfassungen ‚barbarischer' Völker – im Vergleich zu Karthagern, Römern und Griechen waren sie dann doch zu primitiv.

99   Vgl. Diod. V, 34, 3 = F 117 Jac. = F 89 Theiler.

100   So Andobales, Edeco usw.

101   So lassen es die Fragmente zu Lagni und Numantia und Termessos durchscheinen, denn in beiden Fällen wird davon gesprochen, die jeweiligen Einwohner (z. B. „die Numantiner") würden politische Entscheidungen beschließen, Individuen werden nicht genannt. Vgl. Exc. de virt. et vit. II, 1, p. 300 n. 319 = Diod. XXXIII, 17, 1–2 = F112 Theiler zu den Lagniern; Exc. de leg. I p. 406 n. 29 = Diod. XXXIII, 16, 1–2 = F 111 Theiler zu Numantinern und Termessiern. Dennoch sind die ‚Barbaren' natürlich keine Bürger im griechischen Sinne, also *politikoi*, wie ERSKINE 2000, 168 zu Recht bemerkt, aber zumindest wird hier der narrative Duktus politischer Interaktionen von *poleis* auf die *oppida* übertragen.

102   Vgl. etwa Aristot. eth. Nic. 1160b. Aristoteles bezog sich freilich in erster Linie auf die ‚Barbaren' des Ostens. Zu der Genauigkeit der Angaben siehe bspw. die Kapitel zu Poseidonios bzw. Strabon und Hispanien (245–299; 324–383). Die Bewaffnung, die religiösen Sitten und eben die politische Struktur iberischer Volksgemeinschaften können von der Archäologie und Epigraphik in vielen Fällen mit den Beschreibungen der griechischen Autoren in Einklang gebracht werden. Wie die Tabula Alcantarensis (auch „Bronze von Alcántara") belegt, traf die Beobachtung des Poseidonios selbst für die entferntesten Völker wie Lusitaner und Vettonen zu. Siehe dazu SAYAS ABENGOCHEA 1999, 197; DE ALARCÃO 2001, 306–308; GARCÍA MORENO 1989 passim.

103   Siehe z. B. Athen. IV, p. 152B–C = F 15 Jac. = F 67 EK = F 170 Theiler.

104   Vgl. bspw. Diod. V, 31, 4–5 = F 116 Jac. = F 169 Theiler.

105   Vgl. Diod. V, 31, 3 = F 116 Jac. = 169 Theiler. Wenn große Entscheidungen anstehen, würden die Wahrsager befragt, insgesamt scheinen sie aber nicht den gleichen Rang einzunehmen wie die Druiden. In Strab. IV, 4, 4, C197 findet sich eine ähnliche Aufstellung dreier wichtiger gesellschaftlicher Rollen: παρὰ πᾶσι δ' ὡς ἐπίπαν τρία φῦλα τῶν τιμωμένων διαφερόντως ἐστί, βάρδοι τε καὶ ὀυάτεις καὶ δρυΐδαι· βάρδοι μὲν ὑμνηταὶ καὶ ποιηταί, ὀυάτεις δὲ ἱεροποιοὶ καὶ φυσιολόγοι, δρυΐδαι δὲ πρὸς τῇ φυσιολογίᾳ καὶ τὴν ἠθικὴν φιλοσοφίαν ἀσκοῦσι. MALITZ 1983, 196, Anm. 217 weist berech-

bedeutungslose Rolle von Barden.[106] Noch bedeutsamer ist, dass die Autoren festhalten, alle ‚Nordbarbaren' könnten in ihrer jeweiligen Gesellschaft sozial aufsteigen, wenn sie im Krieg besondere Tapferkeit unter Beweis stellten.[107] Diese Durchlässigkeit der ‚Klassen' stand im Gegensatz zu traditionellen Vorstellungen von östlichen Gesellschaften, etwa Persiens, Lydiens oder Indiens,[108] und dem Idealstaat Platons.[109] Sie erinnert eher an das archaische Griechenland und passt damit zur ‚primitiv-heroischen' Interpretation der Nordvölker.

Die soziale und politische Dynamik hatte freilich eine Kehrseite: Polybios nahm Caesars Diagnose vorweg, dass sich die keltische Welt in ständiger politischer Zersplitterung befinde; die gallischen *factiones* erinnerten damit an die *staseis* in hellenischen *poleis*.[110] Somit ergibt sich erneut ein ambivalentes Bild und ein Gegensatz zwischen den ‚Barbaren' des Westens (und Nordens) und denen des Ostens (und Südens), den die Gelehrten durch ihre empirischen Forschungen vor Ort untermauerten.

Besonders auffällig ist in den ethnographischen Texten aus der Zeit nach dem Dritten Römisch-Makedonischen Krieg das steigende Interesse an militärischen Informationen. Vereinzelt gab es zwar bereits vorher Autoren wie Nearchos, die dem Thema großen Platz einräumten.[111] Doch erst mit Polybios scheinen sich Militärvergleiche als fester Bestandteil griechischer Ethnographien verfestigt zu haben. Grund

---

tigterweise daraufhin, dass die ὀνάτεις damit den Wahrsagern (bei Diodor einfach μάντιδες) des Poseidonios entsprechen.

106 Ihre Bedeutung betont Diod V, 31, 2 = F 116 Jac. = F169 Theiler; ähnlich Athen. VI, p. 246 C–D = F 17 Jac. = F 69 EK = F 172 Theiler. Aus dem unterwürfigen Verhalten des Barden in Athen. IV, p. 152D–E = F 18 Jac. = F 67 EK = F 170 Theiler gegenüber Luernios geht aber hervor, dass sie zwar für ihre Dienste finanziell belohnt wurden, aber (nach Poseidonios' Meinung) keinerlei politischen Einfluss auf die Könige hatten. Timagenes zeichnet dahingehend ein sehr ähnliches Bild der gallischen Gesellschaft; vgl. z. B. RANKIN 1987, 274.

107 Siehe etwa Poseidonios' Beschreibung der frühen Jahre des Viriatus auf S. 281/282 oder Athen. IV, p. 152B = F 15 Jac. = F 67 EK = F 170 Theiler zu den Galliern bei Poseidonios; Pol. II, 17,12 zu den Kelten bei Polybios. Diese Beobachtung kann von der Forschung durchaus bestätigt werden; siehe etwa DE ALARCÃO 2001, 340–342 zu den Lusitanern. PARKER PEARSON 1989, 199–203 beschreibt, dass sich in Germanien ab dem frühen/mittleren 2. Jh. v. Chr. erstmals abgesetzte Gräber reicherer Männer finden; zuvor unterschieden sich die Gräber recht wenig, was auf eine egalitärere Gesellschaft deuten könnte – wenn, dann aber deswegen, weil es allen an Luxusgütern und Statussymbolen fehlte. Auch die ab diesem Zeitpunkt einsetzende Praxis prächtigerer Gräber für ‚Fürsten', wie sie ebenso aus der La-Tène-Kultur bekannt sind, widerspricht nicht unbedingt den Beobachtungen der griechischen Ethnographen, denn die Gräber zeichneten sich oft durch die abgelegten Waffen aus. Das spricht dafür, dass auch diese ‚Fürsten' ihre Rolle in der Gesellschaft ihrem Mut und ihren Erfolgen im Kampf zu verdanken hatten. Zu den keltischen Gesellschaften siehe auch FITZPATRICK 1989, 28.

108 Siehe dazu v. a. LEMSER 2021, 88–90; zu Lydien SCHULZ 2020a, 249. Herodot beschreibt auch die sozialen Schichten Ägyptens; vgl. etwa Hdt. II, 164.

109 Zur Undurchlässigkeit der Klassen in Platons Idealstaat siehe etwa die dahingehend immer noch aktuelle Übersicht bei GOMPERZ 1922, 393–395.

110 Vgl. FOULON 2001, 38/39 mit zahlreichen Belegstellen zu Polybios und bspw. Caes. bell. Gall. VI, 11–12.

111 Vgl. LEMSER 2021, 49–64.

dafür war nicht nur der biographische Hintergrund des Polybios als ehemaliger Kavallerieoffizier. Wichtiger war die Fragestellung seines Geschichtswerkes: Wie war es den Römern gelungen, in nur 53 Jahren einen großen Teil der bekannten Welt zu erobern?[112] Um diese Frage zu beantworten, untersuchte er eingehend die Struktur und Funktionsweise des römischen Heeres und verglich sie explizit mit griechischen und ‚fremden' Streitkräften, um die Überlegenheit der Römer erklären zu können. Polybios differenzierte dabei zwischen den verschiedenen ‚barbarischen' Gruppen als *comparata*, und ihm war bewusst, wie schwer sich die Römer mit einigen ihrer Feinde getan hatten. So lobte er den Mut der Keltiberer und die Qualität ihrer eisernen Schwerter und demonstrierte seinen Lesern damit, warum die Römer diesen im Vergleich zu den hellenistischen Königreichen winzigen Stammesverbund fast ein Jahrhundert lang bekämpfen mussten.

Poseidonios griff das militärische Interesse des Polybios auf: Er verfasste ein Werk über Taktik[113] und integrierte ebenfalls viele militärische Details in seine Völkerdarstellungen. Da der Philosoph selbst keine militärische Erfahrung besaß, verwundert dieses Interesse zunächst; in seiner Zeit als Prytane von Rhodos wird er sich höchstens mit maritimen Angelegenheiten auseinandergesetzt haben. Er folgte offenbar dem Vorbild des Polybios, nannte er sein Werk doch auch *Historien nach Polybios*. Wie sein Vorgänger verfügte Poseidonios über enge Bindungen zu führenden römischen Familien, deren Ansehen und Einfluss zu großen Teilen auf ihren eigenen kriegerischen Erfolgen und denen ihrer Vorfahren beruhten. Polybios und Poseidonios schrieben in erster Linie für ein griechisches Publikum, hatten bei der Niederschrift ihrer Werke aber daneben ihre römischen Freunde vor Augen. Diese dürften an Poseidonios' eingehender Beschäftigung mit gallischen, keltiberischen oder lusitanischen Kriegern besonders interessiert gewesen sein. Poseidonios vergleicht dabei die Ausbildung und Ausrüstung der ‚Barbaren' – meist implizit – mit griechischen Vorbildern, um sie verständlicher zu machen und die Fremdheit der ethnographischen Subjekte zu relativieren.[114] Die Militärvergleiche sind damit ein integraler Teil seines stoischen Ansatzes, Ähnlichkeiten zwischen allen Menschen nachzuweisen.

Im Gegensatz zu früheren griechischen Autoren richtete sich Strabon explizit an römische Leser und versuchte, ihnen die Lage in den Provinzen zu erläutern. Dass er die

---

112 CHAMPION 2000b, 437–441 zeigt, dass das Römerbild des Polybios ebenfalls von persönlichen Erfahrungen geprägt war, die noch in die Zeit vor der Gefangenschaft zurückreichten.
113 Vgl. Aelian. takt. I, 2 = F 80 EK & Arr. takt. I, 1–2 = F 81 EK.
114 Bei Poseidonios finden sich sicherlich mehr implizite Vergleiche als bei Strabon und Polybios, die sich wie Herodot oder Aischylos (in den *Persern*) an ein eher breiteres Publikum (bei Polybios jegliche hochrangige militärische und politische Akteure, bei Strabon auch römische Adlige) richteten. Allerdings lässt sich hierzu aufgrund der fragmentarischen Überlieferung keine sichere Aussage machen; vielleicht kürzten auch Diodor oder Athenaios explizite Vergleiche, um ihre Leser nicht zu langweilen – schließlich führten beide den Apameer an, um selbst intellektueller zu wirken.

Bewaffnung und Kampfesweise der Turdetaner oder der Iberer an den mediterranen Küsten übergeht, erklärt sich daraus, dass diese schon lange unterworfen waren. Dagegen schildert er ausführlich, wie die Kantabrer den Tod der Gefangenschaft vorzögen[115] und den Kampf in kleinen Gruppen übten:[116] Zum einen konnte er seinem Publikum so eine Vorstellung von Augustus' jüngstem Krieg gegen diesen Feind vermitteln, zum anderen streiften einige kantabrische Räuberbanden noch immer durch das nordspanische Bergland.[117] Seine Vergleiche der Kampfesweise (nord-)hispanischer Völker mit der anderer gallisch-keltischer Gruppen offenbaren eine wichtige Gemeinsamkeit, die traditionellen griechischen Modellen entsprach: Das Leben aller ‚Nordbarbaren' war von Krieg und Gewalt geprägt. Ob Kantabrer, Belger oder Gaisaten – Griechen und Römer kannten diese Völker bis zum Ende des 1. Jhs. v. Chr. überwiegend aus dem militärischen Kontext, als Feinde ihrer eigenen Soldaten.[118] Die Etablierung von Militärvergleichen in der Ethnographie war damit eine Folge der historischen Ereignisse.[119]

Die Entwicklung von *comparata*, *tertia* und Vergleichsfunktionen in der späthellenistischen Ethnographie zeigt somit einerseits große Kontinuitäten auf. Besonders das Vorbild Herodots blieb weiterhin virulent; auch Polybios und Strabon griffen auf ähnliche Methoden wie der ‚Vater der Geschichtsschreibung' zurück, gingen von den gleichen Theorien aus und nahmen seine ethnographischen Kategorien auf. Andererseits sind die Schriften des 2. und 1. Jhs. v. Chr. Ergebnis des historischen Wandels: Die Triumphe römischer Waffen eröffneten Polybios und seinen Nachfolgern sicheren Zugang zu den Ländern des Westens und Nordens, die vor ihnen noch kein Grieche auf der Grundlage eigener Anschauungen beschrieben hatte. Polybios hob die praktischen Vorzüge der römischen Herrschaft explizit hervor und leitete daraus für seine Landsleute die Verpflichtung ab, ethnographische und geographische Untersuchungen voranzutreiben. So konsultierten die Autoren Archive und offizielle Aufzeichnungen, befragten Händler und Seeleute in Hafenstädten, besuchten einheimische Dörfer und Heiligtümer oder begutachteten Schlachtfelder und Naturphänomene. In ihrer Schreibpraxis passten sie die tradierten *topoi* und Makrotheorien dann an das neu erschlossene Wissen an.

Auch ihre Quellen unterlagen dem historischen Wandel: So ermöglichten erst römische Provinziallisten den griechischen Gelehrten, den Reichtum der Po-Ebene und

---

115 Vgl. Strab. III, 4, 18, C165.
116 Siehe Strab. III, 4, 7, C155.
117 Vgl. Strab. III, 3, 8, C156.
118 Strabon strukturiert die Völker Galliens – Caesar folgend – deshalb auch nach ihrer militärischen Stärke. S. o. 319 zu Strab. IV, 4, 3, C196, wo es heißt, die Belger seien die mächtigsten unter den Galliern, und unter ihnen wiederum die Bellovaker, gefolgt von den Suessionen.
119 Da Militärvergleiche einen speziellen Kontext und ein zumindest rudimentäres Fachwissen erfordern, könnte hier sogar von neuen (Vergleichs-)Praktiken gesprochen werden, die eine stabile Praxisformation ergänzen. Siehe zur entsprechenden Fragestellung EPPLE/FLÜCHTER/MÜLLER 2020, 7.

Turdetaniens durch die Angabe von Preisen für Nahrungsmittel und die Erträge der Minen zu verdeutlichen. Eine genaue statistische Erfassung der Ressourcen und Einnahmequellen der neuen Provinzen lag im Interesse der römischen Eroberer und hatte früheren Autoren nicht zur Verfügung gestanden.[120] Diese ‚Quantifizierung' der Ethnographie verrät gleichzeitig einiges über Publikumserwartungen und Adressaten, die auch von der Gattung der Schriften abhängig waren: Da sich z. B. alle drei hier untersuchten Autoren als Geographen definierten, kannten sie die v. a. von Eratosthenes etablierte mathematische Erdkunde und Geometrie und mussten deren Modelle in ihren ethnographischen Darstellungen anwenden, um ihre hochgebildeten Leser nicht zu enttäuschen. Dass Polybios, Poseidonios und Strabon unbekannte Länder und Regionen als Dreiecke oder Parallelogramme beschrieben, lässt sich so nicht zuletzt auf die Einrichtung der Bibliothek von Alexandria und des Museions zurückführen. Denn dort bündelten die Ptolemäer die Bereitstellung und Diskussion von Wissen in zuvor ungeahnten Dimensionen.[121] Die römische Expansion war also nicht die einzige historische Makroentwicklung, welche die Ethnographie entscheidend prägte.[122]

Die Ergebnisse der hier durchgeführten Analyse besitzen somit über die Erforschung der antiken Ethnographie und griechischen Literatur hinaus historische Relevanz. Besonders wichtig ist in dieser Hinsicht die Beobachtung, dass die Römer für die Griechen von einem ethnographischen Objekt zu einem Bestandteil der Selbstreferenz wurden: Die römische Kultur und das römische Weltreich beeinflussten demnach die Identität der Autoren und wurden nur dann noch zum ethnographischen *comparatum*, wenn zwischen Römern und Hellenen verglichen wurde. Diese zunehmende Akzeptanz der römischen Vorherrschaft und Übernahme römischer Werte und Sitten ist repräsentativ für alle Griechen dieser Epoche.[123]

---

120 Zum besonderen wirtschaftlichen Interesse der späthellenistischen Historiker und Ethnographien siehe ALONSO NÚÑEZ 1979, 646.
121 Siehe dazu bspw. HÖLBL 1994, 28; 63–65. Das galt dann später natürlich ebenso für bspw. die Bibliothek Pergamons.
122 Allerdings muss offenbleiben, ob die Vergleichspraktiken bspw. des Polybios ihrerseits den historischen Wandel beeinflussen konnten. Auffällig ist, dass genau das sein erklärtes Ziel war: Griechische Politiker sollten aus seinen *Historien* lernen, sich mit Rom zu arrangieren. Und zumindest auf der Peloponnes, wo Polybios in seinem späteren Leben selbst beaufsichtigte, wie die lokalen Verhältnisse neu organisiert wurden, formierte sich nach der Zerstörung Korinths 146 v. Chr. kein wirklicher militärischer Widerstand gegen die Römer mehr. Fuchs 1938, 2 bewertet Polybios' Versuch, die römischen Stärken und ihre positiveren Seiten zu betonen, um seine Landsleute zu überzeugen, dass sie sich mit den Römern zu arrangieren hatten, als erfolgreich. Auch übernahmen die Römer einige von Polybios' Deutungen – so die Aufnahme ihres eigenen Imperiums in die Abfolge der Weltreiche. Siehe dazu ALONSO NÚÑEZ 1983 passim. Dazu hatte seine Theorie der Mischverfassung deutliche Auswirkungen auf das römische Denken; siehe MOATTI 2020, 126–136.
123 Diese Entwicklungen hat zuletzt CHANIOTIS 2018, 233–385 in allen Bereichen der griechischen Gesellschaft durchdrungen.

Allein in der ethnographischen Literatur findet sich jedoch die einzigartige Technik, mit der die hellenischen Gelehrten diese makropolitischen Veränderungen verarbeiteten: Sie suchten die Römer über den Umweg der Beschreibung eines Dritten, des ‚barbarischen' Fremden, zu verstehen. Dazu betrachteten sie v. a. das Vorgehen der Römer im Westen und Nordwesten: Sie prüften, wie diese mit den ‚Nordbarbaren' verfuhren, welche Ziele sie vor Ort verfolgten und auf welche Herrschaftspraktiken sie dabei zurückgriffen. So waren die griechischen Eliten in der Lage, Rückschlüsse darauf ziehen, wie sie selbst am besten mit den Römern umgehen konnten und wie sie das Imperium und seine Strukturen zu ihrem eigenen Vorteil nutzen konnten.

Abb. VIII Der Dreiklang späthellenistischen ethnographischen Denkens

Es handelte sich bei diesem Dreiklang zwischen Griechen, Römern und ‚Barbaren' um eine bis dahin einmalige historische Konstellation: Angelegt war diese schon bei Herodot, der seinen Exkurs über die Lyder im Kontext der persischen Eroberung Lydiens (und Ioniens) und der persischen Bedrohung Griechenlands verfasste. Allerdings regierten die Perser niemals dauerhaft die gesamte griechische Welt und selbst die ionischen Städte erfreuten sich zwischen der Schlacht von Mykale 478 v. Chr. und dem Antalkidasfrieden 387/386 v. Chr. der Unabhängigkeit. Die römische Herrschaft über Griechenland sollte dagegen über anderthalb Jahrtausende andauern und kein zeitgenössischer Beobachter konnte ihre Endlichkeit erahnen. Deshalb ist die späthellenistische Epoche so wichtig, und deshalb muss das ethnographische Schreiben dieser Zeit in seiner Gesamtheit betrachtet werden: Nur so können die langfristigen Entwicklungen aufgezeigt werden, die der Schock der römischen Invasion in der griechischen Gesellschaft und im griechischen Geist ausgelöst hatte. Erst in augusteischer Zeit kam diese Dynamik zu einem gewissen Stillstand. Um dies zu prüfen, fällt der Blick abschließend auf die Ethnographie des 1. Jhs. n. Chr.

6.3 Das Erbe der griechischen hellenistischen Ethnographie

Mit Strabon trat die ‚Ethnographie' in den Dienst der offiziellen Selbstdarstellung der Kaiser. Er war kein Hofhistoriker, unterstützte aber Augustus' politische Vision vollumfänglich.¹²⁴ Diese Tendenz sollte sich in den folgenden Jahrzehnten fortsetzen. Ein kurzer Ausblick zeigt, dass Gelehrte aus Rom wie aus den Provinzen Strabons Gedanken aufnahmen und weiterentwickelten und den Anschluss an die klassische Tradition mit der Rechtfertigung imperialer Expansion und ‚Romanisierung' der ‚Barbaren' verbanden. Um einen Perspektivwechsel vorzunehmen, soll der Blick auf zwei Autoren fallen, von denen der eine die ‚barbarische' Seite des ethnographischen Dreiecks der griechischen Schriftsteller verkörpert, und der andere die römische Seite einnimmt. Als Vertreter des ‚Dritten' soll der jüdische Geschichtsschreiber Flavius Josephus (ca. 37/38 – ca. 100 n. Chr.) dienen, während die römische ‚Ethnographie' fast zwangsläufig bei Publius Cornelius Tacitus untersucht werden muss.

Josephus eignet sich nicht zuletzt als Beispiel, da seine Biographie an Polybios erinnert: Beide dienten als hohe Offiziere in einer heimischen Armee, bevor sie in römische Gefangenschaft gerieten und dann in Rom Informationen sammelten, um ihren Landsleuten die Logik des Imperiums zu erklären.¹²⁵ Für Josephus bildete zunächst seine jüdische Identität die Referenzebene. Allerdings schrieb er wie Strabon bewusst (u. a.) für ein römisches Publikum und war römischer Bürger. In seinen Werken griff er auf hellenistische Modelle und Konzepte (auch über sein eigenes Volk) zurück, suchte das Judentum jedoch gegen griechische (und römische) Vorurteile zu verteidigen.¹²⁶ Auch er beschrieb fremde Ethnien also im Kontext des römischen Imperiums, doch suchte er die Juden dabei gleichzeitig von den Griechen abzusetzen, so dass teilweise sogar von vier Seiten der Darstellung (Juden, Römer, Griechen, jeweiliges ethnographisches Objekt) gesprochen werden kann.

Auf hellenistische Vorstellungen in einem antigriechischen Sinne greift Josephus bspw. zurück, wenn er behauptet, das jüdische Volk könne auf eine längere Geschichte zurückblicken als das griechische. Als Beweis dafür dient ihm Homer, der noch keine Gesetze gekannt habe, und die der griechischen Elite wohlbekannte Idee, eine Reihe von Naturkatastrophen habe die frühe Zivilisation in Griechenland immer wieder vernichtet bzw. zurückgeworfen, während die Levante und Ägypten von ihren Auswirkungen größtenteils verschont wurden.¹²⁷ In ähnlicher Weise greift er bekannte *thaumata* auf¹²⁸ und vergleicht wiederholt zwischen dem Judentum und der griechischen

---

124 Während Polybios sich dem Achaierbund und Poseidonios der *polis* Rhodos verpflichtet fühlte, war Strabons Heimat Amaseia ‚nur' noch eine von vielen Städten im Imperium ohne eigenständige politische Bedeutung.
125 Zum (biographischen) Vergleich mit Polybios siehe ausführlich GRUEN 2013 passim. Auch die Konzentration auf die Entweihung von Tempeln im Krieg war ein wichtiges Thema beider Autoren, bei dem Josephus sich bewusst an Polybios anlehnte. Vgl. COHEN 1982 passim.
126 Anders als Römer oder Kelten waren die Juden nicht bereit, sich von den Griechen ihre Herkunft erklären zu lassen, wie BICKERMAN 1952, 74 betont.
127 Vgl. Ios. c. Ap. 1, 8–12 (Flut); 2, 155 (Homer).
128 Josephus schreibt z. B., Moses habe Ibisse benutzt, um aus Arabien/Äthiopien kommende Flugschlangen bei ihrem Angriff auf Ägypten abzuwehren; vgl. Ios. ant. Iud. 2, 245. Herodot schrieb all-

Kultur,[129] die er genau studiert hatte, um ihre Vorstellungen überzeugend widerlegen zu können.[130]

Dass Josephus methodisch bewusst an griechische Vorbilder anschloss, demonstriert besonders sein Bekenntnis zur Stoa, die er mit der jüdischen Schule der Pharisäer gleichsetzt.[131] Mit seiner Polemik gegen ältere Autoren[132] und der Analyse politischer Systeme folgt er Thukydides und Polybios.[133] Wie Polybios glaubte Josephus an den Einfluss der *tyche*[134] und einen teleologischen Ablauf der Weltreiche, an deren Ende (vorläufig) das Römische stand.[135] Dementsprechend orientierte er sich auch in seiner ethnographischen Darstellung an der griechischen Tradition. So belegt er die jüdischen Rebellen, deren weiteren Kampf er nach seinem eigenen Seitenwechsel verurteilte, mit den gleichen *topoi* wie Polybios die ‚Nordbarbaren': Sie seien von ihrem θυμός geleitet, ungestüm und leichtsinnig. Er kontrastiert dieses Verhalten mit den disziplinierten römischen Soldaten, die der Vernunft folgten.[136] Auch viele Feinde der Israeliten aus der Frühzeit, z. B. die Amoriter, seien von ihrem θυμός beherrscht gewesen;[137] die Skythen vergleicht Josephus sogar explizit mit Tieren.[138] Und Germanen und Gallier würden noch nach der römischen Eroberung von ihren Emotionen regiert, es fehle ihnen an gutem Rat und damit am Verstand der Römer und Griechen.[139]

In der Schrift *contra Apionem* zeichnet Josephus dann ein negatives, topisches Bild der Ägypter, um zeigen zu können, dass die antijüdischen Aussagen des Alexandriners Apion auf dem angeblichen Neid der Ägypter gegenüber den reicheren und fromme-

---

gemeiner, die fliegenden Schlangen würden Ägypten regelmäßig bedrohen, aber von den Ibissen abgewehrt werden, die deshalb in Ägypten als heilige Tiere galten. Vgl. Hdt. II, 75.

129 So etwa die zehn Gebote im Tempel mit in Delphi aufgestellten Objekten; vgl. Ios. ant. Iud. 3, 139. Seine Beschreibung des Berges Sinai verrät Anklänge der Klimatheorie; siehe Ios. ant. Iud. 2, 265.

130 Bspw. zerlegt er in Ios. c. Ap. 2, 228–231 den Mythos Sparta und in c. Ap. I, 28 die widersprüchlichen Darstellungen der glorreichen griechischen Siege in den Perserkriegen. Besonders wichtig ist ihm aber, dass die griechischen Götter aufgrund ihrer menschlichen Form und ihrer damit verbundenen menschlichen Charakterschwächen bewiesen, dass die Griechen den wahren Gott nie erkannt hatten. Vgl. Ios. c. Ap. 2, 244–254. Freilich konnte er seine römischen und griechischen Leser letztendlich nicht überzeugen; siehe dazu z. B. BLOCH 2002, 179/180.

131 Diese faktisch natürlich nicht haltbare Gleichsetzung erlaubte es ihm, seine eigene Bildung als die eines griechischen, stoischen Philosophen zu beschreiben – ein intelligenter Kniff, um bei der römischen Oberschicht auf Akzeptanz zu stoßen. Vgl. Ios. vita V, 10–12; COHEN 1979, 106.

132 Vgl. Ios. c. Ap. 1, 67.

133 Siehe dazu bspw. MADER 2000, 43.

134 Vgl. etwa COHEN 1979, 98 Anm. 47.

135 Vgl. Ios. ant. Iud. 10, 208–209; 247–248; XI, 337. Siehe dazu auch Kochanek 2004, 94. Er folgte dabei wohl eher dem Buch Daniel, wird aber Polybios' Ideen gekannt haben. Vgl. Dan. 2, 31–34; 7, 1–28.

136 Vgl. Ios. bell. Iud. 3, 9–25; MADER 2000, 40/41; 46.

137 Vgl. Ios. ant. Iud. 4, 89. Auch identifizierte er biblische Völker mit den griechisch-römischen Namen für die (seiner Meinung nach) entsprechenden Ethnien; siehe INGLEBERT 2001, 176–180.

138 Vgl. Ios. c. Ap. 2, 269.

139 Siehe Ios. bell. Iud. 7, 76 mit LAMPINEN 2018, 285. Die ‚Nordbarbaren' hofften zum Ende der Regierungszeit Neros demnach, sich von der römischen Herrschaft befreien zu können.

ren Israeliten beruhten.¹⁴⁰ Vergleiche man Ägypter und Juden im Hinblick auf ihre Frömmigkeit, so Josephus, sei dies so, als vergleiche man die Natur Gottes mit der Irrationalität von Tieren.¹⁴¹ Dass die Ägypter sich ihre Götter in Form von Tieren vorstellten, beweise die Richtigkeit seiner Annahme,¹⁴² und es zeige, dass die Juden nicht von den Ägyptern abstammen konnten.¹⁴³ Josephus nutzte also legitimierende Vergleiche, um die Überlegenheit der jüdischen Kultur und Religion insbesondere gegenüber Ägyptern und Griechen aufzuzeigen. Dagegen setzte er die gleiche Technik im *Bellum Iudaicum* und der *Vita* dazu ein, um die rechtmäßige Herrschaft Roms anzuerkennen, da er seinen eigenen Seitenwechsel rechtfertigen musste – auch darin ähnelt er Polybios. Wie Strabon pries er die Kaiser – meistens Vespasian – und akzeptierte die römische Vorherrschaft über seine Heimat.¹⁴⁴

Der jüdische Gelehrte griff demnach bewusst griechische *topoi*, philosophische Anschauungen und ethnographische Vergleichspraktiken auf, um seine römisch-griechischen Leser von seinem Standpunkt überzeugen zu können. Dass Josephus dem *tertium* der Glaubensvorstellungen großes Gewicht beimaß und sich genötigt sah, die Religion seiner Landsleute gegen Anfeindungen zu verteidigen, belegt jedoch erneut, wie wichtig der persönliche Hintergrund jedes ethnographisch interessierten Gelehrten für seine Werke war. Deshalb verwies er durch singularisierende Vergleiche mit anderen Ethnien stolz auf die Einzigartigkeit seines Volkes und seiner Gebräuche.¹⁴⁵ Wie bei den griechischen Autoren vor ihm behielt seine eigene ethnische Identität also stets einen Vorrang vor der römischen Referenzebene.

Bei Publius Cornelius Tacitus (ca. 55 – ca. 120 n. Chr.) stellte sich die Lage anders dar: Auch er nutzte zwar hellenistische Ideen, um den Charakter der ‚Barbaren' plausibel deuten zu können, doch tat er dies innerhalb des simplen, dualen Modells Römer – ‚Barbaren'. In den Beschreibungen der ‚Nordvölker' beabsichtige er zuvorderst, einen Kontrast zwischen diesen und der römischen Gesellschaft aufzuzeigen, um so bestimmte Kaiser kritisieren zu können. Auch auf die Juden kommt der bedeutendste

---

140 Vgl. Ios. ant. Iud. 2, 201–202; c. Ap. 1, 224. In c. Ap. 1, 75–82 und 1, 224; 228 deutet Josephus dazu an, dass die Hyksos die Vorfahren der Israeliten gewesen seien und die Ägypter sie deshalb von Anfang an gehasst hätten, weil ihre Vorfahren einst über Ägypten herrschten. Vgl. BARCLAY 2007, 130, Anm. 773.
141 Vgl. Ios. c. Ap. 1, 224. In 1, 226 wird erneut auf die Irrationalität und Leidenschaft der Ägypter verwiesen. Dazu passt auch die Bemerkung in 2, 69, die Ägypter seien für die Unruhen in Alexandria verantwortlich, nicht die Juden. In 2, 56–66 verurteilt er Kleopatra als verräterische, gierige Feindin des jüdischen Volkes.
142 Vgl. Ios. c. Ap. 1, 225.
143 Vgl. auch Ios. c. Ap. 2, 8.
144 Auch Strabon hatte sich natürlich mit den Juden beschäftigt; vgl. Strab. XVI, 2, 34–46, C760–765; BLOCH 2002, 42–54.
145 Vgl. Ios. c. Ap. I, 60–65.

römische Geschichtsschreiber dabei zu sprechen.¹⁴⁶ Der Senator präsentiert in seinen *Historien* einen ethnographischen Exkurs im Stile Herodots, der die Einwohner Judäas im Kontext der Eroberung Jerusalems durch Titus 70 n. Chr. einführen soll.¹⁴⁷ Er übernimmt die von Apion angeführte Erklärung, die Juden stammten von einer Gruppe leprakranker Ägypter ab, die aus dem Land am Nil ausgewiesen worden seien.¹⁴⁸ Moses habe seinem Volk daraufhin *nomoi* gegeben, „die neu waren und denen aller übrigen Menschen zuwiderliefen",¹⁴⁹ sie seien „widerwärtig und hässlich" (*absurdus sordidusque*).¹⁵⁰ Tacitus nutzt den singularisierenden Vergleich also, um die Inkommensurabilität der jüdischen Sitten aufzuzeigen und die Juden damit in einen Gegensatz nicht nur zu den Römern, sondern zu allen Völkern zu stellen – womit ihre gewaltsame Unterwerfung durch Titus gerechtfertigt erscheint.

Wann immer Tacitus ein Volk als Feind Roms schildert, setzt er solch legitimierende Vergleiche ein oder tradiert zumindest alte *topoi*: Boudiccas Truppen¹⁵¹ und die gallischen Rebellen seien abergläubisch,¹⁵² für die Bataver zähle alleine der Mut im Krieg,¹⁵³ germanischen Hilfstruppen sei nicht zu trauen,¹⁵⁴ und überhaupt sei das Leben der Germanen nur auf den Kampf ausgerichtet.¹⁵⁵ Typisch für antikes ethnographisches Denken ist, dass Tacitus bekannte Keltentopoi wie Kriegslust und Mut auf die Germanen überträgt. Weiter schreibt er z. B., die Germanen liebten die Prahlerei,¹⁵⁶ – das findet sich in Poseidonios' Gallierexkurs¹⁵⁷ – sie seien aber auch lernfähig,¹⁵⁸ wie es Strabon den Kelten zuschrieb.¹⁵⁹ Bei der Beschreibung der Chatten betont er, ganz im Sinne des poseidonischen Umweltdeterminismus, ihre großen Körper und

---

146 Zu seiner Bedeutung als ‚Ethnograph' siehe z. B. MÜLLER 1997, 412–442. Zur griechischen und römischen Sicht auf die Juden siehe BLOCH 2002 passim.
147 Vgl. Tac. hist. 5, 2–5.
148 Vgl. Tac. hist. 5, 3.
149 Tac. Hist. 5, 4. Übersetzung aus SONTHEIMER 1968.
150 Tac. Hist. 5, 5.
151 Vgl. v. a. Tac. ann. XIV, 30, 1; zum ganzen Boudiccaaufstand XIV, 29–39.
152 Vgl. Tac. hist. 4, 54.
153 Vgl. Tac. hist. 4, 15–16. Ähnlich Ann. XII, 35, 1 zu den Britanniern.
154 Vgl. Tac. hist. 4, 18.
155 Vgl. die Übersicht der Stellen bei STÄDELE 1991, 179. LAMPINEN 2018, 285–288 zeigt dazu auf, dass Tacitus den ‚Nordbarbaren' immer wieder zuschreibt, sich falsche und in ihren Emotionen begründete Hoffnungen auf das Erlangen ihrer Unabhängigkeit zu machen, ganz so wie Josephus.
156 Vgl. Tac. ann. II, 46, 1.
157 Vgl. Diod. V, 31, 1 = F 116 Jac. = F 169 Theiler.
158 Vgl. Tac. ann. II, 45: In der Schlacht zwischen Arminius und Marbod kämpfen die Germanen in geordneten Formationen und greifen damit Tacitus zufolge auf ihre Erfahrungen mit den Römern und das Wissen des Arminius zurück.
159 Vgl. Strab. IV, 4, 2, C195. Diese Übertragungen passen auch zu dem Vorschlag von ILYUSHECHKINA 2017, dass Strabon aus dem *metus Gallicus* einen *metus Septentrionalis* gemacht habe: Auch die Römer übertrugen die alten Keltenvorstellungen auf die Germanen, angefangen mit Kimbern und Teutonen – die sie freilich für Kelten hielten.

strammen Glieder[160] – und wie die Gallier seien auch die Germanen trunksüchtig.[161] Die Primitivität und die ihnen eigenen *nomoi* der Germanen führt Tacitus auf ihre Abgeschiedenheit und den fehlenden Kontakt mit anderen Völkern zurück. Er folgt damit Strabons Erklärung für den Charakter der nordhispanischen ‚Barbaren', entwickelt die Idee aber noch weiter, indem er die Germanen explizit als autochthon bezeichnet, während Strabon Kontakte zwischen den frühen Griechen und Kantabrern bzw. Kallaikern annahm.[162]

Unter den einzelnen Völkerschaften Germaniens suchte Tacitus dann eine Ordnung herzustellen, wie es die späthellenistischen Autoren mit den Bewohnern Hispaniens vorexerziert hatten. Deshalb finden sich in der *Germania* besonders im zweiten Abschnitt viele explizite Vergleiche. Ganz wie Herodot hebt Tacitus die singulären, sie kennzeichnenden Eigenschaften von Teilvölkern oder Stämmen hervor und verleiht ihnen damit eine Eigenidentität.[163] Er nutzt durchgehend die *interpretatio Romana* – der Begriff stammt von ihm[164] –, um germanische *nomoi* verständlich zu machen, und erkennt diese dadurch grundsätzlich als gleichwertig an.[165] Die zahlreichen Hinweise auf das, was die Germanen (noch) nicht besitzen, zeigen allerdings, dass er die Ideen der Entwicklungstheorie ebenso anerkannte wie die der Klimatheorie.[166] Für Tacitus sind die Menschen umso wilder und primitiver, je weiter sie von Rom, dem Zentrum der Zivilisation, entfernt sind.[167] Damit steht er in der Tradition ethnographischen Denkens von Homer bis Strabon.[168]

Gleichzeitig beobachtete er die Auswirkungen der ‚Romanisierung': Er erwähnt, wie Gallier in römische Ehrenämter aufstiegen[169] und ‚nordbarbarische' Hilfstruppen auf Feldzügen zur Selbstverständlichkeit wurden.[170] Ihm entgingen dabei jedoch nicht die negativen Auswirkungen: Die bereits romanisierten Aeduer seien inzwischen an

---

160 Vgl. Tac. Germ. 30, 2. TIMPE 1996, 49/50 weist darauf hin, dass Germanen und Kelten tatsächlich größer waren als die meisten Römer, so dass der *topos* in der Realität immer wieder bestätigt werden konnte – anders als das bei anderen *topoi* der Fall war. RIESE 1875 belegte bereits, dass die Nordvölker von den Skythen in archaischer Zeit bis zu Tacitus' Germanen immer wieder mit sehr ähnlichen *topoi* beschrieben wurden.
161 Siehe etwa Tac. Germ. 23.
162 S. o. 367; vgl. Tac. Germ. 2, 1–2. Siehe dazu auch TIMPE 1995, 47/48.
163 Vgl. Tac. Germ. 30–46. Tacitus hebt z. B. die Sitte der Sueben hervor, Haarknoten zu tragen, durch die sie erkennbar seien; vgl. Germ. 38, 2. Unter den Sueben seien wiederum die Semnonen die Ältesten (39, 1).
164 Vgl. Tac. Germ. 43, 3.
165 Zur Forschungsgeschichte und den religionshistorischen Implikationen siehe LUND 2007; PERL 1988.
166 Siehe PERL 1990, 24.
167 Vgl. Tac. Germ. 5, 3; 46, 3–4; STÄDELE 1991, 180.
168 Tacitus teilte sogar das Interesse seiner Vorgänger an θαυμάσια, wie bspw. seine Beschäftigung mit einem ägyptischen Phönix zeigt. Vgl. Tac. ann. VI, 28.
169 Vgl. Tac. ann. XI, 23–25,1.
170 Vgl. Tac. hist. 1, 70.

Luxus gewohnt und deshalb kampfschwach – ganz wie die Kelten in der Po-Ebene bei Polybios.[171] Selbst die Gallier an den Küsten seien so unkriegerisch geworden, dass sie sich nicht mehr gegen germanische Piraten verteidigen könnten[172] – die Warnungen Caesars und vieler hellenistischer Autoren vor ihm hatten sich erfüllt.[173] Die kriegerische Potenz der ‚Nordbarbaren' blieb also nur den Germanen und solchen Völkern erhalten, die an der Grenze des römischen Machtbereichs lebten, während die romanisierten Ethnien, wie die Aeduer, das Interesse am Kampf verloren.

Die Abwertung der einen Gruppe hing demnach unauflöslich mit der ebenso typisch hellenistischen Idealisierung der ‚barbarischen' Primitivität anderer Gruppen zusammen.[174] Gezielt vergleicht Tacitus die Freiheit der Nordvölker mit der ‚Tyrannei' Domitians und relativiert somit das negative Bild dieser Ethnien.[175] Viele Stellen in der *Germania* und seine Darstellung der Aufstände von Friesen,[176] Batavern[177] und selbst der angeblich verweichlichten Aeduer[178] erinnern an Poseidonios' Verklärung der traditionellen Ehrlichkeit und Genügsamkeit der Gallier, Keltiberer und Lusitaner.[179] Über die Generagrenzen hinweg idealisiert Tacitus also die ‚Nordbarbaren'. Im *Agricola* schafft er mit dem kaledonischen Anführer Calgacus sogar ein Pendant zu Poseidonios' Viriatus. In einer berühmten Rede lässt Tacitus Calgacus sein Volk als die Letzten der Freien bezeichnen[180] und warnt sie davor, sich dem Imperium zu unterwerfen: „Auferre trucidare rapere falsis nominibus imperium, atque ubi solitudinem faciunt, pacem appellant."[181] Der Vergleich zwischen der Unabhängigkeit der primitiven ‚Barbaren' und der brutalen Unterdrückung durch die römische Herrschaft dreht die tem-

---

171 Vgl. Tac. ann. III, 46, 2.
172 Vgl. Tac. ann. XI, 18, 2.
173 Vgl. Caes. bell. Gall. I, 1, 3. In Ann. XI, 16, 3 lässt Tacitus einige Cherusker die Germanen vor dem schädlichen Einfluss römischer Zivilisation warnen, der sich in Arminius' Neffen, dem neuen Cheruskerkönig Italicus, zeige.
174 Hier spielte hinein, dass Tacitus – ebenfalls wie seine hellenistischen Vorgänger – großen Wert auf Ethik und Moral in der Wiedergabe und Bewertung von Geschichte legte. Vgl. etwa STRASBURGER 1966b, 15.
175 So schon Riese 1875, 6. Zu Tacitus' Beziehung zu und Darstellung von Domitian siehe etwa URBAN 1971.
176 Vgl. Tac. ann. IV, 72–73.
177 Siehe bspw. Tac. hist. 4, 12–37. In 4, 17 lässt Tacitus den batavischen Anführer Iulius Civilis sagen, selbst Tiere genössen die Freiheit; der Mensch unterscheide sich durch seinen Mut von den Tieren. Vergleiche mit wilden Tieren und die Betonung der Tapferkeit sind beide typisch für die griechische Darstellung von ‚Nordbarbaren'.
178 Vgl. Tac. ann. III, 40, 3; 45, 2. In der ersten Stelle werden die Gallier mit den (Stadt-)römern verglichen – kontrastiert man sie mit diesen, sind selbst die Aeduer offenbar noch kampfestüchtig und mutig.
179 Für eine knappe Übersicht entsprechender Stellen in der *Germania* siehe etwa Städele 1991, 180–181.
180 Vgl. Tac. Agr. 30, 3.
181 Tac. Agr. 30, 4. Tacitus greift hier bekannte antirömische *topoi* auf – selbst dieser meisterhafte rhetorische Angriff auf die römische Armee kann also teilweise auf griechische Traditionen zurückverfolgt werden. Vgl. VOLKMANN 1975a, 150–153.

poralisierenden Vergleiche Strabons um: Statt die römische Expansion als Motor des Fortschritts zu verstehen, fällt der Blick des Autors hier auf die brutale Unterdrückung der eroberten Ethnien und gleicht damit Poseidonios' Passagen über die hispanischen Völker. Allerdings profitierte Tacitus als erfolgreicher Amtsträger letztendlich von der Herrschaft der Kaiser, so dass seine moralische Kritik an den Zuständen in Rom nichts an seiner römischen Identität änderte.[182] Bezeichnend dafür ist, dass er die Kaledonier die Ansprache des Calgacus' „wie es bei Barbaren üblich ist, mit Lärmen, Singen und misstönendem Geschrei auf[nehmen]"[183] lässt. Die ‚Barbaren' konnten in Hinblick auf bestimmte Aspekte bewundert werden, doch sie blieben eine fremde Gegenwelt.[184]

Wie Polybios war Tacitus deshalb überzeugt, dass sie den Römern militärisch unterlegen waren und einen Krieg (eigentlich) nicht gewinnen konnten. Es seien politische Entscheidungen gewesen, nicht Rückschläge wie die Niederlage des Varus oder der Aufstand Boudiccas, welche die vollständige Unterwerfung Germaniens und Britanniens verhindert hätten.[185] Die Überlegenheit römischer Waffen demonstriert er durch einen Vergleich zwischen sarmatischen Kataphrakten, der fortschrittlichsten Waffentechnologie der (nördlichen) ‚Barbaren', und römischen Legionären: Trotz bzw. wegen ihrer einzigartigen Panzerung könne diese schwere Kavallerie nur unter optimalen Bedingungen auf ebenem Gelände ihre vernichtende Wirkung entfalten, während sich der römische Soldat an alle Herausforderungen anpasse.[186] Die gleichen Argumente führt Polybios in seiner Gegenüberstellung von makedonischer Phalanx und römischer Infanterie an.[187] Tacitus sucht in seinem Beispiel jedoch mehr zu zeigen als militärische Stärke: Er betont, dass es sich bei den (meisten) römischen Soldaten um Auxiliartruppen handle, die mit der gleichen Ausrüstung in die Schlacht zogen wie die Legionäre. Es kämpften demnach ‚ehemalige Barbaren' gegen solche, die immer noch ‚Barbaren' waren. Wie Strabon verstand Tacitus den βάρβαρος nicht als starren Begriff: Indem sie sich der ‚Romanisierung' öffneten, konnten Individuen und/oder ganze Ethnien ihre ‚barbarische' Vergangenheit hinter sich lassen – den erwähnten Hilfstruppen war dies bereits gelungen. Selbst in der Disziplin, dem die ‚Nordbarbaren' den größten Stellenwert beisaßen, dem Kampf, waren sie ihren ‚romanisierten' Verwandten dann unterlegen.

---

182 Vgl. TIMPE 1996, 49. Die Kritik blieb in der Realität ebenso folgenlos.
183 Tac. Agr. 33, 1. Übersetzung aus SCHÄDELE 1991.
184 Vgl. TIMPE 1996, 47.
185 Das geht besonders aus Tac. ann. XI, 20, 1 hervor. An dieser berühmten Stelle schildert Tacitus, wie Claudius den siegreichen Feldherrn Gnaeus Domitius Corbulo zum Rhein zurückberufen habe. Dieser habe daraufhin verwundert und frustriert geäußert: „Beatos quondam duces Romanos!" Siehe hierzu v. a. TIMPE 1996, 48. Auch die Bemerkung, Germanien würde bereits seit 210 Jahren besiegt, aus Germ. 37, 2, geht in diese Richtung. Die *pax Romana* empfand Tacitus aus der Sicht des Historikers als langweilig; vgl. Ann. IV, 32; STRASBURGER 1966b, 27.
186 Vgl. Tac. hist. 1, 79.
187 Vgl. Pol. XVIII, 27,7–32, 13. An Polybios erinnert schließlich die Verfassungsdiskussion in Tac. ann IV, 33, in der Tacitus implizit die Mischverfassung Roms zur Tyrannis verkommen lässt.

Tacitus hegte demnach keine Zweifel an der Sinnhaftigkeit der römischen Weltherrschaft, doch wie Poseidonios kritisierte er eine zunehmende Dekadenz unter den Kaisern und der stadtrömischen Elite. Die ‚Barbaren' dienten ihm in erster Linie als Folie: In der *Germania* wird (zumindest implizit) regelmäßig zwischen Germanen und Römern verglichen, um Rückschlüsse auf die Entwicklungen in Rom und in der römischen Gesellschaft zu ziehen.[188] Polybios hatte die Kelten auf die gleiche Art genutzt, um die Stärken Roms zu demonstrieren. Tacitus schloss damit – genauso wie Josephus – an die griechische Ethnographie an.[189] Sie nutzten deren Schemata und *topoi* und passten sie an ihre eigenen Bedürfnisse an. Gerade weil sich das römische Imperium aber zunehmend konsolidierte, blieben sie zu großen Teilen den Vorstellungen ihrer Vorgänger verhaftet.

Die Ideen und Deutungen der ethnographischen Gelehrten, von Herodot bis Strabon, wirkten also lange nach. Selbst christliche Autoren der Spätantike sollten auf sie zurückgreifen, und in der Renaissance wurde bewusst wieder an die antiken Theorien angeknüpft.[190] MONTESQUIEU (1689–1755)[191] verband die traditionellen Modelle v. a. der Klimatheorie mit den Erkenntnissen der jungen Naturwissenschaften und beeinflusste mit seinen Thesen Denker beiderseits des Atlantiks.[192] Im 19. Jahrhundert be-

---

188 Vgl. PERL 1988, 25–27; TIMPE 1995, 56.
189 Auch bei Caesar finden sich viele der hier genannten Ähnlichkeiten wieder, er ist aber schon einige Male am Rande als Vergleichsbeispiel herangezogen worden und steht zeitlich natürlich noch vor Strabon. Siehe zusätzlich BERTRAND 1997, 116, der auf die ethnographischen Beobachtungen der Britannier hindeutet. Die Expedition über den Ärmelkanal diente auch der ‚wissenschaftlichen' Erkundung; den Gezeiten widmet sich Caesar in poseidonischer Manier ebenfalls; vgl. Caes. bell. Gall. IV, 24; 28–29; 33–34. Ähnliches gilt für Sallust, der in *De bello Iugurthino* wie Polybios oder Caesar die kriegführenden Völker kurz vorstellt, besonders in Sall. Iug. 17–19; siehe aber z. B. auch 56,5 oder 78, 4. Selbst Velleius Paterculus gibt knappe ethnographische Kommentare, so zu den Pannoniern; vgl. Vell. II, 110, 5–6. Noch deutlich ethnographischer ist Pomponius Melas *De chorographia*, das sich stark an Herodot anlehnt; siehe hierzu v. a. ROLLINGER 1999 passim. ROLLINGER 1999, 188 weist daraufhin, dass auch diese Schrift bisher nur wenig untersucht wurde, unterschlägt aber selber Caesar und Sallust als lateinische Vorläufer, die zumindest ebenso ethnographische Interessen verfolgten, wenn auch nur am Rande. Hier zeigt sich beispielhaft, dass auch für die lateinische ‚Ethnographie' noch große Forschungsdefizite vorhanden sind. Schließlich sei noch Marcus Terrentius Varro erwähnt, der in Hispanien war, es beschrieb und wohl auch Poseidonios' Ozeanbuch gelesen hatte; siehe SCHULTEN 1955, 79/80.
190 Zur mittelalterlichen Rezeption der ethnographischen Klimatheorie und ihrer Kontexte siehe GLACKEN 1967, 171–351.
191 Neben ihm war der wichtigste Denker in dieser Hinsicht wohl Jean Bodin; dazu GLACKEN 1967, 423–447.
192 Siehe hierzu MÜLLER 2005. Selbst im tropischen Lateinamerika wurden diese Ideen angenommen, wie sich noch in der Analyse der brasilianischen Gesellschaft durch GILBERTO FREYRE von 1933 (Deutsch 1982) zeigt. Der einflussreiche Soziologe war vom Einfluss des Klimas auf den Menschen überzeugt, glaubte aber wie Strabon, dass man sich auch dagegen wehre könne. Gerade eine solche Qualität schrieb er den Portugiesen in Brasilien zu, die er aufgrund von Portugals Lage zwischen den Kontinenten als von Natur aus mutig und anpassungsfähig zeichnet – sie erinnern damit an Charakterisierungen der alten Griechen. Siehe FREYRE 1982, bes. 21–36. Ironischerweise stellt FREYRE die Vermutung in den Raum (auf 23), schon die antiken Bewohner Portugals seien

riefen sich britische, französische oder US-amerikanische Kolonialherren dann ganz
selbstverständlich auf MONTESQUIEUS Ausführungen, um ihre eigene Herrschaft
über die Länder der Tropen zu legitimieren.[193] Und während der EU-Schuldenkrise
vor wenigen Jahren waren es für viele mittel- und nordeuropäische Medien Italiener
und Griechen, die aufgrund des guten Klimas faul und unproduktiv geworden seien –
wie für hellenistische Autoren Perser, Ägypter oder gar die in den Süden gewanderten
Kelten. Dass die auf Klimazustände zurückgeführten *topoi* eines Herodot, Polybios
oder Tacitus ausgerechnet gegen die Nachkommen ihrer Erfinder gerichtet wurden,
war den Medien dabei sicherlich nicht bewusst. Auch die Darstellungen antiker Völker
basieren bis heute auf klassischen *topoi* – so erscheinen Kelten und Germanen in Film
und Fernsehen weiterhin zumeist als primitive Krieger.[194] Und wie wären schließlich
Asterix und Obelix vorstellbar, wenn wir nicht die anschaulichen Beschreibungen keltischen Lebens von Poseidonios hätten?

Die vorliegende Arbeit zeigt, dass es sich lohnt, dabei einen Blick auf die Praktiken
des Vergleichens zu werfen. Vergleichen ist und war ein Modus der Weltbeobachtung
und deshalb zentral für das ethnographische Denken.[195] Die Gegenüberstellungen von
Griechen, Römern und ‚Barbaren' bei den ethnographischen Autoren des 2. u. 1. Jhs.
v. Chr. verraten gleichermaßen viel darüber, wie die Griechen das Unbekannte einord-
neten, wie dynamisch ihre Bewertung anderer Völker war und wie sie sich gegenüber
der römischen Vormacht verhielten. In der geistigen Durchdringung der Welt finden
sich viele Parallelen zwischen den klassischen und den hellenistischen Autoren, die
noch einmal dafür sprechen, dass ältere Werke und besonders die ethnographischen
Exkurse Herodots in römischer Zeit weiterwirkten; die römische Expansion verur-
sachte dagegen zahlreiche Veränderungen und Neuorientierungen. Die hellenistische
Ethnographie bewegte sich damit in einem stetigen Spannungsverhältnis zwischen
gattungs- und ideenbezogenen Traditionen bzw. Praktiken und realen machtpoli-
tisch-historisch fassbaren Veränderungen. Polybios' *Historien* und Strabons *Geographika* stellten wichtige Beiträge in dieser Entwicklung des ethnographischen Denkens
dar und sollten deshalb nicht nur als Steinbrüche für die Fragmente älterer Autoren

---

durch libyophönizische Einflüsse „afrikanisiert" worden – ein klarer Widerspruch zur antiken Einordnung der Lusitaner unter die ‚Nordbarbaren'. Siehe zu FREYRE auch ARNOLD 1996, 161/162.

193 Siehe hierzu GLACKEN 1967; STEPAN 2001; BOIA 2005. Das Beispiel Indien beleuchtet maßgeblich ARNOLD 1996, 169–187. Den Einfluss der Klimatheorie auf das Denken deutscher Kolonial-
beamter erfasst BESSER 2013.

194 Bzw. bilden Krieg und Kampf immer die Hauptthemen der Darstellung. In *Die letzte Legion* (2007)
wirken die Germanen wie bedrohliche ‚Barbaren', in *Centurion* (2010) und *Der Adler der neunten
Legion* (2011) erscheinen die Kelten Britanniens als mysteriöse und primitive Völker, und in der
Netflix-Serie *Barbaren* (2020) leben alle Cherusker offenbar in einem einzigen, winzigen Dorf; die
Handlung dreht sich mit der Varusschlacht und ihrer Vorgeschichte auch hier fast ausschließlich
um Krieg.

195 Zu den Ursprüngen der Praxis siehe auch SCHULZ 2020a, 43–87 zur *Odyssee*.

herangezogen werden, wenn die Sicht der Griechen auf fremde Ethnien untersucht wird.[196] Die außergewöhnliche Stellung des Poseidonios als Autor wird dadurch nicht geschmälert: Die Analyse hat bestätigt, dass seine ethnographischen Schriften in vielfacher Hinsicht einen Höhepunkt darstellten, da in ihr fast alle Ideen und Erkenntnisse jahrhundertelanger Forschungen und Diskurse über die nichtgriechischen Länder und Bewohner der *oikumene* zusammenflossen.

Es bleibt jedoch zukünftigen Studien überlassen, dieses Bild zu vervollständigen und offene Fragen zu beantworten: Was sagten die Autoren dieser Zeit über die Bewohner anderer ‚Randzonen' der *oikumene*, etwa der Wüsten Nordafrikas? Erklärten römische Autoren die Überlegenheit der eigenen Zivilisation ebenso explizit durch klimatheoretische Ideen? Wie entwickelte sich die Verwendung ethnographischer Themen und *topoi* in der hellenistischen und augusteischen Dichtkunst, und welche Verbindungen lassen sich zu den Prosaautoren und Geschichtsschreibern herstellen? Wie rezipierten schließlich die Schriftsteller der Spätantike die Modelle und Theorien ihrer Vorgänger?

Zusammen mit den Arbeiten von RAIMUND SCHULZ und MARIE LEMSER könnte die vorliegende Schrift als wirksamer Katalysator für solch weiterführende Diskussionen dienen. Die antike Ethnographie ist mehr als ein Spezialistenthema und verdient es, im Mittelpunkt der althistorischen Forschung zu stehen. So wie die Griechen die Römer zu verstehen suchten, indem sie die Ethnien des Westens und Nordens betrachteten, können wir die Griechen nur verstehen, wenn wir ihr Denken über das Unbekannte durchdringen.

---

196 Das gilt besonders für Strabon, der viele sonst kaum erhaltene Autoren überliefert, aber dessen eigene Schaffenskraft und philologisch-‚wissenschaftliche' Leistung, aus seinen Quellen etwas Neues zu formen, anerkannt werden sollte. Allgemein forderte bereits MONTANARI 2020, 3/4 mehr Respekt für dieses Vorgehen bei antiken Gelehrten.

7. Bibliographie und Anhang

Quelleneditionen

Apollonios von Rhodos. Das Argonautenepos, Drittes und viertes Buch, hrsg., komm. u. übers. v. Reinhold Glei / Stephanie Natzel-Glei (Bd. 2), Darmstadt 1996.
Aristoteles, Rhetorik, hrsg. v. Helmut Flashar, übers. v. Christoph Rapp (4.2) Berlin 2002.
Athenaios. Das Gelehrtenmahl, Buch XIV und XV, hrsg. u. übers. v. Friedrich Claus, komm. v. Thomas Nothers (Bd. 2), Stuttgart 2001.
Herodotus. Histories, Book VI, hrsg., komm. u. übers. v. Simon Hornblower / Christopher Pelling Cambridge 2017.
Herodot, Historien, hrsg. u. übers. v. August Horneffer, Stuttgart 1971.
Homer, Ilias und Odyssee, hrsg. u. übers. v. Dietrich Ebener (2 Bd.), Berlin/Weimar 1976, 2. Aufl.
Flavius Josephus, Against Apion, übers. u. komm. v. John M. G. Barclay (Bd. 10), Leiden/Boston 2007.
Kallimachos, Werke. Griechisch und deutsch, hrsg. u. übers. v. Markus Asper, Darmstadt 2004.
T. Livius, Römische Geschichte, Buch XXXI–XXXIV, hrsg. u. übers. v. Hans Jürgen Hille, München 1978.
Pausanias. Reisen in Griechenland, hrsg. v. Peter C. Bol / Felix Eckstein, übers. u. komm. v. Ernst Meyer (Gesamtausgabe in drei Bänden, Bd. III. Delphoi), Zürich/München 1986–1989, 3. Aufl.
Polybii historiae, hrsg. u. übers. v. Friedrich Hultsch (4 Bd.), Berlin 1867–1872.
Polybios, Geschichte. Gesamtausgabe in zwei Bänden, übers. u. hrsg. v. Hans Drexler, Zürich/Stuttgart 1961–1963.
Polybius, The Histories, hrsg. u. übers. v. Brian McGing, Oxford 2010.
Polybius, The Histories, 6 Bd., übers. v. W. R. Paton, hrsg. u. überarbeitet v. Christian Habicht / Frank W. Walbank, Cambridge (Mass.) (u. a.) 2010–2012.
Polybius, The Histories, hrs. u. übers. v. Evelyn S. Shuckburgh (Translated from the Text of F. Hultsch) London/New York 1889.
Strabo, Geography, hrsg. u. übers. v. Hans Claude Hamilton / William Falconer, London 1903.
Strabon, Geographika, übers. u. hrsg. v. Christoph Gottlieb Groskurd, Berlin/Stettin 1831.
Strabon, Geographika, Buch I–IV, hrsg. u. übers. v. Stefan Radt (Bd. I), Göttingen 2002.
Tacitus, Agricola und Germania, hrsg., übers. u. komm. v. Alfons Städele, München/Zürich 1991.
Tacitus, Germania, hrsg. v. Joachim Herrmann, übers. v. Gerhard Perl, Berlin 1990.
Tacitus, Germania, hrsg., übers. u. komm. v. James B. Rives, Oxford 1999.
Tacitus, Historien, übers. v. Walther Sontheimer (m. Einleitung von Viktor Pöschl), Stuttgart 1968.

Thukydides, Der Peloponnesische Krieg, hrsg., übers. u. komm. v. Michael Weißenberger, Berlin 2017.

Velleius Paterculus, Res Gestae Divi Augusti, hrs. u. übers. V. Frederick W. Shipley, London 1924.

Fragment- und Quellensammlungen

Beck/Walter 2001: Beck, Hans / Walter, Uwe, Die Frühen Römischen Historiker. Bd. I, Von Fabius Pictor bis Cn. Gellius, Darmstadt 2001.

Beck/Walter 2004: Beck, Hans / Walter, Uwe, Die Frühen Römischen Historiker. Bd. II, Von Coelius Antipater bis Pomponius Atticus, Darmstadt 2004.

Burstein 1989: Burstein, Stanley, Agatharchides of Cnidus, On the Erythrean Sea, Farnham (Surrey) / Burlington (Vermont) 1989.

Castro Sánchez 1995: Castro Sánchez, José, Epítome de las „Historias filípicas" de Pompeyo Trogo. Prólogos. Fragmentos, Madrid 1995.

Cornell 2013: Cornell, Tim J., The Fragments of the Roman Historians, 3 Bd., Oxford 2013.

Dicks 1960: Dicks, D. R., The Geographical Fragments of Hipparchus, London 1960.

Edelstein 1972: Edelstein, Ludwig / Kidd, Ian G., Posidonius, Bd. I, The Fragments. Cambridge 1972.

Futrell 2006: Futrell, Alison, The Roman Games. Historical Sources in Translation, Malden (MA)/Oxford/Carlton (Victoria) 2006.

Hansen/Schmitt 1988: Hansen, Günther Christian / Schmitt, Wolfgang O. (Übers.), Strabon, in: Herrmann, Joachim (Hrsg.), Griechische und lateinische Quellen zur Frühgeschichte Mitteleuropas bis zur Mitte des 1. Jahrtausends u. Z., 1. Teil (Schriften und Quellen der Alten Welt, Bd. 37) Berlin 1988, S. 212–242.

Hofeneder 2005: Hofeneder, Andreas, Die Religion der Kelten in den antiken literarischen Zeugnissen, Bd. I. Von den Anfängen bis Caesar, Wien 2005.

Jacoby 1926: Jacoby, Felix, Die Fragmente der Griechischen Historiker. Zweiter Teil (A), Nr. 64–105, Berlin 1926 (Nachdruck Leiden 1961).

Korenjak 2003: Korenjak, Martin, Die Welt-Rundreise eines anonymen griechischen Autors („Pseudo-Skymnos"). Hildesheim/Zürich/New York 2003.

Malitz 1983: Malitz, Jürgen, Die Historien des Poseidonios, München 1983.

Rapp 2011: Rapp, Christof / Corcilius, Klaus, Aristoteles-Handbuch. Leben – Werk – Wirkung, Berlin 2011.

Roller 2010: Roller, Duane W., Eratosthenes' Geography. Fragments Collected and Translated, with Commentary and Additional Material, Princeton/Oxford 2010.

Roseman 1994: Roseman, Christina Horst, Pytheas of Massalia. On the Ocean, Chicago 1994.

Theiler I: Theiler, Willy (Hrsg.), Poseidonios. Die Fragmente, Bd. I Texte, Berlin/New York 1982.

Thollard 2011: Thollard, Patrick (illustriert v. Jean-Claude Golvin), Voyage avec Strabon. La Gaule retrouvée, Paris 2011.

Vimercati 2004: Vimercati, Emmanuele (m. Roberto Radice), Posidonio. Testimonianze e frammenti. Testo latino a fronte, Mai-land 2004.

Kommentare

Briscoe 2012: Briscoe, John, A Commentary on Livy. Books 41–45, Oxford 2012.
Burton 1972: Burton, Anne, Diodorus Siculus Book I. A Commentary, Leiden 1972.
Edelstein/Kidd: Edelstein, Ludwig / Kidd, Ian G. (Hrsg.), Posidonius, Bd. II The Commentary, 2 Bd., Cambridge 1988.
Edelstein/Kidd I: Edelstein, Ludwig / Kidd, Ian G. (Hrsg.), Posidonius, Bd. I, The Fragments. Cambridge 1972.
Edelstein/Kidd II, 1: Edelstein, Ludwig / Kidd, Ian G. (Hrsg.), Posidonius, Bd. II The Commentary, Bd. 1, Cambridge 1988.
Edelstein/Kidd II, 2: Edelstein, Ludwig / Kidd, Ian G. (Hrsg.), Posidonius, Bd. II The Commentary, Bd. 2, Cambridge 1988.
Radt, Kommentar: Radt, Stefan (Hrsg.), Kommentar zu Strabons Geographika, Bd. 5. Abgekürzt zitierte Literatur, Kommentar zu Buch I–IV, Göttingen 2002.
Radt, Kommentar I: Radt, Stefan (Hrsg.), Kommentar zu Strabons Geographika, Bd. 5. Abgekürzt zitierte Literatur, Kommentar zu Buch I–IV, Göttingen 2002.
Roller, Kommentar:[1] Roller, Duane W., A Historical and Topographical Guide to the *Geography* of Strabo, Cambridge/New York 2018.
Theiler II: Theiler, Willy (Hrsg.), Poseidonios. Die Fragmente, Bd. II Erläuterungen, Berlin/New York 1982.
Walbank, Kommentar I: Walbank, Frank W., A Historical Commentary on Polybius, Bd. I, Oxford 1957.
Walbank, Kommentar II: Walbank, Frank W., A Historical Commentary on Polybius, Bd. II, Oxford 1967.
Walbank, Kommentar III: Walbank, Frank W., A Historical Commentary on Polybius, Bd. III, Oxford 1979.

Literaturverzeichnis

De Alarcão 2001: De Alarcão, Jorge, Novas perspectivas sobre os Lusitanos (e outros mundos), in: Revista Portuguesa de Arqueologia 4.2, 2001, 293–349.
De Angelis 2003: De Angelis, Franco, Equations of Culture: The Meeting of Natives and Greeks in Sicily (Ca. 750–450 B. C.), in: Ancient West & East 2, 2003, 19–50.
Albert 2008: Albert, Karl, Platonismus. Weg und Wesen abendländischen Philosophierens, Darmstadt 2008.
Von Albrecht 2012: Von Albrecht, Michael, Geschichte der Römischen Literatur. Von Andronicus bis Boethius und ihr Fortwirken (3. Aufl.), Berlin/Boston 2012.
Aldrete 2013: Aldrete, Alicia / Aldrete, Gregory S. / Bartell, Scott, Reconstructing Ancient Linen Body Armour. Unravelling the Linothorax Mystery, Baltimore 2013.
Alföldy 1999: Alföldy, Géza, Städte, Eliten und Gesellschaften in der Gallia Cisalpina, Stuttgart 1999.

---

[1] Wenn es in dem Textabschnitt nicht um Strabon geht ergänze ich die Angabe „zu Strabon". Ebenso bei Radt oder Walbank, je nach Kapitel.

Algra 2004: Algra, Keimpe, Rezension zu: Vimercati, Emmanuele (m. Roberto Radice), Posidonio. Testimonianze e frammenti. Testo latino a fronte, Mailand 2004, in: Gnomon 86.4, 2014, 300–307.

Algra 1999: Algra, Keimpe / Barnes, Jonathan / Mansfeld, Jaap / Schofield, Malcolm (Hrsg.), The Cambridge History of Hellenistic Philosophy, Cambridge 1999.

Almagor 2005: Almagor, Eran, Who is a barbarian? The barbarians in the ethnological and cultural taxonomies of Strabo, in: Dueck, Daniela / Lindsay, Hugh / Pothecary, Sarah (Hrsg.), Strabo's Cultural Geography. The Making of a *Kolossourgia*, Cambridge 2005, 42–55.

Almagor/Skinner 2013: Almagor, Eran / Skinner, Joseph, Introduction, in: Dies. (Hrsg.), Ancient Ethnography. New Approaches, London (u. a.) 2013, 1–22.

Almagro Gorbea 2004: Almagro Gorbea, Martín, War and Society in the Celtiberian World, in: e-Keltoi 6, 2004, The Celts in the Iberian Peninsula, 73–112, online verfügbar unter: https://dc.uwm.edu/ekeltoi/vol6/iss1/2/ (letzter Aufruf 26.01.2021).

Alonso Núñez 1985: Alonso Núñez, José Miguel, Das Bild der Iberischen Halbinsel bei Polybios, in: L'antiquité classique 54, 1985, 259–266.

Alonso Núñez 1983: Alonso Núñez, José Miguel, Die Abfolge der Weltreiche bei Polybios und Dionysios von Halikarnassos, in: Historia 32.4, 1983, 411–426.

Alonso Núñez 1992: Alonso Núñez, José Miguel, El nordeste de la Península Ibérica en Estrabón, in: Faventia 14, 1992, 91–95.

Alonso Núñez 1987: Alonso Núñez, José Miguel, Herodotus on the Far West, in: L'antiquité classique, 56, 1987, 243–249.

Alonso Núñez 1999a: Alonso Núñez, José Miguel, La Turdetania de Estrabón, in: Cruz Andreotti, Gonzalo (Hrsg.), Estrabón e Iberia. Nuevas Perspectivas de Estudio, Málaga 1999, 101–119.

Alonso Núñez 1989/1990: Alonso Núñez, José Miguel, La vision de la Péninsule Iberique, in: Sacris erudiri, 31, 1989/1990, 1–8.

Alonso Núñez 1979: Alonso Núñez, José Miguel, Les informations de Posidonius sur la péninsule ibérique, in: L'antiquité classique 48.2, 1979, 639–646.

Alonso Núñez 1990: Alonso Núñez, José Miguel, The Emergence of Universal Historiography from the 4th to the 2nds centuries B.C., in: De Keyser, E. / Schepens, Guido / Verdin, H. (Hrsg.), Purposes of History. Studies in Greek Historiography from the 4th to the 2nd centurs B.C. (Proceedings of the International Colloquium Leuven 24–26 May 1988 / Studia Hellenistica 30), Leuven 1990, 173–192.

Alonso Núñez 1999b: Alonso Núñez, José Miguel, The mixed constitution in Polybius, in: Heranos, 97, 1999, 11–19.

Aly 1957: Aly, Wolfgang, Strabon von Amaseia. Untersuchungen über Text, Aufbau und Quellen der Geographika, Bonn 1957.

Ambaglio 2008: Ambaglio, Dino, Introduzione alla Biblioteca storica di Diodoro, in: Ders. / Bravi, Luigi / Landucci, Franca (Hrsg.), Diodoro Siculo. Biblioteca storica, Commento storico, Introduzione generale, Mailand 2008, 3–102.

Andrade 2013: Andrade, Nathanael J., Syrian Identity in the Greco-Roman World, Cambridge 2013.

Armit 2012: Armit, Ian, Headhunting and the Body in Iron Age Europe, Cambridge 2012.

Arnold 1996: Arnold, David, The Problem of Nature. Environment, Culture and European Expansion, Oxford 1996.

Arweiler 2003: Arweiler, Alexander, Cicero rhetor. Die Partitiones oratoriae und das Konzept des gelehrten Politikers, in: Untersuchungen zur antiken Literatur und Geschichte, 68, Berlin/New York 2003.

Astin 1967: Astin, Alan E., Scipio Aemilianus, Oxford 1967.
Aubet 2001: Aubet, Maria Eugenia, The Phoenicians and the West. Politics, Colonies and Trade (2. Aufl.), Cambridge 2001.
Austin 2008: Austin, Michael, The Greeks in Libya, in: Tsetskhladze, Gocha R. (Hrsg.), Greek Colonisation. An Account of Greek Colonies and other Settlements Overseas, Bd. II, Leiden/Boston 2008, 187–217.
Bäbler 2011: Bäbler, Balbina, Ein Spiegel mit Sprung: Das Skythenbild in François Hartogs „Le miroir d'Hérodote", in: Kuznetsov, Vladimir / Povalahev, Nikolai (Hrsg.), Phanagoreia und seine historische Umwelt. Von den Anfängen der griechischen Kolonisation (8. Jh. v. Chr.) bis zum Chasarenreich (10. Jh. n. Chr.), Göttingen 2011, 111–139.
Backhaus 1976: Backhaus, Wilhelm, Der Hellenen-Barbaren-Gegensatz und die hippokratische Schrift Περὶ ἀέρων ὑδάτων τόπων, in: Historia, 25, 1976, 170–185.
Badian 1968: Badian, Ernst, Roman Imperialism in the Late Republic (2. Aufl.), Pretoria 1968.
Baldry 1965: Baldry, Harold Caparne, The Unity of Mankind in Greek Thought, Cambridge 1965.
Barceló 2007: Barceló, Pedro, Hannibal (3. Aufl.), München 2007.
Baray 2015a: Baray, Luc, Le ‚brigand lusitanien' reconsidéré. Analyse du Problème de la terre chez Appien, in: Gerión, 33, 2015, 229–260.
Baray 2015b: Baray, Luc, Les mercenaires celtes en Méditerranée: Ve-Ier siècles avant J.-C., Chamalières/Puy-de-Dôme 2015.
Bar-Kochva 1976: Bar-Kochva, Bezalel, The Seleucid Army. Organization and Tactics in the Great Campaigns, Cambridge 1976.
Barlow 1998: Barlow, Jonathan, Noble Gauls and their other in Caesar's propaganda, in: Powell, Anton / Welch, Kathryn (Hrsg.), Julius Caesar as Artful Reporter: The War Commentaries as Political Instruments, London/Swansea 1998, 139–170.
Baronowski 2011: Baronowski, Donald, Polybius and Roman Imperialism, Bristol/London 2011.
Barringer 2003: Barringer, Judith M., Panathenaic Games and Panathenaic amphorae under Macedonian rule, in: Palagia, Olga / Tracy, Stephen V. (Hrsg.), The Macedonians in Athens. 322–229 B.C. (Proceedings of an International Conference held at the University of Athens, May 24–26, 2001), Oxford 2003, 243–256.
Barron 2014: Barron, Christopher, Rezension zu: Priestley, Jessica, Herodotus and Hellenistic Culture. Literary Studies in the Reception of the *Histories*, Oxford 2014, in: Classics Ireland 19/20, 2012/2013, 182–186.
Beard 2007: Beard, Mary, Rezension von: Everitt, Anthony, Augustus. The Life of Rome's First Emperor, New York 2006, in: The New York Review of Books, November 8, 2007 Issue, online unter: https://www.nybooks.com/articles/2007/11/08/looking-for-the-emperor/ (Letzter Aufruf 03.02.2020).
De Beaulieu 1998: De Beaulieu, Jean-Baptiste Colbert / Fischer, Brigitte, Recueil des Inscriptions gauloises (RIG), Nr. IV. Les légen-des monétaires, Paris 1998.
Bellen 1985: Bellen, Heinz, Metus Gallicus – Metus Punicus. Zum Furchtmotiv in der römischen Republik, in: Akademie der Wissenschaften und der Literatur Mainz. Abhandlungen der Geistes-und Sozialwissenschaftlichen Klasse, 1985, 3, 1–46.
Berger 1903: Berger, Hugo, Geschichte der wissenschaftlichen Erdkunde der Griechen, Leipzig 1903.
Berger 1995: Berger, Philippe, La Xénophobie de Polybe, in: Revue des Études Anciennes, 97. 3–4, 1995, 517–525.
Berger 1992: Berger, Philippe, Le Portrait des Celtes dans le Histoires de Polybe, in: Ancient Society, 23, 1992, 105–126.

Bermejo Barrera 1984: Bermejo Barrera, José Carlos, „La calvicie de la luna": Diodoro Siculo XXXIII, 7, 5 y la posible existencia de un nuevo mito turdetano, in: Gerión 2, 1984, 181–191.

Bermejo Barrera 1994: Bermejo Barrera, José Carlos, Mitología y mitos de la Hispania prerromana, Bd. I (2. Aufl.), Madrid 1994.

Berrocal Rangel 2005: Berrocal Rangel, Luis, The Celts of the Southwestern Iberian Peninsula, in: e-Keltoi 6, 2005, The Celts in the Iberian Peninsula, 481–496, online verfügbar unter: https://dc.uwm.edu/ekeltoi/vol6/iss1/9/ (letzter Aufruf 26.01.2021).

Bertelli 2007: Bertelli, Lucio, Hecataeus. From Genealogy to Historiography, in: Luraghi, Nino (Hrsg.), The Historian's Craft in the Age of Herodotus, Oxford/New York 2007, 67–94.

Bertrand 1997: Bertrand, A. C., Stumbling through Gaul: Maps, Intelligence and Caesar's Bellum Gallicum, in: Ancient History Bulletin, 11.4, 1997, 107–122.

Besser 2013: Besser, Stephan, Pathographie der Tropen. Literatur, Medizin und Kolonialismus um 1900 (Studien zur Kulturpoetik 14), Würzburg 2013.

Bichler 1999: Bichler, Reinhold, Herodots Frauenbild und seine Vorstellung über die Sexualsitten der Völker, in: Rollinger, Robert / Ulf, Christoph (Hrsg.), Geschlechterrollen und Frauenbild in der Perspektive antiker Autoren, Innsbruck u. a. 1999, 13–56.

Bickerman 1952: Bickerman, Elias J., Origines Gentium, in: Classical Philology XLVII. 2, 1952, 65–81.

Bilz 1935: Bilz, Konrad, Die Politik des P. Cornelius Scipio Aemilianus, Diss. phil. Würzburg 1935.

Biraschi 2005: Biraschi, Anna Maria, Strabo and Homer. A Chapter in Cultural History, in: Dueck, Daniela / Lindsay, Hugh / Pothecary, Sarah (Hrsg.), Strabo's Cultural Geography. The Making of a Kolossourgia, Cambridge 2005, 73–85.

Birley 1995: Birley, Anthony (Hrsg. des Nachlasses) / Syme, Ronald, Anatolica. Studies in Strabo, Oxford 1995.

Bjornlie 2011: Bjornlie, M. Shane, Rezension zu: Woolf, Greg, Tales of the Barbarians. Ethnography and Empire in the Roman West, Chichester 2011, Bryn Mawr Classical Review 25.07.2011, online unter: http://bmcr.brynmawr.edu/2011/2011-07-45.html (letzter Aufruf 14.02.2020).

Blázquez Martínez 2006: Blázquez Martínez, José María, La Hispania en época de Augusto vista por los escritores contemporáneos. Estrabón y Trogo Pompeyo, in: Gerión 24 (2006), 237–249.

Blázquez Martínez 1986: Blázquez Martínez, José María, La Romanizacion (Ciclos y temas de las Historia de España), Madrid 1986.

Blázquez Martínez / García-Gelabert Pérez 1987/1988: Blázquez Martínez, José María / García-Gelabert Pérez, María Paz, Mercenarios Hispanos en las fuentes literarias y en la arqueologia, in: Habis 18–19, 1987–1988, 257–270.

Bleicken 1999: Bleicken, Jochen, Augustus. Eine Biographie, Berlin 1999.

Bloch 2002: Bloch, René S., Antike Vorstellungen vom Judentum. Der Judenexkurs des Tacitus im Rahmen der griechisch-römischen Ethnographie, Stuttgart 2002.

Blok 2002: Blok, Josine, Women in Herodotus' *Histories*, in: Bakker, Egbert J. / De Jong, Irene J. F. / Van Wees, Hans (Hrsg.), Brill's Companion to Herodotus, Leiden 2002.

Blösel 1998: Blösel, Wolfgang, Die Anakyklosis-Theorie und die Verfassung Roms im Spiegel des Sechsten Buches des Polybios und Ciceros „de re Publica", Buch II, in: Hermes, 126.1, 1998, 31–57.

Blösel 2000: Blösel, Wolfgang, Die Geschichte des Begriffes mos maiorum von den Anfängen bis zu Cicero, in: Linke, Bernhard / Stemmler, Michael (Hrsg.), *Mos maiorum*. Untersuchungen zu den Formen der Identitätsstiftung und Stabilisierung in der römischen Republik, Stuttgart 2000, 25–97.

Boas 1965: Boas, George / Lovejoy, Arthur O., Primitivism and related Ideas in Antiquity, Neuaufl. New York 1965 (Original 1935).

Bodnár 2015: Bodnár, István, The Problemata physica: An Introduction, in: Mayhew, Robert (Hrsg.), The Aristotelian Problemata Physica. Philosophical and Scientific Investigations, Leiden/Boston 2015, 1–9.

Boia 2000: Boia, Lucian (übers. v. Roger Leverdier), The Weather in the Imagination, London 2000.

Bowen 1972: Bowen, Emrys George, Britain and the Western Seaways, London 1972.

Bowersock 1965: Bowersock, G. W., Augustus and the Greek World, Oxford 1965.

Bridgman 2014: Bridgman, Timothy P., Hyperboreans. Myth and History in Celtic-Hellenic contacts, London/New York 2014.

Bridgman 2003: Bridgman, Timothy P., The ‚Gallic Disaster': Did Dionysius I of Syracuse Order it?, in: Proceedings of the Harvard Celtic Colloquium 23, 2003, 40–51.

Bringmann 2001: Bringmann, Klaus, Der Ebrovertrag, Sagunt und der Weg in den Zweiten Punischen Krieg, in: Klio 83, 2001, 369–376.

Bringmann 2020: Bringmann, Klaus, Poseidonios über das späte Seleukidenreich, in: Oetjen, Roland (Hrsg.), New Perspectives in Seleucid History, Archaeology and Numismatics. Studies in Honor of Getzel M. Cohen (Beiträge zur Altertumskunde 355), Berlin/Boston 2020, 678–688.

Bringmann 1989: Bringmann, Klaus, Topoi in der taciteischen Germania, in: Jankuhn, Herbert / Timpe, Dieter (Hrsg.), Beiträge zum Verständnis der Germania des Tacitus, Teil 1 (Bericht über die Kolloquien der Kommission für die Altertumskunde Nord- und Mitteleuropas im Jahr 1986. Abhandlungen der Akad. der Wiss. in Göttingen. Phil- Hist- Kl. Dritte Folge, Nr. 175); Göttingen 1989, 59–78.

Brizzi 2001a: Brizzi, Giovanni, Ancora sul confronto tra legione e falange: qualche ulteriore considerazione, in: Bianchetti, Serena (Hrsg., u. a.), Poikilma. Studi in Onore di Michele R. Cataudella, in Occasione del 60° Compleanno, La Spezia 2001, 189–200.

Brizzi 2001b: Brizzi, Giovanni, Carthage and Hannibal in Roman and Greek Memory, in: Hoyos, Dexter (Hrsg.), A Companion to the Punic Wars, Malden (MA) 2001, 483–498.

Brodersen 2001: Brodersen, Kai (Hrsg.), Asterix und seine Zeit. Die große Welt des kleinen Galliers, München 2001.

Brunt 1987: Brunt, Peter Astbury, Italian Manpower 225 B. C. –A. D. 14 (2. Aufl.), Oxford 1987.

Buchheim 2016: Buchheim, Thomas, Aristoteles. Einführung in seine Philosophie (2. Aufl.), Freiburg/München 2016.

Bunbury 1879: Bunbury, Edward H., A History of Ancient Geography. Among the Greeks and Romans from the Earliest Ages till the Fall of the Roman Empire, Bd. I–II, London 1879.

Bundrick 2005: Bundrick, Sheramy, Music and Image in Classical Athens, Cambridge/New York 2005.

Burillo Mozota 2005: Burillo Mozota, Francisco, Celtiberians. Problems and Debates, in: e-Keltoi 6, 2005, The Celts in the Iberian Peninsula, 411–480, online verfügbar unter: https://dc.uwm.edu/ekeltoi/vol6/iss1/8/ (Letzter Aufruf 26.01.2021).

Burillo Mozota 2003: Burillo Mozota, Francisco, Los Celtas en la Península Ibérica. Problemas y Debates a las Puertas del Tercer Milenio, in: Santos Yanguas, Juan / Ders. (Hrsg.), Polibio y la península Ibérica, Vitoria-Gasteiz 2003, 359–383.

Burkert 1988: Burkert, Walter, Herodot als Historiker fremder Religionen, in: Hèrodote et les peuples non grecs (Fondation Hardt, Entretiens sur l'Antiquitè Classique 35) Genf 1988, 1–32.

Burstein 2008: Burstein, Stanley, Greek Identity in the Hellenistic Period, in: Zacharia, Katerina (Hrsg.), Hellenisms. Culture, Identity and Ethnicity from Antiquity to Modernity, London/New York 2008, 59–77.

Cabezas Guzmán / Ventos 2021: Cabezas Guzmán, Gerard / Ventós, Gerard R, „Liquid spaces" in NE Hispania Citerior during the Mid-Republican period. Introducing a new reality, in: New Classicists Journal, 4, 2021, 41–67.

Campbell 2012: Campbell, Brian, Rivers and the Power of Ancient Rome, Chapel Hill (NC) 2012.

Canfora 1977: Canfora, Luciano, Storiografia, in: Adorno, Francesco (u. a.) (Hrsg.), La cultura ellenistica. Filosofia, scienza, letteratura, Mailand 1977, 315–332.

Capalvo 1996: Capalvo, Álvaro, Celtiberia. Un estudio de fuentes literarias antiguas, Zaragoza 1996.

Capelle 1920: Capelle, Wilhelm, Die griechische Erdkunde und Poseidonios. Neue Jahrbücher für das klassische Altertum, Geschichte und deutsche Literatur 45.23, Leipzig 1920.

Capelle 1923: Capelle, Wilhelm, Griechische Ethik und römischer Imperialismus, in: Klio 25, 1932, 86–113.

Carlà-Uhink 2021: Carlà-Uhink, Filippo. Ein Schierlingsbecher oder ein Sprung ins *Barathron*? Hinrichtungsformen im klassischen Athen, in: HZ 312.2, 2021, 295–331.

Caro Baroja 1977: Caro Baroja, Julio, Los Pueblos del Norte, San Sebastian 1977.

Carter 2009: Carter, Michael J., Gladiators and Monomachoi. Greek Attitudes to a Roman ‚Cultural Performance', in: International Journal of the History of Sport 29.2, 2009, 298–322.

Cartledge 2002: Cartledge, Paul / Spawforth, Antony, Hellenistic and Roman Sparta. A Tale of two Cities (2. Aufl.), London/New York 2002.

Cartwright 1999: Cartwright, David Edgar, Tides. A Scientific History, Cambridge 1999.

Cary 1975: Cary, Max / Scullard, Howard Hayes, A History of Rome. Down to the Reign of Constantine (3. Aufl.), London/Basingstoke 1975.

Cassibry 2016: Cassibry, Kimberly, Coins before Conquest in Celtic France. An Art lost to Empire, in: Alcock, Susan E. / Egri, Mariana / Frakes, James F. D. (Hrsg.), Beyond Boundaries. Connecting Visual Cultures in the Provinces of Ancient Rome, Los Angeles 2016.

Casson 1974: Casson, Lionel, Travel in the Ancient World, London 1974.

Celestino Pérez 2016: Celestino Pérez, Sebastián / López Ruiz, Carolina, Tartessos and the Phoenicians in Iberia, Oxford 2016.

Cesa 2019: Cesa, Maria, Die Keltische Ethnographie zwischen Poseidonios und Ammian, in: Cecconi, Giovanni Alberto / Lizzi Testa, Rita / Marcone, Arnaldo (Hrsg.), The Past as Present. Essays on Roman History in Honour of Guido Clemente (Studi e Testi tardoantichi. Profane and Christian Culture in Late Antiquity), Turnhout 2019, 205–223.

Champion 2004: Champion, Craige, Cultural Politics in Polybius's *Histories*, Berkeley/Los Angeles/London 2004.

Champion 2000a: Champion, Craige, *Histories* 12.4b.I–c.I: An overlooked key to Polybios' views on Rome, in: Histos 4, 2000, 1–5.

Champion 2018: Champion, Craige, Polybian Barbarology, Flute-Playing in Arcadia, and Fisticuffs at Rome, in: Miltsios, Nikos / Tamiolaki, Melina (Hrsg.), Polybius and his Legacy, Berlin/Boston 2018, 35–42.

Champion 1996: Champion, Craige, Polybius, Aetolia and the Gallic Attack on Delphi (279 BC), in: Historia, 45.3, 1996, 315–328.

Champion 2000b: Champion, Craige, Romans as ΒΑΡΒΑΡΟΙ: Three Polybian Speeches and the Politics of Cultural Indeterminacy, in: Classical Philology, 95.4, 2000, 425–444.

Chaniotis 2018: Chaniotis, Angelos, Age of Conquests. The Greek World from Alexander to Hadrian 336 BC–AD 138, London 2018.
Chaniotis 2014: Chaniotis, Angelos, Das antike Kreta, München 2014.
Chaniotis 2015: Chaniotis, Angelos, War in the Hellenistic World. A Social and Cultural History, Malden (MA)/Oxford/Carlton (VIC) 2015.
Chevallier 1984: Chevallier, Raymond, The Greco-Roman Conception of the North from Pytheas to Tacitus, in: Arctic, 37.4, 1984, 341–346.
Ciprés Torres 1999: Ciprés Torres, María Pilar, El impacto de los Celtas en la Península Ibérica según Estrabón, in: Cruz Andreotti, Gonzalo (Hrsg.), Estrabón e Iberia. Nuevas Perspectivas de Estudio, Málaga 1999, 121–152.
Clarke 1999: Clarke, Katherine, Between Geography and History. Hellenistic Constructions of the Roman World, Oxford 1999.
Clarke 1997: Clarke, Katherine, In Search of the Author of Strabo's Geography, in: The Journal of Roman Studies 87, 1997, 92–110.
Clarke 2017: Clarke, Katherine, Strabo's Mediterranean, in: Dueck, Daniela (Hrsg.), The Routledge Companion to Strabo, Abingdon 2017, 47–59.
Coffee 2017: Coffee, Neil, Gift and Gain. How Money transformed Ancient Rome, Oxford 2017.
Cohen 1982: Cohen, Shaye J. D., Josephus, Jeremiah and Polybius, in: History and Theory 21, 1982, 366–381.
Cohen 1979: Cohen, Shaye J. D., Josephus in Galilee and Rome. His Vita and Development as a Historian, Leiden 1979.
Cole 1964: Cole, Thomas, The Sources and Composition of Polybius VI, in: Historia 13, 1964, 440–486.
Collis 2000: Collis, John, „Celtic" Oppida, in: Mogens Herman Hansen (eds.), A Comparative Study of Thirty City-State Cultures. An Investigation Conducted by the Copenhagen Polis Centre, Kopenhagen 2000.
Da Conceição Lopes / Marques da Silva 2007: Da Conceição Lopes, Maria / Marques da Silva, António José, La contribution de la prospection géomagnétique pour la compréhension de la paléoforme de Matabodes (Beja, Portugal) (Colloque d'Archéogéographie, Septembre 2007, Paris), 1–8, online unter: https://www.uc.pt/en/uid/cea/investigadores/investigadoresphd/mconceicaolopes (letzter Aufruf 10.08.2020).
Corcella 2017: Corcella, Aldo, Rezension zu: Rathmann 2016, in: Sehepunkte 17.9, 2017, online unter: http://www.sehepunkte.de/2017/09/29338.html (letzter Aufruf 08.01.2020).
Coutinhas 2006: Coutinhas, José Manuel, Aproximação à identidade etno-cultural dos Callaici Bracari, Porto 2006.
Cowan 2013: Cowan, Ross H., The Art of the Etruscan Armourer, in: MacIntosh Turfa, Jean (Hrsg.), The Etruscan World, Abingdon/New York 2013, 747–758.
Coyle 2010: Coyle, Geoff, The Riches beneath our Feet. How mining shaped Britain, Oxford 2010.
Cruz Andreotti 2019a: Cruz Andreotti, Gonzalo (Hrsg.), Roman Turdetania. Romanization, Identity and Socio-Cultural Interaction in the South of the Iberian Peninsula between the 4th and 1st Centuries BCE, Leiden/Boston 2019.
Cruz Andreotti 1994: Cruz Andreotti, Gonzalo, La visión de Gades en Estrabón. Elaboración de un paradigma geográfico, in: Dialogues d'Histoire Ancienne, 20.1, 1994, 57–85.
Cruz Andreotti 2003: Cruz Andreotti, Gonzalo, Polibio y la geografía de la Península Ibérica. La construcción de un espacio politico, in: Santos Yanguas, Juan / Torregaray Pagola, Elena (Hrsg.), Polibio y la península Ibérica, Vitoria-Gasteiz 2003, 185–227.

Cruz Andreotti 2006: Cruz Andreotti 2006: Cruz Andreotti, Gonzalo, Polibio y la Integración Histórico-Geográfica de la Península Ibérica, in: Ders. / Le Roux, Patrick / Moret, Pierre (Hrsg.), La invención de una geografía de la Península Ibérica, Bd. I. La época republicana, Málaga/Madrid 2006, 77–96.

Cruz Andreotti 2019b: Cruz Andreotti, Gonzalo, Strabo and the Invention of Turdetania, in: Ders. (Hrsg.), Roman Turdetania. Romanization, Identity and Socio-Cultural Interaction in the South of the Iberian Peninsula between the 4th and 1st Centuries BCE, Leiden/Boston 2019, 1–12.

Cunliffe 1988: Cunliffe, Barry, Greeks, Romans & Barbarians. Spheres of Interaction, London 1988.

Cunliffe 2011: Cunliffe, Barry, In the Fabulous Celtic Twilight, in: Bonfante, Larissa, The Barbarians of Ancient Europe. Realities and Interactions, Cambridge 2011, 190–210.

Cuozzo 2013: Cuozzo, Mariassunta, Etruscans in Campania, in: Turfa, Jean MacIntosh, The Etruscan World, Abingdon 2013, 301–318.

Curchin 1991: Curchin, Leonard A., Roman Spain. Conquest and Assimilation, London 1991.

Curtius 1948: Curtius, Ernst Robert, Europäische Literatur und lateinisches Mittelalter, Bern 1948.

Daly 2002: Daly, Gregory, Cannae. The Experience of Battle in the Second Punic War, London/New York 2002.

Dandrow 2017: Dandrow, Edward, Ethnography and Identity in Strabo's *Geography*, in: Dueck, Daniela (Hrsg.), The Routledge Companion to Strabo, Abingdon 2017, 113–124.

Danov 1968: Danov, Christo M., Altthrakien, Berlin/New York 1976 (Bulgarische Originalausgabe 1968, übers. v. Gerda Minkova).

Daubner 2011: Daubner, Frank (Hrsg.), Militärsiedlungen und Territorialherrschaft in der Antike, Berlin/New York 2011.

Daubner 2013: Daubner, Frank, Zur Rolle der geographischen Schilderungen bei Polybios, in: Grieb, Volker / Koehn, Clemens (Hrsg.), Polybios und seine Historien, Stuttgart 2013, 113–126.

Davidson 2009: Davidson, James, Polybius, in: Feldherr, Andrew (Hrsg.), The Cambridge Companion to the Roman Historians, Cambridge 2009, 123–136.

Davies 2013: Davies, John K., Mediterranean Ecomonies through the Text of Polybius, in: Gibson, Bruce / Harrison, Thomas (Hrsg.), Polybius and his world. Essays in memory of F. W. Walbank, Oxford 2013, 319–336.

Davy/Grave/HArtner/Schneider/Steinmetz 2019: Davy, Ulrike / Grave, Johannes / Hartner, Marcus / Schneider, Ralf / Steinmetz, Willibald, Praktiken des Vergleichens. Working Paper des SFB 1288, Bielefeld 2019. Online unter: https://pub.uni-bielefeld.de/record/2939563 (Letzter Aufruf 31.08.2020).

Debrunner Hall 1996: Debrunner Hall, Margaretha, Even Dogs have Erinyes: Sanctions in Athenian Practice and Thinking, in: Foxhall, Lin / Lewis, Andrew D. E. (Hrsg.), Greek Law in its Political Setting: Justifications not justice, Oxford 1996, 73–89.

Deininger 1971: Deininger, Jürgen, Der politische Widerstand gegen Rom in Griechenland 217–86 v. Chr., Berlin 1971.

Deininger 2013: Deininger, Jürgen, Die Tyche in der pragmatischen Geschichtsschreibung des Polybios, in: Grieb, Volker / Koehn, Clemens (Hrsg.), Polybios und seine Historien, Stuttgart 2013, 71–112.

Delz 1966: Delz, Josef, Der griechische Einfluss auf die Zwölftafelgesetzgebung, in: Museum Helveticum 23, 1966, 69–83.

Demandt 2009: Demandt, Alexander, Alexander der Grosse. Leben und Legende, München 2009.

Dench 1995: Dench, Emma, From Barbarians to New Men. Greek, Roman, and Modern Perceptions of Peoples from the Central Apennines, Oxford 1995.

Dench 2013: Dench, Emma, The Scope of Ancient Ethnography, in: Almagor, Eran / Skinner, Joseph (Hrsg.), Ancient Ethnography. New Approaches, London/New York 2013, 257–268.

Deremetz 1995: Deremetz, Alain, Entre Grecs et Barbares. Le Romains et la pensée de leur identité, in: Etudes Inter-Ethniques Nr. 10. Le Barbare, le Primitif, le Sauvage, Lille 1995, 49–59.

Desanges 2017: Desanges, Jehan, Strabo's Libya, in: Dueck, Daniela (Hrsg.), The Routledge Companion to Strabo, Abingdon 2017, 102–109.

Desideri 1972: Desideri, Paolo, L'interpretazione dell'impero romano in Posidonio, in: Rendiconti Istituto Lombardo di Scienze e Lettere. Classe di Lettere e Scienze morali e storiche 106.14, 1972, 481–493.

Devrove/Kemp 1956: Devrove, Irena / Kemp, Lysiane, Over de historische methode van Polybios, Brüssel 1956.

Dewald 1980: Dewald, Carolyn, Biology and Politics: Women in Herodotus' *Histories*, in: Pacific Coast Philology 15, 1980, 11–18.

Dihle 1994: Dihle, Albrecht, Die Griechen und die Fremden, München 1994.

Dihle 1962a: Dihle, Albert, Zur Hellenistischen Ethnographie, in: Baldry, Harold Caparne (Hrsg. u. a.), Grecs et Barbares, Entretiens de la Fondation Hardt, VIII, Genf 1962, 206–232.

Dihle 1962b: Dihle, Albrecht, in: Discussion, in: Baldry, Harold Caparne (Hrsg. u. a.), Grecs et Barbares, Entretiens de la Fondation Hardt, VIII, Genf 1962, 233–239.

Dillery 1998: Dillery, John, Hecataeus of Abdera: Hyperboreans, Egypt, and the Interpretatio Graeca, in: Historia 47.1, 1998, 255–274.

Dillon 2002: Dillon, Matthew, Girls and Women in Classical Greek Religion, London/New York 2002.

Dion 1977: Dion, Roger, Aspects Politiques de la Geographie Antique, Paris 1977.

Dirkzwagger 1975: Dirkzwager, Arie, Strabo über Gallia Narbonensis (Studies of the Dutch Archaeological and Historical Society), Leiden 1975.

Dobesch 2001: Dobesch, Gerhard, Caesar als Ethnograph, in: Heftner, Herbert / Tomaschitz, Kurt (Hrsg.), Gerhard Dobesch. Ausgewählte Schriften, Bd. 1: Griechen und Römer, Köln u. a. 2001, 453–505.

Dobesch 1995: Dobesch, Gerhard, Das europäische „Barbaricum" und die Zone der Mediterrankultur. Ihre historische Wechselwirkung und das Geschichtsbild des Poseidonios (Tyche Supplementband Nr. 2), Wien 1995.

Dobson 2008: Dobson, Mike, The Army of the Roman Republic. The Second Century BC, Polybius and the Camps at Numantia, Oxford 2008.

Dodds 1973: Dodds, E. R., The ancient Concept of Progress and other Essays on Greek Literature and Belief, Oxford 1973.

Domaradzki 1995: Domaradzki, Mieczyslaw, La diffusion des monnaies de Cavaros au Nord-Est de la Thrace, in: Eirene 31, 1995, 120–128.

Domínguez Monedero 2006: Domínguez, Adolfo J., Greeks in the Iberian Peninsula, in: Tsetskhladze, Gocha R., Greek Colonisation. An Account of Greek Colonies and Other Settlements overseas, Bd. I, Leiden 2006, 429–505.

Domínguez Monedero 1984: Domínguez Monedero, Adolfo J., Reflexiones acerca de la sociedad Hispana reflejada en la „Geografía" de Estrabon, in: Lucentum 3, 1984, 201–218.

Dreyer 2011: Dreyer, Boris, Polybios, Hildesheim (u. a.) 2011.

Drijvers 1998: Drijvers, Jan Willem, Strabo on Parthia and the Parthians, in: Wiesehöfer, Josef (Hrsg.), Das Partherreich und seine Zeugnisse. The Arsacid Empire: Sources and documentation. Beiträge des internationalen Colloquiums, Eutin (27.–30. Juni 1996) (Historia, Einzelschriften 122), Stuttgart 1998, 279–293.

Dubuisson 1985: Dubuisson, Michel, Le Latin de Polybe. Les implications historiques d'un cas de biliguisme, Paris 1985.

Dueck 2013: Dueck, Daniela, Geographie in der Antiken Welt, Darmstadt 2013.

Dueck 2017a: Dueck, Daniela, Introduction, in: Dies. (Hrsg.), The Routledge Companion to Strabo, Abingdon 2017, 1–6.

Dueck 2017b: Dueck, Daniela, The Routledge Companion to Strabo, Abingdon 2017.

Dueck 2000: Dueck, Daniela, Strabo of Amasia. A Greek Man of Letters in Augustan Rome, London 2000.

Duncan-Jones 1974: Duncan-Jones, Richard, The Economy of the Roman Empire. Quantitative Studies, Cambridge 1974.

Dunham 1995: Dunham, Sean B., Caesar's Perception of Gallic social Structures, in: Arnold, Bettina / Gibson, D. Blair (Hrsg.), Celtic Chiefdom, Celtic State. The Evolution of complex social Systems in prehistoric Europe (New Directions in Archaeology), Cambridge 1995, 110–115.

Earl 1967: Earl, Donald, The Moral and Political Tradition of Rome, London 1967.

Eckstein 1989: Eckstein, Arthur, Hannibal at New Carthage. Polybius 3.15 and the Power of Irrationality, in: Classical Philology 84.1, 1989, 1–15.

Eckstein 2013: Eckstein, Arthur, Hegemony and Annexation beyond the Adriatic, 230–146 BC, in: Hoyos, Dexter (Hrsg.), A Companion to Roman Imperialism, Leiden/Boston 2013, 79–97.

Eckstein 1995: Eckstein, Arthur M., Moral Vision in The Histories of Polybius, Berkeley (u. a.) 1995.

Eckstein 1997: Eckstein, Arthur M., Physis and nomos. Polybius, the Romans and Cato the Elder, in: Cartledge, Paul / Garnsey, Peter / Gruen, Erich S. (Hrsg.), Hellenistic Constructs. Essays in Culture, History and Historiography, Berkeley 1997, 175–198.

Edwell 2013: Edwell, Peter, Definitions of Roman Imperialism, in: Hoyos, Dexter (Edit.), A Companion to Roman Imperialism, Leiden/Boston 2013, 39–52.

Ehrhardt 2002: Ehrhardt, Norbert, Teuta, Eine „barbarische" Königin bei Polybios und in der späteren Überlieferung, in: Rollinger, Robert / Ulf, Christoph (Hrsg.) Geschlechter, Frauen, fremde Ethnien in antiker Ethnographie, Theorie und Realität, Innsbruck 2002, 239–250.

Eichel 1976: Eichel, Marijean H. / Todd, Joan Markley, A Note on Polybius' Voyage to Africa in 146 B. C., in: Classical Philology 71.3, 1976, 237–243.

Eisen 1966: Eisen, Karl Friedrich, Polybiosinterpretationen. Beobachtungen zu Prinzipien griechischer und römischer Historiographie bei Polybios, Heidelberg 1966.

Emmelius 2021: Emmelius, Daniel, Das Pomerium. Geschriebene Grenzen des antiken Rom, Göttingen 2021.

Engels 1999: Engels, Johannes, Augusteische Oikumenegeographie und Universalhistorie im Werk Strabons von Amaseia, Stuttgart 1999.

Engels 2013: Engels, Johannes, Kulturgeographie im Hellenismus: Die Rezeption des Eratosthenes und Poseidonios durch Strabon in den Geographika, in: Geus, Klaus / Rathmann, Michael (Hrsg.), Vermessung der Oikumene, Berlin/Boston 2013, 87–100.

Engels 2014: Engels, Johannes, Reisen und Mobilität späthellenistisch-augusteischer Universalhistoriker, in: Olshausen, Eckart / Sauer, Vera (Hrsg.), Mobilität in den Kulturen der antiken Mittelmeerwelt (Stuttgarter Kolloquium zur Historischen Geographie des Altertums 11, 2011/ Geographica Historica 31), Stuttgart 2014, 159–170.

Engels 2017: Engels, Johannes, Strabon aus Amaseia und Apollodoros aus Artemita, in: Müller, Sabine / Wiesehöfer, Joscf (Hrsg.), Parthika: Greek and Roman author's views of the Arsacid

Empire. Griechisch-römische Bilder des Arsakidenreiches (Classica et orientalia 15), Wiesbaden 2017, 29–45.

Engels 2010: Engels, Johannes, Strabo of Amasia and his importance in the development of ancient Greek universal historiography, in: Fear, Andrew / Liddel, Peter (Hrsg.), Historiae Mundi. Studies in Universal History, London 2010, 71–86.

Engels 2008. Engels, Johannes, Universal History and Cultural Geography of the *Oikoumene* in Herodotus' *Historiai* and Strabo's *Geographika*, in: Pigón, Jakub (Hrsg.), The Children of Herodotus. Greek and Roman Historiography and Related Genres, Newcastle 2008, 143–159.

Engster 2014: Engster, Dorit, Die Frage der Ausbildung einer „achaiischen Identität" und der Weg in den Achaiischen Krieg, in: Freitag, Klaus / Michels, Christoph (Hrsg.), Athen und/oder Alexandreia? Aspekte von Identität und Ethnizität im hellenistischen Griechenland, Köln (u. a.) 2014, 149–200.

Epple/Erhart 2015: Epple, Angelika / Erhart, Walter, Die Welt beobachten. Praktiken des Vergleichens, in: Dies. (Hrsg.), Die Welt beobachten. Praktiken des Vergleichens, Frankfurt 2015, 7–34.

Epple/Flüchter/Kramer/Rohland 2021: Epple, Angelika / Flüchter, Antje / Kramer, Kirsten / Rohland, Eleonora (Hrsg.), Contact, Conquest and Colonization. How Practices of Comparing Shaped Empires and Colonialism Around the World, New York/Abingdon 2021.

Epple/Flüchter/Müller 2020: Epple, Angelika / Flüchter, Antje / Müller, Thomas, Praktiken des Vergleichens: Modi und Formationen. Ein Bericht von unterwegs, Praktiken des Vergleichens. Working Paper des SFB 1288, Bielefeld 2020. Online unter: https://pub.uni-bielefeld.de/record/2943010 (Letzter Aufruf 26.10.2020).

Erskine 2013a: Erskine, Andrew, How to Rule the World: Polybius Book 6 Reconsidered, in: Gibson, Bruce / Harrison, Thomas (Hrsg.), Polybius and his world. Essays in memory of F. W. Walbank, Oxford 2013, 231–246.

Erskine 2013b: Erskine, Andrew, Making Sense of the Romans. Polybius and the Greek Perspective, in: Dialogues d'histoire ancienne 9, 2013, 115–129.

Erskine 2012: Erskine, Andrew, Polybius among the Romans: Life in the Cyclops' Cave, in: Smith, Christopher / Yarrow, Liv Mariah (Hrsg.), Imperialism, Cultural Politics, and Polybius, Oxford 2012, 17–32.

Erskine 2000: Erskine, Andrew, Polybios and Barbarian Rome, in: Mediterraneo Antico 3, 2000, 165–182.

Erskine 2003: Erskine, Andrew, Spanish Lessons. Polybius and the Maintenance of imperial Power, in: Santos Yanguas, Juan / Torregaray Pagola, Elena (Hrsg.), Polibio y la península Ibérica, Vitoria-Gasteiz 2003, 229–243.

Etcheto 2012: Etcheto, Henri, Les Scipions. Famille et pouvoir à Rome à l'époque républicaine, Paris 2012.

Étienne 1996: Étienne, Robert, Polybe et le vins lusitanien, in: Le Gars, Claudine / Roudié, Philippe (Hrsg.), Des vignobles et des vins á travers le monde (Colloque tenu á Borde aux les 1, 2 et 3 octobre 1992). Hommage á Alain Huetz de Lemps, Bordeaux 1996, 395–400.

Fear 1996: Fear, Andrew T., Rome and Baetica. Urbanization in southern Spain c. 50 BC – AD 150, Oxford 1996.

Fernández Castro 1995: Fernández Castro, María Cruz, Iberia in Prehistory, Oxford/Cambridge (MA) 1995.

Fernández Chicarro y De Dios 1953: Fernández Chicarro y De Dios, Concepción, Cádiz, sede milenaria de marinos, in: Helmantica. Revista de filología clásica y hebrea 4.13–15, 1953, 373–388.

Ferrary 2003: Ferrary, Jean Louis, Le jugement de Polybe sur la domination romaine: état de la question, in: Santos Yanguas, Juan / Torregaray Pagola, Elena (Hrsg.), Polibio y la península Ibérica, Vitoria-Gasteiz 2003, 15–32.

Ferril 1991: Ferrill, Arther, Roman Imperial Grand Strategy, Lanham (Maryland) u. a. 1991.

Fitzpatrick 1989: Fitzpatrick, Andrew P., The Uses of Roman Imperialism by the Celtic Barbarians in the later Republic, in: Barrett, John C. / Ders. / Macinnes, Lesley (Hrsg.), Barbarians and Romans in North-West Europe. From the later Republic to late Antiquity, Oxford 1989, 27–54.

Fless 2002: Fless, Friederike, Zur Konstruktion antiker Feindbilder – Das Beispiel der „Großen Gallier", in: Die Religion der Kelten: Fromm, Fremd, Barbarisch, Leipzig 2002 (Ausstellungskatalog), 59–70.

Flower 1996: Flower, Harriet I., Ancestor Masks and Aristocratic Power in Roman Culture, Oxford 1996.

Flüchter 2019: Flüchter, Antje, Frühneuzeitliche Indienwahrnehmung zwischen Empirie, Antike und Antiquarianismus. Die Briefe des Pietro della Valle (1586–1652), in: Schulz, Raimund (Hrsg.), Maritime Entdeckung und Expansion. Kontinuitäten, Parallelen und Brüche von der Antike bis in die Neuzeit (Historische Zeitschrift // Beihefte (Neue Folge), Beiheft 77), Berlin/Boston 2019, 361–390.

Fögen 1999: Fögen, Thorsten, Zur Kritik des Polybios an Timaios von Tauromenion, in: Listy filologické CXXII, 1999, 1–31.

Forsdyke 2005: Forsdyke, Sara, Exile, Ostracism, and Democray. The Politics of Expulsion in Ancient Greece, Princeton 2005.

Forsdyke 2008: Forsdyke, Sara, Street Theater and Popular Justice in Ancient Greece: Shaming, Stoning and Starving Offenders inside and outside the Courts, in: Past & Present 201, 2008, 3–50.

Forte 1972: Forte, Bettie, Rome and the Romans as the Greeks saw them (Papers and Monographs of the American Academy in Rome), Rom 1972.

Fortes 2013: Fortes, José Beltrán, Greco-Orientales en la *Hispania* republicana e imperial a través de las menciones epigráficas, in: De Hoz, María Paz / Mora, Gloria (Hrsg.), El Oriente griego en la Península Ibérica. Epigrafía e Historia, Madrid 2013, 185–204.

Foulon 2001: Foulon, Éric, Polybes et les Celtes (II), in: Les Études Classiques 69, 2001, 35–64.

Foulon 1997: Foulon, Eric, Polybe et les Gaules, in: Billault, Alain, Héros et voyageurs grecs dans l'Occident romain (Actes du colloque CEROR, 23 Janvier 1996), Paris 1997, 103–129.

De Francisco Martín 1996: De Francisco Martín, Julián, Conquista y Romanización de Lusitania (2. Aufl.), Salamanca 1996.

Frederiksen 1984: Frederiksen, Martin (m. Nicholas Purcell), Campania, Rom 1984.

Free 2020: Free, Alexander, Bemerkungen zur Topik als unvermeidbarem Element antiker Geschichtsschreibung, in: Zerjadtke, Michael (Hrsg.), Der ethnographische Topos in der Alten Geschichte. Annäherungen an ein omnipräsentes Phänomen, Stuttgart 2020, 27–37.

Freitag/Fündling/Michels 2014: Freitag, Klaus / Fündling, Jörg / Michels, Christoph, Hellenicity ohne Hellenen? Eine Einleitung in die Thematik, in: Freitag, Klaus / Michels, Christoph (Hrsg.), Athen und/oder Alexandreia? Aspekte von Identität und Ethnizität im hellenistischen Griechenland, Köln (u. a.) 2014, 7–18.

Frere 1987: Frere, Sheppard, Britannia. A History of Roman Britain, London/New York 1987.

Frey 1995: Frey, Otto-Herman, The Celts in Italy, in: Green, Miranda J. (Hrsg.), The Celtic World, London/New York 1995, 515–532.

Freyberger 1999: Freyberger, Bert, Südgallien im 1. Jahrhundert v. Chr. Phasen, Konsequenzen und Grenzen Römischer Eroberung (125–27/22 v. Chr.) (Geographica Historica 11), Stuttgart 1999.

Freyre 1982: Freyre, Gilberto, Herrenhaus und Sklavenhütte. Ein Bild der brasilianischen Gesellschaft, mit einer Einleitung von Matthias Görgen, (Übers. v. Ludwig Graf von Schönfeldt), Stuttgart 1982.

Von Fritz 1954: Von Fritz, Kurt, The Theory of the Mixed Constitution in Antiquity. A critical Analysis of Polybius' political ideas, New York 1954.

Fuchs 1938: Fuchs, Harald, Der geistige Widerstand gegen Rom in der antiken Welt, Berlin 1938.

Funke 2006: Funke, Peter / Haake, Matthias, Theatres of War. Thucydidean Topography, in: Tsakmakis, Antonis / Rengakos, Antonios (Hrsg.), Brills' Companion to Thucydides, Leiden/Boston 2006, 369–384.

Gabba 1974: Gabba, Emilio, Storiografia greca e imperialismo romano (III–I secolo a. C.), in: Rivista Storica Italiana 86, 1974, 625–642.

Gabriel 2002: Gabriel, Richard A., The Great Armies of Antiquity, Westport (Conn)/London 2002.

Gammie 1986: Gammie, John G., Herodotus on Kings and Tyrants: Objective Historiography or Conventional Portraiture?, in: Journal of Near Eastern Studies 45.3, 1986, 171–195.

Ganter 2015: Ganter, Angela, Was die römische Welt zusammenhält. Patron-Klient-Verhältnisse zwischen Cicero und Cyprian, Berlin 2015.

García Fernández 2019: García Fernández, Francisco José, Deconstructing ‚Turdetanian' Culture. Identities, Territories and Archaeology, in: Cruz Andreotti, Gonzalo (Hrsg.), Roman Turdetania. Romanization, Identity and Socio-Cultural Interaction in the South of the Iberian Peninsula between the 4th and 1st Centuries BCE, Leiden/Boston 2019, 46–69.

García Moreno 2003: García Moreno, Luis A., Polibio y la creación del estereotipo de lo „hispano" en la etnografía y la historiografía helenísticas, in: Santos Yanguas, Juan / Torregaray Pagola, Elena (Hrsg.), Polibio y la península Ibérica, Vitoria-Gasteiz 2003, 339–357.

García Moreno 1989: García Moreno, Luis A., Reflexiones de un historiador sobre el Bronce de Alcántara, in: Bañales Leoz, Jesús María / Castillo García, Carmen / Martínez, Ramón / d'Ors y Pérez-Peix, Alvaro / Serrano, Ramón (Hrsg.), Novedades de Epigrafía Jurídica Romana en el último decenio (Actas del Coloquio Internacional A. I. E. G. L. [Pamplona, 9–11 de abril de 1987], homenaje al Prof. Alvaro D'Ors), Pamplona 1989, 243–255.

García Vargas 2019: García Vargas, Enrique, The Economy and Romanization of Hispania Ulterior (125–25 BCE). The Role of the Italians, in: Cruz Andreotti, Gonzalo (Hrsg.), Roman Turdetania. Romanization, Identity and Socio-Cultural Interaction in the South of the Iberian Peninsula between the 4th and 1st Centuries BCE, Leiden/Boston 2019, 164–185.

Gehrke 2008: Gehrke, Hans-Joachim, Geschichte des Hellenismus (4. Aufl.), München 2008.

Gelzer 1940: Gelzer, Matthias, Die Achaica im Geschichtswerk des Polybios, Berlin 1940.

Gelzer 1933: Gelzer, Matthias, Römische Politik bei Fabius Pictor, in: Hermes 68.2, 1933, 129–166.

Gelzer 1956: Gelzer, Matthias, Über die Arbeitsweise des Polybios, Heidelberg 1956.

Gehrhards 2014: Gerhards, Meik, Homer und die Bibel. Studien zur Interpretation der Ilias und ausgewählter alttestamentlicher Texte, Neukirchen-Vluyn 2014.

Giardino 2013: Giardino, Claudio, Villanovan and Etruscan Mining and Metallurgy, in: MacIntosh Turfa, Jean (Hrsg.), The Etruscan World, Abingdon/New York 2013, 721–737.

Gibson/Harrison 2013: Gibson, Bruce / Harrison, Thomas (Hrsg.), Polybius and his world. Essays in memory of F. W. Walbank, Oxford 2013.

Gieseke 2019: Gieseke, Julian, Poseidonios von Apameia und die Ethnographie der Kelten im Westen der Oikumene, in: Schulz, Raimund (Hrsg.), Maritime Entdeckung und Expansion. Kontinuitäten, Parallelen und Brüche von der Antike bis in die Neuzeit (Historische Zeitschrift // Beihefte (Neue Folge), Beiheft 77), Berlin/Boston 2019, 307–334.

Gladhill 2016: Gladhill, Bill, Rethinking Roman Alliance. A Study in Poetics and Society, Cambridge 2016.

Gómez Espelosín 1999: Gómez Espelosín, Francisco Javier, Estrabón y la Tradición mítica sobre el Extreme Occidente, in: Cruz Andreotti, Gonzalo (Hrsg.), Estrabón e Iberia: Nuevas Perspectivas de Estudio, Málaga 1999, 64–79.

Gómez Espelosín 2007: Gómez Espelosín, Francisco Javier, Estrabón y su obra, in: Ders. (Hrsg.), Geografia de Estrabon, Madrid 2007, 15–43.

Gómez Espelosín 2003: Gómez Espelosín, Francisco Javier, Exploraciones y descubrimientos en el Occidente en la obra de Polibio, in: Santos Yanguas / Torregaray Pagola 2003, 113–139.

Gómez Espelosín 1987: Gómez Espelosín, Francisco Javier, Simplices homines. Algunas observaciones sobre la posición sociopolítica de Polibio, in: Faventia. Publicaciones de la Universidad Autónoma de Barcelona 9, 1987, 41–58.

Gomperz 1922: Gomperz, Theodor, Griechische Denker. Eine Geschichte der antiken Philosophie (4. Aufl.), Berlin/Leipzig 1922.

González Rodríguez 2003: González Rodríguez, María Cruz, El bárbaro y lo bárbaro en la obra polibiana, in: Santos Yanguas / Torregaray Pagola 2003, 141–171.

González Wagner 1999: González Wagner, Carlos, Los Bárquidas y la conquista de la península ibérica, in: Gerión 17, 1999, 263–294.

Gorman/Gorman 2014: Gorman, Robert J. / Gorman, Vanessa B., Corrupting Luxury in Ancient Greek Literature, Ann Arbor 2014.

Gorman/Gorman 2007: Gorman, Robert J. / Gorman, Vanessa B., The Tryphé of the Sybarites. A Historiographical Problem in Athenaeus, in: Journal of Hellenic Studies 127, 2007, 38–60.

Goscinny/Uderzo 1961: Goscinny, René / Uderzo, Albert, Astérix le Gaulois, Paris 1961.

Graber 1968: Graeber, Edwin, Die Lehre von der Mischverfassung bei Polybios, Diss. phil. Bonn 1968.

Grafton 2018: Grafton, Anthony, Comparisons Compared: A Study in the Early Modern Roots of Cultural History, in: Gagnè, Renaud / Goldhill, Simon / Lloyd, Geoffrey E. R. (Hrsg.), Regimes of Comparatism: Frameworks of Comparison in History, Religion and Anthropology, Leiden/Boston 2018, 20–48.

Grainger 2017: Grainger, John D., Great Power Diplomacy in the Hellenistic World, London (u. a.) 2017.

Grainger 1999: Grainger, John D., The League of the Aitolians, Leiden/Boston/Köln 1999.

Grewe 2005: Grewe, Christa-Vera, Untersuchung der naturwissenschaftlichen Fragmente des stoischen Philosophen Poseidonios und ihre Bedeutung für die Naturphilosophie, Diss. phil. Hannover 2005.

Griffiths 2013: Griffiths, David, Augustus and the Roman Provinces of Iberia, Diss. phil. Liverpool 2013.

Groß-Albenhausen 2004: Groß-Albenhausen, Kirsten, Bedeutung und Funktion der Gymnasien für die Hellenisierung des Ostens, in: Kah, Daniel / Scholz, Peter (Hrsg.), Das hellenistische Gymnasion (Wissenskultur und Gesellschaftlicher Wandel 8), Berlin 2004, 313–322.

Grote 2016: Grote, Oliver, Die griechischen Phylen. Funktion – Entstehung – Leistungen, Stuttgart 2016.

Gruel/Popovitch 2007: Gruel, Katherine / Popovitch, Laurent, Les monnaies gauloises et romaines de l'oppidum de Bibracte. Glux-en-Glenne 2007.
Gruen 1992: Gruen, Erich S., Culture and National Identity in Republican Rome, Ithaca (NY) 1992.
Gruen 2018: Gruen, Erich S., Polybius and Ethnicity, in: Miltsios, Nikos / Tamiolaki, Melina (Hrsg.), Polybius and his Legacy, Berlin/Boston 2018, 13–34.
Gruen 2013: Gruen, Erich, Polybius and Josephus on Rome, in: Gibson, Bruce / Harrison, Thomas (Hrsg.), Polybius and his world. Essays in memory of F. W. Walbank, Oxford 2013, 255–266.
Gruen 2011: Gruen, Erich S., Rethinking the Other in Antiquity, Princeton (NJ) 2011.
Gruen 1984: Gruen, Erich, The Hellenistic World and the Coming of Rome, 2 Bd., Berkeley 1984.
Grünewald 2004: Grünewald, Thomas (Übers. v. John Drinkwater), Bandits in the Roman Empire. Myth and Reality, London 2004.
Günnewig 1998: Günnewig, Beatrix, Das Bild der Germanen und Britannier. Untersuchungen zur Sichtweise von fremden Völkern in antiker Literatur und moderner wissenschaftlicher Forschung, Frankfurt a. M. (u. a.) 1998.
Günther 2014: Günther, Linda-Marie, „Korinthischen Stammes sind wir wie Bellerophontes" – Syrakusaner/innen fern der Heimat, in: Freitag, Klaus / Michels, Christoph (Hrsg.), Athen und/oder Alexandreia? Aspekte von Identität und Ethnizität im hellenistischen Griechenland, Köln (u. a.) 2014, 51–64.
Günther 1989: Günther, Linda-Marie, Gladiatoren beim Fest Antiochos' IV. zu Daphne (166 v. Chr.)?, in: Hermes 117.2, 1989, 250–252.
Haarmann 2003: Haarmann, Harald, Geschichte der Sintflut. Auf den Spuren der frühen Zivilisationen, München 2003.
Hackl 1980: Hackl, Ursula, Poseidonios und das Jahr 146. v. Chr. als Epochendatum in der antiken Historiographie, in: Gymnasium 87, 1980, 151–166.
Hagenow 1932: Hagenow, Gerd, Untersuchungen zu Artemidors Geographie des Westens, Diss. phil. Göttingen 1932.
Hahm 1989: Hahm, David E., Posidonius' Theory of Historical Causation, in: ANRW II, 36.3, 1989, 1325–1363.
Haley 2003: Haley, Evan W., Baetica Felix. People and Prosperity in Southern Spain from Caesar to Septimius Severus, Austin 2003.
Hall 1989: Hall, Edith, Inventing the Barbarian. Greek Self-Definition through Tragedy, Oxford 1989.
Hall 1998: Hall, Lindsay G. H., Ratio and Romanitas in the Bellum Gallicum, in: Powell, Anton / Welch, Kathryn (Hrsg.), Julius Caesar as Artful Reporter: The War Commentaries as Political Instruments, London/Swansea 1998, 11–44.
Hammond 1988: Hammond, Nicholas G. L., The Campaign and the Battle of Cynoscephalae in 197 BC, in: Journal of Hellenic Studies CVIII, 1988, 60–82.
Hänger 2001: Hänger, Christian, Die Welt im Kopf. Raumbilder und Strategie im Römischen Kaiserreich, Göttingen 2001 (Diss. phil. Zürich 1998).
Hansen 1997: Hansen, Mogens Herman, Hekataios' Use of the Word *Polis* in his *Periegesis*, in: Nielsen, Thomas Heine (Hrsg.), Yet More Studies in the Ancient Greek *Polis* (Historia Einzelschriften 117), Stuttgart 1997, 17–27.
Hansen 2000: Hansen, Mogens Herman, The Hellenic Polis, in: Ders. (Hrsg.), A Comparative Study of Thirty City-State Cultures. An Investigation Conducted by the Copenhagen Polis Centre, Kopenhagen 2000.

Hanson 2011: Hanson, John W., The Urban System of Roman Asia Minor and Wider Urban Connectivity, in: Bowman, Alan / Wilson, Andrew (Hrsg.), Settlement, Urbanization, and Population, Oxford 2011, 229–275.

Harders 2008: Harders, Ann-Cathrin, Suavissima soror. Untersuchungen zu den Bruder-Schwester-Beziehungen in der römischen Republik, München 2008 (Diss. phil. Freiburg im Breisgau 2006).

Harders 2017: Harders, Ann-Cathrin, The Exception becoming a norm. Scipio the Younger between Tradition and Transgression, in: Itgenshorst, Tanja / Le Doze, Philippe (Hrsg.), La norme sous la République et le Haut-Empire romains (Ausonius Éditions. Scripta Antiqua 96), Bordeaux 2017, 241–252.

Harl 2011: Harl, Ortolf, Polybios bereist um 150 v. Chr. die östliche Cisalpina und besucht die norischen Taurisker, in: Tyche. Beiträge zur Alten Geschichte, Papyrologie und Epigraphik 26, 2011, 91–139.

Harmatta 1967: Harmatta, János, Die Geschichtsphilosophie des Poseidonios und die Krise der römischen Sklavenhaltergesellschaft, in: Antičnoe obščestvo (Die antike Gesellschaft), Moskau 1967, 367–371.

Harris 1985: Harris, William V., War and Imperialism in Republican Rome, 327–70 BC (2. Korr. Aufl.), Oxford 1985.

Harrison 1988: Harrison, Richard J., Spain at the Dawn of History. Iberians, Phoenicians and Greeks, London 1988.

Hartog 2010: Hartog, François, Polybius and the First Universal History, in: Fear, Andrew / Liddel, Peter (Hrsg.), Historiae Mundi. Studies in Universal History, London 2010, 30–40.

Hatt 1970: Hatt, Jean-Jacques, Kelten und Gallo-Romanen (Die Grossen Kulturen der Welt. Archaeologia Mundi), München 1970.

Hatt 1984: Hatt, Jean-Jacques, L'opinion que les Grecs avaient des Celtes, in: Ktéma 9, 1984, 79–87.

Hatzimichali 2017: Hatzimichali, Myrto, Strabo's philosophy and Stoicism, in: Dueck, Daniela (Hrsg.), The Routledge Companion to Strabo, Abingdon 2017, 9–21.

Hau 2016: Hau, Lisa Irene, Moral History from Herodotus to Diodorus Siculus, Edinburgh 2016.

Hau 2011: Hau, Lisa, Tychê in Polybios: Narrative Answers to a Philosophical Question, in: Histos 5, 2011, 183–207.

Hetaher 2009: Heather, Peter, Empires and Barbarians. The Fall of Rome and the Birth of Europe, London 2009.

Heitz 2009: Heitz, Christian. Die Guten, die Bösen und die Hässlichen – Nördliche ‚Barbaren' in der römischen Bildkunst, Hamburg 2009.

Henderson 2001: Henderson, John, From Megalopolis to Cosmopolis: Polybius, or there and back again, in: Goldhill, Simon (Hrsg.), Being Greek under Rome. Cultural Identity, the Second Sophistic and the Development of Empire, Cambridge 2001, 29–49.

Hennig 1952: Hennig, Richard, Die Britischen Inseln im Altertum, in: Saeculum 3, 1952, 56–69.

Herda 2009: Herda, Alexander, Karkisa-Karien und die sogenannte Ionische Migration, in: Rumscheid, Frank (Hrsg.), Die Karer und die Anderen (Internationales Kolloquium an der Freien Universität Berlin, 13. bis 15. Oktober 2005), Bonn 2009, 27–108.

Herman 1987: Herman, Gabriel, Ritualised friendship and the Greek City, Cambridge/New York 1987.

Hobbs 2000: Hobbs, Angela, Plato and the Hero. Courage, Manliness and the impersonal Good, Cambridge 2000.

Höckmann 1991: Höckmann, Ursula, Gallierdarstellungen in der etruskischen Grabkunst des 2. Jahrhunderts v. Chr., in: Jahrbuch des Deutschen Archäologischen Instituts 106, 1991, 199–230.

Hodge 1999: Hodge, A. Trevor, Ancient Greek France, Philadelphia 1999.

Hölbl 1994: Hölbl, Günther, Geschichte des Ptolemäerreiches. Politik, Ideologie und religiöse Kultur von Alexander dem Grossen bis zur römischen Eroberung, Darmstadt 1994.

Hornblower 2006: Hornblower, Simon, Herodotus' influence in Antiquity, in: Dewald, Carolyn / Marincola, John (Hrsg.), The Cambridge Companion to Herodotus, Cambridge 2006, 306–318.

Hornblower 1996: Hornblower, Simon, Introduction, in: Ders. (Hrsg.), Greek Historiography, Oxford 1996, 1–72.

De Hoz 2000: De Hoz, Javier, La etnografía de los pueblos de Iberia en Diodoro V 33–34 y el problema de sus fuentes, in: Alganza Roldán, Minerva / Camacho Rojo, José María / Fuentes González, Pedro Pablo / Villena Ponsoda, Miguel (Hrsg.), Studia Graeca in memoriam Jesús Lens Tuero, Granada 2000, 221–238.

De Hoz 2013: De Hoz, María Paz, Cultos griegos, Cultos sincréticos y la inmigración griega y Greco-oriental en la Península Ibérica, in: Dies. / Mora, Gloria (Hrsg.), El Oriente griego en la Península Ibérica. Epigrafía e Historia, Madrid 2013, 205–254.

De Hoz 2017: De Hoz, María Paz, Strabo's Cis-Tauran Asia: A Humanistic Geography, in: Dueck, Daniela (Hrsg.), The Routledge Companion to Strabo, Abingdon 2017, 150–162.

Hume 2004: Hume, Lynne (Hrsg.), Anthropologists in the Field. Cases in Participant Observation, New York 2004.

Ilyushechkina 2017: Ilyushechkina, Ekaterina, Strabo's description of the North and Roman geopolitical ideas, in: Dueck, Daniela (Hrsg.), The Routledge Companion to Strabo, London/New York 2017, 60–68.

Inglebert 2001: Inglebert, Hervé, Interpretatio Christiana. Les mutations de savoir (comosgraphie, géographie, ethnographie, histoire) dans l'Antiquité chrétienne (30–630 après J.-C.), Paris 2001.

Isaac 2004: Isaac, Benjamin, The Invention of Racism in Classical Antiquity, Princeton (NJ) 2004.

Isayev 2017: Isayev, Elena, Migration, Mobility and Place in Ancient Italy, Cambridge 2017.

Ivantchik 2005: Ivantchik, Askold I., Am Vorabend der Kolonisation. Das nördliche Schwarzmeergebiet und die Steppennomaden des 8.–7. Jh. v. Chr. in der klassischen Literaturtradition: Mündliche Überlieferung, Literatur und Geschichte (Pontus Septentrionalis III), Berlin/Moskau 2005.

Jacoby 1913: Jacoby, Felix, s. v. Herodotos, RE Suppl. 2, 1913, Sp. 205–520.

Janni 1984: Janni, Pietro, La Mappa e il Periplo. Cartografia antica e Spazio odologico, Rom 1984.

Johnston 2017: Johnston, Andrew C., The Sons of Remus. Identity in Roman Gaul and Spain, Cambridge (MA)/London 2017.

Jones 1976: Jones, R. F. J., The Roman Military Occupation of North-West Spain, in: The Journal of Roman Studies 66, 1976, 45–66.

Júdice Gamito 2005: Júdice Gamito, Teresa, The Celts in Portugal, in: e-Keltoi 6, 2005, The Celts in the Iberian Peninsula, 571–605, online verfügbar unter: https://dc.uwm.edu/ekeltoi/vol6/iss1/11/ (Letzter Aufruf 26.01.2021).

Karsten 2013: Karsten, Arne / Rader, Olaf B., Grosse Seeschlachten. Wendepunkte der Weltgeschichte, München 2013.

Keyser 2011: Keyser, Paul T., Greek Geography of the Western Barbarians, in: Bonfante, Larissa, The Barbarians of Ancient Europe. Realities and Interactions, Cambridge 2011, 37–70.

Kim 2013: Kim, Hyun Jin, The Invention of the Barbarian in Late Sixth- Century BC Ionia, in: Almagor, Eran / Skinner, Joseph (Hrsg.), Ancient Ethnography. New Approaches, London (u. a.) 2013, 25–37.

Kim 2007: Kim, Lawrence, The Portrait of Homer in Strabo's Geography, in: Classical Philology 102.4, 2007, 363–388.

Kistler 2009: Kistler, Erich, Funktionalisierte Keltenbilder. Die Indienstnahme der Kelten zur Vermittlung von Normen und Werten in der Hellenistischen Welt, Berlin 2009.

Klinck 2018: Klinck, Nathalie, Tagungsbericht: Der Toposbegriff in der Alten Geschichte. Annäherung an ein omnipräsentes Phänomen, Hamburg, 14.09.2018–15.09.2018.

Klotz 1910: Klotz, Alfred, Cäsarstudien, Leipzig/Berlin 1910.

Knaoo 1977: Knapp, Robert C., Aspects of the Roman Experience in Iberia, 206–100 BC (Anejos de Hispania Antiqua 9), Valladollid 1977.

Koch 2006: Koch, John T. (Hrsg.), Celtic Culture. A Historical Encyclopedia, Bd. I Aberdeen Breviary–Celticism, Santa Barbara 2006.

Kochanek 2004: Kochanek, Piotr, Die Vorstellung vom Norden und der Eurozentrismus. Eine Auswertung der patristischen und mittelalterlichen Literatur, Mainz 2004.

Koon 2001: Koon, Sam, Phalanx and Legion. The „Face" of Punic War Battle, in: Hoyos, Dexter (Hrsg.), A Companion to the Punic Wars, Malden (MA) 2001, 77–94.

Korenjak 2017: Korenjak, Martin, The Etruscans in Ancient Literature, in: Naso, Alessandro, Etruscology, Bd. 1, Boston/Berlin 2017, 35–52.

Koselleck 1989: Koselleck, Reinhart, Zur historisch-politischen Semantik asymmetrischer Gegenbegriffe, in: Ders., Vergangene Zukunft. Zur Semantik geschichtlicher Zeiten, Frankfurt a. M. 1989, 211–259.

Kremer 1994: Kremer, Bernhard, Das Bild der Kelten bis in augusteische Zeit. Studien zur Instrumentalisierung eines antiken Feindbildes bei griechischen und römischen Autoren, Stuttgart 1994.

Kuhrt 2002: Kuhrt, Amélie, Babylon, in: Bakker, Egbert J. / De Jong, Irene J. F. / Van Wees, Hans (Hrsg.), Brill's Companion to Herodotus, Leiden/Boston/Köln 2002, 475–496.

Lampinen 2018: Lampinen, Antti, Against Hope? The Untimely ‚Elpis' of Northern Barbarians, in: Kazantzidis, George / Spatharas, Dimos (Hrsg.), Hope in Ancient Literature, History and Art (Ancient Emotions I), Berlin/Boston 2018, 275–295.

Lampinen 2014a: Lampinen, Antti, Cruel and Unusual? The Idea of ‚Celtic justice' in the Greco-Roman Lighter Literature, in: Studia Celtica Fennica 11, 2014, 8–23.

Lampinen 2014b: Lampinen, Antti, Fragments from the ‚Middle Ground': Posidonius' Northern Ethnography, in: Arctos 48, 2014, 229–259.

Lane 2016: Lane, Melissa, Introduction, in: Barnes, Jonathan (Hrsg.), Aristotle's Politics. Writings from the Complete Works. Politics, Economics, Constitution of Athens, Princeton/Oxford 2016, I–XXXII.

Laqueur 1921: Laqueur, Richard, Scipio Africanus und die Eroberung von Neukarthago, in: Hermes 56, 1921, 131–225.

Lateiner 1989: Lateiner, Donald, The Historical Method of Herodotus, Toronto 1989.

Lasserre 1982: Lasserre, François, Strabon devant l'Empire romain, in: Aufstieg und Niedergang der römischen Welt II.30, 1982, 867–896.

Lavelle 1992: Lavelle, Brian M., Herodotos, Scythian Archers and the *doryphoroi* of the Peisistratids, in: Klio 74, 1992, 78–97.

Lefèvre 2001: Lefèvre, Eckard, Panaitios' und Ciceros Pflichtenlehre. Vom philosophischen Traktat zum politischen Lehrbuch, Stuttgart 2001.

Lehmann 1974: Lehmann, Gustav Adolf, Polybios und die ältere und zeitgenössische griechische Geschichtsschreibung. Einige Bemerkungen, in: Gabba, Emiliano (Hrsg.), Polybe. Neuf Exposés suivis de Discussions (Entretiens sur l'Antiquité classique de la Fondation Hardt 20) Genf 1974, 145–200.

Lemser 2021: Lemser, Marie, Beobachten, beschreiben, vergleichen. Ethnographische Praktiken und griechisches Denken von den Alexanderzügen bis ins zweite vorchristliche Jahrhundert, Diss. Phil. Bielefeld 2021.

Lemser 2019: Lemser, Marie, Neue Ethnien am Südmeer. Die Sicht des Agatharchides von Knidos, in: Schulz, Raimund (Hrsg.), Maritime Entdeckung und Expansion. Kontinuitäten, Parallelen und Brüche von der Antike bis in die Neuzeit, Berlin/Boston 2019, 283–306.

Leroi 2014: Leroi, Armand Marie, The Lagoon. How Aristotle invented Science, London 2014.

De Ligt 2012: De Ligt, Luuk, Peasants, Citizens and Soldiers. Studies in the Demographic History of Roman Italy 225 BC–AD 100, Cambridge 2012.

Lindsay 1997: Lindsay, Hugh, Syme's Anatolica and the Date of Strabo's Geography, in: Klio 79.2, 1997, 484–507.

Lintott 1999: Lintott, Andrew, The Constitution of the Roman Republic, Oxford 1999.

Lloyd 2015: Lloyd, G. E. R., Analogical Investigations. Historical and Cross-Cultural Perspectives in Human Reasoning, Cambridge 2015.

Lloyd 1966: Lloyd, G. E. R., Polarity and Analogy, Two Types of Argumentation in Early Greek Thought, Cambridge 1966.

Lomas 2019: Lomas, Kathryn (übers. v. Uwe Walter), Der Aufstieg Roms. Von Romulus bis Pyrrhus, Stuttgart 2019.

Lomas 1993: Lomas, Kathryn, Rome and the Western Greeks 350 BC–AD 200. Conquest and Acculturation in southern Italy, London 1993.

Lomas 2000: Lomas, Kathryn, The Polis in Italy. Ethnicity, Colonization, and Citizenship in the Western Mediterranean, in: Brock, Roger / Hodkinson, Stephen (Hrsg.), Alternatives to Athens. Varieties of Political Organization and Community in Ancient Greece, Oxford 2000, 167–185.

López Ruiz 2009: López Ruiz, Carolina, Tarshish and Tartessos Revisited. Textual Problems and Historical Implications, in: Dietler, Michael / Dies. (Hrsg.), Colonial Encounters in Ancient Iberia. Phoenician, Greek and Indigenous Relations, Chicago/London 2009, 255–280.

Lowe 2017: Lowe, Benedict J., Strabo and Iberia, in: Dueck, Daniela (Hrsg.), The Routledge Companion to Strabo, London/New York 2017, 69–78.

Lü 2018: Lü, Houliang, Dramatic Elements in Polybius' General History. An Analysis based on the Model of the Connectivity of the Ancient Mediterranean World, in: Journal of Ancient Civilizations 33.1, 2018, 83–112.

Lucca 1996: Lucca, Rita, Dionigi II e il Lazio, in: Braccesi, Lorenzo (Hrsg.), Hesperia 7 (1996), Studi sulla Grecita di Occidente, 91–98.

Luik 2005: Luik, Martin, Der schwierige Weg zur Weltmacht. Roms Eroberung der Iberischen Halbinsel, 218–19 v. Chr., Mainz 2005.

Luján Martinez 2006: Luján Martinez, Eugenio Ramón, The Language(s) of the Callaeci, in: e-Keltoi 6, 2006, The Celts in the Iberian Peninsula, 715–748, online verfügbar unter: https://dc.uwm.edu/ekeltoi/vol6/iss1/16/ (Letzter Aufruf 26.01.2021).

Lund 2007: Lund, Allan A., Zur *interpretatio Romana* in der ‚Germania' des Tacitus, in: Zeitschrift für Religions-und Geistesgeschichte 59.4, 2007, 289–310.

Luschnat 1974: Luschnat, Otto, s. v. Thukydides (Nachträge), RE Suppl. 14 (1974), Sp. 760–786.

Luttwak 1976: Luttwak, Edward, The Grand Strategy of the Roman Empire from the First Century AD to the Third, Baltimore 1976.

Ma 2001: Ma, John, Court, King and Power in Antigonid Macedonia, in: Lane Fox, Robin (Hrsg.), Brill's Companion to Ancient Macedon. Studies in the History and Archaeology of Macedon, 600 BC – 300 AD, Leiden (u. a.) 2001, 522–543.

Maaß-Lindemann 2004: Maaß-Lindemann, Gerta / Schubart, Hermanfrid, Die Phönizier an den Küsten der Iberischen Halbinsel, in: Hannibal ad portas. Macht und Reichtum Karthagos (Ausstellungsband Badisches Landesmuseum Karlsruhe), Stuttgart 2004, 126–141.

Mackil 2014: Mackil, Emily, Ethnos and Koinon, in: McInerney (Hrsg.), Jeremy, A Companion to Ethnicity in the Ancient Mediterranean, Hoboken (NJ) 2014, 270–284.

MacMullen 2000: MacMullen, Ramsay, Romanization in the Time of Augustus, New Haven (CT)/London 2000.

Mader 2000: Mader, Gottfried, Josephus and the Politics of Historiography. Apologetic and Impression Management in the *Bellum Judaicum*, Leiden/Boston/Köln 2000.

Madsen 2017: Madsen, Jesper Majbom, Looking in from the outside. Strabo's attitude towards the Roman people, in: Dueck, Daniela (Hrsg.), The Routledge Companion to Strabo, Abingdon/New York 2017, 35–44.

Maier 2000: Maier, Bernhard, Die Kelten. Ihre Geschichte von den Anfängen bis zur Gegenwart, München 2000.

Maier 2012a: Maier, Bernhard, Geschichte und Kultur der Kelten, München 2012.

Maier 2010: Maier, Felix K., „…zu vertrauten Vorstellungen führen." – Die Funktion der Geographie im didaktischen Geschichtsbild des Polybios, in: Geographia Antiqua XIX, 2010, 47–63.

Maier 2022: Maier, Felix K., Die Makulatur des Kreises? – Ereignisoffene Geschichte bei Polybios, in: Gronau, Martin / Saracino, Stefano / Scherr, Jonas (Hrsg.), Polybios von Megalopolis. Staatsdenken zwischen griechischer Poliswelt und römischer Res Publica, Baden-Baden 2022, 133–156.

Maier 2018: Maier, Felix K., Past and Present as *paradoxon theōrēma* in Polybius, in: Miltsios, Nikos / Tamiolaki, Melina (Hrsg.), Polybius and his Legacy, Berlin/Boston 2018, 55–74.

Maier 2012b: Maier, Felix K., „Überall mit dem Unerwarteten rechnen". Die Kontingenz historischer Prozesse bei Polybios, München 2012.

Malitz 1990: Malitz, Jürgen, Das Interesse an der Geschichte. Die griechischen Historiker und ihr Publikum, in: De Keyser, E. / Schepens, Guido / Verdin, H. (Hrsg.), Purposes of History. Studies in Greek Historiography from the 4th to the 2nd centurs B. C. (Proceedings of the International Colloquium Leuven 24–26 May 1988 / Studie Hellenistica 30), Leuven 1990, 323–349.

Malkin 2002: Malkin, Irad, A colonial middle ground. Greek, Etruscan and local Elites in the Bay of Naples, in: Lyons, Claire L. / Papadopoulos, John K. (Hrsg.), The Archaeology of Colonialism, Los Angeles 2002, 151–181.

Mann 2011: Mann, Christian, „Um keinen Kranz, um das Leben kämpfen wir!", Gladiatoren im Osten des Römischen Reiches und die Frage der Romanisierung, Berlin 2011.

Manuwald 2015: Manuwald, Bernd, ‚Translatio imperii' und die Sicht der Griechen auf die siegreichen Römer, in: Billerbeck, Margarethe / Montanari, Franco / Tsantsanoglou, Kyriakos / Tziatzi, Maria (Hrsg.), Lemmata. Beiträge zum Gedenken an Christos Theodoridis, Berlin 2015, 153–187.

Manz 2017: Manz, Gunnar, Roms Aufstieg zur Weltmacht. Das Zeitalter der Punischen Kriege, Wiesbaden 2017.

Marcaccini 2000: Marcaccini, Carlo, Strabone e l'etnografia ellenistica (analisi di Strab. VII, 3, 2–10), in: Biraschi, Anna Maria / Salmeri, Giovanni (Hrsg.), Strabone e l'Asia Minore, Neapel 2000, 591–619.

Marcotte 2006: Marcotte, Didier, De L'Ibérie à la Celtique: Géographie et Chronographie du Monde Occidental avant Polybe, in: Cruz Andreotti, Gonzalo / Moret, Pierre / Le Roux, Patrick (Hrsg.), La invención de una geografía de la Península Ibérica, Bd. 1, Malaga 2006, 31–38.

Marcotte 1998: Marcotte, Didier, La Climatologie d'Ératosthène à Poséidonios. Genèse d'une Science humaine, in: Argoud, Gilbert / Guillaumin, Jean-Yves (Hrsg.), Sciences exactes et sciences appliquées à Alexandrie. IIIe siècle av. J.-C. – Ier siècle apr. J.-C (Actes du colloque international de Saint-Étienne (6–8 Juin 1996)), Saint-Étienne 1998, 263–276.

Marcotte 2017: Marcotte, Didier, Les mines d'or des Ptolémées: d'Agatharchide aux archives de Photios, in: Journal des savants, Bd. 1 (2017), 3–49.

Marek 1993: Marek, Christian, Die Expedition des Aelius Gallus nach Arabien im Jahre 25 v. Chr., in: Chiron 23, 1993, 121–156.

Marín Martínez 2012: Marín Martínez, Antonio Pedro, Los itinerarios de Polibio en Hispania y su visión de la actividad guerrera de los pueblos peninsulares, in: Bravo Castañeda, Gonzalo / González Salinero, Raúl (Hrsg.), Ver, viajar y hospedarse en el mundo romano, Madrid/Salamanca 2012, 447–462.

Marincola 2010: Marincola, John, Authority and Tradition in Ancient Historiography, Cambridge 2010.

Martín Bravo 1999: Martín Bravo, Ana María, Los Orígenes de Lusitania. El I Milenio A. C. en la alta Extremadura, Madrid 1999.

Martin 2011: Martin, Marco, Posidonio d'Apamea e i Celti. Un viaggiatore greco in Gallia prima di Cesare, Rom 2011.

Martínez Gázquez 1978: Martínez Gázquez, José, Limitaciones del Concepto de Iberia en Polibio, in: Actas del V Congreso Español de Estudios Clásicos, Madrid 20 al 25 Abril de 1976, Madrid 1978, 803–808.

Martínez Lacy 1991: Martínez Lacy, J. Ricardo F., Εθη καί νόμιμα. Polybius and his Concept of Culture, in: Klio 73, 1991, 83–92.

Mauersberger 1998–2006: Mauersberger, Arno (Hrsg. u. a.), Polybios-Lexikon, 3 Bde. (z. T. 2. Aufl.), Berlin 1998–2006.

Mauersberger 2004: Mauersberger, Arno (Hrsg. u. a.), Polybios-Lexikon, Bd. III, 2, Berlin 2004.

McGing 2012: McGing, Brian, Polybius and Herodotus, in: Smith, Christopher / Yarrow, Liv Mariah (Hrsg.), Imperialism, Cultural Politics, and Polybius, Oxford 2012, 33–49.

McGing 2013: McGing, Brian, Youthfulness in Polybius: The Case of Philip V of Macedon, in: Gibson, Bruce / Harrison, Thomas (Hrsg.), Polybius and his world. Essays in memory of F. W. Walbank, Oxford 2013, 181–200.

Mederos Martín 2013: Mederos Martín, Alfredo, Los periplos atlánticos norteafricanos de Polibio y Juba II trasmitidos por Plinio (N. H., V, 9–10), in: Gerión 31, 2013, 239–268.

Mehl 2001: Mehl, Andreas, Römische Geschichtsschreibung. Grundlagen und Entwicklungen, Eine Einführung, Stuttgart 2001.

Meier 1998: Meier, Mischa, Aristokraten und Damoden. Untersuchungen zur inneren Entwicklung Spartas im 7. Jahrhundert v. Chr. und zur politischen Funktion der Dichtung des Tyrtaios, Stuttgart 1998.

Merkel 1964: Merkel, Eberhard, Erste Festsetzungen im fruchtbaren Halbmond, in: Altheim, Franz / Stiehl, Ruth (Hrsg.), Die Araber in der alten Welt (1. Bd.). Bis zum Beginn der Kaiserzeit, Berlin 1964, 139–372.

Michels 2017: Michels, Christoph, Rezension zu: Rathmann, Michael, Diodor und seine „Bibliotheke". Weltgeschichte aus der Provinz, Berlin/Boston 2016, in: H-Soz-Kult, 29.05.2017, online verfügbar unter: www.hsozkult.de/publicationreview/id/reb-24988 (Letzter Aufruf 06.01.2020).

Migliario 2017: Migliario, Elvira, Strabo, Italy and the Italian peoples, in: Dueck, Daniela (Hrsg.), The Routledge Companion to Strabo, Abingdon 2017, 79–92.

Millar 1987: Millar, Fergus, Polybius between Greece and Rome, in: Koumoulides, John T. A. (Hrsg.), Greek Connections. Essays on Culture and Diplomacy, Notre Dame 1987, 1–18.

Millar 1984: Millar, Fergus, The Political Character of the Classical Roman Republic, 200–151 BC, in: Journal of Roman Studies 74, 1984, 1–19.

Miltsios 2013: Miltsios, Nikos, The Shaping of Narrative in Polybius, Berlin/Boston 2013.

Miró/Santos 2014: Miró, Mata / Santos, Marta, The Greek presence on the east coast of the Iberian Peninsula. Colonial establishments and rhythms of trade with Iberian societies, in: Catalan Historical Review 7, 2014, 9–28.

Mittag 2006: Mittag, Peter Franz, Antiochos IV. Epiphanes. Eine politische Biographie, Berlin 2006.

Moatti 2020: Moatti, Claudia, The Notion of *Res Publica* and Its Conflicting Meanings at the End of the Roman Republic, in: Balmaceda, Catalina (Hrsg.), *Libertas* and *Res Publica* in the Roman Republic. Ideas of Freedom and Roman Politics (Impact of Empire 37), Leiden/Boston 2020, 118–137.

Mohm 1977: Mohm, Siegfried, Untersuchungen zu den historiographischen Anschauungen des Polybios, Diss. phil. Saarbrücken 1977.

Molinos/Ruiz 1998: Molinos, Manuel / Ruiz, Arturo (Übers. v. Mary Turton), The Archaeology of the Iberians, Cambridge 1998 (Spanisches Original: Los Iberos, Barcelona 1993).

Momigliano 1975: Momigliano, Arnaldo, Alien Wisdom. The Limits of Hellenization, Cambridge 1975.

Monigliano 1980: Momigliano, Arnaldo, Polibio, Posidonio e l'imperialismo romano, in: Sesto contributo alla storia degli Studi classici e del Mondo antico (Edizioni di Storia e Letteratura), Rom 1980, 89–101.

Mommsen 1859: Mommsen, Theodor, Die römische Chronologie bis Cäsar, Berlin 1859.

Montana 2020: Montana, Fausto, Hellenistic Scholarship, in: Montanari, Franco (Hrsg.), History of Ancient Greek Scholarship. From the Beginnings to the End of the Byzantine Age, Leiden 2020, 132–259.

Montanari 2020: Montanari, Franco, Introduction, in: Ders. (Hrsg.), History of Ancient Greek Scholarship. From the Beginnings to the End of the Byzantine Age, Leiden 2020, 1–8.

Montero Barrientos 1995: Montero Barrientos, Daniel, El determinismo geográfico, la geografía económica y el imperialismo en la obra de Estrabó, in: Studia Historica. Historia Antigua 13, 1995, 311–330.

Moore 2017: Moore, Daniel Walker, Learning from Experience: Polybius and the Progress of Rome, in: The Classical Quarterly 67.1, 2017, 132–148.

Moreno Leoni 2017: Moreno Leoni, Alvaro M., Entre Roma y el mundo griego. Memoria, autorrepresentation y didáctica del poder en las Historias de Polibio, Córdoba 2017.

Moreno Leoni 2012: Moreno Leoni, Álvaro M., Interpretando el mundo romano: retórica de alteridad, público y cultura griega en las *Historias* de Polibio, in: Gerión 30, 2012, 63–90.

Moret 2019: Moret, Pierre, Historians vs. Geographers. Divergent Uses of the Ethnic Name Turdetania in the Greek and Roman tradition, in: Cruz Andreotti, Gonzalo (Hrsg.), Roman Turdetania. Romanization, Identity and Socio-Cultural Interaction in the South of the Iberian Peninsula between the 4th and 1st Centuries BCE, Leiden/Boston 2019, 13–33.

Moret 2002/2003: Moret, Pierre, Los monarcas ibéricos en Polibio y Tito Livio, in: Cuadernos de Prehistoria y Arqueología 28–29, 2002/2003, 23–33.

Moret 2003: Moret, Pierre, Sobre la Polisemia de los nombres Íber E Iberia en Polibio, in: Santos Yanguas, Juan / Torregaray Pagola, Elena (Hrsg.), Polibio y la península Ibérica, Vitoria-Gasteiz 2003, 279–306.

Morgan 2000: Morgan, Llywelyn, The Autopsy of C. Asinius Pollio, in: The Journal of Roman Studies 90, 2000, 51–69.

Morgan 1990: Morgan, M. Gwyn, The Perils of Schematism: Polybius, Antiochus Epiphanes and the „Day of Eleusis", in: Historia 39, 1990, 37–76.

Morr 1926: Morr, Josef, Die Quellen von Strabons drittem Buch (Phil. Suppl.-B. 18,8), Leipzig 1926.

Moretti 1994: Moretti, Gabriella Battista, The Other World and the ‚Antipodes'. The Myth of the Unknown Countries between Antiquity and the Renaissance, in: Haase, Wolfgang / Meyer, Reinhold (Hrsg.), The Classical Tradition and the Americas. Bd. I, Berlin/New York 1994, 241–284.

Morton 2001: Morton, Jamie, The Role of the Physical Environment in Ancient Greek Seafaring, Leiden (u. a.) 2001.

Muccioli 2006: Muccioli, Federicomaria, Letterati greci a Roma nel I secolo a. C. Elementi per una riconsiderazione di Alessandro Poliistore e Timagene, in: Conti, Stefano / Scardigli, Barbara (Hrsg.), Stranieri a Roma. Atti del Convegno Internazionale di Studi (Certosa di Pontignano, 22–23 maggio 2006), 59–84.

Mullen 2013: Mullen, Alex, Southern Gaul and the Mediterranean. Multilingualism and Multiple Identities in the Iron Age and Roman Periods, Cambridge 2013.

Müllenhoff 1870: Müllenhoff, Karl, Deutsche Altertumskunde, Berlin 1870.

Müller 1965: Müller, Carl Werner, Gleiches zu Gleichem. Ein Prinzip frühgriechischen Denkens, Wiesbaden 1965.

Müller 2013: Müller, Christel, The Rise and Fall of the Boeotians: Polybius 20.4–7 as a Literary Topos, in: Gibson, Bruce / Harrison, Thomas (Hrsg.), Polybius and his world. Essays in memory of F. W. Walbank, Oxford 2013, 267–278.

Müller 1972–1980: Müller, Klaus E., Geschichte der antiken Ethnographie und ethnologischen Theoriebildung. Von den Anfängen bis auf die byzantinischen Historiographen, 2 Bd., Wiesbaden 1972–1980.

Müller 1997: Müller, Klaus E., Geschichte der antiken Ethnologie, Hamburg 1997.

Müller 2003: Müller, Reimar, Die Entdeckung der Kultur. Antike Theorien über Ursprung und Entwicklung der Kultur von Homer bis Seneca, Düsseldorf/Zürich 2003.

Müller 2005: Müller, Reimar, Montesquieu über Umwelt und Gesellschaft – die Klimatheorie und ihre Folgen, in: Sitzungsberichte der Leibniz-Sozietät 80, 2005, 19–32.

Müller/Ringel/Werron 2020: Müller, Thomas / Ringel, Leopold / Werron, Tobias, In der Mitte liegt die Kraft: Eine praxistheoretische Perspektive auf die „Mesoebene". Working Paper des SFB 1288, Bielefeld 2020, online verfügbar unter: https://pub.uni-bielefeld.de/record/2945010 (Letzter Aufruf 03.12.2020).

Münkler 2000: Münkler, Marina, Erfahrung des Fremden. Die Beschreibung Ostasiens in den Augenzeugenberichten des 13. und 14. Jahrhunderts, Berlin 2000.

Münzer 1920: Münzer, Friedrich, Römische Adelsparteien und Adelsfamilien, Stuttgart 1920.

Murray 1972: Murray, Oswyn, Herodotus and Hellenistic Culture, in: The Classical Quarterly 22.2, 1972, 200–213.
Murray 1992: Murray, Oswyn, Omero e l'etnografia, Atti del VII. Congresso Internazionale di Studi sulle Sicilia Antica (Palermo 10–16 aprile 1988), Rom 1992, 1–13.
Murzin 2005: Murzin, V. Yu., Key Points in Scythian History in: Braund, David (Hrsg.), Scythians and Greeks. Cultural Interactions in Scythia, Athens and the Early Roman Empire (sixth century BC–first century AD), Exeter 2005, 33–38.
Musti 1978: Musti, Domenico, Polibio e l'imperialismo romano, Neapel 1978.
Musti 1974: Musti, Domenico, Polibio e la Storiografia Romana, in: Gabba, Emiliano (Hrsg.), Polybe. Neuf Exposés suivis de Discussions (Entretiens sur l'Antiquité classique de la Fondation Hardt 20) Genf 1974, 103–139.
Nachtergael 1977: Nachtergael, Georges, Les Galates en Grèce et les Sôtéria de Delphes. Recherches d'histoire et d'épigraphie hellénistiques (Académie Royale de Belgique, Mémoires de la Classe des Lettres, 2e Série, LXIII, 1), Brüssel 1977.
Nash 1976: Nash, Daphne, Reconstructing Poseidonios' Celtic Ethnography: Some Considerations, in: Britannia 7, 1976, 111–126.
Neatby 1950: Neatby, Leslie H., Romano-Egyptian Relations during the Third Century B. C., in: Transactions and Proceedings of the American Philological Association 81, 1950, 89–98.
Nicolai 2018: Nicolai, Roberto, τὰ καιριώτατα καὶ πραγματικώτατα: A Survey on the Speeches in Polybius, in: Miltsios, Nikos / Tamiolaki, Melina (Hrsg.), Polybius and his Legacy, Berlin/Boston 2018, 117–130.
Nicolet 1983: Nicolet, Claude, Polybe et la „Constitution" de Rome: Aristocratie et Démocratie, in: Ders. (Hrsg.), Demokratia et aristokratia. A propos de Caius Gracchus, mots grecs et réalités romaines, Paris 1983, 15–36.
Nicolet 1974: Nicolet, Claude, Polybe et les institutions romaines, in: Gabba, Emiliano (Hrsg.), Polybe. Neuf Exposés suivis de Discussions (Entretiens sur l'Antiquité classique de la Fondation Hardt 20) Genf 1974, 209–258.
Nicolet 1991: Nicolet, Claude, Space, Geography and Politics in the Early Roman Empire, Ann Arbor 1991.
Niemeyer 1980: Niemeyer, Hans Georg / Warning Treumann, Brigitte, Auf der Suche nach Mainake. Der Konflikt zwischen literarischer und archäologischer Überlieferung, in: Historia 29, 1980, 165–189.
Nippel 2007: Nippel, Wilfried, Ethnic Images in Classical Antiquity, in: Beller, Manfred / Leerssen, Joseph (Hrsg.), Imagology. The cultural construction and literary representation of national characters. A critical survey, Amsterdam/New York 2007, 33–44.
Nippel 1996: Nippel, Wilfried, Facts and Fiction: Greek Ethnography and its Legacy, in: History and Anthropology 9.2–3, 1996, 125–138.
Nippel 1980: Nippel, Wilfried, Mischverfassungstheorie und Verfassungsrealität in Antike und früher Neuzeit (Geschichte und Gesellschaft. Bochumer Historische Studien 21), Diss. phil. Stuttgart 1980.
Norden 1920: Norden, Eduard, Die germanische Urgeschichte in Tacitus' Germania, Leipzig/Berlin 1920.
Nottmeyer 1995: Nottmeyer, Harald, Polybios und das Ende des Achaierbundes. Untersuchungen zu den Römisch-Achaiischen Beziehungen, ausgehend von der Mission des Kallikrates bis zur Zerstörung Korinths, Diss. phil. München 1995.
Novillo López 2010: Novillo López, Miguel Ángel, La propretura cesariana en la Hispania Ulterior: „la II guerra lusitana", in: Gerión 28.1, 2010, 207–221.

Ó Hógáin 2002: Ó Hógáin, Dáithí, The Celts. A History, Cork/Woodbridge (Sussex) 2002.

O'Halloran 2019: O'Halloran, Barry, The Political Economy of Classical Athens. A Naval Perspective, Leiden/Boston 2019.

Olivares Pedreño 2005: Olivares Pedreño, Juan Carlos, Celtic Gods of the Iberian Peninsula, in: e-Keltoi 6, 2005, The Celts in the Iberian Peninsula, 607–649, online verfügbar unter: https://dc.uwm.edu/ekeltoi/vol6/iss1/12/ (Letzter Aufruf 26.01.2021).l

Olshausen 1991: Olshausen, Eckart, Einführung in die Historische Geographie der Alten Welt, Darmstadt 1991.

Orsi 1991: Orsi, Domenica Paola, L'alleanza acheo-macedone. Studio su Polibio, Bari 1991.

Papadimitropoulos 2008: Papadimitropoulos, Loukas, Xerxes' *hubris* and Darius in Aeschylus' *Persae*, in: Mnemosyne 61.3, 2008, 451–458.

Parker Pearson 1989: Parker Pearson, Michael, Beyond the Pale: Barbarian Social Dynamics in Western Europe, in: Barrett, John C. / Fitzpatrick, Andrew P. / Macinnes, Lesley (Hrsg.), Barbarians and Romans in North-West Europe. From the later Republic to late Antiquity, Oxford 1989, 198–226.

Pédech 1974: Pédech, Paul, La Culture de Polybe et la Science de son Temps, in: Gabba, Emiliano (Hrsg.), Polybe. Neuf Exposés suivis de Discussions (Entretiens sur l'Antiquité classique de la Fondation Hardt 20) Genf 1974, 9–60.

Pédech 1956: Pédech, Paul, La Géographie de Polybe. Structure et Contenu du Livre XXXIV des Histoires, in: Les Études classiques, 24, 1956, 3–24.

Pédech 1976: Pédech, Paul, La Géographie des Grecs, Paris 1976.

Pédech 1964: Pédech, Paul, La Méthode historique de Polybe, Paris 1964.

Pelegrín Campo 2005: Pelegrín Campo, Julián, Polibio, Fabio Pictor y el origen de etnónimo „celtiberos", in: Gerion 23.1, 2005, 115–136.

Pérez Vilatela 2000: Pérez Vilatela, Luciano, Lusitania. Historia y Etnología, Madrid 2000.

Perl 1957: Perl, Gerhard, Kritische Untersuchungen zu Diodors römischer Jahrzählung (Schriften der Sektion für Altertumswissenschaft der Deutschen Akademie der Wissenschaften zu Berlin 9), Berlin 1957.

Perl 1988: Perl, Gerhard, Zur Methodes des Vergleichs und der Analogie in der antiken Ethnographie (Tacitus, Germania 25–26; 10, 2; 39, 1), in: Wissenschaftliche Zeitschrift der Wilhelm-Pieck-Universität Rostock 37, 1988, 25–28.

Petropoulos 2005: Petropoulos, Elias K., Hellenic Colonization in Euxeinos Pontos. Penetration, early establishment and the problem of the „emporion" revisited (BAR International Series 1394), Oxford 2005.

Pfeilschifter 2005: Pfeilschifter, Rene, Titus Quinctius Flamininus. Untersuchungen zur römischen Griechenlandpolitik (Hypomnemata 162), Göttingen 2005.

Pigón, 2008: Pigón, Jakub (Hrsg.), The Children of Herodotus. Greek and Roman Historiography and Related Genres, Newcastle 2008.

Podossinov 2021: Podossinov, Alexandr V., Grausame und edle Skythen. Paradoxe Barbarenprojektionen bei antiken Autoren (besonders Strabon), in: Coşkun, Altay (Hrsg.), Ethnic Constructs, Royal Dynasties and Historical Geography around the Black Sea Littoral, Stuttgart 2021, 121–137.

Pohlenz 1992: Pohlenz, Max, Die Stoa. Geschichte einer geistigen Bewegung (7. Aufl.), Göttingen 1992.

Pomeroy 2002: Pomeroy, Sarah B., Spartan Women, Oxford 2002.

Pöschl 1980: Pöschl, Viktor, Politische Wertbegriffe in Rom, in: Antike und Abendland 26.1, 1980, 1–17.

Possner 1972: Possner, Ernst, Archives in the Ancient World, Cambridge (MA) 1972.
Pothecary 2005a: Pothecary, Sarah, Kolossourgia. ‚A colossal statue of a work', in: Dueck, Daniela / Lindsay, Hugh / Pothecary, Sarah (Hrsg.), Strabo's Cultural Geography. The Making of a Kolossourgia, Cambridge 2005, 5–26.
Pothecary 2005b: Pothecary, Sarah, The European Provinces: Strabo as evidence, in: Dueck, Daniela / Lindsay, Hugh / Pothecary, Sarah (Hrsg.), Strabo's Cultural Geography. The Making of a Kolossourgia, Cambridge 2005, 161–179.
Pothecary 19997: Pothecary, Sarah, The Expression „Our Time" in Strabo's *Geography*, in: Classical Philology 92.3, 1997, 235–246.
Pownall 2004: Pownall, Frances, Lessons from the Past. The Moral Use of History in Fourth-Century Prose, Ann Arbor 2004.
Prandi 1988: Prandi, Luisa, La Critica storica di Strabona alla geografia di Erodoto, in: Sordi, Marta (Hrsg.), Geografia e Storiografia nel Mondo Classico (Contributi dell'Istituto di Storia antica 14. Scienze Storiche 41), Mailand 1988, 52–72.
Priestley 2014: Priestley, Jessica, Herodotus and Hellenistic Culture. Literary Studies in the Reception of the *Histories*, Oxford 2014.
Priestley 2016: Priestley, Jessica / Zali, Vasiliki (Hrsg.), Brill's Companion to the Reception of Herodotus in Antiquity and Beyond, Leiden/Boston 2016.
Prontera 2003: Prontera, Francesco, La geografía de Polibio. Tradición e Innovación, in: Cruz Andreotti, Gonzalo / Ders. (Hrsg.), Otra forma de mirar el espacio. Geografía e Historia en la Grecia Antigua, Malaga 2003, 139–149.
Prontera 1999: Prontera, Francesco, Notas Sobre Iberia en la *Geografía* de Estrabón, in: Cruz Andreotti, Gonzalo (Hrsg.), Estrabón e Iberia: Nuevas Perspectivas de Estudio, Málaga 1999, 17–29.
Purcell 2017: Purcell, Nicholas, „Such is Rome …". Strabo on the „Imperial Metropolis", in: Dueck, Daniela (Hrsg.), The Routledge Companion to Strabo, Abingdon 2017, 22–34.
Quaresma 2017: Quaresma, José Carlos, Thoughts on Lusitania's economic Interaction between c50 and c550+ AD: An Analysis of exportable Goods, in: SPAL. Revista de prehistoria y arqueología de la Universidad de Sevilla 26, 2017, 135–150.
Quinn 2013: Quinn, Josephine Crawley, Imagining the Imperial Mediterranean, in: Gibson, Bruce / Harrison, Thomas (Hrsg.), Polybius and his world. Essays in memory of F. W. Walbank, Oxford 2013, 337–352.
Quinn 2017: Quinn, Josephine, In Search of the Phoenicians, Princeton 2017.
Ramallo Asensio 1989: Ramallo Asensio, Sebastián F., La Ciudad romana de Carthago Nova. La documentación arqueológica, Murcia 1989.
Ramón Palerm 1994: Ramón Palerm, Vicente / Sopeña Genzor, Gabriel, El anonimato de un Dios de los Celtíberos. Aportaciones críticas en torno a Estrabón III, 4, 16, in: Studia historica. Historia Antigua 12, 1994, 21–34.
Rankin 1987: Rankin, H. David, Celts and the Classical World, London/Sydney 1987.
Rathmann 2016: Rathmann, Michael, Diodor und seine „Bibliotheke". Weltgeschichte aus der Provinz, Berlin/Boston 2016.
Rausch, Sven, Bilder des Nordens. Vorstellungen vom Norden in der griechischen Literatur von Homer bis zum Endes des Hellenismus, Berlin 2013.
Rawlings 1998: Rawlings, Louis, Caesar's portrayal of Gauls as warriors, in: Powell, Anton / Welch, Kathryn (Hrsg.), Julius Caesar as Artful Reporter: The War Commentaries as Political Instruments, London/Swansea 1998, 171–192.

Rawlings 1996: Rawlings, Louis, Celts, Spaniards, and Samnites: Warriors in a Soldier's War, in: Cornell, Tim / Rankov, Boris / Sabin, Philip (Hrsg.) The Second Punic War. A Reappraisal, London 1996, 81–95.

Rawson 1985: Rawson, Elizabeth, Intellectual Life in the Late Roman Republic, Baltimore 1985.

Reckwitz 2003: Reckwitz, Andreas, Grundelemente einer Theorie sozialer Praktiken, in: Zeitschrift für Soziologie 32.4, 2003, 282–301.

Reinhardt 1926: Reinhardt, Karl, Kosmos und Sympathie. Neue Untersuchungen über Poseidonios, München 1926.

Reinhardt 1921: Reinhardt, Karl, Poseidonios, München 1921.

Reinhardt 1954: Reinhardt, Karl, s. v. Poseidonios (3), RE 22, 1954, Sp. 558–826.

Reinhardt 1966: Reinhardt, Karl, Poseidonios über Ursprung und Entartung. Eine Interpretation zweier kulturgeschichtlicher Fragmente, in: Ders., Vermächtnis der Antike. Gesammelte Essays zur Philosophie und Geschichtsschreibung (hrsg. v. Carl Becker), Göttingen 1966, 402–460.

Reusser 1993: Reusser, Christopher, Der Fidestempel auf dem Kapitol in Rom und seine Ausstattung. Ein Beitrag zu den Ausgrabungen an der Vial del Mare und um das Kapitol 1926–1943, Rom 1993.

Rice Holmes 1907: Rice Holmes, Thomas E., Ancient Britain and the Invasions of Julius Caesar, Oxford 1907.

Rich 2015: Rich, John, Appian, Polybius and the Romans' war with Antiochus the Great. A study in Appian's sources and methods, in: Welch, Kathryn (Hrsg.), Appian's Roman History. Empire and Civil War, Swansea 2015, 65–124.

Richardson 1996: Richardson, John S., The Romans in Spain, Oxford/Cambridge (MA) 1996.

Riemann 1967: Riemann, Karl-August, Das herodoteische Geschichtswerk in der Antike, Diss. phil. München 1967.

Ries 1975: Ries, Theo, Polybios zwischen Polis und Imperium. Studien zu einem Ursprung der gemischten Verfassung, Diss. phil. Heidelberg 1975.

Riese 1875: Riese, Friedrich Alexander, Die Idealisierung der Naturvölker des Nordens in der griechischen und römischen Literatur, in: Programm des städtischen Gymnasiums, Frankfurt a. M. 1875, 3–46.

Ritti 1977: Ritti, Tullia, Scienza e tecnica; Medicina; Le esplorazioni geografiche, in: Adorno, Francesco (Hrsg.), La cultura ellenistica. Filosofia, scienza, letteratura. Mailand 1977, 109–168.

Rives 2012: Rives, James B., Germania, in: Pagán, Victoria Emma, A Companion to Tacitus, Chichester 2012, 45–61.

Robert 1940a: Robert, Louis, La Bibliothéque de Nysa de Carie, in: Hellenica 1, 1940, 144–148.

Robert 1940b: Robert, Louis, Les Gladiateurs dans l'Orient grec, Paris 1940.

Rödel-Braune 2015: Rödel-Braune, Caroline, Im Osten nichts Neues? Stiftungen und Ehrungen römischer Magistrate im Osten des Römischen Reiches vom Ende des 3. Jahrhunderts v. Chr. bis zum Ende der Augusteischen Zeit, Heidelberg 2015.

Roller 2015: Roller, Duane W., Ancient Geography: The Discovery of the World in Classical Greece and Rome, London/New York 2015.

Roller 2019: Roller, Duane W., Der Atlantische Ozean und die griechisch-römische Welt, in: Schulz, Raimund (Hrsg.), Maritime Entdeckung und Expansion. Kontinuitäten, Parallelen und Brüche von der Antike bis in die Neuzeit, Berlin/Boston 2019, 121–136.

Roller 2017: Roller, Duane W., On Translating Strabo into English, in: Daniela Dueck (Hrsg.), The Routledge Companion to Strabo, Abingdon 2017, 323–334.

Roller 2006: Roller, Duane W., Through the Pillars of Herakles. Greco-Roman Exploration of the Atlantic, New York/London 2006.
Rollinger 1999: Rollinger, Robert, Ethnographie und Geschlechterrollen bei Pomponius Mela, in: Ders. / Ulf, Christoph (Hrsg.), Geschlechterrollen und Frauenbild in der Perspektive antiker Autoren, Innsbruck u. a. 1999, 187–222.
Romm 1992: Romm, James S., The Edges of the Earth in Ancient Thought. Geography, Exploration, and Fiction, Princeton 1992.
Romm 2013: Romm, James, Continents, Climates, and Cultures: Greek Theories of Global Structure, in: Raaflaub, Kurt A. / Talbert, Richard J. A. (Hrsg.), Geography and Ethnography. Perceptions of the world in pre-modern Societies, Malden (MA)/Oxford 2013, 215–235.
Rood 2012: Rood, Tim, Polybius, Thucydides, and the First Punic War, in: Smith, Christopher / Yarrow, Liv Mariah (Hrsg.), Imperialism, Cultural Politics and Polybius, Oxford 2012, 50–67.
Rosa Araceli 1998: Rosa Araceli, Santiago, Hemeroskopeion y la epíclesis *hemera* pera Artemia, in: González Castro, Jose Francisco (Hrsg.), Actas del IX Congreso Español de Estudios Clásisos, Madrid 1998, 225–230.
Rose 2003: Rose, Fiona, Cultural Identity in Roman Celtiberia: The evidence of the images and monuments, 300 BC–AD 100, Diss. phil. Oxford 2003.
Roseman 2005: Roseman, Christina Horst, Reflections of philosophy. Strabo and geographical sources, in: Dueck, Daniela / Lindsay, Hugh / Pothecary, Sarah (Hrsg.), Strabo's Cultural Geography. The Making of a *Kolossourgia*, Cambridge 2005, 27–41.
Rosenstein 2012: Rosenstein, Nathan, Rome and the Mediterranean 290 to 146 BC. The Imperial Republic, Edinburgh 2012.
Rossellini/Saïd 1978: Rossellini, Michèle / Saïd, Suzanne, Usages des femmes et autres nomoi chez les ‚sauvages' d'Hérodote: essai de lecture structurale, in: Annali della Scuola Normale Superiore di Pisa 8, 1978, 949–1005.
Rouillard 2009: Rouillard, Pierre, Greeks and the Iberian Peninsula. Forms of Exchange and Settlements, in: Dietler, Michael / López-Ruiz, Carolina (Hrsg.), Colonial Encounters in Ancient Iberia. Phoenician, Greek and Indigenous Relations, Chicago/London 2009, 131–154.
Van Royen/Van der Vegt 1997: Van Royen, René / Van der Vegt, Sunnya, Asterix. Die ganze Wahrheit. München 1997.
Rubinsohn 1981: Rubinsohn, Zeev Wolfgang, The Viriatic War and its Roman Repercussions, in: Rivista storica dell'Antichità 11, 1981, 161–204.
Rudberg 1917–1919: Rudberg, Gunnar, Forschungen zu Poseidonios, in: Skrifter utgifna af Kungl. Humanistiska Vetenskaps-Samfundet 20, Uppsala 1917–1919.
Ruggeri 2000: Ruggeri, Miska, Posidonio e i Celti, Florenz 2000.
Rüpke 2006: Rüpke, Jörg, Die Religion der Römer. Eine Einführung, München 2006.
Rüpke 1990: Rüpke, Jörg, Domi militiae. Die religiöse Konstruktion des Krieges in Rom, Stuttgart 1990.
Rustoiu 2011: Rustoiu, Aurel, The Celts from Transylvania and the eastern Banat and their southern neighbours. Cultural exchanges and individual mobility, in: Guštin, Mitja / Jevtic, Miloš (Hrsg). The Eastern Celts. The Communities between the Alps and the Black Sea (Znanstvenoraziskovalno središče, Annales Mediterranei) Belgrad 2011, 163–170.
Saavedra 1999: Saavedra, Tina, Women as Focalizers of Barbarism in Conquest Texts, in: Echos du monde classique: Classical views 18.1, 1999, 59–77.
Sacks 1990: Sacks, Kenneth S., Diodorus Siculus and the First Century, Princeton 1990.
Sacks 1981: Sacks, Kenneth, Polybius on the Writing of History, Berkeley (u. a.) 1981.

Sagiv 2016: Sagiv, Idit, The Image of the Rider on Greco-Roman engraved Gems from the Israel Museum (Jerusalem), in: Istraživanja, Journal of Historical Researches 27, 2016, 33–44.

Sallis 2016: Sallis, John, The Figure of Nature. On Greek Origins, Bloomington (IN) 2016.

De Sanctis 1916: De Sanctis, Gaetano, Storia dei Romani, 3. Bd., 2 Teile, Torino 1916/1917.

Sanmarti 2009: Sanmartí, Joan, Colonial Relations and Social Change in Iberia (Seventh to Third Centuries BC), in: Dietler, Michael / López-Ruiz, Carolina (Hrsg.), Colonial Encounters in Ancient Iberia, Chicago 2009, 49–88.

Santos/Tremoleda 2013: Santos, Marta / Tremoleda, Joaquim, El Comercio oriental en Època helenística: Los Sellos anfóricos, in: De Hoz, María Paz / Mora, Gloria (Hrsg.), El Oriente griego en la Península Ibérica. Epigrafía e Historia, Madrid 2013, 61–110.

Santos Yanguas / Torregaray Pagola 2003: Santos Yanguas, Juan / Torregaray Pagola, Elena (Hrsg.), Polibio y la península Ibérica, Vitoria-Gasteiz 2003.

Sasse 2005: Sasse, Barbara, s. v. Spanien und Portugal, RGA 29, 2005, 285–321.

Sassi 2001: Sassi, Maria Michela, The Science of Man in Ancient Greece, Chicago/London 2001.

Savalli-Lestrade 1998: Savalli-Lestrade, Ivana, Le philoi royaux dans l'Asie hellénistique (École Pratique des Hautes Études. IVe Section, Sciences historiques et philologiques. III Hautes Études du Monde Gréco- Romain 25), Genf 1998.

Sayas Abengochea 1999: Sayas Abengochea, Juan José, Unidad en la Diversidad: La Visión de Estrabón de algunos Pueblos peninsulares, in: Cruz Andreotti, Gonzalo (Hrsg.), Estrabón e Iberia: Nuevas Perspectivas de Estudio, Málaga 1999, 153–208.

Von Scala 1890: Von Scala, Rudolf, Die Studien des Polybios und sein Werk, Bd. I, Stuttgart 1890.

Scardino 2014: Scardino, Carlo, Polybios von Megalopolis, in: Zimmermann, Bernhard / Rengakos, Antonios (Hrsg.), Handbuch der griechischen Literatur der Antike, Bd. 2. Die Literatur der klassischen und hellenistischen Zeit, München 2014, 659–667.

Scharrer 1999: Scharrer, Ulf, Frauen und Geschlechterrollen in der Sicht der hellenistischen Stoa, in: Rollinger, Robert / Ulf, Christoph (Hrsg.), Geschlechterrollen und Frauenbild in der Perspektive antiker Autoren, Innsbruck u. a. 1999, 119–172.

Schepens 1993: Schepens, Guido, L'Apogée de l'Archè Spartiate comme Époque historique dans l'Historiographie grecque du Début du IVe s. av. J.-C., in: Ancient Society 24, 1993, 169–204.

Schmekel 1989: Schmekel, August, Die Philosophie der mittleren Stoa (3. Aufl.), Hildesheim 1989.

Schmitt 1958: Schmitt, Hatto Herbert, Hellenen, Römer und Barbaren. Eine Studie zu Polybios (Wiss. Beilage zum Jahresbericht 1957–58 d. Hum. Gymnasium Aschaffenburg), Aschaffenburg 1958.

Schneider 1969: Schneider, Carl, Kulturgeschichte des Hellenismus (2 Bd.), München 1969.

Schubert 2009: Schubert, Charlotte, Nomaden in der Peripherie – Nomaden im Zentrum: Die Lokalisierung der Nomaden in griechischen Raumvorstellungen, in: Kath, Roxana / Rieger, Anna-Katharina (Hrsg.), Raum – Landschaft –Territorium. Zur Konstruktion physischer Räume als nomadischer und sesshafter Lebensraum, Wiesbaden 2009, 251–276.

Schuol 2020: Schuol, Monika, Die Griechen von außen. Die ägäische Welt im kulturellen Kontext des Vorderen Orients, in: Geschichte in Wissenschaft und Unterricht 71.3-4, 2020, 134–152.

Schulten 1925: Schulten, Adolf, Der Heraklestempel von Gades, Erlangen 1925.

Schulten 1955: Schulten, Adolf, Iberische Landeskunde. Geographie des antiken Spanien, Straßburg/Kehl am Rhein 1955.

Schulten 1911: Schulten, Adolf, Polybius und Posidonius über Iberien und die iberischen Kriege, in: Hermes 46, 1911, 568–607.

Schulten 1920: Schulten, Adolf, Viriato, in: Boletín de la Biblioteca Menéndez y Pelayo (Santander) Bd. II, 1920, 126–149.

Schulten 1917: Schulten, Adolf, Viriatus, in: Neue Jahrbücher für das Klassische Altertum 39, 1917, 209–237.
Schulz 2016: Schulz, Raimund, Abenteurer der Ferne. Die großen Entdeckungsfahrten und das Weltwissen der Antike, Stuttgart 2016.
Schulz 2020a: Schulz, Raimund, Als Odysseus staunte. Die griechische Sicht des Fremden und das ethnographische Vergleichen von Homer bis Herodot (Studien zur Alten Geschichte 29), Göttingen 2020.
Schulz 2002: Schulz, Raimund, Caesars Statthalterschaft in Spanien. Ein vergessenes Kapitel römischer Herrschaftspolitik in der späten Republik, in: Spielvogel, Jörg (Hrsg.), Res publica reperta. Zur Verfassung und Gesellschaft der römischen Republik und des frühen Prinzipats. Festschrift für J. Bleicken zum 75. Geburtstag, Stuttgart 2002, 263–278.
Schulz 2012: Schulz, Raimund, Feldherren, Krieger und Strategen. Krieg in der Antike von Achill bis Attila, Stuttgart 2012.
Schulz 2020b: Schulz, Raimund, Innovationsraum, Impulsgeber und imperiale Vorreiter. Der Einfluss der „kolonialen" Randgebiete auf die gesamtgriechische Entwicklung, in: Geschichte in Wissenschaft und Unterricht 71.3–4, 2020, 117–133.
Schulz 2019: Schulz, Raimund (Hrsg.), Maritime Entdeckung und Expansion. Kontinuitäten, Parallelen und Brüche von der Antike bis in die Neuzeit, Berlin/Boston 2019.
Schulz 2020c: Schulz, Raimund, „Meister der langen Ruder und Helden der Seefahrt". Die Geburt der griechischen Ethnographie aus der Praxis maritimer Erfahrung, in: Hermes 148.4, 2020, 391–436.
Schulz 1998: Schulz, Raimund, Roms Griff nach dem Meer, in: Hantos, Theodora / Lehmann, Gustav Adolf (Hrsg.), Althistorisches Kolloquium aus Anlaß des 70. Geburtstages von Jochen Bleicken, Stuttgart 1998, 121–134.
Schwartz 1903: Schwartz, Eduard, s. v. Diodor (38), RE 5, 1, 1903, Sp. 663–704.
Schweizer 2012: Schweizer, Beat, Theoretische Archäologie und Historische Erzählung. Zu „Hochkultur" und „Barbaricum" am Beispiel der „Fürstensitze" der Späten Hallstattzeit, in: Ethnographisch-Archäologische Zeitschrift 51.1–2, 2012, 50–85.
Seager 2013: Seager, Robin, Polybius' Distortions of the Roman ‚Constitution': A Simpl(istic) Explanation, in: Gibson, Bruce / Harrison, Thomas (Hrsg.), Polybius and his world. Essays in memory of F. W. Walbank, Oxford 2013, 247–254.
Sears 2019: Sears, Matthew A., Understanding Greek Warfare, Abingdon 2019.
Seel 1972: Seel, Otto, Eine römische Weltgeschichte. Studien zum Text der Epitome des Iustinus und zur Historik des Pompejus Trogus (Erlanger Beiträge zur Sprach-und Kunstwissenschaft 39), Nürnberg 1972.
Sekunda 2007: Sekunda, Nicholas, Land Forces, in: Sabin, Philip / Van Wees, Hans / Whitby, Michael (Hrsg.), The Cambridge History of Greek and Roman Warfare, Bd. I. Greece, the Hellenistic World and the Rise of Rome, Cambridge 2007, 325–356.
Serrati 2013: Serrati, John, The Hellenistic World at War. Stagnation or Development?, in: Campbell, Brian / Trítle, Lawrence A. (Hrsg.), The Oxford Handbook of Warfare in the Classical World, Oxford 2013, 179–198.
Shcheglov 2006: Shcheglov, Dmitry A., Posidonius on the Dry West and the Wet East: Fragment 223 EK Reconsidered, in: The Classical Quarterly 56.2, 2006, 509–527.
Sheridan 2010: Sheridan, Brian, Diodorus' Reading of Polybius' Universalism, in: Fear, Andrew / Liddel, Peter (Hrsg.), Historiae Mundi. Studies in Universal History, London 2010, 41–55.
Sherwin-White 1983: Sherwin-White, Adrian Nicolas, Roman Foreign Policy in the East. 168 B. C. to A. D. 1, Norman (OK) 1983.

Siebenborn 1998: Siebenborn, Elmar, Barbaren, Naturvölker, edle Wilde, in: Der Altsprachliche Unterricht 41.4, 1998, 18–31.

Simon 1962: Simon, Helmut, Roms Kriege in Spanien. 154–133 v. Chr., Frankfurt a. M. 1962.

Smith/Yarrow 2012: Smith, Christopher / Yarrow, Liv Mariah, Introduction, in: Dies. (Hrsg.), Imperialism, Cultural Politics, and Polybius, Oxford 2012, 1–16.

Solmsen 1987: Solmsen, Friedrich, „Aeneas founded Rome with Odysseus", in: Harvard Studies in Classical Philology 90, 1987, 93–110.

Sommer 2013: Sommer, Michael, Scipio Aemilianus, Polybius, and the Quest for Friendship in Second-Century Rome, in: Gibson, Bruce / Harrison, Thomas (Hrsg.), Polybius and his world. Essays in memory of F. W. Walbank, Oxford 2013, 307–318.

Sonnabend 1986: Sonnabend, Holger, Fremdenbild und Politik. Vorstellungen der Römer von Ägypten und dem Partherreich in der späten Republik und frühen Kaiserzeit, Diss. phil. Frankfurt a. M. 1986.

Sordi 1992: Sordi, Marta, La *Dynasteia* in Occidente (Studi su Dionigi I), Padua 1992.

Sordi 1982: Sordi, Marta, Timagene di Alessandria: Uno storico ellenocentrico e filobarbarico, in: ANRW 30.1, 1982, 775–797.

Soria 2022: Soria, Vincenzo, Adding complexity to a complex world. The role of tableware imports in Portugal during the 2nd and 1st centuries BC, in: Carneiro, André / Stek, Tesse D. (Hrsg.), The Archaeology of Roman Portugal in its Western Mediterranean Context, Oxford 2022, 125–145.

Spawforth 2012: Spawforth, Anthony J. S., Greece and the Augustan Cultural Revolution (Greek Culture in the Roman World), Cambridge 2012.

Stepan 2001: Stepan, Nancy Leys, Picturing Tropical Nature, London 2001.

Stoler 2001: Stoler, Ann Laura, Tense and Tender Ties: The Politics of Comparison in North American History and (Post) Colonial Studies, in: The Journal of American History 88.3, 2001, 829–865.

Strasburger 1966a: Strasburger, Hermann, Der ‚Scipionenkreis', in: Hermes 94, 1966, 60–72.

Strasburger 1966b: Strasburger, Hermann, Die Wesensbestimmung der Geschichte durch die Antike Geschichtsschreibung (Sitzungsberichte der wissenschaftlichen Gesellschaft an der Johann Wolfgang Goethe-Universität Frankfurt/Main 5.3), Wiesbaden 1966.

Strasburger 1965: Strasburger, Herrmann, Poseidonios on Problems of the Roman Empire, in: The Journal of Roman Studies 55.1–2, 1965, 40–53.

Strobel 1991: Strobel, Karl, Die Galater im hellenistischen Kleinasien: Historische Aspekte einer keltischen Staatenbildung, in: Seibert, Jakob (Hrsg.), Hellenistische Studien. Gedenkschrift für Hermann Bengtson, München 1991, 101–134.

Stroheker 1958: Stroheker, Karl Friedrich, Dionysios I. Gestalt und Geschichte des Tyrannen von Syrakus, Wiesbaden 1958.

Stylianou 1998: Stylianou, P. J., A Historical Commentary on Diodorus Siculus, Book XV, Oxford 1998.

Stylianou 1991: Stylianou, P. J., Rezension zu: Sacks, Kenneth S., Diodorus Siculus and the First Century, Princeton 1990, in: Bryn Mawr Classical Review 2.6, 1991, 388–395.

Sumner 1967: Sumner, G. V., Rezension zu: Bowersock, G. W., Augustus and the Greek World, Oxford 1965, in: Phoenix 21.2, 1967, 130–135.

Syme 1934: Syme, Ronald, The Spanish War of Augustus (26–25 B. C.), in: The American Journal of Philology 55, 1934, 293–317.

Taeger 1922: Taeger, Fritz, Die Archaeologie des Polybios, Stuttgart 1922.

Tarn 1927: Tarn, William W., Hellenistic Civilization, London 1927.

Tausend/Tausend 2014: Tausend, Klaus / Tausend, Sabine, Die Mauern von Pheneos und der Mäusekrieg, in: Freitag, Klaus / Michels, Christoph (Hrsg.), Athen und/oder Alexandreia? Aspekte von Identität und Ethnizität im hellenistischen Griechenland, Köln (u. a.) 2014, 19–47.

Tennant 1988: Tennant, P. M. W., The Lupercalia and the Romulus and Remus Legend, in: Acta Classica XXXI, 1988, 81–93.

Thollard 1987: Thollard, Patrick, Barbarie et civilisation chez Strabon. Étude critique des livres III et IV de la Géographie, Paris 1987.

Thomson 2013: Thomson, J. Oliver, History of Ancient Geography, Cambridge 2013.

Thonemann 2016: Thonemann, Peter, The Hellenistic Age, Oxford 2016.

Thornton 2010: Thornton, John, Barbari, Romani e Greci. Versatilità di un motivo polemico nelle Storie di Polibio, in: Migliario, Elvira / Troiani, Lucio / Zecchini, Giuseppe (Hrsg.), Società indigene e cultura greco-romana. Atti del Convegno internazionale Trento, 7–8 giugno 2007, Rom 2010.

Tierney 1960: Tierney, James, The Celtic Ethnography of Posidonius, in: Proceedings of the Royal Irish Academy 61, 1960, 189–275.

Timpe 2000: Timpe, Dieter, Der Barbar als Nachbar, in: Ulf, Christoph (Hrsg.), Ideologie – Sport – Außenseiter. Aktuelle Aspekte einer Beschäftigung mit der antiken Gesellschaft, Innsbruck 2000, 203–230.

Timpe 1991: Timpe, Dieter, Die Söhne des Mannus, in: Chiron 21, 1991, 69–124.

Timpe 1995: Timpe, Dieter, Die Söhne des Mannus, in: Ders. (Hrsg.), Romano- Germanica. Gesammelte Schriften zur Germania des Tacitus, Stuttgart/Leipzig 1995, 1–60.

Timpe 1989: Timpe, Dieter, Entdeckungsgeschichte, RE 7, 1989, Sp. 307–389.

Timpe 1986: Timpe, Dieter, Ethnologische Begriffsbildung, in: Beck, Heinrich (Hrsg.), Germanenprobleme in heutiger Sicht, Berlin/New York 1986, 22–40.

Timpe 1972: Timpe, Dieter, Fabius Pictor und die Anfänge der röm. Historiographie, in: Aufstieg und Niedergang der römischen Welt I.2, 1972, 928–969.

Timpe 1996: Timpe, Dieter, Rom und die Barbaren des Nordens, in: Schuster, Meinhard (Hrsg.), Die Begegnung mit dem Fremden (Colloquium Rauricum 4). Wertungen und Wirkungen in Hochkulturen vom Altertum bis zur Gegenwart, Stuttgart/Leipzig 1996, 34–50.

Tomaschitz 2002: Tomaschitz, Kurt, Die Wanderungen der Kelten in der antiken literarischen Überlieferung, Wien 2002.

Torregaray Pagola 2003: Torregaray Pagola, Elena, Estrategias gentilicias y simbolismo geopolítico en la narración polibiana de la conquista de la Península Ibérica, in: Dies. / Santos Yanguas, Juan (Hrsg.), Polibio y la península Ibérica, Vitoria-Gasteiz 2003, 245–278.

Toynbee 1965: Toynbee, Arnold, Hannibal's legacy. The Hannibalic War's Effects on Roman Life, Rome and her Neighbours after Hannibal's Exit (Bd. 2), London 1965.

Tozer 2014: Tozer, Henry Fanshawe, A History of Ancient Geography, Cambridge 2014 (Nachdruck des Originals von 1897).

Traina 2017: Traina, Giusto, Strabo and the history of Armenia, in: Dueck, Daniela (Hrsg.), The Routledge Companion to Strabo, Abingdon 2017, 93–101.

Trotta 1999: Trotta, Francesco, Estrabón, el Libro III y la Tradición geográfica, in: Cruz Andreotti, Gonzalo (Hrsg.), Estrabón e Iberia: Nuevas Perspectivas de Estudio, Málaga 1999, 81–99.

Trüdinger 2018: Trüdinger, Karl, Studien zur Geschichte der griechisch-römischen Ethnographie, Diss. phil. Basel 1918.

Trzaska-Richter 1991: Trzaska-Richter, Christine, Furor teutonicus. Das römische Germanenbild in Politik und Propaganda von den Anfängen bis zum 2. Jahrhundert n. Chr. (Bochumer Altertumswissenschaftliches Colloquium 8), Diss. phil. Trier 1991.

Tully 2014: Tully, John, Ephorus, Polybius, and τὰ καθόλου γράφειν: Why and how to read Ephorus and his Role in Greek Historiography without Reference to ‚Universal History', in: Parmegianni, Giovanni (Hrsg.), Between Thucydides and Polybius: The Golden Age of Greek Historiography (Hellenic Studies Series 6) Washington, D. C. 2014, 153–196.

Tuozzo 2011: Tuozzo, Thomas M., Plato's Charmides. Positive Elenchus in a „Socratic" Dialogue, Cambridge/New York 2011.

Tweedie 2015: Tweedie, Fiona, Appian's characterisation of Scipio Aemilianus, in: Welch, Kathryn (Hrsg.), Appian's Roman History. Empire and Civil War, Swansea 2015, 169–184.

Uhlenbeck 1928: Uhlenbeck, Christianus Cornelius, Quelques observations sur le mot illargui, in: Homenaje a. D. Carmelo de Echegaray, San Sebastian 1928, 557–560.

Ulf 2017: Ulf, Christoph, An ancient Question. The Origin of the Etruscans, in: Naso, Alessandro, Etruscology, Bd. 1, Boston/Berlin 2017, 11–34.

Ulf 2004: Ulf, Christoph, Zum Verhältnis von ethnographischen Topoi und historischer Realität am Beispiel von Frauenbildern bzw. Geschlechterrollen, in: Historische Zeitschrift 297, 2004, 281–307.

Urban 1991: Urban, Ralf, Die Kelten in Italien und in Gallien bei Polybios, in: Seibert, Jakob (Hrsg.), Hellenistische Studien, Gedenkschrift für Hermann Bengtson, München 1991, 135–158.

Urban 1971: Urban, Ralf, Historische Untersuchungen zum Domitianbild des Tacitus, Diss. phil. München 1971.

Uxkull–Gyllenband 1924: Uxkull–Gyllenband, Woldemar Graf, Griechische Kultur-Entstehungslehre (Bibliothek für Philosophie), Berlin 1924.

Vattuone 2013: Vattuone, Riccardo, Eforo in Diodoro XI, in: De Fidio, Pia / Talamo, Clara (Hrsg.), Eforo di Cuma. Nella Storia della Storiografia greca (Atti dell'Incontro Internazionale di Studi, Fisciano-Salerno, 10–12 Dicembre 2008. La parola del passato. Rivista di Studi classici 68, fasc. 388–393, fasc. 394–399), Neapel 2013, 507–527.

Vázquez 2019: Vázquez, Ruth Pliego, Carthaginians in Turdetania. Carthaginian Presence in Iberia before 237 BCE, in: Cruz Andreotti, Gonzalo (Hrsg.), Roman Turdetania. Romanization, Identity and Socio-Cultural Interaction in the South of the Iberian Peninsula between the 4th and 1st Centuries BCE, Leiden/Boston 2019, 89–107.

Vergin 2013: Vergin, Wiebke, Das Imperium Romanum und seine Gegenwelten. Die geographisch-ethnographischen Exkurse in den „Res Gestae" des Ammianus Marcellinus (Millenium Studien 41), Berlin/Boston 2013.

Vitali 2006: Vitali, Daniele, s. v. Bononia/Bologna, in: Koch, John (Hrsg.), Celtic Culture. A Historical Encyclopedia, Bd. I A–Celtic, Santa Barbara 2006, 226–228.

Van der Vliet 1977: Van der Vliet, Edward Ch. L., Strabo over Landen, Volken en Steden, (Van Gorcum's Historische Bibliotheek 94) Diss. phil. Leiden, Assen/Amsterdam 1977.

Vogt-Spira 1996: Vogt-Spira, Gregor, Die Kulturbegegnung Roms mit den Griechen, in: Schuster, Meinhard (Hrsg.), Die Begegnung mit dem Fremden (Colloquium Rauricum 4). Wertungen und Wirkungen in Hochkulturen vom Altertum bis zur Gegenwart, Stuttgart/Leipzig 1996, 11–33.

Vogt-Spira 1999: Vogt-Spira, Gregor / Rommel, Bettina (Hrsg.), Rezeption und Identität. Die kulturelle Auseinandersetzung Roms mit Griechenland als europäisches Paradigma, Stuttgart 1999.

Voillat Sauer 1992: Voillat Sauer, Anne Julia, Entre exotisme et héroïsme. Les Celtes de Posidonios, in: Calame, Claude (Hrsg.) Figures Grecques de l'Intermédiaire, Lausanne 1992, 103–122.

Volkmann 1975a: Volkmann, Hans, Antike Romkritik. Topik und historische Wirklichkeit, in: Bellen, Heinz (Hrsg.), Endoxos duleia. Kleine Schriften zur alten Geschichte, Berlin 1975, 141–154.

Volkmann 1975b: Volkmann, Hans, Griechische Rhetorik oder römische Politik? Bemerkungen zum römischen Imperialismus, in: Bellen, Heinz (Hrsg.), Endoxos duleia. Kleine Schriften zur alten Geschichte, Berlin 1975, 127–140.

Vollmer 1990: Vollmer, Dankward, Symploke. Das Übergreifen der Römischen Expansion auf den Griechischen Osten (Hermes, Einzelschriften 54), Stuttgart 1990 (Diss. phil. Göttingen 1987).

Wachsmuth 1891: Wachsmuth, Curth, Timagenes und Trogus, in: Rheinisches Museum 46, 1891, 465–479.

Walbank 2002a: Walbank, Frank W., A Greek looks at Rome: Polybius VI revisited, in: Ders. (Hrsg.), Polybius, Rome and the Hellenistic World. Essays and Reflections, Cambridge 2002, 277–292.

Walbank 1941: Walbank, Frank W., A note on the embassy of Q. Marcius Philippus, 172 BC, in: The Journal of Roman Studies 31, 1941, 82–93.

Walbank 2002b: Walbank, Frank W., Polybius and Macedonia, in: Ders. (Hrsg.), Polybius, Rome and the Hellenistic World. Essays and Reflections, Cambridge 2002, 91–106.

Walbank 1963: Walbank, Frank W., Polybius and Rome's Eastern Policy, in: The Journal of Roman Studies 53, 1963, 1–13.

Walbank 2002c: Walbank, Frank W., Polybius and the Past, in: Ders. (Hrsg.), Polybius, Rome and the Hellenistic World. Essays and Reflections, Cambridge 2002, 178–192.

Walbank 1985: Walbank, Frank W., Polybius between Greece and Rome, in: Ders. (Hrsg.), Selected Papers. Studies in Greek and Roman History and Historiography, Cambridge 1985, 280–297.

Walbank 2002d: Walbank, Frank W., Polybius through the eyes of Gaetano de Sanctis, in: Ders. (Hrsg.), Polybius, Rome and the Hellenistic World. Essays and Reflections, Cambridge 2002, 310–321.

Walbank 1972: Walbank, Frank W., Polybius. Berkeley (u. a.) 1972.

Walbank 2002e: Walbank, Frank W., Polybius, Rome and the Hellenistic World. Essays and Reflections, Cambridge 2002.

Walbank 2002f: Walbank, Frank W., Profit or Amusement: some Thoughts on the Motives of Hellenistic Historians, in: Ders. (Hrsg.), Polybius, Rome and the Hellenistic World. Essays and Reflections, Cambridge 2002, 231–241.

Walbank 1965: Walbank, Frank W., Speeches in Greek Historians (The Third J. L. Myres Memorial Lecture), Oxford 1965.

Walbank 1967: Walbank, Frank W., The Geography of Polybius, in: Classica et Mediaevalia 9, 1967, 155–182.

Walter 2002: Walter, Uwe, Memoria und res publica. Zur Geschichtskultur im republikanischen Rom, Frankfurt a. M. 2002 (Habil. Köln 2002).

Walter 2020: Walter, Uwe, Ares-Söhne oder brave Siedler? Migrationen im frühen Griechenland, in: Geschichte in Wissenschaft und Unterricht 71.3–4, 2020, 174–189.

Ward-Perkins 2005: Ward-Perkins, Bryan, The Fall of Rome and the End of Civilization, Oxford 2005.

Weber 1997: Weber, Gregor, Interaktion, Repräsentation und Herrschaft. Der Königshof im Hellenismus, in: Winterling, Aloys, Zwischen „Haus" und „Staat". Antike Höfe im Vergleich (= HZ, Beihefte, N. F. 23), München 1997, 27–72.

Wehrli 2004: Wehrli, Fritz / Wöhrle, Georg / Zhmud, Leonid, Der Peripatos bis zum Beginn der römischen Kaiserzeit, in: Flashar, Hellmut (Hrsg.), Die Philosophie der Antike, Bd. 3. Ältere

Akademie, Aristoteles, Peripatos (Grundriss der Geschichte der Philosophie) (2. Aufl), Basel/Stuttgart 2004, 493–666.

Weiß 2015: Weiß, Alexander, Einführung: Die Skythen als paradigmatische Nomaden, in: Gerstacker, Andreas / Kuhnert, Anne / Oldemeier, Fritz / Quenouille, Nadine, Skythen in der lateinischen Literatur. Eine Quellensammlung (Beiträge zur Altertumskunde 334), Berlin/München/Boston 2015, 17–36.

Welch 2007: Welch, Katherine E., The Roman Amphitheatre. From Its Origins to the Colosseum, Cambridge 2007.

Wells 1999: Wells, Peter S., The Barbarians Speak. How the conquered Peoples shaped Roman Europe, Princeton 1999.

Welskopf 1974: Welskopf, Elisabeth Charlotte, Soziale Gruppen- und Typenbegriffe: Klasse, Stand, Schicht, Privatmann, Individualität – Hellenen und Barbaren, Polis und Territorialstaat, in: Dies. (Hrsg.), Hellenische Poleis. Krise – Wandlung – Wirkung, Bd. IV, Darmstadt 1974, 2141–2177.

Welwei 1963: Welwei, Karl-Wilhelm, Könige und Königtum im Urteil des Polybios, Diss. phil. Köln 1963.

Wenskus 1999: Wenskus, Otta, Geschlechterrollen und Verwandtes in der pseudo-hippokratischen Schrift „Über die Umwelt", in: Rollinger, Robert / Ulf, Christoph (Hrsg.), Geschlechterrollen und Frauenbild in der Perspektive antiker Autoren, Innsbruck u. a. 1999, 173–186.

Werner 1972: Werner, Robert, Das Problem des Imperialismus und die römische Ostpolitik im zweiten Jahrhundert v. Chr., in: Aufstieg und Niedergang der römischen Welt I.1, 1972, 501–563.

Werner 1963: Werner, Robert, Der Beginn der Römischen Republik. Historisch-chronologische Untersuchungen über die Anfangszeit der libera res publica, München/Wien 1963.

Wiesehöfer 2005: Wiesehöfer, Josef, Daniel, Herodot und „Dareios der Meder". Auch ein Beispiel zur Abfolge von Weltreichen, in: Rollinger, Robert (Hrsg.), Von Sumer bis Homer. Festschrift für Manfred Schretter zum 60. Geburtstag am 25. Februar 2004 (Alter Orient und Altes Testament 325), Altenberge 2005, 647–653.

Wiesehöfer 2013: Wiesehöfer, Josef, Polybios und die Entstehung des römischen Weltreicheschemas, in: Grieb, Volker / Koehn, Clemens (Hrsg.), Polybios und seine Historien, Stuttgart 2013, 59–69.

Wightman 1985: Wightman, Edith Mary, Gallia Belgica, London 1985.

Williams 2001: Williams, J. H. C., Beyond the Rubicon. Romans and Gauls in Republican Italy, Oxford 2001.

Wiseman 1995: Wiseman, Timothy Peter, Remus. A Roman Myth, Cambridge 1995.

Woolf 1998: Woolf, Greg, Becoming Roman. The Origins of provincial Civilization in Gaul, Cambridge 1998.

Woolf 2009: Woolf, Greg, Cruptorix and his kind. Talking ethnicity on the middle ground, in: Derks, Ton / Roymans, Nico (Hrsg.), Ethnic Constructs in Antiquity. The Role of Power and Tradition, Amsterdam 2009, 207–217.

Woolf 2011a: Woolf, Greg, Saving the Barbarian, in: Gruen, Erich S. (Hrsg.), Cultural Identity in the Ancient Mediterranean. Issues & Debates, Los Angeles 2011, 255–271.

Woolf 2011b: Woolf, Greg, Tales of the Barbarians. Ethnography and Empire in the Roman West, Chichester 2011.

Wunderer 1898–1909: Wunderer, Carl, Polybios-Forschungen. Beiträge zur Sprach- und Kulturgeschichte, 3 Bd., Leipzig 1898–1909.

Yarrow 2006: Yarrow, Liv Mariah, Historiography at the End of the Republic. Provincial Perspectives on Roman Rule, Oxford 2006.

Zanker 2000: Zanker, Paul, Die Gegenwelt der Barbaren und die Überhöhung der häuslichen Lebenswelt. Überlegungen zum System der kaiserzeitlichen Bilderwelt, in: Hölscher, Tonio (Hrsg.), Gegenwelten zu den Kulturen Griechenlands und Roms in der Antike. Leipzig 2000, 409–434.

Zecchini 2006: Zecchini, Giuseppe, Migrazioni e invasioni in Polibio: Il caso di Celti, in: Angeli Bertinelli, Maria Gabriella / Donati, Angela (Hrsg.), Le Vie della Storia. Migrazioni di popoli, viaggi di individui, circolazione di idee nel Mediterraneo antico (Atti del II Incontro Internazionale di Storia Antica, Genova 6–8 ottobre 2004), Rom 2006, 165–174.

Zeller 1980: Zeller, Kurt W., Kriegswesen und Bewaffnung der Kelten, in: Die Kelten in Mitteleuropa. Ausstellungskatalog Hallein, Salzburg 1980, 111–132.

Zerjadtke 2020: Zerjadtke, Michael, Thematische Einführung. Der Problemkomplex „Topos" und seine Facetten, in: Ders. (Hrsg.), Der ethnographische Topos in der Alten Geschichte. Annäherungen an ein omnipräsentes Phänomen, Stuttgart 2020, 11–26.

Ziegler 1952: Ziegler, Konrat J. F., s. v. Polybios, in: RE XXI/2 (1952), Sp. 1440–1578.

Zimmermann 2010: Zimmermann, Klaus, Karthago. Aufstieg und Fall einer Großmacht, Stuttgart 2010.

Abbildungsverzeichnis

Abb. I	Schematische Übersicht der Stärken der römischen Armee und ihres Zusammenspiels nach Polybios	90
Abb. II	Erweiterte schematische Übersicht des römischen Erfolgsmodells nach Polybios	100
Abb. III	Der Verfassungskreislauf (ἀνακύκλωσις) des Polybios (VI, 2–9)	103
Abb. IV	Die Iberische Halbinsel in der Vorstellung des Polybios (Mögliche Rekonstruktion)	176
Abb. V	Die Forschungsreise des Poseidonios in den Westen (Anfang 1. Jh. v. Chr.)	219
Abb. VI	West- und Mitteleuropa in der Vorstellung Strabons	328
Abb. VII	Physische Karte der Iberischen Halbinsel mit den von Strabon genannten geographischen und ethnographischen Bezeichnungen	329
Abb. VIII	Der Dreiklang späthellenistischen ethnographischen Denkens	406
Tab. I	Turdetanien und Ägypten bei Herodot, Polybios und Strabon im Vergleich	341
Tab. II	Tabelle der Vergleichstypologie	393

Register historischer Personen sowie geographischer und ethnographischer Bezeichnungen

Folgende Begriffe werden nicht aufgeführt, da sie im Text zu häufig auftauchen und/oder über die Kapitelüberschriften zu finden sind:
Polybios, Poseidonios, Strabon, Herodot, Germanen/Germanien, Gallier/Gallien, Kelten, Keltiberer, Lusitaner/Lusitanien, Turdetaner/Turdetanien, Iberer/Iberien/Iberische Halbinsel, Spanien, Hispanier/Hispanien, Römer, Rom, Griechen/Hellenen, Karthago, Mittelmeer(-welt/-raum), Italien/Italiker, Griechenland, ‚Barbaren', ‚Nordvölker'/‚Nordbarbaren', Oikumene, Imperium Romanum, Orbis Terrarum

Geographische und ethnographische Bezeichnungen

A
Abba 198
Abdera (Iberien) 254 (Anm. 317), 329, 343
Abier/Abioi 39–40
Achaier/Achaia/Achaierbund 36, 47, 51, 51 (Anm. 8), 56 f., 56 (Anm. 43, 45 f.), 57 (Anm. 50, 53), 58 (Anm. 54), 61, 61 (Anm. 79–81), 63, 73, 79 (Anm. 228), 81 (Anm. 247), 86, 90, 90 (Anm. 302), 98, 106 f., 107 (Anm. 410), 113, 124 (Anm. 525), 127, 130 (Anm. 569), 131, 159, 159 (Anm. 749), 163 (Anm. 824), 210, 306 (Anm. 58), 407 (Anm. 427)
Achaimeniden/Achaimenidenreich: Siehe Persien/Perserreich/Perser
Adria(-küste) 77, 134
Aeduer/Aedui 218 (Anm. 48), 313 (Anm. 108), 411 f., 412 (Anm. 178)
Aduatuker/Aduatuci 318
Afrika/Afrikaner: Siehe Nordafrika
Ägäis(-raum) 36, 46, 112 f., 221,
Ägypter/Ägypten 16 (Anm. 9), 24 (Anm. 48), 32 (Anm. 24), 36–38, 46 (Anm. 125), 62, 65, 71 (Anm. 174), 73, 74 (Anm. 192), 92 (Anm. 316), 110 (Anm. 439), 116 (Anm. 482), 119 f., 122, 128 (Anm. 539), 153, 153 (Anm. 745), 161, 161 (Anm. 809), 177 (Anm. 925), 179, 209, 210, 213 (Anm. 14), 248 (Anm. 266), 251, 255 (Anm. 321), 263 (Anm. 382), 284 (Anm. 530), 302, 304, 304 (Anm. 42, 44 f.), 334, 339, 341 f. (Anm. 304), 344 (Anm. 324), 367, 376 (Anm. 584), 377, 392, 392 (Anm. 36), 396 (Anm. 50), 398, 402 (Anm. 108), 407, 407 (Anm. 128), 408–410, 409 (Anm. 140 f.), 411 (Anm. 468), 415
Aithiopien/Aithiopier 271, 290 (Anm. 573), 293
Aitoler/Aitolien/Aitolerbund 37, 47, 47 (Anm. 131–133), 61 f. (Anm. 78, 82), 64 (Anm. 111), 68 (Anm. 150), 72, 72 (Anm. 179), 86 (Anm. 182), 108, 126, 128 (Anm. 557), 142 (Anm. 639), 159, 159 (Anm. 790),
Akontia/Acutia 329, 345, 357 (Anm. 422)
Alentejo 174, 187, 193, 209, 358 (Anm. 437)
Alexandria 21, 27, 28 (Anm. 74), 59, 62 (Anm. 89), 74 (Anm. 192), 195 (Anm. 977), 214, 219, 224 (Anm. 97), 300 (Anm. 7), 305, 309, 352 (Anm. 220), 334, 358, 405, 409 (Anm. 131)
Algarve 174, 187, 193, 209, 252 (Anm. 300)
Allobroger/Allobroges 58 (Anm. 54), 153 f., 221 (Anm. 71), 244, 401 (Anm. 98),
Alpen(-raum) 27 (Anm. 67), 31, 48, 58, 58 (Anm. 63), 77, 134, 141 (Anm. 648), 145 f., 145 (Anm. 679), 148 (Anm. 712), 149 f., 151 (Anm. 731, 735), 152–158, 152 (Anm. 740), 154 (Anm. 753), 155 (Anm. 760), 156 (Anm. 766, 768), 157 (Anm. 776, 778), 161, 196 (Anm. 1056), 208 (Anm. 1132), 258 (Anm. 345), 290, 292, 310 (Anm. 94), 336

(Anm. 254 f.), 386 (Anm. 10), 387, 391, 393, 399
Amaseia 334, 407 (Anm. 124)
Amazonen 396, 397 (Anm. 63)
Amoriter 408
Anas/Guadiana 173 (Anm. 904), 195 (Anm. 1050), 329, 331, 335, 348, 359, 358 (Anm. 431)
Anatolien/anatolisch: s. Kleinasien/ kleinasiatisch
Androphagen/Androphagoi 290 (Anm. 574), 376 (Anm. 584)
Antiochia 27, 123
Äolien/Aiolien/Äolier/Aiolier 37, 75
Apameia 219, 223 f.
Aquae Sextiae 33 (Anm. 27), 217, 221 (Anm. 66), 241
Aquitanier/Aquitani/Aquitanien 217 (Anm. 48), 310, 310 (Anm. 96), 368 (Anm. 529)
Arabien/Araber 297, 305 (Anm. 51), 313 (Anm. 108), 382 (Anm. 630), 392, 407 (Anm. 128)
Arausio 242 (Anm. 226)
Arduenna-Wald/Ardennen 319, 319 (Anm. 146)
Arevaker/Arevaci 195, 195 (Anm. 1050), 202–205, 202 (Anm. 1096 f., 1102), 206 (Anm. 1119), 283, 289 (Anm. 565), 259, 359, 359 (Anm. 443)
Armenien/Armenier 306 (Anm. 59), 309 (Anm. 89), 392
Arkader/Arkadien 36, 56, 61, 61 (Anm. 80), 75, 131 (Anm. 573), 150, 150 (Anm. 726 f.), 279 (Anm. 489), 290, 365, 365 (Anm. 496), 367
Artabrer/Hafen der Artrabrer/Artabrien 291 f., 291 (Anm. 588), 292 (Anm. 589, 591 f., 594), 328 f., 350 f., 350 (Anm. 378), 351 (Anm. 383 f., 386), 361 (Anm. 454)
Arverner/Arverni 58 (Anm. 54), 157 (Anm. 777), 221 (Anm. 77), 222 (Anm. 79), 400 f., 400 (Anm. 94)
Asturer/Astures/Asturien 250 (Anm. 279), 256 (Anm. 331), 325, 345, 345 (Anm. 353), 350 (Anm. 373), 362 f., 364 (Anm. 476), 367 (Anm. 511), 372

Assyrien/Assyrer 111 f.
Athener/Athen 38, 47, 47 (129 f., 132), 65 (Anm. 119), 92, 92 (Anm. 319), 95, 95 (Anm. 333), 107, 107 (Anm. 412), 115, 121, 125, 144, 179 (Anm. 936), 219, 223, 224 (Anm. 90), 225, 259 (Anm. 345), 262 (Anm. 369), 263, 267, 307, 332 (Anm. 220), 361 (Anm. 453), 366, 366 (Anm. 503), 395 (Anm. 47)
Atlantik/Atlantikküste 42, 66, 167, 174, 186 (Anm. 979), 223 (Anm. 85), 249, 249 (Anm. 278), 251, 254 (Anm. 317), 277, 294, 294 (Anm. 603), 351 (Anm. 382), 356, 357 (Anm. 421), 363 f., 363 (Anm. 473), 376, 398 (Anm. 75), 414
Atlantis 220 (Anm. 65), 256, 343 (Anm. 304)
Attaliden/Attalidenreich 47, 225, 244, 388

B
Babylonier/Babylon 302, 302 (Anm. 27), 304, 367, 367 (Anm. 513), 376 (Anm, 584)
Baetica 340, 378
Baetis/Baitis 173 (Anm. 904), 175 (Anm. 920), 176, 195 (Anm. 1050, 1053), 252 f., 252 (Anm. 301), 281 (Anm. 508), 329, 329 (Anm. 201), 331, 331 (Anm. 209), 335, 337 f., 338 (Anm. 276, 280), 340 (Anm. 293), 341, 358 (Anm. 431), 361, 391
Bainis (Minho/Miño) 195, 195 (Anm. 1053), 250, 252, 329 f., 351, 351 (Anm. 381), 357 (Anm. 422)
Balearen/Balearische Inseln/Balearer/ Baliarides 219, 346 (Anm. 343), 347 f., 347 (Anm. 346), 377, 379, 389
Baskenland 362
Bastetaner/Bastetani 328 f., 329 (Anm. 198), 342, 356 (Anm. 420), 366 (Anm. 499)
Bataver/Batavien 410, 412, 412 (Anm. 177)
Belger/Belgae/Belgica 310, 310 (Anm. 93 f., 96), 318–321, 318 (Anm. 136, 140), 319 (Anm. 142–144), 323, 323 (Anm. 170), 344 (Anm. 327), 374, 378 (Anm. 598, 604), 380, 389, 404, 404 (Anm. 118)
Beller/Belli 201–204, 202 (Anm. 1085), 203 (Anm. 1096 f., 1103), 205 (Anm. 1112), 359 (Anm. 443)

Bellovaker/Bellovaci 319 f., 319 (Anm. 142), 380, 404 (Anm. 118),
Beronen/Berones 358 (Anm. 437), 359 (Anm. 442)
Bithynien 141, 141 (Anm. 654), 244 (Anm. 327), 248
Boier/Boii 77, 134 f., 143, 151 (Anm. 731), 154, 241 (Anm. 225)
Boioter/Boiotien/Boiotischer Bund 62, 73 (Anm. 189), 86 (Anm. 277), 126 f., 129
Britannien/Pretannia 16 (Anm. 9), 24 (Anm. 50), 31 (Anm. 12), 45 (Anm. 119), 48 (Anm. 138), 218 (Anm. 49), 220, 291, 291 (Anm. 580), 293 (Anm. 602), 294, 302, 319 f., 333, 336, 336 (Anm. 253–255), 381 f., 410 (Anm. 153), 413, 414 (Anm. 189), 415 (Anm. 194)
Brixia 143, 158
Bononia/Felsina 143, 143 (Anm. 669), 158

C
Cabo da Roca 252 (Anm. 300), 348 (Anm. 361)
Caesaraugusta (Zaragoza) 329, 350 (Anm. 380), 361, 361 (Anm. 456)
Cannae 94, 101 f., 176 (Anm. 921), 188, 188 (Anm. 997), 198, 198 (Anm. 1065), 208 (Anm. 1127), 267
Capua 78 (Anm. 223), 109 (Anm. 430), 142 (Anm. 657)
Carpetani: s. Karpetaner
Carteia: s. Gades
Carthago Nova: s. Neukarthago
Cavari: s. Kavarer
Cenomanen/Cenomani 159, 209 (Anm. 1137)
Chatten/Chatti 410
Cherusker/Cherusci 412 (Anm. 173), 415 (Anm. 194)
Conii: s. Kynesier
Conistorgis 334 (Anm. 235), 339 (Anm. 290)
Contestaner/Contestani 346 (Anm. 345)
Corduba 329, 331, 331 (Anm. 209), 338 (Anm. 276)
Cornwall 290, 294 (Anm. 603)
Kotina/Cotinae 329, 335

D
Dalmater/Delmatae/Dalmatien 98 (Anm. 355), 154
Delos 47
Delphi 45–48, 46 (Anm. 127), 130 (Anm. 47), 95 (Anm. 333), 159, 234, 393 (Anm. 37), 408 (Anm. 129)
Dikaiarcheia (Puteoli) 338
Donau 152 (Anm. 742), 311 (Anm. 97)
Duricortora/Duricortorum (Reims) 320, 344 (Anm. 327)
Durius (Douro/Duero) 170, 195, 329, 350 f., 355, 357 (Anm. 422)

E
Ebusus 219, 329, 348
Edetaner/Edetani 174, 174 (Anm. 909), 192, 344, 346 (Anm. 345), 356 (Anm. 420), 361 (Anm. 456), 363 (Anm. 475)
Ebro/Iber 96 (Anm. 345), 134, 175 (Anm. 920), 176, 192, 247, 248 (Anm. 163), 252 (Anm. 302), 328 f., 328 (Anm. 195), 344, 358 (Anm. 437), 361, 361 (Anm. 456 f.)
Emporion 167, 169 (Anm. 874), 172 (Anm. 894), 176, 188 (Anm. 995), 194 (Anm. 1044), 217 (Anm. 48), 246, 329, 331 (Anm. 213), 343, 344 (Anm. 328), 345 f., 346 (Anm. 337), 379
Ephesier/Ephesos 332 (Anm. 220)
Eridanos 44, 45 (Anm. 116, 118), 146 f., 147 (Anm. 699), 148, 297 (Anm. 624)
Erytheia 167, 167 (Anm. 859, 861), 183 (Anm. 958), 333 (Anm. 221)
Etrusker/Etrurien 37, 49, 49 (Anm. 149), 69–71, 70 (Anm. 158), 121, 128 (Anm. 559), 143 (Anm. 665 f., 668), 149–152, 150 (Anm. 722–724), 183, 183 (Anm. 960), 185, 197, 197 (Anm. 1063), 287, 287 (Anm. 553), 391, 394
Euboia 72 (Anm. 177)
Europäer/Europa 16 (Anm. 5), 18 (Anm. 16), 23–25, 25 (Anm. 56), 33 (Anm. 30), 41–44, 41 (Anm. 89, 91), 44 (Anm. 114), 111 (Anm. 449), 112 (Anm. 453), 141 (Anm. 652), 142, 148, 173, 174 (Anm. 911), 193–195, 201, 208 f., 223 (Anm. 84), 252

(Anm. 300), 266, 327 f., 336, 348 f., 348 (Anm. 361), 391, 415
Exitaner (Stadt der; Ex, Hex, Sex, Sax) 329, 343, 343 (Anm. 313)

F
Felsina: s. Bononia
Friesen/Frisii 412

G
Gades 164, 164 (Anm. 830), 167, 167 (Anm. 859), 169 (Anm. 875), 176 f., 181, 183 (Anm. 957 f.), 207, 219 f., 219 (Anm. 53), 246 (Anm. 249), 247 (Anm. 252), 248, 248 (Anm. 267), 249 (Anm. 278), 250, 251, 252 (Anm. 302), 253 f., 253 (Anm. 305), 254 (Anm. 310), 254 (Anm. 317), 255, 257 (Anm. 336), 260 (Anm. 356), 290, 297, 326, 329, 331–334, 331 (Anm. 213), 332 (Anm. 220), 334 (Anm. 234, 236), 343 f., 378 (Anm. 599)
Gaisaten 77, 77 (Anm. 219), 134 f., 138–140, 139 (Anm. 629, 632), 150 (Anm. 721), 154 (Anm. 756), 156, 240 (Anm. 212 f.), 401 (Anm. 96), 404
Galatien/Galater 18 (Anm. 20), 24, 45–48, 46 (Anm. 124 f., 127 f.), 77 (Anm. 215), 115 (Anm. 473), 128 (Anm. 559), 132, 134 f., 140 (Anm. 643 f.), 141, 141 (Anm. 652), 159 f., 160 (Anm. 800), 163 (Anm. 824), 221, 234, 244, 244 (Anm. 237), 311 (Anm. 99), 312 (Anm. 105), 388, 393 (Anm. 37), 397, 401 (Anm. 96, 98)
Gallaeci: s. Kallaiker
Gallia Cisalpina 58, 77, 142, 148 f., 152 (Anm. 740), 153 f., 158 (Anm. 784), 183, 245, 387, 391
Gallia Narbonensis 27 (Anm. 67), 48 (Anm. 140), 58, 58 (Anm. 54), 157 (Anm. 777), 217, 217 (Anm. 47), 221, 223 (Anm. 85), 233 (Anm. 158), 243 f., 245 (Anm. 239), 268 (Anm. 422), 295, 309 f., 313 (Anm. 108), 317 (Anm. 130), 320, 323 (Anm. 170), 380, 388, 394 (Anm. 41)
Gallia Transalpina 387
Guadalquivir: s. Baetis/Baitis

Gymnesische Inseln: s. Balearen/Balearische Inseln/Balearer/Baliarides

H
Häduer: s. Aeduer
Halikarnassos 67
Heiliges Vorgebirge (Cabo de São Vicente) 176, 252 (Anm. 300), 329, 348 f., 379 (Anm. 609), 398
Hellespont 67, 89
Heloten 280
Helvetier/Helvetii 234 (Anm. 168), 242 (Anm. 226), 243, 292, 316, 316 (Anm. 123), 320, 336 (Anm. 252, 256)
Hemeroskopeion 167, 329, 343–346, 343 (Anm. 317), 346 (Anm. 339)
Hesperiden 165, 166 (Anm. 836), 167, 334 (Anm. 234)
Hibernier/Hibernia: s. Ierne/Irland
Hippemolgen 39 f., 40 (Anm. 71)
Hispalis (Sevilla) 329, 331, 331 (Anm. 209), 338, 364 (Anm. 476)
Hispania (Provinz) 168 (Anm. 867), 286 (Anm. 543), 378 f., 378 (Anm. 604)
Hispania Citerior 168, 286 (Anm. 543), 344, 378 (Anm. 603)
Hispania Ulterior 168, 283 (Anm. 522), 286 (Anm. 543), 288, 293 (Anm. 602), 294 (Anm. 603), 352 (Anm. 389), 353 (Anm. 398), 378 (Anm. 603)
Hyperboreer 40, 45, 45 (Anm. 119), 69 (Anm. 156), 290, 290 (Anm. 573), 293, 294 (Anm. 606), 382, 382 (Anm. 625)

I
Ichthyophagen 155 (Anm. 762), 293, 299
Idubeda-Gebirge (Sistema Ibérico) 328, 356, 358
Ierne/Irland 290, 294 (Anm. 606), 302, 309 (Anm. 88), 336 (Anm. 254), 376 f., 376 (Anm. 584), 382, 382 (Anm. 606)
Ilergeten/Ilergetes 174, 175 (Anm. 920), 191 f., 191 (Anm. 1017), 192 (Anm. 1035), 286, 360 (Anm. 448), 397 (Anm. 61)
Ilipa 168, 146, 252 f., 253 (Anm. 305), 281 (Anm. 508), 329, 334 (Anm. 253), 335, 338 (Anm. 276, 280)

Illyrer/Illyrien 37 (Anm. 51), 51, 81
(Anm. 247), 93, 96 (Anm. 343), 126, 151
(Anm. 729), 156, 159 (Anm. 724), 267
(Anm. 409), 375 (Anm. 572), 397
Inder/Indien 30, 33 (Anm. 30), 45
(Anm. 122), 249 (Anm. 275), 256
(Anm. 331), 296 f., 302, 337 (Anm. 265),
363 (Anm. 474), 365 (Anm. 491), 371, 371
(Anm. 542), 376 f., 382 (Anm. 630), 402,
415 (Anm. 193)
Indiketen/Indiketes 346
Insubrer/Insubri 77, 77 (Anm. 217), 79,
134 f., 134 (Anm. 589), 143 f., 154, 158, 209
(Anm. 1137)
Intercatia 175 (Anm. 920), 176, 195
(Anm. 1051), 357 (Anm. 422)
Ionier/Ionien 34 (Anm. 38), 37, 70
(Anm. 159), 72 (Anm. 177), 109, 149
(Anm. 719), 152, 163, 179, 185 (Anm. 976),
246, 251, 255 (Anm. 322), 265, 281
(Anm. 503), 283, 333, 353, 391, 395, 406
Isère 153
Israel/Israeliten: s. Judäa/Juden
Italica 168, 171 (Anm. 887), 246, 334
(Anm. 235)

J

Juden/Judäa 153 (Anm. 745), 259 (Anm. 353),
376 (Anm. 578), 407, 407 (Anm. 126),
409 f., 409 (Anm. 141, 144), 410
(Anm. 146)
Jütland 220

K

Kallaiker/Kallaikoi/Gallaeci/Gallaecia/
Galicien 170, 195, 248 (Anm. 263),
250 (Anm. 280), 256 (Anm. 331), 267
(Anm. 412), 291, 291 (Anm. 587), 292
(Anm. 592), 350, 350 (Anm. 373, 376),
357 (Anm. 421), 358 (Anm. 437), 363, 364
(Anm. 486), 367, 369 (Anm. 530), 370, 370
(Anm. 536) 372, 375 f., 379, 398, 411
Kallatier 376
Kaledonier/Caledonii 412 f.
Kalpe (Gibraltar) 327–329, 328 (Anm. 195)
Kampanien 54 (Anm. 29), 69, 70 (Anm. 158),
78 (Anm. 223), 92, 109 (Anm. 430), 142
(Anm. 657), 183, 183 (Anm. 960), 287, 287
(Anm. 553)
Kantabrer/Cantabri 248 (Anm. 263), 250,
250 (Anm. 279), 317 (Anm. 130), 320
(Anm. 149), 325, 328, 330, 330 (Anm. 203),
351 (Anm. 381), 352 (Anm. 392), 361
(Anm. 453), 362–365, 363 (Anm. 469 f.,
473), 364 (Anm. 476), 365 (Anm. 496),
366 (Anm. 499), 367 f., 367 (Anm. 514),
368 (Anm. 515, 523), 369 (Anm. 525), 370–
372, 370 (Anm. 536), 372 (Anm. 550 f.), 375,
378 (Anm. 600), 379 f., 380 (Anm. 620),
384 (Anm. 4), 396, 396 (Anm. 52), 404, 411
Kantabrisches Gebirge 250 (Anm. 279), 362
Kap Nerion (Cabo Touriñán) 328 f., 328
(Anm. 196), 348–350
Kappadokien/Kappadokier 255 (Anm. 321),
334
Karer/Karien 34 (Anm. 37), 67, 300
Karpetaner 174, 174 (Anm. 910), 195, 195
(Anm. 1050), 196 (Anm. 1057), 199, 357, 357
(Anm. 421), 358, 363 (Anm. 475)
Kassiteriden: s. Zinninseln
Kastilien und León 187 (Anm. 985), 357, 358
(Anm. 437)
Katalonien 167, 246
Kaukasus(-gebiet) 302 (Anm. 24), 306
Kavarer 323 (Anm. 170), 362 (Anm. 464)
Keltiké/Κελτική 46 (Anm. 124), 53, 166, 166
(Anm. 839), 175, 187, 222, 234 (Anm. 168)
Keltiker/Keltikoi/Celtici 174, 187, 193, 207
(Anm. 1126), 209, 265, 265 (Anm. 395),
334 (Anm. 235), 339, 339 (Anm. 290), 345
(Anm. 334), 348, 350, 350 (Anm. 375, 380),
353, 358 (Anm. 437), 362 (Anm. 463), 368
(Anm. 517), 394
Kimbern 33, 33 (Anm. 29), 163 (Anm. 822),
220 f., 220 (Anm. 64 f.), 241–243, 241
(Anm. 222, 225), 242 (Anm. 226 f., 230 f.),
311 (Anm. 97), 316, 318 f., 318 (Anm. 140),
323, 336 (Anm. 251, 256), 355, 356
(Anm. 416), 388, 392, 410 (Anm. 159)
Kimmerer 33 (Anm. 29), 39, 241 (Anm. 222),
242, 242 (Anm. 227), 336 (Anm. 251)
Kleinasien/kleinasiatisch 18 (Anm. 20), 23,
27, 47 (Anm. 130), 65, 72, 72 (Anm. 177),
133, 137, 141, 141 (Anm. 652), 150

(Anm. 723), 234, 242, 244 (Anm. 237), 262 (Anm. 370), 302, 302 (Anm. 24), 306, 310 (Anm. 94), 332 (Anm. 220), 337 (Anm. 260), 344 (Anm. 319), 388
Knidos 27, 112 (Anm. 455)
Koniaker/Koniakoi 371 f.
Kontobris 289 (Anm. 568, 570)
Korbilon 31 (Anm. 13), 217, 217 (Anm. 48), 223 (Anm. 85)
Korinth 57 (Anm. 51), 59, 63, 63 (Anm. 104), 88, 114, 226 (Anm. 111), 306, 389 (Anm. 23), 405 (Anm. 122)
Korsika 164, 219
Kreta/Kreter 85, 86 (Anm. 282), 107 f., 107 (Anm. 415–417), 108 (Anm. 419), 110 (Anm. 435), 219, 381 (Anm. 622)
Kyklopen 40 f., 40 (Anm. 75), 132 (Anm. 577), 236 f., 237 (Anm. 183 f.), 242 (Anm. 230), 244, 244 (Anm. 236), 290
Kynesier 174 (Anm. 911), 329, 349, 349 (Anm. 364), 375, 377, 377 (Anm. 587), 379
Kynaithaier/Kynaitha 86 (Anm. 277), 150 (Anm. 727), 187 (Anm. 990), 290 (Anm. 572)
Kyrene 46 (Anm. 125), 167, 219, 339 (Anm. 282)

L

La Crau 333 (Anm. 229), 399, 388 (Anm. 81)
Lagnier/Lagni 272 f., 275 f., 401 (Anm. 101)
Lakedaimon: s. Sparta/Spartaner
Lakonier/Lakonien 248 (Anm. 263), 367
Latium/Latiner 69, 69 (Anm. 154), 70 (Anm. 163), 143, 156, 182 f., 340
Laureion 258 (Anm. 345), 263
Levante 224, 407
Libyen/Libyer 171, 189, 209, 256 (Anm. 328), 259, 326, 375, 392
Ligurien/Ligurer 42, 43 (Anm. 98), 155 (Anm. 762), 209, 216, 222, 222 (Anm. 76 f.), 223 (Anm. 81), 273 (Anm. 460), 311 (Anm. 99), 369 (Anm. 525), 380 (Anm. 620), 396, 396 (Anm. 57)
Lilybaion 57
Loire 33, 217, 396, 398 (Anm. 73)
Lokrer/Lokris/Lokroi Epizephyrioi 58 (Anm. 56), 70 (Anm. 165)

Lotophagen/Lotusesser/Lotophagoi 399, 399 (Anm. 84)
Lugdunum/Lugdunensis 310, 331 (Anm. 213), 391 (Anm. 31)
Lusonen/Lusones 359
Lyder/Lydien 37, 150 (Anm. 723), 156 f., 314, 269 (Anm. 430), 373 (Anm. 559), 377 (Anm. 590), 402, 402 (Anm. 108), 406
Lyker/Lykien 31 (Anm. 11), 397 (Anm. 64), 399

M

Madeira 168, 168 (Anm. 862)
Magna Graecia 70 (Anm. 159), 171 (Anm. 890), 213 (Anm. 14)
Mainake 343
Makedonen/Makedonien 15, 25, 35, 35 (Anm. 40), 36 (Anm. 43), 37, 37 (Anm. 51), 51, 55 (Anm. 35), 56, 62, 62 (Anm. 82, 87), 64 (Anm. 111), 65 f., 72 f., 76, 82 f., 82 (Anm. 251, 255), 83 (Anm. 262), 86–88, 89 (Anm. 297), 90 (Anm. 302), 112 f., 113 (Anm. 460), 125 (Anm. 537), 126, 128 (Anm. 557), 129, 206 (Anm. 1117), 219, 240, 244 (Anm. 237), 371, 385 (Anm. 5), 395, 400
Malaka (Malaga) 329, 343, 343 (Anm. 313)
Mallorca 347 (Anm. 346), 348
Marathon 115
Massäsylier/Masaesyli 198
Massageten 304
Massalioten/Massalia 23 (Anm. 46), 31 (Anm. 13), 33 (Anm. 27), 42 f., 42 (Anm. 95 f.), 43 (Anm. 99 f.), 58 (Anm. 62), 143 (Anm. 666), 153, 162 (Anm. 817), 166 f., 169 (Anm. 874), 172 (Anm. 894), 173 (Anm. 899), 196 (Anm. 1056), 216–222, 218 (Anm. 49 f.), 222 (Anm. 75–77), 223 (Anm. 85), 236, 236 (Anm. 177), 237 (Anm. 186 f.), 244 (Anm. 237), 246, 249 (Anm. 275), 252 (Anm. 302), 265 (Anm. 393), 291, 293 (Anm. 602), 306 (Anm. 61), 320, 323, 331 (Anm. 213), 344 (Anm. 319), 345, 347 (Anm. 347), 374, 378 (Anm. 598), 379, 391 (Anm. 32), 394 (Anm. 41)
Massylier/Massyli 199

Maurer/Mauri/Maurusier/Mauretanien 308 (Anm. 77), 334 (Anm. 234), 343, 343 (Anm. 313)
Medien/Meder 54 (Anm. 29), 111 f.
Mediolanum/Melpum 135, 143, 143 (Anm. 666), 158
Megalopolis 36, 56, 57 (Anm. 53), 61, 90 (Anm. 302), 113, 287 (Anm. 555), 290
Megara 126
Menapier/Menapii 319 f., 319 (Anm. 145)
Messenier/Messene/Messenien 280
Moron 329, 350, 350 (Anm. 380), 351 (Anm. 384)
Mutina 158

N

Narbonensis: s. Gallia Narbonensis
Narbo (Narbonne) 31 (Anm. 13), 58 (Anm. 62), 146 (Anm. 687), 217 (Anm. 48), 221 f., 291, 291 (Anm. 582), 331 (Anm. 213)
Navarra 362
Neapolis/Neapel 353 (Anm. 395)
Nertobriga 202
Nervier/Nervii 319 f.
Neukarthago 58, 129, 129 (Anm. 561), 169 (Anm. 874), 171, 171 (Anm. 887), 176–181, 180 (Anm. 943), 191, 200, 219, 255, 257, 257 (Anm. 336 f.), 260 (Anm. 356), 288, 328 (Anm. 195), 329, 331 (Anm. 213), 334, 342–344, 343 (Anm. 313), 389 (Anm. 23)
Nil/Nildelta 46 (Anm. 125), 153, 251, 341, 410
Noega 329, 345, 345 (Anm. 333), 367 (Anm. 511)
Nordafrika 58, 60 (Anm. 70), 94, 95 (Anm. 334), 190, 219 (Anm. 53), 223, 255 (Anm. 324), 339, 343, 376, 376 (Anm. 378), 399, 399 (Anm. 84), 416
Noreia 58 (Anm. 63)
Noricum/Norici/Noriker 58 (Anm. 63), 242 (Anm. 226), 336 (Anm. 252)
Nubien/Nubier 180, 257, 263 (Anm. 375, 383)
Numantiner/Numantia 59, 59 (Anm. 66), 114, 169, 174 (Anm. 909), 176, 187 (Anm. 985), 198, 206 (Anm. 1119), 246, 246 (Anm. 244), 247 (Anm. 253), 250 (Anm. 283), 264. 272 276, 273 (Anm. 453), 274 (Anm. 461, 463), 276 (Anm. 474), 278, 285, 285 (Anm. 541), 289 (Anm. 565), 293 (Anm. 597), 317 (Anm. 130), 329, 359 (Anm. 443), 401 (Anm. 101)
Numider/Numidien 58, 58 (Anm. 60), 97, 150, 198 f., 209, 307, 343 (Anm. 313)

O

Odysseia/Ulisi 248, 254 (Anm. 317), 329, 334
Olymp 27 (Anm. 67), 152
Olysipo (Lissabon) 329 f., 330 (Anm. 202), 350, 350 (Anm. 380), 351 (Anm. 384)
Oretaner/Oretani 190 (Anm. 1007), 328, 329 (Anm. 198), 331, 342, 345 (Anm. 331), 356 (Anm. 420), 357 (Anm. 421), 363 (Anm. 475)
Orospeda-Gebirge (ungefähr Sierra Nevada) 328, 329 (Anm. 198), 356, 356 (Anm. 420)
Ophioussa (Formentera) 329, 347
Ostia 338, 338 (Anm. 269)
Ouessant/Uxisame 291, 294, 294 (Anm. 603)

P

Palantia 195 (Anm. 1051), 226 (Anm. 112), 359 (Anm. 443)
Palma 329, 348
Parma 158
Parthien/Parther 16 (Anm. 9), 256 (Anm. 327), 266, 382, 382 (Anm. 629 f.)
Patavium 332
Pax Augusta (Beja) 329, 339 (Anm. 290), 350 (Anm. 380), 362 (Anm. 463)
Peloponnes/Peloponnesier 61, 61 (Anm. 79 f.), 62 (Anm. 83), 88, 88 (Anm. 294), 113, 113 (Anm. 456), 306 (Anm. 58), 405 (Anm. 122)
Pergamon 27, 47, 140 (Anm. 644), 332 (Anm. 220), 405 (Anm. 121)
Persien/Perserreich/Perser 34 (Anm. 38), 35, 35 (Anm. 39 f.), 37, 41 (Anm. 89), 44, 47, 47 (Anm. 132), 55 (Anm. 35), 59, 60 (Anm. 72), 67 f., 70 (Anm. 159), 72 f., 79 (Anm. 228), 80, 111 f., 115, 156 f., 159, 163 (Anm. 824), 185 (Anm. 975), 241, 241 (Anm. 219), 265 (Anm. 392), 279 (Anm. 489), 281, 281 (Anm. 503), 284

(Anm. 530), 304, 304 (Anm. 41), 377
(Anm. 590), 403 (Anm. 114), 406, 415
Phaiaken/Phäaken 40 (Anm. 75), 185 f., 185
(Anm. 947), 186 (Anm. 979, 981), 188 f.,
193, 193 (Anm. 1041), 208, 237 (Anm. 183),
248, 248 (Anm. 262)
Phokaier/Phokaia 42, 42 (Anm. 94), 166 f.,
257, 257 (Anm. 334), 304 (Anm. 42), 343,
344 (Anm. 319), 345 (Anm. 366), 346
(Anm. 339), 347 (Anm. 346)
Phönizier/Phönizien 20 (Anm. 27), 38,
39 (Anm. 70), 99 (Anm. 360), 110, 110
(Anm. 439), 164, 165 (Anm. 832), 167 f.,
172, 181 (Anm. 949), 188 f., 191 (Anm. 1011),
209, 251, 253 f., 253 (Anm. 305, 307), 254
(Anm. 315), 257 f., 258 (Anm. 347), 259–
261, 259 (Anm. 348, 352–354), 264, 271, 291,
291 (Anm. 577), 293, 293 (Anm. 599, 602),
326 (Anm. 182), 332 (Anm. 220), 333, 333
(Anm. 226), 334 (Anm. 235), 336, 342 f., 343
(Anm. 309, 316), 344 f., 345 (Anm. 329),
346 (Anm. 343), 347 f., 378, 414 (Anm. 192)
Phryger/Phrygien 24, 45, 72 (Anm. 177), 161
(Anm. 809)
Pityusische Inseln: s. v. Balearen/Balearische
Inseln/Balearer/Baliarides
Po/Po-Ebene 44, 51, 134, 141 (Anm. 648),
143–146, 143 (Anm. 664), 145 (Anm. 675,
680), 146–149, 148 (Anm. 704, 712), 149
(Anm. 716), 150 (Anm. 721), 151 f., 151
(Anm. 731), 152 (Anm. 736), 154–156, 154
(Anm. 756), 157 f., 159 (Anm. 787), 161, 162
(Anm. 817), 163, 183 f., 183 (Anm. 960),
184 (Anm. 965), 187, 196 (Anm. 1058),
201, 208, 208 (Anm. 1127, 1132), 242, 297
(Anm. 624), 386 (Anm. 10), 387, 387
(Anm. 12), 391, 394, 404, 412
Pollentia 348
Pompeii/Pompeji 355
Pontier/Pontos 247, 255 (Anm. 326), 262
(Anm. 369), 268 (Anm. 418), 300, 306, 337,
343 (Anm. 316), 375 (Anm. 574)
Poseidonia 69, 216
Priene 141
Pyrenäen(-gebirge)/Pyrene 41 (Anm. 83),
173 f., 176, 196 (Anm. 1055), 249, 258,
258 (Anm. 344), 316, 327 f., 335, 358, 358

(Anm. 437), 361 (Anm. 459), 363, 365
(Anm. 497), 370, 399
Ptolemäerreich 15, 22, 24 (Anm. 48),
28 (Anm. 74), 36 (Anm. 43, 45), 51,
62 (Anm. 89), 70, 74 (Anm. 192), 86,
86 (Anm. 285), 113 (Anm. 461), 162
(Anm. 813), 185 (Anm. 977), 224, 227,
259 (Anm. 350), 288, 384, 405

R

Remer/Remi 318 (Anm. 136, 140), 320
Rhein/Rhenus/Rheinstrom 45 (Anm. 117),
253 (Anm. 305), 293 (Anm. 599), 310, 310
(Anm. 95), 314–316, 320, 325 (Anm. 178),
413 (Anm. 285)
Rhodanos/Rhône 42, 44, 45 (Anm. 116 f.),
67, 144 (Anm. 671), 146–148, 148
(Anm. 712), 153, 154 (Anm. 756), 173, 217,
237 (Anm. 187), 391
Rhode 167, 217 (Anm. 48), 346, 36
(Anm. 339)
Rhodos/Rhodier 21 (Anm. 37), 22, 22
(Anm. 41), 219, 223, 223 (Anm. 87 f.),
224 (Anm. 90), 225, 252 (Anm. 302), 255
(Anm. 326), 268, 300, 403, 407 (Anm. 124)

S

Sagunt 165 167 (Anm. 853), 170 (Anm. 883),
175 (Anm. 920), 190, 190 (Anm. 1008),
194 f., 199, 201 (Anm. 1080), 329, 344, 344
(Anm. 323), 379
Salluvier/Salluvii 43 (Anm. 98), 218
(Anm. 50), 221, 221 (Anm. 71)
Sardinien 50, 164, 182, 219, 259
Sarmaten/Sarmatien 375 (Anm. 572), 413
Satyrn 49, 229 f., 230 (Anm. 130), 244
Säulen des Herakles 9, 59, 146 (Anm. 687),
167, 176, 207, 246, 253 f., 330, 333, 338,
342 (Anm. 307), 346 (Anm. 337), 349
(Anm. 366)
Schwarzes Meer/Schwarzmeerraum 33, 112,
302 (Anm. 27)
Sedetaner/Sedetani/Sidetaner/Sidetani 356
(Anm. 420), 361 (Anm. 456)
Segedaner/Segeda 176, 201, 201 (Anm, 1084),
203, 203 (Anm. 1102), 359 (Anm. 443)

Segesama 175 (Anm. 920), 176, 357 (Anm. 422)
Segobriger/Segobrigii 42, 42 (Anm. 94), 43 (Anm. 98), 222 (Anm. 77), 359 (Anm. 443)
Seleukeia (am Orontes; in Kilikien) 54 (Anm. 29), 302
Seleukidenreich 15, 35, 51, 72, 72 (Anm. 177), 73, 75 (Anm. 202), 83 (Anm. 265), 111, 111 (Anm. 449), 112 (Anm. 451), 113 (Anm. 456, 461), 115, 123, 224, 224 (Anm. 96), 227, 259 (Anm. 350), 265, 283 (Anm. 519), 287, 287 (Anm. 555)
Senonen/Senones 77, 134
Sentinum 49
Silberberg (Sierra de Segura) 329, 329 (Anm. 199, 201), 342
Sisapo 329, 335, 335 (Anm. 239)
Sikelioten/Sizilien 41 (Anm. 84), 44 (Anm. 106), 54 (Anm. 29), 57 (Anm. 50), 65, 69 (Anm. 153), 70, 94, 148, 164, 171, 179 (Anm. 936), 182, 188 (Anm. 996), 213, 213 (Anm. 14), 214 (Anm. 15), 215 (Anm. 28), 259, 259 (Anm. 354), 260 (Anm. 357), 302 (Anm. 28), 343 (Anm. 316)
Skordisker/Scordisci 126 (Anm. 545), 244 (Anm. 237)
Skythen/Skythien 24, 32 (Anm. 23), 36 (Anm. 44), 39 (Anm. 66), 40 f., 40 (Anm. 78), 41 (Anm. 82, 91), 44, 44 (Anm. 107 f., 114), 71 (Anm. 174), 112 (Anm. 453), 120, 122, 142, 142 (Anm. 658 f.), 159 (Anm. 793), 161, 161 (Anm. 809), 162, 184, 214, 214 (Anm. 18), 230, 237 (Anm. 186), 241, 241 (Anm. 219), 242 (Anm. 229), 280 f., 284, 285 (Anm. 535), 286, 296 (Anm. 615), 297, 297 (Anm. 623), 304 (Anm. 42, 46), 308 (Anm. 88), 316 (Anm. 124, 126), 333 (Anm. 129), 354 (Anm. 404), 365 (Anm. 497), 369, 370 (Anm. 536), 374 f., 374 (Anm. **563 567**), 375 (Anm. 572), 376 f., 376 (Anm. 578. 583 f.), 377 (Anm. 594), 394 f., 396 (Anm. 55), 408, 411 (Anm. 160)
Spartaner/Sparta 43 f., 43 (Anm. 105), 44 (Anm. 111), 47 (Anm. 129), 54 (Anm. 29), 61 (Anm. 79), 62 (Anm. 82), 81 (Anm. 247), 85, 90 (Anm. 302), 101 (Anm. 369), 104, 104 (Anm. 393), 107–110, 107 (Anm. 415 f.), 110 (Anm. 435), 112 f., 113 (Anm. 456 f.), 115, 124 (Anm. 525), 125, 279 (Anm. 489), 280, 280 (Anm. 495, 498), 284, 284 (Anm. 530), 307, 355, 365–367, 365 (Anm. 490 f.), 377, 395, 397 (Anm. 63), 408 (Anm. 130)
Sueben/Suebi 33 (Anm. 29), 380, 411 (Anm. 163)
Suessionen/Suessiones 319, 404 (Anm. 118)
Syrakus 27, 43, 44 (Anm. 106), 46 (Anm. 124), 62 (Anm. 89), 71, 86, 86 (Anm. 285), 95 (Anm. 334), 115, 132 (Anm. 579), 136 (Anm. 602), 150 (Anm. 722), 162 (Anm. 812), 168, 171 (Anm. 887, 890), 179 (Anm. 936), 202, 219
Syrer/Syrien 111, 222–224, 255 (Anm. 319), 265, 287 (Anm. 555), 313 (Anm. 108), 392

T
Tagus/Tejo/Tajo 174, 181 (Anm. 949), 277, 281 (Anm. 508), 308 (Anm. 76), 329 f., 335, 348–351, 350 (Anm. 378), 351 (Anm. 382), 352 (Anm. 389), 353 (Anm. 399), 356, 357 (Anm. 421), 358, 358 (Anm. 431)
Tarent 74, 86 (Anm. 277)
Tarraco (Tarragona) 329, 344, 344 (Anm. 325), 346 (Anm. 337), 347 (Anm. 346), 378 (Anm. 603)
Tartessier/Tartessos 39 (Anm. 70), 164–167, 165 (Anm. 832), 166 (Anm. 851), 175, 181, 184, 186, 186 (Anm. 980), 188 f., 188 (Anm. 992), 193 f., 193 (Anm. 1041), 208, 255 (Anm. 324), 257, 257 (Anm. 334), 291 (Anm. 577), 330, 330 (Anm. 206), 333 (Anm. 225), 334, 334 (Anm. 236), 339 (Anm. 287, 289), 340, 341 (Anm. 304), 377 (Anm. 587)
Taurisker/Taurisci 134, 148 (Anm. 712), 154, 162 (Anm. 817)
Telamon 79 (Anm. 230 f.), 81, 136, 138, 138 (Anm. 622), 149, 156, 240 (Anm. 213)
Termessier/Termessos 273, 274 (Anm. 461), 276, 401 (Anm. 101)
Teuta (illyrische Königin) 151 (Anm. 729), 156 f., 397
Teutonen: s. Kimbern

Thasos 254
Theben/Thebaner 38, 62, 107, 107
    (Anm. 412), 113, 113 (Anm. 457), 307
Themse 253 (Anm. 305), 293 (Anm. 599)
Thermopylen 47 (Anm. 129), 64 (Anm. 111)
Thessaler/Thessalien 88, 279 (Anm. 489)
Thisbe 73 (Anm. 189)
Thraker/Thrakien 24 (Anm. 48), 44 f.,
    44 (Anm. 107 f.), 47 (Anm. 135), 73
    (Anm. 187), 93, 108, 129, 139 (Anm. 632),
    141 (Anm. 652), 231 (Anm. 142), 234,
    234 (Anm. 164), 279 (Anm. 489), 288
    (Anm. 559), 369, 375 (Anm. 572), 381
    (Anm. 622)
Thule 307
Thurioi 302
Thyreatis 85
Titter/Titti 203, 203 (Anm. 1096 f., 1103), 204,
    205 (Anm. 1112), 359 (Anm. 443)
Tolosa 234 f., 234 (Anm. 170), 398 (Anm. 71)
Trasimenischer See 66, 97, 155 (Anm. 760)
Troja/Trojaner 35, 69 f., 70 (Anm. 166), 93
    (Anm. 321), 237 (Anm. 183), 367, 369–371
Turduler/Turduli 184 (Anm. 969), 339, 340
    (Anm. 293), 350, 358
Tylis 18 (Anm. 20), 141 (Anm. 652), 160
    (Anm. 800), 244 (Anm. 327)
Tyros 254, 333, 333 (Anm. 225)
Tyrrhener: s. Etrusker

U
Umbrien 49, 286
Utica 198, 219

V
Vakkäer/Vaccaei 187 (Anm. 985), 195, 195
    (Anm. 1050 f.), 198, 206, 206 (Anm. 1120),
    226 (Anm. 112), 270 f., 271 (Anm. 448), 345,
    357, 357 (Anm. 421 f.), 358, 359 (Anm. 443),
    363 (Anm. 475), 389, 401
Vaskonen/Vascones 363, 367, 367 (Anm. 511),
    372
Venetien/Veneter/Veneti (Italien) 148
    (Anm. 712), 158 (Anm. 779)
Veneter/Veneti (Gallien) 217 (Anm. 48),
    294 (Anm. 603), 314 (Anm. 113), 319
    (Anm. 144)
Vettones/Vettonen 357, 357 (Anm. 421, 424),
    358, 363 (Anm. 475), 364, 379–381, 401
    (Anm. 102)
Volcae (Tectosages) 235
Volterra 49 (Anm. 149)
Vorderasien 25, 36, 161

W
Weihgeschenke des Pompeius (La Jonquera)
    327, 328 (Anm. 195), 329, 344
Westafrika 59
Westeuropa 25 (Anm. 56), 336, 391

Z
Zakynthier/Zakynthos 344
Zentraleuropa 23 f., 193 f., 201, 208
Zinninseln 290 f., 293 (Anm. 599), 294, 294
    (Anm. 606), 297, 333, 336 (Anm. 253)

Historische und fiktive Personen

A
Abilyx 190 f., 191 (Anm. 1011, 1015), 193, 201
    (Anm. 1080)
Achilles 231 (Anm. 142), 288 (Anm. 559)
Acilius, G. 75, 137 (Anm. 609)
Aemilius Papus, L. (Cos. 225 v. Chr.) 81
Aeneas 69, 69 (Anm. 153), 75, 75 (Anm. 202)
Agatharchides von Knidos 22, 23 (Anm. 42),
    146 (Anm. 695), 180, 243, 257, 260, 260
    (Anm. 358), 263, 263 (Anm. 374, 376), 289
    (Anm. 567), 293, 298, 374
Agrippa, M. Vipsanius 310, 324 (Anm. 171),
    326, 362, 370, 382 (Anm. 629)
Ahenobarbus, Gn. Dom. (Cos. 122 v. Chr.) 58
    (Anm. 54), 221
Aischylos 45 (Anm. 118), 72, 112, 146, 147
    (Anm. 699), 403 (Anm. 114)

Aias von Salamis (der Große) 231, 236, 248 (Anm. 263)
Alexander der Große 15, 23, 23 (Anm. 46), 25, 35, 37 (Anm. 51), 60, 60 (Anm. 72), 76, 82, 82 (Anm. 249), 111 f., 224, 312 (Anm. 105), 326 (Anm. 184), 354, 371, 399 (Anm. 78)
Alexander Polyhistor 295 (Anm. 607), 384, 384 f. (Anm. 3, 5), 398, 398 (Anm. 74)
Alkinoos 185
Ammian/Ammianus Marcellinus 299, 299 (Anm. 635), 311 (Anm. 98 f.)
Amphilochos von Argos 387
Anakreon 166, 334 (Anm. 236)
Anacharsis 281 (Anm. 502), 284, 354 (Anm. 404)
Andobales 174 f. (Anm. 908, 920), 191–193, 191 (Anm. 1015), 192 (Anm. 1035), 286, 286 (Anm. 548), 397 (Anm. 61), 401 (Anm. 100)
Aneroëstos 139, 139 (Anm. 635), 401 (Anm. 96)
Antiochos III. 72, 102 (Anm. 383), 111 (Anm. 449), 112 (Anm. 454)
Antiochos IV. 73, 74 (Anm. 192), 123, 123 (Anm. 520), 287, 287 (Anm. 554 f.)
Antonius, M. 227, 365 (Anm. 487)
Apion 408, 410
Apollodor von Athen 303
Apollon 46 (Anm. 127), 47 (Anm. 131), 115, 147 (Anm. 698)
Apollonios Rhodios 44 f., 45 (Anm. 118), 146 f., 147 (Anm. 698), 148 (Anm. 703)
Appian von Alexandria 154 (Anm. 751), 174 (Anm. 910 f.), 202, 202 (Anm. 1088, 1095), 203 (Anm. 1096), 206 (Anm. 1120), 272 (Anm. 449), 274 (Anm. 463), 276 (Anm. 474), 279 (Anm. 493), 282 (Anm. 514 f.), 287 (Anm. 551), 299, 339 (Anm. 290), 349 (Anm. 366), 380 (Anm. 618)
Aratos von Sikyon 54 (Anm. 31), 61 f. (Anm. 81), 104 (Anm. 397)
Archimedes 27, 104 (Anm. 397), 264
Ares 233, 312 (Anm. 101), 369, 376, 376 (Anm. 578), 398, 398 (Anm. 70)
Aristodemos von Nysa 300, 300 (Anm. 3)

Aristoteles 25 f., 26 (Anm. 60), 29 (Anm. 2), 32 (Anm. 24), 35, 35 (Anm. 41), 43 (Anm. 102), 44, 44 (Anm. 112, 114), 67 (Anm. 138), 102, 106, 106 (Anm. 408), 107 (Anm. 415), 110 (Anm. 435), 139, 139 (Anm. 637), 161, 161 (Anm. 808), 163, 224, 227, 238, 240 (Anm. 208), 252, 255, 259, 269 (Anm. 426), 281 f. (Anm. 509), 284 (Anm. 530), 295, 364 (Anm. 478), 371, 401, 401 (Anm. 102)
Artemis 49, 49 (Anm. 149), 86, 343 (Anm. 318), 344 (Anm. 319), 346
Aristarchos von Epeiros 70 (Anm. 160)
Aristarchos von Samos 27
Aristonikos aus Ägypten 36 (Anm. 45), 62
Aristoxenos von Tarent 69
Arrian 30
Artemidor von Ephesos 25, 220 (Anm. 65), 247 (Anm. 252), 248 (Anm. 262, 266–268), 249 (Anm. 269–271, 275), 248 f., 253, 254 (Anm. 311, 317), 255, 257, 257 f. (Anm. 343), 263 (Anm. 382), 264 (Anm, 389), 276 f., 276 (Anm. 474), 277 (Anm. 475), 291, 291 (Anm. 586), 298, 303 (Anm. 39), 309 (Anm. 90), 317, 322 (Anm. 161), 324, 340 (Anm. 293), 344 (Anm. 326), 348–350, 348 (Anm. 262), 349 (Anm. 363, 367 f.), 350 (Anm. 374, 378), 357 (Anm. 424), 363 (Anm. 469), 366 (Anm. 499), 398, 398 (Anm. 75) 399 (Anm. 84)
Asklepiades von Myrleia 247 (Anm. 252), 248, 248 (Anm. 262 f.) 249 (Anm. 270), 254 (Anm. 310), 257, 257 (Anm. 343), 259 (Anm. 349), 263 (Anm. 382) 264 (Anm. 389), 276 (Anm. 474), 291 (Anm. 587), 324, 334, 335 (Anm. 238), 367
Asterix 211, 211 (Anm. 2), 415
Astolpas 283 f., 285 (Anm. 542), 289 (Anm. 570)
Athene 144, 248
Athenaios von Naukratis 123 (Anm. 520), 173 (Anm. 904), 174 (Anm. 912), 181, 181 (Anm. 949), 185, 214, 215 (Anm. 23), 226 (Anm. 108), 228, 228 (Anm. 122 f.), 235, 236 (Anm. 178), 258 (Anm. 345), 276 (Anm. 473), 277 (Anm. 476), 287

(Anm. 555), 293 (Anm. 596), 299, 300 (Anm. 6), 403 (Anm. 114)
Attalos III. 224
Audas, Ditalkes & Nikorontes (Mörder des Viriatus) 286, 286 (Anm. 548)
Augustus 75 (Anm. 207), 114, 215, 227, 300, 305, 310, 310 (Anm. 96), 311, 311 (Anm. 99), 321, 324, 324 (Anm. 171–173), 325, 325 (Anm. 177), 327, 331, 331 (Anm. 212), 332 (Anm. 218), 347 (Anm. 349), 349 (Anm. 366), 353, 353 (Anm. 398), 359, 371–373, 374 (Anm. 564), 375, 376 (Anm. 576), 378 (Anm. 603), 379 (Anm. 604), 383 f., 390, 404, 406
Avienus, Postumius Rufius Festus 42 (Anm. 97), 166 f., 258 (Anm. 344), 349 (Anm. 366)

B

Balbus, L. Cornelius (Cos. Suff. 40 v. Chr.) 332 (Anm. 217)
Balbus, L. Cornelius (Triumphator 19 v. Chr.) 332, 332 (Anm. 218), 333 (Anm. 221)
Bostar 190 f., 191 (Anm. 1011)
Boudicca 410, 413
Brutus Callaicus, Dec. Iunius 169, 195, 250 (Anm. 280), 287 (Anm. 552), 289 (Anm. 568), 292 (Anm. 589), 308 (Anm. 76), 349 (Anm. 365), 350, 352 (Anm. 389), 353 f., 353 (Anm. 399), 355 (Anm. 413), 363 (Anm. 469), 370, 370 (Anm. 536)
Brutus, M. (Praet. 88 v. Chr.) 227 (Anm. 117)
Busiris 92 (Anm. 316), 304, 304 (Anm. 45)

C

Caesar, G. Iulius 15, 33 f., 33 (Anm. 29) 34 (Anm. 34 f.), 49, 77, 133 f., 133 (Anm. 582), 136 (Anm. 605), 151, 214 (Anm. 18), 215 f., 217 (Anm. 44, 48), 223 (Anm. 87), 227, 227 (Anm. 119), 240 (Anm. 204), 241 (Anm. 218), 245, 254 (Anm. 315), 280 (Anm. 500), 293 (Anm. 599), 294 (Anm, 603), 296, 299, 309 (Anm. 90 f.), 310 (Anm. 96), 310 f., 313, 316–320, 316 (Anm. 123, 125 f.), 318 (Anm. 136, 139 f.), 319 (Anm. 146), 322–325, 322 (Anm. 159, 161 f.), 324 (Anm. 172), 352–354, 352 (Anm. 389). 353 (Anm. 398 f.), 359, 372 f., 375 (Anm. 573 f.), 378 (Anm. 604), 380, 383 (Anm. 632), 390 (Anm. 26), 402, 404 (Anm. 118), 412, 414 (Anm. 189)
Calgacus 412 f.
Calpurnius Piso, L. (Cos. 133 v. Chr. / Historiker) 88, 96
Cassius Longinus, Gaius 223 (Anm. 87)
Cato d. Ältere, M. Porcius 48, 48 (Anm. 143), 57 (Anm. 48), 63 (Anm. 97), 71 (Anm. 171), 74 f., 74 (Anm. 200), 77 (Anm. 215), 86, 86 (Anm. 278), 91 (Anm. 309), 96, 69 (Anm. 340), 104, 104 (Anm. 396), 110 (Anm. 438), 136 (Anm. 609), 144, 144 (Anm. 672), 149, 159 (Anm. 787), 168 (Anm. 868), 180 (Anm. 946), 184, 187 (Anm. 985), 194 (Anm. 1042), 195 (Anm. 1053), 250, 261 (Anm. 368)
Charmoleon von Massalia 217, 222, 222 (Anm. 76), 369 (Anm. 535)
Charops von Epeiros 76 (Anm. 209), 124 (Anm. 529), 162 (Anm. 812)
Chiomara (galatische Prinzessin) 160, 161 (Anm. 806), 397
Cicero, Marcus Tullius 49 (Anm. 146), 104, 104 (Anm. 396, 400), 105 (Anm. 402), 121 (Anm. 509), 148, 223, 223 (Anm. 87), 227, 245, 245 (Anm. 239), 293 (Anm. 599), 299 (Anm. 635), 301, 305 (Anm. 51), 322 (Anm. 217), 335 (Anm. 239)
Claudius Marcellus, M. (Eroberer von Syrakus) 135, 202, 240
Claudius Marcellus, M. (Cos. 166, 155, 152 v. Chr.) 202, 203 (Anm. 1096, 1103), 205 f., 205 (Anm. 1112), 206 (Anm. 1119) 267 (Anm. 412), 360 (Anm. 445 f.), 361 (Anm. 454)
Cocles, Horatius 121, 121 (Anm. 511)
Crassus, Publius Licinius 292 (Anm. 594), 293 f., 293 (Anm. 602), 294 (Anm. 603)

D

Demetrios I. Soter 162 (Anm. 813)
Demetrios II. 224 (Anm. 96)

Demetrios von Byzanz 46
Demetrios von Phaleron 55, 55 (Anm. 35), 258 (Anm. 345), 263 (Anm. 380)
Demetrios von Pharos 126
Demetrios von Skepsis 303
Demokrit von Abdera 232, 232 (Anm. 153)
Demosthenes 35
Dikaiarchos 26 (Anm. 60), 31 (Anm. 12), 190, 233, 233 (Anm. 154), 234 (Anm. 165), 254 (Anm. 311), 257 (Anm. 343), 266 (Anm. 397)
Diodor von Agyrion 43 (Anm. 105), 48 (Anm. 143), 71 (Anm. 169), 77 (Anm. 215), 143 (Anm. 665), 201 (Anm. 1084), 213–216, 213 (Anm. 10, 13 f.), 214 (Anm. 15, 17–19), 215 (Anm. 24–28), 216 (Anm. 29, 37), 228, 228 (Anm. 122), 229 (Anm. 127), 230 f., 234 (Anm. 170), 237 (Anm. 188), 241 (Anm. 217), 244 (Anm. 236), 248, 248 (Anm. 266), 259 (Anm. 351, 353), 264 (Anm. 389), 267 (Anm. 407), 268 (Anm. 416), 269 (Anm. 426), 270, 272 (Anm. 450), 277, 280 (Anm. 501), 282 (Anm. 514), 283 (Anm. 523), 284 (Anm. 526, 528), 289 (Anm. 568), 294 (Anm. 606), 299, 343 (Anm. 316), 364 (Anm. 482), 374, 399 (Anm. 81), 401 (Anm. 105), 403 (Anm. 114)
Dionysios I. (Syrakus) 43, 44 (Anm. 106), 46 (Anm. 124), 132 (Anm. 579), 150 (Anm. 722), 168, 171 (Anm. 890)
Dionysios von Halikarnassos 113 (Anm. 462)
Dionysos 33, 371
Ditalkes: s. Audas, Ditalkes & Nikorontes
Domitian 412, 412 (Anm. 175)

E

Edeco 174 (Anm. 908), 192, 401 (Anm. 100)
Ennius, Quintus 74, 136 (Anm. 609)
Ephoros von Kyme 27, 39 (Anm. 66), 41 (Anm. 83), 43 (Anm. 100), 45, 45 (Anm. 122), 46 (Anm. 124, 128), 48, 56, 63, 65 (Anm. 123), 68 (Anm. 147), 71 (Anm. 174), 107 f., 107 (Anm. 416), 108 (Anm. 421, 424), 112 (Anm. 450), 166, 167 (Anm. 859), 183 (Anm. 958), 213, 213 (Anm. 14), 221, 244 (Anm. 237), 257, 257 (Anm. 343), 269, 298, 303 (Anm. 39), 321 (Anm. 155), 348, 374, 374 (Anm. 563)
Epikur 26, 232 (Anm. 153)
Eratosthenes der Jüngere 46
Eratosthenes von Kyrene 37, 52, 59 (Anm. 69), 101, 127 f., 145 f., 167 (Anm. 858–860), 172 (Anm. 897), 173, 175, 175 (Anm. 919 f.), 209, 220, 249, 249 (Anm. 274 f.), 254 (Anm. 311), 257 (Anm. 343), 295, 303 (Anm. 39), 344 (Anm. 326), 350 (Anm. 378), 370 (Anm. 534), 373, 373 (Anm. 556), 405
Erinnyen 292 f., 292 (Anm. 594)
Eudoxos von Kyzikos 251, 251 (Anm. 291)
Evander/Euandros aus Arkadien 75, 75 (Anm. 202)

F

Flamininus, Tit. Quinctius 64 (Anm. 111), 72, 72 (Anm. 176 f.), 82 (Anm. 251), 86, 88, 126 (Anm. 545), 283 (Anm. 522)
Flaminius, Gaius 79 (Anm. 230), 81, 134, 135 (Anm. 593)

G

Galba, S. Sulpicius (Cos. 144 v. Chr.) 206 f., 206 (Anm. 1121), 245
Gallus, Aelius 305, 305 (Anm. 50 f.), 382 (Anm. 630)
Geron/Geryon 165, 165 (Anm. 835), 167, 167 (Anm. 859), 183 (Anm. 958), 255 (Anm. 324), 333 (Anm. 221)
Gracchus, Tib. Sempronius d. Ältere (Cos. 177 v. Chr.) 168 f., 203 (Anm. 1102), 204, 359, 360 (Anm. 445)
Gracchus, Tib. Sempronius (Volkstribun 133 v. Chr.) 114 (Anm. 464)

H

Hamilkar Barkas 96, 100, 104 (Anm. 397), 165, 170 f., 171 (Anm. 885)
Hannibal 66 f., 78, 96–98, 96 (Anm. 345), 97 (Anm. 346), 100, 102, 104 (Anm. 397), 124, 129, 129 (Anm. 563), 140, 140 (Anm. 642), 151, 151 (Anm. 731), 152–156, 152 (Anm. 736), 153 (Anm. 746), 155 (Anm. 760), 156 (Anm. 768), 158

(Anm. 784), 162 (Anm. 812), 165, 170–172, 171 (Anm. 885, 888), 172 (Anm. 893), 174 (Anm. 910), 176, 176 (Anm. 921), 181 (Anm. 948), 183, 188–190, 188 (Anm. 997), 190 (Anm. 1006, 1008), 191 (Anm. 1017), 196–199, 196 (Anm. 1056 f.), 197 (Anm. 1061), 205, 208 (Anm. 1127), 209 f., 260, 267, 277 (Anm. 478), 288, 344
Hasdrubal Barkas (Bruder Hannibals) 132, 145 (Anm. 678), 170, 170 (Anm. 882)
Hasdrubal der Schöne (Schwiegersohn Hamilkars) 171, 177, 188 (Anm. 996)
Hasdrubal, Sohn des Gisco 191, 198–200, 198 (Anm. 1066), 201 (Anm. 1080, 1082)
Hekataios von Abdera 25 (Anm. 55), 40 (Anm. 76), 45 (Anm. 119), 56, 153 (Anm. 745), 392 (Anm. 36), 396
Hekataios von Milet 49 (Anm. 139), 166, 326, 326 (Anm. 186), 345, 345 (Anm. 332), 378 (Anm. 597)
Helios 44
Hellanikos von Mytilene 69, 69 (Anm. 153–155)
Hera 45 (Anm. 117), 190 (Anm. 1006)
Herakleides Pontikos 45, 69 (Anm. 156)
Herakles 38, 59, 75 (Anm. 203), 146 (Anm. 687), 165, 167, 176, 207, 246, 253 f., 282, 304, 333, 338, 348, 371
Hesiod 40, 165, 232 (Anm. 153)
Hieron II. von Syrakus 86 (Anm. 285), 95 (Anm. 334), 136 (Anm. 602)
Hieronymos von Kardia 56, 70, 86, 86 (Anm. 285), 162 (Anm. 812)
Hipparchos von Nikaia 27, 146
Hippokrates von Kos / (Pseudo-)Hippokrates 30, 34 (Anm. 30), 41, 41 (Anm. 86), 62, 70 (Anm. 159), 131 (Anm. 573), 142 (Anm. 658), 150, 184 (Anm. 968), 298, 338, 396 (Anm. 55), 400
Homer 18, 23 f., 34 (Anm. 37), 39 f., 40 (Anm. 71), 62, 132 (Anm. 577), 168, 185, 186 (Anm. 982), 221, 231 (Anm. 142), 237 f., 256, 256 (Anm. 329), 293, 300, 302 (Anm. 28), 325, 326 (Anm. 183), 333, 333 (Anm. 226), 334 (Anm. 235 f.), 394 (Anm. 40), 399, 399 (Anm. 84), 407, 411

I
Iason von Nysa 301
Isokrates 35, 35 (Anm. 40)

J
Josephus, Flavius 407–409, 407 (Anm. 125, 128), 409 (Anm. 140), 410 (Anm. 155), 415
Jupiter (Lapis) 115 f.
Justin/Iustinus: s. Pompeius Trogus, Gn.

K
Kallikrates von Leontion 73 (Anm. 189)
Kallimachos von Kyrene 46, 46 (Anm. 125, 127), 393 (Anm. 37)
Kallisthenes von Olynth 107, 137 (Anm. 616)
Karneades 57 (Anm. 48), 65, 65 (Anm. 119)
Kerberos 166
Kleitomachos von Theben 62
Kleopatra VII. 365 (Anm. 487), 384, 397 (Anm. 63), 409 (Anm. 141)
Kolaios von Samos 166, 257 (Anm. 334)
Kontoniatos (Arvernerfürst) 241 (Anm. 217), 243 (Anm. 235), 297 (Anm. 627)
Krinagoras von Mytilene 312 (Anm. 99), 325 (Anm. 177)
Kritias 116, 116 (Anm. 486)

L
Laelius, G. (Cos. 190 v. Chr.) 179, 193
Lepidus Porcina, M. Aemilius (Cos. 137 v. Chr.) 226 (Anm. 112), 271, 325
Livius, Titus 48 f., 48 (Anm. 143), 49 (Anm. 147), 77 (Anm. 215), 121 (Anm. 511), 137 (Anm. 605), 140, 143 (Anm. 666), 151 (Anm. 731), 185, 192 (Anm. 1035), 194 (Anm. 1042), 200 (Anm. 1076), 265 (Anm. 393), 268 (Anm. 422), 283 (Anm. 520), 287 (Anm. 555), 288, 288 (Anm. 561), 311 (Anm. 99), 314, 340 (Anm. 293), 347 (Anm. 352), 360 (Anm. 445, 448)
Livius Andronicus, Lucius 74, 74 (Anm. 196), 242 (Anm. 230)
Lucilius, G. (Satiriker) 250 (Anm. 283), 288
Lucullus, L. Licinius (Cos. 151 v. Chr.) 58 (Anm. 60), 195, 195 (Anm. 1051), 205 f., 207 (Anm. 1120)

Luernios 222 (Anm. 79), 234 (Anm. 168 f.), 400, 402 (Anm. 106)
Lykortas von Megalopolis (Vater des Polybios) 56, 56 (Anm. 43), 61, 61 (Anm. 81), 73 (Anm. 189)
Lykurg 104, 104 (Anm. 393), 109 (Anm. 428)

M
Magas von Kyrene 46 (Anm. 125)
Mandonius (Bruder des Andobales) 191 f., 191 (Anm. 1015), 286, 286 (Anm. 548)
Manlius Imperiosus Torquatus, Titus, Sieger im Zweikampf gegen einen Gallier 240 (Anm. 204)
Marius, G. 217, 220, 242 (Anm. 226), 247 (Anm. 254), 296
Massinissa 58, 58 (Anm. 59 f.), 150, 199, 209, 307
Maximus Aemilianus, Q. Fabius (Cos. 145 v. Chr.) 75 (Anm. 208), 124 (Anm. 529), 171 (Anm. 879), 207 (Anm. 1117), 283
Maximus Servilianus, Q. Fabius (Cos. 142 v. Chr.) 283
Megasthenes 25 (Anm. 55), 302, 371, 397
Melqart 253 f., 333 (Anm. 225)
Menelaos 185, 185 (Anm. 970), 186 (Anm. 981)
Metellus Balearicus, Q. Caecilius (Cos. 123 v. Chr.) 273 (Anm. 455), 347
Metrodoros von Skepsis 389
Mithridates VI. (von Pontos) 247, 262 (Anm. 369 f.), 374 (Anm. 564), 381 (Anm. 622), 390
Moses 407 (Anm. 128), 410
Musen 233

N
Naevius, Gnaeus 74 f.
Nearchos 25 (Anm. 55), 30, 45 (Anm. 122), 188 (Anm. 994), 302, 365 (Anm. 474), 397, 402
Nerva 31
Nikias von Athen 115
Nikolaos von Damaskos 238 (Anm. 196), 321 (Anm. 155), 364, 379 (Anm. 608), 384, 384 (Anm. 3)

Nikomedes I. von Bithynien 141
Nikorontes: s. Audas, Ditalkes & Nikorontes

O
Obelix 211, 415
Octavian: s. Augustus
Odysseus 60 f., 186 (Anm. 979), 237 (Anm. 183), 242, 248, 334, 365 (Anm. 495)
Ortiagon (galatischer Prinz) 159 f., 160 (Anm. 801), 161 (Anm. 806), 401 (Anm. 96)

P
Pan/Panen 229
Panaitios von Rhodos 56 (Anm. 47), 65, 65 (Anm. 117), 116 f., 117 (Anm. 488), 223, 224 (Anm. 97), 226 (Anm. 109), 251 (Anm. 289)
Pantauchos (makedonischer Feldherr) 240
Parmenides von Elea 42 (Anm. 92), 109 (Anm. 432)
Patroklos 231 (Anm. 142), 288 (Anm. 559)
Paullus Macedonicus, L. Aemilius 57 (Anm. 48), 63, 73, 74 (Anm. 195), 124 (Anm. 529)
Perikles 121, 288 (Anm. 561)
Perseus (König von Makedonien) 56, 73, 73 (Anm. 187), 124 (Anm. 525), 126 (Anm. 539), 140 (Anm. 647)
Phaëthon 44, 147
Philinos von Akragas 70, 71 (Anm. 168 f.)
Philipp II. 35, 35 (Anm. 40)
Philipp V. 64 (Anm. 105, 111), 66, 72 (Anm. 176), 82 (Anm. 251), 85 f., 86 (Anm. 281, 283), 126, 126 (Anm. 545), 162 (Anm. 814)
Philopoimen 61 (Anm. 81), 81 (Anm. 247), 90 (Anm. 302), 104 (Anm. 397)
Pictor, Quintus Fabius 48 (Anm. 143), 74 f., 74 f. (Anm. 199, 208), 77 (Anm. 215), 78 (Anm. 222), 81, 135 (Anm. 593), 136 f., 136 f. (Anm. 608, 611), 169–171 (Anm. 873, 881 f.), 170–172
Pindar 40 (Anm. 74, 76)
Plautus, Titus Maccius 74, 286 (Anm. 548)
Platon 26, 26 (Anm. 60), 43 f., 44 (Anm. 106 f., 114), 65 (Anm. 121), 80,

101 f., 106–108, 110 (Anm. 439), 117
(Anm. 490), 161 (Anm. 807), 163, 168, 200,
220 (Anm. 65), 227, 233, 233 (Anm. 154),
236 (Anm. 180), 281 (Anm. 509), 367
(Anm. 509), 374, 374 (Anm. 567), 377, 402,
402 (Anm. 109)
Plautius Hypsaeus, G. (Praet. 146 v. Chr.)
282 f., 282 (Anm. 515)
Plinius Secundus d. Ältere, G. 31, 220
(Anm. 62), 291 (Anm. 588), 299, 340
(Anm. 293), 361 (Anm. 456)
Plutarch 74 (Anm. 200), 77 (Anm. 211),
82 (Anm. 249), 92 (Anm. 319), 122
(Anm. 517), 131 (Anm. 573), 242
(Anm. 227), 251 (Anm. 292), 280
(Anm. 495), 298, 298 (Anm. 631)
Polyphem 237 (Anm. 183 f.)
Pompeius Magnus, Gn. 21 (Anm. 37), 82
(Anm. 249), 114 (Anm. 464), 223, 223
(Anm. 88), 227, 247, 289 (Anm. 566),
297 (Anm. 619), 300 (Anm. 3), 327, 328
(Anm. 195), 344, 384 (Anm. 3)
Pompeius, Q. (Cos. 141 v. Chr.) 272 f., 273
(Anm. 453), 386
Pompeius Trogus, Gn. 239 (Anm. 202)
Pomponius Mela 414 (Anm. 189)
Popilius Laenas, G. (Cos. 172 v. Chr.) 73
Popilius Laenas, M. (Cos. 139 v. Chr.) 285 f.,
285 (Anm. 541–542), 186 (Anm. 543)
Postumius Albinus, L. (Cos. 173 v. Chr.) 168
Pseudo-Hippokrates: s. Hippokrates von Kos
Pseudo-Skymnos 43 (Anm. 100), 166 f.
(Anm. 839, 851, 859), 183 (Anm. 954,
958 f.), 244 (Anm. 237)
Ptolemaios I. 312 (Anm. 105)
Ptolemaios II. 46 (Anm. 125), 340
(Anm. 293), 361 (Anm. 456)
Ptolemaios IV. 62, 102 (Anm. 383)
Ptolemaios VI. 74 (Anm. 193)
Ptolemaios VIII. Physkon 59, 224 (Anm. 97),
226 (Anm. 112), 271 (Anm. 448)
Pyrrhos von Epeiros 70, 70 (Anm. 162), 78,
83 (Anm. 263), 92 (Anm. 318), 240
Pytheas von Massalia 24 (Anm. 50),
25, 31 (Anm. 12 f.), 33 (Anm. 30), 39
(Anm. 70), 42, 42 (Anm. 97), 43
(Anm. 99), 45 (Anm. 119), 48 (Anm. 138),
167, 169 (Anm. 874), 172 (Anm. 897),
173 (Anm. 899), 176 (Anm. 923), 217
(Anm. 48), 219 f., 220 (Anm. 59, 62), 222 f.,
223 (Anm. 84), 248 f., 248 (Anm. 267),
249 (Anm. 275), 251, 257 (Anm. 343), 291,
291 (Anm. 482), 293 (Anm. 599), 302,
302 (Anm. 22), 307, 322 (Anm. 161), 326
(Anm. 182), 333, 382

R

Regulus, Gaius Atilius (Cos. 225 v. Chr.) 81,
94, 136
Rutilius Rufus, P. (Cos. 105 v. Chr.) 242
(Anm. 226), 250, 261 (Anm. 267), 262
(Anm. 371), 297 (Anm. 619)

S

Sallustius Crispus, G. 32 (Anm. 21),
163 (Anm. 822), 261 (Anm. 367), 414
(Anm. 189)
Scipio, P. Cornelius (Cos. 218 v. Chr.,
Vater des Africanus) 75 (Anm. 208), 140
(Anm. 642, 645), 188 (Anm. 995), 190–193,
192 (Anm. 1025, 1027)
Scipio Aemilianus Africanus, P. Cornelius 25
(Anm. 52, 56), 31 (Anm. 13), 51, 56–59, 56
(Anm. 47), 57 (Anm. 48) 58 (Anm. 57,
60), 59 (Anm. 66, 68), 74 (Anm. 195, 200),
75, 75 (Anm. 208), 87, 96 (Anm. 337, 343),
97, 117 (Anm. 488), 122, 122 (Anm. 514),
124 (Anm. 529), 125, 132, 135 (Anm. 595),
169 f., 169 (Anm. 874), 170 (Anm. 879), 175
(Anm. 920), 181, 187 (Anm. 985), 195, 195
(Anm. 1051), 200, 203 f. (Anm. 1103), 205 f.,
205 (Anm. 1113), 206 (Anm. 1117, 1120,
1122), 217 f. (Anm. 48), 222, 224 (Anm. 97),
246, 250, 254 (Anm. 315), 272, 274, 274
(Anm. 462), 283, 283 (Anm. 521), 293 f.
(Anm. 602)
Scipio Africanus (d. Ältere), P. Cornelius 57
(Anm. 48), 64 (Anm. 105), 100, 104
(Anm. 393, 397), 115, 115 (Anm. 477), 124,
124 (Anm. 529), 129, 129 (Anm. 563), 159
(Anm. 795), 168, 177, 179, 180 (Anm. 943),
198–200, 200 (Anm. 1076), 286
(Anm. 548), 288, 288 (Anm. 558)

Scipio Calvus, Gn. Cornelius
  (Cos. 222 v. Chr., Onkel des Africanus)
  135, 188 (Anm. 995)
Seleukos von Babylon 251, 251 (Anm. 292)
Sempronius Longus, Tiberius 97, 140
  (Anm. 645)
Sertorius, Quintus 247, 247 (Anm. 253,
  255 f.), 325, 328 (Anm. 195), 344, 352
  (Anm. 389)
Servilius Caepio, Q. (Cos. 140 v. Chr.) 283
  (Anm. 523), 286
Servilius Caepio, Q. (Cos. 106 v. Chr.) 235
Skylax von Karyanda 59
Silenos von Kaleakte 177 (Anm. 923), 253, 325
  (Anm. 176)
Silius Italicus 42 (Anm. 96)
Solon 110 (Anm. 439), 342 (Anm. 304)
Sopater von Paphos 46, 393 (Anm. 37)
Sostratos von Nysa 300
Stesichoros 166
Sulla (Felix), L. Cornelius 247 (Anm. 254),
  296, 366
Syphax 198–200, 198 (Anm. 1066)

T
Tacitus, P. Cornelius 15, 22 (Anm. 39),
  31 f., 238 (Anm. 197), 316 (Anm. 125), 317
  (Anm. 134), 336, 407, 409–415, 410–413
  (Anm. 155, 158), 411 (Anm. 160, 163, 168),
  412 (Anm. 173–175, 177, 181), 413 (Anm. 185,
  187)
Terentius Afer, P./Terenz 74, 98 (Anm. 343)
Teukros von Salamis 248 (Anm. 263), 367
Teuta 151 (Anm. 729), 156 f., 397
Theophrast von Eresos 21 (Anm. 35), 26
  (Anm. 60)
Theopompos von Chios 166
Thukydides 34 (Anm. 37), 38, 63, 68, 68
  (Anm. 148, 152), 121, 179, 179 (Anm. 936),
  232, 279 (Anm. 488), 288 (Anm. 561), 303,
  408
Tiberius 300, 305 (Anm. 50), 320 (Anm. 153),
  361, 361 (Anm. 458), 372, 373
Timaios von Tauromenion 25, 33, 50,
  56, 60 (Anm. 73), 70, 70 (Anm. 163),
  136 (Anm. 608), 147, 147 (Anm. 702),
  148 (Anm. 703), 167, 173 (Anm. 906),
  177 (Anm. 923), 195 (Anm. 1051), 214
  (Anm. 14), 236, 293 (Anm. 596), 326
  (Anm. 176), 347
Timagenes von Alexandria 25, 214 f., 215
  (Anm. 24), 234, 311 (Anm. 98 f.), 322, 322
  (Anm. 161 f.), 384, 385 (Anm. 5), 390, 390
  (Anm. 25), 399 f., 402 (Anm. 106)
Titus 410
Trajan 31
Troubadix 231 (Anm. 142)
Tyrannion von Amisos 301, 301 (Anm. 9)

V
Varus, P. Quinctilius 317, 321, 413
Vercingetorix 317, 317 (Anm. 128)
Vetilius, G. (Praet. 147 v. Chr.) 282, 282
  (Anm. 515), 286 (Anm. 548)
Viriatus 170 (Anm. 879), 185 (Anm. 971), 207
  (Anm. 1123), 245–247, 245 (Anm. 242),
  275 (Anm. 468), 276 (Anm. 474), 277 f.,
  277 (Anm. 477), 280–286, 280 (Anm. 497,
  501), 281 (Anm. 506 f.), 283 (Anm. 520),
  284 (Anm. 528), 285 (Anm. 541 f.),
  286 (Anm. 548), 287 (Anm. 551), 288
  (Anm. 560), 289 (Anm. 565 f., 568 f.),
  288–290, 296, 353 (Anm. 389), 354, 354
  (Anm. 404), 394, 402 (Anm. 106), 412
Viridomarus (Gallierkönig) 240

X
Xenarchos von Seleukeia 300, 300 (Anm. 7)
Xenophon 52, 88 (Anm. 294), 107 f.,
  172 (Anm. 891), 236 (Anm. 180), 279
  (Anm. 488 f.), 284 (Anm. 530), 366
  (Anm. 503)

Z
Zeus (Lykaios; Eleutherios) 44, 47
  (Anm. 129), 61, 161 (Anm. 807), 225
  (Anm. 102)

Sachindex

Folgende Begriffe tauchen im Text zu oft auf, um hier aufgelistet zu werden, oder erschließen sich aus den (Zwischen-)Überschriften: Ethnographie, Geographie, Topoi, Griechische Geschichtsschreibung, Barbaren/Zivilisation, Vergleiche, Praxistheorie, Vergleichspraktiken, Griechische Identität, Bewaffnung, Kleidung, Ernährung, Aussehen, Hellenismus

Akademie/Platoniker 26, 26 (Anm. 60), 43 f., 44 (114), 57 (Anm. 48), 65, 65 (Anm. 121), 80, 101 f., 106–108, 161 (Anm. 807), 163, 200, 220 (Anm. 65), 227, 233, 233 (Anm. 154), 281 (Anm. 509), 374, 374 (Anm. 567), 377, 402, 402 (Anm. 109)

Apoikien/Griechische Kolonien 23 (Anm. 46), 42, 60 (Anm. 72), 151, 167, 211, 343–346, 346 (Anm. 341), 369

Bergbau/Minen 58 (Anm. 63), 143 (Anm. 664), 144 (Anm. 671), 148 (Anm. 712), 162 (Anm. 817), 164, 166, 176, 177 (Anm. 924), 178, 180 f., 180 (Anm. 943, 946), 181 (Anm. 948), 184 (Anm 965), 227 (Anm. 114), 235, 250, 255 (Anm. 326), 257–264, 268, 270, 270 (Anm. 436), 271, 271 (Anm. 445), 273 (Anm. 458), 274, 290–292, 292 (Anm. 590), 296 f., 296 (Anm. 618), 299, 329, 329 (Anm. 199 f.), 334–336, 334 (Anm. 237), 335 (Anm. 239, 241, 244), 336 (Anm. 253, 256), 343, 348, 351, 351 (Anm. 383), 356, 356 (Anm. 420), 361 (Anm. 454), 391, 391 (Anm. 31), 405

coloniae 151 (Anm. 731), 158, 171 (Anm. 887), 221, 331 f., 340, 340 (Anm. 293, 298), 344 f., 345 (Anm. 335), 348, 353, 361, 361 (Anm. 457), 394, 394 (Anm. 41)

Dekadenz 38, 86, 142 (Anm. 657), 149 f., 190, 224, 226, 259, 261 f., 262 (Anm. 369), 271, 283, 287, 296, 373, 390, 400, 414

Dichtung/Epos/Lyrik 18 (Anm. 17 f.), 22 (Anm. 40), 39, 45 (Anm. 118), 40, 46, 46 (Anm. 124–127), 60 (Anm. 74), 74, 82 (Anm. 255), 108 (Anm. 417), 117, 122, 146 f., 147 (Anm. 699), 165 f., 193 (Anm. 1041), 231, 232 (Anm. 153) 236, 238, 242 (Anm. 226, 230), 248, 288 (Anm. 564), 311 (Anm. 99), 325 (Anm. 177, 180), 334, 334 (Anm. 235), 354 (Anm. 407), 393 (Anm. 37), 415 (Anm. 195)

Entwicklungstheorie 26, 38, 60, 70 (Anm. 166), 139 (Anm. 629), 160–162, 162 (Anm. 816), 164, 186, 204, 226, 231 f., 236, 238, 240, 244 f., 248, 265 f., 269 f., 289 f., 304, 313, 323, 338 (Anm. 275), 367, 367 (Anm. 509), 368, 373, 379, 390 f., 395, 411

Epikureer 26, 26 (Anm. 60), 223 (Anm. 87), 224 (Anm. 90), 232, 232 (Anm. 153), 237, 254 (Anm. 317)

Genealogie(n)/Abstammung 36–38, 134, 161, 187 (Anm. 991), 209, 229, 235, 237, 248 (Anm. 263), 270, 341 (Anm. 304), 366 (Anm. 499), 367, 386, 409 f.

Gladiatorenspiele 286–288, 287 (Anm. 555, 557)

Goldenes Zeitalter 26, 26 (Anm. 60), 232–234, 232 (Anm. 151), 259, 261, 269, 271, 271 (Anm. 443), 276, 282, 284, 289, 296, 375

Hallstattzeit 48, 222

Heirat(ssitten) 122, 122 (Anm. 517), 185 (Anm. 971), 187, 207, 265, 265 (Anm. 395), 283 f., 364 f.

Hellenisierung 36, 36 (Anm. 43), 40, 42 (Anm. 96), 150, 160, 160 (Anm. 800), 161 (Anm. 806), 243, 394 (Anm. 38)

Hybris 73, 73 (Anm. 184), 192, 204 f., 373

interpretatio Graeca 33 f., 144, 233, 369, 398

interpretatio Romana 411

Isthmische Spiele 72

Kannibalismus 237, 294 (Anm. 606), 309 (Anm. 88), 376 f., 382

Klimatheorie 20, 41 (Anm. 85), 42–44, 44 (Anm. 114), 66, 79 (Anm. 227), 127, 136, 136 (Anm. 605), 138 (Anm. 623), 139 (Anm. 631), 151 (Anm. 735), 161, 164 f., 184, 187, 187 (Anm. 990), 229 (Anm. 125), 230, 233

(Anm 158), 237, 242 (Anm. 231), 256, 265, 266 (Anm. 400), 290, 307, 307 (Anm. 73), 313, 315, 323, 338, 347, 351, 365 (Anm. 496), 369, 382, 385, 391 f., 395, 400, 408 (Anm. 129), 410, 411, 414, 414 (Anm. 190), 415 (Anm. 193), 416

Kopfjagd 81 (Anm. 245), 217 f., 217 (Anm. 44), 218 (Anm. 49 f.), 355 (Anm. 415), 377

Kriege:
- Achaiisch-Römischer 57 (Anm. 51), 59, 63, 63 (Anm. 104), 88, 114, 226 (Anm. 111), 306, 405 (Anm. 122)
- Allobrogisch-Römischer 58 (Anm. 54), 221 (Anm. 71), 401 (Anm. 98)
- Gallischer (Caesar) 77, 134, 217 (Anm. 48), 240 (Anm. 204), 245, 311, 313, 316, 316 (Anm. 123), 317–320, 323 f., 380, 383 (Anm. 632), 390 (Anm. 26)
- Kelten (220er-Jahre v. Chr.) 77–81, 128 (Anm. 559), 134–140, 143, 149, 150 (Anm. 721), 154, 154 (Anm. 756), 159, 159 (Anm. 789), 162, 240 (Anm. 212 f.), 392, 401 (Anm. 96)
- Keltiberisch-Römische 59, 59 (Anm. 66), 114, 169, 174 (Anm. 909), 176, 187 (Anm. 985), 198, 201–206, 246, 246 (Anm. 244), 247 (Anm. 253), 250 (Anm. 283), 264, 270–276, 278, 285, 285 (Anm. 541), 293 (Anm. 597), 317 (Anm. 130), 401 (Anm. 101)
- Kimbern 33, 33 (Anm. 29), 163 (Anm. 822), 220 f., 241–243, 241 (Anm. 225), 242 (Anm. 226), 316, 318 f., 318 (Anm. 140), 336 (Anm. 256),
- Mithridatische 262 (Anm. 369 f.), 268, 381 (Anm. 622)
- Numantinischer 59, 59 (Anm. 66), 114, 169, 198, 246, 246 (Anm. 244), 247 (Anm. 253), 250 (Anm. 283), 264, 270–276, 278, 285, 285 (Anm. 541), 293 (Anm. 597), 317 (Anm. 130), 401 (Anm. 101)
- Perser 34, 37, 47 (Anm. 129), 64 (Anm. 111), 70 (Anm. 139), 73, 73 (Anm. 183), 79 (Anm. 228), 95, 95 (Anm. 333), 112, 115, 152, 180 (Anm. 941), 198 (Anm. 1065), 367, 408 (Anm. 130)
- Punische 50, 51 (Anm. 7), 57 f., 63, 66, 70 f., 74 (Anm. 199), 78 (Anm. 226), 80 (Anm. 236), 92 (Anm. 314), 94–102, 105 (Anm. 402), 109 (Anm. 429), 110, 115, 125, 125 (Anm. 534), 133, 134 (Anm. 588), 136 (Anm. 608), 140 (Anm. 645), 145, 155 (Anm. 760), 164 f., 168, 170–172, 172 (Anm. 893 f., 986), 174 (Anm. 909), 176 (Anm. 921), 177, 181, 188 f., 188 (Anm. 996 f.), 192–194, 194 (Anm. 1042), 196, 198, 202 f., 254 (Anm. 315), 261, 293 (Anm. 602), 296, 302 (Anm. 1101), 205 (Anm. 1113), 208 (Anm. 1127), 209 f., 260, 260 (Anm. 357), 261, 267, 272, 277 (Anm. 478), 344, 347 (Anm. 352)
- Pyrrhos 70, 78, 83 (Anm. 263), 92, 92 (Anm. 318)
- Römische Bürger 296, 325, 360 (Anm. 445), 376, 390 (Anm. 26)
- Römisch-Makedonische 62 (Anm. 87), 64 (Anm. 111), 72 f., 72 (Anm. 176), 79 (Anm. 229), 82–84, 82 (Anm. 251), 86, 88 f., 92, 113 (Anm. 458), 124 (Anm. 525), 126 (Anm. 545), 140 (Anm. 647), 262 (Anm. 369), 402
- Trojanischer 70, 70 (Anm. 166), 93 (Anm. 321), 367, 369–371
- Viriatus 202 (Anm. 1088), 246 (Anm. 244), 276 (Anm. 474), 277–290, 352, 355 (Anm. 413), 367 (Anm. 499)

La-Tène-Kultur 48, 173, 222, 223 (Anm. 81), 339 (Anm. 290), 369 (Anm. 531), 402 (Anm. 107)

Makedonische Phalanx 82–85, 82 (Anm. 254 f.), 83 (Anm. 261, 265), 89 (Anm. 297), 90, 90 (Anm. 302), 94, 109 (Anm. 426), 240 (Anm. 211), 279 (Anm. 491), 413

Menschenopfer 92 (Anm. 319), 163, 233 (Anm. 158), 313, 355, 369 (Anm. 527), 376 (Anm. 578), 398 (Anm. 73)

metus Gallicus 48, 77, 77 (Anm. 215), 81, 134, 141, 163, 205, 239, 240 (Anm. 204), 245, 311, 314, 316, 382 (Anm. 626), 410 (Anm. 159)

Migrationsbewegungen/(Völker-)Wanderungen 18 (Anm. 20), 51, 132, 150 (Anm. 721, 723), 151 f., 161 (Anm. 806), 166, 187, 220,

220 (Anm. 65), 241, 315 f., 316 (Anm. 125 f.),
319 f., 358, 358 (Anm. 437), 368 (Anm. 517),
370, 391, 415
Mythen/Mythologie 16, 18, 30, 30 (Anm. 10),
40, 40 (Anm. 74), 44 f., 45 (Anm. 118),
46 (Anm. 125), 60, 75, 75 (Anm. 202 f.,
207), 76, 85, 93 (Anm. 321), 95 (Anm. 335),
115 (Anm. 471), 116, 121, 121 (Anm. 511),
147, 147 (Anm. 698), 161, 166, 181, 184,
185 (Anm. 974), 186, 189, 208, 248, 255
(Anm. 324), 291 (Anm. 587), 293 f., 303 f.,
303 (Anm. 42, 45), 330 (Anm. 206), 333
(Anm. 221), 337, 339 f., 367, 373, 377, 386 f.,
396, 396 (Anm. 55), 397 (Anm. 63)
Nomaden(tum) 40 f., 40 (Anm. 81), 142, 144,
144 (Anm. 671), 148 (Anm. 712), 150 f., 158,
161 (Anm. 806), 209, 242, 270, 285, 292 f.,
316, 316 (Anm. 126), 336 (Anm. 251), 343,
367, 370 (Anm. 536), 375 f., 394 f.
Olivenöl(-anbau, -konsum) 217, 235,
236 (Anm. 177), 237, 337, 340, 363, 363
(Anm. 474), 365, 391 (Anm. 32)
Olympische Spiele 36 (Anm. 45), 62, 62
(Anm. 86–90)
pax Augusta/Romana 297, 305, 313, 321, 327,
356, 362, 371, 382, 388, 413 (Anm. 185)
Peripatos/Peripatetiker/Aristoteliker 21
(Anm. 35), 25 f., 26 (Anm. 60), 35, 44,
44 (Anm. 114), 65, 101 (Anm. 375), 102,
106, 106 (Anm. 408), 116 (Anm. 482),
130 (Anm. 568), 131, 161, 161 (Anm. 808),
183 (Anm. 954), 227, 238, 255, 259, 269
(Anm. 426), 295, 300 f., 300 (Anm. 7), 371,
397, 400 f.
Periplous/Periploi 42 (Anm. 97), 166 f., 178,
178 (Anm. 929), 181, 194, 194 (Anm. 1046),
248, 258 (Anm. 344), 326, 349 (Anm. 366),
356, 378
Religiöse Vorstellungen/Religion 16, 17
(Anm. 13), 18, 29, 32, 32 (Anm. 23), 38,
44, 49, 70 (Anm. 163), 71 (Anm. 174),
72 f., 76 (Anm. 211), 92 (Anm. 319), 93
(Anm. 321), 110 (Anm. 439), 112, 114–123,
128, 130 f., 139 (Anm. 635), 144, 144
(Anm. 671), 154 (Anm. 756), 156, 170, 172
(Anm. 893), 177 f., 190 (Anm. 1006), 199,
210, 233, 233 (Anm. 158), 235 f., 243, 247 f.,

247 (Anm. 251), 253 f., 253 (Anm. 308),
254 (Anm. 317), 269, 291, 298, 311, 333 f.,
342, 344 (Anm. 319), 346, 346 (Anm. 339),
348 f., 355 f., 356 (Anm. 417), 360, 361
(Anm. 453), 369, 369 (Anm. 528), 375 f., 375
(Anm. 574), 376 (Anm. 576), 379, 388, 390,
390 (Anm. 26), 397–399, 398 (Anm. 70 f.,
73, 75 f.), 401 (Anm. 102), 407–410,
407 (Anm. 125), 408 (Anm. 129 f.), 411
(Anm. 165), 414
Rhetorik(er) 21 (Anm. 37), 29 f., 54 f., 62
(Anm. 85), 72, 96 (Anm. 343), 118, 121, 128
(Anm. 557), 144 (Anm. 672), 192, 203 f.,
203 (Anm. 1103), 223, 245 (Anm. 239), 253,
288 (Anm. 561), 300, 307, 307 (Anm. 69),
332 (Anm. 217), 412 f.
Römische Geschichtsschreibung 15,
22 (Anm. 39), 31 f., 32 (Anm. 21), 48
(Anm. 143), 74 f., 74 f. (Anm. 199, 208),
77 (Anm. 215), 78 (Anm. 222), 81, 135
(Anm. 593), 136 f., 136 f. (Anm. 608, 611),
163 (Anm. 822), 169–171 (Anm. 873,
881 f.), 170–172, 238 (Anm. 197), 250,
261 (Anm. 367), 316 (Anm. 125), 317
(Anm. 134), 336, 407, 409–414
Schmiedekunst 18, 136, 196 f., 268, 276, 286,
389
Sintflut 161 f., 161 (Anm. 807), 162
(Anm. 815), 220, 220 (Anm. 65), 241
(Anm. 224), 407 (Anm. 127)
Sklavenkriege/-aufstände 215 (Anm. 28), 227,
227 (Anm. 113, 120), 247 (Anm. 257), 262
Sklaverei 35, 91, 91 (Anm. 310), 227, 247
(Anm. 252), 261–264, 262 (Anm, 373), 285
(Anm. 542), 296, 368 (Anm. 523)
Söldner(-tum) 24, 24 (Anm. 48), 42 f.,
44 (Anm, 106), 46 (Anm. 125), 50, 91
(Anm. 310), 98 f., 98 (Anm. 357), 99
(Anm. 360), 132 (Anm. 579), 135, 135
(Anm. 598), 140 f., 140 (Anm. 643), 168,
168 (Anm. 864), 198, 200, 211, 260, 260
(Anm. 357), 273, 277 (Anm. 478), 281
(Anm. 505), 347, 381 (Anm. 622)
Steuereintreibung 248 (Anm. 266), 262, 262
(Anm. 370 f.)
Stoa 26, 26 (Anm. 60), 38, 55 (Anm. 38),
56 (Anm. 47), 63 (Anm. 98), 64 f., 65

(Anm. 118, 122), 66, 116 f., 116 (Anm. 485),
117 (Anm. 488), 121, 130 (Anm. 568),
163 f., 164 (Anm. 825), 177 (Anm. 923), 217
(Anm. 43), 220, 223 f., 225 (Anm. 101, 104),
226, 226 (Anm. 108), 232 f., 232 (Anm. 153),
233 (Anm. 157), 237, 243–245, 248, 251, 253,
262 (Anm. 373), 269 (Anm. 426), 270, 272,
284, 287 (Anm. 557), 295–299, 301, 305, 307
(Anm. 71 f.), 325 (Anm. 180), 377, 381, 390,
393, 397, 403, 408, 408 (Anm. 131)

Symploke 65 f., 155 (Anm. 760), 161, 232, 386
(Anm. 11), 392

Tyche 55, 55 (Anm. 33, 35) 64 f., 82, 82
(Anm. 254), 102, 107 (Anm. 412), 111, 114 f.,
392, 408

Verfassungstheorien 21 (Anm. 35), 26, 50 f.,
54, 56, 58, 65, 88, 101–111, 113 (Anm. 456),
114, 116, 118, 123 f., 125 (Anm. 535), 128, 130 f.,
210, 227 (Anm. 115), 295, 295 (Anm. 609),
397 f., 400, 400 (Anm. 95), 401 (Anm. 98),
405 (Anm. 122), 413 (Anm. 187)

Wein(-anbau, -konsum) 109 (Anm. 430),
132, 148, 182 f., 184 (Anm. 965), 186, 189,
217, 224, 234, 236 f., 236 (Anm. 177), 237
(Anm. 183, 187), 255 (Anm. 326), 270, 270
(Anm. 437), 299, 337, 340, 363, 365, 391
(Anm. 32)

Weltreichevergleich 111–114, 371 (Anm. 543),
405 (Anm. 122), 408, 408 (Anm. 135)

(Klima-)Zonenlehre 42, 42 (Anm. 92),
44, 44 (Anm. 110), 54 (Anm. 31), 59
(Anm. 69), 66, 151, 155, 155 (Anm. 760), 161,
226, 226 (Anm. 107), 230, 230 (Anm. 137),
307, 307 (Anm. 64 f.), 382 (Anm. 627)

Stellenregister

Es fehlen die Autoren, die nur als Quelle für Fragmente älterer Autoren dienten (Athenaios, Diodor, Vitruv etc.), und da die meisten Stellen der drei Hauptautoren (Polybios, Poseidonios, Strabon) aus den Zwischenüberschriften erschlossen werden können, werden von diesen nur besonders wichtige Passagen oder solche zu weiterführenden Themen angegeben.

Agatharchides (Burstein-Fragmente)
F23b–F29b: 180 (Anm. 946), 257 (Anm. 338)
F24b: 263 (Anm. 374–376)
F25a–28a: 263 (Anm. 383)
F25b–28b: 263 (Anm. 383)
F26b: 263 (Anm. 377)
F29a: 263 (Anm. 378)
F29b: 263 (Anm. 378)
F35b: 260 (Anm. 358)
F49: 374 (Anm. 568)

Alexander Polyhistor (FGrHist 273 F18)
F18: 295 (Anm. 607)
F94: 398 (Anm, 74)

Appian
Bellum Civile:
II, 150: 163 (Anm. 821)

IV, 67: 223 (Anm. 87)
Celtica:
13: 241 (Anm. 225)
Iberike:
1: 175 (Anm. 920)
8: 201 (Anm. 1080)
38: 168 (Anm. 867)
44: 359 (Anm. 443)
48: 203 (Anm. 1096)
51–55: 206 (Anm. 1120)
56: 352 (Anm. 389)
57: 174 (Anm. 911), 339 (Anm. 290)
58: 174 (Anm. 911)
60: 206 (Anm. 1122), 207 (Anm. 1123)
61–62: 282 (Anm. 514)
63: 282 (Anm. 515)
64: 279 (Anm. 492), 282 (Anm. 516)
65: 170 (Anm. 878)

66: 366 (Anm. 499)
71–73: 170 (Anm. 879)
75: 287 (Anm. 551)
84: 59 (Anm. 66)
88: 250 (Anm. 281)
89: 59 (Anm. 66)
90: 59 (Anm. 66)
Mithridatica:
22: 262 (Anm. 370)
23: 262 (Anm. 370)
62: 262 (Anm. 370)
68, 286–290: 247 (Anm. 255)
Punica:
132: 63 (Anm. 101)

Apollonios Rhodios
IV, 265: 365 (Anm. 496)
IV, 592–626: 147 (Anm. 701)
IV, 611: 44 (Anm. 115), 45 (Anm. 118), 148 (Anm. 603)
IV, 612–615: 44 (Anm. 115), 45 (Anm. 118)
IV, 627–632: 45 (Anm. 117), 147 (Anm. 698)
IV, 633–639: 45 (Anm. 117)

Aristoteles
Eudemische Ethik:
III, 1 p. 1229 b 25–30: 230 (Anm. 136)
IX, 1153a32–35: 96 (Anm. 343)
Fragmente:
269 Rose: 255 (Anm. 318)
610 Rose: 43 (Anm. 102)
680 Rose: 252 (Anm. 299)
Historia Animalium:
VIII, 28, 606 b 17–19: 44 (Anm. 110)
Metaphysik:
I, 980a: 32 (Anm. 24)
Meteorologica:
I, 13, 350a 18: 44 (Anm. 110)
I, 13, 350b 3, 11: 44 (Anm. 110)
Nikomachische Ethik:
1115b24–29: 240 (Anm. 208)
1160b: 102 (Anm. 384), 401 (Anm. 102)
1336a: 44 (Anm. 112)
Physiognomonica:
813b30f.: 238 (Anm. 198)
Problemata:
XIV, 7–16, 909b–910a: 161 (Anm. 808)
XIV, 8, 909b9–10: 44 (Anm. 113)
XIV, 15, 910a 26–27: 44 (Anm. 113)
XIV, 15, 910a 27–36: 161 (Anm. 808)
XIV, 16, 910a 38–39: 44 (Anm. 113)
Politeia:
I, 1256a–1, 1258b: 281 (Anm. 509)
II, 1268b19: 238 (Anm. 196)
II, 1271b20: 107 (Anm. 415)
II, 1272b24–1273b26: 107 (Anm. 415), 110 (Anm. 434f.)
II, 1237b27: 110 (Anm. 434)
III, 14, 1285a 16–22: 35 (Anm. 41)
VII, 1324b: 44 (Anm. 111), 284 (Anm. 530)
VII, 7, 1327b23–38: 35 (Anm. 41), 44 (Anm. 113), 230 (Anm. 136)
IX, 1153a32–35: 102 (Anm. 384)

Pseudo-Aristoteles
de Mirabilibus Auscultationibus:
135: 259 (Anm. 351)
136: 183 (Anm. 954)
Magikos:
F29, p. 52: 233 (Anm. 156)

Artemidor von Ephesos (Stiehle-Fragmente)
Fr. 11: 249 (Anm. 275)
Fr. 12: 254 (Anm. 317), 349 (Anm. 367)
Fr. 13: 348 (Anm. 362), 349 (Anm. 363, 368), 398 (Anm. 75)
Fr. 23: 249 (Anm. 269), 357 (Anm. 424)
Fr. 36: 248 (Anm. 268), 398 (Anm. 75)
Fr. 77: 399 (Anm. 84)

Asklepiades von Myrleia (FGrHist 697)
F7: 248 (Anm. 262f.), 291 (Anm. 587), 334 (Anm. 232), 367 (Anm. 510)
F8: 248 (Anm. 263)

Augustus (Res Gestae)
3: 331 (Anm. 212)
16: 331 (Anm. 212)
19–20: 375 (Anm. 575)
21: 375 (Anm. 575), 376 (Anm. 576)
24: 376 (Anm. 576)
25: 324 (Anm. 171), 353 (Anm. 398)

26: 353 (Anm. 398), 356 (Anm. 416), 372 (Anm. 549), 382 (Anm. 630)
27: 324 (Anm. 171)
28: 324 (Anm. 171), 331 (Anm. 210, 212), 353 (Anm. 398)
29–30: 324 (Anm. 171)
31: 324 (Anm. 171), 374 (Anm. 564), 382 (Anm. 630)
32: 324 (Anm. 171), 382 (Anm. 624, 630)
33: 324 (Anm. 171)

Caesar
De Bello Gallico:
I, 1, 1: 359 (Anm. 440)
I, 1, 3: 296 (Anm. 614), 374 (Anm. 560), 380 (Anm. 616), 412 (Anm. 173)
I, 1, 4: 374 (Anm. 560)
I, 29: 42 (Anm. 96)
I, 33, 3: 33 (Anm. 29),
I, 45, 2: 58 (Anm. 54), 157 (Anm. 777), 221 (Anm. 71)
II, 1, 3: 151 (Anm. 732)
II, 3, 4: 310 (Anm. 95)
II, 4, 1–2: 316 (Anm. 124), 318 (Anm. 140)
III, 19: 317 (Anm. 128)
III, 22: 368 (Anm. 523)
IV, 24: 414 (Anm. 189)
IV, 28–29: 414 (Anm. 189)
IV; 33–34: 414 (Anm. 189)
V, 24, 2: 293 (Anm. 599)
VI, 5,4–6,3: 320 (Anm. 148)
VI, 11–12: 216 (Anm. 36), 402 (Anm. 110)
VI, 13: 34 (Anm. 35), 216 (Anm. 36)
VI, 14: 34 (Anm. 35), 42 (Anm. 96), 216 (Anm. 36)
VI, 15–20: 216 (Anm. 36)
VI, 29, 4: 319 (Anm. 146)
VII, 65, 4–5: 318 (Anm. 136)
VII, 67: 318 (Anm. 136)

Cicero
Ad Atticum:
II, 1, 2: 223 (Anm. 87)
II, 6, 1: 301 (Anm. 11)
XVI, 11, 4: 305 (Anm. 51)
XVI, 14, 4: 305 (Anm. 51)
De natura deorum:
2, 88: 225 (Anm. 101)
De oratore:
II, 36: 64 (Anm. 107)
De re publica:
I, 34: 117 (Anm. 488)
II, 2–32: 104 (Anm. 400)
II, 35–37: 104 (Anm. 400)
II, 33–34: 104 (Anm. 400), 105 (Anm. 402)
Epistulae ad familiares:
V, 12, 2: 59 (Anm. 66)
Orationes in Verrem:
III, 72: 148 (Anm. 710)
III, 84: 148 (Anm. 710)
III, 174: 148 (Anm. 710)
Philippica:
II, 48: 335 (Anm. 239)
VII, 3: 245 (Anm. 240)
Pro Archia:
19: 242 (Anm. 226)
Pro Balbo:
32: 158 (Anm. 785)
Pro Fonteio:
V, 13: 157 (Anm. 777), 221 (Anm. 72), 223 (Anm. 85)
Tusculanae disputationes:
II, 61: 223 (Anm. 88)

Dionysios von Halikarnassos
I, 2–3: 113 (Anm. 462)
I, 6, 1: 56 (Anm. 41), 70 (Anm. 163)
I, 6, 2: 74 (Anm. 98), 137 (Anm. 610)
I, 32: 75 (Anm. 203)
I, 72, 1: 75 (Anm. 202)
I, 72, 5: 75 (Anm. 202)

Eratosthenes
Fr. IB9 Berger: 370 (Anm. 534)
Fr. IIC24 Berger: 37 (Anm. 53), 102 (Anm. 377), 128 (Anm. 554), 373 (Anm. 556)
Fr. IIIB58 Berger: 254 (Anm. 311)
Fr. IIIB97 Berger: 173 (Anm. 905)
Fr. IIIB122 Berger: 167 (Anm. 859), 173 (Anm. 905), 249 (Anm. 275)
F131 Roller: 167 (Anm. 860)

F133 Roller: 167 (Anm. 860), 249 (Anm. 274)
F155 Roller: 209 (Anm. 1136)

Flavius Josephus
Antiquitates:
2, 201–202:   409 (Anm. 140)
2, 245:   407 (Anm. 128)
2, 265:   408 (Anm. 129)
3, 139:   408 (Anm. 129)
4, 89:   408 (Anm. 137)
10, 208–209:   408 (Anm. 135)
10, 247–248:   408 (Anm. 135)
Bellum:
3, 9–25:   408 (Anm. 136)
7, 76:   408 (Anm. 1359)
Contra Apionem:
1, 8–12:   407 (Anm. 127)
1, 28:   408 (Anm. 130)
1, 60–65:   409 (Anm. 145)
I, 67:   408 (Anm. 132)
I, 75–82:   409 (Anm. 140)
1, 224:   409 (Anm. 140 f.)
1, 225:   409 (Anm. 142)
I, 226:   409 (Anm. 141)
I, 228:   409 (Anm. 140)
2, 8:   409 (Anm. 143)
2, 56–66:   409 (Anm. 141)
2, 69:   409 (Anm. 141)
2, 155:   407 (Anm. 127)
2, 228–231:   408 (Anm. 130)
2, 244-254:   408 (Anm. 130)
2, 269:   408 (Anm. 138)

Herodot
I, 6, 3:   242 (Anm. 229)
I, 35:   314 (Anm. 117)
I, 66:   365 (Anm. 496)
I, 80:   304 (Anm. 42)
I, 82:   85 (Anm. 276)
I, 94:   150 (Anm. 723), 156 (Anm. 770)
I, 95, 2:   111 (Anm. 448), 395 (Anm. 48)
I, 103–106:   242 (Anm. 229)
I, 130, 1–2:   111 (Anm. 448), 395 (Anm. 48)
I, 131:   156 (Anm. 769), 281 (Anm. 503), 304 (Anm. 41)
I, 132–134:   281 (Anm. 503), 304 (Anm. 41)

I, 135:   80 (Anm. 237), 265 (Anm. 392), 281 (Anm. 503), 304 (Anm. 41)
I, 136–140:   281 (Anm. 503), 304 (Anm. 41)
I, 163:   166 (Anm. 847 f.)
I, 172–173:   397 (Anm. 64)
II, 1:   209 (Anm. 1134)
II, 2:   161 (Anm. 809), 209 (Anm. 1134)
II, 3:   32 (Anm. 24), 209 (Anm. 1134)
II, 4:   209 (Anm. 1134)
II, 5–7:   177 (Anm. 925), 209 (Anm. 1134)
II, 8:   32 (Anm. 24), 177 (Anm. 925), 209 (Anm. 1134)
II, 9:   177 (Anm. 925), 209 (Anm. 1134)
II, 10:   32 (Anm. 24), 177 (Anm. 925), 209 (Anm. 1134)
II, 11:   177 (Anm. 925), 209 (Anm. 1134)
II, 12:   32 (Anm. 24), 177 (Anm. 925), 209 (Anm. 1134)
II, 13–15:   177 (Anm. 925), 209 (Anm. 1134)
II, 16–27:   177 (Anm. 925), 209 (Anm. 1134), 251 (Anm. 287)
II, 28–32:   177 (Anm. 925), 209 (Anm. 1134), 251 (Anm. 288)
II, 33:   41 (Anm. 83), 174 (Anm. 911), 209 (Anm. 1134), 251 (Anm. 288), 258 (Anm. 344), 349 (Anm. 364)
II, 34:   177 (Anm. 925), 209 (Anm. 1134), 251 (Anm. 288)
II, 35:   71 (Anm. 174), 209 (Anm. 1134), 251 (Anm. 288), 396 (Anm. 50)
II, 36–43:   71 (Anm. 174), 209 (Anm. 1134)
II, 44:   71 (Anm. 174), 209 (Anm. 1134), 254 (Anm. 312, 314), 333 (Anm. 225)
II, 45:   71 (Anm. 174), 209 (Anm. 1134), 298 (Anm. 631), 304 (Anm. 45), 337 (Anm. 258)
II, 46–48:   71 (Anm. 174), 209 (Anm. 1134)
II, 49–50:   38 (Anm. 61), 71 (Anm. 174), 110 (Anm. 439), 209 (Anm. 1134)
II, 51–74:   71 (Anm. 174), 209 (Anm. 1134)
II, 75:   407 (Anm. 128)
II, 75–84:   71 (Anm. 174), 209 (Anm. 1134)
II, 85:   71 (Anm. 174), 119 (Anm. 497), 209 (Anm. 1134)
II, 86:   71 (Anm. 174), 120 (Anm. 501), 209 (Anm. 1134)
II, 87–98:   71 (Anm. 174), 209 (Anm. 1134)

II, 131, 3: 32 (Anm. 24)
II, 143: 21 (Anm. 36)
II, 164: 402 (Anm. 108)
III, 38: 71 (Anm. 174), 376 (Anm. 581)
III, 74, 2: 115 (Anm. 479)
III, 80: 62 (Anm. 85), 101 (Anm. 373)
III, 81–82: 101 (Anm. 373)
III, 102: 297 (Anm. 620), 371 (Anm. 542)
III, 104: 297 (Anm. 620), 371 (Anm. 542)
III, 106: 297 (Anm. 620), 297 (Anm. 623), 371 (Anm. 542)
III, 110: 297 (Anm. 622)
III, 114: 297 (Anm. 621)
III, 115: 40 (Anm. 79 f.), 291 (Anm. 678), 297 (Anm. 623)
III, 116: 297 (Anm. 623)
III, 155, 1–2: 147 (Anm. 699)
IV, 1: 71 (Anm. 174)
IV, 2: 40 (Anm. 78), 365 (Anm. 497)
IV, 3–4: 71 (Anm. 174)
IV, 5: 40 (Anm. 79), 161 (Anm. 809), 297 (Anm. 623), 333 (Anm. 229)
IV, 6: 40 (Anm. 79), 333 (Anm. 229)
IV, 7: 40 (Anm. 79), 155 (Anm. 761), 333 (Anm. 229)
IV, 8: 40 (Anm. 79), 167 (Anm. 859), 183 (Anm. 958), 333 (Anm. 229)
IV, 9–10: 40 (Anm. 79), 333 (Anm. 229)
IV, 11–12: 40 (Anm. 79), 242 (Anm. 229), 333 (Anm. 229)
IV, 13: 40 (Anm. 79), 297 (Anm. 623)
IV, 14–16: 40 (Anm. 79)
IV, 17: 40 (Anm. 80)
IV, 18: 40 (Anm. 80), 290 (Anm. 574), 376 (Anm. 584)
IV, 19: 40 (Anm. 80)
IV, 20–28: 40 (Anm. 79)
IV, 29: 40 (Anm. 79), 256 (Ann. 329)
IV, 30: 40 (Anm. 79)
IV, 31: 40 (Anm. 79), 155 (Anm. 761)
IV, 32–48: 40 (Anm. 79)
IV, 49: 40 (Anm. 79), 41 (Anm. 83), 152 (Anm. 742)
IV, 50–58: 40 (Anm. 79)
IV, 59–61: 40 (Anm. 79 f.)
IV, 62: 40 (Anm. 79 f.), IV, 188–190: 376 (Anm. 578)

IV, 63–70: 40 (Anm. 79 f.)
IV, 71–72: 40 (Anm. 79 f.), 120 (Anm. 504), 286 (Anm. 549)
IV, 73: 40 (Anm. 79 f.), 286 (Anm. 549)
IV, 74–75: 40 (Anm. 79 f.)
IV, 76–77: 40 (Anm. 79 f.), 281 (Anm. 502), 284 (Anm. 530)
IV, 78–79: 40 (Anm. 79 f.), 281 (Anm. 502)
IV, 80–81: 40 (Anm. 79 f.)
IV, 93–94: 234 (Anm. 164)
IV, 99–101: (Anm. 79)
IV, 103–108: 40 (Anm. 79)
IV, 109: 40 (Anm. 79), 255 (Anm. 326)
IV, 110–117: 40 (Anm. 79)
IV, 118–126: 71 (Anm. 174)
IV, 127: 40 (Anm. 81), 370 (Anm. 536), 371 (Anm. 542)
IV, 128–142: 71 (Anm. 174)
IV, 152: 39 (Anm. 70), 166 (Anm. 845)
IV, 168–176: 20 (Anm. 29)
IV, 177: 30 (Anm. 10)
IV, 178–191: 20 (Anm. 29)
IV, 188–190: 376 (Anm. 578)
IV, 192: 20 (Anm. 29), 255 (Anm. 324)
IV, 193–196: 20 (Anm. 29)
V, 8: 231 (Anm. 142), 288 (Anm. 559)
VI, 31: 304 (Anm. 42)
VI, 49–60: 280 (Anm. 498)
VI, 106, 3: 115 (Anm. 475)
VI, 127: 185 (Anm. 975)
VII, 10: 112 (Anm. 454)
VII, 36: 68 (Anm. 145), 89 (Anm. 300)
VII, 140–144: 95 (Anm. 333)
VIII, 109: 112 (Anm. 454)
IX, 100, 2: 180 (Anm. 941)

(Pseudo-)Hippokrates (Über die Umwelt)
12: 149 (Anm. 719), 150 (Anm. 725), 184 (Anm. 963), 184 (Anm. 968), 185 (Anm. 976), 186 (Anm. 984), 229 (Anm. 129), 338 (Anm. 274)
13–15: 229 (Anm. 129)
16: 142 (Anm. 656), 186 (Anm. 984), 229 (Anm. 129)
17: 229 (Anm. 129), 230 (Anm. 136), 396 (Anm. 55)

18: 40 (Anm. 78), 229 (Anm. 129), 237 (Anm. 186)
19: 30 (Anm. 6), 41 (Anm. 88), 142 (Anm. 658), 184 (Anm. 967), 229 (Anm. 129), 237 (Anm. 186)
20: 142 (Anm. 658), 229 (Anm. 129)
21–22: 229 (Anm. 129)
23: 41 (Anm. 90), 62 (Anm. 85), 142 (Anm. 656), 229 (Anm. 129), 230 (Anm. 136), 266 (Anm. 398), 290 (Anm. 571), 353 (Anm. 394)
24: 41 (Anm. 90), 142 (Anm. 656), 149 (Anm. 717), 150 (Anm. 725), 229 (Anm. 129), 266 (Anm. 399), 290 (Anm. 571), 296 (Anm. 616), 353 (Anm. 394)

Homer
Ilias:
III, 271 f.: 236 (Anm. 179)
III, 330: 354 (Anm. 407)
VII, 321: 231 (Anm. 140)
XII, 243: 121 (Anm. 507)
XIII, 5–6: 40 (Anm. 71)
XXIII, 256–897: 231 (Anm. 142), 288 (Anm. 559)
Odyssee:
I, 1–3: 60 (Anm. 74)
IV, 85: 256 (Anm. 328)
VII, 88–132: 185 (Anm. 972)
VIII, 138: 60 (Anm. 74)
IX, 105–291: 237 (Anm. 184)
IX, 292: 236 (Anm. 181), 237 (Anm. 184)
IX, 293–565: 237 (Anm. 184)
X, 242: 365 (Anm. 495)
XI, 12: 242 (Anm. 228)
XI, 13–19: 39 (Anm. 70), 242 (Anm. 228)
XIV, 199–359: 107 (Anm. 417)
XV, 415: 333 (Anm. 226)
XV, 460: 39 (Anm. 69)

Iustin/Trogus
X, 5, 6: 43 (Anm. 103 f.)
XLIII, 3, 4: 42 (Anm. 93), 43 (Anm. 98), 222 (Anm. 77)
XLIII, 3, 5–11: 43 (Anm. 98)
XLIII, 5, 4–7: 42 (Anm. 96)

XLIV, 1, 9: 349 (Anm. 365)
XLIV, 3, 7: 364 (Anm. 486)
XLIV, 3, 8: 268 (Anm. 416)

Livius
per. 16: 287 (Anm. 552)
per. 52: 282 (Anm. 516)
II, 10, 11: 121 (Anm. 511)
V, 33, 4: 49 (Anm. 147)
V, 34, 1: 143 (Anm. 666)
V, 34, 7–8: 43 (Anm. 98)
VII, 9, 8: 49 (Anm. 147)
XXI, 2, 6: 201 (Anm. 1080)
XXI, 4, 5–8: 288 (Anm. 561)
XXI, 4, 9: 140 (Anm. 647)
XXI, 25: 151 (Anm. 731)
XXII, 21, 2–3: 175 (Anm. 920), 191 (Anm. 1017)
XXIV, 49, 7–8: 168 (Anm. 866), 200 (Anm. 1075)
XXV, 33, 1–3: 168 (Anm. 866), 200 (Anm. 1075)
XXVIII, 1, 7–9: 200 (Anm. 1076)
XXVIII, 5, 11: 278 (Anm. 481)
XXVIII, 21, 1–10: 288 (Anm. 558)
XXVIII, 24, 1–5: 192 (Anm. 1030)
XXIX, 1, 19–3, 5: 192 (Anm. 1035)
XXXI, 28, 2: 168 (Anm. 868)
XXXII, 28, 11: 168 (Anm. 869)
XXXIII, 25, 8–9: 194 (Anm. 1042)
XXXIV, 1–8: 71 (Anm. 171)
XXXIV, 9: 167 (Anm. 854), 345 (Anm. 336)
XXXIV, 4, 3–4: 71 (Anm. 171)
XXXIV, 10, 4: 360 (Anm. 448)
XXXIV, 14, 11: 278 (Anm. 484)
XXXIV, 17: 185 (Anm. 978), 187 (Anm. 985), 194 (Anm. 1042), 340 (Anm. 293)
XXXIV, 18–21: 187 (Anm. 985)
XXXVII, 57, 7: 158 (Anm. 781)
XXXVIII, 17, 9: 160 (Anm. 800)
XXXVIII, 17, 10–13: 265 (Anm. 393)
XXXVIII, 54, 21: 42 (Anm. 96)
XXXIX, 50, 9: 56 (Anm. 43)
XXXIX, 55, 6–8: 158 (Anm. 782 f.)
XL, 49, 1: 360 (Anm. 445)
XL, 18, 3–8: 223 (Anm. 81)
XLI, 20, 1: 287 (Anm. 555)

XLI, 20, 6: 287 (Anm. 555)
XLI, 20, 10–12: 287 (Anm. 555)
XLIV, 41, 2: 278 (Anm. 481)
XLV, 12, 1–6: 73 (Anm. 191)

Pausanias
I, 12, 1: 70 (Anm. 166)
VI, 15, 3–5: 62 (Anm. 86)
VII, 10, 7–11: 56 (Anm. 46), 73 (Anm. 189)
VII, 10, 12: 56 (Anm. 46), 57 (Anm. 50), 58 (Anm. 56), 73 (Anm. 189)
VIII, 30, 8: 57 (Anm. 53), 61 (Anm. 76)
VIII, 37, 2: 57 (Anm. 53)
VIII, 50, 1: 90 (Anm. 302)
X, 18, 7: 47 (Anm. 132)
X, 19, 4–23: 45 (Anm. 121), 47 (Anm. 131 f.)
X, 21, 3: 241 (Anm. 215)
X, 21, 5–6: 47 (Anm. 129)

Platon
Leges/Nomoi:
I, 633b–c: 280 (Anm. 495)
I, 637d: 44 (Anm. 107, 111), 168 (Anm. 865)
I, 637e: 44 (Anm. 107, 109, 111), 168 (Anm. 865)
III, 676a–681b: 367 (Anm. 509)
III, 681, c–d: 80 (Anm. 238)
III, 682a–683a: 367 (Anm. 509)
IV, 705ab: 281 (Anm. 509)
V, 739: 374 (Anm. 567)
VII, 815a: 279 (Anm. 489)
XI, 918a–922b: 281 (Anm. 509)
Res publica/Politeia:
I, 343a–b:233 (Anm. 154)
I, 345c: 233 (Anm. 154)
IV, 431b–c: 117 (Anm. 490)
IV, 435e: 44 (Anm. 107, 113)
IV, 457d: 374 (Anm. 567)
VIII, 544c: 102 (Anm. 384)
Timaios:
22b: 110 (Anm. 439)
22c–d: 161 (Anm. 807)
23a: 161 (Anm. 807), 341 (Anm. 304)–c
23b–c: 161 (Anm. 807)

Plinius der Ältere, Naturgeschichte
2, 99: 252 (Anm. 298)
2, 242: 291 (Anm. 586), 350 (Anm. 374)
3, 13: 340 (Anm. 293)
3, 26: 359 (Anm. 443)
3, 125: 143 (Anm. 666)
4, 36: 167 (Anm. 861)
4, 119: 167 (Anm. 859)
5, 9: 59 (Anm. 68), 117 (Anm. 488), 164 (Anm. 828), 218 (Anm. 51), 223 (Anm. 82)
5, 10: 117 (Anm. 488), 223 (Anm. 82)
6, 183: 59 (Anm. 69)
7, 112: 57 (Anm. 48), 223 (Anm. 88)
8, 166: 266 (Anm. 404)
8, 217–218: 347 (Anm. 349)
18, 22: 322 (Anm. 160)
18, 41–43: 88 (Anm. 293)
22, 82: 237 (Anm. 189)
31, 131: 31 (Anm. 11), 399 (Anm. 80)
37, 35: 220 (Anm. 62)

Plutarch
An seni sit gerenda respublica:
791F: 58 (Anm. 59)
Apophthegmata Romana:
Scip. Min. 10: 206 (Anm. 1117)
De malignitate Herodoti:
12, p. 857A: 298 (Anm. 631)
12, p. 857C: 298 (Anm. 631)
De mulierum virtutibus:
22: 160 (Anm. 797)
Moralia:
192c–d: 279 (Anm. 489)
510 f.: 268 (Anm. 416)
Placita Philosophorum:
3, 7: 251 (Anm. 292)
Quaestiones Romana:
1–2: 122 (Anm. 517)
76: 131 (Anm. 573)
83: 92 (Anm. 319)
92: 131 (Anm. 573)
Vitae
Alexander:
61, 3: 385 (Anm. 5)
Brutus (1):
1, 6–8: 227 (Anm. 117)

Caesar:
11, 2: 294 (Anm. 603)
Camillus:
22, 2: 45 (Anm. 119)
22, 3: 43 (Anm. 102), 45 (Anm. 119), 69 (Anm. 156)
Cato maior:
9: 63 (Anm. 97), 74 (Anm. 200)
10, 3: 194 (Anm. 1042), 195 (Anm. 1053)
22, 2–5: 57 (Anm. 48)
27, 3–4: 261 (Anm. 368)
Cicero:
4, 5: 223 (Anm. 87)
Lykurgos:
12, 2: 365 (Anm. 493)
28, 1–7: 280 (Anm. 495)
Marcellus:
3, 1: 77 (Anm. 217), 131 (Anm. 589)
4, 1: 77 (Anm. 217), 131 (Anm. 589)
8, 1–5: 240 (Anm. 210)
23: 71 (Anm. 172)
Marius:
11, 2–4: 241 (Anm. 223), 316 (Anm. 124)
11, 5–9: 241 (Anm. 223), 242 (Anm. 227), 316 (Anm. 124)
11, 10–14: 241 (Anm. 223), 316 (Anm. 124)
15, 6: 136 (Anm. 605)
20, 2: 136 (Anm. 605)
21, 6–8: 33 (Anm. 27), 217 (Anm. 41), 221 (Anm. 66), 241 (Anm. 221)
39, 1–2: 242 (Anm. 226)
45, 3–12: 242 (Anm. 226), 247 (Anm. 254)
Philopoimen:
9, 2: 90 (Anm. 302)
Pyrrhos:
7, 4–5: 240 (Anm. 210)
Sertorius:
14: 368 (Anm. 517)
23–24: 247 (Anm. 255)
27, 2–4: 247 (Anm. 256)
Sulla:
1, 4: 366 (Anm. 504)
Tiberius Gracchus:
9, 6: 114 (Anm. 464)

Polybios (Auswahl)
II, 9, 1–12, 6 (Teuta): 156 f., 157 (Anm. 774), 397 (Anm. 60)
II, 17, 9–12 (Ethnographie der Cisalpina): 51, 54 (Anm. 28), 135 (Anm. 598), 142 f., 151, 151 (Anm. 730), 161, 161 (Anm. 806), 368 (Anm. 517), 388, 388 (Anm. 13), 394, 394 (Anm. 42), 402 (Anm. 107)
II, 35, 3 (Thymos der Kelten): 238, 238 (Anm. 193)
III, 11, 5–7 (Schwur Hannibals): 171 (Anm. 885)
III, 17, 2–3 (Sagunt): 139, 139 (Anm. 636), 173 (Anm. 900), 190 (Anm. 1008), 194, 194 (Anm. 1043), 328 (Anm. 197)
III, 22–23 (erster römisch-karthagischer Vertrag): 74 (Anm. 200), 76 (Anm. 209), 94 (Anm. 331), 95 (Anm. 334), 109 (Anm. 433)
VI, 3, 5–4, 10 (Anakyklosis): 102 f., 102 (Anm. 386–389), 103 (Anm. 390)
VI, 51, 1–52, 11 (Stärken Karthagos/Roms): 98, 98 (Anm. 356), 99, 99 (Anm. 362), 100, 100 (Anm. 365 f.), 109 f., 110 (Anm. 436–438), 122, 122 (Anm. 513)
VI, 56, 7–12 (Römische Religion): 116 f., 116 (Anm. 481, 483 f.), 124, 124 (Anm. 526 f.), 397 f., 397 (Anm. 66)
XI, 19, 1–7 (Hannibal-enkomion): 96 f., 97 (Anm. 346), 171, 171 (Anm. 888), 210, 210 (Anm. 1138), 288, 288 (Anm. 652)
XII, 17–22 (Kritik an Kallisthenes von Olynth): 137, 137 (Anm. 616)
XIV, 8, 8–14 (Schlacht auf den großen Feldern): 199 f., 199 (Anm. 1072), 200 (Anm. 1074), 260 (Anm. 357), 273, 273 (Anm. 454)
XVIII, 22–32 (Vergleich Phalanx/Legion): 82–84, 82 (Anm. 252–259), 101 (Anm. 109 (Anm. 426), 279 (Anm. 491), 413 (Anm. 187)
XXXIV, 8 (Turdetanien): 31 (Anm. 11), 173 (Anm. 904), 181–184, 181 (Anm. 949 f.), 182 (Anm. 951–953), 184 (Anm. 966), 255 (Anm. 323), 276 (Anm. 474), 337 (Anm. 262)

XXXIV, 11 (Geographie (Süd-)Italiens): 78 (Anm. 223), 109, 109 (Anm. 430), 142 (Anm. 657), 183 (Anm. 960), 184 (Anm. 969)
XXXVI, 9, 3–17 (Zerstörung Karthagos): 124f., 125 (Anm. 530–534), 203 (Anm. 1101)

Poseidonios (Auswahl)
Athen. XIV, p. 649 D = F 3 Jac. = F 55a EK = F 87 Theiler (Flora Syriens): 255 (Anm. 319)
Athen. IV, p. 176B–C = F5 Jac. = F 24 EK = F86 Theiler (Dekadenz Apameias): 224 (Anm. 93)
Athen. IV, p. 151E–152D = F 15 Jac. = F 67 EK = F 170 Theiler (Gallische Bankette): 217 (Anm. 46), 232 (Anm. 147), 235–239, 235 (Anm. 178), 240 (Anm. 207), 269 (Anm. 425), 270 (Anm. 435), 299 (Anm. 633), 308 (Anm. 79), 336 (Anm. 249), 366 (Anm 499), 368 (Anm. 517), 400 (Anm. 89), 401 (Anm. 103), 402 (Anm. 107)
Strab. II, 3, 6, C102 = F 28 Jac. = T 46/F 49 EK = F 13 Theiler (Wanderung der Kimbern): 214 (Anm. 21), 220, 220 (Anm. 57, 59f., 65), 230 (Anm. 137), 251 (Anm. 291), 307 (Anm. 71), 336 (Anm. 251), 353 (Anm. 396)
Strab. VII, 2, 1–2, C292–294 = F 31 Jac. = F 272 EK = F 44a Theiler (Wanderung der Kimbern II): 33 (Anm. 29), 220 (Anm. 65), 234 (Anm. 168), 241f., 241 (Anm. 224f.), 242 (Anm. 227), 243 (Anm. 232), 336 (Anm. 251, 256), 356 (Anm. 416)
Strab. VII, 4, 3, C309 = F 32 Jac. = F 263 EK = F 207 Theiler (Skythisch-Pontischer Krieg): 374 (Anm. 564)
Strab. IV, 4, 5, C201 = F 55 Jac. = F 274 EK = F 34 Theiler (Kopfjagd): 217, 217 (Anm, 43), 355 (Anm. 415), 375 (Anm. 574)
Strab. IV, 4, 6, C198 = F 56 Jac. = F 276 EK = F34 Theiler (Loire-Insel): 33 (Anm. 31), 217 (Anm. 48), 396 (Anm. 57), 398 (Anm. 73)

Diod. IV, 20, 1–3 = F57b Jac. = F163a Theiler (Ligurer/innen I): 396 (Anm. 51)
Strab. III, 4, 17, C165 = F 58a Jac. = F 269 EK = F25 Theiler (Ligurer/innen II): 217 (Anm. 39), 222 (Anm. 76), 369 (Anm. 525), 396 (Anm. 51)
Athen. VI, p. 275A = F 59 Jac. = F 267 EK = F 81 Theiler (Alte Römer): 71 (Anm. 170), 226 (Anm. 112), 261 (Anm. 365), 265 (Anm. 392), 271 (Anm. 448)
Diod. XXXIV, 2 = F 108 Jac. (Sklavenkriege): 247 (Anm. 257)
Strab. III, 5, 11, C175 = F 115 Jac. = F 26 Theiler (Kassiteriden): 291 (Anm. 584), 291–294, 292 (Anm. 594), 293 (Anm. 598, 601), 294 (Anm. 605)
Diod. V, 33, 1 = F 117 Jac. = F 89 Theiler (Ethnogenese der Keltiberer): 196 (Anm. 1059), 265, 265 (Anm. 390f.), 308 (Anm. 79), 346 (Anm. 432)
Diod. V, 34, 3 = F 117 Jac. = F 89 Theiler (Vakkäer): 270f., 271 (Anm. 440)
Diod. V, 39, 6 = F 118 Jac. = F 163b Theiler (Ligurer/innen III): 273 (Anm. 460), 380 (Anm. 620).
Vitr. VI, 1, 3–11 = F 121 Jac. = F 71 Theiler (Klimadeterminismus): 136, 136 (Anm. 605), 138 (Anm. 623), 226 (Anm. 110), 229f., 229 (Anm. 125), 230 (Anm. 133), 256, 256 (Anm. 333)
Sen. Ep. 90, 4–20 = F 284 EK = F 448 Theiler (Frühzeit): 232f., 232 (Anm. 151), 233 (Anm. 154), 264 (Anm. 386)

Pseudo-Skymnos
146–147: 343 (Anm. 311)
150–151: 167 (Anm. 859)
152–158: 167 (Anm. 859), 183 (Anm. 958)
159–160: 167 (Anm. 859)
161: 167 (Anm. 859), 183 (Anm. 954, 958)
162–164: 166 (Anm. 851), 167 (Anm. 859), 183 (Anm. 958)
165: 166 (Anm. 839, 851), 167 (Anm. 859), 183 (Anm. 958)
166: 166 (Anm. 851), 167 (Anm. 859), 183 (Anm. 958)
167: 166 (Anm. 839)

183–187: 244 (Anm. 237)
204–205: 345 (Anm. 336), 167 (Anm. 855)

Strabon (Auswahl)
I, 1, 23 C13–14 (Kolossourgia): 301
II, 3, 7–8 C102–104 (Historische Entwicklungstheorie): 307 f., 307 (Anm. 71–73), 313 (Anm. 112), 323, 323 (Anm. 167), 351, 351 (Anm. 385), 353, 353 (Anm. 396), 391 (Anm. 35)
II, 5, 11 C117 (Reisen Strabons): 33, 33 (Anm. 28), 302 f.
III, 3, 5 C154 (Geschichte Lusitaniens): 351–354, 351 (Anm. 383), 352 (Anm. 388)
III, 4, 8–9, C159–160 (Emporion): 167 (Anm. 855), 331 (Anm. 213), 345 f., 346 (Anm. 337–340)
III, 4, 16 C164 (Religion der Keltiberer und Kallaiker): 340 (Anm. 295), 357 (Anm. 423), 360, 360 (Anm. 451), 365 (Anm. 496), 369, 369 (Anm, 529 f.), 376, 376 (Anm. 580)
IV, 4, 2 C195–196 (Vergleich Gallien/Germanien): 310–320, 312 (Anm. 101, 103 f.), 313 (Anm. 107, 110 f.), 314 (Anm. 115), 315 (Anm. 122), 316 (Anm. 124, 127), 317 (Anm. 135), 318 (Anm. 138), 320 (Anm. 153), 323, 410, 410 (Anm. 159)
V, 3, 8 C235–236 (Römische/griechische Städte): 87 (Anm. 289), 305 (Anm. 55)
VI, 4, 2 C288 (Beherrschung des Kaukasus): 306, 306 (Anm. 59)
VII, 2, 2 C293 (Helvetier): 234 (Anm. 168), 241 (Anm. 225), 243, 243 (Anm. 232), 336, 336 (Anm. 252, 256)
VII, 3, 7 C301 (Idealisierung der Skythen): 24, 24 (Anm. 48), 296 (Anm. 6715), 303 (Anm. 32), 374, 374 (Anm. 562–564), 394 (Anm. 44)
X, 4, 10 C477–478 (Strabons Vorfahren): 381 (Anm. 622)
XIV, 2, 28 C661–663 (Karische Barbaren): 34, 34 (Anm. 37)
XV, 1, 57 C711 (Hyperboreer): 40, 40 (Anm. 74)
XVI, 2, 34–46 C760–765 (Judäa): 259 (Anm. 353), 409, 409 (Anm. 144)
XVI, 4, 22–24 C780–782 (Arabienexpedition): 305, 305 (Anm. 51)
XVII, 1, 11 C796–797 (Kleopatra): 397 (Anm. 63)
XVII, 1, 19 C802 (Busiris): 304, 304 (Anm. 45), 337 (Anm. 258)

Tacitus
Agricola:
30, 3: 412 (Anm. 180)
30, 4: 412 (Anm. 181)
33, 1: 413 (Anm. 183)
Annalen:
II, 45: 410 (Anm. 158)
II, 46, 1: 410 (Anm. 156)
III, 40, 3: 412 (Anm. 178)
III, 45, 2: 412 (Anm. 178)
III, 46, 2: 412 (Anm. 171)
IV, 32: 413 (Anm. 485)
IV, 33: 413 (Anm. 187)
IV, 72–73: 412 (Anm. 176)
VI, 28: 411 (Anm. 168)
XI, 18, 2: 412 (Anm. 172)
XI, 20, 1: 413 (Anm. 185)
XI, 23–25,1: 411 (Anm. 169)
XIV, 29–39: 410 (Anm. 151)
Germania:
2, 1–2: 411 (Anm. 162)
5, 3: 336 (Anm. 250), 411 (Anm. 167)
9, 3: 32 (Anm. 22)
23: 237 (Anm. 190), 411 (Anm. 161)
27–28: 316 (Anm. 125)
30: 411 (Anm. 160, 163)
31–42: 411 (Anm. 163)
37: 413 (Anm. 485)
43: 411 (Anm. 163 f.)
44–45: 411 (Anm. 163)
46: 411 (Anm. 163, 167)
Historien:
1, 70: 411 (Anm. 170)
1, 79: 413 (Anm. 186)
4, 12–14: 412 (Anm. 177)
4, 15–16: 410 (Anm. 153), 412 (Anm. 177)
4, 17: 412 (Anm. 177)
4, 18: 410 (Anm. 154), 412 (Anm. 177)
4, 19–37: 412 (Anm. 177)
4, 54: 410 (Anm. 152)

5, 2: 410 (Anm. 147)
5, 3: 410 (Anm. 147f.)
5, 4: 410 (Anm. 147, 149)
5, 5: 410 (Anm. 147, 150)

Thukydides
I, 2, 2–3: 34 (Anm. 37)
I, 22, 4: 63 (Anm. 98), 65 (Anm. 115)
I, 5, 1: 238 (Anm. 196)
I, 6, 6: 38 (Anm. 60), 232 (Anm. 148), 238 (Anm. 196), 373 (Anm. 555)
I, 20–22: 303 (Anm. 35)
I 50, 5: 279 (Anm. 488)
II, 43, 5: 121 (Anm. 508)
II, 65: 288 (Anm. 561)
III, 112, 7: 37 (Anm. 52)
IV, 43, 4: 279 (Anm. 488)
V, 84–116: 129 (Anm. 565)
VI, 1–5: 179 (Anm. 936)

VI, 2, 1: 41 (Anm. 84)
VII, 29: 129 (Anm. 560)
VII, 44, 6: 279 (Anm. 488)
VII, 50, 4: 115 (Anm. 476)

Timagenes von Alexandria (FGrHist 88)
F 2: 400 (Anm. 98)
F 11: 234 (Anm. 171)
F 12: 399 (Anm. 83)
F 15: 311 (Anm. 98)

Xenophon
Anabasis:
I, 2, 16: 354 (Anm. 407)
I, 8, 17: 279 (Anm. 488)
VI, 1, 5–13: 279 (Anm. 489)
Hellenika:
VII, 1, 20: 43 (Anm. 105), 168 (Anm. 864)
VII, 5, 5: 113 (Anm. 457)